Riebel · Einzelkosten- und Deckungsbeitragsrechnung

GABLER LEHRBUCH

Dietrich Adam
Produktionspolitik, 3. Auflage
Arbeitsbuch zur Produktionspolitik, 2. Auflage

Karl Alewell
Standort und Distribution – Entscheidungsfälle
Standort und Distribution – Lösungen

Günter Altrogge
Netzplantechnik

Hermann Böhrs
Leistungslohngestaltung, 3. Auflage

G. Flasse/G. Gräve/R. Hanschmann/W. Heßhaus
Buchhaltung 1
Buchhaltung 2

Erich Frese
Grundlagen der Organisation

Erwin Grochla
Materialwirtschaft, 3. Auflage

Erich Gutenberg
Einführung in die Betriebswirtschaftslehre

Siegfried Hummel/Wolfgang Männel
Kostenrechnung 1, 2. Auflage
Kostenrechnung 2, 2. Auflage

Erich Kosiol
Kostenrechnung der Unternehmung, 2. Auflage

Heribert Meffert
Marketing, 5. Auflage
Arbeitsbuch zum Marketing

Peter Mertens
Industrielle Datenverarbeitung Band 1, 4. Auflage

Peter Mertens/Joachim Griese
Industrielle Datenverarbeitung Band 2, 2. Auflage

Paul Riebel
Einzelkosten- und Deckungsbeitragsrechnung, 4. Auflage

Erich Schäfer
Der Industriebetrieb, 2. Auflage
Die Unternehmung, 10. Auflage

Dieter Schneider
Grundzüge der Unternehmensbesteuerung, 2. Auflage
Investition und Finanzierung, 5. Auflage
Steuerbilanzen

Siegmar Stöppler
Dynamische ökonomische Systeme, 2. Auflage
Mathematik für Wirtschaftswissenschaftler, 3. Auflage

Paul Riebel

Einzelkosten- und Deckungsbeitragsrechnung

Grundfragen einer markt- und entscheidungsorientierten Unternehmensrechnung

Vierte, wesentlich erweiterte Auflage

CIP-Kurztitelaufnahme der Deutschen Bibliothek

Riebel, Paul:
Einzelkosten- und Deckungsbeitragsrechnung : Grundfragen e. markt- u. entscheidungsorientierten Unternehmensrechnung / Paul Riebel. – 4., wesentl. erw. Aufl. – Wiesbaden : Gabler, 1982.
ISBN 3-409-26092-7
NE: GT

1. Auflage 1972
2., erweiterte Auflage 1976
3., erweiterte Auflage 1979
4., wesentlich erweiterte Auflage 1982

Umschlaggestaltung: Horst Koblitz, Wiesbaden
Satz: H. E. Henniger, Wiesbaden
Druck u. Buchbinderei: Lengericher Handelsdruckerei, Lengerich/Westf.

Printed in Germany

ISBN 3409260927

Vorwort zur vierten Auflage

Diese Auflage des Werkes ist wiederum erheblich erweitert worden, um der neueren Entwicklung Rechnung zu tragen.
Der bisher mehr theoretisch ausgerichtete enzyklopädische Teil IV wurde um den anwendungsbetonten Artikel *„Zur Deckungsbeitragsrechnung im Handel"* ergänzt.
Die seit 1978 erschienenen *Beiträge zur Weiterentwicklung* des Grundkonzepts, der Grundrechnung und der Anwendung auf Entscheidungs-, Planungs- und Kontrollprobleme wurden zu einem neuen Teil V zusammengefaßt. Um Druckkosten zu sparen und die Neuauflage trotz der erheblichen Erweiterung preisgünstig zu halten, wurde darauf verzichtet, diese Abhandlungen in die Systematik der Teile I bis III einzuordnen. Im einzelnen werden folgende Themen behandelt:
Der Beitrag 18 zum *entscheidungsorientierten Kostenbegriff* führt die im Beitrag 5 begonnene strenge Kausalanalyse der Entstehung von Kosten und Leistung aus dem Entscheidungszusammenhang bis zu den Auszahlungen und Einzahlungen fort, um eine sichere Basis für die Bewertung sowie für die Ermittlung relevanter Kosten und Erlöse zu gewinnen.
Die Beiträge 19 und 20 sind dem Konzept und den Gestaltungsproblemen der *Grundrechnung* aus heutiger, viel umfassenderer Sicht gewidmet. Abgesehen von der konzeptionellen Weiterentwicklung sind sie auf die wesentlich erweiterten Realisierungsmöglichkeiten zugeschnitten, die sich aus der neueren Entwicklung der elektronischen Datenverarbeitung ergeben. Die Darstellung im Teil II stellt dagegen noch auf manuell durchzuführende Grundrechnungen in Tabellenform ab, die demgegenüber stark vereinfacht und aggregiert sein müssen. Sie haben jedoch den Vorzug, daß sie unmittelbar aus der traditionellen Betriebsabrechnung abgeleitet werden können. Daher sind die älteren Beiträge nach wie vor von Bedeutung, solange – von der Anwendung in Kleinbetrieben ganz abgesehen – die Umstellung sich noch im Erprobungsstadium befindet oder lediglich in Gestalt einer Nebenrechnung vorgenommen werden soll.
In der Entwicklungsarbeit der letzten Jahre wurde dem Ausbau der von Anfang an empfohlenen „Soll-Deckungsbeiträge" (siehe Beitrag 3) in Gestalt leistungs- oder bezugsgrößenspezifischer *Deckungsvorgaben* („Deckungssätze") und vor allem periodenbezogener *Deckungsbudgets* besondere Aufmerksamkeit geschenkt. Diesem Problemkreis sind die Beiträge 21 und 22 gewidmet, die vor allem in Ergänzung zu den Beiträgen 10, 11 und 15 zu sehen sind. Im Zusammenwirken beider Instrumente kann primär der Gefahr einer allzu nachgiebigen Preispolitik durch wenig sachkundige Anwender des Deckungsbeitragskonzepts vorgebeugt werden. Die Deckungsbudgets haben darüber hinaus viel weitreichendere Aufgaben, von der Verknüpfung der kurz- und langfristigen Planung bis zur kontinuierlichen Erfolgskontrolle und -prognose.
Die Erweiterung hat selbstverständlich auch eine Überarbeitung des Glossariums, der Bibliographie, des Stichwort- und Namenverzeichnisses ausgelöst.

Im übrigen ist es vor Benutzung des Buches ratsam, auch das *Vorwort zur dritten Auflage* zu lesen und dabei vor allem die *Empfehlungen für die Reihenfolge der Lektüre* zu beachten.

Dem Betriebswirtschaftlichen Verlag Dr. Th. Gabler, Wiesbaden, danke ich wiederum für das Besorgen der neuen Auflage, dem C. E. Poeschel Verlag, Stuttgart, und dem Verlag Franz Vahlen, München, für die freundliche Zustimmung zum Nachdruck der zuerst bei ihnen erschienenen neu aufgenommenen Originalbeiträge.

Neben allen Mitarbeitern, die an den Originalbeiträgen und den früheren Auflagen mitgewirkt haben, danke ich meiner Sekretärin Frau M. Koch, sowie den Herren W. Engel, L. Singelmann und W. Sinzig für ihre Hilfe bei der Vorbereitung dieser Auflage.

Frankfurt am Main, im Juli 1981 PAUL RIEBEL

Vorwort zur dritten Auflage

Zahlreiche Anregungen, insbesondere aus der Praxis, hatten mich 1971 veranlaßt, die wichtigsten der seit 1956 verstreut erschienenen und für den Praktiker schwer zugänglichen, grundlegenden Aufsätze zur Einzelkosten- und Deckungsbeitragsrechnung gesammelt herauszugeben.

Das Rechnen mit relativen Einzelkosten, Einzelerlösen und Deckungsbeiträgen ist als markt- und entscheidungsorientierte Erfolgsdifferenz- und -änderungsrechnung ein wichtiges Instrument der Unternehmungsleitung für die Vorbereitung von Entscheidungen, für die Erfolgsplanung und für die Kontrolle der interessierenden Maßnahmen und Einflußfaktoren.

Die Einzelkosten- und Deckungsbeitragsrechnung ist *marktorientiert*, weil einerseits die retrograden Erfolgsdifferenzrechnungen vom Verkaufserlös ausgehen und andererseits auf die relevanten und aktuellen Preise im Absatz- und Beschaffungsmarkt abgestellt wird. Sie ist *entscheidungsorientiert*, weil die Entscheidungsalternativen und die zu ihrer Durchführung getroffenen Maßnahmen als die eigentlichen Untersuchungsobjekte angesehen werden und weil im Rahmen problemadäquater Zurechnungs- und Abdeckungshierarchien nur jeweils solche Erlös- und Kosten-(Ausgaben-)teile einander gegenübergestellt werden, die auf dieselbe Entscheidung zurückgeführt werden können. Die verbleibende Erfolgsdifferenz gibt somit an, welche Änderung des Erfolgs auf die jeweilige Entscheidung, Ausführungsmaßnahme oder Einflußgröße zurückzuführen ist. Sie wird als Deckungsbeitrag bezeichnet, weil sie zur Deckung der gemeinsamen Kosten (Ausgaben) und zum Gewinn beiträgt.

Das Gefüge der mannigfaltig differenzierbaren, objekt- und periodenbezogenen sowie überperiodisch-fortlaufenden Deckungsbeitragsrechnungen sollte daher der Kern eines jeden sinnvollen Management-Informations-Systems sein.

In der Theorie ist die Konzeption der Deckungsbeitragsrechnung auf Grundlage relativer Einzelkosten und Einzelerlöse nicht mehr umstritten. In der Praxis ist sie auf dem Wege sich durchzusetzen. In vielen Unternehmungen aller Wirtschaftszweige ist sie – oft zunächst in vereinfachter Form – schon eingeführt und wird weiter ausgebaut, um ihre Möglichkeiten voll zu nutzen. In immer mehr Unternehmungen erkennt man ihre Vorteile und ist davon überzeugt, sie früher oder später einführen zu müssen. Dennoch zögert man oft mit der Einführung, weil die Deckungsbeitragsrechnung nicht nur ein völliges Umdenken aller traditionell geschulten Mitarbeiter, die als „Produzenten" oder „Konsumenten" mit ihr zu tun haben, voraussetzt, sondern auch zusätzliche Qualifikationen des Personals, vor allem zur Auswertung und Interpretation der Ergebnisse.

Deshalb sucht man in der Praxis bisweilen nach Übergangslösungen, die von der traditionellen Denkweise noch nicht so weit entfernt sind, wie der heutige Stand der Deckungsbeitragsrechnung, die inzwischen zu einer ganz auf die Entscheidungen als den eigentlichen

Kalkulationsobjekten abstellenden Einnahmen- und Ausgabenänderungsrechnung ausgereift ist. Um diesem Bedürfnis der Praxis gerecht zu werden, liegt es nahe, die Entwicklung der Deckungsbeitragsrechnung und ihre Lösung von der traditionellen Ergebnisrechnung gedanklich nachzuvollziehen und aus den im Laufe der Zeit in enger Verbindung mit der Praxis entwickelten Gestaltungsvorschlägen die angemessen erscheinenden herauszugreifen.

Die Aufsätze werden unverändert in ihrer ursprünglichen Formulierung wiedergegeben; die *Seiten- bzw. Spaltennumerierung der Originalquellen* ist jeweils am Rande verzeichnet. Diese Vorgehensweise soll es erleichtern, der literarischen Auseinandersetzung zu folgen, in der meist auf die Originalquellen Bezug genommen wird. Soweit der Seitenumbruch im Original nicht mit dem Zeilenbeginn auf Höhe der Marginalie übereinstimmt, ist er durch einen senkrechten Strich am Ende des letzten auf der vorangehenden Seite beginnenden Wortes markiert.

In den *Fußnoten* der aufgenommenen Aufsätze wird nicht selten auf Stellen in früheren Beiträgen verwiesen, die hier gleichfalls nachgedruckt wurden; um das Auffinden dieser Stellen im vorliegenden Buch zu erleichtern, wurden ergänzend zu den *ursprünglichen Seitenverweisen* die entsprechenden *Seiten der vorliegenden Auflage* in eckigen Klammern vermerkt.

Auf *Änderungen meiner Auffassungen* und *neuere Lösungswege* des jeweiligen Problems wird in *Anmerkungen,* die durch Zahlen in *eckigen Klammern* gekennzeichnet sind, verwiesen; diese Anmerkungen stehen jeweils am Ende jedes Beitrags. Zumeist werden diese Neuerungen gleich an Ort und Stelle erläutert, soweit dies nicht in einem anderen Beitrag ohnehin geschehen ist. Ich hoffe, daß es auf diese Weise gelungen ist, das Nachvollziehen der Entwicklung der Deckungsbeitragsrechnung mit der Darstellung des heutigen Standes in nutzbringender Weise zu verbinden.

Weiter habe ich versucht, einen Kompromiß zwischen sachlicher und chronologischer Ordnung zu finden und die Aufsätze gemäß ihren Schwerpunkten in drei Sachbereiche gegliedert. Im Teil I sind Aufsätze zusammengefaßt, deren Hauptgewicht auf der Darstellung der theoretischen Grundlagen oder der Gesamtkonzeption liegt. Im Teil II folgen spezielle Aufsätze zur Grundrechnung, einer nach dem Baukastenprinzip aufgebauten „Bereitschaftsrechnung" *Schmalenbach),* in der die Einzelkosten nach Kostenkategorien und wichtigen Zurechnungsobjekten differenziert für die Auswertung in Sonderrechnungen vorrätig gehalten werden. Der Schwerpunkt der Aufsatzsammlung liegt im Teil III, der solche Aufsätze enthält, die hauptsächlich auf die Anwendung zur Lösung von Absatz- und Produktionsproblemen ausgerichtet sind, auch wenn sie weitere Beiträge zu den Grundlagen enthalten. Die Gliederung nach Sachbereichen hat glücklicherweise die Anordnung der Abhandlungen nach dem Erscheinungsjahr kaum beeinträchtigt. Das trägt dazu bei, das Verständnis zu erleichtern, da jeweils auf die vorausgehenden Abhandlungen Bezug genommen wird.

Um dem Leser einen raschen *Überblick über das Gesamkonzept* der Deckungsbeitragsrechnung *nach dem heutigen Stande* zu erleichtern, wurde die vorliegende 3. Auflage um den Teil IV „Enzyklopädisches Stichwort" mit dem Überblicksartikel „Deckungsbeitrag und Deckungsbeitragsrechnung" aus der neuesten, 4. Auflage des Handwörterbuchs der Betriebswirtschaftslehre von 1975 erweitert. Das zugehörige Literaturverzeichnis wurde im Nachtrag um einige wichtige ältere und in der Zwischenzeit erschienene Arbeiten ergänzt.

Wie jedes neue Instrument, so bedarf auch die Deckungsbeitragsrechnung einer neuen, spezifischen Terminologie. Dem neuesten Stand entsprechend ist sie im Glossarium als Teil V zusammengestellt.

Empfehlungen für die Reihenfolge der Lektüre:

Es empfiehlt sich, das Studium mit der 16. Abhandlung „Deckungsbeitrag und Deckungsbeitragsrechnung" zu beginnen; das gilt vor allem für den wissenschaftlich interessierten Leser. Wer erste „Gehversuche" mit der Deckungsbeitragsrechnung machen möchte, darf diesen Überblickartikel zunächst überschlagen, sollte aber die Lektüre später nachholen. Den *leichtesten Einstieg bietet der 12. Beitrag* „Kurzfristige unternehmerische Entscheidungen . . .". Wer dann zunächst die Grundlagen nach dem heutigen Stande erarbeiten will, führe die Lektüre am besten mit den Abhandlungen 5, 6, 7 und 15 fort. Die Reihenfolge der Lektüre der übrigen Beiträge mag sich dann ganz nach dem individuellen Interesse richten.

Der Praktiker, dem Zeit und Geduld für das Studium der mehr theoretischen Aufsätze fehlen, sollte wenigstens den Beitrag 15 durcharbeiten, der sich mit den Gefahren und Fallstricken der Deckungsbeitragsrechnung befaßt, ehe er sich den Abhandlungen zur Grundrechnung und zu den übrigen Anwendungsbereichen widmet. Die schwierige Wirtschaftslage der letzten Jahre hat nämlich viele Unternehmungen veranlaßt, sich fallweise oder laufend von der bis dahin geübten Vollkostenrechnung zu lösen. Oft geschah und geschieht dies überstürzt, ohne ausreichende Vorbereitung auf das neue Konzept, das nicht nur ein völliges Umdenken aller Führungskräfte erfordert, die die Informationen der Deckungsbeitragsrechnung in die Hand bekommen, sondern auch eine auf die individuellen betrieblichen und marktlichen Gegebenheiten des Unternehmens ausgerichtete Maßarbeit bei der Einführung des Systems. Dieser Beitrag ist zugleich eine kritische Auseinandersetzung mit verschiedenen Grundtypen und Varianten der Teilkosten- und Deckungsbeitragsrechnung, der nach seinem Erscheinen die wissenschaftliche Diskussion erneut angefacht hat.

Dem Betriebswirtschaftlichen Verlag Dr. Th. Gabler, Wiesbaden, danke ich für das Besorgen der neuen Auflage. Der Verlagsgesellschaft „Recht und Wirtschaft", Heidelberg, der Verlagsgesellschaft „Neue Betriebswirtschafte", Heidelberg, dem Erich Schmidt Verlag, Berlin, dem Verlag für Unternehmensführung, Baden-Baden, dem Verlag Moderne Industrie, München und dem C. E. Poeschel Verlag, Stuttgart, danke ich für die freundliche Genehmigung des Nachdruckes der bei ihnen erschienenen Originalbeiträge. Herzlicher Dank gilt Frau Brunhilde Rahnefeld für das sorgfältige Schreiben des Manuskripts, Herrn Ulrich Winkelmann für die Ergänzung des Sach- und Namensverzeichnisses sowie das Lesen der Korrekturen und allen meinen ehemaligen Mitarbeitern, die bei den Originalbeiträgen oder den vorangegangeneen Auflagen geholfen haben.

Zum ganz besonderem Dank bin ich vor allem den Herren und Firmen verbunden, die mir die Möglichkeit zur praktischen Erprobung gegeben oder ihre eigenen Bemühungen um eine Anwendung der Deckungsbeitragsrechnung großzügig offengelegt haben, sowie zahlreichen Damen und Herren aus der Praxis und dem Kreise meiner Kollegen, Mitarbeiter und Studenten, die in vielen Diskussionen, insbesondere durch ihre kritischen Fragen, wichtige Anregungen für die Entwicklung der Deckungsbeitragsrechnung gegeben haben. Schließlich danke ich allen Lesern der ersten und zweiten, erweiterten Auflage, die mich auf Druckfehler und weitere Verbesserungsmöglichkeiten aufmerksam gemacht haben.

Frankfurt am Main, im Dezember 1978 Paul Riebel.

Inhalt

I. Zur Gesamtkonzeption

1. Die Gestaltung der Kostenrechnung für Zwecke der Betriebskontrolle und Betriebsdisposition*

278

In der betriebswirtschaftlichen Literatur wird seit langem darauf hingewiesen, daß die Kostenrechnung einerseits den Eigenarten des Betriebes angemessen sein soll und daß sie andererseits den jeweils vorherrschenden Rechnungszwecken entsprechen muß. Die vorherrschenden Rechnungszwecke werden dabei ihrerseits von den produktionstechnischen und organisatorischen Eigenarten des Betriebes und von seinen besonderen Marktbedingungen bestimmt. Im einzelnen hängen von Betriebseigenart und Rechnungszweck ab: Umfang und Gliederung des Rechnungsstoffes, die Art der Rechnungsverfahren, die Art der Erfassung und Bewertung der Kostenbestandteile [1] [1].

Die Beobachtung, daß heute viele Betriebe auf eine Kostenrechnung und Betriebsabrechnung verzichten oder ihre Betriebsabrechnung im wesentlichen als Selbstzweck und für den Aktenfriedhof erstellen, ist vor allem darauf zurückzuführen, daß das aus LSÖ-Zeiten für die Ermittlung des Kostenpreises überkommene Schema sich nur sehr bedingt für die heute im Vordergrund stehenden Kostenrechnungszwecke eignet. Wer zu einer »auswertungsgerechten Kostenrechnung« gelangen will, muß sich daher die Frage vorlegen: Welche Anforderungen stellen die wichtigsten Rechnungszwecke an die Gestaltung der Kostenrechnung? Bei der Beantwortung dieser Frage wollen wir uns im vorliegenden Aufsatz auf die Untersuchung beschränken, wie die Kostenrechnung gestaltet werden muß, wenn sie als Hilfsmittel der Betriebskontrolle und als Hilfsmittel für die Betriebsdisposition dienen soll.

I. Anforderungen der Betriebskontrolle an die Gestaltung der Kostenrechnung

1. Dispositionskontrolle und Durchführungskontrolle

Der Kostenrechnung als Kontrollinstrument bedarf jeder Betrieb, sobald er nicht mehr klein und einfach genug ist, um durch bloße Augenscheinkontrolle oder reine Mengenstatistiken überwacht zu werden.

Grundsätzlich ist eine Kontrolle der Betriebsgebarung auf zwei verschiedenen Ebenen erforderlich:

1. auf der Ebene der anordnenden oder disponierenden Tätigkeit *(Dispositionskontrolle)*,
2. auf der Ebene der ausführenden Tätigkeit *(Durchführungskontrolle)*.

Da sich bei den meisten Instanzen und Personen im Betriebe Anordnungsbefugnisse und Durchführungsaufgaben mehr oder weniger stark überlagern, kommen die reine Dispositionskontrolle und die reine Durchführungskontrolle relativ|selten vor. Wegen der grundsätzlichen unterschiedlichen Anforderungen, die beide stellen, ist es jedoch zweckmäßig, sich einmal zu überlegen, was bei reiner Dispositionskontrolle und bei reiner Durchführungskontrolle im einzelnen beachtet werden muß. 279

* Nachdruck aus: Zeitschrift für Betriebswirtschaft, 26. Jg. 1956, Heft 5, S. 278–289, mit freundlicher Genehmigung des Betriebswirtschaftlichen Verlags Dr. Th. Gabler GmbH, Wiesbaden.

[1] Vgl. z. B. *M. R. Lehmann*, Industriekalkulation, 4. Aufl., Stuttgart 1951, S. 15; *K. Mellerowicz*, Kosten- und Kostenrechnung. Bd. II, Teil 1: Grundlagen und Verfahrensweisen, Berlin 1936, S. 50 ff. – *Adolf Müller*, Der Einfluß der Kalkulationszwecke auf die Kalkulationsverfahren, Arch. f. Eisenhüttenwesen, 9 (1935/36), S. 215/222. – *E. Schmalenbach*, Grundlagen der Selbstkostenrechnung und Preispolitik, 5. Aufl., Leipzig 1930, S. 105 f.

Im Produktionsbereich kommt es bei der *Durchführungskontrolle* darauf an, zu prüfen, ob der mengenmäßige Verbrauch der einzelnen Kostengüter, die Menge und die Qualität des Ausstoßes den Planungen und Anordnungen der Betriebsleitung entsprechen. Alle diese Durchführungskontrollen sind grundsätzlich mit Hilfe rein *mengenmäßiger* Beobachtungen möglich. Nur wenn der Mengenverbrauch heterogener Kostenarten zusammengefaßt kontrolliert werden soll, ist als gemeinschaftlicher Nenner eine *wertmäßige* Erfassung dieser Kosten erforderlich. Hierbei müssen allerdings Preisschwankungen mit Hilfe fester Verrechnungspreise ferngehalten werden, um ausschließlich Mengenabweichungen in Erscheinung treten zu lassen.

Für die Kontrolle der Qualität der Produkte und für die Kontrolle der Termine ist die Kostenrechnung ohnehin nicht geeignet.

Bei der *Dispositionskontrolle* ist dagegen eine bloße Mengenbeobachtung völlig unzulänglich. Hier kommt es ja gerade darauf an, zu prüfen, ob im Hinblick auf die jeweiligen Preise der Kosten- und Ertragsgüter die optimale Kombination der Produktionsfaktoren und das günstigste Produktionsprogramm gewählt worden sind. Die Kontrolle der Betriebsdisposition läuft daher letzten Endes immer auf eine Wirtschaftlichkeits- und Erfolgskontrolle hinaus, für die die Kostenkontrolle nur die eine Seite liefert. Die Einbeziehung der Erlösrechnung und die Verknüpfung der innerbetrieblichen Kostenrechnung mit der außerbetrieblichen Marktforschung sind für die Kontrolle der planenden und anordnenden Tätigkeit unumgänglich [2].

Die *Schwankungen der Marktpreise* dürfen für die Dispositionskontrolle daher grundsätzlich nicht ausgeschaltet werden, es sei denn als Hilfsoperation für ganz bestimmte Fragestellungen bei der Kostenauswertung, z. B. um dem Einfluß anderer Kostenfaktoren nachgehen zu können. Bei der Kontrolle der disponierenden Tätigkeit kommt es ja gerade darauf an, festzustellen, inwieweit die tatsächliche Entwicklung anders verlaufen ist als die Erwartungen der Betriebsleitung und inwieweit es ihr gelungen ist, ihre Dispositionen zu korrigieren und an die tatsächliche Entwicklung anzupassen. Mit einem bloßen Soll-Ist-Vergleich und einer Beschränkung der Kontrolle auf die Abweichungen ist es bei der Kontrolle der Dispositionen nicht getan.

2. *Grundregeln der Betriebskontrolle mit Hilfe der Kostenrechnung*

Wenn eine Kontrolle nicht im rein Formalen stecken bleiben soll, dann hat es nur Sinn, solche Kostenarten *materiell* zu kontrollieren, die tatsächlich beeinflußt werden können, daher auch verantwortet werden müssen. Außerdem ist eine Kontrolle nur an der Stelle sinnvoll, wo die zu überwachenden Tatbestände auch tatsächlich beeinflußt werden. Eine Kostenrechnung, die ausschließlich dem Zwecke der Betriebskontrolle dient, braucht *nur* 280 *beeinflußbare* | *Kostenarten* zu erfassen und nur für diejenigen Verantwortungsbereiche (Kostenstellen) auszuweisen, in denen sie unmittelbar beeinflußt werden. Unter dem Gesichtspunkt der Betriebskontrolle ist daher die übliche Umlegung der Gemeinkosten auf Kostenstellen und Kostenträger sinnlos und überflüssig. Außerdem ist sie abzulehnen, weil Gemeinkosten nicht ohne sachliche Willkür verrechnet werden können und infolge der formellen Scheingenauigkeit die Gefahr der Irreführung und Fehlinterpretation besteht.

Jede Kostenart hat irgendwo den Charakter von Einzelkosten, entweder beim einzelnen Auftrag, beim einzelnen Erzeugnis oder einer Erzeugnisgruppe als Kostenträger, oder bei

[2] Vgl. hierzu: *Erich Schäfer,* Grundlagen der Marktforschung, 3. Aufl. Köln und Opladen 1953, S. 39; *P. Riebel,* Marktforschung und Rechnungswesen. ZfB 21 (1951), S. 441 ff.

irgendeiner Kostenstelle, sei es nun eine Fertigungsstelle, ein Hilfsbetrieb oder eine Verwaltungsstelle. *Nur dort, wo der Einzelkostencharakter zur Geltung kommt, kann und soll eine Kostenart kontrolliert werden.* Die Unterscheidung *M. R. Lehmanns zwischen »Stelleneinzelkosten« und »Stellengemeinkosten«* [3] hat gerade für die Betriebskontrolle eine ganz entscheidende Bedeutung [2]. Die der Produktionsabteilung A eines Industriebetriebes direkt zurechenbaren Löhne, Gehälter, Energie- und Instandhaltungskosten sowie der Verbrauch an Hilfsmaterial sind für die Produktionsabteilung A Stelleneinzelkosten und dort kontrollierbar. Dagegen stellen die Kosten der Arbeitsvorbereitung, des Betriebsbüros, des Betriebslabors oder der Feuerwehr Aufwendungen dar, die für mehrere Produktionsabteilungen gemeinschaftlich notwendig werden. Sie sind in bezug auf die Produktionsabteilungen Stellengemeinkosten und können daher nicht sinnvoll bei den Produktionsabteilungen kontrolliert werden, wenn man sie nach einem mehr oder weniger umstrittenen Schlüssel auf diese verrechnet. Beispielsweise hat es keinen Sinn, die Kosten eines Betriebslabors, das mehreren Produktionsabteilungen gemeinschaftlich dient, an Hand der den Produktionsabteilungen zugeschlüsselten Kosten kontrollieren zu wollen. Sie können primär nur im Betriebslabor selbst auf Grund der Struktur, des Umfangs und der Art der Inanspruchnahme dieser Abteilung unter Berücksichtigung ihrer Bereitschaftsaufgabe überwacht werden, obwohl mittelbar das Gebaren in den einzelnen Produktionsabteilungen auf die Kosten des Labors ohne Zweifel von Einfluß ist. Man braucht nur etwa daran zu denken, daß beispielsweise die Aufbesserung von Fehlfabrikaten eine ganze Reihe zusätzlicher Analysen und Rezepturen erforderlich macht. Solche Einflüsse lassen sich nur an ihrer Quelle durch unmittelbare Beobachtungen und Aufschreibungen weiterverfolgen, nicht aber durch ein routinemäßiges Aufschlüsseln der Laborkosten.

Nun gibt es noch eine Reihe von Kostenarten, die zwar an irgendeiner Kostenstelle als Einzelkosten entstehen, die aber weder von dieser noch von irgendeiner anderen Stelle des Unternehmens beeinflußt werden können, weil sie ausschließlich Außeneinflüssen unterliegen und hingenommen werden müssen. Solche Kostenarten sind nicht eigentlich kontrollierbar, sie lassen sich lediglich beobachten.

Diese Überlegungen gelten analog für die *Kostenträgerrechnung*. Auch beim einzelnen Kostenträger können nur die unmittelbar und zusätzlich durch ihn entstehenden Kosten kontrolliert werden. Das bedeutet praktisch eine Beschränkung auf die Grenzkosten [3], vor allem die Materialkosten, da andere direkte Kosten, wie die sogenannten direkten Löhne, unter den heutigen Verhältnissen im allgemeinen Bereitschaftskosten sind. Dagegen ist eine Zurechnung von irgendwelchen Gemeinkosten auf die Kostenträger für Kontrollzwecke sinnlos. Das gilt ganz besonders auch für die Kontrolle des Produktionsprogramms mit Hilfe der Leistungs- und Abteilungserfolgskontrolle. Wegen der besonders engen Wechselbeziehungen zur Betriebsdisposition werden wir auf die besonderen Probleme der Erfolgs- oder Ergebnisrechnung noch später eingehender zu sprechen kommen. Auch die vielfach zu beobachtende Übung, die Einzelkosten von Kostenträgern im Rahmen der Kostenstellenrechnung kontrollieren zu wollen, hat für die Betriebskontrolle wenig Zweck, weil die direkten Beziehungen zwischen Kostenstelle und Kostenträger-Einzelkosten viel zu schwach ist [4].

[3] Industriekalkulation, 4. Aufl., S. 52 f.

[4] Vgl. beispielsweise den Erfahrungsbericht von *K. Barein:* Einheitskostenrechnung in einem Schmiedebetrieb, Arch. f. d. Eisenhüttenwesen, 10 (1936/37), S. 171, ferner *Funke, Mellerowicz, Abromeit:* Grundfragen und Technik der Betriebsabrechnung, Freiburg 1954, S. 18; *K. Rummel:* Einheitliche Kostenrechnung, 3. Aufl. Düsseldorf 1949, S. 192 ff.; *H. G. Plaut:* Grundlagen der Grenzplankostenrechnung. ZfB 23 (1953), S. 404 ff.

Fassen wir die bisherigen Überlegungen zur Betriebskontrolle mit Hilfe der Kostenrechnung zusammen, dann kommen wir zu folgender

1. Grundregel:

a) *Innerhalb eines Verantwortungsbereichs sind nur »Stelleneinzelkosten« kontrollierbar, deren mengenmäßiger Verzehr dort unmittelbar beeinflußt werden kann.*
b) *Im Rahmen der Kostenträgerrechnung sind nur solche Einzelkosten kontrollierbar, die unmittelbar und zusätzlich durch den Kostenträger verursacht werden.*

Nicht alle Kostenarten, die sich in einem Betrieb beeinflussen lassen und für die irgendeine Stelle verantwortlich ist, sind *meßbar.* Das gilt ganz allgemein für die Abschreibungen. Die Abnutzung einer Maschine, die Erhaltung ihres Gütegrades und ihre Lebensdauer sind ohne Zweifel Größen, die sehr stark durch die Art ihres Einsatzes im Produktionsprozeß (Produktionsgeschwindigkeit, Art der Rohstoffe und Produkte), durch die Sorgfalt der Behandlung und Pflege, die rechtzeitige Instandsetzung usw., also durch das Wirken der Arbeiter, Meister und Abteilungsleiter mittelbar und unmittelbar beeinflußt werden. Es gibt aber heute im allgemeinen noch keine für den praktischen Gebrauch geeigneten Methoden, um die Abnutzung der Anlagen zu messen. Die Höhe der Abschreibungsbeträge wird daher auf Grund von mannigfaltigen Annahmen mehr oder weniger willkürlich festgelegt. Bei einer Kontrolle der Abschreibungen kann daher nicht mehr herauskommen, als in die zugrunde liegende Formel hineingesteckt worden ist. Wird zeitproportional (linear) abgeschrieben, dann ist der Abschreibungsbetrag von Periode zu Periode gleich groß, unabhängig davon, ob die Arbeitskräfte mehr oder weniger sorgfältig mit der Maschine umgegangen sind, oder ob die Maschine mehr oder weniger stark in Anspruch genommen worden ist. Wird dagegen leistungsproportional abgeschrieben, dann zeichnen für die Höhe der Abschreibungsbeträge allenfalls verantwortlich derjenige, der die Höhe der Abschreibungsquote je Leistungseinheit festgesetzt hat, und derjenige, der das Produktionsvolumen der Periode bestimmt: im allgemeinen der Markt – jedoch 282 kaum der Abteilungsleiter. Auch wenn er sehr sorgsam mit|seinen Anlagen umgeht, kann er damit keine Verminderung des Abschreibungsbetrages erreichen. Erst wenn die Anlage unbrauchbar wird und aus dem Produktionsprozeß ausscheidet, läßt sich nachkontrollieren, ob die den Abschreibungen zugrunde gelegte Lebenserwartung mit der tatsächlichen Lebensdauer übereingestimmt hat oder die angenommene Totalkapazität mit der tatsächlichen Produktionsmenge. Wie sich aber die Abnutzung auf die einzelnen Produktionsperioden verteilt hat, das läßt sich auch nachträglich mit keinem Mittel mehr feststellen. Ein Durchschleppen der Abschreibungsbeträge in der Kostenrechnung ist für Zwecke der Betriebskontrolle sinnlos und stellt nur eine überflüssige Belastung des Zahlenwerks dar, das die betriebliche Kostenrechnung unübersichtlich macht.
In vielen Fällen, in denen die technischen Probleme der Messung des Mengenverbrauchs durchaus gelöst sind, wird aus wirtschaftlichen Gründen darauf verzichtet, davon Gebrauch zu machen. So wird häufig der Verbrauch von Strom, Dampf, Preßluft, Wasser oder von Kleinmaterial, wie Schrauben, Leim, Farbe, für mehrere Kostenstellen und Kostenträger gemeinsam erfaßt. Diese eigentlich als Einzelkosten erfaßbaren Aufwendungen bezeichnet man als *»unechte Gemeinkosten«* zum Unterschied von den »echten Gemeinkosten«, die infolge irgendeiner Art von Produktionsverbundenheit grundsätzlich nicht einwandfrei einer Kostenstelle oder einem Kostenträger zugerechnet werden können [4]. In der Praxis ist es üblich, diese »unechten Gemeinkosten« auf Grund von Schät-

zungen oder der Verbrauchsmöglichkeit aufzuschlüsseln, beispielsweise den Stromverbrauch nach dem Verhältnis der installierten kW. Kann aber ein Abteilungsleiter für den ihm auf diese Weise zugerechneten Energieverbrauch zur Verantwortung gezogen werden? Ernstlich doch wohl kaum; denn ein Energiemehrverbrauch kann sowohl von seiner als auch von einer anderen Abteilung verursacht worden sein. Die Zahlen der Kostenrechnung beweisen in einem solchen Falle nichts. Dazu müßte der Verbrauch tatsächlich an Ort und Stelle gemessen werden.
Es ergibt sich somit als

2. Grundregel:

Innerhalb eines Verantwortungsbereiches sind nur solche Stelleneinzelkosten kontrollierbar, deren mengenmäßiger Verzehr tatsächlich gemessen wird.

Manche Kostenarten sind zwar beeinflußbar und meßbar, doch unterliegen sie, wie beispielsweise die Reparaturkosten, sowohl der Höhe als auch dem Zeitpunkt nach sehr stark zufälligen Einflüssen. Da man die Einflüsse des Zufalls in derartigen Fällen nicht ausschalten kann, bleibt nur die Möglichkeit, sie dadurch zu kompensieren, daß man dem statistischen *Gesetz der großen Zahl* Genüge zu leisten versucht. Es muß mit anderen Worten für einen ausreichend großen Umfang der zu beobachtenden statistischen Masse gesorgt werden. Beispielsweise indem man den Verantwortungsbereich räumlich groß genug faßt, d. h. die Reparaturkosten *für eine große Anzahl* von Maschinen gemeinschaftlich kontrolliert. Das ist aber nur sinnvoll, wenn die Art der Maschinen und ihre Beanspruchung verhältnismäßig gleichartig ist. Andernfalls muß man das Gesetz der großen Zahl dadurch zur Geltung bringen, daß man *genügend lange Zeiträume* der Kontrolle zugrunde legt. Für die Maschinen einer kleineren Produktionsabteilung wäre es sinnlos, Reparaturkosten monatlich zu planen und zu kontrollieren. Innerhalb längerer Zeiträume dagegen, manchmal schon innerhalb eines halben Jahres, unter Umständen aber erst innerhalb mehrerer Jahre, gleichen sich die Zufallseinflüsse so aus, daß eine wirksame Planung und Kontrolle möglich ist. Die Erfahrungen der Praxis bei der Budgetierung von Reparaturkosten bestätigen dies eindeutig. Erscheint aus anderen Gründen eine Kontrolle innerhalb kürzerer Perioden erforderlich, dann lassen sich die Zufallsschwankungen durch die Methode der gleitenden Durchschnitte ausschalten[5] [5].

283

Ähnliches gilt auch für die Kontrolle von Produktionsprozessen, die so wenig beherrscht werden, daß der Zeit- und Materialaufwand im einzelnen sehr stark schwankt. Wenn z. B. in der Lackindustrie die Rezeptur für einen ganz bestimmten Farbton zusammengestellt werden muß, dann kann in einem besonders glücklichen Fall bereits der erste Versuch zum Erfolg führen, während im allgemeinen eine mehr oder weniger große Zahl von Versuchen benötigt wird. In einem solchen Fall hat es keinen Sinn, Einzelwerte kontrollieren zu wollen, man ist vielmehr auf die Überwachung der Durchschnittswerte und auf Häufigkeitsanalysen angewiesen. Auch hier muß der Beobachtungszeitraum und die Zahl der Beobachtungsfälle groß genug sein, um das Typische genügend stark hervortreten zu lassen.

[5] Entsprechend der Anwendung »gleitender 12-Monat-Durchschnitte«, um Saisonschwankungen und andere kurzfristige Schwankungen auszuschalten und die »reine« Trend- und Konjunkturbewegung zu isolieren. Methodische Einzelheiten siehe bei *E. Schäfer*: Grundlagen der Marktforschung, S. 392/6.

Es ergibt sich somit als

3. Grundregel:

Vorgänge, die in erheblichem Maße dem Einfluß des Zufalls unterliegen, können nur kontrolliert werden, wenn die Zahl der Beobachtungsfälle dem »Gesetz der großen Zahl« einigermaßen genügt und somit sich die Zufallsschwankungen ausgleichen.

Um die Kosten ihrer Höhe nach beurteilen zu können, müssen sie *geeigneten Bezugsgrößen* gegenübergestellt werden. Als Bezugsgrundlagen kommen die verschiedenartigen spezifischen Leistungen der betrieblichen Organe, die verschiedenen Zeitgrößen (Kalenderzeiten, Arbeitszeit, Maschinenzeit, Störungszeit u. a.) sowie weitere Einflußfaktoren, wie Grad der Betriebsbereitschaft, Zahl der Arbeits- und Produktionsunterbrechungen, Zahl der Sortenwechsel, Außentemperatur in Frage [6].

Zwischen Kostenart und Bezugsgröße muß ein sinnvoller korrelativer oder funktionaler Zusammenhang bestehen, und zwar entweder eine kausale oder finale Beziehung oder zumindest ein sachlogisch sinnvolles Entsprechungsverhältnis. Beziehungszahlen, bei denen diese Voraussetzungen nicht gegeben sind, wie z. B. die Gemeinkostenzuschlagsätze, haben für Kontrollzwecke im allgemeinen keine Aussagekraft, wenn sie auch für andere Aufgaben der Kostenrechnung, z. B. für die Preiskalkulation, brauchbar sein mögen.

Vor allem muß gefordert werden, daß für die einzelnen Kostenarten innerhalb des jeweiligen Verantwortungsbereiches auch die richtige *spezifische Leistungsgröße* gewählt wird [7].

284 Das sind nicht immer die Endprodukte, die im|allgemeinen der Kostenträgerrechnung zugrunde gelegt werden, auch nicht Ersatzgrößen (wie Lohn- oder Maschinenstunden). Bei vielen betrieblichen Funktionen und Produktionsstufen sind es vielmehr ganz andere spezifische Leistungen: die Konstruktionszeichnung, die Materialprobe, die Buchung, der Kundenbesuch usw. Beispielsweise hängen die Aufwendungen für die Einsteller in einer Teilefabrik keineswegs von der produzierten Stückzahl oder von den verfahrenen Maschinen- oder Arbeitsstunden ab, sondern von der Zahl und der Arbeitszeit der Einsteller, die ihrerseits in einem bestimmten Verhältnis zu der Zahl der auf längere Sicht erwarteten durchschnittlichen Fertigungsaufträge stehen. Diese Art von Bereitschaftskosten wird also mehr durch die *Auftragsstruktur* [6] bestimmt als durch das Produktionsvolumen oder den Beschäftigungsgrad. Ebensowenig haben die spezifischen Leistungen der Verwaltungs- und Vertriebsabteilungen, der Konstruktions- und Entwicklungsabteilungen, der Betriebsbüros, der Werksfeuerwehr, Kontrollaboratorien usw. mit den üblichen Kostenträgern zu tun.

Neben der richtigen Wahl der spezifischen Leistungseinheit ist noch die *Gruppierung der Kostenarten nach den Haupteinflußfaktoren* erforderlich [8]. Dazu gehört vor allem die Gliederung in *Kapazitäts- und Bereitschaftskosten* einerseits und in die von Umfang und Art der Einzelaufträge abhängigen *Beschäftigungskosten* [7] andererseits. In den einzelnen Verantwortungsbereichen ist daher ein Teil der Kostenarten *auftragsweise*, ein anderer Teil *periodenweise* zu erfassen und zu kontrollieren [9]. Eine *Kontrolle nach Aufträgen* (Kundenaufträge, Produktionsaufträge, Sorten-, Typen-, Serien-, Partie-, Chargen-, Individualaufträge) wird sich vor allem für den Verbrauch an direktem Fertigungsmaterial,

[6] Siehe *K. Rummel*, a.a.O.
[7] Vgl. z. B. *Mellerowicz*, a.a.O., S. 84.
[8] Vgl. *F. Trechsel:* Plankostenrechnung und Kostenabhängigkeit, Die Unternehmung (Bern), 9 (1955), S. 195/202.
[9] Vgl. *K. Barein*, a.a.O.

einschließlich der Verpackung und der Verluste, als notwendig erweisen. Für die auftragsweise Kontrolle des Anlagen- und Arbeitsaufwandes werden im allgemeinen statistische Beobachtungen der zeitlichen Inanspruchnahme genügen, da es sich hier um Kostengüter handelt, die nicht unmittelbar durch den jeweiligen Auftrag verursacht werden, sondern vielmehr zu den Bereitschaftskosten des Betriebes gehören. In Betrieben mit wechselnder Fertigung ist zwar der Aufwand an sogenannten direkten Lohnkosten [8] und der direkte Aufwand an Maschinenstunden dem einzelnen Auftrag zumeßbar, doch tragen sowohl die Anlagen- wie die Arbeitskosten insofern einen ausgesprochenen Gemeinkostencharakter, als sie nicht durch den einzelnen Auftrag zusätzlich entstehen, vielmehr durch die Bereithaltung für einen bestimmten Beschäftigungsbereich und eine erwartete Auftragsstruktur bedingt werden. Derartige *Kapazitäts-* und *Bereitschaftskosten* sind daher *periodenweise* zu kontrollieren.

Einen ähnlichen Bereitschafts- und Gemeinkostencharakter tragen viele Kostenbestandteile der Entwicklungskosten und des zusätzlichen Kundendienstes, die für individuelle Kundenwünsche entstehen. Neben der grundsätzlich erforderlichen periodenweise Kontrolle ist hier eine Erfassung für den einzelnen Auftrag oder für den einzelnen Kunden sehr aufschlußreich, vor allem, wenn damit eine *Leistungs-* und *Kundenerfolgskontrolle* verbunden ist. Dagegen hätte es wenig Sinn, die direkt durch die einzelnen Produktionsaufträge oder Kundenaufträge zusätzlich entstehenden Materialkosten, Reisekosten usw. periodenweise zu erfassen. Einmal weil die Auftragsstruktur doch von Periode zu Periode wechselt, zum anderen weil viele Aufträge durch die Periodenabgrenzung zerrissen werden müßten. 285

Um die Kosten beurteilen zu können, ist es vielfach notwendig, ihren Verlauf mit der Entwicklung ihrer Einflußgrößen zu vergleichen. Hierbei ist die *Wahl des richtigen Symptoms zur Messung der Einflußgröße* von entscheidender Bedeutung. Vergleicht man beispielsweise mit dem Grad der Kapazitätsausnutzung oder dem Beschäftigungsgrad, dann ist vor allem zu beachten, daß die Teilkapazitäten nur selten völlig aufeinander abgestimmt sind und die einzelnen Betriebsteile gewöhnlich nach Art und Grad verschieden in Anspruch genommen werden. Man muß also spezifische Beschäftigungsgrade für die Kostenkontrolle der einzelnen Kostenstellen ermitteln und dies an spezifischen Symptomen (Maßgrößen) messen.

Bei den periodisch vorzunehmenden Kostenkontrollen muß im Rahmen der Festlegung des Bezugssystems noch die *Dauer der Kontrollperiode* richtig, d. h. den Eigenarten der Kostenart und ihrer Einflußfaktoren gemäß, gewählt werden. Schon bei unseren Überlegungen zur Kontrolle von Vorgängen, die vom Zufall beeinflußt werden, haben wir erkannt, daß bei diesen Kostenarten die Dauer der Kontrollperiode größer sein muß als bei solchen, die Zufallseinflüssen weniger ausgesetzt sind. Unter Umständen kann es sich auch als notwendig erweisen, die Dauer der Kontrollperiode dem *Schwankungsrhythmus der Einflußfaktoren* anzupassen. Beispielsweise läßt sich der Einfluß täglicher Schwankungen des Produktionsvolumens nicht bei einer monatlichen Kostenerfassung verfolgen; einmal wegen der unterschiedlichen Elastizität der Kostenarten gegenüber kurz- und langfristigen Schwankungen, zum anderen weil viele Kostenarten nicht nur von der durchschnittlichen Beschäftigung schlechthin abhängig sind, sondern auch von der Schnelligkeit und dem Ausmaß der Schwankungen höherer Frequenz [9]. Diese Einflüsse lassen sich aber nur in entsprechend kurzfristigen Intervallen beobachten.

Eine genauere Analyse der zeitabhängigen Kostenarten zeigt zudem noch, daß auch *verschiedene Zeitbegriffe und Zeiteinheiten* als Bezugsgrößen zugrunde gelegt werden müssen. Das bekannteste Beispiel hierfür sind wohl die Unterschiede zwischen der Periodizität der Gehaltsabrechnung (monatlich) und der Lohnabrechnung (wöchentlich oder vierzehntägig) und den sich daraus ergebenden Schwierigkeiten für den monatlichen Vergleich. Dieselben Schwierigkeiten ergeben sich bei der monatlichen Kontrolle solcher Kostenarten, die der Zahl der Arbeitsschichten, Betriebstage usw. proportional sind [10]. Eine exakte Betriebskontrolle erfordert daher für die einzelnen Kostenarten auch die Wahl *spezifischer Kontrollperioden.* Für Planungen und bestimmte Sonderzwecke wird es allerdings nicht immer zu umgehen sein, Umrechnungen von den spezifischen Perioden der Betriebskontrolle einzelner Kostenarten auf die dem Planungs- oder Sonderzweck entsprechenden Periode vorzunehmen. Für die Betriebskontrolle selbst ist dagegen nichts zu gewinnen, wenn man beispielsweise die nur innerhalb eines Jahres kontrollier- und vergleichbaren Urlaubs- und Feiertagslöhne auf die einzelnen Monate anteilig verrechnet, indem man sie zwölftelt oder nach einem anderen nicht dem tatsächlichen Anfall entsprechenden Schlüssel aufteilt [10].

286 Die *laufende* Kostenrechnung ist nur darauf eingerichtet, Zahlenmaterial für *regelmäßig zu untersuchende Fragen* der Betriebskontrolle bereitzustellen. Für *Sonderuntersuchungen,* die aus der Natur der Sache heraus oder aus Gründen der Wirtschaftlichkeit nur von Fall zu Fall angestellt werden, ist das Zahlenmaterial der laufenden Kostenrechnung nach Umfang und Gliederung meist nicht ausreichend. Vor allem bei Untersuchungen über die Kosten- und Leistungsabhängigkeit von weniger wichtigen Einflußgrößen (z. B. Auftragsgröße, Größe der Fertigungsobjekte) sowie für die Kontrolle der Wirtschaftlichkeit einzelner Maßnahmen der Betriebsleitung (z. B. Investitionen, technische oder organisatorische Umstellungen) vermag die laufende Kostenrechnung wenig zu leisten. Hier muß meist durch unmittelbare Beobachtungen und Sonderaufschreibungen an Ort und Stelle das Mengengerüst von Fall zu Fall zusammengestellt werden.

Fassen wir unsere Überlegungen hinsichtlich des Bezugsobjektes, der Bezugsperiode und der Beurteilungsmaßstäbe zusammen, dann ergibt sich als

4. Grundregel:

Kostenkontrollen sind nur sinnvoll im Rahmen des richtigen, d. h. der jeweiligen Kostenart und dem jeweiligen Verantwortungsbereich spezifisch angemessenen Bezugssystems.

Oder mit anderen Worten:

Innerhalb eines Verantwortungsbereiches ist eine Beurteilung der Kosten nur möglich, wenn die einzelnen Kostenarten auf jeweils spezifische Einfluß-, Proportionalitäts- und Maßgrößen bezogen werden.

II. Die Anforderungen der Betriebsdisposition an die Gestaltung der Kostenrechnung

Die Auswertung der Kostenrechnung für die Betriebskontrolle ist nicht Selbstzweck, sondern dient ihrerseits wiederum als Ausgangspunkt für neue betriebliche Dispositionen. Die Anforderungen, die die Betriebskontrolle an die Kostenrechnungen stellt, gelten daher grundsätzlich in gleicher Weise auch für die Betriebsdisposition. Doch kommen hier noch eine Reihe weiterer Gesichtspunkte und Erfordernisse hinzu. Die Betriebskontrolle bezieht sich auf die Vergangenheit, daher kann mit Mengen und Preisen der Vergangenheit gerechnet werden. Dagegen ist die Betriebsdisposition auf künftige Geschehen gerichtet

[10] Vgl. *K. Rummel,* a.a.O.

und muß dementsprechend auch die zu *erwartenden Veränderungen des Mengengerüstes und der Preise berücksichtigen.* Die Auswertung der Kostenrechnung für die Betriebsdisposition erfordert daher einen getrennten Ausweis des Mengengerüsts und des Preises als Kostenfaktor, um an Stelle der Preise der Vergangenheit die zu erwartenden Preise ohne Schwierigkeiten einsetzen zu können. Soweit in einer Kostenart Bestandteile mit ungleichnamigen Mengen wertmäßig zusammengefaßt sind, können an Stelle des getrennten Mengen- und Preisausweises Normalkosten treten, die durch einen Verbrauchs- und Preisindex ergänzt werden müßten. Auch wenn aus der Betriebskontrolle die Auswirkungen der Kostenfaktoren quantitativ bekannt sind, können die Ergebnisse der Vergangenheit nicht ohne weiteres in die Zukunft|projiziert werden. Außerdem spielen als Unterlage für die Betriebsdisposition Sonderrechnungen von Fall zu Fall eine weit größere Rolle als regelmäßige Kostenzusammenstellungen. Trotz dieser Unterschiede bestehen zwischen Betriebskontrolle und Betriebsdisposition die denkbar engsten Wechselbeziehungen.

287

Im Rahmen unserer Betrachtung ist es zweckmäßig, die Auswertung der Kostenrechnung für die Disposition im *finanzwirtschaftlichen Bereich* gesondert von den Dispositionen im *leistungswirtschaftlichen* (produktions- und marktwirtschaftlichen) Bereich zu behandeln, obwohl bei wirtschaftlichen Entscheidungen beide Seiten in gleicher Weise berücksichtigt werden müssen. Auch die Preisstellung gehört ohne Zweifel mit zu den Dispositionsaufgaben, doch spielen hier so sehr marktliche und psychologische Faktoren hinein, daß es üblich ist, die Preiskalkulation wegen ihrer besonderen Eigenart und Bedeutung auszuklammern [11].

1. Anforderungen der Produktions- und Marktdisposition an die Gestaltung der Kostenrechnung

Jeder Disposition im Betrieb liegt ein Wählen zwischen verschiedenen Möglichkeiten zugrunde. Im Produktions- und Marktbereich muß sich die Betriebsleitung beispielsweise mit folgenden Fragen immer wieder auseinandersetzen: Wahl zwischen verschiedenen Rohstoffen und verschiedenen Produktionsverfahren – Wahl der günstigsten Größe von Produktionsaufträgen – Wahl zwischen verschiedenen Möglichkeiten der Beschäftigungsanpassung – Wahl zwischen Anlagereparaturen und Anlagenersatz – Wahl der günstigsten Verwendung knapper Rohstoffe, Zwischenprodukte, Arbeitskräfte und Produktionsmittel – Entscheidung über Art und Umfang von Kapazitätsausweitungen – Wahl zwischen verschiedenen Bezugsquellen und Beschaffungswegen – Wahl der Transportmittel und -wege – Wahl der Vertriebsmethoden und der Absatzwege. In jedem Falle handelt es sich dabei im Grunde genommen um *Wirtschaftlichkeits-* und *Erfolgsvergleiche,* für die die Kostenrechnung nur die Unterlagen für eine Seite zu liefern vermag. Trotzdem braucht die Ertragsseite bei derartigen Vergleichskalkulationen nur insoweit berücksichtigt zu werden, als sie durch die betreffenden Maßnahmen gleichfalls verändert wird. In allen anderen Fällen, in denen also nur die Kostenseite verändert wird, kann sich der Erfolgs- und Wirtschaftlichkeitsvergleich auf die Betrachtung der Kostenseite beschränken. Beispielsweise dann, wenn ein gegebenes Produkt mit Hilfe verschiedener Produktionsverfahren, Produktionsmittel oder Rohstoffen hergestellt werden kann.

Bei einem derartigen Kostenvergleich besteht keine Veranlassung, auch die von der Entscheidung *nicht betroffenen Kostenbestandteile* mit in die Vergleichsrechnung einzubeziehen. Es ist nicht nur ausreichend, sondern vielmehr wesentlich übersichtlicher und klarer, wenn man sich auf einen *Vergleich der Kostenveränderungen* bei den verschiedenen Alternativen beschränkt. Man vergleicht also den Saldo aus den im einen Falle hinzukommenden und wegfallenden Kosten mit dem Saldo der im anderen Falle hinzukommenden und 288 wegfallenden Kosten [11]. Diese Veränderungen betreffen|keineswegs immer nur die sogenannten variablen oder proportionalen Kosten, sondern können auch Teile der Bereitschaftskosten umfassen. Die meist sprunghaften Veränderungen der Bereitschaftskosten gehören dann mit zu den Grenzkosten. Um das nachprüfen zu können, ist die *Gliederung der Kostenarten nach ihren Einflußfaktoren eine wesentliche Erleichterung.* Obwohl seit Schmalenbachs grundlegenden Arbeiten in der Literatur immer wieder an überzeugenden Beispielen nachgewiesen wurde, daß ein Vergleich der Vollkosten je Leistungseinheit zu falschen Entscheidungen führen muß [12], scheint man sich in der Praxis nur schwer an dieses Denken in Kostendifferenzen und Grenzkosten gewöhnen zu können. Es muß aber nachdrücklich betont werden, daß es nicht zu verantworten ist, mit Rücksicht auf traditionelle Vorstellungen oder aus psychologischen Gründen entgegen besserem Wissen die Durchschnittskostenrechnung für Zwecke der Betriebsdisposition beizubehalten.

Soweit durch die vorgesehene Maßnahme auch die Ertragsseite beeinflußt wird, müssen den Kostenveränderungen der verschiedenen Alternativen auch die Ertragsveränderungen gegenübergestellt werden. Den Dispositionen sind dann als rechnerische Grundlagen Wirtschaftlichkeits- und Erfolgsdifferenzen zugrunde zu legen. Der in der *Leistungserfolgsrechnung* übliche Vergleich der vollen Kosten je Leistungseinheit mit den Erlösen ist auf jeden Fall ungeeignet, um beispielsweise über die Ausweitung oder Einschränkung des Produktionsvolumens oder über die Streichung eines Produktes aus dem Produktionsprogramm zu entscheiden. Einmal, weil der ausgewiesene Stückgewinn ebenso willkürlich ist wie die ihm zugrunde liegende Zurechnung der Gemeinkosten und fixen Kosten sowie der Abschreibungen, und zum anderen, weil ein großer Teil der dem Produkt zugerechneten Kostenbestandteile von den Veränderungen gar nicht betroffen wird. Diese nichtbetroffenen Kostenbestandteile müssen im Falle der Streichung dieses Produktes aus dem Produktionsprogramm anderen Produkten zugerechnet werden, ohne daß diese dazu Anlaß gegeben haben. Wenn aber schon bei einer Vergleichskalkulation mit Hilfe der Leistungserfolgsrechnung *auch die anderen Produkte einbezogen* werden müssen, dann kommt das praktisch einer Gegenüberstellung der veränderten *Gesamtkosten* und der veränderten *Gesamterlöse* gleich. Man kann somit aus Gründen der Vereinfachung von vornherein die unveränderten Kosten- und Ertragsbestandteile ausschließen und sich auf den Vergleich der *Kosten- und Ertragsänderungen* beschränken.

Die Betriebsdispositionen im produktions- und marktwirtschaftlichen Bereich stellt somit an die Kostenrechnung folgende Anforderungen:

1. *getrennten Ausweis des Mengengerüstes und der zugrunde liegenden Preise,*
2. *Verzicht auf die Verteilung und Zurechnung von fixen und variablen Gemeinkosten,*
3. *Gliederung der Kosten nach ihren Einflußfaktoren,*
4. *Trennung der durch die geplante Maßnahme veränderten Kostenbestandteile von den unveränderten.*

[11] Vgl. die wichtige Unterscheidung *Hasenacks* zwischen vorhandenen und entstehenden Kosten bei zunehmender Beschäftigung und zwischen verbleibenden und fortfallenden Kosten bei abnehmender Beschäftigung. Hasenack, Das Rechnungswesen der Unternehmung, Leipzig 1934, S. 67.|

[12] Vgl. insbes. *Adolf Müller:* Der Grenzgedanke in der industriellen Unternehmerrechnung, ZfhF. NF. 5 (1953), S. 374 ff., und *H. Plaut,* a.a.O., S. 403/6.|

2. *Anforderungen der finanzwirtschaftlichen Dispositionen an die Gestaltung der Kostenrechnung*

Sowohl für die laufende Finanzplanung als auch für die Abwägung der finanzwirtschaftlichen Auswirkungen betrieblicher Änderungen (Investitionen, Verfahrenswechsel, Programmänderung usw.) ist eine *Gliederung der Kostenarten nach ihrem Ausgabencharakter* erforderlich. Es müssen zunächst einmal alle Kostenelemente, die sich von *früheren Ausgaben* ableiten, wie Abschreibungen, oder die *überhaupt nicht mit Ausgaben verbunden sind*, wie Zinsen auf Eigenkapital, ausgegliedert werden. Sodann sind diejenigen Kostenarten, die mit *regelmäßigen Ausgaben* verbunden sind (zeitabhängige wie leistungsabhängige), von solchen Kostenarten abzusondern, die zu *unregelmäßigen* oder *einmaligen Ausgaben* führen, wie z. B. Reparaturkosten. Für die kurzfristige Finanzplanung interessieren aus der laufenden Kostenrechnung somit nur die mit regelmäßigen Ausgaben verbundenen Kosten. Die unregelmäßigen und einmaligen Ausgaben dagegen interessieren vor allem für die langfristige Finanzplanung, insbesondere für das Jahresbudget. Für ihre Planung können die Kostenkontrollen früherer Perioden wichtige Anhaltszahlen bieten. Für die kurzfristige Finanzdisposition, z. B. für den monatlichen Finanzplan, sind die unregelmäßigen und einmaligen sowie die langfristigen periodischen Ausgaben nur insoweit von Interesse, als sie in der betreffenden Periode *fällig* werden.

Um die finanziellen Auswirkungen bei der Wahl zwischen verschiedenen Möglichkeiten in der Produktions- und Marktdisposition beurteilen zu können, genügt es – entsprechend den dort ausgeführten Überlegungen –, die *Ausgaben- und Einnahmenänderungen* zu vergleichen. Innerhalb der mit Ausgaben verbundenen Kosten sind daher die für die Disposition unter leistungswirtschaftlichen Gesichtspunkten zu stellenden Anforderungen gleich wertvoll.

Zusammengefaßt ergeben sich für die Gestaltung der Kostenrechnung als Hilfsmittel für die Finanzdispositionen folgende Anforderungen:

1. getrennten Ausweis des Mengengerüstes und der Preise,
2. Gliederung der Kostenarten nach ihrem Ausgabencharakter.

III. Zusammenfassung

Die Anforderungen, die Betriebskontrolle und Betriebsdispositionen an die Gliederung des Kostenstoffes stellen, stimmen fast völlig überein. Hinsichtlich des Umfanges bestehen einige Unterschiede, die jedoch die Verwendung des Zahlenmaterials für beide Zwecke nicht ausschließen. Hinsichtlich des Mengengerüstes läßt sich daher die Kostenrechnung so aufbauen, daß sie sowohl für Zwecke der Betriebskontrolle als auch der Disposition zu dienen vermag. Die Schwierigkeiten, die für eine gemeinsame Kostenrechnung aus der unterschiedlichen Bewertung herrühren, lassen sich überbrücken, wenn Mengengerüst und Preis gesondert ausgewiesen werden. Eine genaue Berücksichtigung der im einzelnen dargelegten Regeln und Erfordernisse würde eine Abkehr vom bisherigen starren Schema und den Übergang zu reinen statistischen Verfahren notwendig machen. Die heute noch meist übliche kontenmäßige und tabellarische Betriebsabrechnung kann jedoch den dargelegten Erfordernissen weitgehend angepaßt werden, wenn die Auftragsrechnung aus der Periodenrechnung herausgenommen und auf die Verteilung und Zurechnung der Gemeinkosten verzichtet wird.

Anmerkungen

[1] Siehe hierzu neuerdings insbesondere *Henrik Virkkunen,* Das Rechnungswesen im Dienste der Leitung, Helsinki 1956.
[2] Die Unterscheidung zwischen Stelleneinzelkosten und Stellengemeinkosten findet sich auch schon bei: *F. Henzel,* Die Kostenrechnung, 2. Aufl. Stuttgart 1950, S. 21. – *E. Kosiol,* Kalkulatorische Betriebsbuchhaltung, 5. Aufl. Wiesbaden 1953, S. 264.
[3] Statt »Grenzkosten« sollte genauer von (zusätzlichen) Kostenträger-Einzelkosten gesprochen werden.
[4] Die Unterscheidung zwischen echten und unechten Gemeinkosten geht zurück auf *Peter van Aubel,* Selbstkostenrechnung in Walzwerken und Hütten, in: *I. M. Hermann* und *P. van Aubel,* Selbstkostenrechnung in Walzwerken und Hütten, Leipzig 1926, S. 76.
[5] Als besonders nützlich bewährt sich die Beobachtung der über den Zeitablauf oder der jeweils angelaufenen Einsatzdauer kumulierten Reparaturausgaben (Einzelkosten der Reparaturaufträge bei Selbstausführung) für Gruppen gleichartiger Anlagen oder sogar einzelne Anlagenobjekte.
[6] Präziser müßte dieser Satz lauten: Diese Art von Bereitschaftskosten wird also mehr durch das *erwartete* Produktionsvolumen, die *erwartete Auftragsstruktur* oder den erwarteten Beschäftigungsgrad bestimmt als durch das tatsächliche Produktionsvolumen, die tatsächliche Auftragsstruktur oder den tatsächlichen Beschäftigungsgrad der Gegenwart oder der Abrechnungsperiode.
[7] Statt dieses von *M. R. Lehmann* übernommenen Ausdrucks bevorzuge ich seit einigen Jahren die Bezeichnung *»Leistungskosten«* und verstehe darunter alle Kosten, die sich mit Art, Menge und Preis der tatsächlich erstellten Leistungen und Leistungsportionen (Lose, Chargen, Aufträge) »automatisch« ändern.
[8] Statt von »direkten Lohnkosten« müßte genauer von *»direkten Arbeitszeiten«* oder *»direkten Lohnstunden* bzw. *-minuten«* gesprochen werden, weil es sich hier nicht um direkt erfaßte Kosten, sondern *lediglich um die direkte Erfassung der zeitlichen Inanspruchnahme* der Arbeitskräfte handelt, also nicht um Einzel*kosten,* sondern um Einzel*verbrauch.* Sieht man von speziell für eine Baustelle oder einen Großauftrag eingestellten Arbeitskräften und von speziell für einen Auftrag beschafften oder gemieteten Geräten ab, dann handelt es sich bei den Arbeits- und Anlagenkosten stets um ausgesprochene Gemeinkosten in bezug auf die Leistungseinheiten. Arbeitskräfte werden nämlich – von wenigen Ausnahmefällen abgesehen – heute nicht mehr für einzelne Aufträge und schon gar nicht für einzelne Leistungseinheiten eingestellt und bezahlt, sondern für die Aufrechterhaltung eines bestimmten Grades der Betriebsbereitschaft über mehr oder weniger lange Zeitabschnitte. Wenn auch die Zeit durch die Vorschriften und Vereinbarungen über Kündigungen Quantencharakter erhält, also ihre beliebige Teilbarkeit verliert, so ist doch eine genaue zeitliche Begrenzung der Arbeitsverhältnisse von vornherein in der Regel gar nicht fixiert. Die Löhne entstehen daher für alle Aufträge und Leistungseinheiten gemeinsam, die während dieser Zeit abgewickelt werden. Weitere Einzelheiten siehe Seite 276–280.
Zum Begriff des Einzelverbrauchs siehe die Arbeit meines ehemaligen Mitarbeiters *Siegfried Hummel,* Wirklichkeitsnahe Kostenerfassung. Neue Erkenntnisse für eine eindeutige Kostenermittlung, Berlin 1970, S. 190-215.
[9] Insbesondere der Schwankungen innerhalb jeder Woche und jeden Tages.
[10] Hier wird die Zurechenbarkeit auf Zeitabschnitte angesprochen, die im einzelnen auf Seite 87–97 behandelt wird.
[11] Wichtige Überlegungen zu den Anforderungen der Preiskalkulation an die Gestaltung der Kostenrechnung finden sich in der Dissertation meines ehemaligen Assistenten *Hans Dietrich Becker,* Die Anforderungen der Preispolitik an die Gestaltung der Kostenrechnung, Diss. Frankfurt a. M. 1962. Weitere Einzelheiten siehe Seite 259–267.

2. Richtigkeit, Genauigkeit und Wirtschaftlichkeit als Grenzen der Kostenrechnung*

Die Kostenrechnung ist im Laufe ihrer Entwicklung immer mehr verfeinert worden; in vielen Betrieben hat sie sich zu einem so umfangreichen und komplizierten Zahlenwerk entwickelt, daß die Frage aufgeworfen werden muß, ob hier nicht schon die Grenzen, die der Kostenrechnung im Hinblick auf die Richtigkeit und Genauigkeit ihrer Ergebnisse gesetzt sind, überschritten wurden. Zudem muß geprüft werden, ob die Kostenrechnung in ihrer Kompliziertheit noch wirtschaftlich ist, das heißt, ob die Aufwendungen für die Erfassung und Verrechnung der Kosten noch in einem hinreichend günstigen Verhältnis zu ihrem Erkenntniswert stehen. Es ist sinnlos, die formale Genauigkeit über die absoluten Grenzen, die der Richtigkeit auf Grund der Eigenart gewisser Kostengüter und Leistungsprozesse gesetzt sind, treiben zu wollen, weil damit nur eine Scheingenauigkeit vorgetäuscht werden kann. Vielfach läßt sich eine größere Genauigkeit der Kostenrechnung durch einen höheren Aufwand für die Erfassung und Verrechnung erzielen; doch braucht in solchen Fällen der Erkenntniswert der Kostenrechnung keineswegs im gleichen Maße anzusteigen. Im Gegenteil, man findet nicht selten sogar ausgesprochene »Fehloperationen«, die wohl zusätzlichen Aufwand verursachen, gleichzeitig aber den Erkenntniswert der Kostenrechnung herabsetzen. Es gilt daher, ein Optimum zwischen dem Aufwand für die Kostenrechnung einerseits und ihrem Erkenntniswert andererseits zu finden [1].

I. Die Richtigkeit der Kostenrechnung und ihre Grenzen

Die Kostenrechnung ist richtig, wenn sich in ihrem Zahlenwerk die Höhe und die Struktur der Kosten entsprechend den tatsächlichen Beziehungen zwischen Ursache und Wirkung [1] und zwischen Mitteln und Zwecken [2] hinreichend genau niederschlagen [2]. Die Richtigkeit der Kostenrechnung kann nicht an absoluten Maßstäben gemessen werden. Sie ist *relativ*, und zwar vor allen Dingen von den Zwecken der Kostenrechnung [3]

* Nachdruck aus: Neue Betriebswirtschaft, Betriebswirtschaftlicher Dienst des Betriebsberaters, 12. Jg., 3. Heft vom 10. April 1959, S. 41–45, mit freundlicher Genehmigung der Verlagsgesellschaft »Recht und Wirtschaft« m. b. H., Heidelberg.

[1] Zum Problem der Genauigkeit und Wirtschaftlichkeit der Kostenrechnung vgl. insbesondere *P. Nowak*, Kostenrechnungssysteme in der Industrie, Köln und Opladen 1954, S. 40/41; *K. Mellerowicz*, Kosten und Kostenrechnung, Bd. II, 2, 2. und 3. Aufl., Berlin 1958, S. 377–400; *R. Rodenstock*, Die Genauigkeit der Kostenrechnung industrieller Betriebe, München 1950; *E. Schmalenbach*, Kostenrechnung und Preispolitik, 7. Aufl., Köln und Opladen 1956, S. 23 bis 25.

[2] Zum Problem der »Mittel-Zweck-Beziehungen« zwischen Kosten und Leistung vgl. *M. R. Lehmann*, Industriekalkulation, 4. Aufl., Stuttgart 1951, S. 151–154.

abhängig [3]. Daß die Kostenrechnung *zweckbedingt* ist, schlägt sich vor allem in der Wahl des Bewertungsprinzips, das heißt in der Wahl zwischen Anschaffungspreis, Tageswert, künftigem Beschaffungspreis und anderem, nieder, die keine Frage der Genauigkeit, sondern der Zweckmäßigkeit ist [4] [4]. Ebenfalls eine Sache der Zweckmäßigkeit ist der Grad der Vollständigkeit und die Art der Gliederung des in Betracht kommenden Zahlenstoffes [5].

Absolute Grenzen für die Richtigkeit der Kostenrechnung ergeben sich bei der Aufschlüsselung von echten Gemeinkosten und der Proportionalisierung von fixen Kosten [5]. Die *echten Gemeinkosten* können auch bei der Anwendung bester Erfassungsmethoden nicht den einzelnen Erzeugnissen zugerechnet werden [6]. Typische echte Gemeinkosten (in bezug auf die Kostenträger) sind insbesondere sämtliche Kosten eines Kuppelprozesses, die bis zur Trennung der Kuppelprodukte anfallen (einschließlich der Kosten für die Vernichtung nichtverwertbarer Kuppelprodukte [7]).

Bei wechselnder oder paralleler Produktion sind alle diejenigen Bereitschaftskosten echte Gemeinkosten, die unabhängig davon entstehen, welche der Erzeugnisse im jeweiligen Falle hergestellt werden. Echte Gemeinkosten gibt es auch in bezug auf Kostenstellen und Kostenstellengruppen. Zu ihnen gehören zum Beispiel die Kosten der Feuerwehr, des Pförtners, der sozialen Einrichtungen und der Betriebsleitung, die sowohl in bezug auf die einzelnen Kostenstellen im Fertigungs-, Verwaltungs- und Vertriebsbereich als auch in bezug auf die Erzeugnisse als echte Gemeinkosten anzusehen sind.

Soweit es sich bei den echten Gemeinkosten um variable Kosten handelt, wie zum Beispiel bei den Stromkosten einer Natriumchloridelektrolyse, lassen sich wohl Schlüssel finden, die dem Proportionalitätsprinzip entsprechen: zum Beispiel die mit den Erzeugungsmengen gewogenen Molekulargewichte, Ertragspreise und andere [6]; für echte Gemeinkosten gibt es aber keine Schlüssel, die auch dem Verursachungsprinzip genügen. In unserem Beispiel werden die Stromkosten nicht durch die einzelnen Produkte verursacht, sondern durch den Trennprozeß; sie entstehen auch dann in voller Höhe, wenn man nur eines der gekoppelten Erzeugnisse, zum Beispiel das Chlor, allein gewinnen möchte. Jede Kostenrechnung, in der echte Gemeinkosten den Kostenstellen oder den Kostenträgern zugeschlüsselt werden, ist in soweit falsch.

Weitere Grenzen der Richtigkeit und der Anwendung des Verursachungsprinzips ergeben sich daraus, daß viele Kosten – auch im Rahmen der Nachkalkulation – nicht von den tatsächlichen Leistungen oder der tatsächlichen Inanspruchnahme abhängig sind, sondern von Erwartungen. Das gilt vor allem für die *Bereitschaftskosten,* deren Höhe von dem erwarteten Grad der Betriebsbereitschaft abhängt, nicht aber von dem tatsächlich erforderlichen. Dabei wird ein Teil der Bereitschaftskosten durch die erwartete Produktionsmenge, ein anderer Teil durch die erwartete Zahl von Aufträgen [42]|und wieder ein anderer durch die

[3] Vgl. hierzu insbesondere *K. Rummel,* Einheitliche Kostenrechnung, 3. Aufl., Düsseldorf 1949, S. 195 ff.

[4] Vgl. *K. Mellerowicz,* Kosten und Kostenrechnung, Bd. II, 1, a.a.O., S. 437–439.

[5] Vgl. hierzu *M. R. Lehmann,* a.a.O., S. 15; *K. Mellerowicz,* a.a.O., Bd. II, Teil 1, a.a.O., S. 61 ff.; *E. Schmalenbach,* a.a.O., S. 15 ff., insbesondere S. 17.

[6] Die Unterscheidung zwischen echten und unechten Gemeinkosten geht zurück auf *K. Mellerowicz,* Kosten und Kostenrechnung, Bd. II, 1, 1, Aufl., Berlin und Leipzig 1936, S. 78 (nachträgliche Berichtigung: tatsächlich stammt sie von Peter van Aubel, siehe hierzu Anmerkung [4] auf Seite 22).

[7] Unter Umständen müssen auch noch die Kosten der Kostenstellen, die bereits abgetrennte Kuppelprodukte weiterverarbeiten, als echte Gemeinkosten sämtlicher unmittelbarer und mittelbarer Kuppelprodukte angesehen werden, obgleich sie für die isolierten Kuppelerzeugnisse bzw. die weiterverarbeitenden Kostenstellen direkt erfaßt werden können. Vgl. hierzu *P. Riebel,* Die Kuppelproduktion, Betriebs- und Marktprobleme, Köln und Opladen 1954, S. 88–91.

erwarteten Innenleistungen, die mit der laufenden Produktion nur in losem oder gar keinem Zusammenhang stehen, bedingt. Die Kosten der Betriebsbereitschaft können daher zu den Leistungen weder in einem proportionalen noch in einem ursächlichen Zusammenhang stehen [7]. Bei dem Zusammenhang zwischen Bereitschaftskosten und den Leistungen handelt es sich vielmehr um eine Mittel-Zweck-Beziehung [8]. Da sich keine Schlüssel finden lassen, die dem Proportionalitäts- und Verursachungsprinzip genügen, ergibt sich hier eine weitere absolute Grenze für die Richtigkeit der Kostenträgerrechnung, die Verrechnung innerbetrieblicher Leistungen und die »Umlage« der Allgemeinen Kostenstellen und Hilfskostenstellen. Trotzdem kann es für eine Reihe von Fragestellungen zweckmäßig sein, fixe Kosten zu proportionalisieren [8]. Das Ergebnis ist jedoch nur für die Verhältnisse und Annahmen richtig, die bei der Verrechnung unterstellt worden sind. Treffen die Erwartungen und sonstigen Annahmen nicht zu, dann sind auch die errechneten Durchschnittskosten falsch [9].

Ganz ähnliche Verhältnisse ergeben sich bei solchen Kosten, die nicht eindeutig dem Abrechnungszeitraum zugerechnet werden können. Dazu gehören alle Kosten, die sich von einmaligen oder unregelmäßigen Ausgaben ableiten, die jedoch für längere, teils übersehbare, teils im voraus nicht übersehbare Zeiträume leistungswirksam sind. Beispiele dafür sind vor allem die Ausgaben für Anlageinvestitionen und Großreparaturen, Kosten für Entwürfe bei Typenerzeugnissen, Kosten für den Aufbau einer Organisation, für die Markterschließung und andere. Der Güterverzehr dieser Art kann als *Gemeinkosten in bezug auf die einzelnen Abrechnungsperioden* aufgefaßt werden. Der Verbrauch solcher Kostengüter ist weder in bezug auf die Zeitabschnitte noch in bezug auf die Leistungseinheiten meßbar. Jede Verrechnung, sei es proportional zur Zeit oder zu den Leistungen oder zu irgendwelchen anderen Bezugsgrößen, muß daher zwangsläufig mehr oder weniger willkürlich sein. Durchschnittswerte, zum Beispiel für die Abschreibungen je Periode oder je Leistungseinheit, gelten nur für ganz bestimmte Erwartungen im Hinblick auf die Nutzungsdauer und die Totalkapazität an Leistungseinheiten. Sie sind nichts anderes als statistische Beziehungszahlen im Hinblick auf bestimmte Erwartungen, sagen aber über den tatsächlichen Güterverzehr nichts aus [9]. Trotzdem ist es auch in diesem Falle für bestimmte Fragestellungen sinnvoll, beispielsweise den einzelnen Abrechnungsperioden Abschreibungen als Äquivalent für die Anlagenentwertung zuzurechnen; doch kann die Höhe der Abschreibungen nur für ganz bestimmte Unterstellungen und Erwartungen genau errechnet werden. Treffen diese Unterstellungen und Erwartungen nicht zu, dann ist auch die formal »genaueste« Rechnung falsch. Da wir es in der Kostenrechnung in der Regel auch mit solchen Vorgängen zu tun haben, die noch nicht endgültig abgeschlossen sind, erwachsen aus den erwartungsbedingten Größen absolute Grenzen für die Richtigkeit der Kostenrechnung.

[8] Vgl. hierzu *M. R. Lehmann*, Industriekalkulation, 4. Aufl., Stuttgart 1951, S. 151 f.

[9] Die Grenze zu dem Problem der Genauigkeit ist in diesem Falle insofern nicht scharf zu ziehen, weil die Erwartungen mehr oder weniger genau mit der tatsächlichen Entwicklung übereinstimmen können.

II. Die Genauigkeit der Kostenrechnung und ihre Grenzen

Das Problem der *Genauigkeit* [10] ist in der Kostenrechnung unter anderen Gesichtspunkten zu sehen als in der Buchhaltung. Zum Beispiel werden in der Buchhaltung die Lieferantenrechnungen für das Hilfsmaterial auf den Pfennig genau verbucht und die Konten auf Pfenniggenauigkeit untereinander abgestimmt. Das ist notwendig, weil im System der Doppik Unstimmigkeiten auch nur von Pfennigbeträgen als Hinweise auf falsche Kontierungen usw. angesehen werden müssen. Von der formalen Ungenauigkeit muß in der Buchhaltung auf die materielle Ungenauigkeit und Unrichtigkeit geschlossen werden [11]. Dagegen kann man in der Kostenrechnung sehr viel freier vorgehen und auch mit angenäherten oder abgerundeten Werten rechnen, zum Beispiel mit Durchschnittssätzen für Artikelgruppen nach dem Zonenpreisverfahren, ohne daß die Richtigkeit der Kostenrechnung in Frage gestellt wird. Die Genauigkeit der Kostenrechnung braucht nicht die höchst erreichbare zu sein, es genügt, wenn sie zweckentsprechend ist. Die Kostenrechnung kann niemals vollkommen genau sein, weil es objektive, absolute Grenzen für die Genauigkeit gibt, die aus der Natur der einzelnen Kostengüter und der Eigenart der betrieblichen Leistungen und des Leistungsprozesses herrühren; sie machen eine genaue Erfassung und Zurechnung teilweise unmöglich. Daneben gibt es erhebliche Ungenauigkeiten, die zwar theoretisch vermeidbar sind, aber praktisch nicht ganz vermieden werden, in manchen Fällen auch nicht ganz vermieden werden können. Ein Teil dieser Unvollkommenheiten wird aus wirtschaftlichen Erwägungen bewußt in Kauf genommen. Ein anderer Teil ist wirtschaftlich nicht gerechtfertigt, vielmehr auf organisatorische und personelle Mängel zurückzuführen und sollte daher vermieden werden [12]. Obwohl diese drei Arten der Ungenauigkeit nicht immer eindeutig abzugrenzen sind, wollen wir auf diese Unterscheidung unsere systematische Analyse aufbauen.

A. Absolute Grenzen der Genauigkeit

Die der Richtigkeit der Kostenrechnung gesetzten Grenzen sind zugleich objektive, absolute Grenzen der inhaltlichen Genauigkeit. Jede Aufschlüsselung echter Gemeinkosten, wie sie in der traditionellen Vollkostenrechnung bei der Kostenstellenumlage, der Verrechnung innerbetrieblicher Leistungen und in der Kostenträgerrechnung üblich ist, führt daher zu Fehlern, deren Ausmaß man nicht angeben kann, weil es auch theoretisch keine richtige Lösung gibt. Man darf sich nicht durch die Anwendung »genauester« Schlüssel oder komplizierter Gleichungssysteme, wie sie zum Beispiel für die gegenseitige Verrechnung innerbetrieblicher Leistungen vorgeschlagen worden sind [13], und den Einsatz kostspieliger

[10] Vgl. hierzu außer der in Fußnote 1 genannten Literatur, O. *Morgenstern*, Über die Genauigkeit wirtschaftlicher Beobachtungen, Einzelschriften der Deutschen Statistischen Gesellschaft, Nr. 4, München 1952; *J. Witthoff*, Der kalkulatorische Verfahrensvergleich (= Das REFA-Buch, Bd. V), München 1956, S. 67–69.

[11] Das gilt nicht für die Bilanz, die sich durchaus mit runden Zahlen begnügen kann. Auf die Frage der materiellen Genauigkeit der einzelnen Bilanzpositionen und der Gewinnermittlung sind ganz ähnliche Überlegungen anzuwenden wie beim Problem der Richtigkeit und Genauigkeit der Kostenrechnung. Siehe hierzu meinen Diskussionsbeitrag »Erwartungen, stille Reserven und materielle Genauigkeit der Jahresrechnung« ZfhF 1958 S. 477 f. Zur Genauigkeit der Bilanz vgl. ferner O. *Morgenstern*, a.a.O., S. 44–46.

[12] Vgl. hierzu die Unterscheidung zwischen absoluten und relativen Grenzen der Genauigkeit bei *K. Mellerowicz*, a.a.O., S. 378.

[13] *E. Schneider*, Die innerbetriebliche Leistungsverrechnung in der Kostenarten- und Kostenstellenrechnung, ZfhF 1941 S. 264 ff.; *E. Kosiol*, Kalkulatorische Buchhaltung, 5. Aufl., Wiesbaden 1953, S. 290–297; *K. Wenke*, Kostenanalyse mit Matrizen, ZfB 1956 S. 558–576.

Rechenanlagen darüber hinwegtäuschen lassen, daß jede Genauigkeit dieser Art nur eine formale Scheingenauigkeit ist. Jede derartige Zurechnung ist im Ansatz falsch, weil es eben unmöglich ist, echte Gemeinkosten aufzuschlüsseln. Durch diese Grenzen wird im Zuge des mehrstufigen Abrechnungsverfahrens der Bereich der Kosten, die innerhalb dieser absoluten Grenze der Genauigkeit zugerechnet werden können, geringer. In der Kostenartenrechnung scheiden nur jene aus, die in bezug auf die einzelnen Perioden echte Gemeinkosten darstellen, wie die Abschreibungen; in der Kostenstellenrechnung zeigt es sich bereits, daß eine Reihe von Kosten in bezug auf die einzelnen Kostenstellen oder auf die Kostenbereiche echte Gemeinkosten sind, und ein großer Teil von Kosten, die noch den Kostenstellen zugerechnet werden können, sind in bezug auf die einzelnen Erzeugnisarten oder die Leistungseinheiten echte Gemeinkosten und können daher nicht mehr genau zugerechnet werden. Von der Kostenartenrechnung zur Kostenträgerrechnung nimmt somit der Anteil der richtig und genau zurechenbaren Kosten ab.
Auch dort, wo der Verzehr eines Kostengutes technisch nicht gemessen werden kann, stößt das Streben nach Genauigkeit auf eine absolute Grenze. Weitere absolute Grenzen können auch in bezug auf die Bewertung des mengenmäßig erfaßten Kostengüterverzehrs gegeben sein, sobald wir für bestimmte Fragestellungen vom Anschaffungspreisprinzip abweichen müssen. Für eine Reihe von Kostengütern (zum Beispiel|Sonderanfertigungen) wird es objektiv unmöglich sein, den genauen Tagespreis zu ermitteln. Im übrigen ist die Wahl des Bewertungsprinzips, das heißt die Wahl zwischen Anschaffungspreis, Tageswert, künftigem Beschaffungspreis, keine Frage der Genauigkeit, sondern der Zweckmäßigkeit [10]. 43

B. Wirtschaftliche Grenzen der Genauigkeit

Die aus Gründen der Wirtschaftlichkeit bewußt in Kauf genommenen Ungenauigkeiten schlagen sich vor allen Dingen nieder:

1. Im Grad der Differenzierung der Kostenarten, Kostenstellen und Kostenträger;
2. in der Genauigkeit der Erfassung des Mengenverbrauchs;
3. in der Genauigkeit der Bewertung;
4. in der Genauigkeit der Kostenverrechnung.

Zu 1. Eine Kostenart sollte möglichst nur aus einheitlichen Kostengütern bestehen. Jedoch wird man so nur bei den besonders bedeutsamen Kostengütern verfahren. Ein erheblicher Teil der Kostenarten ist daher aus sehr unterschiedlichen Kostengütern zusammengesetzt, wie zum Beispiel die Kostenarten »Kleinmaterial« oder »Fremdreparaturen«. Auch die Gliederung der Kostenstellen kann mehr oder weniger differenziert werden. Werden Arbeitsplätze, Maschinen, Apparate usw. unterschiedlicher Größe, Eigenarten und Kostenstruktur zu einer Kostenstelle zusammengefaßt, dann kann die Kostenverrechnung nur ein für den Durchschnitt des gesamten Bereichs oder der gesamten Kostenstelle zutreffendes Bild geben, das naturgemäß in bezug auf den einzelnen Arbeitsplatz, die Maschine oder die Apparatur ungenau sein muß. Ganz ähnlich ist es hinsichtlich der Gliederung der Kostenträger. Aufträge verschiedener Größen und Variationen eines Erzeugnisses werden oft zu einer Kostenträgergruppe zusammengefaßt. Die Aufschreibungen der Kostenträgerrechnung sind dann naturgemäß in bezug auf die einzelnen Aufträge, Erzeugnisvariationen usw. ungenau.
Zu 2. Bei den Kostengütern, deren mengenmäßiger Verzehr technisch meßbar ist, hängt die Genauigkeit der mengenmäßigen Erfassung in sehr starkem Maße von der Wahl der

Erfassungsmethoden und der Zuverlässigkeit der damit betrauten Menschen ab. Am genauesten, im allgemeinen aber auch am teuersten, ist die laufende direkte Messung des Verbrauchs mit Hilfe von selbsttätigen Registriergeräten. Am ungenauesten, aber auch am billigsten, ist die periodische Schätzung. Dazwischen liegen, sowohl in bezug auf die Genauigkeit als auch in bezug auf die Kosten, die indirekten Meßmethoden und die Erfassung mit Hilfe theoretischer Berechnungen des Verbrauchs (»Rückrechnung«) oder mit Hilfe von Schätzungen auf Grund von Stichproben [14]. Bei der Stichprobe entstehen Fehler besonderer Art, wenn sie nicht repräsentativ ist.
Da bei der mengenmäßigen Erfassung auch festgehalten werden muß, *wann* (zeitliche Abgrenzung), *wo* (Ermittlung der Kostenstelle) und *wofür* (zum Beispiel Ermittlung des Kostenträgers) der Güterverzehr eintritt, ist der Ort der Kostenerfassung von erheblichem Einfluß auf die Genauigkeit. Das Höchstmaß an Genauigkeit wird erreicht, wenn der Güterverzehr unmittelbar am Leistungsprozeß gemessen wird, zum Beispiel beim Einsatz des Materials in die Apparatur. Wird dagegen ein Kostengut beim Zugang zur Kostenstelle erfaßt, dann ist die zeitliche Abgrenzung nicht sichergestellt, da ein Teil des Materials in der Kostenstelle oder am Arbeitsplatz gelagert werden kann. Neben der genauen zeitlichen Abgrenzung wird dadurch auch die sachliche Zuordnung zum Kostenträger gefährdet. Das gilt in vermehrtem Maße, und zwar sowohl in bezug auf die Kostenträger als auch in bezug auf die Kostenstellen, wenn der Mengenverbrauch bei der Entnahme aus dem Lager oder auf Grund von Bestandsveränderungen (»Befundrechnung«) erfaßt wird, oder – noch schlimmer – wenn man den Lagerzugang beziehungsweise die Ausgaben dem Verzehr gleichsetzt. Entsprechendes gilt auch für die Erfassung der Leistungen.
Zu 3. In der Bewertung werden Ungenauigkeiten bewußt in Kauf genommen, zum Beispiel, wenn man bei häufigen Preisschwankungen darauf verzichtet, die Kostengüterpreise dem jeweiligen Tagespreis anzupassen und diese erst nach einer gewissen Zeit oder bei größeren Preisänderungen korrigiert [15]. Auch die Verwendung fester Verrechnungspreise ist zum Teil auf Wirtschaftlichkeitsüberlegungen zurückzuführen. Werden die Verrechnungspreise längere Zeit konstant gehalten, dann ist die Gefahr groß, daß sie von den tatsächlichen Marktpreisen erheblich abweichen [15]. Zudem hängt die Genauigkeit der Bewertung davon ab, inwieweit die Kostengütereinheiten, die mit dem gleichen Preis bewertet werden, auch tatsächlich gleich sind [16]. Je heterogener eine Kostenart zusammengesetzt ist, um so weniger genau ist eine Anpassung in der Bewertung an die Tagespreise oder an künftige Wiederbeschaffungspreise zu einem wirtschaftlich vertretbaren Aufwand (zum Beispiel mit Hilfe von Preisindices) möglich.
Zu 4. Die aus Gründen der Wirtschaftlichkeit in Kauf genommenen Ungenauigkeiten der Kostenverrechnung finden wir vor allen Dingen bei den unechten Gemeinkosten. Die Genauigkeit ihrer Zurechnung hängt von folgenden Faktoren ab:

a) Von dem Grad der Proportionalität zwischen der Schlüsselgröße (Zuschlagsgrundlage) und den aufzuteilenden unechten Gemeinkosten;

[14] Einzelheiten zu den Erfassungsmethoden bei den wichtigsten Kostenarten vgl. insbesondere bei *F. Henzel*, Die Kostenrechnung, 2. Aufl., Stuttgart 1950, S. 27 ff.; *E. Kosiol*, Kalkulatorische Buchhaltung, 3. Aufl., Wiesbaden 1953, S. 157 ff.; *K. Mellerowicz*, a.a.O., Bd. II, 1, S. 212–333; *E. Schmalenbach*, a.a.O., S. 305–340.

[15] Weitere Einzelheiten vgl. bei *K. Mellerowicz*, a.a.O., 2. und 3. Aufl., Bd. II, 2, S. 296–298. Zum Problem der Korrektur vom Anschaffungswert bzw. Vergangenheitswert auf den Tageswert vgl. *R. Rodenstock*, a.a.O., S. 29–39.

[16] *A. Müller*, Grundzüge der industriellen Kosten- und Leistungserfolgsrechnung, Köln und Opladen 1955, S. 165.

b) von der Genauigkeit, mit der der Proportionalitätsfaktor (zum Beispiel Stundensatz, Zuschlagssatz) ermittelt worden ist;
c) von der Genauigkeit, mit der bei der Kostenstelle oder dem Kostenträger, denen die Kosten zugerechnet werden sollen, die verbrauchten oder angefallenen Maßgrößen des Schlüssels (Schlüsseleinheiten, zum Beispiel Apparatestunden) oder der Zuschlagsgrundlage (zum Beispiel Löhne) erfaßt worden sind.

Ob die gewählte Schlüsselgröße zur verbrauchten Kostenart und zur jeweiligen Leistung in einem genügend strengen proportionalen Zusammenhang steht, läßt sich leicht mit Hilfe von Korrelationsdiagrammen oder Korrelationsrechnungen nachprüfen [17].
Die Genauigkeit der Aufschlüsselung unechter Gemeinkosten hängt daher in erster Linie von der richtigen Schlüsselwahl ab; sie kann allerdings niemals die Genauigkeit einer unmittelbaren Messung des Kostengüterverzehrs erreichen, weil die Schlüsselgröße und der Proportionalitätsfaktor nur dem Verbrauch der Periode, für die diese Größen ermittelt worden sind (eventuell auch dem normalen oder geplanten Verbrauch), nicht aber dem tatsächlichen Verbrauch der betreffenden Periode entsprechen können.

C. *Wirtschaftlich nicht gerechtfertigte vermeidbare Ungenauigkeiten*

Ungenauigkeiten auf Grund organisatorischer oder menschlicher Mängel [18] treten vor allem in der Stufe der Kostenerfassung auf und sind dort besonders gefährlich. Sobald beim Zählen, Aufschreiben und Rechnen der Mensch beteiligt ist, muß mit Zähl- und Schreibfehlern, unrichtigem Kontieren, Rechenfehlern und dergleichen mehr gerechnet werden. |Besonders unangenehm sind Kontierungsfehler, weil sie sich immer auf zwei Kostenarten, Kostenstellen oder Kostenträger – einmal erhöhend und einmal vermindernd – auswirken. Soweit sie rein zufälliger Natur sind, können sie sich über längere Zeiträume weitgehend ausgleichen, doch fallen sie in der einzelnen Periode, bei der einzelnen Kostenstelle oder beim einzelnen Kostenträger schon erheblich ins Gewicht. Fehler dagegen, die durch organisatorische Mängel bedingt sind, und solche, die durch absichtliche Falschaufschreibungen zustande kommen, wirken sich häufig in einer Richtung aus. Kein Betrieb nimmt diese Fehler gerne in Kauf, doch lassen sie sich praktisch nicht immer ganz vermeiden. Auch ist die Abgrenzung gegenüber den wirtschaftlich gerechtfertigten Ungenauigkeiten nicht immer eindeutig, da sich der Einfluß menschlicher Mängel durch den Einsatz qualifizierter Mitarbeiter, von mehr und besseren Meßinstrumenten an Stelle von manuellen Uraufschreibungen, durch Schulung der an der Verarbeitung des Zahlenmaterials beteiligten Arbeitskräfte und anderem erheblich einschränken läßt. Doch ist auch diese Verminderung der durch menschliche und organisatorische Schwächen bedingten Ungenauigkeiten mit Kosten verbunden und daher weitgehend ein Wirtschaftlichkeitsproblem.

44

[17] Je besser sich die Punkte des Streuungsdiagramms zu einer geraden Linie ordnen, um so strenger ist die Korrelation und um so besser ist der Schlüssel geeignet. Der rechnerisch zu ermittelnde Korrelationskoeffizient soll möglichst nahe an +1,0 herankommen. Je mehr er davon abweicht, um so ungenauer muß die Kostenrechnung werden. Wird der Korrelationskoeffizient kleiner als + 0,71, dann ist die betreffende Schlüsselgrundlage völlig unbrauchbar, weil die Wahrscheinlichkeit ihres Einflusses kleiner als 50 % ist. Vgl. hierzu die Ausführungen über das »Bestimmtheitsmaß« bei *A. Linder*, Statistische Methoden, 2. Aufl., Basel und Stuttgart 1957, S. 32–34.
[18] Vgl. hierzu *K. Mellerowicz*, a.a.O., S. 398/400, und *R. Rodenstock*, a.a.O., S. 122–129.

D. Das Rechnen mit Zahlen unterschiedlicher Genauigkeit

Aus den bisher angeführten Gründen sind wir gezwungen, in der Kostenrechnung mit Zahlen unterschiedlicher Genauigkeit zu rechnen. Deshalb sind die folgenden Gesichtspunkte zu beachten:

1. Da auf jeder Stufe des Abrechnungsganges menschliche und organisatorische Mängel besonderer Art zu den Fehlern der vorangegangenen Stufen hinzukommen, fällt die Genauigkeit der Kostenrechnung von der Kostenartenrechnung zur Kostenträgerrechnung hin ab. Ungenauigkeiten, die bei der Kostenerfassung aufgetreten sind, können später nicht wieder ausgeglichen werden. Daher kann eine spätere Abrechnungsstufe höchstens den Genauigkeitsgrad der vorangegangenen Stufe erreichen.
2. Da die einzelnen Kostenarten mit einem unterschiedlichen Grad der Genauigkeit erfaßt und verrechnet werden, ist es notwendig, die Ungenauigkeit abzuschätzen, die bei der Erfassung und bei der Verrechnung der einzelnen Kostenarten im Zuge des mehrstufigen Abrechnungsganges auftreten [19]. Das ist besonders deshalb wichtig, weil sich in der Kostenträgerrechnung und in der Ergebnisrechnung die kumulierten Ungenauigkeiten in den gleichen Größenordnungen bewegen können wie die möglichen Verluste und Gewinne. Die Beurteilung der Fehlerfortpflanzung wird erleichtert, wenn man die Kostenarten nach Genauigkeitsgraden gruppiert, und diese Gruppierung bis zur Kostenträgerrechnung hindurch beibehält. Dabei sollten zumindest unterschieden werden:
Gemessene und geschätzte Kosten,
Einzelkosten, zugeschlüsselte unechte Gemeinkosten und zugeschlüsselte echte Gemeinkosten.
3. Infolge der Schwierigkeiten in der zeitlichen Abgrenzung nimmt die Genauigkeit mit der Länge der Abrechnungsperioden zu. Sie kann für kurze Abrechnungsperioden dadurch erhöht werden, daß man die Ergebnisse kürzerer Perioden kumuliert oder die Werte mehrerer Perioden nach der Methode gleitender Durchschnitte zusammenfaßt. Andererseits haben aber lange Rechnungsperioden wiederum den Nachteil, daß kurzfristige Veränderungen nivelliert werden, so daß mit zunehmender Periodenlänge die Gefahr ungenauer Vorstellungen über das Verhalten bei kurzfristigen Schwankungen zunimmt.

Die Genauigkeit der Kostenrechnung kann durch die Anwendung verfeinerter Rechenverfahren, eine bessere Organisation der Kostenerfassung und der Kostenverrechnung, durch Einsatz von Meßinstrumenten bei der Kostenerfassung und durch Verwendung besonders qualifizierter Mitarbeiter erheblich verbessert werden, doch kann dies mit einem erheblichen Kosten- und Zeitaufwand verbunden sein. Die *wirtschaftlichen Grenzen* der Genauigkeit, die sich hier deutlich abzeichnen, sind *betriebssubjektiv* und ändern sich mit den wirtschaftlichen Situationen und der Art der Fragestellungen, die die Kostenrechnung zu beantworten hat.

III. Die Wirtschaftlichkeit der Kostenrechnung

Allgemein versteht man unter Wirtschaftlichkeit das Verhältnis von Ertrag zu Aufwand. Im Falle der Kostenrechnung ist als *Ertrag* der zusätzliche Gewinn anzusehen, der dadurch entsteht, daß man auf Grund der Ergebnisse der Kostenrechnung den Betrieb besser kontrollieren und leiten kann. Dieser zusätzliche Gewinn ist allerdings rechnerisch kaum

[19] Vgl. als Beispiel hierzu *R. Rodenstock*, a.a.O., S. 136–145.

zu ermitteln. Immerhin läßt sich aber sagen, daß eine Kostenrechnung, die auf dem Zahlenfriedhof landet, ohne ernsthaft ausgewertet zu werden, den Ertrag Null bringt; sie ist also unendlich unwirtschaftlich. Der Ertrag hängt in allererster Linie davon ab, ob die Verantwortlichen auch die Ergebnisse der Kostenrechnung auswerten und ob sie die Möglichkeiten, die sich dafür bieten, auch wirklich nutzen. Von ganz erheblichem Einfluß auf die Ertragswirksamkeit der Kostenrechnung ist die Schnelligkeit, mit der sie ihre Ergebnisse der Unternehmungsleitung vorzulegen vermag, da aktuelle Zahlen von größerem Interesse sind als veraltete.

Der *Aufwand* wird durch die Erfassung, Verrechnung, Darstellung und Auswertung der Kosten verursacht. Er hängt in sehr hohem Maße von der Differenzierung, der Periodizität und der Genauigkeit, insbesondere aber auch von der geforderten Schnelligkeit ab, und darüber hinaus im einzelnen von dem Umfang der Kostenrechnung, von der Menge der Kostenziffern, von der Zahl der Kostenarten und Kostenstellen, von den Methoden der Umlegung, Verteilung und Zurechnung und schließlich auch von der Organisation dieses Ablaufs, dem Einsatz von Rechenmaschinen, Lochkartenanlagen und anderem.

Die Wirtschaftlichkeit der Kostenrechnung kann nach zwei Richtungen hin verbessert werden:

1. Durch eine Senkung des Aufwandes für die Kostenrechnung selbst;
2. durch eine Erhöhung des Ertrages, das heißt eine Verbesserung der Auswertung nach Qualität und Umfang.

Der Aufwand für die Kostenrechnung kann wesentlich vermindert werden, wenn man sich darauf beschränkt, in der Kostenstellen- und Kostenträgerrechnung nur das zu verrechnen, was auch tatsächlich ausgewertet wird. Man sollte sich in der laufenden Kostenrechnung auf das beschränken, was ständig wegen seiner Beeinflußbarkeit und Veränderlichkeit interessiert. Dabei genügt es, wenn man in den jeweiligen Kostenstellen und bei den jeweiligen Kostenträgern nur die Kostenarten ausweist, die von dieser Stelle aus oder von diesem Kostenträger her beeinflußt werden können und unmittelbar damit zusammenhängen. Alle die übrigen Zahlen sind unnötiger Ballast, der lediglich die Kosten der Kostenrechnung erhöht, ohne den geringsten Ertrag zu bringen. Das, was immer gleichbleibt, nicht beeinflußbar ist, nicht ausgewertet oder nur gelegentlich benötigt wird, braucht man nur in größeren Zeitabständen auszuwerten.

Eine wesentliche Verbesserung des Ertrages, das heißt des Erkenntniswertes der Kostenrechnung läßt sich dadurch erreichen, daß man ihre Ergebnisse schneller zur Verfügung stellt. Das kann man weitgehend dadurch erreichen, daß man auf überflüssiges, nicht ausgewertetes Zahlenmaterial verzichtet. Darüber hinaus sollte sehr viel sorgfältiger, als es gewöhnlich der Fall ist, untersucht werden, welche Fragen im einzelnen Betriebe tatsächlich von der Kostenrechnung beantwortet werden sollen, und welche Unterlagen für die Beantwortung dieser Fragen unumgänglich notwendig sind. Wenn dann die Differenzierung, die Zusammenfassung der Kostenarten, der Kostenträger und der Kostenstellen, die Verrechnung auf Kostenstellen und Kostenträger den tatsächlichen Informationsbedürfnissen angepaßt wird, ist es möglich, die Wirtschaftlichkeit der Kostenrechnung ganz erheblich zu verbessern. Insbesondere kann dadurch der Umfang der erforderlichen Sonderrechnungen für Kontroll- und Dispositionszwecke wesentlich herabgesetzt werden.

Die Aktualität der Kostenrechnung läßt sich weiter dadurch erhöhen, daß man nicht die vollen Ergebnisse abwartet, sondern bereits Teilergebnisse auswertet. Hierbei ist insbesondere daran zu denken, daß sich beispielsweise die Kostenartenrechnung schon auswerten

45

läßt, lange bevor die Kostenstellenrechnung, die Kostenträgerrechnung oder die Betriebsergebnisrechnung abgeschlossen vorliegen. In abgeschwächtem Maße gilt das auch für die Kostenstellenrechnung.

Besonders zu beachten ist die »Grenzwirtschaftlichkeit« zusätzlicher Informationen. Bei einer gegebenen Kostenrechnung ist der zusätzliche Aufwand für eine bessere Auswertung oft sehr gering im Vergleich zu dem Ertrag, den die zusätzliche Erkenntnis mit sich bringt. Das gilt ganz besonders in solchen Fällen, in denen sich die Auswertung der Kostenrechnung auf die Ermittlung der Durchschnittskosten der verschiedenen Kostenträger und auf die Betriebsergebnisrechnung beschränkt.

Anmerkungen

[1] Das für die Kosten-, Leistungs- und Erfolgsrechnung allgemein geforderte *Verursachungsprinzip* wird in der Literatur teils kausal als Ursache-Wirkung-Zusammenhang, teils final als Mittel-Zweck-Zusammenhang interpretiert. Bei genauerer Analyse erweist es sich weder bei kausaler, noch bei finaler Interpretation als brauchbare Grundlage für die Begründung der Zurechenbarkeit im Sinne einer eindeutig-zwingenden Gegenüberstellung von Kosten und Leistungen (Erlösen) untereinander oder mit anderen Untersuchungsobjekten. Im technologischen Kausalprozeß, dessen man sich zur Leistungserstellung bedient, ist nämlich der kombinierte Einsatz *aller* Produktionsfaktoren (auch der überhaupt nicht als Kostengüter angesehenen) unter den spezifischen Prozeßbedingungen die *komplexe Ursache*, die eine *doppelte Wirkung* hervorruft:

(1) Entstehung des Leistungsgutes

(2) Untergang der Repetiergüter oder Verbrauchsgüter (z. B. Stoffe und Energien) sowie räumlich-zeitliche Inanspruchnahme der Potentialgüter (Arbeitskräfte, Betriebsmittel, Grundstücke), die mehrfach gebraucht oder genutzt werden können.

Zwischen diesen beiden gekoppelten Wirkungen, die im Rechnungswesen als Leistungen oder Erlöse einerseits, als Kosten andererseits abgebildet werden, können somit weder Kausal- noch Finalbeziehungen bestehen *(s. Schema 1)*. Eine eindeutige Gegenüberstellung von Leistungen (Erlösen) und Kosten ist daher nur soweit möglich, als in diesen Größen diejenigen Leistungs- und Kostengüter abgebildet werden, deren Entstehen und Vergehen auf *denselben Kausalprozeß* oder auf *dieselbe Entscheidung*, die diesen ausgelöst hat, zurückführbar ist. Die *Zurückführbarkeit auf dieselbe, identische Entscheidung (»Identitätsprinzip«)* ist das allein *maßgebliche Kriterium*, weil darauf die Zurechenbarkeit auch in allen solchen Fällen begründet werden kann, in denen Wertverzehr und Wertentstehung nicht auf technologischen Kausalprozessen beruhen, sondern auf *rechtlich-ökonomischen Beziehungen* (Verträge, öffentlichrechtliche Bindungen) oder in denen infolge der Vereinbarung nichtproportionaler Entgelte die Kostenfunktionen nicht den Verbrauchsfunktionen bzw. die Erlösfunktionen nicht den

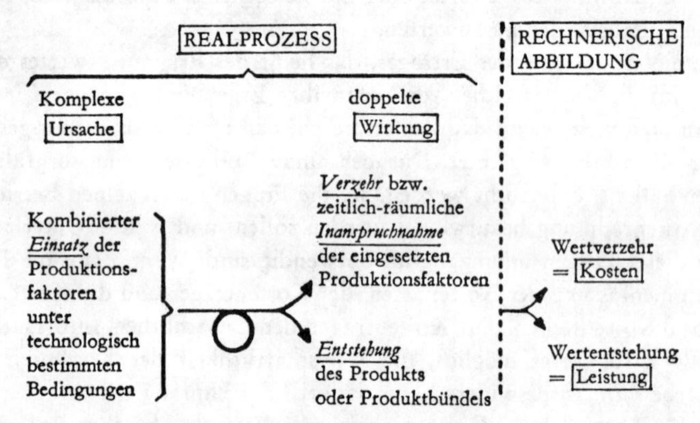

Schema 1: Die Leistungserstellung als Kausalprozeß und ihre rechnerische Abbildung

(Aus meinem Beitrag: Die Fragwürdigkeit des Verursachungsprinzips im Rechnungswesen, in: Rechnungswesen und Betriebswirtschaftspolitik, Festschrift für Gerhard Krüger zu seinem 65. Geburtstag, hrsg. von *Manfred Layer* und *Heinz Strebel*, Berlin 1969, S. 49–64 [67–78], hier S. 55 [71].)

Leistungsgüterabgabefunktionen entsprechen. Das Verursachungsprinzip muß daher im Rechnungswesen durch das *Identitätsprinzip* ersetzt werden.
Die auf Grund des Identitätsprinzips einem Objekt eindeutig zurechenbaren Ausgaben werden als seine *(wesensmäßigen) Einzelkosten* (-ausgaben) oder als seine spezifischen *Kosten* (Ausgaben) bezeichnet. Solche Ausgaben bzw. Kosten, die auf Dispositionen zurückgehen, die auch noch andere Kalkulationsobjekte als das jeweils betrachtete mitbetreffen, sind als verbundene Kosten (Ausgaben) *echte Gemeinkosten* (-ausgaben) des betrachteten Kalkulationsobjekts. Entsprechend muß bei den Erlösen eines Kalkulationsobjektes unterschieden werden. Vgl. hierzu auch die Veröffentlichung meines ehemaligen Assistenten *Robert Ehrt:* Die Zurechenbarkeit von Kosten auf Leistungen auf der Grundlage kausaler und finaler Beziehungen, Stuttgart 1967.

[2] Vor allem gilt es, die Abhängigkeit der Kosten sowie des Mengenverbrauchs bzw. der räumlich-zeitlichen Inanspruchnahme von den betrieblichen Dispositionen und sonstigen wesentlichen Einflußfaktoren wirklichkeitsgerecht »abzubilden«. Besonderer Wert ist dabei auf die Zusammenhänge mit einerseits Art, Menge und Wert (Preis) der Leistungen, andererseits Art und Grad der Leistungsbereitschaft zu legen. Die Kostenrechnung kann nur insoweit richtig sein, als es gelingt, die Kosten den Leistungen und solchen Teilbereichen und Kalkulationsobjekten, die für die Beurteilung realisierter Maßnahmen oder einer Handlungsalternative wichtig sind, auf Grund eindeutiger Beziehungen zuzuordnen. Zur Wirklichkeitsnähe. Abbildungsproblematik und Genauigkeit siehe neuerdings die Untersuchung meines ehemaligen Mitarbeiters *Siegfried Hummel:* Wirklichkeitsnahe Kostenerfassung. Neue Erkenntnisse für eine eindeutige Kostenermittlung, Berlin 1970.

[3] Die übliche Einteilung der Rechnungszwecke in die Gruppen: Betriebskontrolle, Betriebsdisposition, Preiskalkulation und Bestandsbewertung ist für die Beurteilung der Richtigkeit viel zu grob. Vielmehr kommt es ganz auf die jeweilige *konkrete Fragestellung* und Situation an. Beispiele aus der Praxis hierzu finden sich in der Veröffentlichung meines früheren Mitarbeiters *Wolfgang Faßbender:* Betriebsindividuelle Kostenerfassung und Kostenauswertung Frankfurt a. M. 1964.

[4] Dieser Aussage liegt noch der traditionelle »wertmäßige« Kostenbegriff zugrunde, den man treffender als »wertindifferenten Kostenbegriff« bezeichnen sollte. Nach neueren Auffassungen ist auch die »Bepreisung«, die Zuordnung von Ausgaben auf Kostengüter und von Einnahmen auf Leistungsgüter nicht mehr einfach als ein zweckbedingtes Bewertungsproblem anzusehen. Vielmehr muß hier eine »Preiseindeutigkeit« gefordert werden (so *Dieter Schneider:* Finanzwirtschaftliche Theorie der Produktion, in: Produktionstheorie und Produktionsplanung, Festschrift zum 65. Geburtstag von Professor Dr. Dr. h. c. Karl Hax, hrsg. von Adolf Moxter, Dieter Schneider und Waldemar Wittmann, Köln und Opladen 1966, S. 337 bis 382, hier S. 372 f. und 378–380). An die Stelle der Bewertung tritt daher die *Zurechnung von Ausgaben auf die Kostenguteinheit* bzw. auf die *Maßeinheit des Verbrauchs* oder *der Inanspruchnahme* eines Kostengutes (z. B. Maschinenstunde). Auch hierfür ist das Identitätsprinzip maßgeblich. Der Verbrauch eines Kostengutes oder seine räumlich-zeitliche Inanspruchnahme ist daher nur insoweit Kosten, als durch die Einsatzdisposition zusätzliche Ausgaben oder Ausgabenverpflichtungen ausgelöst werden. Ist diese Bedingung nicht erfüllt, dann ist allenfalls der Mengenverbrauch zurechenbar, soweit es sich nicht auch hier um einen »Gemeinverbrauch« handelt. Siehe hierzu S. 87–93, 276–280, 372 f. sowie meine Beiträge: Die Fragwürdigkeit des Verursachungsprinzips . . ., S. 62 f. [76 f.]; Deckungsbeitragsrechnung, in Handwörterbuch des Rechnungswesens, hrsg. von Erich Kosiol, Stuttgart 1970, Sp. 383 bis 400, hier Sp. 384 f.; Deckungsbeitrag und Deckungsbeitragsrechnung, in: Handwörterbuch der Betriebswirtschaft, 4. Aufl., hrsg. von Erwin Grochla und Waldemar Wittmann, Stuttgart 1974 ff., Sp. 1137–1155, hier Sp. 1141–1147, und *Siegfried Hummel,* insbesondere S. 177–182 und 202–215.
Das zur Zurechenbarkeit von Ausgaben auf Kostengüter weitgehend spiegelbildliche Problem der Zurechenbarkeit von Erlösen auf Leistungsgüter habe ich in meinem Beitrag: Ertragsbildung und Ertragsverbundenheit im Spiegel der Zurechenbarkeit von Erlösen, in der von mir herausgegebenen Schrift: Beiträge zur betriebswirtschaftlichen Ertragslehre, Erich Schäfer zum 70. Geburtstag, Opladen 1971, S. 147–200, hier S. 161 ff., eingehend behandelt. Im vorliegenden Band wiederabgedruckt als Beitrag 7, S. 98–148, hier S. 111–138.

[5] Entsprechendes gilt für die scheinbar direkte Erfassung anteiliger echter Gemeinkosten, insbesondere fixer Kosten, als »Scheineinzelkosten« (siehe hierzu S. 275 f.). Im übrigen müßte es oben korrekter heißen: » . . . bei der Aufschlüsselung von echten Gemeinkosten, *insbesondere* der Proportionalisierung von fixen Kosten«, weil die fixen Kosten nur ein spezieller Typ echter Gemeinkosten in bezug auf die Leistungseinheiten sind.

[6] Der Zusammenhang mit dem Proportionalitätsprinzip tritt noch deutlicher in Erscheinung, wenn man die Schlüsselgrößen umgekehrt als die »mit den Molekulargewichten, Ertragspreisen (Verkaufspreisen) oder anderen Größen gewogenen Erzeugungsmengen« beschreibt.

[7] Die Bereitschaftskosten fallen nämlich auch dann in der jeweiligen Höhe an, wenn die erwarteten oder geplanten Leistungen nicht erstellt werden. Obgleich die Aufrechterhaltung einer mindestens angemessenen Betriebsbereitschaft eine der Voraussetzungen der Leistungsentstehung ist, lassen sich dennoch keine eindeutigen und zwingenden rechnerischen Beziehungen zwischen den entstandenen Bereitschaftskosten und den einzelnen erstellten Leistungen herstellen.

[8] Dabei handelt es sich jedoch in bezug auf die Leistungseinheit bzw. Schlüsseleinheit nicht mehr um Kosten im Sinne des entscheidungsorientierten Kostenbegriffs und auch nicht um eine Zurechnung, sondern um eine willentliche und zweck- oder fragestellungsbedingte *»Anlastung«* oder *»Zuteilung«*. Diese ist stets subjektiv, weil zwischen mehreren Verteilungsschlüsseln gewählt werden muß, die von der Sachlogik her gleichrangig sein können, sich jedoch in ihrer Wirkung unterscheiden. Eine solche Anlastung kann dennoch für bestimmte Zwecke oder Fragestellungen zweckmäßig sein, wenn sie nach *unternehmungspolitischen Gesichtspunkten* geschieht. In jedem Falle sollten jedoch derartige »Deckungslasten« von den Einzelkosten sorgfältig getrennt werden.

[9] Die weitverbreitete Bezeichnung »Durchschnittskosten« für anteilige (Gesamt-)Kosten je Leistungseinheit ist vor allem deshalb recht unglücklich, weil es sich hierbei nicht um Durchschnittswerte im Sinne statistischer Mittelwerte handelt. Solche gibt es nämlich nur, wenn die Individualwerte existieren. Aber gerade das ist bei den Bereitschaftskosten und anderen Arten echter Gemeinkosten in bezug auf die Leistungseinheiten nicht der Fall.

[10] Diese Auffassung ist, wie bereits erwähnt, umstritten und zumindest für ein entscheidungsorientiertes Rechnungswesen nicht mehr haltbar.

3. Das Rechnen mit Einzelkosten und Deckungsbeiträgen*[1,2]

I. Die Mängel der traditionellen Kostenträgerrechnung (»Kostenüberwälzungsrechnung«)

Unsere traditionelle Kostenrechnung ist in ihrer Entwicklung vor allem von Industriezweigen mit Individualfertigung beeinflußt worden, bei denen die Kostenrechnung Unterlagen für die Vorkalkulation des Angebotspreises liefern sollte. In bürokratisch geleiteten Großbetrieben ist daraus ein Rechenschema entstanden, das in der Zeit der staatlichen Wirtschaftslenkung mit den LSÖ allgemein verbindlich gemacht worden ist. Die übertriebene Zurechnung aller Kosten auf die Kostenträger nach einem starren Schema mag für die staatliche Preiskontrolle und für den Kostennachweis bequem zu handhaben sein, doch ist sie für interne betriebswirtschaftliche Aufgaben ungeeignet. Solange man die Kostenträgerrechnung als das eigentliche Ziel der Kostenrechnung ansieht, muß ihr Aussagewert zwangsläufig fragwürdig bleiben, da die Zurechnung echter Gemeinkosten und fixer Kosten [1] auf die Erzeugnisse niemals richtig gelöst werden kann.
Man verleugnet die Produktionsverbundenheit in den Betrieben, wenn man echte Gemeinkosten aufschlüsselt, und man verleugnet den Charakter der fixen Kosten, wenn man sie künstlich proportionalisiert. Die vollen Kosten der Kostenstellen und -träger entsprechen daher nicht den tatsächlichen Beziehungen zwischen Ursache und Wirkung, zwischen Mitteln und Zwecken; sie geben infolgedessen ein systembedingt falsches Bild. Die Fehler können der Größenordnung der Gewinne und Verluste der einzelnen Leistungen und Kostenstellen entsprechen, aus denen man in der Ergebnisrechnung Urteile über ihre Wirtschaftlichkeit fällen will. Alle Entscheidungen, die auf der Grundlage der vollen Kosten der Kostenstellen und -träger getroffen werden, sind daher mit größter Wahrscheinlichkeit falsch.
Zudem ist das traditionelle Kalkulationsschema auf der abwechselnden Addition von Einzelkosten und Gemeinkosten aufgebaut. Dabei ist nur den Erzeugniseinzelkosten einigermaßen anzusehen, was dahintersteckt, da es sich hier vorwiegend um variable Kosten (gegenüber dem Beschäftigungsgrad und der|Auftragsgröße) handelt, zudem um solche, die mit kurzperiodischen Ausgaben [3] verbunden sind und gewöhnlich um Kosten, die mit relativ großer Genauigkeit erfaßt werden. Völlig undurchsichtig ist dagegen die Struktur der Erzeugnisgemeinkosten, sobald sie einmal »umgelegt« sind [2]. Will man die für die Kontrolle und Disposition besonders wichtigen Informationen über die Struktur und die Abhängigkeiten der Erzeugnisgemeinkosten erhalten, so muß man von der Kostenstellen-

214

* Nachdruck aus: Zeitschrift für handelswissenschaftliche Forschung, Neue Folge, 11. Jg. 1959, S. 213–238.

[1] Verkürzte Fassung eines Vortrages vor dem Betriebswirtschaftlichen Ausschuß des Verbandes der Chemischen Industrie e. V., am 17. 10. 1958 in Frankfurt a. M.

[2] Für die Durchführung der hier veröffentlichten und weiterer Modellrechnungen bin ich meinen Mitarbeitern, den Herren Dipl.-Kfm. *W. Faßbender*, Dipl.-Kfm. *R. Fischer*, Dipl.-Kfm. *H. Zeller* und Dipl.-Chem. *R. Kusnierz-Glaz* zu Dank verpflichtet.

[3] Terminus nach *H. Koch*, Die Ermittlung der Durchschnittskosten als Grundprinzip der Kostenrechnung, in: ZfhF. NF. 5. Jg. 1953, S. 315.

und oft von der Kostenartenrechnung ausgehend umständliche und aufwendige Sonderrechnungen anstellen, falls man sich nicht mit Schätzungen begnügen will. Auch für eine bewegliche Preiskalkulation ist es nicht möglich, die verschiedenen Arten der Preisuntergrenzen aus dem traditionellen Schema zu entnehmen.

Ausgehend von einer sorgfältigen Analyse der Anforderungen, die die verschiedenen Zwecke der Kostenrechnung stellen, haben wir uns bemüht, ein Kostenrechnungssystem zu entwickeln, das ohne die Aufschlüsselung von verbundenen Kosten und ohne die Proportionalisierung von fixen Kosten auskommt [3]. Außerdem haben wir versucht, eine Grundrechnung im Sinne *Schmalenbachs* [4] zu entwickeln, welche ohne umständliche Sonderrechnungen vielseitig auswertbar ist. Das setzt vor allem voraus, daß in der Grundrechnung der Charakter der einzelnen Kostenarten unverfälscht zutage tritt. Um das zu erreichen, brauchen wir eigentlich nur die bisherigen Erkenntnisse der Kostentheorie konsequent anzuwenden. Wesentliche Anregungen haben wir vor allem aus der Idee der »Blockkostenrechnung« *Rummels* [5] und dem alten Gedanken der »Deckungsrechnung« [6] empfangen. Auch die »Ertragskalkulationen« *M. R. Lehmanns* [7] und das in der amerikanischen Praxis entstandene »Direct Costing« [8] weisen in die Richtung des nachfolgend dargelegten Systems.

II. Die theoretischen Grundlagen der Einzelkostenrechnung

Die Bezeichnung Einzelkostenrechnung soll darauf hinweisen, daß in diesem System nur mit Einzelkosten oder mit direkt zurechenbaren Kosten gerechnet |wird. Das ist möglich, weil die Frage: »Wem können die Kosten zugerechnet werden?« immer nur relativ beantwortet werden kann. 215

1. Die Arten von Einzel- und Gemeinkosten

Die Unterscheidung zwischen Einzelkosten und Gemeinkosten hat man zunächst nur auf die *Kostenträger* bezogen. Dabei hat man in Industriebetrieben als Kostenträger nur die Enderzeugnisse und ihre Vorprodukte aufgefaßt, soweit es sich um stoffliche Leistungen handelt. In neuerer Zeit prüft man auch, *welchen anderen Bezugsgrößen* die Kosten zugerechnet werden können [9]. So unterscheidet man nach der Zurechenbarkeit auf die *Kostenstellen* zwischen Stellen-Einzelkosten und Stellen-Gemeinkosten [10].

Die *Stellen-Einzelkosten* können einer bestimmten Kostenstelle direkt zugerechnet werden

[4] *E. Schmalenbach*, Kostenrechnung und Preispolitik, 7. Aufl., Köln und Opladen 1956, S. 280.

[5] *K. Rummel*, Einheitliche Kostenrechnung. 3. Aufl. Düsseldorf 1949, S. XIV und Abschn. VI, insbes. S. 192 f., 211–214.

[6] Vgl. hierzu den Begriff der »Deckung« bei *H. Peiser*, Grundlagen der Betriebsrechnung in Maschinenbauanstalten. 2. Aufl. Berlin 1923 und die Hinweise bei *Schmalenbach*, a.a.O., S. 280 und 496.

[7] Vgl. *M. R. Lehmann*, Industriekalkulation. 4. Aufl. Stuttgart 1951, insbes. S. 151 f., S. 170 ff., S. 176 f., S. 247 f.

[8] Vgl. hierzu insbesondere: N. A. C. A. Research Report, Direct Costing. N. A. C. A. Research Series No. 23. (National Association of Cost Accountants), New York 1953. – *R. P. Marple*, Direct Costing and the Uses of Cost Data. The Accounting Review, Vol. XXX, 1955, No. 3, S. 430–438. – *Lawrence & Humphreys*, Marginal Costing, London 1947. – Eine zusammenfassende Darstellung meines Schülers *P. Heine*, »Direct Costing – eine anglo-amerikanische Teilkostenrechnung« ist in der ZfhF erschienen. [ZfhF. NF. 11. Jg. 1959, S. 515 ff.].

[9] Vgl. z. B. *Joel Dean*, Managerial Economics, Englewood Cliffs, N. Y. 1957, S. 263 ff.

[10] So z. B. *F. Henzel*, Die Kostenrechnung, 2. Aufl. Stuttgart 1950, S. 21. – *E. Kosiol*, Kalkulatorische Betriebsbuchhaltung, 5. Aufl. Wiesbaden 1953, S. 264. – *M. R. Lehmann*, a.a.O., S. 52.

wie z. B. die Kosten der Maschinennutzung, die Hilfsstoff- und die Energiekosten und die Löhne der dort tätigen Arbeiter. Die direkten Kosten der Kostenstelle können in bezug auf ihre Leistungen Kostenträger-Gemeinkosten oder Kostenträger-Einzelkosten sein; sie umfassen *variable* und *fixe* Kosten. Soweit Kostenträger-Einzelkosten in einer bestimmten Kostenstelle anfallen, können sie als Stellen-Einzelkosten erfaßt oder – wie bei der Veredlungskalkulation – aus der Stellenrechnung ausgegliedert und sofort dem Kostenträger zugerechnet werden. Die *Stellen-Gemeinkosten* entstehen für eine Mehrheit von Kostenstellen, wie z. B. die Kosten der Arbeitsvorbereitung oder des Betriebsbüros. Diese sind Einzelkosten in bezug auf eine Kostenstellen-Gruppe, eine Abteilung, eine örtliche Betriebseinheit oder die Unternehmung als Ganzes. Falls man besondere Hilfskostenstellen schafft, um diese Kosten direkt zu erfassen und zu sammeln, z. B. die Hilfskostenstelle »Arbeitsvorbereitung«, werden sie zu Einzelkosten dieser Hilfskostenstellen. Es läßt sich auf diese Weise eine *Hierarchie von Bezugsgrößen* aufbauen, bei der jede Kostenart eines Unternehmens an irgendeiner Stelle als Einzelkosten erfaßt werden kann. Dabei ist es nicht zweckmäßig, in die Einzelkosten der »übergeordneten« Bezugsgrößen auch die Einzelkosten der »untergeordneten« Bezugsgröße einzubeziehen [4]. Die an irgendeiner Stelle in der Bezugsgrößen-Hierarchie ausgewiesenen Kosten sind dann für die untergeordneten Bezugsgrößen Gemeinkosten. Daher wird die Unterscheidung zwischen Einzelkosten und Gemeinkosten keineswegs überflüssig, wenn man sie relativiert.

Eine ähnliche *Bezugsgrößen-Hierarchie* besteht im Bereich der *Kostenträger*. Stellt z. B. eine Firma u. a. Schädlingsbekämpfungsmittel verschiedener Art her, so sind die Kosten einer Anzeige, in der für die Schädlingsbekämpfungsmittel allgemein geworben wird, Einzelkosten der Kostenträger-Gruppe Schädlingsbekämpfungsmittel. Als weitere Bezugsgrößen kommen zum Beispiel im *Vertriebsbereich:*|Kundenbesuche, Kundenanfragen und 216 -aufträge, Kunden und Kundengruppen, Verkaufsbezirke usw., im *Fertigungsbereich:* Betriebsstörungen, Sortenwechsel, Einstellen und Anlernen von Arbeitskräften in Frage. Wie die moderne Kostentheorie zeigt, schieben sich in den Zusammenhang zwischen Kosten und Leistung zahlreiche Faktoren ein, die unmittelbar mit der Kostenhöhe in Verbindung stehen und die als Bezugsgrößen für die Auswertung der Kostenrechnung weit wichtiger sein können als die mehr oder weniger fragwürdige Zurechnung auf die Endleistungen als Kostenträger.

Die Unterscheidung zwischen »echten« und »unechten« Gemeinkosten [11] läßt sich in gleicher Weise auf alle Bezugsgrößen anwenden [5]. Die *echten Gemeinkosten* können auch bei Anwendung bester Erfassungsmethoden nicht den einzelnen Erzeugnissen zugerechnet werden. Typische echte Gemeinkosten in bezug auf die Kostenträger sind sämtliche Kosten eines Kuppelprozesses, in bezug auf Kostenstellen und Kostenbereiche z. B. die Kosten des Pförtners und der sozialen Einrichtungen. Für variable echte Gemeinkosten lassen sich wohl Schlüssel finden, die zur Erzeugnismenge proportional sind, nicht aber solche, die zugleich auch dem Verursachungsprinzip genügen. Die Stromkosten einer Alkalielektrolyse sind der Ausbringungsmenge proportional, werden aber nicht durch die einzelnen Produkte verursacht, sondern durch den Spaltprozeß. Sie entstehen auch dann in voller Höhe, wenn man nur eines der Kuppelprodukte gewinnen möchte. Jede Kostenrechnung, in der echte Gemeinkosten aufgeschlüsselt werden, ist insoweit falsch. *Unechte Gemeinkosten* könnten ihrer Natur nach in bezug auf einen Kostenträger oder eine Kostenstelle direkt erfaßt werden, doch verzichtet man aus Gründen der Wirtschaftlich-

[11] Vgl. *K. Mellerowicz*, Kosten und Kostenrechnung. Bd. II, Kostenrechnung, 1. Teil: Grundlagen und Verfahrensweisen. Berlin und Leipzig 1936, S. 78.

keit, oft auch aus Bequemlichkeit, auf die direkte Erfassung. Soweit es sich um variable Kosten handelt, lassen sich sinnvolle Verteilungsschlüssel finden, die dem Verursachungsprinzip unter normalen Umständen gerecht werden und die zum normalen Verbrauch proportional sind. Wird z. B. der Stromverbrauch für alle Maschinen einer Abteilung gemeinsam erfaßt, dann ist es nicht möglich, auf Grund der zugeschlüsselten Stromkosten etwas über den tatsächlichen Verbrauch der einzelnen Maschinen und der Erzeugnisse auszusagen. Im Falle eines Mehrverbrauches läßt sich nicht feststellen, wer dafür verantwortlich ist. Daher hängt es von der jeweiligen Fragestellung ab, ob es im Rahmen der Auswertung der Kostenrechnung sinnvoll ist, unechte Gemeinkosten aufzuschlüsseln.

2. *Die Arten von fixen Kosten – fixe Kosten als Einzelkosten und Gemeinkosten*

Auch die Unterscheidung zwischen fixen Kosten und variablen Kosten ist *relativ* und kann z. B. auf die Kapazitätsausnutzung, die Beschäftigungsdauer, die Auftragsgröße und andere Kosteneinflußfaktoren bezogen werden. Zum Beispiel sind auftragsgrößenfixe Kosten gegenüber Veränderungen des Beschäftigungsgrades|teils fix und teils variabel. Die Kosten der Betriebsbereitschaft stehen zur Leistung in keinem ursächlichen Zusammenhang, sondern in einer *Mittel-Zweck-Beziehung* [12], denn sie hängen nicht von der tatsächlichen Produktionsmenge oder Auftragszahl ab, sondern von der erwarteten. Deshalb sollten schon in den einzelnen Kostenstellen und bei den Kostenträgern die Kosten entsprechend ihrem Verhalten gegenüber den wichtigsten Einflußgrößen gruppiert werden. Wie die variablen, so sind auch die fixen Kosten in der Bezugsgrößen-Hierarchie *relative Einzelkosten und Gemeinkosten.* Z. B. sind die *Entwurfskosten* eines Erzeugnistyps fix in bezug auf die Zahl der Fertigungsaufträge und die Erzeugnismenge; sie sind zugleich Einzelkosten des Erzeugnistyps (= der Kostenträgerart), aber Gemeinkosten der Fertigungsaufträge und der Leistungseinheiten. Die Rüstkosten der Fertigungsaufträge sind proportional zur Zahl der Aufträge, aber fix in bezug auf die Auftragsgröße; sie sind zugleich Einzelkosten der Aufträge, aber Gemeinkosten der Leistungseinheiten.

217

Ganz besonders wichtig ist jedoch die *Zurechenbarkeit der fixen Kosten auf die einzelnen Zeitabschnitte.* Dabei sind zu unterscheiden [6]:

1. Fixe Kosten, die den jeweiligen Abrechnungszeiträumen eindeutig direkt zugerechnet werden können (*»Perioden-Einzelkosten«).* Sie leiten sich gewöhnlich von laufenden oder kurzperiodischen Ausgaben ab, wie z. B. Gehälter und Miete [13].
2. Unregelmäßig anfallende zeitabhängige fixe Kosten, die nur einem größeren Zeitraum, einer Mehrheit von Abrechnungsperioden direkt zugerechnet werden können. Wie z. B. Kosten für kleinere Reparaturen, Urlaubslöhne, Weihnachtsgratifikationen. Sie sind *Gemeinkosten kurzer Abrechnungsperioden,* z. B. Monate, und Einzelkosten in bezug auf größere Zeiträume, z. B. das Jahr oder noch größere Zeitspannen [14].
3. Kosten, die sich von einmaligen oder unregelmäßigen Ausgaben ableiten, die jedoch über längere, im voraus nicht übersehbare Zeiträume, leistungswirksam sind. Sie sind *Gemeinkosten einer im voraus noch nicht bekannten Zahl von Abrechnungsperioden.* Beispiele dafür sind die Anlageninvestitionen und Großreparaturen, ferner die Kosten für einen Entwurf, ein Rezept oder den Aufbau einer Organisation.

[12] Vgl. *M. R. Lehmann*, a.a.O., S. 151 f.
[13] Gilt nicht in allen Fällen; z. B. sind Gehälter und Miete in Saisonbetrieben bei monatlicher Abrechnung nicht den Monaten, in denen sie als Ausgaben anfallen, eindeutig zurechenbar.
[14] Auch hier läßt sich eine Hierarchie von zeitlichen Bezugsgrößen aufbauen.

Die Gemeinkosten in bezug auf den Abrechnungszeitraum (2. und 3.) lassen sich nicht ohne Willkür auf die einzelnen Zeitabschnitte verteilen, gleichgültig, ob man sie proportional zur Zeit, zu den Leistungen oder nach einem kombinierten Schlüssel verrechnet. Aufgeschlüsselte Anteile sagen über den tatsächlichen Verzehr nichts aus. Für gewisse Fragestellungen, z. B. die Preiskalkulation, können sie jedoch den Charakter von *vorgegebenen Deckungsbeiträgen* oder *Amortisationsraten* haben. Sind die einmaligen Ausgaben erst in der Zukunft zu erwarten (z. B. Bergschäden, Garantieverpflichtungen), dann haben die den einzelnen Abrechnungsperioden vorweg belasteten Anteile den Charakter von *Rückstellungsraten.*

III. Eine Grundrechnung auf der Basis relativer Einzelkosten

218

1. Die Prinzipien der Einzelkostenrechnung [7]

1. Alle Kosten werden als Einzelkosten erfaßt und ausgewiesen, und zwar so, daß sie in der Hierarchie betrieblicher Bezugsgrößen an der untersten Stelle ausgewiesen werden, an der man sie gerade noch als Einzelkosten erfassen kann.
2. Es wird völlig darauf verzichtet, Gemeinkosten aufzuschlüsseln und sie nach den Prinzipien der traditionellen Kostenrechnung auf die Endkostenstellen und die Kostenträger zu überwälzen.
3. Alle Kosten, die einer Periode nicht eindeutig zurechenbar sind, werden gesondert als »Soll-Deckungsbeiträge« oder »Deckungsraten« (Amortisations- und Rückstellungsraten) ausgewiesen.
4. Wünschenswert, aber nicht unabdingbar, ist die Berücksichtigung der wichtigsten Kostenabhängigkeiten bei den einzelnen Kostenstellen und Kostenträgern. Dabei ist insbesondere der Ausgabencharakter der Kosten (mit kurzperiodischen Ausgaben verbunden – mit langperiodischen Ausgaben verbunden – überhaupt nicht mit Ausgaben verbunden) zu beachten.

2. Aufbau und Durchführung der Einzelkostenrechnung

Die Einzelkostenrechnung soll am Beispiel einer mehrstufigen Kuppelproduktion dargestellt werden, da dort besonders wenig Kosten den Leistungen direkt zugerechnet werden können. Leistungszusammenhang und Produktionsablauf des Modellbetriebes sind in Abb. 1 dargestellt. In den Fertigungsstellen F 1 und F 2 handelt es sich um Kuppelproduktionen mit festen Mengenverhältnissen.

a) Die »primäre« Kostenerfassung

Die praktische Handhabung der Kostenerfassung unterscheidet sich kaum von der herkömmlichen Kostenrechnung, soweit dort möglichst viele Kosten direkt erfaßt werden. Auch bei der herkömmlichen Kostenrechnung ist es keineswegs so, daß die Kosten zunächst als Kostenarten für die Abrechnungsperiode erfaßt und dann auf die Kostenstellen und die Kostenträger verteilt werden. Vielmehr ergeben sich die Zahlen der meisten Kostenarten als Summe der Uraufschreibungen, mit denen der Einsatz der Kostengüter in bestimmten Kostenstellen oder für bestimmte Kostenträger erfaßt wird. Es ist zweckmäßig,

219

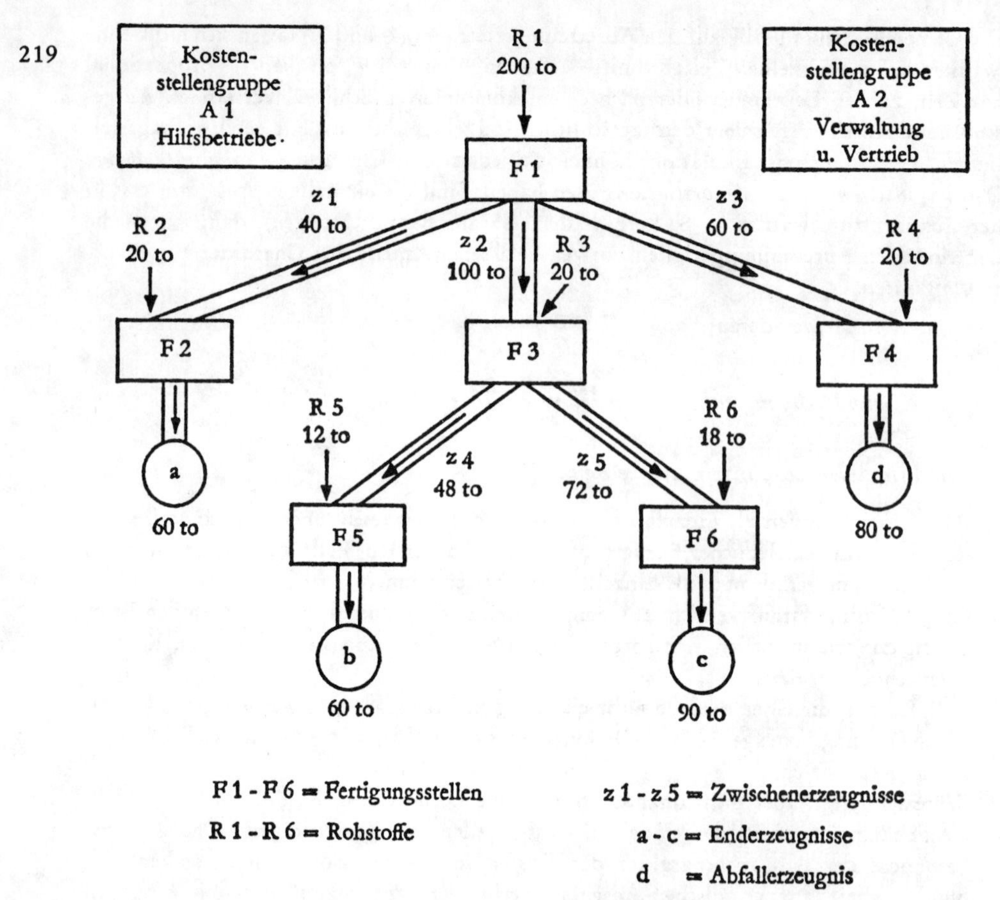

Abb. 1: Produktionsablauf des Beispiels »Mehrstufige Kuppelproduktion«

218 in einer dem Betriebsabrechnungsbogen entsprechenden Tabelle die Kosten so zusammenzufassen, daß die natürlichen Zuordnungsbereiche oder Bezugsgrößen, die den Uraufschreibungen zugrunde gelegen haben, erhalten bleiben. Diese »primäre Kostengliederung« (»Grundrechnung I«) stellt eine *kombinierte Kostenarten-, Kostenstellen- und Kostenträgerrechnung* dar, wobei in den Stellen und bei den Trägern lediglich Einzelkosten ausgewiesen werden. In unserem Beispiel (s. Tab. 1) wurden die Kostenarten nicht nach ihrer Herkunft gegliedert, sondern nach *Kostenkategorien,* die sich aus ihrem Verhalten gegen-
219 über den Haupteinflußgrößen und ihrem Ausgabencharakter | ergeben [15]. Es ist zweckmäßig, die »natürlichen« Kostenarten bei den einzelnen Kostenträgern und Kostenstellen den verschiedenen Kostenkategorien zuzuordnen. In unserem Beispiel würden die Personalkosten unter den Gruppen I b, II a und II b (z. B. Urlaubslöhne) erscheinen. Bei den

[15] In der Praxis wird eine so starke Differenzierung wie im Beispiel nicht immer möglich oder notwendig sein. Die vorliegende Kostengliederung wurde gewählt, weil dieses Modell noch für andere theoretische Untersuchungen dient. Aus Gründen der Raumersparnis wurde auf die schematische Darstellung der Grundrechnung I verzichtet. Der grundsätzliche Aufbau entspricht der Tabelle 1.

Kostenträgern wurden nur ihre direkten Vertriebskosten ausgewiesen; die Stoffkosten der Enderzeugnisse wurden aus Gründen der Betriebskontrolle in den Stellen F 2, F 5 und F 6 belassen. Wir hätten sie auch unmittelbar bei den Kostenträgern in der Kostenkategorie I b ausweisen können [8].

b) Die Verrechnung innerbetrieblicher Leistungen (»sekundäre« Kostenerfassung) 222

Kosten, die bei den Hilfsbetrieben anfallen, werden dort primär als direkte Kosten der Hilfsbetriebe erfaßt. Eine Weiterverrechnung kommt *nur für meßbare innerbetriebliche Leistungen* in Frage, deren Verzehr bei den abnehmenden Kostenstellen direkt erfaßt wird. Da die Bereitschaftskosten des Hilfsbetriebes in bezug auf die erbrachten Leistungen Gemeinkosten sind, dürfen wir den innerbetrieblichen Leistungen nur die jeweiligen *variablen Kosten* und die durch den einzelnen Auftrag *zusätzlich verursachten fixen Kosten* zurechnen [16]. In dieser Handhabung zeigt sich deutlich der grundlegende Unterschied gegenüber dem Fremdbezug. Von besonderen Vertragsverhältnissen abgesehen entstehen bei Fremdbezug immer nur variable Kosten. Bei der Selbstversorgung ist dagegen das Unternehmen bewußt mit den Investitionen fixe Kosten eingegangen, um damit andere Vorteile zu erzielen. Selbstverständlich müssen, im ganzen gesehen, auch die Bereitschaftskosten der Hilfsbetriebe abgedeckt werden, und zwar in erster Linie durch die Kostenstellen und Erzeugnisse, für die sie geschaffen worden sind.

Bei der *empfangenden* Stelle ist zu prüfen, welchen *Kostenkategorien* die zurechenbaren Kosten der innerbetrieblichen Leistungen angelastet werden sollen. Z. B. sind Reparaturkosten, die zur Aufrechterhaltung der Betriebsbereitschaft dienen, den Bereitschaftskosten anzulasten, und zwar je nach Häufigkeit entweder denjenigen, die unmittelbar der Abrechnungsperiode zugerechnet werden können (II a), oder denjenigen, die für eine Mehrheit von Abrechnungsperioden entstehen (II b). Das gilt nicht, wenn die Kostenstelle bereits mit einer Rückstellungsrate für derartige Reparaturen belastet ist; dann sollte man in einer Sonderrechnung über längere Zeiträume die angelasteten Rückstellungsraten und die tatsächlich beanspruchten Reparaturleistungen kumulativ und mit Hilfe gleitender Durchschnitte vergleichen. Wenn die Reparaturleistungen laufend anfallen und in einer offensichtlichen Proportionalität zur Zahl der Maschinen- und Apparatestunden stehen, können sie den beschäftigungsdauerabhängigen Kosten (I c) zugerechnet werden [10]. Im Falle des Hilfsbetriebes A 1 wurde angenommen, daß dessen Leistungen unmittelbar mit Art und Menge der Fertigerzeugnisse zusammenhängen (z. B. Herstellung und Instandhaltung von Emballagen oder Leistungen des innerbetrieblichen Transports der Enderzeugnisse). Deshalb wurden lediglich die erzeugungsabhängigen variablen Kosten des Hilfsbetriebs A 1 auf Grund direkter Erfassung den abnehmenden Stellen F 2, F 5 und F 6 zugerechnet (Tab. 1, Zeile 7). Alle übrigen Kosten bleiben dem Hilfsbetrieb angelastet.

Mit der Verrechnung der innerbetrieblichen Leistungen ist die Grundrechnung als solche abgeschlossen. Wenn erzeugungsabhängige Kosten aus Kontrollgründen zunächst bei den Stellen ausgewiesen wurden, können sie noch auf die Erzeugnisse weiterverrechnet wer-

[16] Wenigstens solange die Kapazität des liefernden Hilfsbetriebes noch nicht überbeansprucht ist. Gleicher Auffassung ist insbesondere *E. Schmalenbach*, a.a.O., S. 206 f., 242, 248.

Tabelle 1: Grundrechnung II (nach Verrechnung innerbetrieblicher Leistungen) Beträge in 1000 DM

	Kostenkategorien (und -arten) ↓ / Kostenstellen und Kostenträger →	Fertigungsstellen						Hilfsbetriebe	Verw. u. Vertrieb	Verkaufsprodukte			Σ →
		F 1	F 2	F 3	F 4	F 5	F 6	A 1	A 2	a	b	c	
	I. *Variable Kosten*[17]												
	a) Umsatzabhängige Kosten:												
1	1) wertabhängige (z. B. Umsatzst., Provis.)									52	32	14	98
2	2) mengenabhängige (z. B. Frachten[9]).									29	15	7	51
3	Sa. Umsatzabhängige Kosten									81	47	21	149
	b) Erzeugungsabhängige Kosten:												
4	1) Stoffkosten[18] } als	300	20	40	10	12	9	11	—	—	—	—	402
5	2) Energiekosten } Beispiele	105	5	3	1	1	5	10	—	—	—	—	130
6	Sa. Erzeugungsabhängige Kosten ohne innerbetriebliehe Leistungen	405	25	43	11	13	14	21	—	—	—	—	532
7	Direkt variable Kosten der direkt erfaßten innerbetriebliche Leistungen	—	6	—	—	6	9	–21	—	—	—	—	—
8	Sa. Erzeugungsabhängige Kosten	405	31	43	11	19	23	—	—	—	—	—	532
	c) Beschäftigungsdauerabhängige Kosten:												
9	1) Energiekosten } als	30	10	4	2	4	15	—	—	—	—	—	65
10	2) Personalkosten } Beispiele	15	5	12	3	30	2	9	—	—	—	—	76
11	Sa. Beschäftigungsdauerabhängige Kosten	45	15	16	5	34	17	9	—	—	—	—	141
12	Sa. Variable Kosten	450	46	59	16	53	40	9	—	81	47	21	822

Tabelle 1 (Fortsetzung): Grundrechnung II usw.

	Kostenkategorien (und -arten) ↓ / Kostenstellen und Kostenträger →	Fertigungsstellen F 1	F 2	F 3	F 4	F 5	F 6	Hilfsbetriebe A 1	Verw. u. Vertrieb A 2	Verkaufsprodukte a	b	c	$\sum$ →
	II. *Bereitschaftskosten*												
13	a) mit kurzperiod. Ausgaben verbundene Bereitschaftskosten	32	5	12	3	15	6	21	69	—	—	—	163
14	Sa. der mit kurzperiod. Ausgaben verbundenen Kosten[17]	482	51	71	19	68	46	30	69	81	47	21	985
15	b) nicht m. kurzperiod. Ausg. verbundene Bereitschaftsk.[19] (Amortisations- und Rückstellungsraten)	30	12	16	6	12	24	4	6	—	—	—	110
16	Summe der Einzelkosten	512	63	87	25	80	70	34	75	81	47	21	1.095

[17] Für alle variablen Kosten ist unterstellt, daß sie mit kurzperiodischen Ausgaben verbunden sind.

[18] Die Stoffeinzelkosten der Erzeugnisse sind (aus Kontrollgründen) bei den Kostenstellen erfaßt.

[19] Einschließlich der überhaupt nicht mit Ausgaben verbundenen Kosten, z. B. Zinsen auf Eigenkapital.

222 den. Darauf wurde in unserem Beispiel verzichtet, da es sich bei den Stellen F 1, F 5 und F 6 um Einprodukt-Betriebe handelt, deren sämtliche Kosten ohnehin den Produktarten a, b und c zugerechnet werden können.

223 c) Die Auswertung der Grundrechnung

Die Zuordnung und Gruppierung der Kosten nach Zurechnungsbereichen und nach Verhaltensgruppen (Kostenkategorien) liefern uns »Bausteine«, die mannigfaltige Kombinationen und schnelle Weiterverarbeitung gestatten. Wir bezeichnen deshalb die vorliegende Zusammenstellung von Einzelkosten der Kostenträger und Kostenstellen in Anlehnung an *Schmalenbach* als »Grundrechnung«.
Um eine solche Grundrechnung auf der Basis von Einzelkosten auszuwerten, gibt es folgende Möglichkeiten zur Aufbereitung des Zahlenmaterials:

1. Die Ermittlung von brauchbaren Kennzahlen für die Kontrolle der Betriebsgebarung und für Dispositionszwecke.
2. Die differenzierte Deckungsbeitragsrechnung, die in den Abschnitten IV und V eingehend behandelt werden soll.
3. Die übliche Kostenträgerrechnung.

Zu 1. Bei der Bildung von *Kennzahlen* für die Betriebskontrolle und die Betriebsdisposition ist folgendes zu beachten:

a) Nur Kosten, deren Verzehr tatsächlich *gemessen* worden ist, können kontrolliert werden. Aus diesem Grunde wurden die geschätzten und willkürlich festgelegten Amortisations- und Rückstellungsraten abgetrennt.
b) Die Kosten können nur dort kontrolliert werden, wo sie *unmittelbar entstehen, beeinflußt* und *gemessen* werden. In der Kostenträgerrechnung lassen sich daher nur die unmittelbar durch Art und Menge der Erzeugnisse verursachten Kosten kontrollieren.
c) Die Kosten müssen ihren *spezifischen Einflußfaktoren* gegenübergestellt werden. Dafür ist die Bildung von Kostenkategorien, die den wichtigsten Einflußgrößen entsprechen, Voraussetzung.
d) Als *Bezugsgrundlagen* für die Bildung von Kennzahlen kommen die Haupteinflußfaktoren in Frage, vor allem die verschiedenen spezifischen Leistungen der betreffenden Stellen (Erzeugungsmenge, die Zahl der Analysen, der Rechnungsposten, der Aufträge, der Sortenwechsel usw.), oft aber auch der Stoffeinsatz und andere Kostengüter. Ergänzend ist die statistische Aufgliederung der Kalenderzeit in Maschinenzeiten, Störungszeiten usw. heranzuziehen.

In Tab. 2 sind die *Kennzahlen der Erzeugnisse* und der *Kostenstellen* nach den Haupteinflußfaktoren gruppiert. Für die Kostenstellen wird man nicht nur Kennzahlen für die einzelnen Kostenkategorien zusammenstellen, sondern auch für die einzelnen natürlichen Kostenarten. Als Bezugsgrößen werden primär diejenigen Faktoren gewählt, die in einem unmittelbaren proportionalen Zusammenhang zur jeweiligen Kostenkategorie stehen. Für die erzeugungsabhängigen Kosten sind das die Ausbringungsmengen und die Einsatzmengen des Rohstoffes, in dem die Produktionsverbundenheit zum Ausdruck kommt, für die beschäftigungsdauerabhängigen Kosten die Fertigungsstunden, für die Bereitschaftskosten die Planungs- und Erfassungsperiode. Die auf der Basis der »natürlichen« Bezugsgrößen gebildeten Kennzahlen müssen in jedem Falle die Grundlage für die Kontrolle und für die Planung bilden. Für bestimmte Fragestellungen interessieren darüber hinaus auch *»sekun-*

Tabelle 2: Kennzahlen zur Auswertung der Einzelkostenrechnung (Grundrechnung II) 224

A. Kennzahlen der Erzeugnisse

	Erzeugnis	a	b	c
	Bruttopreis je to	10 350,—	5 983,33	1 833,33
Ia 1)	Preisabhängige Vertriebseinzelkosten je 1,— DM Brutto-Umsatz	0,08	0,09	0,08
Ia 2)	Mengenabhängige Vertriebseinzelkosten je to Erzeugnis	483,33	250,—	77,78
Ib	Erzeugungsabhängige Kosten:			
1)	Stoffkosten je to Erzeugnis	333,33	200,—	100,—
2)	Energiekosten je to Erzeugnis	83,33	16,67	55,56
3)	Erzeugungsabh. Kosten je t Erzeugnis[20]	516,67	316,67	255,56

B. Kennzahlen der Fertigungs-Kostenstellen

1) Erzeugungsabhängige Kosten:

	Fertigungs-Kostenstelle	F 1	F 2	F 3	F 4	F 5	F 6
a)	je to Ausbringung der Stelle	2 025,—	517,—	358,—	138,—	317,—	256,—
b)	je to Kuppelprod.-Einsatz d. Stelle *	2 025,—	775,—	430,—	183,—	396,—	319,—

2) Beschäftigungsdauerabhängige Kosten:

		F 1	F 2	F 3	F 4	F 5	F 6
a)	je Fertigungsstunde	45,—	15,—	16,—	5,—	34,—	17,—
b)[21]	je to Ausbringung der Stelle	225,—	250,—	133,—	63,—	557,—	189,—

3) Mit kurzperiodischen Ausgaben verbundene Bereitschaftskosten:

		F 1	F 2	F 3	F 4	F 5	F 6
a)	je Abrechnungs-periode	32 000,—	5 000,—	12 000,—	3 000,—	15 000,—	6 000,—
b)[21]	je Fertigungsstunde	32,—	5,—	12,—	3,—	15,—	6,—
c)[21]	je to Ausbringung der Stelle	160,—	83,—	100,—	38,—	250,—	67,—
d)[21]	je to Kuppelprod.-Einsatz der St.*	160,—	125,—	120,—	50,—	313,—	83,—

4) Nicht m. kurzper. Ausg. verbd. Bereitsch'k. (Amortisat.- und Rückstellgs.-Raten):

		F 1	F 2	F 3	F 4	F 5	F 6
a)[21]	je Abrechnungs-periode	30 000,—	12 000,—	16 000,—	6 000,—	12 000,—	24 000,—
b)[21]	je Fertigungsstunde	30,—	12,—	16,—	6,—	12,—	24,—
c)[21]	je to Ausbringung der Stelle	150,—	200,—	133,—	75,—	200,—	267,—
d)[21]	je to Kuppelprod.-Einsatz d. St.*	150,—	300,—	160,—	100,—	250,—	333,—

* in Stelle F_1 handelt es sich um den Rohstoffeinsatz

[20] Einschließlich der direkt variablen Kosten direkt erfaßter innerbetr. Leistungen.
[21] »Sekundäre« Kennzahlen.

223 *däre« Kennzahlen*, deren Bezugsgrößen zwar in keinem ursächlichen, wohl aber in einem
225 Mittel-Zweck-Zusammenhang zu den Kosten | stehen (s. Tab. 2, B, Zeilen 2b, 3b–d, 4a–d). In Verbindung mit den Mengen- und Zeitstatistiken lassen sich noch weitere sinnvolle Kennzahlen bilden. Bei den Kennzahlen der Hilfskostenstellen, der Verwaltungs- und Vertriebsstellen sind die richtigen spezifischen Einflußgrößen und Leistungssymptome dieser Stellen zugrunde zu legen, keinesfalls aber die Enderzeugnisse. Die Auswertung der Kennzahlen für Dispositionszwecke wird in Verbindung mit der Deckungsbeitragsrechnung gezeigt werden.

IV. Grundlagen einer differenzierten Deckungsbeitragsrechnung

1. Begriff und Aufgaben des Deckungsbeitrages

In der Kalkulationstheorie ist schon lange die Vorstellung zu finden, daß jeder Überschuß des erzielten Marktpreises über die proportionalen Kosten eines Erzeugnisses zur Deckung der Fixkosten, der Gemeinkosten und des Gewinnes beiträgt [22]. In Anlehnung an diese Vorstellungen wollen wir im folgenden die Differenz zwischen dem Erlös und bestimmten Kosten als *»Deckungsbeitrag«* bezeichnen. Diese Differenz kann sich auf Zeitabschnitte, Leistungseinheiten und Einheiten eingesetzter Produktionsfaktoren beziehen, es kann sich um Überschüsse über durchschnittliche Kosten [11] oder über Grenzkosten handeln *(Grenz-Deckungsbeitrag)*. Je nach den vom Erlös abgesetzten Kostenkategorien haben wir bei den Erzeugnissen außerdem zwischen Deckungsbeiträgen über die variablen Kosten, über die mit Ausgaben verbundenen Kosten und über die gesamten Erzeugnis-Einzelkosten (einschließlich der fixen) zu entscheiden. Entsprechendes gilt für Kostenträger-Gruppen, Kostenstellen und Kostenstellen-Gruppen sowie für andere Bezugsgrößen, wie z. B. Verkaufsgebiete [23] [24].

[22] *Herbert Peiser* prägte den Begriff der *»Deckung«*, unter dem der Überschuß des Erlöses über die auf diesen Erlös entfallenden direkten Aufwendungen zu verstehen ist. Aus diesem Überschuß sind die »Betriebsunkosten«, »Vertriebsunkosten« und der Reingewinn zu decken. (Grundlagen der Betriebsrechnung in Maschinenbauanstalten. 2. Aufl. Berlin 1923, S. 42 f.). – Eine besondere Rolle spielt diese »Deckung« als der eigentliche Gegenstand der Betriebsunterbrechungsversicherung. Vgl. hierzu *K. Hax*, Die Betriebsunterbrechungsversicherung. Köln und Opladen 1949, S. 118. – Nach *Schmalenbach* werden in der *»Deckungsrechnung«* wichtige Kostenarten unverteilt gelassen und unmittelbar der Gesamtleistung gegenübergestellt. (A.a.O., S. 355).

[23] Eine gewisse Verwandtschaft mit der differenzierten mehrstufigen Deckungsbeitragsrechnung weisen die *»Ertragskalkulationen« M. R. Lehmanns* auf, (a.a.O., S. 22, 32, 36, 170–172, 176–177). Es werden verschiedene Arten von »Erträgen« gebildet, indem man vom Verkaufserlös ausgehend bestimmte Kosten absetzt: die »Ausbringerträge« (nach Abzug der Vertriebskosten) und die »Veredlungserträge« bzw. die »Verwendungserträge« (nach Abzug der Veredlungs-, Bearbeitungs- oder Fertigungskosten). Weitere Differenzierungsmöglichkeiten deutet M. R. Lehmann mit dem Hinweis an, daß in der »Vertriebsertragskalkulation« die Vertriebskosten in verschiedenem Umfang von den Bruttoverkaufspreisen abgesetzt werden können (a.a.O., S. 23). Aus den knappen Andeutungen und einfachen Beispielen ist leider nicht zu ersehen, wie M. R. Lehmann dabei zur Frage der Zurechnung von Gemeinkosten und fixen Kosten steht. Seine Ausführungen auf S. 152 lassen jedoch darauf schließen, daß die abgesetzten Vertriebskosten erstens die Erzeugnisgemeinkosten bzw. Auftragsgemeinkosten des Vertriebs und zweitens anteilige Verwaltungskosten enthalten. Entsprechendes ist für die Fertigungskosten anzunehmen. Die Ausbring-, Veredlungs- und Verwendungserträge scheinen daher nicht mit den Deckungsbeiträgen identisch zu sein.

[24] Im System des *»Direct Costing«* bezeichnet man die Überschüsse der Verkaufspreise über die »direct costs« (nicht mit Einzelkosten identisch, s. u.) als »contribution margin«, daneben sind auch die Begriffe, »manufacturing margin« für den Überschuß der Nettoverkaufserlöse über die

2. *Das retrograde Kalkulationsschema*

226

Die Deckungsbeitragsrechnung ist eine *retrograde Rechnung*. Von den Bruttoerlösen ausgehend werden zunächst die Träger-Einzelkosten abgesetzt. Die *Reihenfolge* der Kostenarten und -kategorien hängt von der jeweiligen *Fragestellung* ab. Das Schema der Tab. 3 ist bei bestimmten Betriebsgegebenheiten für Zwecke der Programmplanung aufgestellt worden. Für viele Fragestellungen im Vertriebsbereich wird man zunächst die direkten Stoff- und Fertigungskosten absetzen und dann erst die Vertriebseinzelkosten des Kostenträgers, wobei die Reihenfolge der Vertriebseinzelkosten von der jeweiligen Fragestellung abhängt. Bis zur Ermittlung des Deckungsbeitrags über die variablen Träger-Einzelkosten können diese retrogaden Kalkulationen wahlweise auf die Erzeugniseinheit, den Kundenauftrag oder die Abrechnungsperiode bezogen werden. Die nachfolgend|dargestellten Stufen der retrograden Kalkulation sind dagegen nicht mehr für die Leistungseinheit oder den Auftrag sinnvoll, da sie ohne Aufschlüsselung von Gemeinkosten und von Fixkosten nur noch für Zeitabschnitte durchgeführt werden können.

227

Tabelle 3: Kalkulationsschema zur Ermittlung der Deckungsbeiträge der Erzeugnisse einer Produktionsabteilung

226

1)		**Bruttoumsatz zu Listenpreisen**	für jedes Erzeugnis
2)	./.	**Rabatte**	
3)	./.	**preisabhängige Vertriebseinzelk. d. Erzeugnisse (z. B. Umsatzst., Vertreterprov., Kundenskonti) [12]**	
4)		**Nettoerlös I**	
5)	./.	**mengenabhäng. Vertriebseinzelk. d. Erzeugn. (z. B. Frachten [9]**	
6)		**Nettoerlös II**	
7)	./.	**Stoffkosten (soweit Erzeugniseinzelk., z. B. Rohst., Verpackung)**	
8)		**Deckungsbeitrag I**	
9)	./.	**variable Löhne (soweit Erzeugniseinzelk.)[24]**	
10)		**Deckungsbeitrag II (über die variablen Einzelk.)**	
11)		**Summe der Deckungsbeiträge II aller Erzeugnisse der Abtlg. (oder Erzeugnisgruppe)[25]**	für jede Abtlg. oder Erzeugnisgruppe
12)	./.	**direkte Kosten der Abtlg. (oder Erzeugnisgruppe)**	
13)		**Deckungsbeitrag der Abtlg. (über die Erzeugnis- und die Abteilungseinzelkosten)**	

variablen Fertigungskosten der abgesetzten Erzeugnisse und der Begriff »merchandising margin« für den Überschuß des »manufacturing margin« über die variablen Vertriebskosten üblich. Vgl. N. A. C. A. Research Report, Direct Costing, S. 21. Unter »direct costs« werden nicht die Einzelkosten der Erzeugnisse verstanden, sondern die durchschnittlichen Grenzkosten oder variablen Kosten. Variable Gemeinkosten werden aufgeschlüsselt. Die variablen Kosten werden z. T. in der amerikanischen Praxis recht weit gefaßt; neben Fertigungs- und Hilfslöhnen werden manchmal auch die Meistergehälter, Abschreibungen und dergl. hinzugerechnet. Die Fixen Kosten erscheinen teilweise überhaupt nicht in der Kostenrechnung, sondern nur im Budget.

[25] Wenn die Fertigungslöhne als Bereitschaftskosten anzusehen sind, so ist es meist zweckmäßiger, von der Summe der Deckungsbeiträge I auszugehen und die Fertigungslöhne in die direkten Kosten der Abteilung einzurechnen.

227

3. *Die Differenzierung der Deckungsbeiträge*

Wie man die Deckungsbeitragsrechnung fortführt und wie man den großen *Block der fixen und variablen Gemeinkosten* aufspaltet, hängt von der Fragestellung ab und den betrieblichen Eigenarten, die auch in der Bezugsgrößen-Hierarchie zum Ausdruck kommen. Sind z. B. die Kosten der Abteilung A einer bestimmten Erzeugnisgruppe zuzurechnen, dann wird man die Summe der Deckungsbeiträge dieser Erzeugnisse (Tab. 3, Zeile 8 oder Zeile 10 [26]) der Abrechnungsperiode zusammenfassen und davon die direkten Kosten der Abteilung absetzen, um auf diese Weise den Deckungsbeitrag, den diese Abteilung an die Gesamtunternehmung bzw. an den übergeordneten Bereich liefert, zu ermitteln. Für andere Fragestellungen wird man nicht die vollen Einzelkosten, sondern nur die variablen Kosten der Abteilung oder Erzeugnisgruppe absetzen. Und für noch andere Fragen wird man feststellen, wie hoch der Deckungsbeitrag eines Erzeugnisses ist, nachdem es alle seine fixen Einzelkosten abgedeckt hat, wie z. B. die Kosten des Entwurfs, der Modelle, der Einführungswerbung u. a. Einige der Möglichkeiten, nach denen man den Block der fixen und variablen Gemeinkosten einerseits entsprechend der *Zurechenbarkeit* in der Bezugsgrößen-Hierarchie (nach Erzeugnisgruppen, Kostenstellen, Kostenstellengruppen usw.) und andererseits nach *Kostenkategorien* oder nach beidem aufspalten kann, soll an dem bereits herangezogenen Modell einer mehrstufigen Kuppelproduktion dargestellt werden. Infolge des *divergierenden Produktionsablaufs* ist die Einordnung der einzelnen Kostenstellen in die Bezugsgrößen-Hierarchie mit ihrer Stellung im Produktionsablauf identisch. Der Dekkungsbeitragsfluß läuft daher in entgegengesetzter Richtung und Reihenfolge wie der Produktionsablauf. Das ist in Abb. 2 für den Fall dargestellt, daß von jedem empfangenen Deckungsbeitrag die vollen Kosten einer Kostenstelle (einschließlich der Amortisations- und Rückstellungsraten) abgesetzt werden, ehe der Rest als Deckungsbeitrag an die vorgeordnete Kostenstelle weitergegeben wird.

a) *Differenzierung nach Kostenstellen*

Beispielsweise bleibt bei dem Erzeugnis c, nachdem vom Bruttoerlös der Periode die direkt zurechenbaren Vertriebseinzelkosten abgesetzt wurden, noch ein|Betrag von DM 144 000, durch den zunächst die vollen Kosten der Stelle F 6 abgedeckt werden. Der Rest ist der Deckungsbeitrag der Stelle F 6 zur Alimentation der Stelle F 3 und aller »rückwärtigen« und allgemeinen Stellen [13]. Die Kosten der Stelle F 3 werden jedoch auch noch von der Stelle F 5 mitgetragen, da diese ebenfalls ein Kuppelprodukt der Stelle F 3 verarbeitet. Der Überschuß über die Kosten der Stelle F 3 trägt seinerseits bei, die Kosten der »rückwärtigen« Stellen F 1, A 1 und A 2 mitzutragen. Der Stelle F 1 fließt außerdem noch der vom Erzeugnis a herrührende Deckungsbeitragsstrom zu. Bei dem Erzeugnis d handelt es sich um ein Abfallprodukt, das in der Stelle F 4 Vernichtungskosten verursacht. Da dem kein Erlös gegenübersteht, liefert die Stelle F 4 einen negativen Deckungsbeitrag, der von den Deckungsbeiträgen der Stellen F 2 und F 3 mit ausgeglichen werden muß. Was nach Deckung aller dieser Kosten schließlich übrigbleibt, ist das Periodenergebnis.

229

Eine entsprechende Differenzierung der Deckungsbeitragsrechnung, wie sie hier im Produktionsbereich für Erzeugnisse, Erzeugnisgruppen, Kostenstellen und Kostenstellengrup-

[26] Soweit es sich bei den Fertigungslöhnen um Bereitschaftskosten handelt, sind sie nur unechte Einzelkosten der Erzeugnisse; sie sind daher eigentlich nur der Kostenstelle und der Abrechnungsperiode direkt zuzurechnen. In solchen Fällen wird man zweckmäßig die Summe der »Deckungsbeiträge I« den Abteilungskosten gegenüberstellen.

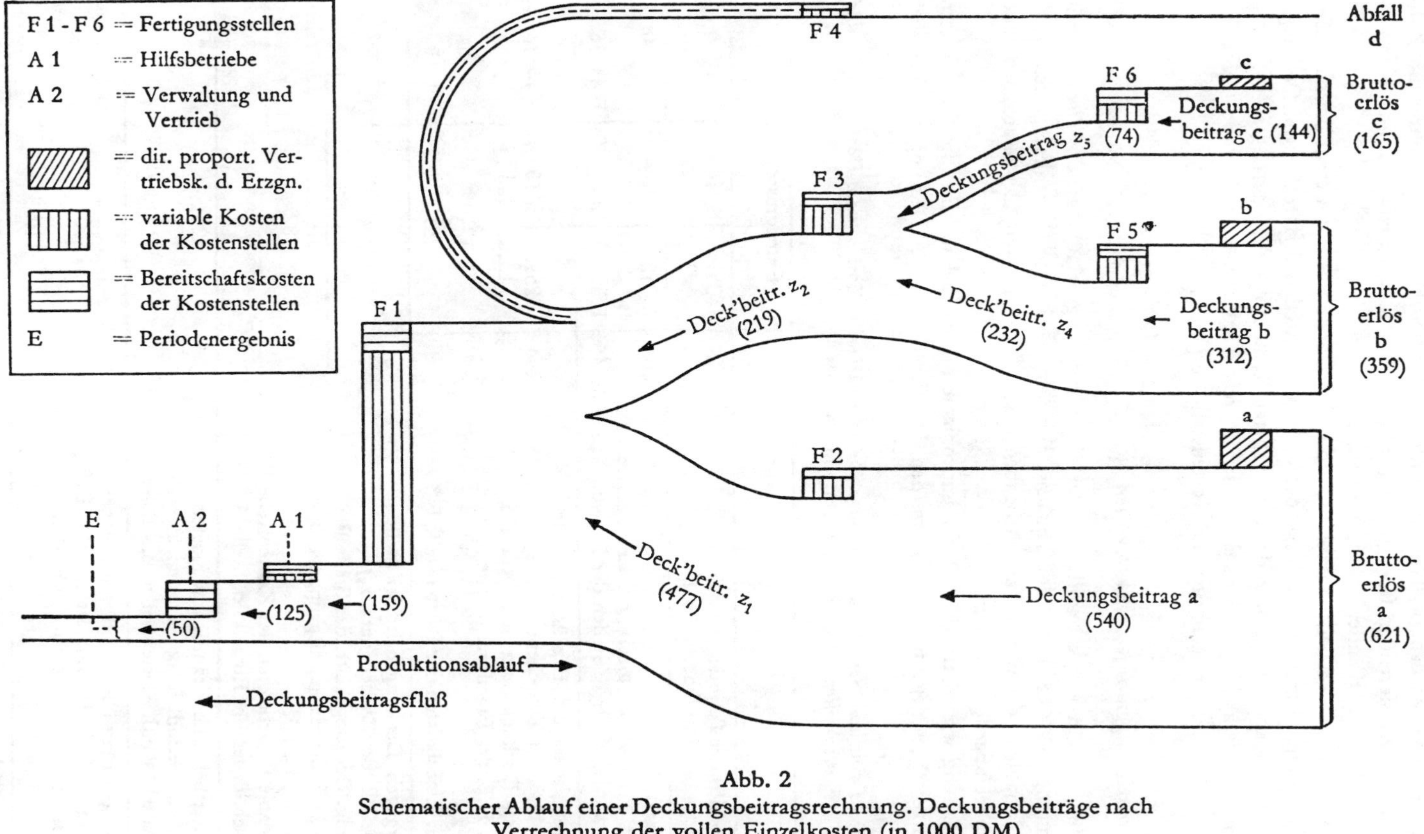

Abb. 2
Schematischer Ablauf einer Deckungsbeitragsrechnung. Deckungsbeiträge nach Verrechnung der vollen Einzelkosten (in 1000 DM)

229 pen vorgenommen worden ist, läßt sich auch im *Vertriebsbereich* durchführen im Rahmen der dort interessierenden Bezugsgrößen-Hierarchien, z. B. Auftrag, Kunde, Kundengruppe, oder Auftrag, Kunde, Verkaufsbezirk, Verkaufsgebiet.
Bei *Betriebstypen*, deren Leistungsabläufe nicht divergieren, wie in unserem Beispiel, oder parallel ablaufen, richtet man sich bei der nach Kostenstellen differenzierten Deckungsbeitragsrechnung keineswegs nach der umgekehrten Reihenfolge des Leistungsablaufs, sondern nach der Hierarchie, wie sie sich aus der *Zurechenbarkeit der Erträge und Deckungsbeiträge* auf die Erzeugnisgruppen und Kostenstellen ergibt [14].

b) Differenzierung nach Kostenkategorien

Die Bildung von Kostenkategorien in der Grundrechnung erlaubt es, die Deckungsbeitragsrechnung so zu variieren, daß zunächst nur ganz bestimmte Kostenkategorien (z. B. nur die variablen oder nur die mit Ausgaben verbundenen Kosten) der Erzeugnisse und Kostenstellen abgedeckt werden.
Für die Lösung wirtschaftlicher Optimumprobleme müssen bekanntlich die Grenzkosten den Grenzerträgen gegenübergestellt werden. Die Errechnung der Deckungsbeiträge über

230 *Tabelle 4: Ermittlung der Deckungsbeiträge über die variablen Kosten, nach Kostenträgern und Kostenstellen differenziert. Beträge in 1000 DM*

	Erzeugnisse			
	a	b	c	d
Bruttoerlös der Periode	621	359	165	0
./. Vertriebs-Einzelkosten der Erzeugnisse	81	47	21	—
Nettoerlös II	540	312	144	0
./. var. Fertigungs-Einzelk. der Erzeugnisse (= var. E.K.der K'Stellen der Endstufe)	F 2: 46	F 5: 53	F 6: 40	F 4: 16
Deckungsbeiträge d. Erz. über ihre var. E.K. (= D.B. der Zwischenerz. z_1, z_4, z_5)	494	259	104	— *16*
empfang. Deckungsbeitr. der Stelle F 3 (= D.B. der Erzeugnisgruppe b, c oder z_4, z_5)		363		
./. var. Einzelkosten der Kostenstelle F 3		59		
weitergegeb. Deckungsbeitr der Stelle F 3 (= D.B. des Zwischenerz. z_2)		304		
empfang. Deckungsbeitr. der Stelle F 1 (= D.B. der Erzeugnisgruppe a, b, c, d oder z_1, z_2, z_3)		782		
./. variable Einzelkosten der Kostenstelle F 1		450		
./. besch.-dauerabh. Einzelk. d. Stelle A 1		9		
Deckungsbeitr. über sämtl. var. Kosten		323		
./. mit kurzperiod. Ausg. verbund. Bereitschaftsk. sämtl. Kostenstellen u. -träger		163		
Deckungsbeitrag über sämtl. mit kurzper. Ausg. verb. K. (= liquiditätswirks. D.B.[15]		160		
./. nicht mit kurzper. Ausg. verb. Kosten sämtl. Stellen und Träger		110		
Periodenergebnis		50		

229 die variablen Kosten gestattet es, für jede beliebige Stufe des Leistungsprozesses die *Grenzerträge* zu ermitteln (siehe Tab. 4). Die Bereitschaftskosten der Erzeugnisse und der Kostenstellen nehmen wir aus dem Deckungsbeitragsfluß zunächst heraus und speichern sie in besonderen Sammelkonten, und zwar zweckmäßig nach solchen Bereitschaftskosten, die mit kurzperiodischen Ausgaben verbunden sind, und solchen, die nicht mit kurzperiodischen Ausgaben verbunden sind, differenziert [15]. Aus diesem Grunde sind die von den einzelnen Kostenstellen empfangenen und weitergegebenen Deckungsbeiträge selbstverständlich höher als bei voller Abdeckung der Stelleneinzelkosten. Als wichtiges Zwischenergebnis erhält man den *Deckungsbeitrag über sämtliche variable Kosten* des Unternehmens. Daraus werden dann zunächst alle die mit kurzperiodischen Ausgaben verbundenen Kosten alimentiert. Als weiteres|Zwischenergebnis erhalten wir so den »kalkulatorischen Einnahmeüberschuß« oder den »liquiditätswirksamen Deckungsbeitrag«, der für betriebliche Dispositionen sehr viel wichtiger als das übliche Periodenergebnis ist, abgesehen von der erheblich größeren Genauigkeit [16]. Das übliche *Periodenergebnis* erhalten wir, wenn auch noch die gesammelten Amortisations- und Rückstellungsraten der Erzeugnisse und Kostenstellen – gegebenenfalls auch noch überhaupt nicht mit Ausgaben verbundene kalkulatorische Kosten – abgedeckt werden. 230

231 *Tabelle 5: Ermittlung der Deckungsbeiträge über die mit kurzperiodischen Ausgaben verbundenen Kosten, nach Kostenträgern und Kostenstellen differenziert. Beträge in 1000 DM*

	Erzeugnisse			
	a	b	c	d
Bruttoerlös der Periode	621	359	165	0
./. Vertriebs-Einzelkosten der Erzeugnisse	81	47	21	—
Nettoerlös II	540	312	144	0
./. mit kurzper. Ausg. verb. Fertigungs-E.K. der Erz. (= mit kurzper. Ausg. verb. E.K. d. K'Stellen der Endstufe)	F 2: 51	F 5: 68	F 6: 46	F 4: 19
Deckungsbeitr. d. Erz. über ihre m. kurzper. Ausg. verb. E.K. (= D.B. d. Zwischenerz. z_1, z_4, z_5)	489	244	98	— *19*
empfang. Deckungsbeiträge d. K'Stelle F 3 (= D.B. der Erzeugnisgruppe b u. c oder z_4 u. z_5)		342		
./. mit kurzper. Ausg. verb. E.K. der K'Stelle F 3		71		
weitergegeb. Deckungsbeitrag der Stelle F 3 (= D.B. des Zwischenerzeugnisses z_2)		271		
empfang. Deckungsbeiträge d. K'Stelle F 1 (= D.B. d. Erzeugnisgruppe a, b, c, d oder z_1, z_2, z_3)		741		
./. mit kurzper. Ausg. verb. E.K. d. Stelle F 1		482		
./. mit kurzper. Ausg. verb. E.K. d. Stelle A 1		30		
./. mit kurzper. Ausg. verb. E.K. d. Stelle A 2		69		
Deckungsbeitr. über sämtl. mit kurzper. Ausg. verb. K. (= liquiditätswirksamer D.B.)		160		
./. nicht mit kurzper. Ausg. verbundene Kosten sämtl. Kostenstellen und -träger		110		
Periodenergebnis		50		

230 Die Ermittlung der *Deckungsbeiträge über die mit kurzperiodischen Ausgaben verbundenen Kosten,* nach Erzeugnissen, Erzeugnisgruppen und Kostenstellen differenziert, ist in Tab. 5 dargestellt [15].

231 *4. Die Bildung von Kennzahlen der Deckungsbeitragsrechnung*

Die absolute Höhe des Deckungsbeitrages eines Erzeugnisses oder einer Kostenstelle vermag seine Bedeutung für das Unternehmen besser zu charakterisieren als der Umsatz oder der nach der Vollkostenrechnung ermittelte Gewinn. Zur Beurteilung des absoluten Deckungsbeitrages ist es darüber hinaus erforderlich, die spezifischen Deckungsbeiträge zu ermitteln, da zwei Produkte, die den gleichen Deckungsbeitrag erbringen, durchaus von unterschiedlichem Interesse für ein Unternehmen sein können. Es handelt sich hier um Kennzahlen, in denen die Deckungsbeiträge auf die Leistungseinheit [27], die Umsatzeinheit oder die Einheit (232) eines aufgewandten Produktionsfaktors (Maschinenstunde, Rohstoffeinsatz, Energieeinsatz), insbesondere des Engpaßfaktors [28], bezogen werden. Derartige Kennzahlen sind außerordentlich wichtige Kriterien für die Kontrolle der Betriebsgebarung und unternehmerische Entscheidungen. Daher sollte man in jeder Abrechnungsperiode ein *System spezifischer Deckungsbeiträge* zusammenstellen, wie das am Beispiel einiger Kostenstellen für das Kuppelproduktionsmodell in Tab 6 dargestellt ist. Wendet man auf diese Kennzahlen die bekannten Methoden des Zeitvergleichs, Betriebsvergleichs und Soll-Ist-Vergleichs an, dann ergeben sich weitere Möglichkeiten für die Kontrolle der Betriebsgebarung.

V. *Die Auswertung der Deckungsbeitragsrechnung*

1. Wirtschaftlichkeitsvergleiche

Aus Raumersparnis kann die Auswertung der Deckungsbeitragsrechnung für Wirtschaftlichkeitsvergleiche nur an zwei Beispielen angedeutet werden. Ist z. B. zu entscheiden, ob es wirtschaftlicher ist, in der Periode 18 to von z_5 unmittelbar zu einem Nettopreis II von DM 1500,–/to zu *verkaufen,* statt, wie bisher, *weiterzuverarbeiten,* dann kann diese Frage unmittelbar durch einen Vergleich des Nettopreises mit dem Deckungsbeitrag von c je to z_5 beantwortet werden. Dabei dürfen von dem Erlös des Erzeugnisses c nur die Kosten abgesetzt werden, die wegfallen, wenn z_5 unmittelbar verkauft wird. Kann in diesem Falle die Beschäftigungsdauer der Stelle F 6 nicht eingeschränkt werden, dann ist der weitergegebene Deckungsbeitrag über die erzeugungsabhängigen Einzelkosten je to z_5 maßgeblich. Da er laut Tab. 6, Zeile B 4, DM 1681,– beträgt, ist die Weiterverarbeitung vorteilhafter. Kann dagegen die Beschäftigungsdauer der Stelle F 6 eingeschränkt werden, ist der weitergegebene Deckungsbeitrag über die variablen Kosten entscheidend (Tab. 6, Zeile B 3, DM 1444,–); in diesem Falle ist der Verkauf vorzuziehen. Es ist also nicht not-

[27] Diese sind – unter Berücksichtigung der in Fußnote 23 gemachten Einschränkungen – verschiedenen Spielarten von »Ertragspreisen« (Ausbringpreise, Veredlungsertragspreise, Verwendungsertragspreise) *M. R. Lehmanns* verwandt (a.a.O., S. 169 f.).

[28] Auch nach *M. R. Lehmann* ist bei einem Engpaß in der Rohstoffbeschaffung die Veredlungsmöglichkeit zu wählen, die den höchsten Verwendungsertrag je Rohstoffeinheit bringt (a.a.O., S. 176 f.).

Tabelle 6: Kennzahlen zur Auswertung der Deckungsbeitragsrechnung

1) *Verkaufsprodukte:*	a	b	c
Bruttopreis	10 350,—	5 983,33	1 833,33
Nettopreis I (s. Tab. 3)	9 383,33	5 450,—	1 677,78
Nettopreis II (s. Tab. 3)	9 000,—	5 200,—	1 600,—
Deckungsbeitrag I (s. Tab. 3)	8 483,33	4 883,33	1 344,44

2) *Kostenstellen:*	F 5			F 6		
	je LE (to b)	je to Vorprod. z_4	je App. Std.	je LE (to c)	je to Vorprod. z_5	je App. Std.
A. *Empfangene Deckungsbeiträge*						
1) üb. umsatzabh. Vertriebseinzelk. d. Erzeugn. (Nettopreis II)	5 200,—	6 500,—	312,—	1 600,—	2 000,—	144,—
B. *Weitergegebene Deckungsbeiträge*						
1) über volle Einzelkosten[29] [17]		4 833,—	232,—		1 028,—	74,—
2) üb. m. kurzper. Ausg. verb. E.K.[29] [17]		5 083,—	244,—		1 361,—	98,—
3) über variable Einzelkosten		5 396,—	259,—		1 444,—	104,—
4) über erzeugungsabh. Einzelkosten		6 104,—	293,—		1 681,—	121,—

Kostenstelle:	F 3		
	je LE (to z_4/z_5)[30]	je to Vorprod. z_2	je App. Std.
A. *Empfangene Deckungsbeiträge*			
1) über volle Einzelk. d. Nachstufen[29] [17]	2 550,—	3 060,—	306,—
2) über m. kurzper. Ausg. verbund. Einzelk. d. Nachstufen[29] [17]	2 850,—	3 420,—	342,—
3) über variable Einzelk. d. Nachstufen	3 025,—	3 630,—	363,—
4) über erzeugungsabh. E.K. d. Nachstufen	3 450,—	4 140,—	414,—
B. *Weitergegebene Deckungsbeiträge*			
1) über volle Einzelkosten[29] [17]		2 190,—	219,—
2) über m. kurzper. Ausg. verbund. Einzelk.[29] [17]		2 710,—	271,—
3) über variable Einzelkosten		3 040,—	304,—
4) über erzeugungsabhäng. Einzelkosten		3 710,—	371,—

Die Kennzahlen der Stellen sind hier nur für F 5, F 6 und F 3 ermittelt; für F 2, F 4 und F 1 ist nach dem gleichen Schema zu verfahren.

[29] Abhängig vom Grad der Kapazitätsausnutzung.

[30] Je »Päckchen« fiktives Kuppelprodukt zusammengesetzt aus z_4 und z_5, im Mengenverhältnis des Anfalls.

232 wendig, für diesen Wirtschaftlichkeitsvergleich die Kosten des Zwischenproduktes oder einen Verrechnungspreis zu kennen.

Für *Sortimentsanalysen* bei wechselnder Fertigung ist es zweckmäßig, die Deckungsbeiträge der alternativen Erzeugnisse zu kumulieren, und zwar in der Reihenfolge abnehmender spezifischer Deckungsbeiträge je Einheit des Engpaßfaktors, z. B. je Apparatestunde (s. Abb. 3). Das liegt nahe, weil man Erzeugnisse mit hohem spezifischen Dekkungsbeitrag bevorzugt verkaufen möchte. Stellt man dieser Summenkurve die Soll-Dekkungsbeiträge, nach der Zurechenbarkeit und Dringlichkeit geschichtet, gegenüber, dann läßt sich sehr einfach ermitteln, auf welche Produkte verzichtet und nicht verzichtet werden darf und welche Erzeugnisse zweckmäßig forciert werden sollten. In Abb. 3 wird durch das Erzeugnis a_6 der bereits erwirtschaftete Beitrag zu den Abteilungsgemeinkosten vermindert, während a_5 neutral ist und auf a_4 nicht verzichtet werden kann, solange es

234 nicht durch ein besseres Erzeugnis ersetzt wird. Liegt der Engpaß bei den Rohstoffen|oder beim Kapital, dann kann sich leicht eine andere Rangordnung ergeben; ebenso wenn man den Umsatz zugrunde legt. In entsprechender Weise kann man auch die Deckungsbeiträge der verschiedenen Absatzgebiete, Absatzwege und Abnehmergruppen überprüfen.

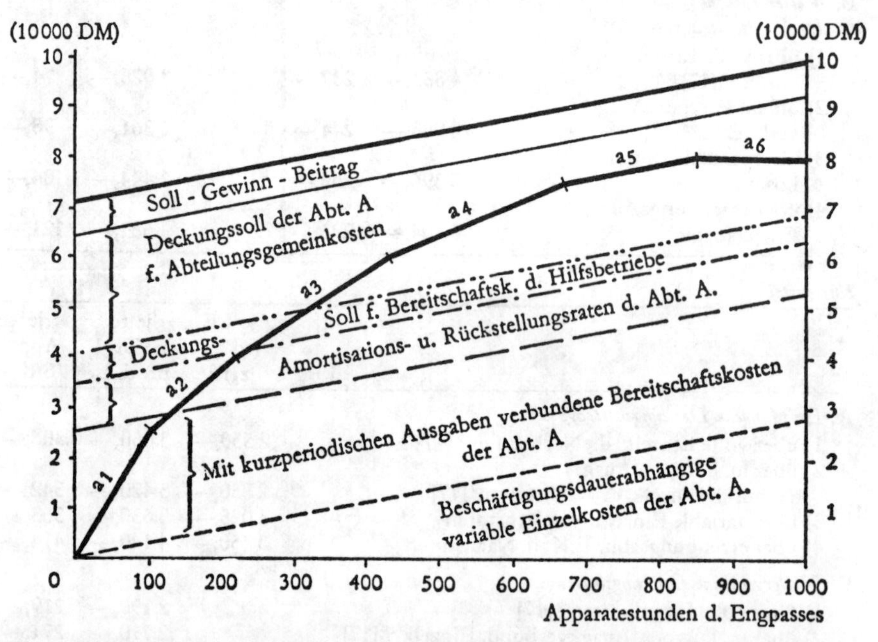

Abb. 3: Vergleich der kumulierten Deckungsbeiträge mit den geschichteten Soll-Deckungsbeiträgen einer Erzeugnisgruppe oder Abteilung
(Spezifische Deckungsbeiträge je Apparatestunde in DM/St.:
$a_1 = 250$, $a_2 = 125$, $a_3 = 95$, $a_4 = 63$, $a_5 = 28$, $a_6 = 0$)
[In der Originalquelle sind die Zeichnungen der Abb. 3 und 4 vertauscht]

2. *Preispolitik*

Es wird oft befürchtet, daß das Rechnen mit Einzelkosten zu einer nachgiebigen Preispolitik verleitet und dann keine Vollkostendeckung erreicht wird. Um dieser Gefahr zu entgehen, gibt man den für die Preispolitik Verantwortlichen außer den Einzelkosten der Erzeugnisse *für die Planungsperiode* vor:

1. Den Erzeugnisgruppen zurechenbare Soll-Deckungsbeiträge.
2. Soll-Deckungsbeiträge für die den Erzeugnisgruppen nicht zurechenbaren Kosten und für den geplanten Gewinn.

235

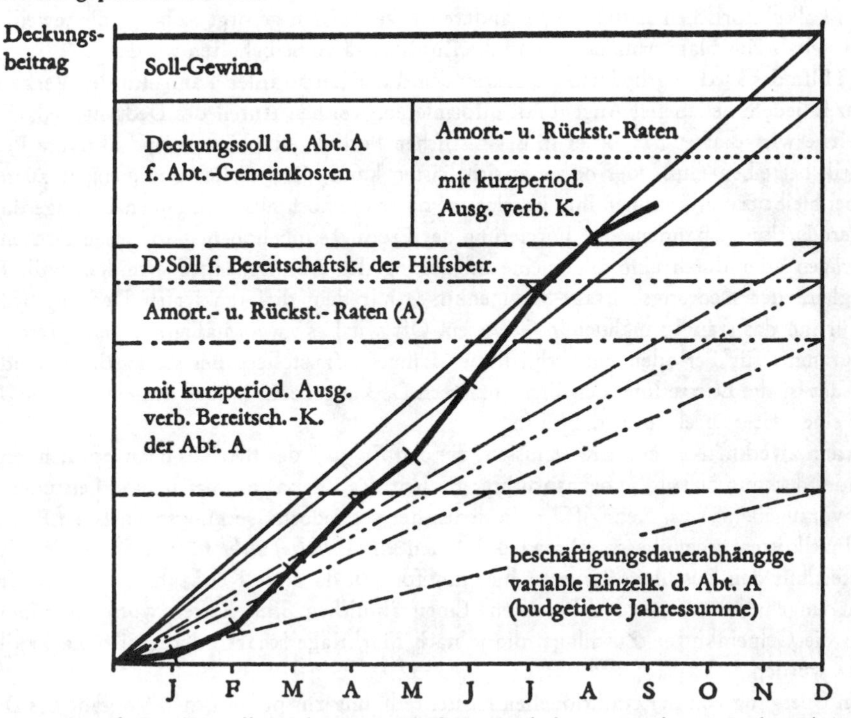

Abb. 4: Kumulative Darstellung der erwirtschafteten und der vorgegebenen Deckungsbeiträge

234
235

Darüber hinaus ist es zweckmäßig, diese Soll-Deckungsbeiträge auch nach der Dringlichkeit zu schichten, in der sie abgedeckt werden sollen (siehe Abb. 4). Steht die *Sicherung der Liquidität* im Vordergrund, wird man alle mit kurzperiodischen Ausgaben verbundenen Kosten und Soll-Deckungsbeiträge als vordringlich zusammenfassen. Der Verkaufsleiter kann dannn in einem Diagramm nach Abb. 4 laufend die erwirtschafteten Deckungsbeiträge kumulieren und mit Hilfe von »Leitstrahlen« erkennen, in welchem Ausmaße er sein Deckungsbeitrags-Soll voraussichtlich erreichen wird und welche Schichten von Soll-Deckungsbeiträgen bereits endgültig erwirtschaftet worden sind. Die gegliederte Vorgabe des erforderlichen Deckungsbeitrages für eine Periode weist sehr viel nachdrücklicher und mit härterem Zwang als die traditionelle Selbstkostenrechnung darauf hin, was im Laufe eines Jahres erwirtschaftet werden soll und was unter allen Umständen erwirtschaftet werden muß, um die Liquidität aufrechtzuerhalten [18]. Es ist deutlich zu erkennen, bei welchem Anteil des Deckungsbedarfs ein zeitlicher Ausgleich über mehrere Perioden möglich ist. Da es dem Verkaufsleiter überlassen bleibt, mit welchen Aufträgen, bei welchen Erzeugnis- und Abnehmergruppen, bei welchen Absatzgebieten und wann er die Deckungsbeiträge erwirtschaftet, gewinnt er eine sehr viel größere Beweglichkeit in seiner Preispolitik, als wenn die abzudeckenden Gemeinkosten und Bereitschaftskosten je Leistungseinheit vorgegeben werden [31]. Bei der Vollkostenträgerrechnung traditioneller Art

[31] Gleicher Auffassung ist *E. Schmalenbach*, a.a.O., S. 496 f.

muß er sich im »Ernstfall« erst mit den Kostenrechnern auseinandersetzen und in zeit-
236 raubenden Sonderrechnungen ermitteln lassen, auf welche Kostenbestandteile|notfalls verzichtet werden kann. Zudem wird in der traditionellen Rechnung nicht automatisch für einen kalkulatorischen Ausgleich bei anderen Erzeugnissen gesorgt, solange die jeweiligen Schlüssel als Zuschlagsgrundlagen und die Zuschlagssätze beibehalten werden.

Mit Hilfe des Deckungsbedarfs-Diagramms und der Leitstrahlen kann sich der Verkaufsleiter in jedem beliebigen Augenblick informieren, welchen Anteil des Deckungsbedarfs er bereits erwirtschaftet hat, ob er in der restlichen Periode eine härtere und aktivere Preispolitik betreiben muß oder ob er es sich leisten kann, gelegentlich nachgiebiger zu sein. Dabei bleibt es vollkommen ihm überlassen, ob er die noch abzudeckenden Beiträge durch höhere Deckungsspannen, eine Forcierung der Produkte mit hohen spezifischen Deckungsbeiträgen oder durch eine allgemeine Steigerung der Absatzmengen erreichen will. Der Vergleich der Deckungsbeitrags-Summenkurve mit dem differenzierten Deckungsbedarf ist für ihn das ständig mahnende Gewissen. Oft wird es zweckmäßig sein, entsprechende Diagramme für Perioden unterschiedlicher Länge aufzustellen. Bei stark schwankendem Umsatz ist die Darstellung des differenzierten Deckungsbedarfs über den erwarteten Umsatz eine weitere preispolitische Hilfe.

Es kann zweckmäßig sein, Erzeugnissen, die den *Engpaß* des Betriebs beanspruchen, einen Mindestdeckungsbeitrag je beanspruchter Einheit des Engpasses mittelbar je Leistungseinheit vorzugeben. Auch Kennziffern, in denen der gegliederte Deckungsbedarf den Erzeugniseinzelkosten gegenübergestellt wird, können *als Anhaltspunkt* nützlich sein. Die Ähnlichkeit mit den Zuschlagssätzen ist hier nur formal, da diese Kennzahlen im Einzelfalle nicht eingehalten zu werden brauchen. Einen ähnlichen Sinn hatten wohl ursprünglich auch die Gemeinkosten-Zuschläge, die je nach Marktlage scharf oder großzügig »kalkuliert« wurden.

Beim Übergang von der traditionellen Kostenrechnung zur periodischen Vorgabe des Deckungsbedarfs dürfte es empfehlenswert sein, schrittweise den Anteil der aufgeschlüsselten fixen und variablen Gemeinkosten abzubauen und in den periodenweise vorgegebenen Deckungsbedarf zu übernehmen [32] [19].

3. *Laufende Ergebnisrechnung*

Die differenzierte Deckungsbeitragsrechnung ist ihrer Natur nach eine Ergebnisrechnung, die sehr viel deutlicher als z. B. das Umsatzkostenverfahren die Quellen des Betriebsergebnisses aufdecken kann. Die tatsächlichen Zusammenhänge der Produktionsverbundenheit bleiben klar und unangetastet; alle Illusionen, die durch die Aufschlüsselung von Gemeinkosten und die Proportionalisierung von fixen Kosten hervorgerufen werden können, sind ausgeschaltet.

237 Dem Grundgedanken der Deckungsbeitragsrechnung entspricht es am besten, wenn die Ergebnisrechnung auf dem *Verkaufsumsatz* aufbaut und die Deckungsbeiträge der verkauften Erzeugnisse den fixen und variablen Gemeinkosten der Periode gegenübergestellt werden. *Bestände* an Halb -und Fertigfabrikaten sind *mit variablen Einzelkosten zu be-*

[32] Die Höhe der Soll-Deckungsbeiträge für Abteilungsgemeinkosten und Gewinne kann unter Berücksichtigung der Ertragsmöglichkeiten zwischen der Geschäftsleitung und den Abteilungen ausgehandelt werden. Die Bereitschaftskosten solcher Stellen, die allgemein zur Verfügung stehen (z. B. Lochkartenstelle, Kantine, Fuhrpark), können entsprechend der *geplanten* Inanspruchnahme durch die Abteilungen vorgegeben werden. (Vgl. *Schmalenbach*, a.a.O., S. 158, 206 f., 242).

werten, damit keine *nichtrealisierten Deckungsbeiträge* ausgewiesen werden [33]. Diese strenge Auffassung des Realisationsprinzips ist die konsequente Anwendung der herrschenden Meinung, daß die Preisuntergrenze auf kürzere Sicht bei den Grenzkosten oder den durchschnittlichen variablen Kosten liegt [20].
Für bestimmte Fragestellungen ist es gerechtfertigt, die Ergebnisrechnung auf den *Produktionsleistungen* der Periode aufzubauen und auch die noch nicht realisierten Deckungsbeiträge zu aktivieren.
Dann muß man aber konsequenterweise auch für die Bestände von den *voraussichtlich erzielbaren Marktpreisen* ausgehen und darf sich nicht auf die Aktivierung der traditionell zu den Herstellkosten gerechneten Teilkosten beschränken.
Eine *laufende kurzfristige Erfolgsrechnung* läßt sich gewinnen, wenn man nach Art der Abb. 4 die kumulierten Deckungsbeiträge dem budgetierten Deckungsbedarf gegenüberstellt. Diese Art der Darstellung entspricht der alten Auffassung der Praxis, daß der Jahresgewinn erst im November oder Dezember erzielt wird [34].

VI. Zusammenfassung

Es wurde ein System der Kosten- und Leistungsrechnung vorgelegt, das ohne die fragwürdige Aufschlüsselung von Gemeinkosten und im wesentlichen ohne die Proportionalisierung von fixen Kosten auskommt. Damit erhält man ein richtigeres Bild von den Erfolgsquellen der Unternehmung; mit dem Wegfallen der Gemeinkostenschlüsselung wird die Kostenrechnung einfacher, billiger, schneller und gegenwartsnäher. Über das in diesem Beitrag Vorgelegte hinaus haben wir zahlreiche Auswertungsmöglichkeiten an Hand von Modellen und in der Praxis erarbeitet und insbesondere auch an völlig anderen Betriebstypen als den vorgeführten Beispielen erprobt.
Die Einführung der differenzierten Deckungsbeitragsrechnung ist mit einem erheblichen Umdenken verbunden. Es ist dabei zweckmäßig, sie zunächst als Ergänzung neben der traditionellen Kostenrechnung laufen zu lassen und die Aufschlüsselung von fixen und variablen Gemeinkosten allmählich abzubauen.
Es gibt in jeder Wissenschaft Fragen, die aus der Natur der Sache heraus nicht beantwortet werden können [35]. Dazu gehört die naheliegende, aber laienhafte Frage: »Was kostet die Leistungseinheit?«
Es kann nicht die Aufgabe der Betriebswirtschaftslehre sein, dem praktischen Bedürfnis nach Beantwortung dieser Frage dadurch entgegenzukommen, daß sie Verrechnungsmethoden zu entwickeln oder konservieren hilft, die nichts anderes als eine Mischung aus viel Dichtung und wenig Wahrheit darstellen. 238

[33] Gleicher Auffassung sind die Vertreter des »direct costing«. Vgl. *R. P. Marple*, a.a.O.
[34] Vgl. hierzu: *Ernst Schneider*, Diskussionsbeitrag zur Arbeitstagung der Schmalenbach-Gesellschaft in Köln am 29. 11. 1957: Bessere Marktanpassung durch unternehmerisches Planen; in: ZfhF., NF. 10. Jg. 1958, S. 138.
[35] Ein bekanntes Beispiel dafür sind die »Heisenbergschen Unschärferelationen«, nach denen es u. a. unmöglich ist, gleichzeitig die Frage nach dem Ort und der Geschwindigkeit eines Atomteilchens zu beantworten.

Anmerkungen

[1] Korrekter müßte es heißen: »echter Gemeinkosten, insbesondere fixer Kosten« (weil die fixen Kosten nur ein spezieller Fall echter Gemeinkosten in bezug auf die Leistungseinheiten sind).

[2] Details hierzu siehe Seite 232–235 und 276–283.

[3] Korrekter müßte es heißen: »das ohne die Aufschlüsselung von verbundenen Kosten, insbesondere ohne die Proportionalisierung von fixen Kosten, auskommt«.

[4] Sie würden dadurch zu unechten Gemeinkosten der »untergeordneten« Bezugsgröße.

[5] Die Unterscheidung zwischen echten und unechten Gemeinkosten geht zurück auf *Peter van Aubel*, Selbstkostenrechnung in Walzwerken und Hütten, in: *I. M. Hermann* und *P. van Aubel*, Selbstkostenrechnung in Walzwerken und Hütten, Leipzig 1926, S. 76.

[6] Einzelheiten zur zeitbezogenen Zurechenbarkeit und zur Hierarchie zeitlicher Bezugsgrößen siehe insbes. S. 87–97.

[7] Eine detailliertere und dem neuesten Stand entsprechende Fassung findet sich auf S. 285–291. Der Ausweis von Soll-Deckungsbeiträgen oder »Deckungsraten« ist für die Grundrechnung nicht erforderlich, weil es sich hierbei nicht um Einzelkosten der Planungs- oder Abrechnungsperiode handelt. Die in Punkt 4) oben angegebene Gliederung der Kosten nach ihrem Ausgabencharakter hat sich als nicht eindeutig genug und als zu grob erwiesen; zur neuesten Auffassung, insbesondere der Integration von Bereitschaftskostenrechnung und Ausgabenplanung siehe S. 90 f. und 95.

[8] Zur Weiterentwicklung der Gliederung der Kostenkategorien siehe S. 150–154, und 244, und zum neuesten Stand S. 96. Personalkosten, und zwar auch Fertigungslöhne, sind nach neuerer Erkenntnis in der Regel nicht den erzeugungsmengenabhängigen Kosten, sondern den Bereitschaftskosten zuzuordnen. Siehe hierzu im einzelnen S. 276–283.

[9] Frachtkosten sind nur mengenabhängig, wenn keine Tarife mit Gewichtsstaffeln oder Mindestfracht angewandt werden. Zur Zurechnung der Frachtkosten auf Erzeugniseinheiten und Aufträge in solchen Fällen siehe im einzelnen S. 276 und 292 f.
Weitere Beispiele für diese Kostenkategorie sind absatzmengenabhängige Lizenzen und Verbrauchssteuern. Zu letzteren siehe im einzelnen *Wieland Geese:* Die Steuern im entscheidungsorientierten Rechnungswesen (Schriftenreihe »Deckungsbeitragsrechnung und Unternehmungsführung«, Band 2), Opladen 1972.

[10] Diese Einordnung der Reparaturkosten ist nach meiner heutigen Auffassung allenfalls im Rahmen grober Näherungsrechnungen zulässig. Korrekter ist es, die Ausgaben für Fremdreparaturen und die zusätzlich entstehenden Kosten selbst erstellter Reparaturen als Investitionen und damit als Perioden-Gemeinausgaben(-kosten) mit unbestimmter Nutzungsdauer zu betrachten. Siehe hierzu S. 92.

[11] Von einem Deckungsbeitrag je Leistungseinheit kann nur insoweit die Rede sein, als keine anteiligen Fixkosten oder anteilige variable echte Gemeinkosten (Verbundkosten) enthalten sind; »durchschnittliche Kosten« ist hier, wenn auf Leistungseinheiten abgestellt wird, also nur im Sinne »durchschnittlicher variabler Kosten« zu verstehen. Lediglich bei den auf Zeitabschnitte bezogenen Deckungsbeiträgen von Leistungsarten oder Leistungsgruppen, Verkaufsabteilungen, Verkaufsgebieten und sonstigen Teilmärkten kann auch noch nach Abdeckung spezieller Fixkosten – soweit diese sowohl dem jeweiligen Kalkulationsobjekt als auch der jeweiligen Rechnungsperiode zurechenbar sind – von einem »Deckungsbeitrag« gesprochen werden. Dieser kann näher gekennzeichnet werden durch Bezeichnungen wie: produktspezifischer Periodenbeitrag (= Deckungsbeitrag nach Abdeckung aller dem Umsatz und den produktspezifischen Bereitschaftskosten des Jahres zurechenbaren Kosten) oder Erzeugnis-Jahresbeitrag, entsprechend beispielsweise: Kundengruppen-Jahresbeitrag, Bezirks-Jahresbeitrag usw. sowie ganz allgemein: »Periodenbeitrag«. Siehe hierzu insbesondere S. 96 f., 188–201, 247 f., 343–348 und 356–359.

[12] Korrekter sollte zwischen »preisabhängigen Erlösschmälerungen« (Kundenskonti) und »preisabhängigen Vertriebseinzelkosten« (z. B. – alte – Umsatzsteuer, Vertreterprovisionen) getrennt werden. Zur Behandlung der Kundenskonti in der Deckungsbeitragsrechnung insbesondere zur Zurechenbarkeit auf Erzeugnisarten und Zeitabschnitte, siehe neuerdings die Veröffentlichung meines ehemaligen Mitarbeiters *Wolfgang Männel:* Kundenskonti im Rechnungswesen, Herne/Berlin 1971, insbesondere S. 71-89.

[13] Um einen Deckungsbeitrag im strengen Sinne handelt es sich hierbei nicht mehr, da in den »vollen Kosten« der Stellen (bzw. Produktarten oder sonstigen Teilmärkten) auch anteilige Periodengemeinausgaben (Deckungsraten) enthalten sind. Daher sollte man korrekterweise in diesen Fällen nur noch von Bruttogewinnen oder »Überschüssen« sprechen, wie ich dies auch in neueren Veröffentlichungen zu tun pflege. In der Praxis ist zwar die Ermittlung eines Bruttogewinns über die »vollen Kosten« von Produkten, Produktgruppen usw. sehr beliebt, doch ist dessen Aussagewert recht gering. Exakt kann nämlich nur der »Periodenbeitrag«

über die Leistungskosten und Periodeneinzelkosten des jeweiligen Kalkulationsobjekts ermittelt werden, der ein echter Deckungsbeitrag ist.

[14] Dazu folgendes Beispiel aus der Arbeit meines ehemaligen Mitarbeiters *Wolfgang Faßbender:* Betriebsindividuelle Kostenerfassung und Kostenauswertung, Frankfurt 1964, S. 28 f.:

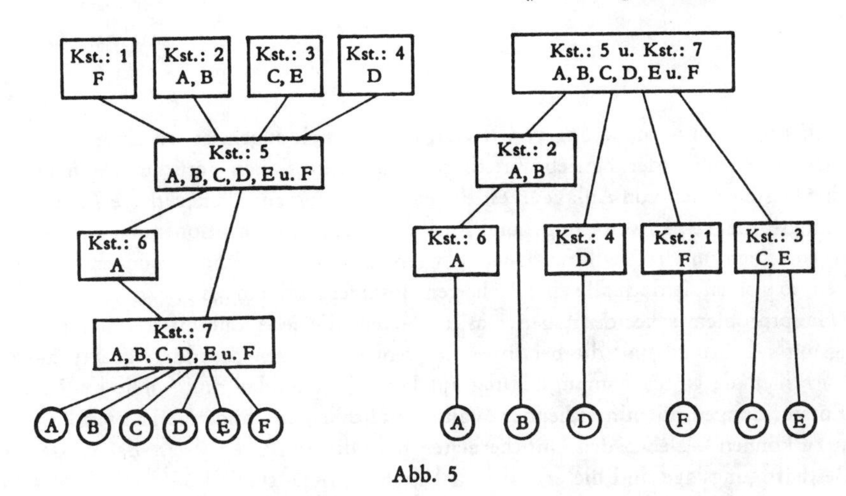

Abb. 5

»Zum Beispiel muß Erzeugnis A zunächst die Kosten der nur für es beschäftigten Bezugsgröße (Kostenstelle 6) tragen. Der noch vorhandene Überschuß dient zur Deckung der Kostenstelle 2, für die auch Erzeugnis B beisteuert. Der dann noch verbleibende Überschuß von A und B trägt zur Deckung der Kosten der Kostenstelle 5 und 7 bei zusammen mit Überschüssen, die aus den Erzeugnissen D, E, F und C stammen.«

[15] Diese Differenzierung ist allenfalls für den Aufbau ausgabenorientierter Deckungsbudgets von Bedeutung, aber dafür eigentlich viel zu grob. Wichtiger ist die Gruppierung nach der Zurechenbarkeit auf die jeweilige Planungs- und Abrechnungsperiode in Periodeneinzelkosten und Periodengemeinkosten(-ausgaben). Einzelheiten siehe insbesondere auf S. 88–97.

[16] Da ein Teil der mit kurzperiodischen Ausgaben verbundenen Kosten nicht der jeweiligen Abrechnungsperiode zurechenbar ist, handelt es sich hierbei nicht um einen Deckungsbeitrag im strengen Sinne, sondern lediglich um einen Bruttoüberschuß, der etwa dem *cash flow* entspricht.

[17] »Einzelkosten« bezieht sich hier auf die Kostenstellen und nicht auf die Produkteinheiten; außerdem sind im Beispiel noch die Deckungsraten einbezogen, die zwar der Stelle, nicht aber der Abrechnungsperiode zurechenbar sind. Statt »Deckungsbeiträge über volle Einzelkosten« müßte es nach neuester Terminologie heißen: »Bruttogewinn nach Abdeckung des direkten kostenorientierten Deckungsbedarfs der Stelle ...« Der oben als »Deckungsbeitrag über mit kurzperiodischen Ausgaben verbundene Einzelkosten« bezeichnete Betrag entspricht dem »Überschuß über den direkten ausgabenorientierten Deckungsbedarf der Stelle«, wenn darin auch die in der Planungs- bzw. Abrechnungsperiode entstehenden (vollen) Investitionsausgaben dieser Stelle in der jeweiligen Periode einbezogen werden, soweit diese aus den Deckungsbeiträgen der jeweiligen Periode erwirtschaftet werden sollen (Selbstfinanzierung).

[18] Liquidität ist hier mittelfristig und grob zu verstehen, nicht im Sinne einer strengen kurzfristigen Liquiditätsermittlung, wie sie nur über eine Finanzplanung festgestellt werden kann.

[19] Für die Aufteilung des gemeinsamen Deckungsbedarfs auf selbständig operierende Verkaufsabteilungen empfiehlt sich vor allem die Tragfähigkeit als Maßstab, die am besten in den für die Planungsperiode erwarteten Deckungsbeiträgen dieser Verkaufsabteilungen zum Ausdruck kommt. Siehe hierzu S. 264.

[20] Die Auffassung, daß die Preisuntergrenze auf kürzere Sicht bei den Grenzkosten oder den durchschnittlichen variablen Kosten liegt, gilt nur für noch nicht erzeugte Leistungen. Zu den verschiedenen Arten kurzfristiger Preisuntergrenzen siehe *Hans Raffée*, Kurzfristige Preisuntergrenzen als betriebswirtschaftliches Problem, Köln und Opladen 1961.

4. Die Anwendung des Rechnens mit relativen Einzelkosten und Deckungsbeiträgen bei Investitionsentscheidungen*

152 Die rechnerische Untermauerung von Investitionsentscheidungen ist seit einiger Zeit stark in den Vordergrund der betriebswirtschaftlichen Diskussionen gerückt. Wenn auch die verschiedensten Arten von Anlageinvestitionen – ich nenne nur als *wichtigste Typen:*

Anfangs-, Ersatz-, Erweiterungs- und Rationalisierungs-Investitionen

– im einzelnen unterschiedliche Überlegungen und rechnerische Lösungen notwendig machen, so werfen sie doch alle eine Reihe gemeinsamer Probleme auf:

Das Hauptproblem sehe ich in den Unsicherheiten, die jede Zukunftsrechnung zwangsläufig mit sich bringt, und die bei Investitionsentscheidungen besonders ausgeprägt sind, weil sich hier die Unternehmungsleitung auf lange Zeit binden muß, ohne im Zeitpunkt der Entscheidungen mit hinreichender Wahrscheinlichkeit die künftige Entwicklung übersehen zu können [1]. Neben den Unsicherheiten über die künftigen Preise der Kostengüter, die Beschäftigungslage und die erzielbaren Verkaufspreise ist die künftige wirtschaftliche Nutzungsdauer der Anlagen die Hauptunbekannte. Deshalb sind alle Methoden, die auf vollen Kosten je Leistungseinheit oder je Periode aufbauen, von vornherein mit besonders großen Fehlermöglichkeiten behaftet.

Ein weiteres Problem, das allen Investitionsarten gemeinsam ist, ist in der Unmöglichkeit begründet, die Investitionsausgaben, die mit dem Kauf der Anlagen, ihrer Montage und Inbetriebnahme entstehen, und zu denen gegebenenfalls noch die Kosten für die Einführung der Produkte in den Markt kommen, direkt den einzelnen Perioden zurechnen zu können. Diese Unmöglichkeit ist doppelt begründet: Einerseits kennt man die Anzahl dieser Perioden nicht, und andererseits weiß man nicht, wie sich die Anlagen-Entwertung auf die einzelnen Perioden verteilt. Die Annahmen, die hierfür in der üblichen Durchschnitts-
153 kostenrechnung gemacht werden müssen, | sind eine weitere Quelle für die Fehlentscheidungen bei Investitionen. Bei richtiger Betrachtung sind die Investitionsausgaben als *Gemeinkosten einer im voraus noch nicht bekannten Zahl von Abrechnungsperioden* anzusehen. Die üblichen Abschreibungen – gleichgültig, ob man sie proportional zur Zeit, zu den Leistungen oder nach kombiniertem Schlüssel verrechnet – sagen über den tatsächlichen Verzehr nichts aus.

Am geringsten ist das Ausmaß der Fiktionen – und damit der Unsicherheit – bei Rechnungen, die sich auf die gesamte mutmaßliche Nutzungsdauer des Verfahrens beziehen und auf einem kumulativen Einnahmen-Ausgaben-Vergleich aufbauen. Wie wir noch sehen werden, kommen wir dabei zwangsläufig zum Deckungsbeitragskonzept.

* Abschnitt V meines Aufsatzes: Das Rechnen mit relativen Einzelkosten und Deckungsbeiträgen als Grundlage unternehmerischer Entscheidungen im Fertigungsbereich, in: Neue Betriebswirtschaft, 14. Jg. 1961, S. 145–154, hier S. 152–154. Nachdruck mit freundlicher Genehmigung der Verlagsgesellschaft »Recht und Wirtschaft« m. b. H., Heidelberg.

[1] Vgl. zum Problem der Entscheidungen bei unsicheren Erwartungen insbes.: *W. Wittmann:* Unternehmer und unvollkommene Information, Köln und Opladen 1959, und *H. Albach*: Wirtschaftlichkeitsrechnung bei unsicheren Erwartungen, Köln und Opladen 1959.

Bei einer Betrachtung über die gesamte mutmaßliche Nutzungsdauer des Verfahrens fallen scheinbar die Unsicherheiten über die künftige Entwicklung der Beschaffungspreise und der Absatzpreise sowie der Absatzmengen in den einzelnen Perioden stärker ins Gewicht als bei einer Perioden- oder Stückkostenrechnung, weil die Unsicherheit über diese Daten naturgemäß zunimmt, je weiter man in die Zukunft hineingreift. Aber das ist nur scheinbar. Denn diese Unsicherheit gilt in gleichem Maße für alle Rechnungen, die auf Stückkosten oder Periodenkosten aufbauen, da auch hier bestimmte Preise im Beschaffungsmarkt und Absatzmarkt und ganz bestimmte Vorstellungen über die Gesamtproduktionsmengen (»Totalkapazität«) und die gesamte Nutzungsdauer des Verfahrens zugrunde gelegt werden müssen.

Der kumulative Einnahmen- und Ausgaben-Vergleich ist besonders deshalb vorteilhaft, weil hierbei keinerlei Gemeinkosten und fixe Kosten aufgeschlüsselt werden, die nicht unmittelbar durch die Investitionsentscheidung bedingt sind. Im Zeitablauf folgen auf sehr hohe *einmalige Ausgaben* für die Investition weitere Ausgaben, die mit der Aufrechterhaltung der Betriebsbereitschaft zeitproportional [1] zunehmen, und ferner alle diejenigen Ausgaben, die mit der laufenden Produktion und dem Verkauf entstehen. Erst wenn die Produkte verkauft und die Zahlungsfristen abgelaufen sind, beginnt – mit einer zeitlichen Phasenverschiebung gegenüber den laufenden Ausgaben – der laufende *Rückfluß der Einnahmen,* die dem Absatz der laufenden Erzeugung entsprechen. Dieser Zusammenhang ist unter Vernachlässigung der zeitlichen Phasenverschiebung in Abb. 3 dargestellt, in der außerdem zur Vereinfachung die zeitproportionalen Ausgaben für die Aufrechterhaltung der Betriebsbereitschaft mit den produktions- und absatzproportionalen Ausgaben als *»laufende Ausgaben«* zusammengefaßt sind. Es ist ganz selbstverständlich, daß bei Erweiterungs-, Ersatz-, Rationalisierungs- und sonstigen Ergänzungs-Investitionen dem Investitionsvorhaben nur die zusätzlich verursachten Ausgaben bzw. Kosten hinzugerechnet werden dürfen, nicht aber anteilige Gemeinkosten, die ohnehin entstehen [2].

Vergleichen wir den Strom der Ausgaben und Einnahmen, wie er in seiner zeitlichen Entwicklung kumulativ in Abb. 3 dargestellt ist. Die Verkaufspreise sind in der Regel höher als die für das einzelne Stück entstehenden zusätzlichen Kosten bzw. die anteiligen »laufenden Ausgaben«. Der Überschuß muß dann zunächst dazu beitragen, die mit Ausgaben verbundenen Bereitschaftskosten, soweit sie der betreffenden Investition in der betrachteten Periode direkt zurechenbar sind, abzudecken. Der dann verbleibende Überschuß ist als *Deckungsbeitrag für die Amortisation der Investitionsausgaben, für Gemeinkosten und für den Gewinn anzusehen.* In Anbetracht der Unsicherheit über die künftige Entwicklung erfordert das Gebot der kaufmännischen Vorsicht, daß dieser Überschuß *zunächst ausschließlich zur Amortisation* der Investitionsausgaben herangezogen wird. Das ist so lange notwendig, bis die Summe der Einnahmen die Summe der Ausgaben – der Investitionsausgaben wie aller laufenden Ausgaben der einzelnen Perioden – erreicht. Dieser Punkt bestimmt die *Amortisationsdauer bei hinausgeschobenem Deckungsbeitrag für Gemeinkosten* [3] *und Gewinn,* die im allgemeinen weit vor der Nutzungsdauer oder Abschreibungsdauer liegt. Sie ist ein ganz besonders wichtiges Kriterium für Investitionsentscheidungen, denn von diesem Zeitpunkt an kann gewissermaßen nichts mehr passieren, gleichgültig, wie die künftige Entwicklung läuft. Auf ähnlichen Überlegungen beruht die in der Praxis weit verbreitete »Amortisationsrechnung« oder »pay-off-Methode«, bei der man es allerdings meist versäumt, die Rechnung über diesen Zeitpunkt hinaus fortzuführen. Das ist aber dringend notwendig, denn eine Investition mit einer geringen Amortisa-

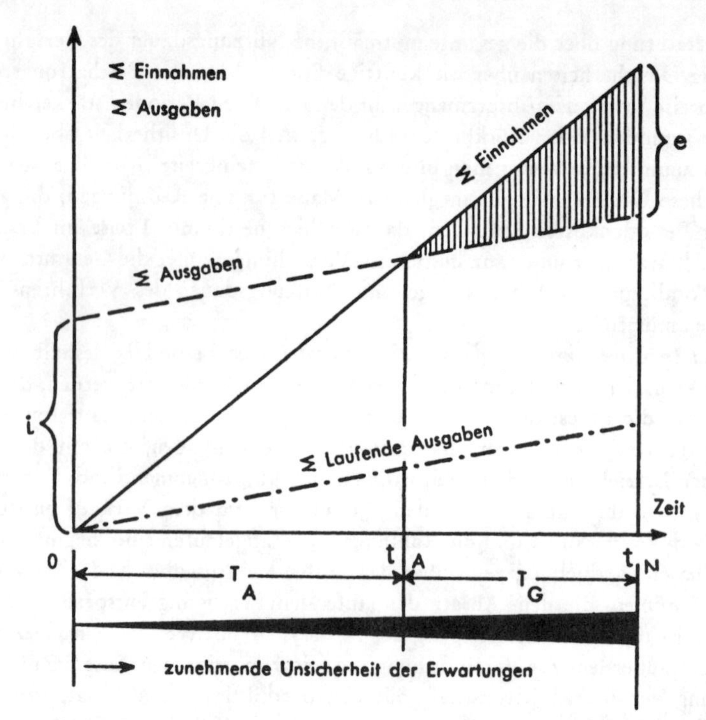

Abb. 3: Ermittlung der »Amortisationsdauer bei hinausgeschobenem Beitrag zur Deckung der Gemeinkosten und des Gewinns« bei einer Erweiterungs- oder Ergänzungsinvestition

i = Einmalige Investitionsausgaben
e = Endgültig realisierte Beiträge zur Deckung der Gemeinkosten und des Gewinnes
t_N = Nutzungsdauer
t_A = Amortisationsdauer bei hinausgeschobenem Beitrag zur Deckung der Gemeinkosten und des Gewinnes
T_A = Amortisationsperiode
T_G = Gewinnperiode

tionsdauer ist zwar auch mit einem geringen Risiko verbunden, aber das besagt noch lange nicht, daß sie auch wirtschaftlich ist. Es kommt letztlich auch darauf an, wie lange man sich bei unterschiedlicher Nutzungsdauer an den Beiträgen zu den Gemeinkosten und zum Gewinn erfreuen kann. Diese Frage läßt sich leicht beantworten, indem man den kumulativen Einnahmen-Ausgaben-Vergleich bis zum Ende der mutmaßlichen Nutzungsdauer fortführt. Wenn man hierbei auch ähnliche Annahmen machen muß wie bei allen Methoden, die von vornherein von einer bestimmten Nutzungsdauer ausgehen, wie die Stückkosten-, Gewinn- und Rentabilitätsvergleiche, so hat das hier vorgeschlagene Verfahren doch den Vorzug, daß man die Einnahmen und Ausgaben in Abhängigkeit von der Nutzungsdauer darstellt, die *Nutzungsdauer* selbst also *als Variable* betrachtet, und die Rechnung gewissermaßen zu jedem beliebigen Zeitpunkt abbrechen kann. Es läßt sich infolgedessen mit einem Blick erkennen, ob eine Investition auch dann noch wirtschaftlich ist, wenn die Nutzungsdauer nicht, wie angenommen, zehn Jahre, sondern nur acht Jahre oder sieben Jahre beträgt.

Darüber hinaus ist es vor allem bei der graphischen Darstellung sehr leicht möglich, festzustellen, wie sich ein anderer Verlauf der unsicheren künftigen Einnahmen- und Ausgabenentwicklung als der angenommene auf die Amortisationsdauer, | die Deckungsbeiträge und den Gewinn auswirkt. Auf diese Weise kann man leicht die Grenzen abstecken, in denen sich die unsicheren Ausgangsdaten der Investitionsrechnung bewegen dürfen, ohne daß die Entscheidung für eine bestimmte Investition falsch ist oder zu Verlusten führt. Zu beurteilen, ob sich der mutmaßliche Entwicklungsspielraum einer ungewissen Größe, wie der Rohstoffpreise, mit dem errechneten wirtschaftlichen Einsatzbereich eines Verfahrens decken wird, dürfte leichter und mit geringeren Unsicherheiten möglich sein als die Notwendigkeit, sich von vornherein auf bestimmte Größen als die wahrscheinlich erwarteten festzulegen.

Im Gegensatz dazu wird bei der Investitionsrechnung auf Grund der traditionellen Kostenüberwälzungsrechnung unterstellt, daß von vornherein ein Beitrag zur Deckung der Gemeinkosten und zum Gewinn geleistet werden muß und nur ein Teil des Überschusses der laufenden Einnahmen über die laufenden Ausgaben als Abschreibungen zur Amortisation der Investitionsausgaben dient. Wie ich an anderer Stelle nachgewiesen habe, hat der so errechnete Periodengewinn und Gemeinkostenbeitrag nur einen vorläufigen Charakter und ist erst dann endgültig erwirtschaftet, wenn die Nutzungsdauer der Anlagen und die unterstellten Erträge und Aufwendungen auch tatsächlich eintreffen [2].

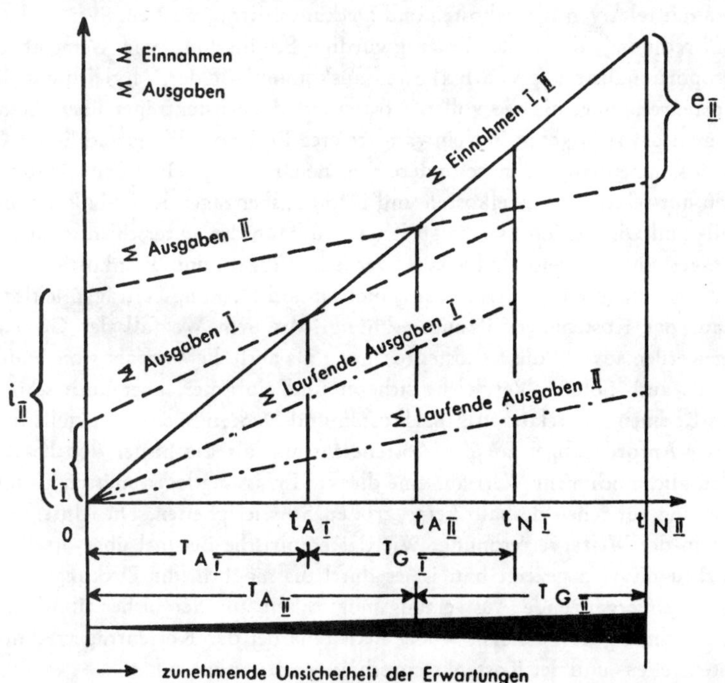

Abb. 4: Vergleich der »Amortisationsdauer bei hinausgeschobenem Beitrag zur Deckung der Gemeinkosten und des Gewinns« zweier Verfahren (I und II) mit unterschiedlicher Nutzungsdauer

i = Einmalige Investitionsausgaben
e = Endgültig realisierte Beiträge zur Deckung der Gemeinkosten und des Gewinnes
t_N = Nutzungsdauer
t_A = Amortisationsdauer bei hinausgeschobenem Beitrag zur Deckung der Gemeinkosten und des Gewinnes
T_A = Amortisationsperiode
T_G = Gewinnperiode

[2] Vgl. *P. Riebel:* Die Problematik der Normung von Abschreibungen, Der Betrieb 1960, S. 732–734.

In Abb. 4 ist die Deckungsbeitragsrechnung in Form des kumulativen Einnahmen-Ausgabenvergleichs angewandt, um für eine mit Investitionsentscheidungen verbundene Verfahrenswahl Unterlagen zu liefern. Die unterschiedliche Amortisationsdauer bei hinausgeschobenem Beitrag zur Deckung der Gemeinkosten und des Gewinnes zeigt, daß bei gleichen Erwartungen das Risiko des Verfahrens I erheblich geringer ist als das mit dem Verfahren II verbundene. Es läßt sich aber zugleich beurteilen, wie sich der endgültige Beitrag für die Gemeinkosten und zum Gewinn entwickelt, wenn die Anlage darüber hinaus in der angenommenen Weise genutzt werden kann. Dabei ist es ganz selbstverständlich, daß sich aufgrund eines solchen Diagramms auch die Entwicklung der Rentabilität in Abhängigkeit von der Nutzungsdauer leicht errechnen läßt. Aus Gründen der Einfachheit habe ich darauf verzichtet, die Verzinsung der Einnahmen und Ausgaben zu berücksichtigen, aber es bedarfs wohl keines Beweises, daß dies auch bei Anwendung der Deckungsbeitragsrechnung möglich ist [4].

Zusammenfassung

Das Rechnen mit relativen Einzelkosten und Deckungsbeiträgen ist ein System der Kosten- und Ergebnisrechnung, das ohne die fragwürdige Schlüsselung von Gemeinkosten und ohne die Proportionalisierung von Fixkosten auskommt Wie der Vergleich mit der bisher üblichen Kostenrechnung, die die vollen Kosten auf die Kostenträger überwälzt, gezeigt hat, erhält man ein richtigeres und einwandfreieres Bild von den tatsächlichen Gegebenheiten und Zusammenhängen, insbesondere von den Erfolgsquellen eines Unternehmens. Das Rechnen mit relativen Einzelkosten und Deckungsbeiträgen ist deshalb besonders gut für Kontroll- und Dispositionszwecke geeignet und kann den unterschiedlichsten Situationen und Fragestellungen leicht angepaßt werden. Budget- und Plankosten-Rechnungen sind auf der Grundlage von relativen Einzelkosten und Deckungsbeiträgen leichter aufzubauen als auf der Kostenüberwälzungsrechnung. Mit dem Wegfall der Gemeinkostenschlüsselung werden sowohl die Istkostenrechnung als auch die Vorgabe von Budgets oder Plankosten als auch Soll-Ist-Vergleiche sicherer und einfacher, aber auch schneller und billiger. Das Rechnen mit relativen Einzelkosten und Deckungsbeiträgen stellt im Prinzip keine anderen Anforderungen an die Kostenerfassung als die bisher übliche Rechnung. Man wird lediglich noch mehr Wert auf eine direkte Erfassung legen müssen als bisher. Bei einer Umstellung entstehen deshalb keine großen Schwierigkeiten. Die Unterschiede zeigen sich erst in der Weiterverrechnung. Wie das empirische Beispiel über die Erfolgsanalyse nach Erzeugnisarten gezeigt hat, ist es durchaus möglich, die Deckungsbeitragsrechnung zunächst als ergänzende Auswertungsmöglichkeit auf der bisher üblichen Kostenüberwälzungsrechnung aufzubauen, wobei man teils bei der Kostenträgerrechnung, teils bei der Kostenstellen- und der Kostenartenrechnung anzuknüpfen hat.

Die Einführung der Deckungsbeitragsrechnung ist jedoch weniger ein technisches und organisatorisches Problem als vielmehr ein geistiges: Sie erfordert nämlich ein wesentliches Umdenken gegenüber dem bisherigen »progressiven« Kostenrechnungsverfahren, und es dauert daher eine gewisse Zeit, bis man sich an dieses neue Denken gewöhnt hat. Die bisherigen Erfahrungen in der Praxis haben jedoch gezeigt, daß Unternehmungen, die die Deckungsbeitragsrechnung zunächst als Ergänzung neben der Kostenüberwälzungsrechnung laufen ließen – zum Teil versuchsweise zunächst nur in einer Abteilung oder in einer Tochter-Gesellschaft –, gar bald von den Vorzügen dieser Rechnung überzeugt waren, so daß sie ihre interne Rechnung auf dieses System – und zwar als Grundrechnung – umgestellt haben. Auch bereitet keine Schwierigkeiten, die Direktkostenrechnung zur Vollkosten-Trägerrechnung und die Deckungsbeitragsrechnung zur Nettoerfolgsrechnung fortzuführen, wenn dies für bestimmte Zwecke, wie die Bestandsbewertung und die Kalkulation öffentlicher Aufträge, vorerst noch erforderlich sein sollte, oder wenn auf ältere leitende Mitarbeiter, die sich nicht mehr umstellen können oder wollen, Rücksicht genommen werden soll.

Anmerkungen

[1] Dabei ist die Zeit ökonomisch gesehen kein beliebig unterteilbares Kontinuum, sondern erhält Quantencharakter, wenn im Rahmen privatrechtlicher Verträge feste Laufzeiten oder bestimmte Kündigungsintervalle vereinbart werden oder wenn die tatsächliche Veränderung der steuerlichen Anknüpfungstatbestände innerhalb einer festgelegten Zeitspanne ohne Einfluß auf die Höhe der steuerlichen Bemessungsgrundlage bleibt. Zur Frage des Quantencharakters zeitlich gebundener Dispositionen siehe S. 87–97, zur Bindungsdauer bei Steuern siehe die Untersuchung meines ehemaligen Mitarbeiters *Wieland Geese:* Die Steuern im entscheidungsorientierten Rechnungswesen (Schriftenreihe »Deckungsbeitragsrechnung und Unternehmungsführung«, Bd. 2), Opladen 1972.

[2] Das in Abb. 3 und 4 dargestellte Modell kann auch so interpretiert werden, daß außer den Investitionsausgaben und den erzeugungs- und absatzmengenproportionalen Ausgaben (Kosten) keinerlei Bereitschaftskosten vorliegen. Im Text sind allerdings zeitproportionale Bereitschaftskosten unterstellt. Ein Beispiel für die stufenweise Abdeckung der Investitionsausgaben beim Vorliegen konstanter Periodeneinzelkosten findet sich auf S. 254–258.
Die laufende »Mitkalkulation« zur Investitionskontrolle über den Amortisationszeitpunkt hinaus bei schwankenden Periodeneinzelkosten und Umsatz- bzw. Auftragsbeiträgen ist in der ergänzend beigefügten Abb. 5 skizziert. Ähnlich kann auch in der Vorkalkulation vorgegangen werden.

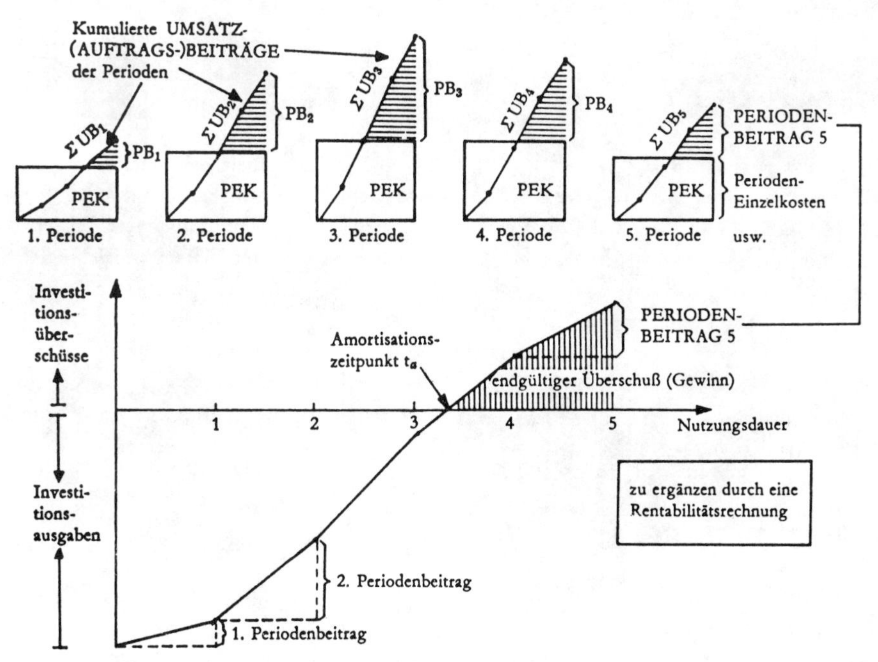

Abb. 5: Zerlegung der Gesamtbetrachtung in Periodenrechnungen und eine überperiodische Zeitablaufsrechnung, dargestellt am Beispiel der Kontrolle einer einfachen Investition

[3] »Gemeinkosten« ist hier auf das Investitionsobjekt bezogen gemeint und umfaßt alle Kosten, die für dieses Investitionsobjekt (einschließlich der daraus hervorgehenden Leistungen) und andere Aktivitäten des Unternehmens gemeinsam entstehen, und zwar innerhalb der gesamten Investitionsdauer vom Zeitpunkt der Investitionsentscheidung bis zum Abschluß der Nutzungsdauer und gegebenenfalls der Desinvestition.

[4] Dabei sollte man freilich den Kapitalwert als zeitablaufabhängige Größe ermitteln; er würde – bei dem unterstellten Verlauf der Ausgaben und Einnahmen – erst nach Ablauf der Amortisationsperiode einen positiven Wert erreichen. Sind für die zu vergleichenden Investitionen unterschiedlich hohe einmalige Investitionsausgaben erforderlich, wie in Abb. 4, dann müssen ergänzend die Verwertungsmöglichkeiten der Kapitaldifferenz (»Supplement- oder Differenzinvestition«) berücksichtigt werden. Vgl. hierzu z. B. *Dieter Schneider:* Investition und Finanzierung. Lehrbuch der Investitions-, Finanzierungs- und Ungewißheitstheorie, Köln und Opladen 1970, S. 23, 153, 181, 447 f.; zur Problematik der Methode des internen Zinsfußes siehe dort S. 178–181.

50

Für die Beurteilung der Aussagefähigkeit von Kosten-, Leistungs- und Ergebnisrechnungen ist die Prüfung der materiellen Prinzipien, mit denen die Gegenüberstellung von Kosten und Leistung in objekt- und periodenbezogenen Rechnungen begründet wird, von entscheidender Bedeutung. Das gilt in ganz besonderem Maße für die Prinzipien, die der Gemeinkostenschlüsselung zugrunde liegen.
Literatur und Praxis sind sich seit langem in der Forderung einig, „daß jedem Erzeugnis die Kosten zugerechnet werden müssen, die seinetwegen entstanden sind"[1] bzw. die dieses „verursacht hat". Auch in den moderen Teilkostenrechnungen wird mit dem Verursachungsprinzip einerseits die Zurechnung der proportionalen Kosten bzw. Einzelkosten, andererseits die Ablehnung einer Proportionalisierung der fixen Kosten bzw. einer Schlüsselung echter Gemeinkosten begründet[2].

I. Die bisherige Interpretation des Verursachungsprinzips im betrieblichen Rechnungswesen

Obgleich der Begriff „Ursache" von alters her vieldeutig ist [3/4], und erst in neuerer Zeit die ursprüngliche Bedeutung von „causa" als des eine bestimmte Veränderung bewirkenden Zustandes, der notwendigen Bedingung für eine|daras zwangsläufig folgende Veränderung[5], dominiert, hat man bis in die jüngste Zeit offengelassen, wie dieses Verur- 50

* Nachdruck aus: Rechnungswesen und Betriebswirtschaftspolitik, Festschrift für Gerhard Krüger zu seinem 65. Geburtstag, hrsg. v. *M. Layer* u. *H. Strebel*, Berlin 1969, S. 49–64, mit freundlicher Genehmigung des Erich Schmidt Verlags.

1 *Dorn, G.*: Die Entwicklung der industriellen Kostenrechnung in Deutschland, Berlin 1961, S. 57.

2 Vgl. z.B. *Albach, H.*: Bewertungsprobleme des Jahresabschlusses nach dem Aktiengesetz 1965, BB 21 (1966), S. 377–382, hier S. 380 u. 381; *Böhm, H.-H.*; *Wille, F.*: Deckungsbeitragsrechnung und Programmoptimierung, 2. Aufl., Müchen 1965, S. 52 u. 154; *Kilger, W.*: Flexible Plankostenrechnung, 3. Aufl., Köln/Opladen 1967; *Mellerowicz, K.*: Neuzeitliche Kalkulationsverfahren, Freiburg i. Br. 1966. – Siehe auch die älteren Arbeiten des Verfassers, z. B.: Richtigkeit, Genauigkeit und Wirtschaftlichkeit als Grenzen der Kostenrechnung, NB 13 (1959), H. 3, S. 41–45. [S. 23–34] — Das Problem der Minimalen Auftragsgröße, ZfhF NF. 12 (1960), S. 647–685, hier S. 658–660.

3 Vgl. z.B. *Hartmann, Nicolai*: Teleologisches Denken, Berlin 1951, S. 46.

4 In der mittelalterlichen Philosophie wurden vier Arten von „Ursachen" unterschieden: causa materialis, causa formalis, causa finalis und causa efficiens, die *Hartmann* (a.a.O., S. 47) mit: Materie, substantielle Form oder Wesenheit, Zweck und Bewegungsursprung übersetzt. Die mit dem Aufkommen der Naturwissenschaften eingetretene Einengung des Begriffs auf die bewirkende Ursache kommt der causa efficiens am nächsten, ohne sich jedoch völlig mit ihr zu decken (vgl. *Hartmann, N.*: a.a.O., S. 47).

5 Vgl. hierzu insbesondere *Heyde, J. E.*: Entwertung der Kausalität? Für und wider den Positivismus, Stuttgart 1957, S. 124–145; ferner *Rehmke, J.*: Philosophie als Grundwissenschaft, 2. Aufl., Leipzig 1929, S. 197–232; *Höfler, A.*: Logik, 2. Aufl., Wien/Leipzig 1922, S. 346–357; *Hartmann, Max*: Die philosophischen Grundlagen der Naturwissenschaften, Erkenntnistheorie und Methodolo-

sachungsprinzip im Rechnungswesen zu interpretieren sei[6] und nach welchen Kriterien beurteilt werden kann, ob ein Gemeinkostenschlüssel oder eine bestimmte Zurechnungsweise „verursachungsgerecht" ist[6]. Dabei werden weitgehend die Kosten einerseits als durch die Leistungen verursacht[7], also als *Wirkung*, andererseits aber auch als *Mittel* der Leistungserstellung, und damit als Ursache der Leistungsentstehung[8], angesehen. Als

51 Prinzipien für die Zurechnung von Kosten auf|Leistungen werden in der Literatur neben dem Verursachungsprinzip noch das *Proportionalitätsprinzip*[9] und das *„Durchschnittskostenprinzip"*[10] – von H. Koch neuerdings treffender als *„Kostenanteilsprinzip"*[11] oder noch spezieller *„Leistungsentsprechungsprinzip"*[12] bezeichnet – genannt. [2] Soweit das Proportionalitätsprinzip, nach dem eine Zurechnung nur auf Grund von proportionalen Beziehungen zwischen Kosten und Leistungen – entweder unmittelbar oder mittelbar über eine „Bezugsgröße" – erfolgen soll, nicht aus dem Verursachungsprinzip abgeleitet

gie, 2. Aufl., Stuttgart 1959, S. 110–113; *Engliš, K.:* Grundlagen des wirtschaftlichen Denkens, Brünn 1925, S. 26–29; *Planck, M.:* Der Kausalbegriff in der Physik, 2. Aufl., Leipzig 1937, S. 3/4

6 Mit dem Verursachungsprinzip in der Kostenrechnung haben sich vor allem auseinandergesetzt: *Kosiol, E.:* Kritische Analyse der Wesensmerkmale des Kostenbegriffs, in *Kosiol, E./Schlieper, F.* (Hrsg.): Betriebsökonomisierung, Festschrift für Rudolf Seyffert, Köln/Opladen 1958, S. 7–37, hier S. 26; *Heinen, E.:* Reformbedürftige Zuschlagskalkulation, ZfhF NF. 10 (1958), S. 1–27, insbesonder S. 3–5; *Böttger, W./Napp-Zinn, A. F./Riebel, P./Seidenfus, H. St./Wehner, B.:* Methothodische Probleme der vergleichenden Wegekostenrechnung für Schiene, Straße und Binnenwasserstraße, Gutachten erstattet dem Bundesminister für Verkehr, veröffentlicht in: Deutscher Bundestag, IV. Wahlperiode, Drucksache IV/1449 (Bad Godesberg 1963), S. 45–81, hier S. 53–68. (Die Ausführungen über die Prinzipien der Bewertung und Zurechnung gehen fast vollständig auf die Überlegungen und Formulierungsvorschläge des Verfassers zurück) – *Vodrazka, K.:* Die Möglichkeiten der Kostenrechnung, ÖBW 14 (1964), S. 11–50; *Vormbaum, H.:* Kalkulationsarten und Kalkulationsverfahren, Stuttgart 1966, S. 13–17; Schnutenhaus, O. R.: Über die angebliche Entwertung der Kausalität im Kostenrechnungswesen sowie über Zurechnungsverfahren, DB 20 (1967), S. 129–133; *Ehrt, R.:* Die Zurechenbarkeit von Kosten auf Leistungen auf der Grundlage kausaler und finaler Beziehungen, Stuttgart 1967. – In einem völlig anderen, sehr eigenwilligen Sinn wird „verursachungsgemäße Kostenrechnung" aufgefaßt von *Schneider, D.:* Kostentheorie und verursachungsgemäße Kostenrechnung, ZfhF NF. 13 (1961), S. 677–707 [1].

7 So beispielsweise von *Heinen, E.:* Betriebswirtschaftliche Kostenlehre, Band I: Begriff und Theorie der Kosten, 2. Aufl., Wiesbaden 1965, S. 122 f, Fußnote 32; s.a. Fußnote 22 in der vorliegenden Arbeit.

8 Das kommt in allen Definitionen zum Ausdruck, in denen Kosten etwa als „*für* Leistungen verzehrte Güter" oder als Verbrauch „zum Zwecke der Leistungserstellung" aufgefaßt werden. Vgl. hierzu *Ehrt, R.:* a.a.O., S. 13–17; ferner *Menrad, S.:* Der Kostenbegriff, Eine Untersuchung über den Gegenstand der Kostenrechnung, Berlin 1965, S. 53 f und 95; *Thielmann, K.:* Der Kostenbegriff in der Betriebswirtschaftslehre, Berlin 1964, S. 190–193.

9 Vgl. hierzu insbesondere *Rummel, K.:* Einheitliche Kostenrechnung, 3. Aufl., Düsseldorf 1949, vor allem S. VII–IX, 5, 9, 115–128. – Siehe ferner *Lehmann, M. R.:* Industriekalkulation, 5. Aufl., Essen 1964, S. 166–168; *Schmalenbach, E.:* Kostenrechnung und Preispolitik, 7. Aufl., Köln/Opladen 1956, S. 356 und 383; *Mellerowicz, K.:* Kosten und Kostenrechnung, Bd. II, 1, Allgemeine Fragen der Kostenrechnung und Betriebsabrechnung, 4. Aufl., Berlin 1966, S. 389 f.

10 Vgl. insbesondere *Koch, H.:* Die Errmittlung der Durchschnittskosten als Grundprinzip der Kostenrechnung, ZfhF NF. 5 (1953), S. 303–327; ferner *Kosiol, E.:* Divisionsrechnung in der industriellen Kalkulation und Betriebsabrechnung, Frankfurt a.M. 1949; *Schmalenbach, E.:* Kostenrechnung und Preispolitik, a.a.O., S. 366–377.

11 Vgl. *Koch, H.:* Zum Problem des Gemeinkostenverteilungsschlüssels, ZfhF NF. 17 (1965), S. 169–200, hier S. 170. Koch hat schon 1953 darauf hingewiesen (vgl. *Koch, H.:* Die Ermittlung der Durchschnittskosten . . . a.a.O.; S. 318 f), daß es sich bei den sog. Durchschnittskosten nicht um einen Durchschnitt im Sinne eines statistischen Mittelwertes, sondern um eine statistische Beziehungszahl handelt.

12 Vgl. *Koch, H.:* Das Prinzip der traditionellen Stückkostenrechnung, ZfB 35 (1965), S. 325–337, hier S. 331–336.

wird[13], so daß ihm „die Stellung eines Hilfsprinzips (eines Tests) zugewiesen wird“[14], ist es ebenso wie das sogenannte Durchschnittskostenprinzip oder Kostenanteilsprinzip ein rein formales Prinzip, das nichts über die materiellen Beziehungen, die sachlogische Rechtfertigung einer Zurechnung von Kosten auf Leistungen, aussagt[15]. Proportionalität ist bekanntlich nur der ideale Grenzfall einer positiven linearen Korrelation, die zwar eine gewisse Abhängigkeit der korrelierenden Größen vermuten, [52] aber dabei doch völlig offen läßt, ob A die Ursache von B, B die Ursache von A, A und B wechselseitig Ursache und Wirkung, A und B Wirkung eines dritten C sind oder ob der Gleichlauf rein zufällig besteht („nonsense-correlation“)[16]. So anschaulich und für gewisse Fragestellungen sinnvoll das Durchschnittskostenprinzip beim Einproduktbetrieb ist, so aussagelos und daher unsinnig wird es beim Mehrproduktbetrieb, weil sich zwar auch dann noch Beziehungszahlen (Verrechnungssätze, Zuschlagssätze, Äquivalenzziffern) finden lassen, aber „doch erst, nachdem festgelegt worden ist, welche Kosten auf welche Leistungen bezogen werden sollen, nachdem, anders ausgedrückt, die Kosten den Leistungen zugerechnet wurden, was wiederum eine Aufteilung in zurechenbare und nichtzurechenbare Kosten erforderlich macht. Die dabei auftretenden Probleme können aber nur mit Hilfe anderer Zurechnungsprinzipien – etwa mit dem Finalprinzip – gelöst werden“[17].

Stückkosten, von denen sich nicht mehr sagen läßt, als daß sie den Leistungseinheiten „irgendwie“ zugerechnet wurden, sind als Information wertlos, da sie keine materielle Aussage enthalten[18]. Das gilt auch für das von H. Koch vorgeschlagene „Prinzip der minimalen Gemeinkostenstreuung“, nach dem die Gemeinkosten mittels derjenigen Schlüsselgröße verteilt werden, welche die kleinste Gemeinkostenstreuung aufweist[19]. Dieses Prinzip ist nur für die Schlüsselung (variabler) unechter Gemeinkosten der Leistungen anwendbar – und wird dafür vom Verfasser seit Jahren gefordert[20] –, nicht jedoch für echte Gemeinkosten, mögen sie fix oder variabel sein. Auf die theoretischen und praktischen Bedenken gegenüber diesem noch wenig durchdachten Ansatz soll an dieser Stelle nicht näher eingegangen werden[21].

13 So ist nach Heinen das Proporttionalitätsprinzip „eine mathematische Darstellungsform des Kostenverursachungsprinzips“. „Vom Proportionalitätsprinzip wird verlangt, daß es die Kostenverursachung – die Beziehung zwischen Kosten und Leistung – wenn nicht in direkter so doch in indirekter Form zur Darstellung bringt.“ *Heinen, E.:* Reformbedürftige Zuschlagskalkulation, ZfhF NF. 10 (1958), S. 4 und 5.

14 *Ehrt, R.:* a.a.O., S. 10.

15 So betont Heinen, der auf die formale Übereinstimmung von Proportionalitätsprinzip und Durchschnittsprinzip in der Rechnungsdurchführung verweist, daß das Durchschnittsprinzip weder dem Kostenverursachungsprinzip entsprechen müsse noch eine tatsächliche Proportionalität repräsentiere. Vgl. *Heinen, E.:* Reformbedürftige Zuschlagkalkulation, a.a.O., S. 5.

16 Vgl. zur Ursachenforschung beispielsweise *Flaskämpfer, P.:* Allgemeine Statistik, 2. Aufl., Hamburg 1949, S. 162–164; *Anderson, O.:* Probleme der statistischen Methodenlehre in den Sozialwissenschaften, 3. Aufl. Würzburg 1957, S. 13 f und S. 229 f; *Kellerer, H.:* Statistik im modernen Wirtschafts- und Sozialleben, Hamburg 1960, S. 185–187. Zur nonsense-correlation speziell *Flaskämper, P.:* a.a.O., S. 170; *Anderson, O.:* a.a.O., S. 207, 216, 222.

17 *Ehrt, R.:* a.a.O., S. 12.

18 Nach *Ehrt, R.:* a.a.O., S. 10.

19 Siehe *Koch, H.:* Zum Problem des Gemeinkostenverteilungsschlüssels a.a.O., insbes. S. 181–200

20 Vgl. *Riebel, P.:* Richtigkeit, Genauigkeit und Wirtschaftlichkeit als Grenzen der Kostenrechnung a.a.O., S. 43 [28 f.].

21 Zur Kritik vgl. *Kilger, W.:* Flexible Plankostenrechnung, a.a.O., S. 329 f.

Somit bleibt zu prüfen, ob und inwieweit das sogenannte Verursachungsprinzip, das in der Kostenrechnungsliteratur teils kausal, teils final aufgefaßt wird, als materielles Prinzip für die Zurechnung von Kosten auf Leistungen geeignet ist.

53

II. Kritische Analyse des Verursachungsprinzips

A. Die Leistungserstellung als Kausalprozeß und ihre rechnerische Abbildung

Wenden wir uns zunächst der Analyse einer Zurechenbarkeit der Kosten auf die Leistungen nach dem *Verursachungsprinzip* im engeren, kausalen Sinne einer *Ursache-Wirkungs-Beziehung* zu[22]. Von einem solchen Kausalzusammenhang kann nur gesprochen werden, wenn die folgenden Merkmale gegeben sind [3]:

1. Die Ursache (als wirkender Zustand) muß der Wirkung (als bewirktem Zustand) zeitlich vorausgehen[23].
2. Die Ursache muß *notwendige* Voraussetzungen für das Eintreffen der Wirkung sein, die nicht weggedacht werden kann, ohne daß die Wirkung mit Sicherheit entfiele[24]. („Keine Wirkung ohne Ursache").
3. Wenn die Ursache vorliegt, muß zwangsläufig und ausnahmslos die Wirkung, und zwar stets dieselbe Wirkung, eintreten[24]. („Keine Ursache ohne Wirkung". „Gleiche Ursache – gleiche Wirkung"[25]).

Auf den ersten Blick erscheint zwar die zweite Bedingung für alle notwendigen Kosten (genauer: Kostengüter) erfüllt zu sein, die dritte Bedingung jedoch nur für die variablen Kosten (als letzter hinzutretender, „auslösender" Teilursache), nicht jedoch für die fixen Kosten oder Bereitschaftskosten, da diese schon bei bloßer Aufrechterhaltung der Betriebsbereitschaft entstehen, auch wenn dabei keine Leistungen hervorgebracht werden. Die erste Bedingung ist zumindest dann nicht erfüllt, wenn man die Leistungen als Ursache und die Kosten als Wirkung ansieht; ob sie auf den umgekehrten Fall zutrifft, wird noch zu untersuchen sein. Ohne zu übersehen, daß die Betriebsbereitschaft eine notwendige Bedingung der Leistungserstellung und damit Teilursache ist, hat der Verfasser in früheren Veröffentlichungen[26] geglaubt, |schließen zu dürfen, daß lediglich die Einzelkosten (im Sinne von zusätzlich entstehenden, spezifischen Kosten) auf die Leistungseinheiten nach dem Verursachungsprinzip zugerechnet werden können, während andere Autoren die gleiche Meinung in bezug auf alle variablen Kosten vertreten[27].

54

22 *Kosiol* hat dafür den Ausdruck „Kosteneinwirkungsprinzip" vorgeschlagen. Dabei wird unter „realer Kosteneinwirkung" die Auslösung der Leistungserstellung durch die Kostenentstehung verstanden und nicht die umgekehrte Vorstellung, daß – teleologisch – der Güterverbrauch durch die Leistungen hervorgerufen wird. Vgl. hierzu *Kosiol, E.:* Kritische Analyse . . ., a.a.O., S. 27; *ders.:* Kostenrechnung, Wiesbaden 1964, S. 29 f.

23 So z.B. *Heyde, J. E.:* a.a.O., S. 124–131; *Höfler, A.:* a.a.O., S. 354.

24 So z.B. *Heyde, J. E.:* a.a.O., S. 133–142; *Höfler, A.:* a.a.O., S. 352.

25 s. *Hartmann, M.:* a.a.O., S. 111.

26 Vgl. z.B. *Riebel, P.:* Das Rechnen mit Einzelkosten und Deckungsbeiträgen, ZfhF NF. 11 (1959), S. 213–238, hier S. 217 [37 f.] *ders.:* Das Problem der minimalen Auftragsgröße a. a. .O., S. 658 f. – Ferner: *Böttger, W.* u. a.: a.a.O., S. 54 f. Für variable Gemeinkosten bei verbundener Produktion wird eine Zurechenbarkeit nach dem Verursachungsprinzip auch verneint von *Möller, H.:* Kalkulation, Absatzpolitik und Preisbildung, Wien 1941, S. 96.

27 So beispielsweise *Albach, H.:* Bewertungsprobleme des Jahresabschlusses nach dem Aktiengesetz 1965 a.a.O., S. 380 und 381; *Böhm, H.-H.; Wille, F.:* Direct Costing und Programmplanung, München 1960, S. 84 f; *Heinen, E.:* Reformbedürftige Zuschlagskalkulation, a. a. O., S. 5; *Kilger, W.:*

Bei dieser Argumentation werden jedoch zwei wichtige Gesichtspunkte übersehen:

1. Ursache-Wirkung-Beziehungen sind unabhängig vom Bewußtsein, und damit wirklich und real[28]. Demgegenüber handelt es sich bei den Begriffen Kosten und Leistungen um gedachte Größen zur rechnerischen „Abbildung" der Wirkung von Vorgängen, die wenigstens teilweise Realvorgänge sind, nicht aber um die Realvorgänge selbst. Damit ist einer kausalen Zurechnung von Kosten auf Leistungen von vornherein der Boden entzogen[29] [4]. Diesen Einwand kann man auch nicht dadurch umgehen und damit das Verursachungsprinzip retten, daß man – der vielfach üblichen Definition der Kosten als „bewerter Güterverzehr" und den Methoden zur Erfassung vieler Kostenarten und der Leistungen folgend – zunächst zwischen den verzehrten Kostengütermengen und den entstehenden Leistungsmengen Kausalbeziehungen herzustellen versucht und nachträglich Güterverzehr und Güterentstehung – unabhängig vom Kausalprinzip – bewertet[30]. Einem solchen Versuch zur Rettung des Kausalprinzips steht nämlich eine zweite, bisher noch nicht einbezogene Erkenntnis entgegen.
2. Die Wirkung eines jeden Kausalprozesses schließt „von vornherein nicht etwa nur Gewinn, sondern *auch Verlust*" ein[31]. Das Entstehen eines neuen Zustandes ist immer gleichzeitig an das schöpferische Zerstören des alten gekoppelt[32]. 55

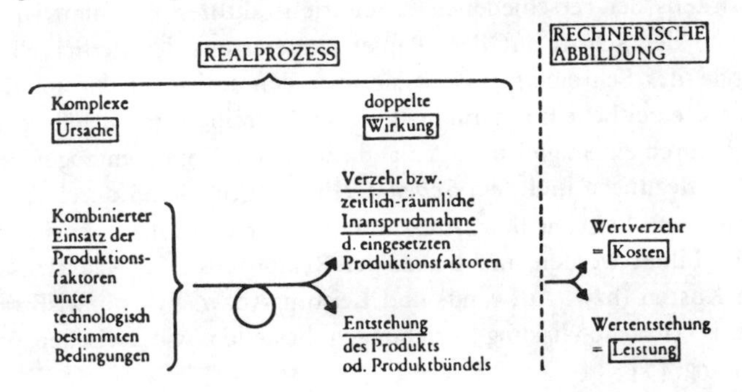

Schema 1: Die Leistungserstellung als Kausalprozeß und ihre rechnerische Abbildung

Flexible Plankostenrechnung a.a.O., S. 86 f; *Medicke, W.*: „Der Mythos von den fixen Kosten und die betriebswirtschaftliche Leistungsabrechnung", Eine kritische Betrachtung zum gleichnamigen Aufsatz von *E. Sonnenfeld*, ZfB 33 (1963), S. 103–110, hier S. 110; *Wolter, A. M.*: Das Rechnen mit fixen und proportionalen Kosten, Köln/Opladen 1948, S. 35 f.

28 Realität umschließt nach *Eisler* „die vom Erleben, erlebenden Subjekt, Bewußtsein, Erkennen, unabhängige, selbständige Wirklichkeit". Wirklichkeit wird weiter gefaßt als Realität und umgreift „alles, was nicht bloß der Meinung nach, sondern tatsächlich besteht, vorfindbar ist, das Subjektive, Psychische, ebenso wie das Objektive, Physische, das Ideelle wie das Reale". S. Stichwort „Realität", in: Eislers Handwörterbuch der Philosophie, 2. Aufl., Berlin 1922, S. 531 und das Stichwort „Wirklichkeit", ebenda, S. 758. Demgegenüber definiert *J. E. Heyde* „real = wirklich" und setzt sich kritisch mit der Definition „wirklich = bewußtseinsunabhängig" auseinander. Er versteht den Begriff „wirklich" als einen *Wirkens*-Zusammenhang des jeweils als wirklich zu Bestimmenden mit Anderem, also aus dem „*Ursächlichkeits*-Verhältnis". *Heyde, J. E.*: a.a.O., S. 63, siehe dort auch S. 58–63).

29 Nach *Ehrt, R.*: a.a.O., S. 24.

30 Diese Möglichkeit untersucht *Ehrt, R.*: a.a.O., S. 24–29.

31 *Heyde, J. E.*: a.a.O., S. 125 f.

32 Auch Schäfer sieht – von ganz anderen Überlegungen ausgehend – in der Kostenbildung und Ertragsbildung im Grunde „nur die beiden Seiten oder Aspekte ein und desselben Geschehens: Der *Hervorbringung* marktwürdiger Leistungen. Daher lassen sich Aufwandmachen und Ertragbilden

Auch bei einer rein mengenmäßigen Betrachtung kann somit der Kostengüterverzehr nicht Ursache der Leistungsentstehung oder umgekehrt die Leistungsentstehung Ursache des Kostengüterverzehrs sein.
Ursache dieser Doppelwirkung ist der Einsatz der *Gesamtheit* der erforderlichen Produktionsfaktoren unter den jeweiligen technologisch bestimmten Produktionsbedingungen. Veranschaulichen wir uns diesen Zusammenhang am Beispiel des Schreibens, etwa mit einem Füllfederhalter. Damit die Schrift auf dem Papier entsteht, ist es nicht nur notwendig, daß dafür alle erforderlichen Produktionsmittel (im weitesten Sinne – also ein- 56 schließlich des|Grundstücks, auf dem der ganze Vorgang stattfindet) vorhanden sind, sondern auch, daß der mit Tinte gefüllte Federhalter in einer bestimmten Lage mit einem bestimmten Druck auf dem Papier, dessen Oberfläche eine bestimmte Rauhigkeit und Saugfähigkeit aufweisen muß, bewegt wird, daß das Papier auf einer ausreichend ebenen und glatten Unterlage ruht, die dem Druck der Feder Widerstand leistet und zugleich die Führung der Hand erleichtert und zahlreiche weitere technische Bedingungen erfüllt sind. Schließlich muß auch der dabei als Kraft- und Arbeitsmaschine wirkende Mensch gleichzeitig in der Lage sein, den Bewegungsvorgang so zu steuern, daß das gewünschte Schriftbild entsteht. Die *Wirkung* dieses komplexen Prozesses, der ganz wesentlich durch die Art des Zusammenwirkens der verschiedenen Produktionsfaktoren bestimmt wird, ist einerseits das Entstehen der Schrift auf dem Papier, andererseits der Verbrauch von Papier, Tinte und Energie des Schreibers (soweit sie über den Energiebedarf im Ruhezustand hinausgeht) sowie die zeitliche Inanspruchnahme des Schreibers und der übrigen Potentialfaktoren[33], die dadurch einem gleichzeitgen anderweitigen Einsatz entzogen werden.
Wie aus diesen Überlegungen und dem *Schema 1* hervorgeht, kann durch die Gegenüberstellung von Kosten und Leistung bzw. Aufwand und Ertrag nur die doppelte Wirkung des Realprozesses abgebildet werden, nicht aber der Realprozeß oder Kausalzusammenhang selbst. Zwischen Kosten (bzw. Aufwand) und Leistung (bzw. Erlös bzw. Ertrag) können daher ebensowenig Ursache-Wirkung-Beziehungen bestehen wie zwischen Güterverzehr und Güterentstehung. [5]
Für diese rechnerische Abbildung der Doppelwirkung des Realprozesses ist von ganz besonderer Bedeutung, daß ein realer Güterverzehr nämlich nur für einen Teil der eingesetzten Produktionsfaktoren feststellbar ist, in unserem Beispiel für Tinte, Papier und Energie. Nur für diesen Teil des Faktoreneinsatzes können Kosten im Sinne eines bewerteten Güterverzehrs ermittelt und den entstandenen Leistungen gegenübergestellt werden. Dabei ist freilich nicht gewährleistet, daß der physische Güterverzehr und seine wert-

eigentlich nur gedanklich scheiden. Sie folgen nicht etwa zeitlich aufeinander, sondern gehen gleichzeitig vor sich. Indem wir etwas aufwenden, bilden wir auch schon ein Stück Ertrag – sofern der Vorgang sinnvoll auf den Marktzusammenhang ausgerichtet ist. Lediglich die Tatsache, daß am Beginn des jeweiligen Umsatzprozesses das Aufwenden und am Ende die Ertragsbildung äußerlich deutlicher wahrnehmbar wird, mag dazu verleiten, die beiden Vorgänge als ein Nacheinander aufzufassen." *Schäfer, E.:* Die Unternehmung, 4. Aufl., Köln/Opladen 1961, S. 204.

33 Unter Potenialfaktoren versteht mann in der neueren Kostentheorie die „nicht beliebig teilbaren" Produktionsfaktoren, die ein Nutzungspotential verkörpern, das sich erst durch mehrmaligen Gebrauch, durch Zeitablauf oder überhaupt nicht erschöpft. Neben Sachlagen und einem Teil der Betriebsstoffe gehören dazu auch die Arbeitskräfte. Vgl. *Heinen, E.:* Betriebswirtschaftliche Kostenlehre I, a.a.O., S. 191, 223, 251–259; *Gutenberg, E.:* Grundlagen der Betriebswirtschaftslehre, Bd. I: Die Produktion, 5. Aufl., Berlin/Göttingen/Heidelberg 1960, S. 218 u. 225, 10. Aufl. 1965, S. 314; *Bruhn, E.-E.:* Die Bedeutung der Potentialfaktoren für die Unternehmungspolitik, Berlin 1965.

mäßige „Abbildung“ als Kosten isomorph sind. Auf Grund der Marktgepflogenheiten, Machtverhältnisse oder sonstigen Gegebenheiten werden|nämlich oft Entgelte vereinbart, die nicht zu den Verbrauchsmengen proportional, also je verbrauchter Einheit konstant, sind. Das ist stets bei Mengenrabatten und Staffelpreisen der Fall; weiter ist auch an Mindestabnahmemengen zu denken, falls diese über den Bedarf hinausgehen, sowie an zahlreiche Tarifformen für Energie- und Transportleistungen[34]. In unserem Beispiel ist etwa der Verbrauch an Energie, die vom Schreiber geliefert wird (ebenso wie die zeitliche Inanspruchnahme), unter den üblichen arbeits- und tarifvertraglichen Verhältnissen ohne Belang und erscheint daher in der rechnerischen Abbildung überhaupt nicht. Selbst wenn ein realer Güterverzehr durch den Einsatz im Kausalprozeß bewirkt wird[35], brauchen also nicht ohne weiteres überhaupt irgendwelche Kosten, und wenn, dann nicht „gestaltgleiche“[36] Kosten, zu entstehen.

Bei den übrigen eingesetzten Produktionsfaktoren, etwa Federhalter, Schreibtisch usw., besteht die Wirkung lediglich in einer zeitlich begrenzten Inanspruchnahme, die sich *nicht als Güterverzehr* äußert, sondern vielmehr als *Blockierung dieser Potenialfaktoren, die einen gleichzeitigen Einsatz* für die Erstellung anderer Leistungen *ausschließt*. Da kein Güterverzehr vorliegt[37] und somit die Mengenkomponente der Kosten Null ist, können *durch diese Inanspruchnahme auch keine Kosten entstehen*, es sei denn, daß|ein von der Inanspruchnahme[38] abhängiges Entgelt vereinbart ist, wie vielfach beim Einsatz von gemieteten Maschinen und Fahrzeugen[39].

Eine Bewertung der in Anspruch genommenen Zeiteinheiten dieser Potentialfaktoren mit dem verdrängten Deckungsbeitrag oder Bruttogewinn bei anderweitiger Verwertung ist nur zulässig, soweit tatsächlich auf diesen Alternativgewinn verzichtet werden mußte. Selbst dann ist sie aber nur für ganz bestimmte Fragestellungen und Situationen sinnvoll, weil es sich entgegen der irreführenden Bezeichnung „Opportunitätskosten“ nicht um Kosten, sondern um eine Gewinngröße handelt, die grundsätzlich nicht in die laufende Kosten-, Leistungs- und Ergebnisrechnung gehört[40].

34 Vgl. hierzu *Schäfer, E.:* Vom Wesen fixer Kosten, in: *Meyer, C. W.* (Hrsg.): Probleme der Betriebsführung, Festschrift Schnutenhaus, Berlin 1959, S. 187–197, insbes. S. 191–192 sowie *Riebel, P.:* Eine betriebswirtschaftliche Theorie der Produktion, Finanzarchiv, NF. 26 (1967), S. 124–149, hier S. 139 f.

35 Bei „ verderblichen“, nicht speicherbaren Gütern muß auf den Teil des Güterverzehrs abgestellt werden, der nicht auch ohne den Einsatz im betrachteten Realprozeß entstanden wäre.

36 Hierbei ist insbesondere an die Gestalt der Kostenverläufe im Vergleich zu den mengenmäßigen „Verbrauchsfunktionen“ zu denken. Vgl. hierzu *Müller, H. J.:* Der technische und der monetäre Kostenbegriff, ZfdgS 106 (1950), S. 298–309; *Gutenberg, E.:* a.a.O., 5. Aufl., S. 403–408; *Heinen, E.:* Betriebswirtschaftliche Kostenlehre I, a.a.O., S. 463–468. Ferner zu Begriff und Arten der Verbrauchsfunktionen: *Gutenberg, E.:* a.a.O., 5. Aufl., S. 219–228, 10. Aufl., S. 315–325; *Kilger, W.:* Produktions- und Kostentheorie, Wiesbaden 1958, S. 54–60; *Albach, H.:* Produktionsplanung auf der Grundlage technischer Verbrauchsfunktionen, in: Arbeitsgemeinschaft für Forschung des Landes Nordrhein-Westfalen, Heft 105, Köln u. Opladen 1962, S. 45–96, hier S. 45–59; *Heinen, E.:* Betriebswirtschaftliche Kostenlehre I, a.a.O., S. 196–282, 206–212, 225–307.

37 Bei „verderblichen“, nicht speicherbaren Gütern muß auf den Teil des Güterverzehrs abgestellt werden, der nicht auch ohne den Einsatz im betrachteten Realprozeß entstanden wäre. Vgl. hierzu *Engels, W.:* Betriebswirtschaftliche Bwertungslehre im Licht der Entscheidungstheorie, Köln/Opladen 1962, S. 166 f.

38 Entsprechendes gilt auch, wenn das Entgelt an die Ausbringung oder den Werkstoff- bzw. Energieverbrauch gekoppelt ist.

39 Meist in Verbindung mit einer festen Grundmiete oder einer garantierten Mindestmiete. S. a. die in FN 34 genannte Literatur.

40 Gleicher Auffassung ist *Kilger, W.:* Flexible Plankostenrechnung a.a.O., S. 164.

B. Die Leistungserstellung als Finalprozeß

Es ist nunmehr zu untersuchen, ob eine Interpretation des *Verursachungsprinzips im finalen Sinne,* in dem es in der Literatur meist gemeint ist[41], Möglichkeiten eröffnet, eindeutig zwingende Beziehungen zwischen den Kosten und Leistungen herzustellen. Wenn man nämlich den Leistungen jene Kosten zurechnen will, die „um ihretwillen" aufgewandt wurden, wenn man also die Leistungen als Zweck und die Kosten als Mittel betrachtet, dann darf man nicht übersehen, daß sich der Zweck der Erstellung einer Leistung (zumindest von Sachgütern und Transportleistungen) nur mit Hilfe eines Realprozesses erreichen läßt, der notwendigerweise ein Kausalprozeß ist. Dennoch darf man nicht einfach die Finalität als bloße Umkehrung der Kausalität auffassen[42]. Vielmehr ist, wie *Nicolai Hartmann* gezeigt hat, in jedem Finalprozeß ein kausal ablaufender Realprozeß eingelagert *(Schema 2)*[43].

59

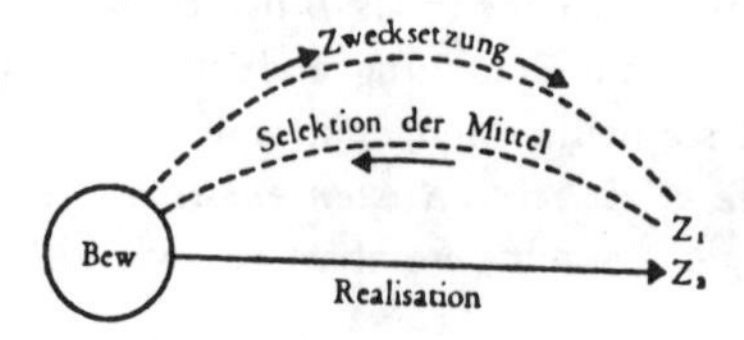

Schema 2: Die drei „Akte" des Finalprozesses nach Nicolai Hartmann (a.a.O., S. 69)
Z_1 = vorgesetzter, noch irrealer, aber schon die Mittel bestimmender Zweck
Z_2 = realisierter Zweck

Das Setzen des Zwecks (1. Akt) und die Auswahl der Mittel (2. Akt) geschehen ausschließlich im Bewußtsein. Dabei wird das Erreichen des Zwecks durch die Mittel gedanklich vorweggenommen, ohne daß dies nach außen in Erscheinung tritt. Erst im dritten Akt, der kausal ablaufenden Realisation, findet das Gewollte durch den tatsächlichen Einsatz der Mittel und die tatsächliche Erreichung des Zweckes seinen realen Niederschlag[44]. Somit „überformt" der Finalnexus den kausal ablaufenden Realprozeß, „lenkt ihn, den an sich blinden Kausalprozeß, auf Zwecke hin"[45].

41 Das ist sowohl aus den üblichen Definitionen des Kostenbegriffs als auch den Erläuterungen des Begriffes „Einzelkosten", in der Literatur zu schließen. Nur selten wird das Kostenverursachungsprinzip ausdrücklich final oder teleologisch interpretiert, wie von Kosiol: „ Die engere und vielfach verwendete Fassung des Kostenbegriffes beruht auf einem *Kostenverursachungsprinzip*, wonach in einem engeren *teleologischen* Sinne Kosten nur dann vorliegen, wenn der Güterverbrauch durch die Leitungen, d.h. also ursächlich im Sinne einer causa finalis (Zweckursache) hervorgerufen wird." *Kosiol, E.:* Kostenrechnung a.a.O., S. 29. Siehe auch *ders.:* Kritische Analyse der Wesensmerkmale des Kostenbegriffs, a.a.O., S. 26.

42 Darauf weisen nachdrücklich hin *Engliš, K.:* a.a.O., S. 27 f.und *Hartmann, N.:* a.a.O., S. 65 f.

43 Vgl. *Hartmann, N.:* a.a.O., S. 69. Leider läßt *Hartmann* dabei offen, wie er hier Kausalität versteht.

44 Nach *Hartmann, N.:* a.a.O., S. 70–72. – Ähnlich auch *Engliš, K.:* a.a.O., S. 28: „Wenn praktisch genommen ein Zweck aus dem Mittel hervorgehen soll, so kann dies nicht auf eine andere Weise geschehen, als in der Aufeinanderfolge von Geschehnissen, die sich in natürlicher Kausalität und niemals gegen sie abspielen. Das Mittel muß zur Ursache werden und der Zweck zur Wirkung." S. a. *Selz, O.:* Die Gesetze der produktiven Tätigkeit, in: *Graumann, K. F.* (Hrsg.): Denken, Köln/Berlin 1960, S. 215–224, Nachdruck aus: Archiv für die gesamte Psychologie 27 (1913), S. 367–380.

45 *Hartmann, N.:* a.a.O., S. 73.

Soweit sich der Mensch bei seinem zweckgerichteten Handeln kausaler Abläufe bedient und sie daher auch gedanklich vorwegnehmen muß, gelten die unter dem Gesichtspunkt der Ursache-Wirkung-Beziehungen angestellten Überlegungen in vollem Umfange auch für die Zurechnung nach dem Finalprinzip. Auch unter Mittel-Zweck-Gesichtspunkten kann der Güterverzehr nicht als Mittel zum Zwecke der Leistungserstellung interpretiert werden. Der Güterverzehr ist und bleibt lediglich eine an sich unerwünschte Neben*wirkung*, die aber in Kauf genommen werden muß, um die Leistungserstellung (und -verwertung) als beabsichtigte Wirkung zu erreichen. Eindeutige Mittel-Zweck-Beziehungen bestehen lediglich zwischen der Beschaffung, Bereitstellung und dem Einsatz bestimmter Kostengüter einerseits und bestimmten Kalkulationsobjekten andererseits (Kostenstellen, Einheiten oder Gruppen von Leistungsgütern), für diese Kostengüter *ausschließlich* beschafft, bereitgestellt und eingesetzt worden sind. Wird eine Kostenguteinheit nacheinander|oder gleichzeitig für die Erstellung mehrer Leistungseinheiten oder Leistungsarten genutzt, wie das bei Potentialfaktoren (Grundstücken, Gebäuden, Maschinen, Arbeitskräften und zahlreichen Fremddienstleistungen) durchweg zutrifft, dann besteht keine eindeutige Finalbeziehung zur Einzelleistung, sondern lediglich zur Gesamtheit der daraus erstellten Leistungen, und auch dies nur insoweit, als diese Leistungen bereits im Zeitpunkt der Beschaffung bzw. Bereitstellung eindeutig als Ziel bestimmt waren. Es handelt sich aber hierbei – und das muß noch einmal besonders betont werden – nicht um Finalbeziehungen zwischen Kosten und Leistung, sondern lediglich um solche zwischen Kostengütereinsatz einerseits und dem erstrebten Leistungsgut – samt dem nicht beabsichtigten, aber in Kauf genommenen Güterverzehr – andererseits. Bei verbundener Produktion sowie bei Änderung der Zielsetzung in der Zeitspanne zwischen erwartungsbedingter Mittelbeschaffung und tatsächlicher Leistungserstellung bestehen keine eindeutigen Finalbeziehungen mehr. Vielmehr lassen sich in solchen Fällen nachträglich verschiedenartige Mittel-Zweck-Beziehungen konstruieren, zwischen denen lediglich unter subjektiven, allenfalls unternehmungspolitischen Gesichtspunkten gewählt werden kann[46].

60

C. Ergebnis

Als Ergebnis unserer Analyse des Verursachungsprinzips zeigt sich, daß zwischen den verzehrten Kostengütern und den entstandenen Leistungsgütern weder kausale noch finale Beziehungen bestehen können. Folglich kann auch die Zurechnung von Kosten und Leistungen nicht mit dem Verursachungsprinzip oder dem Finalprinzip begründet werden. Damit wird aber auch die Frage aufgeworfen, ob sich die Zurechnung von Kosten und Leistungen auf ein anderes Prinzip gründen läßt. Ein solcher Versuch soll im folgenden Abschnitt unternommen werden. [6]

III. Die Ablösung des Verursachungsprinzips

A. Die Zurechnung nach dem Identitätsprinzip

Faßt man die *Zurechenbarkeit* als eine Gegenüberstellung eindeutig zusammengehöriger Größen auf, dann scheinen in einem Unternehmen nur jeweils solche entstandenen Lei-

46 Vgl. hierzu den keinesfalls vollständigen Katalog finaler Zurechnungs- (besser Verteilungs-)prinzipien in dem sogenannten „Professorengutachten" zur Wegekostenrechnung von *Böttger, W. u. a:* a.a.O., S. 56–68.

61 stungsgüter und solche verzehrten Kostengüter einander eindeutig-zwingend | gegenüberstellbar, also einander „zurechenbar" zu sein, die gekoppelte Wirkungen ein und desselben Kausalprozesses sind. Da der Kausalprozeß stets von einem Finalprozeß überlagert und durch Entscheidungen über Ziel und Mittel ausgelöst wird, kann die eindeutige Zurechenbarkeit von Güterverzehr und Leistungsentstehung ebensogut auf denselben, identischen Finalprozeß, auf eine identische Entscheidung oder Entscheidungskette bzw. dieselbe Kette von Maßnahmen zu ihrer Realisierung zurückgeführt werden. Diese Art der eindeutigen Gegenüberstellung von Größen, die als Wirkungen ein und desselben Kausal- oder Finalprozesses und einer identischen Entscheidungskette anzusehen sind, bezeichnet der Verfasser als *„Zurechnung nach dem Identitätsprinzip"*[47]. Zeigt es sich, daß ein Güterverzehr nicht mit der Entstehung nur eines, sondern mehrerer Leistungsgüter (Einheiten oder Arten) gekoppelt ist, dann kann er auch nur der Gesamtheit dieser entstandenen Leistungsgüter (Einheiten oder Arten) eindeutig zugerechnet werden, nicht aber den einzelnen Leistungseinheiten oder Leistungsarten. Gehen beispielsweise aus einer Gewichtseinheit Kohle bestimmter Zusammensetzung unter bestimmten Verkokungsbedingungen 0,7 Gewichtseinheiten Rohkoks und 0,3 Gewichtseinheiten Rohgas hervor, dann ist der Verbrauch an Rohkohle nur der entsprechenden Ausbeute an Rohkoks und Rohgas gemeinsam eindeutig zurechenbar, also dem „Kuppelproduktpäckchen" oder „Kuppelproduktbündel", nicht aber einem der beiden Kuppelprodukte allein oder anteilig jedem der Kuppelprodukte für sich, gleichgültig auf welcher Schlüsselgrundlage.

Das Identitätsprinzip ist nicht auf die Zurechnung von Kostengüterverzehren und Leistungsgüterentstehung im Rahmen technisch-naturwissenschaftlicher Kausalprozesse beschränkt, sondern kann ebensogut auf die Zurechnung von Verzehr und Entstehung immaterieller Güter sowie auf die Zurechnung von Ausgaben und Einnahmen angewandt werden. Das Abstellen der Zurechenbarkeit auf identische Finalprozesse und Entscheidungsketten ist notwendig, weil sich der Mensch nicht nur kausaler, technologisch-naturwissenschaftlich bestimmter Abläufe bedient, sondern – teils unter institutionellem Zwang, teils auf Grund freiwilliger Vereinbarungen – Leistungen erbringt und entgegennimmt, Zahlungen empfängt oder leistet, die direkt oder indirekt an die Erstellung und Verwertung von Leistungen gekoppelt sein können[48]. Aus instituionellen Gründen müssen Zwangsausgaben, die an die Existenz bestimmter Merkmale (z.B. Bemessungsgrundlagen für Steuern und Zölle) in

62 | einem Unternehmen geknüpft sind, in Kauf genommen werden, ohne daß damit ein realer Gütereinsatz verbunden wäre. In entsprechender Weise werden wie bereits auf Seite 73 erwähnt, auf Grund der Markt- und Machtverhältnisse häufig Entgelte vereinbart, die zur Menge der beschafften Kostengüter oder der abgesetzten Leistungsgüter nicht proportional sind. In all diesen Fällen kann nach dem Identitätsprinzip geprüft werden, ob eine eindeutige Zurechenbarkeit etwa von Ausgaben auf das verzehrte oder Anspruch genommene Kostengut und des Kostengutes auf das entstandene Leistungsgut oder den Leistungswert besteht[49] Vertritt man nähmlich die Auf-

47 *Riebel, P.*: Kurzfristige unternehmerische Entscheidungen im Erzeugungsbereich auf der Grundlage des Rechnens mit relativen Einzelkosten und Deckungsbeiträgen, NB 20 (1967) 8, S. 1–23 hier S. 9 [286].

48 Dies veranlaßt *R. Ehrt* (a.a.O., S. 29–50), den Mittelbegriff und den Finalbegriff weiter zu fassen als *N. Hartmann*.

49 Vgl. hierzu die aus den „Zueinander-in-Beziehung-Setzen" der „Stationen des Betriebsprozesses" entwickelten Arten der Verbundenheit von *Krömmelbein, G.*: Leistungsverbundenheit im Verkehrsbetrieb, Berlin 1967, S. 14–37.

fassung, daß sich Kosten grundsätzlich von Ausgaben ableiten[50], dann ist das „Veranschlagen in Geld" bei der Ermittlung der Kosten nicht nur ein Bewertungsproblem, sondern ein Zurechnungsproblem[51] [7]. Nach dem Identiätsprinzip können dem Verzehr bzw. der Inanspruchnahme eines Kostengutes nur dann und nur insoweit Ausgaben eindeutig zugeordnet werden, als sowohl der Verzehr des Kostengutes bzw. seine Inanspruchnahme als auch die Entsstehung der Ausgaben bzw. Ausgabenverpflichtung durch dieselbe Entscheidung oder Kette von Entscheidungen und Ausführungsmaßnahmen ausgelöst werden. So wird beispielsweise die Verpflichtung zur Lohnzahlung durch den Abschluß bzw. die automatische Verlängerung des jeweiligen Arbeitsvertrages durch Nichtkündigung ausgelöst, nicht aber durch den Einsatz des betreffenden Arbeiters zur Herstellung eines bestimmten Auftrags Y oder einer bestimmten Erzeugnismenge Z. Bei der üblichen Erfassung des Fertigungslohnes hält man im Falle des Zeitlohns lediglich die zeitliche Inanspruchnahme zu Istwerten und im Falle des Akkordlohns zu Standardwerten fest. Auf Grund der arbeitsrechtlichen und tarifvertraglichen Verhältnisse hat jedoch der Arbeiter während aller von ihm nicht zu vertretenden „unproduktiven" Zeiten Anspruch auf die Fortzahlung seines Zeitlohns bzw. des durchschnittlichen Akkordverdienstes während der vertragsgemäß zu vergütenden An- und Abwesenheitszeiten. Die Gepflogenheit der Praxis, den auf Fertigungsaufträge „entfallenden" Lohnanteil als Fertigungslohn, im übrigen als Gmeinkostenlohn oder Hilfslohn zu verbuchen, mag unter bestimmten Gesichtspunkten durchaus sinnvoll sein, doch ist sie für die Frage der Zurechenbarkeit der Lohnkosten auf Aufträge und Leistungseinheiten ebenso ohne Belang wie für die Beurteilung des Verhaltens der Löhne gegenüber Beschäftigungsschwankungen[52].

63

Da alle Kosten und Leistungen, alle Ausgaben und Einnahmen, alle Vorgänge und Bestände, die Untersuchungsobjekt des Rechnungswesens sein können, ihre Existenz letztlich jeweils bestimmten Entscheidungen verdanken[53], ist das Konzept der „Zurechnung nach dem Identitätsprinzip" im Rechnungswesen generell anwendbar. Freilich muß man sich

50 Der im folgenden angedeutete entscheidungsorientierte Kostenbegriff ist im Gegensatz zu sonstigen ausgabenorientierten Kostenbegriffen, wie sie etwa von *Rieger, Schäfer, Seischab, Linhardt* und *Fettel* vertreten werden, nicht an den effektiven Ausgaben schlechthin orientiert, sondern stellt nur auf diejenigen Ausgaben ab, die durch die jeweiligen Entscheidung üner die Existenz des betreffenden Kalkulationsobjektes (zusätzlich) ausgelöst werden. Dazu gehören etwa auch die Ausgaben für die Ersatzbeschaffung von verbrauchten Standardnaterial, das aus Lagerbeständen entnommen wird. Dagegen werden etwa die Ausgaben für Miete, die aus einem Mietvertrag herrühren, der über fünf Jahre läuft, nicht als Ausgaben der darin eingeschlossenen Teilperioden, etwa der einzelnen Jahre oder Monate und der während dieser Zeit hergestellten Leistungen angesehen, weil die Mietausgaben für diese Objekte nicht disponibel sind. Dieser entscheidungs- und ausgabenorientierte Kostenbegriff läßt sich zwar in den sogenannten „wertmäßigen" allgemeinen Kostenbegriff einfügen, ist aber sehr viel enger und spezifischer. Insbesondere enthält er keine Nutzenwerte oder entgehende Gewinne aus anderweitiger Verwertung vorhandener Kräfte und Mittel, die in Anlehnung an den amerikanischen Sprachgebrauch neuerdings gerne als Opportunitätskosten deklariert werden. Letztere leiten sich aber nicht von Ausgaben, sondern von entgehenden, nicht realisierten Einnahmemöglichkeiten ab und sollten auch terminologisch als das behandelt werden, was sie sind: ein nicht realisierter Bruttogewinn (Deckungsbeitrag) aus einer nicht wahrgenommenen Gelegenheit (Opportunitätsgewinn bzw. Opportunitätsbeitrag).

51 Zur Verbundenheit von Kostengütern bzw. Kostengutteilen über gemeinsame Ausgaben siehe *Krömmelbein, G.:* a.a.O., S. 19 f. und 22–24.

52 Weitere Einzelheiten siehe bei *Riebel, P.:* Kurzfristige unternehmerische Entscheidungen ..., a.a.O., S. 5 f. [276–280] eine ähnliche Auffassung vertritt *Schäfer, E.:* Vom Wesen fixer Kosten, a.a.O., S. 195.

53 Ähnlich *Kortzfleisch, G. v.:* Kostenquellenrechnung in wachsenden Industrieunternehmen, ZfbF NF. 16 (1964), S. 318–328, hier S. 318.

dabei von der Vorstellung lösen, als könne man sämtliche Kosten, gleichgültig durch welche Elemente des vieldimensionalen zeitlich fortschreitenden Entscheidungsgefüges sie ausgelöst worden sind, in der zweidimensionalen, auf einzelne Produkte oder Produktgruppen abgestellenden Kostenträger- und Umsatzergebnisrechnung auf die einzelnen Kostenträger projiziert abbilden. Das ist ebenso unmöglich wie der Versuch, bei der Abbildung der Nordfront eines Hauses zugleich die Südfront oden den Grundriß eines Geschosses zu zeigen.

B. Die Anlastung nach unternehmungspolitischen Gesichtspunkten

Alle Kosten, die einem Kalkulationsobjekt nicht nach dem Identitätsprinzip zugerechnet werden können, lassen sich diesem Kalkulationsobjekt lediglich nach *willentlichen*, zweckbedingt festgesetzten Prinzipien *anlasten* | 64 | oder *zuteilen*, wobei stets zwischen mehreren sinnvollen Anlastungsprinzipien und zwischen mehreren Verteilungsschlüsseln gewählt werden muß, die von der Sachlogik her gleichrangig sein können, sich jedoch in ihrer Wirkung unterscheiden[54].

Eine unternehmungs- oder wirtschaftspolitisch bedingte Zuteilung oder Anlastung von Gemeinkosten kann durchaus zweckmäßig sein, wenn eine eindeutige Zurechnung auf Grund der inneren Sachzusammenhänge nicht möglich ist, aber dennoch gemeinsame Ausgaben und Kosten, gemeinsame Einnahmen oder Gewinne und gemeinsame Mitteleinsätze nach einem einheitlich festzulegenden Prinzip für bestimmte Zwecke oder Fragestellungen verteilt werden sollen. Solche Rechnungsziele können beispielsweise in einem Gemeinschaftsunternehmen die Festsetzung von Verrechnungspreisen gegenüber den Beteiligten für gelieferte oder bezogene Leistungen bzw. die Verteilung gemeinsamer Aufwendungen zum Zwecke der Erfolgsbeteiligung unter Berücksichtigung der Inanspruchnahme des Gemeinschaftsorgans oder bestimmter Leistungsmerkmale sein. Auch für die interne Fragestellungen kann eine willentliche Anlastung gemeinsamer Kosten sinnvoll erscheinen, etwa für die massenhafte Vorkalkulation von Kleinaufträgen. Ehe man jedoch gemeinsame Kosten im Rahmen genereller Regelungen anlastet, gilt es, sorgfältig die Wirkungen der konkurrierenden Prinzipien und Schlüssel, die für die Anlastung in Frage kommen, innerhalb und außerhalb des Unternehmens zu analysieren, um unbeabsichtigte Fehlsteuerungen zu vermeiden oder wenigstens in kontrollierbaren Grenzen zu halten[55]. Dabei ist besonders zu beachten, daß nicht nur unterschiedliche Fragestellungen oder Ziele, sondern auch unterschiedliche Situationen, etwa Art und Zahl der Restriktionen, die Anwendung unterschiedlicher Anlastungsprinzipien und Schlüssel notwendig machen können. Das beeinträchtigt zwar die Vergleichbarkeit mit anderen Perioden und Betrieben weit mehr als die Anwendung traditioneller Kostenrechnungsverfahren, in denen die einmal gewählten Schlüssel grundsätzlich beibehalten werden, doch muß ohnehin in Kauf genommen werden, daß die in der Vergangenheit oft in ihrem Erkenntniswert überschätzte Vergleichbarkeit gegenüber anderen Forderungen an die Gestaltung des Rechnungswesens umso mehr an Bedeutung verliert, je mehr das interne Rechnungswesen zu einem Instrument der Unternehmungsplanung und -steuerung entwickelt wird.

54 Vgl. hierzu *Böttger, W. u. a:* a.a.O., S. 56–69 und 78–80.

55 Zur steuernden Wirkung der Gemeinkostenschlüssel im Bereich der Preispolitik vgl. *Riebel, P.:* Die Preiskalkulation auf Grund von „Selbstkosten" oder von relativen Einzelkosten und Deckungsbeiträgen, ZfbF NF. 16 (1964), S. 549–612, hier S. 574–577 [229–231].

Anmerkungen

[1] Zur Diskussion des Verursachungsproblems in der Kostenrechnung siehe ferner: *Munzel, G.:* Die fixen Kosten in der Kostenträgerrechnung, Wiesbaden 1966; *Lintzhöft, H.:* Die Kosten für den Einsatz sachlicher Potentialfaktoren, Diss. Hamburg 1968; *Kühnemund, K.:* Zur Diskussion des Kausalitätsprinzips im Rechnungswesen, in: BFuP 22 (1970), S. 237–243; *Hohenbild, R.:* Das Verursachungsdenken in der betriebswirtschaftlichen Kostenlehre, Frankfurt a.M. 1974; *Schubert, W.* und *R. Hohenbild:* Kostenverursachung, Prinzipien und Probleme, in: Handwörterbuch der Betriebswirtschaft, 4.Aufl., hrsg. v. E. Grochla und W. Wittmann, Stuttgart 1975, Sp. 2360–2368.

[2] Vgl. hierzu auch: *Riebel, P.:* Kosten und Preise bei verbundener Produktion, Substitutionskonkurrenz und verbundener Nachfrage, 2.Aufl., Opladen 1972, S. 58–68; *Menrad, S.:* Die Problematik der Kostenzurechnung, in: Wirtschaftswissenschaftliches Studium, 1 (1972), S. 488–494; *Hohenbild,* a.a.O., S. 222–258; *Schweitzer, M./Hettich, G. O./Küpper, H.-U.:* Systeme der Kostenrechnung, München 1975, S. 136–142; *Kloock, J./Sieben, G./Schildbach, T.:* Kosten- und Leistungsrechnung, Tübingen/Düsseldorf 1976, S. 44–48.

[3] Präziser ist die Formulierung des Kausalitätsgesetzes von *M. Bunge* (Causality. The Place of the Causal Principle in Modern Science, Cambridge, Mass. USA, 1959, S. 35–53): „Wenn die Ursache eintritt, dann (und nur dann) wird dadurch immer die Wirkung (und nur diese Wirkung) erzeugt" (*Schubert/Hohenbild,* a.a.O., Sp. 2361). Diese Formulierung enthält folgende Merkmale: Konditionalität – existenzielle Priorität der Ursache (Asymmetrie) – Ausnahmslosigkeit (Determiniertheit) – Monokausalität (der Gesamtursache) – Erzeugung (s. *Hohenbild,* a.a.O., S. 33–42). Der Determinismus ist – wie die ihm zugrundeliegende Monokausalität – als Idealmerkmal anzusehen und kann durch die Wahrscheinlichkeit ersetzt werden (s. *Hohenbild,* S. 46–56). Wichtiger als die zeitliche Aufeinanderfolge von Ursache und Wirkung, die allenfalls als notwendiges, aber nicht hinreichendes Merkmal zu gelten hat, ist die nicht umkehrbare „Erzeugung" (im Sinne von Hervorrufen) der Wirkung, die erst eintritt, wenn alle als Ursache zusammengefaßten Bedingungen erfüllt sind. *Bunge* spricht daher von „existenieller Priorität der Ursache"; durch die damit verbundene Asymmetrie (Nichtumkehrbarkeit) der Beziehung zwischen Ursache und Wirkung unterscheidet sich die Kausalität von rein mathematisch-funktionalen bzw. korrelativen Beziehungen (s. *Hohenbild, S. 37–42 und 62–70).*

[4] Man kann den Begriff der Realität auch weiter fassen, doch ändert dies nichts an den für die Zurechnungsprobleme wesentlichen Schlußfolgerungen (s. hierzu *Hohenbild,* S. 109, FN 1 und S. 254–256).

[5] Diese Auffassung wird durch die gründliche und philosophisch gut fundierte Untersuchung von *Hohenbild* bestätigt (S. 144–176 u. 283–294).

[6] Wie *Hohenbild* treffend bemerkt (s. auch *Schubert/Hohenbild,* Sp. 2367), wird damit das Verursachungsdenken keineswegs aufgegeben. Vielmehr kann man bei einer weiten Fassung des Realitätsbegriffs – mit *Hohenbild* (S. 257) – das im folgenden entwickelte Identitätsprinzip als eine Präzisierung des Verursachungsprinzips interpretieren. Solange aber das Verursachungsprinzip so vieldeutig wie im allgemeinen und fachlichen Sprachgebrauch üblich interpretiert wird, ist es für zweckmäßig, weiter an der eindeutigen Bezeichnung Identitätsprinzip festzuhalten.

[7] S. hierzu insbesondere *Hummel, S.:* Wirklichkeitsnahe Kostenerfassung, Berlin 1970, S. 176–220.

6. Die Bereitschaftskosten in der entscheidungsorientierten Unternehmerrechnung*

I. Ausgangsposition und Problemstellung

Das interne Rechnungswesen der Unternehmung ist seit langem auf dem Wege, sich von einer primär vergangenheitsorientierten Dokumentations- und Informationsrechnung zu einer entscheidungsorientierten Planungs- und Kontrollrechnung zu wandeln[1].

Um diese Rechnungen von der üblichen, primär auf technisch-mengenmäßige Verbrauchskontrollen[2] ausgerichteten Plankostenrechnung[3] klar abzuheben, spreche ich von »entscheidungsorientierter Unternehmerrechnung«. Von *Unternehmerrechnung*, weil es sich um ein rein internes Instrument der Unternehmensleitung handelt, mit folgenden Aufgaben:

1. Prognose (Vorkalkulation) der Auswirkungen von Planänderungen und erwarteten Datenänderungen auf den Erfolg, insbesondere bei der Vorbereitung von Entscheidungen durch Prognose der durch die jeweiligen Handlungsmöglichkeiten hervorgerufenen Erfolgsänderungen.
2. Kontrolle (Nachkalkulation) der durch die getroffenen Entscheidungen und die eingetretenen Datenänderungen ausgelösten Erfolgsänderungen.

Von *entscheidungsorientierter* Unternehmerrechnung spreche ich, weil nicht nur in Sonderrechnungen, sondern auch in der laufenden zukunfts- und vergangenheitsgerichteten Rechnung die *Entscheidungen als* die eigentlichen *Kalkulationsobjekte*[4] angesehen werden und an Stelle des preisindifferenten wertmäßigen Kostenbegriffs der *entscheidungsorientierte Kostenbegriff* tritt. Diesen könnte man wie folgt formulieren:

»*Kosten sind die mit der Entscheidung über das betrachtete Objekt ausgelösten Ausgaben.*«

Die Grundfrage der entscheidungsorientierten *Vorschaurechnung:* »Welche Größen werden durch eine bestimmte Entscheidung oder Einflußgröße verändert?« ist in der entscheidungsorientierten Kontrollrechnung entsprechend auf vergangene Entscheidungen oder Einflußgrößenänderungen bezogen zu stellen. Dagegen muß sie bei der *rückschauenden* entscheidungsorientierten *Erfolgsanalyse* umformuliert werden zu der

* Erweiterte Fassung des gleichnamigen Vortrags auf der Tagung des Verbandes der Hochschullehrer für Betriebswirtschaft in Karlsruhe am 28. 5. 1969.
Nachdruck aus: Zeitschrift für betriebswirtschaftliche Forschung, 22. Jg. (1970), S. 372–386.

[1] Vgl. hierzu *Illetschko, Leopold L.*, Management und Betriebswirtschaft, Wien 1955, S 25–35; *Schäfer, Erich*, Die Unternehmung, 4. Aufl., Köln und Opladen 1961, S. 392–407 (sowie frühere und spätere Auflagen).

[2] Zur Unterscheidung zwischen Verbrauchskontrolle und Dispositionskontrolle vgl. meinen Aufsatz: Die Gestaltung der Kostenrechnung für Zwecke der Betriebskontrolle und Betriebsdisposition, in: ZfB, 26. Jg. (1956), S. 278–289, hier S. 278f. [11f.].

[3] Vgl. hierzu die Unterscheidung zwischen Vorgabe- oder Standardkostenrechnung einerseits und Prognosekostenrechnung andererseits bei *Kosiol, Erich*, Neuere Ziele und Methoden der Kostenplanung, in: ZfB, 24. Jg. (1954), S. 657–674, hier S. 660f.; der erste Typ ist eine »Quasi-Mengenrechnung« nach *Schäfer, Erich*, Die Unternehmung, a.a.O., S. 399f.

[4] Ähnlich *Kortzfleisch, Gert von*, Kostenquellenrechnung in wachsenden Industrieunternehmen, in: ZfbF, 16. Jg. (1964), S. 318–328, hier S. 318.

373 Frage: »Welche Erlösteile und welche Kosten- bzw. Ausgabenteile sind auf dieselbe Entscheidung bzw. Einflußgröße zurückzuführen?«
Wollte man bei der Beantwortung derartiger Fragen jedesmal bei den Ursprungsdaten bzw. den Uraufschreibungen beginnen, dann würden Zeitaufwand und Kosten im allgemeinen das vertretbare Maß übersteigen. Daher gilt es, die häufiger auftretenden Entscheidungen so zu gruppieren und Entscheidungskomplexe so in Elemente zu zerlegen, daß die problemrelevanten Größen schnell ermittelt werden können[5]. Vorbild dafür kann der im Erzeugungsbereich so fruchtbare Gedanke sein, individuelle Wünsche auf Sonderanfertigungen weitgehend durch die Kombination standardisierter Bauelemente und Baugruppen zu befriedigen.
Im Bereich der Kostenrechnung ist die Entwicklung zur entscheidungsorientierten Planungs- und Kontrollrechnung für die kurzfristig variablen Kosten – genauer: für die mit Art, Menge und Wert der tatsächlichen Leistungen automatisch veränderlichen Kosten, die im folgenden als »*Leistungskosten*« bezeichnet werden, – schon verhältnismäßig weit fortgeschritten. Das gilt leider nicht in bezug auf die von den tatsächlichen Leistungen unabhängigen *Bereitschaftskosten*. Hier zeichnet sich vielmehr neuerdings die Tendenz ab, die Veränderungen der Bereitschaft überhaupt nicht mehr als Gegenstand der Kostenrechnung zu betrachten, sondern sie der Investitionsrechnung zuzuweisen[6]. Eine solche Aufspaltung des internen Rechnungswesens in Kostenrechnung und Investitionsrechnung erscheint jedoch aus einer Reihe von Gründen sehr problematisch, von denen ich nur einige anführen will:
Erstens ist die Unterscheidung zwischen Anpassungsmaßnahmen in *kurzen* und *langen Perioden*, d. h. zwischen Anpassungsmaßnahmen im Rahmen gegebener Kapazitäten – oder besser Betriebsbereitschaft – einerseits und totaler Anpassung andererseits, wie sie seit *Alfred Marshall* in der Wirtschaftstheorie üblich ist und neuerdings auch in der Betriebswirtschaftslehre Eingang findet, zwar für besonders einfache Erklärungsmodelle brauchbar, aber zu sehr Schwarzweiß-Malerei, als daß sie die zahlreichen und besonders wichtigen »Grautöne« erkennen ließe, die zwischen diesen Extremen liegen und in denen sich die Anpassungsmaßnahmen der Realität gewöhnlich zu bewegen pflegen.
Wann paßt sich denn schon in der Realität ein Betrieb total an?
Und wie lange bleibt denn die Betriebsbereitschaft wirklich unverändert?
Sieht man von der Gründung und der Liquidation ab, dann handelt es sich durchweg um *partielle Anpassungen der Kapazität* oder noch häufiger der *Betriebsbereitschaft*, die, wie noch zu zeigen sein wird, keineswegs identisch sind. Die Betriebsbereitschaft ist nämlich auch in kurzen Kalenderperioden – etwa innerhalb eines Monats oder gar innerhalb eines Tages – durchaus veränderlich, ohne daß ein automatischer, zwangsläufiger Zusammenhang mit den (quantitativen und qualitativen) Variationen des effektiven Leistungsvolumens gegeben ist.
Zweitens ist in der Praxis oft zwischen *Anpassungsmaßnahmen im Rahmen gegebener Betriebsbereitschaft* und solchen, die auf eine *Änderung der Betriebsbereitschaft* abstellen, zu wählen,

[5] Nach *Gordon, Myron J.*, Cost Allocations and the Design of Accounting Systems for Control, in: The Accounting Review, XXVI (1951), S. 209–220, wieder abgedruckt in: Contemporary Issues in Cost Accounting. A Discipline in Transition, hrsg. von *Hector R. Anton* und *Peter A. Firmin*, Boston 1966, S. 176–191, hier S. 184f.

[6] So z. B. *Engels, Wolfram*, Betriebswirtschaftliche Bewertungslehre im Licht der Entscheidungstheorie, Köln und Opladen 1962, S. 111 und 162–165; *Kilger, Wolfgang*, Flexible Plankostenrechnung, 3. Aufl., Köln und Opladen 1967, S. 86.

z. B. zwischen Intensitätserhöhung und Verlängerung der Arbeitszeit oder Vermehrung der besetzten Arbeitsplätze. Gerade dann steht man vor einer gewissen Diskrepanz in den *Denk- und Rechenansätzen* zwischen der Investitionsrechnung einerseits und der Kostenrechnung andererseits. Die in der Investitionsrechnung übliche Betrachtung der bloßen *Einnahmen- und Ausgabenströme* reicht zudem für eine Beurteilung von Entscheidungen nicht aus. In der Kosten- und Ergebnisrechnung hat man sich bislang viel Mühe gegeben, den *Kostenbegriff* säuberlich vom Aufwandsbegriff und diesen wiederum vom Ausgabenbegriff abzugrenzen. In der *Entscheidungstheorie* dagegen arbeitet man im allgemeinen mit einem anderen Kostenbegriff als im *laufenden Rechnungswesen.*

Hier zeichnet sich ein wichtiger Unterschied der entscheidungsorientierten Unternehmerrechnung gegenüber dem traditionellen Rechnungswesen ab: Es interessieren nicht die durch irgendwelche Konventionen zu definierenden Nettoerfolge, sondern allein die *Erfolgsdifferenzen,* welche durch bestimmte Handlungsweisen gegenüber dem Nichthandeln, der Nullalternative oder durch die Änderung bestimmter Einflußgrößen ausgelöst werden oder – im Falle der Nachrechnung – ausgelöst worden sind. Es interessieren nicht mehr die von *irreversibel vordisponierten Ausgaben*[7] abgeleiteten Kosten, denn sie sind nicht mehr zu ändern, sondern lediglich die im Hinblick auf das betrachtete Kalkulationsobjekt *noch beeinflußbaren Ausgaben.*

Eine solche *Differenzbetrachtung* ist zwar ihrem Wesen nach mit der Marginalbetrachtung verwandt, jedoch nicht mit sogenannten Grenzkosten und Grenzerlösen bzw. den Grenzerfolgen identisch, da im allgemeinen nicht auf letzte und kleinste Veränderungen, sondern auf mehr oder weniger große *Veränderungsintervalle* abgestellt werden muß. Das zeigt sich besonders deutlich, wenn man in dieses Konzept Veränderungen der Betriebsbereitschaft einschließt. Daher wurde bei der Weiterentwicklung der Deckungsbeitragsrechnung zur betont entscheidungsorientierten Erfolgsdifferenzrechnung besonderer Wert auf die entscheidungsadäquate Abbildung der Bereitschaftskosten gelegt.

II. Die Betriebsbereitschaft und die Arten von Bereitschaftsdispositionen

Wenden wir uns zunächst dem Phänomen der Betriebsbereitschaft selbst und den Arten von Bereitschaftsdispositionen zu.

Diese Betriebsbereitschaft bzw. Leistungsbereitschaft kann man mit *Schmalenbach* als einen *Produktionsumweg* im Sinne *Böhm-Bawerks* ansehen, bei dem die Unternehmungen *zunächst* ein *Leistungspotential* aufbauen, ehe sie mit der Erstellung der einzelnen Leistungen, der Gewinnung und Ausführung von Aufträgen beginnen[8]. Zur Bereithaltung der durch Grundstücke, Gebäude, Maschinen und sonstige technische Betriebsmittel repräsentierten Kapazität, der »toten Betriebsbereitschaft« in der Sprache *Schmalenbachs,*

[7] Begriff nach *Langen, Heinz,* Grundzüge einer betriebswirtschaftlichen Dispositionsrechnung, in: ZfB, 36. Jg. (1966), 1. Ergänzungsheft, S. 71–81, hier S. 75.

[8] So *Schmalenbach, Eugen,* Selbstkostenrechnung und Preispolitik, 6. Aufl., Leipzig 1934, S. 32, ähnlich auch schon in der 5. Aufl., Grundlagen der Selbstkostenrechnung und Preispolitik, 1930, S. 35 und später in der 7. Aufl., Kostenrechnung und Preispolitik, Köln und Opladen 1956, S. 53. In seinem Aufsatz »Über Verrechnungspreise«, in ZfhF, 3. Jg. (1908/09), S. 165–185 unterscheidet *Schmalenbach* auf S. 178 ganz ähnlich zwischen zwei Teilen der modernen Produktion: »Der eine Teil ist die Herstellung und Unterhaltung der Produktionsorganisation, der andere die Benutzung derselben. Und ähnlich zerfallen auch die Kosten in zwei Gruppen: die Kosten der Produktions*bereitschaft* (Hervorhebung im Original) und die Kosten der Produktion selbst.«

375 muß noch die »lebende Betriebsbereitschaft« hinzukommen:[9] Menschen, die die Anlagen erhalten und betreiben und die Beziehungen zu Kunden und Lieferanten herstellen, die das Zusammenwirken organisieren und das Ganze leiten. Es bedarf aber auch eines Mindestbestandes an Roh-, Hilfs- und Betriebsstoffen, an Handelswaren und an flüssigen Mitteln und – last, not least – technischer und kaufmännischer Erfahrung, damit der Betrieb leistungsbereit ist[10].

Walther, der ganz ähnlich zwischen Kapazität und Leistungsbereitschaft unterscheidet, weist darauf hin, daß der Zustand der reinen Leistungsbereitschaft, der im allgemeinen nicht isoliert erkennbar ist, sich in einer Reihe von Fällen in reiner Form beobachten läßt, etwa in einem Ladengeschäft oder in einem Restaurant, in dem momentan kein einziger Kunde anzutreffen ist[10a].

Selbst *im Rahmen gegebener Kapazität ist die Betriebsbereitschaft durchaus veränderlich*, und zwar *in vielen Formen und Stufen*[11], etwa durch Vermehrung oder Verminderung der Arbeitsschichten, Einlegen von Überstunden oder von Kurzarbeit, durch Einstellen und Entlassen von Arbeitskräften, Stillegen oder Wiederinbetriebnehmen technischer Betriebsmittel[12]. Dabei ist die *Kapazität die Obergrenze* für die *Anpassung der Betriebsbereitschaft* und die Betriebsbereitschaft wiederum die Obergrenze für die Variation der Leistungserstellung oder der Ausnutzung von Kapazität und Betriebsbereitschaft.

Daher sollte sowohl bei der Darstellung der Anpassungsformen als auch bei der Diskussion der Kostenabhängigkeiten zwischen Veränderungen der Kapazität und Veränderungen der Betriebsbereitschaft im Rahmen einer gegebenen Kapazität und darüber hinaus der Veränderung der Ausnutzung beider – der Kapazität und der jeweiligen Bereitschaft – durch die Leistungserstellung differenziert werden. Vielfach ist es sogar notwendig, zwischen *statischer und dynamischer Betriebsbereitschaft*[13] zu unterscheiden oder – in der Terminologie *Heinens* – zwischen *Betriebsbereitschaft* und *Leistungsbereitschaft*[14] und in beiden Fällen oft noch zwischen verschiedenen Bereitschaftsstufen oder -graden.

So hängen beispielsweise in einem Kohlekraftwerk die Zeitspanne für das Anlaufen und die Anlaufkosten, aber auch selbstverständlich die Höhe der Bereitschaftskosten erheblich davon ab, ob lediglich Arbeitskräfte und Rohstoffe bereitstehen, aber die Kessel kalt sind, also lediglich eine statische Betriebsbereitschaft besteht, oder ob die Kessel bereits unter Feuer stehen und damit eine dynamische Betriebsbereitschaft besonders niedrigen Grades realisiert ist, oder ob darüber hinaus die Kessel auf Arbeitstemperatur

[9] Wohl zuerst in der 5. Aufl., a.a.O., S. 35, vgl. auch 6. Aufl., a.a.O., S. 32.

[10] In Anlehnung an *Walther*, *Alfred*, der im Sinne der toten und lebenden Betriebsbereitschaft zwischen den »Zuständen« der Kapazität und der Leistungsbereitschaft unterscheidet, jedoch in die Leistungsbereitschaft nicht solche Arbeitskräfte einbezieht, die nur nötig sind, wenn die Leistungserstellung selbst einsetzt. Vgl. *Walther*, *Alfred*, Einführung in die Wirtschaftslehre der Unternehmung, Band I: Der Betrieb, Zürich 1947, S. 230–234.

[10a] Vgl. *Walther*, *Alfred*, a.a.O., S. 233.

[11] *Walther*, *Alfred*, a.a.O., S. 234, spricht von verschiedenen *Bereitschaftsstufen*.

[12] Ähnlich *Schmalenbach*, *Eugen*, Selbstkostenrechnung und Preispolitik, 6. Aufl., a.a.O., S. 35f., 7. Aufl., a.a.O., S. 56f.

[13] Vgl. meinen Aufsatz: Eine betriebswirtschaftliche Theorie der Produktion, in: Finanzarchiv, NF, 26. Bd. (1967), S. 124–149, hier S. 143f., in Anlehnung an die Unterscheidung zwischen statischer und dynamischer Einrichtung von *Ellinger*, *Theodor*, Ablaufplanung, Stuttgart 1959, S. 34 – Zur dynamischen Einrichtung gehört auch das In-Übung-Halten der Arbeitskräfte; vgl. hierzu *Ellinger*, *Theodor*, Industrielle Einzelfertigung und Vorbereitungsgrad, in: ZfhF, NF, 15. Jg. (1963), S. 481–498, hier S. 484f., und *Pfeiffer*, *Werner*, Absatzpolitik bei Investitionsgütern der Einzelfertigung, Stuttgart 1965, S. 44–50.

[14] *Heinen*, *Edmund*, Betriebswirtschaftliche Kostenlehre, Bd. 1: Begriff und Theorie der Kosten, 2. Aufl., Wiesbaden 1965, S. 493.

gehalten werden, das wäre eine dynamische Betriebsbereitschaft mittleren Grades, oder ob gar Turbinen und Generatoren leer laufen, gewissermaßen mit der Intensität Null produzieren, und im gleichen Augenblick Strom zu erzeugen vermögen, in dem ein Stromverbraucher eingeschaltet wird. Hier liegt der *höchste Grad dynamischer Betriebsbereitschaft* vor[15]. 376

Weil die statischen und dynamischen Bereitschaftspotentiale im allgemeinen nicht kurzfristig und nicht in *den* kleinen Quanten beschafft werden können, wie sie jeweils für Leistungseinheiten oder Leistungsportionen – von besonders großen und langfristigen Aufträgen abgesehen – erforderlich sind, muß über die Betriebsbereitschaft im allgemeinen auf Grund von *Erwartungen* entschieden werden[16]. Dabei greift man unterschiedlich weit in die Zukunft hinein. *Art*, *Dauer* und *Umfang* der dabei aus technischen, organisatorischen und rechtlichen Gründen eingegangenen Bindungen[17] sind wichtige Merkmale der Bereitschaftsdispositionen.

Nach der *Art der zeitlichen Bindung* ist zwischen Dispositionen mit von *vornherein festliegender Bindungsdauer*, solchen mit lediglich *festliegenden* Bindungs- bzw. Kündigungs*intervallen* zu unterscheiden und solchen Fällen, in denen längerfristig nutzbare materielle oder immaterielle Potentiale mit vorläufig unbestimmter oder noch *offener* Nutzungs*dauer* durch Kauf oder Selbstherstellung geschaffen werden, deren man sich durch Verkauf *jederzeit* wieder entledigen kann. In den ersten beiden Fällen, wenn also Bindungsdauer oder Kündigungsintervalle festliegen, kann weiter nach der *Länge der Bindungsperioden* und *ihrer Lage zu den Kalenderperioden* differenziert werden.

Je länger die eingegangenen Bindungen sind bzw. je länger die Nutzungspotentiale reichen, je höher die Anpassungsverluste sind und je kürzer die jeweils betrachtete Periode ist, um so größer können die qualitativen und quantitativen Abweichungen der jeweils aufrechterhaltenen Betriebsbereitschaft von der gerade erforderlichen Betriebsbereitschaft sein, die in Kauf genommen werden müssen.

Entsprechendes gilt für Bereitschaftsdispositionen unterschiedlichen *sachlichen Umfangs*. Hier möchte ich mich damit begnügen, extreme Beispiele anzuführen, um damit die Spannweite und Mannigfaltigkeit anzudeuten: sie reichen von Dispositionen über die *spezielle Betriebsbereitschaft* ganz kleiner Teilbereiche, etwa eines Arbeitsplatzes, einer Erzeugnisart oder eines Teilmarktes, bis hin zu Dispositionen, die die *allgemeine Betriebsbereitschaft* des Gesamtunternehmens, die das Gesamtprogramm oder alle Märkte gemeinsam betreffen[18].

[15] Vgl. hierzu meine Schrift: Die Elastizität des Betriebes, Köln und Opladen 1954, S. 62–66, insbes. S. 65f., sowie meinen in obiger Fußnote 13 zitierten Aufsatz.

[16] Vgl. hierzu z. B. *Gutenberg*, *Erich*, Grundlagen der Betriebswirtschaftslehre, Bd. 1: Die Produktion, 10. Aufl., Berlin–Heidelberg–New York 1965, S. 340–342, sowie frühere und spätere Auflagen; ferner meine Aufsätze: Das Problem der minimalen Auftragsgröße, in: ZfhF, NF, 12. Jg. (1960), S. 647–685, hier S. 656f. und: Typen der Markt- und Kundenproduktion in produktions- und absatzwirtschaftlicher Sicht, in: ZfbF, 17. Jg. (1965), S. 663–685, hier S. 681f.

[17] Vgl. zu diesen Typen von Bindungen *Schäfer*, *Erich*, Vom Wesen fixer Kosten, in: Probleme der Betriebsführung, Festschrift zum 65. Geburtstag von *Otto R. Schnutenhaus*, hrsg. von *Meyer*, *C. W.*, Berlin 1959, S. 187–197, insbes. S. 191–193.

[18] Vgl. hierzu meine Ausführungen über die Bezugsgrößenhierarchien, die stets zugleich auch Hierarchien von Dispositions- und Zurechnungsobjekten darstellen, in meinen Beiträgen: Das Rechnen mit Einzelkosten und Deckungsbeiträgen, in: ZfhF, NF, 11. Jg. (1959), S. 213–238, hier S. 215–217 [36–38]. – Die Deckungsbeitragsrechnung als Instrument der Absatzanalyse, in: Absatzwirtschaft, hrsg. von *Hessenmüller*, *B.*, und *Schnaufer*, *E.*, Baden-Baden 1964, S. 595–627, hier S. 599–603 und S. 605–607 [178–181 und 183–185]. – Deckungsbeitragsrechnung, in: Handwörterbuch des Rechnungswesens, hrsg. von *Kosiol*, *E.*, Stuttgart 1970 (im Druck).

377 Über die Bereitschaftskosten muß im allgemeinen – wie bereits erwähnt – auf Grund von Erwartungen entschieden werden, also unabhängig vom tatsächlich realisierten Leistungsprogramm. Ist das zu realisierende Leistungsprogramm schon sehr frühzeitig bekannt, wie bei weitreichenden Auftragsbeständen oder – für die späteren Arbeitsgänge – bei langfristiger Produktion, dann sind für Teilbereiche der Betriebsbereitschaft auch *nicht erwartungsbedingte Dispositionen*[19] möglich, etwa durch das Anordnen von Überstunden und Erhöhung des Bereitschaftsgrades vorhandener technischer Betriebsmittel. Auch geht man von der statischen zur dynamischen Betriebsbereitschaft oft erst über, wenn bereits Kundenaufträge oder interne Aufträge zur Leistungserstellung vorliegen. Daß dies nicht generell gilt, zeigt sich am Übergang zur dynamischen Betriebsbereitschaft im Falle der Elektrizitätswerke, Kühlhäuser, Linienverkehrsbetriebe und in zahlreichen Fällen des Darbietungsgewerbes[20].

Immer wenn auf Grund von Erwartungen disponiert werden muß, ist es notwendig, zwischen *Beschaffungs-* oder *Bereitstellungsentscheidungen* einerseits und *Einsatz-*, *Verwendungs-* oder *Nutzungsentscheidungen* andererseits zu differenzieren[21].

Ausgaben werden nämlich im allgemeinen durch die Beschaffungsdispositionen ausgelöst, d. h. durch die Entscheidungen über den Abschluß von Kauf-, Arbeits-, Nutzungs- und Dienstleistungsverträgen usw. Ob sich von diesen Beschaffungsausgaben auch *Kosten*, die für Einsatz- oder Nutzungsentscheidungen relevant sind, ableiten lassen, hängt bei *Nutzungs- und Gebrauchsgütern*, die man neuerdings gerne als Potentialfaktoren[22] bezeichnet, davon ab, ob die Nutzungen speicherbar (zeitelastisch) sind, also zwischen heutiger und späterer Verwendung gewählt werden muß[23]. Bei auf Verdacht beschafften speicherbaren *Verbrauchsgütern* oder Repetierfaktoren[24] dagegen ist maßgeblich, ob der *Verbrauch automatisch eine Ersatzbeschaffung auslöst* und ob die *Beschaffungsmenge beliebig dosiert* werden kann, wie etwa in der Regel beim Verbrauch von Standardmaterial[25].

[19] »Erwartung« ist hier – wie schon oben – im Sinne von subjektiver Vermutung oder Vorstellung über die künftige Entwicklung bzw. über das Eintreten eines künftigen Ereignisses zu verstehen. Zum Begriff der Erwartungen und zu den verschiedenen Arten von ex ante Daten vgl. *Katona*, *George*, Business Expectations in the Framework of Psychological Economics (Toward a Theory of Expectations), in: Expectations, Uncertainty and Business Behavior, hrsg. von *Bowman*, *Mary Jean*, New York 1958, S. 59–73, insbes. S. 59f. – Ferner: *Seidenfus*, *Hellmuth Stefan*, Zur Theorie der Erwartungen, in: *Schmölders*, *G.*, *Schröder*, *R.* und *Seidenfus*, *H. St.*, John Maynard Keynes als »Psychologe«, Berlin 1956, S. 97–158, bes. S. 126–153. – *Wittmann*, *Waldemar*, Unternehmung und unvollkommene Information, Köln und Opladen 1959, insbes. S. 31–34.

[20] Vgl. hierzu die Ausführungen von *Walther*, *Alfred*, zum Verhältnis von Betriebsleistung und Marktleistung sowie von stofflichen Leistungen und Dienstleistungen, a.a.O., S. 238–242 und S. 262–287.

[21] Vgl. hierzu die ähnliche Unterscheidung nach dem zeitlichen Verhältnis von Ausgabenentstehung und Faktoreinsatz bei *Schneider*, *Dieter*, Grundlagen einer finanzwirtschaftlichen Theorie der Produktion, in: Produktionstheorie und Produktionsplanung, Festschrift zum 65. Geburtstag von Prof. Dr. Dr. h. c. Karl Hax, hrsg. von *Adolf Moxter*, *Dieter Schneider* und *Waldemar Wittmann*, Köln und Opladen 1966, S. 337–382, hier S. 378–380. Dabei ist jedoch zu beachten, daß *Schneider* vom sogenannten wertmäßigen Kostenbegriff ausgeht, der auf den Güterverzehr oder Faktoreinsatz abstellt. Unser entscheidungsorientierter Kostenbegriff entspricht den Ausgaben bei *Schneider*.

[22] Vgl. zu diesem Begriff *Gutenberg*, *Erich*, Die Produktion, a.a.O., S. 314; *Heinen*, *Edmund*, a.a.O., S. 191, 223, 251–259; *Bruhn*, *Ernst Egon*, Die Bedeutung der Potentialfaktoren für die Unternehmungspolitik, Berlin 1965.

[23] Die Ausdrücke zeitelastische und zeitunelastische Faktoren gehen zurück auf *Engels*, *Wolfram*, a.a.O., S. 166–168.

[24] Vgl. zu diesem Begriff *Heinen*, *Edmund*, a.a.O., S. 223.

[25] Dieser Behandlung der Kosten für Verbrauchsgüter, die auf Verdacht beschafft werden, liegt strenggenommen ein doppeltes Entscheidungs- und Kalkulationsobjekt zugrunde:

Von den für die Aufrechterhaltung der dynamischen Betriebsbereitschaft benötigten Verbrauchsgütern und einigen weiteren Sonderfällen abgesehen, sind Veränderungen der Betriebsbereitschaft vorzugsweise Gegenstand *fallweiser Entscheidungen*, weil hierbei außer der gegenwärtigen Situation auch weiterreichende Erwartungen und Planungen berücksichtigt werden müssen. 378

So wäre es wenig sinnvoll, etwa generell festzulegen, wie sich eine Kostenstelle an Erhöhungen oder Verminderungen des Beschäftigungsgrades anzupassen habe, weil Form und Umfang der Anpassung ganz vom jeweiligen Ausgangsbeschäftigungsgrad, von der Art, wie er realisiert wird, d. h. von Art und Zahl der bereits eingesetzten Arbeitskräfte und Betriebsmittel, von der Intensität, Dauer und zeitlichen Verteilung ihres Einsatzes, vor allem aber von den Erwartungen über die Beschäftigungslage in den folgenden Perioden und die Möglichkeiten der Ersatzbeschaffung für ausgemusterte Arbeitskräfte und Betriebsmittel abhängt. Hier wird besonders deutlich, daß kurz- und mittelfristige Anpassungsvorgänge in langfristige eingelagert sind.

Damit will ich meinen Überblick über wichtige Arten von Bereitschaftsdispositionen, die damit keineswegs erschöpft sind, abschließen, unter bewußtem Verzicht auf eine Behandlung der Grenzfälle zu den Leistungsdispositionen, um mich nunmehr der rechnerischen Abbildung der Bereitschaftsdispositionen zuzuwenden.

III. Die rechnerische Abbildung der Bereitschaftsdispositionen

Entscheidungen über Aufbau, Aufrechterhaltung, Anpassung und Abbau der Betriebsbereitschaft führen in der Regel zu Kosten, die *von Art, Menge und Wert der tatsächlich erstellten Leistungen unabhängig* sind und im folgenden als *Bereitschaftskosten*[26] bezeichnet werden. Weil die Vertragsfreiheit die Möglichkeit läßt, Entgelte in anderer Höhe zu vereinbaren als dies der Leistungsabgabe der Vertragspartner entspricht und statt dessen auf die Verbrauchsmengen, auf die räumlich-zeitliche Inanspruchnahme oder andere Kriterien abzustellen, gibt es von dieser Regel in der Praxis häufige und wichtige Ausnahmen (s. *Abb. 1*).

Dispositionen, die aus *technischer* Sicht auf die Betriebsbereitschaft ausgerichtet sind, können *ökonomisch* den Charakter von *Leistungskosten*[27] insoweit erhalten, als die in

einerseits der Einsatz (Verbrauch) einer bereits vorhandenen Kostengutmenge, andererseits die durch eine generelle Regelung an diesen Verbrauch gekoppelte Ersatzbeschaffung einer entsprechenden Kostengutmenge – gemeinsam mit anderen Teilmengen – zu dem noch nicht festliegenden, aber absehbaren Zeitpunkt, an dem die Mindestlagermenge erreicht bzw. unterschritten wird. Da diese generelle Regelung jederzeit, also auch zwischen dem Verbrauch und dem Auslösen der entsprechenden Ersatzbeschaffung, geändert werden kann, müßte man strenggenommen die Einsatz- oder Verbrauchsentscheidung von der Ersatzbeschaffungsentscheidung trennen und auch die Beschaffung eines speicherbaren Verbrauchsgutes auf Verdacht als Investition betrachten. (Das sieht völlig richtig *Zoller*, *Horst*, Kostenzurechnungsprinzip, Kostenbegriff und Stückkosten, in: Kostenrechnungs-Praxis, Nr. 4, August 1969, S. 161–168, hier S. 166f.). Das ist jedoch in der Praxis wenig zweckmäßig, weil man dann mit einer Vielzahl sachlich und zeitlich verbundener Investitionen zu rechnen hätte.

[26] Dieser Ausdruck trifft den Sachverhalt besser als der Begriff Kapazitätskosten, der in Anlehnung an den anglo-amerikanischen Sprachgebrauch (capacity costs) auch bei uns Eingang findet, im Gegensatz zu den Kapazitätskosten bei *Walther*, *Alfred* (a.a.O., S. 245–249), jedoch die Kosten der »lebenden« Betriebsbereitschaft mit einschließt.

[27] Als Leistungskosten bezeichne ich die durch kleinste Änderungen von Art, Menge und Verkaufserlös der tatsächlich erstellten Leistungen (Leistungseinheiten und Leistungsportionen wie Lose, Chargen, Auftragsposten, Kundenaufträge) sowie der dabei angewandten Verfahren und Verfahrensbedingungen ausgelösten Ausgaben.

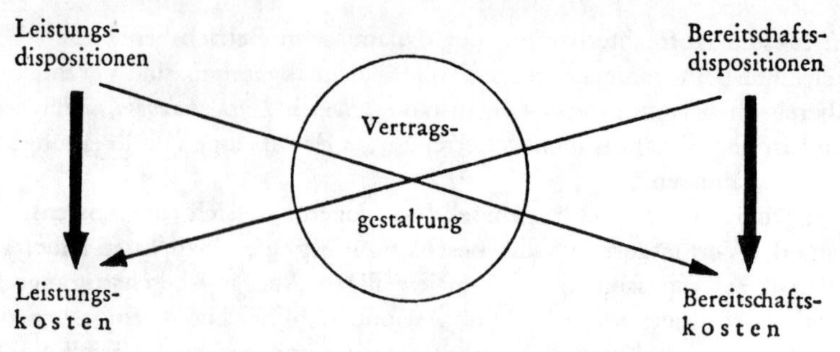

Abb. 1: Beziehungen zwischen Dispositions- und Kostenkategorien

Nutzungs- und Dienstleistungsverträgen vereinbarten Entgelte von Menge und Wert der Leistungen abhängig gemacht werden, wie etwa umsatzwertabhängige Lizenzen und Ladenmieten, produktions- oder absatzmengenabhängige Lizenzen, stückzahl- oder laufzeitabhängige Maschinenmieten[28].

Andererseits können *technologisch leistungsabhängige Güterverbräuche* den *Charakter von Bereitschaftskosten* annehmen, falls nämlich der Verzicht auf gegenwärtigen Verbrauch keine entsprechende Minderung der Ausgaben nach sich zieht bzw. falls ein zusätzlicher gegenwärtiger Verbrauch keine zusätzlichen Ausgaben für Ersatzbeschaffung auslöst. Das gilt beispielsweise, wenn von vornherein feststeht, daß der vorhandene Vorrat oder die bestehenden Abnahmeverpflichtungen über die zu erwartenden Verwertungsmöglichkeiten des jeweiligen Gutes hinausgehen, oder, wenn von der Abnahme- bzw. Verbrauchsmenge unabhängige Entgelte vereinbart werden, wie beispielsweise bei Netzkarten der Deutschen Bundesbahn. Auch abnahmemengenunabhängige Teilentgelte, wie etwa Grundgebühren für Strom und Gas oder garantierte Mindestentgelte, gehören hierher.

Für die rechnerische Abbildung dieser zu leistungsunabhängigen Kosten führenden Leistungsdispositionen gelten dieselben Überlegungen, die nunmehr für die durch Bereitschaftsdispositionen ausgelösten Bereitschaftskosten anzustellen sind. Dabei wollen wir uns vor allem mit der Frage der Abbildung der *zeitlichen Dimension* der Bereitschaftskosten befassen[29].

Wird bei Arbeits-, Nutzungs-, Dienstleistungs- und Lieferverträgen eine *feste Vertragsdauer* vereinbart, dann ist damit einerseits die mögliche Nutzungsdauer, andererseits die Bindungsdauer festgelegt, während der das Unternehmen zur Abnahme der Leistungen oder auch nur zur Bezahlung der vereinbarten Entgelte verpflichtet ist. Die *Gesamtsumme der* dabei *vereinbarten Zahlungen* ist nur der Vertrags- oder Bindungsdauer insgesamt oder dem gesamten Nutzungspotential als Kosten eindeutig zurechenbar; *in bezug auf kürzere Zeitabschnitte* oder *einzelne Nutzungen* handelt es sich um *echte Gemeinausgaben und*

[28] Vgl. hierzu *Schäfer, Erich*, Vom Wesen fixer Kosten, a.a.O., S. 193, sowie meinen Aufsatz: Eine betriebswirtschaftliche Theorie der Produktion, a.a.O., S. 139f.

[29] Vgl. hierzu bereits meine Aufsätze: Das Rechnen mit Einzelkosten und Deckungsbeiträgen, in: ZfhF, NF, 11. Jg. (1959), S. 213–238, hier S. 217 [38f.]; und: Kurzfristige unternehmerische Entscheidungen im Erzeugungsbereich auf Grundlage des Rechnens mit relativen Einzelkosten und Deckungsbeiträgen, in: Neue Betriebswirtschaft, 20. Jg. (1967), H. 8, S. 1–23, hier S. 10f. [289], sowie *Layer, Manfred*, Möglichkeiten und Grenzen der Anwendbarkeit der Deckungsbeitragsrechnung im Rechnungswesen der Unternehmung, Berlin 1967, der nach der Mindestdauer der Unveränderlichkeit differenziert (s. insbes. S. 195–200).

Gemeinkosten. Das ist in *Abb. 2* veranschaulicht. Auf der Abszisse ist die Kalenderzeit, auf der Ordinate die *Gesamtsumme* des für die Bindungsdauer eingegangenen Ausgabenäquivalents dargestellt. Von der Frage der Auf- oder Abzinsung der einzelnen Teilzahlungen auf einen bestimmten Betrachtungszeitpunkt soll an dieser Stelle bewußt abgesehen werden. 380

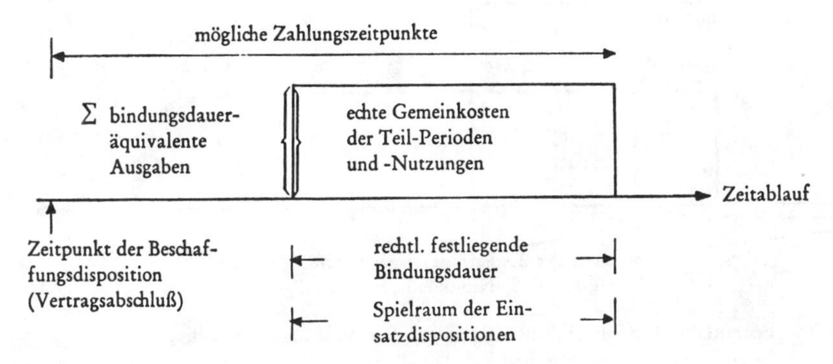

Abb. 2: Potentialfaktor mit rechtlich festliegender Bindungsdauer

Nicht immer will man sich von vornherein endgültig festlegen und vereinbart daher statt fester Laufzeiten bestimmte Kündigungsintervalle, zu denen – unter Wahrung der Kündigungsfrist – das Vertragsverhältnis beendet werden kann. Wird von der Kündigung kein Gebrauch gemacht, so verlängert sich der Vertrag um einen dem Kündigungsintervall entsprechenden Zeitraum. Durch die *Kündigungsintervalle* erhält die von Natur aus kontinuierlich fortschreitende und beliebig unterteilbare Zeit *Portions- oder Quantencharakter*.

Veranschaulichen wir uns das an einem Beispiel: Im Rahmen der üblichen Arbeitsverträge mit Angestellten kann über die *Bereitstellung* der Arbeitsleistung vom Unternehmer *nur in Vierteljahresportionen* disponiert werden, und zwar jeweils bis spätestens sechs Wochen vor Quartalsende. Das *Monatsgehalt* und die davon abhängigen Sozialbeiträge sind daher nur als *Ratenzahlungen* auf das dem vierteljährlichen Bindungsintervall entsprechende Ausgabenäquivalent anzusehen. Dieses Ausgabenäquivalent ist als Quartalseinzelkosten auszuweisen, in bezug auf kürzere Zeiträume handelt es sich um Periodengemeinkosten. Da sich *im Falle der Nichtkündigung die Bindung automatisch um ein Intervall*, im Beispiel ein Quartal, *verlängert*, läßt sich dieser Sachverhalt am besten kumulativ im Zeitablauf gemäß *Abb. 3* darstellen, die zugleich den Unterschied zur reinen Ausgabenbetrachtung [genauer: Auszahlungsbetrachtung] deutlich macht.

Im Gegensatz zur reinen Ausgabenrechnung, die lediglich die Zahlungen beachtet, sind für die entscheidungsorientierte Unternehmerrechnung in erster Linie die *Gesamtheit der* vordisponierten *Ausgabenbindungen* von Bedeutung und darüber hinaus noch die *Bindungsdauer* sowie die *zeitliche Lage der Bindungsintervalle*; erst in zweiter Linie interessieren die Kündigungsfristen und die Zahlungsweise. Diesen Merkmalen entsprechend können die Kostenkategorien der entscheidungsorientierten Unternehmerrechnung differenziert werden. Man wird also beispielsweise die Gehälter als Quartalseinzelkosten – damit sind Bindungsdauer und zeitliche Lage zu den Kalenderperioden charakterisiert – mit Kündigung bis spätestens 6 Wochen vor Quartalsende und monatlichen nachschüssigen

381

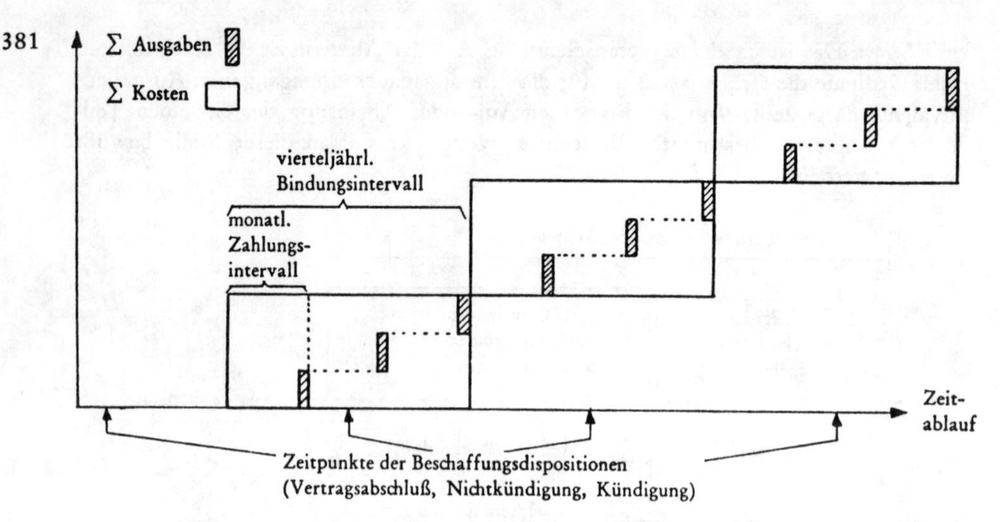

Abb. 3: Potentialfaktor mit rechtlich festliegenden Bindungsintervallen

Teilzahlungen kennzeichnen und sie von Quartalseinzelkosten mit anderen Kündigungsfristen und Zahlungsmodalitäten trennen.

Bei Arbeits-, Nutzungs- und Dienstleistungsverträgen mit fester Vergütung für die gesamte Laufzeit oder für bestimmte Zeitintervalle handelt es sich durchweg um *zeitunelastische Potentiale*, bei denen die *Einsatz- oder Verwendungsentscheidungen ohne jeden Einfluß auf die Höhe der Ausgaben und der Kosten* sind, weil das Potential auch ohne jede Nutzung während des bloßen Bereithaltens »mit dem Ticken der Uhr« vergeht. Die durch die *Beschaffungsentscheidungen* hervorgerufenen Ausgaben sind daher ohne Belang für die späteren *Nutzungsentscheidungen*, so daß sich auch keine Kosten für die Inanspruchnahme dieser Potentiale ableiten lassen. Die Nutzung dieser Potentiale kann in einer entscheidungsorientierten Planungs- und Kontrollrechnung keinesfalls dadurch berücksichtigt werden, daß man die das Potential beanspruchenden Leistungen oder Betriebsbereiche oder die jeweiligen Rechnungsperioden anteilig mit jenen Ausgaben belastet, die in der Vergangenheit für die Schaffung dieser Potentiale entstanden sind[30] oder für die Ersatzbeschaffung erwartet werden. Es interessieren allein die Verwertungsmöglichkeiten des noch verfügbaren Restpotentials und die Überschüsse der zusätzlichen Erlöse über die zusätzlichen Kosten oder Ausgaben, die damit verbunden sind[30]. Diese Überschüsse sind aber (erwartete) Deckungsbeiträge und keine Kosten![31]

Bei rechtlich festliegenden Bindungsintervallen ist freilich zu bedenken, daß *die in einem Bindungsintervall vorgehaltene Stufe der Betriebsbereitschaft* oft gar nicht auf *diese* Inter-

[30] Das ist mit bemerkenswerter Klarheit von einigen Fachleuten des landwirtschaftlichen Rechnungswesens frühzeitig erkannt worden, insbesondere von *Zörner, Hans*, Untersuchungen über die Bedeutung von Kalkulationen und Produktionskostenrechnungen in der Landwirtschaft, in: Berichte über Landwirtschaft, Zeitschrift für Agrarpolitik und internationale Landwirtschaft, NF, Bd. VI (1927), S. 554–609. Vgl. hierzu neuerdings *Woitschach, Max*, Vom Umgang mit Alternativen. Gedanken zu aktuellen Problemen des industriellen Rechnungswesens und den Möglichkeiten der maschinellen Datenverarbeitung, in: IBM-Nachrichten, Heft 164, Februar 1964, S. 2170–2180, hier insbesondere S. 2172ff.

[31] Daher sollte man nicht von Opportunitäts*kosten*, sondern korrekter von Opportunitäts*beiträgen* sprechen.

vallperiode zugeschnitten ist, sondern *im Hinblick auf längerfristig erwartete und geplante Entwicklungen* disponiert wird. Aus diesem Grunde sind von der Reichweite der ökonomischen Planungen und Entscheidungen her gesehen beispielsweise Ausgaben für das Stammpersonal eines Saisonbetriebes den rechtlichen Bindungsperioden *nur für bestimmte Fragestellungen und Entscheidungsmöglichkeiten direkt zurechenbar*, während sie im Rahmen anderer Planungen und Entscheidungen *für den ganzen Saisonzyklus* oder gar *unbestimmte Zeit disponiert* werden. 382

Je höher die einmaligen Investitionsausgaben bei Einstellung, Einarbeiten und Entlassung sind und je schwieriger es ist, auf Grund der Arbeitsmarktlage einen zusätzlichen Bedarf an bestimmten Arbeitskräften zu decken, je höher die entgehenden Deckungsbeiträge bis zur Wiedergewinnung und Einarbeitung neuer Arbeitskräfte sind, desto ausgeprägter ist das Bestreben, auch im Falle länger anhaltender, etwa konjunkturell bedingter Unterbeschäftigung das Stammpersonal durchzuhalten, um es in Zeiten des erwarteten Konjunkturaufschwungs wieder zur Verfügung zu haben. Es hängt also strenggenommen von der Situation, den Dispositionsalternativen und der Fragestellung ab, ob das in der Regel kürzere rechtliche Bindungsintervall oder die längere oft noch unbestimmte ökonomische Dispositionsperiode der zeitlichen Zurechenbarkeit zugrunde gelegt werden sollte. Im Hinblick auf mögliche Abbauüberlegungen empfiehlt es sich jedoch, in der möglichst zweckneutralen *Grundrechnung*[32] von den rechtlichen Kündigungsintervallen auszugehen.

Betrachten wir nunmehr den Fall der Entscheidung über *Nutzungspotentiale mit noch offener Nutzungsdauer* oder unbestimmtem Nutzungsvorrat, wie er beispielsweise beim Kauf von Gebrauchsgütern, aber auch bei immateriellen Investitionen gegeben ist, an Hand der *Abb. 4*. Mit der *Entscheidung über den Kauf* einer Maschine liegen im Zeit-

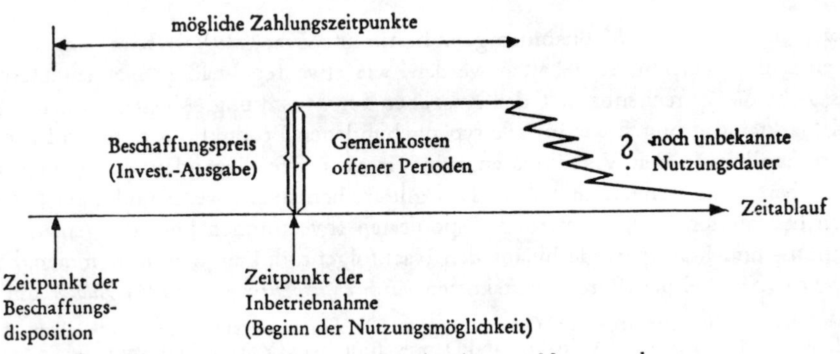

Abb. 4: Potentialfaktor mit im voraus noch unbestimmter Nutzungsdauer

[32] Die Idee einer Grundrechnung geht in der deutschen Literatur meines Wissens zurück auf *Schmalenbach, Eugen*, Kostenrechnung und Preispolitik, 7. Aufl., a.a.O., S. 280. – Vgl. hierzu auch *Laßmann, Gert*, Die Kosten- und Erlösrechnung als Instrument der Planung und Kontrolle in Industriebetrieben, Düsseldorf 1968, passim; sowie von meinen Aufsätzen z. B.: Das Rechnen mit Einzelkosten und Deckungsbeiträgen, a.a.O., S. 214 und 218–225 [36 und 39–46]; Der Aufbau der Grundrechnung im System des Rechnens mit relativen Einzelkosten und Deckungsbeiträgen, in: Aufwand und Ertrag, Zeitschrift der Buchhaltungsfachleute (ZdB), 10. Jg. (1964), S. 84–87 [149–157], und: Durchführung und Auswertung der Grundrechnung im System des Rechnens mit relativen Einzelkosten und Deckungsbeiträgen, in: Aufwand und Ertrag, Zeitschrift der Buchhaltungsfachleute (ZdB), 10. Jg. (1964), S. 117–120 und 142–146 [158–175]. Zur Sache vgl. auch schon meinen Aufsatz: Die Gestaltung der Kostenrechnung für Zwecke der Betriebskontrolle und Betriebsdisposition, in: ZfB, 26. Jg. (1956), S. 278–289, insbes. S. 289 [22].

383 punkt der Bestellung gewöhnlich der *Beschaffungspreis*, die *Zahlungstermine* und meist auch der *Liefertermin* fest. Die *Totalkapazität* bzw. die technische Nutzungsdauer sind in der Regel für das einzelne Anlagengut *sehr unbestimmt*[33]. Dazu kommt dann noch die *Ungewißheit*, ob das technische Nutzungspotential einer Anlage in Anbetracht des technisch-wirtschaftlichen Fortschritts auch *ökonomisch voll genutzt werden kann.*

Erst nach der *Entscheidung über die Ausmusterung* dieser Maschinen weiß man, für welche *Gesamtnutzungsdauer* und für *welche Gesamtheit von Leistungen* die Anschaffungsausgaben sowie die Kosten für die Demontage entstanden sind. Vorher sind die *Anschaffungsausgaben* Gemeinausgaben bzw. Gemeinkosten einer noch unbestimmten, offenen Zahl von Perioden und Leistungen; deshalb werden sie von mir als »*Gemeinausgaben* oder *Gemeinkosten offener Perioden*« bezeichnet. Aber auch wenn im nachhinein die Nutzungsdauer, Art und Zahl der hervorgebrachten Leistungen bekannt sind, besteht keine Möglichkeit, die Anschaffungs- (und Demontage-)Ausgaben den einzelnen Kalenderperioden, Maschinenlaufstunden, Leistungsarten und -einheiten eindeutig zuzurechnen. Ebenso sind auch Ausgaben für Reparaturen, Wartung und Pflege Gemeinausgaben oder Gemeinkosten der gesamten Zeitspanne, die bis zur Wiederholung gleichartiger Maßnahmen verstreicht, und ebenso der gesamten Leistungen, die in dieser Zeitspanne hervorgebracht werden.

Entsprechende Überlegungen wie für materielle Anlageinvestitionen gelten auch für *immaterielle Investitionen*, etwa für die Ausbildung und Einarbeitung von Mitarbeitern, für Forschung und Entwicklung, Aufbau und Umbau der betrieblichen Organisation, Werbefeldzüge, Maßnahmen zur Gewinnung und Erhaltung von Kunden und Lieferanten, etc. Im Gegensatz zu den Anlageninvestitionen ist es allerdings bei vielen dieser Maßnahmen *auch im nachhinein oft unmöglich, das Ende der Nutzungsdauer eindeutig zu ermitteln.*

Soweit sich für solche Maßnahmen ganz bestimmte *Erneuerungsrhythmen* herausgebildet haben und regelmäßig eingehalten werden, wie etwa regelmäßige Neuheitentermine, entspricht die Zurechenbarkeit der Ausgaben für Musterung, Messen, Ausstellungen und Markteinführung sowie für alle typengebundenen Produktionsmittel und Produktionsumstellungen den Verhältnissen, wie wir sie bei festliegenden Kündigungsintervallen bereits kennengelernt haben. Das gilt freilich nicht, wenn und soweit die für einen bestimmten Neuheitentermin disponierten Investitionen über die geplante Produktions- und Marktperiode hinaus den Nachfolgeprodukten zugute kommen.

Soweit es sich bei den Bereitschaftskosten *mit noch unbestimmter Nutzungsdauer* um *zeit-*

[33] Vgl hierzu die Literatur zur Gewinnung von Lebensdauerstatistiken, vor allem *Kurtz, Edwin B.*, The Science of Valuation and Depreciation, New York 1937, Kapitel I–IV; *Marston, Anson*, *Winfrey, Robley*, und *Hempstead, Jean C.*, Engineering Valuation and Depreciation, New York–Toronto–London 1953, S. 139–174; *Grant, Eugene*, und *Norton jr., Paul T.*, Deprecation, Revised printing, New York 1955, S. 42–86; vgl. ferner *Jeming, Joseph B.*, Estimates of Average Service Life and Life Expectancies and the Standard Deviation of such Estimates, in: Econometrica, Vol. 11 (1943), S. 141–150; *Benson, C. B.*, und *Kimball, Bradford F.*, Mortality Characteristics of Physical Property Based upon Location Life Tables and Re-Use Ratios, in: Econometrica, Vol. 13 (1945), S. 214–224; *Kimball, Bradford F.*, General Theory of Plant Account Subject to Constant Mortality Law of Retirements, in: Econometrica, Vol. 11 (1943), S. 61–82; *Kellerer, Hans*, Übertragung einiger in der Bevölkerungsstatistik gebräuchlicher Begriffe und Methoden auf das Wirtschaftsleben, München 1951, S. 86–117; *Schneider, Dieter*, Die wirtschaftliche Nutzungsdauer von Anlagegütern als Bestimmungsgrund der Abschreibungen, Köln und Opladen 1961, S. 85–91; siehe auch meine Schrift: Die Problematik der Normung von Abschreibungen, Stuttgart 1963, sowie *Männel, Wolfgang*, Wirtschaftlichkeitsfragen der Anlagenerhaltung, Wiesbaden 1968, S. 85 bis 93.

unelastische Nutzungspotentiale handelt, weil für die Anlagenentwertung der Zeitverschleiß, die technisch-wirtschaftliche Überholung oder der Fristablauf maßgeblich sind, bleiben *Einsatz- oder Verwendungsentscheidungen* wiederum *ohne jeden Einfluß auf die Höhe der Ausgaben und Kosten* dieses Güter»verzehrs«. 384

Anders liegen die Verhältnisse, wenn die Anlagenentwertung ausschließlich durch den *Gebrauchsverschleiß* bedingt, also das *Nutzungspotential speicherbar* oder *zeitelastisch* ist. Damit treten die Nutzungsmöglichkeiten zu unterschiedlichen Zeitpunkten miteinander in Konkurrenz. Die Entscheidung für einen Einsatz heute bedeutet zugleich den Verzicht auf eine äquivalente Einsatzmöglichkeit zu einem späteren Zeitpunkt, wenn diese Wirkung nicht durch erhöhten künftigen Erhaltungsaufwand oder eine vorzeitige Ersatzbeschaffung kompensiert wird[34].

Von Anlagengütern mit sehr geringer Totalkapazität, etwa schnell verschleißenden Schnittwerkzeugen, für die eine *automatische Ersatzbeschaffung generell geregelt* ist, abgesehen, kann man sich im Einsatzzeitpunkt gewöhnlich noch für keine dieser Handlungsmöglichkeiten festlegen. Dazu kommt, daß man gewöhnlich weder weiß, wie groß die Totalkapazität ist[35], noch ob man sie in Anbetracht des sich beschleunigenden technisch-wirtschaftlichen Fortschritts tatsächlich voll ausnutzen kann. Schließlich stößt die Messung der Nutzungsabgabe und damit die Schätzung des Restpotentials auf allergrößte technische Schwierigkeiten, soweit sie nicht überhaupt unmöglich ist. Daher empfiehlt es sich, in der weitgehend zweckneutralen Grundrechnung auf Wertansätze für die Nutzungsdispositionen zu verzichten und diese von Fall zu Fall zu berücksichtigen. Soweit man dabei die Kosten für Anlagen mit speicherbarem Nutzungspotential bei den Leistungskosten ausweist, ist zu beachten, daß die für eine Bestandseinheit des zeitelastischen Produktionsmittels entstehenden Gesamtausgaben (für Beschaffung und Demontage) *gemeinsame Kosten für alle damit hergestellten Leistungen* sind. Dies aus zwei Gründen: Erstens kann das in einem Anlagengut gespeicherte Nutzungspotential, die Totalkapazität, nicht in beliebiger Dosierung beschafft werden, zweitens ist das als Totalkapazität bezeichnete »Bündel« an Nutzungsmöglichkeiten nur als Ganzheit auf dem Wege des Kaufes oder der Selbstherstellung beschaffbar, so daß die damit erstellten Leistungen ebenso wie Einheiten der effektiven bzw. möglichen Nutzung (z. B. Maschinenstunden) über ein gemeinsames Kostengut miteinander verbunden sind[36]. Bei den Ausgaben für die Anlagenerhaltung gilt dies nur für die zwischen zwei gleichartigen Erhaltungsmaßnahmen erstellten Leistungen.

[34] Ähnlich *Schneider, Dieter*, Grundlagen einer finanzwirtschaftlichen Theorie der Produktion, a.a.O., S. 378–381.

[35] Vgl. Fußnote 33, S. 383 [92].

[36] Auf diese Weise sind auch die Leistungseinheiten des Einproduktbetriebes miteinander verbunden. Diese Auffassung vertritt auch *Lewis, W. Arthur*, der sagt: »When an entrepreneur is installing plant, he looks forward through the years and knows that its output will fluctuate with demand. In some years (days or hours) it will be very great, in others small. He cannot allocate the cost of the plant individually between the hours; he hopes only that the profits of all hours taken together will cover the total cost. If we treat the output of each hour as a separate product, the result is exactly as if he were engaged in joint production. The theory of amortisation is a part of the theory of joint costs, ...« *Lewis, W. Arthur*, Overhead Costs, Some Essays in Economic Analysis, London 1949, S. 48); vgl. hierzu ferner RKW, Das Rechnen mit Kapazitätskosten (Übertragung des NAA-Berichts Accounting for Costs of Capacity), Stuttgart 1967, S. 13f. und 58–61; vgl. hierzu auch die aus dem »Zueinander-in-Beziehung-Setzen« der »Stationen des Betriebsprozesses« entwickelten Arten der Verbundenheit in der Schrift meines früheren Mitarbeiters *Krömmelbein, Gerhard*, Leistungsverbundenheit im Verkehrsbetrieb (Frankfurter Wirtschafts- und Sozialwissenschaftliche Studien, Heft 17), Berlin 1967, S. 14–37.

385 Wir wollen uns nun dem Problem des *Ausweises der Bereitschaftskosten* unterschiedlicher zeitlicher Dimension in der *laufenden systematischen Rechnung* zuwenden. Die übliche *Bindung* systematischer Rechnungen an *Kalenderperioden* führt, wie *Rieger* überzeugend gezeigt hat, zu einer willkürlichen Zerschneidung zahlreicher Umschlagsvorgänge, der Nutzungs- und Bindungsperioden »mit der Rücksichtslosigkeit einer Guillotine«[37]. Um dies zu vermeiden, empfiehlt es sich, die systematische Rechnung in ein *Gefüge von Periodenrechnungen unterschiedlicher Länge* aufzulösen, wie dies in *Abb. 5* angedeutet ist, und ergänzend eine kontinuierlich fortschreitende *Zeitablaufrechnung* zu schaffen, die alle Vorgänge aufnimmt, die sich nicht in das Gefüge der Periodenrechnungen einordnen lassen.

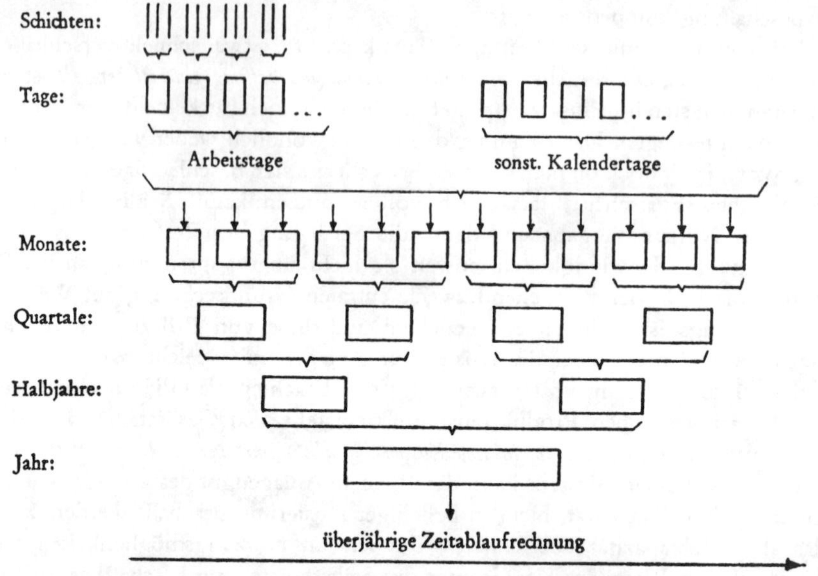

Abb. 5: Beispiel für zeitliche Dispositions- und Zurechnungshierarchien

Je nach der *Struktur der* eingegangenen *Bindungen* und den *Informationsbedürfnissen* wird man in dem Gefüge der Periodenrechnungen bereits bei den einzelnen Arbeitsschichten oder noch kürzeren Zeitabschnitten beginnen oder aber auch erst bei den Tagen, Wochen oder Monaten und die Kosten entsprechend der Bindungsdauer und der Lage zu den Kalender- bzw. Rechnungsperioden einordnen. Beispielsweise erscheinen Bereitschaftskosten mit vierteljährlichem Bindungsintervall demnach erst in der Quartalsrechnung, nicht aber in den Rechnungen über kürzere Perioden. Entsprechend würden Bereitschaftskosten mit einer mit dem Kalenderjahr übereinstimmenden Bindung erst in der Jahresrechnung, nicht aber in der Quartals- oder Halbjahresrechnung ausgewiesen werden [1].

Bereitschaftskosten mit gegenüber den Kalender- bzw. Rechnungsperioden *phasenverschobener Bindungsdauer* (bzw. Intervallen) werden am besten – ebenso wie die Bereitschaftskosten mit *offener Nutzungsdauer* – aus der Periodenrechnung herausgenommen und in *Zeitablaufrechnungen* ausgewiesen. Dafür eignen sich besonders gut *kumulative Darstellungen*

[37] *Rieger, Wilhelm*, Einführung in die Privatwirtschaftslehre, Nürnberg 1928 (unveränderter Nachdruck, Nürnberg 1959), S. 210.

nach Art der *Abb. 6.* Dort sind auf der Ordinate die jeweiligen Ausgabenäquivalente aufgetragen, die für die gesamte Nutzungs- bzw. Bindungsdauer des jeweiligen Objektes spezifisch sind. Auf der Abszisse ist die erwartete Nutzungsdauer oder die vereinbarte Bindungsdauer dargestellt. Die *Abb. 6* zeigt an einem stark vereinfachten Beispiel die Entwicklung der nicht in die Periodenrechnungen aufgenommenen Bereitschaftskosten von der Gründung bis zum Ende des 2. Jahres. Zu den Ausgaben für die Investition a kommen noch die Ausgabenverpflichtungen b aus einem Mietvertrag mit 4jähriger Laufzeit. Im Laufe des 1. Jahres sind die Ausgaben für zwei weitere Investitionen c und d mit voraussichtlich 5- bzw. 3jähriger Nutzungsdauer hinzugetreten, außerdem läuft seit Mitte des Jahres ein jährlich kündbarer Versicherungsvertrag e mit fester Prämie. Diesen im Zeitablauf kumulierten Jahresgemeinkosten (-ausgaben) werden in der Ergebnisrechnung die gleichfalls im Zeitablauf kumulierten Jahresbeiträge (Deckungsbeiträge nach Abdeckung der Einzelkosten des jeweiligen Jahres und aller kürzeren Perioden) gegenübergestellt; wird diese Zeitablaufrechnung noch durch eine Liquidationsrechnung – mit Ermittlung eines Liquidationsbeitrags – ergänzt, ist die Totalrechnung vollendet[38] [2]. 386

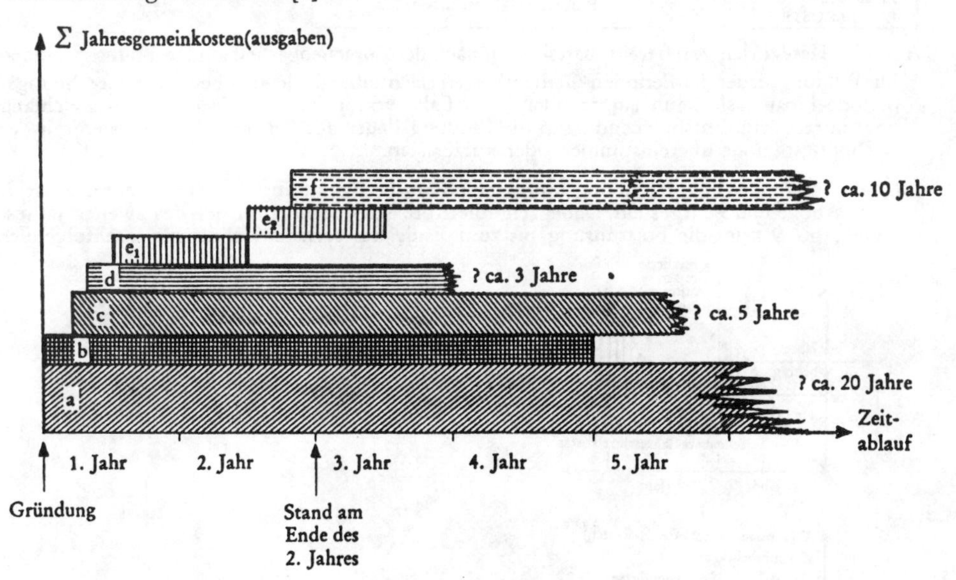

Abb. 6: Kumulierte Darstellung von Gemeinkosten offener Perioden und Kosten geschlossener Perioden mit phasenverschobener Bindungsdauer

Wie in *Abb. 3* angedeutet, können die Kostenkategorien der Periodenrechnungen und der Zeitablaufrechnung zusätzlich noch nach Zahlungsrhythmen, Zahlungsterminen und Kündigungsterminen differenziert werden. Auf diese Weise ist es möglich, die Kostenrechnung und die Ausgabenrechnung bzw. die Finanzplanung im Bereich der Bereitschaftskosten unmittelbar zu integrieren. Gegenüber einer reinen Ausgabenrechnung hat diese Art der Darstellung den Vorzug, daß auch die zeitliche Reichweite der Bindungen und Nutzungspotentiale, die Termine der Beschaffungsdispositionen und die Gesamthöhe der Ausgabenäquivalente gleichzeitig sichtbar gemacht werden.

[38] Vgl. hierzu die Abb. 10 in meinem Beitrag Deckungsbeitragsrechnung, a.a.O.

Anmerkungen

[1] Das führt, falls man sich mit dem Monat als kürzeste Zurechnungsperiode begnügt, zu der in Abb. 7 dargestellten Hierarchie von Kategorien der Bereitschaftskosten.

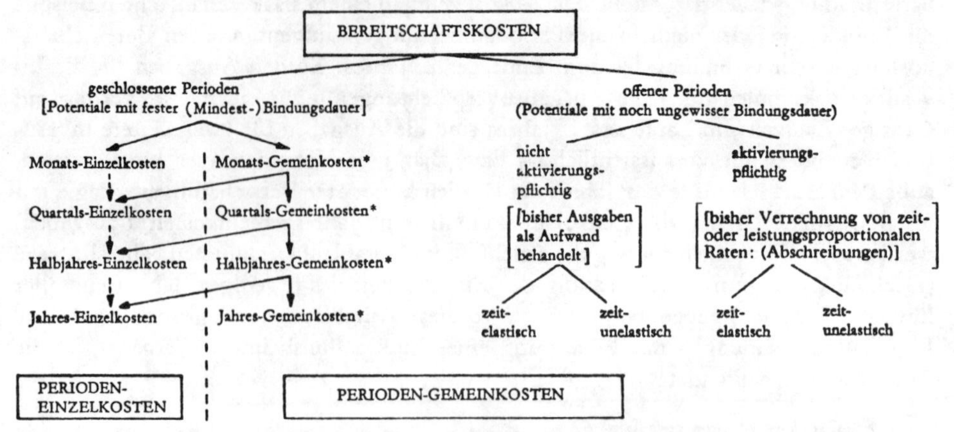

Abb. 7: Kategorien von Bereitschaftskosten nach der Zurechenbarkeit auf Rechnungsperioden

* Die Bindungsdauer der Perioden-Gemeinkosten reicht über die jeweils betrachtete Rechnungsperiode hinaus; sie kann länger oder – im Falle von Phasenverschiebungen – gleichlang oder kürzer sein. Entsprechend kann die Bindungsdauer der Perioden-Einzelkosten mit der Rechnungsperiode übereinstimmen oder kürzer sein.

[2] Eine solche Zeitablaufrechnung im Anschluß an die Ermittlung von Jahresbeiträgen ist in den Abb. 8 und 9 dargestellt. Dabei zeigt die Abb. 8 den Stand am Ende des zweiten Jahres. Die Abb. 9 zeigt die Fortführung bis zum Ende des sechsten Jahres mit nachfolgender

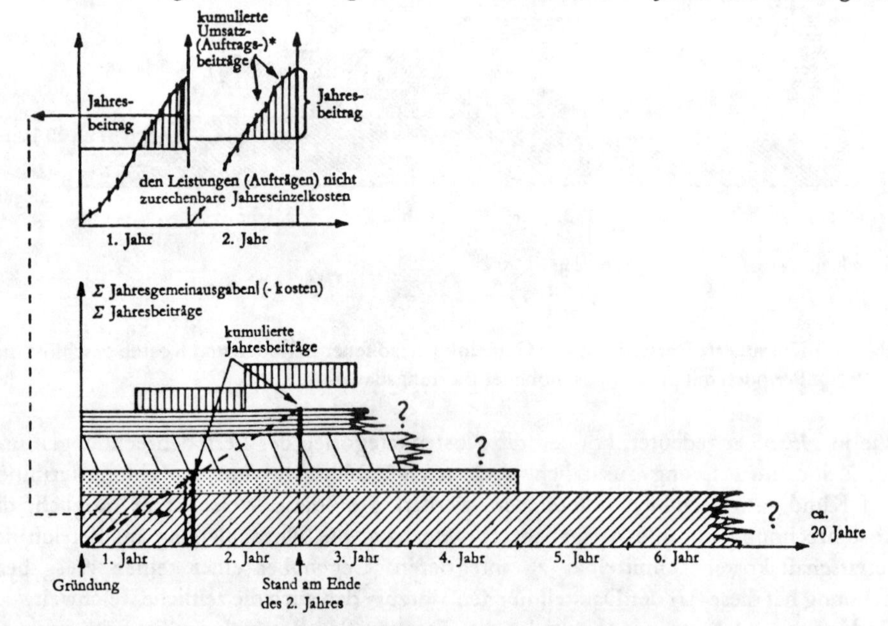

Abb. 8: Jahresbeitrags- und überjährige Zeitablaufrechnung (überjährige Abdeckung der Jahresgemeinkosten bzw. -ausgaben)

* (= Deckungsbeiträge über die dem Umsatz bzw. den Aufträgen zurechenbaren Leistungskosten)

Liquidation und Ermittlung des Totalerfolgs. Im dritten bzw. vierten Jahre ist die Nutzungsperiode der Investitionen c_1 und d_1 ausgelaufen; das hat entsprechende Ersatzinvestitionen c_2 und d_2 ausgelöst. Bei der Investition f handelt es sich um eine Erweiterungsinvestition, deren Nutzungsperiode im fünften Jahr beginnt. Der Liquidationsbeitrag ergibt sich als Überschuß der Liquidationserlöse über die durch die Liquidation ausgelösten zusätzlichen Ausgaben.

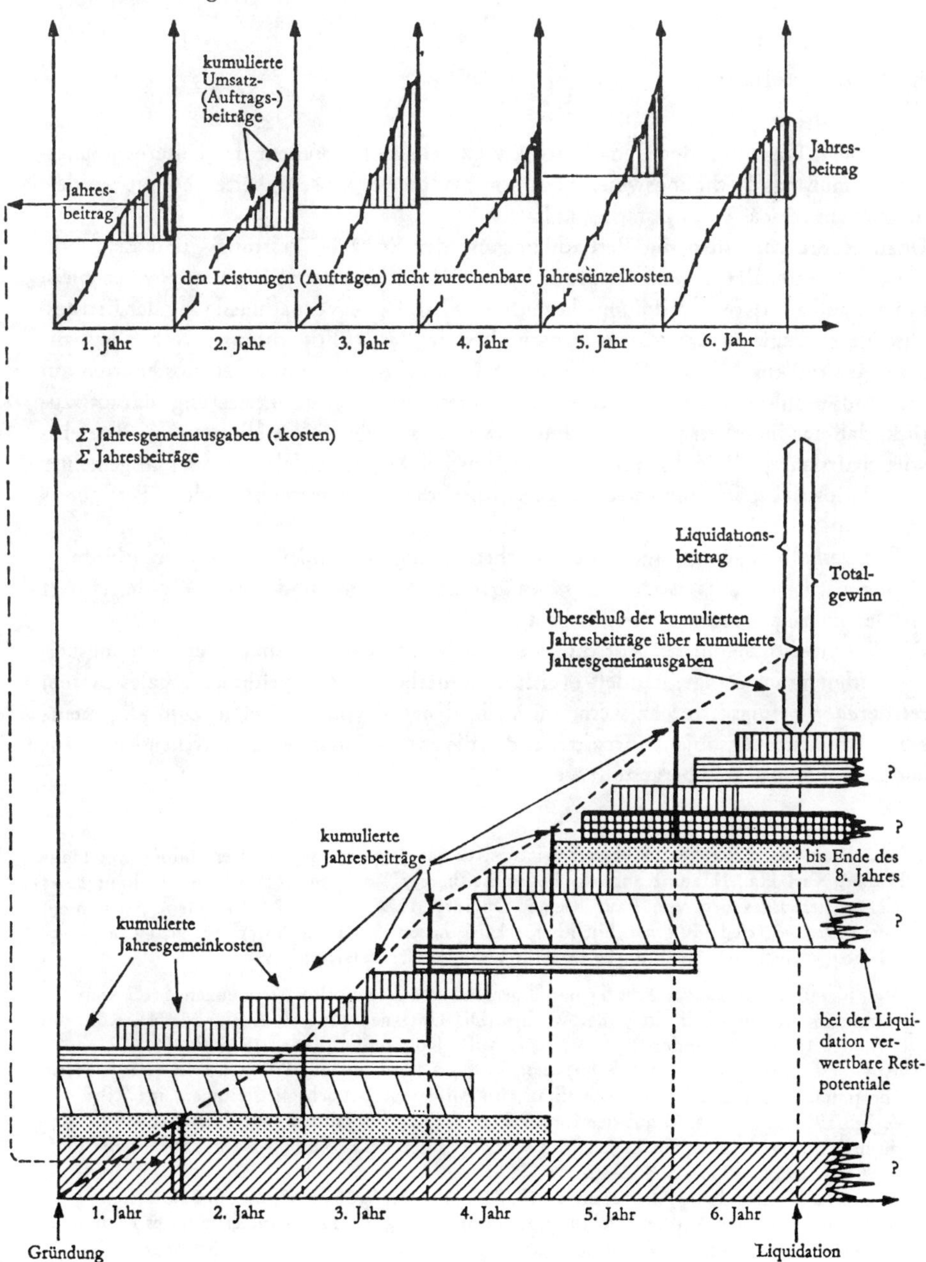

Abb. 9: Fortführung der überjährigen Zeitablaufrechnung bis zum Totalerfolg (Langfristige Erfolgsrechnung)

7. Ertragsbildung und Ertragsverbundenheit im Spiegel der Zurechenbarkeit von Erlösen*

149 **I. Problemstellung**

Auf seinem Wege von der Gedächtnisstütze zu einem Instrument der Unternehmungsleitung muß das Rechnungswesen noch von mancherlei Einseitigkeiten befreit werden, die ihm aus seinen Anfangsstadien anhaften [1].

Dazu gehört vor allem die Vernachlässigung der Ertrags-, Leistungs- und Erlösrechnung, die schon darin zum Ausdruck kommt, daß das interne Rechnungswesen meist kurzerhand als »Kostenrechnung« bezeichnet wird. Diese Vernachlässigung der Ertragsseite ist mit einer ausgeprägten Einseitigkeit in der »Blickrichtung« verbunden, die dem Material- und Arbeitsfluß folgend ganz auf die Zuordnung der Kostenarten auf die Endprodukte abstellt. *Schäfer* führt diese einseitige Blickrichtung darauf zurück, daß das innerbetriebliche Rechnungswesen, wie viele Vorstellungen der Betriebswirtschaftslehre, allzusehr am »Standardbeispiel Maschinenfabrik« oder allgemeiner am »Industriebetrieb mit mechanisch-synthetischer (zusammenbauender) Fertigung« ausgerichtet sind [2].

Er hat deshalb angeregt, »genau umgekehrt vorzugehen und von der Ertragsbildung, also von den ›Geschäfts‹-Arten, *rückwärts* zu rechnen« und »jede ›Geschäfts‹-Art mit den ihr zugehörigen Kosten zu belasten« [3].

Die Verwirklichung dieses Vorschlags ist im Rahmen des Ausbaus der Deckungsbeitragsrechnung im Gange, handelt es sich doch hierbei um ein vieldimensionales System *retrograder* Erfolgsdifferenz-Rechnungen, in denen – vom speziellen zum allgemeinneren Untersuchungsobjekt fortschreitend – die jeweils einander entsprechenden Erlös- und Kostenteile gegenübergestellt werden [4].

* Nachdruck aus: Beiträge zur betriebswirtschaftlichen Ertragslehre. In Verbindung mit Hans Fischer, Karl Hax, Hans Knoblich, Eugen Leitherer, Wolfgang Männel und Helmut Kurt Weber, herausgegeben von Paul Riebel, Opladen 1971, S. 147–200. Meinem Assistenten, Herrn Dr. Siegfried Hummel, bin ich für kritische und positive Anregungen zu Dank verpflichtet, meinen übrigen Mitarbeitern für technische Hilfeleistungen.

1 Vgl. hierzu die von *Erich Schäfer* herausgearbeiteten Entwicklungstendenzen des Rechnungswesens im letzten Abschnitt seines Werkes: Die Unternehmung, 1. Aufl., Bd. III, Köln und Opladen 1956, insbesondere S. 380–392, 7. Aufl., Köln und Opladen 1970, S. 395–407.

2 Auf diese Einseitigkeit hat *Schäfer* schon in der Diskussion des Referates von *Paul Nowak* (Bestimmung der Betriebsindividualität mit Hilfe von Betriebsgliederungen, in: ZfhF NF, 6. Jg. (1954), S. 484–499) auf der Innsbrucker Tagung im Jahre 1954 hingewiesen. Vgl. hierzu meinen Bericht über die Tagung des Verbandes der Hochschullehrer für Betriebswirtschaft, in: BFuP, 6. Jg. (1954), S. 462–467.

3 *Erich Schäfer:* Zur Ertragslehre, in: BFuP, 7. Jg. (1955), S. 362–369, hier S. 369.

4 Siehe hierzu meinen Artikel: Deckungsbeitragsrechnung, in: Handwörterbuch des Rechnungswesens (HWR), hrsg. von Erich Kosiol, Stuttgart 1970, Sp. 383–400, hier Sp. 383.

So wie in der (entscheidungsorientierten) Deckungsbeitragsrechnung die Kosten als mit der Entscheidung über das jeweils betrachtete Objekt ausgelöste Ausgabe(verpflichtungen) definiert werden müssen [5], so muß auch die korrespondierende Ertrags- oder Leistungsgröße gleich dem mit der Entscheidung über das jeweils betrachtete Objekt insgesamt ausgelösten Einnahmenanspruch sein. Im Gegensatz zu den Zahlungsstromrechnungen unter rein finanzwirtschaftlichen Aspekten wird also nicht auf Zeitpunkt und Höhe der Zahlungseingänge bei Teilzahlungsgeschäften abgestellt. Diese spezielle Ertragsgröße wird in der Deckungsbeitragsrechnung und in der vorliegenden Untersuchung als Erlös bezeichnet, um den engen Bezug zu den Einnahmen deutlich hervorzuheben [6].

150

Dabei kann grundsätzlich die Erlösseite nach allen Kriterien, die für die Umsatz- und Deckungsbeitragsanalyse von Interesse sind, gegliedert werden. Dazu gehört außer der schon bisher wohl allgemein üblichen Gliederung nach Produktarten die Gliederung nach »Geschäfts«-Arten (z. B. Strecken- und Lagergeschäft), nach Auftragsarten, Kundengruppen, Absatzwegen, Verkaufsmethoden, geographischen Absatzgebieten und weiteren Kriterien [7].

Derartige Aufgliederungen der Erlösrechnung wie der Deckungsbeitragsrechnung setzen freilich voraus, daß die Erlöse ihrerseits diesen Ertragsarten, Ertragsbildungsbereichen oder Teilmärkten zurechenbar sind. Das ist aber, wie noch zu zeigen sein wird, auf Grund von Verbundenheitsbeziehungen innerhalb des Angebots oder innerhalb der Nachfrage oft ausgeschlossen oder zumindest fragwürdig. Da ferner bei derartigen Rechnungen auf bestimmte Perioden abgestellt oder die Entwicklung im Zeitablauf verfolgt wird, entsteht darüber hinaus auch die Frage nach der Zurechenbarkeit der Erlöse in bezug auf die Zeit. Auch hierbei ergeben sich Schwierigkeiten auf Grund zeitlicher Verbundenheitserscheinungen, und zwar ganz besonders, wenn man nicht nur an die Zurechenbarkeit der Erlöse auf bestimmte Ertragsarten, Ertragsbildungsbereiche oder Ertragsträger denkt, sondern an die Gegenüberstellung mit bestimmten Kosten, wie sie etwa für die Bildung spezifischer Ertragspotentiale entstanden sind.

Die Frage der zeitbezogenen Zurechenbarkeit der Erlöse hängt eng mit dem Problem der Ertragsrealisation zusammen, das wiederum nur aus der Sicht des gesamten Ertragsbildungsprozesses richtig beurteilt werden kann. Bei den folgenden Untersuchungen wird daher zunächst der Ertragsbildungsprozeß in seinen wesentlichen Zügen beschrieben und die Frage untersucht: Wann ist ein Ertrag realisiert? Diese Überlegungen werden später zu einer Untersuchung der zeitbezogenen Zurechenbarkeit der Erlöse weitergesponnen.

Die im Rahmen der Ertragsanalyse gebildeteten Erlösteile können aber nicht nur zeitlich, sondern auch sachlich miteinander verbunden sein, sei es über die gemeinsame

[5] Vgl. hierzu meinen Aufsatz: Die Bereitschaftskosten in der entscheidungsorientierten Unternehmerrechnung, in: ZfbF, 22. Jg. (1970), S. 372–386, hier S. 372 [81].

[6] Zum Unterschied zwischen Erlösen und Einnahmen siehe auch Abschnitt III, insbesondere S. 192 [140 f.].

[7] Vgl. hierzu den Beitrag von *Hans Knoblich:* Ertragsarten, in der vorliegenden Festschrift sowie meinen Aufsatz: Die Deckungsbeitragsrechnung als Instrument der Absatzanalyse, in: Absatzwirtschaft, hrsg. von B. Hessenmüller und E. Schnaufer, Baden-Baden, 1964, S. 595 bis 627 [176–203], und meinen Beitrag: Innerbetriebliche Statistik, in: Allgemeines Statistisches Archiv, Bd. 49 (1965), S. 47–71, hier S. 54—68.

151 Produktion der Ertragsgüter [8] oder Leistungsgüter – im folgenden kurz auch als Leistungen bezeichnet –, sei es über ihren gemeinsamen Absatz. Die Untersuchung der sachbezogenen Zurechenbarkeit von Erlösen soll jedoch im folgenden in zweifacher Weise eingeschränkt werden. Erstens soll die Verbundenheit von Erlösen über gemeinsame Kosten oder gemeinsame Ausgaben und damit auch die Frage nach der Zurechenbarkeit der Erlöse auf einzelne betriebliche Teilfunktionen, einzelne Produktionsfaktoren oder Kostengüterarten ausgeklammert werden. Wir wollen vielmehr den mannigfaltigen Erscheinungsformen angebots- und nachfragebedingter Erlöszusammenhänge nachspüren und fragen, wie sie sich auf die Zurechenbarkeit von Erlösen auswirken. Zweitens soll der Schwerpunkt bei der Untersuchung der Zurechenbarkeit auf Ertragsgüter liegen, während die Zurechenbarkeit auf andere Zurechnungsobjekte, etwa Kunden und Kundengruppen, nur am Rande berührt wird.

Die Zuordnung von Entgelten oder Erlösen auf Ertragsgüter darf nicht einfach nur als ein Bewertungsproblem angesehen werden. Wenn man hierbei nämlich von tatsächlichen Einnahmen oder erwarteten Einnahmen ausgeht, erweist sich die Gegenüberstellung von Erlösen und Ertragsgütern als ein echtes Zurechnungsproblem, weil Entgelte nicht notwendigerweise proportional zur Zahl der abgesetzten Mengeneinheiten eines Ertragsgutes vereinbart werden müssen und auch oft genug in der Praxis nach anderen Gesichtspunkten gestaltet werden. Weil über die Entgelte anders disponiert werden kann als über Ertragsgüter, weil Entgelte in anderer Weise untereinander verbunden sein können als Leistungsgüter, muß die Zurechenbarkeit der Entgelte auf die Leistungsgüter und ihre Gruppierungen untersucht werden [9].

Das Kriterium der Zurechenbarkeit zweier Größen im betriebswirtschaftlichen Rechnungswesen sehen wir im »Identitätsprinzip«. Demnach sind zwei Größen dann und immer nur dann einander (eindeutig und logisch zwingend) zurechenbar, wenn sie durch dieselbe Entscheidung (Einflußgröße) oder durch dasselbe Bündel von Entscheidungen (Einflußgrößen) ausgelöst werden oder ausgelöst worden sind [10]. Nur wenn die Entstehung der beiden Größen, die zueinander in Beziehung gesetzt werden sollen, sich auf ein und dieselbe (= identische) Entscheidung zurückführen läßt, sprechen wir im folgenden von Zurechenbarkeit.

152 Beim In-Beziehung-Setzen zweier betrieblicher Größen, beispielsweise von Leistungsgut und Einnahmen (Erlösen), ist, wie *Krömmelbein* gezeigt hat (a.a.O., S. 16–26), zwi-

[8] Vgl. zu diesem Begriff *M. R. Lehmann:* Industriekalkulation, 2. völlig neu bearbeitete Aufl., Stuttgart 1941, S. 9, 22; 5. Aufl., Essen 1964, S. 25, 27, 38, 43, 183; *Erich Schäfer:* Die Unternehmung, 1. Aufl., Bd. I, Köln und Opladen 1949, S. 44 und 130, 7. Aufl., S. 38–141.

[9] Dasselbe gilt auch für die Gegenüberstellung von Ausgaben und Kostengut; vgl. hierzu die Systematik der Arten von Verbundenheitsbeziehungen in der Arbeit meines ehemaligen Mitarbeiters *Gerhard Krömmelbein:* Leistungsverbundenheit im Verkehrsbetrieb (Frankfurter Wirtschafts- und Sozialwissenschaftliche Studien, Heft 17), Berlin 1967, S. 19–26, sowie meinen Aufsatz: Die Fragwürdigkeit des Verursachungsprinzips im Rechnungswesen, in: Rechnungswesen und Betriebswirtschaftspolitik, Festschrift für Gerhard Krüger zu seinem 65. Geburtstag, hrsg. von Manfred Layer und Heinz Strebel, Berlin 1969, S. 49–64, hier S. 60–63 [75–78].

[10] Vgl. hierzu meinen Aufsatz: Kurzfristige unternehmerische Entscheidungen im Erzeugungsbereich auf Grundlage des Rechnens mit relativen Einzelkosten und Deckungsbeiträgen, in: Neue Betriebswirtschaft, 20. Jg. (1967, Heft 8, S. 1–23, hier S. 9 [286], sowie meinen Beitrag: Die Fragwürdigkeit des Verursachungsprinzips . . ., a.a.O., S. 60–63 [75—78].

schen zwei verschiedenen Arten der Verbundenheit zu unterscheiden: der Verbundenheit verschiedener Einnahmenteile über gemeinsame Leistungsgüter einerseits und umgekehrt der Verbundenheit verschiedener Leistungsgüter über gemeinsame Einnahmen andererseits. Soweit sich die Verbundenheitsstruktur der einander gegenüberzustellenden Kalkulationsobjekte unterscheidet, ergeben sich auch – je nach der »Richtung«, in der die Frage nach der Zurechenbarkeit gestellt wird – unterschiedliche Antworten. So sind beispielsweise die zu einem Werkzeugkasten zusammengefaßten Leistungsgüter sowie die diesen zurechenbaren Kosten ohne weiteres dem für den Werkzeugkasten erzielten Entgelt zurechenbar. Dagegen kann umgekehrt das Entgelt für den Werkzeugkasten nicht den Einzelwerkzeugen und sonstigen Bestandteilen dieser Güterkombination zugerechnet werden. In der vorliegenden Analyse der sachbezogenen Zurechenbarkeit wird davon abgesehen, beide »Richtungen« der Zurechnungsbeziehungen zu untersuchen; wir wollen uns vielmehr auf die Zurechenbarkeit der Erlöse auf Leistungsgüter und ihre Gruppierung beschränken.

II. Ertragsbildung und Ertragsrealisation

Der Prozeß der *Ertragsbildung* beginnt mit der Unternehmungsidee. Auch *Schäfer* betont, »daß die Keime für eine günstige oder ungünstige Ertragsbildung schon von Anfang an gelegt werden« [11].

Die gedankliche Ausformung der Unternehmungsidee zur Gründungs- und Aufbauplanung sowie die Beschaffung der finanziellen Mittel zu ihrer Verwirklichung sind die Anfangsstadien einer *Phase der Ertragsvorbereitung* [12], die ein in der Regel kompliziertes Gefüge immaterieller und materieller Investitionen umfaßt. Dieser Produktionsumweg im Sinne *Böhm-Bawerks* kann im Extremfalle auf wenige Stunden beschränkt sein, etwa beim »fliegenden« Bananenhändler, oder viele Jahre dauern wie bei der Errichtung eines Bergwerks oder bei forschungs- und entwicklungsintensiven Erzeugnissen. Hier wird mit der Festlegung des Betätigungsfeldes, des Rahmensortiments, der Wahl des Standortes, des Mitarbeiterstammes, der Produktionsmittel, der Produktentwicklung, der organisatorischen Struktur, mit der Ausbildung und Einarbeitung der Arbeitskräfte, der Erschließung der Beschaffungs- und Absatzmärkte, mit dem Anlegen von Mindestbeständen an Roh-, Hilfs- und Betriebsstoffen, an Handelswaren und flüssigen Mitteln angestrebt, ein *Leistungs-* oder *Ertragspotential aufzubauen,* ehe mit der Erstellung konkreter Leistungen begonnen werden kann. Diesen Teil der Phase der Ertragsvorbereitung kann man daher als *Aufbauphase* kennzeich- 153

[11] Die Unternehmung, 1. Aufl., S. 241, 7. Aufl., S. 271.

[12] Im Gegensatz zu *Scheiblich,* der beim Bergwerksbetrieb zwischen Jahren der Ertragsvorbereitung und Jahren der Ertragsbildung unterscheidet, wird hier der Ausdruck Ertragsbildung zur Kennzeichnung des Gesamtprozesses benutzt, der sowohl die Ertragsvorbereitung als auch die später noch zu erwähnende Ertragskonkretisierung und Ertragsrealisation umfaßt. Vgl. hierzu *Rudolf Scheiblich:* Finanzierungs- und Bilanzierungsprobleme der bergrechtlichen Gewerkschaft, in: ZfhF, 32. Jg. (1938), S. 269–289, hier S. 288.

nen. Aus der Sicht der Kostenlehre handelt es sich bei den bisher beschriebenen Vorgängen um den Aufbau der toten und lebenden Betriebsbereitschaft [13]. Ob mit diesen immateriellen und materiellen Investitionen in der Aufbauphase wirklich ein Ertragspotential erreicht wird oder ob mehr oder weniger große Teile davon unerfüllte *Ertragshoffnungen* bleiben werden, stellt sich erst weit später heraus. Auch die bloße Aufrechterhaltung des Zustandes der Betriebsbereitschaft, die doch letztlich Ertragsbereitschaft sein soll, bedarf einer ständigen Zufuhr finanzieller und sachlicher Mittel und Kräfte, weil sich dieses Potential, soweit es nicht speicherbar ist, auch ohne Nutzung verzehrt. An die reine Aufbauphase schließt sich damit eine *Phase der Erhaltung des Leistungs- oder Ertragspotentials* an, die gleichfalls noch zur Phase der Ertragsvorbereitung gerechnet werden kann.

Sie ist gewöhnlich über»schichtet« mit der Erstellung konkreter Sach- oder Dienstleistungen. Diesen Aspekt können wir zum Ausdruck bringen, indem wir von einer *Phase der Leistungs- oder Ertragskonkretisierung* sprechen. Am Ende dieser Phase der Ertragskonkretisierung steht das fertige Sachgut oder die vollendete Dienstleistung, die aber, solange sie noch keine Anerkennung im Markt gefunden haben, nur im technischen Sinne als Ertrag anzusehen sind.

Eine geschlossene Aufbauphase, die zur Gänze zeitlich vor den Phasen der Potentialerhaltung und Ertragskonkretisierung liegt, ist – vor allem bei Vielprodukt- und Vielmärkte-Unternehmungen – nur unter der unrealistischen Voraussetzung denkbar, daß die Ertragspotentiale für alle Produkte und Teilmärkte »im Gleichschritt« aufgebaut werden und daß keine Umstellung oder Erweiterung der Potentiale notwendig wird. In Wirklichkeit werden jedoch vorhandene Produkte und Verfahren verbessert oder durch neue abgelöst, zusätzliche Produkte in das Programm aufgenommen, neue Verwendungszwecke, Absatzwege, Abnehmergruppen usw. – zum Teil unter Aufgabe der alten – erschlossen. Daher sind die Phase der Ertragskonkretisierung und die von ihr »überschichtete« Phase der Potentialerhaltung (für das bisherige Programm) ständig von neuen Aufbauphasen für die Erschließung zusätzlicher Ertragspotentiale begleitet. Der Potentialaufbau wie die Ertragsvorbereitung überhaupt sind daher – von der Unternehmung als Ganzes gesehen – eine Daueraufgabe, solange nicht bewußt ein Schrumpfungs- oder Liquidationsprozeß eingeleitet ist.

Wird lediglich *auf Verdacht* produziert, dann handelt es sich bei den so entstandenen Lagerbeständen ökonomisch zwar bereits um ein weit fortgeschrittenes Stadium der Ertragsbildung, aber immer noch um einen erst *latenten oder möglichen Ertrag* [14]. Nach wie vor bleibt die Frage offen: Können die Lagervorräte überhaupt abgesetzt werden, zu welchen Preisen und wann? Daß es sich auch bei Vorräten an technisch fertiggestellten Gütern, die auf Verdacht produziert worden sind, um ein *Leistungspotential* handelt, wird besonders deutlich, wenn man an technisch oder ökonomisch schnell verderbliche Güter (z. B. Erdbeeren, Zeitungen) denkt, die – über den augenblicklichen Bedarf hinaus produziert – innerhalb von Stunden oder Tagen völlig wertlos werden. Dementsprechend fordert die moderne Entscheidungstheorie, solche »zeit-

154

[13] Vgl. hierzu meinen Beitrag: Die Bereitschaftskosten ..., a.a.O., S. 374 f. [83-85], und die dort angegebene Literatur.

[14] So schon *Erich Schäfer*, Die Unternehmung, 1. Aufl., S. 236, 7. Aufl., S. 266.

unelastischen« Güter in allen Fällen, in denen sie nicht Engpaß sind, mit Null [15] oder gar negativ, mit den Alternativkosten ihrer Vernichtung, zu bewerten.

Noch deutlicher als bei auf Lager produzierten Sachgütern wird der Potentialcharakter bei auf Verdacht hervorgebrachten Dienstleistungen, etwa der Vorführung eines Films in einem (noch) leeren Kino oder beim Verkehren eines leeren, fahrplanmäßig laufenden Zuges. Wird hier überhaupt eine Leistung erbracht? Oder liegt hier lediglich eine besonders hohe Stufe der Leistungsbereitschaft, eine »dynamische Betriebsbereitschaft«, vor [16]? Während etwa *Alfred Walther* und eine Reihe verkehrswissenschaftlicher Autoren der Auffassung sind, daß hier eine *»Betriebsleistung«* erstellt wird [17], neige ich mehr dazu, hierin eine besonders hohe Stufe der Betriebs- oder Leistungsbereitschaft zu sehen, die ich als »dynamische Betriebsbereitschaft« bezeichne, weil es zu ihrer Aufrechterhaltung des fortgesetzten Einsatzes von Energien und anderen Verbrauchsgütern bedarf [18]. Hier scheint in der Tat ein Grenzzustand vorzuliegen, der sich je nach Fragestellung unterschiedlich interpretieren läßt.

Bei dieser Gelegenheit muß auch darauf hingewiesen werden, daß in einer ganzen Reihe von Fällen Leistungspotentiale marktfähig sein können, wobei nicht nur an den Absatz von Gebäude-, Maschinen- und Fahrzeugnutzungen zu denken ist, sondern auch an die Nutzung von Patenten und Markenrechten sowie des technischen und absatzwirtschaftlichen Know-how. Beim Vermieten (Verchartern) von Schiffen und Flugzeugen werden diese sogar in verschiedenen Bereitschaftsstufen zur Nutzung angeboten, etwa bei der Bare-Boat-Charter das »nackte« Schiff ohne Besatzung, dagegen bei der Zeitcharter einschließlich Besatzung, Verbrauch an Proviant, Wasser, Schmieröl (nicht jedoch Brennstoffen!), Versicherung, Unterhaltung des Schiffes und Reparaturen sowie anderen Elementen der Betriebsbereitschaft [19].

Den bisher genannten Phasen des Ertragsbildungsprozesses ist gemeinsam, daß damit nur Ausgaben, aber noch keine Einnahmen verbunden sind und daß das Hineinopfern der mit den Ausgaben beschafften Sachmittel in den Betriebsprozeß »eben nicht ohne weiteres und etwa automatisch dafür (bürgt), daß echte Nutzwerte, daß also echter Ertrag entsteht« [20]. Wie schon angedeutet, ist nicht einmal gewiß, ob etwa in der Phase der Ertragsvorbereitung ein wirklich nutzbares Ertragspotential entsteht. Zu diesen *Investitions- und Bereithaltungsrisiken*, die auch bei Sachanlagen und Arbeitskräften auftreten können (Auswahl ungeeigneter Produktionsmittel, vorzeitiges Un-

155

[15] Vgl. hierzu insbesondere *Wolfram Engels:* Betriebswirtschaftliche Bewertungslehre im Licht der Entscheidungstheorie (Beiträge zur betriebswirtschaftlichen Forschung, hrsg. von E. Gutenberg, W. Hasenack, K. Hax und E. Schäfer, Bd. 18), Köln und Opladen 1962, S. 166 f.

[16] Vgl. hierzu meinen Aufsatz: Die Bereitschaftskosten . . ., a.a.O., S. 375 f. [84 f.].

[17] Vgl. *Alfred Walther:* Einführung in die Wirtschaftslehre der Unternehmung, Bd. I: Der Betrieb, Zürich 1947, S. 238–240, sowie aus der verkehrswissenschaftlichen Literatur, z. B. *Willi Effmert:* Kosten-, Investitions- und Wirtschaftlichkeitsrechnung im Verkehr, Frankfurt am Main 1969, S. 15, 21, 25, 28, 44.

[18] Vgl. hierzu meinen Aufsatz: Die Bereitschaftskosten . . ., a.a.O., S. 375 f. [84 f.].

[19] Vgl. hierzu die Stichworte Bare-Boat-Charter und Zeitcharter, in: ABC des Seeverkehrs (Verkehrswirtschaftliche Schriftenreihe der DVZ/Deutsche Verkehrszeitung, Heft 4), 3. Aufl., bearb. von *H. H. Herrlau* u. a., Hamburg 1965, S. 67 und 790 f., und Dr. Gablers Verkehrs-Lexikon, hrsg. von Walter Linden, Wiesbaden 1966, Sp. 163 und 1797.

[20] *E. Schäfer:* Die Unternehmung, 1. Aufl., S. 234, 7. Aufl., S. 263.

brauchbarwerden, Fehlbesetzung, »vorzeitiges« Ausscheiden von Arbeitskräften nach Einarbeitung oder Gewinnung von Erfahrungen), kommt das *technische Produktionsrisiko* eines Mißlingens der Leistungserstellung in der Konkretisierungsphase und – wenn all dies überstanden ist – auch für die technisch völlig einwandfreien Güter noch das *Marktrisiko*, die Ungewißheit, ob die Leistungen in bezug auf die hervorgebrachten Mengen zu dem geforderten Preis Aufnahme finden [21] und in welchem Zeitpunkt.

Wenden wir uns nun der *Phase der Ertragsrealisation* zu, insbesondere der Frage: Wann ist der Ertrag realisiert? Diese Frage läßt sich offensichtlich zweifach interpretieren, nämlich erstens: *An welchen Kriterien läßt sich die Realisation beurteilen?* Zweitens kann man aber auch, insbesondere im konkreten Falle, fragen: *In welchem Zeitpunkt oder in welcher Zeitspanne ist daher die Realisation eines Ertrages zu konstatieren?*

Ganz eindeutig läßt sich die Frage, wann der Ertrag realisiert ist, wohl nur für den Fall des Barumsatzes ohne nachfolgende Garantieverpflichtungen beantworten. Dann verdichtet sich die Realisationsphase auf den Zeitpunkt der simultanen Erfüllung der beiderseitigen Vertragsverpflichtungen.

Wie ist aber zu verfahren, wenn die Erfüllung der gegenseitigen Verpflichtungen zeitlich auseinanderfällt oder sich über einen längeren Zeitraum hinzieht? Wir wollen uns der Beantwortung dieser Frage schrittweise nähern, denn schon bei Vorauszahlungen und Kreditverkäufen sieht man sich unterschiedlichen Auffassungen in Praxis und Literatur gegenüber.

Bei Kreditgewährung ist man sich ziemlich einig darüber, daß ein Erlös nicht erst im Zeitpunkt des Zahlungseingangs als realisiert anzusehen ist, sondern bereits mit dem Entstehen einer Forderung gegenüber dem Abnehmer [22]. Aber gerade das Entstehen der Forderung gegenüber dem Abnehmer wird in der Literatur unterschiedlich interpretiert. So plädiert *Schmalenbach* für den Zeitpunkt des Rechnungsausgangs, da die Rechnung ohnehin verbucht werden müsse und »die Gefahren, die der Ausführung drohen, mit der Rechnungserteilung und Ablieferung im wesentlichen überwunden sind« [23]. Eine ähnliche Auffassung vertritt *Karl Hax*, der unterstellt, daß im Augenblick des Versandes in der Regel auch die Rechnung hinausgeht [24]. Für *Erich Kosiol* ist als Kriterium die »Lieferung an andere Betriebe maßgebend« [25]. *Adler/Düring/Schmaltz* sehen den Realisationszeitpunkt dann als gegeben, »wenn der Verkäufer das zur Erfüllung des Vertrages Erforderliche getan hat und die Gefahr des zufälligen

156

[21] Ähnlich *E. Schäfer:* Die Unternehmung, 1. Aufl., S. 234 f., 7. Aufl., S. 264.

[22] So z. B. *Adler/Düring/Schmaltz:* Rechnungslegung und Prüfung der Aktiengesellschaft, Handkommentar, 4. Aufl., bearb. v. *Kurt Schmaltz, Karl-Heinz Forster, Reinhard Goerdeler* und *Hans Havermann*, Bd. 1, Stuttgart 1968, § 149 TZ 69; *Ulrich Leffson:* Die Grundsätze ordnungsmäßiger Buchführung, 2. erw. Aufl., Düsseldorf 1970, S. 189.

[23] *Eugen Schmalenbach:* Dynamische Bilanz, 13. Aufl., bearb. von *Richard Bauer*, Köln und Opladen 1962, S. 77; in der 1. bis 6. Auflage dieses Werkes nennt *Schmalenbach* als Kriterium nur die Ablieferung (vgl. z. B. 1. Aufl., 1919, S. 100, und 6. Aufl., 1933, S. 125), von der 8. Aufl. (1947, S. 37) an darüber hinaus auch die Rechnungserteilung.

[24] Vgl. *Karl Hax:* Die Substanzerhaltung der Betriebe, Köln und Opladen 1957, S. 61.

[25] *Erich Kosiol:* Ertrag, in: HWB, 3. Aufl., hrsg. von Hans Seischab und Karl Schwantag, Band I, Stuttgart 1956, Sp. 1686–1689, hier Sp. 1687.

Untergangs und der zufälligen Verschlechterung der Ware auf den Käufer übergegangen ist«, und weisen darauf hin, daß sich in vielen Fällen nicht eindeutig klären lasse, wann dieser Zeitpunkt eingetreten sei [26].

Auch bei der herrschenden Konvention im Falle von Kreditverkäufen ist also der Realisationszeitpunkt nur eindeutig bestimmt, wenn Rechnungserteilung, Versand, Ablieferung und Gefahrenübergang zeitlich zusammenfallen. Das ist in Wirklichkeit jedoch keineswegs immer der Fall, und zwar nicht nur bei rückständigen Ablieferungen oder Teillieferungen oder in solchen Fällen, in denen nach Ankunft der Ware beim Kunden noch Montageleistungen oder andere Dienstleistungen zu erbringen sind. Oft fallen Versand und Rechnungserstellung auseinander; der Transportvorgang kann etwa im Übersee-Export wochenlang dauern, und für den Gefahrenübergang können recht unterschiedliche Zeitpunkte vereinbart werden. Es besteht also im Zeitpunkt der Rechnungsstellung vielfach noch das *Transportrisiko* fort, dazu kommt dann noch das *Abnahmerisiko,* die Gefahr, daß der Empfänger Mängel rügt und in Verbindung damit Ware zurücksendet, Minderungen des vereinbarten Preises oder gar Schadensersatzansprüche geltend macht und aufrechnet. Mit der Abnahme der Leistung durch den Kunden sind noch keineswegs alle Gefahren für die endgültige Realisation des Ertrages überwunden. Zwar liegt mit der Abnahme fest, daß der Kunde die Leistung im Prinzip anerkennt, doch ist dies in allen den Fällen keineswegs ganz endgültig, in denen der Kunde innerhalb einer gesetzlich geregelten oder vertraglich vereinbarten Frist Mängelrügen, Schadensersatz- und Garantieansprüche geltend machen kann. Erst dann, wenn auch diese Fristen abgelaufen und darüber hinaus alle Zahlungen reguliert sind, ist dieser Auftrag – wenigstens für die Finanzbuchhaltung – endgültig abgeschlossen. Bis dahin ist die endgültige Höhe des Entgeltes noch offen, denn auch nach Abnahme bzw. Rechnungserteilung müssen unter Umständen *Erlösminderungen* (z. B. durch Skontierung, nachträgliche Preisabschläge etwa im Falle des Modellwechsels), *Erlösberichtigungen* (z. B. für Mindermengen, Retouren) und die Aufrechnung von Schadensersatzansprüchen in Kauf genommen werden. Auf der Seite der Aufwendungen können dem zusätzliche spezifische Auftragskosten, etwa für Garantieleistungen, gegenüberstehen, die zumindest bei der Frage, wann und in welcher Höhe ein Gewinn (Bruttogewinn, Deckungsbeitrag) aus einem Auftrag endgültig realisiert ist, nicht vernachlässigt werden dürfen.

Wenn man also, wie üblich, die Erlöse bereits im Zeitpunkt der Rechnungsausstellung oder des Leistungsüberganges ausweist, dann handelt es sich strenggenommen um *noch nicht endgültig realisierte, nur vorläufige Erlöse.*

Die Anerkennung von Menge und Güte der erbrachten Leistung sowie des vereinbarten Entgelts nutzen nämlich wenig, wenn der Kunde die empfangene Leistung nicht bezahlt. Da es zumindest in kritischen Situationen für eine Unternehmung nicht auf die Bestände an Forderungen, sondern an Zahlungsmitteln und auf die Zahlungseingänge ankommt [27], darf bei einer Beurteilung des Zeitpunktes der endgültigen Ertragsrealisation der »Kassenaspekt« nicht außer acht gelassen werden. Für die Einbeziehung der Rückzahlung des gewährten Lieferantenkredits spricht aber auch die

157

[26] *Adler/Düring/Schmaltz:* a.a.O., § 149, TZ 43.

[27] Vgl. hierzu die Ausführungen *Schäfers* über die »Zusammenbruchsgrenze«, in: Die Unternehmung, 1. Aufl., Bd. III, S. 361, 7. Aufl., S. 377 f.

Tatsache, daß die Kreditgewährung als eine mit der Warenlieferung oder den sonstigen »Hauptleistungen« verbundene »Nebenleistung« angesehen werden muß, sind doch Umfang und Konditionen der Kreditgewährung an den Abnehmer oft von ausschlaggebender Bedeutung für den Absatz der »Hauptleistungen«[28]. Die übliche Einordnung der Zinserträge für »Forderungen aus Lieferungen und Leistungen« entspricht einer rein technologischen Betrachtung bei der Abgrenzung von betriebsbedingten und betriebsfremden Erträgen und keineswegs dem ökonomischen Zusammenhang[29].

Solange das *Delkredererisiko* noch besteht, ist daher ein Ertrag auch noch nicht endgültig realisiert. Da der Zahlungseingang nicht notwendigerweise die gegenseitigen Verpflichtungen zwischen dem Lieferanten und dem Kunden abschließt, sondern schon am Anfang, etwa bei Kauf gegen »Vorkasse«, im Laufe der Auftragsabwicklung oder während der Garantiezeit erfolgen kann, ist der Ertrag erst dann als *endgültig realisiert* anzusehen, wenn auch die letzten Verpflichtungen zwischen den Vertragspartnern beiderseits erfüllt sind, gleichgültig ob es sich dabei um Restlieferungen, um noch beanspruchbare Gewährleistungsverpflichtungen oder um die Regulierung des Entgelts handelt.

Würde man beim Ausweis der Erlöse nur auf diesen, extrem strengen Anforderungen an das Realisationsprinzip entsprechenden Zeitpunkt abstellen, dann könnten Zufälligkeiten in der Lage dieses Zeitpunkts bei einer relativ kleinen Zahl von Aufträgen zu ähnlichen Sprunghaftigkeiten in der periodenbezogenen Ertrags- und Erfolgsrechnung führen wie schon bei Anwendung der bisherigen Konventionen im Falle *langfristiger Produktion.* Um hier zu einem gleichmäßigeren Ausweis von Erträgen und Erfolgen in der Periodenrechnung zu gelangen, wird in solchen Fällen von einigen Autoren unter bestimmten Voraussetzungen und Vorsichtsmaßnahmen eine Aufteilung des erwarteten Ertrags oder eine Teilrealisation im Falle von Zwischenrechnungen für vertretbar gehalten[30]. Damit wird die Frage aufgeworfen: Können die Erlöse allein dem *Zeitpunkt* zugeordnet werden, in dem sie auch bei Anlegung allerstrengster Maßstäbe als endgültig realisiert anzusehen sind? Gerade wenn man an die Gegenüberstellung von Einnahmen und Ausgaben, Erlösen und Kosten im Rahmen einer entscheidungsorientierten Unternehmerrechnung denkt, gilt es zu untersuchen, welche Teile der Gesamteinnahmen oder des Gesamterlöses und welche Teile der Gesamtausgaben oder Kosten auf dieselben Entscheidungen zurückgehen.

158

Die Erlöse aus dem Absatz von Leistungen kann man letztlich immer auf die Entscheidung, mit dem Kunden einen Vertrag auf Lieferung einer Leistung abzuschließen, zurückführen. Dieselbe Entscheidung löst aber in der Folge eine Reihe weiterer Ausführungsentscheidungen aus, bei denen nun auf die Erfüllung des Leistungsanspruches

[28] Vgl. hierzu das Beispiel auf S. 180 [128] sowie z. B. *Heino von Tesmar:* Zahlungsbedingungen als Mittel des Wettbewerbs im Großanlagengeschäft – Möglichkeiten und Grenzen einer Beeinflussung der Absatzchancen im Inlandsgeschäft und im Export durch Zahlungsbedingungen, Berlin 1964.

[29] Ähnlich auch *Walter Endres:* Neue Überlegungen zur Gliederung von Kontenrahmen, Köln und Opladen 1968, S. 17, und *Hans Knoblich:* Ertragsarten, a.a.O., S. 79 f.

[30] Vgl. hierzu und zu anderen »schwebenden Geschäften« insbesondere *Karl-Heinz Vellguth:* Grundsätze ordnungsmäßiger Bilanzierung für schwebende Geschäfte (Veröffentlichungen der Schmalenbach-Vereinigung, Band II), Leipzig 1928, S. 105–111, und *Ulrich Leffson,* a.a.O., insbes. S. 142–153.

des Kunden abgestellt wird. Die durch diese Kette von Unterentscheidungen ausgelösten Ausgaben oder Kosten lassen sich daher zusammengefaßt eindeutig den durch die Grundentscheidung, den Vertragsabschluß, ausgelösten Erlösen zurechnen. Bei der Gegenüberstellung aller Kosten- und Erlösteile, die durch den Verkaufsabschluß ausgelöst werden, ist es daher notwendig, auf den gesamten Zeitraum zwischen Verkaufsabschluß und endgültiger Realisation des Erlöses abzustellen. Diese Zeitspanne wird im folgenden als *»Realisationsphase«* oder *»Auftragsperiode«* bezeichnet. Nur, wenn man auf die gesamte Auftragsperiode abstellt, kann die zeitliche Dimension des Erlöses und der Kosten eines Auftrages der Wirklichkeit entsprechend abgebildet werden. Nur dann lassen sich die spezifischen Kosten und Erlöse eines Auftrages eindeutig gegenüberstellen.

Im Falle einer *Produktion auf Bestellung* schließt daher die Realisationsphase auch die Erstellung der konkreten Leistung, einschließlich der spezifischen Vorbereitungsarbeiten (etwa Konstruktion, auftragsgebundene Produktentwicklung, Arbeitsvorbereitung, auftragsgebundene Materialbeschaffung, auftragsbedingte Herstellung von Vorrichtungen, Formen, Modellen usw.) ein.

Oft kann bei Vertragsabschluß das zu fakturierende Entgelt noch nicht endgültig festgelegt werden, wenn Art und Umfang der Ausführung oder Lieferung noch nicht in allen Positionen genau festliegen oder die Ungewißheit über die Preisentwicklung wichtiger Kostengüter zu Vorbehalten bei der Preiskomponente Anlaß gibt. So wird bei Bauaufträgen oft eine »Abrechnung nach Aufmaß« zu festgelegten »Einheitspreisen« (z. B. je cbm Stampfbeton einer bestimmten Güteklasse, je qm Verschalungsfläche usw.) vereinbart, wenn die »Masse« nur der Größenordnung nach festliegt oder mit Massenänderungen zu rechnen ist. Auch kann im Zeitpunkt des Vertragsabschlusses noch offen sein, für welche von mehreren Ausführungsmöglichkeiten bestimmter Teilarbeiten sich der Auftraggeber entscheiden wird; in solchen Fällen werden (außerdem) unterschiedliche Preise für die vorgesehenen Ausführungsalternativen (u. a. auch für unterschiedliche Materialarten) festgelegt. Ähnlich werden für Tiefbauarbeiten bei noch ungewissen Bodenverhältnissen Einheitspreise für unterschiedliche Bodenklassen vereinbart. Muß mit stärkeren Veränderungen der Löhne oder anderer Kostengüterpreise gerechnet werden, dann werden bei langen Lieferfristen und langfristigen Liefer- und Dienstleistungsverträgen häufig Preisgleitklauseln und ähnliche Preisvorbehalte, beispielsweise »Lieferung zum jeweils gültigen Tagespreis«, ausbedungen. In allen diesen Fällen ergeben sich Abweichungen zwischen dem bei Vertragsabschluß vereinbarten (vorläufigen) Erlös, dem fakturierten Erlös und dem endgültig realisierten Erlös. In solchen Fällen empfiehlt es sich, wie stets, wenn die Realisationsphase eine größere Zeitspanne umfaßt, im Zeitablauf sowohl die Entwicklung der Erlöse als auch der spezifischen Kosten sowie der Zahlungsregulierung zu verfolgen. Das ist für den Fall einer Sonderanfertigung mit Preisgleitklausel oder Abrechnung nach Aufmaß etc., Skontozahlung, späterer Erlösminderung und Garantieleistung in Abb. 1 veranschaulicht.

160

Im Falle eines Kaufvertrags über Güter, die bereits *auf Verdacht produziert* worden sind, beginnt die Realisationsphase gleichfalls im Zeitpunkt des Verkaufsabschlusses, schließt aber dann die Vorgänge bis zur Fertigstellung und Lagerung des fertigen Gutes und die damit verbundenen spezifischen Kosten nicht ein, denn diese werden nicht

159

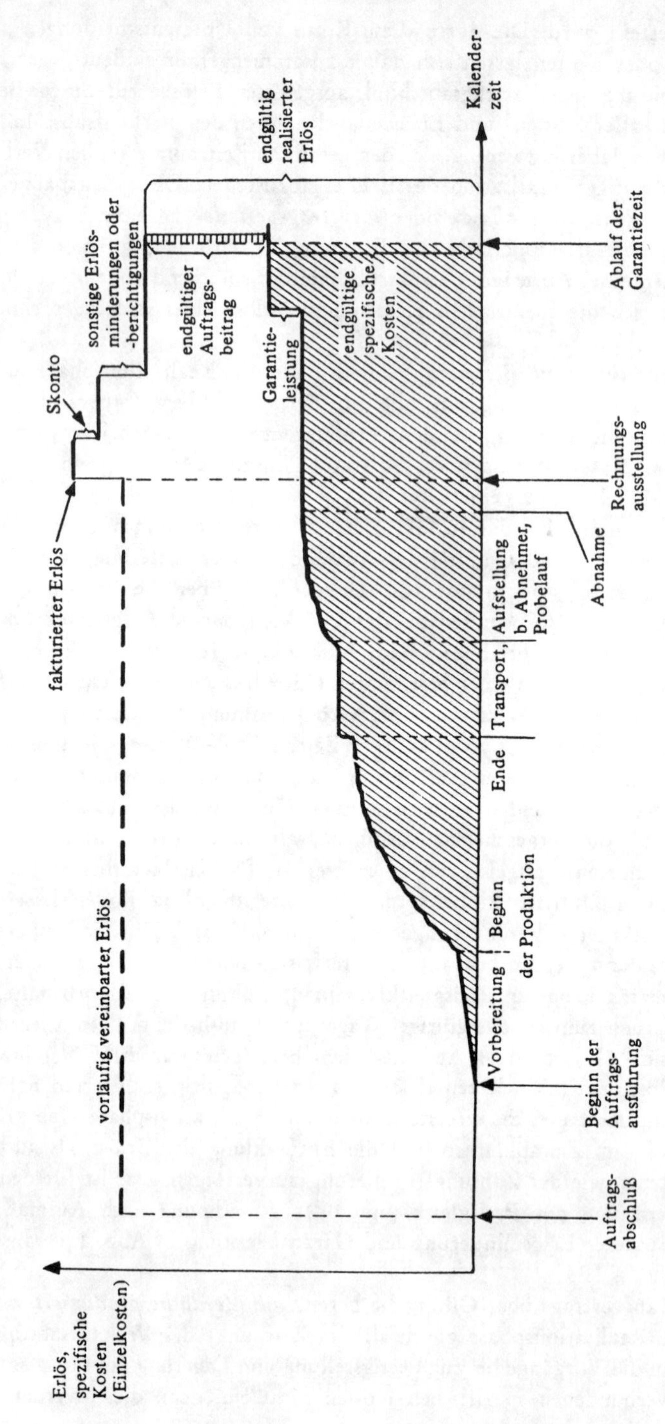

Abb. 1: Beispiel für eine mögliche Entwicklung der Erlöse und spezifischen Kosten während der Realisationsphase bei Produktion auf Bestellung mit Preisgleitklausel, Skontierung, späteren Erlösminderungen und Garantieleistung

durch den Abschluß des jeweiligen Kaufvertrages ausgelöst, sondern durch die Entscheidung, eine bestimmte Anzahl von Produkteinheiten auf Verdacht zu produzieren. Im Gegensatz zur Produktion auf Bestellung fallen somit bei Produktion auf Verdacht die Ertragskonkretisierungs- und die Ertragsrealisierungsphase nicht zusammen. Vielmehr handelt es sich – strenggenommen – bei der Produktion auf Verdacht um eine Investition, deren spezifische Kosten in der Regel durch die Erlöse mehrerer Kundenaufträge gemeinsam amortisiert wird. Entsprechendes gilt auch für die Beschaffung von Handelsware auf Verdacht. 160

Je länger die Realisierungsphase ist, um so größere Schwierigkeiten ergeben sich für periodenbezogene Rechnungen. Je kürzer die Abrechnungsperioden sind, um so größer ist der Anteil von Aufträgen mit »überhängenden« Realisationsphasen. Die Schwierigkeiten des Erlösausweises bei Leistungen mit längerer Realisationsphase lassen sich leicht lösen, wenn man die Periodenrechnung, die immer zu einer willkürlichen Zer-

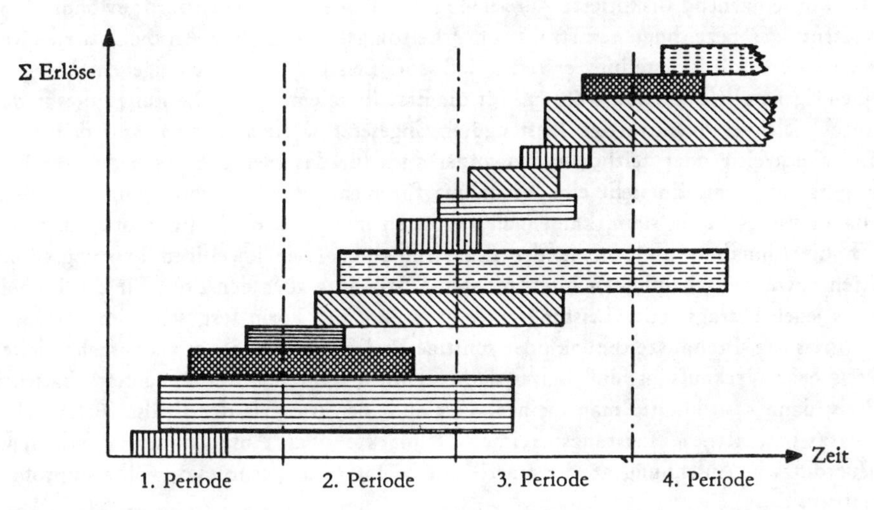

Abb. 2: Im Zeitablauf kumulierte Erlöse einzelner Aufträge mit Realisationsphasen unterschiedlicher Dauer

schneidung von Umsatzvorgängen führen muß [31], durch eine *kontinuierlich fortschreitende Zeitablaufrechnung* ersetzt. Dafür eignen sich besonders gut kumulative Darstellungen nach Art der Abb. 2. Dabei werden für die einzelnen Aufträge Erlös»balken« gebildet, deren Höhe durch den vereinbarten, fakturierten bzw. endgültig realisierten Erlös bestimmt wird, während in der Länge die Dauer der Realisationsphase zum Ausdruck kommt. Außerdem können wichtige Daten für die Realisationsphase, wie Leistungsübergabe, Rechnungsstellung, endgültige Abnahme usw., besonders mar- 161

[31] Vgl. hierzu *Wilhelm Rieger:* Einführung in die Privatwirtschaftslehre, Nürnberg 1928, insbesondere S. 209 f., und *Erich Schäfer:* Die Unternehmung, 1. Aufl., S. 311–317, 7. Aufl., S. 325–351.

kiert werden. Diese »Erlösbalken« werden chronologisch eingeordnet und übereinander kumuliert, z. B. in der Reihenfolge des Vertragsabschlusses.
Damit sind freilich schon Fragen der zeitbezogenen Zurechenbarkeit von Erlösen angeschnitten, die wir für den Fall zeitlich verbundener Erlöse in Abschnitt IV wieder aufgreifen wollen.

III. Erlösverbundenheit und sachbezogene Zurechenbarkeit der Erlöse

Die Zurechenbarkeit der Erträge oder spezieller der Erlöse auf einzelne Arten von Dienstleistungen, Handelswaren und Erzeugnissen, die hier zusammenfassend als *Ertrags-* oder *Leistungsgüter* – oder noch kürzer – als *Leistungen* bezeichnet werden, scheint bei oberflächlicher Betrachtung weit weniger problematisch zu sein als die in der Literatur eingehend diskutierte Zurechnung von Kosten auf diese, dort gewöhnlich als Kostenträger bezeichneten, Ertrags- oder Leistungsgüter. Dieser Anschein wird nicht zuletzt durch die Vorstellung erweckt, daß jedes Leistungsgut seinen eigenen Preis hat, einen eigenen Erlös erzielt, während für die Erstellung eines jeden Leistungsgutes in der Regel viele verschiedenartige Kostengüter eingesetzt werden müssen, von denen ein Teil gleichzeitig oder zeitlich nacheinander auch für das Hervorbringen anderer Leistungsgüter dient. Entsteht eine Einnahme für mehrere Arten und Mengeneinheiten von Leistungsgütern, dann kann man sie diesen nur dann eindeutig zuordnen, wenn sich die Einnahme als Summe der Einzeleinnahmen der jeweiligen Leistungsgüterarten bzw. Mengeneinheiten interpretieren läßt. Liegt aber der Preis für die Einheit eines jeden Ertrags- oder Leistungsgutes in irgendeiner Form fest, sei es im vorhinein als Preisliste, Preisauszeichnung oder sonstige Preisforderung, sei es als ausgehandelter Preis beim Verkaufsabschluß, sei es nachträglich als auf der Rechnung festgehaltener Preis, dann – so könnte man meinen – ist auch der Ausweis der Erlöse für einzelne absatzwirtschaftliche Leistungsbereiche, Teilmärkte oder Absatzsegmente, wie man neuerdings in Anlehnung an die amerikanische Literatur gerne sagt, völlig unproblematisch.
Steht aber nicht der relativ häufig diskutierten Produktionsverbundenheit und der sehr viel weniger beachteten Beschaffungsverbundenheit auch eine Absatzverbundenheit
162 gegenüber [32]? Werden nicht durch die Verbundenheit des Bedarfs [33] und den Einkaufsverbund aus der Sicht des Kunden, aber auch durch das verbundene Angebot gemeinschaftlich abgesetzter Leistungen ähnliche Probleme bei der Zurechnung von Erträgen

[32] Zur Unterscheidung dieser drei Arten von Verbundenheit vgl. *Gerhard Krömmelbein*, a.a.O., S. 19–26.

[33] Vgl. zur Bedarfsverbundenheit insbesondere *Friedrich von Gottl-Ottlilienfeld:* Bedarf und Deckung, Jena 1928, S. 28–30, 42, 46; *Erich Schäfer:* Grundlagen der Marktforschung, 2. Aufl., Nürnberg 1940, S. 85–90. – 4. Aufl., Köln und Opladen 1966, S. 105–109; – ders.: Die Aufgabe der Absatzwirtschaft, 2. Aufl., Köln und Opladen 1950, S. 113 f. und 142; – ders.: Betriebswirtschaftliche Marktforschung, Essen 1955, S. 84; *Karl Banse:* Vertriebs-(Absatz-)politik, in: HWB, 3. Aufl., hrsg. v. Hans Seischab und Karl Schwantag, Bd. IV, Stuttgart 1962, Sp. 5983–5994, hier Sp. 5987; *Otto R. Schnutenhaus:* Absatzpolitik und Unternehmensführung, Freiburg i. Brsg. 1961, S. 229.

bzw. Erlösen aufgeworfen wie bei der Zurechnung von Kosten bei verbundener Produktion?
Die Zurechenbarkeit von Einnahmen (Erlösen) auf ein abgesetztes Leistungsgut ist dann unproblematisch, wenn beim Absatz jeweils nur über eine Mengeneinheit disponiert wird und die Höhe des Entgelts völlig unabhängig von anderen Absatz- und Angebotsdispositionen des Lieferanten bzw. von anderen Beschaffungsdispositionen des Abnehmers ist. Wird dagegen über größere Mengen oder über mehrere Leistungsgutarten abgeschlossen, dann muß geprüft werden, welchen Leistungsgutmengen, welchen Leistungsgutarten oder gar welchen Leistungsgüterkombinationen das Entgelt zurechenbar ist.
Bei der folgenden Untersuchung solcher Sachverhalte wollen wir zuerst einmal der Frage nachgehen, welche Bedingungen erfüllt sein müssen, damit Einnahmen (Erlöse) als spezifische Einnahmen oder spezifische Erlöse [34] einer Leistungsguteinheit, als ihre Einzelerlöse, angesehen werden dürfen. Dann sollen wichtige Erscheinungsformen der Absatzverbundenheit herausgearbeitet werden, die die Zurechnung von Erlösen auf Leistungsgüter und sonstige absatzwirtschaftliche Leistungsbereiche zu begrenzen scheinen, und schließlich die Konsequenzen für den Ausweis in der Erlösrechnung erörtert werden.

A. Die Zurechenbarkeit von Erlösen auf Leistungsguteinheiten und sonstige Teilmengen

Das zunächst zu untersuchende Problem, unter welchen Bedingungen ein Erlös der Mengeneinheit eines Leistungsgutes eindeutig zurechenbar ist, kann man auch in etwas modifizierter Weise formulieren: Unter welchen Bedingungen hat die Mengeneinheit eines Leistungsgutes einen (eigenen) Preis?
Die Antwort darauf setzt zunächst voraus, daß Einverständnis darüber besteht, was unter einer Leistungsguteinheit oder der Mengeneinheit eines Ertrags- oder Leistungsgutes verstanden wird. Das ist nur unproblematisch, solange man es mit natürlichen Stückgütern, deren Form stets dreidimensional konstruktiv festgelegt ist [35], zu tun hat, wenn das Stück die allein übliche Zähleinheit ist, wie in der Regel bei größeren Objekten, etwa Maschinen, Möbeln und dergleichen. 163
Von *spezifischen Erlösen* (spezifischen Einnahmen) oder *Einzelerlösen* (-einnahmen) einer Leistungsguteinheit kann – im Sinne einer Konkretisierung des Identitätsprinzips – nur gesprochen werden, wenn alle folgenden Voraussetzungen erfüllt sind:
(1.) Das jeweilige Leistungsgut muß in beliebiger Menge dosierbar allein oder in beliebiger Kombination mit anderen Leistungsgütern abgesetzt und vom Abnehmer beschafft werden können. Die Stückgüter gelten dabei dann als beliebig dosierbar, wenn

[34] Der Vorschlag, statt von Einzelkosten und Einzelerlösen von spezifischen Kosten und von spezifischen Erlösen zu sprechen, geht auf *Erich Schäfer* zurück.

[35] Vergleiche zur Unterscheidung zwischen Stückgütern und Fließgütern meine Schrift: Industrielle Erzeugungsverfahren in betriebswirtschaftlicher Sicht, Wiesbaden 1963, S. 48–54. – Der Ausdruck Fließgüter geht m. W. auf *C. M. Dolezalek:* Grundlagen und Grenzen der Automatisierung, in: VDI-Zeitschrift, 98. Jg. (1956); S. 564, zurück.

die Zahl der Stücke sowohl vom Anbieter als auch vom Nachfrager beliebig gewählt werden kann.

(2.) Das Entgelt je Leistungsguteinheit (und – strenggenommen – auch die Lieferbedingungen) müssen unabhängig von den Mengen desselben Leistungsgutes oder anderer Güter sein, die gleichzeitig, im gleichen Zeitabschnitt oder im Zeitablauf durch denselben Kunden bestellt werden.

Sind diese Voraussetzungen in bezug auf *eine* Leistungsgut*einheit* gar nicht oder nur zum Teil erfüllt, dann können die Erlöse jedoch spezifische Erlöse einer jeweils genau zu definierenden Menge (»Portion«) einer Leistungsgüterart oder einer aus mehreren Leistungsgüterarten bestehenden Güterkombination sein, die es jeweils sorgfältig abzugrenzen gilt.

Wenden wir uns nun solchen Fällen zu, in denen die Zurechenbarkeit der spezifischen Erlöse einer Leistungsgüterart auf ihre Mengeneinheiten und sonstigen Teilmengen aus den folgenden Gründen ausgeschlossen oder eingeschränkt zu sein scheint:

(1.) weil die Zahl der abzunehmenden Mengeneinheiten nicht im Belieben des Kunden steht,

(2.) weil absatzmengenunabhängige Festentgelte oder Entgeltteile gefordert werden oder

(3.) weil die Preise je Einheit oder je Standardportion von den Abnahmemengen abhängig sind.

Obgleich diese Tatbestände, die einer Zurechenbarkeit der Erlöse auf Einheiten und sonstige Teilmengen eines Ertragsgutes Grenzen setzen, oft gleichzeitig vorliegen, wollen wir jeden gesondert untersuchen.

1. Die Zurechenbarkeit auf Teilmengen, die über Einschränkungen der Dosierbarkeit verbunden sind

In einer ersten Gruppe von Fällen ist die Dosierbarkeit der Bestellmenge für den Kunden eingeschränkt. Dies kann entweder

(1.) durch ein *mengenmäßig gekoppeltes Angebot*

a) standardisierte Kollektive *(»homogene Standardkollektive«)* von Stückgütern und

164 b) standardisierte Portionen von Fließgütern *(»homogene Standardportionen«)* oder

(2.) durch die Festlegung von *Mindestabnahmemengen* geschehen.

Werden beispielsweise Taschentücher dutzendweise, Dachlattennägel in Tausendstückpackungen, Flaschenbier in Kästen zu 20 Flaschen angeboten, dann handelt es sich beim Absatz derartiger standardisierter Kollektive [36] um ein mengenmäßig gekoppeltes Angebot homogener Gütereinheiten [37]. Unter der Voraussetzung, daß der Preis für ein Standardkollektiv oder eine Standardportion unabhängig von den Abnahmemengen des jeweiligen Gutes und anderer Güter ist, ist der Erlös dann nur der jeweiligen

[36] Vgl. hierzu ergänzend den Begriff Kollektivwaren bei *Artur Kutzelnigg:* Die Zigarette als Modellfall der Wirtschaftlichen Warenlehre, Frankfurt am Main 1962, S. 34–36.

[37] Der Anstoß zu einer solchen Mengenkoppelung kann durchaus auch im Interesse der Nachfrage liegen, ja sogar von der Nachfrage ausgehen.

Kollektiveinheit oder Standardportion, also etwa dem Dutzend Taschentücher, der Tausendstückpackung Dachnägel, dem Kasten Bier, zurechenbar. In bezug auf das einzelne Stück oder andere Teilmengen des Standardkollektivs handelt es sich um Gemeinerlöse; die einzelnen Stücke und Teilmengen haben keinen eigenen Preis. Entsprechendes gilt für die vom Anbieter festgelegten Standardportionen an sich beliebig dosierbarer Fließgüter [38], etwa für die Dose Öl, die Rolle Zwirn, den Sack Zement und die Teilmengen dieser Standardportionen.

Die mengenmäßige Koppelung des Angebots kann den Abnehmer zwingen, größere Mengen zu kaufen als er überhaupt oder im Augenblick benötigt oder seine Nachfrage mengenmäßig und zeitlich stärker zu konzentrieren als es seinem Beschaffungsverhalten bei freier Dosierbarkeit der Bestellmengen entsprechen würde [39].

Als Absatz von Dienstleistungen in Standardportionen kann man den Verkauf von Mehrfahrtenkarten (mit festliegender Zahl von Fahrten) für eine bestimmte Strecke eines Linienverkehrsbetriebes ansehen sowie den Verkauf von Zehnerkarten für den Besuch eines Schwimmbads oder eines zoologischen Gartens. Im Gegensatz zu den Standardportionen von Sachgütern verkörpern jedoch die Standardportionen von Dienstleistungen nur einen Leistungsanspruch, der nicht in vollem Umfang ausgenutzt und dann auch nicht erbracht zu werden braucht; die Erlöse können daher höher sein, als es den tatsächlich erstellten Dienstleistungen entspricht.

Wird ein Leistungsgut in mehreren Standardportionen angeboten, beispielsweise ein Rasendünger in Packungen zu 1 Kilo, 10 Kilo, 25 Kilo und 50 Kilo, dann sind diese verschiedenen Packungsgrößen wie verschiedenartige Leistungsgüter zu behandeln und in der Erlösrechnung gesondert auszuweisen, wenn auf eindeutige Zurechnung der Erlöse Wert gelegt wird. Entsprechend ist vorzugehen, wenn ein Leistungsgut sowohl in Standardmengen als auch in beliebig dosierbaren Mengen, also beispielsweise in Mehrstückpackungen und Einzelstücken, über Mehrfahrtenkarten und Einzelfahrtkarten, im Abonnement und im Einzelverkauf usw., abgesetzt wird.

165

Legt der Anbieter *Mindestabnahmemengen* fest, sind die Erlöse aus solchen Bestellungen, die genau der Mindestabnahmemenge entsprechen, sie also nicht überschreiten, nicht den abgesetzten Mengeneinheiten bzw. Standardportionen oder sonstigen Teilmengen eines solchen Auftrages zurechenbar, weil geringere Mengen nicht abgegeben worden wären. Auch im umgekehrten Falle, wenn also der Nachfrager eine Mindestliefermenge fordert [40], ist – falls diese gerade erreicht, aber nicht überschritten wird – eine Zurechnung des Erlöses auf Teilmengen dieser Mindestliefermenge ausgeschlossen,

[38] Darunter faßt man Gase, Flüssigkeiten und Schüttgüter sowie solche geformten Güter zusammen, bei denen lediglich zwei Dimensionen konstruktiv festgelegt sind (z. B. Schläuche, Gewebe, Drähte, Folien usw.), so daß deren Länge grundsätzlich beliebig bemessen werden kann. Durch Abtrennen bestimmter Längen geformter Fließgüter und durch Abpacken ungeformter Fließgüter in Behältern können »künstliche« Stückgüter mit individuellen oder standardisierten Dimensionen (»Standardportionen«) geschaffen werden.

[39] Das schließt nicht aus, daß die Bildung standardisierter Kollektive und Portionen auch im Interesse der Nachfrager im allgemeinen liegt, von denen sogar der Anstoß zur Standardisierung der Angebotsmengen ausgehen kann.

[40] Zur Festsetzung von Mindestliefermengen durch den Nachfrager vgl. *Paul Theisen:* Grundzüge einer Theorie der Beschaffungspolitik, Berlin 1970, S. 112–114, 429, 457–461.

weil der Anbieter einen anteiligen Erlös niemals erzielen kann. Denn wenn er nur Teilmengen liefern könnte, käme es gar nicht zu einem Geschäftsabschluß.
Auch wenn im Rahmen eines *Liefervertrages* mit einem Kunden die Lieferung einer *festen Menge* eines Leistungsgutes vereinbart wurde, dann sind die aus diesem Vertrag erzielten Erlöse weder den Mengeneinheiten noch etwaigen Teillieferungen zurechenbar, sondern lediglich der Gesamtmenge dieses Abschlusses als Ganzes.

2. Die Zurechenbarkeit auf Teilmengen, die über Festentgelte verbunden sind

In einer zweiten Gruppe von Fällen sind die Mengeneinheiten, Standardportionen und sonstigen Teilmengen über gemeinsame *abnahmemengenunabhängige Erlöse* (Festentgelte) miteinander verbunden. Dabei ist zwischen einer Reihe von Varianten zu unterscheiden, je nachdem welche Ausprägungen der folgenden drei Merkmale miteinander kombiniert sind:
1. Die Abnahmeunabhängigkeit kann sich entweder auf eine Kalenderperiode (Fall I), eine Bestellung (Fall II) oder auf die Gesamtabnahmemenge eines bestimmten, meist kundenindividuellen Leistungsgütertyps während dessen Marktgängigkeitsdauer (Fall III) beziehen.
2. Von der Abnahmemengenunabhängigkeit kann dabei entweder der Gesamterlös (Fall A) oder im Falle mehrteiliger Erlöse, die auch als »gespaltene Preise« bezeichnet werden [41], nur ein Teil des Erlöses (Fall B) betroffen sein. Ein je Periode, Bestellung oder Erzeugnistyp vereinbartes Mindestentgelt (Fall C) kann man auch als eine Variante des Falles A ansehen, nämlich als abnahmemengenunabhängiges Gesamtentgelt bis zu einer begrenzten Abnahmemenge.
3. Das dritte Merkmal, ob die Leistungsmenge vom Anbieter fixiert ist (Fall α) oder durch den Abnehmer frei gewählt werden kann (Fall β), dürfte, wenn man von Standardportionen und Mindestabnahmemengen absieht, vor allem für den Fall abnahmemengenunabhängiger periodengebundener Erlöse von Interesse sein.

166

a. Periodenbezogene Fest- und Mindestentgelte

Ein periodenbezogener *Pauschalerlös* mit einer vom Anbieter fixierten Leistungsmenge (Fall IAα) liegt beim Verkauf von Zeitungen und Zeitschriften im Abonnement vor, mit einer bei Tageszeitungen und Wochenzeitschriften wechselnden Zahl der Ausgaben von Kalendermonat zu Kalendermonat [42]. Periodenbezogene Pauschalentgelte mit freier Wahl der Abnahmemengen seitens des Kunden (Fall IAβ) waren früher beim

[41] So z. B. von *Eugen Schmalenbach* nach *Karl Hax*, in: ZfhF NF 1. Jg. (1949), S. 503. – *Hans-Jacob Krümmel:* Bankzinsen, Untersuchungen über die Preispolitik von Universalbanken, Köln–Berlin–Bonn–München 1964, z. B. S. 53, 141–144, 166.

[42] Den Abonnementverkauf von Zeitschriften mit gleichbleibender Zahl von Ausgaben während einer Abonnementperiode könnte man auch als Absatz von Standardmengen ansehen. Sowohl beim Absatz von Zeitschriften als auch von Zeitungen ist jedoch zweifelhaft, ob man hier die einzelnen Nummern wegen ihres unterschiedlichen Inhalts und auch oft wechselnden Umfangs als Mengeneinheit desselben Leistungsgutes ansehen kann. Es hängt wohl von der Fragestellung ab, ob man hier eine Einheitlichkeit unterstellen darf oder in den einzelnen Nummern verschiedenartige Güter sehen muß.

Absatz elektrischer Energie häufig anzutreffen; inzwischen sind sie dort selten geworden, aber immerhin etwa noch bei der Lieferung von Strom für die Straßenbeleuchtung an Gemeinden und für Schaufensterbeleuchtung zu finden. Heute sind periodengebundene Pauschalentgelte für disponible Absatzmengen vor allem beim Absatz von Verkehrsleistungen und anderen Dienstleistungen anzutreffen. Beispiele dafür sind liniengebundene Wochen- und Monatskarten im Personenverkehr [43], die Zeitcharter von Schiffen (s. S. 103) und Flugzeugen, die Vermietung von Gebäuden sowie Pauschallizenzen.

In den Fällen $IA\alpha$ und $IA\beta$ läßt sich der in der Periode von einem Kunden für die Lieferung einer Leistungsart erzielte Festerlös weder den gelieferten Leistungsgütereinheiten noch sonstigen Teilmengen oder Teillieferungen zurechnen. Im Falle von Verkehrsleistungen sind Pauschalentgelte daher sowohl in bezug auf die Einzelreisen als auch in bezug auf die Zähleinheit der abgesetzten Transportleistungen (Personenkilometer, Tonnenkilometer) als auch in bezug auf die transportierten Personen oder Gütereinheiten Gemeinerlös. Entsprechendes gilt in bezug auf die Laufstunden, wenn beispielsweise Baugeräte oder Datenverarbeitungsanlagen gegen eine feste Pauschalvergütung je Zeitabschnitt oder für eine bestimmte Vertragsdauer vermietet werden. Auch die Erlöse aus dem Verkauf von Dauerkarten für den Besuch von Schwimmbädern, Tiergärten oder Museen sind nur dem Gültigkeitszeitraum im ganzen, nicht aber den einzelnen Besuchen dieser Institutionen zurechenbar. In all diesen Fällen ist im vorhinein unbekannt, wie viele Leistungseinheiten oder Nutzungseinheiten erbracht werden müssen und zu welchen Zeitpunkten die Inanspruchnahme eintritt. Wenn man, wie meist aus Kostengründen, auf die laufende Erfassung der Abnahme bzw. Inanspruchnahme verzichtet, weiß man auch im nachhinein nicht, wie viele Leistungseinheiten für einen bestimmten Kunden erbracht werden mußten.

Welchen Gesamtmengen an Leistungseinheiten der Festerlös zugerechnet werden kann (oder im Falle der Erfassung der Leistungseinheiten werden könnte) – und in welcher Höhe –, hängt von der Vertragsdauer, den Kündigungsintervallen oder der Gültigkeitsdauer der Bemessungsgrundlage ab; diese Frage ist also nur im Zusammenhang mit der Untersuchung der zeitbezogenen Zurechenbarkeit zu beantworten.

167

Sehr viel häufiger als ein fester Gesamterlös für die während einer Periode an einen Kunden abgesetzten Mengen eines Gutes ist die Kombination eines *festen Erlösbestandteils je Periode* mit einem von den abgenommenen Leistungen, den in Anspruch genommenen Nutzungsmöglichkeiten oder dem dabei erzielten Nutzen abhängigen Erlösbestandteil (Fall $IB\beta$). So fordern Elektrizitätswerke im allgemeinen mehrteilige Entgelte, die im einfachsten Falle aus einem abnahmemengenabhängigen Teil, dem »Arbeitspreis« (je kWh), und einem je Periode festen Teilerlös, dem sogenannten »Grundpreis« oder »Leistungspreis«, bestehen [44]. Ähnliche Verhältnisse gelten für die

[43] Vgl. hierzu und zu den übrigen Beispielen aus dem Verkehrsbereich *Gerhard Krömmelbein*, a.a.O., passim.

[44] Energielieferverträge bieten ein interessantes Studienobjekt für sehr komplizierte Abhängigkeiten und Verbundenheiten der Erlösteile, auf die hier nicht näher eingegangen werden kann. Zur Mannigfaltigkeit der Tarifformen in der Energiewirtschaft vgl. insbesondere: *H. E. Eisenmenger:* Die Stromtarife der Elektrizitätswerke, Theorie und Praxis, autorisierte deutsche Bearbeitung von A. G. Arnold, München und Berlin 1929; *Gustav Siegel* und *Hans*

Erlöse bei Gasversorgungsbetrieben. Weitere Beispiele für periodengebundene abnahmemengenunabhängige Teilerlöse sind die monatlichen Grundgebühren, die die Deutsche Bundespost für jeden Fernsprech- und Fernschreibanschluß neben den Gebühren für ein Gespräch oder Fernschreiben fordert. In diesen Fällen ist lediglich der feste, abnahmemengenunabhängige Teilerlös ein echter Gemeinerlös in bezug auf die einzelnen Leistungs- oder Nutzungseinheiten bzw. Teilmengen. Er sollte daher getrennt von dem variablen Teilerlös aus dem Absatz derselben Leistungsgüterart (zum selben Tarif) ausgewiesen werden, jedoch so, daß der Verbund in bezug auf die betreffende Leistungsgüterart (Tarifart) bzw. den jeweiligen Kunden offensichtlich bleibt.

Werden *Mindestentgelte* je Zeitabschnitt (Fall ICβ) im Rahmen von Liefer-, Miet-, Pacht-, Lizenz-, Vertretungs- und sonstigen Dienstleistungsverträgen vereinbart, dann gilt entsprechendes für alle Fälle, in denen der Erlös aus den abgenommenen Leistungseinheiten oder den vereinbarten Einheiten der Bemessungsgrundlage (etwa Umsatz bei Vertretungs- und Lizenzverträgen) ohne eine solche Vereinbarung unterhalb der Mindestgrenze bliebe. Wird der vereinbarte Mindesterlös stets überschritten, dann ist diese Klausel für die Zurechnung ohne Bedeutung. Wird er umgekehrt nie überschritten, dann wirkt er als Festerlös, und es gelten die für diesen Fall angestellten Überlegungen. Wechseln dagegen Perioden, in denen der Mindesterlös überschritten wird, mit solchen ab, in denen er zum Zuge kommt, dann empfiehlt es sich, im Hinblick auf eine vielseitige Auswertungsmöglichkeit im Rahmen längerer Zeitabschnitte, beide Varianten des Erlöses getrennt auszuweisen, jedoch so, daß der Zusammenhang zwischen dem Mindesterlös und den ihn überschreitenden variablen Entgelten offensichtlich bleibt.

168 b. Auftragsbezogene Fest- und Mindestentgelte

Festentgelte und Mindestentgelte können auch auf den einzelnen Auftrag bezogen und damit von der Auftragsgröße unabhängig vereinbart werden. Auftragsbezogene *Pauschalentgelte* (Fall IIA) kommen in der Praxis kaum vor. Ausnahmen sind etwa die Ortsgesprächsgebühr in bezug auf die Gesprächsdauer als Maßstab der Auftragsgröße und die Entfernungsunabhängigkeit der Porti für Briefe, Drucksachen, Päckchen etc.

Auftragsgrößenunabhängige *Teilentgelte* (Fall IIB) werden gelegentlich bei Sonderanfertigungen gefordert, um den auftragsgrößenunabhängigen Kosten ganz oder teilweise Rechnung zu tragen. Oft geschieht dies auch in der Form, daß für auftragsgrößenunabhängige Vorbereitungsleistungen, etwa Entwürfe, Modelle, Sonderwerkzeuge u. a., ein gesonderter Betrag in Rechnung gestellt wird[45]. Von dieser Möglichkeit wird vor allem Gebrauch gemacht, wenn mit Folgeaufträgen zu rechnen ist, in denen diese

Nissel: Die Elektrizitätstarife, Nachfrage und Gestehungskosten elektrischer Arbeit, Aufbau und Anwendung der Tarife, dritte, völlig umgearbeitete Auflage von »Der Verkauf elektrischer Arbeit«, Berlin 1935; *Ruppert Schneider* unter Mitarbeit von *Günter Schnaus:* Elektrische Energiewirtschaft, Berlin 1936; *Günther Vettermann:* Elektrizitätswirtschaft im industriellen Betrieb, hrsg. vom Verein Deutscher Maschinenbau-Anstalten e. V., Frankfurt/Main 1965.

[45] Vgl. hierzu die Beispiele bei *Karl Hax:* Auftragslenkung durch Preisbildung auf Grund der Grenzkosten, in: ZfhF NF, 1. Jg. (1949), S. 134 f., und die gleichlautende Zuschrift hierzu von *Ph. Kronenberger*, ebenda, S. 502 f., sowie die Replik von *Karl Hax*, ebenda, S. 503 f.

einmaligen Teilleistungen mit dem Charakter eines Ertragspotentials erneut genutzt werden können. In diesem Falle ist das Teilentgelt für die auftragsgrößenunabhängige Teilleistung nicht nur ein gemeinsamer Erlös der einzelnen Leistungseinheiten, sondern auch noch in bezug auf den Erstauftrag und eventuelle Folgeaufträge.
Auftragsbezogene (auftragsgrößenunabhängige) *Mindestentgelte* (Fall IIC) findet man vor allem beim Absatz von Verkehrsleistungen. So sind für gewöhnliche und dringende Inlandstelegramme mindestens die Gebühren für sieben Wörter zu zahlen, auch wenn ein Telegramm kürzer sein sollte. Im Stückgutverkehr der Deutschen Bundesbahn werden Mindestfrachten gefordert, die einem Versandgewicht von 20 kg und einer Transportentfernung von 30 km entsprechen [46]. Für die Zurechenbarkeit auftragsbezogener Mindestentgelte auf Mengeneinheiten oder andere Maßeinheiten der Auftragsgröße gelten die für periodenbezogene Mindestentgelte angestellten Überlegungen sinngemäß.

3. Die Zurechenbarkeit auf Teilmengen, die über mengenabhängige Preise verbunden sind

In einer dritten Gruppe von Fällen ist der Preis (je Mengeneinheit) von der Bezugsmenge des Kunden abhängig. Weil auf diese Weise die an einen Kunden gelieferten Leistungsgütereinheiten über ihre Preise verbunden sind, ist auch die Zurechenbarkeit der Erlöse auf die Leistungsgütereinheiten fragwürdig. Für die Beurteilung der Zurechenbarkeit auf die Mengeneinheit eines Leistungsgutes kommt es nicht darauf an, ob der Preis unmittelbar von der Absatzmenge abhängig festgelegt wird, wie bei Staffelpreisen, oder ob dies indirekt mit Hilfe von Mindermengenzuschlägen oder der Gewährung von Mengenrabatten, Gesamtabnahmerabatten und ähnlichen Abschlägen geschieht. Wesentlich ist vor allem der Typ der mathematischen Funktion, der der Preisgestaltung zugrunde liegt. Bislang sind durchweg unstetige lineare Funktionen üblich, bei denen der Preis je Einheit innerhalb eines bestimmten Intervalls konstant ist und daher auch nur innerhalb dieses Bereiches in dieser Höhe existiert. 169
Hierbei sind zwei Typen zu unterscheiden: die durchgerechneten und die anstoßenden Staffelpreise oder Rabatte. Im Falle der »*durchgerechneten*« Staffelpreise oder Rabatte, wie sie allgemein bei Waren üblich sind, verlaufen die Gesamteinnahmen für eine Kundenbestellung in Abhängigkeit von der Bestellmenge *sägezahnartig-versetzt-proportional* (siehe Abb. 3), dagegen bei »*anstoßenden*« Staffeln, die gelegentlich bei Energie- und Verkehrspreisen anzutreffen sind, *geknickt-proportional* (siehe Abb. 4). Bei beiden Typen der Staffelung von Preisen oder Rabatten ist sowohl der Gesamterlös des Auftrages als auch das Entgelt für eine zusätzlich abgesetzte Mengeneinheit von der jeweils bestellten gesamten Menge abhängig. Die Entgelte für Teilmengen sind somit über die differenzierten Preise miteinander verbunden. Man kann daher aus gutem Grunde den Standpunkt vertreten, daß bei bestellmengenabhängigen Preisen bzw. Rabatten die Einnahmen nur der Bezugsmenge eines Kunden insgesamt eindeutig 170

[46] Deutscher Eisenbahngütertarif Teil II, Heft A, Frachtentafel und Frachtsatzzeiger für Stückgut und Wagenladung – Regeltarif vom 1. Mai 1970 für Ladungstarif, vom 1. Juni 1970 für Stücktarif, S. 4.

zugerechnet werden können, daß also keine Zurechenbarkeit auf die Mengeneinheiten und Teilmengen des jeweiligen Leistungsgutes besteht [47].

169

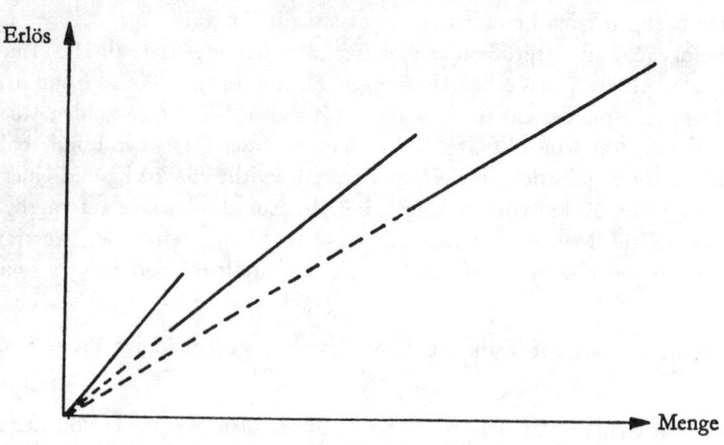

Abb. 3: Erlösverlauf bei »durchgerechneter« Preis- oder Rabattstaffelung

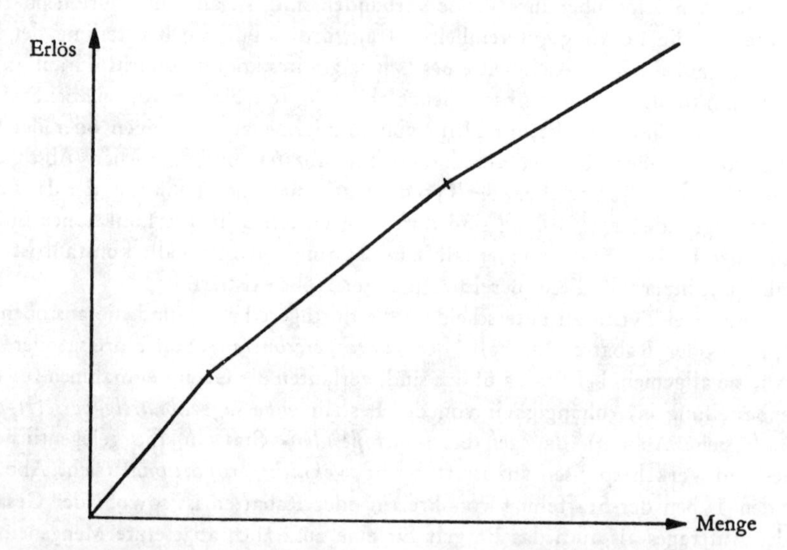

Abb. 4: Erlösverlauf bei »anstoßender« Preis- oder Rabattstaffelung

170 Es wäre deshalb verfehlt, wie durchweg in der Praxis üblich, den Durchschnittspreis, der sich für die jeweilige Bestellung ermitteln läßt, den Leistungsgütereinheiten zuzurechnen oder Erlöse zu unterschiedlichen Preisen in jedem Falle zusammenzufassen. Sowohl für die Analyse der Abweichungen der tatsächlich erzielten Preise (Erlöse)

[47] Ähnlich auch *Siegfried Menrad* (Der Kostenbegriff, Eine Untersuchung über den Gegenstand der Kostenrechnung, Berlin 1965, S. 75): »Ein Mengenrabatt ist auf die gesamte Gütermenge bezogen, auf die er gewährt wurde«.

gegenüber Prognose-, Standard- oder Plan-, Normal- und Listenpreisen (-erlösen) als auch für die Erlösanalyse als Grundlage einer selektierenden und differenzierenden Absatzpolitik erscheint es notwendig, die Umsätze in den Bestellmengenklassen, die unterschiedlich hohen Preis- beziehungsweise Rabattstufen entsprechen, gesondert auszuweisen.

Das ist bei durchgerechneter Staffelung der Preise bzw. Rabatte theoretisch völlig unproblematisch, weil der jeweilige Preis für die gesamte jeweilige Abnahmemenge konstant und daher von Mengenvariationen innerhalb einer Preis- bzw. Rabattstufe unabhängig ist.

Anders bei anstoßender Staffelung der Preise bzw. Rabatte. Hier ändert sich der bei einer Bestellung erzielte Durchschnittspreis auch bei unterschiedlich großen Bestellmengen innerhalb des der jeweils »letzten« Preis- bzw. Rabattstufe entsprechenden Mengenintervalls (siehe Abb. 5). Für genaue Analysen ist es daher unumgänglich, zusätzlich zur Differenzierung der Erlöse nach Bestellmengenklassen, die den Preis- oder Rabattstufen entsprechen, zumindest die Erlöse bzw. Teilmengen, die auf die »letzte«, niedrigste Preis- oder Rabattstufe entfallen, gesondert von den übrigen Teilmengen auszuweisen. Solange dies innerhalb einer Mengenklasse geschieht, ist der Verbund mit den Teilmengen und Teilerlösen der »vorangehenden« Rabattstufen offenkundig.

Die für die durchgehende wie für die anstoßende Staffelung vorgeschlagene Vorgehensweise läßt sich indes noch variieren. Man könnte nämlich auch zunächst den abgesetzten Gütereinheiten denjenigen Preis zurechnen, der auch beim Absatz nur jeweils einer einzigen Einheit erzielt werden würde, und die demgegenüber gewährten Preisnachlässe als eine *gemeinsame Einnahmenminderung* aller Leistungseinheiten und sonstigen Teilmengen, die im Rahmen einer Bestellung an einen Kunden geliefert werden, ansehen und als spezifische Einnahmenminderung der jeweiligen Bestellungen bzw. Bestellposten ausweisen. Diese bestellmengenabhängigen Einnahmenminderungen sind in gleicher Weise nach Größenklassen differenziert zu sammeln und auszuweisen, wie das oben unmittelbar für die Erlöse bei durchgerechneter und anstoßender Staffelung der Preise

171

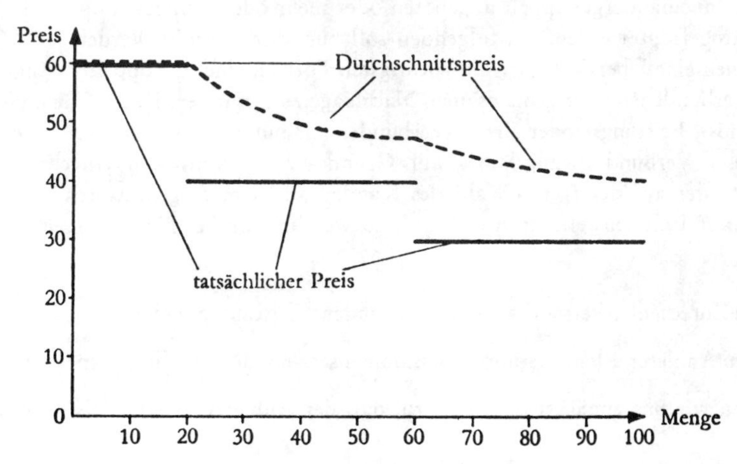

Abb. 5: Durchschnittspreis im Vergleich zum tatsächlichen Preis der jeweiligen Preisstufe (Grenzpreis) bei »anstoßender« Preis- oder Rabattstaffelung

bzw. Rabatte vorgeschlagen worden ist. Darüber hinaus ist auch die Sammlung dieser Einnahmenminderungen nach Kunden – bei rhythmisch schwankenden Bestellgrößen auch unter entsprechender zeitlicher Differenzierung – nützlich, weil auftragsgrößenorientierte absatzpolitische Maßnahmen und Absatzplanungen oft einer zusätzlichen zeitlichen Differenzierung oder einer Differenzierung nach Kundengruppen bedürfen. Wird bei abnahmemengenabhängiger Preisdifferenzierung nicht oder nicht nur auf die Bestellmenge beim einzelnen Kundenauftrag abgestellt, sondern (auch) auf die durch einen Kunden während eines Jahres (oder eines anders definierten Zeitabschnittes) insgesamt bezogene Menge, dann ist ein solcher »Jahresmengenrabatt« – oder allgemeiner »Gesamtabnahmemengenrabatt« – als gemeinsame Einnahmenminderung aller während dieser Zeitspanne erteilten Bestellungen anzusehen, also den einzelnen Bestellungen und sonstigen Teilmengen nicht zurechenbar. Auch hier empfiehlt sich wieder ein differenzierter Ausweis der Erlöse bzw. der gesamtabnahmemengenabhängigen Erlösminderungen nach solchen Größenklassen, die durch den Beginn des Gesamtabnahmerabatts oder seine Staffelung bestimmt werden.

B. Die Zurechenbarkeit von Erlösen auf Leistungsgutarten

Einer Leistungsgutart sind Erlöse dann eindeutig zurechenbar, wenn

1. das Leistungsgut allein oder in beliebiger Kombination mit anderen Leistungsgütern abgesetzt und vom Abnehmer beschafft werden kann, und zugleich
2. das Entgelt unabhängig davon ist, ob noch andere Leistungsgüter gleichzeitig, im gleichen Zeitabschnitt oder im Zeitablauf angeboten oder durch denselben Kunden bestellt werden.

Nur wenn beide Voraussetzungen gleichzeitig erfüllt sind, kann von *spezifischen Erlösen* oder *Einzelerlösen* einer Leistungsgüterart gesprochen werden.

172 In der Praxis ist jedoch die Zurechenbarkeit der Erlöse auf Leistungsarten häufig ausgeschlossen oder zumindest fragwürdig, weil verschiedenartige Leistungen mehr oder weniger aneinandergekoppelt angeboten oder mehr oder weniger miteinander verbunden nachgefragt werden. Im folgenden soll zunächst versucht werden, an Hand von Beispielen eine Übersicht über die wichtigsten Formen eines gekoppelten Angebots und einer verbundenen oder gemeinsamen Nachfrage zu gewinnen. In der Tat muß man bei der Erlös-, Leistungs- oder Ertragsverbundenheit mit *Krümmel* danach unterscheiden, ob dieser Verbund zwangsläufig auf Grund eines gekoppelten Angebots zustande kommt oder auf der freien Wahl des Kunden aus dem Angebotssortiment beruht [48]. Für unsere Problemstellung ist es jedoch notwendig, darüber hinaus feiner zu differenzieren.

1. Die Zurechenbarkeit auf angebotsverbundene Leistungsgutarten

a. Vom Anbieter allein bestimmte Zusammensetzung der Leistungskombination

Wenden wir uns zunächst dem Fall zu, daß der Anbieter verschiedenartige Sachgüter

[48] Vgl. hierzu *Hans-Jacob Krümmel:* a.a.O., S. 121 f.; vgl. ferner die Systematik der Leistungsverbundenheit bei *Paul Theisen*, a.a.O., S. 470–484.

und Dienstleistungen oder beides in einem *festen Mengenverhältnis* miteinander kombiniert und gewissermaßen als »Paket« anbietet, wobei der Kunde möglicherweise die Wahl zwischen mehreren verschiedenartig zusammengesetzten Paketen hat. In Anlehnung an den Begriff Kuppel- oder Koppelproduktion und die für spezielle Formen übliche Bezeichnung Kopplungsgeschäft wird im folgenden von *Koppelangebot* oder *gekoppeltem Angebot* gesprochen; auch erscheinen uns die Ausdrücke Leistungskollektiv, Leistungskombination und kombiniertes Angebot vertretbar.
Die Zusammensetzung des angebotenen Leistungspakets ist jedoch keineswegs naturgesetzlich oder technisch zwangsläufig bedingt wie bei der Kuppelproduktion, sondern *durch den Anbieter bewußt festgesetzt.* Dabei kann ihn einerseits das Bestreben leiten, dem Kunden durch ein kombiniertes Angebot bedarfsverwandter oder gar verwendungsverbundener Güter entgegenzukommen, andererseits können aber auch Güter kombiniert werden, die absatzwirtschaftlich nicht ohne weiteres zusammengehören, sondern lediglich produktions- oder beschaffungsverwandt sind und im Extremfall überhaupt nichts miteinander zu tun haben.
Gehen wir zunächst auf solche Fälle ohne ausgeprägte Bedarfs- oder Verwendungsverwandtschaft ein, also auf das reine gekoppelte Angebot. Wir finden es einerseits dann, wenn sich der Anbieter die Verwertung heterogener Nebenprodukte und Abfälle erleichtern will und deren Aussortieren oder differenzierendes Weiterverarbeiten dem Abnehmer überlassen möchte. Beispiele dafür sind vor allem beim Absatz ganzer Partien von Abfällen und Fehlfabrikaten zu finden [49]. Auch bei Produktionseinstellung oder Umstellung der Verfahren oder des Produktionsprogrammes werden nicht mehr 173 benötigte Werkstoffe und unfertige Erzeugnisse »in Bausch und Bogen« verkauft; entsprechendes gilt für nicht mehr benötigte, insbesondere ausgediente, Produktionsanlagen.
In einer anderen Gruppe von Fällen, den sogenannten Kombinations- oder Kopplungsgeschäften [50], werden vom Bedarf her meist nicht zusammengehörige Waren in einem nur vom Anbieter bestimmten Mengenverhältnis angeboten, um den Absatz weniger gängiger Waren zu heben oder um Preise manipulieren zu können, etwa zwecks Umgehung von Preisbindungen oder Preisvorschriften. So pflegt das Diamantensyndikat den Diamantenhändlern und -schleifern lediglich ab und zu eine bestimmte Kollektion von Diamanten anzubieten, die entweder nur als Ganzes zu einem Gesamtpreis (»verdecktes Kopplungsgeschäft«) übernommen oder abgelehnt werden kann [51]. Als

[49] Vgl. hierzu: *R. Faulenbach:* Mengenverrechnung in der Industrie Barmer Artikel. Ein Beitrag zur Divisionskalkulation und Betriebsstatistik (Betriebswirtschaftliches Archiv, Mitteilungen der Gesellschaft für Betriebsforschung e. V., Frankfurt/Main, 1. Jahresband, 1. Heft), Leipzig 1924, S. 20, sowie *T. Elsner:* Betriebswirtschaftliche Probleme der Fehlfabrikation, Diss. Nürnberg 1949, S. 78–83.

[50] Vgl. hierzu *Hans Culemann:* Kopplungsgeschäfte, Leipzig 1937; *Harald Gutberlett:* Kopplungsgeschäfte, Jur. Diss. Köln 1939; *Josef Hellauer:* Sollen Kopplungsgeschäfte verboten werden?, in: ZfB 15. Jg. (1938), S. 145–152; ders.: Welthandelslehre, Handelsverkehrslehre mit besonderer Berücksichtigung des Außenhandels, Wiesbaden 1954, S. 356–358; *Hans-Eduard Littmann:* Koppelungsgeschäft, in: HWB, 3. Aufl., Band II, Stuttgart 1958, Sp. 3356 bis 3359.

[51] Vgl. hierzu *Ernst Steiner:* Der internationale Diamantenmarkt (Betriebswirtschaftliche Forschungen des Wirtschaftsverkehrs, H. 4) Wien 1933, S. 15 u. 81.

Beispiel für ein »offenes Kopplungsgeschäft« sei der Fall eines Unternehmens der kosmetischen Industrie genannt, das eine Zeitlang ein stark nachgefragtes Duftwasser an den Handel nur in Gebinden abgegeben hat, die auch Crêmes, Puder und andere weniger gefragte Artikel ihres Sortiments in einer bestimmten Mengenrelation enthielten; für jede Ware wurde jedoch ein eigener Preis berechnet.

Wird, wie beim verdeckten Kopplungsgeschäft, für das ganze Leistungspaket lediglich ein Gesamtpreis gefordert, dann handelt es sich ganz offensichtlich um einen Gemeinerlös der in diesem »Paket« gekoppelt angebotenen Waren oder Dienstleistungen, der den einzelnen Leistungsarten nicht zurechenbar ist, sondern nur dem Leistungskombinat als Ganzem. Daran ändert sich auch dann nichts, wenn für jedes Gut formal ein gesonderter Preis in Rechnung gestellt wird wie beim offenen Kopplungsgeschäft, schon allein deshalb, weil die Güter zu diesen Preisen nicht unabhängig voneinander an denselben Abnehmer verkauft werden.

Das Kopplungsgeschäft der erwähnten Art ist nicht immer leicht vom »Einheitsgeschäft« abzugrenzen, bei dem Gegenstände, »zwischen denen eine offenbare sachliche Beziehung besteht«, zusammen angeboten werden [52]. Das von *Hellauer* angeführte Beispiel, daß »Rohrmöbel mit einem Holztisch zusammen als Gartengarnitur verkauft werden« [53], läßt vermuten, daß damit vor allem das kombinierte Angebot bedarfsverwandter Güter zu einem Gesamtpreis gemeint ist, wie etwa auch beim Verkauf von Verbandkästen, Reißzeugen, Werkzeug»sätzen«, von Möbel- oder Wäsche»garnituren« oder sogenannten »Sortimenten«, beispielsweise von Briefmarken oder von Blumenzwiebeln. Die Vollpension, die Pauschalreise, der Verkauf von Datenverarbeitungsanlagen samt Ausbildungsleistungen, Wartungsdiensten und bestimmter Software zu einem Gesamtpreis sind Beispiele für die Angebotskopplung bedarfsverbundener Sachgüter und Dienstleistungen. Eine Angebotskopplung reiner Dienstleistungen liegt bei Theater- und Konzertabonnements, kombinierten Hausratversicherungen und den Leistungskombinationen der Factoring-Gesellschaften vor.

174

Auch beim *»Einheitsgeschäft«* kann der Gesamterlös des vom Anbieter in seiner Zusammensetzung festgelegten bedarfsverwandten Leistungskollektivs nur diesem Kollektiv als Ganzem, nicht aber den einzelnen Waren oder Dienstleistungsarten zugerechnet werden. Das gilt auch dann, wenn die kombinierten Leistungsarten daneben auch einzeln angeboten werden und damit die Einzelpreise festliegen. Hierbei muß nämlich bedacht werden, daß das gekoppelte Angebot bedarfsverbundener Leistungen sehr gut geeignet ist, im Vergleich zum Einzelabsatz zusätzliche Leistungen zu verkaufen und weniger gängige Leistungen durch attraktive Leistungen »mitziehen« zu lassen. Muß ein Kunde beispielsweise selbst einen Werkzeugkasten aus dem sehr vielfältigen Werkzeugangebot zusammenstellen, dann ist es sehr leicht möglich, daß er hierbei Werkzeuge unterschiedlicher Anbieter auswählt oder auf seltener benötigte Werkzeuge zunächst verzichtet. Diesem Sachverhalt würde man nicht gerecht, wenn man den Gesamterlös beim Einheitsgeschäft in solchen Fällen aufteilte, in denen dieser mit der

[52] So *H.-E. Littmann*, a.a.O., Sp. 3356.

[53] *Josef Hellauer:* Sollen Kopplungsgeschäfte verboten werden? a.a.O., S. 145; ders.: Welthandelslehre, a.a.O., S. 356.

Summe der Preise der darin zusammengefaßten Einzelleistungen übereinstimmt [54]. Werden Leistungskollektive und Einzelleistungen nebeneinander angeboten, so daß der Kunde frei zwischen ihnen wählen kann, dann sind die Erlöse der Leistungskollektive einerseits und die Erlöse der einzeln verkauften Leistungsgüter andererseits als verschiedenartige Leistungen zu betrachten und in der Erlösrechnung gesondert auszuweisen.

Auf Grund unserer bisherigen Überlegungen muß es als selbstverständlich angesehen werden, daß *zusammengesetzte Erzeugnisse* oder Dienstleistungen untrennbare Einheiten bilden, deren Erlös weder auf ihre Bestandteile noch auf die an der Erstellung dieser Leistungen beteiligten Teilfunktionen, Betriebsbereiche, Kostenstellen oder Kostengüter ohne Willkür aufgeteilt werden kann. Es wäre überflüssig, darauf hinzuweisen, würde nicht immer wieder in der Praxis dagegen verstoßen. So hat ein Wirtschaftsprüfer in einem Unternehmen der optischen Industrie vorgeschlagen, die Ergebnisrechnung nicht nach der sehr großen Zahl von Enderzeugnissen zu differenzieren, sondern nach der weit geringeren Zahl von Baugruppen, durch deren Kombination erst die große Zahl von Enderzeugnissen entsteht. Dieser Gedanke ist jedoch undurchführbar, allein schon weil es unmöglich ist, die Erlöse etwa eines Mikroskops auf Okular, Objektiv, Tubus usw. aufzuteilen. Ebensowenig kann beispielsweise der Erlös aus dem Verkauf einer Fahrkarte von A über B nach C ohne Willkür auf die Teilstrekken A–B einerseits und B–C andererseits aufgeteilt werden, so daß eine Linienerfolgsrechnung [55] oder eine Erfolgsrechnung nach geographischen Gebieten [56] bei Verkehrsunternenmen, die Netze bedienen, auf nicht überwindbare Grenzen stößt. Aus dem gleichen Grund ist das Bemühen der Statistiker, in der Regionalstatistik oder Arbeitsstättenstatistik die internen Umsätze zwischen den örtlichen Einheiten eines Unternehmens erfassen zu wollen, völlig abwegig [57].

175

b. Freie Wahl des Nachfragers innerhalb eines vom Anbieter bestimmten Leistungsrahmens

Gelegentlich wird beim gekoppelten Angebot gegen ein Pauschalentgelt lediglich die Grenze der Leistungen, die der Abnehmer in Anspruch nehmen kann, zeitlich, sachlich und räumlich abgesteckt, ohne daß Art und Mengenverhältnis der tatsächlich abgesetzten oder in Anspruch genommenen Leistungen generell festliegen. Ein besonders inter-

[54] Vgl. zu dieser Auffassung schon meinen Beitrag: Deckungsbeitragsrechnung als Instrument der Absatzanalyse, a.a.O., S. 603 [182].

[55] Vgl. hierzu den Versuch von *Max Mroß:* Die Linienleistungs- und -erfolgsrechnung der öffentlichen Verkehrsbetriebe mit einem Anhang über Verkehrszählungen, Hamburg-Stellingen 1951.

[56] So haben die Deutsche Reichsbahn und die Deutsche Reichspost zeitweise den Versuch unternommen, Ergebnisrechnungen nach Direktionsbezirken aufzustellen. Vgl. hierzu: Wirtschaftsführung und Finanzwesen der Deutschen Reichsbahn, hrsg. von der Hauptverwaltung der Deutschen Reichsbahn-Gesellschaft, Berlin 1934, S. 115 f.

[57] Vgl. hierzu die Diskussionsbeiträge von *H. Stintzing* und *G. Fürst* sowie mein Schlußwort zu dem Rahmenthema »Betrieb und Statistik«, referiert in *Willy Hüfner:* Die 35. Jahreshauptversammlung der Deutschen Statistischen Gesellschaft vom 7.–9. Okt. 1964 in München, in: Allgemeines Statistisches Archiv, 49. Bd. (1965), S. 102 und 105.

essanter Fall dieser Art sind die Netzkarten und Bezirkskarten der Deutschen Bundesbahn. Innerhalb der Gültigkeitsdauer und des Netz-(Bezirks-)bereichs der Bundesbahn können damit nicht nur beliebig viele Reisen unternommen werden, sondern auch Reisen mit ganz unterschiedlichen Zuggattungen und auf unterschiedlichen Strecken. Der Erlös der Netzkarten bzw. Bezirkskarten ist damit weder einzelnen Leistungen noch einzelnen Leistungsgruppen zurechenbar, sondern lediglich dem Personenverkehr als Ganzes, wobei noch die besonderen Schwierigkeiten der zeitlichen Zurechnung, die an anderer Stelle erörtert werden, zu beachten sind. Von »Netzkarten für die gesamte Bundesbahn« abgesehen, ist eine Zurechnung der Erlöse auf die Personenverkehrsleistungen des jeweiligen »Netzes« bzw. »Bezirks« nur dann möglich, wenn durch einen Kunden nur jeweils eine Bezirkskarte je Zeitabschnitt gelöst wird, nicht aber noch Karten für »Anschlußnetze« bzw. »Anschlußbezirke«, die zu einem ermäßigten Preis abgegeben werden. Ein weiteres Beispiel für Einheitsgeschäfte mit freier Wahl von Art und Menge der abgenommenen Güter durch den Kunden im Rahmen des angebotenen Sortiments und mit zeitlicher Begrenzung des Konsums ist gelegentlich in der Gastronomie zu finden, wenn etwa der Gast gegen ein Pauschalentgelt im Rahmen eines kalten oder warmen Büfetts beliebige Qualitäten und Quantitäten verzehren kann. Die hierbei erzielten Erlöse sind lediglich dieser Veranstaltung insgesamt zurechenbar.

176 c. Vereinbarte Zusammensetzung der Leistungskombination

Allen unseren bisherigen Beispielen ist gemeinsam, daß für eine vom Anbieter zusammengestellte Kombination von Leistungen oder Leistungspotentialen ein Pauschalpreis gefordert wird, der nicht ohne Willkür auf die einzelnen Leistungsarten oder Bestandteile aufgespalten werden kann. Ein einheitlicher Gesamtpreis kann aber auch von Fall zu Fall individuell vereinbart werden, wenn die Zusammensetzung der Leistungskombination durch den Abnehmer bestimmt oder wenigstens beeinflußt wird, wie etwa bei Verträgen über die Lieferung schlüsselfertiger Gebäude, kompletter Büro-, Laden-, Labor- oder Krankenhauseinrichtungen, der gesamten für einen Produktionsprozeß benötigten maschinellen und apparativen Ausstattung (etwa der gesamten elektrischen Ausstattung eines Kraftwerks), ja für ganze Fabrikkomplexe (z. B. betriebsfertige Zementfabriken). Auch für diesen Typ, den man wohl den Parallelgeschäften [58] zuordnen könnte, ist der vereinbarte Pauschalerlös nicht den einzelnen Gütern und Dienstleistungen, sondern nur dem gesamten Leistungskomplex zurechenbar.
Nicht ganz so eindeutig ist die Frage der Zurechenbarkeit der Erlöse zu beurteilen, wenn der Gesamterlös eines nach Wahl des Kunden zusammengesetzten Leistungskombinats aus den Preisen der einzelnen Positionen errechnet und detailliert ausgewiesen wird wie bei den nach Gewerken, Titeln und Positionen differenzierten Angeboten und Endabrechnungen in der Bauwirtschaft. Hier mag eine Aufteilung der Erlöse wenigstens unter besonderen Bedingungen, die im folgenden noch zu untersuchen sein werden, gerechtfertigt erscheinen. Hat sich etwa der Auftraggeber in den Ausschreibungsbedingungen die getrennte Vergabe von Gewerken, Titeln oder gar einzelnen Positionen

[58] Vgl. *Josef Hellauer:* Welthandelslehre, a.a.O., S. 356.

vorbehalten, so sind bei einer Erlösrechnung doch mindestens die Gruppen von Teilleistungen, die üblicherweise durch eine einzige Firma gemeinsam ausgeführt werden, als geschlossene, zusammengehörige Gruppenleistung anzusehen. Die Spezifizierung nach einzelnen Positionen dient hierbei in erster Linie einer genauen Beschreibung des geforderten Leistungskomplexes, zur Erleichterung der Vorkalkulation sowie der Endabrechnung nach Aufmaß (d. h. auf Grund der endgültigen Abmessungen) und ihrer Kontrolle. Wenngleich der Umfang dieser Teilleistungen und die dafür individuell festgelegten Preise den Gesamterlös des jeweiligen Auftrags bestimmen, so ist dennoch eine generelle Aufteilung des Gesamterlöses auf die einzelnen Leistungspositionen infolge der technischen und absatzwirtschaftlichen Verbundenheit nicht gerechtfertigt. Wird dagegen nach Vertragsabschluß der Umfang einzelner Positionen gegenüber der Ausschreibung verändert, dann sind – bei einer Endabrechnung nach Aufmaß – derartige Massenänderungen und die dadurch ausgelösten Erlösänderungen einander eindeutig zurechenbar. Dasselbe gilt für die rechnerischen Teilerlöse solcher Ausschreibungspositionen, für die alternative Ausführungsformen vorgesehen sind.

2. Die Zurechenbarkeit auf nachfrageverbundene Leistungsgutarten

Sehr viel weniger offensichtlich und auch weniger eng ist die Verbundenheit der Erlöse zwischen den einzelnen mehr oder weniger selbständig abgeschlossenen und entgoltenen Aufträgen eines Kunden und zwischen den dabei bezogenen Artikeln oder Leistungsarten eines Sortiments. Formal werden hierbei zwar die Erlöse bei den einzelnen Artikeln und Aufträgen ausgewiesen, ob sie ihnen jedoch auch ganz oder teilweise zurechenbar sind, ist eine noch offene Frage, die es nunmehr zu erörtern gilt. Betrachten wir zunächst einige Beispiele, in denen eine Zurechnung fragwürdig erscheint. So lassen sich oft standardisierte Produkte an einen Kunden auf die Dauer nur dann absetzen, wenn man auch seine Sonderwünsche befriedigt, so daß die Erlöse aus Standarderzeugnissen, modifizierten Standarderzeugnissen und individuellen Erzeugnissen über die Nachfrage desselben Kunden miteinander verbunden sein können. Dasselbe gilt auch für kleine und große Aufträge eines Kunden. Die bewußt niedrige Preisstellung eines Lockartikels im Einzelhandel soll bekanntlich zu zusätzlichen Käufen normal kalkulierter Artikel anreizen. Weiter ist zu bedenken, daß oft Waren mit geringer Absatzwahrscheinlichkeit geführt werden müssen, um Käufer mit noch wenig konkretisierten Vorstellungen eine Auswahl zu bieten, selbst wenn ziemlich sicher damit gerechnet werden kann, daß sie sich letztlich doch für einen der gängigeren Artikel entscheiden werden [59]. Der Verkauf billiger Fotoapparate (z. B. der 4-Mark-Box von AGFA im Rahmen eines »Preisausschreibens« Anfang der dreißiger Jahre) war eine wesentliche Voraussetzung für die Gewinnung neuer Abnehmerschichten für Filme; in diesem Falle sind nicht nur die Erlöse von Fotoapparaten und Filmen miteinander verbunden, sondern mit beiden indirekt auch die Erlöse aus dem zusätzlichen Absatz von Fotochemikalien und Fotopapieren an Fotolabors, die für Amateure arbeiten. Für den Absatz von

[59] Vgl. hierzu: *Rudolf Gümbel:* Die Sortimentspolitik in den Betrieben des Wareneinzelhandels (Beiträge zur betriebswirtschaftlichen Forschung, hrsg. von E. Gutenberg, W. Hasenack, K. Hax und E. Schäfer, Band 21), Köln und Opladen 1963, S. 165–172.

Fahrzeugen, Maschinen und sonstigen Aggregaten ist häufig das Vorhandensein leistungsfähiger Wartungs- und Kundendienste eine wesentliche Voraussetzung. Daher sind auch die Erlöse aus Ersatzteillieferungen, Reparatur- und Wartungsdiensten mit den Erlösen aus dem Verkauf der betreffenden Fahrzeuge oder Maschinen selbst verbunden. Ebenso verbunden sind die Erlöse aus dem Absatz von Grundausrüstung und Zubehör, etwa bei Küchenmaschinen und Werkzeugmaschinen, wobei nicht nur die Erlöse aus dem Zubehörabsatz an die gleichzeitigen oder vorangegangenen Erlöse aus dem Verkauf der Grundausrüstung gekoppelt sind, sondern auch umgekehrt, weil die Grundausrüstung oft nur abgesetzt werden kann, falls sie sich später durch das Zubehör ergänzen läßt.

Mit diesen Beispielen sind nur einige Typen der bisher viel zu wenig beachteten Nachfrageverbundenheit, die stets zugleich auch eine Erlösverbundenheit ist, angedeutet. In der Literatur begnügt man sich meist mit der Feststellung, daß es nachfrage- oder bedarfskomplementäre Güter gibt, bei denen eine Veränderung der Nachfrage nach Gut A eine gleichlaufende Veränderung der Nachfrage nach Gut B bewirkt [60] und von denen man annimmt, daß die sogenannte Kreuzpreiselastizität negativ sei. Demnach würde etwa durch eine Preissenkung für Automobile nicht nur der Absatz dieses

178 Gutes gefördert, sondern gleichzeitig auch der Absatz der komplementären Güter Kraftstoff, Schmieröl usw. angeregt werden [61]. Frühe Ansätze zu einer differenzierten Betrachtung der Nachfrageverbundenheit, insbesondere der Bedarfsverbundenheit, finden sich vor allem bei *Erich Schäfer*, der seinerseits Vorstellungen *von Gottl-Ottlilienfelds* und *Kyrks* aufnimmt [62]. Die Bedarfsverbundenheit (im engeren, technologischen Sinne), etwa von Photoapparat und Film, Schweißapparat und Schweißdraht, sieht *Schäfer* in umfassendere, geschlossene Bedarfskomplexe oder Bedarfsgruppen eingefügt; so treten im konsumtiven und produktiven Bereich die Bedarfskomplexe Photographieren, Reisebedarf, Gästebetreuung auf, nur im produktiven Bereich beispielsweise: Werbung, Datenverarbeitung, Warenversand. Die einzelnen Bedarfskomplexe müssen wiederum ihrerseits im Zusammenhang mit der spezifischen Gestalt des gesamten Bedarfsgefüges der einzelnen Bedarfsträger gesehen werden. Es ist zu erwarten, daß unterschiedliche Formen und Grade der Bedarfsverbundenheit auch Unterschiede in der Zurechenbarkeit der aus ihnen erwachsenen Erlöse zur Folge haben. Daher soll zunächst versucht werden, eine systematische Übersicht über solche Arten des Bedarfszusammenhangs und Nachfrageverbunds zu entwerfen, die für die Frage der Zurechenbarkeit der Erlöse von Bedeutung zu sein scheinen.

[60] Vgl. hierzu z. B. *Heinrich von Stackelberg:* Grundlagen der theoretischen Volkswirtschaftslehre, 2. Aufl., Bern–Tübingen 1951, S. 151–154.

[61] Vgl. hierzu z. B. *Herbert Jacob:* Preispolitik, Wiesbaden 1963, S. 121–123.

[62] Vgl. hierzu *Erich Schäfer:* Grundlagen der Marktforschung, 2. Aufl., a.a.O., S. 85–90, 4. Aufl., a.a.O., S. 105–109; – derselbe: Betriebswirtschaftliche Marktforschung, a.a.O., S. 54 und 84; – *Friedrich von Gottl-Ottlilienfeld,* a.a.O., S. 28–30, 42, 46; *H. Kyrk:* A Theory of Consumption, London 1923, S. 172 u. 174/175 (zitiert nach *Erich Schäfer:* Grundlagen der Marktforschung, 4. Aufl., a.a.O., S. 107).

a. Arten der Beziehungen zwischen nachfrageverbundenen Gütern

(1) Verwendungsverbundenheit

Wenden wir uns zunächst den *bedarfsverbundenen oder verwendungskomplementären Gütern* zu, die gemeinsam eingesetzt werden, um den angestrebten Zweck überhaupt oder besser zu erreichen. Im Extremfalle ist der Verwendungsverbund zwangsläufig, weil das einzelne Gut für sich allein ohne die komplementären Güter nutzlos ist, etwa die Schallplatte ohne Plattenspieler, der Elektromotor ohne elektrischen Strom. Dabei kann es sich um einen *gegenseitigen,* gleichgewichtigen Verwendungszusammenhang handeln wie bei den soeben genannten Beispielen, in denen jede dieser Waren ohne die andere wertlos ist, oder um einen *einseitigen* Verwendungszusammenhang, wenn *eines* der Güter auch ohne das andere nutzbar ist. So kann etwa eine Zigarette auch ohne eine Zigarettenspitze geraucht werden, dagegen ist die Zigarettenspitze ohne Zigarette nutzlos [63].

Schon mit dem letzten Beispiel ist angedeutet, daß die Bedarfsverbundenheit nicht notwendigerweise *zwangsläufig* sein muß. Oft wird nämlich durch die gemeinsame Verwendung *lediglich ein zusätzlicher Nutzen* gegenüber der isolierten Verwendung eines jeden Gutes gestiftet [64], wobei es im äußersten Falle im Belieben des Verbrauchers oder Verarbeiters steht, welche Güter er miteinander kombiniert und in welchem Mengenverhältnis dies geschieht. Die Kombination von Nahrungsmitteln für eine Mahlzeit oder die Zusammenstellung einer Speisenfolge bieten hierfür zahlreiche Beispiele. Der *Verwendungszusammenhang* kann also in bezug auf die Art der zu kombinierenden Güter *spezifisch* oder aber auch ganz *unspezifisch* sein [65].

179

Sieht man von den Bestandteilen für ein konstruktiv eindeutig festgelegtes zusammengesetztes Erzeugnis, beispielsweise einem Motor bestimmten Typs, ab, dann liegen *Art und Mengenverhältnis der komplementären Güter* auch bei gegebenem Verwendungszweck nur selten eindeutig und unabänderlich fest. So kann man zwar zu einem Photoapparat beliebig viele passende Filme beschaffen, aber stets nur einen einsetzen. Ist die Bedarfsverbundenheit der Güter *technisch bedingt,* dann hängen die Art der zu kombinierenden Güter sowie die Mengenrelation der Gebrauchsgüter einerseits und der Verbrauchsgüter andererseits vom Verwendungszweck, den Verwendungsbedingungen und den Verfahrensspielräumen ab. Dabei wird die Mengenrelation des Einsatzes der Gebrauchsgüter einerseits und der komplementären Verbrauchsgüter andererseits vom Ausnutzungsgrad der Gebrauchsgüter während ihrer Nutzungsdauer bestimmt, ist also sehr variabel. Die Bedarfsverbundenheit kann aber auch *rechtlich-institutionell bedingt* sein und dann oft zu recht starren Kombinationen führen, wie durch die gesetzliche Vorschrift, jedes Kraftfahrzeug durch zwei Nummernschilder zu kennzeichnen und mit einem Verbandkasten genormten Inhalts und einem Warndreieck zu versehen. Bei

[63] Nach *Fred Martin Huwyler:* Sortiment und Kaufhandlung, Zürich 1966, S. 51. – Vgl. hierzu auch *Walter Ferner:* Modelle zur Programmplanung im Absatzbereich industrieller Betriebe, Köln–Berlin–Bonn–München 1965, S. 107 f. und 127 f.

[64] Allein auf diesen Fall sind manche Definitionen der Komplementärgüter abgestellt, so zum Beispiel bei *Wilhelm Krelle:* Theorie wirtschaftlicher Verhaltensweisen, Meisenheim–Wien 1953, S. 75.

[65] Nach *Huwyler,* a.a.O., S. 51.

sozialpsychologisch bedingter Bedarfsverbundenheit, die sich etwa in »Bedarfsmustern« – beispielsweise für die Einrichtung von Wohnungen, für die Zusammenstellung von Mahlzeiten, für Kleidungsgepflogenheiten – niederschlägt, lassen sich die Spielräume an sich kaum abgrenzen. Unter dem Einfluß individueller oder gruppenbedingter Gewohnheiten, von Modeerscheinungen oder gar von Gruppennormen können sie jedoch erheblich eingeengt werden wie bei der in einigen Gegenden üblichen Trinksitte »ein Bier – ein Korn«.

Wie schon angedeutet, können bedarfsverbundene Güter untereinander *gleichrangig* sein – *Schäfer* nennt als Beispiel Pferd und Wagen – oder eine bestimmte *Rangfolge* aufweisen [66]. So wird beispielsweise für Heimwerkerausrüstungen als »Grundstock« oder Basisgut durchweg eine Antriebsmaschine angeboten, die unmittelbar als Handbohrmaschine verwendet werden kann, deren Einsatzbereich jedoch durch austauschbare Zusatzgeräte, die ergänzend angeboten werden, erheblich ausgeweitet werden kann. Entsprechendes ist schon lange bei Werkzeugmaschinen und sonstigen Apparaturen für gewerbliche Zwecke üblich. Der Absatz des *Grund-* oder *Basisgutes* ist dabei die Voraussetzung für den Absatz von *Zubehör,* insbesondere dann, wenn die Anschlußeinrichtungen und -maße nur innerhalb des Angebots eines Herstellers aufeinander abgestimmt, nicht aber überbetrieblich genormt sind.

180 Besonders ausgeprägt ist eine solche Rangordnung auch, wenn ein bestimmtes *Gebrauchsgut* die *Voraussetzung* für die Verwendung eines komplementären *Verbrauchsgutes* ist. Um beispielsweise ein bestimmtes Härtesalz absetzen zu können, muß der Hersteller die potentiellen Kunden erst einmal dafür gewinnen, die dafür erforderliche spezifische Härtereiapparatur anzuschaffen; um das zu erreichen, wird er geneigt sein, diese Apparatur zu einem relativ niedrigen Preis und zu besonders günstigen Zahlungsbedingungen anzubieten. Ähnlich ist der Absatz von Kraftfahrzeugen die Voraussetzung für den späteren Absatz von Kundendienst- und Reparaturleistungen sowie von Ersatzteilen. Umgekehrt setzt aber die erfolgreiche Erschließung eines Landes oder einer Region für bestimmte Kraftfahrzeugtypen voraus, daß ein Netz spezifischer Kundendienst- und Reparaturwerkstätten geschaffen wird, daß die dort tätigen Arbeitskräfte speziell ausgebildet und Ersatzteillager eingerichtet worden sind. Die *Rangfolge liegt also keineswegs ein für allemal fest, sondern hängt von der Situation und der Fragestellung ab,* um die es jeweils geht. Sie kann bei der Einführung eines Gutes in einem bestimmten Teilmarkt anders aussehen als beim einzelnen Geschäftsabschluß im Rahmen eines bereits erschlossenen Marktes. Während einerseits elektrische Geräte und Maschinen für Netzanschluß nur in solchen Gebieten abgesetzt werden können, in denen eine Stromversorgung mit entsprechender Stromart und Spannung vorhanden ist, kann es andererseits für ein Stromversorgungsunternehmen zeitweise notwendig werden, größere potentielle Stromverbraucher für eine Elektrifizierung zu gewinnen. So hat Anfang der zwanziger Jahre ein Elektrizitätsversorgungsunternehmen in einem Ballungsgebiet der Textilindustrie an Spinnereien und Webereien langfristige Kredite zu günstigen Bedingungen gewährt, um die Umstellung von zentralen Dampfmaschinenantrieben auf elektrische Einzelantriebe oder gar den Übergang von der Handweberei zur mechanischen Weberei in Gang zu setzen. Gerade dieses Beispiel

[66] Vgl. *Erich Schäfer:* Betriebswirtschaftliche Marktforschung, a.a.O., S. 84.

zeigt, wie sehr im üblichen Rechnungswesen als »betriebsfremd« angesehene Aufwendungen und Erträge mit dem leistungswirtschaftlichen Bereich verbunden sein können.

Neben der besonders offenkundigen *unmittelbaren* Bedarfsverbundenheit, wie sie in den bisher genannten Beispielen durchweg vorliegt, darf die *mittelbare Bedarfsverbundenheit* nicht vernachlässigt werden, die erst über mehr oder weniger viele Zwischenglieder hergestellt wird. So werden Benzin und Motorenöl erst über den Motor zu verwendungsverbundenen Gütern. Der Besitz eines Fotoapparates löst nicht nur Nachfrage nach Filmen, sondern auch nach Abzügen, Vergrößerungen, Diapositiven aus, und diese wiederum nach Projektionsapparaten, Projektionswänden und weiteren Artikeln. »So entwickeln sich immer längere Nachfrageketten, die sich durch gegenseitige Beziehungen zu immer umfassenderen Nachfragenetzen ausbilden. Die Komplementarität zwischen Waren und die Entstehung umfassender Bedarfs- und Nachfragekomplexe nimmt mit zunehmender Warendifferenzierung zu.«[67] Da auch die einzelnen Bedarfskomplexe untereinander eng verbunden sind, wie etwa der Fotobedarf mit dem Bedarf für Ferienreisen, lassen sich hier mehr oder weniger vieldimensionale Gefüge von kleineren und umfassenderen Bedarfskomplexen aufbauen, bis man schließlich zum gesamten Bedarfsgefüge eines Nachfragers oder einer Nachfragergruppe (181) kommt. Letztlich weisen so alle im Rahmen des Bedarfsgefüges eines Nachfragers nachgefragten Waren und Dienstleistungen eine zumindest mittelbare und schwache, oft freilich sehr schwache, Bedarfskomplementarität auf[68].

Die Beurteilung der Nachfrageverbundenheit und Güterkomplementarität wird dadurch erschwert, daß sich Komplementarität und *Substitutionalität* keineswegs ausschließen[69]. Viele Güter sind im Hinblick auf bestimmte Zwecke und Situationen sowohl komplementär als auch substitutiv, wie chemotherapeutische und physikalische Heilverfahren oder – um ein jedermann geläufiges Beispiel zu nennen – Brot, Butter, Schinken und Eier. Die Verwendungskomplementarität ist grundsätzlich keine Eigenschaft der Güter, sondern erwächst aus dem jeweiligen Verwendungszweck. Sie wird im einzelnen oft durch das Wirtschaftssubjekt und die jeweilige Verwendungssituation bestimmt[70]. Vielzweckprodukte können daher mit vielen anderen Gütern in einem jeweils spezifischen Verwendungsverbund stehen, wie etwa elektrischer Strom auf Grund seiner mannigfaltigen Wirkungen bzw. Verwendungsmöglichkeiten.

(2) Einkaufsverbundenheit

Es besteht keinerlei Zwang, den Bedarf an verschiedenen verwendungsverbundenen Gütern auch im Rahmen eines verbundenen Beschaffungsaktes zu decken und damit gegenüber einem bestimmten Anbieter mit einer verbundenen Nachfrage aufzutreten[71], es sei denn, die monopolartige Stellung des Anbieters zwinge dazu.

[67] *Bruno Tietz:* Konsument und Einzelhandel, Strukturwandlungen in der Bundesrepublik Deutschland von 1950 bis 1975, Frankfurt/M. 1966, S. 178.

[68] So auch *Krelle*, a.a.O., S. 80 und *Huwyler*, a.a.O., S. 51.

[69] So auch *Krelle*, a.a.O., S. 77 und *Huwyler*, a.a.O., S. 51.

[70] So auch *Leo Illy:* Die ökonomische Komplementarität, in: Zeitschrift für Nationalökonomie, Bd. XIII (1950–1952), S. 202–241, hier S. 220–222.

[71] So auch *Knut Borchardt:* Preisbildung und Konkurrenz im Einzelhandel unter besonderer Berücksichtigung der Probleme der Mehrproduktunternehmung, in: Jahrbuch für Nationalökonomie und Statistik, Bd. 172 (1960), S. 32–57, hier S. 35.

Dennoch kommt es häufig aus Gründen der Rationalisierung des Einkaufs und der Einkaufsbequemlichkeit zum *»Einkaufsverbund«* [72], der auch als *Einkaufskomplementarität* [73] bezeichnet wird. Man kauft die bedarfsverbundenen Güter gleichzeitig bei *einem* Anbieter. Das gilt nicht nur für unmittelbar verwendungsverbundene Güter, sondern auch und gerade für solche Güter, die beim Nachfrager – zumindest auf einen bestimmten Verbrauchszeitpunkt und Verbrauchsort bezogen – in vollständiger oder teilweiser Substitutionskonkurrenz stehen. Denn auch bei *Substituten* vermindert die Konzentration der Beschaffung mehrerer Waren und Dienstleistungen in einem gemeinsamen Einkaufsakt die damit verbundenen Kosten, Zeitaufwendungen und sonstigen Anstrengungen. Das Bestreben, den Einkauf zu rationalisieren, kann im Extremfalle dazu führen, »daß die Kunden auf Grund ihrer Sortimentsvorstellungen einige Waren nur dann abzunehmen bereit sind, wenn zugleich bestimmte andere mitbezogen werden können« [74].

182 Da ein entsprechender Rationalisierungseffekt auch bem Anbieter durch den gemeinsamen Verkauf entsteht, wird die Einkaufskomplementarität *von den Anbietern* zumeist *bewußt gefördert,* und zwar einerseits durch eine entsprechende Produktgestaltung (z. B. Angebot von Kombinationsprodukten, wie Multivitaminpräparate, Photoapparate mit eingebautem Belichtungs- und Entfernungsmesser, Werkzeug»sätze«, Käsesortimentspackung) und Sortimentspolitik, andererseits durch Preis-, Liefer- und Zahlungskonditionen, die zur Konzentration der Beschaffung anreizen [75]. Dem kommt entgegen, daß mit zunehmendem Abwechslungsbedürfnis der Konsumenten das Konkurrenzverhältnis zwischen solchen Substitutionsgütern, die zu verschiedenen Zeiten oder an verschiedenen Orten verwandt werden, sich tendenziell zu einem Komplementaritätsverhältnis entwickelt. Diese Tendenz ist um so ausgeprägter, je schneller die substitutiven Güter verbraucht werden [76]. Mit zunehmender Einkommenshöhe steigt auch die Neigung, Güter, die sich in bezug auf den Grundnutzen [77] ersetzen können (wie Anzüge, die sich in Schnitt, Farbe, Material unterscheiden), für spezielle Verwendungszwecke (z. B. Büro, Reise, Jagd, Sport, Nachmittag, Abend) zu reservieren; sie werden damit zu sich gegenseitig ergänzenden Gütern, zu »komplementären Substituten« [78]. Entsprechendes gilt für Produktionsmittel mit zunehmender Bedarfshöhe. Während man sich bei geringem Bedarf an Dreharbeiten mit der Beschaffung einer relativ universellen Drehbank begnügt, wird bei größerem Bedarf nicht einfach die

[72] Begriff nach *Rudolf Gümbel,* a.a.O., S. 176.

[73] So von *Klaus J. Moeller-Herrmann:* Die Möglichkeiten der Preispolitik im Einzelhandel, Diss. Köln 1968, insbesondere S. 81–86.

[74] *Edmund Sundhoff:* Preis- und Mengenpolitik bei verbundener Produktion, in: Distributionswirtschaft, Festgabe zum 75. Geburtstag von Rudolf Seyffert, hrsg. v. Edmund Sundhoff, Köln und Opladen 1968, S. 301–358, hier S. 305.

[75] So auch *Moeller-Herrmann,* a.a.O., S. 81–86.

[76] In Anlehnung an *Moeller-Herrmann,* a.a.O., S. 85 und 86.

[77] Vgl. hierzu *Wilhelm Vershofen:* Handbuch der Verbrauchsforschung, Bd. 1: Grundlegung, Berlin 1940, S. 69–71. – ders.: Die Marktentnahme als Kernstück der Wirtschaftsforschung, Berlin–Köln 1959, S. 86–90.

[78] Vgl. Konsum und Nachfrage, hrsg. v. *Erich* und *Monika Streissler,* Köln–Berlin 1966, Einleitung S. 55 (unter Bezug auf *Ruby T. Norris:* The Theory of Consumer Demand, New Haven, 1. Aufl. 1941, 2. Aufl. 1952, Kap. VII–IX).

Zahl gleichartiger Drehbänke vermehrt (»multiplikative Anpassung«)[79]; man geht dann vielmehr tendenziell zu einem ganzen »Sortiment« unterschiedlich spezialisierter Drehmaschinen, z. B. für grobe Zerspanung (»Schruppen«) und feine Oberflächenbearbeitung (»Schlichten«), für lange und kurze Werkstücke, große und kleine Losgrößen, einfache und komplizierte Formen usw., über. Ähnlich wird das Werkstofflager bei größerem Volumen stärker differenziert, etwa bezüglich der Abmessungen, Formen und Festigkeiten von Walzstahl.

b. Die Zurechenbarkeit bei Nachfrageverbundenheit ohne erkennbare Preiskopplung

Die Probleme der Zurechenbarkeit, die sich ergeben, wenn bedarfsverbundene Güter im Rahmen eines Einheitsgeschäfts zu einem Gesamtpreis oder gar zu einem zusammengesetzten Produkt vereint angeboten werden, wurden bereits bei der Untersuchung der Angebotsverbundenheit erörtert (s. S. 122 f.). Es bleibt daher noch zu prüfen, welche Probleme sich für die Zurechenbarkeit der Erlöse auf Leistungsgüter ergeben, wenn der Kunde seinen Bedarf nach Art, Menge und Zeitpunkt frei bestimmen kann und für jede Leistung gesonderte Preise in Rechnung gestellt werden. Dabei wollen wir zunächst nach der Zurechenbarkeit der Erlöse auf solche verwendungs- oder einkaufsverbundene Leistungsgüter fragen, deren Preise voneinander völlig unabhängig zu sein scheinen, um dann anschließend die Zurechenbarkeit im Falle offenkundiger Preisverbundenheit zu erörtern. 183

Nach der Preistheorie dürfen die Preise bedarfsverbundener Produkte, selbst der nur einkaufskomplementären, nicht isoliert festgesetzt oder beurteilt werden. Dementsprechend müssen auch die Erlöse eines nachgefragten Güterkombinats als Ganzes gesehen und für die Erfolgsbeurteilung mit den zusätzlichen Kosten dieses Güterkombinats, seien sie den einzelnen Güterarten oder nur dem Kombinat als Ganzem zurechenbar, verglichen werden[80]. Freilich wurden bisher in der Literatur diese Zusammenhänge nur an allereinfachsten Modellen unter sehr engen Prämissen untersucht[81].

Daraus könnte man – bei Anwendung allerstrengster Maßstäbe – folgern, daß die

[79] Vgl. hierzu *Erich Schäfer:* Die Unternehmung, a.a.O., 7. Aufl., S. 199 und 255 f.; – ders.: Der Industriebetrieb, Betriebswirtschaftslehre der Industrie auf typologischer Grundlage, Bd. 1, Köln und Opladen 1969, S. 145–149. – Gutenberg spricht in ähnlichem Zusammenhang von multipler Betriebsgrößenvariation. Vgl. *Erich Gutenberg:* Grundlagen d. Betriebswirtschaftslehre, Bd. 1, Die Produktion, 13. Aufl., Berlin–Heidelberg–New York 1967, S. 411 f.

[80] Vgl. hierzu z. B. *Krelle,* a.a.O., S. 75–80 und 97; – *Sundhoff,* a.a.O., S. 316–324. – *Hans Raffée:* Kurzfristige Preisuntergrenzen als betriebswirtschaftliches Problem (Beiträge zur betriebswirtschaftlichen Forschung, Bd. 18), Köln und Opladen 1961, S. 134–141.

[81] Vgl. hierzu *R. H. Coase:* Monopoly Pricing with Interrelated Costs and Demands, in: Economica, New Series, Vol. XIII (1946), S. 278–294, insbes. S. 286–294. – *Hans Spilker:* Die Bestimmung der gewinnmaximalen Absatzmengenkombination der Mehrproduktunternehmung und ihre Reaktion auf Nachfrageverschiebungen, in: Zeitschrift für die gesamte Staatswissenschaft, 112. Bd. (1956), S. 632–670. – *Horst Albach:* Zur Sortimentskalkulation im Einzelhandel, in: Handelsbetrieb und Marktordnung, Festschrift für Carl Ruberg, Wiesbaden 1962, S. 13–40, hier S. 23–37. – *Ferner,* a.a.O., S. 107–162. – *Hans Herrmann Weber:* Grundlagen einer quantitativen Theorie des Handels (Beiträge zur betriebswirtschaftlichen Forschung, Bd. 26), Köln und Opladen 1966, S. 102–113. – *Sundhoff,* a.a.O., S. 316–324.

Zurechenbarkeit von Erlösen auf die einzelnen Leistungen in allen Fällen, in denen irgendeine Form des Bedarfs- oder Einkaufsverbunds vorliegt, ausgeschlossen sei. Eine solche extreme Auffassung ist aber nicht nur kaum praktikabel, sondern erscheint auch nicht voll gerechtfertigt. Je größer nämlich die Verwendungsstreuung eines Produktes nach Verwendungszwecken, Verwendungssituationen, nach Abnehmergruppen, Absatzgebieten und sonstigen Merkmalen ist, desto unterschiedlicher sind auch die dabei auftretenden Bedarfszusammenhänge und Substitutionsbeziehungen zwischen ihnen. Vielfach sind sie viel zu wenig überschaubar, um generelle Aussagen für eine bestimmte Leistungsart machen zu können. Analysen der mannigfaltigen Komplementaritäts- und Substitutionalitätsbeziehungen und ihres Wechselspiels würden – selbst wenn man sich auf die wichtigsten davon beschränkte – sehr komplizierte und aufwendige Untersuchungen notwendig machen, die zudem mit der Gefahr verbunden sind, daß sie durch das Auftreten neuer Produkte und durch Verschiebungen der Wettbewerbsverhältnisse sowie durch Veränderungen von Verbrauchs- und Einkaufsgepflogenheiten sehr rasch entwertet werden. Das ist auch letztlich der Grund dafür, daß man sich in der Praxis zwar dieser Zusammenhänge grundsätzlich bewußt ist, jedoch die Preise substitutionaler und komplementärer Produkte in der Mehrzahl der Fälle schließlich
184 doch isoliert für das einzelne Produkt festlegt[82], wenn man von Fällen besonders offenkundiger Substitutionalität und Komplementarität mit einigermaßen überschaubaren Zusammenhängen absieht. Es liegt daher nahe, bei der Beurteilung der Zurechenbarkeit dem preispolitischen Verhalten der Praxis zu folgen und – von den bereits erörterten oder noch zu besprechenden Sonderfällen abgesehen – die Erlöse zunächst einmal bei den Leistungen auszuweisen, für die sie entrichtet werden. Man muß sich aber darüber im klaren sein, daß die dann bei den einzelnen Leistungsarten ausgewiesenen Erlöse auf Grund des Bedarfs- oder Einkaufsverbundes weitgehend keine echten, sondern nur *scheinbare Einzelerlöse* sind.

Diesem Sachverhalt kann man zunächst dadurch Rechnung tragen, daß man die Verbundenheitsbeziehungen bei der Interpretation der bei den einzelnen Leistungen und Leistungsgruppen ausgewiesenen Erlöse und bei ihrer Zusammenfassung (Verdichtung) berücksichtigt. Inwieweit man die Erlösverbundenheit darüber hinaus in anderer Weise im Rechnungswesen zum Ausdruck bringen kann, hängt davon ab, ob die Bedarfs- beziehungsweise Einkaufszusammenhänge auf der Hand liegen oder durchsichtig gemacht werden können und ob sie dabei nur der Sache nach erkennbar oder darüber hinaus auch quantifizierbar sind. So könnte man etwa in einem Hotel verhältnismäßig leicht den Umfang des Verbundes zwischen Übernachtungs- und Verpflegungsleistungen erfassen und zwischen reinen Übernachtungsleistungen (einschließlich bestimmter Nebenleistungen) sowie reinen Verpflegungsleistungen im Restaurant unterscheiden und darüber hinaus nach weiteren Merkmalen differenzieren, etwa danach, welche Mahlzeiten jeweils im Hause eingenommen und welche Getränke dabei bevorzugt werden. Wo heute Datenverarbeitungsanlagen ohnehin bei der Abwicklung von Kundenaufträgen – und sei es nur bei der Fakturierung – eingesetzt werden, ist es möglich, häufig auftretende Typen von Leistungskombinationen im Rahmen der Auftrags- und

[82] Diese Auffassung vertritt auch *Hans Hermann Weber*, a.a.O., S. 106.

Kundenanalyse »herauszufiltern« und die Erlöse aus dem Absatz der einzelnen Leistungsarten nach den so gebildeten »Leistungsbündeln« zusammenzufassen [83].
Dort wo qualitativ und quantitativ eindeutig bestimmte Kombinationen häufig auftreten, kann man – analog zu der von *H. v. Stackelberg* vorgeschlagenen Päckchenrechnung bei Kuppelproduktion [84] – bedarfs- oder nachfrageorientierte »Leistungspäckchen« bilden, die die jeweils komplementären Leistungen entsprechend den Mengenrelationen der Nachfrage enthalten. Zur besseren Unterscheidung von den Kuppelproduktpäckchen könnte man diese fiktiven Leistungseinheiten als »Nachfragepäckchen« bezeichnen. Die Erlöse der Bestandteile der nachfrageorientierten Leistungsbündel oder der Nachfragepäckchen sind entsprechend ihrer Zusammensetzung zusammenzufassen; für Erfolgsanalysen ist ihnen auch die Gesamtheit der Einzelkosten der Bündel- beziehungsweise Päckchenbestandteile gegenüberzustellen [85]. Die Zusammenfassung scheinbarer Einzelerlöse zu Leistungsbündeln ist vor allem für solche Leistungen angezeigt, zwischen denen bewußt eine Politik des kalkulatorischen Ausgleichs – in der Literatur auch als Ausgleichskalkulation, Sortimentskalkulation, Kompensationskalkulation, preispolitischer Ausgleich, selektive Preisunterbietung, preispolitische Gewinndifferenzierung, loss-leader-selling und innerbetrieblicher Gewinnausgleich bezeichnet [86] – betrieben wird, insbesondere wenn der Erfolg dieser Maßnahme beurteilt werden soll.

185

Den nachfrageorientierten Leistungsbündeln und -päckchen läßt sich die jeweilige Summe der Erlöse der darin enthaltenen Leistungen mit sehr viel größerer Berechtigung zurechnen als den einzelnen Leistungsgüterarten. Doch muß auch hier noch der Verbund zwischen aufeinanderfolgenden Aufträgen ein und desselben Kunden bedacht werden, so daß erst durch die Bildung von »kundenorientierten Leistungsbündeln« im Zeitablauf eine volle Zurechenbarkeit der nach Kunden zusammengefaßten Erlöse gewährleistet ist, es sei denn, es läge auch noch eine Nachfrageverbundenheit zwischen mehreren Kunden vor (etwa zwischen den Mitgliedern einer Einkaufsgenossenschaft oder zwischen Konsumführern und Nachahmern).
Die Bildung nachfrageorientierter Leistungsbündel und -päckchen ist zwar ein wichtiger Schritt bei der Erlös- und Erfolgsanalyse, doch ist damit noch keine ausreichende Unterlage für solche Entscheidungen gewonnen, bei denen es um eine Veränderung der Preisrelationen oder der Produkt- und Sortimentsgestaltung, insbesondere die Eliminierung einzelner Produkte eines Bündels, geht. Um die Auswirkungen derartiger Maß-

[83] Solche Leistungsbündel sind in Analogie zu »Kuppelprodukt-Bündeln« zu bilden; siehe hierzu meine Schrift: Die Kuppelproduktion, Betriebs- und Marktprobleme (Veröffentlichungen der Schmalenbach-Gesellschaft, Bd. 23), Köln und Opladen 1955, insbesondere S. 124 ff.

[84] Siehe hierzu *Heinrich von Stackelberg:* Grundlagen einer reinen Kostentheorie, Wien 1932, S. 55 f., auch erschienen in: Zeitschrift für Nationalökonomie, 3. Jg. (1932), S. 333–367 und 552–590, hier S. 571–573.

[85] Diesen Weg schlägt beispielsweise *Edmund Sundhoff,* a.a.O., S. 316–324, an Hand sehr einfacher schematischer Beispiele ein. Zur praktischen Anwendung des Rechnens mit Produktbündeln und Päckchen (im Falle von Kuppelproduktion) siehe meine Beiträge: Kuppelprodukte, Kalkulation der, in: Handwörterbuch des Rechnungswesens, hrsg. von Erich Kosiol, Stuttgart 1970, Sp. 964–1006, und: Kuppel-Produktion und -Kalkulation, in: Management Enzyklopädie, Bd. 3, München 1970, S. 1243–1265, hier S. 1254 ff. [s. a.S. 311–355].

[86] Nach *Albach,* a.a.O., S. 15.

nahmen beurteilen zu können, bedarf es einer sorgfältigen Beobachtung der Kundenreaktionen bei Verkaufsverhandlungen und oft darüber hinaus zusätzlicher Experimente.

c. Die Zurechenbarkeit bei Nachfrageverbundenheit mit erkennbarer Preiskopplung

Die Einkaufsverbundenheit zwischen Gütern, die an sich unabhängig voneinander beschafft werden können, läßt sich – wie bereits auf S. 130 f. angedeutet – unter anderem durch preispolitische Maßnahmen bewußt fördern. Das kann einerseits – für den Nachfrager gewöhnlich nicht erkennbar – durch den bereits erwähnten kalkulatorischen Ausgleich, andererseits über gemeinsame Rabatte sowie – im Rahmen mehrteiliger Erlöse oder gespaltener Preise – über gemeinsame Festentgelte geschehen.
Sieht man von solchen Lockartikeln ab, bei denen ein allen bekannter Marktpreis unterboten wird, dann fehlt schon für die Beantwortung der Frage, ob ein Leistungsgut im Rahmen des kalkulatorischen Ausgleichs eine »gebende« oder »nehmende« Stellung einnimmt, in der Regel jede objektive Vergleichsbasis. Die in der Literatur oft herangezogenen »Selbstkosten« oder »Durchschnittskosten« sind dafür eine ebenso willkürliche Basis wie etwa die durchschnittliche Handelsspanne oder eine durchschnittliche Bruttogewinngröße [87]. Wegen dieser und anderer Unbestimmtheiten wird bei den folgenden Erörterungen die für den Nachfrager nicht erkennbare Preisverbundenheit über den kalkulatorischen Ausgleich ausgeklammert. Wir beschränken uns vielmehr auf solche Fälle einer Verbundenheit der Preise gemeinsam eingekaufter Güter, die auch für den einzelnen Nachfrager deutlich erkennbar in Erscheinung tritt.

186

(1) Die Zurechenbarkeit auf Leistungsgüter, die über gemeinsame Rabatte miteinander verbunden sind

In vielen Branchen ist es üblich, daß der Lieferant auf alle während eines Jahres von ihm bezogenen Güter einen einheitlichen oder gestaffelten *Gesamtumsatzrabatt*, auch als Umsatzbonus oder Jahresbonus bezeichnet, gewährt, sobald bestimmte Mindestumsätze erreicht sind. Der Gesamtumsatzrabatt entsteht für alle in der maßgeblichen Periode erteilten Bestellungen eines Kunden und für alle dabei bezogenen Güter gemeinsam, so daß die Nettoerlöse jeder dieser Güterarten und Mengeneinheiten von den durch denselben Kunden in der maßgeblichen Periode bezogenen Mengen anderer Güterarten sowie den dafür vereinbarten Preisen abhängen. Die Folgerung, deshalb überhaupt darauf zu verzichten, für die an einen Kunden gelieferten Leistungen individuelle Entgelte auszuweisen, läßt sich umgehen, wenn man den Gesamtumsatzrabatt als *gemeinsame Erlösminderung* auffaßt und bei den einzelnen Güterarten bzw. Kundenaufträgen die jeweils vorläufig in Rechnung gestellten Entgelte, die auch beim Einzelbezug berechnet würden, ausweist. Der Gesamtumsatzrabatt ist dann als gemeinsame Lastschrift für alle in der maßgeblichen Periode durch denselben Kunden bezogenen Güter bzw. Aufträge auszuweisen. Dies geschieht am besten beim Kunden (als »Erlösbringer«) im Rahmen einer nach Kunden (zusätzlich) differenzierten Erlösrechnung. Diese Vorgehensweise ist in jedem Falle auch theoretisch korrekt.

[87] Eine Ausnahme stellt allenfalls der durchschnittliche engpaßbezogene Deckungsbeitrag eines Leistungsgutes dar, wenn ein Engpaß, aber auch nur einer, relevant ist. Nur in diesem Fall gibt es nämlich eine eindeutige Rangfolge der Produkte.

Im Rahmen von Entscheidungen, etwa bei Preisverhandlungen über einen zusätzlichen Auftrag, muß freilich differenzierter vorgegangen werden. Ist nämlich zu erwarten, daß der Gesamtumsatzrabatt nur anfällt, wenn dieser zusätzliche Auftrag zustande kommt, dann ist für die Ermittlung der Preisuntergrenze oder des Deckungsbeitrages der gesamte auf den Mindestumsatz entfallende Rabatt diesem fraglichen Auftrag zuzurechnen. Ist dagegen der Mindestumsatz ohnehin überschritten, dann kann im Rahmen von »Mitkalkulationen« im Zeitablauf jedem zusätzlichen Kundenauftrag auch der zusätzliche Gesamtumsatzrabatt zugerechnet werden, weil dieser jeweils durch den zusätzlichen Abschluß ausgelöst wird. Bei gestaffelten Jahresumsatzrabatten sind entsprechende Überlegungen wie für den Mindestumsatz anzustellen, wenn die Schwelle einer neuen Rabattstufe erreicht wird oder bereits überschritten ist.

Ist zu erwarten, daß der für die Gewährung des Gesamtumsatzrabattes oder der jeweiligen Rabattstufe erforderliche Mindestumsatz mit großer Wahrscheinlichkeit im Laufe des Jahres überschritten wird, dann erscheint es bei Planungs- und Prognoserechnungen für eine Reihe von Fragestellungen vertretbar, den zu erwartenden Gesamtumsatzrabatt von vornherein bei den einzelnen Kundenaufträgen bzw. den Erlösen der dabei abgesetzten Güterarten intern einzukalkulieren.

187

Oft besteht in solchen Fällen auch der Kunde auf Grund seiner Umsätze in vergangenen Perioden darauf, daß ihm von vornherein ein bestimmter Umsatzrabattsatz bei jeder Bestellung eingeräumt wird. In diesem Falle ist es ohne weiteres gerechtfertigt, diesen auch den einzelnen Aufträgen und Güterarten zuzurechnen, soweit deren Preise bzw. Erlöse sonst voneinander unabhängig sind, weil es nicht üblich ist, bereits vorweg gewährte Umsatzrabatte wieder zurückzufordern, falls der erwartete Mindestumsatz nicht erreicht werden sollte. Theoretisch liegt dann jedoch ein Zusammenhang der Preise und Erlöse der jeweiligen laufenden Periode mit den Umsätzen vergangener Perioden vor. Dieser Zusammenhang braucht aber für die Rechnungen der laufenden Periode nicht mehr berücksichtigt zu werden, da die maßgeblichen Umsätze der Vergangenheit durch die Dispositionen in der laufenden Periode nicht mehr beeinflußt werden können.

Die am Beispiel des Gesamtumsatzrabattes angestellten Überlegungen lassen sich sinngemäß auch auf andere Arten gemeinsamer Einnahmenminderungen übertragen, etwa auf den *»Auftrags-(größen-)rabatt«*. Dieser wird in Abhängigkeit von der am Auftragswert, seltener am Gesamtgewicht oder der Gesamtstückzahl (etwa der Zahl von Flaschen beim Weinhandel), gemessenen Auftragsgröße gewährt, sobald eine bestimmte Mindesthöhe erreicht ist. Im Regelfalle ist der Auftrags-(größen-)rabatt als gemeinsame Erlösminderung aller Positionen, die dieser Auftrag umfaßt, anzusehen und daher dem Auftrag als Ganzem als Lastschrift zuzurechnen. In der laufenden Rechnung kann man diese Lastschrift auch bei den Kundenaufträgen »an sich« (d. h. ohne die konkreten Leistungsgüterarten), als eigenem Kalkulationsobjekt [88], oder beim Kunden gesammelt ausweisen. Ergibt sich jedoch aus den Verkaufsverhandlungen, daß der Kunde einen bestimmten Auftragsposten lediglich deshalb zusätzlich in die Bestellung

[88] Vgl. hierzu meinen Beitrag: Das Problem der minimalen Auftragsgröße, in: ZfhF NF, 12. Jg. (1960), S. 647–685.

aufnimmt oder aufgenommen hat, um in den Genuß des Auftragsrabatts zu kommen, dann ist es gerechtfertigt, den gesamten Auftrags-(größen-)rabatt diesem zusätzlichen Posten als Lastschrift zuzurechnen.

(2) Die Zurechenbarkeit auf Leistungsgüter, die über einen »Anschluß«rabatt miteinander verbunden sind

Gelegentlich wird dem Abnehmer eines »Grundgutes« eine spezielle Preisermäßigung beim Kauf bestimmter Zusatzgüter gewährt. In bezug auf ganze Leistungsbündel sind als besonders wichtiges Beispiel die starken Preisermäßigungen der Deutschen Bundesbahn für »Bezirksanschlußkarten« und »Netzanschlußkarten« im Anschluß an eine Bezirkskarte bzw. Netzkarten derselben Periode zu nennen. Weitere Beispiele findet man vor allem im Verlagswesen, wo gelegentlich für die Abonnenten einer Zeitschrift Preisermäßigungen beim Bezug bestimmter Bücher, gelegentlich auch für andere vom Verlag angebotene Waren, etwa Experimentierkästen, gewährt werden. Abgesehen 188 davon, daß es sich hierbei durchweg um Güter handelt, die in einem, wenn auch relativ losen, Bedarfsverbund stehen, wird die Zurechenbarkeit der jeweils in Rechnung gestellten Erlöse auf die betreffenden Leistungsarten allein schon durch diesen »Anschluß«-rabatt in Frage gestellt. Man kann zwar in der Erlösrechnung dem Sachverhalt dadurch gerecht werden, daß man die betroffenen Leistungen zu einem Leistungsbündel zusammenfaßt; doch ist dabei zu bedenken, daß nicht alle Käufer des Grundgutes auch von den preisbegünstigten Zusatzangeboten Gebrauch machen, und wenn, dann in ganz unterschiedlichem Maße. Hier könnte man wiederum einerseits versuchen, auf statistischem Wege eine Reihe typischer Leistungsbündel ausfindig zu machen. Andererseits müssen je nach Fragestellung unterschiedliche Wege eingeschlagen werden, wobei den bereits mehrfach angedeuteten Differenzbetrachtungen bei Entscheidungsvorbereitungen und im Rahmen kumulativer »Mitkalkulationen« im Zeitablauf eine besondere Bedeutung zukommt.

(3) Die Zurechenbarkeit auf Leistungsgüter, die über ein gemeinsames Festentgelt miteinander verbunden sind

Es gibt auch noch andere Formen der Verbundenheit der Preise zwischen frei disponierbaren Gütern, doch kommen diese vergleichsweise seltener vor. Zu denken ist etwa an die Verknüpfungen der in einem Kundenauftrag enthaltenen Leistungsarten über einen gemeinsamen festen Erlösbestandteil, wie er etwa in französischen Restaurants dem Gast in Gestalt eines gesonderten Betrages für das »Gedeck« in Rechnung gestellt wird, also dafür, daß er Teller, Besteck, Gläser und Serviette vorgesetzt bekommt. Ein Beispiel für einen festen Erlösbestandteil, der im vorhinein für eine unbestimmte Zahl von Aufträgen und Leistungsarten während einer abgegrenzten Periode entsteht, sind die im Rahmen der Aktion »Reisespaß mit dem Reisespaß-Paß« von der Deutschen Bundesbahn für die »Reisespaß-Pässe« B und C verlangten einmaligen Beträge, mit denen Reisende im Rentneralter einen Anspruch auf eine 50%ige Ermäßigung beim Kauf einzelner Fahrkarten für Nahverkehrs-, Eil- und Schnellzüge auf beliebigen Strekken an allen Wochentagen während einer begrenzten Zeit in der Saisonflaute erwerben. (Bei dem unentgeltlich abgegebenen Reisespaß-Paß A ist diese Preisermäßigung auf dienstags, mittwochs und donnerstags beschränkt.) Die Erlöse der einzelnen zu ermäßigten Preisen verkauften Fahrkarten sind über den gemeinsamen fixen Erlös des

Reisepasses miteinander verbunden und daher nicht isoliert zu betrachten, es sei denn, man stelle für bestimmte Fragestellungen »Mitkalkulationen« an, wie sie im Rahmen der Erörterung des Gesamtumsatzrabattes angedeutet worden sind.

IV. Erlösverbundenheit und zeitbezogene Zurechenbarkeit der Erlöse

A. Vorbemerkung zum Gegenstand zeitbezogener Rechnungen

189

Bei der Erörterung der Frage, wann ein Erlös realisiert ist, wurde bereits das Problem der zeitlichen Zurechenbarkeit angeschnitten. Befaßt man sich mit diesem Problem aus der Sicht einer entscheidungsorientierten Unternehmerrechnung, dann stößt man sehr schnell auf die Frage: Ist denn die Zeit (an sich) überhaupt ein eigenes Entscheidungsobjekt und kann sie dementsprechend ein Kalkulations- und Zurechnungsobjekt sein? Es dürfte schwerfallen, darauf eine positive Antwort zu finden oder gar Beispiele für Dispositionen, die nur auf die Zeit und nicht zugleich auf eine bestimmte Sache (im weitesten Sinne) gerichtet sind. Bei allen zeitbezogenen Überlegungen handelt es sich in der Tat lediglich um die Betrachtung der zeitlichen Dimension der Auswirkungen von Entscheidungen, die stets primär sachbezogen sind.

In bezug auf einzelne Entscheidungen, die unmittelbar auf die Ertragsrealisation gerichtet sind (wie z. B. die Annahme von Aufträgen), interessiert die Frage nach der zeitbezogenen Zurechenbarkeit der Erlöse im Grunde genommen gar nicht, sondern allenfalls die bereits erörterte Entwicklung der Erlösrealisation im Zeitablauf, die zeitliche Lage wichtiger Stadien auf diesem Wege und der endgültige Abschluß des Realisationsprozesses. Die zeitbezogene Zurechenbarkeit erlangt eigentlich erst dann Bedeutung, wenn das zeitliche Neben-, Nach- und Ineinander der einzelnen Umsatzakte nach Kalenderzeitabschnitten oder sonstigen Perioden geordnet werden soll und wenn hierbei Ertrag und Aufwand, Erlös und Kosten einander gegenübergestellt werden sollen. Die Hauptschwierigkeiten einer Ermittlung derartiger Periodenerfolge erwachsen letztlich aus der Tatsache, daß der Umsatzprozeß Zeit erfordert, daß die mit Ausgaben verbundenen Maßnahmen zur Ertragsvorbereitung und Ertragskonkretisierung auf Verdacht meist zu einem mehr oder weniger großen Teil in früheren Perioden anfallen als die allein Erlös bringenden – aber gleichwohl mit weiteren Ausgaben verbundenen – Maßnahmen zur Ertragsrealisation. Weil diese Prozesse nicht nur zu unterschiedlichen Zeiten ablaufen, sondern auch unterschiedlich lange Zeit erfordern, muß bei jeder periodenbezogenen Erfolgs- oder Ergebnisrechnung – im Gegensatz zur reinen Kassenüberschußrechnung – festgelegt werden, auf welche Phase des Umsatzprozesses und damit auch des Ertragsbildungsprozesses bei der periodenbezogenen Zuordnung von Erlösen, Leistungen und Kosten bzw. Ertrag und Aufwand abgestellt werden soll.

Bei dieser »Synchronisierung« ist nicht nur an die in Abschnitt II erwähnten Stadien der Realisationsphase zu denken (etwa: Zahlungseingang, Fakturierung, Ablieferung der Leistung, Vertragsabschluß), sondern auch an Stadien, die generell oder wenigstens im Falle der Produktion auf Verdacht in vorangehende Ertragsbildungsphasen fallen,

wie Fertigstellung der Produkte, Abschluß der Produktentwicklung, Eingang der Kostengüter usw.
Für die Ergebnisrechnung der Praxis haben bisher nur zwei der vielen an sich möglichen Stadien des Ertragsbildungsprozesses Bedeutung erlangt:

1. das Stadium der Ertragsrealisation (genauer: ein durch Konvention in etwa bestimmter Zeitpunkt in der Realisationsphase);
2. das Stadium des Verzehrs der Kostengüter (der Kosten- bzw. Aufwandentstehung).

Den ersten Weg schlägt man beim sogenannten »Umsatzkostenverfahren« ein, das auch als »Absatzaufwands-Ergebnisrechnung«[89] bezeichnet wird; seine Hauptschwierigkeiten liegen in der Periodisierung der Ausgaben, doch wirft auch die zeitbezogene Zuordnung der Erlöse einige Probleme auf.

190 Dem zweiten Weg entspricht das sogenannte »Gesamtkostenverfahren«, das *Käfer* als »Produktionsaufwands-Ergebnisrechnung«[89] bezeichnet. Hier werden den in der Periode angefallenen Kosten nicht nur die (im Sinne der herrschenden Konvention) realisierten Erlöse der abgesetzten Leistungen gegenübergestellt, sondern auch die Werte der in der Periode hervorgebrachten, aber noch nicht verkauften Ertragsgüter aller Reifegrade. Die Hauptschwierigkeiten dieses Verfahrens liegen auf der Ausbringungsseite, weil die Frage der Zurechenbarkeit der Erlöse und der noch nicht realisierten Leistungen auf die jeweils als verzehrt angesehenen unmittelbaren und mittelbaren Kostengüter (Produktionsfaktoren) seit langem als unlösbar erkannt worden ist. Wir wenden uns daher im folgenden nur dem einfacheren Problem der Zurechnung der Erlöse auf die sich bereits in der Realisationsphase befindlichen Marktleistungen einer Rechnungsperiode zu. Hierbei ist nicht nur an Kalenderperioden zu denken, sondern auch an solche Zeitabschnitte, die durch bestimmte Verhaltensweisen im eigenen Bereich oder im Markt gekennzeichnet sind. Dabei kann es sich um regelmäßig wiederkehrende Zeitabschnitte handeln, wie die »Flut«stunden im Werktagsverkehr, die verlängerten Öffnungszeiten am Freitagnachmittag im Bankgewerbe, den langen Samstag im Einzelhandel oder die Schulferien. Weiter ist auch an Zeitabschnitte zu denken, die durch bestimmte einmalige oder unregelmäßig wiederkehrende Ereignisse (z. B. Ausverkauf wegen Umbaus) festgelegt sind oder durch ein bestimmtes Projekt (z. B. Bau eines Staudammes).

B. *Zeitbezogene Zurechenbarkeit von Erlösen einzelner Aufträge und Kontrakte*

Betrachten wir zunächst die zeitliche Zurechenbarkeit von Erlösen aus Aufträgen, die nicht mit anderen Aufträgen verbunden sind.
Im Falle einer punktuellen, nur eine unbeachtlich kurze Zeitspanne umfassenden Realisationsphase, wie beim Barverkauf ohne Garantieleistung, ist der Erlös stets Einzel-

[89] Siehe *Karl Käfer:* Betriebsbuchhaltung, in: HWB, 3. Aufl., Bd. 1, Sp. 775–777, hier Sp. 775 f. Dort wird außerdem noch das Schema einer »Einsatzaufwands-Ergebnisrechnung«, bei der auf das Stadium des Kostengütereingangs abgestellt wird, entworfen.

erlös nicht nur des jeweiligen Auftrags, sondern auch der jeweils betrachteten Periode. Sobald dagegen die Realisationsphase mehr oder weniger zeitlich ausgedehnt ist, hängt es einerseits von der Eigenart der jeweiligen Marktleistung, des Leistungsgutes, ab und andererseits von der Fragestellung, also der exakten Definition des Kalkulationsobjektes, ob man auf die gesamte Zeitdauer der Realisationsphase abstellen muß oder ob man sich auf eine Teilphase oder gar einen bestimmten Zeitpunkt des Realisationsprozesses beschränken darf. Vom Standpunkt der Praxis aus kommt es schließlich noch darauf an, in welchem Maße eine Vereinfachung der vom Standpunkt der Theorie erforderlichen Betrachtung vertretbar erscheint, ohne daß damit die Gefahr von Fehlurteilen und Fehlentscheidungen allzu sehr wächst.

Erfordert die Fragestellung eine Betrachtung der gesamten Realisationsphase, dann handelt es sich nur dann eindeutig um einen *Perioden-Einzelerlös*, wenn die gesamte Realisationsphase in die jeweils betrachtete Periode fällt.

191

Erstreckt sich dagegen die Realisationsphase über zwei oder mehr Perioden, wie etwa bei dem Erlös aus einer am 4. Februar abgeschlossenen Schiffsreise, die vom 20. Februar bis zum 8. März dauert, bei einer Rechnungsregulierung innerhalb von 14 Tagen, dann handelt es sich in bezug auf die einzelnen Kalendermonate und kürzere Zeitabschnitte um Gemeinerlöse, jedoch in bezug auf die Zweimonatsperiode Februar-März, auf das erste Quartal und alle längeren, die Realisationsphase voll einschließenden Perioden um Einzelerlöse.

Diese Relativität der Zurechenbarkeit, je nach Länge der Rechnungsperiode, ist vor allem bei *Liefer- und Dienstleistungsverträgen mit fester Laufzeit* von Bedeutung. Stellt man auf die zeitliche Erstreckung der zu übertragenden Leistungen ab, dann wird die Vertragsdauer für beide Partner zur *Bindungsdauer*, während der der Anbieter zur Lieferung der Leistungen oder zur Verfügungstellung des Leistungspotentials verpflichtet ist und der Nachfrager zur Abnahme oder auch nur zur Bezahlung des vereinbarten Entgelts. Dann ist die Gesamtsumme der vereinbarten oder tatsächlich erhaltenen Zahlungen nur der Bindungsdauer insgesamt, der Gesamtheit des dabei zur Verfügung gestellten Leistungspotentials oder den während dieser Zeit erbrachten Leistungen gemeinsam als Einzelerlös zurechenbar; in bezug auf kürzere Zeitabschnitte oder einzelne Leistungsabgaben handelt es sich um echte Gemeineinnahmen und Gemeinerlöse [90]. Kommt es für die jeweilige Fragestellung nicht nur auf die zeitliche Erstreckung der zu überlassenden Leistung an und liegt dabei der Zeitpunkt des Vertragsabschlusses schon vor Beginn der Leistungs»überlassungs«periode und womöglich der Zahlungszeitpunkt erst nach ihrem Abschluß, dann ist das Gesamtentgelt Einzelerlös der durch diese »Grenz«punkte festgelegten Realisationsphase. Das ist in Abb. 6 veranschaulicht.

192

Je nach der Bindungsdauer bzw. der Länge der Realisationsphase und ihrer Terminierung sind die aus solchen Verträgen eingehenden Erlöse als Tages-, Wochen-, Monats-, Quartals-, Halbjahres- und Jahres-Einzelerlöse oder gar, falls sie über ein Jahr hinaus-

90 Zu den analogen Konsequenzen in der Kostenrechnung des Abnehmers in diesem und den folgenden Fällen siehe meinen Beitrag: Die Bereitschaftskosten in der entscheidungsorientierten Unternehmerrechnung, a.a.O., S. 379 ff. [88 ff.]. (Im Originalbeitrag wurden beim Druck versehentlich die Zeichnungen – nicht jedoch die Abbildungsunterschriften – der Abbildungen 2 und 4 vertauscht.)

191

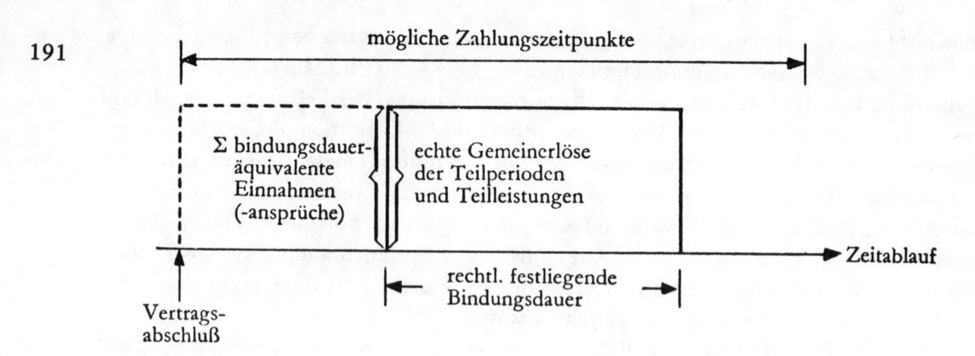

Abb. 6: Liefer- oder Dienstleistungsvertrag mit fester Laufzeit

192 reichen, als Jahres-Gemeinerlöse einzuordnen. So sind etwa die Erlöse für Tagesrückfahrkarten, Wochenkarten und Monatskarten der Deutschen Bundesbahn den jeweiligen Kalendertagen, -wochen oder -monaten direkt zurechenbar, weil sich jeweils Bindungsdauer und Kalenderperiode völlig decken. Das gilt aber nicht für die Erlöse der Bezirks-»Monats«-karten und der Netz-»Monats-«karten, da diese an jedem beliebigen Tag beginnen können und bis zum entsprechenden Vortag des folgenden Monats gelten [91]. Auch bei jährlicher Bindungsdauer ist eine derartige Phasenverschiebung, insbesondere bei Versicherungsverträgen, weit verbreitet, bei Miet- und Pachtverträgen fast durchweg üblich. Die in den traditionellen Jahresabschlußrechnungen übliche zeitproportionale Aufteilung des vereinbarten Gesamtentgelts ist daher willkürlich und entspricht nicht den tatsächlichen Verhältnissen.

Interessiert auf Grund der Informationsbedürfnisse für die dominierenden Fragestellungen lediglich die Gegenüberstellung der Erlöse und der an den Markt abgegebenen Leistungen, dann kann man sich bei der Beurteilung der Zurechenbarkeit auf die Bindungsdauer beschränken und die darüber hinausgehenden Abschnitte der Realisationsphase vernachlässigen. Das erleichtert in vielen Fällen die Handhabung in der laufenden systematischen Rechnung erheblich.

Im Gegensatz zur reinen Einnahmenrechnung, die lediglich die Zahlungseingänge beachtet, sind für die (entscheidungsorientierte) Erlösrechnung die *Zahlungstermine* und *Zahlungsweisen* innerhalb der Bindungsdauer bzw. Realisationsphase im allgemeinen von untergeordneter Bedeutung, da in erster Linie der Gesamtbetrag der vereinbarten Erlöse und darüber hinaus noch die Bindungsdauer sowie ihre zeitliche Lage im Verhältnis zu den Kalenderperioden bzw. Planungs- und Abrechnungsperioden interessiert. Das schließt aber nicht aus, daß man bei der Bildung von Erlöskategorien außer der Differenzierung nach der Bindungsdauer und ihrer Terminierung noch die Zahlungsweise und erforderlichenfalls weitere Vertragsmerkmale, wie etwa die

[91] Wegen des Rücktrittsrechts bis zum Beginn der Gültigkeitsdauer kann bei der Beurteilung der zeitbezogenen Zurechenbarkeit der oft früher liegende Zeitpunkt des Vertragsabschlusses und Zahlungseingangs außer acht gelassen werden, so daß lediglich die Gültigkeitsdauer relevant ist.

Kündigungstermine, berücksichtigt. So könnte man etwa die Erlöse einjähriger Versicherungsverträge danach unterteilen, ob eine monatliche, vierteljährliche, halbjährliche oder einmalige (vorschüssige) Zahlung vereinbart ist.

Nicht immer liegt die Bindungsdauer bei Lieferverträgen von vornherein fest. Vielmehr wird gelegentlich lediglich die zu liefernde Gesamtmenge vereinbart, während die Zeitspanne, in der die Lieferungen erfolgen sollen, mehr oder weniger offen bleibt. Dabei kann die Lieferfolge und damit die zeitliche Erstreckung des Liefervertrags entweder durch den Anbieter bestimmt werden, wie etwa bei der Auslieferung eines mehrbändigen Lexikons, oder durch den Abnehmer, wie etwa bei der Benutzung von Mehrfahrtenkarten (ohne festliegende zeitliche Begrenzung) im Straßenbahn- und Omnibuslinienverkehr. Die Zeitspanne, der der Gesamterlös in solchen Fällen zugerechnet werden kann, bleibt so lange noch unbestimmt, »offen«, solange der Liefer- oder Dienstleistungsvertrag noch nicht vollständig abgewickelt ist. 193

Lediglich für ganz besondere Fragestellungen im Zuge der Abwicklung eines solchen Liefervertrags, etwa bei der Entscheidung über den Zeitpunkt der Auslieferung eines Lexikonbandes, ist die unmittelbare Gegenüberstellung dieser Teilleistung und des dafür in Rechnung zu stellenden Teilentgelts in bestimmten Situationen (z. B. bei gleichzeitigem Vorliegen eines Produktions- und Liquiditätsengpasses) sinnvoll. Doch handelt es sich dabei um ein ganz anderes Entscheidungs- und Kalkulationsobjekt als bei der Frage nach der Zurechenbarkeit des Erlöses auf eine Abrechnungsperiode oder ein Leistungsgut, wenn über dessen Produktion und Verwertung geurteilt werden soll.

Im übrigen sind die im Zuge der Auftragserfüllung erbrachten Teilleistungen und ihre spezifischen Kosten über den Gesamterlös(-anspruch) des jeweiligen Auftrages miteinander verbunden. Eine Aufspaltung des gemeinsamen Erlöses auf zeitlich abgrenzbare Teilleistungen wäre selbst dann willkürlich, wenn, wie oft bei Großobjekten, eine Abrechnung in Teilabschnitten entsprechend dem Leistungsfortschritt vereinbart wird, soweit dabei keine diesen Teilabschnitten entsprechende Rücktrittsmöglichkeit oder Kündigungsmöglichkeit der Vertragspartner vorgesehen ist. Aber auch im Falle der Rücktritts- oder Kündigungsmöglichkeit liegt ein gewisser zeitlich-sachlicher Verbund vor, auf den im folgenden Abschnitt noch näher eingegangen wird. Entsprechendes gilt für Teillieferungen im Rahmen umfangreicher oder langfristiger Lieferverträge, auch wenn dabei die einzelne Teillieferung jeweils gesondert fakturiert und bezahlt wird.

Wir hatten bislang die Frage der zeitbezogenen Zurechenbarkeit von Erlösen bei Einzelaufträgen oder geschlossenen Kontrakten mit fester Laufzeit erörtert und wenden uns nunmehr den Zurechnungsproblemen zu, die sich im Falle revolvierender Kontrakte und zeitlich verbundener Aufträge ergeben.

C. *Zeitbezogene Zurechenbarkeit bei Kontraktketten*

Nicht immer wollen sich Lieferanten und Abnehmer von vornherein endgültig festlegen und vereinbaren daher bei ihren Liefer- und Leistungskontrakten statt fester Laufzeiten bestimmte *Kündigungsintervalle,* um die sich der Vertrag automatisch verlängert, wenn nicht unter Einhaltung einer bestimmten Frist gekündigt wird. Wird bei Vertragsabschluß eine Mindestvertragsdauer vereinbart, dann entspricht diese Mindestdauer dem ersten Kündigungsintervall, das in der Regel erheblich länger als die folgenden Kündigungsintervalle ist. Durch die Vereinbarung von Kündigungsintervallen erhält die von Natur aus kontinuierlich fortschreitende und beliebig unterteilbare Zeit einen künstlichen Portions- oder *Quantencharakter*. In bezug auf die Liefer- und Abnahmeverpflichtungen wird so das Kündigungsintervall zu einem *Bindungsintervall* für Lieferant und Abnehmer [92]. Solche Kontrakte mit Kündigungsintervallen sind 194 etwa beim Abonnement von Zeitungen und Zeitschriften sowie bei Energielieferungsverträgen allgemein üblich. Außerdem findet man sie häufig bei Warenlieferverträgen, Versicherungs-, Miet- und Pacht-, Lizenz-, Kredit-, Beratungs- und sonstigen Dienstleistungsverträgen. Da in solchen Fällen vor jedem Kündigungstermin über Kündigung oder Fortsetzung des Vertrages seitens des Kunden wie des Lieferanten entschieden werden kann und muß, sind die mit der Verlängerung um ein Kündigungsintervall ausgelösten Erlösansprüche auch stets nur der Gesamtheit der während eines Bindungsintervalls erbrachten Leistungen (Leistungspotentiale) zurechenbar. Daher dürfen die einem Bindungsintervall entsprechenden Erlösansprüche keinesfalls kürzeren Zeitabschnitten oder solchen Zeitabschnitten, in die ein »phasenverschobenes« Kündigungsintervall hineinragt, zugerechnet werden.

Aber auch die Zurechenbarkeit auf das Kündigungsintervall und einen sich mit ihm deckenden Kalenderzeitabschnitt ist nur für bestimmte Fragestellungen ohne Einschränkung zu bejahen, weil auch die längerfristigen ökonomischen Überlegungen neben den rein rechtlichen Vereinbarungen beachtet werden müssen. So wird man, wenn beispielsweise die Möglichkeit besteht, einen Lagerraum für eine begrenzte Zeit gegen eine höhere Miete an einen anderen als den bisherigen Nutzer zu vermieten, diesem nicht ohne weiteres kündigen, wenn ungewiß ist, ob man auf längere Sicht und ohne Unterbrechungsverluste mindestens denselben Erlös erzielt wie bei der Vermietung an den gegenwärtigen grundsätzlich langfristig interessierten Nutzer. Ebenso muß man bei rückschauender Betrachtung die einzelnen Bindungsintervalle im Gesamtzusammenhang der Beziehungen zu einem bestimmten Abnehmer sehen, weil im Grunde genommen derartige Verträge auf unbestimmte Zeit geschlossen werden und die Kündigungsintervalle eigentlich nur für unvorhergesehene Änderungen oder Notfälle vereinbart werden. Weiter ist zu bedenken, daß das erste Bindungsintervall, weil es unmittelbar mit dem Vertragsabschluß verbunden ist, von ganz entscheidender Bedeutung für alle folgenden Bindungsintervalle ist, nämlich als Anfang einer jeweils zu den Kündigungsterminen abbrechbaren Leistungs»kette«. Und zwar nicht nur, weil damit der Kunde erst überhaupt für diese Leistung gewonnen wurde, sondern weil auf Grund der vorgesehenen »Verlängerungsautomatik« die Wahrscheinlichkeit, daß der Kunde den Leistungsbezug einstellt und etwa zur Konkurrenz wechselt, sehr viel geringer ist als bei einzeln abzuschließenden Aufträgen oder Verträgen mit fester Laufzeit, die immer wieder neu geschlossen werden müßten. Diesem langfristigen ökonomischen Zusammenhang entspricht wiederum am besten eine kumulative und zeitlich fortschreitende Zeitablaufrechnung, deren Prinzip in Abb. 7 veranschaulicht ist.

[92] Vgl. hierzu meinen Aufsatz: Die Bereitschaftskosten in der entscheidungsorientierten Unternehmerrechnung, a.a.O., S. 380 [89].

195

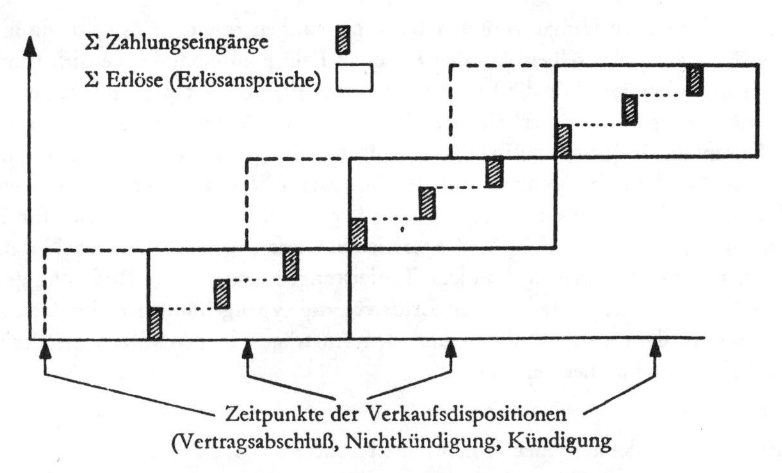

Abb. 7: Kontraktketten (mit rechtlich festliegenden Bindungsintervallen)

D. Zeitbezogene Zurechenbarkeit bei preislicher Verbundenheit der Umsätze aufeinanderfolgender Perioden

194

Wie die sachbezogene, so wird auch die zeitbezogene Zurechenbarkeit der Erlöse beeinträchtigt, wenn einzelne rechtlich selbständig abgeschlossene Liefer- und Dienstleistungsverträge über ihre Preise miteinander verbunden sind.

Soweit sich diese Verbundenheit nach außen unsichtbar im Rahmen des zeitlichen kalkulatorischen Ausgleichs abspielt, soll sie wiederum aus unserer Betrachtung ausgeklammert werden. Wir beschränken uns auf die nach außen erkennbare Verbundenheit über die Preisgestaltung, die in der Praxis einerseits in Form gemeinsamer einmaliger Festentgelte, andererseits in Form gemeinsamer Rabatte auftritt.

195

1. Preisliche Verbundenheit über einmalige Festentgelte

In einer ersten Gruppe von Fällen wird, insbesondere bei revolvierenden Dienstleistungskontrakten, ein *von der Dauer der Lieferbeziehungen unabhängiges, einmaliges Festentgelt* gefordert, für das recht unterschiedliche Bezeichnungen und konkrete Erscheinungsformen üblich sind. So sind mit dem Abschluß von Ausbildungskursen der verschiedensten Art oft Erlöse aus »Einschreibegebühren« verbunden; der Abschluß von Versicherungs-, Bauspar- und sonstigen Spar- und Kreditverträgen bringt von der Laufzeit unabhängige Einnahmen aus »Abschlußgebühren«. Oft tritt das einmalige Festentgelt auch in Gestalt besonders fakturierter, gleichfalls einmalig auftretender Teilleistungen auf, etwa in Form der »Anschlußgebühr« beim Einrichten eines Fernsprech- oder Fernschreibanschlusses, Strom- oder Gasanschlusses. Dabei kann das einmalige Festentgelt abhängig vom Gesamtumsatzvolumen (z. B. bei Bausparverträgen), vom (mindestens oder höchstens) vorgesehenen Umsatzvolumen je Zeitabschnitt oder völlig unabhängig vom Volumen (z. B. bei Fernsprech-Anschlußgebühren) sein.

Über diesen – wie auch immer vereinbarten – einmaligen festen Erlös sind die in den folgenden Perioden beim selben Kunden erzielten Erlöse miteinander zeitlich (und oft auch sachlich) verbunden. Für die Entscheidung über die Fortsetzung eines bestehenden Liefer- oder Dienstleistungsverhältnisses ist ein in der Vergangenheit erzieltes einmaliges Festentgelt freilich ohne Belang. Entsprechendes gilt für den bereits erwähnten Fall, daß bei Sonderanfertigungen, insbesondere wenn Nachbestellungen zu erwarten 196 sind, die mit der Gestaltung des Produkttyps verbundenen »Sonderkosten« für Konstruktion, Rezeptur, für Modelle und spezifische Werkzeuge mit längerer Nutzungsdauer usw. als einmalige typengebundene Teilleistungen gesondert in Rechnung gestellt werden. Über diesen einmaligen festen Erlös für die typengebundenen Sonderleistungen sind die aus dem ersten Auftrag und den Aufträgen in den folgenden Perioden erzielten Erlöse miteinander verbunden.

2. Preisliche Verbundenheit über gemeinsame Rabatte

Im Rahmen der oben erörterten Sonderanfertigung kundenindividuell standardisierter Produkte in mehr oder weniger großen Mengen (z. B. von Automobilteilen) sind auch andere Arten des preisbedingten Verbundes zwischen dem Erstauftrag und den Folgeaufträgen üblich. So kann z. B. statt des einmaligen Festbetrages bei der Erstbestellung bis zu einer – voraussichtlich mindestens zu erwartenden – Abnahmemenge ein verhältnismäßig hoher Preis je Leistungseinheit vereinbart werden (in den gewissermaßen Amortisationsraten für die einmaligen Teilleistungen einkalkuliert sind), während für die darüber hinausgehenden Nachbestellungen von vornherein ein niedriger Preis oder ein »Nachbestellungsrabatt« vereinbart wird. Auch hier liegt eine preisbedingte Erlösverbundenheit zwischen den zeitlich früheren Aufträgen (mit den Abnahmen zum höheren Preis) und den zeitlich späteren Aufträgen (mit dem niedrigeren Preis bzw. Nachbestellungsrabatt) vor, der es erfordert, daß man die Erlöse der ersten Aufträge im Hinblick auf die später noch zu erwartenden Nachbestellungen beurteilt und umgekehrt. Freilich sind bei den Entscheidungen über etwaige spätere Nachbestellungsaufträge die bei den Anfangsaufträgen erzielten Erlöse nicht mehr beeinflußbar und insoweit ohne Belang.

Ein anderer Typ der preispolitischen zeitlichen Verbundenheit aller Aufträge eines Kunden innerhalb einer Periode ist dann gegeben, wenn dem Kunden ein auf diese Periode bezogener *Umsatzbonus* oder *Gesamtumsatzrabatt* eingeräumt wird, falls der Umsatz innerhalb eines längeren Zeitraumes, gewöhnlich eines Jahres, eine bestimmte Grenze übersteigt. Dieser Jahresbonus oder -umsatzrabatt kann – wie bereits auf S. 134 erwähnt – als *gemeinsame Erlösminderung* der einzelnen erteilten Aufträge aufgefaßt werden und ist als solche weder diesen einzelnen Aufträgen noch den einzelnen Zeitabschnitten innerhalb des Bemessungszeitraumes, also etwa den Monaten und Quartalen im Falle des Jahresumsatzrabattes, zurechenbar, sondern nur dem Gesamtumsatz des betreffenden Jahres oder – genauer – den gesamten Bestellungseingängen bzw. Vertragsabschlüssen, falls, wie meist bei der Berechnung des Bonus, auf diese abgestellt wird. Der bei der Zurechenbarkeit auf Ertragsgüterarten und Mengeneinheiten erwähnte Ausnahmefall eines Vorwegabzugs auf Grund der Umsätze in früheren Perioden gilt auch hier. Allerdings liegt dann zwischen den Umsätzen der jeweils betrachteten Periode, für die der Vorwegabzug vereinbart wurde, und den Umsätzen der vorangegangenen »Referenzperioden« zwar ein ähnlicher zeitlicher Verbund wie im Falle des »Nachbestellungsrabattes« vor, doch ist dieser zeitliche Verbund für die gegenwärtigen und künftigen Entscheidungen ohne Einfluß und kann insoweit in einer entscheidungsorientierten Rechnung der laufenden Periode vernachlässigt werden.

E. Zeitbezogene Zurechenbarkeit der Erlöse bedarfsverbundener Güter mit unterschiedlichem Beschaffungsrhythmus

197

Eine lose, aber dennoch ausgeprägte zeitliche Verbundenheit zwischen Erlösen unterschiedlicher Zeitabschnitte liegt vor, wenn die Nachfrage nach bedarfsverbundenen Gütern (im weitesten Sinne) zu unterschiedlichen Zeitpunkten auftritt. Hier ist einmal an solche Fälle zu denken, in denen Gebrauchsgüter unterschiedlicher Nutzungsdauer gemeinsam verwendet werden, wie etwa Werkzeugmaschinen und die dazugehörigen, relativ schnell verschleißenden Werkzeuge oder Kraftfahrzeuge und der Bedarf an Wartungs-, Pflege- und Reparaturleistungen sowie Ersatzteilen. Weiter gehört hierher die Verwendungsverbundenheit zwischen einem Gebrauchsgut einerseits und einem Verbrauchsgut andererseits, etwa Schweißmaschine und Schweißdraht. Schließlich können auch Abweichungen in der Verbrauchsintensität verwendungsverbundener Verbrauchsgüter (wie etwa von Wasserenthärtungsmittel und Waschmittel) oder Unterschiede in ihrer Speicherbarkeit (z. B. von Erdbeeren und Zucker) zu nicht übereinstimmenden Nachfragezeitpunkten führen. Der Nachfragerhythmus kann ferner durch die Gewährung von Rabatten und durch die Gestaltung von Lieferbedingungen beeinflußt werden. Unterschiedliche Nachfragerhythmen ergeben sich auch dann, wenn der Anbieter Standardportionen und Mindestbezugsmengen verwendungsverbundener Güter nicht so aufeinander abstimmt, wie es dem Verwendungsverhältnis entspricht. Bei Produkten mit starker Verwendungsstreuung ist dies ohnehin unmöglich. Besonders starke Unterschiede in den Nachfragerhythmen treten dann auf, wenn eines der nachgefragten Güter, beispielsweise ein Lösungsmittel, mit vielen verschiedenartigen, im Vergleich dazu eng verwendungsspezialisierten Gütern, beispielsweise Farbkörpern und Klarlacken, zur Herstellung einer kaum überschaubaren Vielzahl von Anstrichfarben verwandt werden kann. Das führt naturgemäß in der Regel dazu, daß das Vielzweckprodukt in sehr viel größeren Mengen und häufig auch für längere Zeiten im voraus disponiert wird als das verwendungsspezialisiertere Produkt.

Da der Kunde in der Regel die bedarfsverbundenen Güter nicht regelmäßig beim selben Lieferanten beziehen muß und bei der Wahl der Beschaffungsrhythmen und -termine zahlreiche Einflußfaktoren zu beachten und mehrere Gesichtspunkte abzuwägen hat, ist es oft recht schwierig, diese zeitliche Verbundenheit zu quantifizieren. Deshalb muß man sich oft damit begnügen, die Teilumsätze zunächst in den Perioden auszuweisen, in denen sie realisiert wurden. Darüber hinaus empfiehlt es sich jedoch, die Umsätze bedarfsverbundener Güter in überperiodischen Zeitablaufrechnungen nebeneinander zu verfolgen, wobei es zweckmäßig ist, auf einzelne Kunden oder Kundengruppen abzustellen. Aber auch hier bleibt viel Spielraum für subjektive Interpretationen.

F. Zeitbezogene Zurechenbarkeit der Erlöse einzelner Aufträge bei dauerhaften Kundenbeziehungen

Auch wenn keine Bedarfsverbundenheit vorliegt, ja nicht einmal eine Einkaufsverbundenheit in dem Sinne, daß auch nichtverwendungsverbundene Güter im Rahmen eines
198 Einkaufs (einer Bestellung), beim selben Anbieter gemeinsam beschafft werden, besteht ein gewisser, wenn auch oft sehr lockerer und kaum quantifizierbarer sachlicher und zeitlicher Zusammenhang zwischen den Erlösen aus allen Aufträgen oder Kontrakten, die im Laufe der Zeit zwischen einem Lieferanten und einem Kunden abgewickelt werden. Davon sind alle Leistungsgüterarten im Sortiment des Anbieters, an denen der Kunde früher oder später Interesse haben könnte, betroffen.

Ganz offensichtlich ist dieser Zusammenhang bei einem Probeauftrag, der nur dann, wenn er zur vollen Zufriedenheit des Kunden ausfällt, weitere »Folge«aufträge gleicher oder anderer Art auslösen wird. Insoweit sind alle Erlöse aus Aufträgen eines Kunden in der gegenwärtigen Periode auf seine (relative) Zufriedenheit mit Güte, Preisen und sonstigen Lieferkonditionen bei den in den vorangegangenen Perioden erbrachten Leistungen zurückzuführen. Andererseits kann jede Unzufriedenheit mit einer bestimmten Leistung, bei der Auftragsabwicklung und selbst bei der Erledigung von Anfragen, den Kunden veranlassen, die Geschäftsbeziehungen einzuschränken oder gar abzubrechen und seinen Bedarf bei der Konkurrenz zu decken. Jeder Auftrag beeinflußt somit in positiver oder negativer Weise die Möglichkeit, künftig weitere Aufträge zu gewinnen und damit das für den Anbieter erreichbare marktliche Ertragspotential künftiger Perioden. Daher muß jeder Auftrag als Glied einer Kette von Aufträgen betrachtet werden, die zu einem bestimmten Zeitpunkt in der Vergangenheit begann und sich in nicht übersehbarer Weise in die Zukunft erstrecken kann [93]. Für die Entscheidungen des Anbieters sind dabei die Erlöse in der Vergangenheit nur insofern von Bedeutung, als er aus ihrer Entwicklung Schlüsse über den künftigen Geschäftsumfang mit einem Kunden zieht. Darüber hinaus können die Erlöse vergangener Perioden die Entscheidungen über den Abschluß von Kundenaufträgen in der gegenwärtigen Periode oder in künftigen Perioden nicht mehr beeinflussen. Insoweit ist für Vorschaurechnungen nur noch die »induzierte« Verbundenheit mit den potentiellen Erlösen künftiger Perioden relevant. Anders bei rückschauender Betrachtung. Hier müssen die Erlöse jeder vergangenen Periode wegen ihrer »induzierenden« Wirkung auf die Dispositonen des Kunden in späteren Perioden strenggenommen als *scheinbare Einzelerlöse* dieser Perioden und der einzelnen Aufträge angesehen werden.

In der Praxis ist man sich dieser sachlich-zeitlichen Verbundenheit durchaus bewußt. Davon zeugen etwa die besonderen Anstrengungen, die unternommen werden, um mit einem potentiellen Kunden »ins Geschäft zu kommen«, oder der bewußte Verzicht auf die volle preispolitische Ausnutzung vorübergehender Marktchancen (Knappheitssituationen) im Hinblick auf die Erhaltung dauerhafter Kundenbeziehungen, die Neigung zu Kulanzregelungen in solchen Fällen, in denen ein Beharren auf der Rechtslage zum Nachteil des Kunden diesen vergrämen könnte. Der primär ertragswirtschaftlich den-

[93] Vgl. hierzu schon meinen Aufsatz: Marktforschung und Rechnungswesen, in: ZfB, 21. Jg. (1951), S. 441–448, hier S. 443 f.

kende »Absatzwirt« wird im Zweifel auch einen Verlustartikel im Sortiment belassen, wenn er meint, daß er ohne ihn Erlöse bei anderen Artikeln verlöre. Er wird im Zweifelsfalle auch Kleinaufträge annehmen, die bei isolierter Betrachtung unwirtschaftlich erscheinen, weil er befürchtet, einen guten Kunden zu verlieren, von dem er sich noch viele Aufträge mit hohen Deckungsbeiträgen erhofft. Diese Beispiele ließen sich beliebig vermehren. Sie zeigen, daß man sich in der Verkaufspraxis – oft im Gegensatz zum Rechnungswesen – durchaus auch der losen Formen des Verbundes zwischen den Artikeln eines Sortiments, zwischen guten und schlechten Aufträgen eines Kunden, zwischen den Umsätzen in guten und schlechten Zeitabschnitten, bewußt ist, daß man die Erlöse der einzelnen Leistungsgüterarten, die ein Kunde tatsächlich oder möglicherweise bezieht, sowie die Erlöse der einzelnen Aufträge letztlich als das ansieht, was sie in Wirklichkeit sind: scheinbare Einzelerlöse des jeweiligen Leistungsgutes, des jeweiligen Auftrages. Leider ist diese allgemeine Verbundenheit zwischen den Erlösen aufeinanderfolgender Aufträge eines Kunden nur in Sonderfällen eindeutig quantifizierbar.

199

Es empfiehlt sich daher, in laufenden systematischen Rechnungen zunächst die Teilumsätze in den Perioden auszuweisen, in denen sie realisiert wurden oder in denen der für die jeweilige Fragestellung maßgebliche Zeitpunkt innerhalb der Realisationsphase (z. B. der Zeitpunkt der Rechnungserteilung) liegt, und die absatzbedingte zeitliche Verbundenheit bei der Zusammenfassung und der Interpretation zu berücksichtigen. Diese wird wiederum erleichtert, wenn man sich kumulativer, überperiodischer Zeitablaufrechnungen bedient.

V. Die Allverbundenheit[94] der Erträge als generelle Grenze der Zurechenbarkeit

Mit den soeben erörterten Beziehungen zwischen den Aufträgen eines Kunden und den für einen Kunden interessanten Leistungsarten ist die allgemeine Verbundenheit der Erlöse noch keineswegs vollständig beschrieben. Seit alters her weiß der Praktiker die Wirkung der Weiterempfehlung durch Kunden zu schätzen; neuerdings macht man selbst in der Anzeigenwerbung für Produktivgüter davon ausgiebig Gebrauch. Sind erst einmal renommierte Kunden gewonnen, dann ist es leichter, auch mit den übrigen potentiellen Nachfragern ins Geschäft zu kommen. Ebenso erleichtert der gute Ruf in *einem* Absatzgebiet das Erschließen eines anderen. Infolge dieser »induzierenden« Wirkung der Erlöse von Kunde zu Kunde, von Absatzgebiet zu Absatzgebiet und ganz allgemein von Teilmarkt zu Teilmarkt kommt zu der Erlösverbundenheit zwischen verschiedenen Leistungsgüterarten und Aufträgen bei einem Kunden noch die Verbundenheit der Erlöse zwischen effektiven und potentiellen Kunden, Absatzgebieten und sonstigen Teilmärkten hinzu.

[94] In einem ähnlichen Sinne spricht Mellerowicz von der Allverbundenheit der Forschungs- und Entwicklungsarbeiten, *Mellerowicz, Konrad:* Forschungs- und Entwicklungstätigkeit als betriebswirtschaftliches Problem, Freiburg im Breisgau 1958, S. 259.

Bei allen diesen Erscheinungen handelt es sich letztlich um eine Art »Rückkopplung« zwischen der Ertragsrealisation und der Ertragsvorbereitung, genauer: der Erhaltung und Verbesserung künftigen Ertrags- oder Leistungspotentials. Diese Beziehungen sind freilich nicht auf die »Induktionswirkung« solcher Leistungen, die vom Markt aufgenommen werden, beschränkt. Vielmehr wirken auch die im eigenen Hause des Anbie- 200 ters mit der Abwicklung eines Auftrags, mit der Erzeugung eines Produktes, der Beschaffung einer Ware gewonnenen Erfahrungen und Übungsvorteile in der Zukunft fort als Verbesserung oder wenigstens Erhaltung des Ertrags- oder Leistungspotentials. So ist auch von dieser internen Seite her die Ertragskonkretisierungsphase mit der Phase der Ertragsvorbereitung in einer Weise verbunden, die es ausschließt, die Frage nach den Grenzen zwischen den Phasen der Ertragsbildung eindeutig zu beantworten.

Angesichts dieser Allverbundenheit der Erlöse und zwischen gegenwärtig konkretisierten und realisierten Leistungen und den durch sie induzierten künftigen Leistungspotentialen könnte man bei der Erlöszurechnung verzweifeln, weil eine strenge Interpretation der Zurechnungskriterien den Verzicht auf jede differenzierte Zurechnung nahelegt. Andererseits möchte man bei schwach ausgeprägten Formen der Verbundenheit, die zudem oft nur Möglichkeiten darstellen und somit nie ganz sicher und kaum quantifizierbar sind, in der Praxis nicht auf einen gesonderten Ausweis der Erlöse verzichten. Wie sollte man auch anders die Konsequenzen aus der Einsicht ziehen, daß die Differenzierung (samt der Selektion) »das wichtigste allgemeine Prinzip jeder Absatzpolitik ist«[95], wenn man nicht – von Fällen offensichtlicher Nachfrage- oder Angebotsverbundenheit abgesehen – auch scheinbare Einzelerlöse getrennt ausweisen würde? Hier steht man also vor einem echten Dilemma, zumal sich keine scharfe Grenze zwischen solchen Graden der Erlösverbundenheit, die im Rechnungswesen zu berücksichtigen sind, und solchen, die vernachlässigbar erscheinen, ziehen läßt. Man kann das Dilemma durch bewußte Vereinfachungen und Annahmen zu lösen versuchen, gerät dabei aber in ein neues Dilemma, weil mit jeder Vereinfachung die Gefahr wächst, Fehlurteile zu fällen und Fehlentscheidungen zu treffen[96]. So bleibt wohl nur der Weg, die scheinbaren Einzelerlöse, von offensichtlichen echten Gemeinerlösen abgetrennt, wie wirkliche Einzelerlöse zu behandeln, die es bei strenger Auffassung ohnehin möglicherweise nicht gibt, und die ertragsbedingte Allverbundenheit der scheinbaren Einzelerlöse und der davon abgeleiteten Deckungsbeiträge bei ihrer stufenweisen Zusammenfassung und bei ihrer Interpretation zu berücksichtigen. Das darf freilich nicht reinen Rechnungstechnikern überlassen bleiben. Vielmehr ist man bei solchem Bemühen auf Fachleute angewiesen, die die sachökonomischen Zusammenhänge in allen ihren Wechselbeziehungen durchschauen und vor allem über ein hohes Maß an Markteinfühlung verfügen.

[95] *Erich Schäfer:* Absatzwirtschaft, in: Handbuch der Wirtschaftswisserschaften, hrsg. v. Karl Hax und Theodor Wessels, 2. Aufl., Bd. I Betriebswirtschaft, Köln und Opladen 1966, S. 277 bis 341, hier S. 331.

[96] Vgl. hierzu *Dieter Schneider:* Investition und Finanzierung, Lehrbuch der Investitions-, Finanzierungs- und Ungewißheitstheorie, Köln und Opladen 1970, S. 158.

II. Zur Grundrechnung

8. Der Aufbau der Grundrechnung im System des Rechnens mit relativen Einzelkosten und Deckungsbeiträgen* 84

A. Das Wesen der Grundrechnung

Die für die Erstellung von Deckungsbeitragsrechnungen benötigten Periodenkosten [1] werden in einer Grundrechnung gesammelt. Die Bezeichnung *»Grundrechnung«*, die in Anlehnung an *Schmalenbach* [1] gewählt wurde, soll zum Ausdruck bringen, daß es sich um eine universell auswertbare Zusammenstellung relativer Einzelkosten handelt, deren »Bausteine« in mannigfaltiger Weise kombiniert werden können und einen schnellen Aufbau von Sonderrechnungen für die verschiedensten Fragestellungen erlauben [2].
Soweit unterschiedliche Rechnungszwecke verschiedenartige Bewertungen der Kostengüter bedingen, z. B. einerseits zum Anschaffungspreis und andererseits zum Tagespreis oder zum erwarteten Wiederbeschaffungspreis, sind naturgemäß verschiedenartige Grundrechnungen, insbesondere für Nachkalkulation und Vorkalkulationen, notwendig [3]. Dagegen ist es eine Frage der organisatorischen Zweckmäßigkeit, ob man sich in der Plan- und Standardkostenrechnung einer Grundrechnung mit jeweils parallelen Spalten für Soll- und Istwerte bedient oder statt dessen getrennte Grundrechnungen für die Istkosten und die Standard- oder Plankosten bevorzugt.
Die Grundrechnung ist eine *kombinierte Kostenarten-, Kostenstellen- und Kostenträgerrechnung*. Sie enthält alle in einer Periode angefallenen Kostenarten und ist in diesem Sinne eine *Vollkostenrechnung* [4]. Die Kostenarten werden jeweils bei den Kostenstellen, Kostenträgern oder sonstigen Bezugsgrößen ausgewiesen, für die sie direkt erfaßt worden sind. Ein Teil der Kosten erscheint also bei den Kostenstellen, ein anderer bei den Kostenträgern und sonstigen Bezugsobjekten, so daß die Grundrechnung – von den einzelnen Bezugsobjekten aus gesehen – eine Zusammenstellung von *Teilkostenrechnungen* ist.
Im Prinzip ist die Grundrechnung identisch mit der traditionellen Kostenstellen- und Kostenerträgerrechnung vor der Schlüsselung von Gemeinkosten, also vor der Umlage der allgemeinen Kostenstellen und sonstigen Vorkostenstellen usw. sowie der Endkostenstellen auf die Kostenträger [4].

B. Besonderheiten bei der Erfassung und Sammlung der Kosten

Die praktische Handhabung der *Kostenerfassung* unterscheidet sich kaum von der herkömmlichen Kostenrechnung, soweit dort möglichst viele Kosten direkt erfaßt werden [5]. Auch bei der herkömmlichen Kostenrechnung ist es bekanntlich keineswegs so, daß die Kosten zunächst als Kostenarten für die Abrechnungsperiode erfaßt und dann auf die Kostenstellen und schließlich die Kostenträger verteilt werden. Vielmehr ergeben sich die Zahlen der meisten Kostenarten als Summe der Uraufschreibungen, mit denen der Einsatz der Kostengüter in bestimmten Kostenstellen oder für bestimmte Kostenträger erfaßt wird.

* Nachdruck aus: Zeitschrift der Buchhaltungsfachleute »Aufwand und Ertrag«, 10. Jg. (1964), S. 84–87, mit freundlicher Genehmigung des Erich Schmidt Verlages, Berlin.

[1] Vgl. *Schmalenbach, E.:* Kostenrechnung und Preispolitik, 7. Aufl., Köln und Opladen 1956, S. 280

Die Unterschiede in der Kostenerfassung gegenüber der herkömmlichen Kostenrechnung liegen einmal darin, daß *schon bei der Erfassung* und erst recht bei der Zusammenfassung in der Kostenartenrechnung *die Zugehörigkeit* zu den einzelnen *Kostenkategorien* beachtet werden muß, und zum anderen, daß zu den üblichen Kostenstellen und Kostenträgern noch *weitere Bezugsgrößen* hinzukommen können, z. B »Sortenwechsel an sich«, »Aufträge an sich« (d. h. ohne die in den Positionen enthaltenen Leistungsmengen), Verkaufsbezirke, Kundengruppen, Absatzwege usw.

Nicht selten können dabei bestimmte Kosten *gleichzeitig mehreren Bezugsgrößen* direkt zugerechnet werden, ohne daß sich eine eindeutige Über- oder Unterordnung dieser Bezugsgrößen ergibt und lediglich entschieden werden muß, ob es wirtschaftlich vertretbar ist, die Kosten in der untersten Stufe der Bezugsgrößenhierarchie zu erfassen und auszuweisen oder bei welcher der übergeordneten Bezugsgrößen. So lassen sich die Frachtkosten eines Versandauftrages zwar unmittelbar für diesen Auftrag erfassen, doch wird man sie oft nach Auftragsarten, Versandmethoden zwar unmittelbar für diesen Auftrag erfassen, 85 doch wird man sie oft nach Auftragsarten, Versandmethoden, |Abnehmergruppen oder Kundenbezirken gruppiert oder aber auch nur bei der Kostenstelle Versand zusammengefaßt ausweisen. Hier muß schon bei der Kostenerfassung festgelegt werden, welche dieser Beziehungen überhaupt festgehalten werden sollen, bei welcher der möglichen Bezugsgrößen die betreffenden Kosten für die Grundrechnung gesammelt und ausgewiesen werden und welche Zuordnungsmöglichkeiten lediglich in statistischen Nebenrechnungen vorgenommen werden sollen. In unserem Beispiel könnte etwa festgelegt werden, daß bei der Erfassung der Ausgangsfrachten für Sonderrechnungen und die Absatzstatistik die Art des Transportmittels, die Kundengruppe und der Verkaufsbezirk, zu dem der Empfänger gehört, festgehalten werden, daß dagegen für die Grundrechnung die Ausgangsfrachten nach Verkaufsabteilungen gesammelt und ausgewiesen werden.

Die Grundrechnung kann in *Konten- oder Tabellenform* durchgeführt werden und, wie die Betriebsabrechnung, auf verschiedene Weise organisatorisch mit der Geschäftsbuchhaltung verknüpft werden. Besonders übersichtlich ist die – im Beispiel angewandte – Tabellenform nach Art des Betriebsabrechnungsbogens.

In Anlehnung daran weist die Spaltengliederung (der Tabellenkopf) die *Bezugsgrößen*, d. h. die Kostenstellen und die Kostenträger sowie gegebenenfalls weitere Bezugsobjekte, aus [2]. Die Zeilen der Vorspalte sind für die nach Kostenkategorien gegliederten Kostenarten bestimmt.

C. *Auswahl und Gruppierung der Kostenkategorien*

Beim Aufbau der Grundrechnung muß weiter über folgende Fragen entschieden werden:

1. *nach welchen Kostenkategorien* sollen die *Kostenarten differenziert* und *gruppiert* werden?
2. in welcher *Rangordnung* sollen die Kostenkategorien erscheinen?

Die Differenzierung und Gruppierung der Kostenarten nach Kostenkategorien soll die Auswertung der Kostenrechnung für Planungs- und Dispositionszwecke vorbereiten, aber auch die Auswertung für die Betriebskontrolle erleichtern. Deshalb sind das Verhalten der Kosten gegenüber den *Haupteinflußfaktoren* und der *Ausgabencharakter* der Kosten besonders wichtige Kriterien für die Bildung von Kostenkategorien. Für die Beurteilung der Genauigkeit der Periodenrechnung ist die Unterscheidung der Kosten nach ihrer

[2] Ein Beispiel hierfür wird im nächsten Beitrag gegeben.

Zurechenbarkeit auf Abrechnungsperioden wichtig; darüber hinaus könnte noch nach der Genauigkeit der Erfassung weiterdifferenziert werden, z. B. zwischen gemessenem und geschätztem Verbrauch, und – nach der Verrechnung unechter Gemeinkosten für Dispositions- und Planungszwecke – zwischen direkt erfaßten Kosten und zugeschlüsselten unechten Gemeinkosten [6]. Auch der gesonderte Ausweis ursprünglicher und abgeleiteter Kosten ist für Kontroll- und Dispositionsaufgaben von großer Bedeutung, vor allem, wenn das gleiche Kostengut teils fremdbezogen und teils selbsterzeugt wird, so daß es sowohl als ursprüngliche Kostenart als auch als abgeleitete Kostenart – nach der Verrechnung innerbetrieblicher Leistungen – in Erscheinung tritt.

Von der Betriebsstruktur und den im Vordergrund stehenden Rechnungszwecken und Fragestellungen hängt es ab, welche nach den genannten und weiteren Kriterien gebildete Kostenkategorien beim Aufbau der laufenden Grundrechnung berücksichtigt werden sollten. Da die Kostenkategorien auf verschiedenartigen Kriterien beruhen, zwischen denen keine in der Natur der Sache liegende Rangordnung besteht, ist es notwendig, die Reihenfolge der Kriterien und die hervorzuhebenden Merkmalsausprägungen festzulegen. Zwei Beispiele für Hierarchien von Kostenkategorien sind in Schema 1 und 2 dargestellt. Im Schema 1 wurde als primäres Unterscheidungsmerkmal der *Ausgabencharakter* der Kosten gewählt.

Danach ist zunächst *sachlich* zwischen Kosten, die sich von Ausgaben ableiten (= *»ausgabenwirksame Kosten«*), wie im allgemeinen Stoffkosten, Löhne, Fremddienste und Kostensteuern, und solchen, die sich nicht von Ausgaben ableiten (*»nicht ausgabenwirksame Kosten«*), wie die kalkulatorischen Zinsen auf das Eigenkapital oder der kalkulatorische Unternehmerlohn, zu unterscheiden. Wenngleich derartige nicht ausgabenwirksame kalkulatorische Kosten für Betriebsvergleiche und ähnliche Zwecke eine Berechtigung

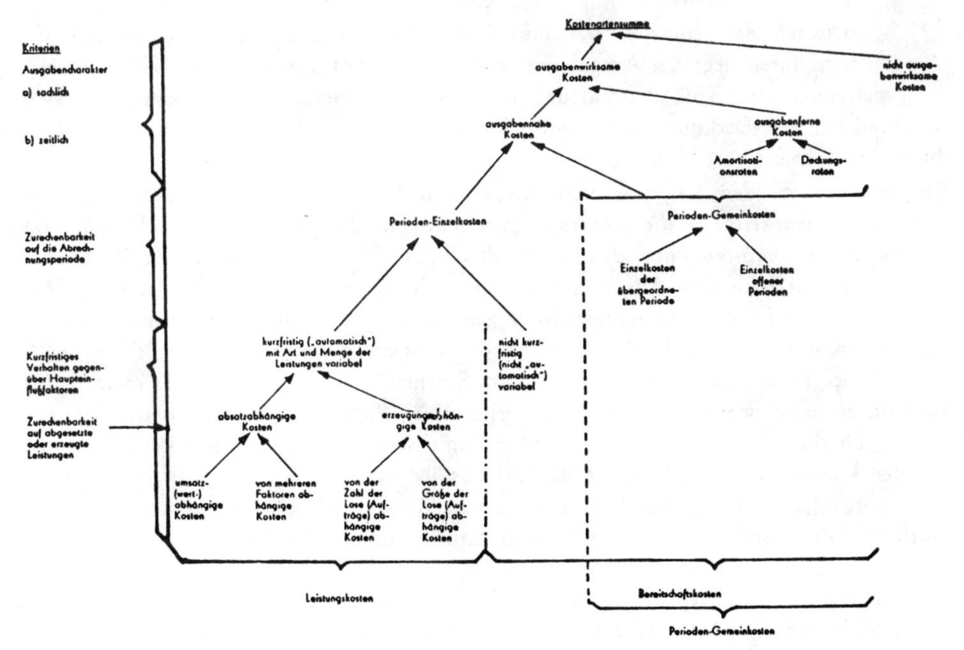

Schema 1: Beispiele für unterschiedliche Gruppierungsmöglichkeiten von Kostenkategorien (Zusammenfassung der Kosten in Pfeilrichtung)

haben, weil man auf diese Weise Unterschiede in der Finanzierung und der Rechtsform bewußt ausschalten kann, so ist doch die Berücksichtigung nicht ausgabenwirksamer Kosten in der laufenden Kostenrechnung für Kontroll- und Dispositionszwecke von zweifelhaftem Wert, zumal ihr Kostencharakter nach wie vor umstritten ist.

Bei der Kennzeichnung des Ausgabencharakters in *zeitlicher* Hinsicht wird darauf abgestellt, ob für die verzehrten Kostengüter üblicherweise bald wieder Ersatz beschafft werden muß, der mit Ausgaben verbunden ist [7]. Das ist in der Regel bei den Stoff- und Energiekosten, den Personalkosten, zahlreichen Fremddienstleistungen und Steuern der Fall. In Anlehnung an K. Banse wird diese Kategorie hier als *»ausgabennahe Kosten«* bezeichnet. In der Literatur waren bisher dafür Ausdrücke, wie »ausgabenerzwingende Kosten« |(E. Schäfer), »mit kurzperiodischen Ausgaben verbundene Kosten« (H. Koch) oder »ausgabenwirksame Kosten« (K. Mellerowicz, K. Agthe), vorgeschlagen worden, die ich in früheren Veröffentlichungen gleichfalls benutzt habe. Den ausgabennahen Kosten stehen in der Terminologie K. Banses, der ich mich nunmehr anschließe, die *»ausgabenfernen Kosten«* gegenüber, die nur langperiodisch mit Ausgaben verbunden sind, wie Abschreibungen und Rückstellungen für Bergschäden.

86

Auf sie kann bei der Ermittlung der Preisuntergrenze vorübergehend verzichtet werden – wenn keine Ersatzbeschaffungen notwendig sind oder Rückstellungen nicht in Anspruch genommen werden –, sogar jahrelang, ohne daß die Liquidität und damit die Existenz der Unternehmung gefährdet würde. Übersteigen die Umsatzerlöse die ausgabennahen Kosten [8], dann ist der Überschuß eine für unternehmerische Dispositionen besonders wichtige Größe, deren Bedeutung durch den Hinweis auf die vieldiskutierte »Finanzierung aus freigesetzten Abschreibungen« hervorgehoben werden soll.

Die ausgabenfernen Kosten sind in der Regel *Perioden-Gemeinkosten*, da sie den Abrechnungsperioden nur ratenweise angelastet werden können. Bei diesen *»Deckungsraten«* [9] ist zwischen *Amortisationsraten* und *Rückstellungsraten* zu unterscheiden. Bei den Amortisationsraten liegt die Ausgabe oder Zahlungsverpflichtung zeitlich vor den Nutzungsperioden, wie bei der Beschaffung von Maschinen, Gebäuden, Abbaugrundstücken, während bei den Deckungsarten mehr oder weniger viele Nutzungsperioden der Zahlungsverpflichtung vorausgehen.

Im Gegensatz zu den ausgabenfernen Kosten muß bei den ausgabennahen Kosten nach der *Zurechenbarkeit auf die Abrechnungsperiode* zwischen *Perioden-Einzelkosten* und *Perioden-Gemeinkosten* unterschieden werden [10]. Da die Sammlung der Kosten zu Kategorien, die nach dem Ausgabencharakter gebildet sind, nicht mit den nach der Zurechenbarkeit auf die Abrechnungsperiode gebildeten Kategorien übereinstimmt, werden bei der Rangfolge nach Schema 1 die Perioden-Gemeinkosten auseinandergerissen, während sie bei der umgekehrten Reihenfolge im Schema 2 als Gesamtsumme erscheinen. Innerhalb der ausgabennahen Perioden-Gemeinkosten könnte man weiter danach differenzieren, ob diese als Einzelkosten einer fest umrissenen übergeordneten Periode erfaßt werden können, wie beispielsweise die Urlaubslöhne und Weihnachtsgratifikationen für das Jahr, oder ob es sich um Einzelkosten von zunächst nicht eindeutig bestimmbaren, »offenen« Zeiträumen handelt, wie bei Reparaturkosten und Werbekosten, die nur kumulativ zu kontrollieren sind [11].

Die folgenden Kategorien stellen auf das *Verhalten der Kosten gegenüber den Haupteinflußfaktoren* ab. Das sind für alle kurzfristigen Dispositionen vor allem Art und Menge der Leistungen. Die übliche Unterscheidung zwischen fixen und variablen Kosten schlechthin ist mehrdeutig, weil einerseits darin nicht die betrachtete Einflußgröße zum

Ausdruck kommt und zum anderen die Zuordnung von der Länge der betrachteten Dispositionsperiode sowie von den auf Grund der Situation und der Erwartungen zu treffenden Maßnahmen abhängt. Deshalb wird in der Grundrechnung darauf abgestellt, welche Kosten sich »automatisch« bei *kurzfristigen Veränderungen von Art und Menge der Leistungen* gleichfalls ändern. Diese bezeichne ich als *»Leistungskosten«* [12]. Alle Kosten, die kurzfristig überhaupt nicht veränderlich sind oder erst auf Grund von besonderen Anordnungen und Maßnahmen angepaßt werden können, z. B. durch Anordnung von Überstunden, von Kurzarbeit oder Feierschichten, Einstellung und Entlassung von Arbeitskräften, werden bei den kurzfristig nicht variablen Perioden-Einzelkosten, die einen wichtigen Teil der Bereitschaftskosten ausmachen, gesammelt. Für den Fall, daß für diese Bereitschaftskosten die Haupteinflußfaktoren und die Anpassungsmöglichkeiten von vornherein eindeutig festliegen, können sie weiter nach ihrer Abbaufähigkeit unterteilt werden. Wenn Erzeugung und Absatz mengenmäßig und zeitlich nicht notwendigerweise zusammenfallen, sondern durch Lagerbildung ausgeglichen werden können, müssen die Leistungskosten weiter danach unterschieden werden, ob sie für die Erzeugung der Leistungen oder für ihren Absatz entstehen. Dementsprechend kommt in der Unterscheidung zwischen *absatzabhängigen Kosten und erzeugungsabhängigen Kosten* zugleich die *Zurechenbarkeit* der Kosten auf die Art der abgesetzten oder erzeugten Leistungen (oder Leistungsgruppen) zum Ausdruck. Innerhalb der absatzbedingt variablen Kosten hängt ein Teil der Kostenarten, wie Umsatzsteuer, Provisionen, oft auch Lizenzen und Beiträge, vom Umsatzwert ab, während der Rest gewöhnlich von *mehreren Faktoren*, wie der Umsatzmenge, der Zahl und der Größe der Aufträge, der Transportentfernung usw., bestimmt wird [13]. Entsprechend kann auch innerhalb der erzeugungsabhängigen Kosten weiter differenziert werden nach solchen, die von der Zahl der Lose (Fertigungsaufträge) abhängig sind, wie die zusätzlich entstehenden Sortenwechselkosten und Rüstkosten, und solchen, die lediglich von Art und Menge der Erzeugnisse oder den Losgrößen abhängen [3] [14]. Da die Kostenarten in der Hierarchie der Kostenkategorien von unten nach oben gesammelt werden, fallen bei der in Schema 1 gewählten Rangfolge die Leistungskosten, die Perioden-Einzelkosten, die ausgabennahen Kosten und die ausgabenwirksamen Kosten in der Grundrechnung jeweils als Zwischensummen an. Dagegen sind die Perioden-Gemeinkosten und die Bereitschaftskosten »auseinandergerissen«. Das ist jedoch kein großer Nachteil, weil sich deren Beträge leicht aus wenigen Teilsummen gesondert ermitteln lassen.

Wählt man eine andere Rangfolge der Kriterien zur Bildung der Kostenkategorien wie in Schema 2, dann fallen bei dem kategorienweisen Sammeln der Kostenarten nach den Leistungskosten gleich die Perioden-Einzelkosten und die Kostenartensumme an. Die Summen der ausgabennahen Kosten, der ausgabenwirksamen Kosten und der Bereitschaftskosten müssen daher jeweils gesondert ermittelt werden. Entsprechendes ergibt sich bei den meisten nach anderen Gesichtspunkten gebildeten Hierarchien von Kostenkategorien. Um die grundsätzlich gegebenen und theoretisch wünschenswerten Möglichkeiten der Bildung von Kostenkategorien in der Grundrechnung vorzuführen, wurde vor allem in Schema 1 sehr weitgehend differenziert. In der Praxis wird man im allgemeinen mit einer geringeren Tiefengliederung auskommen [15]. Damit kann freilich der Verzicht auf gewisse unmittelbare Auswertungsmöglichkeiten verbunden sein. Auf welche Ausgliederungen und Aufgliederungen verzichtet werden darf, ist daher nur auf Grund einer Analyse der Frage-

87

[3] Weitere Einzelheiten hierzu sowie zur Abhängigkeit der Bereitschaftskosten sind in meinem Beitrag: Das Problem der minimalen Auftragsgröße, in: Zeitschrift für handelswissenschaftliche Forschung, Neue Folge, 12. Jg. (1960), Heft 12, S. 647–685, dargestellt.

stellungen der Kostenauswertung nach Bedeutung und Häufigkeit zu entscheiden. Ein Beispiel für eine vereinfachte Gliederung nach Kostenkategorien wird dem praxisnahen einfachen Beispiel zur Durchführung der Grundrechnung zugrunde liegen [16].

86

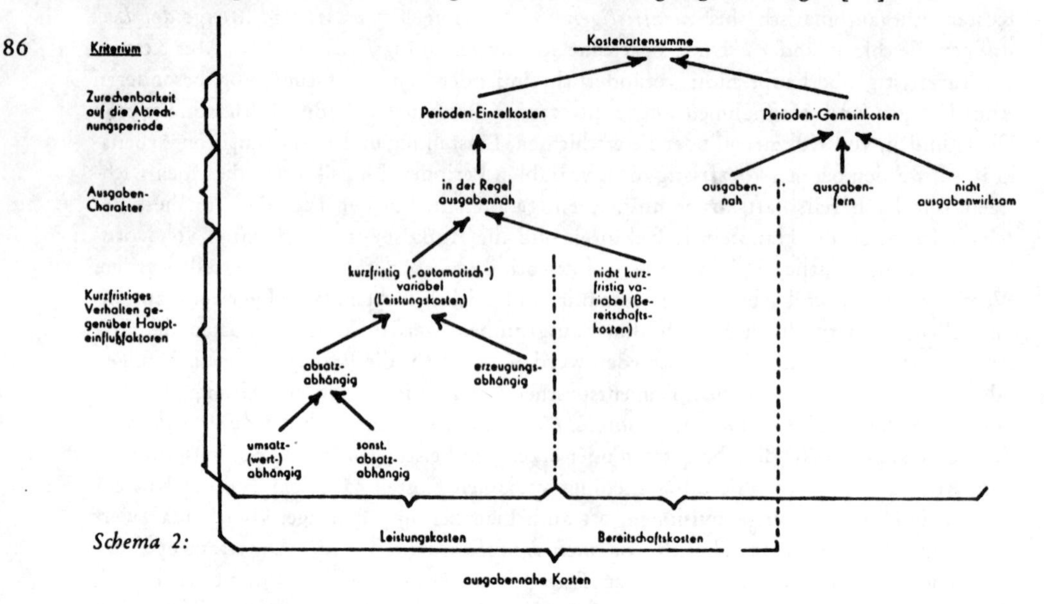

Schema 2:

87

D. Auswahl und Gruppierung der Bezugsobjekte

In der Grundrechnung ist ferner festzulegen, in bezug auf welche Objekte (Vorgänge, Organe, Betriebsteile, Leistungen usw.) die erfaßten Kosten gesammelt werden sollen. Wie die Auswahl und Gruppierung der Kostenarten und Kostenkategorien, so muß auch die Auswahl und Gruppierung der Bezugsobjekte, für die die Kosten erfaßt und gesammelt werden, einerseits auf die Betriebsstruktur und andererseits auf die im Vordergrund der Auswertung stehenden Fragestellungen ausgerichtet werden. Dabei sind nicht nur die Zusammenhänge im Produktionsbereich, sondern auch die im Vertriebsbereich zu beachten. Für Absatzanalysen werden sogar außerhalb des Unternehmens gelegene Bezugsobjekte, wie Absatzwege oder Kundengruppen, in die Erfassung und Sammlung der Kosten einbezogen. Als Kriterien für die Gruppierung der Bezugsobjekte kommen außer denjenigen, die die bestehende Hierarchie der *Verantwortungsbereiche* in der Unternehmungsorganisation bestimmt haben, vor allem solche Gruppierungen in Frage, die sich aus dem *Leistungsfluß* im Produktionsbereich und im Absatzbereich entwickeln lassen.

Verhältnismäßig einfach ist dies bei durchgängig parallelen Leistungssträngen, in denen die einzelnen Leistungsgruppen der Produktion über mehrere Stufen isoliert nebeneinanderlaufen und auch jeweils über eigene Vertriebsorgane abgesetzt werden, wie in Schema 3, Beispiel A. Dann ergeben sich nur relativ wenige sinnvolle Gruppierungsmöglichkeiten. So kann man nach Kostenträgern einerseits und Kostenstellen andererseits zusammenfassen und die letzteren wiederum entweder nach Produktions- oder Vertriebsstellen ordnen, man kann aber auch die den Leistungsgruppen jeweils zugehörigen Produktions- und Vertriebskostenstellen zusammenfassen. Schließlich können sowohl die Kostenträger als auch die Produktions- und Vertriebskostenstellen nach Erzeugnisgruppen geordnet werden. Je nach der gewählten Gruppierung der Bezugsgrößenhierarchie werden für unterschiedliche

Bezugsgrößengruppen Zwischensummen ausgewiesen. Es hängt daher letzten Endes davon ab, ob der Schwerpunkt der Auswertung beispielsweise in der Betriebskontrolle nach Verantwortungsbereichen liegt oder ob die Ergebnisanalyse nach Erzeugnisgruppen im Vordergrund steht. Das zweite Ziel wird für das im folgenden Beitrag erläuterte Zahlenbeispiel unterstellt.

In diesem Zahlenbeispiel liegen die Verhältnisse ähnlich einfach wie in Schema 3, Beispiel B. Sind dagegen die Produktions-Kostenstellen und -Abteilungen mehrfach miteinander verflochten oder stimmt auch nur die Gruppierung der Leistungen im Produktionsbereich mit der Gruppierung der Leistungen im Vertriebsbereich nicht überein, wie in Schema 3, Beispiel C, dann können sehr unterschiedliche Bezugsgrößen-Hierarchien aufgebaut werden. Welche Rangordnung man für die Grundrechnung wählt, ist dabei weni-

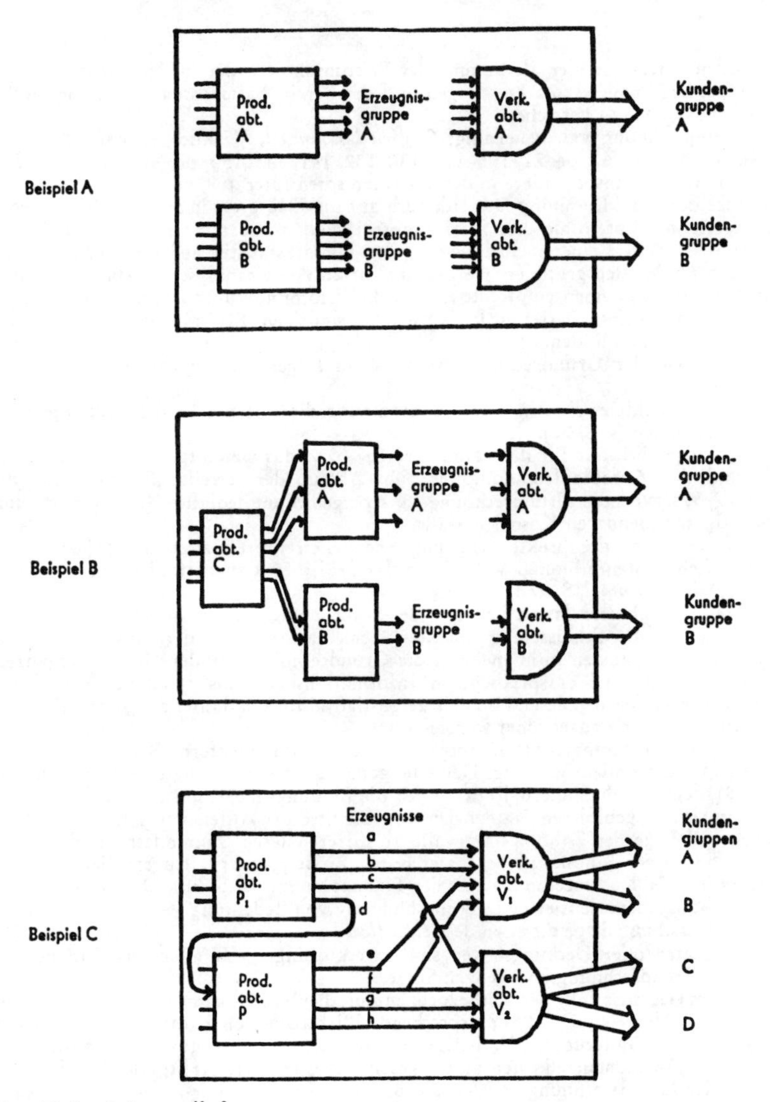

Schema 3: Einige Leistungsflußtypen

ger entscheidend als die Wahl der Bezugsobjekte, für die die Kosten gesammelt ausgewiesen werden. Anders ist das bei der Auswertung für die Ergebnisanalyse. Dort müssen oft mehrere Bezugsgrößen-Hierarchien nebeneinander berücksichtigt und daher verschiedene Deckungsbeitragsrechnungen aufgestellt werden, die nebeneinander zur Durchleuchtung des Betriebes ebenso notwendig sind wie mehrere Schnitte, Grund- und Aufrisse zur genauen Beschreibung einer Maschine oder eines Hauses. Doch solche schwierigen Fälle mögen vielleicht später einmal Gegenstand unserer Betrachtungen sein. Vorerst soll der Aufbau der Bezugsgrößen-Hierarchie am Beispiel eines verhältnismäßig einfachen Modellbetriebes im folgenden Beitrag gezeigt werden.

Anmerkungen

[1] »Periodenkosten« ist hier als Summe der Leistungskosten der in der Rechnungsperiode hergestellten bzw. abgesetzten Leistungen und der Bereitschaftskosten, soweit sie dieser Periode zurechenbar sind, zu verstehen.

[2] Zur Grundrechnung vgl. neuerdings *Siegfried Hummel,* Wirklichkeitsnahe Kostenerfassung, Berlin 1970, S. 53–62, 64–71, 106–113, 130–132, 141, 148–150, der auch auf ähnliche Ansätze anderer Autoren, insbesondere in der amerikanischen Literatur, verweist.
Die Idee der Grundrechnung läßt sich auch auf die Erlöse sowie auf die Mengenrechnung der bereitgestellten Potentiale und ihrer Inanspruchnahme übertragen. Die Grundrechnung der Erlöse ist nach Art einer mehrdimensionalen Umsatzstatistik aufzubauen, in der die Erlöse nach den Merkmalen gruppiert werden, die für die Absatzanalyse und -planung relevant sind. Bei Bruttopreissystemen empfiehlt es sich, die Erlösminderungen und -berichtigungen einzubeziehen. Bei komplizierteren Preissystemen sind den Erlösabhängigkeiten entsprechende Erlöskategorien zu bilden.
Vom »System der Grundrechnungen« wird im folgenden nur die Kosten-Grundrechnung behandelt.

[3] Deshalb empfiehlt es sich, in der Grundrechnung die Mengen- und Preiskomponente gesondert auszuweisen (s. S. 21).

[4] Dies gilt eigentlich nur für die »Totalperiode« bzw. das Gesamtgefüge der Periodenrechnungen und der Zeitablaufrechnung bis zum Ablauf der jeweils eingegangenen Bindungen (s. S. 87–97), weil die Grundrechnung im strengen Sinne lediglich die der Rechnungsperiode eindeutig zurechenbaren Kosten umfaßt.

[5] Freilich werden an die direkte Erfassung sehr viel strengere Kriterien angelegt als in der herkömmlichen Kostenrechnung. Vgl. hierzu das Prüfschema zur Erfaßbarkeit von Einzelkosten bei *Siegfried Hummel,* S. 97 ff.

[6] Unechte Gemeinkosten lassen sich nach der Schlüsselung nicht mehr kontrollieren (s. S. 14 f.). Daher gehört die Schlüsselung unechter Gemeinkosten und der Ausweis zugeschlüsselter unechter Gemeinkosten nicht mehr in die Grundrechnung, sondern in eine ergänzende Sonderrechnung, die bei entsprechendem Informationsbedürfnis systematisch und regelmäßig erstellt werden kann. Dieser Hinweis zeigt, daß nicht jede laufende systematische Rechnung der Grundrechnung zugeordnet werden kann.

[7] Die folgende Differenzierung in ausgabennahe und ausgabenferne Kosten erweist sich als zu grob und nicht eindeutig genug. Der Übergang zum entscheidungsorientierten Kostenbegriff (s. S. 81) legt es nahe, innerhalb der durch die Bindungsdauer und die zeitliche Lage der Bindungsintervalle gebildeten Kategorien von Bereitschaftskosten zusätzlich nach der genauen Länge und Lage der Zahlungsintervalle zu differenzieren. Zumindest für die Bereitschaftskosten mit fester Bindungsdauer bzw. festen Bindungsintervallen empfiehlt sich daher die Integration der Kostenrechnung mit der Finanzplanung (s. S. 95). Das ist auch für die Aufstellung »ausgabenorientierter Deckungsbudgets« von Bedeutung.

[8] Dieser Überschuß entspricht etwa dem *cash flow.*

[9] Deckungsraten oder Deckungslasten sind zweckbedingte »Zuteilungen« und gehören daher nicht zur Grundrechnung im strengen Sinne.

[10] Unter dem Gesichtspunkt der zeitbezogenen Zurechenbarkeit kann man die Bereitschaftskosten in eine der Abb. 7 (auf S. 96) entsprechende Hierarchie von Kostenkategorien gliedern. Wo kurzfristige Veränderungen der Betriebsbereitschaft von Bedeutung sind, wird man darüber hinaus noch Wocheneinzelkosten und Tageseinzelkosten, ja, sogar Stundeneinzelkosten ausweisen. In der Monatsrechnung werden die Bereitschaftskosten nur ausgewiesen, soweit sie dem Monat oder kürzeren Zeiträumen zurechenbar sind, in der Quartalsrechnung kommen die

Quartalseinzelkosten hinzu, in der Halbjahresrechnung die Halbjahreseinzelkosten, während in der Jahresrechnung nur noch die Jahresgemeinkosten ausgeklammert bleiben. Sie erscheinen erst in der überjährigen Zeitablaufrechnung, zusammen mit den Bereitschaftskosten unbestimmter Nutzungsdauer (»offener Perioden«).

[11] Bei den Vertriebskosten kommt noch der Preis oder Umsatzwert als weitere wichtige Einflußgröße hinzu.

[12] Diese hängen vom tatsächlich realisierten Leistungsprogramm und nicht nur vom geplanten oder erwarteten ab. Darin sehe ich das wesentliche Kriterium der Unterscheidung zwischen Leistungskosten und Bereitschaftskosten.

[13] Verhältnismäßig selten sind absatzmengenabhängige Kosten, für die sich Beispiele bei den Verbrauchssteuern und bei Lizenzen finden. Die von mehreren Faktoren abhängigen absatzbedingten Kosten entstehen in der Regel für den Versand- oder Kundenauftrag als Ganzes und können daher auch als versandauftragsbedingte oder kundenauftragsbedingte Kosten bezeichnet werden.

[14] Schließlich kann es noch zweckmäßig sein, als weitere Kategorie *»beschaffungsbedingte Kosten«* auszuweisen, unter denen vor allem die den Kostengüterarten oder -einheiten nicht zurechenbaren Beschaffungsausgaben(-kosten), beispielsweise für Eingangsverpackung und Eingangsfrachten, zugeordnet werden können.

[15] Es können aber auch – durch die Branchen- oder Betriebseigenart bedingt – zusätzliche oder nach ganz anderen Gesichtspunkten gebildete Kostenkategorien – insbesondere innerhalb der Leistungskosten – notwendig werden. Interessante Beispiele dafür finden sich in den Untersuchungen meiner ehemaligen Mitarbeiter: *Kornelius Schott*: Deckungsbeitragsrechnung in der Spedition. Mit einer Fallstudie zur Weiterentwicklung der Kosten-, Erlös- und Ergebnisrechnung in der Spedition unter besonderer Berücksichtigung des Sammelgutverkehrs mit Lastkraftwagen, Hamburg 1971, 2. Aufl. 1975, insbes. S. 76–84, und *Bernd Heine:* Grundfragen der Deckungsbeitragsrechnung in der Binnenschiffahrt (Schriftenreihe »Deckungsbeitragsrechnung und Unternehmungsführung«, Bd. 3), Opladen 1972, und *Christian Scheller:* Deckungsbeitragsrechnung im Hotel, in: Restaurant und Hotel Management, Jg. 1975, H. 10 ff., und Jg. 1976, H. 1 ff.

[16] Ein Beispiel für eine Grundrechnung nach einem anderen Gliederungsschema der Kostenkategorien findet sich auf S. 244 f. Meinen jetzigen Auffassungen entsprechen am besten die Gliederungsschemata in meinem Artikel: Deckungsbeitragsrechnung im Handel, in: Handwörterbuch der Absatzwirtschaft (HWA), hrsg. v. Bruno Tietz, Stuttgart 1974, Sp. 433–455, hier Sp. 437 f. und 453 f. Verallgemeinert man die dort vorgeschlagene Gruppierung der *Leistungskosten,* erhält man folgende Gliederung:

1. *absatzbedingte* Leistungskosten
   a) umsatzwertabhängige
   b) absatzmengenabhängige
   c) kunden- und versandauftragsindividuelle (von mehreren Faktoren abhängige)
2. *manipulations-* oder *erzeugungsbedingte* Leistungskosten
   a) manipulations- oder erzeugungsmengenabhängige
   b) sortenwechsel- und sortenfolgebedingte
   c) auftragsindividuelle Sonderkosten
3. *beschaffungsbedingte* Leistungskosten
   a) beschaffungswertabhängige
   b) beschaffungsmengenabhängige
   c) partiegebundene
   d) auftragsindividuelle Nebenkosten

Soweit die Zahlungsweise von wesentlicher Bedeutung ist, wie meist im Großhandel, können die Kategorien 1a und 3a noch weiter aufgespalten werden in:

α) von der Zahlungsweise abhängige
β) von der Zahlungsweise unabhängige

Im übrigen kann das Verhalten einer Kostenkategorie von mehreren Einflußfaktoren gleichzeitig abhängen. So sind die erzeugungsmengenabhängigen Kosten u. a. stets auch von den Verfahrensbedingungen abhängig, und zwar häufig nichtlinear. Die *Bereitschaftskosten* werden gemäß Abb. 7 auf S. 96 gruppiert. Bei Bedarf können sie noch feiner untergliedert werden, etwa die (aggregierten) Monatseinzelkosten in: *frei disponible, stunden-, schicht-, tages-* und *monatsgebundene.*

Zur Integration mit der Finanzplanung können entsprechend dem Zahlungsrhythmus beispielsweise die jahresgebundenen Kosten aufgegliedert werden in solche mit monatlicher, vierteljährlicher, halbjährlicher, jährlicher – und vor-, mittel- und nachschüssiger – Zahlung.

117

9. Durchführung und Auswertung der Grundrechnung im System des Rechnens mit relativen Einzelkosten und Deckungsbeiträgen*

I. Aufbau und Durchführung der Grundrechnung am Beispiel

1. Die Analyse des Leistungszusammenhanges als Grundlage des Aufbaues der Zurechnungshierarchie der Zurechnungsobjekte

Jeder Grundrechnung und Deckungsbeitragsrechnung sollte eine Analyse des durch den betrieblichen Leistungsfluß gegebenen Zusammenhangs der Kostenstellen und Verantwortungsbereiche vorangehen. Die Abgrenzung der Zurechnungsbereiche und der Aufbau von Zurechnungs- oder Bezugsgrößenhierarchien wird durch grafische Darstellungen des Leistungszusammenhangs, der auch die innerbetrieblichen Leistungsströme umfassen sollte, erheblich erleichtert.

Für den Modellfall, der unseren weiteren Erörterungen zugrunde liegen wird, ist der zugehörige Leistungsfluß einschließlich der Kostenstellen im Produktions- und Vertriebsbereich in Schema 1 wiedergegeben. Um das Modell einfach zu halten, wurde auf eine Darstellung der innerbetrieblichen Leistungsströme und auf eine über wenige Produktions- und Vertriebsstellen hinaus gehende Differenzierung der Funktionsbereiche verzichtet.

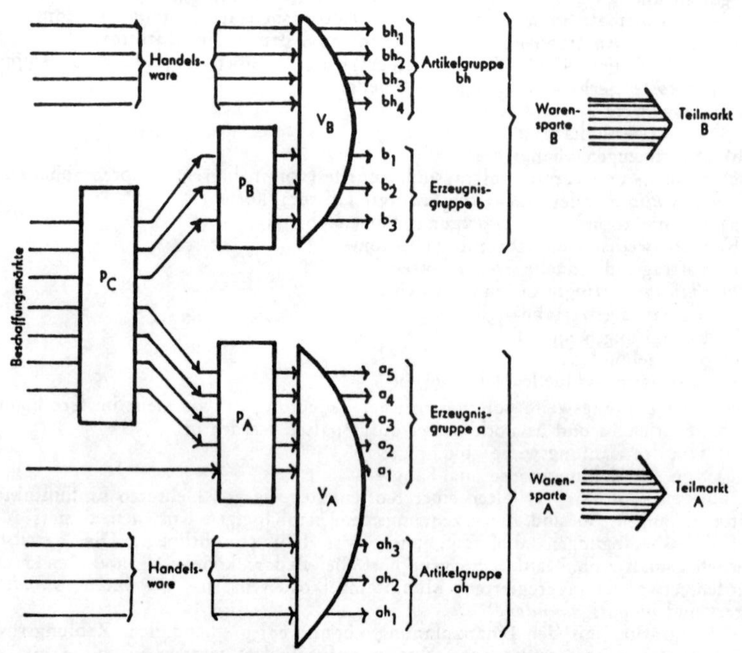

Schema 1: Leistungsfluß des Modellbetriebes

* Nachdruck aus: Zeitschrift der Buchhaltungsfachleute »Aufwand und Ertrag«, 10. Jg. (1964), S. 117–120 und 142–146, mit freundlicher Genehmigung des Erich Schmidt Verlags, Berlin.

Vielmehr werden die Kosten der gemeinsamen Produktions- und Vertriebsleitung sowie aller neben Produktion und Vertrieb vorhandenen Funktionsbereiche und alle Kosten, die das Unternehmen als Ganzes betreffen, im Beispiel – aus Raumgründen – ohne weitere Differenzierung in der Hilfsstelle U gesammelt ausgewiesen.
Unser Modellbetrieb umfaßt zwei Verkaufsabteilungen V_A und V_B, die jeweils unterschiedliche Sortimente (die Warensparten A und B) an unterschiedliche Teilmärkte (Verwendungszwecke und Abnehmergruppen) vertreiben. Die Warensparte A umfaßt außer den selbsthergestellten Produkten a_1–a_5 (Erzeugnisgruppe a) zur Abrundung des Sortiments noch eine Reihe von Handelswaren, die zusammengefaßt als Artikelgruppe ah bezeichnet werden. Sämtliche Artikel der Erzeugnisgruppe a werden in der ausschließlich dafür tätigen Produktionskostenstelle P_A hergestellt. Die für die Erzeugnisse a_2–a_5 erforderlichen Vorprodukte werden von der Produktionskostenstelle P_C bezogen, die wechselweise auch die Vorprodukte (»Wiedereinsatzleistungen«, »Halbfabrikate«) für die in der Kostenstelle P_B fertiggestellten Endprodukte b_1–b_3 der Erzeugnisgruppe b herstellt. Die Kostenstelle P_B ist ausschließlich für die Erzeugnisgruppe b und damit für die Verkaufsabteilung V_B, die ebenfalls ergänzende Handelsware Artikelgruppe bh führt, tätig.
Die einzelnen Kostenstellen sind organisatorisch zu größeren, nach Funktionen gebildeten Verantwortungsbereichen zusammengefaßt, so die drei Produktionskostenstellen P_A, P_B und P_C zum »Produktionsbereich« unter einer gemeinsamen Produktionsleitung und die beiden Vertriebskostenstellen V_A und V_B zum »Vertriebsbereich« unter einer gemeinsamen Vertriebsleitung.
In der traditionellen Kostenrechnung pflegt man die Objekte der Kostenerfassung und Kostenzurechnung zunächst nach Kostenstellen und Kostenträgern zu trennen. Die Kostenstellen ihrerseits gruppiert man in der Regel zunächst nach Funktionsbereichen (z. B. allgemeiner Bereich, Material- und Beschaffungsbereich, Fertigungsbereich, Vertriebsbereich) und weiter nach Hilfs- und Hauptkostenstellen oder nach Vor- und Endkostenstellen. Diese Gruppierung steht der Einführung des Rechnens in Einzelkosten und Deckungsbeiträgen keineswegs entgegen und kann daher – wie am Beispiel noch gezeigt werden wird – grundsätzlich beibehalten werden, insbesondere wenn man sich auf die bisher üblichen Objekte der Kostenerfassung und -zurechnung beschränkt [1].
Die Durchführung der Deckungsbeitragsrechnung wird aber erleichtert, wenn man sich schon für den Aufbau der Grundrechnung überlegt, welche direkten Zuordnungsmöglichkeiten von Kosten und Leistungen sich aus der Analyse des betrieblichen Leistungszusammenhangs ableiten lassen. Für die Durchführung der Deckungsbeitragsrechnung sind derartige Überlegungen ohnehin unumgänglich, weil es sich hierbei um eine Ergebnisrechnung handelt und daher Kosten und Leistungen einander in verschiedenen Differenzierungen gegenübergestellt werden müssen. Da im System des Rechnens mit relativen Einzelkosten und Deckungsbeiträgen das Aufschlüsseln echter Gemeinkosten streng verboten ist, müssen umgekehrt die Leistungen (im Sinne von Leistungswerten, Erlösen) und ihre Brutto-Überschüsse (= Deckungsbeiträge) nach den Bereichen gemeinsamer Kosten gesammelt werden.
Es gilt daher, zunächst zu untersuchen, welche *Gruppierungsmöglichkeiten* der für den Markt bestimmten *Leistungen* und ihrer Vorleistungen (Wiedereinsatzleistungen, Halbfabrikate) für die Auswertung der|Deckungsbeitragsrechnung sinnvoll erscheinen. Dann ist zu prüfen, für welche dieser Leistungsgruppierungen möglichst viele der Gemeinkosten (in bezug auf die einzelnen Leistungen) in der Hierarchie der Leistungen und Leistungsgruppen direkt zugerechnet werden können, und zwar so weit »unten« wie möglich und 118

wirtschaftlich vertretbar. Zu diesem Zwecke gruppiert man die Leistungen nach der gemeinsamen Inanspruchnahme von personellen und sachlichen Kräften, Kostenstellen, Teilfunktionen und Organen in den einzelnen Funktionsbereichen. Im Beispiel soll dies nur für den Produktions- und Absatzbereich gezeigt werden. Wie aus Schema 1 hervorgeht, ist die Gruppierung nach Warensparten, die ihrerseits nach gleichen Verwendungszwekken und Abnehmergruppen gebildet wurden, nicht identisch mit der Gruppierung, die sich unter dem Gesichtspunkt gleichartiger Produktionsabläufe ergibt. Das ist allein schon durch die ergänzend geführte Handelsware bedingt, darüber hinaus aber auch, weil nicht alle Produkte dieselben Kostenstellen im Produktionsbereich durchlaufen. Es ist daher empfehlenswert, zunächst *mehrere Leistungsgruppierungen* aus dem Schema des Leistungsflusses zu entwickeln, und zwar so, daß teils mehr die *absatzwirtschaftliche*, teils mehr die *produktionswirtschaftliche* Zusammengehörigkeit im Vordergrund steht. Dann überlegt man, welche dieser Leistungsgruppierungen – oder welche Kombination davon – als Bezugsgrößenhierarchie für die Leistungs-(Umsatz-)statistik, die Kostenzurechnung und die Deckungsbeitragsrechnung so interessant erscheinen, daß man sie in der laufenden Rechnung gegenüber den anderen bevorzugen sollte.

Überlegen wir zunächst für unser Beispiel, welche Möglichkeiten der Leistungsgruppierung sich aus den bisher gegebenen Informationen und dem Leistungsfluß ergeben. (Weitere Gruppierungen sind beispielsweise nach der Rohstoffverwandtschaft oder nach der Art der Hersteller denkbar.) In enger Anlehnung an den Leistungsfluß nach Schema 1 gelangt man zu einer *Hierarchie der Leistungsgruppierungen, die primär* – d. h. in den »obersten« Stufen der Hierarchie – auf die *absatzwirtschaftliche Verwandtschaft* abstellt und *sekundär* auf die *Herkunft* und nach *Produktionsfluß;* das heißt, es wird sekundär danach gruppiert, ob die Kostenträger, die zugleich Erlösträger sind, selbst erzeugt oder als Handelsware hinzugekauft werden und ob sie die gemeinsame Produktionskostenstelle P_C durchlaufen, was nicht für alle Erzeugnisse der Erzeugnisgruppe a gilt. Die nach diesen Gesichtspunkten aufgestellte Hierarchie der Leistungsgruppierung in Schema 2 kann

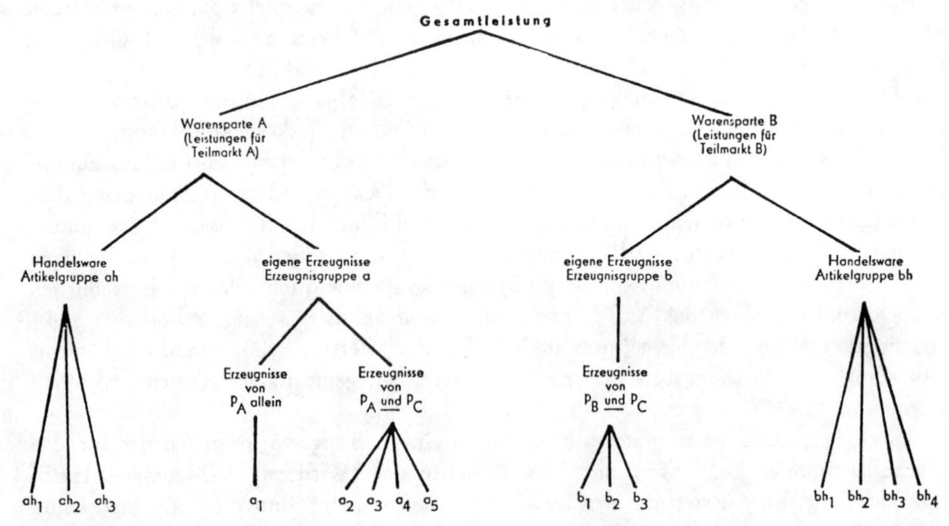

Schema 2: Hierarchie der für den Markt bestimmten Leistungen, primär nach absatzwirtschaftlicher Verwandtschaft, sekundär nach der Herkunft und dem Produktionszusammenhang gruppiert

unmittelbar für die Umsatzanalyse verwandt werden; für die Erfolgsanalyse (Deckungsbeitragsrechnung) bedingt sie eine entsprechende Zuordnung der Kosten und liefert daher das Gerüst für die *»Zurechnungshierarchie«* in Schema 4, auf die später noch eingegangen wird.

Im Gegensatz zu Schema 2 werden in Schema 3 die Leistungen *primär* nach der *Herkunft* in »eigene Erzeugnisse« und »Handelsleistungen (Handelsware)« gruppiert. Die *Handelsleistung* ihrerseits werden *sekundär* nach *Hinkunfts*gesichtspunkten, d. h. nach *Absatzmärkten* weiter aufgeteilt in die Artikelgruppen ah und bh. Für die *sekundäre* Untergliederung der *eigenen Erzeugnisse* ergeben sich aufgrund der Produktionsstruktur zwei verschiedene Möglichkeiten, die beide in Schema 3 dargestellt sind. Bei der *Spielart a)* wird darauf abgestellt, ob die Erzeugnisse die Produktionskostenstelle P_C durchlaufen, während bei der *Variante b)* die Beanspruchung der Produktionskostenstellen P_A und P_B im Vordergrund steht.

Da im Beispiel die Absatzverwandtschaft der Leistungen nicht mit der Produktionsverwandtschaft identisch ist, geht bei einer Gruppierung, die primär auf die Herkunft und die Produktionsverwandtschaft abstellt, wie in Schema 3, die Gruppierung nach der Absatzverwandtschaft (Schema 2) verloren. Zwar sind die Erzeugnisse der Produktionsstelle P_A mit der durch die Vertriebsstelle V_A abgesetzten Erzeugnisgruppe a identisch und die Erzeugnisse von P_B mit der durch die Vertriebskostenstelle V_B abgesetzte Erzeugnisgruppe b, doch ermöglicht die Gruppierung nach Schema 3 nicht die Zurechnung der

119

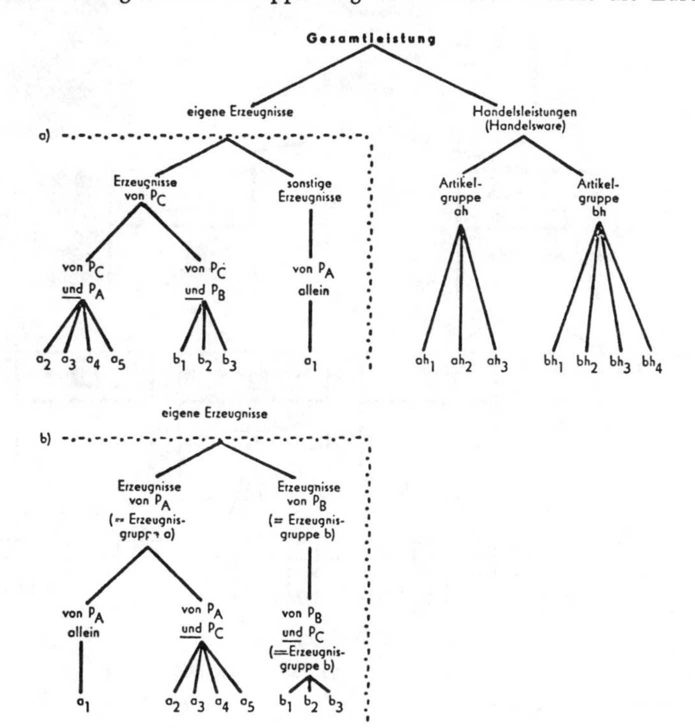

Schema 3: Hierarchie der für den Markt bestimmten Leistungen, nach der Herkunft der produktionswirtschaftlichen Zusammengehörigkeit gruppiert
a) unter Hervorhebung der Erzeugung von P_C
b) unter Hervorhebung der Erzeugung von P_A allein sowie P_A und P_B gemeinsam

Kosten der *Vertriebsstellen* V_A und V_B auf die beiden Leistungsgruppen a und b, weil die Kosten beider Vertriebsstellen auch für die jeweilige Handelsware (Artikelgruppe ah bzw. bh) aufgewandt werden. Infolgedessen können hier die Kosten der Vertriebsstellen V_A und V_B keiner der nach Schema 3 gebildeten Leistungsgruppen zugerechnet werden, sondern lediglich gemeinsam der Gesamtleistung (dem Gesamtumsatz) oder der gesamten Unternehmung. In der dieser Leistungsgruppierung entsprechenden Zurechnungshierarchie (Schema 5) erscheinen daher die Kosten der Vertriebsstellen V_A und V_B zusammen mit den Kosten der Geschäftsleitung des allgemeinen Bereichs, des Beschaffungs- und Materialbereichs (Hilfskostenstelle U) in dem »obersten«, allgemeinsten Zurechnungsbereich.

Umgekehrt können bei der primär nach Absatzgesichtspunkten aufgebauten Bezugsgrößenhierarchie nach Schema 2 zwar die Kosten der Vertriebsstellen V_A und V_B jeweils den Warensparten A bzw. B direkt zugerechnet werden, doch ist es nunmehr ausgeschlossen, die Kosten der Produktionsstelle P_C und der Produktionsleitung einer der Leistungsgruppen zuzurechnen; die Kosten der Produktionsstelle P_C und der Produktionsleitung erscheinen daher in der Zurechnungshierarchie nach Schema 4 im »obersten« allgemeinsten Zurechnungsbereich.

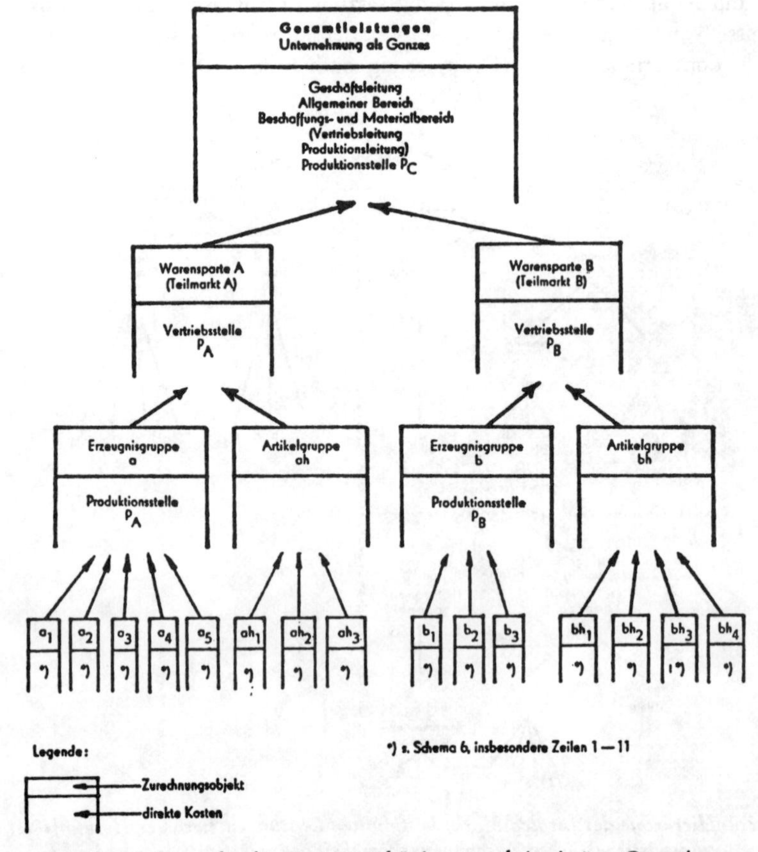

Schema 4: Zurechnungshierarchie für Kosten und Leistungen bei primärer Gruppierung nach absatzwirtschaftlichen Gesichtspunkten (s. Schema 2) – (Zusammenfassung in Pfeilrichtung erlaubt – Aufteilung in Gegenrichtung streng verboten)

Innerhalb der nach Warensparten differenzierten *eigenen Erzeugnisse,* also innerhalb der Erzeugnisgruppen a und b, bestehen im Beispiel bei einer primär nach absatzwirtschaftlichen Gesichtspunkten aufgebauten Zurechnungshierarchie keine weiteren Gruppierungsmöglichkeiten nach produktionswirtschaftlichen Gesichtspunkten als sie im Schema 2 dargestellt sind. Bei der primär absatzwirtschaftlich orientierten Gruppierung der Leistungen ist nämlich die Produktionsstelle P_C für beide Erzeugnisgruppen und damit für beide Warensparten tätig – das Gleiche gilt für die Produktionsleitung –, so daß die Kosten *der Produktionsstelle P_C und der Produktionsleitung erst der Gesamtleistung* zugerechnet werden können. Sie erscheinen daher im Schema 4 im »obersten«, allgemeinsten Bereich der Zurechnungshierarchie.

Nun zu den *beiden Spielarten der Gruppierung der eigenen Erzeugnisse* nach Schema 3! In beiden Spielarten lassen sich die Kosten der Produktionsleitung der Gesamtheit der eigenen Erzeugnisse direkt zurechnen. Sehr unterschiedlich steht es dagegen mit der Zurechenbarkeit der Kosten der Produktionsstellen P_A, P_B und P_C. Die *Spielart a)* faßt die einzelnen Erzeugnisse nach Richtung des Produktionsflusses zusammen: dadurch werden alle Erzeugnisse, die zunächst die Produktionsstufe P_C durchlaufen, getrennt von solchen zusammengefaßt, die nur die Weiterverarbeitungsstufen P_A oder P_B durchlaufen – in unserem Beispiel ist dies nur bei Erzeugnis a_1 der Fall. Die Erzeugnisse von P_C erscheinen daher als natürlicher Zurechnungsbereich, denen auch die Kosten der Produktionsstelle P_C direkt zugerechnet werden können. Während bei dieser Gruppierung die Kosten der Produktionsstelle P_B noch weiter »unten« direkt zugerechnet werden können, nämlich der Erzeugnisgruppe b insgesamt, ergeben sich Schwierigkeiten für die direkte Zurechnung der *Kosten der Produktionsstelle* P_A auf die in Schema 3 a gebildeten Erzeugnisgruppen. Zwar entstehen die Kosten der Produktionsstelle P_A unabhängig von der Auswahl der Zurechnungshierarchie aufgrund des betrieblichen Leistungszusammenhangs|ausschließlich für die Erzeugnisgruppe a und sind daher eindeutig direkte Kosten der Erzeugnisgruppe a als Ganzes. Diese Erzeugnisgruppe a tritt aber in der nach Schema 3 a gebildeten Zurechnungshierarchie gar nicht in Erscheinung. Vielmehr erscheinen dort die aus der Stelle P_A hervorgehenden Produkte in zwei Gruppen aufgeteilt, nämlich in die von der Produktionsstelle P_A allein erzeugten – im Beispiel a_1 – und die von den Produktionsstellen P_A und P_C gemeinsam hervorgebrachten Produkte a_2–a_5. Erst in der »Spitze« der Hierarchie der »eigenen Erzeugnisse« werden diese beiden Gruppen zusammengefaßt, jedoch nicht allein, sondern unmittelbar mit der Erzeugnisgruppe b gemeinsam. Daher können bei einer Gegenüberstellung von Kosten und Leistungen im Rahmen einer nach Schema 3 a aufgebauten Zurechnungshierarchie auch die *Kosten der Produktionsstelle P_A erst bei der gesamten Eigenerzeugung* ausgewiesen werden. Das ist insofern mißlich, als in diesem Zurechnungsbereich auch Leistungen enthalten sind, die die Produktionsstelle P_A überhaupt nicht in Anspruch nehmen, nämlich die Erzeugnisgruppe b. Dieser Mangel kann nur durch eine Leistungsgruppierung nach Schema 3 b vermieden werden, mit der aber andere Nachteile verbunden sind [2].

Bei der *Spielart b)* wird die Leistungsgruppe »eigene Erzeugnisse« zuerst nach dem Durchlauf der Endstufen der Produktion aufgegliedert. Hieraus ergibt sich die direkte Zurechenbarkeit der Kosten der Produktionsstellen P_A und P_C jeweils auf die Erzeugnisgruppen a bzw. b ohne weiteres. Werden dagegen die einzelnen Erzeugnisse der Erzeugnisgruppe a wie in Schema 3 b zusätzlich danach gegliedert, ob sie auch die Kostenstelle P_C durchlaufen, dann wird dadurch für die Zurechenbarkeit von Kosten und Leistungen nichts gewonnen, weil die *Kosten der Produktionsstelle P_C* auch für die Erzeugnisgruppe b entstehen

120

und daher – in der Hierarchie nach Schema 3 b – nur für die beiden Erzeugnisgruppen a und b gemeinsam, d. h. *erst bei der Gesamtheit der eigenen Erzeugnisse*, als direkte Kosten ausgewiesen werden können (siehe Schema 5).

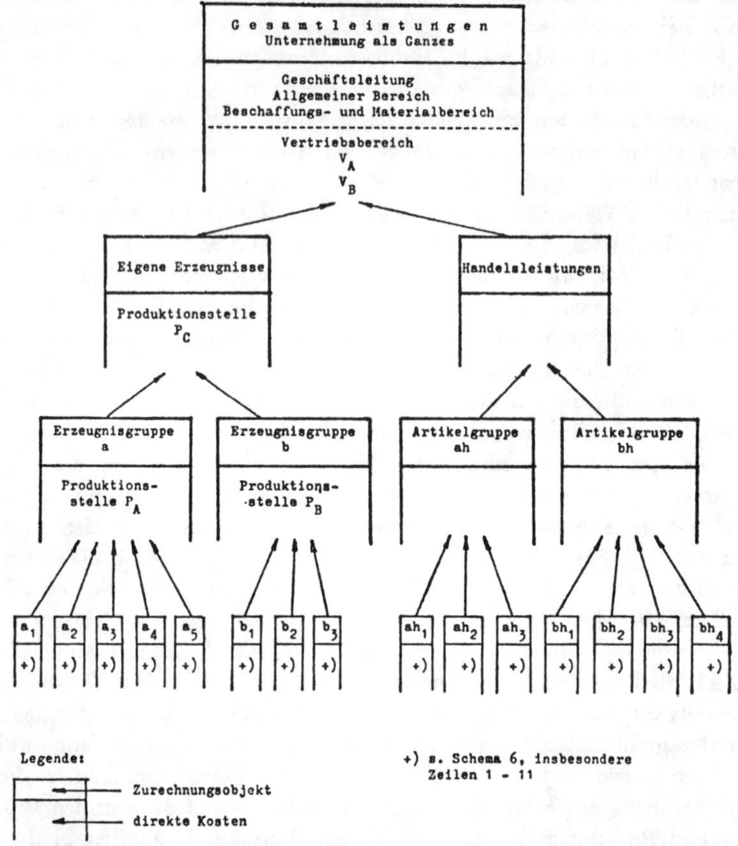

Schema 5: Zurechnungshierarchie für Kosten und Leistungen bei Gruppierung nach Herkunft und produktionswirtschaftlicher Zusammengehörigkeit (nach Schema 3b) – (Zusammenfassung in Pfeilrichtung erlaubt – Aufteilung in Gegenrichtung streng verboten)

Zudem können weder dem Erzeugnis a_1 noch der Erzeugnisgruppe a_2–a_5 irgendwelche Kosten direkt zugerechnet werden, die nicht schon den einzelnen Erzeugnissen jeweils direkt zurechenbar wären. Die Aufspaltung der Erzeugnisgruppe a in weitere Untergruppen ist daher für eine Erfolgsanalyse nach Schema 3 b ohne Belang [3].

Wie die Schemata 2 und 3 zeigen, lassen sich aus diesen verschiedenen Gruppierungsmöglichkeiten der Leistungen und den dadurch bedingten unterschiedlichen Möglichkeiten des Ausweises direkter Kosten auch ganz *unterschiedliche Einblicke in die Erfolgsstruktur* gewinnen. Verschiedenartige Fragestellungen bei der Umsatz- und Erfolgsanalyse (Deckungsbeitragsanalyse) bedingen daher auch unterschiedlich aufgebaute Zurechnungshierarchien [4].

Inwieweit sind diese *verschiedenen Gruppierungsmöglichkeiten der Leistungen für die Grundrechnung* von Belang? Die Antwort auf diese Frage muß drei Gesichtspunkte enthalten:

Erstens zeigt ein Vergleich der verschiedenen Bezugsgrößen und Zurechnungshierarchien, für *welche Objekte die Kosten direkt erfaßt und gesammelt werden sollten*, damit diese verschiedenartigen Gruppierungen auch für die Kosten möglich sind. So zeigt sich beispielsweise deutlich die Notwendigkeit, im Vertriebsbereich die Kosten der Vertriebsstellen V_A und V_B gesondert auszuweisen, während auf die gesonderte Erfassung der Kosten der Vertriebsleitung vom Standpunkt der Erfolgsanalyse aus kein Wert gelegt zu werden braucht, da diese in jedem Falle erst den Gesamtleistungen der Unternehmungen zugerechnet werden können. Weiter zeigt sich, daß es nützlich wäre, die Kosten der Produktionsleitung gesondert zu erfassen, damit sie bei einer Erfolgsrechnung nach Schema 5 auch bei dem Zurechnungsbereich »eigene Erzeugnisse« ausgewiesen werden können [5].
Zweitens läßt sich aber auch erkennen, welche der interessierenden Zurechnungshierarchien für die laufende Kosten- und Ergebnisrechnung die wichtigste zu sein scheint und daher der *Gruppierung der Zurechnungsobjekte (Bezugsgrößen) in der Grundrechnung* zugrunde gelegt werden sollte, um durch die Bildung von Zwischensummen die Hauptauswertung möglichst gut vorzubereiten. So läßt sich im Beispielsfalle ohne Schwierigkeiten erkennen, daß die Gruppierung nach *Schema 2 bzw. 4* für die kurzfristige Erfolgsanalyse und für die laufenden Dispositionen ergiebiger sein wird als eine Gruppierung nach Schema 3 bzw. 5 [3].
Drittens läßt sich aus den Hierarchien einerseits erkennen, *für welche übergeordneten Zurechnungsobjekte* die bei bestimmten untergeordneten Bezugsgrößen originär erfaßten direkten *Kosten zusammengefaßt* werden können. Andererseits lassen sich die *untergeordneten Bezugsgrößen* bequem ausfindig machen, *deren direkte Kosten bei einer bestimmten übergeordneten Bezugsgröße gesammelt werden müssen*, falls nur diese in der Grundrechnung ausgewiesen wird.

2. *Der Aufbau des Kostensammelbogens* 142

Aufgrund der Analyse des Leistungsflusses und der Überlegungen über die zweckmäßige Hierarchie der Zurechnungsobjekte kann nun darangegangen werden, das Schema der Grundrechnung aufzubauen. Für unser einfaches Beispiel kann dazu die Tabellenform nach Art des BAB gewählt werden, die auch für große Unternehmungen – auf Gruppen von Kostenstellen und Kostenträgern oder übergeordnete Zurechnungsobjekte beschränkt – als gute Übersicht über die Kostenstruktur zu empfehlen ist. Wir wollen diese tabellarische Zusammenstellung der für die ausgewählten Zurechnungsobjekte gesammelten Kosten als *»Kostensammelbogen«* bezeichnen. In diesem Kostensammelbogen werden die nach Kostenkategorien gruppierten und differenzierten, d. h. noch weiter aufgeteilten, Kostenarten bei den für die Kostenauswertung und Ergebnisanalyse interessanten Zurechnungobjekten, denen sie direkt zurechenbar sind, ausgewiesen. Dementsprechend ist diese Kostentabelle in der einen Richtung nach den Zurechnungsobjekten (Kostenstellen, Kostenträger) und in der anderen Richtung nach Kostenarten und Kostenkategorien gegliedert. Wie beim BAB üblich, gliedern wir in der senkrechten Richtung nach Kostenkategorien und Kostenarten, die in der Vorspalte angeführt sind, und in der horizontalen Richtung nach Zurechnungsobjekten, die im Tabellenkopf aufgereiht werden.
Wenden wir uns zunächst der Ordnung der *Zurechnungsobjekte* zu. Die Zurechnungsobjekte sind nicht immer identisch mit denjenigen Bezugsgrößen, für die die Kosten erfaßt worden sind, weil der besseren Übersicht wegen im Kostensammelbogen die Kosten vielfach an einer »höheren« Stelle der Bezugsgrößenhierarchie gesammelt ausgewiesen werden

als sie ursprünglich erfaßt worden sind. So werden in unserem Beispiel die Ausgangsfrachten lediglich für die Vertriebskostenstellen gesammelt, obwohl sie zunächst für jede Ausgangssendung gesondert festgehalten werden [6].

Das Rechnen mit relativen Einzelkosten und Deckungsbeiträgen wird man in der Praxis zweckmäßig *zunächst nur als Nebenrechnung zur bisher üblichen Kostenrechnung* einführen, weil ein erhebliches Umdenken damit verbunden ist. Deshalb wird man sich in der Grundrechnung zunächst auch im wesentlichen auf solche Zurechnungsobjekte beschränken, die schon in der überkommenen Kostenrechnung enthalten sind, d. h. auf die bisher üblichen Kostenstellen und Kostenträger. Wenn es aber ohne zusätzlichen Erhebungsaufwand möglich ist, bestimmte Kosten aufgrund ihrer Eigenart bei bisher nicht üblichen, aber interessanten Zurechnungsobjekten, zum Beispiel Kostenträgergruppen, auszuweisen, dann sollte man dies selbstverständlich tun. Auch empfiehlt es sich, die bisherige Ordnung der Zurechnungsobjekte in Kostenstellen und Kostenträger und die Ordnung der Kostenstellen nach dem Abrechnungsgang oder nach Verantwortungsbereichen zunächst beizubehalten. Das ist in Schema 6 geschehen. Die Gruppierung der Zurechnungsobjekte in Kostenstellen und Kostenträger und die Gruppierung innerhalb der Kostenstellen und Kostenträger nach Verantwortungsbereichen empfiehlt sich vor allem, wenn die *Kontrolle der Betriebsgebarung* im Vordergrund der Auswertung der Grundrechnung steht. Eine Differenzierung nach Vor- und Endkostenstellen erweist sich für die Deckungsbeitragsrechnung als überflüssig, es sei denn, daß ein erheblicher Teil der kurzfristig variablen Kosten als unechte Gemeinkosten bei den Kostenstellen statt bei den Kostenträgern oder bei den Kostenträger-Gruppen statt bei den einzelnen Kostenträgern erfaßt wird, so daß sich für Planungs- und Dispositionszwecke an das Sammeln der direkt erfaßten Kosten eine Weiterverrechnung unechter Gemeinkosten anschließen muß. Dieser Fall liegt aber in unserem Beispiel nicht vor. Die Differenzierung nach Hilfs- und Hauptkostenstellen kann dagegen im Rahmen der Verrechnung innerbetrieblicher Leistungen wie bisher sinnvoll sein. Schema 6 wurde aus Raumgründen lediglich für die Erzeugnisgruppe a, die auch später im Mittelpunkt detaillierter Analysen stehen soll, bis zu den einzelnen Erzeugnissen aufgegliedert, während die Kosten der übrigen Kostenträger jeweils für die Kostenträger-Gruppen gesammelt ausgewiesen werden. Als zusätzliche Bezugsgröße zu den bisher allgemein üblichen ist in Schema 6 lediglich das Zurechnungsobjekt »Erzeugnisgruppe a« eingeführt, da bestimmte Werbe- und Beratungskosten lediglich für die Erzeugnisgruppe insgesamt anfallen, ohne daß sie den einzelnen Erzeugnissen zugerechnet werden können. Um diesen Sachverhalt zu betonen, ist in Schema 6 die Spalte XIV nicht als Summenspalte für die Einzelkosten der Erzeugnisse a_1–a_5 aufzufassen, sondern als Spalte für solche Kosten, die originär erst für die Erzeugnisgruppe a insgesamt erfaßt werden können [7].

Liegt der Schwerpunkt der Auswertung der Kostenrechnung dagegen in Deckungsbeitragsrechnungen für *Planungs- und Dispositionszwecke,* dann empfiehlt sich eine Gruppierung der Zurechnungsobjekte entsprechend einer Bezugsgrößenhierarchie, die für die laufenden Planungen und Dispositionen benötigt wird. Bei der Analyse des Leistungsflusses und der Gruppierungsmöglichkeiten der Leistungen haben wir bereits erkannt, daß im Beispiel vor allem die primär absatzorientierte Zurechnungshierarchie für die laufende Auswertung in Frage kommt. Dementsprechend sind die Zurechnungsobjekte in Schema 7 nach Schema 2 bzw. 4 gruppiert. Sind für die laufenden Dispositionen verschiedenartig aufgebaute Bezugsgrößenhierarchien nebeneinander erforderlich, dann kann es zweckmäßig sein, neben einer sehr detaillierten Grundrechnung, die einer dieser Bezugsgrößenhierarchien folgt oder aber|auch an die Gliederung der Verantwortungsbereiche angelehnt ist, zusätzlich

143

	0	I	II	III	IV	V	VI	VII	VIII	IX	X	XI	XIII	XIV	XV	XVI	XVII	XVIII	XIX	XX
	Zurechnungsobjekte (Bezugsgrößen) →	Kostenstellen							Kostenträger										Kosten-träger insge-samt	Ge-samt-Summe
		Produktions-stellen			Vertriebs-stellen		Son-stige		Erzeugnisgruppe a						Er-zeug-nisgr. b insg.	eigene Er-zeug-nisse Σ	Handelsware Artikel-gruppe			
	↓ Kostenkategorien und Kostenarten	P_A	P_B	P_C	V_A	V_B	U	Σ	a_1	a_2	a_3	a_4	a_5	Gr. a			ah	bh		
1	ausgabennahe Kosten / Perioden-Einzelkosten / kurzfristige (»automatisch«) variable Kosten / absatzbedingte variable Kosten: Provisionen	–	–	–	–	–	–	–	22	25	8	71	30	–	261	417	57	73	547	547
2	Umsatzsteuer	–	–	–	–	–	–	–	28	32	11	92	39	–	410	612	18	22	652	652
3	Σ umsatzabhängige Kosten	–	–	–	–	–	–	–	50	57	19	163	69	–	671	1029	75	95	1199	1199
4	Ausgangsfrachten	–	–	–	288	–	–	288	–	–	–	–	–	–	–	–	–	–	–	288
5	K. d. Auftragsabwickl.	–	–	–	29	41	–	70	–	–	–	–	–	–	–	–	–	–	–	70
6	Σ v. mehr. Fakt. abhäng. absatzbed. variable K.	–	–	–	317	41	–	358	–	–	–	–	–	–	–	–	–	–	–	358
7	Σ	–	–	–	317	41	–	358	50	57	19	163	69	–	671	1029	75	95	1199	1557
8	erzeugungsb. Kosten: Rohstoffe (Wareneinsatz*)	–	–	–	–	–	–	–	304	440	66	1471	737	–	3725	6743	1297	1508	9548	9548
9	Packstoffe	–	–	–	–	–	–	–	22	17	–	54	31	–	396	520	–	–	520	520
10	Σ	–	–	–	–	–	–	–	326	457	66	1525	768	–	4121	7263	1297	1508	10068	10068
11	Σ	–	–	–	317	41	–	358	376	514	85	1688	837	–	4792	8292	1372	1603	11267	11625
12	kurzfristige nichtvariable Kosten: Energie, Betriebsstoffe	19	169	42	44	73	40	387	–	–	–	–	–	–	–	–	–	–	–	387
13	Büromaterial	–	–	–	41	52	36	129	–	–	–	–	–	–	–	–	–	–	–	129
14	Reisespesen	–	–	–	59	86	37	182	–	–	–	–	–	–	–	–	–	–	–	182
15	Porti, Telefongebühren	–	–	–	92	132	64	288	–	–	–	–	–	–	–	–	–	–	–	288
16	Löhne, einschl. Sozialabg.	431	1167	526	28	34	46	2232	–	–	–	–	–	–	–	–	–	–	–	2232
17	Gehälter, einschl. Sozialabg.	56	137	38	197	202	201	831	–	–	–	–	–	–	–	–	–	–	–	831
18	Steuern, Beitr., Gebühren	–	–	–	–	–	241	241	–	–	–	–	–	–	–	–	–	–	–	241
19	Σ	506	1473	606	461	579	665	4290	–	–	–	–	–	–	–	–	–	–	–	4290
20	Σ	506	1473	606	778	620	665	4648	376	514	85	1688	837	–	4792	8292	1372	1603	11267	15915
21	Perioden-gemein-kosten: Fremdreparaturen	62	169	64	8	12	20	335	–	–	–	–	–	–	–	–	–	–	–	335
22	Werbekosten	–	–	–	40	55	30	125	–	–	–	–	–	101	75	176	–	–	176	301
23	Beratungs- u. Prüfungsk.	–	22	–	–	17	42	81	–	–	–	–	–	33	–	33	–	–	33	114
24	Σ	62	191	64	48	84	92	541	–	–	–	–	–	134	75	209	–	–	209	750
25	Σ	568	1664	670	826	704	757	5189	376	514	85	1688	837	134	4867	8501	1372	1603	11476	16665
26	ausgabenferne Periodengemeinkosten: Abschreibungen	118	111	34	57	70	52	442	–	–	–	–	–	–	–	–	–	–	–	442
27	Rückstellungen	–	–	–	–	–	20	20	–	–	–	–	–	–	–	–	–	–	–	20
28	Σ	118	111	34	57	70	72	462	–	–	–	–	–	–	–	–	–	–	–	462
29	Gesamtkosten	686	1775	704	883	774	829	5651	376	514	85	1688	837	134	4867	8501	1372	1603	11476	17127
30	Σ Perioden-Gemeinkosten	180	302	98	105	154	164	1003	–	–	–	–	–	134	75	209	–	–	209	1212
31	Σ ausgabennahe, kurzfristig nicht variable Perioden-Einzel- und Gemeinkosten	568	1664	670	509	663	757	4831	–	–	–	–	–	134	75	209	–	–	209	5040

* bei Handelsware

Schema 6: Grundrechnung mit traditioneller Gruppierung der Zurechnungsobjekte im Kostensammelbogen

Kostentabellen nach anderen Bezugsgrößenhierarchien zusammenzustellen [8]. Dabei kann man sich auf den Ausweis der Kosten bei solchen Bezugsgrößen beschränken, die für die Planung und Disposition wesentlich sind; ebenso empfiehlt sich eine Beschränkung des Ausweises der für die laufenden Dispositionen wichtigen Kostenkategorien unter weitgehendem Verzicht auf die einzelnen Kostenarten.

Wenden wir uns nun den *Kostenarten* und *Kostenkategorien* zu, die in der Vorspalte des Schema 6 aufgeführt sind. Als oberste Gesichtspunkte für die Gruppierung wurden primär der *Ausgabencharakter* und sekundär die *Zurechenbarkeit der Kosten auf die Abrechnungsperiode* gewählt. Dabei wurde auf den Ausweis von Kosten, die überhaupt nicht mit Ausgaben verbunden sind, wie kalkulatorische Zinsen auf das Eigenkapital, verzichtet, so daß lediglich die Unterscheidung zwischen ausgabennahen und ausgabenfernen Kosten bleibt. Im Beispielsfall ist unterstellt, daß sämtliche Perioden-Einzelkosten zugleich »ausgabennahe« Kosten oder »kurzperiodisch ausgabenwirksame« Kosten sind, was auch in der Praxis meist zutrifft. Die Perioden-Gemeinkosten sind dagegen teilweise ausgabennah und teilweise ausgabenfern. Als Beispiele für ausgabennahe Perioden-Gemeinkosten wurden Fremdreparaturen, Werbekosten, Beratungs- und Prüfungskosten angeführt, wobei unterstellt wurde, daß der »zeitliche Wirkungsbereich« dieser Ausgaben über die Abrechnungsperiode hinausreicht. Da derartige Ausgaben jedoch in jeder Abrechnungsperiode, wenn auch in wechselnder Höhe, auftreten und sich selbst nachträglich nur teilweise feststellen läßt, wann die Wirkungsperiode endet, folgen wir dem in der Praxis üblichen Gebrauch, derartige Ausgaben in der Ausgabenperiode in voller Höhe mit den Kosten auszuweisen. Daß ihre Zurechenbarkeit auf die Abrechnungsperiode als Kosten fragwürdig ist, geht aus der Bezeichnung Perioden-Gemeinkosten hinreichend hervor. Die ausgabenfernen Perioden-Gemeinkosten werden durch die Kostenarten Abschreibungen und Rückstellungen repräsentiert, die im System des Rechnens mit Einzelkosten und Deckungsbeiträgen den Charakter von Deckungslasten oder vorgegebenen Mindestdeckungsbeiträgen haben und daher treffender als »Amortisationsraten« und »Rückstellungsraten« bezeichnet werden sollten. Da wegen des primären Gliederungsmerkmals »Ausgabencharakter der Kosten« die Perioden-Gemeinkosten auseinandergerissen wurden, ist ihre Summe ergänzend in Zeile 30 ausgewiesen. Strenggenommen hört also die reine Kostenrechnung [9] mit Zeile 20, der Summe der Periodeneinzelkosten, auf. Was darauf folgt, ist teils eine reine Ausgabenrechnung (Zeilen 21–25), teils eine Ausgabenverteilungsrechnung (Zeilen 26–28).

Die Perioden-Einzelkosten sind ihrerseits weiter nach ihrer *Anpassungsfähigkeit* und *Abhängigkeit* gegliedert in kurzfristig (»automatisch«) variable Kosten und in kurzfristig nicht variable Kosten, die kurzfristig variablen Kosten wiederum in absatzbedingte und erzeugungsbedingte Kosten. Die wichtigsten Kostenabhängigkeiten sind damit bereits berücksichtigt.

Weitere Aufschlüsse vermittelt die

Untergliederung der absatzbedingten kurzfristig veränderlichen Kosten

in umsatzabhängige, d. h. umsatzwertabhängige Kosten, und »von mehreren Faktoren abhängige« Kosten. Während die umsatzwertabhängigen Kosten direkt für die einzelnen Erzeugnisse erfaßt werden können, | braucht dies für die von mehreren Faktoren abhängigen absatzbedingten variablen Kosten nicht der Fall zu sein. So umfassen in unserem Beispiel die einzelnen Versandaufträge jeweils mehrere Positionen und damit auch mehrere Artikel. Infolgedessen können die Frachtkosten und die zusätzlichen Kosten der Auftragsabwicklung (Formulare, Porti usw.) zwar den einzelnen Aufträgen, nicht aber den einzelnen Artikeln direkt zugerechnet werden. Da wir uns in der Auswahl der Zurechnungsobjekte bewußt an die in der traditionellen Kostenrechnung üblichen Kostenstellen und Kostenträger halten und deshalb darauf verzichten, Kunden, Kundengruppen, Absatzgebiete oder Auftragsgruppen in die Grundrechnung einzubeziehen, werden die Frachtkosten und die Kosten der Auftragsabwicklung bei den Vertriebskostenstellen V_A und V_B ausgewiesen, wo sie ohnehin gesammelt werden [10].

An *erzeugungsabhängigen* kurzfristig veränderlichen *Kosten* haben wir im Beispiel die Rohstoffe – bei Handelswaren tritt an deren Stelle der Wareneinsatz und die Packstoffe ausgewiesen. In vielen Fällen kommen hierzu noch variable Energiekosten. Können die variablen Energieverbräuche nicht getrennt von den fixen Energieverbräuchen gemessen werden, dann ist es zweckmäßig, beide zusammen zunächst in einer – im Schema 6 und 7 nicht vorgesehenen – Kategorie *»Mischkosten«* zu sammeln und im Rahmen der Verrechnung unechter Gemeinkosten aufgrund von Korrelationsanalysen, experimentellen Untersuchungen oder technischen Berechnungen in fixe und variable Teile zu spalten und einerseits bei den kurzfristig variablen Kosten und andererseits bei den kurzfristig nicht variablen Kosten als *»zugeschlüsselte unechte Gemeinkosten«* im weiteren Verrechnungsgang auszuweisen [11]. Entsprechend wird man bei anderen Kostenarten verfahren, die gegenüber kurzfristigen Veränderungen der Erzeugung oder des Absatzes sich teils fix und teils variabel verhalten. Auf die besondere Technik der Auflösung dieser Kosten in fixe und variable Bestandteile und ihre Weiterverrechnung soll an dieser Stelle nicht weiter eingegangen werden [12].

Wenn sich in der Abrechnungsperiode Erzeugung und Absatz nach Art und Menge der produzierten und abgesetzten Leistungen unterscheiden, sich also die Lagerbestände verändern, dann ist zu beachten, daß in der Auswertung für Kontroll-, Planungs- und Dispositionszwecke die Summen der absatzbedingten variablen Kosten einerseits und die der erzeugungsbedingten variablen Kosten andererseits nur jeweils getrennt ausgewertet werden dürfen, während die kurzfristig variablen Kosten insgesamt nicht aussagefähig sind, da sie sich teils auf die abgesetzten und teils auf die produzierten Leistungen beziehen.

Die *Fertigungslöhne* sind – entgegen der üblichen Handhabung – als Teil der kurzfristig nicht variablen Kosten ausgewiesen. Das entspricht den gegenwärtigen arbeitsrechtlichen und arbeitsmarktlichen Bedingungen in Deutschland, die eine Anpassung im Personalbereich an kurzfristige Schwankungen verbieten oder unwirtschaftlich erscheinen lassen. Aus diesen Gründen wäre es auch unrealistisch, die Fertigungslöhne den einzelnen Kostenträgern direkt zuzurechnen, da sie in voller Höhe auch dann anfallen, wenn ein Auftrag nicht erledigt wird. Infolgedessen können die Fertigungslöhne allenfalls bei den einzelnen Kostenstellen, in manchen Fällen nur bei der Kostenstellengruppe, wenn nämlich die Arbeitskräfte je nach Auftragslage in verschiedene Kostenstellen gesetzt werden, direkt ausgewiesen werden. Das gilt auch für Akkordlöhne, die von der Abrechnungsperiode aus gesehen, von kurzfristigen Beschäftigungsschwankungen unabhängig sind. Gehen aufgrund der Auftragsbestände oder der Produktionsplanung infolge mangelhafter Bereitstellung von Werkstoffen und Betriebsmitteln oder infolge von Störungen die Ausbringungsmöglichkeiten der Akkordlöhner zurück, dann haben sie bekanntlich Anspruch auf ihren durchschnittlichen Akkordlohn. Insofern sind auch die Akkordlöhne Bereitschaftskosten. Andererseits sind die Akkordlöhne gegenüber von Arbeitern verursachten Leistungsschwankungen proportional, insoweit also kurzfristig erzeugungsabhängig. Wo die arbeiterbedingten

Leistungsschwankungen ins Gewicht fallen, ist es zweckmäßig, die Akkordlöhne und alle davon abhängigen Kosten, wie die Sozialbeiträge, als besondere Art von »Mischkosten« auszuweisen und in der Auswertung je nach Fragestellung den kurzfristig erzeugungsabhängigen oder den Bereitschaftskosten zuzuordnen.
Für die Budgetierung und die Ermittlung des Deckungsbedarfs ist besonders wichtig die Summe der kurzfristig nicht variablen *ausgabennahen Kosten,* gleichgültig, ob sie der Periode direkt zugerechnet werden können oder nicht. Unter dieser Kostenkategorie sind solche Güter zusammengefaßt, deren Verzehr sofort oder bald wieder eine Ersatzbeschaffung notwendig macht, so daß in verhältnismäßig kurzen Fristen Zahlungsverpflichtungen oder unmittelbare Zahlungen, etwa in Höhe der ausgabennahen Kosten, ausgelöst werden. Da die kurzfristig nicht variablen ausgabennahen Kosten von Art und Höhe des Umsatzes unabhängig sind, muß bei den betrieblichen Planungen und Dispositionen den Möglichkeiten ihrer Deckung ganz besondere Aufmerksamkeit geschenkt werden. Damit werden wir uns bei der Ermittlung und Vorgabe des Deckungsbedarfs noch zu beschäftigen haben.
Soweit meßbare *innerbetriebliche Leistungen* hervorgebracht und wieder eingesetzt werden, werden diese im Rahmen der Grundrechnung lediglich mit *kurzfristig variablen Kosten* [13] bewertet und entsprechend ihrem Leistungsfluß verrechnet [1]. Dabei ist besonders darauf zu achten, daß sie bei den empfangenden Kostenstellen oder Kostenträgern in die richtige Kostenkategorie eingestellt werden. Auf weitere Einzelheiten der Verrechnung innerbetrieblicher Leistungen kann in diesem einführenden Beitrag nicht eingegangen werden [14].

II. Die Auswertung der Grundrechnung

In der Grundrechnung sollen die Kostenelemente in ihrer »natürlichen« Eigenart unverändert erhalten bleiben. Mit Schmalenbach bin ich der Auffassung, daß die Grundrechnung eine Art »Bereitschaftsrechnung« ist, die für anschließende, auf bestimmte Zwecke und Fragestellungen ausgerichtete Sonderrechnungen die »Kostenbausteine« bereitzustellen hat [2]. Die Verrechnung von Kosten in bestimmter zwangsläufiger Art soll – wie Schmalenbach fordert – dagegen den Sonderrechnungen überlassen bleiben [2]. Das gilt insbesondere für die Weiterverrechnung von Gemeinkosten, etwa zur Ermittlung der steuerlichen
145 Herstellkosten oder zur Errechnung von »Selbstkosten« für öffentliche|oder private Aufträge, in denen ein »Selbstkosten- und Gewinnzuschlag-Preis« vereinbart worden ist. Im Rahmen der Deckungsbeitragsrechnung beschränkt sich die Weiterverrechnung auf unechte Gemeinkosten für Planungs- und Dispositionszwecke. Die Weiterverrechnung unechter Gemeinkosten sollte allerdings auch hier im Rahmen von Sonderrechnungen erfolgen, und zwar nur dann, wenn einwandfreie Schlüssel, die aufgrund von Stichproben, technischen Berechnungen oder Korrelationsanalysen gewonnen worden sind, zur Verfügung stehen. Im Gegensatz zu Schmalenbach [2] bin ich aber der Auffassung, daß die Verrechnung innerbetrieblicher Leistungen – soweit ihr Fluß wirklich erfaßt worden ist und die innerbetrieblichen Leistungen lediglich mit variablen Kosten [13] bewertet werden – in die Grundrechnung selbst und nicht in Sonderrechnungen gehört.
Die Grundrechnung läßt sich einerseits durch unmittelbare Vergleiche der absoluten Be-

[1] Gleicher Auffassung ist *Eugen Schmalenbach:* Kostenrechnung und Preispolitik, 7. Aufl., Köln und Opladen 1956, S. 206 f., 242, 248.
[2] Vgl. *Schmalenbach, E.:* a.a.O., S. 422 und 428.

träge, andererseits durch Vergleich von Kennzahlen und kumulierten Zahlen für die Kontrolle der Betriebsgebarung und für die Ermittlung von Daten für Prognoserechnungen auswerten. Für Planungs- und Dispositionsrechnungen sollte sich an die Grundrechnung – vor der Ermittlung der Deckungsbeiträge – die Verrechnung unechter Gemeinkosten mit Hilfe einwandfreier Schlüssel anschließen. Die hierfür zur Verfügung stehenden Verfahren und die dabei auftretenden Probleme sollen an dieser Stelle noch nicht erörtert werden. Da die Auswertung für unternehmerische Entscheidungen und für die Dispositionskontrolle in der Regel die Ergänzung der Grundrechnung durch Deckungsbeitragsrechnungen, deren Ermittlung zugleich die wichtigste Weiterverarbeitung der Zahlen der Grundrechnung ist, voraussetzt, sollen im vorliegenden Beitrag nur solche Auswertungen für Kontroll- und Planungszwecke dargestellt werden, die sich aus der Grundrechnung allein, ohne Einbeziehung der Leistungswertrechnung [15], entwickeln lassen.
Die Beschränkung der Grundrechnung auf die Bereitstellung unveränderter [16] Kostenelemente bietet gegenüber zwangsläufigen Weiterverrechnungen, wie sie in der traditionellen Kostenrechnung üblich sind, wesentliche Vorteile. Einerseits kann man dann den einzelnen *»Kostenbausteinen«* die Zugehörigkeit zu bestimmten Kostenkategorien oder Verhaltensgruppen ohne weiteres ansehen. Das erleichtert vor allem die *schnelle Weiterverarbeitung zu Sonderrechnungen*, wie sie für *Wirtschaftlichkeitsvergleiche* bei der Programmwahl, Verfahrenswahl, Preiskalkulation im Einkauf und Verkauf und ähnlichen Entscheidungsproblemen laufend benötigt werden. Andererseits bedeutet die Erhaltung des »natürlichen« Charakters der einzelnen »Kostenbausteine« auch eine erhebliche Erleichterung und Verbesserung der *Kontrolle der Betriebsgebarung*. Schon allein die konsequente Einhaltung des Prinzips des Ausweises von ausschließlich direkt erfaßten Kosten bedingt bei der Kontrolle der einzelnen *Verantwortungsbereiche* eine Konzentration auf die allein dort kontrollierbaren direkt erfaßten Kosten. Umfaßt ein Verantwortungsbereich mehrere Bezugsobjekte, so ist klar ausgewiesen, in bezug auf welche *Einflußbereiche* und *-faktoren* die Kontrolle vorgenommen werden muß. Dafür ist neben der wirklichkeitsnahen Auswahl und Gliederung der Bezugsobjekte vor allem die Bildung von solchen Kostenkategorien, die dem Wirken der wichtigsten *Einflußfaktoren* (z. B. Art und Menge der Erzeugnisse, Losgröße, Zahl der Sortenwechsel, Absatzmenge, Verkaufspreise usw.) entsprechen, Voraussetzung. Nur dann können die Kosten ihren spezifischen Einflußfaktoren gegenübergestellt werden, insbesondere in Form von Korrelationsdiagrammen oder in Form von Verbrauchskennzahlen. Gerade für die Kontrolle kommen sinnvollerweise nämlich nur die Einflußfaktoren in Frage. So wird man die preisabhängigen Vertriebskosten für Kontrollzwecke nicht auf die Absatzmengen, sondern auf die Umsatzerlöse beziehen, dagegen die Stoffkosten auf die Erzeugungsmengen. Ergänzend wird man zur Beurteilung dann noch die Ausschuß- und Ausbeutestatistik, in manchen Fällen noch Statistiken über den Verlauf wichtiger Produktionsbedingungen, z. B. der Temperatur oder der Luftfeuchtigkeit und anderer Einflußfaktoren, heranziehen müssen.
Wenig ergiebig ist es dagegen, *Kosten der Betriebsbereitschaft auf variable Einflußfaktoren*, wie Erzeugungsmengen, Zahl der Aufträge, der Analysen, der Rechnungen und Rechnungsposten, zu beziehen. Da die Zahlenwerte derartiger Kennzahlen oder Kostensätze in erster Linie von der Ausnutzung der Kapazität und Betriebsbereitschaft abhängen, kann man diese Kostensätze nicht für Kostenprognosen oder Kostenvorgaben verwenden, die sich auf andere Ausnutzungsgrade oder Ausstoßmengen beziehen. Solche Prognosen, Kostenplanungen und Vorgaben müssen vielmehr auf den absoluten Periodenkosten der Dispositionseinheiten im Bereich der Kapazität [17] und Bereitschafts-

146

145

0	I	II	III	IV	V	VI	VII	VIII	IX	X	XI	XII	XIII	XIV	XV	XVI	XVII	XVIII	XIX	XX	XXI	XXII
Zurechnungsobjekte (Bezugsgrößen) →	Zurechnungsbereich A (Kostenträger und Kostenstellen der Warensparte A)													Zurechnungsbereich B (Kostenträger und Kostenstellen der Warensparte B)					Gemeinsamer Zurechnungsbereich			Gesamt-Summe
	Kostenträger der Warensparte A									Kostenstellen der Warensparte A			Σ	Kostenträger der Warensparte B (b+bh) insges.	Kostenstellen der Warensparte B		Σ	Σ			Σ	
	Erzeugnisgruppe a							Artikelgruppe ah (Handelsware)	Σ			Σ										
Kostenkategorien ↓	Erzeugnisse a_1	a_2	a_3	a_4	a_5	a	Σ I–VI		VII + VIII	Produktionsstelle P_A	Vertr.-stelle V_A	X + XI	IX + XII		Produktionsstelle P_B	Vertr.-stelle V_B	XV + XVI	XIV + XVII	Produktionsstelle P_C	Sonstige gemeinsame Kosten-/Hilfskostenstelle U	XIX + XX	XIII + XVIII + XXI
umsatzwertabh. Kost.	50	57	19	163	69	–	358	75	433	–	–	–	433	766	–	–	–	766	–	–	–	1199
v. mehr. Fakt. abh. K.	–	–	–	–	–	–	–	–	–	–	317	317	317	–	–	41	41	41	–	–	–	358
Σ absatzabhängiger K.	50	57	19	163	69	–	358	75	433	–	317	317	750	766	–	41	41	807	–	–	–	1557
erzeugungsabh. Kost.*	326	457	66	1525	768	–	3142	1297	4439	–	–	–	4439	5629	–	–	–	5629	–	–	–	10068
Σ kurzfristig (»automat.«) variable Kosten	376	514	85	1688	837	–	3500	1372	4872	–	317	317	5189	6395	–	41	41	6436	–	–	–	11625
kurzfristig *nicht* variable K.	–	–	–	–	–	–	–	–	–	506	461	967	967	–	1473	579	2052	2052	606	665	1271	4290
Σ Perioden-Einzelkosten	376	514	85	1688	837	–	3500	1372	4872	506	778	1284	6156	6395	1473	620	2093	8488	606	665	1271	15915
ausgabennahe Perioden-Gemeinkosten	–	–	–	–	–	134	134	–	134	62	48	110	244	75	191	84	275	350	64	92	156	750
Σ ausgabennahe Kosten	376	514	85	1688	837	134	3634	1372	5006	568	826	1394	6400	6470	1664	704	2368	8838	670	757	1427	16665
Deckungs- und Rückstellungsraten für ausgabenferne Perioden-Gemeinkosten	–	–	–	–	–	–	–	–	–	118	57	175	175	–	111	70	181	181	34	72	106	462
Σ ausgabenwirksame Kosten	376	514	85	1688	837	134	3634	1372	5006	686	883	1569	6575	6470	1775	774	2549	9019	704	829	1533	17127

* bei Handelsware: Wareneinsatz

Schema 7: Grundrechnung mit absatzorientierter Ordnung der Zurechnungsobjekte (nach Schema 2 und 4)
Bei den ausgabewirksamen Kosten in Zeile 10 handelt es sich zugleich um Gesamtkosten

anpassung beruhen. Für derartige Aufgaben interessieren also nicht die Kosten je Maschinenstunde oder Arbeiterstunde oder die Relationen der Bereitschaftskosten zu den Fertigungslöhnen oder zu den Materialkosten, sondern die Investitionsausgaben für einen neu zu schaffenden Arbeitsplatz in einer bestimmten Kostenstelle, die zusätzlichen Bereitschaftskosten bei Besetzung dieses Arbeitsplatzes für die Dauer einer Dispositionsperiode, die je nach Vertragsverhältnis unterschiedlich lange Zeiträume, z. B. eine Woche, einen Monat oder ein Quartal umfassen kann.

Aus den gleichen Gründen eignen sich *auf variable Größen bezogene Bereitschaftskosten* nicht für *Kontrollzwecke,* weil die Analyse der Unterschiede oder »Abweichungen« bei Zeitvergleichen, Soll-Ist-Vergleichen, Kostenstellen- und Betriebsvergleichen durch das Hinzukommen der Beschäftigungsdegression erschwert wird. Viel einfacher ist es auch hier, die *absoluten Periodenkosten,* differenziert nach Kostenstellen und Kostenarten, zu vergleichen. Dabei erweisen sich solche Kennzahlen oder Kostensätze, bei denen die *Bereitschaftskosten auf die effektiven Dispositionseinheiten bezogen* werden und damit auf die Faktoren, die die Kostenhöhe beeinflussen, wie die Zahl der besetzten Arbeitsplätze, der Schichten, der täglichen Arbeitszeit u. a. als ebenso nützlich wie für Planungszwecke. Die Ausnutzung der Kapazität und Betriebsbereitschaft selbst kann man in den einzelnen Betriebsbereichen sehr viel anschaulicher und unmittelbarer, daher auch wesentlich verständlicher und besser, durch direkte *Zeitnutzungs- und Leistungsstatistiken* beobachten.

In die periodische Kontrolle derartiger Kennzahlen oder Kostensätze der Betriebsbereitschaft – dasselbe gilt auch für Vergleiche der absoluten Beträge – sollten aber *keinesfalls Perioden-Gemeinkosten* einbezogen werden, denn diese kann man im Rahmen der Periodenhierarchie nur für solche Zeiträume planen und kontrollieren, denen sie direkt zurechenbar sind. Dabei entstehen jedoch Schwierigkeiten bei solchen Perioden-Gemeinkosten, von denen man nicht genau weiß, wie vielen Zeitabschnitten und welchen Zeitabschnitten sie eigentlich direkt zurechenbar sind, wie bei unregelmäßig anfallenden Reparaturkosten. Sowohl die Höhe als auch der Zeitpunkt der meßbaren und auch beeinflußbaren Reparaturkosten bei einzelnen Kostenstellen oder Kostenplätzen sind in erheblichem Maße *Zufallseinflüssen* (im Sinne der Statistik) ausgesetzt, d. h. solchen Einflußfaktoren, die man nicht kennt oder im einzelnen nicht verfolgen will, weil ihre Erfassung auf technische oder organisatorische Schwierigkeiten stößt oder zu kostspielig wird. Deshalb ist es beispielsweise sinnlos, die monatlichen Reparaturkosten für einzelne Maschinen oder einzelne Kostenstellen isoliert planen und kontrollieren zu wollen. Vielmehr muß hier auf lange Zeiträume abgestellt werden, damit sich die Zufallseinflüsse möglichst gut ausgleichen. Ein geeignetes Verfahren dafür ist die *kumulative Beobachtung* der Reparaturkosten vom Zeitpunkt der Indienststellung der betreffenden Anlage an. Bei sehr langer Nutzungsdauer und relativ häufigen Reparaturen kleinerer und mittlerer Größenordnungen kann auch schon ein Ausgleich über gleitende Großperioden, z. B. gleitende Zwölf-Monats-Werte, oder über gleitende Mehrjahres-Werte, geeignet sein, wie sie zur Ausschaltung kurzfristiger Schwankungen und zur Ermittlung der »reinen« Trend- und Konjunkturbewegung in der Marktstatistik entwickelt wurden.

Die daraus abgeleiteten kumulativen Durchschnittswerte und gleitenden Durchschnittswerte vermögen vor allem für Planungs- und Prognoserechnungen wertvolle Dienste zu leisten, so vor allem für die Ermittlung von Reparaturkosten-Budgets oder zur Vorgabe des durchschnittlich erforderlichen Deckungsbedarfs im Rahmen der Preiskalkulation und Gewinnplanung. Unbrauchbar ist dagegen die Einbeziehung von »Deckungsraten« in die Betriebskontrolle. So wird gewöhnlich die Höhe von Abschreibungen an eine Formel

gebunden festgelegt; daher kann bei einer Kontrolle nicht mehr herauskommen als vorher in die Formel hineingesteckt worden ist. Bei zeitproportionaler Abschreibung vom Anschaffungswert ist der ausgewiesene Abschreibungsbetrag von Periode zu Periode stets gleich groß und erscheint damit unabhängig von der Beanspruchung der Maschine, von ihrer Pflege, der Sorgfalt im Umgang oder dem technisch-wirtschaftlichen Fortschritt, obwohl gerade diese Faktoren sowohl die Nutzungsdauer als auch die Entwertung der Anlage im wesentlichen bestimmen [3]. Ebensowenig sind bei einer leistungsproportionalen Abschreibung (Abschreibungssätze je Maschinenstunde oder je Leistungseinheit) irgendwelche zusätzlichen Erkenntnisse für die Kontrolle der Betriebsgebarung zu gewinnen.
Ob die der Zeitabschreibung zugrunde gelegte Lebensdauer oder die der Leistungsabschreibung zugrunde gelegte Totalkapazität, d. h. der Gesamt-»Vorrat« an Maschinenstunden oder Leistungseinheiten, tatsächlich erreicht wird, läßt sich erst kontrollieren, wenn die Anlage aus dem Produktionsprozeß ausscheidet. Die richtige Verteilung der Abschreibungssumme auf die einzelnen Abrechnungsperioden oder Leistungseinheiten dagegen ist überhaupt nicht kontrollierbar [3]. Sehr wohl läßt sich dagegen die Amortisation der Investitionsausgaben im Zeitablauf kontrollieren, indem man den Investitionsausgaben die kumulierten Deckungsbeiträge gegenüberstellt [3]. Das soll bei der Auswertung der Deckungsbeitragsrechnung noch gezeigt werden [18].

Anmerkungen

[1] Diese Vorgehensweise ist vor allem empfehlenswert, wenn man die Einzelkosten- und Deckungsbeitragsrechnung zunächst als Nebenrechnung einführt.

[2] Dieser Mangel könnte außerdem umgangen werden, indem man im Rahmen der stufenweisen Abdeckung gemeinsamer Kosten nach Schema 3a prüft, inwieweit die Kosten der Stelle P_A allein durch die Umsatzbeiträge der Artikel-Untergruppe a_2–a_5 abgedeckt werden und nur den dann verbleibenden Überschuß – zusammen mit dem der Erzeugnisgruppe b bzw. der Stelle P_B – zur Deckung der Einzelkosten der Stelle P_C heranzieht. Der verbleibende gemeinsame Deckungsbeitrag aller Erzeugnisse von P_C wird dann mit dem Deckungsbeitrag der übrigen Erzeugnisse – in unserem Beispielfalle von a_1 – zusammengefaßt, um solche Kosten abzudecken, die für die gesamte Eigenerzeugung gemeinsam entstehen, beispielsweise die Kosten der Produktionsleitung und der Hilfsbetriebe des Produktionsbereichs. Diese Abdekkungsfolge ist in dem nachfolgenden *Schema 5a* auf die Eigenerzeugnisse beschränkt dargestellt. Im Unterschied zu Schema 5 werden also die Deckungsbeiträge von a_1 erst »eingeschleust«, nachdem die Kosten von P_C durch die dort hergestellten Produkte – außerdem noch die Kosten von P_A und P_B – bereits abgedeckt sind. Etwa vorhandene Kosten der Leistungsgruppe »Eigene Erzeugnisse« als Ganzes, wie die Kosten der Produktionsleitung und der Hilfsbetriebe des Produktionsbereichs, würden in Schema 5 mit den Kosten der Stelle P_C zusammen ausgewiesen und gleichzeitig mit diesen abgedeckt.

[3] Es sei denn, daß man dieses Schema entsprechend den Erläuterungen in Anm. [2] und Schema 5a modifiziert.

[4] In diesem Sinne spreche ich auch von *problemadäquaten Zurechnungshierarchien*, Abdeckungshierarchien, Bezugsgrößen- oder Merkmalshierarchien, ausdrücklich wohl zuerst in meinem Aufsatz: Innerbetriebliche Statistik, in: Allgemeines Statistisches Archiv, 49. Bd. (1965), S. 47–71, hier S. 57.

[5] Entsprechendes gilt für die Hilfskostenstellen des Produktionsbereichs und andere erst diesem bzw. der Gesamtheit der eigenen Erzeugnisse zurechenbaren Kosten.

[6] Je nach den beim Schreiben der Rechnung erfaßten weiteren Merkmale sind zusätzliche Gruppierungsmöglichkeiten nach Merkmalen der Absatzorganisation, der Absatzmethoden und der jeweiligen Teilmärkte möglich. Siehe hierzu S. 177 f. und 179–181.

[7] In diesem Sinne unterscheide ich neuerdings bei solchen Zurechnungsobjekten, die nicht an »unterster« Stelle der Zurechnungshierarchie stehen, zwischen *originären* Einzelkosten dieser Objekte, die erst dort erfaßt und zugerechnet werden können, und den *aggregierten* Einzel-

[3] S. *Riebel, Paul:* Die Problematik der Normung von Abschreibungen. (Veröffentlichungen der Wirtschaftshochschule Mannheim, Reihe 2, Heft 11) Stuttgart 1963.

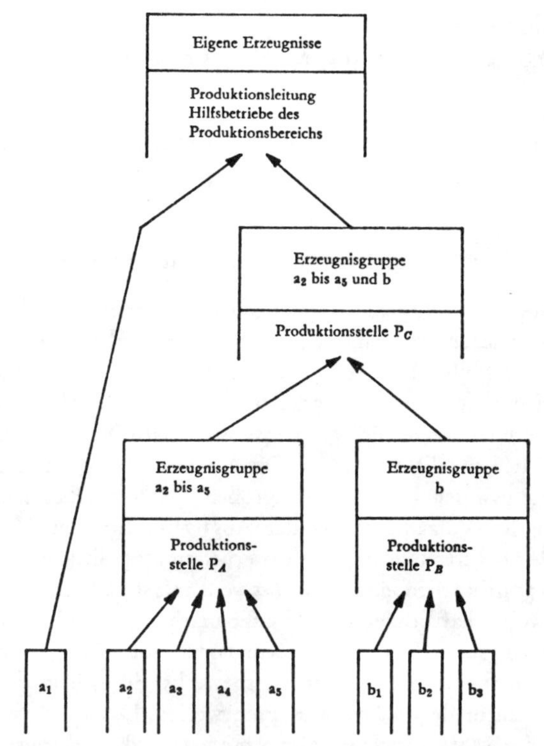

Schema 5a: Zurechnungshierarchie (auf die eigenen Erzeugnisse beschränkt) bei Abdeckung der Einzelkosten der Produktionsstelle P_C allein durch die dort hergestellten Erzeugnisse

kosten, die bei diesen Objekten, z. B. der Kostenträgergruppe, lediglich auf Grund des Verdichtungsprozesses gesammelt ausgewiesen werden, aber für »untergeordnete« Bezugsgrößen, beispielsweise die einzelnen Erzeugnisarten, direkt erfaßt werden und diesen auch zurechenbar sind.

[8] Noch einfacher geschieht dies lediglich im Rahmen der stufenweisen Deckungsbeitragsrechnung.

[9] Gemeint ist hier die Einzelkostenrechnung bzw. Grundrechnung der jeweiligen Periode. Durch den Übergang zu längeren Rechnungsperioden und zur Zeitablaufrechnung kann der Umfang der dem jeweiligen Zeitraum zurechenbaren Kosten bzw. Ausgaben beliebig ausgeweitet werden. Siehe hierzu insbes. S. 87–97.

[10] Das gilt natürlich nur unter der Voraussetzung, daß den einzelnen Erzeugnissen ein Umsatzerlös zugerechnet werden kann. Vgl. hierzu Beitrag 7: Ertragsbildung und Ertragsverbundenheit im Spiegel der Zurechenbarkeit von Erlösen, S. 98–148.

[11] Zum Ausweis der unechten Gemeinkosten bei den Kostenträgern im Rahmen der Ermittlung der Deckungsbeiträge siehe S. 292–294.

[12] Einzelheiten hierzu siehe vor allem bei *Wolfgang Kilger:* Flexible Plankostenrechnung, 4. Aufl. Köln und Opladen 1970, insbes. S. 366–387, und der dort angegebenen Literatur sowie *Wolfgang Männel:* Kostenspaltung, in: Management Enzyklopädie, Bd. 3, München 1970, S. 1144–1151.

[13] Soweit es sich hierbei um Einzelkosten der innerbetrieblichen Leistungen bzw. der innerbetrieblichen Aufträge handelt.

[14] Siehe hierzu S. 46–57, 101–148, 187–203, 246–268, 291–307 und 311–355.

[15] Diese umfaßt einerseits die Umsatzerlöse, andererseits die mit Einzelkosten bewerteten Bestandsveränderungen.

[16] »Unverändert« bezieht sich hier auf die direkte Erfassung und bloße Verdichtung der Kostenelemente, ist also im Sinne von unverfälscht oder von unverzerrt zu verstehen.

[17] Da hier auf Veränderungen der Kapazität abgestellt wird, muß es genauer heißen: »Kapazitäts-«(anpassung).

[18] Vgl. hierzu S. 60–66 und S. 254–258.

III. Zur Anwendung auf Entscheidungs-, Planungs- und Kontrollprobleme

595

10. Die Deckungsbeitragsrechnung als Instrument der Absatzanalyse*

I. Absatzanalyse als Grundlage differenzierender Absatzgestaltung

Differenzierte Kosten- und Ergebnisrechnungen sind bisher vor allem für industrielle Unternehmungen entwickelt worden, wobei der Schwerpunkt im Produktionsbereich bei der Ermittlung der Herstellkosten der Erzeugnisse liegt. Die Vertriebskosten werden noch vielfach gemeinsam mit den Verwaltungskosten in einem globalen Zuschlagsatz auf die Herstellkosten verrechnet, ohne die Vertriebskosten nach Verantwortungs-, Funktions- oder Leistungsbereichen zu differenzieren. Diese Vernachlässigung der Absatzwirtschaft im internen Rechnungswesen ist zu einem großen Teil ein Überbleibsel der gelenkten Wirtschaft und bei der Vorrangstellung der Absatzfunktion im Wettbewerb um freie Märkte nicht länger zu vertreten. Für die Unternehmungspolitik insgesamt, insbesondere aber für die Absatzpolitik, wird eine *quantitative* Analyse der Kosten, des Umsatzes, der Gewinne und der Wirtschaftlichkeit im Absatzbereich – ganz ähnlich auch im Beschaffungs- und Verwaltungsbereich – immer zwingender notwendig, wenn sich die Unternehmungen bei zunehmender Schärfe des Wettbewerbs, die sich in der Tendenz zu steigenden Vertriebskosten niederschlägt, behaupten wollen. Dazu braucht der Unternehmer die Informationen der Marktforschung, der Absatzstatistik und sonstiger Leistungsstatistiken, nicht zuletzt aber einer differenzierten Kosten- und Ergebnisrechnung.

Wohl jeder Unternehmer weiß, daß Umsatz nicht gleich Umsatz ist und die einzelnen Erzeugnisse, Abnehmergruppen, Absatz- und Lieferwege unterschiedlich ergiebig sind. Es
596 ist allgemein bekannt, daß für kleine Aufträge verhältnismäßig höhere Kosten als für große Aufträge entstehen, die sich in einer geringeren Gewinnspanne niederschlagen, falls die Auftragsgrößendegression nicht ausreichend in Mengenrabatten oder Staffelpreisen oder in der Gestaltung der Liefer- und Zahlungsbedingungen berücksichtigt wird. Solche allgemeinen Erfahrungen nützen aber wenig, wenn Entscheidungen im Einzelfalle zu treffen sind oder Richtlinien für die Absatzpolitik, beispielsweise über die Auswahl der Kundengruppen und Absatzwege oder das Verhalten gegenüber Kleinaufträgen, festgelegt werden sollen. Dazu bedarf es entsprechend differenzierter und zuverlässiger Kosten- und Umsatzanalysen [1].

* Nachdruck aus: Absatzwirtschaft, Handbücher für Führungskräfte II, hrsg. von Bruno Hessenmüller und Erich Schnaufer, Baden-Baden 1964, S. 595–627, mit freundlicher Genehmigung des Verlags für Unternehmensführung, Baden-Baden.

[1] Derartige differenzierte Vertriebsanalysen sind seit Jahren in der amerikanischen Literatur zu finden; im wesentlichen beruhen sie auf den Methoden der Nettogewinn- und Vertriebsspannenanalyse (mit Ermittlung der vollen Herstellkosten und Bruttospannenrechnung im Vertriebsbereich), in den neueren Veröffentlichungen finden sich teilweise auch die Verfahren des Direct Costing und der Deckungsbeitragsrechnung. Vgl. z. B. *Sevin, Ch. H.:* How Manufacturers reduce their Distribution Costs. Washington 1949; *Heckert, J. B., Miner, R. B.:* Distribution Costs. 2. Aufl., New York 1953; *Longman, D. R., Schiff, M.:* Practical Distribution Cost Analysis. Homewood, Ill., 1955; National Association of Accountants (NAA): Analysis of nonmanufacturing costs for managerial decisions. New York 1951 (liegt in deutscher Übertragung vor als RKW-Schrift: Planung und Kontrolle der Verwaltungs- und Vertriebskosten, Stuttgart 1961).

Wenn auch hierbei zunächst auf die Zahlen der Vergangenheit zurückgegriffen werden muß, so darf man für die unternehmungspolitischen Entscheidungen nicht einfach die Ist- oder Standardkosten der Vergangenheit zugrunde legen, sondern muß von den zu erwartenden zukünftigen Kosten und Umsätzen ausgehen.
Die Absatzführung hat davon auszugehen, daß die zur Verfügung stehenden personellen Kräfte, die finanziellen und sachlichen Mittel mehr oder weniger knapp sind und so ergiebig wie möglich eingesetzt werden müssen. Sie muß sich von dem Gedanken frei machen, alle erzielbaren Aufträge hereinnehmen zu wollen, alle möglichen Abnehmer als Kunden zu gewinnen und zu beliefern, alle erreichbaren Absatzgebiete zu bearbeiten, alle Waren zu erzeugen oder zu verkaufen. Vielmehr ist gerade die Auswahl der anzustrebenden und zu fördernden Leistungsbereiche, der zu bearbeitenden Ausschnitte aus dem gesamten Markt, die Hauptaufgabe der Absatzpolitik [2], und zwar auf lange wie auf kurze Sicht, im Kleinen wie im Großen.
Eine solche, in den Teilbereichen wie im ganzen auf bewußte Selektion abgestellte Absatzpolitik, die zudem noch auf die Auswahl der wirtschaftlichsten Mittel und Verfahren bedacht sein muß, läßt sich nur erzielen, wenn nach den einzelnen *Leistungsbereichen* oder *Absatzbereichen* und nach einzelnen *Absatzmaßnahmen* differenzierte Informationen über die Kosten- und Erlösgestaltung und ihre Zusammenhänge vorliegen und die Zahlen in der rechten Weise interpretiert werden. 597
Derartige, für die Absatzanalyse und Absatzführung höchst bedeutsame Leistungsbereiche oder Absatzbereiche, deren Kosten- und Erlösverhältnisse bekannt sein sollten, sind vor allem:

1. Aufträge und Auftragsgruppen (nach Auftragsarten oder Auftragsgrößen)
2. Kunden und Kundengruppen
3. Erzeugnisse und Erzeugnisgruppen
4. Geographische Absatzbezirke
5. Verkaufsabteilungen
6. Absatzwege
7. Versandwege und -methoden
8. Verfahren der Auftragsgewinnung

Die meisten dieser Leistungsbereiche können nach recht unterschiedlichen Gesichtspunkten in sich gruppiert werden. Bei der Bildung von *Auftragsarten* ist beispielsweise an folgende Gruppierungsmöglichkeiten zu denken:

a) Eilaufträge, Aufträge mit Lieferfrist
b) einfache Aufträge (nur aus einem Posten bestehend), zusammengesetzte (aus mehreren Posten bestehende) Aufträge
c) Probeaufträge, einmalige Aufträge, Daueraufträge, Abrufe aus Lieferverträgen
d) Erstaufträge, Folgeaufträge
e) Aufträge ab Auslieferungslager, Aufträge ab Zentrallager, Aufträge im Streckengeschäft, Aufträge über Sonderanfertigungen (weiter zu differenzierende, je nachdem, wieweit die Sonderwünsche in den Produktionsbereich hineinreichen)
f) Aufträge in Einweg- oder Mehrwegpackmitteln; Aufträge in Kartons, Kisten, Behältern usw.
g) Aufträge mit Versand durch Selbstabholer, Lieferwagen, Post, Bahn, Spediteur (evtl. weiter zu differenzieren nach Stückgut, Wagenladungen; Frachtgut, Expreßgut, usw.) 598

[2] Nach *Banse, K.:* Vertriebs-(Absatz-)politik, in: Handwörterbuch der Betriebswirtschaft. Hrsg. von *H. Seischab* und *K. Schwantag*, Bd. IV, 3. Aufl., Stuttgart 1962, Sp. 5986.

h) schriftliche, telefonische, fernschriftliche, telegrafische, mündlich eingegangene Aufträge
i) durch Kundenbesuch, Ausstellungen, Kataloge, Werbeschreiben usw. gewonnene Aufträge

Erzeugnisgruppen können nach ihrer beschaffungswirtschaftlichen, produktionswirtschaftlichen oder absatzwirtschaftlichen Verwandtschaft (z. B. gleiche Verwendungszwecke, gleiche Abnehmergruppen, gleiche Absatzwege), nach Preisklassen u. ä. Gesichtspunkten gebildet werden. *Kunden* lassen sich nicht nur nach ihrer Branche und Funktion (Einzelhandel, Großhandel, handwerkliche oder industrielle Verarbeiter), Zugehörigkeit zu Einkaufsvereinigungen, nach den von den Kunden angewandten Absatzsystemen oder Methoden (Selbstbedienung, Versandmethode usw.) gruppieren, sondern auch nach ihrer Umsatzhöhe, durchschnittlichen Auftragsgröße, der Auftrags- und Lieferhäufigkeit, nach der Bestellweise, den Konditionen, dem eingeräumten Kreditvolumen, den üblichen Wegen und Methoden der Auftragsgewinnung oder -auslieferung und anderen Gesichtspunkten. Das die Absatzpolitik beherrschende *Prinzip der Differenzierung* [3] erfordert, daß man die Leistungsbereiche nach verschiedenen, insbesondere auch kombinierten Merkmalen durchleuchtet, da die angeführten Gliederungen der Leistungsbereiche nicht nebeneinander stehen, sondern miteinander verflochten sind. Um ein hinreichend differenziertes Bild zu erhalten, sind insbesondere mehrstufige Gliederungen notwendig, wobei die Reihenfolge der Gliederungsgesichtspunkte einerseits von den jeweiligen Informationswünschen, andererseits von den in der Kostenrechnung und Vertriebsstatistik erfaßten Merkmalen abhängt. Die Informationsbedürfnisse sollten auch bestimmen, welche Merkmale bei der Kostenrechnung, Vertriebsstatistik und Marktforschung zu erfassen sind.
So muß schon für das Schreiben der Kundenrechnung überlegt werden, welche Merkmale dabei festgehalten werden sollen, damit differenzierte Umsatz- und Kostenanalysen möglich sind. Das gleiche gilt für die Merkmale, die bei Fakturierung durch Lochkartenmaschinen auf den Artikelkarten, Kundenkarten usw. eingelocht und beim Ausschreiben der Rechnungen für die Absatzstatistik laufend ausgewertet werden sollen.

599

II. Grundlagen des Rechnens mit relativen Einzelkosten und Deckungsbeiträgen

1. Bezugsgrößen und Bezugsgrößenhierarchien

Wie wir gesehen haben, können die Umstäze – und ebenso die Kosten – nach verschiedenen Merkmalen (z. B. Auftragsarten, Kunden, Verkaufsbezirken) differenziert werden. Sie können aber auch verschiedenen Größen, die der Leistungsstatistik zu entnehmen sind oder durch Marktforschung gewonnen werden, gegenübergestellt werden. Man kann sie beispielsweise auf die Anzahl der Aufträge, Kunden, Kundenbesuche, Lieferwagenkilometer, Reisenden und Reisestunden beziehen.
Derartige statistische *»Beziehungszahlen«* sind einerseits für *Zeitvergleiche*, andererseits für *Bereichsvergleiche* (z. B. zwischen verschiedenen Absatzgebieten, Kundengruppen, Absatzwegen) bedeutsam, weil hierdurch Maßstäbe für die Kontrolle, die Planung und absatzwirtschaftliche Entscheidungen gewonnen werden können. Auch Planungsrechnun-

[3] Vgl. *Schäfer, E.:* Absatzwirtschaft, in: Handbuch der Wirtschaftswissenschaften. Bd. 1, hrsg. von *K. Hax* und *Th. Wessels,* Köln und Opladen 1958, S. 368.

gen und Soll-Ist-Vergleiche bauen weitgehend auf derartigen Beziehungszahlen auf. Solche Größen oder Objekte, auf die man Kosten, Umsätze und Deckungsbeiträge sinnvoll beziehen kann, und diejenigen Größen und Objekte, die der Differenzierung und Lokalisierung von Kosten, Umsätzen und Deckungsbeiträgen zugrunde liegen, werden im folgenden als *Bezugsgrößen* oder *Bezugsobjekte* bezeichnet.

Unter dem Gesichtspunkt der natürlichen Beziehungen bei der Zusammenfassung von erhobenen Daten und umgekehrt bei der Aufgliederung statistischer Massen lassen sich die in Frage kommenden Bezugsobjekte oder Bezugsgrößen in eine oder mehrere *Bezugsgrößenhierarchien* einordnen.

Einige Beispiele für derartige Bezugsgrößenhierarchien sind in Abb. 1 dargestellt. Die

600

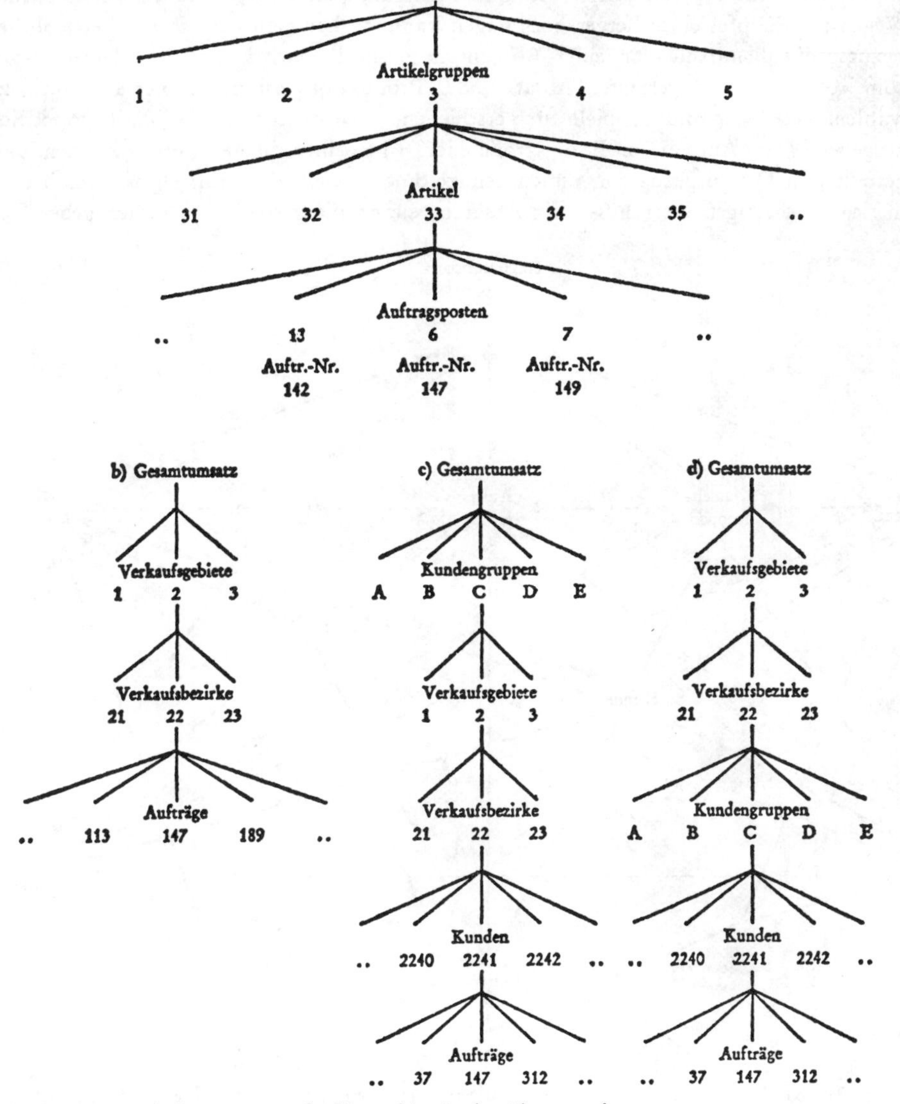

Abb. 1: Beispiele für Bezugsgrößenhierarchien in der Absatzanalyse

599 Bezugsgrößenhierarchie a führt von der einzelnen Auftragsposition über die Waren- oder Erzeugnisart (»Artikel«) und die Waren-, Erzeugnis- oder Artikelgruppe zum Gesamtumsatz (oder zur Gesamtproduktion) und ist ein Beispiel für eine Hierarchie, die innerhalb eines einzigen (einheitlichen) Leistungsbereiches aufgebaut ist. Die Bezugsgrößenhierarchien b, c und d beginnen jeweils am gleichen Ausgangspunkt, nämlich bei dem Kundenauftrag, führen aber auf jeweils verschiedenen »Wegen« zur gleichen »Spitze«, nämlich dem Gesamtumsatz, und zwar im Falle b über die Verkaufsbezirke und Verkaufsgebiete, im Falle c über die Kunden, die geographische Stufenleiter und die Kundengruppen, im Falle d über die Kunden zu den Kundengruppen und dann über die Verkaufsbezirke und die Verkaufsgebiete.

So wie ein Wanderer von einem bestimmten Ausgangspunkt ausgehend auf verschiedenen Wegen zum Gipfel eines Berges hochsteigen kann, so hat man auch in der betrieblichen

601 Bezugsgrößenhierarchie von einer Ausgangsbezugsgröße zwischen verschiedenen Wegen zum »Gipfel« – den gesamten Absatz- oder Produktionsleistungen einer Periode – zu wählen. In *Abb. 2* sind Beispiele für verschiedene »Wege«, die von der Auftragsposition ausgehend beim Aufbau von Bezugsgrößenhierarchien eingeschlagen werden können, dargestellt [1]. Die ausgezogenen Linien kennzeichnen jeweils den Aufstieg innerhalb eines in sich gleichartigen Leistungs- oder Absatzbereiches, die gestrichelten Linien geben Bei-

602

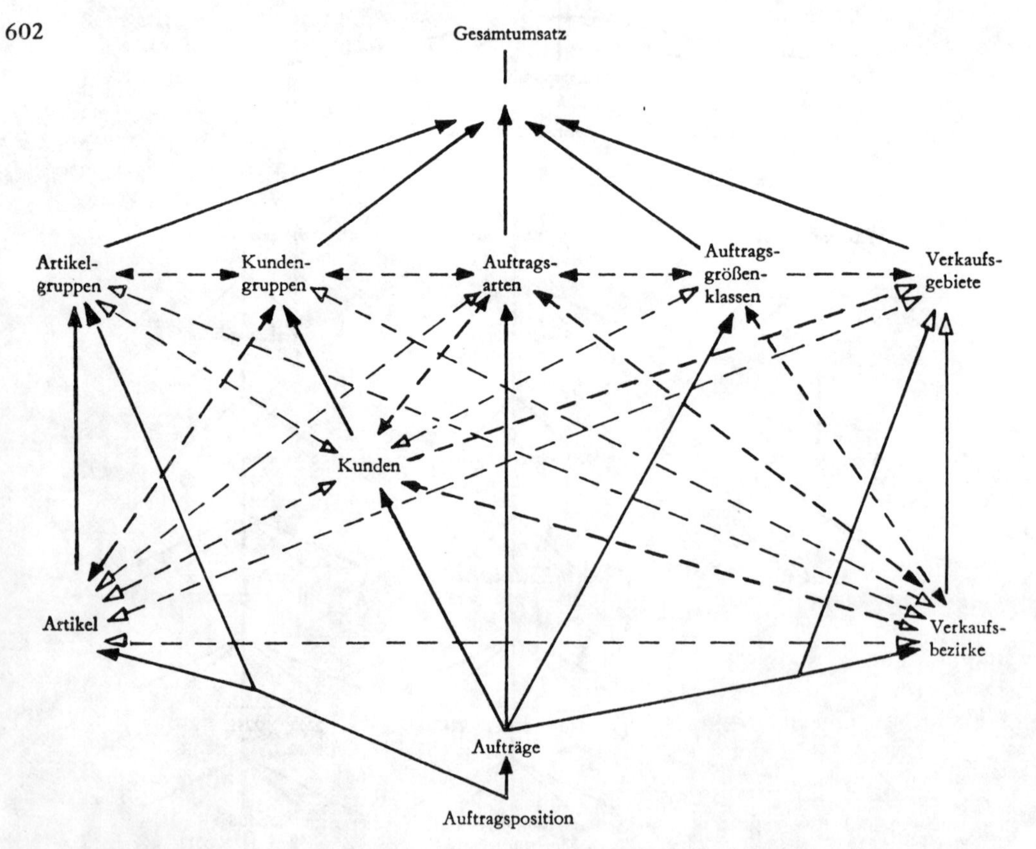

Abb. 2: Konkurrierende Wege für den Aufbau von Bezugsgrößenhierarchien, die von der Auftragsposition ausgehen

spiele für »Querverbindungen«, die mehrere Leistungsbereiche zu heterogenen Bezugsgrößenhierarchien zusammenfügen. Wie der Vergleich der Bezugsgrößenhierarchien c und d (in Abb. 1) zeigt, bestehen enge Beziehungen zwischen der gegebenen oder gewünschten Information einerseits und der Rangfolge andererseits, in der die jeweiligen Bezugsobjekte bei mehrfacher Merkmalsgliederung in die Bezugsgrößenhierarchie eingestuft werden. So wird in der Bezugsgrößenhierarchie c der Gesamtumsatz primär nach Kundengruppen und dann innerhalb der Kundengruppen nach geographischen Gesichtspunkten gegliedert, dagegen gibt das Schema d zunächst eine zweistufige Gliederung des Gesamtumsatzes nach geographischen Gesichtspunkten und teilt erst innerhalb der Verkaufsbezirke nach Kundengruppen auf. 601

Wie beim Aufstieg auf einen Berg, so hat man auch beim Aufstieg in der Bezugsgrößenhierarchie zu wählen, an welchen Punkten man anhält, um Umschau zu halten und welche der grundsätzlich in Frage kommenden Aussichtspunkte man unbeachtet liegenläßt und einfach überspringt [2]. So werden beispielsweise im Schema 1 b die Aufträge sofort nach Verkaufsbezirken zusammengefaßt, während im Schema 1 c zunächst eine Gruppierung nach Kunden eingeschoben ist. Eine weitere Parallele zu unserem Gleichnis schlägt sich darin nieder, daß wir von verschiedenen Ausgangspunkten den Weg zum Gipfel beginnen können: So können wir statt vom Kundenauftrag auch vom Versandauftrag oder von der Auslieferungstour der Lieferwagen ausgehen. Auch kann man wahlweise weiter »unten« oder weiter »oben« beginnen und im Extremfall von der Erzeugniseinheit oder aber auch von der Verkaufs-, Versand- oder Verpackungseinheit (z. B. ein Kasten Bier), dem Auftragsposten, dem Auftrag oder dem Kunden ausgehen.

In den beispielhaft gezeigten Bezugsgrößenhierarchien lassen sich nicht alle Vertriebskosten unterbringen. Es sind daher weitere Bezugsgrößen- oder Kostenbereichshierarchien unter Einbeziehung der *Verantwortungsbereiche* und der Haupt- und Teil*funktionen*[4] des Vertriebs aufzubauen. Für die einzelnen |Verantwortungsbereiche und Funktionen ist neben der Kostenerfassung eine differenzierte Leistungsstatistik erforderlich, in der die Nutzung der Leistungsbereitschaft durch die verschiedenen Arten spezifischer Leistungen der betreffenden Verantwortungsbereiche oder Teilfunktionen und der Fluß dieser Leistungen in andere Bereiche und Teilfunktionen festgehalten wird. 603

2. *Die Zurechenbarkeit der Umsatzerlöse*

Bei der Gruppierung der Umsatzerlöse nach den erwähnten mannigfaltigen Gesichtspunkten entsteht die Frage, welche Umsatzerlöse der jeweiligen Bezugsgröße zugeordnet und welchen Bezugsgrößen die Umsatzerlöse überhaupt zugerechnet werden können. Wie bei den Kosten, so gibt es auch bei den Erlösen teils direkte, teils nur indirekte Beziehungen zwischen bestimmten Teilerlösen und den Bezugsobjekten, die im Rahmen der Absatzanalyse interessieren, beispielsweise den Aufträgen, Absatzwegen, Verantwortungsbereichen, Funktionen usw.

Die Zurechnung der Erlöse oder Erträge auf die einzelnen Aufträge, Erzeugnisse, Kunden, Absatzgebiete und Absatzwege scheint völlig unproblematisch zu sein, weil sich die Um-

[4] Vgl. zur Differenzierung der Vertriebskostenrechnung nach Funktionen *Küspert, E.* (Bearb.): Industrielle Vertriebskosten. RKW-Veröffentlichung Nr. 601, Stuttgart 1938; *Hessenmüller, B.:* Erfassung und Auswertung der Vertriebskosten, in: VDI-Taschenbuch Industrieller Vertrieb. Düsseldorf 1957, S. 149–199; *ders.:* Die leistungsgemäße Verrechnung der Vertriebskosten. Teil 1: Funktionale Gliederung, Arten und Abhängigkeiten der Kosten industrieller Absatzwirtschaft. Hamburg–Berlin–Düsseldorf 1962.

satzerlöse der Kunden, Absatzwege, Absatzgebiete und anderer übergeordneter Bezugsgrößen – ebenso wie der Gesamtumsatz – durch Addition der Beträge für die einzelnen Aufträge bzw. Auftragspositionen ergeben. Das ist aber keineswegs immer der Fall, wie an einigen Beispielen angedeutet werden möge.

Beispielsweise kann der Erlös aus dem Verkauf von Werkzeugkästen oder anderer »Zusammenstellungen« den einzelnen Bestandteilen ganz offensichtlich dann nicht zugerechnet werden, wenn der Preis der »Zusammenstellung« niedriger oder höher als die Summe der Einzelpreise der Bestandteile ist. Es wäre in einem solchen Falle auch nicht richtig, die Erlöse für den Werkzeugkasten – als Gesamtheit – im Verhältnis der Preise der Einzelwerkzeuge auf die einzelnen Bestandteile aufzuschlüsseln, weil zwischen den einzelnen Bestandteilen eine Absatzverbundenheit besteht und die Werkzeugkästen als Gesamtheit verkauft werden. Auch wenn der Erlös der als Gesamtheit verkauften »Zusammenstellung« mit der Summe der Einzelpreise der Bestandteile identisch ist, muß die Absatzverbundenheit der Bestandteile bedacht werden, die sich insbesondere im Mitziehen schwacher Artikel durch die starken niederschlägt. Beim Verkauf eines kompletten Werkzeugkastens ist es leichter möglich, zusätzliche Werkzeuge abzusetzen, als wenn der Kunde die einzelnen Stücke selbst zusammenstellt. Daher ist äußerste Vorsicht geboten, wenn Erlöse für Zusammenstellungen auf die einzelnen Bestandteile aufgeteilt werden sollen. Zweckmäßig werden die Erlöse der Gesamtheiten und die Erlöse der einzeln verkauften Artikel bei der Absatzanalyse als verschiedenartige Leistungen betrachtet.

604 Völlig abzulehnen ist jede Aufteilung des Erlöses für zusammengesetzte Güter – z. B. für ein Automobil – auf die einzelnen Teile, da hierbei keine objektiven, eindeutigen Beziehungen hergestellt werden können.

Aber auch dann, wenn formal eine Zurechenbarkeit der Erlöse auf die einzelnen Aufträge, Artikel usw. gegeben ist, muß nach der Absatzverbundenheit zwischen den verschiedenen Leistungen gefragt werden, beispielsweise zwischen guten und schlechten Artikeln eines zusammengehörigen Sortiments, zwischen kleinen und großen Aufträgen eines Kunden. Soweit diese absatzwirtschaftliche Verbundenheit nicht eindeutig vorliegt und sich – wie im Beispiel des Werkzeugkastens – in bestimmten Mengenverhältnissen des Absatzes der einzelnen Artikel niederschlägt, sollte man sich in der laufenden Rechnung zunächst an die *formale Zurechenbarkeit* halten und die nicht genau bestimmbare absatzwirtschaftliche Verbundenheit in der Interpretation der Ergebnisse oder im Rahmen von Sonderrechnungen, für die bestimmte Unterstellungen gemacht werden müssen, berücksichtigen. Immerhin ist bei der Bildung von Artikelgruppen, Auftragsgruppen und dem Aufbau der Bezugsgrößenhierarchien darauf zu achten, daß Absatzverbundenheiten nicht auseinandergerissen werden.

Völlig ausgeschlossen ist in der Regel die Zurechnung der Erlöse bzw. Erträge auf einzelne *Hauptfunktionen*, beispielsweise Beschaffung, Produktion und Absatz, oder auf *Teilfunktionen*, wie Werbung, Verkaufsförderung, Auftragsgewinnung, Auftragsabwicklung, und auf *Verantwortungsbereiche*. Die Umsätze sind das Ergebnis des Zusammenwirkens aller Teilfunktionen und aller Verantwortungsbereiche, so daß weder unter kausalen noch unter finalen Gesichtspunkten eine sinnvolle und noch viel weniger eine eindeutige Aufteilung möglich ist. Nichtsdestoweniger stößt man in der Praxis – meist indirekt über die Ergebnis- oder Erfolgsspaltung – auf derartige Bemühungen, die von vornherein zur Fruchtlosigkeit verurteilt sein müssen und zu falschen Urteilen und Entscheidungen führen, wenn sie dennoch auf irgendeine Weise vorgenommen werden.

Schließlich ist auch die Zurechnung der Erlöse auf die *Abrechnungsperioden* nicht un-

problematisch. So können Aufträge über Reparaturleistungen, Ersatzteil- und Zubehörlieferungen der Abrechnungsperioden technisch bedingte »Folgeaufträge« von Lieferungen in vergangenen Perioden sein, andere Aufträge sind auf erfolgreiche Probelieferungen oder auf das in der Vergangenheit erworbene Vertrauen der Kunden zurückzuführen. Viele Aufträge dürfen somit nicht isoliert gesehen werden, sondern als Glied einer Kette von Aufrägen, die zu einem bestimmbaren Zeitpunkt in der Vergangenheit begann, und sich in nicht übersehbarer Weise in die Zukunft erstreckt. Gerade diese zeitliche Verbundenheit der Absatzleistungen ist nur in Sonderfällen eindeutig quantifizierbar. Wie bei nicht eindeutig quantifizierbarer Verbundenheit zwischen Absatzleistungen derselben Ab- 605 rechnungsperiode empfiehlt es sich, zunächst die Teilumsätze in den Perioden auszuweisen, in denen sie endgültig realisiert sind, also formal in Erscheinung treten, und die Absatzverbundenheit erst bei der Interpretation und Auswertung für die Absatzpolitik zu berücksichtigen. Dieser zweite Schritt darf aber keinesfalls versäumt werden.
Ähnliche Probleme und Lösungen ergeben sich bei der Zurechnung der Erlöse bzw. Erträge auf einzelne *Absatzmaßnahmen*, beispielsweise Werbefeldzüge oder Preissenkungen [3].

3. *Die Zurechenbarkeit der Kosten*

Nach den Prinzipien des »Rechnens mit relativen Einzelkosten und Deckungsbeiträgen« [5] kommt es darauf an, die Kosten bei den Bezugsobjekten zu erfassen, für die sie direkt erfaßt werden können, und sie dort auszuweisen, wo sie unmittelbar erfaßt werden.
Die Unterscheidung zwischen Einzelkosten und Gemeinkosten oder zwischen direkten und indirekten Kosten ist nämlich *relativ*. So sind beispielsweise die Frachtkosten einer aus mehreren Positionen bestehenden Sendung in bezug auf die einzelnen Positionen und auch die einzelnen Erzeugnisse Gemeinkosten, dagegen in bezug auf den Versandauftrag Einzelkosten. Sie sind aber auch allen Objekten oder Bereichen direkt zurechenbar, die in der Bezugsgrößenhierarchie »oberhalb« des Auftrages stehen und über diesen »erreicht« werden, also z. B. den Auftragsarten, den Kunden und Kundengruppen, den Absatzbezirken usw. Werden die Aufträge im Rahmen eines Sammeltransportes durch einen eigenen Lieferwagen verteilt, dann sind die für die Fahrt entstandenen Benzinkosten nicht den einzelnen Aufträgen direkt zurechenbar, sondern lediglich der Fahrt insgesamt oder allen ausgefahrenen Sendungen gemeinsam [4]. Liegen die Empfänger aller dieser Sendungen innerhalb eines einzigen Verkaufsbezirkes, dann sind diese Kosten auch dem Verkaufsbezirk direkt zurechenbar, nicht aber den einzelnen Kunden und allen anderen Bezugsgrößen, 606 die in der Bezugsgrößenhierarchie »darunter«liegen. Werden Kosten für irgendein Objekt innerhalb der Bezugsgrößenhierarchie direkt erfaßt, dann sind sie für alle »darunterliegenden« Bezugsgrößen Gemeinkosten, für alle »darüberliegenden« Einzelkosten. Des-

[5] *Riebel, P.:* Das Rechnen mit Einzelkosten und Deckungsbeiträgen, in: Zeitschrift für handelswissenschaftliche Forschung, 1959/5, S. 213–238 [35–59]; *ders.:* Das Rechnen mit relativen Einzelkosten und Deckungsbeiträgen als Grundlage unternehmerischer Entscheidungen im Fertigungsbereich, in: Neue Betriebswirtschaft, 1961, S. 145–154 [z. T. S. 60–66].
Ähnliche Systeme werden im Rahmen der Literatur über Direct Costing, Grenzplankostenrechnung und Rechnen mit Standardgrenzpreisen beschrieben. Vgl. z. B. *Agthe, K.:* Stufenweise Fixkostendeckung im System des Direct Costing, in: Zeitschrift für Betriebswirtschaft, 1959, S. 404–418; *Heine, P.:* Direct Costing – eine angloamerikanische Teilkostenrechnung, in: Zeitschrift für handelswissenschaftliche Forschung, 1959, S. 515–534; *Mellerowicz, K.:* Preis-, Kosten- und Produktgestaltung als Mittel der Absatzpolitik, in: Der Markenartikel, 1959, S. 465–483; *Böhm, H.-H.:* Elastische Disposition durch ertragsabhängige Kalkulationen, in: Dynamische Betriebsführung. Berlin 1959, S. 155–180; *Kilger, W.:* Flexible Plankostenrechnung. Köln und Opladen 1961.

halb sollte man – im Rahmen der Wirtschaftlichkeit – die Kosten soweit »unten« in der Bezugsgrößenhierarchie als möglich erfassen. Es kommt also nur darauf an, geeignete Zurechnungsbereiche zu bilden und die richtigen Bezugsobjekte oder Bezugsgrößen zu wählen, um alle Kosten einer Unternehmung irgendwo direkt zurechnen zu können.
Die Aufschlüsselung echter Gemeinkosten und die Proportionalisierung fixer Kosten verbietet sich im System des Rechnens mit relativen Einzelkosten, weil hierdurch die tatsächlichen Verhältnisse falsch dargestellt werden. Davon darf lediglich bei der Anlastung des Deckungsbedarfs eine Ausnahme gemacht werden.
Unter *echten Gemeinkosten* sind solche zu verstehen, die sich auch bei Anwendung bester Erfassungsmethoden für den betreffenden Bereich oder das jeweilige Objekt nicht direkt erfassen lassen, wie z. B. die Kosten der allgemeinen Firmenwerbung in bezug auf die einzelnen Erzeugnisgruppen und die Reisespesen eines Reisenden in bezug auf die einzelnen bei einer Tour besuchten Kunden oder die erzielten Aufträge. *Unechte Gemeinkosten* sind dagegen ihrer Natur nach Einzelkosten, doch werden sie – meist aus Gründen der Wirtschaftlichkeit – in bezug auf das betreffende Objekt nicht direkt, sondern als Gemeinkosten erfaßt. Sie werden also erst für eine in der Hierarchie »weiter oben« stehende Bezugsgröße als direkte Kosten ermittelt. Beispiele dafür sind die Portokosten, die für die Auftragsbestätigungen und Rechnungen entstehen und die direkt für die einzelnen Aufträge oder Kunden erfaßt werden könnten [6].
Die Schlüsselung unechter Gemeinkosten wirkt sich auf die Genauigkeit der Kostenrechnung aus, beeinträchtigt aber nicht die grundsätzlich richtige Wiedergabe der betrieblichen Zusammenhänge. Freilich sollte man auch unechte Gemeinkosten nur zurechnen, wenn Schlüssel zur Verfügung stehen, die sachlogisch den gegebenen Mittel-Zweck-Beziehungen gerecht werden und eine hinreichend enge *Proportionalität* zu den betreffenden Kostenarten und der jeweiligen Kostenbezugsgröße aufweisen, was durch Korrelationsanalysen zu überprüfen ist. Oft empfiehlt es sich, durch Stichproben oder andere Sonderuntersuchungen *Standardkostensätze* für den betreffenden Vorgang oder das betreffende Bezugsobjekt zu ermitteln, beispielsweise für die Bearbeitung bestimmter Auftragsarten. Es ist selbstverständlich, daß derartige Standardsätze immer wieder überprüft und der Entwicklung angepaßt werden müssen. Außerdem dürfen Standardkostensätze beim
607 »Rechnen mit relativen Einzelkosten« nur direkte|Kosten, also keinerlei zugeschlüsselte echte Gemeinkosten oder proportionalisierte fixe Kosten umfassen. Meßbare *innerbetriebliche Leistungen* werden im System der Einzelkostenrechnung nur mit direkten variablen Kosten verrechnet.
Im System der Einzelkosten- und Deckungsbeitragsrechnung spielt neben der Zurechenbarkeit die *Abhängigkeit der Kosten von ihren Haupteinflußgrößen* eine wesentliche Rolle. Die Trennung zwischen fixen und variablen Kosten ist ebenso relativ wie die zwischen Einzel- und Gemeinkosten. Daher ist zwischen fixen und variablen Kosten in bezug auf die Veränderung der Erzeugungs- oder Absatzmenge eines Artikels, den Verkaufspreis, die Auftragsgrößen, die Transportentfernungen und weitere Einflußfaktoren zu unterscheiden.
Die Trennung zwischen fixen und variablen Kosten macht für die laufende kurzfristige Erfolgsrechnung meist keine Schwierigkeiten, wenn man fragt: Welche Kosten ändern sich *»automatisch«*, d. h. ohne zusätzliche, insbesondere mittel- oder langfristig wirksame

[6] Die Unterscheidung zwischen echten und unechten Gemeinkosten geht auf *P. van Aubel* zurück. Vgl. *van Aubel, P., Hermann, J.:* Selbstkostenrechnung in Walzwerken und Hütten. Leipzig 1926, S. 76.

Dispositionen, wenn sich die betreffende Einflußgröße, z. B. die Art und die Menge der abgesetzten Erzeugnisse, der Verkaufspreis, die Auftragsgröße usw., verändert. Alle Kosten dagegen, deren Abbau oder Erhöhung besondere Anordnungen und Maßnahmen notwendig macht, wie die Einstellung und Entlassung von Arbeitskräften, den Kauf von Maschinen, den Abschluß und die Kündigung von Mietverträgen, werden im Rahmen der laufenden Rechnung als fix angesehen. Im Rahmen von Sonderrechnungen ist dann von Fall zu Fall unter Berücksichtigung der gegebenen Situation und der Erwartungen zu entscheiden, welche Teile der fixen Kosten abgebaut werden können oder welche neu hinzukommen [7]. Es ist daher völlig ausgeschlossen, ein für alle Male festzulegen, welche Kosten mittel- oder langfristig als veränderlich angesehen werden. Die Proportionalisierung fixer Kosten wird daher auch bei mittel- und langfristigen Überlegungen in der Regel zu falschen Ergebnissen führen, ganz abgesehen davon, daß je nach Länge der Dispositionszeiträume unterschiedlich hohe Kostenteile jeweils als unbeeinflußbar und damit nicht proportionalisierbar anzusehen sind.

4. *Grundrechnung*

In einer Grundrechnung [8] werden die auf diese Weise ausschließlich direkt erfaßten Kosten bei den verschiedenen Bezugsobjekten, seien es Kostenstellen oder|Kostenträger im 608 üblichen Sinne oder zusätzliche Leistungsbereiche, wie Kundengruppen und andere Bezugsgrößen, ausgewiesen. Die Grundrechnung ist also zugleich eine Kostenarten- und Bezugsgrößenrechnung, sie vereinigt die traditionelle Kostenstellen- und Kostenträgerrechnung. Sie ist eine Vollkostenrechnung hinsichtlich der Kostenarten, in bezug auf die Kostenstellen, Kostenträger und sonstigen Bezugsgrößengruppen aber nur Teilkostenrechnung. Die Zuordnung und Gruppierung der Kosten nach Zurechnungsbereichen und nach Kostenkategorien liefert »Bausteine« für mannigfaltige Kombinationen und ermöglicht eine schnelle Auswertung für verschiedene Zwecke. Die nachfolgend beschriebene Kostenzusammenstellung wird deshalb in Anlehnung an *Schmalenbach* als »Grundrechnung« bezeichnet [9].

Während man im Produktionsbereich mit einer aufgrund der Produktionseinheiten (Kostenstellen) aufgebauten Grundrechnung auskommt, die allenfalls noch gewisse Modifikationen durch die Verrechnung unechter Gemeinkosten und die Verrechnung innerbetrieblicher Leistungen erfährt, empfiehlt es sich, zur Analyse der Vertriebskosten von vornherein zwei oder mehrere nach verschiedenen Gesichtspunkten gegliederte Grundrechnungen aufzubauen. Das ist zumindest dann notwendig, wenn die Verantwortungsbereiche nicht entsprechend den absatzwirtschaftlichen Teilfunktionen abgegrenzt sind [10]. Für die

[7] Weitere Einzelheiten siehe bei *Riebel, P.:* Die Elastizität des Betriebs. Köln und Opladen 1954, S. 99 f.

[8] Wegen des begrenzt zur Verfügung stehenden Raumes muß in diesem Beitrag leider auf ein Beispiel für den Aufbau einer Grundrechnung im Vertriebsbereich verzichtet werden. Im Prinzip ist ähnlich zu verfahren wie bei dem schematischen Beispiel für Aufbau und Auswertung der Grundrechnung auf der Basis relativer Einzelkosten, das ich für den Fall einer mehrstufigen Kuppelproduktion in meinem Aufsatz: Das Rechnen mit Einzelkosten und Deckungsbeiträgen, a.a.O., S. 218–225 [39–46, s. a. 149–175], beschrieben habe.

[9] Vgl. *Schmalenbach, E.:* Kostenrechnung und Preispolitik. 7. Aufl., Köln und Opladen 1956, S. 280.

[10] Schon in der RKW-Schrift Nr. 601: Industrielle Vertriebskosten, a.a.O., erwies sich eine zweistufige Kostenstellenrechnung als notwendig, die einmal nach Verantwortungsbereichen und zum anderen nach absatzwirtschaftlichen Teilfunktionen gegliedert ist.

Kontrolle der Betriebsgebarung ist nämlich in erster Linie eine Gliederung der Kosten nach ihrer Beeinflußbarkeit und nach Verantwortungsbereichen notwendig, die auch für bestimmte interne Dispositionen zugrunde gelegt werden muß, während die eigentlichen, auf den Markt gerichteten absatzwirtschaftlichen Dispositionen eine Gliederung nach Funktionen und Leistungsbereichen verlangen.
Für die Kontrolle der Betriebsgebarung, insbesondere die Verbrauchskontrolle, ist die Grundrechnung im Rahmen von Soll-Ist-Vergleichen, Zeitvergleichen, Abteilungsvergleichen und Betriebsvergleichen auswertbar. Dabei ist besonderer Wert auf die Bildung von Kennzahlen zu legen, in denen die Kosten zu den Haupteinflußgrößen, insbesondere den Leistungen, in Beziehung gesetzt werden. Hieraus lassen sich auch wichtige Standards für Planungszwecke gewinnen.
Auch kann man auf der Grundrechnung aufbauend die traditionellen Methoden der Kostenüberwälzungsrechnung (Vollkostenrechnung) anwenden, um Herstellkosten für die Bewertung der Bestände oder Selbstkostenpreise nach den Leitsätzen für die Preisbildung bei öffentlichen Aufträgen zu ermitteln. Für Kontroll- und Dispositionszwecke sind freilich solche Rechnungen ungeeignet.

609 Für Dispositionskontrollen und erst recht für die quantitative Untermauerung unternehmerischer Entscheidungen bedarf die Grundrechnung unbedingt einer Ergänzung durch die Deckungsbeitragsrechnung.

5. *Grundbegriffe und Prinzipien der Deckungsbeitragsrechnung*

Unter Deckungsbeitrag ist allgemein jeder Überschuß des Erlöses (Preises) über bestimmte Teilkosten zu verstehen. Die Bezeichnung »Deckungsbeitrag« soll veranschaulichen, daß es sich hierbei um einen *Bruttogewinn* handelt, *der zur Deckung der nicht zugerechneten Kosten* (fixen und variablen Gemeinkosten) *und des Gewinnes beiträgt.* Wie der Kosten- und Gewinnbegriff, so kann auch der Begriff Deckungsbeitrag auf Zeitabschnitte, Leistungseinheiten und sonstige Objekte bezogen sein; es ist daher zwischen *periodenbezogener* und *objektbezogener Deckungsbeitragsrechnung* zu unterscheiden. Um Mißverständnisse zu vermeiden, sollte stets das Bezugssystem beachtet werden.
Weiter gibt es verschiedene *Arten von Deckungsbeiträgen*, weil vom Preis bzw. Erlös *unterschiedliche Teilkosten zur Ermittlung des Deckungsbeitrages* abgesetzt werden können, beispielsweise die direkten variablen Kosten der Erzeugnisse, die direkten fixen und variablen Kosten einer Abteilung und ihrer Erzeugnisse, die direkten fixen und variablen Kosten eines Verkaufsbezirks einschließlich der direkten variablen Kosten der umgesetzten Waren. Zur näheren Kennzeichnung der Deckungsbeiträge werden im folgenden die jeweils vom Preis bzw. Erlös abgesetzten Kosten angegeben, etwa: »Deckungsbeitrag über die direkten Kosten eines Verkaufsbezirks.« Da der Deckungsbeitrag vom Umsatz ausgehend errechnet wird, müssen in diesem Falle selbstverständlich auch die direkten variablen Kosten der in diesem Bezirk umgesetzten Erzeugnisse und Handelswaren mit abgesetzt werden. Aus Abkürzungsgründen wird im folgenden auch eine Reihe von speziellen Deckungsbeitragsbegriffen zur Kennzeichnung der jeweils zugerechneten Teilkosten und des Bezugsobjektes gebildet (z. B. Artikelbeitrag, Bezirksbeitrag).
Für Dispositionen und Dispositionskontrollen tritt in der Deckungsbeitragsrechnung anstelle der Proportionalisierung fixer Kosten und der Schlüsselung echter Gemeinkosten die Bildung *»spezifischer Deckungsbeiträge«*. Das sind Kennzahlen, bei denen der periodenbezogene oder objektbezogene Deckungsbeitrag auf die in Anspruch genommenen

Leistungseinheiten oder Einsatzeinheiten des *Engpasses* bezogen wird, z. B. auf die Engpaßmaschinenstunde, die Engpaßpersonalstunde, das Engpaßzwischenprodukt oder den Kapitaleinsatz. Erst mit Hilfe der spezifischen Deckungsbeiträge läßt sich ein Urteil über die Ergiebigkeit bilden, mit der Engpässe und knappe Mittel durch die alternativen Verwendungsmöglichkeiten genutzt werden. Nur anhand des Maßstabs, den die spezifischen Deckungsbeiträge liefern, lassen sich gewinnmaximierende Dispositionen treffen. In Verbindung mit dem System der relativen Einzelkosten, das die Schichtung der Kosten nach ihrer Abhängigkeit von den Haupteinflußfaktoren und dem Ausgabencharakter einschließt, lassen sich verschiedenartige Deckungsbeitragsströme – nach der gewählten Bezugsgrößenhierarchie abgestuft und nach Kostenkategorien geschichtet – ermitteln. So wie der Arzt mehrere Röntgenaufnahmen von verschiedenen Seiten mit unterschiedlicher Tiefeneinstellung und unter Anwendung verschiedenartiger Kontrastmittel benötigt, um ein Gesamtbild zu gewinnen, so müssen mehrere Deckungsbeitragsrechnungen mit verschieden aufgebauter Bezugsgrößenhierarchie und unter Hervorhebung unterschiedlicher Kostenkategorien erstellt werden, wenn man eine umfassende Analyse der Kosten- und Ergiebigkeitsverhältnisse im Unternehmen anstellen will. Daß dabei verbundene Deckungsbeiträge nicht nachträglich aufgeschlüsselt werden dürfen, ist nur die konsequente Folge des Verbotes der Aufschlüsselung von Gemeinkosten und von verbundenen Erlösen. Im folgenden soll anhand eines praxisnahen schematischen Beispieles gezeigt werden, welche Einblicke durch verschiedenartige Deckungsbeitragsanalysen gewonnen werden können. 610

III. Ein praktisches Beispiel

1. Beschreibung der Betriebsgegebenheiten

Das betrachtete Unternehmen besitzt drei Vertriebsabteilungen A, B und C, die einer gemeinsamen Verkaufsleitung unterstehen, aber im übrigen über eine eigene Innen- und Außenorganisation verfügen und weitgehend selbständig disponieren können, weil jede Vertriebsabteilung unterschiedliche Abnehmergruppen bearbeitet und verschiedenartige Warenkreise anbietet. Die von der Vertriebsabteilung C angebotenen selbsterzeugten Konsumgüter (c_1–c_5) werden in einer gesonderten Produktionsabteilung P teils in wechselnder, teils paralleler Produktion hergestellt und durchlaufen alle die gleiche Engpaßanlage, die sie allerdings unterschiedlich lange in Anspruch nehmen. Die Produktionsabteilung P hängt mit den anderen Produktionsabteilungen, die die Erzeugnisse für die Vertriebsabteilungen A und B herstellen, nur über gemeinsame Hilfskostenstellen, die innerbetriebliche Leistungen erzeugen, und eine gemeinsame Produktionsleitung zusammen. Zur Ergänzung ihres Sortiments führt die Vertriebsabteilung C die Handelswaren h_1, h_2 und h_3. Die eigenen Erzeugnisse wie die zugekauften Handelswaren werden als preisgebundene Markenartikel vertrieben; außer Funktionsrabatten werden Mengenrabatte gewährt.

Von der Vertriebsabteilung C werden mit derselben Verkaufsorganisation drei Gruppen von Kunden beliefert: Großhandel, Großbetriebe des Einzelhandels (Kaufhäuser, Filialisten, Versender) und sonstige größere Einzelhandelsbetriebe. In der Außenorganisation sind jeweils drei »Verkaufsbezirke« zu einem »Verkaufsgebiet« zusammengefaßt, das von einer Verkaufsniederlassung aus geleitet wird. Jeder Verkaufsbezirk wird von einem selb- 611

ständigen Vertreter bearbeitet, der außer einer Provision noch ein Fixum erhält. Dem Niederlassungsleiter obliegt die Führung und Kontrolle seiner Vertreter, die planmäßige Kontaktpflege mit den Kunden, die Beobachtung seines Marktes, der Einsatz lokaler Werbemittel und des beigegebenen Dekorateurs, der den direkt und indirekt belieferten Einzelhandelskunden zur Verfügung steht. Kundenbuchhaltung und Auftragsabwicklung sind bei der Verkaufsleitung für alle Verkaufsabteilungen zentralisiert.
Als Beispiele für die früher umrissenen mannigfaltigen Möglichkeiten differenzierter Absatzanalysen werden im folgenden Analysen des Artikelprogrammes, der räumlichen Struktur und der Kundengruppen vorgeführt. Die Analysen stützen sich auf die Kosten- und Umsatzzahlen der vergangenen Periode, doch ändert sich am Schema der Analyse nichts, wenn man statt dessen die Prognosezahlen eines beliebigen künftigen Zeitabschnittes zugrunde legt.

2. Die Analyse des Artikelprogramms

Wenden wir uns zunächst der Frage zu, welche Artikel es besonders zu forcieren gilt und bei welchen Erzeugnissen – vom kalkulatorischen Standpunkt aus – überlegt werden sollte, ob sie ganz aus dem Programm gestrichen oder durch bessere Erzeugnisse ersetzt werden könnten.
In *Tabelle 1* ist in der Spalte 1, in den Zeilen 1 bis 11, ein *retrogrades Kalkulationsschema* angegeben, das sich für die vorliegende Fragestellung und ähnliche Betriebsverhältnisse in der Praxis bewährt hat, um die Deckungsbeiträge über die direkten, mit der Produktions- und Absatzmenge »automatisch« veränderlichen Kosten der einzelnen Erzeugnisse und Handelswaren zu errechnen. Dabei können wir wahlweise von den Zahlen je Leistungseinheit oder je Periode ausgehen. Weil wir bei der Analyse der Verkaufsgebiete und Kundengruppen ohnehin von den Umsätzen, Kosten und Deckungsbeiträgen des Zeitabschnittes ausgehen müssen, sind der Tabelle 1 von vornherein die Zahlen eines Jahres zugrunde gelegt.
Von dem *Umsatz zu Listenpreisen* (»Bruttoumsatz«) (s. Tabelle 1, Zeile 1) ausgehend, werden zunächst die *Rabatte* (Zeile 2) und dann *Erlösschmälerungen* [11] (Zeile 4), wie Skonti, abgesetzt, um zum »Nettoerlös« zu gelangen. Nunmehr werden die *direkten* 613 *Kosten der Erzeugnisse und Handelswaren,* nach ihrer|Abhängigkeit von den Haupteinflußfaktoren differenziert, abgezogen, und zwar bei Vertriebsanalysen zuerst die *vertriebsabhängigen* und dann die *erzeugungsabhängigen Kosten.* Innerhalb der Vertriebskosten werden zunächst die *vom* erzielten *Preis* und damit *vom Nettoumsatz abhängigen* Kostenarten, wie Umsatzsteuer, Verkaufsprovisionen, gegebenenfalls auch Lizenzen, berücksichtigt (Zeile 6, a, b), dann die *von mehreren Faktoren abhängigen Vertriebskosten,* wie Frachten und Transportversicherung, soweit diese den einzelnen Artikeln direkt zurechenbar sind. Das trifft im vorliegenden Falle für Frachten und Transportversicherung nicht zu, da es sich in der Regel um zusammengesetzte Aufträge handelt, also jeweils mehrere Waren in der gleichen Sendung verschickt werden. Der als *»reduzierter Nettoerlös«* bezeichnete Überschuß wird gewissermaßen von der Verkaufsabteilung nach Abzug der mit dem Umsatz »automatisch« veränderlichen Vertriebseinzelkosten der Erzeugnisse an die

[11] *Hessenmüller, B.:* Die leistungsmäßige Verrechnung der Vertriebskosten; a.a.O., S. 36 f., fordert mit Recht, daß als Erlösschmälerungen nur Absetzungen, Minderungen oder Berichtigungen des normal errechneten Fakturenwertes anzusehen sind, nicht dagegen echte Vertriebskosten, wie Provisionen und Umsatzsteuer.

Produktion – bei Handelsware an das Lager bzw. den Einkauf – weitergegeben. Nach Abzug der *direkten Stoffkosten* – bei Handelswaren des *Wareneinsatzwertes* – (Zeile 8) erhalten wir den *»Veredelungsbeitrag«* (Zeile 9), so bezeichnet, weil davon sämtliche Veredelungskosten abzudecken sind. Bei den Handelswaren ist der Veredelungsbeitrag mit dem Deckungsbeitrag über sämtliche »automatisch« mit Art und Menge der abgesetzten Handelsware veränderlichen Kosten identisch. Bei den eigenen Erzeugnissen sind vom Veredelungsbeitrag noch die sonstigen mit Art und Menge der Erzeugnisse »automatisch« veränderlichen Kosten, wie variable Energiekosten und Akkordlöhne [5], abzuziehen. Es verbleibt dann der *Deckungsbeitrag über die direkten »automatisch« veränderlichen* Kosten der Erzeugnisse (Zeile 11), der kurz als *Artikelbeitrag I* bezeichnet werden soll [6].

612

Tabelle 1: Errechnung der Deckungsbeiträge nach Artikeln und Abteilungen
(Beträge in 1000 DM)

	1	2	3	4	5	6	7	8	9	10	11	12
	Artikel d. Abt. C →	c_1	c_2	c_3	c_4	c_5	Sa. 2—6	h_1	h_2	h_3	Sa. 8—10	Ges.-Summe 7+11
1	Umsatz zu Listenpreisen	1058	862	655	2165	777	5517	1079	832	996	2907	8424
2	./. Rabatte	194	147	116	396	134	987	139	107	128	374	1361
3	Nettoumsatz	864	715	539	1769	643	4530	940	725	868	2533	7063
4	./. Skonti und sonstige Erlösschmälerungen	14	11	8	28	10	71	12	10	11	33	104
5	Nettoerlös	850	704	531	1741	633	4459	928	715	857	2500	6959
6	./. preisabhängige direkte Kosten											
	a) Verkaufsprovision (3 % v. Zeile 3)	26	21	16	53	19	135	28	22	27	77	212
	b) Umsatzsteuer (4 bzw. 1 % v. Nettoerlös)	34	28	21	70	25	178	9	7	9	25	203
7	reduzierter Nettoerlös	790	655	494	1618	589	4146	891	686	821	2398	6544
8	./. direkte variable Stoffkosten bzw. Wareneinsatzwert	457	362	333	964	442	2558	713	502	690	1905	4463
9	Veredlungsbeitrag	333	293	161	654	147	1588	178	184	131	493	2081
10	./. variable Arbeitskosten (Akkordlöhne)	31	69	57	100	33	290	—	—	—	—	290
11	ARTIKELBEITRAG I (Deckungsbeitrag I über die direkten variablen Kosten der Artikel)	302	224	104	554	114	1298	178	184	131	493	1791
12	./. Ø-Fracht	45	30	25	93	40	233	41	32	61	134	367
13	ARTIKELBEITRAG Ia	257	194	79	461	74	1065	137	152	70	359	1424

		Abteilung: A	B	C
11a	Summe ARTIKELBEITRÄGE I der Abteilungen	2984	5321	1791 ←
14	./. Frachtkosten	452	561	367
15	./. direkte zusätzliche Kosten der Auftragsabwicklung	36	47	29
16	ABTEILUNGSBEITRAG I über die variablen Kosten des Umsatzes	2496	4713	1395
17	./. direkte fixe Kosten d. Abt. (einschl. zugehörig. Prod.-Stellen)	1756	2877	1056
18	ABTEILUNGSBEITRAG II über volle direkte Kosten	740	1836	339
		2915		
19	./. den Abteilungen und ihren Leistungen nicht direkt zurechenbare Kosten	1837		
20	NETTOERFOLG	1078		
21	+ nicht ausgabenwirksame Kosten	1136		
22	„VERFÜGBARER" PERIODENBEITRAG	2214		

613

Dieser Artikelbeitrag ist angenähert identisch mit dem *Grenzgewinn*, falls seiner Errechnung der Grenzerlös und die Grenzkosten der letzten Einheit zugrunde liegen, er ist angenähert gleich dem *durchschnittlichen Grenzgewinn*, falls die Errechnung auf den Durchschnittspreisen des betreffenden Artikels und den durchschnittlichen Grenzkosten, die mit den durchschnittlichen variablen Kosten identisch sind, aufbaut; er kann aber auch als

Standardgrenzgewinn in Erscheinung treten, wenn man von Standardpreisen und Standardgrenzkosten ausgeht.

Genaugenommen ist diese Identität aber nur gegeben, wenn bei der Errechnung des Artikelbeitrags sämtliche automatisch veränderlichen Kosten bzw. sämtliche Grenzkosten oder Standardgrenzkosten berücksichtigt werden. In unserem Falle trifft das nicht ganz zu, weil wir die variablen Frachtkosten und die zusätzlichen, von der Anzahl der abgewickelten »Aufträge an sich« abhängigen Kosten [12] den einzelnen Erzeugnissen nicht

614 direkt zurechnen können. Da| wir es durchweg mit zusammengesetzten, gemischten Sendungen zu tun haben, ändern sich die Frachtkosten mit Art und Menge der abgesetzten Erzeugnisse; darüber hinaus werden sie in erheblichem Umfang von der Art der gewählten Transportmittel und -wege, der Transportentfernung, der Größe des Versandauftrags und weiteren Faktoren beeinflußt. Wollte man die Auswirkungen von Programmänderungen auf den Gewinn genau verfolgen, dann müßte man untersuchen, wie sich die Verminderung des Absatzes in dem einen Artikel, die Vermehrung des Absatzes in anderen Artikeln auf die Anzahl und Größe der Versandaufträge für die verschiedenen Transportmittel, Transportwege, Entfernungszonen usw. auswirken. In Anbetracht des dafür erforderlichen erheblichen Aufwandes ist zu erwägen, ob man sich nicht mit der geringeren Genauigkeit einer mengenproportionalen Verrechnung der Frachtkosten begnügen kann. Diese Näherungsmethode weicht von der exakten Lösung um so weniger ab, je mehr eine gleichmäßige Verteilung der einzelnen Artikel in den verschiedenen Größenklassen der Versandaufträge, in den verschiedenen Entfernungszonen und bei den zur Wahl stehenden Transportmitteln und -wegen unterstellt werden kann. Davon wurde im vorliegenden Beispiel ausgegangen, und nach Abzug der mengenproportional verrechneten Frachtkosten (Zeile 12) wurde der Artikelbeitrag I a (nach Berücksichtigung der Frachtkosten) ausgewiesen [7]. Bei der späteren Analyse des Absatzes nach räumlichen Gesichtspunkten werden wir richtig und genau verfahren.

Die in Zeile 11 ermittelten *Artikelbeiträge I* werden nunmehr nach Artikelgruppen, Verkaufsabteilungen oder anderen »übergeordneten« Bezugsgrößen *zusammengefaßt* und den diesen Bezugsgrößen direkt zurechenbaren Kosten gegenübergestellt. Das ist im unteren Teil der Tabelle 1, in den Zeilen 11 a, 14–22, zunächst für die Verkaufsabteilungen A, B, C und die ausschließlich für sie tätigen Produktionsabteilungen und dann für die gesamte Unternehmung dargestellt. Von der Summe der Artikelbeiträge I der Verkaufsabteilungen (Zeile 11 a) werden die *Frachtkosten* (Zeile 14) die *zusätzlichen Kosten der Auftragsbearbeitung* oder *-abwicklung* (Zeile 15) und gegebenenfalls weitere variable echte oder unechte Gemeinkosten der Erzeugnisse, soweit sie den Verkaufsabteilungen direkt zurechenbar sind, abgezogen, um den Deckungsbeitrag über die variablen Kosten des Umsatzes der Verkaufsabteilung zu erhalten (Zeile 16) [8]. Werden diesem *Abteilungsbeitrag I* die direkten Bereitschaftskosten der Abteilungen gegenübergestellt, dann ergibt sich als Saldo der Deckungsbeitrag der Verkaufsabteilungen über ihre vollen direkten Kosten (Zeile 18) [9]. Nunmehr werden die Deckungsbeiträge der Abteilungen zusammengefaßt, um davon die gemeinsamen Kosten der übrigen Unternehmensbereiche und alle sonstigen nicht den einzelnen Abteilungen oder ihren Leistungen direkt zurechenbaren Kosten abzuziehen (Zeile 19). Damit erhält man das *Nettoperiodenergebnis* der gesamten Unternehmung.

615 Wichtiger als das Nettoergebnis ist für viele unternehmerische Überlegungen der Über-

[12] Vgl. hierzu *Riebel, P.*: Das Problem der minimalen Auftragsgröße, in: Zeitschrift für handelswissenschaftliche Forschung, 1960, S. 647–686.

schuß des Umsatzes über die kurzperiodisch ausgabenwirksamen Kosten, der als *»verfügbarer Periodenbeitrag«* [13] bezeichnet werden soll [10]. Dieser läßt sich aus dem Nettoerfolg berechnen, indem man alle nicht kurzperiodisch ausgabenwirksamen Kosten (insbesondere Abschreibungen, Rückstellungen, Zinsen auf Eigenkapital) addiert (Zeile 21). Man kann auch den »verfügbaren« Periodenbeitrag der Artikelgruppen, Abteilungen und anderer Bezugsgrößen ermitteln, indem man bei der Ermittlung der Deckungsbeiträge der einzelnen Bezugsgrößen jeweils nur die ausgabenwirksamen Kosten abzieht und die nicht ausgabenwirksamen Kosten in einem großen »Topf« sammelt und nach Ermittlung des »verfügbaren« Periodenbeitrags insgesamt absetzt. Hierbei kann man weiter zwischen den langfristig ausgabenwirksamen Kosten (Abschreibungen, Rückstellungen) und den überhaupt nicht mit Ausgaben verbundenen Kosten (Zinsen auf Eigenkapital) differenzieren. Auch auf diesem Wege erhält man schließlich das *Nettoperiodenergebnis* [14].

Schon die *absolute Höhe des Artikelbeitrages* in der Abrechnungsperiode gibt wichtige Informationen: Sie zeigt, *wieviel DM* die einzelnen Erzeugnisse und Handelswaren *zur Deckung der* den einzelnen Artikeln *nicht zugerechneten fixen und variablen Gemeinkosten und zum Gewinn beigetragen haben.* Das ist eine viel eindeutigere und daher wichtigere und aufschlußreichere Größe als der Nettogewinn, dessen Höhe vor allem von den Schlüsseln oder Zuschlagsgrundlagen abhängt, die man für die Zuteilung der fixen und variablen Gemeinkosten gewählt hat. In der *Netto-Ergebnisrechnung* erscheinen nämlich Artikel, die aufgrund des gewählten Schlüssels mit Gemeinkosten stark belastet werden, als »schlechte« Artikel, eben weil sie sehr viel mehr zu den Gemeinkosten herangezogen werden als andere scheinbar »gute« Artikel, die aufgrund der gewählten Schlüssel nur geringfügig mit Gemeinkosten belastet werden. Da von den Gemeinkosten nur die »unechten« richtig und einigermaßen genau den Artikeln zugerechnet werden können, für die sie aufgewandt werden, hängt der ausgewiesene Nettogewinn ganz von den mehr oder weniger willkürlich aufgeschlüsselten »echten« Gemeinkosten ab. Wählt man einen anderen Schlüssel, dann können Gewinnartikel zu Verlustartikeln werden und umgekehrt. Dabei ist zu beachten, daß es für die echten Gemeinkosten – und dazu gehören in bezug auf die Leistungseinheiten alle fixen Kosten – keine Schlüssel oder Zurechnungsverfahren gibt, die den Anspruch stellen können, die allein richtigen zu sein.

Für Kontroll- und Dispositionszwecke besonders aufschlußreich ist es, wenn man die *absoluten Deckungsbeiträge* der einzelnen Artikel im Zeitablauf ***kumuliert*** und dem *Dekkungsbedarf* der betreffenden Abrechnungs- bzw. Planungsperiode gegenüberstellt [15]. Man kommt auf diese Weise zu einer ***kontinuierlichen Ergebnisrechnung,*** die es jederzeit gestattet festzustellen, wieviel des in der Periode erforderlichen Deckungsbedarfes bereits erwirtschaftet worden ist und wieviel noch in der zur Verfügung stehenden Restperiode hereingebracht werden muß. Der Deckungsbedarf einer Artikelgruppe, Abteilung oder eines anderen Teilbereichs setzt sich aus dem *direkten Deckungsbedarf* (für direkte variable und|fixe Kosten der Artikelgruppe, Abteilung usw., die den einzelnen Artikeln nicht direkt zugerechnet werden können), der den drei untersten Schichten in Abb. 3 und 4 ent-

616

617

[13] Vom Standpunkt der Bilanztheorie aus handelt es sich hierbei im wesentlichen um den Beitrag der Abrechnungsperiode zur Deckung der den Perioden nicht direkt zurechenbaren erfolgswirksamen Aufwendungen und zum Totalgewinn.

[14] Dieser zweite Weg ist dargestellt in Tabelle III, Zeilen 12–20, meines Aufsatzes: Das Rechnen mit relativen Einzelkosten und Deckungsbeiträgen als Grundlage unternehmerischer Entscheidungen im Fertigungsbereich, a.a.O., S. 148.

[15] Vgl. hierzu *Riebel, P.:* Das Rechnen mit Einzelkosten und Deckungsbeiträgen; a.a.O., S. 234 und 235, Abb. 3 und 4. (Die Zeichnungen sind beim Druck leider vertauscht worden.)

spricht, der *Deckungslast* für anteilige Gemeinkosten, die der betreffenden Artikelgruppe, Abteilung usw. nicht eindeutig zugerechnet werden können, und einem vorgegebenen *Soll-Gewinnbeitrag* zusammen.

Je nach Fragestellung ist es dabei zweckmäßig, den Deckungsbedarf primär nach der Zurechenbarkeit und den Methoden der Anlastung zu gruppieren oder nach dem Ausgabencharakter und damit der Dringlichkeit des Abdeckens (s. *Abb. 3)* [11].

616

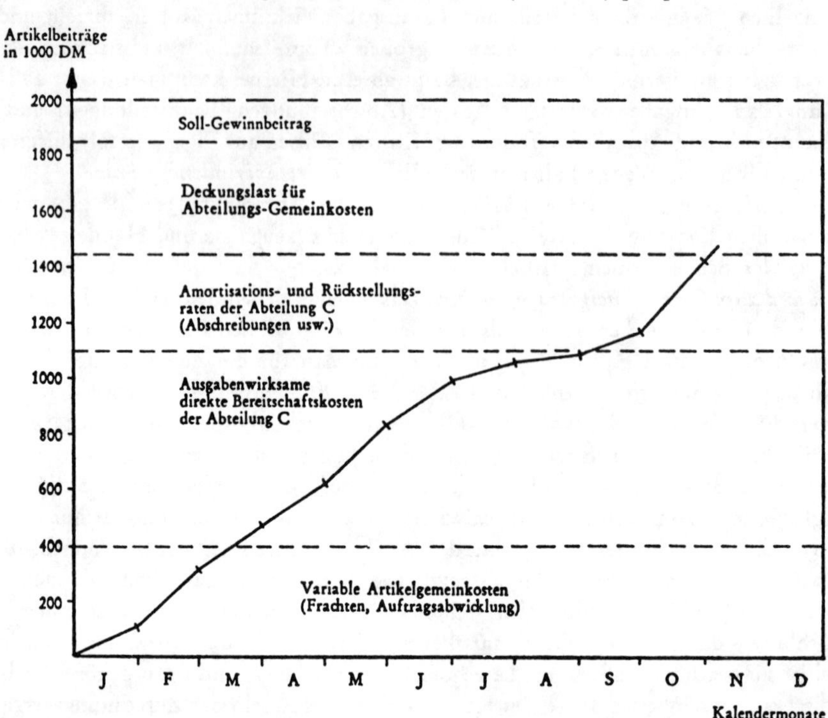

Abb. 3: Vergleich der über den Kalendermonaten kumulierten Artikelbeiträge der Vertriebsabteilung C mit ihrem direkten Deckungsbedarf und der zugeteilten Deckungslast

617 Für Kontroll- und Dispositionszwecke im Produktions- wie im Absatzbereich ist es besonders wichtig, *spezifische Deckungsbeiträge* zu bilden, das sind Kennzahlen, bei denen der Deckungsbeitrag auf die wert- oder mengenmäßige Inanspruchnahme *knapper* oder *wichtiger Kostengüter, budgetierter Mittel* oder auf den Umsatz bezogen wird [12] (s. *Tabelle 2*). In der Praxis interessiert man sich vielfach für den Artikelbeitrag je Mengeneinheit der abgesetzten Erzeugnisse oder für den Artikelbeitrag in Prozenten vom Nettoumsatz, der grob der Handelsspanne entspricht. Es muß aber sehr nachdrücklich davor gewarnt werden, gerade diese beiden spezifischen Deckungsbeiträge für produktions- oder absatzwirtschaftliche Entscheidungen zugrunde zu legen, es sei denn, daß der mögliche *Umsatz* mengen- oder wertmäßig von vornherein begrenzt ist und es gilt, diesen Engpaß möglichst »ergiebig« auszufüllen. Diese Lage ist beispielsweise bei wert- oder mengenmäßig begrenzten Einfuhrkontingenten gegeben, ferner bei Absatz an Kunden, die innerhalb eines begrenzten Einkaufslimits zu disponieren pflegen oder in ihren Einkaufsdispositionen durch ein Kreditlimit des Lieferanten beschränkt werden. Sind diese Voraussetzungen gegeben, dann ist die Höhe des erzielbaren Umsatzes der *Engpaß*, der vom verkaufenden

Tabelle 2: Spezifische Artikelbeiträge der Vertriebsabteilung C

1		2	3	4	5	6	7	8	9	10	11	12
	Artikel →	c_1	c_2	c_3	c_4	c_5	Sa. c_1—c_5	h_1	h_2	h_3	Sa. h_1—h_3	Ges. Summe
ARTIKELBEITRAG I							Ø				Ø	Ø
11 a	in % v. Bruttoumsatz	(1) 29 %	(2/3) 26 %	(6) 16 %	(2/3) 26 %	(7) 15 %	24 %	(5) 17 %	(4) 22 %	(8) 13 %	17 %	21 %
11 b	in % v. Nettoerlös	(1) 36 %	(2/3) 32 %	(5) 20 %	(2/3) 32 %	(7) 18 %	29 %	(6) 19 %	(4) 26 %	(8) 15 %	20 %	26 %
11 c	je 100 kg Absatzmenge	(2) 109,—	(1) 122,—	(6) 68,—	(3) 98,—	(7) 46,—	91,—	(5) 70,—	(4) 93,—	(8) 34,—	59,—	79,—
11 d	je Maschinenstunde	(1) 14,70	(2) 13,40	(4) 8,20	(3) 13,30	(5) 7,60	12,20	—	—	—	—	—
11 e	je Posten	(2) 89,—	(5/6) 48,—	(4) 69,—	(3) 71,—	(7) 41,—	64,—	(5/6) 48,—	(1) 263,—	(8) 24,—	50,—	60,—
ARTIKELBEITRAG I a							Ø				Ø	Ø
13 a	in % v. Bruttoumsatz	(1) 24 %	(2) 23 %	(6) 12 %	(3) 21 %	(7) 10 %	19 %	(5) 13 %	(4) 18 %	(8) 7 %	12 %	17 %
13 b	in % v. Nettoerlös	(1) 30 %	(2) 28 %	(5/6) 15 %	(3) 26 %	(7) 12 %	24 %	(5/6) 15 %	(4) 21 %	(8) 8 %	14 %	20 %
13 c	je 100 kg Absatzmenge	(2) 93,—	(1) 106,—	(6) 51,—	(3) 81,—	(7) 30,—	75,—	(5) 54,—	(4) 77,—	(8) 18,—	43,—	—
13 d	je Maschinenstunde	(1) 12,50	(2) 11,60	(4) 6,20	(3) 11,—	(5) 4,90	10,—	—	—	—	—	—
13 e	je Posten	(2) 76,—	(5) 41,—	(4) 53,—	(3) 59,—	(7) 27,—	53,—	(6) 37,—	(1) 217,—	(8) 13,—	37,—	47,—
ERGÄNZENDE DATEN ZUR ERRECHNUNG DER SPEZIFISCHEN ARTIKELBEITRÄGE:												
I	Absatzmenge in 100 kg	2763	1834	1536	5665	2470	14 268	2540	1980	3840	8360	22 628
II	Maschinenstunden (in Tsd.)	20,5	16,7	12,7	41,8	15,0	106,7	—	—	—	—	—
III	Postenzahl	3400	4700	1500	7800	2800	20 200	3700	700	5400	9800	30 000
IV	durchschnittl. Postengröße (DM)	311	183	437	278	278	273	292	1189	184	297	281

Unternehmen aus optimal genutzt werden soll, d. h. so, daß ein möglichst hoher Gewinn entsteht. Das wird kurzfristig dann erreicht, wenn der Deckungsbeitrag über die automatisch veränderlichen Kosten maximiert wird. Bei mittel- und längerfristigen Dispositionen gilt es, den Deckungsbeitrag über die automatisch veränderlichen und die mittel- oder langfristig veränderlichen Bereitschaftskosten zu maximieren. Ist der Absatz vom Umsatzwert her begrenzt, dann ist die Höhe des Deckungsbeitrages je Geldeinheit Nettoumsatz – oder in Prozenten des Nettoumsatzes – ein Maß für die »Ergiebigkeit«, mit der die betreffenden Artikel den Engpaß für das Unternehmen nutzen. Falls keine weiteren effektiven oder potentiellen Engpässe vorliegen, gilt es, soviel als möglich von dem Artikel zu verkaufen, der den *höchsten spezifischen Deckungsbeitrag je Engpaßeinheit* bringt, das ist in unserem Beispiel das Erzeugnis c_1. Könnte man von diesem Erzeugnis beliebig viel absetzen, dann wäre der Deckungsbedarf bereits mit einem Teil des bisherigen Umsatzes erreicht. Infolge des Wirkens der Konkurrenz und der an|sich begrenzten Nachfrage – vielleicht auch infolge unzureichender eigener Absatzanstrengungen – reichen aber die bisherigen Absatzmöglichkeiten nicht aus, um den gesamten Deckungsbedarf mit diesem Produkt allein zu erwirtschaften oder den Engpaß damit voll auszunutzen. Daher ist man gezwungen, auch noch die *nächstbesten Produkte* c_2 und c_4, die gleichrangig die 2. und 3. Stelle in der Umsatzergiebigkeit einnehmen, und sodann in der Reihenfolge abnehmender spezifischer Deckungsbeiträge je in Anspruch genommener Engpaßeinheit die Artikel h_2, c_3, h_1, c_5 und h_3 abzusetzen. Diese Notwendigkeit wird besonders deutlich, wenn in einer *graphischen Darstellung* nach Art der *Abb. 4* die *absoluten Werte der Artikelbeiträge* in der *Reihenfolge abnehmender spezifischer Deckungsbeiträge je Engpaßeinheit kumuliert* werden. Würde man auf die schlechtesten Artikel, die bei Anwendung

619

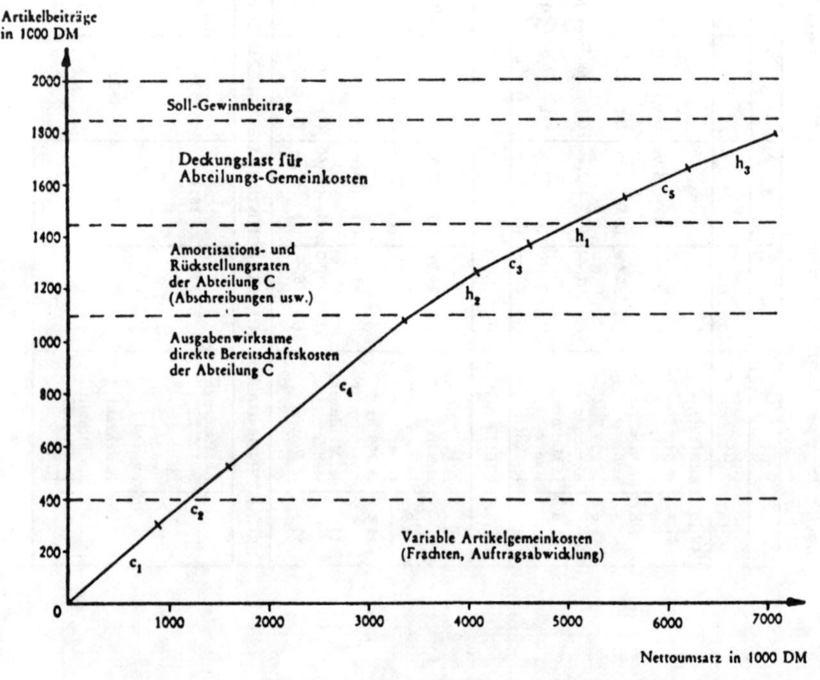

Abb. 4: Vergleich der über dem Nettoumsatz kumulierten Artikelbeiträge der Vertriebsabteilung C mit ihrem direkten Deckungsbedarf und der zugeteilten Deckungslast

der Vollkostenrechnung vermutlich als Verlustartikel erschienen, verzichten, ohne sie durch bessere zu ersetzen, dann würde der Gewinn erheblich vermindert, ja oft sogar in einen Verlust umgewandelt. Man kann daher ohne Übertreibung sagen, daß der Perioden- 620 gewinn den schlechtesten, noch einen positiven Deckungsbeitrag bringenden Artikeln zu verdanken ist, die noch zur vollen Ausnutzung des Engpasses herangezogen werden müssen.

Für die *spezifischen Deckungsbeiträge je Mengeneinheit* der Artikel ergibt sich naturgemäß eine ganz andere Reihenfolge. Gerade dieser Deckungsbeitrag ist aber in der Regel absatzwirtschaftlich wenig interessant, es sei denn, daß ganz besondere Verhältnisse und Probleme vorliegen.

Entscheidend für alle absatzwirtschaftlichen Dispositionen ist vielmehr der *spezifische Deckungsbeitrag je in Anspruch genommener Einheit des Engpasses,* gleichgültig, in welchem Funktionsbereich dieser liegt. Ist der Engpaß beispielsweise eine bestimmte Produktionsanlage, dann sind die Deckungsbeiträge je Maschinen- oder Apparatestunde dieses Engpasses maßgebend (s. Tabelle 2, Zeile 11d u. 13d). Für die selbsthergestellten Artikel ergibt sich hier eine ganz andere Reihenfolge als bei den spezifischen Deckungsbeiträgen je 100 kg oder in Prozenten des Nettoumsatzes. *Artikel, die den Engpaß nicht beanspruchen,* können in beliebiger Menge abgesetzt werden, soweit sie überhaupt noch einen positiven Artikeldeckungsbeitrag bringen, der wenigstens noch bestimmte zusätzliche Kosten, wie die zusätzlich bei der Bearbeitung jeder Auftragsposition entstehenden, deckt, und solange sich für diese Produkte nicht ein weiterer Engpaß zeigt. Der Engpaß kann aber auch bei bestimmten Arbeitskräften in der Entwicklung, in der Produktion oder in der Vertriebsorganisation liegen oder in der zur Verfügung stehenden Energie, in den Lagerkapazitäten oder in dem zur Verfügung stehenden Kapital; dann sind entsprechend die spezifischen Deckungsbeiträge je Stunde der Engpaß-Arbeitskräfte (z. B. Konstrukteurstunden, Einrichterstunden, Fertigungslohnstunden in der Stelle X, Reisendenstunden), Kilowattstunden oder je Kapitaleinsatzperiode relevant. Es ist selbstverständlich, daß vorübergehende Engpässe lediglich für solche Entscheidungen maßgebend sind, die nicht mittel- oder langfristig wirken, wie beispielsweise über die Hereinnahme eines zusätzlichen einmaligen Auftrages, der ohne Einfluß auf die übrigen künftig zu erwartenden Aufträge ist. In der Tabelle 2 ist schließlich noch der Deckungsbeitrag je Auftragsposten (Zeile 11e u. 13e) angeführt, der insbesondere in der Gegenüberstellung mit den für die warenmäßige und rechnungsmäßige Abwicklung der einzelnen Posten zusätzlich entstehenden Kosten und den Kosten der dafür zur Verfügung gehaltenen Leistungsbereitschaft interessiert [16].

Der *Deckungsbedarf* umfaßt zunächst die der Verkaufsabteilung C direkt zurechenbaren Kosten, soweit sie nicht schon den einzelnen Artikeln zugerechnet|sind. Dazu kommt noch 621 ein Beitrag zu den fixen und variablen Gemeinkosten, die den einzelnen Verkaufsabteilungen und ihren Leistungen nicht direkt zurechenbar sind, wie die Kosten der gemeinsamen Fertigungshilfsstellen, des gemeinsamen Einkaufs, der Verkaufsleitung, die Kosten der allgemeinen Firmenwerbung sowie der erwartete Gewinn. Die den Verkaufsabteilungen nicht direkt zurechenbaren Kosten können diesen für ihre Preispolitik und andere Zwecke nach verschiedenen Prinzipien und Gesichtspunkten vorgegeben werden, beispielsweise nach den Prinzipien der anteiligen Inanspruchnahme oder der Tragfähigkeit. Diese Prinzipien und weitere Möglichkeiten zu diskutieren, würde an dieser Stelle zu weit führen; es

[16] Vgl. hierzu *Riebel, P.:* Das Problem der minimalen Auftragsgröße; a.a.O., S. 647–685.

soll lediglich darauf hingewiesen werden, daß von der Kostentheorie her, selbst bei Vorliegen bestimmter Voraussetzungen, kein Prinzip als das allein richtige angesehen werden kann und daß die *Verteilung der nicht direkt zurechenbaren Kosten* zur Vorgabe von *Deckungslasten* für die einzelnen Verkaufsabteilungen oder andere Bezugsgrößen letztlich immer eine *unternehmungspolitische Entscheidung* ist und bleiben muß. Für zahlreiche Überlegungen ist es zweckmäßig, diesen Deckungsbedarf einerseits nach der Zurechenbarkeit und andererseits nach der Dringlichkeit der Abdeckung, also nach dem Ausgabencharakter der Kosten, geschichtet vorzugeben, wobei es von der Fragestellung und den Liquiditätsverhältnissen abhängt, welcher der beiden Gliederungsgesichtspunkte als übergeordneter gewählt wird.

Die bisher ermittelten Deckungsbeiträge der einzelnen Erzeugnisse sind Durchschnittswerte aus den Umsätzen an verschiedene Abnehmergruppen, in verschiedenen Absatzgebieten und aus verschiedenen Auftragsgrößen. Man könnte nun die Rechnung verfeinern, indem man die Umsatz-, Kosten- und Deckungsbeitragswerte nach diesen Merkmalen weiter differenziert. Diesen Weg wollen wir im folgenden nicht direkt einschlagen, sondern zunächst den Absatz nach Verkaufsgebieten und Verkaufsbezirken analysieren und dann innerhalb eines Verkaufsbezirkes nach Abnehmergruppen und Artikeln weiter differenzieren.

3. *Die Analyse der Verkaufsbezirke und Verkaufsgebiete*

Bei der Analyse der Verkaufsbezirke und Verkaufsgebiete kann man, wie in *Tabelle 3*, an die Ermittlung der *Artikelbeiträge* anknüpfen und diese – nach Verkaufsbezirken zusammengefaßt – stufenweise in retrograder Rechnung zunächst über die erst den Verkaufsbezirken und dann über die erst den Verkaufsgebieten direkt zurechenbaren Kosten führen. Da die Frachtkosten den einzelnen Versandaufträgen zugerechnet werden können und diese jeweils in einen bestimmten Verkaufsbezirk gehen, sind sie auch den Verkaufsbezirken direkt zurechenbar (s. Zeile 6). Entsprechendes gilt für die zusätzlichen Kosten, die mit der *Abwicklung der Kundenaufträge* verbunden sind und sich mit der Anzahl der bearbeiteten Aufträge »automatisch« ändern. Diese Kosten werden aus | 623 | Gründen der Wirtschaftlichkeit gewöhnlich als »unechte« Gemeinkosten in bezug auf die Aufträge, Verkaufsbezirke und Kunden erfaßt; man kann jedoch durch Sondererhebungen *Standardkostensätze* für die wichtigsten Auftragsarten ermitteln und diese dann proportional zur Anzahl der Aufträge den Verkaufsbezirken – und entsprechend den Kunden, Kundengruppen und anderen Bezugsobjekten – zurechnen (s. Zeile 7). Entsprechendes gilt für die zusätzliche Kosten der einzelnen Auftragspositionen. In Zeile 8 erhalten wir dann die Summe der Deckungsbeiträge aller Aufträge, die in der Abrechnungsperiode in den einzelnen Verkaufsbezirken erzielt worden sind. Diese *»Auftragsbeiträge«* sind zugleich die Deckungsbeiträge über alle mit Anzahl und Größe der Aufträge »automatisch« veränderlichen Kosten. Sie können selbstverständlich auch von den einzelnen Kundenaufträgen ausgehend direkt ermittelt werden. Diese Auftragsbeiträge der einzelnen Verkaufsbezirke haben zunächst die sonstigen, den einzelnen Verkaufsbezirken direkt zurechenbaren Kosten zu decken, in unserem Falle das den Vertretern gewährte Fixum und die Kosten für lokale Werbung in den Verkaufsbezirken. Der Überschuß – *»Bezirksbeitrag«* – ist der Deckungsbeitrag, den der betreffende Vertretungsbezirk über alle ihm und seinen Leistungen direkt zurechenbaren Kosten in der Periode erbringt und an die »übergeordneten« Stufen der Bezugsgrößenhierarchie, z. B. an die Verkaufsgebiete, weitergibt (s. Zeile 1–12) [13].

Tabelle 3: Deckungsbeitragsrechnung der Verkaufsbezirke und Verkaufsgebiete 622

a.

1		2		3		4		
	Verkaufsbezirke ►	V_1		V_2		V_3		usw.
		in 1000 DM	in % d. Nettoumsatzes	in 1000 DM	in % d. Nettoumsatzes	in 1000 DM	in % d. Nettoumsatzes	
1	Umsatz zu Listenpreisen	840,0	119,5	480,0	117,0	500,0	118,2	. . . . .
2	./. Rabatte	136,8	19,5	69,8	17,0	77,1	18,2	. . . . .
3	Nettoumsatz	703,2	100,0	410,2	100,0	422,9	100,0	. . . . .
4	./. Skonti, preis- u. erzeugungsabhängige Kosten	542,2	77,1	297,2	72,5	312,2	73,8	. . . . .
5	ARTIKELBEITRÄGE	161,0	22,9	113,0	27,5	110,7	26,2	. . . . .
6	./. Fracht	44,0	6,3	21,0	5,1	24,7	5,8	. . . . .
7	./. direkte zusätzl. Kost. d. Auftragsabwicklg.	3,6	0,5	2,4	0,6	3,0	0,7	. . . . .
8	AUFTRAGSBEITRÄGE	113,4	16,1	89,6	21,8	83,0	19,7	. . . . .
9	./. Fixum	6,0	0,8	10,0	2,4	7,0	1,7	. . . . .
10	./. Kosten d. lokalen Werbung	5,0	0,7	2,0	0,5	3,0	0,7	. . . . .
11	BEZIRKSBEITRAG	102,4	14,6	77,6	18,9	73,0	17,3	. . . . .

253,0

b.

	Verkaufgebiete	C_1		C_2		C_3	
12	Sa.BEZIRKSBEITRÄGE	253,0	16,5	440,0	13,2	590,0	26,7
13	./. Kosten der Verkaufsniederlassungen [1])	86,5	5,6	84,0	2,5	101,0	4,6
14	GEBIETSBEITRAG	166,5	10,9	356,0	10,7	489,0	22,1

1011,5

c.

	Verkaufsabteilungen	A		B		C	
15	Sa.GEBIETSBEITRÄGE	. . .	. .	. . .	. .	1011,5	14,3
16	./. direkte Kosten der Abteilungen [1])	. . .	. .	. . .	. .	672,5	9,5
17	ABTEILUNGSBEITRAG über volle direkte Kosten	740		1836		339,0	4,8

[1]) ohne in Zeile 7 bereits abgesetzte zusätzliche direkte Kosten der Auftragsabwicklung

Im Teil b der Tabelle 3 sind die Bezirksbeiträge jeweils für die einzelnen Verkaufsgebiete zusammengefaßt. Werden davon – mehr oder weniger detailliert – die den einzelnen Verkaufsgebieten direkt zurechenbaren Kosten abgezogen, dann ergibt sich der Deckungsbeitrag der einzelnen Absatzgebiete (*»Gebietsbeitrag«*) [13]. 623

Die Summe der Gebietsbeiträge wird um die erst der Verkaufsabteilung C und der ausschließlich dafür tätigen Produktionsabteilung P direkt zurechenbaren Kosten reduziert und als *»Abteilungsbeitrag«* an die Unternehmung als Ganzes weitergegeben, um die den einzelnen Abteilungen nicht direkt zurechenbaren Kosten und den Periodengewinn abzudecken. Die nach Tabelle 3c, Zeile 17, ermittelten Deckungsbeiträge der Abteilungen sind mit den in Tabelle 1, Zeile 18, ermittelten identisch, obgleich sie über eine ganz anders aufgebaute Bezugsgrößenhierarchie gewonnen worden sind.

Wie wenig die Umsatzzahlen für die *vergleichende Beurteilung von Verkaufsbezirken* – Entsprechendes gilt für den Vergleich von Kunden und Kundengruppen und anderen Bezugsobjekten – geeignet sind, zeigt sowohl ein Vergleich der absoluten als auch der relativen, in Prozenten des Nettoumsatzes ausgedrückten Deckungsbeiträge in Tabelle 3. So liegen der Brutto- und Nettoumsatz des Bezirks V_3 etwas über denen von V_2, aber schon die Summe der Artikelbeiträge, der Auftragsbeiträge und nicht weniger der Bezirksbeitrag von V_2 liegen nach ihrer absoluten Höhe, wie auf den Nettoumsatz oder Bruttoumsatz bezogen, beträchtlich über denen von V_3. Vergleicht man damit die Umsätze und Deckungsbeiträge des Bezirkes V_1, dann zeigt sich, daß V_1 zwar bei weitem den größten Umsatz erzielt und auch der absoluten Höhe nach den größten Deckungsbeitrag liefert, daß aber der Umsatz für die Unternehmung weit weniger »ergiebig« ist als die Umsätze der Bezirke V_3 oder gar V_2. Nach Abzug der direkt zurechenbaren Kosten wird von V_1 nämlich nur noch ein Bezirksbeitrag von 14,6 % des Nettoumsatzes – bei V_3 sind es 17,3 % und bei V_2 18,9 % – an das Verkaufsgebiet weitergegeben. Entsprechende Vergleiche können auch zwischen den Verkaufsgebieten gezogen werden.

Tabelle 4: Spezifische Deckungsbeiträge der Verkaufsbezirke des Verkaufsgebietes C_1

Ergänzende Daten zur Errechnung der Kennzahlen:

Anzahl der Aufträge	1200	800	1000
Anzahl der Posten	3600	4000	4000
Anzahl der Kunden	120	150	170

1	2	3	4
Verkaufsbezirk / Art der spezifischen Deckungsbeiträge	V_1	V_2	V_3
AUFTRAGSBEITRAG			
1 in % vom Nettoumsatz	**16,1**	**21,8**	**19,7**
2 je Auftrag	**94,50**	**112,—**	**83,—**
3 je Posten	**31,50**	**22,40**	**20,80**
4 je Kunde	**945,—**	**597,30**	**488,20**
5 je DM lokale Werbung	**22,70**	**44,80**	**27,70**
BEZIRKSBEITRAG			
6 in % vom Nettoumsatz	**14,6**	**18,9**	**17,3**
7 je Auftrag	**85,30**	**97,—**	**73,—**
8 je Posten	**28,40**	**19,40**	**18,30**
9 je Kunde	**853,30**	**517,30**	**429,40**
10 je DM lokale Werbung	**20,50**	**38,80**	**24,30**

Aus der Fülle der möglichen *spezifischen Deckungsbeiträge*, die als Kennzahlen für den regionalen Vergleich herangezogen werden können, sind in *Tabelle 4* nur wenige Beispiele angeführt: Die Auftragsbeiträge und Bezirksbeiträge werden auf die Anzahl der Aufträge, die Anzahl der Auftragsposten und der Kunden sowie auf den lokalen Werbemittelaufwand der Verkaufsziele bezogen. Beim Einsatz eigener Reisender kommen außerdem

Tabelle 5: Analyse des Verkaufsbezirks 3 nach Abnehmergruppen und Artikeln

	1	2					3								4							
	Kundengruppen →	Großhandel (GH)					Kaufhäuser, Filialisten, Versender (KFV)								Übriger Einzelhandel (EH)							
	Artikel →	c_1	c_2	c_3	c_4	c_5	c_1	c_2	c_3	c_4	c_5	h_1	h_2	h_3	c_1	c_2	c_3	c_4	c_5	h_1	h_2	h_3
1	ARTIKELBEITRAG I	5.98	1.40	3.73	9.96	10.71	19.73	9.32	8.63	6.38	5.97	2.90	3.75	1.61	6.98	1.65	2.36	3.39	2.20	—	2.50	1.61
2	Summe der Artikelbeiträge nach Kundengruppen	31.78					58.29								20.69							
3	./. Fracht	10.73					10.30								3.73							
4	./. Kosten der Auftragsbearbeitung	0.57					1.32								1.11							
5	AUFTRAGSBEITRAG	20.48					46.67								15.85							
6	Summe Auftragsbeiträge der Verkaufsbezirke	83.00																				
7	./. Fixum	7.00																				
8	./. lokale Werbung	3.00																				
9	BEZIRKSBEITRAG	73.00																				

b. *Spezifische Auftragsbeiträge* (DM)

		GH	KFV	EH
	AUFTRAGSBEITRAG			
1	je Kunde	1 024,—	2 333,50	121,90
2	je Auftrag	107,80	106,10	42,80
3	je Posten	27,—	26,50	10,70
4	in % vom Nettoumsatz	12,6	24,2	23,6
	Ergänzende Daten:			
	Anzahl d. Kunden	20	20	130
	Anzahl d. Aufträge	190	440	370
	Anzahl d. Posten	760	1760	1480
	Nettoumsatz (1000 DM)	162,6	193,0	67,2

c. *Vergleich der spezifischen Artikelbeiträge beim Absatz an verschiedene Abnehmergruppen*

Artikel →	c_1			c_2			
Bezugsgröße →	GH	KFV	EH	GH	KFV	EH	usw.
ARTIKELBEITRAG I							
in % v. Nettoumsatz	36 %	38 %	40 %	33 %	35 %	37 %	
je 100 kg Absatzmenge	115,—	125,70	134,20	127,30	145,60	150,—	
je Engpaß-Maschinenstunde usw.	15,50	16,90	18,10	14,—	16,—	16,50	
Ergänzende Daten:							
Nettoumsatz (in TDM)	16,6	51,6	17,6	4,25	26,4	4,5	
Absatzmenge (in 100 kg)	52	157	52	11	64	11	
Maschinenstunden	385,8	1 164,9	385,8	100,2	582,8	100,2	

noch die Anzahl der Kundenbesuche, der Zeitaufwand der Reisenden, die gefahrenen Kilometer und ähnliche Daten, die den Einsatz der Reisenden charakterisieren, als Bezugsgrößen für die Errechnung spezifischer Deckungsbeiträge in Frage.

Derartige spezifische Deckungsbeiträge sind nicht nur heranzuziehen, wenn der Engpaß bei der Auftragsgewinnung oder Auftragsabwicklung liegt, sondern auch zur *Überprüfung des Einsatzes* von anderweitig verwendbaren, wichtigen *Mitteln und Kräften,* insbesondere solcher, *deren Kosten* den einzelnen Aufträgen, Kunden, Verkaufsbezirken usw. *nicht direkt zurechenbar sind.* Das gilt vor allem für Bereitschaftskosten, deren Höhe von Dispositionen abhängt, die im Hinblick auf die erwartete Anzahl von Aufträgen, Auftragsposten oder Kunden getroffen werden [17]. Die spezifischen Deckungsbeiträge je DM eingesetzte lokale Werbeausgaben sind Maßstäbe für die unterschiedliche »Ergiebigkeit« des Werbeetats in den verschiedenen Verkaufsbezirken. Freilich darf man hieraus keine unmittelbaren Konsequenzen für den Werbemitteleinsatz ziehen, etwa dergestalt, daß man den Werbemitteleinsatz in dem Verkaufsbezirk mit dem höchsten Deckungsbeitrag je DM lokale Werbeausgaben weiter steigert und den in Gebieten mit einem geringeren spezifischen Deckungsbeitrag entsprechend verkürzt; vielmehr müssen hierbei *Grenzüberlegungen* angestellt werden. Dabei ist abzuwägen, welcher *zusätzliche* Deckungsbeitrag für jede zusätzliche DM Werbeausgaben in den um das Werbebudget konkurrierenden Verkaufsgebieten zu erwarten ist.

Eine weitere Auswertungsmöglichkeit der spezifischen Deckungsbeiträge erschließt sich, wenn man *Soll-Deckungslasten* je Auftrag, je Auftragsposten, je Kunde und für andere Bezugsgrößen, die den spezifischen Deckungsbeiträgen zugrunde liegen, vorgibt und damit die effektiven oder erwarteten spezifischen Deckungsbeiträge der entsprechenden Bezugsgrößen vergleicht [14]. Falls die je Auftrag, Auftragsposten usw. vorgegebenen Soll-Deckungslasten nur die im Hinblick auf die Anzahl der Aufträge, der Auftragsposten usw. bereitgestellten Kosten umfassen, ergeben die Überschüsse über die Soll-Deckungslasten weitere interessante Informationen [18].

626 4. *Die Analyse der Verkaufsbezirke nach Absatzwegen, Kundengruppen und Artikeln*

Liefert ein Verkaufsgebiet oder -bezirk keine befriedigenden Deckungsbeiträge, dann wird man den Quellen der geringen Ergiebigkeit weiter nachspüren. Das ist aber auch in guten Verkaufsbezirken empfehlenswert; denn auch hier ist das Bessere des Guten Feind. Als Beispiel für derartige Analysen der Verkaufsbezirke nach Kundengruppen und Kunden, Absatzwegen, Versandwegen, Auftragsarten usw. ist in *Tabelle 5* eine nach Kundengruppen und Artikeln differenzierte Deckungsbeitragsrechnung für den Verkaufsbezirk V_3 dargestellt. Da die Kaufhäuser, Filialisten und Versandgeschäfte (KFV) einerseits und die übrigen größeren und mittleren Betriebe des Einzelhandels (EH) andererseits direkt beliefert werden, hingegen die kleineren Einzelhändler über den Großhandel (GH), ergibt die Zusammenfassung der ersten Gruppe und ihre Gegenüberstellung mit dem Großhandel zugleich eine Analyse der *Absatzwege.*

Ein Vergleich der spezifischen Deckungsbeiträge des Großhandels und der direkt belieferten Abnehmergruppen zeigt, daß die Auftragsbeiträge je Kunde beim Großhandel zwar

[17] Vgl. hierzu *Riebel, P.:* Das Problem der minimalen Auftragsgröße; a.a.O., insbes. S. 651–660, 675–677.

[18] Siehe die Beispiele bei *Riebel, P.:* Das Problem der minimalen Auftragsgröße; a.a.O., insbes. S. 659 f., 661–685.

über achtmal so groß sind als bei dem »direkt belieferten« übrigen Einzelhandel, daß aber die Deckungsbeiträge je Auftrag und je Auftragsposten nur etwa das Zweieinhalbfache betragen und die auf den Nettoumsatz bezogenen Deckungsbeiträge sogar nur etwa in der halben Größe liegen. Das ist Grund genug, um die Differenzierung der Analyse bis zu den einzelnen Kunden hin fortzusetzen, um die »wenig ergiebigen« Kunden zu ermitteln und den Ursachen weiter nachzuspüren. Hierbei ist entsprechend den bisher an verschiedenen Beispielen gezeigten Prinzipien vorzugehen.

Bei der Analyse der Deckungsbeiträge des Verkaufsbezirks V_3 in Tabelle 5a sind die Abnehmergruppen als übergeordnetes Merkmal und die Artikel als untergeordnetes angesehen worden. Umgekehrt verfahren wir in Tabelle 5c bei den daraus gewonnenen Kennzahlen zur Deckungsbeitragsrechnung des Verkaufsbezirks V_3, bei dem die Artikelbeiträge der einzelnen Erzeugnisse im Hinblick auf ihre Ergiebigkeit beim Absatz an die verschiedenen Kundengruppen miteinander verglichen werden.

IV. Schlußbemerkungen

Die Absatzanalyse auf Grundlage relativer Einzelkosten und Deckungsbeiträge gibt ein richtigeres Bild der Wirklichkeit als die Selbstkostenrechnung und Netto-Ergebnisrechnung, weil sie die Irrtümer vermeidet, die dadurch entstehen, daß die Natur der fixen Kosten und ebenso die der variablen Gemeinkosten nach|ihrer Schlüsselung nicht mehr erkannt und verstanden werden. Da die Gemeinkostenschlüsselung entfällt, ist der Arbeitsaufwand erheblich geringer als bei der Vollkosten- und Netto-Ergebnisrechnung. Zudem gibt es keinen Streit mehr um die Angemessenheit der Schlüssel und der aufgeschlüsselten Kosten. Vor allem aber liefert die Deckungsbeitragsrechnung, insbesondere wenn sie auf Prognosezahlen aufbaut, unmittelbar auswertbare Informationen für kurzfristige unternehmerische Entscheidungen. Handelt es sich dagegen um Entscheidungen über Investitionsfragen oder um Veränderungen der lebenden Betriebsbereitschaft, dann sind auch beim Rechnen mit relativen Einzelkosten und Deckungsbeiträgen Sonderrechnungen notwendig, weil die jeweils abzubauenden und hinzukommenden Bereitschaftskosten bzw. die Investitionsausgaben berücksichtigt werden müssen. Bei mittel- und längerfristig wirksamen Veränderungen der Betriebsbereitschaft sind hierbei ähnliche Überlegungen notwendig, wie sie für die Anwendung der Deckungsbeitragsrechnung bei Investitionsentscheidungen an anderer Stelle beschrieben worden sind [19].

627

Es sollte eigentlich selbstverständlich sein, muß aber nach allen Erfahrungen doch immer wieder einmal den für die Kostenrechnung Verantwortlichen gesagt werden, daß die Ergebnisse jeder Rechnung erst durch das »Filter« rein absatzwirtschaftlicher und unternehmungspolitischer Überlegungen »geläutert« werden müssen, ehe daraus absatzpolitische Konsequenzen gezogen werden dürfen. Das erfordert schon das Wirken schwer quantifizierbarer Faktoren, die in der Rechnung vernachlässigt wurden; vor allem aber kann die absatzpolitische Gesamtkonzeption bewußte Abweichungen von den rein kalkulatorischen Erwägungen in Teilbereichen notwendig machen. Die absatzpolitischen Konsequenzen, die aus den Ergebnissen einer quantitativen Absatzanalyse gezogen werden können, sind zu mannigfaltig und zu sehr von den jeweiligen Betriebsverhältnissen und den Situationen bedingt, als daß sie in wenigen Sätzen skizziert werden könnten. Selten liegen sie in der bloßen Verminderung der Kosten oder in der reinen Steigerung der Lei-

[19] Vgl. *Riebel, P.:* Das Rechnen mit relativen Einzelkosten und Deckungsbeiträgen als Grundlage unternehmerischer Entscheidungen im Fertigungsbereich; a.a.O., S. 153 f.

stungen, weit häufiger werden sie auf eine Verlagerung des Einsatzes der absatzpolitischen Mittel und Kräfte und auf Differenzierung und Selektion der Absatzbemühungen abzielen.

Anmerkungen

[1] In Abb. 2 sind die gegenüber der ursprünglichen Darstellung ergänzten ausgezogenen und gestrichelten Linien durch die folgende Form der Pfeilspitzen gekennzeichnet: ◁—— (Pfeilspitzen der Erstveröffentlichung: ◀——)

[2] Zwischen den durch gestrichelte Linien verbundenen Merkmalen besteht keine natürliche Beziehung der Über- und Unterordnung; sie stehen vielmehr gleichwertig nebeneinander, wie beispielsweise die Gruppierung nach Artikelgruppen, Kundengruppen, Auftragsarten und nach geographischen Gesichtspunkten. Will man daher die bei den einzelnen Auftragspositionen oder Aufträgen erfaßten Erlöse, Kosten oder sonstigen Merkmale stufenweise zusammenfassen, dann muß man zuerst eine sinnvolle *»problemadäquate« Bezugsgrößenhierarchie*, Zurechnungshierarchie oder Merkmalshierarchie festlegen. Vgl. hierzu meinen Beitrag: Innerbetriebliche Statistik, in: Allgemeines Statistisches Archiv, 49. Bd. (1965), S. 47–71, hier S. 56 f.

[3] Die sach- und zeitbezogene Zurechenbarkeit der Erlöse wird eingehend behandelt in Beitrag 7: Ertragsbildung und Ertragsverbundenheit im Spiegel der Zurechenbarkeit von Erlösen, insbes. S. 104–148.

[4] Einzelheiten zur Fahrt- und Sendungskalkulation siehe in der Schrift meines ehemaligen Mitarbeiters *Kornelius Schott:* Deckungsbeitragsrechnung in der Spedition, Hamburg 1971, insbes. S. 76, 81 f. und 140–147, 2. Aufl. 1975, S. 76, 81 f., 141–148.

[5] Unter den heutigen arbeitsrechtlichen und traifvertraglichen Bedingungen sind auch Akkordlöhne nicht mehr als variable Kosten und Einzelkosten der Leistungseinheiten anzusehen. Vgl. hierzu im einzelnen S. 276–280.

[6] Weil hier alle den einzelnen Umsätzen zurechenbaren Kosten abgedeckt sind, spreche ich neuerdings von »Artikel-Umsatzbeitrag«.

[7] Weil es sich bei den »durchschnittlichen Frachtkosten« nicht um Einzelkosten der Artikeleinheiten handelt, bezeichne ich den Überschuß, der nach Abdeckung der »durchschnittlichen« Frachtkosten bleibt, neuerdings nicht mehr als einen Deckungsbeitrag, sondern als einen »Bruttogewinn«. Siehe hierzu im einzelnen S. 292–294.

[8] Die Artikel-(Umsatz-)beiträge und Auftragsbeiträge lassen sich besonders rationell beim Schreiben der Kundenrechnung nach Art der *Tabelle 6* ermitteln und nach allen dabei anfallenden Merkmalen (s. Abb. 2 auf S. 180) gruppieren und auswerten.

Tabelle 6 : Ermittlung eines Auftragsbeitrags aus der Kundenrechnung

	I	II	III	IV	V	VI	VII	VIII	IX
	Artikel	Menge	Einzelpreis	Gesamtwert	Mengenabhängige Einzelkosten		Umsatzwertabhängige Einzelkosten		Artikel-Umsatz-Beitrag
		(100 kg)	DM/ 100 kg	DM	je LE	Posten	% v. Umsatz	Posten	
1	a_1	10	290,—	2 900,—	136,50	1 365,—	7%	203,—	1 332,—
2	a_4	5	1 400,—	7 000,—	759,81	3 799,05	7%	490,—	2 710,95
3	h_1	20	500,—	10 000,—	420,—	8 400,—	3%	300,—	1 300,—
4	Σ	35		19 900,—	Σ	13 564,05		993,—	5 342,95
5	Lieferung frei Haus				./. Versandverpackung				—,—
6					./. Fracht				183,—
7					./. Kosten der Auftragsabwicklung (Standardsatz I)				17,—
8					Auftragsbeitrag				5 142,95

[9] Weil hierbei auch Periodengemeinkosten abgedeckt werden, bezeichne ich diese etwa dem *cash flow* entsprechende Größe neuerdings nicht mehr als einen Periodenbeitrag, sondern als »verfügbaren« oder »liquiditätswirksamen Periodenüberschuß«.

[10] Soweit in den direkten Bereitschaftskosten der Abteilungen Periodengemeinkosten(-ausgaben) enthalten sind, handelt es sich bei dem in Zeile 18 ausgewiesenen Saldo nicht mehr um einen Deckungsbeitrag im strengen Sinne, sondern um einen Bruttogewinn oder Überschuß über den direkten Deckungsbedarf der Abteilung (vgl. hierzu die Anm. [11], [13] und [15] auf S. 58 f.). Werden in Zeile 17 der Tabelle 1 nur die direkten Periodeneinzelkosten der Abteilung abgesetzt, dann kann der in Zeile 18 verbleibende Deckungsbeitrag genauer als »Abteilungs-Periodenbeitrag« gekennzeichnet werden. Den Abteilungsbeitrag I könnte man auch als »Abteilungs-Umsatzbeitrag« bzw. »Abteilungs-Auftragsbeitrag« bezeichnen, weil alle den Umsätzen bzw. Aufträgen zurechenbaren Kosten abgedeckt sind.

[11] Weitere Beispiele zur Strukturierung des Deckungsbedarfs und zum Vergleich mit kumulierten Deckungsbeiträgen siehe Seite 263–266.
Gegenüber dem kostenorientierten Deckungsbudget bevorzuge ich neuerdings aufwandorientierte und ausgabenorientierte Deckungsbudgets. Weitere Einzelheiten hierzu siehe Seite 306, Anm. [10].

[12] Weil die spezifischen Deckungsbeiträge nur dann für Entscheidungen und Kontrollen von Bedeutung sind, wenn es sich um effektive oder potentielle Engpässe handelt, bevorzuge ich neuerdings, um diesen Zusammenhang zu betonen, statt dessen den Ausdruck »engpaßbezogene Deckungsbeiträge«.

[13] Die Ausführungen zum Abteilungsbeitrag in Anm. [10] gelten sinngemäß auch für den Bezirksbeitrag und den Gebietsbeitrag.

[14] Die Vorgabe von Soll-Deckungslasten je Auftrag, Auftragsposten und Kunde oder ähnliche Bezugsgrößen (etwa je Arbeiterstunde oder je Maschinenstunde) ist im allgemeinen nur für die massenhafte Kalkulation von Kleinaufträgen empfehlenswert. Einzelheiten hierzu siehe im folgenden Beitrag, insbesondere Seite 267.

11. Die Preiskalkulation auf Grundlage von Selbstkosten oder von relativen Einzelkosten und Deckungsbeiträgen*

549

I. *Problemstellung*

Die Vorzüge der Deckungsbeitragsrechnung gegenüber der Kostenüberwälzungsrechnung (Vollkosten-Trägerrechnung) für differenzierte Analysen des Betriebsergebnisses und für die kalkulatorische Fundierung unternehmerischer Entscheidungen werden zumindest für den Bereich der Produktionsplanung heute kaum mehr bestritten. Jedoch werden gegen die Anwendung der Deckungsbeitragsrechnung für die Kalkulation des Angebotspreises immer noch erhebliche Bedenken erhoben, die einerseits auf falschen Vorstellungen über die Brauchbarkeit der Vollkostenrechnung für diese Aufgaben beruhen und zum anderen auf unzulänglichen Informationen über die Hilfe, welche die Deckungsbeitragsrechnung für die kalkulatorische Seite preispolitischer Überlegungen zu bieten vermag. Diskussionen mit Praktikern des Rechnungswesens zeugen immer wieder von einem starken Mißtrauen gegenüber den für die Preispolitik verantwortlichen Mitarbeitern im Absatzbereich. Man unterstellt ihnen, daß sie aus falsch verstandenem Umsatzstreben allzu leicht geneigt seien, in ihren Preisforderungen jedem Druck der Kunden und Wettbewerber nachzugeben und auf Preise zurückzugehen, die insgesamt keine Deckung der vollen Kosten gewährleisten. Aus diesem Grunde wird es vielfach sogar abgelehnt, den für die Verkaufspreise Verantwortlichen die Struktur der Selbstkosten offenzulegen. Man hält vielmehr geheim, welche Kostenanteile direkt zurechenbar sind, welche variabel oder fix sind, welche kurz- und langperiodisch ausgabenwirksam oder überhaupt nicht mit Ausgaben verbunden sind, um zu verhindern, daß die Mitarbeiter im Verkauf selbst in die Lage versetzt werden, die jeweiligen Preisuntergrenzen zu ermitteln. Darüber hinaus wird auch von wissenschaftlicher Seite der Einwand erhoben, daß man – zumindest bei Individualleistungen, für die kein eindeutiger Marktpreis gegeben ist – gar nicht ohne die Vollkostenrechnung auskommen könne, weil man nur auf diese Weise Anhaltspunkte für den beim jeweiligen Auftrag zu fordernden Preis finden könne. Ähnliche Auffassungen werden nicht selten für die Preiskalkulation neuer Produkte vertreten[1].
Im vorliegenden Beitrag soll – nach einigen grundsätzlichen Überlegungen zur Bedeutung der Kostenrechnung für die Preispolitik – zunächst untersucht werden, inwieweit Vollkostenrechnungen, d. h. Kalkulationen, bei denen sämtliche Gemeinkosten auf die Kostenträger überwälzt werden, für die Kalkulation von Angebotspreisen geeignet sind. Dann soll gezeigt werden, welche Informationen demgegenüber die Deckungsbeitragsrechnung auf Grundlage relativer Einzelkosten für die Preispolitik zu liefern vermag. An Hand

* Nachdruck aus: Zeitschrift für betriebswirtschaftliche Forschung, 16. Jg. (1964), S. 549–612. Erweiterte Fassung des Vortrages vor dem Betriebswirtschaftlichen Ausschuß des Verbandes der Chemischen Industrie e. V. am 6. 3. 1964.

[1] Bedenken gegen die Brauchbarkeit der Deckungsbeitragsrechnung für die Preiskalkulation werden insbesondere vorgebracht von: *Bock, Günter,* Das Rechnen mit Einzelkosten und Deckungsbeiträgen, in: ZfhF, NF 11 (1959), S. 636–644. – *Henzel, Fritz,* Neuere Tendenzen auf dem Gebiete der Kostenrechnung, in: ZfhF, NF 14 (1962), S. 347–370, insbes. S. 353 und 358. – *Stewens, Otfried,* Gefahren der Deckungsbeitragsrechnung – Probleme der Preisuntergrenze besonders in der Stahlindustrie, in: Der Betrieb, 16 (1963), H. 44, S. 1473–1476. – *Weber, Karl,* Direct Costing, in: Industrielle Organisation, 29 (1960), Nr. 12, S. 459–498.

eines Beispiels mit mehrstufiger wechselnder und paralleler Massenproduktion sollen hierbei für verschiedene Situationen die grundsätzlichen preiskalkulatorischen Überlegungen und Ansätze der Deckungsbeitragsrechnung dargestellt und mit den Ergebnissen der Vollkostenrechnung verglichen werden. 550

II. *Kostenrechnung und Preispolitik*

1. Zur Bedeutung der Kostenrechnung für die Preispolitik

Die betriebswirtschaftliche Literatur über Kostenrechnung und Preispolitik sowie die Kalkulationspraxis haben sich bisher nahezu ausschließlich mit der *kostenorientierten* Begründung der Preisstellung des einzelnen Unternehmens befaßt, obwohl selbst bei Monopolstellung die Absatzmöglichkeiten, insbesondere die Abhängigkeit der Absatzmenge von der Preishöhe, berücksichtigt werden müssen[2].

Nach dem Schema »Selbstkosten plus angemessener Gewinnzuschlag« ermittelte Preise – und was heißt schon in diesem Falle »angemessen«? – sind nur in einer *dirigistischen Wirtschaft* und bei Anwendung von Zwangsmaßnahmen gegenüber Anbietern und Nachfragern durchsetzbar. Mit dem Prinzip der *Marktwirtschaft* sind sie nicht zu vereinen. Denn in einer Marktwirtschaft werden die Preise grundsätzlich nicht von den Kosten bestimmt, vielmehr bilden sich die Preise im Markt auf Grund des Verhältnisses von Angebot und Nachfrage. Umgekehrt richten sich aber die angebotenen und nachgefragten Mengen und damit Produktion und Verbrauch in der Marktwirtschaft an den Preisen aus, die Anbieter, indem sie die Preise mit ihren Produktionskosten vergleichen, und die Nachfrager durch Vergleich der Preise mit ihrem Nutzen, der seinerseits als Differenz zwischen den Erträgen und Kosten der Weiterverarbeitung oder sonstiger Verwendung bestimmt wird.

Die Ermittlung der *Kosten* der angebotenen Leistungen ist somit stets nur eine der Komponenten der Preiskalkulation; dazu gehört immer auch die Ermittlung des *erzielbaren Preises*[3] und – zumindest bei Massengütern – auch die Ermittlung der für unterschiedliche Preisforderungen jeweils *erzielbaren Absatzmengen* (Preis-Absatz-Funktion). Das sind freilich Aufgaben der Marktforschung und nicht des internen Rechnungswesens. Bei der Ermittlung des erzielbaren Preises sind außer objektiven auch subjektive und psychologische Faktoren und die Erwartungen der Anbieter und Nachfrager über die künftige Marktentwicklung zu berücksichtigen.

Sieht man von börsenmäßig organisierten Märkten und solchen Fällen, in denen ein starker Nachfrager schwachen Anbietern gegenübersteht, ab, dann geht die preispolitische Initiative in der Regel vom Anbieter aus, entsprechend dem Übergewicht der Absatzbemühungen gegenüber den Beschaffungsanstrengungen in der Marktwirtschaft. Seine

[2] In Anlehnung an *Schäfer, Erich,* Absatzwirtschaft, in: Handbuch der Wirtschaftswissenschaften, Bd. I, S. 375. – Diese Einseitigkeit gilt nicht für die neueren, die volkswirtschaftliche Preistheorie auswertenden Arbeiten von *Gutenberg, Erich,* Grundlagen der Betriebswirtschaftslehre, Bd. II: Der Absatz, 6. Aufl. Berlin–Göttingen–Heidelberg 1963, S. 178–372, und *Jacob, Herbert,* Preispolitik, Wiesbaden 1963.

[3] Schmalenbach weist der Berechnung der Selbstkosten sogar eine zweitrangige Bedeutung gegenüber der Ermittlung des erzielbaren Preises zu. Vgl. *Schmalenbach, Eugen,* Theorie der Produktionskosten-Ermittlung, in: ZfhF 3 (1908/09), S. 59. – Vgl. hierzu auch *Lehmann, M. R.,* Industriekalkulation, 4. Aufl. Stuttgart 1951, S. 118 f. – *Schmalenbach, Eugen,* Kostenrechnung und Preispolitik, 7. Aufl. 1956, S. 481–485.

551 Sache ist es, bei seinem Leistungsangebot auch den Preis zu nennen, zu dem er zu verkaufen bereit ist (»Preisstellung«, »Preisforderung«). Ein »Preis« kommt freilich erst zustande, wenn diese Preisforderung von den Abnehmern akzeptiert wird[4].

Nach einer nicht selten vertretenen Auffassung gilt dies nicht oder nur eingeschränkt für *neue Produkte*, für die es noch keinen Marktpreis gibt, und für Sonderanfertigungen oder *individuelle Erzeugnisse*, für die kein deutlich erkennbarer Marktpreis festzustellen ist. Denn hier ergäbe sich der Preis »grundsätzlich erst auf Grund einer besonderen Kalkulation[5]«. Aber auch in diesen Fällen bestimmen Angebot und Nachfrage den Preis. Der Hersteller eines neuen Produktes tritt nämlich in Konkurrenz mit bereits vorhandenen, die er ganz oder teilweise ersetzen will, sei es im Rahmen der Substitutionskonkurrenz oder im Rahmen der »totalen Konkurrenz« um das Ausgabenbudget des Abnehmers. Qualität und Preis des neuen Produktes müssen daher mit den bisher im Markt befindlichen, zu verdrängenden Gütern verglichen werden. Der Preis des neuen Produktes darf somit den Preis des Substitutionsproduktes höchstens um den Wert der tatsächlichen oder vermeintlichen Qualitätsvorteile übersteigen, gleichgültig, wie die Verhältnisse der Selbstkosten sein mögen. Häufig konkurriert ein neues Produkt mit mehreren alten Erzeugnissen unterschiedlicher Preishöhe in partieller Konkurrenz, wobei die jeweiligen Qualitätsunterschiede von den verschiedenen Abnehmern im Hinblick auf ihre jeweiligen Verwendungsbedingungen und Bedarfskonfigurationen ungleich beurteilt werden. Infolge dieser unterschiedlichen Nutzenvorstellungen der Nachfrager, ihrer verschiedenartigen Möglichkeiten, auf andere Erzeugnisse ausweichen oder auf die Bedarfsdeckung überhaupt verzichten zu können, liegt somit auch bei neuen und individuellen Produkten eine gewisse Preis-Absatz-Elastizität vor, die naturgemäß gegenüber dem Angebot des einzelnen Unternehmens erheblich größer ist als gegenüber dem Gesamtangebot. Der Anbieter eines neuen Produktes wird somit tendenziell um so mehr Nachfrage auf sich ziehen, je vorteilhafter seine Preisforderung gegenüber diesen Vergleichspreisen dem Abnehmer erscheint[6].

Bei *standardisierten Erzeugnissen*, die in größeren Mengen abgesetzt werden sollen, muß daher mit Hilfe der Marktforschung festgestellt werden, mit welchen Absatzmengen bei unterschiedlichen Preisstellungen jeweils zu rechnen ist. Freilich ist die so ermittelte Preis-Absatz-Funktion mit erheblicher Ungewißheit behaftet, doch ist eine ungefähre Vorstellung besser als gar keine. Das Abschätzen der Preis-Absatz-Funktion durch Analogieschluß aus dem Vergleich der Preise und Absatzmengen bedarfsverwandter Produkte ist den Kaufleuten seit jeher geläufig.

Auch bei *Sonderanfertigungen* oder *individuell gestalteten Gütern* bestimmen letztlich Angebot und Nachfrage den Preis. Die gegenwärtigen Verhältnisse auf dem Baumarkt sind dafür der beste Beweis. Wird ein Bauunternehmer aufgefordert, für eine bestimmte Bauarbeit ein Angebot abzugeben, dann ist für sein Preisangebot letztlich die mutmaßliche Ausnutzung seiner eigenen Leistungsbereitschaft im voraussichtlichen Zeitraum der Bauausführung maßgeblich. Außerdem wird er natürlich die Beschäftigungslage und damit die Angebotsbereitschaft seiner vermutlichen Konkurrenten berücksichtigen und auch die bisher für vergleichbare Objekte erzielten Preise zum Vergleich heranziehen.

[4] So auch *Fettel, Johannes*, Marktpreis und Kostenpreis, Meisenheim am Glan 1954, S. 19. – *Sandig, Curt*, Die Führung des Betriebes, Stuttgart 1953, S. 186.

[5] *Henzel, Fritz*, Neuere Tendenzen, a. a. O., S. 353 ff.

[6] Eine scheinbare Ausnahme bilden solche Produkte, bei denen der Konsument mangels ausreichender Warenkenntnis vom Preis auf die Qualität schließt. Das hat zur Folge, daß die Ware erst von einer bestimmten Preishöhe an »geht« und die Absatzmenge mit zunehmendem Preis zunächst ansteigt und erst, wenn ein bestimmtes Preisniveau überschritten wird, wieder zurückgeht (»Snob-Effekt«).

Immerhin sind bei Sonderanfertigungen kostenorientierte Preisforderungen noch am ehesten realisierbar, und zwar um so eher, je einheitlicher die Kostenvorstellungen der konkurrierenden Anbieter sind. Die Anwendung branchenüblicher Kalkulationsschemata und Kalkulationssätze zielt bereits in diese Richtung, doch sind selbstverständlich verbindliche, detaillierte Kostenrechnungsrichtlinien einer Branche wesentlich wirkungsvoller, insbesondere wenn auch noch Kostensätze (Gemeinkostenzuschläge) für bestimmte Positionen oder bestimmte Leistungsarten aus Betriebsvergleichen bekanntgemacht werden. Selbst dann kann freilich die Unsicherheit über die Preisforderung noch beträchtlich sein, vor allem, wenn damit gerechnet werden muß, daß die Konkurrenten je nach ihrer Beschäftigungslage oder ihrem Interesse an bestimmten Kunden und Aufträgen »schärfer« oder »großzügiger« kalkulieren.

Je größer die Zahl der individuellen Aufträge ist, für die Preisangebote abgegeben werden müssen, desto dringender ist das Bedürfnis nach einfachen Kalkulationsschemata und pauschalierten Kalkulationssätzen, um die Angebotspreisermittlung »nach unten« delegieren zu können. Aber auch in diesen Fällen ist für die Höhe der Preisforderung letzten Endes die Frage entscheidend, ob man den Auftrag im Hinblick auf die zu erwartende Beschäftigungslage will und wie hoch der vermutliche Angebotspreis der Konkurrenten eingeschätzt wird. Ist man an dem Auftrag ernstlich interessiert, dann gilt es, einen Preis zu fordern, der knapp unter dem vermutlichen Angebot der Konkurrenz liegt, um mit großer Wahrscheinlichkeit den Auftrag zu erhalten und trotzdem möglichst viel zu verdienen[7]. In solchen Fällen ist ohne Zweifel die Kostenrechnung zur *Beurteilung des Angebotspreises* heranzuziehen. Ob dafür jedoch die Selbstkostenrechnung in ihrer traditionellen Form eine geeignete Grundlage ist, erscheint sehr fraglich und soll im folgenden noch näher untersucht werden.

Werden *gleichartige, standardisierte Leistungen* von mehreren Anbietern auf überschaubaren Märkten angeboten, bildet sich ein bestimmter Marktpreis heraus. Die Preiskalkulation hat dann primär den Charakter einer *Kontrollrechnung*, in der die *Auskömmlichkeit der gegebenen Marktpreise* geprüft wird. Dabei ist nicht nur zu entscheiden, ob man zu dem gegebenen Preis die betreffende Leistung anbietet oder nicht anbietet. Vielmehr sind zahlreiche weitere Wahlmöglichkeiten in das Kalkül einzubeziehen; beispielsweise, ob man jetzt oder später verkauft, ob man A oder B produziert, ob man ein Erzeugnis, das noch weiter verarbeitet werden kann, als Halbfabrikat oder als Endprodukt – beides im volkswirtschaftlichen Sinne aufzufassen – verkauft, ob man Überschüsse verkauft oder vernichtet, ob man gar die Produktion vorübergehend oder endgültig einstellt. Auch bei gegebenen Marktpreisen reicht also ein bloßer Vergleich des Marktpreises mit den Selbstkosten nicht aus; vielmehr sind *Vergleiche zwischen zahlreichen Wahlmöglichkeiten* notwendig, die in der Diskussion der Errechnung der Preisuntergrenze in der betriebswirtschaftlichen Literatur bisher nur teilweise erörtert worden sind[8]. Gerade bei dem Vergleich zwischen den Wahlmöglichkeiten der *»indirekten Preispolitik*[9]*«* und bei der Ermittlung der jeweiligen *Preisuntergrenzen* wird dann aber von den »Selbstkosten« bzw. von den »Selbst-

[7] So *Woitschach, Max*, Möglichkeiten und Grenzen der Deckungsbeitragsrechnung, in: Der Betrieb 16 (1963), Nr. 1, S. 1.

[8] Einen umfassenden Überblick über den gegenwärtigen Stand der Diskussion der Preisuntergrenzen gibt *Raffée, Hans*, Kurzfristige Preisuntergrenzen als betriebswirtschaftliches Problem (Beiträge zur betriebswirtschaftlichen Forschung, hrsg. von E. Gutenberg, W. Hasenack, K. Hax und E. Schäfer, Bd. 11), Köln und Opladen 1961.

[9] Vgl. hierzu *Beste, Theodor*, Möglichkeiten und Grenzen der Preispolitik in der Unternehmung, in: ZfbF, NF 16 (1964), S. 138 f.

553 kösten-plus-Gewinnzuschlags-Preisen« mehr oder weniger stark abgewichen, so daß in den dazu nötigen Sonderrechnungen gewisse Kostenelemente wieder »herausgerechnet« werden müssen. Das gilt naturgemäß in gleicher Weise auch für die Errechnung der Preisuntergrenzen bei Individualerzeugung.

Der Wettbewerb zwischen Unternehmungen mit gleichartigen Leistungen verlagert sich zudem mehr und mehr auf den Wettbewerb mit der Qualität der Erzeugnisse, des Sortiments, des Kundendienstes und anderen Instrumenten des »*Nicht-Preis-Wettbewerbs*[10]«. Auch hier hat die Kostenrechnung die wichtige Aufgabe, die Wirtschaftlichkeit der zur Wahl stehenden Methoden des »Nicht-Preis-Wettbewerbs« zu vergleichen und zu beurteilen. Dafür ist es allerdings notwendig, die Vertriebskosten weit mehr als in der traditionellen Vollkostenrechnung üblich zu differenzieren.

Gelingt es den Anbietern von standardisierten Leistungen, durch eine gezielte *Präferenzpolitik* ihre Erzeugnisse von denen der Konkurrenz abzuheben, dann schaffen sie sich damit in der Regel auch einen gewissen Spielraum für eine autonome Preispolitik. Der Preiskalkulation kommt dann, wie in der Regel bei individuellen Leistungen und bei der Einführung neuer Produkte, die Rolle eines direkten Aktionsparameters zu. Besteht dagegen kein Spielraum für eine autonome direkte Preispolitik, wie bei standardisierten Leistungen, die von mehreren Anbietern in gleicher Güte und zu gleichen Bedingungen angeboten werden, oder bei schwachen Anbietern, die einem starken Nachfrager mit aktiver Beschaffungspolitik und eigener Preisinitiative gegenüberstehen, dann hat die Preiskalkulation auch im Rahmen einer Vorrechnung mehr den Charakter einer Preis-*Kontroll-Rechnung*, weil sie eher zur Anpassung der Kosten an die Preise Anlaß gibt als zur Anpassung der Preise an die Kosten. Darüber hinaus liefert hier die Preiskalkulation durch Vergleich der Preise mit den Kosten im Rahmen der Gewinnplanung wichtige Hinweise für die Anpassung des Erzeugungsprogramms (»Mengenanpassung«) und für den Einsatz der Instrumente des Nicht-Preis-Wettbewerbs. In diesem Falle kann also nur eine *indirekte Preispolitik* betrieben werden. Die Möglichkeiten der indirekten Preispolitik sind selbstverständlich auch überall dort gegeben, wo man einen mehr oder weniger großen Spielraum zur autonomen direkten Preispolitik zur Verfügung hat, wie bei individueller Erzeugung, bei der Einführung neuer Erzeugnisse und bei Leistungen, die von denen der Konkurrenz abgehoben sind.

2. Die Preiskalkulation als ursprüngliches Ziel der Selbstkostenrechnung[11]

Die Entwicklung der traditionellen Vollkostenrechnung ist vor allem von Industriezweigen mit individueller Erzeugung, wie dem Maschinenbau und der Eisenverarbeitung, ausgegangen[12], bei denen die Kostenrechnung Unterlagen für die Vorkalkulation des

[10] Vgl. hierzu z. B. *Abbott, Lawrence*, Qualität und Wettbewerb, München und Berlin 1958.

[11] Im vorliegenden Beitrag werden wie üblich die Ausdrücke »Selbstkosten«, »Durchschnittskosten« und »Vollkosten« – auf die Leistungseinheit bzw. den Auftrag bezogen – synonym gebraucht.

[12] Unter den zahlreichen älteren Arbeiten sind als besonders einflußreich zu nennen: *Ballewski, Albert*, Die Calculation für Maschinenfabriken, Magdeburg 1877, 2. Aufl. 1880. – *Messerschmitt, A.*, Die Calculation der Eisenconstructionen, insbesondere der Brücken, Dampf- und Locomotivkessel, wie der Gerüstbauten, Essen 1884; *Ders.*, Die Calculation in der Eisengießerei, 2. Aufl. Essen 1886. – *Bruinier, J.*, Selbstkostenberechnung für Maschinenfabriken, Berlin 1908. – *Lilienthal, J.*, Fabrikorganisation, Fabrikbuchführung und Selbstkostenberechnung der Firma Ludw. Loewe & Co., Berlin, 1. Aufl. Berlin 1907, 2. Aufl. 1913. – Zum Einfluß der Kostenrechnung des Maschinenbaues auf die allgemeine Entwicklung des Rechnungswesens vgl. *Dorn*,

Angebotspreises liefern sollte. In ihrer weiteren Entwicklung wurde die Kostenrechnung stark von den Kostenrechnungsrichtlinien der Verbände[13] und Behörden beeinflußt, vor allem aber von den staatlichen Preisbildungsvorschriften[14]. Diese verfolgten mit der Vereinheitlichung der Kostenrechnungsschemata und mit ergänzenden Betriebsvergleichen eine Nivellierung der Angebotspreise und – das gilt vor allem für die staatlichen Preisbildungsvorschriften – eine leichte formale Kontrollierbarkeit der Kalkulationselemente. 554

Obgleich diese auftrags- oder stückorientierten Kalkulationsverfahren primär für Zwecke der Angebotspreiskalkulation entwickelt worden sind[15], ist ihre Brauchbarkeit für die Preiskalkulation doch äußerst fragwürdig, und zwar einerseits wegen der Kritik, die an der Grundkonzeption der Vollkostenrechnung geübt werden muß, andererseits weil es zweifelhaft erscheint, ob die Preiskalkulation auf Grundlage der Vollkosten die ihr gestellten Zwecke zu erfüllen vermag.

3. Preispolitische Ziele der Selbstkostenrechnung

Um die notwendige Deckung der fixen und variablen Gemeinkosten sowie des angestrebten Gewinnes in der Preiskalkulation zu berücksichtigen, gibt man in der auf Vollkosten begründeten Preiskalkulation die abzudeckenden fixen und variablen Gemeinkosten sowie den angestrebten Gewinn schematisch errechnet je Leistungseinheit oder Auftrag vor und stellt es den Verkaufsorganen von Fall zu Fall anheim, sich mit den Kostenrechnern über den möglichen Nachlaß auseinanderzusetzen, wenn sich der »Selbstkosten-plus-Gewinnzuschlags-Preis« im Markt nicht durchsetzen läßt.

Mit diesem *Prinzip der schematischen Vorgabe des Deckungsbedarfs für die einzelnen Leistungsarten und Leistungseinheiten* verfolgt die Vollkostenrechnung das *Ziel*, mindestens langfristig die *Deckung der vollen Periodenkosten* zu gewährleisten und einen *»angemessenen« Gewinn* zu erzielen. Das kommt auch in der fast einhelligen Auffassung der Literatur zum Ausdruck, daß die Durchschnittskosten die langfristige Preisuntergrenze seien. Bei gegebenen (erwarteten, erzielbaren) Preisen bilden darüber hinaus die »Selbstkosten« oder »Durchschnittskosten« das Kriterium für die Leistungsbeurteilung und damit

Gerhard, Die Entwicklung der industriellen Kostenrechnung in Deutschland, Berlin 1961, S. 26 ff. – *Heber, Arthur*, Zwanzig Jahre Selbstkostenrechnung im Verein Deutscher Maschinenbauanstalten, in: Betriebswirtschaftliche Rundschau 1925, S. 119–124 und S. 145–149. – *Klinger, Karl*, Die historische Entwicklung und der heutige Stand des industriellen Abrechnungswesens in Deutschland unter besonderer Berücksichtigung der kalkulatorischen Fabrikbuchhaltung, Zeitschrift des VDDK 1926, S. 161–178. – *Peiser, Herbert*, Industrielle Betriebsrechnung (Rückblick und Ausblick), in: Technik und Wirtschaft 1927, S. 261–264. – Auf den starken Einfluß der beiden ersten Autoren hat insbesondere Schmalenbach hingewiesen; vgl. hierzu *Schmalenbach, Eugen*, Gewerbliche Kalkulation, in: ZfhF, NF 15 (1963), S. 376 (Nachdruck aus: Zeitschrift für das gesamte kaufmännische Unterrichtswesen, V. Jg. (1902/03), Heft 6, S. 150–155, Heft 7, S. 178–180, Heft 8, S. 210–214).

[13] Auch hier war der Maschinenbau Schrittmacher; der VDMA beauftragte bereits 1906 eine »Kommission zum Zwecke der Prüfung der Methoden der Selbstkostenrechnung im Maschinenbau« mit der Sammlung von Erfahrungen zur Selbstkostenrechnung und ließ sie von J. Bruinier 1908 unter dem in Fußnote 12 genannten Titel veröffentlichen. Aus den im Rahmen späterer Vereinheitlichungsbestimmungen folgenden Arbeiten soll hier lediglich genannt werden: »Richtige Selbstkostenrechnung als Grundlage der Wirtschaftlichkeit industrieller Unternehmungen und als Mittel zur Besserung der Wettbewerbsverhältnisse«, AWF-Druckschrift Nr. 7, Berlin 1921 (Bearbeiter: Otto Schulz-Mehrin).

[14] Leitsätze für die Preisermittlung auf Grund der Selbstkosten bei Leistungen für öffentliche Auftraggeber (LSÖ) vom 15. 11. 1938.

[15] Vgl. hierzu *Dorn*, a. a. O.

555 für die Steuerung des Leistungsprogramms. Sie dienen damit also der »indirekten Preispolitik«. Auch diese Form der *Angebotspolitik*[16] bezweckt letztlich eine Deckung der vollen Kosten und – bei erwerbswirtschaftlichen Betrieben – darüber hinaus die Erzielung eines angemessenen oder gar des maximalen Gewinnes.

III. *Die Problematik einer Preiskalkulation auf Grundlage von Selbstkosten (Vollkosten)*

1. Allgemeine systemimmanente Mängel der Selbstkostenrechnung (»Kostenüberwälzungsrechnung«)

Im System der Selbstkostenrechnung (Vollkostenrechnung) werden sämtliche Kosten der Abrechnungsperiode teils direkt, teils indirekt den Kostenträgern (Aufträgen, Leistungsarten und Leistungseinheiten) zugerechnet. Weil man hierbei alle Kosten – dem Weg der einzelnen Produkte und den dafür erforderlichen innerbetrieblichen Leistungen folgend – von Stufe zu Stufe oder von Wiedereinsatzleistung (Kosiol) zu Wiedereinsatzleistung bis zum Verkaufsprodukt weiterverrechnet oder »weiter-wälzt«, kann man dieses System der Kostenrechnung anschaulich als *»Kostenüberwälzungsrechnung«* bezeichnen. Soweit die Kosten nicht direkt für die einzelnen Kostenträger erfaßt werden, rechnet man sie diesen durch »Schlüsselung« zu. Gerade dieser zentrale Grundgedanke aller Formen und Systeme der Vollkostenrechnung vereitelt die Erfüllung des allgemeinen Zweckes der Kostenrechnung, den Betriebsprozeß zahlenmäßig »abzuspiegeln«. Das ist durch folgende *systemimmanente Fehler* bedingt[17]:

1. Die *von Art und Menge der Leistungen unabhängigen* (»fixen«) *Kosten werden* in Form von Zuschlagssätzen oder Verrechnungssätzen (z. B. Apparatestunden-Sätzen) *proportionalisiert*, so daß sie in der betrieblichen Leistungsverrechnung und in der Kostenträgerrechnung als proportionale Kosten in Erscheinung treten und mit echten proportionalen Kosten zusammengefaßt von Stufe zu Stufe weiterverrechnet werden. So erscheinen die anteiligen fixen Kosten als für jede Leistungseinheit entstanden, während sie tatsächlich für eine von vornherein bestimmte oder auch ungewisse Zahl von Leistungseinheiten bewußt aufgewandt oder in Kauf genommen werden[18].
2. Die *Leistungsverbundenheit* in Mehrproduktbetrieben, die sich in der Existenz solcher Kosten niederschlägt, die bewußt für mehrere Leistungen gemeinsam aufgewandt oder in Kauf genommen werden, wird verleugnet, indem man diese *»echten Gemeinkosten* [19]*«*

[16] In Anlehnung an die Unterscheidung zwischen (direkter) »Preisvariation« und »Leistungsvariation« als den beiden Formen der »Angebotsvariation« von *Hans Raffée*, a. a. O., S. 12.

[17] Vgl. hierzu *Riebel, Paul*, Das Rechnen mit Einzelkosten und Deckungsbeiträgen, in: ZfhF, NF 11 (1959), Heft 5, S. 213–238 [35–59]. – *Ders.*, Richtigkeit, Genauigkeit und Wirtschaftlichkeit als Grenzen der Kostenrechnung, in: Neue Betriebswirtschaft 12 (1959), S. 41–45 [23–34]. – *Ders.*, Die Gestaltung der Kostenrechnung für Zwecke der Betriebskontrolle und Betriebsdisposition, in: ZfB, 26 (1956), S. 278–289 [11–22]. – Kostenrechnung in der chemischen Industrie, hrsg. vom Betriebswirtschaftlichen Ausschuß des Verbandes der Chemischen Industrie e. V., Wiesbaden 1962, S. 28 f. und 31.

[18] Im Grunde genommen sind fixe Kosten – seien sie nun unabhängig gegenüber der Auftragsgröße, der Kapazitätsausnutzung, der Maschinen- oder Apparategröße oder gegenüber der Betriebsgröße – stets *echte Gemeinkosten* (s. FN 19) *in bezug auf die Leistungseinheiten.* Das gilt auch für den Einproduktbetrieb.

[19] *»Echte Gemeinkosten«* sind solche Gemeinkosten, die sich auch bei Anwendung bester Erfassungsmethoden nicht für den betreffenden Kostenträger oder die betreffende Kostenstelle direkt erfassen oder ihm zurechnen lassen. Im Gegensatz dazu wird bei den *»unechten Gemeinkosten«* aus Gründen der Wirtschaftlichkeit oder der Bequemlichkeit darauf verzichtet, sie direkt für die betreffende Kostenstelle oder den betreffenden Kostenträger zu erfassen, obgleich sie diesen Ob-

nach irgendwelchen mehr oder weniger plausibel erscheinenden Schlüsseln auf Kostenstellen und Kostenträger aufteilt, so daß sie im Laufe des Abrechnungsganges – mit echten Einzelkosten vermischt – als für die jeweilige Leistung besonders entstanden erscheinen.

Die Proportionalisierung fixer Kosten ist von Schmalenbach bereits in seinen ersten Arbeiten als den wirklichen Gegebenheiten widersprechend erkannt und scharf angegriffen worden[20]. Schmalenbach vertrat in seiner Kalkulationslehre von Anfang an die Auffassung, daß fixe Kosten nicht durch die einzelnen Produkteinheiten entstünden und daß sie daher auch nicht Selbstkosten einzelner Einheiten sein könnten. Er fordert vom Kalkulator, bis an das Ende der Kalkulation die fixen Kosten – in der damaligen Terminologie »konstante Unkosten« – von den proportionalen zu trennen. Im Hinblick auf die Preiskalkulation schreibt er weiter: »Es bleibt natürlich jedem unbenommen, zur Preisstellung oder zu anderen Zwecken die konstanten Unkosten auf die Produktionseinheit quotenmäßig zu berechnen, aber in die laufende Kalkulation darf diese Methode keinen Eingang finden[21].« Es ist wohl auf den Fortfall des Einflusses von Kalkulationskartellen und staatlichen Preiseingriffen zurückzuführen, wenn diese Gedanken erst jetzt in der Praxis in größerem Umfange verwirklicht werden, wozu das aus den Vereinigten Staaten importierte »direct costing« offenbar den Hauptanstoß gegeben hat.

Was Schmalenbach über die Zurechenbarkeit der fixen Kosten schon so frühzeitig erkannt hat, gilt – mit gewissen Abwandlungen – auch für die Zurechnung »echter Gemeinkosten«. Seien sie nun fix oder variabel, bei verbundener Produktion können sie den einzelnen Leistungen nicht ohne Willkür und ohne Verfälschung der tatsächlichen Zusammenhänge zugerechnet werden.

Daher soll im folgenden untersucht werden, ob die traditionellen Methoden der Preiskalkulation auf Grundlage der »Selbstkosten« geeignet sind, das Mindestziel einer Deckung der vollen Kosten tatsächlich zu erreichen. Diesem Problem wollen wir zunächst für den Fall des Einproduktbetriebes nachgehen, dessen einfache Verhältnisse im Grunde genommen auch hinter der Konzeption der »Durchschnittskosten«-Ermittlung in Mehrproduktbetrieben stehen[22].

2. Gefahren einer Preiskalkulation auf Grundlage der Selbstkosten im Einproduktbetrieb

Bekanntlich führt die Existenz der fixen Kosten zu einer Degression der »Durchschnittskosten« mit zunehmendem Ausstoß. Wollte man nun die Preisforderung eng an die Ergebnisse der Stückkostenrechnung – auf Basis der Ist-Beschäftigung oder besser der in der Dispositionsperiode erwarteten Beschäftigung – anlehnen, dann müßte man in Zeiten der saisonal oder konjunkturell bedingten Vollbeschäftigung besonders billig anbieten. Umgekehrt müßte man in Zeiten der saisonal, konjunkturell oder durch Marktverschiebungen

jekten ihrem Wesen nach direkt zurechenbar sind, wie z. B. der für eine Werkstatt gemeinsam gemessene Stromverbrauch der einzelnen Maschinen. Die Unterscheidung zwischen unechten und echten Gemeinkosten geht zurück auf Peter van Aubel. Siehe *van Aubel, Peter,* und *Hermann, Imre,* Selbstkostenrechnung in Walzwerken und Hütten, Leipzig 1926, S. 76.

[20] Vgl. hierzu *Schmalenbach, Eugen,* Gewerbliche Kalkulation, Zeitschrift für das gesamte kaufmännische Unterrichtswesen, a. a. O., S. 210–214.

[21] Gewerbliche Kalkulation, Nachdruck, in: ZfhF, a. a. O., S. 383.

[22] Vgl. hierzu insbesondere *Koch, Helmut,* Die Ermittlung der Durchschnittskosten als Grundprinzip der Kostenrechnung, in: Zfhf, NF 5 (1953), S. 303–327.

557 bedingten Unterbeschäftigung um so höhere Preise fordern, je stärker die Beschäftigung zurückgeht. Ein derartiges Verhalten wäre nach aller Erfahrung absurd. Es läßt sich nämlich allenthalben beobachten, daß bei absatzbedingt zunehmender Ausnutzung der Kapazität die Nachfrage steigende Preise bewilligt, obgleich die durchschnittlichen Kosten je Leistungseinheit sinken, so daß die Überschüsse besonders rasch ansteigen. Umgekehrt bringt eine rückläufige Nachfrage auch schlechtere Verkaufspreise, denen zunehmend ungünstigere Durchschnittskosten je Leistungseinheit gegenüberstehen (siehe Abb. 1)[23].
In Zeiten einer nachfragebedingt schlechten Beschäftigung ist daher in der Regel eine »Selbstkosten-plus-Gewinnzuschlag-Preispolitik« überhaupt nicht realisierbar. Würde man sie dennoch durchzusetzen versuchen, dann hätte dies einen weiteren Rückgang der Nachfrage und damit noch höhere Durchschnittskosten zur Folge, bis man sich schließlich vollends aus dem Markt hinausmanövriert hätte. Umgekehrt gefährdet man die Erhaltung des Unternehmens, wenn man in Zeiten nachfragebedingt guter Beschäftigung darauf verzichtet, die von der Nachfrage gebilligte Überdeckung der Stückkosten abzuschöpfen, die allein die Unterdeckung in Zeiten schlechter Beschäftigung kompensieren kann.
Diese Überlegungen stehen scheinbar im Widerspruch zu dem Ergebnis einer Untersuchung Gutenbergs über die Wirkungen, die sich ergeben, wenn ein Unternehmen seine Preisforderungen auf die um einen prozentualen Gewinnzuschlag erhöhten Durchschnittskosten

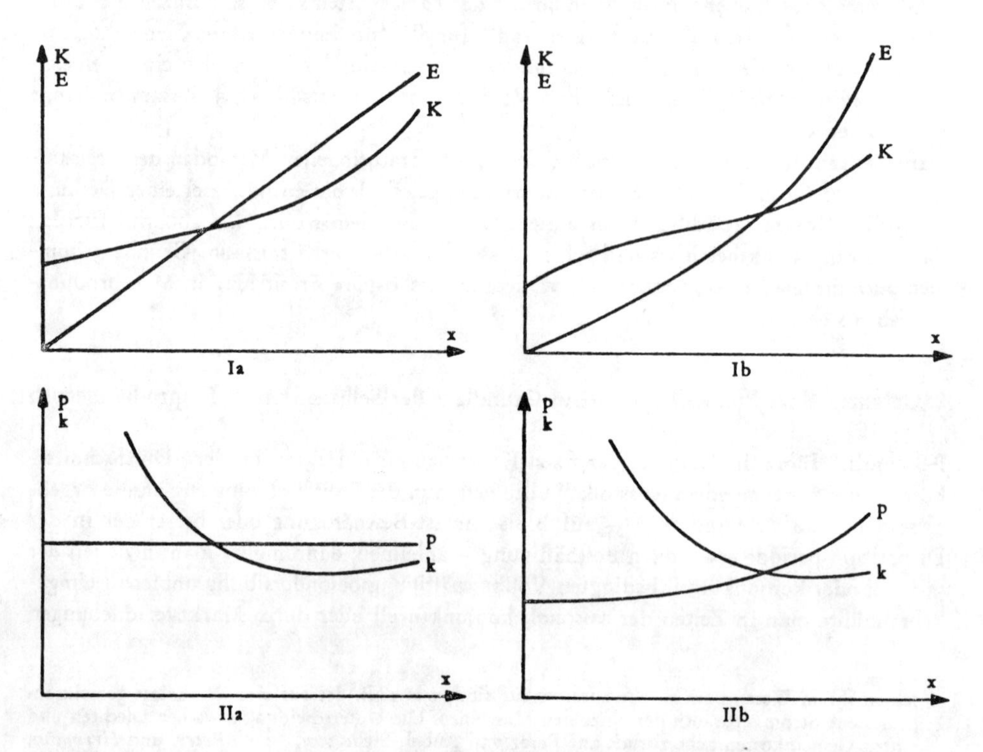

Abbildung 1: Verlauf der Kosten und Erträge je Zeitabschnitt (I) und je Leistungseinheit (II) bei statischer (a) und dynamischer (b) Beschäftigungsvariation

[23] Vgl. zu dieser Paradoxie des Wirtschaftslebens *Schäfer, Erich*, Die Unternehmung, 4. Aufl. 1961, S. 286 f. und das Kinobeispiel S. 279 f.

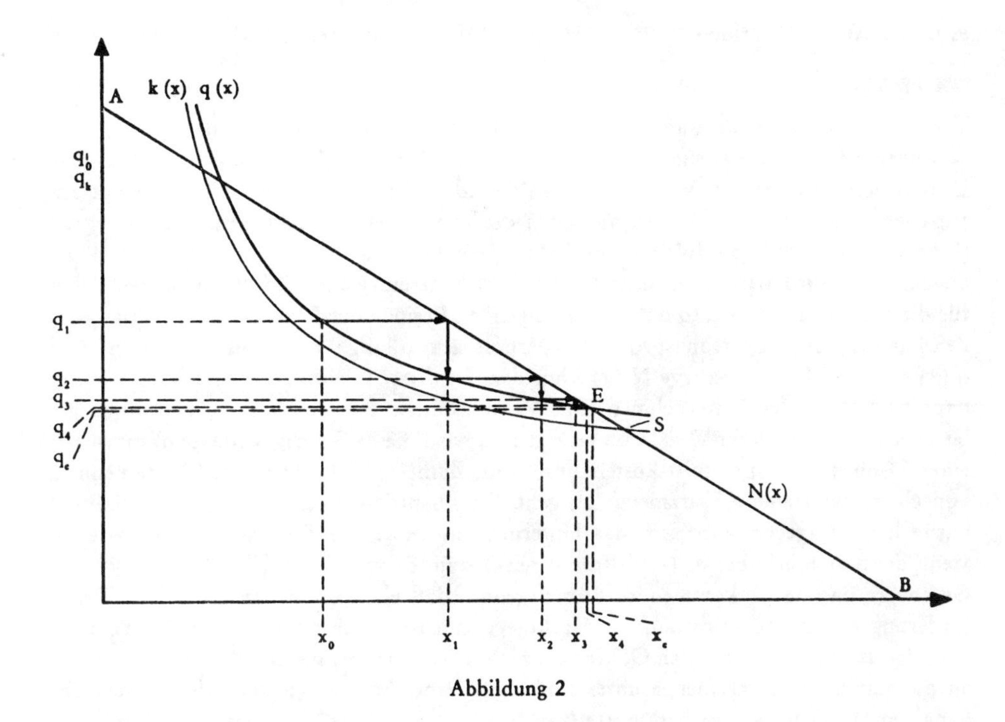

Abbildung 2

ausrichtet[24]. Gutenberg geht von einer degressiven Durchschnitts-(Stück-)kostenkurve k (x) aus, wie sie sich von einem linearen Gesamtkostenverlauf und damit konstanten Grenzkosten K′ (x) ableitet (Abb. 2). Die Angebotskurve q (x) ergibt sich aus der Stückkostenkurve durch Erhöhung um einen prozentualen Gewinnzuschlag $\frac{1}{n} \cdot k(x)$. Sie gibt an, zu welchem Preis das Produkt bei den jeweiligen Absatzmengen angeboten wird. Der Angebotskurve steht die für Angebotsmonopolisten typische Nachfragekurve N gegenüber, die angibt, zu welchem Preis bestimmte Mengen auf Grund der angenommenen Marktsituation abgesetzt werden können.

Wie Jacob gezeigt hat, ist es für die folgenden Überlegungen nicht notwendig, daß der Unternehmer den Verlauf seiner Durchschnittskostenkurve oder den seiner Nachfragefunktion kennt. Weiter wird mit Jacob angenommen, daß lediglich die Stückkosten der jeweils in der letzten Periode hergestellten Mengen bekannt sind und daß diese Stückkosten zuzüglich eines festen (prozentualen) Gewinnzuschlages[25] die Grundlage für die Preisforderung der folgenden Periode bilden.

In der Periode T_0, die der Ausgangsperiode des folgenden Modells vorausgegangen ist, habe das Unternehmen die Menge x_0 produziert (und abgesetzt). Dementsprechend bietet

[24] Siehe hierzu *Gutenberg, Erich*, a. a. O., S. 345–347, und *Jacob, Herbert*, Preispolitik, Wiesbaden 1964, S. 106–108, an dessen Darstellung sich die folgende statische Betrachtung hauptsächlich anlehnt.

[25] Für die zunächst folgenden statischen und die späteren dynamischen Überlegungen ist es unwesentlich, ob der Gewinnzuschlag absolut oder relativ »fest« ist. Wesentlich ist allein, daß er nach einem starren Schema ermittelt und nicht nach der Tragfähigkeit oder anderen die Nachfrageelastizität berücksichtigenden Gesichtspunkten manipuliert wird.

559 es in der Ausgangsperiode T_1 zum Preis q_1 an, der sich aus den Stückkosten der vorausgegangenen Periode k_0 zuzüglich eines prozentualen Gewinnzuschlages $\frac{1}{n} \cdot k_0$ errechnet[26]. Tatsächlich kann aber bei diesem Preis in der Periode T_1 – entsprechend der vorliegenden Nachfragekurve – die Menge x_1 abgesetzt werden. Unter der Voraussetzung, daß es dem Unternehmer gelingt, sich voll an diese anfänglich nicht erwartete höhere Nachfrage anzupassen, liegen die Stückkosten am Ende der ersten Periode T_1 niedriger als erwartet ($k_1 < k_0$), so daß für die folgende Periode T_2 der Preis auf q_2 gesenkt werden kann. Zu diesem Preis wird wiederum mehr als erwartet abgesetzt; die Stückkosten sinken daher für die Periode T_2 auf k_2, so daß in der folgenden Periode der Preis auf q_3 ermäßigt werden kann. Dieser Anpassungsprozeß wiederholt sich so lange, bis sich die Angebotskurve q (x) und die Nachfragekurve N (x) schneiden. Ist dieser Gleichgewichtspunkt E erreicht, dann besteht für den Unternehmer keine Veranlassung mehr, den Preis q_e und die Angebotsmenge x_e zu ändern. Wie Jacob gezeigt hat, wird dieser Gleichgewichtspunkt im Falle einer U-förmigen Durschnittskostenkurve auch dann erreicht, wenn das Unternehmen von einer erwarteten Absatzmenge ausgeht, die im progressiven Bereich dieser Kostenkurve liegt. Dagegen wird sich das Unternehmen selbst aus dem Markt manövrieren, wenn der Startpreis über q_k (»kritischer Preis«), zum Beispiel bei q_0', liegt[27].

Gutenberg und Jacob kommen zu dem Ergebnis, daß ein Unternehmer, der seine Preisforderungen ohne Rücksicht auf die Marktgegebenheiten nach seinen Durchschnittskosten – zuzüglich eines prozentualen Gewinnzuschlages – ausrichtet, sich allmählich automatisch an die maximale Absatzmenge unter Einhaltung eines bestimmten, von den Kosten abhängigen Mindestgewinnes herantastet[28].

Wenn auch bei einer solchen Preisstellung zu »Durchschnittskosten plus Gewinnzuschlag« das Gewinnmaximum nicht erreicht wird (dem Cournotschen Punkt entsprechen die Absatzmenge x_c und die Preisforderung p_c), so dürfte das Ziel der »Absatzmaximierung unter Einhaltung eines Mindestgewinnes« doch in der Praxis den Absichten der Unternehmungsleitung oft entsprechen. Es wäre in der Tat eine besondere Gunst des Schicksals, wenn dieses Ziel – wie Jacob meint – mit Hilfe einer Preispolitik erreicht werden könnte, die wenig Kopfzerbrechen verursacht.

Will man prüfen, ob eine solche Preispolitik des starren Festhaltens an den Durchschnittskosten mit einem festen Gewinnzuschlag auch in Wirklichkeit erfolgreich sein wird, so sind dabei die *Prämissen* der Modellüberlegungen Gutenbergs und Jacobs zu beachten, und zwar die Annahme, daß

1. das anbietende Unternehmen als Monopolist einer mehr oder weniger elastischen Nachfrage gegenübersteht,
2. der Startpreis unterhalb des Punktes liegt, an dem der degressive »Ast« der Angebotskurve q (x) zum erstenmal unter die Nachfragekurve N absinkt, und

[26] Statt dessen könnte man zu Beginn ebensogut unterstellen, daß das Unternehmen in der Ausgangsperiode T_1 eine Absatzmenge von x_0 erwarte und auf Grund der dafür erwarteten Stückkosten k_0 zum Preis von $q_1 = k_0 \cdot \left(1 + \frac{1}{n}\right)$ anbiete. Auch könnte man für alle folgenden Perioden stets von den erwarteten Werten statt von denen der vergangenen Periode ausgehen (wie Gutenberg, a. a. O., S. 346). Das Ergebnis würde sich im Prinzip nicht ändern.

[27] Vgl. hierzu *Jacob*, a. a. O., S. 107.

[28] Zum gleichen Ergebnis führen Preisforderungen mit einem absolut festen Gewinnzuschlag a je Stück nach der Formel: $q = k + a$. – Wird bei der Preisforderung auf den Gewinnzuschlag verzichtet, so liegt der Gleichgewichtspunkt bei S. Bei diesem Punkt wird die Zielsetzung »Absatzmaximierung bei voller Kostendeckung« verwirklicht (s. *Jacob*, a. a. O., S. 107).

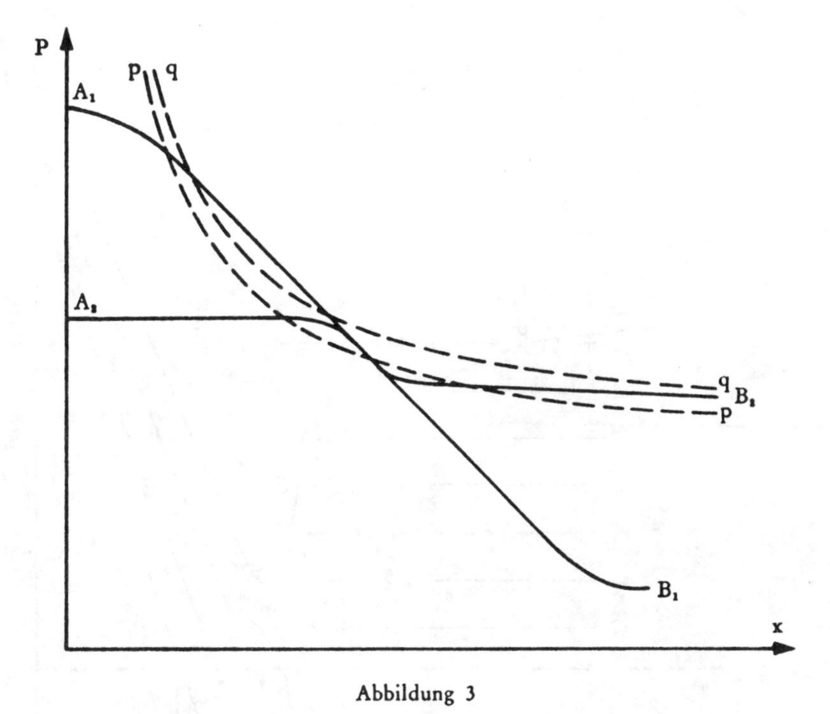

Abbildung 3

3. die Nachfragekurve und die Kostenkurve während des mehrere Perioden dauernden Anpassungsprozesses unverändert bleiben.

Zu 1 und 2:

Zieht man die Substitutionskonkurrenz mit in Betracht – das muß man bei einer wirklichkeitsnahen Untersuchung –, dann ist zu bedenken, daß es kaum ein echtes Monopol gibt. Ausnahmen sind wohl nur zu finden, wenn auch die Substitutionsgüter beim selben Anbieter monopolisiert sind, wie beispielsweise Fernsprech-, Fernschreib-, Telegramm- und Briefverkehr bei der Deutschen Bundespost. Wohl aber gibt es infolge des »Nicht-Preis-Wettbewerbs« und der Präferenzen der Nachfrage für jedes Unternehmen einen gewissen *monopolistischen Bereich*. Man darf daher in der Regel von Nachfragekurven nach Art der Abb. 3 ausgehen[29]. Es besteht offensichtlich eine um so größere Wahrscheinlichkeit, daß der Startpreis über dem oberen Schnittpunkt des degressiven »Astes« der Angebotskurve mit der Nachfragekurve liegt, je kleiner der monopolistische Bereich der Nachfragekurve ist. (Vgl. die relative Lage der beiden Angebotskurven q und p gegenüber der Nachfragekurve A_1 B_1 mit großem und der Nachfragekurve A_2 A_2 mit kleinem monopolistischem Bereich.) Damit steigt die Gefahr, daß der Nachfrager bei einem unnachgiebigen Festhalten an einer Preisforderung auf Grundlage der Durchschnittskosten – mit oder ohne festem Gewinnzuschlag – überhaupt nicht mehr zum Zuge kommt. In der Wirklichkeit muß also mit einer hohen Wahrscheinlichkeit damit gerechnet werden, daß die zweite Voraussetzung nicht erfüllt ist und somit die von Jacob nachgewiesene Folge eintritt, daß sich ein Unternehmen selbst aus dem Markt manövriert, wenn es in dieser Situation

[29] Nach *Gutenberg*, a. a. O., Abb. 33 und 34. Zur Begründung dieser Kurve siehe *Gutenberg*, a. a. O., S. 244–248.

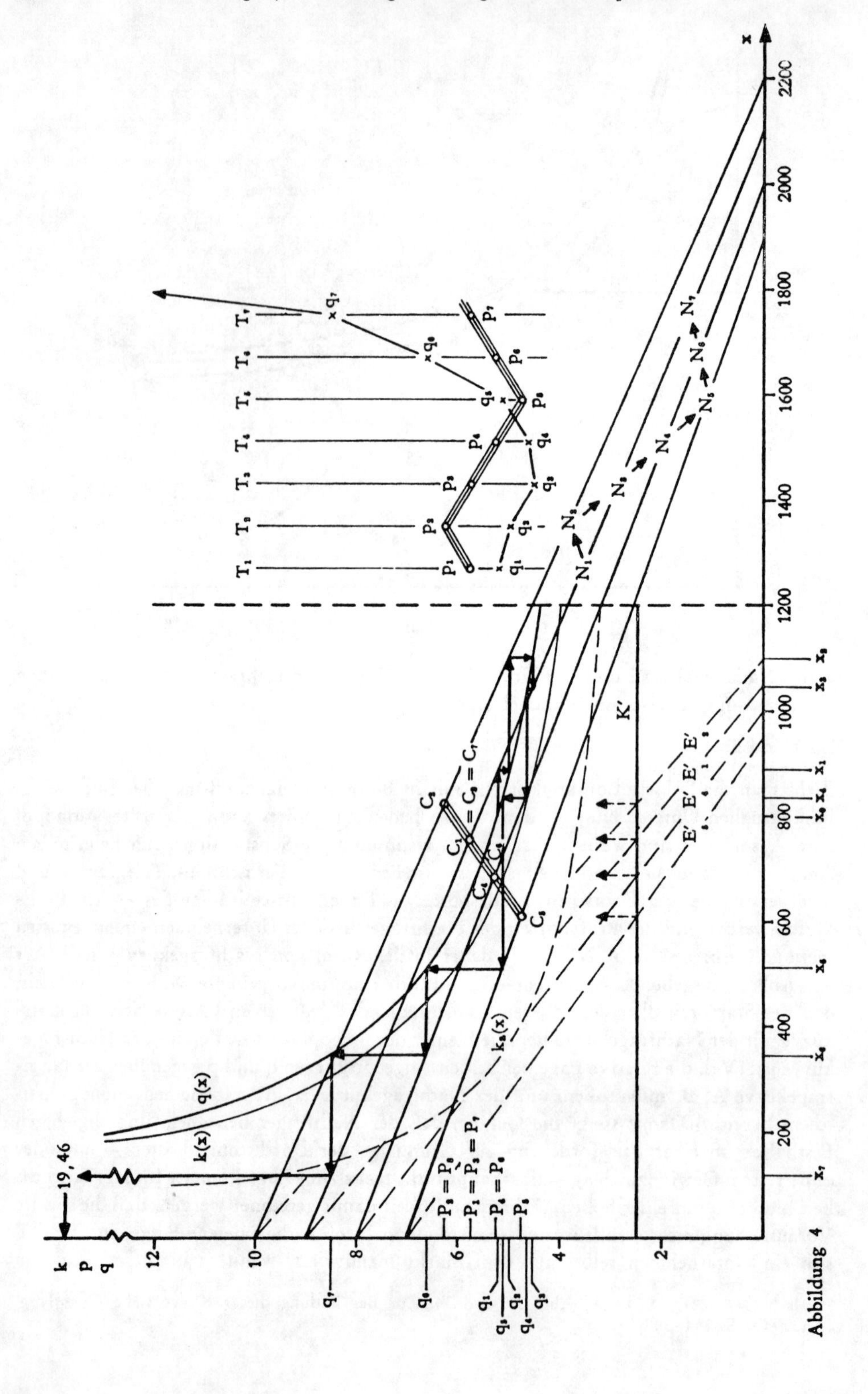

Abbildung 4

unnachgiebig an einer Preisstellung auf Grundlage der Durchschnittskosten – mit oder ohne festem Gewinnzuschlag – festhält. 562

Zu 3:

Weiter kann es auf Grund theoretischer Überlegungen wie empirischer Marktbeobachtungen als ganz sicher gelten, daß die *Nachfragekurve N* im Zuge von Marktschwankungen und Marktverschiebungen gleichfalls *schwankt* oder *sich verschiebt*[30]. Ebenso können wir häufig Schwankungen und Verschiebungen der Kostenkurven beobachten, sei es infolge von Veränderungen der Preise und der Qualität der Kostengüter, sei es durch Übergang zu anderen Verfahren und Verfahrensbedingungen und damit zu anderen Produktionsfunktionen[31]. Es gilt daher zu untersuchen, wie sich – selbst wenn die beiden ersten der oben genannten Voraussetzungen als gegeben unterstellt werden – eine *Veränderung der Nachfragekurve im Zeitablauf* auf den Erfolg einer Preisbestimmung zu Durchschnittskosten zuzüglich eines festen prozentualen Gewinnzuschlages auswirkt.

Wir wollen für die folgenden Überlegungen annehmen, daß sich der Monopolist einer Abfolge von Nachfragekurven N_1 bis N_7 gegenübersieht, die – einem Konjunkturzyklus entsprechend – unterschiedliche Schnittpunkte mit den Koordinatenachsen aufweisen und unterschiedlich ansteigen[32] (siehe Abb. 4). Zur Vereinfachung der Darstellung wurde ein linearer Verlauf der Nachfragekurven unterstellt, außerdem ein Zusammenfallen der Nachfragekurven in entsprechenden Phasen des Konjunkturzyklus (z. B. $N_1 = N_3 = N_7$). Der besseren Übersichtlichkeit und der Vereinfachung der Darstellung wegen wird ferner angenommen, daß die Kostenkurven während des Konjunkturzyklus konstant bleiben[33]. Diese Unterstellung ist, wie die Erfahrungen bei Branchenkonjunkturen der letzten Jahre gezeigt haben, keineswegs wirklichkeitsfremd. Unsere Abfolge der Nachfragekurven beginnt in der Phase eines Konjunkturaufschwunges mit einer Verschiebung der Nachfragekurve in Richtung höherer Preise und Absatzmengen ($N_1 \rightarrow N_2$); in den dann folgenden Perioden des Konjunkturabschwunges verschiebt sich die Nachfragekurve in Richtung niedrigerer Preise und Absatzmengen ($N_2 \rightarrow N_5$) und erreicht in der fünften Periode das Konjunkturtief, dem dann ein über mehrere Perioden währender Aufschwung ($N_5 \rightarrow N_7$) folgt.

[30] Vgl. hierzu die Unterscheidung zwischen statischer und dynamischer Nachfrageelastizität bei *Schäfer, Erich,* Marktforschung, 3. Aufl., Köln und Opladen 1953, S. 95–99.

[31] Vgl. hierzu die Ausführungen über oszillative Schwankungen, selektive und mutative Anpassungsvorgänge bei *Gutenberg, Erich,* Grundlagen der Betriebswirtschaftslehre, Bd. I: Die Produktion, 5. Aufl., Berlin–Göttingen–Heidelberg 1960, S. 92 f., 283–285; 274–277; 147 f. und 285–298.

[32] Den Nachfragekurven liegen folgende Gleichungen zugrunde:

$$N_1 = N_3 = N_7: \quad p = 9 - \frac{9}{2100} \cdot x$$

$$N_2: \quad p = 10 - \frac{10}{2200} \cdot x$$

$$N_4 = N_6: \quad p = 8 - \frac{8}{2000} \cdot x$$

$$N_5: \quad p = 7 - \frac{7}{1900} \cdot x$$

[33] Die Durchschnittskostenkurve folgt der Gleichung:

$$k = \frac{1800}{x} + 2{,}5.$$

563 Zu Beginn des Konjunkturzyklus legt das Unternehmen für die Periode T_1 den geforderten Preis q_1 auf 5,20 DM fest[34], entsprechend den Durchschnittskosten für die in der Vorperiode T_0 abgesetzten 808 Einheiten[35] und dem festen Gewinnzuschlag von 10%. Zu diesem Preis werden bei der gerade herrschenden Nachfragekurve N_1 jedoch 887 Einheiten ($= x_1$) abgesetzt, für die geringere Durchschnittskosten als erwartet anfallen. Dementsprechend bietet das Unternehmen in der folgenden Periode T_2 zu einem geringeren Preis q_2 (= 4,98 DM) an; da die Konjunktur weiter zugenommen hat und die Absatzkurve N_2 höher als die vorangegangene Kurve N_1 liegt, wird nunmehr bei diesem Preis q_2 eine erheblich größere Absatzmenge x_2 (= 1104 Einheiten) erreicht. Infolge der weiter gesunkenen Durchschnittskosten wird in der folgenden Periode T_3 der Preis weiter auf q_3 (= 4,54 DM) gesenkt. Da inzwischen der konjunkturelle Abschwung eingesetzt hat, folgt nunmehr die Nachfrage der Kurve N_3 ($= N_1$). Das hat einen Rückgang des Absatzes auf x_3 (= 1040 Einheiten) zur Folge und damit einen geringen Anstieg der Durchschnittskosten. In der nächsten Periode T_4 wird daher zu einem höheren Preis q_4 (= 4,65 DM) angeboten. Infolge des anhaltenden Konjunkturrückgangs ist die Nachfragekurve weiter auf N_4 abgesunken. Dem erheblichen Umsatzrückgang auf x_4 (= 837 Einheiten) steht ein erneuter, nunmehr starker Anstieg der Durchschnittskosten gegenüber, der eine weitere Erhöhung der Preisforderungen für die folgende Periode T_5 auf q_5 (= 5,10 DM) zur Folge hat. Mittlerweile ist die Nachfragekurve noch weiter zurückgegangen auf N_5. Das hat in Verbindung mit der durch die angestiegenen Durchschnittskosten bedingten Preiserhöhung einen weiteren Rückgang des Absatzes auf x_5 (= 511 Einheiten) und damit einen erheblichen Anstieg der Durchschnittskosten zur Folge. Das wiederum bedingt eine entsprechende Erhöhung der Preisforderung in der nächsten Periode T_6 auf q_6 (= 6,62 DM); obgleich inzwischen das Konjunkturtief überwunden ist und mit der Nachfragekurve N_6 ($= N_4$) ein neuer Aufschwung eingesetzt hat, bewirkt die starke Preiserhöhung einen weiteren Rückgang des Absatzes auf x_6 (= 345 Einheiten). Hält das Unternehmen weiter starr an der bisherigen Methode der Preisstellung fest, dann muß es in der folgenden Periode T_7 erneut zu einer erheblichen Preiserhöhung auf q_7 (= 8,49 DM) schreiten[36]. Trotz des weiteren Konjunkturaufschwungs, der sich in dem Ansteigen der Nachfragekurve N_7 ($= N_1$) niederschlägt, ist in der Periode T_7 auf Grund der nunmehrigen Preisforderung ein weiterer Rückgang des Absatzes auf x_7 (= 119 Einheiten) nicht mehr aufzuhalten. Gleichgültig, wie sich in der nun folgenden Periode die Nachfrage weiter entwickeln mag, ist bei einem Festhalten an der Preisstellung zu Durchschnittskosten zuzüglich eines festen Gewinnzuschlages das Ausscheiden der Unternehmung aus dem Markt nicht mehr aufzuhalten. Falls das Unternehmen nicht über Liquiditätsreserven verfügt, mußte es ohnehin wohl schon im Laufe der 7. Periode ausscheiden, da der Umsatz x_7 nicht mehr ausreicht, die ausgabennahen Kosten k_a zu decken[37].

[34] Nach der Gleichung der Preisforderungen (Angebotsfunktion):
$$q = \left(\frac{1800}{x} + 2{,}5\right) \cdot (1 + 0{,}1).$$

[35] Statt dessen könnte man ebensogut unterstellen, daß von einer erwarteten Absatzmenge gleichen Umfangs ausgegangen wird. Vgl. Fußnote 26.

[36] Ein solches Verhalten mag unrealistisch erscheinen; aber das ist nur ein Zeichen dafür, daß Preisforderungen auf Grund von »Durchschnittskosten – plus – Gewinnzuschlag« oder von Durchschnittskosten allein in bestimmten Situationen unsinnig und gefährlich sind.

[37] Es ist angenommen, daß alle proportionalen Kosten und die Hälfte der fixen Kosten »ausgabennah« (Banse) oder »kurzperiodisch ausgabenwirksam« sind. Gleichung der »ausgabennahen« Stückkosten: $k_a = \frac{900}{x} + 2{,}5$.

Tabelle 1: Erfolgsentwicklung bei einer Preispolitik auf Grundlage der Durchschnittskosten zuzüglich eines festen Gewinnzuschlags (10%)

I	II	III	IV	V	VI	VII	VIII	IX	X
Periode	herrschende Nachfragefunktion	Angebotspreis (q)	Absatzmenge (x)	Durchschnittskosten (Stückkosten) (k)	kalkulierter Stückgewinn $\frac{1}{10}k$	effektiver Stückerfolg $e = q - k$	Periodenerfolg (E)	kumulierte Periodenerfolge	Erfolg in % der Kosten $\frac{e}{k} \cdot 100$
T_0			$x_0 =$ 808	4,73					
T_1	N_1	$q_1 =$ 5,20	$x_1 =$ 887	4,53	0,47	0,67	594,90	594,90	14,8 %
T_2	N_2	$q_2 =$ 4,98	$x_2 =$ 1 104	4,13	0,45	0,85	937,92	1 532,82	20,6 %
T_3	$N_3 = N_1$	$q_3 =$ 4,54	$x_3 =$ 1 040	4,23	0,41	0,31	321,60	1 854,42	7,3 %
T_4	N_4	$q_4 =$ 4,65	$x_4 =$ 837	4,651	0,42	−0,001	− 0,45	1 853,97	−0,01 %
T_5	N_5	$q_5 =$ 5,12	$x_5 =$ 511	6,02	0,47	−0,90	− 461,18	1 392,79	−15,0 %
T_6	$N_6 = N_4$	$q_6 =$ 6,62	$x_6 =$ 345	7,72	0,60	−1,10	− 378,60	1 014,19	−14,2 %
T_7	$N_7 = N_1$	$q_7 =$ 8,49	$x_7 =$ 119	17,63	0,77	−9,14	−1 087,19	− 73,00	−51,8 %
T_8		$q_8 =$ 19,40	$x_8 =$ 0						
Gewogener Durchschnitt									− 0,3 %

565

Tabelle 2: Erfolgsentwicklung bei Forderung Courtnotscher Preise

I	II	III	IV	V	VI	VII	VIII	IX	X	XI	XII
Periode	herrschende Nachfrage-funktion	Angebots-preis (p)	Absatz-menge (x)	Umsatz (U)	variable Perioden-kosten (K_v)	fixe Perioden-kosten (K_f)	Gesamt-kosten der Periode (K)	Durch-schnitts-kosten (Stückkosten) (k)	Perioden-erfolg (E)	kumulierte Perioden-erfolge	Erfolg in % der Kosten
T_1	N_1	$p_1 = 5{,}75$	$x_1 = 758$	4 358,50	1 895,00	1 800,00	3 695,00	4,87	663,50	663,50	18,0%
T_2	N_2	$p_2 = 6{,}25$	$x_2 = 825$	5 156,25	2 062,50	1 800,00	3 862,50	4,68	1 293,75	1 957,25	33,5%
T_3	$N_3 = N_1$	$p_3 = 5{,}75$	$x_3 = 758$	4 358,50	1 895,00	1 800,00	3 695,00	4,87	663,50	2 620,75	18,0%
T_4	N_4	$p_4 = 5{,}25$	$x_4 = 688$	3 612,00	1 720,00	1 800,00	3 520,00	5,12	92,00	2 712,75	2,6%
T_5	N_5	$p_5 = 4{,}75$	$x_5 = 611$	2 902,25	1 527,50	1 800,00	3 327,50	5,45	−425,25	2 287,50	−12,8%
T_6	$N_6 = N_4$	$p_6 = 5{,}25$	$x_6 = 688$	3 612,00	1 720,00	1 800,00	3 520,00	5,12	92,00	2 379,50	2,6%
T_7	$N_7 = N_1$	$p_7 = 5{,}75$	$x_7 = 758$	4 358,50	1 895,00	1 800,00	3 695,00	4,87	663,50	3 043,00	18,0%
Gewogener Durchschnitt											12,0%

Wie aus Tabelle 1 hervorgeht, werden durch die von der 4. Periode an entstehenden Verluste die in den vorangegangenen drei Perioden erzielten Gewinne bis zum Ende der 7. Periode wieder aufgezehrt. Ob eine weitere Verschlechterung der Lage der Unternehmung vermieden werden kann, hängt ganz davon ab, wie schnell in der 8. Periode erkannt wird, daß man sich aus dem Markt manövriert hat, und wie rasch es dann gelingt, entweder zu liquidieren oder die fixen Kosten durch Umstellung auf eine marktgerechtere Preispolitik abzudecken. Sehen wir von dieser 8. Periode ab, dann wird durch die Umsätze in den ersten 7 Perioden insgesamt ein Durchschnittsverlust von rund 0,3% der Kosten, also weit weniger als »kalkuliert«, erwirtschaftet. 566

Wie absurd eine starr an den Durchschnittskosten – mit oder ohne festem Gewinnzuschlag[38] – ausgerichtete Preispolitik bei veränderlicher Nachfrage ist, wird besonders deutlich, wenn man damit die Ergebnisse einer Preispolitik vergleicht, die ein nach Gewinnmaximierung strebender Monopolist unter sonst gleichen Umständen betreiben würde, falls ihm außer seiner Kostenkurve auch noch die Nachfragekurven bekannt wären. Die gewinngünstigste Absatzmenge wird bekanntlich durch den Schnittpunkt der Grenzkostenkurve K′ mit der Grenzerlöskurve – im Beispiel $E'_1 = E'_3 = E'_7$; $E_4' = E_6'$; E_5' – bestimmt. Der jeweils zugehörige gewinngünstigste Preis – der sog. »Cournotsche Preis« – ist der Ordinatenwert des über diesem Schnittpunkt liegenden »Cournotschen Punktes« der Nachfragekurve. (Vgl. in Abb. 4 die Cournotschen Punkte $C_1 = C_3 = C_7$; $C_4 = C_6$; C_5 und in Tab. 2 die Werte der entsprechenden Cournotschen Preise und Cournotschen Mengen.) Im Ausgangsstadium liegt der an den Durchschnittskosten ausgerichtete Preis q_1 (= 5,20 DM) nicht weit vom Cournotschen Preis p_1 (= 5,75 DM) und damit dem Gewinnmaximum entfernt. In der dann folgenden Periode des konjunkturellen Gipfels schreitet jedoch der auf Gewinnmaximierung bedachte Monopolist nicht zu einer seiner Kostendegression entsprechenden Preissenkung, wie der an den Durchschnittskosten orientierte Unternehmer, sondern erhöht im Gegenteil seinen Preis beachtlich auf p_2 (=6,25 DM). In den Perioden des Konjunkturabschwungs nimmt der gewinnmaximierende Monopolist mit jedem Rückgang der Nachfragekurve seinen Preis gleichfalls zurück bis auf p_5 (= 4,75 DM) im Konjunkturtief. Dieser Preis deckt zwar nicht mehr seine vollen Durchschnittskosten, doch gewährleistet er, daß der unter den gegebenen Marktverhältnissen unvermeidbare Verlust der geringstmögliche ist. In dem nun wieder einsetzenden Konjunkturanstieg erhöht zwar auch der auf Gewinnmaximierung bedachte Monopolist stetig seine Preise auf zunächst p_6 (= 5,25 DM) und dann auf p_7 (= 5,75 DM), aber doch weit geringer als der auf Kostendeckung und den prozentualen Mindestgewinn bedachte Unternehmer, der – aus ganz anderen Motiven – bereits während des Konjunkturrückganges mit der Erhöhung seiner Preisforderung beginnt (vgl. Abb. 4, rechter Teil). Im Gegensatz zu diesem erzielt der gewinnmaximierende Monopolist in der Periode T_6 mit der Nachfragekurve N_6 bereits wieder einen kleinen und in der folgenden Periode mit der Nachfragekurve N_7 bereits wieder einen erheblichen Gewinn, ohne jemals während des gesamten Konjunkturzyklus in Liquiditätsschwierigkeiten gekommen zu sein. Wie die Tabelle 2 zeigt, tritt bei den von den Durchschnittskosten losgelösten Preisforderungen des auf Gewinnmaximierung bedachten Monopolisten nur in einer Periode ein Verlust auf, der nur einen kleinen Teil des in den vorangegangenen Perioden kumulierten Gewinnes aufzehrt.

[38] Wie schon bei fester Nachfragekurve, so gilt die Betrachtung an Hand der Abb. 4 auch für den Fall, daß lediglich Kostendeckung in der Periode unter Verzicht auf jeden Gewinn angestrebt wird. Das wird ganz offensichtlich, wenn man die Kurve q als Durchschnittskostenkurve (für ein um 10% höheres Kostengüterpreisniveau) interpretiert.

567 Der Durchschnittsgewinn während der gesamten betrachteten Periodenfolge $T_1 - T_7$ beträgt 12,0% der Gesamtkosten (gegenüber 0,3% Verlust bei »Selbstkosten-plus-Gewinnzuschlags«-Kalkulation). Vor allem trat aber nie die Gefahr auf, daß sich der auf Gewinnmaximierung bzw. Verlustminimierung bedachte Unternehmer aus dem Markt manövriert, gerade weil er sich nicht an den Durchschnittskosten, sondern an den Grenzkosten und an der Nachfrage – in Gestalt der Grenzerträge – orientierte.

Würden wir in unserem dynamischen Modell nicht nur die Nachfragekurve, sondern auch die Kostenkurve als konjunkturbedingt veränderlich ansehen, dann würde sich das Ergebnis nicht grundsätzlich ändern. Es würde allenfalls die Gefahr des »Sich-selbst-aus-dem-Markt-Manövrierens« abgemildert werden, wenn die Preise der Kostengüter den Veränderungen der Nachfragekurve in etwa folgen. In der Regel ist jedoch eine solch gleichsinnige Veränderung der Kostengüterpreise nur für die variablen Kosten in vollem Umfange zu erwarten, nicht aber für die fixen Kosten. Insbesondere erweisen sich die Preise für die menschlichen Arbeitsleistungen unter den herrschenden arbeitsrechtlichen und sozialpolitischen Verhältnissen als nur nach oben hin veränderlich. Bei den fixen Personalkosten, die im allgemeinen den Großteil der fixen Kosten ausmachen, kann man lediglich durch Kurzarbeit und Überstunden, Entlassungen und Einstellungen von Arbeitskräften im Konjunkturablauf eine gewisse Anpassung erreichen. Ebenso unveränderlich sind in der Regel Zinsen für bereits aufgenommenes, noch nicht wieder kündbares Fremdkapital. Die von Investitionen abgeleiteten fixen Kosten (Abschreibungen für Zeitverschleiß, Entwertung durch Fristablauf und den technisch-wirtschaftlichen Fortschritt) bleiben bei Bewertung nach dem Anschaffungsprinzip gleichfalls unverändert. Diese Beispiele zeigen stellvertretend für zahlreiche weitere und in der Regel weniger wichtige Elemente der fixen Kosten, daß die Kostenkurve in der Regel den durch Konjunkturschwankungen und Marktverschiebungen bedingten Veränderungen der Nachfragekurve, insbesondere den Rückgängen, nur gedämpft folgt. Die Gefahr des »Sich-selbst-aus-dem-Markt-Manövrierens« wird daher bei einer starr an den Durchschnittskosten – mit oder ohne Gewinnzuschlag – ausgerichteten Preispolitik zwar gemildert, aber nicht beseitigt, falls sich die Kostenkurve in gleicher Richtung wie die Nachfragekurve verschiebt. Darüber hinaus sind zahlreiche Situationen denkbar, in denen von den Konjunkturbewegungen oder den Marktverschiebungen nur einzelne Branchen betroffen werden, so daß die Kostengüterpreise des anbietenden Unternehmens infolge der Nachfragekonkurrenz anderer Branchen entweder überhaupt unverändert bleiben oder sich vielleicht sogar entgegengesetzt zu der Entwicklung der Nachfragekurven bewegen.

Im ganzen zeigt sich also, daß selbst ein Monopolist seine Preisforderungen nicht nach den *jeweiligen Durchschnittskosten* der abgelaufenen Periode oder den erwarteten Durchschnittskosten der Planungsperiode ausrichten sollte, weil er dabei Gefahr läuft, auf die Dauer nicht einmal die Deckung der vollen Kosten zu erzielen und sich selbst aus dem Markt zu manövrieren, wenn er an dieser Politik starr festhält. Bei nachfragebedingten Beschäftigungsschwankungen sollte auch ein Monopolist vielmehr entgegen dem Verlauf der Durchschnittskostenkurve in Zeiten nachfragebedingt guter Beschäftigung hohe Preise und in Zeiten nachfragebedingt schlechter Beschäftigung niedrige Preise fordern. Die These, daß die Durchschnittskosten die Preisuntergrenze auf lange Sicht seien, ist keine für die praktische Preispolitik innerhalb kürzerer Zeiträume brauchbare Maxime.

Die bisher geschilderten Gefahren einer an die jeweiligen Durchschnittskosten gebundenen Preispolitik werden erheblich gemildert, wenn man die Durchschnittskosten bei *normaler oder langfristig durchschnittlicher Absatzmenge* (Kapazitätsausnutzung)

Tabelle 3: Erfolgsentwicklung bei einer Preispolitik auf Grundlage der erwarteten langfristigen Durchschnittskosten zuzüglich eines festen Gewinnzuschlags (10%)*

I	II	III	IV	V	VI	VII	VIII	IX	X
Periode	herrschende Nachfrage-funktion	Angebotspreis (q)	Absatzmenge (x)	Durch-schnittskosten (Stückkosten) (k)	kalkulierter Stückgewinn	effektiver Stückerfolg $e = q - k$	Perioden-erfolg (E)	kumulierte Perioden-erfolge	Erfolg in % der Kosten $\frac{e}{k} \cdot 100$
T_1	N_1	$q_1 = 5,20$	$x_1 =$ 887	4,53	0,47	0,67	594,90	594,90	14,8%
T_2	N_2	$q_2 = 5,20$	$x_2 =$ 1 056	4,20	0,47	1,00	1 051,20	1 646,10	23,7%
T_3	$N_3 = N_1$	$q_3 = 5,20$	$x_3 =$ 887	4,53	0,47	0,67	594,90	2 241,00	14,8%
T_4	N_4	$q_4 = 5,20$	$x_4 =$ 700	5,07	0,47	0,13	90,00	2 331,00	2,5%
T_5	N_5	$q_5 = 5,20$	$x_5 =$ 489	6,18	0,47	− 0,98	− 479,70	1 851,30	− 15,9%
T_6	$N_6 = N_4$	$q_6 = 5,20$	$x_6 =$ 700	5,07	0,47	0,13	90,00	1 941,30	2,5%
T_7	$N_7 = N_3$	$q_7 = 5,20$	$x_7 =$ 887	4,53	0,47	0,67	594,90	2 536,20	14,8%
Gewogener Durch-schnitt			801						9,5%

* Erwartete Normalbeschäftigung = 808 Einheiten je Periode

569 ermittelt. Dabei wird langfristig eine Deckung der Kosten und des kalkulierten Gewinnes um so sicherer erreicht, je besser die erwartete normale oder langfristig durchschnittliche Absatzmenge mit der tatsächlich erreichten übereinstimmt. Das ist für die der Abbildung 2 zugrunde liegenden Verläufe der Kosten- und Nachfragekurven etwa der Fall, wenn man von einer erwarteten langfristigen Durchschnittsbeschäftigung von 808 Einheiten ausgeht und entsprechend den dafür entstehenden Durchschnittskosten den Angebotspreis langfristig auf 5,20 DM fixiert. Behält man diesen Preis ohne Rücksicht auf die effektiven Durchschnittskosten der einzelnen Perioden bei, dann wird im Durchschnitt der betrachteten sieben Perioden außer der Deckung der vollen Kosten ein Durchschnittsgewinn von 9,5% der Selbstkosten – an Stelle des kalkulierten Gewinnzuschlags von 10% – erreicht. In den einzelnen Perioden freilich ergeben sich, wie in Spalte X der Tabelle 3 ausgewiesen wird, ganz erhebliche Abweichungen nach oben und unten; vor allem wird nicht in allen Perioden eine volle Kostendeckung erreicht. Infolge der Nachfrageelastizität ist allerdings die tatsächlich erzielte durchschnittliche Absatzmenge nicht von der erwarteten und dem auf dieser Grundlage geforderten Preis unabhängig. Wird in unserem dynamischen Modell die normale Absatzmenge beispielsweise auf 1000 Einheiten je Periode geschätzt und dementsprechend ein niedrigerer Preis von 4,73 DM langfristig festgelegt, dann wird eine höhere Durchschnittsbeschäftigung, nämlich 901 Einheiten, erreicht, die unter der geschätzten liegt und daher auch nur einen geringeren Durchschnittsgewinn, nämlich 5,8% der langfristigen Durchschnittskosten, bringt als kalkuliert. Ähnliche Verhältnisse ergeben sich, wenn man von einer geschätzten Normalabsatzmenge von 900 oder 500 Einheiten ausgeht. Liegen dagegen die Schätzungen der langfristigen durchschnittlichen Absatzmenge im Bereich zwischen etwa 600 und etwa 800, dann pendelt sich – unter den Bedingungen unseres Modells – die tatsächlich erreichte Durchschnittsbeschäftigung etwa auf den Schätzwert ein. Ob es sich hierbei um eine allgemeingültige Erscheinung handelt, kann an dieser Stelle nicht nachgeprüft werden.

3. Gefahren einer Preiskalkulation auf Grundlage der Selbstkosten im Mehrproduktunternehmen

Die für die Einproduktunternehmung erkannten Gefahren streng an den Durchschnittskosten orientierter Preisforderungen gelten uneingeschränkt auch für die Preispolitik der Mehrproduktunternehmung. Dazu kommen aber in der Mehrproduktunternehmung noch weitere Gefahren und Probleme durch die Fülle der Annahmen, die notwendig werden, um auch bei vielen Produkten zu Vorstellungen über die Höhe der Durchschnittskosten je Leistungseinheit bei den verschiedenen Arten von Leistungen zu gelangen. Je nach dem gewählten Kalkulationsverfahren werden in mehr oder weniger differenzierten Abrechnungsgängen die variablen und fixen, echten und unechten Gemeinkosten einer Abrechnungsperiode mit Hilfe von Schlüsseln, die auch Teile der Kosten sein können oder als Äquivalenzziffern auftreten können, auf die verschiedenen Leistungsarten und schließlich auf die Leistungseinheiten gebracht. Dabei müssen, wie K. Rummel nachgewiesen hat[39], stets Proportionalbeziehungen zwischen den zu verteilenden Gemeinkosten und den gewählten Schlüsselgrößen unterstellt werden. In der Höhe der Schlüsselsätze oder Zuschlagssätze und in den Verhältnissen der Äquivalenzziffern zueinander stecken außerdem, ohne daß dies hinreichend deutlich wird, letztlich auch Annahmen über die qualitative

[39] Vgl. *Rummel, Kurt,* Einheitliche Kostenrechnung auf der Grundlage einer vorausgesetzten Proportionalität der Kosten zu betrieblichen Größen, 3. Aufl., Düsseldorf 1949.

und quantitative Ausnutzung der Kapazität und der Betriebsbereitschaft, über die Erzeugungsverfahren, das Erzeugnisprogramm und die Auftragsstruktur. 570

Selbst wenn die errechneten Durchschnittskosten im Preis realisiert werden können – sei es in der Abrechnungsperiode oder auf lange Sicht –, besteht die Chance, insgesamt eine Vollkostendeckung zu erreichen, nur dann, wenn die Gesamtheit der bei der Zurechnung der Gemeinkosten gemachten Annahmen zutrifft. Das ist aber aus den im folgenden dargelegten Gründen so gut wie ausgeschlossen.

1. In der Preiskalkulation werden in der Regel die Kosten einer Leistungseinheit, eines bestimmten Erzeugnisses, ermittelt, ohne daß man sich im allgemeinen überlegt, welche Mengen zu dem kalkulierten Preis abgesetzt werden können. Aber auch das würde gar nicht genügen, weil man im Mehrproduktunternehmen einem einzelnen Auftrag oder einem einzelnen Erzeugnis nur dann die Kosten so zurechnen kann, daß insgesamt eine Vollkostendeckung erreicht wird, wenn man weiß, welcher Teil der fixen und variablen Gemeinkosten den anderen Erzeugnissen zugerechnet wird und von ihnen getragen werden kann. Man müßte also wissen, welche Überschüsse über die proportionalen bzw. direkten Kosten von allen übrigen Aufträgen oder Erzeugniseinheiten insgesamt in der Dispositionsperiode erbracht werden. In der traditionellen Vorkalkulation werden aber die Selbstkosten des einzelnen Auftrages unabhängig von den gleichzeitig vorhandenen oder noch zu erwartenden Aufträgen errechnet. Indirekt werden allerdings auch in der Vollkostenrechnung implizite Annahmen über ein bestimmtes Produktions- und Absatzprogramm gemacht, was am Beispiel der Zuschlagskalkulation (Verrechnungssatzverfahren) für den Fall einer einzigen Kostenstelle gezeigt werden soll. Dabei werden bekanntlich die Einzelkosten direkt für die einzelnen Aufträge und Erzeugnisse erfaßt und die Gemeinkosten mit Hilfe eines oder mehrerer Schlüssel auf die einzelnen Erzeugnisse verteilt. Soweit nicht die Einzelkosten oder Teile davon selbst als Zuschlagsgrundlage (Gemeinkostenschlüssel) verwendet werden, wie bei den Material- und Lohnzuschlägen [1], muß bei den Uraufschreibungen auch die auf jeden Auftrag entfallende Zahl von Schlüsseleinheiten festgehalten werden. Um den Zuschlagssatz oder den Verrechnungssatz je Schlüsseleinheit zu erhalten, stellt man bekanntlich für eine Abrechnungsperiode oder mehrere Abrechnungsperioden die Summe der mit Hilfe des jeweiligen Schlüssels zu verteilenden Gemeinkosten sowie die Summe der Einheiten des betreffenden Schlüssels im gleichen Zeitraum fest. Die sich durch Division ergebenden Gemeinkosten je Schlüsseleinheit werden dann in der Individualkalkulation mit den auf den Auftrag entfallenden Mengen an Schlüsseleinheiten multipliziert und ergeben so die anteiligen Gemeinkosten je Auftrag.

Besteht der Auftrag aus mehreren Leistungseinheiten, dann werden, wie in der Serien- und Sortenkalkulation, die Gemeinkosten je Schlüsseleinheit mit der auf die Serie oder die Produktionsmenge der betreffenden Sorte in der Periode insgesamt entfallenden Zahl von Schlüsseleinheiten multipliziert. Man gelangt somit zunächst zu den anteiligen Gemeinkosten der einzelnen Aufträge, Serien oder Sorten der Abrechnungsperiode; in einer nachfolgenden Division durch die Stückzahl oder Erzeugungsmenge ergeben sich dann die anteiligen Gemeinkosten je Leistungseinheit[40].

[40] Die Formeln für diesen Fall sind bei *Koch, Helmut*, a. a. O., S. 304 f. und 323–325 angegeben. Dort hat Koch auch nachgewiesen, daß sich die Äquivalenzziffernrechnung nur formal von den Schlüsselmethoden unterscheidet.

571 Um zu allgemein gültigen Aussagen für die elektive Gemeinkostenschlüsselung bei einer einzigen Kostenstelle[41] zu kommen, bedienen wir uns folgender mathematischer Symbole:

k_1, k_2	Durchschnittskosten (Selbstkosten) je Einheit der verschiedenen Erzeugnisse oder Aufträge usw.
m^R_1, m^R_2	Produktionsmenge der verschiedenen Erzeugnisse (Aufträge) 1, 2 usw. in der Referenzperiode R.
$s_{a1}, s_{a2}, s_{b1}, \ldots$	Zahl der auf die Leistungseinheit der Erzeugnisse (Aufträge) 1, 2 usw. entfallenden Einheiten der Schlüssel a, b usw.
$S^R_a, S^R_b, \ldots$	Zahl der insgesamt angefallenen bzw. verbrauchten Einheiten der Schlüssel a, b usw. in der Referenzperiode R.
$G^R_a, G^R_b, \ldots$	Summe der mit Hilfe des Schlüssels a bzw. b usw. zu verteilenden Gemeinkosten in der Referenzperiode R.
$g^R_a, g^R_b, \ldots$	Anteilige, mit Hilfe des Schlüssels a bzw. b usw. zu verteilende Gemeinkosten der Referenzperiode R je Einheit des Schlüssels a bzw. b usw.
$e_1, e_2, \ldots$	Einzelkosten je Leistungseinheit der Erzeugnisse (Aufträge) 1, 2 usw.

Bei der Vorkalkulation des Angebotspreises für den Auftrag x werden die Selbstkosten nach folgender allgemeiner Formel errechnet:

$$k_x = e_x + s_{ax} \cdot g^R_a + s_{bx} \cdot g^R_b + \ldots . s_{nx} \cdot g^R_n \qquad (1)$$

Um für die Vorkalkulation möglichst wenig Ausgangsdaten zu benötigen und Sondererhebungen zu sparen, werden in der Praxis meist solche Schlüssel für die Verrechnung der Kosten der Endkostenstellen auf die Kostenträger gewählt, die aus den Konstruktionsunterlagen, den Rezepten oder den Daten der Arbeitsvorbereitung ohnehin vorliegen oder leicht zu ermitteln sind, wie die Kosten des Fertigungsmaterials, die Fertigungslöhne, die Arbeiter- oder Maschinenstunden und Summen, die ohnehin im Kalkulationsschema anfallen, wie die Herstellkosten. Je nach dem gewählten Kalkulationsschema ist dann die obige ganz allgemeine Formel noch speziell abzuwandeln. So entspricht beispielsweise die Formel

$$k_x = \underbrace{e_{mx} + e_{mx} \cdot g^R_{em} + e_{lx} + e_{lx} \cdot g^R_{el}}_{h_x} + h_x \cdot g^R_h + e_{vx} \qquad (2)$$

dem folgenden weitverbreiteten Schema der elektiven Zuschlagskalkulation:

Stoffeinzelkosten	e_{mx}
+ Stoffgemeinkosten	$e_{mx} \cdot g^R_{em}$
Stoffkosten	
+ Fertigungslöhne	e_{lx}
+ Lohngemeinkosten	$e_{lx} \cdot g^R_{el}$
Herstellkosten	h_x
+ Verwaltungs- und Vertriebsgemeinkosten	$h_x \cdot g^R_h$
+ Sondereinzelkosten des Vertriebs	e_{vx}
Selbstkosten	k_x

[41] Zum Fall mehrerer Kostenstellen siehe: *Langen, Heinz*, Die Kostenrechnung in Matrizendarstellung, in: ZfB 34 (1964), S. 2–14.

572

Die kalkulatorische Problematik liegt dabei in der Ermittlung der Gemeinkostenglieder. Für die verschiedenen Gemeinkostenschlüssel müssen nämlich zunächst für eine Referenzperiode R die Gemeinkosten je Schlüsseleinheit errechnet werden. Als Referenzperiode wird in der Praxis gerne das Vorjahr gewählt. Um die Zufälligkeiten eines einzelnen Jahres auszuschalten, geht man häufig auch von den Verhältnissen eines als normal angesehenen Jahres aus oder ermittelt durchschnittliche Gemeinkostensätze aus den Daten mehrerer Jahre. An Stelle der Werte einer vergangenen Periode können auch die Plankosten der laufenden Periode oder, was weniger gebräuchlich zu sein scheint, die Prognosekosten der Planungsperiode treten.

Für die Errechnung der Gemeinkosten je Schlüsseleinheit, die für die Vorkalkulation der Selbstkosten je Leistungseinheit nach Formel (1) oder (2) benötigt werden, müssen *für jeden Schlüssel* folgende am Beispiel des Schlüssels a gezeigten Beziehungen aufgestellt werden:

$$g_a^R = \frac{G^R_a}{S^R_a} \tag{3}$$

$$S^R_a = s_{a1} \cdot m^R_1 + s_{a2} \cdot m^R_2 + \ldots. \tag{4}$$

$$g^R_a = \frac{G^R_a}{s_{a1} \cdot m^R_1 + s_{a2} \cdot m^R_2 + \ldots} \tag{5}$$

Aus der Formel (5) für die Errechnung der Gemeinkosten je Schlüsseleinheit (Zuschlagssatz, Maschinenstundensatz oder andere Rechnungssätze) ist zu ersehen, daß unter dem Bruchstrich die Mengen sämtlicher Erzeugnisse (Aufträge) der Referenzperiode – multipliziert mit der jeweils auf die Leistungseinheit der Erzeugnisse (Aufträge) entfallenden Zahl von Schlüsseleinheiten – auftreten[42]. Da die Gemeinkosten der Referenzperiode auch echte und unechte Gemeinkosten enthalten, die kurzfristig von Art und Menge der einzelnen Leistungen und Leistungsgruppen abhängen, sowie mittelfristig veränderliche Sprungkosten oder intervall-fixe Kosten, hängen die Gemeinkosten je Leistungseinheit in doppelter Weise über Zähler und Nenner des Zuschlagssatzes nach Formel (5) von dem gesamten Produktions- und Absatzprogramm der Referenzperiode sowie dem dafür gewählten Produktionsverfahren ab. Über die Formeln (1) oder (2) geht damit indirekt das gesamte Produktions- und Absatzprogramm der Referenzperiode in die Preiskalkulation eines jeden einzelnen Auftrages oder Erzeugnisses ein.

Damit ist bewiesen, daß auch bei einer zunächst auf die einzelnen Leistungseinheiten abstellenden, an die Selbstkosten gebundenen Preiskalkulation die Preisfindung für irgendein Produkt oder einen einzelnen Auftrag von den Mengen und Arten aller in der Referenzperiode hergestellten oder geplanten Leistungen abhängt.

Die Beeinflussung der Preiskalkulation eines einzelnen Produktes durch die Produktions- und Absatzmengen der übrigen Erzeugnisse ist nicht nur nicht negativ zu werten, sondern entspricht im Gegenteil der auf Seite 211 angedeuteten Forderung, in der Preiskalkulation die einzelnen Leistungseinheiten im Rahmen des gesamten Programms, ja des gesamten Unternehmens, zu sehen. Daß dies in der Vollkostenrechnung nicht bewußt und durch zusätzliche Überlegungen geschehen muß, sondern im Kalkulationsschema implizit enthalten ist, könnte man als eine besondere Gunst des Schicksals werten, wenn die Kostenverhältnisse und das der Ermittlung der Gemeinkostensätze zugrunde liegende Programm

[42] Einen ähnlichen Nachweis für die Abhängigkeit der auf das einzelne Erzeugnis entfallenden anteiligen fixen Kosten von den Erzeugungsmengen aller Produkte hat für einen noch einfacheren Fall geliefert: *Deppe, Hans-Dieter,* »Selbskosten« – Eine betriebswirtschaftlich gerechtfertigte Preisuntergrenze?, Betriebswirtschaftlicher Anhang zu *Fikentscher, Wolfgang,* Die Preisunterbietung im Wettbewerbsrecht, 2. Aufl., Heidelberg 1962, S. 99 f.

573 mit den Verhältnissen der für die Preiskalkulation maßgeblichen Dispositionsperiode übereinstimmen würden. Das ist aber leider nicht der Fall. Je nach dem in der betreffenden Unternehmung angewandten Kostenrechnungssystem geht man vielmehr bei der Errechnung der Zuschlagssätze oder Verrechnungssätze von anderen Verhältnissen, d. h. von anderen Gemeinkostensummen und anderen Mengen an Schlüsseleinheiten, aus. So baut die Ist-Kostenrechnung auf den Verhältnissen einer oder mehrerer Abrechnungsperioden der Vergangenheit auf, die Normalkostenrechnung dagegen auf vergangenen Verhältnissen, die als »normal« angesehen werden; die Standardkostenrechnung schließlich geht von den Daten aus, die der Kostenplanung zugrunde gelegt wurden. Dagegen wird bei der Ermittlung der Einzelkosten und der Zahl der auf den Auftrag oder die Erzeugniseinheit entfallenden Schlüsseleinheiten grundsätzlich auf die Verhältnisse der für die Preispolitik maßgeblichen Dispositionsperiode abgestellt[43].

Die darin liegende *mangelnde Zeiteinheitlichkeit* von Einzelkosten und Gemeinkosten schlägt sich in der Nachkalkulation in den Über- oder Unterdeckungen der Gemeinkosten nieder, falls Einzelkosten oder ihre Mengenkomponenten [2] als Zuschlagsgrundlagen dienen. Diese Über- oder Unterdeckungen sind einerseits auf Abweichungen der Höhe der tatsächlich in der Periode angefallenen Gemeinkosten gegenüber den in der Referenzperiode entstandenen bedingt, andererseits auf Abweichungen der tatsächlichen Zahl der Schlüsseleinheiten gegenüber den bei der Ermittlung der Zuschlagssätze oder Verrechnungssätze zugrunde gelegten Verhältnissen zurückzuführen, die ihrerseits vom jeweiligen Produktionsprogramm und von den gewählten Produktionsverfahren abhängen. Stimmen die der Errechnung der Zuschlagssätze für die Gemeinkosten zugrunde liegenden Verhältnisse nicht mit denjenigen der Kalkulationsperiode überein, so kann auch dann keine Deckung der vollen Kosten und des kalkulierten Gewinnes erwartet werden, wenn die auf Grundlage der Selbstkosten kalkulierten Preise vom Markt akzeptiert werden.

Diese Mängel sind jedoch nicht im Wesen der Vollkostenrechnung begründet, sondern organisationsbedingt. Sie könnten eliminiert werden, wenn man der Ermittlung der Zuschlagssätze oder Verrechnungssätze ein vollständiges Produktions- und Absatzprogramm der für die Preispolitik maßgeblichen Dispositionsperiode zugrunde legen würde. Da in der Regel die Preiskalkulation über Annahme oder Ablehnung eines Auftrages, über die Aufnahme eines Produkts in das Programm und das Ausmaß seiner Verkaufsförderung, über die dabei erzielten Absatzmengen sowie weitere, unter anderem die Gemeinkostensätze beeinflussende Faktoren entscheidet, müssen für jede der produktions- und absatzpolitischen Wahlmöglichkeiten stets aufs neue die Summe der Gemeinkosten, die Zahl der Schlüsseleinheiten und der Gemeinkostensätze je Schlüsseleinheit ermittelt werden, wenn man genaue Kalkulationsunterlagen haben will. Wegen der damit verbundenen ungeheueren Rechenarbeit, der hohen Kosten und des großen Zeitaufwandes verzichtet man in der Praxis auf ein so schwerfälliges Verfahren und begnügt sich mit den Verhältnissen der Referenzperiode als grobe Näherungslösung. Wenn sich auch die Über- und Unterdeckungen der verrechneten Gemeinkosten bei den einzelnen Kostenträgern oder Kostenstellen gegenseitig im Zeitablauf häufig ausgleichen werden, so kann das Verfahren der Vollkostenrechnung dennoch grundsätzlich keine planmäßige Deckung der Gemeinkosten und des kalkulierten Gewinns gewährleisten. Vor allem werden aber die erforderlichen Ausgleichsmaßnahmen mit einer erheblichen Verspätung getroffen, weil man die

[43] Bei Erzeugnissen, die bereits in der Vergangenheit hergestellt wurden, wird in der Praxis freilich aus Gründen der Bequemlichkeit oft davon abgewichen und wenigstens hinsichtlich der Zahl der Schlüsseleinheiten auf Werte der Vergangenheit oder Standardsätze zurückgegriffen.

Gemeinkostenüber- und -unterdeckungen erst in der Nachkalkulation am Ende der Abrechnungsperiode erkennt. 574

2. Selbst wenn der Ermittlung der Verrechnungssätze oder Zuschlagssätze ein Produktionsprogramm zugrunde gelegt wird, das nach Art und Menge der Erzeugnisse den Verhältnissen in der preispolitischen Dispositionsperiode völlig entspricht, so *hängt doch die Höhe der für die einzelnen Erzeugnisse oder Aufträge kalkulierten »Selbstkosten« immer noch ganz entscheidend von den jeweils gewählten Gemeinkostenschlüsseln ab.* Bekanntlich läßt sich über nichts mehr streiten als über die Wahl von Schlüsseln zur Verteilung fixer und variabler Gemeinkosten, weil es nun einmal für die Aufteilung echter Gemeinkosten keine Schlüssel gibt, die eine eindeutige kausale oder finale Beziehung zwischen Kosten und Leistung herzustellen vermögen. Je nach den gewählten Schlüsseln erscheinen aber die einzelnen Erzeugnisse oder Aufträge mit höheren oder niedrigeren Selbstkosten [3]. Das kann aber für eine die Deckung der Vollkosten anstrebende Preispolitik nur belanglos sein, wenn der Markt die betriebsindividuell ermittelten »Selbstkosten« im Preise tatsächlich vergüten müßte, wie das im Bereich öffentlicher Aufträge und bei manchen Individualaufträgen, in denen ein Ersatz der Selbstkosten vereinbart ist, sogar vorkommen kann. Trifft das aber nicht zu, dann sind die im folgenden Absatz dargestellten Wirkungen zu beachten.

3. Weil die Höhe der »Selbstkosten« von der Wahl der Schlüssel abhängt und eine objektive Wahl der Schlüssel nicht möglich ist, wird bei einer »Kosten-plus-Gewinnzuschlag-Preisstellung« bereits *durch die Wahl der Zuschlagsgrundlagen oder der Gemeinkostenschlüssel indirekt Preispolitik getrieben,* aber nicht nur Preispolitik, sondern auch Sortiments-, Programm- und Beschäftigungspolitik, weil die Höhe der Preisforderungen die Nachfrage nach den einzelnen Produkten steuert. Das alles könnte noch hingenommen werden, wenn die Wahl der Schlüssel bewußt unter preispolitischen, programm- und beschäftigungspolitischen Gesichtspunkten geschähe. In der Praxis wird aber die so wichtige Auswahl dieser Schlüssel gewöhnlich solchen Mitarbeitern überlassen, die die preis-, programm- und beschäftigungspolitischen Konsequenzen der Schlüsselwahl nicht beachten und vielfach auch gar nicht zu beurteilen vermögen. Es läßt sich im Gegenteil sogar beobachten, daß die Kalkulatoren die preis-, programm- und beschäftigungspolitischen Konsequenzen bewußt negieren, weil sie gerade zeigen wollen, »was das Produkt wirklich kostet«. Sie hegen nämlich ohnehin den Verdacht, daß die Verkäufer von Natur aus dazu neigen, Umsatz um jeden Preis zu machen und die Leistungen des Betriebes zu verschleudern. Die Mißachtung preispolitischer Konsequenzen ist vor allem auf das Streben nach einer »verursachungsgerechten Gemeinkostenzurechnung« zurückzuführen, der eine grundsätzliche Ablehnung einer Aufteilung von Gemeinkosten nach dem Prinzip der Tragfähigkeit entspricht. Allerdings stößt man in der Praxis nicht selten auf Fälle, in denen mehr oder weniger bewußt auf die Kostentragfähigkeit Rücksicht genommen wird – ohne daß man es gerne zugibt –, indem man im Zweifelsfalle denjenigen Schlüssel wählt, der die schwachen Produkte weniger belastet. Aber selbst wenn man in Einzelfällen bewußt Schlüssel wählt, die es verhindern sollen, daß bestimmte Produkte »zu Tode kalkuliert« werden, ist man noch weit entfernt von einer bewußt auf Preispolitik abzielenden Schlüsselwahl[44].

[44] Nach *Fog* richten sich die Unternehmer auch dann bewußt oder unbewußt nach den Marktverhältnissen, wenn sie die Preise tatsächlich nach einer festen »Kosten-plus-Gewinn-Formel« errechnen, indem sie die Gemeinkostenzuschläge so ansetzen, daß die Verteilung der Gemeinkosten auf die Produkte marktgerechte Preise ergibt. Vgl. *Fog, B.*, Industrial Pricing Policies, Amsterdam 1960, S. 102–103. Zitiert nach *Becker, Hans Dietrich,* Die Anforderungen der Preispolitik an die Gestaltung der Kostenrechnung, Diss. Frankfurt (Main) 1962, S. 36.

575 Die steuernde Wirkung, die die Gemeinkostenschlüsselung über die Preisforderungen auf die Nachfrage und das Produktionsprogramm bei kostenorientierter Preispolitik ausübt, ist in der Literatur zwar keineswegs ganz verkannt worden, doch wird sie in der Regel – wie in der Praxis – nur als Argument bei der Diskussion über die Anwendung bestimmter Schlüssel benutzt, aber selten in ihrer prinzipiellen Bedeutung gesehen[45]. So wird vor allen Dingen gegen die kumulativen Material- und Lohnzuschlagssätze argumentiert. Wählt man beispielsweise die Löhne als Zuschlagsgrundlage, dann werden alle arbeitsintensiven Produkte besonders hoch mit Gemeinkosten belastet. Über den so errechneten »Selbstkosten-plus-Gewinn-Preis« werden dann arbeitsintensive Produkte relativ teurer als anlagenintensive, energieintensive und stoffintensive Produkte angeboten, die auf Grund ihres geringeren Lohnanteils auch weniger mit Gemeinkosten belastet werden. Infolgedessen werden im Laufe der Zeit im Rahmen des Programms die arbeitsintensiven Produkte gegenüber den anlagenintensiven, stoff- und energieintensiven zurückgedrängt. Man könnte derartige steuernde Wirkungen an zahlreichen weiteren Beispielen demonstrieren. Nur in so einfachen Fällen, wie in diesem Beispiel, ist offenkundig, wie sich die Wahl bestimmter Gemeinkostenschlüssel auswirkt. Je mannigfaltiger ein Betrieb ist, je ausgeprägter die innerbetriebliche Leistungsverflechtung und je differenzierter seine Gemeinkostenverrechnung ist, desto weniger sind die Auswirkungen der einzelnen Gemeinkostenschlüssel auf die Preiskalkulation und sonstige Dispositionen zu übersehen.

Weil durch die Gemeinkostenschlüssel die an den Selbstkosten orientierten Preisforderungen und damit das Produktionsprogramm, die Investitions- und Absatzpolitik gesteuert werden, kann es zu unerwünschten Kämpfen um die »Schlüsselgewalt« kommen, wenn das materielle Interesse bestimmter Betriebsangehöriger betroffen wird. Das kann etwa der Fall sein, wenn sie um ihrer Gewinnbeteiligung oder Erfindervergütung willen am Erfolg bestimmter Produkte oder Abteilungen interessiert sind, wie in folgendem Beispiel: In einem Unternehmen hat es ein Betriebsleiter verstanden, sich die Entscheidungsbefugnis darüber zu erkämpfen, nach welchen Schlüsseln die Fertigungsgemeinkosten den einzelnen Erzeugnissen zugerechnet werden sollen. Dieser Betriebsleiter, der für einige der Erzeugnisse eine umsatzabhängige Erfindervergütung erhielt, hat – was naheliegt – solche Schlüssel ausgewählt, die die von ihm erfundenen Produkte besonders wenig mit Gemeinkosten belasteten, die übrigen Produkte dafür um so mehr. Bei dem gegebenen Marktpreis erschienen die von ihm erfundenen Erzeugnisse besonders gewinnbringend. So konnte er erreichen, daß »seine« Erzeugnisse im Absatz besonders forciert wurden – natürlich auf Kosten der übrigen Erzeugnisse, die tatsächlich für das Unternehmen wesentlich »ergiebiger« gewesen wären.

4. Besonders gefährliche *Fehlsteuerungen* kann die *Proportionalisierung fixer Kosten* bewirken. Bei mehrstufiger, gemischt wechselnder und paralleler Produktion, wie sie in den meisten mittleren und größeren Betrieben zu finden ist, wechselt die Kapazitätsausnutzung der einzelnen Kostenstellen mit der jeweiligen Zusammensetzung der Aufträge oder des Produktionsprogramms in recht unterschiedlichem Maße. Daher liegen in der Regel für einen Teil der Kostenstellen mehr Aufträge vor, als in der betreffenden Periode bewältigt werden können, während andere Kostenstellen gleichzeitig mehr oder weniger unterbeschäftigt sind. In solchen Fällen gibt es dann gewöhnlich einerseits Produkte, die die voll- und überbeschäftigten Stellen (»Engpässe«) mehr oder weniger lange beanspruchen

[45] Vgl. z. B. *Heinen, Edmund,* Reformbedürftige Zuschlagskalkulation, in: ZfhF, NF 10 (1958), S. 1 ff. – *Henzel, Fritz,* Die Zuschlagskalkulation in der Kritik, in: ZfB 33 (1963), S. 157–166. – *Ders.:* Neuere Tendenzen ..., a. a. O., S. 347–370.

und andererseits solche, die lediglich die unterbeschäftigten Kostenstellen durchlaufen. 576
Ermittelt man die Selbstkosten auf Grund der jeweiligen Beschäftigung der einzelnen Kostenstellen, dann werden die Erzeugnisse, die ausschließlich oder hauptsächlich unterbeschäftigte Kostenstellen durchlaufen, besonders teuer; infolgedessen wird ihr Absatz noch mehr zurückgehen, und die betreffenden Stellen werden künftig noch schlechter beschäftigt sein als bisher. Andererseits werden die Erzeugnisse, die voll- und überbeschäftigte Kostenstellen in Anspruch nehmen, besonders niedrig mit anteiligen Gemeinkosten belastet. Sie werden der Tendenz nach um so billiger, je mehr sie die Engpaßstellen und je weniger sie unterbeschäftigte Kostenstellen in Anspruch nehmen. Die Nachfrage nach ihnen wird daher zunehmen, und die Engpaßstellen werden künftig noch mehr belastet werden. Eine Preisstellung, die sich an so ermittelten Selbstkosten orientiert, ist – zumindest vom Standpunkt der betrieblichen Beschäftigungspolitik aus gesehen – falsch.

Durch eine Kalkulation auf Grundlage der Normal-, Plan-, Optimal- oder Vollbeschäftigung werden diese Fehllenkungen zwar gemildert, aber nicht völlig beseitigt. Zudem ist es fraglich, ob insgesamt die angestrebte Deckung der vollen Kosten – und sei es nur auf längere Sicht – erreicht wird, wenn die den Engpaß beanspruchenden Erzeugnisse lediglich mit anteiligen fixen Kosten zu Normal-, Plan- oder Optimalsätzen und einem entsprechenden Gewinnzuschlag angeboten werden.

Die *fehlende Berücksichtigung der Engpaßverhältnisse* ist zwar ein wesentlicher Mangel der traditionellen Kosten- und Ergebnisrechnung, aber nicht systembedingt, sondern durch geeignete Wahl der Gemeinkostenschlüssel zu beseitigen. *Schmalenbach* hat schon frühzeitig die Bedeutung der Engpässe für die Preiskalkulation und die Programmwahl erkannt und daher vorgeschlagen, die Gemeinkosten und den Gewinnzuschlag nach einem Schlüssel, in dem die Inanspruchnahme des Engpasses zum Ausdruck kommt, den Erzeugnissen zuzurechnen[46]. Derartige *Engpaßkalkulationen* sind wohl geeignet, die richtige Rangfolge der Erzeugnisse für die Programmwahl zu ermitteln, indem man die so errechneten Stückgewinne auf die in Anspruch genommenen Engpaßeinheiten bezieht (siehe Tab. 4, Zeile 12), für die Preiskalkulation sind sie aber nicht ungefährlich. Das soll am Beispiel einer Preiskontrollrechnung veranschaulicht werden. Nehmen wir an, der Engpaß eines Betriebes, der von allen Erzeugnissen durchlaufen werden muß, liege bei einer bestimmten Art von Maschinen, von denen pro Jahr insgesamt 12 000 Stunden zur Verfügung stehen. Wenn insgesamt 960 000 DM an Gemeinkosten zu decken sind, dann muß die Engpaß-Maschinenstunde mit einem Verrechnungssatz von

$$\frac{960\,000 \text{ DM}}{12\,000 \text{ EMstd.}} = 80 \text{ DM}$$

je Engpaß-Maschinenstunde kalkuliert werden. Wird außerdem noch ein Gewinn von 180 000 DM in der Periode angestrebt, dann kommen für den Gewinnzuschlag noch 15 DM je Engpaß-Maschinenstunde hinzu. Nehmen wir weiter an, daß der Betrieb drei Erzeugnisse a, b und c herstelle und voll beschäftigt sei. Wenn je Stück für das Produkt a 4 Engpaß-Maschinenstunden, für das Produkt b 5 und für das Produkt c 6 Engpaß-Maschinenstunden notwendig sind, der tatsächlich erzielte Preis bei 880 DM für a, bei 760 DM für b und 780 DM für c liegt, dann ergibt eine Preiskontrollrechnung auf Grundlage einer Engpaß-Kalkulation folgendes Bild (siehe Tab. 4):

Bei Produkt a liegt der kalkulierte Preis erheblich unter dem tatsächlich erzielten und erzielbaren, während bei Produkt b der effektiv erzielte Preis mit den Selbstkosten identisch ist, also kein Gewinnzuschlag erwirtschaftet wird. Für das Produkt c wird sogar

[46] Vgl. *Schmalenbach, E.*, Mitteilung, in: ZfhF 4 (1909/10), S. 355–356.

577 *Tabelle 4: Engpaßkalkulation auf Grundlage der Vollkosten*

	I	II	III	IV	V
	Produkte	a	b	c	Σ
1	Einzelkosten	400,–	360,–	420,–	
2	+ anteilige Gemeinkosten (Mh/Stück × 80,–)	4 × 80 = 320,–	5 × 80 = 400,–	6 × 80 = 480,–	
3	Selbstkosten	720,–	760,–	900,–	
4	+ Gewinnzuschlag (Mh/Stück × 15,–)	4 × 15 = 60,–	5 × 15 = 75,–	6 × 15 = 90,–	
5	kalkulierter Preis	780,–	835,–	990,–	
6	erzielter (effektiver) Preis	880,–	760,–	780,–	
7	./. Selbstkosten	720,–	760,–	900,–	
8	Ergebnis je Stück	+160,–	±0	–120,–	
9	Stückzahl pro Periode	1 200	840	500	
10	Engpaß-Maschinenstunden pro Periode	4 800	4 200	3 000	12 000
11	Periodenergebnis	+192 000,–	±0	–60 000,–	+132 000,–
12	Ergebnis je Maschinenstunde	+ 40,–/h	±0	– 20,–/h	
13	Rang	1	2	3	

nur ein Preis erzielt, der um 120 DM unter den Selbstkosten liegt. Es läge also nahe, auf Grund der Preis-Kontrollrechnung die Produktion von c künftig einzustellen. Da hiervon 500 Stück abgesetzt werden, die 3000 Engpaß-Maschinenstunden in Anspruch nehmen, würde der Betrieb, falls es ihm nicht gelingt, die Umsätze der Produkte a und b auszuweiten oder ein neues Produkt aufzunehmen, von der Vollbeschäftigung in eine erhebliche Unterbeschäftigung hineingeraten. Er würde dann nicht mehr, wie bisher, einen Periodengewinn von 132 000 DM erzielen, sondern im Gegenteil, nicht einmal mehr seine vollen Kosten decken können und einen Verlust von 148 000 DM hinnehmen müssen. Deshalb ist die Engpaß-Kalkulation auf Grundlage der Vollkosten nicht ungefährlich. Dasselbe gilt auch für die neuerdings veröffentlichten Empfehlungen, die Preiskalkulation zwar nicht in Perioden der Unter- oder der Überbeschäftigung, wohl aber der Vollbeschäftigung an den Vollkosten auszurichten[47].

5. Schließlich muß noch die Frage aufgeworfen werden, ob das *übliche Kalkulationsschema* der Kostenträgerrechnung die Vollkosten in einer für preispolitische Zwecke brauchbaren Weise aufgliedert oder ob nicht preispolitisch notwendige Einsichten in die Kostenstruktur durch das traditionelle Kalkulationsschema verschleiert werden. Die in der Kalkulationsliteratur, in Kostenrechnungsrichtlinien und in Preisbildungsvorschriften vorgeschlagenen oder vorgeschriebenen Kalkulationsschemata unterscheiden sich zwar in Einzelheiten, doch gehen sie im Prinzip alle von einer mehrschichtigen Zuschlagskalkulation aus, die sich in extremen Fällen allerdings auf die Verwaltungs- und Vertriebsgemeinkosten – in Verbindung mit einer Divisions- oder Äquivalenzziffernrechnung für die Herstellkosten –

[47] So z. B. von *Böhm, H. H.*, Moderne Kostenbewertung, in: Melliand Textilberichte 1962, S. 760 ff.; und *Engels, Wolfram*, Exakte Kalkulation und eine praktikable Näherungslösung, in: ZfB 33 (1963), S. 167–178.

beschränkt. In mehreren Zuschlagsbereichen – in den Gemeinschafts-Richtlinien des Bundesverbandes der Deutschen Industrie werden fünf vorgeschlagen[48] – folgen jeweils auf die Einzelkosten eines Bereichs die darauf prozentual zugeschlagenen oder auf Grund eines Verrechnungssatzes ermittelten Gemeinkosten als additive Posten. Auf diese Weise entsteht eine *wechselnde Schichtung von Einzelkosten und Gemeinkosten.* Dabei umfassen in der Regel sowohl die Gemeinkosten als auch die Einzelkosten die *unterschiedlichsten Kostenkategorien,* etwa fixe und variable Kosten, sowie – nach dem Ausgabencharakter differenziert – ausgabennahe [49] oder kurzperiodisch ausgabenwirksame, ausgabenferne[49] oder langperiodisch ausgabenwirksame und überhaupt nicht mit Ausgaben verbundene Kosten, ohne daß dies im Kalkulationsschema erkennbar ist. Das möge ein Vergleich des *Schemas A* in *Abb. 5,* das nach den »Kostenblöcken« des in den Gemeinschaftsrichtlinien vorgeschlagenen Kalkulationsschemas gegliedert ist, mit dem *Schema B,* in dem die für die Auswertung der Kostenrechnung und vor allem für die Preiskalkulation wesentlichen Kostenkategorien markiert sind, veranschaulichen [4]. Ein Kalkulationsschema, wie es beispielsweise die Gemeinschaftsrichtlinien vorschlagen, mag für die routinemäßige Rechnung bequem, allenfalls auch für eine Bewertung nach den handels- und steuerrechtlichen Vorschriften geeignet sein, *für alle internen Kontroll- und Dispositionsaufgaben* jedoch ist es *völlig unbrauchbar.* Zudem läßt dieses Schema *keine Aussagen über die Genauigkeit* des Ergebnisses der Kostenträger-Rechnung zu. 578

Die Preiskalkulation und andere Kontroll- und Dispositionsaufgaben erfordern vielmehr Kalkulationsschemata, in denen je nach der Fragestellung die jeweils interessierenden Kostenkategorien entweder in ihrer Gesamtheit unmittelbar erkennbar sind oder doch wenigstens leicht zusammengefaßt werden können. So ist es notwendig, die Einzelkosten für sich und die Gemeinkosten für sich – letztere gegebenenfalls nach echten und unechten Gemeinkosten unterteilt – entsprechend dem *Schema C* zu gruppieren, wenn es darum geht, die Richtigkeit und Genauigkeit der traditionellen Kostenträger-Rechnung zu beurteilen. Dagegen wird man jeweils die variablen Kosten einerseits und die anteiligen fixen Kosten andererseits zusammenfassen (siehe *Schema D),* wenn die Preisuntergrenze auf kurze Sicht für noch nicht erzeugte Produkte ermittelt werden soll oder andere kurzfristige Entscheidungen getroffen werden sollen. Liegt ein Liquiditätsengpaß vor, dann gilt es, die kurzfristig mit Ausgaben verbundenen Kosten (ausgabennahe Kosten) einerseits und die kurzfristig nicht mit Ausgaben verbundenen Kosten (ausgabenferne und nicht ausgabenwirksame Kosten) andererseits auseinanderzuhalten (siehe *Schema E).* Auf diese Weise ist im letzten Stadium der Vollkosten-Trägerrechnung wenigstens noch erkennbar, welche Kostenbestandteile man für die jeweiligen Fragestellungen wieder »herausrechnen« muß.

Bei der *Stufenkalkulation nach dem Durchwälzverfahren,* bei dem die Herstellkosten der ersten Stufe als Stoffkosten in die zweite Stufe eingehen, die Herstellkosten der zweiten

[48] Gemeinschafts-Richtlinien für die Kosten- und Leistungsrechnung (GRK); Teil II der Gemeinschafts-Richtlinien für das Rechnungswesen, Ausgabe Industrie, bearbeitet von Gerhard Dirks, herausgegeben vom Bundesverband der Deutschen Industrie, Betriebswirtschaftlicher Ausschuß, Frankfurt (Main), 1951.

[49] Nach ihrem Ausgabencharakter können die Kosten unter sachlichen und zeitlichen Gesichtspunkten wie folgt gruppiert werden:

		Kosten	
sachlich:	ausgabenwirksam		nicht ausgabenwirksam
zeitlich:	ausgabennah	ausgabenfern	

579

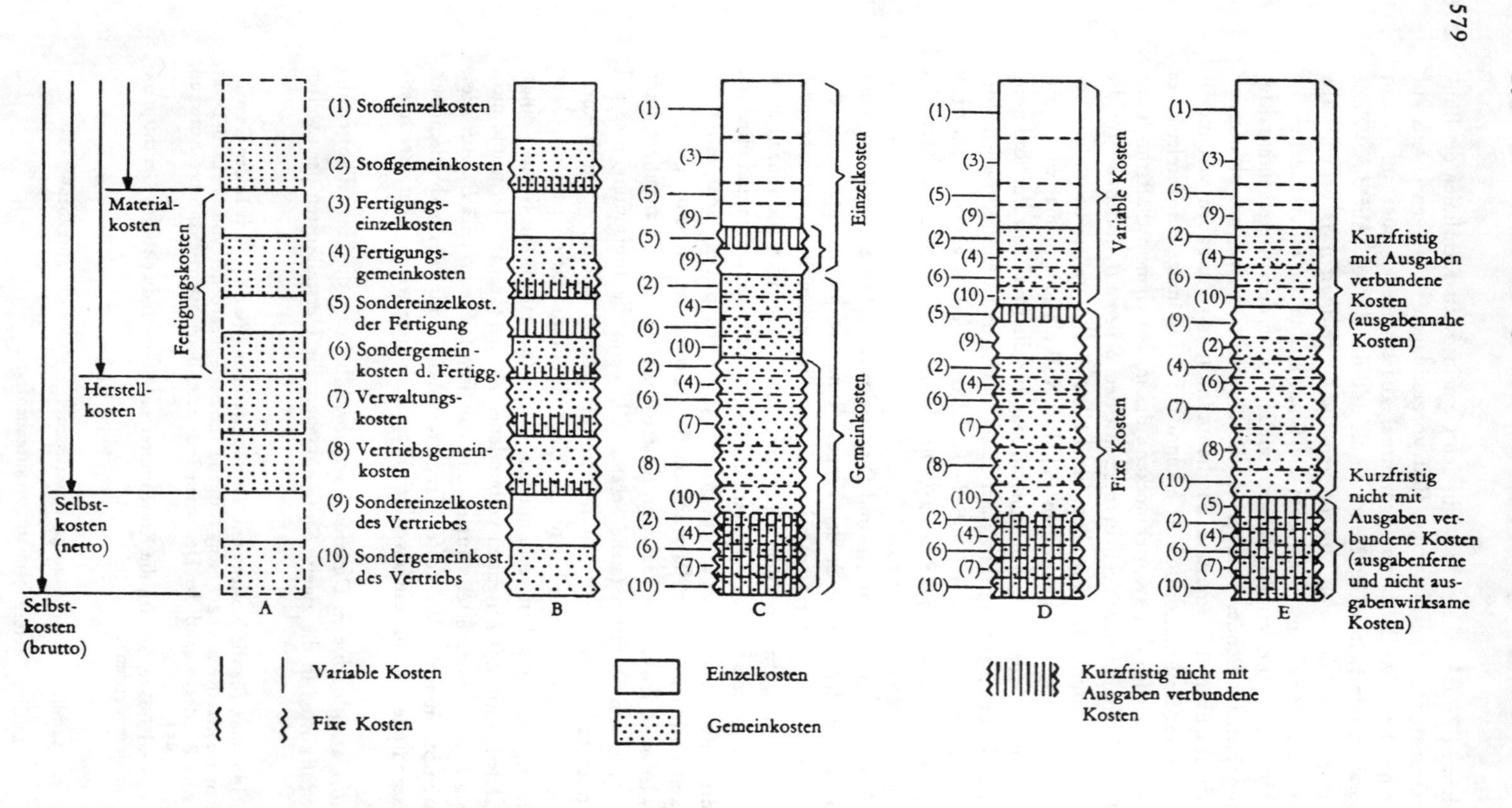

Abbildung 5: Wichtige Arten der Kostengruppierung im Kalkulationsschema

Schema A = Gruppierung im üblichen Kalkulationsschema nach GRK
Schema B = Verteilung wichtiger Kostenkategorien im üblichen Kalkulationsschema
Schema C = Gruppierung nach Einzel- und Gemeinkosten
Schema D = Gruppierung nach fixen und variablen Kosten
Schema E = Gruppierung nach dem Ausgabencharakter

Stufe als Stoffkosten in die dritte Stufe usw., kann man in den einzelnen Stufen um so schwieriger eine richtige Vorstellung über die tatsächliche Kostenstruktur gewinnen, je mehr Stufen das jeweilige Erzeugnis bereits durchlaufen hat. Das ist für ein vereinfachtes Kalkulationsschema, bei dem nur zwischen Stoffeinzel- und -gemeinkosten, Fertigungseinzel- und -gemeinkosten unterschieden wird, in *Abb. 6* dargestellt. So scheint die Kostenstruktur der Stufe 3 im wesentlichen aus Stoff-Einzelkosten zu bestehen, zu denen nur noch in relativ geringfügigem Umfange Stoffgemeinkosten, Fertigungseinzelkosten und Fertigungsgemeinkosten hinzukommen. Die tatsächliche Kostenstruktur dieser Stufe sieht aber völlig anders aus. 580

Ebensowenig gewinnt man natürlich in den einzelnen Stufen eine auch nur einigermaßen zutreffende Vorstellung über den Anteil etwa der variablen und der fixen Kosten oder über den Anteil der ausgabennahen, der ausgabenfernen und der überhaupt nicht mit Ausgaben verbundenen Kosten. Es ist daher nicht erstaunlich, wenn man in Unternehmungen, in denen die einzelnen Produkte sehr viele Stufen durchlaufen – in chemischen Großbetrieben sind dies oft weit über 80 –, bei der Ermittlung der Preisuntergrenzen und anderen Dispositionsüberlegungen ziemlich im dunkeln tappt. Es wäre nämlich viel zu aufwendig, mühsam und zeitraubend, wollte man von der Kostenarten-Rechnung wieder beginnend die gesamte Kostenstellen- und Kostenträger-Rechnung durchgehen, um die für die jeweilige Fragestellung erforderliche Schichtung nach Kostenkategorien zu erhalten oder auch nur die jeweils interessierenden Teilkosten herauszupräparieren. Immerhin hat die Einführung elektronischer Rechenautomaten es gestattet, auch in vielstufigen Kostenrechnungen wichtige Kostenarten und Kostenarten-Gruppen getrennt durchzurechnen und sie so als ursprüngliche Kostenarten bis in die Endstufe der Kostenträger-Rechnung zu erhalten. Auch in der Literatur wird neuerdings von einigen Autoren gefordert, man solle in der Vollkosten-Trägerrechnung wenigstens nach variablen und anteiligen fixen Kosten unterscheiden[50]. Aber auch solche Versuche können die Kostenüberwälzungsrechnung nicht mehr retten.

4. Das Dilemma der Preiskalkulation

Unsere bisherige Untersuchung hat gezeigt, daß eine Preispolitik, die an die Durchschnittskosten im Einprodukt-Unternehmen oder an die schematisch errechneten vollen Selbstkosten im Mehrprodukt-Unternehmen gebunden ist, keineswegs eine Deckung der vollen Kosten und die Erzielung des angestrebten Gewinnes sicherstellt. Vor allem im Mehrprodukt-Unternehmen erweist sich die Auswahl der Gemeinkostenschlüssel, die infolge des Fehlens eindeutiger kausaler und finaler Beziehungen notwendigerweise subjektiv sein muß, wegen ihrer steuernden Wirkung als äußerst gefährliche Quelle der Selbsttäuschung und der Fehlschlüsse für die Preispolitik und alle anderen Bereiche unternehmerischer

[50] Vgl. z. B. *Henzel, Fritz*, Neuere Tendenzen auf dem Gebiete der Kostenrechnung, a. a. O., S. 362–370. – Noch weiter differenziert *Vormbaum, Herbert*, Voll- und Grenzkostenkalkulation als Grundlage der industriellen Vertriebspolitik, in: Absatzwirtschaft, hrsg. von B. Hessenmüller und E. Schnaufer, Baden-Baden 1964, S. 578 f. – Vgl. ferner die älteren Vorschläge von Vertretern des Direct Costing, die für die Preiskalkulation eine Fortführung der Proportionalkostenrechnung – diese Bezeichnung entspricht am ehesten dem auf der Zurechnung der durchschnittlichen variablen Kosten auf die Kostenträger beruhenden »Direct Costing« – empfehlen: *Agthe, Klaus*, Stufenweise Fixkostendeckung im System des Direct Costing, in: ZfB 29 (1959), S. 404–418 und 742–748; – *Mellerowicz, Konrad*, Preis-, Kosten- und Produktgestaltung als Mittel der Absatzpolitik, in: Der Markenartikel, 21 (1959), S. 465–483.

581

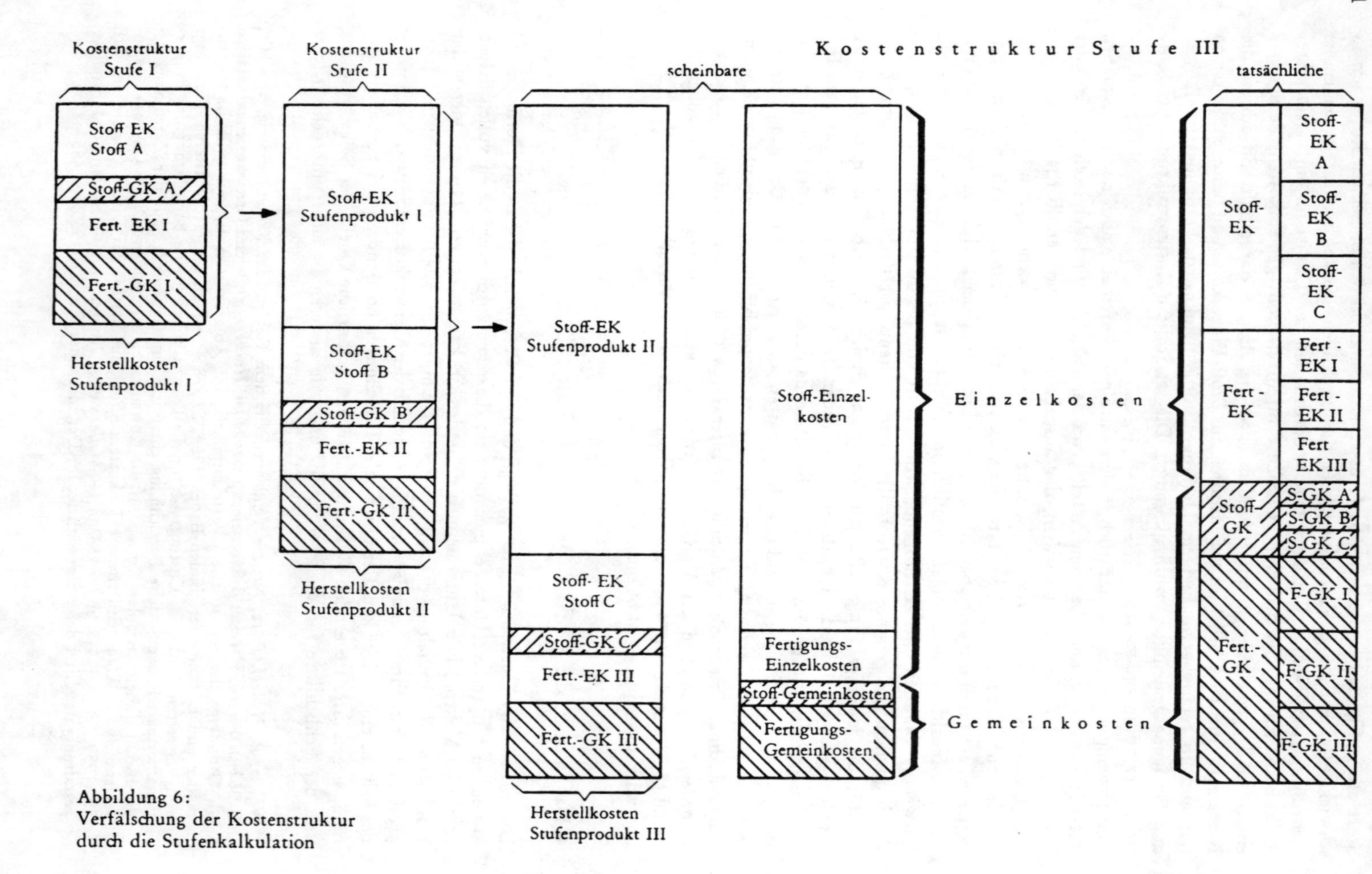

Abbildung 6:
Verfälschung der Kostenstruktur durch die Stufenkalkulation

Entscheidungen. Diese Gefahren liegen aber letztlich in dem Bestreben aller Systeme der Kostenüberwälzungsrechnung begründet, die fixen Kosten und die Gemeinkosten – entgegen ihrem Wesen und den wirklichen Gegebenheiten – den einzelnen Leistungen und Leistungseinheiten mit Hilfe plausibel erscheinender Schlüssel zuzurechnen. Das führt zu systemimmanenten Mängeln der Vollkostenrechnung, die sich durch keine wie auch immer gestaltete Verbesserung beseitigen lassen, solange man daran festhält, die vollen Kosten den Leistungen zuzurechnen. 582

Die Praxis hat Instinkt genug, um sich im »Ernstfalle«, wenn der Selbstkostenpreis im Markt nicht durchsetzbar erscheint oder zu große Umsatzverluste in Kauf genommen werden müßten, nicht starr an die Selbstkostenpreise zu halten. Aber auch wenn man die Selbstkostenpreise nur als Richtwert betrachtet, der je nach Marktlage über- oder unterschritten wird, muß es dennoch als unbefriedigend angesehen werden, daß die abzudeckenden Gemeinkosten und der angestrebte Gewinn zunächst je Leistungseinheit schematisch errechnet vorgegeben werden und es dann den Verkaufsorganen von Fall zu Fall überlassen bleibt, mit den Kostenrechnern über mögliche Nachlässe zu feilschen. Gerade für die dazu erforderliche Ermittlung der verschiedenen Arten von Preisuntergrenzen ist jedoch die Vollkostenrechnung völlig ungeeignet, weniger wegen des traditionellen Kalkulationsschemas, das sich leicht umgestalten läßt, als vielmehr wegen der für sie charakteristischen Denkweise. Das zeigt sich ganz besonders deutlich am Problem der Preisuntergrenzen bei Voll- und Überbeschäftigung, das die Vollkostenrechnung überhaupt nicht kennt und für das sie ebensowenig Lösungen anzubieten hat wie für die Ermittlung der Preisuntergrenzen bei Unterbeschäftigung oder für die Lösung des Problems des zeitlichen und sachlichen kalkulatorischen Ausgleichs. Obgleich es objektiv unmöglich ist, die fixen und variablen »echten« Gemeinkosten den einzelnen Leistungseinheiten und Aufträgen richtig, wirklichkeitsgerecht zuzurechnen, bleibt die Notwendigkeit bestehen, mit Hilfe aller absatzpolitischen Maßnahmen, insbesondere aber mit Hilfe der Preispolitik, dafür zu sorgen, daß der Preis jeder Leistung mehr als nur ihre zusätzlichen Kosten oder direkten Kosten deckt, sondern daß darüber hinaus auch ein Beitrag zur Deckung der fixen und variablen Gemeinkosten, ja zum Gewinn erbracht wird.

In der Unmöglichkeit, fixe und variable echte Gemeinkosten den einzelnen Leistungseinheiten objektiv zuzurechnen und in dem Zwang, im Preis – der ex definitione auf die Leistungseinheit abstellt – auch die fixen und variablen Gemeinkosten und den Gewinn mit abzudecken, liegt das Dilemma jeder Preiskalkulation.

Aber ist es für die Preispolitik wirklich notwendig, daß der geforderte Beitrag zur Dekkung der Gemeinkosten und zum Gewinn immer derselbe je Leistungseinheit oder je Schlüsseleinheit ist, daß er immer nach der gleichen »Formel«, dem gleichen Schema kalkuliert wird[51]? Genügt es nicht, wenn die Gesamtheit dieser Beiträge die Gesamtheit der Gemeinkosten deckt und darüber hinaus den angestrebten Gewinn bringt? Außer dem von der Selbstkostenrechnung eingeschlagenen Weg, die abzudeckenden fixen und variablen Gemeinkosten sowie den angestrebten Gewinn schematisch errechnet je Leistungseinheit oder Auftrag vorzugeben, gibt es offenbar noch einen zweiten, davon grundsätzlich verschiedenen Weg[52]:

[51] Diese Frage hat Schmalenbach, auf die fixen Kosten beschränkt, schon vor mehr als sechzig Jahren verneint. Vgl. *Schmalenbach, E.*, Gewerbliche Kalkulation, Nachdruck, in: ZfhF, a. a. O., S. 382.

[52] Nach *Schmalenbach, Eugen*, Kostenrechnung und Preispolitik, a. a. O., S. 496 f.; s. a. *Riebel, Paul*, Das Rechnen mit Einzelkosten und Deckungsbeiträgen, a. a. O., S. 234–236 [54–56].

583 Man kann den für die Preispolitik verantwortlichen Verkaufsorganen einerseits die direkten Kosten bzw. die proportionalen Kosten der einzelnen Leistungen vorgeben und andererseits die absoluten Summen der darüber hinaus zu deckenden fixen und variablen Gemeinkosten – nach Kostenkategorien und Zurechnungsbereichen (z. B. Leistungsgruppen, Teilmärkte) differenziert. Dabei überläßt man es der Kunst des Verkaufsleiters oder der für die Preispolitik Verantwortlichen, bei welchen Leistungen oder Teilmärkten sie im Rahmen ihrer absatzpolitischen Konzeptionen und Möglichkeiten ihren Deckungsbedarf hereinholen. Dazu muß die Kostenrechnung den Verkaufsleitern und den für die Preispolitik Verantwortlichen natürlich ganz andere Daten liefern, als das die traditionelle Vollkostenrechnung vermag[53].

Da sich der erste Weg – der Weg, den die Selbstkostenrechnung einschlägt – als ungeeignet, ja gefahrvoll erwiesen hat, soll im folgenden versucht werden, die Möglichkeiten des zweiten Weges genauer zu analysieren.

IV. *Das Rechnen mit relativen Einzelkosten und Deckungsbeiträgen als Grundlage von Preiskalkulationen*

1. Wesen und Prinzipien der Deckungsbeitragsrechnung

Die Deckungsbeitragsrechnung ist eine Bruttogewinn-Rechnung, bei der den einzelnen Erzeugnissen nur bestimmte Teilkosten zugerechnet werden [5]. Sie tritt in verschiedenen Spielarten auf, deren Bezeichnung gewöhnlich von der Art der den einzelnen Erzeugnissen zugerechneten Teilkosten abgeleitet wird. So sind Deckungsbeitragsrechnungen auf Grundlage von Grenzkosten, von Proportionalkosten oder durchschnittlichen Grenzkosten (»Direct Costing«[54]) und von direkt zurechenbaren Kosten üblich und möglich. Weitere Spielarten ergeben sich je nachdem, ob die den einzelnen Kostenträgern nicht zugerechneten Kosten zu einem Block zusammengefaßt werden (»Blockkostenrechnung«[55]) oder ob sie nach Kostenstellen und Leistungsgruppen sowie nach Kostenkategorien weiter differenziert werden. Selbstverständlich können diese verschiedenen Spielarten der Deckungsbeitragsrechnung jeweils alternativ auf Grundlage der Ist-Kosten, Normalkosten, Plan- oder Standardkosten und Prognosekosten aufgebaut werden. Der nachfolgenden Darstellung liegt die auf relativen Einzelkosten aufbauende Deckungsbeitragsrechnung zugrunde, bei der die den einzelnen Erzeugnissen nicht direkt zugerechneten fixen und variablen Gemeinkosten – nach Kostenkategorien differenziert – im Rahmen einer mehrstufigen

[53] Zu den für die Preispolitik erforderlichen Informationen der Kostenrechnung finden sich wesentliche Überlegungen in der Arbeit meines Schülers *Becker, Hans Dietrich,* Die Anforderungen der Preispolitik an die Gestaltung der Kostenrechnung, a. a. O., sowie in der Literatur zur Ermittlung der Preisuntergrenzen, insbes. bei *Raffée, Hans,* Kurzfristige Preisuntergrenzen . . ., a. a. O., und in der umfangreichen dort angegebenen Literatur.

[54] Das in den Vereinigten Staaten aus der Praxis heraus entwickelte »Direct Costing« müßte richtiger »Variable Costing« heißen, weil es auf der Trennung von fixen und den als variabel angesehenen Kosten beruht. Neuerdings scheint den Vertretern des Direct Costing bewußt zu werden, daß direkte Kosten und variable Kosten nicht identisch sind. Vgl. hierzu *Neuner, John, J. W.,* Cost Accounting, Principles and Practice, 5th ed., Homewood/Ill. 1957, p. 760. – *Marple, Raymond, P.,* The Relative Contribution Approach to Management Reporting, in: NAA Bulletin, Vol. XLIV, No. 10 (June 1963), p. 4–5.

[55] Vgl. hierzu *Rummel, Kurt,* Einheitliche Kostenrechnung, a. a. O., S. 192 f. und 211–214.

Hierarchie von Zurechnungsobjekten (Bezugsgrößen) gesammelt werden[56]. Im Rahmen einer retrograden Rechnung werden die Kosten, Erlöse und Erfolge der einzelnen Leistungen, Leistungsbereiche und Teilmärkte nur soweit isoliert, als dies eindeutig möglich ist und dem ganzheitlichen Charakter der betrieblichen Erfolgsbildung nicht widerspricht[57]. Die Prinzipien dieses Systems der Deckungsbeitragsrechnung auf Grundlage relativer Einzelkosten lassen sich in folgenden Thesen zusammenfassen[58]: 584

1. *Sämtliche Kosten* werden *als Einzelkosten* erfaßt und ausgewiesen, und zwar – soweit wirtschaftlich vertretbar – an der untersten Stelle in der jeweiligen Hierarchie betrieblicher Bezugsobjekte, an der man sie gerade noch als Einzelkosten erfassen kann.
2. Im Interesse einer wirklichkeitsgerechten Abspiegelung der betrieblichen Verhältnisse ist es streng verboten, *fixe Kosten* zu proportionalisieren, *»echte«* oder *»wesensmäßige« Gemeinkosten* aufzuschlüsseln und nach den Prinzipien der traditionellen Kostenrechnung auf andere Kostenstellen und die Kostenträger zu überwälzen.
3. Alle Kosten, die der Abrechnungsperiode nicht eindeutig zugerechnet werden können (Perioden-Gemeinkosten), sind von den *Perioden-Einzelkosten* abzusondern. Soweit man es für notwendig hält, als »Merkposten« für die Ermittlung des Deckungsbedarfs anteilige Perioden-Gemeinkosten auszuweisen, sind sie als *»Deckungsraten«* (Amortisationsraten und Rückstellungsraten) auszuweisen.
4. Lediglich für Dispositionszwecke und Bestandsbewertungen ist es zulässig und oft notwendig, *»unechte Gemeinkosten«* aufzuschlüsseln, d. h. solche Kosten, die ihrem Wesen nach Einzelkosten sind und nur deshalb zu Gemeinkosten werden, weil man die an sich mögliche direkte Erfassung unterläßt. Das setzt jedoch voraus, daß die dabei angewandten Schlüssel auf eine hinreichende Proportionalität gegenüber einer Veränderung der Menge der jeweiligen Zurechnungsobjekte geprüft sind. Bei der Weiterverrechnung empfiehlt es sich, die zugeschlüsselten unechten Gemeinkosten von den direkt erfaßten Kosten gesondert zu halten und die Verrechnung durch eine Fehlerfortpflanzungsrechnung zu ergänzen.
5. Die Kostenarten sind entsprechend ihrem Verhalten gegenüber *kurzfristigen* Veränderungen von Art und Menge der Leistungen[59], nach ihrem Ausgabencharakter und möglichst auch nach der Genauigkeit, mit der sie erfaßt sind, zu differenzieren und zu gleichartigen *Kostenkategorien* zusammenzufassen.
6. Ebenso wie die Aufschlüsselung von »echten Gemeinkosten« (»verbundenen Kosten«) würde auch die Aufschlüsselung von wesensmäßig *verbundenen Erträgen*, Erlösen oder Leistungen und davon abgeleiteten Deckungsbeiträgen die Wirklichkeit verfälschen; sie ist daher systemwidrig.
7. An die Stelle illusionärer Netto-Ergebnisrechnungen treten *Deckungsbeitragsrechnun-*

[56] Vgl. hierzu *Riebel, Paul,* Das Rechnen mit Einzelkosten und Deckungsbeiträgen, a. a. O., S. 213–238 [35–59]. Zu den theoretischen Grundlagen der Durchführung und Auswertung der Deckungsbeitragsrechnung vgl. ferner: *Riebel, Paul,* Das Rechnen mit relativen Einzelkosten und Deckungsbeiträgen als Grundlage unternehmerischer Entscheidungen im Fertigungsbereich, in: Neue Betriebswirtschaft 14 (1961), S. 145–154; *Ders.,* Die Deckungsbeitragsrechnung als Instrument der Absatzanalyse, in: Absatzwirtschaft, Handbuch für Führungskräfte, hrsg. v. Bruno Hessenmüller und Erich Schnaufer, Baden-Baden 1964, S. 595–627 [176–203]; ferner meine Aufsatzreihe in der Zeitschrift der Buchhaltungsfachleute, 10 (1964), Heft 2–6 [z. T. S. 149–175].

[57] Vgl. hierzu die Definition der Deckungsbeitragsrechnung bei *Witteler, Burkhard,* Die Beurteilungskriterien im Kreditwürdigungsgutachten. Ermittlung und Aussagefähigkeit, Diss. Frankfurt (Main) 1962, S. 148 f.

[58] Siehe *Riebel, Paul,* Leitsätze für das Rechnen mit relativen Einzelkosten und Deckungsbeiträgen, in: Zeitschr. d. Buchhaltungsfachleute, 10 (1964), H. 4, S. 94.

[59] Siehe hierzu die Begründung auf S. 607 [261 f.].

585 *gen,* d. h. retrograde Brutto-Ergebnisrechnungen, die vom Erlös, Leistungswert oder Verkaufspreis ausgehend die direkten Kosten des jeweiligen Bezugsobjektes abziehen, um so zu ermitteln, wieviel dieses zur Deckung der nicht zurechenbaren fixen und variablen Gemeinkosten und zum Gewinn beiträgt.

8. Das *retrograde* mehrstufige und mehrschichtige *Kalkulationsschema* muß nicht nur auf die betriebseigentümlichen *Leistungszusammenhänge,* sondern auch auf die jeweiligen *Fragestellungen* abgestimmt sein, da verschiedenartige Fragestellungen eine unterschiedliche Auswahl der Bezugsobjekte, einen unterschiedlichen Aufbau der Bezugsgrößenhierarchie und eine unterschiedliche Gruppierung der Kostenkategorien notwendig machen können.
9. Zur richtigen Interpretation der *absoluten Deckungsbeiträge* der Leistungseinheiten, der Zeitabschnitte und sonstiger Bezugsobjekte müssen die Deckungsbeiträge auf die in Anspruch genommenen Engpaßeinheiten oder sonstigen Einheiten wichtiger Kostengüter bezogen werden. Die so ermittelten *spezifischen Deckungsbeiträge* sind ein Maß für die *»Ergiebigkeit«*, mit der der *Engpaß* oder das wichtige Kostengut durch das jeweils betrachtete Bezugsobjekt (Leistung, Leistungsgruppen, Funktionen) genutzt wird.
10. Eine notwendige Ergänzung der Einzelkosten- und Deckungsbeitragsrechnung ist die differenzierte Ermittlung des *Deckungsbedarfs* der Planungsperiode. Dieser umfaßt die den Leistungen nicht zugerechneten Perioden-Einzelkosten und Deckungsraten für anteilige Perioden-Gemeinkosten; ergänzend kann der angestrebte Periodengewinn einbezogen werden. Für bestimmte unternehmungspolitische Zwecke kann es zweckmäßig sein, einzelnen Teilbereichen (Leistungsgruppen, Abteilungen u. a. Unternehmungsbereichen) außer dem jeweiligen direkten Deckungsbedarf dieser Periode eine *Deckungslast* für die den einzelnen Teilbereichen gemeinsamen Kosten und den Soll-Gewinn vorzugeben.

2. Beispiele für Preiskalkulationen mit Hilfe von relativen Einzelkosten und Deckungsbeiträgen

Die Anwendung dieser Prinzipien auf die Preiskalkulation soll zunächst an Hand eines Modells für verschiedene Situationen veranschaulicht werden, um die Denkweise am Beispiel zu erläutern. Darauf folgt eine systematische Darstellung der Denkweisen und der Informationsmöglichkeiten, die die Deckungsbeitragsrechnung der Preispolitik zu bieten hat.

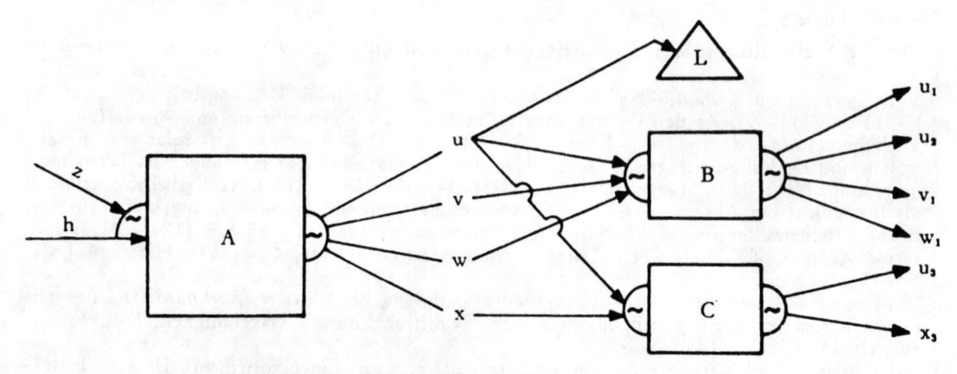

Abbildung 7: Produktionsschema des Beispielbetriebes

a) Beschreibung des Modells und der Ausgangsdaten

586

Im Modellbetrieb, dessen Produktionszusammenhang in Abb. 7 dargestellt ist, werden in der Produktionsstufe A die Zwischenprodukte u, v, w und x, die jeweils aus den beiden Rohstoffen h und z, jedoch in unterschiedlichen Mengenverhältnissen zusammengesetzt sind, wechselweise hergestellt. Diese Zwischenprodukte werden wahlweise in den beiden Produktionsstufen B und C nach verschiedenen Verfahren weiterverarbeitet. Bei der Weiterverarbeitung der Zwischenprodukte können die Verfahrensbedingungen und die Dauer des Veredlungsprozesses variiert werden, so daß verschiedene Endprodukte (z. B. u_1, u_2, u_3; v_1, w_1 usw.) entstehen.
In der Tabelle 5 findet sich die zugehörige Kostenstellenrechnung traditioneller Art. Die Hilfskostenstellen der Produktion sowie die Verwaltungs- und Vertriebsstellen sind jeweils nur als Summenspalten ausgewiesen. Die Kosten der Hilfskostenstellen sind hier nur nach einem einzigen Schlüssel, den Personalkosten, umgelegt. Wenngleich in der Praxis heute sehr viel differenzierter verfahren wird, so läßt sich der prinzipielle Unterschied zwischen Vollkostenrechnung und relativer Einzelkostenrechnung gerade an diesem einfachen Fall gut zeigen. Auch die differenzierten Gemeinkosten-Verrechnungsverfahren erreichen keine genauere Zurechnung echter Gemeinkosten, so daß die Aussagefähigkeit des Vergleichs zwischen relativer Einzelkostenrechnung und Vollkostenrechnung nicht auf den Fall primitiver Gemeinkosten-Verrechnung beschränkt bleibt, sondern gleichfalls für eine sehr differenzierte Gemeinkostenschlüsselung gilt.
An diese Kostenstellenrechnung schließt sich eine stufenweise Kostenträgerrechnung nach dem Durchwälzverfahren an (vgl. Tab. 6). Die Zwischenprodukte u, v, w und x werden demnach mit ihren vollen Herstellkosten bewertet in der nächsten Stufe eingesetzt. Aus

Tabelle 5: Kostenstellenrechnung (zur Vollkostenrechnung)

	I	II	III	IV	V	VI	VII
	Kostenstellen / Kostenarten	Σ	Verwaltung und Vertrieb	Hilfskostenstellen	Hauptkostenstellen A	B	C
1	Hilfsstoffe	44 860	14 000	12 860	7 000	7 000	4 000
2	Energiekosten	35 280	6 000	10 280	7 000	6 000	6 000
3	Personalkosten	211 430	100 000	51 430	15 000	20 000	25 000
4	Fremddienste	52 570	20 000	8 570	9 000	6 000	9 000
5	Steuern u. sonstige Kosten	50 000	50 000				
6	Abschreibungen	153 290	15 000	28 290	39 000	21 000	50 000
7	Stellenkosten vor Umlage der Hilfskostenstellen	547 430	205 000	111 430	77 000	60 000	94 000
8	Umlage der Hilfskostenstellen (nach Personalkosten)			−111 430	27 850	37 150	46 430
9	Stellenkosten nach Umlage der Hilfskostenstellen	547 430	205 000	—	104 850	97 150	140 430

nicht über Kostenstellen verrechnete Kosten: Einsatzstoffe 440 688
Energiekosten 97 993
Umsatzsteuer und Provision 114 885

587

Tabelle 6: Stufenweise Vollkosten-Trägerrechnung (Periodenrechnung)

1. Stufe

	I	Stelle A				
		II	III	IV	V	VI
		Gesamt	u	v	w	x
1	Einsatzstoff h	284 288	134 006	26 730	47 520	76 032
2	Einsatzstoff z	156 400	—	54 000	64 000	38 400
3	Erzeugungsabhängige Energie	82 890	41 962	8 640	13 280	19 008
4	Fertigungsgemeinkosten d. Stelle A	104 850	62 910	13 386	14 277	14 277
5	Herstellkosten	628 428	238 878	102 756	139 077	147 717
6	Herstellkosten je 100 kg		705,90	761,16	695,39	615,49

verbleibender Lagerzugang:
60 t u = 42 355 DM
(zu Herstellkosten)

2. Stufe

	I	Stelle B					Stelle C		
		II	III	IV	V	VI	VII	VIII	IX
		Gesamt	u_1	u_2	v_1	w_1	Gesamt	u_3	x_3
7	Einsatzkosten der Zwischenerzeugnisse u, x	394 308	84 708	67 767	102 756	139 077	191 765	44 048	147 717
8	Erzeugungsabhängige Energiekosten	11 495	2 400	1 520	3 375	4 200	3 608	728	2 880
9	Fertigungsgemeinkosten der Stelle (geschlüsselt nach Maschinenstunden)	97 150	20 741	13 834	28 000	34 575	140 430	24 969	115 461
10	Herstellkosten	502 953	107 849	83 121	134 131	177 852	335 803	69 745	266 058
11	Verwaltungs- und Vertriebsgemeinkosten	122 927	26 359	20 316	32 783	43 469	82 073	17 046	65 027
12	Umsatzsteuer und Provisionen	84 205	20 000	12 400	22 005	29 800	30 680	5 720	24 960
13	Selbstkosten je Periode	710 085	154 208	115 837	188 919	251 121	448 556	92 511	356 045
14	Erlös je Periode	842 050	200 000	124 000	220 050	298 000	306 800	57 200	249 600
15	Ergebnis je Periode	131 965	45 792	8 163	31 131	46 879	−141 756	−35 311	−106 445
16	Ausbringung in 100 kg	—	100	80	135	200	—	52	240
17	Selbstkosten je 100 kg	—	1 542	1 448	1 399	1 256	—	1 779	1 484
18	Preis je 100 kg	—	2 000	1 550	1 630	1 490	—	1 100	1 040
19	Ergebnis je 100 kg	—	458	102	231	234	—	− 679	− 444
20	Rang		(1)	(4)	(3)	(2)		(6)	(5)

der Zusammenfassung mit den Veredlungskosten der Stufen B und C werden die Herstellkosten der Endprodukte errechnet und schließlich die Verwaltungs- und Vertriebsgemeinkosten prozentual zu den Herstellkosten zugeschlagen, wie das weitgehend üblich ist. Umsatzsteuer und Provisionen werden als Vertriebseinzelkosten den Erzeugnissen direkt zugerechnet. 588

Stellt man den so ermittelten Selbstkosten (s. Tab. 6, Zeile 13) die Erlöse (Zeile 14) gegenüber, dann erhält man in Zeile 15 das Ergebnis der Periode. Bei der Beurteilung des Gesamtverlustes ist zu beachten, daß 60 t des Zwischenproduktes u auf Lager genommen werden mußten, weil noch unklar war, was daraus hergestellt werden soll. In den Herstellkosten der Lagerbestände dieses Produktes werden bei der Vollkostenrechnung noch anteilige Gemeinkosten aktiviert, die in Tabelle 6 nicht besonders ausgewiesen sind, weil das Ergebnis nach dem »Umsatzkostenverfahren« ermittelt wurde. 589

Auf die Tabellen 5 und 6 werden wir zurückgreifen, wenn wir für einige Situationen die Preiskalkulation auf der Grundlage der Vollkosten zum Vergleich mit den Ergebnissen der Deckungsbeitragsrechnung heranziehen.

Im System des Rechnens mit relativen Einzelkosten und Deckungsbeiträgen werden die für Kostenträger und Kostenträgergruppen, für Haupt- und Hilfskostenstellen und gegebenenfalls für sonstige Zurechnungsobjekte direkt erfaßten Kosten eines Zeitabschnittes, nach Kostenkategorien und Kostenarten gegliedert, in der Grundrechnung gesammelt. Die Bezeichnung »*Grundrechnung*«, die von Schmalenbach stammt[60], soll zum Ausdruck bringen, daß es sich um eine universell auswertbare Zusammenstellung direkt erfaßter Kosten unter Erhaltung ihrer »natürlichen« Eigenarten handelt. Die Grundrechnung ist eine Art »Bereitschaftsrechnung« (Schmalenbach), die für den schnellen Aufbau von Sonderrechnungen für die verschiedensten Fragestellungen die erforderlichen »Kostenbausteine« bereitzustellen hat. Die Weiterverrechnung von Kosten in bestimmter zwangsläufiger Art, etwa die Schlüsselung von unechten Gemeinkosten, soll – einer Forderung Schmalenbachs entsprechend – den Sonderrechnungen überlassen bleiben. In *Tabelle 7* ist, als Grundlage für die nachfolgenden Deckungsbeitragsrechnungen, die zu unserem Beispiel gehörende *Grundrechnung in tabellarischer Form* nach Art des Betriebsabrechnungsbogens wiedergegeben. Sie ist in bezug auf die Kostenarten eine Vollkostenrechnung, in bezug auf die Kostenstellen und Kostenträger eine Teilkostenrechnung, denn sie weist für diese Objekte ausschließlich die dort direkt erfaßten Kosten aus. Für Planungs- und Kontrollzwecke können aus der Grundrechnung die absoluten Werte entnommen und darüber hinaus die umsatzabhängigen und erzeugungsabhängigen Kosten je Leistungseinheit errechnet sowie weitere Kennzahlen gebildet werden. 590 591

Die wichtigste Auswertung der Grundrechnung sind die Deckungsbeitragsrechnungen, die je nach Fragestellung recht unterschiedlich aufgebaut werden müssen. In *Tabelle 8* sind für die Erzeugnisse unseres Beispiels die *Deckungsbeiträge je Leistungseinheit* (»Stückbeiträge«) errechnet sowie eine Reihe von spezifischen Deckungsbeiträgen für tatsächliche oder potentielle Engpässe.

Der Deckungsbeitrag je Leistungseinheit ist im allgemeinen ohne Bedeutung für die Beurteilung der einzelnen Erzeugnisse, es sei denn, daß der mengenmäßige Absatz von vornherein begrenzt ist, wie das bei Einfuhrkontingenten gelegentlich der Fall ist, so daß es gilt, diesen Engpaß möglichst »ergiebig« zu nutzen. Im allgemeinen interessiert der Deckungsbeitrag je Leistungseinheit nur als »Baustein« für Sonderrechnungen, vor allem, um 592

[60] S. *Schmalenbach, E.*, Kostenrechnung und Preispolitik, 7. Aufl., a. a. O., S. 280, 422 und 428.

Tabelle 7:

588

Nr.	Kostenkategorien und Kostenarten			I Zurechnungsobjekte (Bezugsgrößen)	II Kostenstellen: Verwaltung und Vertrieb	III Kostenstellen: Fertigungs-hilfs-stellen	IV Fertigungshauptstellen A	V Fertigungshauptstellen B	VI Fertigungshauptstellen C
1	PERIODEN-EINZELKOSTEN*	kurzfristig („automatisch") variable Kosten		umsatzabhängige Kosten (USt., Provisionen)					
2			erzeugungsabhängige Kosten	Einsatzstoff h					
3				Einsatzstoff z					
4				Stoffkosten Σ					
5				var. Energiekosten in A					
6				var. Energiekosten in B					
7				var. Energiekosten in C					
8				variable Energiekosten Σ					
9				Σ					
10				Σ					
11		kurzfristig nicht variable Kosten		Hilfsstoffe	14 000	12 860	7 000	7 000	4 000
12				Energiekosten	6 000	10 280	7 000	6 000	6 000
13				Personalkosten	100 000	51 430	15 000	20 000	25 000
14				Fremddienste	20 000	8 570	9 000	6 000	9 000
15				Steuern (u. sonst. Kosten)	50 000				
16				Σ	190 000	83 140	38 000	39 000	44 000
17				Σ	190 000	83 140	38 000	39 000	44 000
18	PERIODEN-GEMEIN-KOSTEN**			Amortisationsraten (Abschreibungen)	15 000	28 290	39 000	21 000	50 000
19	GESAMTKOSTEN				205 000	111 430	77 000	60 000	94 000

* hier zugleich ausgabennahe Kosten
** hier zugleich ausgabenferne Kosten

592 den absoluten Wert des Deckungsbeitrags einer geplanten Absatzmenge zu errechnen. Für die Beurteilung des *Ranges* einer Leistung im Rahmen des gesamten Programms sind allein die *»spezifischen Deckungsbeiträge«* entscheidend, das sind Kennzahlen, bei denen der Deckungsbeitrag einer Leistung auf die wert- oder mengenmäßige Inanspruchnahme *effektiver oder potentieller Engpässe* bezogen wird. Die Deckungsbeiträge je in Anspruch genommener Engpaß-Maschinenstunde, Engpaß-Arbeiterstunde, Engpaß-Rohstoffmenge oder je Einheit der Kapitalnutzung[61] lassen unmittelbar erkennen, mit welcher »Ergiebig-

[61] *M. R. Lehmann* schlägt als Kapitalnutzungs-Mengeneinheit, die immer ein Produkt aus Kapital und Nutzungszeit sein muß, für große Kapitalnutzungsmengen das Hekto-Markjahr (hmj),

Grundrechnung 588

VII	VIII	IX	X	XI	XII	XIII	XIV
Kostenträger							Σ
Halb-fabrikate	Endprodukte						
u_L	u_1	u_2	u_3	v_1	w_1	x_3	
	20 000	12 400	5 720	22 005	29 800	24 960	114 885
23 760	47 520	38 016	24 710	26 730	47 520	76 032	284 288
				54 000	64 000	38 400	156 400
23 760	47 520	38 016	24 710	80 730	111 520	114 432	440 688
7 440	14 880	11 904	7 738	8 640	13 280	19 008	82 890
	2 400	1 520		3 375	4 200		11 495
			728			2 880	3 608
7 440	17 280	13 424	8 466	12 015	17 480	21 888	97 993
31 200	64 800	51 440	33 176	92 745	129 000	136 320	538 681
31 200	84 800	63 840	38 896	114 750	158 800	161 280	653 566
							44 860
							35 280
							211 430
							52 570
							50 000
							394 140
31 200	84 800	63 840	38 896	114 750	158 800	161 280	1 047 706
							153 290
31 200	84 800	63 840	38 896	114 750	158 800	161 280	1 200 996

keit« die Engpässe oder die zu verändernden Teilbereiche der Kapazität und Betriebsbereitschaft genutzt werden und welche Verwendung den größten Gewinn verspricht. Forciert man bei der Programmwahl die Erzeugnisse in der Reihenfolge ihres Deckungsbeitrages je Engpaßeinheit, dann maximiert man automatisch den Periodengewinn[62]. Die Rangordnung der um den Engpaß konkurrierenden Leistungen, die sich aus der Höhe der 592 593

d. h. die Kapitalnutzungsmenge, die sich ergibt, wenn ein Kapital von 100 DM während eines Jahres genutzt wird, und für kleine Kapitalnutzungsmengen den Hekto-Marktag (hmt), d. h. die Nutzung eines Kapitals von 100 DM während eines Tages, vor. Vgl. *Lehmann, M. R.*, Allgemeine Betriebswirtschaftslehre, 2. Aufl., Meisenheim am Glan 1949, S. 127.

[62] Für Erzeugnisse, die den Engpaß überhaupt nicht in Anspruch nehmen, ist der spezifische Deckungsbeitrag, auf diesen Engpaß bezogen, dann rechnerisch gleich unendlich.

590 *Tabelle 8: Deckungsbeiträge je Leistungseinheit (Erzeugnisbeiträge je 100 kg) und spezifische Deckungsbeiträge*

	I	II	III	IV	V	VI	VII	VIII
	Erzeugnisse	u_1	u_2	u_3	v_1	w_1	x_3	u_L
1	Nettopreis	2 000	1 550	1 100	1 630	1 490	1 040	
2	./. umsatzabhängige Kosten (Umsatzsteuern, Provisionen)	200	155	110	163	149	104	
3	reduzierter Nettopreis	1 800	1 395	990	1 467	1 341	936	520*
4	./. erzeugungsabhängige Kosten							
a	Stoffkosten h	475	475	475	198	238	317	396
b	Stoffkosten z	—	—	—	400	320	160	—
c	Energiekosten in A	149	149	149	64	66	79	124
d	Energiekosten in B, C	24	19	14	25	21	12	—
5a	Stückbeitrag (über die »automatisch« veränderlichen, direkten Kosten der Erzeugnisse)	1 152	752	352	780	696	368	0
b	Rang	(1)	(3)	(6)	(2)	(4)	(5)	
	spezifische Deckungsbeiträge							
6a	je Maschinenstunde A	922	602	282	1 404	1 740	1 104	
b	Rang	(4)	(5)	(6)	(2)	(1)	(3)	
7a	je Maschinenstunde B	1 152	902		780	835		
b	Rang im Gesamtprogramm	‹3›	‹4›	‹1–2›	‹6›	‹5›	‹1–2›	
c	Rang im Programm der Stelle B	(1)	(2)	—	(4)	(3)	—	
8a	je Maschinenstunde C			529			552	
b	Rang im Gesamtprogramm	‹1–4›	‹1–4›	‹6›	‹1–4›	‹1–4›	‹5›	
c	Rang im Programm der Stelle C	—	—	(2)	—	—	(1)	
9a	je 100 kg Stoffeinsatz h	960	627	293	1 560	1 160	460	
b	Rang	(3)	(4)	(6)	(1)	(2)	(5)	
	Mengen und Zeiten für die Errechnung der spezifischen Deckungsbeiträge							
10	Maschinenstunden/100 kg in A	1,25	1,25	1,25	0,55	0,40	0,33	1,04
11	Maschinenstunden/100 kg in B	1,00	0,83	—	1,00	0,83	—	—
12	Maschinenstunden/100 kg in C	—	—	0,67	—	—	0,67	—
13	Stoffeinsatz h/100 kg	1,2	1,2	1,2	0,5	0,6	0,8	1,0

Werte zum Teil gerundet
* Lagerbestand zu direkten Erzeugungskosten bewertet

593 spezifischen Deckungsbeiträge ergibt, wechselt naturgemäß mit der Bezugsgrundlage, die zur Errechnung des spezifischen Deckungsbeitrages herangezogen wird, und damit mit der jeweiligen Engpaßlage (vgl. Tab. 8, Zeile 6–9). Für die Ermittlung der spezifischen Deckungsbeiträge ist naturgemäß eine laufende Beobachtung bzw. Planung der Ausnutzung der Kapazität und der Betriebsbereitschaft sowie der Nutzung sonstiger potentieller Engpaß-Kostengüter und das Führen von Mengen- und Zeitstatistiken notwendig.

Die volle Bedeutung der spezifischen Deckungsbeiträge wird erst klar, wenn man sie zum Umsatz, den absoluten Deckungsbeiträgen in der Periode und dem Deckungsbedarf der Periode in Beziehung bringt (siehe Abb. 8). Darauf werden wir bei preispolitischen Entscheidungen noch mehrfach zurückgreifen.

Eine weitere wichtige Informationsquelle für die Dispositionen der verschiedensten Art sind ferner die – bereits mehr oder weniger zweckorientierten – *periodenbezogenen*

Tabelle 9: Deckungsbeitragsrechnung der Ausgangsperiode 591

	I	II	III	IV	V	VI	VII	VIII
	Erzeugnisse	u_1	u_2	v_1	w_1	u_3	x_3	u_L
	Erzeugnismengen (in 100 kg)	100	80	135	200	52	240	60
1	*Nettoumsatz*	200 000	124 000	220 050	298 000	57 200	249 600	—
2	./. umsatzabhängige Kosten (Umsatzsteuern, Provisionen)	20 000	12 400	22 005	29 800	5 720	24 960	—
3	*reduzierter Nettoumsatz*	180 000	111 600	198 045	268 200	51 480	224 640	31 200*
4	./. erzeugungsabhängige Kosten							
a	Einsatzstoffe	47 520	38 016	80 730	111 520	24 710	114 432	23 760
b	variable Energiekosten	17 280	13 424	12 015	17 480	8 466	21 888	7 440
5	*Erzeugnisbeiträge* über »automatisch« veränderliche, direkte Kosten der Erzeugnisse	115 200	60 160	105 300	139 200	18 304	88 320	0
6	nach Produktgruppen zusammengefaßte *Erzeugnis*beiträge	Erzeugnisse der Stelle B: 419 860				Erzeugnisse der Stelle C: 106 624		0
7	./. Perioden-Einzelkosten der Stellen B und C	39 000				44 000		—
8	*Gruppenbeiträge* über Perioden-Einzelkosten	380 860				62 624		0
9	zusammengefaßte *Gruppenbeiträge* der Weiterverarbeitung	443 484						
10	+ Erzeugnisbeiträge von Halbfabrikaten	0						
11	Zwischensumme	443 484						
12	./. Perioden-Einzelkosten von A	38 000						
13	./. Perioden-Einzelkosten der Fertigungshilfsstellen	83 140						
14	*Deckungsbeitrag* sämtlicher Erzeugnisse über die Perioden-Einzelkosten der Produktion	322 344						
15	./. Perioden-Einzelkosten von Verwaltung und Vertrieb	190 000						
16	»liquiditätswirksamer« *Periodenbeitrag*	132 344						
17	./. Abschreibungen	153 290						
18	Nettoergebnis	— 20 946						

* Lagerbestand zu direkten Erzeugungskosten bewertet

Deckungsbeitragsrechnungen (siehe Tab. 9). In der periodenbezogenen Deckungsbeitragsrechnung werden die Deckungsbeiträge der einzelnen Leistungen (»Erzeugnisbeiträge«) gruppenweise zusammengefaßt, so daß nunmehr nur die den Erzeugnisgruppen direkt zurechenbaren variablen[63] und fixen Kosten, soweit sie zugleich Perioden-Einzelkosten sind, abgedeckt werden. Führt man dieses Prinzip – in einer Zurechnungsobjekt-Hierarchie hochsteigend – stufenweise fort, dann kommt man zum Überschuß über sämtliche Perioden-Einzelkosten, dem *»Periodenbeitrag«*, der als Beitrag einer Abrechnungs- oder Planungsperiode zur Abdeckung der Perioden-Gemeinkosten und zum Totalgewinn zu interpretieren ist. Deckt man noch die ausgabennahen Perioden-Gemeinkosten ab, dann 593

[63] Dazu gehören beispielsweise die Rohstoffkosten und die variablen Energiekosten bei Kuppelproduktion bis zur Trennung der Kuppelprodukte. In unserem Beispiel wurde aus Vereinfachungsgründen von dieser Kostenkategorie abgesehen (siehe Tab. 9).

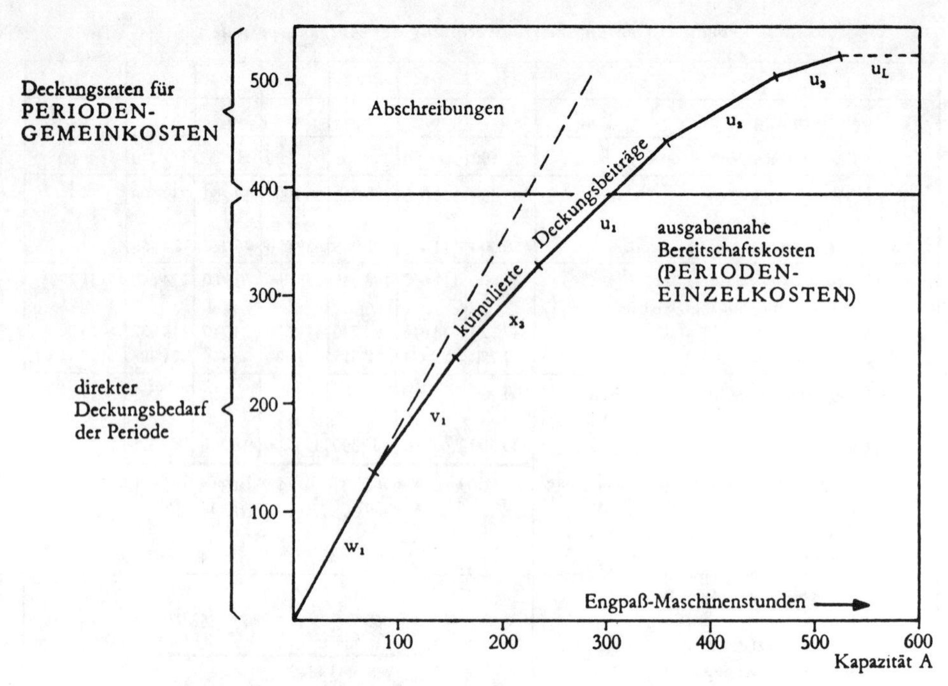

Abbildung 8: Deckungsbedarf und Erzeugnisbeiträge (über Maschinenstunden des Engpasses A kumuliert) in der Ausgangsperiode

593 verbleibt der »liquiditätswirksame«[64] oder »verfügbare« Periodenbeitrag [6]. Dieser ist für interne Dispositionen weit wichtiger als der Nettoerfolg, weil er den Überschuß angibt, über den der Unternehmer für Investitionen und andere Zwecke verfügen kann. Nach Abdeckung der ausgabenfernen und überhaupt nicht mit Ausgaben verbundenen Deckungsraten kommt man schließlich zum Nettoergebnis der Periode (siehe Tab. 9, Zeile 18).

In dieser mehrstufigen, nach Kostenkategorien geschichteten, periodenbezogenen Deckungsbeitragsrechnung wird die Grundidee dieses Systems besonders deutlich: An die Stelle des notwendigerweise willkürlichen Aufteilens von Gemeinkosten auf die einzelnen Leistungen tritt das Zusammenfassen der Überschüsse der einzelnen Leistungen über ihre direkten Kosten zu solchen Gruppen, für die gemeinsame Kosten direkt aufgewandt werden. Diesen gemeinsamen Kosten sind die Bruttogewinne der einzelnen Leistungen ohne Schwierigkeiten direkt zurechenbar.

Die periodenbezogene Deckungsbeitragsrechnung nach Tabelle 9 folgt dem in Abbildung 7 dargestellten Leistungsfluß im Produktionsbereich. Gerade für die Preispolitik und andere Dispositionen im Absatzbereich sind aber darüber hinaus noch andere Gruppierungen der Bezugsgrößenhierarchie von großer Bedeutung, z. B. nach geographischen Absatzgebieten, nach Kundengruppen, Absatzwegen und weiteren Teilmärkten[65]. So wie man

[64] In Anführungsstriche gesetzt, weil die genauen Zahlungsfristen nicht berücksichtigt sind. In unserem Beispiel ist aus Vereinfachungsgründen unterstellt, daß die Perioden-Einzelkosten mit den ausgabennahen Kosten identisch sind, so daß der Periodenbeitrag mit dem »liquiditätswirksamen« Periodenbeitrag zusammenfällt.

[65] Vgl. hierzu die Übersicht über die für Absatzanalysen wichtigen Leistungsbereiche oder Absatzbereiche und den Aufbau von Bezugsgrößen-Hierarchien in meinem Beitrag: Die Deckungsbeitragsrechnung als Instrument der Absatzanalyse, a. a. O., S. 597–603 [177–181].

auf verschiedenen Wegen zu einem Berggipfel gelangen kann, so kann man auch auf verschiedenen Wegen zum Periodenbeitrag und Nettogewinn kommen. So wie man ein vollständiges Bild eines Berges nur gewinnt, wenn man ihn von verschiedenen Seiten her betrachtet, so sind auch für einen hinreichenden Einblick in die Erfolgsstruktur eines Unternehmens mehrere Deckungsbeitragsrechnungen, die auf verschiedenen Bezugsgrößen-Hierarchien aufbauen, notwendig, insbesondere solche, die von unterschiedlichen Teilmärkten ausgehen[66]. 594

Wenden wir uns nun an Hand unseres Beispiels und einiger typischer Situationen der Frage zu, welche Informationen das Rechnen mit relativen Einzelkosten und Deckungsbeiträgen für die Preiskalkulation liefern kann.

2. Beispiele für Preiskalkulationen mit Hilfe relativer Einzelkosten und Deckungsbeiträge

a) Fall 1: Zusätzlicher einmaliger Auftrag bei Unterbeschäftigung

In unserem Beispiel mußten von dem Zwischenprodukt u 60 Einheiten auf Lager genommen werden, da die ungünstige Absatzlage der Erzeugnisse u_1, u_2 und u_3 eine vollständige Verwertung des Zwischenproduktes in der betreffenden Periode nicht zuließ. Es sei nun angenommen, daß sich ein Käufer findet, der bereit ist, die 60 Einheiten des Zwischenproduktes u zu einem Preise von 680 DM je Einheit abzunehmen. Da sich keine weiteren Verwertungsmöglichkeiten abzeichnen, stellt sich die Frage, ob auf dieses Angebot eingegangen werden soll. Dabei wollen wir davon ausgehen, daß in der folgenden Periode mit einer Veränderung der Absatzverhältnisse für die bisherigen Erzeugnisse nicht zu rechnen ist und die Preise der Kostengüter konstant bleiben.

Nach der Vollkostenrechnung, die in Tabelle 10a wiedergegeben ist, müßte das Angebot abgelehnt werden. Allein die Herstellkosten des Produktes u betragen 706 DM je 100 kg. Hinzu kommen Verwaltungs- und Vertriebskosten von 240 DM. Dem Preis von 680 DM, den der Nachfrager bietet, würden also Selbstkosten in Höhe von 946 DM gegenüberstehen.

Anders bei Anwendung der *Deckungsbeitragsrechnung*. Hier werden gemäß Tabelle 10 nur die Kosten berücksichtigt, die speziell für diesen Auftrag aufgewandt werden müssen. Das sind zunächst die Stoffkosten und die variablen Energiekosten (siehe Tab. 10, Zeile 7 und 8, ferner Tab. 8, Zeile 4a und c). Bei Eingang des Angebots sind diese Kosten zwar bereits angefallen, doch muß man bedenken, daß die gelagerte Menge in der nächsten Periode weiterverarbeitet und die Produktion an u bei anhaltender Absatzstockung entsprechend eingeschränkt werden könnte und dabei diese Kosten wegfielen[67]. Neben den Stoff- und den Energiekosten entstehen weiter umsatzabhängige Kosten. Legen wir die bisherigen Verhältnisse zugrunde, so belaufen sich diese, wie der Tabelle 8, Zeile 1 und 2, zu entnehmen ist, auf 10% des Nettoverkaufspreises. Die Preisuntergrenze läge demnach bei 578 DM. Unter den angenommenen Bedingungen wäre es für das Unternehmen also vorteilhaft, auf das Angebot einzugehen. Streng genommen müßte noch die etwaige Zinsersparnis berücksichtigt werden, die durch den (unterstellten) früheren Zahlungseingang beim unmittelbaren Verkauf von u gegenüber einer späteren Weiterver-

[66] Vgl. hierzu die Beispiele in meinem Beitrag: Die Deckungsbeitragsrechnung als Instrument der Absatzanalyse, a. a. O., S. 610–626 [187–201].

[67] Im Gegensatz dazu wären, falls das Zwischenprodukt künftig nicht mehr hergestellt werden sollte, nur noch die zusätzlichen Kosten einer etwaigen Weiterverarbeitung und die zusätzlichen Vertriebskosten zu berücksichtigen.

595 *Tabelle 10: Kalkulation des zusätzlichen einmaligen Auftrages über 60 LE des Zwischenproduktes u im Falle der Unterbeschäftigung**

Nr.	Position	Betrag
	a) *Vollkostenkalkulation*	
1	Herstellkosten je 100 kg u	706
2	anteilige Verwaltungs- und Vertriebskosten (= 24,4% der Herstellkosten)	172
3	Umsatzsteuer und Provisionen (10% v. Preis)	68
4	Selbstkosten	946
5	./. angebotener Preis	680
6	Kalkulierter Verlust	266
	b) *Preisuntergrenze auf der Grundlage von Einzelkosten*	
	Erzeugungsabhängige Kosten	
7	a) Stoffkosten	396
8	b) variable Energiekosten	124
9	Summe erzeugungsabhängige Kosten	520 = 90%
10	umsatzabhängige Kosten	58 = 10%
11	kurzfristige Preisuntergrenze	578 = 100%
	c) *Deckungsbeitragsrechnung je Leistungseinheit*	
12	Nettopreis	680
13	./. umsatzabhängige Kosten (10% v. Nettopreis)	68
14	reduzierter Nettopreis	612
15	./. erzeugungsabhängige Kosten	520
16	Deckungsbeitrag je Leistungseinheit	92
17	Deckungsbeitrag je Maschinenstunde in Stelle A	88

Tabelle 11: Kalkulation des zusätzlichen langfristigen Liefervertrages im Falle d. Unterbeschäftigung

Zusätzlicher Periodenbeitrag bei Abschluß des Liefervertrages (= Produkt aus Deckungsbeitrag je LE mal Liefermenge)		5 520
./. abbaufähige Bereitschaftskosten		
a) Hilfsstoffe	400	
b) Energiekosten	300	
c) Personalkosten	800	
d) Kosten in den Hilfsstellen	700	2 200
Zusätzlicher Periodenbeitrag bei Abschluß des Liefervertrages gegenüber dem Abbau der Betriebsbereitschaft		3 320

* Beträge in vollen DM

arbeitung entsteht, gegebenenfalls auch die gleichfalls entfallenden Kosten einer weiteren Lagerung (z. B. die Kosten für das Umrühren, Heizen oder Kühlen während der Lagerung, Stoffverluste durch Verdunsten und ähnliche). Da hierdurch die Preisuntergrenze lediglich gesenkt würde, kann auf diese verhältnismäßig aufwendige Rechnung verzichtet werden, da die relative Vorteilhaftigkeit des Angebots ohnehin feststeht. Der tatsächliche Deckungsbeitrag je Leistungseinheit errechnet sich dann nach Tabelle 10c. Da bei einem Preis von 680 DM die umsatzabhängigen Kosten höher sind als bei einem Preis von 578 DM, beträgt er nicht 102 DM – das würde der Differenz von Angebotspreis und Preisuntergrenze entsprechen –, sondern nur 92 DM. Multiplizieren wir diesen Beitrag je Leistungseinheit mit der Zahl der Einheiten, so erhalten wir als absoluten Deckungsbeitrag des Auftrages 5 520 DM. Um diesen Betrag wird der Periodenbeitrag (siehe Tab. 9, Zeile 16) erhöht und der Periodenverlust (siehe Tab. 9, Zeile 18) verringert, wenn der Auftrag angenommen wird. 596

b) Fall 2: Zusätzlicher langfristiger Liefervertrag bei Unterbeschäftigung

Ist der Käufer statt an einer einmaligen Lieferung von u an einem laufenden Bezug interessiert und drängt er auf den Abschluß eines langfristigen Liefervertrages, beispielsweise auf fünf Jahre, so müssen weitere Überlegungen hinzukommen. Der Unternehmer muß sich die Frage vorlegen, ob die Stagnation des Absatzes der Endprodukte etwa nur vorübergehender Natur ist und in einigen Monaten oder in ein, zwei Jahren die gesamte mögliche Herstellmenge von u weiterverarbeitet werden kann. Aber selbst wenn er die Absatzlage als weiter stagnierend beurteilt – und das sei hier unterstellt –, bleibt die Möglichkeit, die Betriebsbereitschaft abzubauen. Dem Periodenbeitrag von 5 520 DM müssen deshalb nach Art der Tabelle 11 die *abbaufähigen Bereitschaftskosten* gegenübergestellt werden. Nur wenn diese, wie im Beispiel, niedriger sind als der Deckungsbeitrag, lohnt sich der Abschluß des Vertrages.

c) Fall 3: Preiskalkulation für ein neues Produkt

Nehmen wir nun an, der Liefervertrag sei zustande gekommen und die Unternehmung hätte sich langfristig verpflichtet, je Periode 60 Einheiten des Zwischenproduktes u abzugeben. Die Kapazität der Fertigungsstelle A ist damit voll ausgelastet. Weiter wollen wir annehmen, daß es den Technikern in der Zwischenzeit gelungen sei, ein neues Produkt u_4 zu entwickeln, das auf dem Produkt u aufbaut und in der Stelle C, die bisher nur schlecht ausgelastet war, gefertigt werden kann. Erforderlich für die Herstellung von 100 kg u_4 seien 100 kg u, 20 kg eines bisher nicht gebrauchten Rohstoffes m und ein Energieeinsatz im Werte von 20 DM. Die Dauer der Maschinenbelegung in der Stelle C beträgt 0,625 Stunden je 100 kg u_4. Für dieses neue Produkt u_4 soll der Angebotspreis kalkuliert werden.

Geht man von der *Vollkostenrechnung* aus, so muß man zunächst die Selbstkosten des neuen Produktes ermitteln. Wie aus der Tabelle 12 hervorgeht, setzen sich diese zusammen aus den Herstellkosten des Zwischenproduktes u, aus den Einzelkosten der Weiterverarbeitung in der Stelle C (Energiekosten), aus den Fertigungsgemeinkosten der Stelle C, aus anteiligen Sonderkosten der Entwicklung, aus anteiligen Verwaltungs- und Vertriebsgemeinkosten und aus Umsatzsteuer und Provisionen. Zu den Selbstkosten in Höhe von 2 139 DM kommt dann ein Gewinnaufschlag (im Beispiel von 238 DM), und es ergibt sich ein kalkulierter Verkaufspreis von 2 377 DM. Diesen Preis wird der Verkaufsleiter nicht unbesehen übernehmen. Er wird sogleich überlegen, ob dieser Preis im Markt erzielbar sein wird und – zur Absicherung seines Urteils – einige erfahrene Mitarbeiter, vielleicht auch Vertreter oder Geschäftsfreunde, bitten, den Verkaufspreis zu schätzen, ohne ihnen von den Kalkulationswerten Kenntnis zu geben. Weiter wird er sich die Frage vorlegen, welche Preispolitik er bei Einführung des neuen Produktes betreiben soll. So kann er beispielsweise zunächst mit einem hohen Preis in den Markt gehen und diesen

597 *Tabelle 12: Selbstkostenrechnung (je 100 kg) des neuen Produktes u_4**

1	**a) 100 kg Stoff u zu 705,90 DM je 100 kg**	**706**	
2	**b) 20 kg Stoff m zu 15,— DM je kg**	**300**	
3	Summe Stoffkosten	1 006	
4	Energiekosten in C	20	
5	Summe Einzelkosten	1 026	
6	Fertigungsgemeinkosten C 0,625 Maschinenstunden zu 722,— DM	451	
7	anteilige Sonderkosten der Entwicklung	51	
8	Herstellkosten	1 528	
9	anteilige Verwaltungs- und Vertriebsgemeinkosten ohne Umsatzsteuer und Provision (= 24,441% der Herstellkosten)	373	
10		1 901	= 80%
11	Umsatzsteuer und Provision (= 10% vom Verkaufspreis)	238	= 10%
12	Selbstkosten	2 139	
13	Gewinnaufschlag (= 10% vom Verkaufspreis)	238	= 10%
14	Kalkulierter Verkaufspreis	2 377	= 100%

* Beträge in vollen DM

später, wenn Konkurrenz auftritt, reduzieren. Er kann aber auch gleich einen niedrigeren Startpreis wählen, um mögliche Konkurrenten abzuschrecken. Wie immer der Verkaufsleiter seine Preispolitik im einzelnen ausrichtet, in jedem Falle muß er sich überlegen, welche Produktmengen bei unterschiedlichen Preisen überhaupt abgesetzt werden können, wie groß – anders ausgedrückt – die Nachfrageelastizität nach seinem Erzeugnis ist. Daß sich hierüber Informationen gewinnen lassen, sei an zwei Beispielen gezeigt.

Ein amerikanischer Kunststoffhersteller und -verarbeiter hatte eine Schrumpffolie zur Verpackung von Lebensmitteln entwickelt, die sich gegenüber den herkömmlichen Verpackungen dadurch auszeichnete, daß sie absolut wasserundurchlässig war und dadurch ein Austrocknen der Waren verhinderte. Für diese Folie mußte ein Angebotspreis gefunden werden. Der Vertriebsleiter versetzte sich hierzu in die Lage der Abnehmer und ermittelte deren Preisobergrenze. Er ging dabei von der Überlegung aus, daß die verpackten Waren, Wurst, Käse u. ä., nach Gewicht verkauft werden und somit jeder Verlust an Feuchtigkeit gleichbedeutend mit einem Warenschwund ist. Experimentell wurde nun festgestellt, wie groß der Feuchtigkeitsverlust bei Verwendung der herkömmlichen Verpackung während der üblichen Lagerdauer ist. Hieraus ließen sich die zusätzlichen Einnahmen errechnen, die die Einführung der neuen Verpackung dem Abnehmer bringen würde. Weiter stellte man fest, wie hoch die bisherigen Verpackungskosten waren und welche Kosten die Umstellung verursachen würde. Mit Hilfe dieser Angaben ermittelte man dann die Preisobergrenze des Kunden, brachte eine Anreizprämie in Abzug und erhielt so den möglichen Angebotspreis.

Da nun aber der Feuchtigkeitsverlust bei einer hochwertigen Ware höher zu Buche schlägt als bei einer geringwertigen, war auch die Preisobergrenze für die einzelnen Preisklassen an Wurst und Käse ganz unterschiedlich. Man mußte deshalb, um die Preis-Absatz-Funktion der neuen Folie abschätzen zu können, auch noch die auf dem Markt umgesetzten Mengen an teuren, mittleren und billigen Käsesorten in die Rechnung einbeziehen.

598

Einen anderen Weg schlug ein Unternehmen ein, das vor Jahren einen kosmetischen Artikel auf den Markt bringen wollte. Zur Ermittlung des erzielbaren Preises und zur Abschätzung der zugehörigen Absatzmengen führte die Vertriebsleitung eine Befragung der Händler durch. Entsprechend dem Kundenkreis teilte man die Händler ein in Parfümerien und Drogerien erster Klasse, zweiter Klasse usw. und legte ihnen mit einem Muster jeweils die Frage vor: Zu welchem Preis glauben Sie, den neuen Artikel bei Ihrer Kundschaft absetzen zu können, und mit welcher Verkaufsmenge rechnen Sie? Die Auswertung der Antworten ergab, daß in den Parfümerien und Spitzendrogerien ein Preis von etwa 15 DM erzielt werden konnte, in den Drogerien zweiter Klasse ein Preis von 11,50 DM usw. Als günstigste Alternative erwies sich bei Einbeziehung der zugehörigen Absatzmengen sowie der laufenden Kosten und der Einführungskosten ein Preis von 11,50 DM und eine Belieferung der Parfümerien und Drogerien erster Klasse sowie der Drogerien zweiter Klasse.

Ob ein so ermittelter Preis tatsächlich zum höchstmöglichen Gewinn führt, läßt sich experimentell freilich nur schwer überprüfen. Trotzdem wird man bei der Einführung neuer Produkte immer von ähnlichen Überlegungen ausgehen müssen. Dies gilt im Grunde auch für die Vollkostenrechnung, wenn es auch gerade dort meist übersehen wird. In der Vollkostenrechnung kalkuliert man nämlich in der Regel das neue Produkt, ohne zu überlegen, welche Mengen abgesetzt werden können und produziert werden sollen und wie sich das neue Produkt in das bisherige Produktionsprogramm einordnet. Hierin liegt ein entscheidender Fehler der herkömmlichen Rechnung.

Wie würde man nun in der Deckungsbeitragsrechnung bei der Kalkulation des neuen Produktes u_4 vorgehen? Nehmen wir an, die Marktforschung habe ergeben, daß das Produkt zu drei verschiedenen Preisen abgesetzt werden kann, und zwar zu einem Preis von 1 800 DM (Alternative a), zu einem Preis von 2 100 DM (Alternative b) und zu einem Preis von 2 300 DM (Alternative c), der dem auf Vollkostenbasis ermittelten Verkaufspreis (vgl. Tabelle 12) unter Verzicht auf einen Teil des Gewinnzuschlages entspricht. Die Erzeugnisbeiträge (Stückbeiträge) belaufen sich dann, wie aus Tabelle 13a hervorgeht, im Falle der Alternative a auf 780 DM, im Falle b auf 1 050 DM und im Falle c auf 1 230 DM je 100 kg u_4. Nun wäre es freilich verfehlt, auf Grund dieser Deckungsbeiträge eine Entscheidung zu treffen. Da es sich immer um dasselbe Produkt handelt, besagen sie nicht mehr, als daß es günstiger ist, eine Leistungseinheit zu einem hohen als zu einem niedrigen Preis abzusetzen. Erst die absoluten Erzeugnisbeiträge, die sich nach Multiplikation mit den jeweils erwarteten Absatzmengen ergeben, lassen eine Aussage zu [7]. Sie geben an, daß mit dem neuen Produkt im Falle a ein absoluter Beitrag über die »automatisch« veränderlichen, direkten Kosten von voraussichtlich 78 000 DM, im Falle b von 63 000 DM und im Falle c von 36 900 DM erwirtschaftet werden kann (siehe Tab. 13, Zeile 18 in Verbindung mit Zeile 11). Ließen sich die zugehörigen Produktmengen im Rahmen der bisherigen Betriebsbereitschaft zusätzlich erzeugen, so würde, sofern keine weiteren Kosten, wie etwa Werbungskosten, hinzukommen, eindeutig die Alternative a den Vorzug verdienen.

Wir haben aber unterstellt, daß – dank des langfristigen Liefervertrages für das Zwischenprodukt u – die Kapazität der Stelle A voll ausgelastet ist. Demnach läßt sich das neue Erzeugnis u_4 nur produzieren, wenn entweder eine Erweiterungsinvestition in der Stelle A vorgenommen oder die Herstellung der anderen Produkte eingeschränkt oder ein Teil der Zwischenprodukte zugekauft wird. Sehen wir von der ersten Möglichkeit vorläufig noch ab, so müßte zunächst entschieden werden, ob eine teilweise oder vollständige

599 Verdrängung der bisher gefertigten Produkte überhaupt zweckmäßig ist. Auskunft hierüber geben die spezifischen Deckungsbeiträge je Engpaßeinheit, also je Maschinenstunde in Stelle A. Ein Vergleich von Tabelle 8, Zeile 6, und Tabelle 13, Zeile 9, zeigt, daß das Erzeugnis u_4 die Maschinen der Stelle A ergiebiger nutzt als die Produkte u_3 und u_2. Es ist also zweckmäßig, an Stelle von u_3 und u_2 u_4 herzustellen. Noch besser wäre es freilich, auf den Verkauf des Zwischenproduktes u zu verzichten, das gemäß Tabelle 10, Zeile 17, nur einen spezifischen Beitrag von 88 DM je Maschinenstunde in Stelle A erbringt. Infolge des Liefervertrages ist diese Alternative aber ausgeschlossen. Hier werden die Gefahren einer langfristigen Bindung zu niedrigen Preisen deutlich.

Da auch die Produkte, die durch die Erzeugung von u_4 verdrängt werden (u_2 und u_3), einen positiven Deckungsbeitrag aufweisen, ist nicht diejenige der genannten drei Alternativen die beste, die den höchsten absoluten Deckungsbeitrag erbringt, sondern diejenige, die *über die verdrängten Deckungsbeiträge hinaus* den höchsten Überschuß aufweist. Wie aus der Tabelle 13, Zeile 20, hervorgeht, ist dies die Alternative b mit einem Überschuß von 45 200 DM. Das Produkt u_3 wird dabei, um die erforderlichen 63 Maschinenstunden in der Stelle A freizumachen, fast vollkommen verdrängt (vgl. Tabelle 13, Zeile 13–16 und 19).

Der Überschuß der Erzeugnisbeiträge des neuen Produktes über die verdrängten Deckungsbeiträge der alten Produkte je Periode hat nun noch alle zusätzlichen fixen Perioden-Einzelkosten abzudecken, die durch die Aufnahme des neuen Erzeugnisses zusätzlich entstehen, beispielsweise für die laufende Werbung oder für zusätzliches Personal in der Produktion oder im Vertrieb (Tabelle 13, Zeile 21). Der dann verbleibende Überschuß – bei der besten Alternative b beträgt er 42 600 DM (siehe Tab. 13, Zeile 22) – ist der zusätzliche Periodenbeitrag, um den sich bei Aufnahme des neuen Erzeugnisses und Verdrängung der alten Erzeugnisse der bisherige Periodenbeitrag erhöht. Er führt aber nicht zu einer entsprechenden Erhöhung des Periodenerfolges, weil für das neue Erzeugnis auch noch einmalige Ausgaben bzw. Kosten, mit dem Charakter von Investitionen, entstehen.

Da wir das neue Erzeugnis im Rahmen der vorhandenen Kapazität herstellen, ist hier in erster Linie an Investitionen für die Markterschließung zu denken oder an Investitionen im Produktionsbereich, wenn – was in unserem Beispiel nicht unterstellt ist – zusätzliche Anlagen, Vorrichtungen oder Umbauten für die Herstellung des neuen Erzeugnisses erforderlich werden. Nicht dagegen gehören in die Preisentscheidungsrechnung die in der Vergangenheit entstandenen Kosten für die Entwicklung des Erzeugnisses, da sie bereits angefallen sind und unverändert blieben, wenn das neue Erzeugnis nicht aufgenommen würde.

Bei der nunmehr noch notwendig werdenden *Investitionsrechnung* gehen wir von der These aus, daß das neue Produkt zunächst die für dieses zusätzlich entstehenden Investitionsausgaben abdecken muß, ehe es einen Beitrag zu den allen Erzeugnissen gemeinsamen Kosten und zum Gewinn leisten kann. Dazu ist es notwendig, für die folgenden Perioden die zusätzlichen Periodenbeiträge des neuen Erzeugnisses zu kumulieren, bis sie die Investitionsausgaben erreichen und schließlich übersteigen. Die Zeitdauer, die benötigt wird, bis die kumulierten zusätzlichen Periodenbeiträge des neuen Produktes die für dieses Produkt zusätzlich entstandenen Investitionsausgaben erreicht haben, ist die *»Amortisationsdauer bei hinausgeschobenem Beitrag zur Deckung der Gemeinkosten und des Gewinnes«*, im folgenden kurz »Amortisationsdauer« genannt. Diese Amortisationsdauer ist ein wichtiges Kriterium zur Beurteilung des Risikos, das mit der Investition für das

Tabelle 13: Deckungsbeitragsrechnung zur Aufnahme des neuen Produktes u_4 für den Fall der Beibehaltung der Kapazität

a) *Deckungsbeitragsrechnung je Leistungseinheit*

	1	2	3	4
	Alternative	a	b	c
1	Nettopreis je Einheit	1 800	2 100	2 300
2	./. umsatzabhängige Kosten	180	210	230
3	reduzierter Nettopreis	1 620	1 890	2 070
	./. erzeugungsabhängige Kosten			
4	a) Stoffkosten u (h)	396	396	396
5	b) Stoffkosten m	300	300	300
6	c) Energiekosten in A	124	124	124
7	d) Energiekosten in C	20	20	20
8	Erzeugnisbeitrag (über die „automatisch" veränderlichen, direkten Kosten)	780	1 050	1 230
	b) *Verdrängungsrechnung*			
9	Spezifischer Deckungsbeitrag je Engpaß-Maschinenstunde in A	749	1 008	1 181
10	Verdrängbare Produkte	u_3, u_2	u_3, u_2	u_3, u_2, u_1, x_2
11	Erwartete Absatzmengen	100	60	30
12	Erforderliche Maschinenstunden in A	104	63	31
	Durch Verdrängung von			
13	u_3 freiwerdende Maschinenstunden in A	65	63	31
14	u_2 freiwerdende Maschinenstunden in A	39	—	—
	Je Periode verdrängte Deckungsbeiträge			
15	von u_3 (282,—/je Maschinenstunde)	18 300	17 800	8 700
16	von u_2 (602,—/je Maschinenstunde)	23 500		
17	Summe der verdrängten Deckungsbeiträge je Periode	41 800	17 800	8 700
	c) *Deckungsbeitragsrechnung je Periode bei Verdrängung*			
18	Erzeugnisbeiträge u_4 je Periode	78 000	63 000	36 900
19	./. verdrängte Deckungsbeiträge	41 800	17 800	8 700
20	Überschuß über verdrängte Deckungsbeiträge	36 200	45 200	28 200
21	./. zusätzliche „fixe" erzeugnisbedingte Perioden-Einzelk. (lfd. Werbung u. a.)	3 200	2 600	2 300
22	*Zusätzlicher Periodenbeitrag*	33 000	42 600	25 900
	d) *Amortisationsrechnung bei Verdrängung*			
23	Einmalige Investitionsausgaben bei Aufnahme des neuen Produktes	170 000	130 000	110 000
24	Amortisationsdauer (Z. 23 : Z. 22) (in Perioden)	5,15	3,05	4,25

601 neue Produkt eingegangen wird. Unter der Voraussetzung, daß der in Tabelle 13, Zeile 22, errechnete zusätzliche Periodenbeitrag in den folgenden Perioden gleichbleibt, errechnet sich die Amortisationsdauer für die Preisstellung a auf 5,15 Perioden, für die Preisforderung b auf 3,05 Perioden und für die Preisstellung c auf 4,25 Perioden[68] (siehe Tab. 13, Zeile 24). Das Investitionsrisiko ist also bei der Preisstellung b am geringsten und im Falle a am höchsten. Die Kumulierung der zusätzlichen Periodenbeiträge kann man über die Amortisationsdauer fortsetzen, bis zum Ende der »Nutzungsdauer der Markterschließung«, d. h. bis zu dem Zeitpunkt, an dem das neue Produkt aus dem Markt verschwinden wird. Auf diese Weise läßt sich dann die Entwicklung des zusätzlichen Beitrages des neuen Erzeugnisses zur Deckung der Gemeinkosten und des Gewinns verfolgen, der, verglichen mit der Situation vor Einführung des neuen Produktes, als Zusatzgewinn anzusehen ist und für die Errechnung der von der Zeit der Nutzung abhängigen Rentabilität der Zusatzinvestition heranzuziehen ist[69].

Eine derartige Rentabilitätsrechnung erscheint jedoch hier nicht notwendig, weil die Alternative mit der geringsten Amortisationsdauer im Beispiel zugleich auch das Erzeugnis mit dem höchsten Periodenbeitrag ist. Da die Nutzungsdauer der Markterschließung, die »Marktperiode«[70], bei allen drei Möglichkeiten der Preisstellung die gleiche sein dürfte, ist die Rentabilität bei der Preisstellung b in jedem Falle günstiger als bei den beiden anderen Preisstellungen.

Tabelle 14: Deckungsbeitragsrechnung zur Aufnahme des neuen Produktes u_4 unter Erweiterung der Engpaßkapazität

	1	2	3	4
	Alternative	a	b	c
	a) *Errechnung des zusätzlichen Periodenbeitrages*			
1	Erzeugnisbeiträge u_4 je Periode	78 000	63 000	36 900
2	./. zusätzliche „fixe" erzeugnisbedingte Perioden-Einzelkosten	3 200	2 600	2 300
3	./. zusätzl. „fixe" Perioden-Einzelkosten der Kapazitätserweiterung	11 800	9 800	7 700
4	*Zusätzlicher Periodenbeitrag*	63 000	50 600	26 900
	b) *Amortisationsrechnung bei Kapazitätserweiterung*			
5	Einmalige Investitionsausgaben für Markterschließung und erzeugnisbedingte Investitionen	170 000	130 000	110 000
6	+ Investitionsausgaben für Kapazitätserweiterung	180 000	180 000	180 000
7	Summe Investitionsausgaben	350 000	310 000	230 000
8	*Amortisationsdauer* (Z. 7 : Z. 4) bei hinausgeschobenem Deckungsbeitrag zu den Gemeinkosten und dem Gewinn	5,56	6,20	10,8

[68] Bei Berücksichtigung der Zinsen würden sich zwar die Amortisationsdauern jeweils etwas hinausschieben, doch würde sich im vorliegenden Beispiel ihr Verhältnis zueinander nicht verändern. Daher kann auf diese aufwendige Ergänzung verzichtet werden.

[69] Zu Anwendung der Deckungsbeitragsrechnung bei Investitionsentscheidungen vgl. *Riebel, Paul*, Das Rechnen mit relativen Einzelkosten und Deckungsbeiträgen als Grundlage unternehmerischer Entscheidungen im Fertigungsbereich, a. a. O., S. 152–154, und *Ders.*, Die Problematik der Normung von Abschreibungen, Stuttgart 1963, S. 12 ff.

[70] Vgl. hierzu *Ellinger, Theodor*, Die Marktperiode in ihrer Bedeutung für die Produktions- und Absatzplanung der Unternehmung, in: ZfhF, NF 13 (1961), S. 580–597.

Nunmehr wollen wir prüfen, welche Preisstellung für das neue Produkt im Falle einer *Erweiterung der Kapazität* die günstigste ist und ob diese Alternative vorteilhafter ist als die Verdrängung von u_3 und u_2. Hier ist grundsätzlich ähnlich vorzugehen: Es sind die zusätzlichen Periodenbeiträge zu ermitteln und den einmaligen Investitionsausgaben gegenüberzustellen. Man könnte nun die Auffassung vertreten, daß die Erweiterungsinvestition im Grunde nicht vorgenommen wird, um das Erzeugnis u_4 herstellen zu können – wie die vorangegangenen Überlegungen deutlich machten, würde u_4 auf jeden Fall erzeugt –, sondern um eine Verdrängung der schlechteren Produkte u_3 und u_2 zu vermeiden. Da aber die Erweiterungsinvestition nicht für sich allein zu entscheiden ist, sondern nur in Verbindung mit der Aufnahme des neuen Produktes, müssen zur Beurteilung des Investitionsrisikos und der Rentabilität sowohl die durch das neue Erzeugnis bedingten Markterschließungs-Investitionen als auch die Investitionen zur Kapazitätserweiterung *gemeinsam* betrachtet werden. Der Vergleich der verschiedenen Preisstellungen im Falle einer Erweiterungsinvestition ohne Verdrängung der bisherigen Erzeugnisse ist in Tabelle 14 durchgerechnet. Dabei ist unterstellt, daß die Kapazitätserweiterung für alle drei Möglichkeiten der Preisstellung für das neue Produkt nur in einem gleichgroßen Sprung, bei dem zusätzlich 200 nutzbare Maschinenstunden geschaffen werden, möglich ist. Daher kann in jedem Falle die Produktion der Erzeugnisse u_3 und u_2 in vollem Umfange weitergeführt werden. Der zusätzlich zusammengefaßte Erzeugnisbeitrag je Periode (siehe Tab. 14, Zeile 1) ist daher mit dem Erzeugnisbeitrag des neuen Produktes in Tabelle 13, Zeile 18, identisch. Um den zusätzlichen gemeinsamen Periodenbeitrag zu ermitteln, müssen außer den zusätzlichen Perioden-Einzelkosten für u_4 noch die zusätzlichen Perioden-Einzelkosten, die benötigt werden, um die erweiterte Kapazität betriebsbereit zu halten, vom Erzeugnisbeitrag abgezogen werden. Ebenso liegt der Ermittlung der Amortisationsdauer – Entsprechendes gilt für die hier nicht durchgeführte Rentabilitätsrechnung – die Summe der Investitionsausgaben für die Markterschließung für das neue Produkt und der Investitionsausgaben für die Kapazitätserweiterung zugunsten der Beibehaltung der alten Erzeugnisse zugrunde. Im Falle der Kapazitätserweiterung unter Beibehaltung der bisherigen Produkte erweist sich die Preisstellung zum niedrigsten Preis a mit den größten Absatzmengen als die günstigste, denn sie bringt den größten zusätzlichen Periodenbeitrag (siehe Tab. 14, Zeile 4). Sie ist es auch hinsichtlich der Amortisationsdauer (siehe Tab. 14, Zeile 8), so daß sich im Falle einer Entscheidung für die Kapazitätserweiterung eine Rentabilitätsrechnung zum Vergleich der verschiedenen Preisalternativen erübrigt. 602

Es gilt jetzt noch zu vergleichen, ob die Entscheidung für den niedrigeren Preis a in Verbindung mit der Kapazitätserweiterung (Fall IIa) vorteilhafter ist als die Preisstellung b unter Verdrängung der alten Produkte (Fall Ib). Da im ersten Falle die zusätzlichen Periodenbeiträge am günstigsten sind, die kürzere Amortisationsdauer dagegen zugunsten der anderen Alternative (Preisstellung b unter Verdrängung von u_3) spricht, ist eine längerfristige Betrachtung über den Amortisationszeitpunkt hinaus notwendig. Das kann am einfachsten graphisch nach Art der Abbildung 9 geschehen. Auf der Ordinate nach unten sind die Investitionsausgaben für beide Fälle aufgetragen, die nun durch die kumulierten Periodenbeiträge allmählich abgebaut werden, bis die Nullinie und damit die vollständige Abdeckung der Amortisationsausgaben – ohne Berücksichtigung der Zinsen – erreicht ist. An der Abszisse läßt sich die dafür jeweils erforderliche Amortisationsdauer ablesen. Die nach der vollständigen Amortisation der Investitionsausgaben weiterhin erwirtschafteten Periodenbeiträge sind nun echte Überschüsse aus der Investi-

603

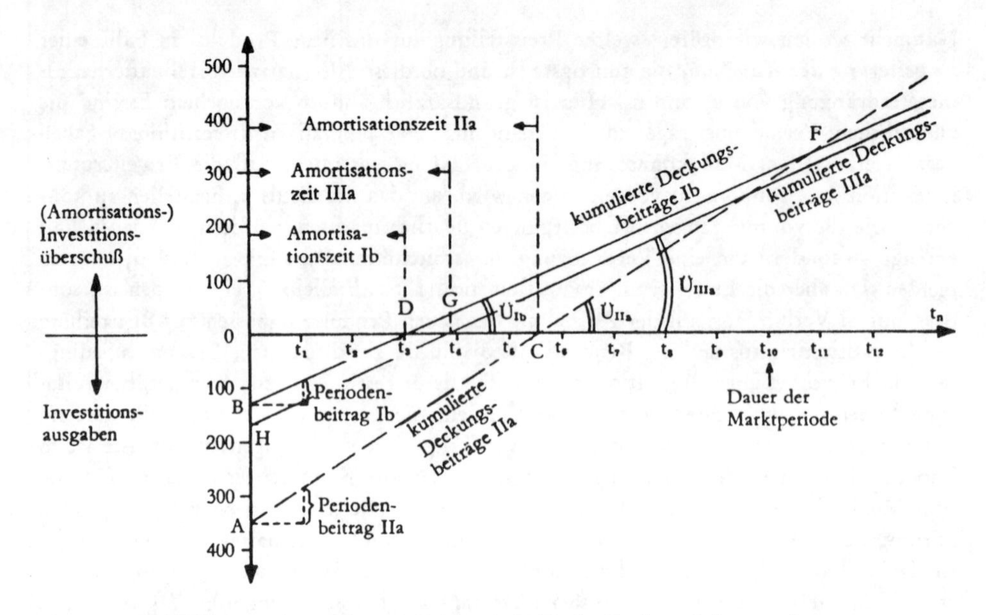

Abbildung 9: Investitionsvergleich mit Hilfe der Deckungsbeitragsrechnung

tion, die als endgültiger Gewinn der Investition für die Beurteilung der Rentabilität herangezogen werden können. Es zeigt sich, daß diese Überschüsse im Falle der Preisstellung a in Verbindung mit der Kapazitätserweiterung (Fall IIa) zwar erst später anfallen, aber dann steiler ansteigen als bei Preisstellung b unter Verdrängung der alten Erzeugnisse (Fall Ib). Die unterschiedlichen Investitionsausgaben fallen jedoch so stark ins Gewicht, daß erst im Punkt F nach einer Nutzungsdauer von etwa 10,8 Perioden gleich hohe Überschüsse erreicht werden. Von hier ab sind die Überschüsse im Falle der Kapazitätserweiterung und einer Preisstellung zum Preise a (Fall IIa) insgesamt höher. Für die Beurteilung der Rentabilität müssen diese Überschüsse für den jeweils betrachteten Zeitpunkt auf die Höhe des gebundenen Kapitals bezogen werden. Hier zeigt die Abbildung 9, daß sich im Falle der Kapazitätserweiterung und Forderung des Preises a eine wesentlich größere Kapitalbindung nach Höhe und Dauer ergibt (vgl. Dreieck OAC) als im Falle der Entscheidung für den Preis b unter Verdrängung des Produktes u_3 (vgl. Dreieck OBD). Da die größeren Absatzmengen und der höhere Umsatz im ersten Falle (IIa) auch ein höheres Kapital im Umlaufvermögen binden würden, ist es offenkundig, daß erst nach sehr langer Zeit die Rentabilität der Kapazitätserweiterung mit der Preisstellung a vorteilhafter sein kann als die Entscheidung für den Preis b unter Verdrängung der alten Produkte. Ein nicht allzu risikofreudiger Unternehmer wird sich daher – ohne die Rentabilitätsrechnung in die ferne, immer ungewisser werdende Zukunft weiter fortzuführen – für die Verdrängung und die Preisstellung b entscheiden, solange nicht eine wesentlich bessere Nutzung der Erweiterungskapazität in Aussicht steht.

Es ist schließlich noch zu prüfen, welche der möglichen drei Preisstellungen im Falle eines *Zukaufs von Zwischenprodukten* die günstigste ist und ob diese vorteilhafter ist als die bisher günstigste Alternative (Ib), die Preisstellung b im Falle der Verdrängung von u_3. Durch einen Zukauf könnte die Beibehaltung aller bisherigen Produkte trotz des Engpasses in der ersten Stufe A und ohne Kapazitätserweiterung ermöglicht werden.

Die spezifischen Deckungsbeiträge je Engpaß-Maschinenstunde A sind daher wieder der Maßstab für die Auswahl derjenigen Erzeugnisse, für die Zwischenprodukte hinzugekauft werden müßten. Als die schlechtesten, verdrängbaren Produkte wurden bereits früher u_3 und u_2 ermittelt, so daß es jetzt um die Frage geht, ob durch den Zukauf von u die Verdrängung dieser beiden Erzeugnisse ganz oder teilweise vermieden werden kann. Der mögliche Einstandspreis für u betrage 855 DM je 100 kg; er liegt damit um 335 DM über den direkten variablen Kosten bei Selbsterzeugung von u, die 520 DM je 100 kg betragen (siehe Tab. 8, Sp. VIII, Zeile 4a und 4c und Tab. 15). Da für 100 kg u_3 und u_2 jeweils 120 kg u benötigt werden, mindert sich der Deckungsbeitrag je Einheit dieser Produkte um 402 DM. Bei Verarbeitung von fremdbezogenem u würde sich damit ein negativer Deckungsbeitrag für u_3 ergeben (./. 50 DM je 100 kg), um den sich mit jeder Einheit u_3 der Periodenbeitrag und der Periodengewinn vermindern würden. Dagegen bleibt bei der Herstellung von u_2 aus fremdbezogenem u noch ein positiver Deckungsbeitrag von 350 DM je 100 kg. Es ist daher zweckmäßig, u_3 zu verdrängen und so viel u fremd zu beziehen, daß der bisherige Absatz von u_2 voll aufrechterhalten werden kann. Damit scheiden für den Fall der Aufnahme des neuen Produktes unter Zukauf von Zwischenprodukt u die Preisstellungen b und c aus, weil bei den dort erzielbaren Absatzmengen eine Verdrängung von u_2 noch nicht notwendig würde und u_3 aus fremdbezogenem u nicht wirtschaftlich hergestellt werden kann. 604

Die Preisstellung a im Falle des Zukaufs von u für u_2 unter Verdrängung von u_3 (Fall IIIa) ist daher günstiger als die gleiche Preisstellung bei Verdrängung auch von u_2. Es gilt nun noch zu prüfen, ob sie auch vorteilhafter ist als die Preisstellung b unter Verdrängung von u_3 (Fall Ib), die sich bisher als günstigste Alternative erwiesen hat. Dazu ist wiederum ein Investitionsvergleich erforderlich. Die Amortisationsdauer bei hinausgeschobenem Deckungsbeitrag zu den Gemeinkosten und zum Gewinn – ohne Berücksichtigung von Zinsen – ist nach Tabelle 15c mit 3,87 Perioden etwas ungünstiger als bei Preisstellung b unter Verdrängung von u_3 (3,05 Perioden). Da aber der zusätzliche Periodenbeitrag mit 43 958 DM (siehe Tab. 15, Zeile 9) höher ist, muß außerdem noch die Entwicklung des Überschusses nach Abdeckung der Investitionsausgaben verfolgt und zu dem gebundenen Investitionskapital, der Fläche OGH in Abbildung 9, in Beziehung gesetzt werden. Auch ohne Berücksichtigung von Zinsen und ohne genaue Rentabilitätsrechnungen für unterschiedliche Dauer der Marktperioden ist zu ersehen, daß die Preisstellung b unter Verdrängung der Produkte u_3 auf viele Perioden hinaus die günstigste ist. Damit wäre die Frage der Preisstellung für das Produkt u_4 vom Standpunkt der Errechnung her entschieden.

Die Preiskalkulation im Rahmen des Rechnens mit relativen Einzelkosten und Deckungsbeiträgen geht, wie diese Beispiele zeigen, also in echte Wirtschaftlichkeitsrechnungen über und kann zu ganz anderen – und wie es scheint günstigeren – Entscheidungen führen als die Anwendung herkömmlicher Kalkulationsmethoden.

3. Informationsmöglichkeiten der Deckungsbeitragsrechnung für Preisentscheidungen

Die Beispiele für Preiskalkulationen mit Hilfe der Deckungsbeitragsrechnung haben gezeigt, daß die Deckungsbeitragsrechnung zwar nicht den zu fordernden Verkaufspreis zu errechnen vermag – dazu ist keine Kostenrechnung in der Lage –, daß sie aber die für preispolitische Entscheidungen – zumindest in den vorgeführten Situationen – notwendigen Informationen von der Kosten- und Erfolgsseite her zu liefern vermag. Entschei-

605 *Tabelle 15: Deckungsbeitragsrechnung zur Aufnahme des neuen Produktes u_4 für den Fall der Beibehaltung der Kapazität unter Zukauf von Zwischenprodukt u*

a) *Ermittlung des geminderten Deckungsbeitrages je Leistungseinheit*

			u_2	u_3
1	Bisheriger Deckungsbeitrag je Leistungseinheit		752	352
2	./. Mehrkosten für fremdbezogenes u = Minderung des Deckungsbeitrages			
	Einstandspreis u	855		
	./. direkte Kosten bei Selbstherstellung	520		
	Mehrpreis	335		
	× Mengenverbrauch (1,2 je Leistungseinheit u_2, u_3)		402	402
3	Geminderter Deckungsbeitrag je Leistungseinheit		350	– 50

b) *Ermittlung des zusätzlichen Periodenbeitrages*

4	Erzeugnisbeiträge von u_4 je Periode	78 000
5	./. Verdrängte Deckungsbeiträge von u_3	18 300
6	./. Minderung des Deckungsbeitrages bei 31,2 Leistungseinheiten u_2 (entspr. 39 Maschinenstunden A)	12 542
7	Überschuß über verdrängte und geminderte Deckungsbeiträge	47 158
8	./. zusätzliche „fixe" erzeugnisbedingte Perioden-Einzelkosten	3 200
9	*Zusätzlicher Periodenbeitrag*	43 958

c) *Amortisationsrechnung*

10	Einmalige Investitionsausgaben bei Aufnahme des neuen Produktes	170 000
11	Amortisationsdauer (Zeile 10 : Zeile 9) (in Perioden)	3,87

dungen über Preisforderungen sind stets mit der Wahl zwischen mehreren Verhaltensmöglichkeiten verbunden, so daß die Preiskalkulation immer in Verbindung mit den zugehörigen Entscheidungsalternativen, etwa der Wahl des Produktionsprogramms, der Verwendungsmöglichkeiten der Erzeugnisse, der Produktions- oder Absatzverfahren usw. gesehen werden muß. Bei diesen Entscheidungen darf der Unternehmer nicht erwarten, daß die Preiskalkulation für ihn denkt oder ihm auch nur ein ein für allemal gültiges Schema anzubieten hat. Er muß schon selbst von Fall zu Fall überlegen, welche Verhaltensmöglichkeiten gegeben sind und welche Informationen er aus der Kostenrechnung, aus den Daten des Marktes und aus der Verknüpfung zur Deckungsbeitragsrechnung für die anstehende Entscheidung braucht.

Die Daten des Marktes – und dazu gehört der erzielbare Preis – kann naturgemäß weder die Kostenrechnung noch die Deckungsbeitragsrechnung liefern. Diese Daten – mit oder ohne Marktforschung – richtig abzuschätzen ist eine Kunst, die einen reichen Schatz an theoretisch richtig interpretierten Erfahrungen und einen sechsten Sinn für kommende Dinge erfordert; aber gerade diese Kunst ist es ja, die den Unternehmer und den Verkaufsleiter auszeichnet. Welche Informationen er dafür benötigt und durch die Deckungsbeitragsrechnung gewinnen kann, soll im folgenden dargestellt werden.

Preisentscheidungen beziehen sich nur selten auf eine Leistungseinheit, meist umfaßt der Wirkungsbereich einer Preisentscheidung einen mehr oder weniger großen Ausschnitt aus der Gesamtleistung eines Unternehmens. Der von einer Preisentscheidung betroffene Ausschnitt aus der Gesamtleistung kann beispielsweise die gesamte Menge einer bestimmten Leistungsart umfassen oder nur eine Teilmenge davon, sie kann aber auch verschiedene Arten von Leistungen umfassen, die etwa zu einem Kundenauftrag gehören oder Teil einer Folge von Aufträgen eines Kunden sind oder die auf andere Weise absatzwirtschaftlich zusammengehören. Die von den Preisentscheidungen betroffenen Ausschnitte aus der Gesamtheit der Leistungen einer Unternehmung sollen im folgenden kurz als »Leistung« bezeichnet werden. 606

Ganz allgemein muß das interne Rechnungswesen für Preisentscheidungen folgende Daten liefern:

1. die für die betrachtete *Leistung* entstehenden *zusätzlichen Kosten,*
2. die durch die Entscheidung für die betrachtete Leistung *»automatisch« wegfallenden Kosten* der deshalb wegfallenden alternativen Leistungen und die beim Wegfall dieser alternativen Leistungen *abbaufähigen Kosten der Betriebsbereitschaft,*
3. den *Deckungsbedarf* für die *verbleibenden Kosten.*

Von der Absatzplanung müssen als ergänzende Daten geliefert werden:

4. der für die betrachtete *Leistung erzielbare Erlös,*
5. die durch Verzicht auf anderweitige Nutzung der Betriebsbereitschaft, der personellen, sachlichen und finanziellen Mittel und Kräfte des Unternehmens *entgehenden Erlöse.*

Es gilt nunmehr, die hinzukommenden, die »automatisch« wegfallenden und abbaufähigen Kosten und den Deckungsbedarf auf ihre Struktur und ihren Inhalt zu untersuchen und zu prüfen, inwieweit das Rechnen mit relativen Einzelkosten diese Kostenkategorien unmittelbar ausweist oder inwieweit wenigstens die für ihre Ermittlung notwendigen Elemente dargeboten werden. Dabei ist noch zu fragen, ob die Deckungsbeitragsrechnung die betreffenden Kostenkategorien den von den Preisentscheidungen betroffenen *Leistungsgesamtheiten (Leistungsbereichen)* oder wenigstens ihren Leistungselementen direkt zuordnet oder leicht zurechenbar darbietet.

Das *Prinzip der ausschließlich direkten Erfassung und Zurechnung* sämtlicher Kosten einer Unternehmung und das Prinzip der *Differenzierung der Kosten nach ihrem Verhalten* gegenüber den Haupteinflußgrößen kommen der *Ermittlung der zusätzlichen und wegfallenden Kosten* ungemein entgegen. Direkt zurechenbar sind einem Objekt nämlich nur solche Kosten, die durch das Vorhandensein oder Entstehen des Zurechnungsobjektes bedingt sind. Den einzelnen Leistungseinheiten direkt zurechenbare Kosten erscheinen daher zwangsläufig unter den kurzfristig variablen Kosten einer Erzeugnisart, während beispielsweise die laufenden Typenkosten (z. B. Pauschallizenzen je Periode, spezielle Werbekosten) bei den nicht kurzfristig veränderlichen Perioden-Einzelkosten und die einmaligen Typenkosten (z. B. einmalige Pauschallizenzen, Patentkosten, Konstruktions- und Entwicklungskosten, Spezialvorrichtungen) bei den Deckungsraten [8] für Perioden-Gemeinkosten gesammelt werden. Da die erzeugte Menge eines Produktes nicht mit der abgesetzten identisch zu sein braucht, aber ein Teil der zusätzlichen Kosten bei der Erzeugung, ein anderer Teil beim Absatz entsteht, erscheinen die den erzeugten Mengen direkt zurechenbaren Kosten unter den *»erzeugungsmengen-abhängigen«* und die den verkauften Mengen zurechenbaren unter den *»absatz-abhängigen«* bzw. *»umsatz-(wert-)abhängigen«* Kosten. Werden differenziertere Angaben benötigt, beispielsweise wenn ein Erzeugnis in verschiedenen Packungsgrößen oder Packmitteln angeboten wird oder wenn die Provisions-

607 sätze nach Absatzgebieten, Abnehmergruppen oder Auftragsgrößen differenziert sind, dann brauchen nur die von diesen Differenzierungen betroffenen Kostenarten gesondert ausgewiesen zu werden, um eine schnelle Berücksichtigung des Einzelfalles im Rahmen einer Ergänzungsrechnung zu ermöglichen.

Hinzukommen oder wegfallen können aber auch *Bereitschaftskosten.* Im Falle zusätzlicher laufender Bereitschaftskosten oder hinzukommender einmaliger Investitionsausgaben liegt es auf der Hand, daß diese im Rahmen von Sonderuntersuchungen ermittelt werden müssen, da sie in der laufenden Rechnung noch nicht vorhanden sein können. Immerhin können Kennzahlen aus der Grundrechnung vergangener Perioden die Vorkalkulation dieser zusätzlichen Bereitschaftskosten erheblich erleichtern. Anders liegen die Verhältnisse bei den *abbaufähigen Bereitschaftskosten.* Hier dürfte es nur in wenigen Fällen zweckmäßig sein, die abbaufähigen Bereitschaftskosten von vornherein als besondere Kategorie – gegebenenfalls noch nach der Fristigkeit differenziert – von den nur langfristig schwer oder überhaupt nicht abbaufähigen Bereitschaftskosten zu trennen [9]. In welchen »Sprüngen« und zu welchen Zeitpunkten Bereitschaftskosten abgebaut werden können (z. B. Entlassung von Arbeitskräften, Kündigung von Mietverträgen), hängt so sehr von den jeweiligen rechtlichen, marktlichen und innerbetrieblichen Verhältnissen, den Erwartungen und Planungen des Unternehmers und den jeweiligen Anpassungsmöglichkeiten ab, daß nur Sonderrechnungen unter Berücksichtigung des jeweiligen Falles hinreichend genaue Informationen liefern können. Aus diesem Grunde ist es empfehlenswert, in der laufenden Rechnung bei der Trennung zwischen fixen und variablen Kosten auf das *Verhalten gegenüber ganz kurzfristigen Veränderungen* von Art und Menge der Leistungen abzustellen.

Liegen *Liquiditätsengpässe* vor, dann erweist sich die Differenzierung der Kostenarten nach ihrem *Ausgabencharakter* als wertvolle Hilfe, weil auf diese Weise schnell erkennbar ist, inwieweit mit dem Abbau von Bereitschaftskosten auch eine Verminderung der Ausgaben verbunden sein wird. In der laufenden Deckungsbeitragsrechnung werden die Deckungsbeiträge einerseits nach Kostenkategorien differenziert und andererseits nach Zurechnungsobjekten (z. B. Erzeugnisse, Erzeugnisgruppen, Absatzgebiete, Kundengruppen u. a.), die mit den von Preisentscheidungen jeweils betroffenen Leistungen oder Leistungsgruppen identisch sein können oder wenigstens deren Elemente bilden. Daher fallen in der laufenden Rechnung die kurzfristig wegfallenden Erlöse verdrängter bisheriger Leistungen und ihre kurzfristig wegfallenden Kosten sofort saldiert, in Form der »Stückbeiträge« bzw. der »Erzeugnisbeiträge« (= Deckungsbeiträge der abgesetzten Leistungen über die ihnen direkt zurechenbaren kurzfristig veränderlichen Kosten) an. Es muß dann nur noch untersucht werden, ob und gegebenenfalls inwieweit sich die variablen Gemeinkosten verändern und welche Bereitschaftskosten abgebaut werden können.

Die ergänzend ausgewiesenen Deckungsbeiträge je Leistungseinheit erleichtern Planungsrechnungen für verschiedene Absatzmengen ebensosehr wie der gesonderte Ausweis der umsatzwertabhängigen Kosten die Berücksichtigung von alternativen Preisforderungen in der Planung. Mit Hilfe der spezifischen Deckungsbeiträge läßt sich rasch ein Urteil darüber fällen, welche Erzeugnisse erforderlichenfalls verdrängt werden sollten – soweit eine absatzwirtschaftliche Verbundenheit oder langfristige Überlegungen nicht dagegen sprechen –, wenn die Kapazitäten nicht mehr ausreichen. Zudem können die für die Deckungsbeitragsrechnung typischen Denkweisen und Kalkulationsschemata zum Vergleich der Vorteilhaftigkeit der verschiedenen absatzpolitischen Alternativen bei neuen Erzeugnissen angewandt werden.

608

Ein besonders wichtiger Bestandteil der Deckungsbeitragsrechnung und eine unbedingt notwendige Information für die Preispolitik ist die *Vorgabe des Deckungsbedarfs* für die jeweilige Dispositionsperiode. Geht man davon aus, daß die den Leistungseinheiten direkt zurechenbaren Kosten auch direkt für die verschiedenen Leistungsarten je Einheit vorgegeben werden, dann bleibt noch ein mehr oder weniger großer Rest an variablen und fixen Gemeinkosten übrig, der letztlich durch die Gesamtheit der Leistungen aus den Überschüssen über die ihnen direkt zugerechneten Kosten abgedeckt werden muß. Zum gemeinsamen Deckungsbedarf gehört stets auch der angestrebte Gewinn, da die einzelnen Leistungseinheiten und Aufträge stets nur einen Bruttogewinn, nämlich den Deckungsbeitrag über die ihnen direkt zurechenbaren Kosten, niemals aber einen Nettogewinn abwerfen können. In ungünstigen Fällen, etwa bei Kuppelproduktion, kann dieser gemeinsam abzudeckende Rest über 90% der Gesamtkosten ausmachen, wenn beispielsweise nur die umsatzwert-abhängigen Kosten und gegebenenfalls die Verpackungs- und Frachtkosten den einzelnen Leistungen zugerechnet werden können. Aber auch dann, wenn der gemeinsame Deckungsbedarf ein Vielfaches der Erzeugniseinzelkosten ausmacht, wie in diesem Beispiel, braucht ein Verkaufsleiter keineswegs hilflos vor der Frage zu verzagen, wie er diesen Deckungsbedarf bei seinen einzelnen Produkten, Abnehmergruppen und regionalen Teilmärkten hereinholen soll. Dieser Block des gesamten Deckungsbedarfs kann nämlich unter mehreren Gesichtspunkten *zerlegt* werden:

nach den Kostenkategorien und der Dringlichkeit ihrer Abdeckung,
nach den preispolitischen Verantwortungs- und Dispositionsbereichen (Teilmärkten) und nach Zurechnungsbereichen.

Weiter kann dieser Block unter dem Gesichtspunkt der zeitlichen Struktur des Deckungsbedarfs gesehen werden und in seinen Beziehungen zur Nutzung des für die Planungsperiode maßgeblichen Engpasses.

Der Gesamtdeckungsbedarf einer Periode kann entweder unter dem Gesichtspunkt der *Kostendeckung* oder unter dem Gesichtspunkt der *Deckung des Finanzbedarfs* aufgestellt und gegliedert werden. Im folgenden soll nur die erste Möglichkeit, die theoretisch besser zum Rechnen mit relativen Einzelkosten und Deckungsbeiträgen paßt [10], dargestellt werden, wenngleich in der Praxis teilweise dem zweiten Weg der Vorzug gegeben wird. Es liegt nahe, bei der Aufgliederung des Deckungsbedarfs auf die *Kostenkategorien* der Grundrechnung (siehe Tabelle 7) zurückzugreifen, deren Gruppierung bereits im Hinblick auf die Ermittlung des Deckungsbedarfs getroffen worden ist. Die kurzfristig variablen Kosten sind bei paralleler und wechselnder Produktion, wie in unserem Beispiel, fast ganz den abgesetzten oder auf Lager produzierten Leistungseinheiten direkt zurechenbar und scheiden daher für die Ermittlung des Deckungsbedarfs aus. Dagegen müssen die bei Kuppelproduktion und ähnlichen Formen der Produktionsverbundenheit entstehenden variablen echten Gemeinkosten in den Gesamtdeckungsbedarf aufgenommen werden[71]. Als nächste Kategorie folgen die nicht kurzfristig variablen Perioden-Einzelkosten, die in der Regel zugleich kurzfristig mit Ausgaben verbunden sind. Von gleicher Dringlichkeit in der Abdeckung unter finanzwirtschaftlichen Gesichtspunkten sind praktisch auch die ausgabennahen Deckungsraten für Perioden-Gemeinkosten, um in kritischen Zeiten Liquiditätsschwierigkeiten mittelfristiger Art zu vermeiden. Demgegenüber ist in solchen Situationen die Abdeckung der Deckungsraten für ausgabenferne Perioden-Gemeinkosten, wie Abschreibungen und Rückstellungen, oder gar der überhaupt nicht mit Ausgaben ver-

[71] Soweit man nicht für die jeweils zusammengehörigen Kuppelproduktbündel den Deckungsbedarf an variablen Kosten des Kuppelprozesses dem Bündel gemeinsam gesondert vorgibt.

609 bundenen Kosten, wie der kalkulatorischen Zinsen auf Eigenkapital, die man besser als Teil des angestrebten Soll-Gewinnes ansieht, weit weniger dringlich. Sieht man von diesen finanziellen Gesichtspunkten ab, dann wird durch die Differenzierung des Deckungsbedarfs nach Perioden-Einzelkosten und Perioden-Gemeinkosten der Spielraum für den zeitlichen kalkulatorischen Ausgleich sauber abgesteckt.

Der Gesamtdeckungsbedarf kann weiter nach *Verantwortungsbereichen* bzw. Dispositionsbereichen, z. B. nach Verkaufsabteilungen, Absatzbereichen oder Teilmärkten und nach *Zurechnungsbereichen* aufgespaltet werden. Dabei sind diesen Teilbereichen, wie aus der Grundrechnung und den mehrstufigen Deckungsbeitragsrechnungen hervorgeht, jeweils nur gewisse Teile des Gesamtdeckungsbedarfs direkt zurechenbar; diese Teile sind der *»direkte Deckungsbedarf«* des betrachteten Verantwortungs- oder Dispositionsbereichs.

Auch hier kann man die Forderung aufstellen, daß jede Gruppe von Leistungen, die als Dispositionsbereich angesehen werden kann, außer den direkt den einzelnen Leistungseinheiten zurechenbaren variablen Kosten auch solche Kosten der Betriebsbereitschaft abzudecken hat, die speziell für den betrachteten Leistungsbereich entstehen. So könnte man in unserem Beispielbetrieb die direkten Kosten der Weiterverarbeitungsstelle B den daraus hervorgehenden Erzeugnissen als direkten Deckungsbedarf gemeinsam vorgeben. In entsprechender Weise kann man den direkten Deckungsbedarf für einzelne Verkaufsabteilungen ermitteln, der einerseits aus den direkten Kosten dieser Verkaufsabteilungen besteht, soweit sie nicht bereits, wie Provisionen oder Frachten, den einzelnen Leistungen direkt zugerechnet werden. Darüber hinaus sind aber auch die direkten Bereitschaftskosten derjenigen Haupt- und Hilfskostenstellen im Fertigungsbereich und den übrigen Bereichen in diesen direkten Deckungsbedarf einzubeziehen, die ausschließlich für die von der betrachteten Verkaufsabteilung abgesetzten Leistungen tätig sind.

Von dem Gesamt-Deckungsbedarf einer Unternehmung läßt sich aber stets nur ein Teil direkt den einzelnen Verkaufsabteilungen, Produktgruppen, Teilmärkten und sonstigen preispolitischen Entscheidungsbereichen zurechnen. Es bleibt stets ein mehr oder weniger großer *gemeinsamer Rest*, zu dem auch der angestrebte Gewinn gehört, der letztlich durch alle Verantwortungs-, Dispositions- oder Leistungsbereiche gemeinsam erwirtschaftet werden muß.

Dieser gemeinsame Deckungsbedarf sollte den Verantwortungs- oder Dispositionsbereichen für die Preispolitik nicht nach schematischen Schlüsseln, wie in der Vollkostenrechnung, vorgegeben werden, sondern auf Grund unternehmungspolitischer, insbesondere absatzpolitischer Überlegungen. In jedem Falle muß dabei die *Tragfähigkeit* beachtet werden, da sonst die Gesamtdeckung nicht gewährleistet wird. Der Maßstab für die Tragfähigkeit kann hierbei wiederum aus der Deckungsbeitragsrechnung gewonnen werden: Es ist der Überschuß, der bleibt, wenn alle Kosten abgedeckt sind, die den Leistungen, über die hier entschieden wird, direkt zurechenbar sind, und außerdem alle Kosten derjenigen Teile der Betriebsbereitschaft, die eindeutig nur für diese Leistungen vorgehalten werden (»Entscheidungsbereichs-Beitrag«, »Abteilungs-Beitrag« usw.).

Wenden wir uns nun der Frage zu, wie über den Deckungsbedarf eines Entscheidungsbereichs weiter disponiert werden soll. Letzten Endes muß es auch hier der Marktkenntnis und den unternehmerischen Fähigkeiten des für die Preispolitik im jeweiligen Entscheidungsbereich Verantwortlichen überlassen bleiben, mit welchen Aufträgen, bei welchen Erzeugnissen, Erzeugnisgruppen, Abnehmern, Absatzgebieten und sonstigen Teilmärkten er die erforderlichen Deckungsbeiträge im Markt hereinholt. Das gestattet eine sehr viel beweglichere Preispolitik und damit zugleich eine anpassungsfähigere und erfolgreichere

Absatzpolitik. Freilich sind dafür höhere Qualifikationen erforderlich als für ein Anbieten zu Preisen, die von der Kalkulationsabteilung – ohne die erforderliche Marktkenntnis – vorgegeben werden oder ein Feilschen mit den Kalkulatoren um notwendig erscheinende Nachlässe.

Immerhin bieten sich noch mancherlei Hilfen an. Ein Teil des Deckungsbedarfs der Periode ist nämlich in der Praxis meist schon abgedeckt, beispielsweise auf Grund bereits eingegangener Aufträge und langfristiger Lieferverträge; ein anderer Teil des Deckungsbedarfs ist gut überschaubar, weil für einen Teil des Produktionsprogramms die Marktpreise bekannt sind oder die Preise der Vergangenheit – evtl. mit gewissen Änderungen – übernommen werden können und weil sich auch die Absatzmengen auf Grund der eingespielten Absatzbeziehungen relativ gut schätzen lassen. Es gilt daher in der Regel nur noch, einen mehr oder weniger großen Rest des Deckungsbedarfs »freihändig« hereinzuholen[72].

Da die in der Planungsperiode erzielbaren Deckungbeiträge nicht nur extern durch die Marktverhältnisse, sondern auch intern durch den maßgeblichen Engpaß begrenzt werden, ist es notwendig, vor der Disposition über den *»Rest-Deckungsbedarf«* die noch verfügbare Engpaßkapazität, die also noch nicht durch den bereits mehr oder weniger festliegenden Teil des Umsatzes verbraucht oder verplant ist, die *»Rest-Kapazität«* zu ermitteln und dem Rest-Deckungsbedarf gegenüberzustellen. Das kann nach Art der Abbildung 8 oder 10 geschehen. Für dieses restliche Entscheidungsfeld kann man dann feststellen, wie groß *durchschnittlich* der Deckungsbedarf je Engpaßeinheit sein sollte, damit der gesamte Rest-Deckungsbedarf oder wenigstens die davon als besonders dringlich angesehenen Schichten abgedeckt werden. Der für die Preispolitik verantwortliche Verkaufsleiter muß dann – unter Beachtung aller absatzwirtschaftlichen Folgen – für sich selbst abwägen, bei welchen Erzeugnissen er unter diesem durchschnittlichen spezifischen Deckungsbedarf bleiben kann und muß und bei welchen er höher gehen kann und sollte, um sein »Deckungs-Soll« zu erreichen. Er wird daher ständig bemüht sein müssen, unterdurchschnittlich deckende Aufträge durch die Gewinnung überdurchschnittlich dekkender Aufträge auszugleichen, und sich in ganz besonderem Maße bemühen, Aufträge hereinzuholen, die den Engpaß überhaupt nicht oder nur wenig in Anspruch nehmen und dazu beitragen, unterbeschäftigte Betriebsteile besser auszulasten.

Weiter ist es zweckmäßig, innerhalb der Planungsperiode, für die der Deckungsbedarf ermittelt oder vorgegeben worden ist, nach Art der Abbildung 10 zu verfolgen, welcher Teil des Deckungsbedarfs zu dem jeweiligen Zeitpunkt bereits erwirtschaftet worden ist und welcher Rest noch hereingeholt werden muß. In Unternehmungen mit saisonalen Absatzschwankungen empfiehlt es sich, in den über der Zeit aufgetragenen Deckungsbedarf den nach statistischen Methoden ermittelten *»Saisonkanal«* einzuzeichnen, um an Hand der so quantifizierten Erfahrungen der Vergangenheit die gegenwärtige Situation besser beurteilen zu können (vgl. Abb. 11). Damit sollte aber stets die Beobachtung der Restkapazität des Engpasses einhergehen.

Wegen der Unregelmäßigkeit von Konjunkturschwankungen ist es empfehlenswert, den ungedeckten Deckungsbedarf eines Jahres auf den Deckungsbedarf des nächsten vorzutragen, um auf diese Weise einen längerfristigen zeitlichen Ausgleich anzustreben.

[72] Es handelt sich hier um eine Abwandlung des als Restwertrechnung oder Substraktionsmethode bekannten Bewertungsverfahrens für Kuppelprodukte, das besonders gut geeignet ist, die Preisuntergrenze für das Hauptprodukt oder Leitprodukt unter dem Ziel der Vollkostendeckung zu ermitteln.

611

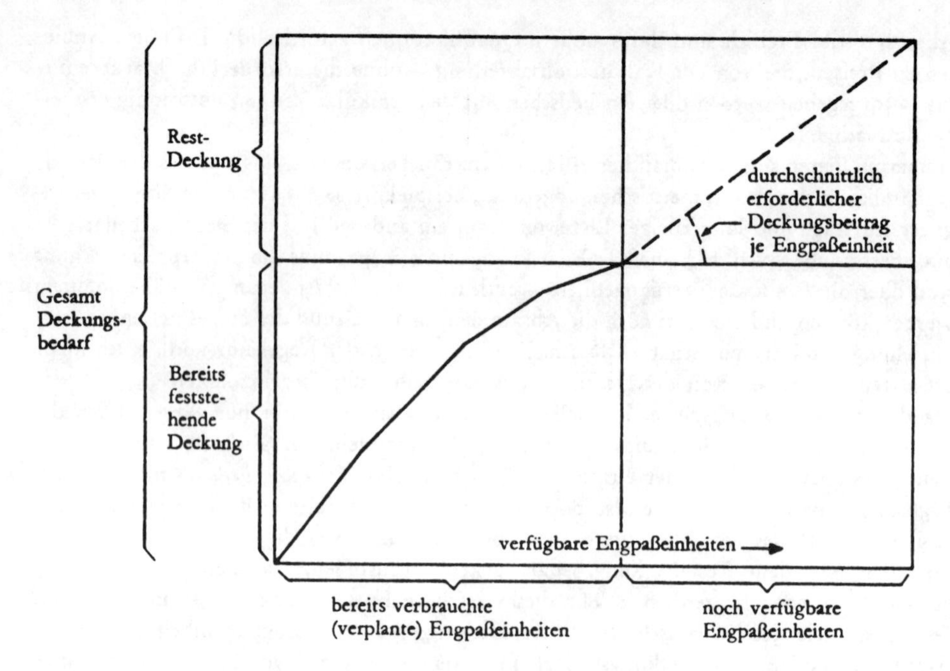

Abbildung 10

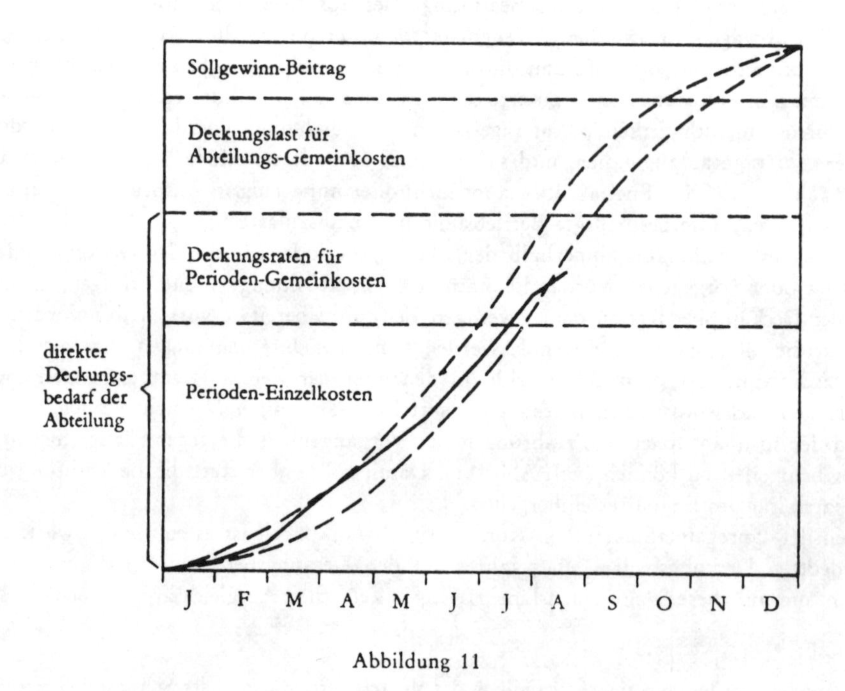

Abbildung 11

V. *Die Preiskalkulation als Wirtschaftlichkeitsvergleich*

Die vorliegende Untersuchung hat gezeigt, daß die Kosten zwar ein wichtiger Bestimmungsgrund für Preisentscheidungen sind, daß aber für Preisbestimmungen schematische Kostenrechnungen nur sehr eingeschränkt angewandt werden können. Vor allem wurde nachgewiesen, daß die Selbstkostenrechnung wenig geeignet ist, ihren preiskalkulatorischen Zielen, der Deckung der vollen Kosten und des angestrebten Gewinnes, gerecht zu werden, nicht zuletzt weil die Selbstkosten einer Leistung nicht ohne Fiktionen, die die wirklichen Gegebenheiten ihrem Wesen nach falsch darstellen, ermittelt werden können. Aber davon abgesehen, hat sich gezeigt, daß der Preis, der jeweils mindestens gefordert werden muß, damit eine Leistung, ein Auftrag für das Unternehmen interessant erscheint, nicht durch die Kosten der jeweiligen Leistung allein bestimmt wird, sondern von der Stellung des Auftrages oder der Leistung im Programm der gesamten Periode, ja im Zeitablauf, abhängig ist.

Preispolitik ist somit mehr als nur Preisentscheidung; sie ist, bewußt oder unbewußt, gewollt oder nicht gewollt, immer zugleich eine Entscheidung zwischen mehreren Handlungsmöglichkeiten: den Auftrag annehmen oder ablehnen, produzieren oder nicht produzieren, a produzieren oder b produzieren, a und b produzieren unter Zukauf von Zwischenerzeugnissen oder Erweiterung der Kapazität, jetzt und sicher verkaufen oder weiterlagern und später (hoffentlich besser) verkaufen, zu hohem Preis kleine Mengen absetzen oder zu niedrigem Preis große Mengen, usw.

Die Preiskalkulation muß also letzten Endes in enger Verbindung mit den sachlichen Dispositionsmöglichkeiten gesehen werden und muß deshalb als Wirtschaftlichkeitsvergleich unter Berücksichtigung der jeweiligen Veränderungen von Kosten und Erträgen, Ausgaben und Einnahmen, sowie der Veränderungen in der Nutzung knapper personeller Kräfte, sachlicher und finanzieller Mittel aufgebaut werden.

Dies schließt allerdings eine gewisse Schematisierung der Wirtschaftlichkeitsvergleiche für Preisentscheidungen nicht aus, die dort notwendig erscheint, wo es gilt, eine große Zahl von Preisentscheidungen in kurzer Zeit rationell zu treffen. Hierfür müssen allerdings andere Wege gegangen werden als in der Selbstkostenrechnung. Die erste Voraussetzung dafür ist eine Bestandsaufnahme der bei Preisentscheidungen vorkommenden Situationen und der damit verbundenen Handlungsmöglichkeiten mit dem Streben, diese zu ordnen und zu typisieren. Sodann muß untersucht werden, welche Informationen für diese typischen Situationen und Handlungsmöglichkeiten benötigt werden. Erst dann können für die typischen Entscheidungssituationen Denkschemata und Rechenschemata entwickelt werden.

Anmerkungen

[1] Den Lohnzuschlägen als Schlüsselgröße liegen nur ***scheinbare Einzelkosten*** zugrunde. Vgl. zum Fixkosten- und Gemeinkostencharakter der Fertigungslöhne im einzelnen insbesondere S. 275 f. und 276–280.

[2] Das gilt auch für scheinbare Einzelkosten oder reinen Einzelverbrauch, dem keine Wertkomponente zugerechnet werden kann, weil er mit fixen Kosten bzw. mit variablen echten Gemeinkosten verbunden ist. Siehe hierzu im einzelnen S. 33 [4], 90, 93, 275 f. und 276–278.

[3] Zu einem ähnlichen Ergebnis kommt Hans Möller: »Die Aufteilung der fixen Kosten hat zur Folge, daß die Selbstkosten der einzelnen Produkte bei verbundener Produktion ökonomisch durchaus unbestimmt sind.« *Möller, Hans*, Kalkulation, Absatzpolitik und Preisbildung. Die Lehre von der Absatzpolitik der Betriebe auf preistheoretischer und betriebswirtschaftlicher Grundlage, 1. Aufl., Wien 1941, S. 102 (siehe auch den Nachdruck mit einer neuen Einführung über Die Entwicklung der modernen Preistheorie, Tübingen 1962, S. 102).

[4] In diesem Schema ist ein Auftrag über die Sonderanfertigung eines kundenindividuell typisierten Erzeugnisses, der mehrere Leistungseinheiten umfaßt und dem weitere Aufträge über denselben Erzeugnistyp vorausgegangen sind oder folgen werden, unterstellt. Dabei wurde, um die Übersichtlichkeit der Darstellung nicht weiter zu erschweren, darauf verzichtet, zwischen Einzelkosten der Produkteinheiten, des einzelnen Auftrags und des kundenindividuellen Erzeugnistyps sowie zwischen fixen Kosten in bezug auf die Auftragsgröße bzw. die Stückzahl desselben Typs und die Beschäftigung zu unterscheiden. Nur aus diesem Grunde können innerhalb der Sondereinzelkosten der Fertigung und der Sondereinzelkosten des Vertriebs auch fixe Kosten oder kurzfristig nicht mit Ausgaben verbundene Kosten ausgewiesen werden.

[5] Dieser Satz darf nicht etwa so ausgelegt werden, als ob jede Bruttoergebnisrechnung schon eine Deckungsbeitragsrechnung sei. Streng genommen kann von Deckungsbeiträgen nur insoweit die Rede sein, als es sich um die mit der Entscheidung für eine bestimmte Alternative und den damit verbundenen Ausführungsmaßnahmen ausgelöste Erfolgsdifferenz handelt, also um die Differenz zwischen zusätzlichen Erlösen und zusätzlichen Kosten (im Sinne von Ausgaben und Ausgabenverpflichtungen). Alle anderen Größen sind allenfalls Näherungswerte. Als stark vereinfachende Näherungslösungen sind auch die bekannten Systeme des »marginal costing«, »direct costing«, der Proportionalkostenrechnung und Grenz(plan)kostenrechnung anzusehen, weil in ihnen lediglich die auf die Leistungseinheit entfallenden als marginal, variabel oder proportional *angesehenen* Kosten ermittelt werden. Weil hierbei zumeist auf die Anpassungsmöglichkeiten im Rahmen einer mittelfristigen Planung abgestellt wird, die infolge ihrer Situations- und Erwartungsabhängigkeit gar nicht näher konkret und operational definiert werden können, werden dementsprechend auch proportionalisierte Anteile mittelfristig veränderlicher Bereitschaftskosten mehr oder weniger willkürlich einbezogen und den Leistungseinheiten zugerechnet. Die Frage der Zurechenbarkeit der Erlöse wird überhaupt vernachlässigt. Nur wenn die Erlöse den Leistungseinheiten tatsächlich zurechenbar sind und die als marginal, variabel oder proportional angesehenen Kosten mit den relevanten zufällig übereinstimmen, handelt es sich bei den oft auch als »Deckungsbeitrag« oder »Grenzerfolg« bezeichneten Bruttoüberschüssen um die tatsächlich relevante Erfolgsänderung oder um den tatsächlichen Deckungsbeitrag. Nur für einen Teil der Entscheidungs- und Planungs- bzw. Kontrollprobleme ist jedoch die Trennung zwischen fixen und (durchschnittlich) veränderlichen Kosten in bezug auf (mittelfristige) Beschäftigungsgradschwankungen überhaupt oder allein relevant. Siehe hierzu auch die Bemerkungen zu den genannten Rechnungssystemen bei *Koch, Helmut,* Grundprobleme der Kostenrechnung, Köln und Opladen 1966, S. 64, in Anmerkung 2a sowie die Definition des Deckungsbeitrags und der Deckungsbeitragsrechnung im Glossarium der vorliegenden Schrift S. 387.

[6] Bei dem nach Abdeckung ausgabennaher Perioden-Gemeinkosten verbleibenden Bruttogewinn handelt es sich nach meiner heutigen, strengeren Auffassung nicht mehr um einen Deckungsbeitrag; ich bezeichne ihn daher neuerdings als liquiditätswirksamen oder verfügbaren *»Überschuß«*. Er entspricht etwa dem *cash flow*.

[7] Die mit der Stückzahl multiplizierten Stückbeiträge bezeichne ich neuerdings als Artikel – *»Umsatzbeiträge«*.

[8] Der Ausweis anteiliger Typenkosten als Deckungsraten empfiehlt sich nur dann, wenn man in Ergänzung zur Einzelkostenrechnung für Sonderzwecke eine Vollkostenrechnung aufstellen möchte. Bei einer reinen Einzelkostenrechnung werden die Typenkosten vielmehr im Rahmen der Perioden-Gemeinausgaben als »Gemeinausgaben (-kosten) offener Perioden« in der Zeitablaufrechnung gesammelt und ausgewiesen. Siehe hierzu S. 91–97. Ihre Abdeckung im Zeitablauf kann dann in Investitionskontrollrechnungen nach Art von Abb. 5 auf S. 65 sowie Abb. 8 und 9 auf S. 96 f. verfolgt werden.

[9] Wie insbesondere in der Rezession 1966/67 beobachtet werden konnte, wird bei Entscheidungen über den Abbau der Betriebsbereitschaft nicht immer bedacht, daß ein Teil der an sich abbaubaren Kosten infolge der rechtlichen Bindungsdauer oder Bindungsintervalle noch eine Weile »hängen bleibt« und erst zu späteren Zeitpunkten wegfällt. Um sicher zu stellen, daß solche *»hängenbleibenden Kosten«* nicht übersehen werden, empfehle ich seither doch die Bereitschaftskosten schon in der Grundrechnung nach der rechtlichen Bindungsdauer oder der Dauer der Bindungsintervalle zu gliedern. Siehe hierzu insbes. S. 88–91, 94 und 96 sowie eine ähnliche, aber gröbere Gliederung bei *Layer, Manfred,* Möglichkeiten und Grenzen der Anwendung der Deckungsbeitragsrechnung im Rechnungswesen der Unternehmung, Berlin 1967, insbes. S. 195–200.

[10] Dieser Auffassung lag noch der traditionelle Kostenbegriff zugrunde. Heute gebe ich dem ausgaben- oder finanzorientierten Deckungsbedarf eindeutig den Vorzug. Vgl. hierzu die Anmerkung [10] zum folgenden Beitrag auf S. 306 f.

12. Kurzfristige unternehmerische Entscheidungen im Erzeugnisbereich auf Grundlage des Rechnens mit relativen Einzelkosten und Deckungsbeiträgen*

I. Systembedingte Fehler der traditionellen Kostenrechnung

In immer mehr Unternehmungen wächst das Gefühl des Zweifels, ob die überkommene Kostenrechnung den Erfordernissen der freien Marktwirtschaft entspricht und die betrieblichen Verhältnisse wirklichkeitsgerecht »abbildet«. Und das mit Recht, denn die traditionelle Kostenrechnung ist in ihrer Entwicklung zunächst entscheidend durch den Zweck der Angebotspreiskalkulation im Rahmen von Kalkulationskartellen und später durch die staatlichen Preisbildungsvorschriften geprägt worden [1]. Beide verfolgten eine Nivellierung der Angebotspreise und – das gilt vor allem für die staatlichen Preisbildungsvorschriften – eine leichte formale Kontrollierbarkeit der Kalkulationselemente. Als Mittel hierfür wurden einheitliche Kostenrechnungsschemata geschaffen, die auf eine isolierte Betrachtung der einzelnen Kostenträger abzielen. Dabei wird das betriebsindividuelle Gefüge der Dispositionen, Kosten und Leistungen in dem rechnerischen »Abbildungs«prozeß rücksichtslos zerschlagen, indem die gemeinsam für mehrere Erzeugnisse entstehenden Kosten mit mehr oder weniger Willkür und Phantasie zunächst den Kostenstellen angelastet, von den Vorkostenstellen auf die Endkostenstellen »überwälzt« und schließlich den Kostenträgern zugeschlüsselt werden, um so die »Selbstkosten« der Erzeugnisse oder Aufträge zu ermitteln. Weil man im Prinzip *sämtliche* Kosten [2] auf die Kostenträger verrechnet, hat sich dafür der Begriff *»Vollkostenrechnung«* eingebürgert; weil diese Kosten – dem Weg der einzelnen Produkte und der dafür erforderlichen Teilleistungen folgend – *von Stufe zu Stufe »weitergewälzt«* oder von Stufenleistung zu Stufenleistung bis zum Verkaufsprodukt weiterverrechnet werden, kann man dieses System der Kostenrechnung anschaulich auch als *»Kostenüberwälzungsrechnung«* bezeichnen [3].

Weil die mehreren Kostenstellen oder Kostenträgern *gemeinsamen Kosten aufgeteilt* oder »geschlüsselt« werden, sind die Bezeichnungen *»Gemeinkostenaufteilungsrechnung«* oder »Gemeinkostenschlüsselungsrechnung« besonders gut geeignet, dieses Rechnungssystem zu kennzeichnen. Für die Bevorzugung dieser Termini spricht, daß die Bezeichnungen Vollkostenrechnung und Kostenüberwälzungsrechnung auch mit einem engeren Begriffsinhalt gebraucht werden [4].

* Nachdruck aus: Neue Betriebswirtschaft, 20. Jg. (1967), Heft 8, S. 1–23, mit freundlicher Genehmigung der Verlagsgesellschaft »Neue Betriebswirtschaft« mbH, Heidelberg.

[1] Einzelheiten s. bei *G. Dorn*, Die Entwicklung der industriellen Kostenrechnung in Deutschland, Duncker & Humblot, Berlin 1961.

[2] Kurzfristig wird die Verrechnung der effektiven Gesamtkosten einer Abrechnungsperiode nur bei einer reinen Istkostenrechnung erreicht, bei allen anderen Systemen (Normal-, Standard-, Optimal-, Prognosekostenrechnung) nur, wenn zufällig keinerlei Abweichungen zwischen Soll und Ist auftreten oder wenn sich zufällig alle Abweichungen genau ausgleichen.

[3] So von *W. Faßbender*, Betriebsindividuelle Kostenerfassung und Kostenauswertung, Franz Nowak Verlag Frankfurt/M. 1964, S. 23, und vom Verfasser in den bisherigen Veröffentlichungen zur Deckungsbeitragsrechnung.

[4] So die »Vollkostenrechnung« von *E. Heinen*, Betriebswirtschaftliche Kostenlehre, Band I: Begriff und Theorie der Kosten, 1. Aufl., Betriebswirtschaftlicher Verlag Dr. Th. Gabler, Wiesbaden, 1959, S. 230, und die »Kostenüberwälzungsrechnung« von *W. Kilger*: Flexible Plankostenrechnung, Westdeutscher Verlag, Köln und Opladen, 1. Aufl. 1961, S. 44 ff.

Gerade der zentrale Grundgedanke aller Formen und Systeme der traditionellen Kostenrechnung – gleichgültig, ob es sich hierbei um Ist-, Normal-, Optimal-, Plan- oder Standardkostenrechnungen handelt – vereitelt die Erfüllung des allgemeinen Zwecks der Kostenrechnung, den Betriebsprozeß wirklichkeitsgerecht in Zahlen »abzubilden«. Sie alle weisen nämlich zwei sehr eng miteinander verbundene *systembedingte Fehler* auf [5]:

1. Die *von Art und Menge der Leistungen unabhängigen* (»fixen«) *Kosten* werden *proportionalisiert* mit Hilfe von Zuschlagssätzen oder Stundensätzen verrechnet, so daß sie in der innerbetrieblichen Leistungsverrechnung und in der Kostenträgerrechnung als proportionale Kosten in Erscheinung treten und, mit echten proportionalen Kosten zusammengefaßt, von Stufe zu Stufe weiterverrechnet werden. Damit erscheinen die anteiligen fixen Kosten als für jede Leistungseinheit entstanden, während sie tatsächlich für eine von vornherein bestimmte oder auch ungewisse Zahl von Leistungseinheiten insgesamt aufgewandt oder in Kauf genommen werden.
2. Die *Kosten- und Leistungsverbundenheit* in Mehrproduktbetrieben, die sich in der Existenz solcher Kosten niederschlägt, die bewußt für mehrere Leistungen gemeinsam aufgewandt oder in Kauf genommen werden, wird verleugnet, wenn man diese Verbundkosten oder »echten« Gemeinkosten nach irgendwelchen mehr oder weniger plausibel erscheinenden Schlüsseln auf Kostenträger und Kostenstellen aufteilt, so daß sie im Laufe des Abrechnungsganges – mit abtrennbaren Kosten oder echten Einzelkosten vermischt – als für die jeweilige Leistung besonders entstanden erscheinen.

Die mit der Proportionalisierung fixer Kosten entstehenden Fehler lassen sich besonders deutlich am Beispiel der Beziehungen zwischen Kosten, Umsatz und Gewinn eines Einproduktbetriebes klarmachen, wenn man auf die Errechnung der Kosten je Leistungseinheit nicht unmittelbar die Divisionskalkulation, sondern die Methoden der Zuschlags- oder Verrechnungssatzkalkulation anwendet und zu diesem Zweck die gesamten Kosten der Periode in fixe Kosten F und proportionale Kosten $v \cdot m$ aufspaltet (siehe Abb. 1). Dabei

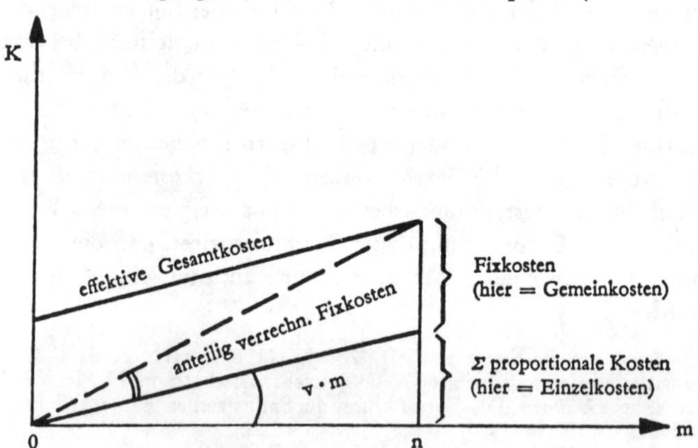

Abb. 1: Ermittlung der Fixkostenanteile für die Vorkalkulation

[5] Vgl. hierzu: *P. Riebel,* Das Rechnen mit Einzelkosten und Deckungsbeiträgen, in: Zeitschrift für handelswissenschaftliche Forschung, N. F., 11. Jg. (1959), H. 5, S. 213–238 [35–57]. – *Ders.,* Richtigkeit, Genauigkeit und Wirtschaftlichkeit als Grenzen der Kostenrechnung, in: Neue Betriebswirtschaft, 12. Jg. (1959), S. 41–45 [23–32], überarbeiteter Nachdruck in: der baubetriebsberater 3/66, Beilage zu: Die Bauwirtschaft, Jg. 1966, Nr. 13. – Kostenrechnung in der Chemischen Industrie, hrsg. vom Betriebswirtschaftlichen Ausschuß des Verbandes der Chemischen Industrie e. V., Wiesbaden 1962, S. 28 f. und 31.

ist v als proportionale Kosten je Leistungseinheit (bei Mehrproduktbetrieben: je Schlüsseleinheit), m als Zahl der Leistungseinheiten (bei Mehrproduktbetrieben als Zahl der Schlüsseleinheiten) zu interpretieren. Für die Gewinnung des Fixkostenanteils (»Durchschnittssatzes«, »Zuschlagssatzes«) werden die fixen Kosten der Periode auf die Zahl der Leistungseinheiten (bzw. Schlüsseleinheiten) n bezogen [5a]. Dabei pflegt man von den Verhältnissen des Vorjahrs oder dem Durchschnitt mehrerer vergangener Perioden, von den Verhältnissen bei Normalbeschäftigung, Planbeschäftigung bzw. Optimalbeschäftigung oder von Prognosewerten auszugehen. In der Vorkalkulation erscheinen damit die Kosten je Leistungseinheit als

$$k = v + \frac{F}{n}$$

und bei einem Verkaufspreis p der Stückgewinn g als

$$g = p - \left(v + \frac{F}{n}\right)$$

In Abhängigkeit von den produzierten und abgesetzten Leistungen ergeben sich daraus als Summe der in der Periode verrechneten Kosten:

$$K_{ver} = m\left(v + \frac{F}{n}\right)$$

und als kalkulatorischer Nettogewinn der Periode:

$$G_{kalk} = m\,g = m\left[p - \left(v + \frac{F}{n}\right)\right].$$

Sowohl die Summe der verrechneten Stückkosten als auch die Summe der Stückgewinne steigen daher – gemäß der »Abbildung« in der Vorkalkulation – proportional zur ausgebrachten Menge (siehe Abb. 2).

Bei der Nachkalkulation zeigt sich dann, daß keineswegs schon von der ersten abgesetzten Leistungseinheit an ein Gewinn entsteht und daß weder die tatsächlichen Gesamtkosten noch der tatsächliche Periodengewinn proportional zur Absatzmenge verlaufen (siehe Abb. 3). Vielmehr sind für Ausbringungsmengen von »m kleiner n« die verrechneten Kosten kleiner als die tatsächlich entstandenen Kosten, so daß als Korrektur eine Fixkostenunterdeckung ausgewiesen werden muß. Umgekehrt sind für Ausbringungsmengen, die n übersteigen, mehr fixe Kosten verrechnet worden als tatsächlich entstanden sind, so daß als Korrektur eine Fixkostenüberdeckung ausgewiesen werden muß. Bei Ausbringungsmengen zwischen o und s sind die vorkalkulierten Stück- und Periodengewinne überhaupt nicht entstanden, vielmehr liegt im ganzen eine Verlustsituation vor, da die Erlöse erst bei s die Höhe der Gesamtkosten erreichen. Bei Mengen zwischen s und n ist die Summe der vorkalkulierten Stückgewinne höher als die des tatsächlichen Periodengewinns, und bei Ausbringungsmengen, die n übersteigen, ist der tatsächliche Periodengewinn höher als die Summe der vorkalkulierten Stückgewinne. Für alle von n abweichenden Ausbringungs-

[5a] Zur Zurückführung der Äquivalenzziffern- und Zuschlagskalkulation auf die Divisionskalkulation vgl. *H. Koch*, Die Ermittlung der Durchschnittskosten als Grundprinzip der Kostenrechnung, in: Zeitschrift für handelswissenschaftliche Forschung, N. F., 5. Jg. (1953), S. 303–327.

3

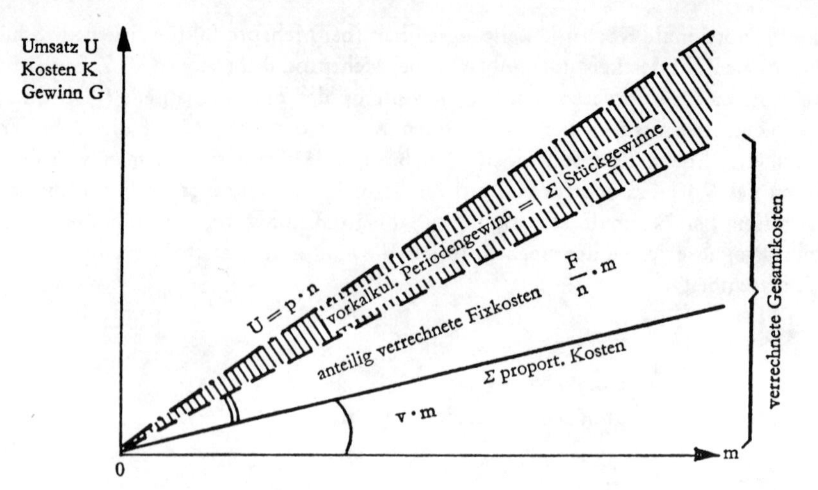

Abb. 2: Ermittlung der Gesamtkosten und des Periodengewinns aus den Stückkosten und dem Stückgewinn der Vorkalkulation

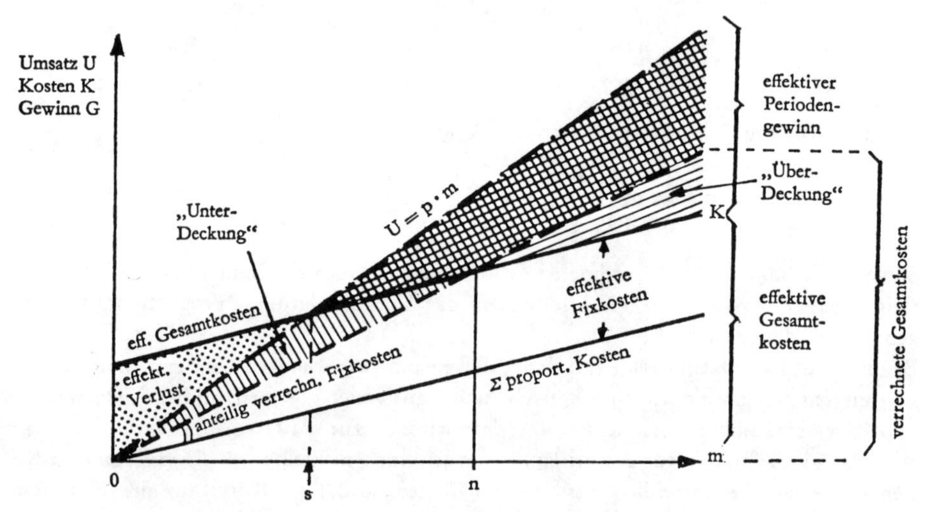

Abb. 3: Vergleich der vorkalkulierten Gesamtkosten und des vorkalkulierten Periodengewinns mit den tatsächlich entstandenen in der Nachkalkulation

2

mengen ergibt sich daher eine Abweichung zwischen dem auf Grund der Stückgewinne vorkalkulierten Nettoergebnis und dem effektiven Nettoergebnis in Höhe von

$$G_{eff} - G_{kalk} = -\left(F - m\,\frac{F}{n}\right)$$

Weil die kalkulierten Stückkosten und Stückgewinne nur für die Ausbringungsmenge Gültigkeit haben, die ihrer Errechnung zugrunde lag, sind sie bei abweichender Ausbringung für Vorkalkulationen und Entscheidungsrechnungen unbrauchbar und bei Kontrollrechnungen mit – an sich vermeidbaren – aufwendigen Analysen der Beschäftigungsab-

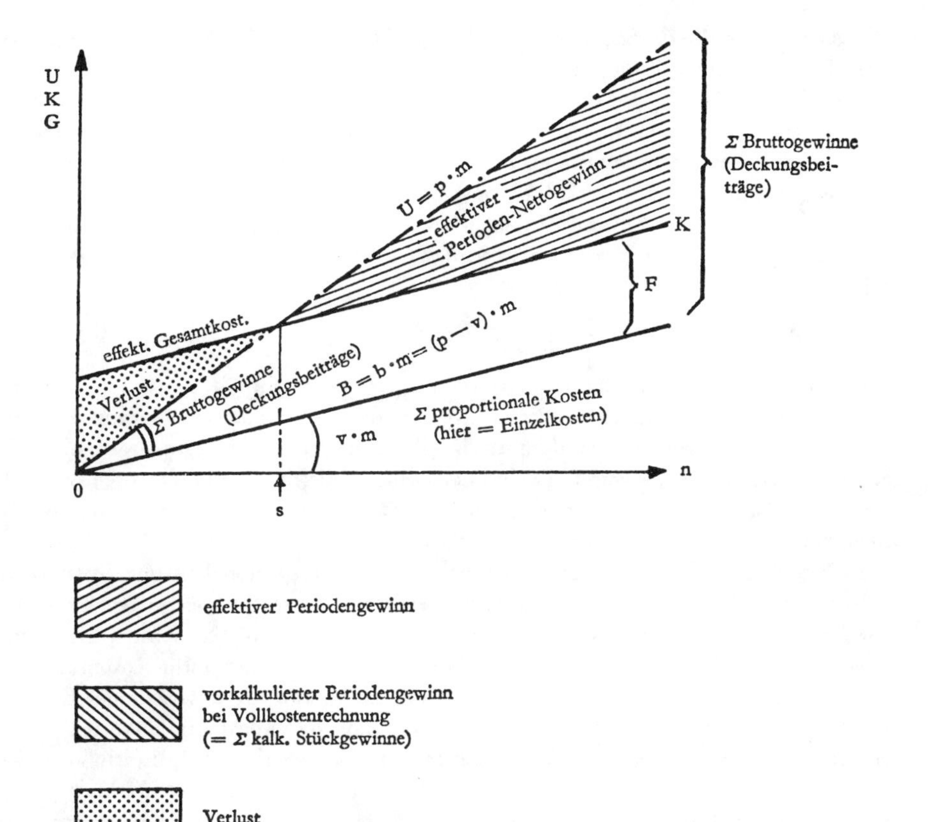

Abb. 4: Umsatz-Kosten-Gewinn-Diagramm
Ermittlung der Bruttogewinne und des Perioden-Nettogewinns in der Proportionalkostenrechnung (Direct Costing)
s = Nutzschwelle, Gewinnschwelle, Kostendeckungspunkt, Gleichgewichtspunkt, toter Punkt, break-even-point

weichungen verbunden. Darüber hinaus sind die mit der Fixkostenproportionalisierung verbundenen Rechenoperationen höchst überflüssig und verstoßen damit gegen die Grundregel jeder Rationalisierung.

Sehr viel einfacher und klarer wird der Zusammenhang zwischen Umsatz und Gewinn, wenn man von einer Betrachtung nach Art der Abb. 4 ausgeht, die der Proportionalkostenrechnung *Schmalenbachs*, dem Direct Costing und *Schärs* Lehre vom toten Punkt entspricht[6]. Die Differenz zwischen dem gesamten Erlös und den gesamten Proportionalkosten, von Schmalenbach als Bruttogewinn und neuerdings von mehreren Autoren als Deckungsbeitrag bezeichnet, wächst proportional zur Ausbringung. Sie wird zunächst

[6] Vgl. *J. F. Schär,* Allgemeine Handelsbetriebslehre, Berlin 1911, S. 134–136. Dort und allgemein in der deutschen Literatur pflegt man freilich bei der Darstellung des Kosten-Umsatz-Gewinn-Diagramms die fixen und proportionalen Kosten in umgekehrter Reihenfolge zu schichten, so daß die Proportionalität zwischen Umsatz, Proportionalkosten und Bruttogewinn nicht so unmittelbar ins Auge fällt wie bei der in der amerikanischen Literatur üblichen Art der Darstellung nach Art der Abb. 4.

herangezogen, um die fixen Kosten zu decken. Erst wenn die Absatzmenge s überschreitet (toter Punkt, Kostendeckungspunkt, Nutzschwelle, Gewinnschwelle, break-even-point), ist der überschießende Deckungsbeitrag als Nettogewinn anzusehen [7]. Abweichungen zwischen Vor- und Nachkalkulation in der »Abbildung« des Kosten- und Erfolgsverlaufes kann es nach dieser Methode nicht geben, solange die tatsächlichen Preise und Betriebsverhältnisse gegenüber den der Vorkalkulation zugrunde liegenden konstant bleiben. Sowohl die Kosten- als auch die Gewinnplanung wird formal sehr einfach entsprechend der Formel der Proportionalkostenrechnung bzw. des Direct Costing für das Nettoergebnis der Periode [7a]:

$$G = m\,(p - v) - F \qquad (3)$$

Diese Formel, die keinerlei überflüssige Rechenoperationen enthält, erlaubt es, nicht nur sehr schnell die Auswirkungen von Preis-, Kosten- und Absatzmengenänderungen auf den Periodengewinn zu ermitteln, sondern ist vor allem hervorragend geeignet, rasch die Alternativen durchzudenken, wenn Veränderungen eines Teils der Einflußfaktoren, z. B. der fixen Kosten und der Verkaufspreise, durch Variation der übrigen kompensiert werden sollen, um einen geplanten Gewinn zu erreichen.

Schmalenbach hat schon in seinen ersten Arbeiten die Proportionalisierung fixer Kosten als Verzerrung der betrieblichen Wirklichkeit erkannt und scharf angegriffen. Er vertrat in seiner Kalkulationslehre von Anfang an die Auffassung, daß fixe Kosten nicht durch die einzelnen Produkteinheiten entstünden und daß sie daher auch nicht Kosten der Produkteinheit sein könnten. Daher forderte er vom Kalkulator, bis ans Ende der Kalkulation die fixen Kosten – in seiner damaligen Terminologie »konstante Unkosten« – von den proportionalen zu trennen [8]. Es ist offenbar auf den damals starken Einfluß der Kalkulationskartelle und die später darauf aufbauenden staatlichen Kostenrechnungs- und Preisbildungsvorschriften zurückzuführen, daß diese Gedanken, die in ähnlicher Form auch von anderen Autoren vertreten wurden, in der Praxis kaum aufgegriffen worden sind. Bei genauer Betrachtung erweist sich die *Proportionalisierung der fixen Kosten* nur als ein *Spezialfall der Schlüsselung von (echten) Gemeinkosten oder Verbundkosten.* Im Grunde genommen sind nämlich fixe Kosten – seien sie nun unabhängig gegenüber der Auftragsgröße, der Beschäftigung oder der Kapazitätsausnutzung – stets echte Gemeinkosten in bezug auf die Leistungseinheiten. Das gilt auch für den Einproduktbetrieb.

Zu der systembedingt falschen Abbildung verbundener, insbesondere fixer Kosten kommen noch weitere Fehler aus dem Umstand, daß die Praxis bei der Unterscheidung von Einzelkosten und Gemeinkosten nicht auf die *Zurechenbarkeit* (auf Kostenträger oder Kostenstellen), sondern auf die Art der *Erfassung* abstellt. Daher muß mit *Peter van Aubel* zwischen echten und unechten Gemeinkosten unterschieden werden [9].

[7] Das gilt strenggenommen freilich nur unter der wirklichkeitsfremden Annahme, daß sämtliche Kosten der Periode eindeutig zugerechnet werden können. Dann, und wenn es keine variablen Gemeinkosten gibt, sind Proportionalkostenrechnung und »direct costing« bei einfachen Verhältnissen mit der Deckungsbeitragsrechnung auf Grundlage relativer Einzelkosten identisch.

[7a] In Anlehnung an die Fundamentalgleichung des Direct Costing von *F. C. Lawrence* und *E. N. Humphreys*, Marginal Costing, London 1947, S. 5.

[8] Vgl. hierzu: *E. Schmalenbach*, Gewerbliche Kalkulation, in: Zeitschrift für handelswissenschaftliche Forschung, N. F., 15. Jg. (1963), S. 375–384 (Nachdruck aus: Zeitschr. für das gesamte kaufmännische Unterrichtswesen, V. Jg., 1902/03, Heft 6, S. 150–155, Heft 7, S. 178–180, H. 8, S. 210–214).

[9] *P. van Aubel*, Selbstkostenrechnung in Walzwerken und Hütten, in: *I. M. Hermann* und *P. van Aubel*, Selbstkostenrechnung in Walzwerken und Hütten, Leipzig 1926, S. 76.

Die *echten Gemeinkosten* können auch bei Anwendung bester Erfassungsmethoden nicht für die einzelnen Erzeugnisse (oder Kostenstellen) gesondert erfaßt werden und sind diesen auch theoretisch nicht zurechenbar. Typische echte Gemeinkosten in bezug auf die Kostenträger sind insbesondere sämtliche Kosten eines Kuppelprozesses (Spaltungsprozesses), die bis zur Trennung der Kuppelprodukte anfallen, einschließlich der Kosten für die Vernichtung nicht verwertbarer Kuppelprodukte. Unter Umständen müssen auch noch Kosten der Weiterverarbeitung bereits abgetrennter Kuppelprodukte als echte Gemeinkosten sämtlicher unmittelbarer und mittelbarer Kuppelprodukte angesehen werden, obgleich sie für die isolierten Kuppelerzeugnisse bzw. die weiterverarbeitenden Kostenstellen direkt erfaßt werden können [10]. Bei wechselnder und paralleler Produktion sind – in bezug auf die einzelnen Erzeugnisarten – alle diejenigen Bereitschaftskosten echte Gemeinkosten, die unabhängig davon entstehen, welche der Erzeugnisse jeweils hergestellt werden. Zu den echten Gemeinkosten in bezug auf Kostenstellen gehören vor allem die Bereitschaftskosten der für diese tätigen Hilfskostenstellen. Ausgaben für Anlageinvestitionen und Großreparaturen, Konstruktions- und Rezepturkosten für Typenerzeugnisse, Kosten für den Aufbau einer Organisation, für die Markterschließung und den Aufbau anderer Potentiale, die über die Abrechnungsperiode hinaus genutzt werden, sind Beispiele für echte »Periodengemeinausgaben« oder *»Periodengemeinkosten«* in bezug auf die jeweilige Abrechnungsperiode.

4

Bei *unechten Gemeinkosten* wird demgegenüber aus Gründen der Wirtschaftlichkeit (nicht selten auch aus bloßer Nachlässigkeit) auf eine direkte Erfassung verzichtet. Das ist beispielsweise bei Hilfsstoffen, Betriebsstoffen und Energien häufig üblich, und zwar sowohl in bezug auf die einzelnen Fertigungsaufträge als auch in bezug auf die einzelnen Kostenplätze oder gar Kostenstellen. Wird für die Erfassung der Hilfs- und Betriebsstoffe nicht der tatsächliche Verbrauch in der Periode, sondern lediglich die Lagerentnahme festgehalten, so handelt es sich um unechte Gemeinkosten in bezug auf die Abrechnungsperioden, wenn in den Kostenstellen Bestände von einer Periode in die folgende unerfaßt hinübergenommen werden können. Da unechte Gemeinkosten bei Anwendung entsprechender Methoden direkt erfaßt werden könnten, sind sie eindeutig zurechenbar und daher ihrem Wesen nach Einzelkosten. Für sie lassen sich Schlüssel finden, die einerseits zur verbrauchten Kostenart und andererseits zu den Leistungen in einem genügend strengen proportionalen Zusammenhang stehen, was sich leicht mit Hilfe von Korrelationsdiagrammen oder Korrelationsrechnungen nachprüfen läßt [11].

Es gibt auch *unechte Einzelkosten* oder *Schein-Einzelkosten*, die scheinbar direkt erfaßt werden, tatsächlich aber ihrem Wesen nach für zwei oder mehrere Kalkulationsobjekte gemeinsam entstehen, so daß es sich in Wirklichkeit um echte Gemeinkosten handelt. Dabei wird in der Regel die Erfassung der zeitlichen oder räumlichen Inanspruchnahme von Potentialfaktoren mit der Erfassung der Kosten selbst verwechselt. Ein typisches Beispiel

[10] Vgl. *P. Riebel:* Die Kuppelproduktion, Betriebs- und Marktprobleme, Köln und Opladen 1954, S. 83–91.

[11] Je mehr sich die Punkte des Streuungsdiagramms einer geraden Linie nähern, um so strenger wird die Korrelation und um so besser ist der betreffende Schlüssel geeignet. Der rechnerisch zu ermittelnde Korrelationskoeffizient soll möglichst nahe an + 1,0 herankommen. Je mehr er davon abweicht, um so ungenauer muß die Kostenrechnung werden. Wird der Korrelationskoeffizient kleiner als + 0,71, dann ist die betreffende Schlüsselgrundlage völlig unbrauchbar, weil die Wahrscheinlichkeit ihres Einflusses kleiner als 50 % ist. Vgl. hierzu die Ausführungen über das »Bestimmtheitsmaß« bei *A. Linder,* Statistische Methoden, 2. Aufl., Basel und Stuttgart 1957, S. 32–34.

dafür, auf das unten noch näher eingegangen wird, ist die »Erfassung« der Fertigungslöhne für einzelne Fertigungsaufträge und Leistungseinheiten.

Infolge der falschen »Abbildung« variabler und fixer echter Gemeinkosten und der falschen Deklarierung echter Gemeinkosten als Einzelkosten werden die tatsächlichen Betriebsgegebenheiten in der Gemeinkostenaufteilungsrechnung falsch dargestellt. Daraus erwächst die Gefahr, daß auf Grund dieser falschen Informationen, die auf systematischen Fehlern beruhen, auch falsche Dispositionen getroffen werden.

Diese These soll anhand eines Beispiels aus der Praxis bewiesen werden. Die Betriebsergebnisrechnung des Unternehmens (s. Tabelle I) weist für die Abteilung A einen Verlust von fast 195 000 aus. Eine Differenzierung des Abteilungsergebnisses nach den einzelnen Produkten zeigt, daß nur drei Erzeugnisse, a_1, a_2 und a_3, Gewinn bringen, während bei allen übrigen ein mehr oder weniger großer Verlust ausgewiesen wird.

Falls diese Rechnung richtig wäre, also mit der Wirklichkeit übereinstimmte, dann müßte sich dem Unternehmer folgende Konsequenz für die Gestaltung des Produktionsprogrammes aufdrängen:

Allein die Summe des Verlustes der letzten drei Erzeugnisse a_5 bis a_7 beträgt 245 000,– DM und übersteigt somit den Gesamtverlust der Abteilung um 50 700.– DM. Würde man also allein die letzten drei Produkte aus dem Programm ersatzlos streichen und alle übrigen Erzeugnisse a_1 bis a_4 im bisherigen Umfang erzeugen und absetzen, dann müßte – unter sonst gleichen Verhältnissen – künftig ein Gewinn von etwa 50 700.– DM entstehen. Würde man auch noch das Verlustprodukt a_4 streichen, dann müßte der Abteilungsgewinn auf etwa 59 800.– DM ansteigen.

Niemand, der mit den Methoden der Gemeinkostenaufteilungsrechnung vertraut ist, wird so entscheiden. Denn er weiß, daß man erst einmal die Selbstkosten darauf zu prüfen hat, welche nicht zutreffenden Annahmen bei der Verrechnung der Kosten auf die Erzeugnisse gemacht worden sind, und, daß man die auf fragwürdiger Grundlage zugeschlüsselten Kosten wieder »herausrechnen« muß. Aber sind sich alle, die die Ergebnisse der Kostenrechnung in die Hand bekommen und auf dieser Grundlage entscheiden, dieser Grenzen bewußt?

Die *Tabelle II* zeigt in komprimierter Form den Aufbau der Selbstkostenrechnung für die Erzeugnisse der Abteilung A, der weitgehend dem in der Industrie allgemein üblichen Schema entspricht und aus mehreren Arten und Gruppen direkt erfaßter Kosten und Gemeinkosten, die nach Kostenarten und Kostenstellen differenziert zugeschlüsselt werden, besteht. Analysiert man zunächst die als Einzelkosten und dann die als Gemeinkosten ausgewiesenen Kostenarten dieses Beispiels aus der Sicht der Kostenerfassung und Zurechenbarkeit, dann ergibt sich folgendes:

Für die Erzeugniseinheiten *direkt erfaßt* und diesen auch eindeutig zurechenbar sind lediglich die Stoffkosten und die »Sondereinzelkosten des Vertriebs«, nämlich Umsatzsteuer, Verkaufsprovision und Lizenzen, weil diese mit jeder zusätzlich erzeugten und verkauften Erzeugniseinheit auch zusätzlich entstehen. Dagegen sind die gleichfalls als »direkt« erfaßt und verrechnet angesehenen Teile der Kosten für Muster und spezielle Produktwerbung nur für die Erzeugnisarten eindeutig erfaßbar und zurechenbar, nicht aber in bezug auf die Erzeugniseinheiten. Da die Frachtkosten in der Regel für Versandaufträge entstehen, die aus mehreren Auftragsposten und damit Erzeugnissen bestehen, sind sie zwar variabel, aber weder in bezug auf Erzeugniseinheiten noch Erzeugnisarten erfaßbar oder eindeutig zurechenbar.

Die üblicherweise als Einzelkosten angesehenen *Fertigungslöhne* erweisen sich bei ge-

Tabelle I: Umsatzergebnis der Abteilung A nach Erzeugnissen für das Jahr X (in 1000 DM, auf volle 100 gerundet)

	1	2	3	4	5	6	7	8	9	10
		insgesamt	Zurechnung auf Produkte	a_1	a_2	a_3	a_4	a_5	a_6	a_7
1	Umsatz	5307,4		341,2	864,5	715,2	1768,8	435,3	539,3	643,1
2	./. Skonti	84,1	direkt	5,6	13,8	11,2	28,2	6,8	8,4	10,1
3	Nettoerlös	5223,3		335,6	850,7	704,0	1740,6	428,5	530,9	633,0
4	./. Selbstkosten des Umsatzergebnisses	5418,1	teils geschl.	326,4	814,2	689,9	1749,7	509,6	587,6	740,7
5	Umsatzergebnis	—194,8		9,2	36,5	14,1	—9,1	—81,1	—56,7	—107,7
					59,8				—245,5	

5

Tabelle II: Selbstkosten der Erzeugnisse der Abteilung A für das Jahr X (in 1000 DM, auf volle 100 gerundet)

	1	2	3	4	5	6	7	8	9	10
		insgesamt	Zurechnung auf Produkte	a_1	a_2	a_3	a_4	a_5	a_6	a_7
1	Stoffkosten	2957,5	direkt	163,5	457,1	334,7	964,4	293,2	302,4	442,2
2	Fertigungslöhne	361,1	»direkt«	30,1	30,8	68,8	100,0	41,4	57,0	33,0
3	Fertigungseinzelkosten	3318,6		193,6	487,9	403,5	1064,4	334,6	359,4	475,2
4	Abschreibungen	83,7	geschlüsselt	5,9	13,6	11,1	27,9	6,7	8,5	10,0
5	sonst. Fertigungsgemeink.	472,5	geschlüsselt	28,3	59,1	69,1	139,9	43,5	63,0	69,6
6	Sa. Herstellungskosten	3874,8		227,8	560,6	483,7	1232,2	384,8	430,9	554,8
	Vertriebsk. d. Erzeugn.									
	a) Umsatzst., Verkaufsprovis., Lizenzen	348,7	direkt	22,1	57,6	46,5	116,9	28,2	35,4	42,0
	b) Lagermiete, Fracht Werbung + Muster	722,2	teils direkt teils geschl.	45,8	118,6	96,6	242,3	58,5	73,4	87,0
7	Sa. Vertriebsk. d. Erzeugn.	1070,9		67,9	176,2	143,1	359,2	86,7	108,8	129,0
8	Sa. Herstell- und Vertriebskosten 6 + 7	4945,7		295,7	736,8	626,8	1591,4	471,5	539,7	683,8
9	Kalkulatorische Zinsen	38,7	geschlüsselt	2,5	6,3	5,2	13,0	3,1	3,9	4,7
10	Verwaltungs- u. Vertriebsgemeinkosten	433,7	geschlüsselt	28,2	71,1	57,9	145,3	35,0	44,0	52,2
11	Selbstkosten	5418,1		326,4	814,2	689,9	1749,7	509,6	587,6	740,7
	Erzeugnismengen in 100 kg	16308		832	2763	1834	5665	1208	1536	2470
	Selbstkosten je 100 kg	332,23		392,31	294,68	376,12	308,86	421,85	382,55	299,88
	Preise je 100 kg [1]			409,89	312,93	390,03	312,24	360,24	351,11	260,35
	Kalkulierte Stückgewinne			17,58	18,25	13,91	3,38	—61,61	—31,44	—39,53

nauerer Betrachtung als nur scheinbar direkt erfaßt. Von Arbeitern, die speziell für einen bestimmten Bauauftrag eingestellt werden, abgesehen, werden nämlich heute Arbeitskräfte für mehr oder weniger lange Zeitabschnitte und damit für mehrere Aufträge, Auftragspositionen, Erzeugnisse und Leistungseinheiten gemeinsam eingestellt. Eine Anpassung des Lohnvolumens an kurzfristige Beschäftigungsschwankungen wird nicht nur durch die arbeitsrechtlichen und arbeitsmarktlichen Bedingungen erschwert, sondern ist meist auch unwirtschaftlich, wenn man von der Anordnung von Überstunden absieht. Einstellung, Entlassung, Ausbildung und Umschulung von Arbeitskräften geschehen in aller Regel auf Grund mittelfristiger und längerfristiger Erwartungen und Planungen der Unternehmungsleitung, so daß die erforderliche Betriebsbereitschaft kurzer Abrechnungsperioden mit der vorhandenen personellen Betriebsbereitschaft oft nicht übereinstimmt. Löhne entstehen aber auf Grund des Arbeitsvertrages auch dann, wenn die Leistungsbereitschaft des Arbeiters nicht genutzt werden kann. Mit der Zeitaufschreibung hält man lediglich fest, wie lange der jeweilige Auftrag einen Arbeiter beansprucht hat; ein zusätzlicher Werteverzehr entsteht durch den Auftrag nicht. Tatsächlich wird also mit dem Aufschreiben der Fertigungslohnzeiten nur die Zahl der Schlüsseleinheiten für die Anlastung des Zeitlohnes erfaßt. Beim *Akkordlohn* treten anstelle der effektiven Fertigungslohnzeiten die vorgegebenen Zeiten, also Sollwerte an die Stelle von Istwerten. Auch die Höhe des Akkordlohns ist bekanntlich nur dann von den Stückzahlen abhängig, wenn die Leistungsschwankungen durch die wechselnde Leistungsbereitschaft des Arbeiters bedingt sind. Vom Arbeiter nicht zu vertretende Beschäftigungsschwankungen, die beispielsweise durch Auftragsmangel, Mängel in der Produktionsplanung und Arbeitsvorbereitung, in der Bereitstellung von Werkstoffen, Werkzeugen oder durch Störungen in der Energieversorgung bedingt sein können, haben keinen Einfluß auf die Entlohnung der Akkordarbeiter. Bei den gegenwärtigen arbeitsrechtlichen Verhältnissen besteht in solchen Fällen bekanntlich ein Anspruch auf Weiterzahlung des bisherigen durchschnittlichen Akkordlohns. Auch eine Umstellung auf Zeitlohn ist nicht kurzfristig und ohne Änderungskündigung möglich. Die Gepflogenheit der Praxis, die Entlohnung der Akkordarbeiter während dieser Zeiten – entsprechendes gilt allgemein für Fertigungsarbeiter – auf einem anderen Konto, in der Regel unter Hilfslöhnen, zu buchen, mag psychologisch berechtigt sein, um die Leiter von Kostenstellen zu veranlassen, nicht benötigte Arbeitskräfte so schnell wie möglich für einen anderweitigen Einsatz zur Verfügung zu stellen. Für den Tatbestand als solchen, für die Beurteilung des Verhaltens der Löhne gegenüber Ausbringungsschwankungen und für die Frage der Zurechenbarkeit der Lohnkosten auf Aufträge und Leistungseinheiten ist das Buchungsverfahren ebenso ohne Belang wie die Unterscheidung zwischen Zeit- und Akkordentlohnung [12] oder die rechnerische Aufspaltung der Fixkosten in Nutz- und Leerkosten [13].

6

Die Höhe der Arbeitskosten in ihrer Gesamtheit hängt somit nicht von den in der Abrechnungsperiode gerade abgewickelten Aufträgen oder erstellten Leistungseinheiten ab, sondern vielmehr von den Personaldispositionen der Geschäftsleitung, die sich dabei teils an den mittelfristig, teils an den langfristig erwarteten Aufträgen orientiert. Die Löhne

[12] Die gleiche Auffassung vertritt *E. Schäfer*, Vom Wesen fixer Kosten, in: Probleme der Betriebsführung, Festschrift zum 65. Geburtstag von Otto R. Schnutenhaus, hrsg. von C. W. Meyer, Duncker & Humblot, Berlin 1959, S. 195.

[13] Vgl. zur Kritik an dieser Konzeption *P. Riebel*, Eine betriebswirtschaftliche Theorie der Produktion, in: Finanzarchiv, Neue Folge, Band 26 (1967), Heft 1, S. 124–149, hier S. 137 f. und S. 143.

sind daher als typische Bereitschaftskosten anzusehen, deren Angemessenheit nicht an Hand ihrer Ausnutzung innerhalb kürzerer Perioden kontrolliert werden kann.

Gegen die traditionelle Auffassung, daß Fertigungslöhne Einzelkosten und variable Kosten seien, spricht auch die Tatsache, daß nicht genutzte Arbeitsbereitschaft nicht gespeichert werden kann und daher unwiederbringlich vergeht. Da somit gegenüber der Nichtinanspruchnahme durch die Inanspruchnahme der bereitgestellten Arbeitskräfte kein zusätzlicher Wertverzehr entsteht, ist die Inanspruchnahme der nicht speicherbaren Arbeitsbereitschaft mit Null zu bewerten. Das hat ganz allgemein für alle »zeitunelastischen« oder »verderblichen« Faktoreinsätze Wolfram Engels nachgewiesen, der von ganz anderen Ausgangsgrundlagen und Fragestellungen zu der hier vertretenen Meinung gelangt [14].

Zu den Gemeinkosten oder indirekt, mit Hilfe von Schlüsseln angelasteten Kosten zählen in unserem Beispiel die restlichen Kosten für Lagermiete, Fracht, Werbung und Muster, ferner Abschreibungen, sonstige Fertigungsgemeinkosten, kalkulatorische Zinsen sowie die umfangreichen Verwaltungs- und Vertriebsgemeinkosten.

Im Durchschnitt sind den Erzeugnissen der Abteilung A rund 62 % der bisherigen Selbstkosten eindeutig zurechenbar, während rund 38 % auf mehr oder weniger fragwürdige Weise zugeschlüsselt sind. Das ist – im Hinblick auf die Richtigkeit und Genauigkeit – noch ein relativ günstiges Verhältnis. Wie der Vergleich mit der Höhe des durchschnittlichen Verlustes der Abteilung zeigt, macht der Verlust nur rund 9 % der geschlüsselten Kosten aus; das bedeutet, daß die mutmaßlichen Fehler bei der Schlüsselung der Gemeinkosten das Ausmaß des Verlustes erheblich übersteigen können.

Es entsteht damit die Frage, ob für die Abteilung A und ihre Erzeugnisse überhaupt ein Verlust entstanden ist oder ob es sich nicht nur um einen rechnerischen Verlust auf Grund des angewandten Kostenrechnungsverfahrens handelt. Darüber hinaus muß bezweifelt werden, ob die bei den einzelnen Erzeugnissen ausgewiesenen Verluste den tatsächlichen Verhältnissen entsprechen, und ob die Reihenfolge der Erzeugnisse nach ihrem Stückgewinn ihrer tatsächlichen Bedeutung für den Periodenerfolg gerecht wird.

Damit wird die Brauchbarkeit der bisherigen Kosten- und Umsatzergebnisrechnung für die Kontrolle der Betriebsgebarung und die Betriebsdisposition in Frage gestellt. Will man beispielsweise feststellen, welche Kosten wegfallen, wenn man die Erzeugnisse a_4 bis a_7 eliminiert, dann ist das unmittelbar aus der Kostenträgerrechnung nur für die Erzeugniseinzelkosten im Fertigungs- und Vertriebsbereich sofort zu ersehen. Für alle übrigen, die zugeschlüsselten Kosten, muß man – bei der Kostenartenrechnung beginnend – neu überlegen und rechnen:

1. Welche dieser Kosten sind kurzfristig von Art und Menge der Erzeugnisse abhängig und würden von selbst bei einer Eliminierung dieser Erzeugnisse wegfallen?
2. Welche Bereitschaftskosten könnten abgebaut werden, wenn man endgültig diese Erzeugnisse aus dem Produktionsprogramm streicht?
3. Welche dieser Kosten fallen weiter unverändert an?

Müssen diese Entscheidungen unter Liquiditätsschwierigkeiten getroffen werden, dann ist darüber hinaus der *Ausgabencharakter* dieser drei Kostenkategorien zu beachten; insbe-

[14] Siehe *W. Engels,* Betriebswirtschaftliche Bewertungslehre im Lichte der Entscheidungstheorie (= Beiträge zur betriebswirtschaftlichen Forschung, hrsg. von E. Gutenberg, W. Hasenack, K. Hax und E. Schäfer, Bd. 18) Westdeutscher Verlag, Köln und Opladen 1962, S. 66 f. Als »verderblich« oder »zeitunelastisch« bezeichnet Engels Faktoren, deren Einsatzzeitpunkt nicht im Belieben des Unternehmers liegt. Der Engelsschen Konzeption hat sich weitgehend angeschlossen *E. Heinen,* Betriebswirtschaftliche Kostenlehre, Band I: Begriff und Theorie der Kosten, 2. Aufl., Wiesbaden 1965, S. 331–354.

sondere ist danach zu fragen, welche dieser Kosten »ausgabennah« sind, d. h. welche Kostengüter besonders beschafft werden müssen oder unmittelbar im Anschluß an den Verzehr mit der notwendigen Ersatzbeschaffung zusätzliche Ausgaben auslösen.

Diese für Entscheidungen im Produktions- und Absatzbereich wichtigen Kostengliederungen sind aus den in der Praxis üblichen Kalkulationsschemata nicht zu entnehmen, denn diese bauen gewöhnlich|nur auf der Unterscheidung zwischen einzeln und gemeinsam *erfaßten* Kosten auf, die mit der Unterscheidung zwischen Einzelkosten und Gemeinkosten unter dem Gesichtspunkt der Zurechenbarkeit nicht identisch ist. Außerdem verschleiern die üblichen Kalkulationsschemata die tatsächliche Kostenstruktur dadurch, daß sie im Prinzip von einer mehrschichtigen Zuschlagskalkulation ausgehen. Dabei werden gewöhnlich die Einzel- und Gemeinkosten nach Zuschlagsbereichen gruppiert – im Fertigungsbereich noch weiter nach Kostenstellen – und in *wechselnder Schichtung von Einzelkosten und Gemeinkosten* stufenweise zusammengefaßt. Sowohl die Gemeinkosten als auch die Einzelkosten enthalten die unterschiedlichsten Kostenkategorien, etwa variable und fixe Kosten, ausgabennahe, ausgabenferne und überhaupt nicht mit Ausgaben verbundene Kosten, zurechenbare und nicht zurechenbare Kosten, ohne daß dies erkennbar ist. In *Abbildung 5* ist die Diskrepanz zwischen einer solchen Kostengruppierung, wie sie für die Selbstkostenrechnung vielfach üblich ist, und den wichtigsten, für unternehmerische Entscheidungen und Kontrollen benötigten Kostengruppierungen veranschaulicht [15]. Diese Kostengruppierungen sind weder in ihrer Gesamtheit noch in ihren Elementen aus der herkömmlichen Selbstkostenrechnung ersichtlich; nur bei einer den Säulen B bis E entsprechenden Differenzierung ist es möglich, die für Entscheidungen und Kontrollen jeweils *relevanten Kosten* zu isolieren. Daher wird neuerdings von einigen Autoren, die die Vollkostenrechnung noch zu retten versuchen, vorgeschlagen, wenigstens die Gemeinkosten zusätzlich nach variablen Kosten und anteiligen fixen Kosten zu unterscheiden [16].

Besonders erschwert ist die Ermittlung der jeweils relevanten Kosten bei Betrieben mit starker Leistungsverbundenheit und *mehrstufiger Produktion*, insbesondere, wenn die Stufenkalkulation nach dem Durchwälzverfahren angewandt wird, bei dem die Halbfabrikate jeder Stufe jeweils mit ihren Herstellkosten in die folgende Stufe eingehen. Wie die *Abbildung 6* zeigt, geht dabei jeweils die Struktur der Herstellkosten der vorangehenden Stufen unter, weil die Herstellkosten der ersten Stufe als Stoffkosten in die zweite Stufe eingehen und ebenso die Herstellkosten des Produktes der zweiten Stufe als Stoffkosten in die dritte Stufe usw. Je mehr Stufen das betreffende Halbfabrikat bereits durchlaufen hat, um so schwieriger ist es, sich auch nur annähernd richtige Vorstellungen über die tatsächliche Kostenstruktur und die Anteile der jeweils relevanten Kostenkategorien zu machen. So scheint in dem Beispiel der Abbildung 6, bei dem aus Gründen der leichteren Übersichtlichkeit nur auf die Gliederung nach Erfassungsart und Zurechenbarkeit|einerseits sowie auf die kurzfristige Abhängigkeit von Art und Menge der Leistungen andererseits abgestellt wird, die Struktur der Herstellkosten des Produkts der Stufe 3 im wesentlichen aus Stoffeinzelkosten zu bestehen, zu denen noch relativ geringfügige Stoff-

7

8

[15] Nach *P. Riebel*, Die Preiskalkulation auf Grundlage von »Selbstkosten« oder von relativen Einzelkosten und Deckungsbeiträgen, in: Zeitschr. für betriebswirtschaftliche Forschung (ZfbF), N. F. 16. Jg. (1964), H. 10/11, S. 577–581 [232–236].

[16] Vgl. z. B. *F. Henzel*, Neuere Tendenzen auf dem Gebiete der Kostenrechnung, in: Zeitschrift für handelswissenschaftliche Forschung, N. F. 14 (1962), S. 362–370. – Noch weiter differenziert *H. Vormbaum*, Voll- und Grenzkostenkalkulation als Grundlage der industriellen Vertriebspolitik, in: Absatzwirtschaft, hrsg. von B. Hessenmüller und E. Schnaufer, Baden-Baden 1964, S. 567–594, hier S. 578 f.

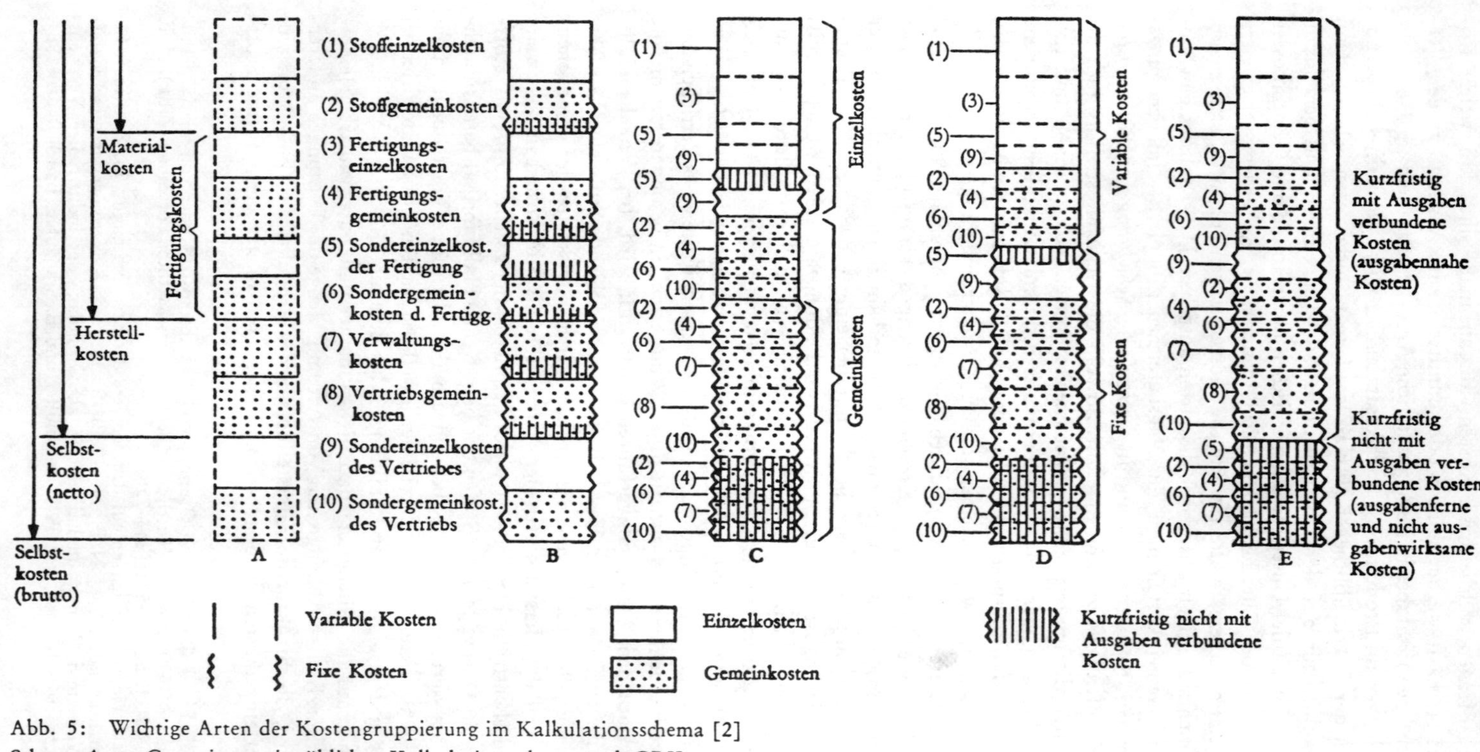

Abb. 5: Wichtige Arten der Kostengruppierung im Kalkulationsschema [2]

Schema A = Gruppierung im üblichen Kalkulationsschema nach GRK
Schema B = Verteilung wichtiger Kostenkategorien im üblichen Kalkulationsschema
Schema C = Gruppierung nach Einzel- und Gemeinkosten
Schema D = Gruppierung nach fixen und variablen Kosten
Schema E = Gruppierung nach dem Ausgabencharakter

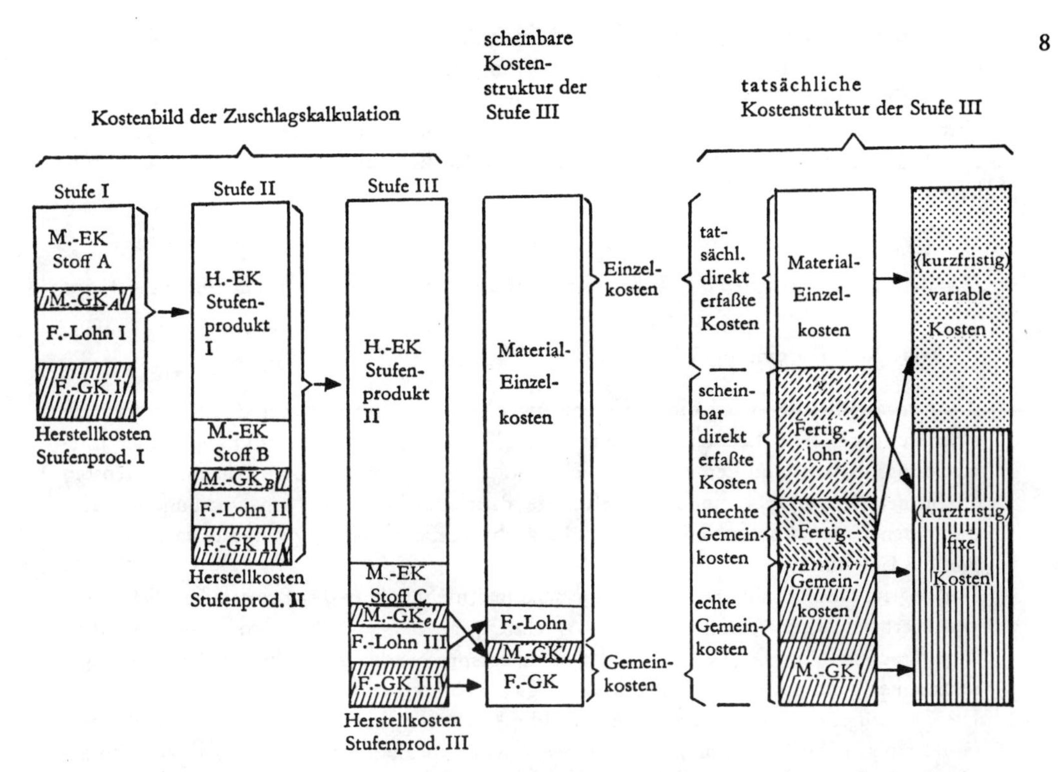

Abb. 6: Verfälschung der Kostenstruktur durch die übliche Erfassung und Verrechnung in der Stufenkalkulation

gemeinkosten, Fertigungseinzelkosten und Fertigungsgemeinkosten hinzukommen. Die tatsächlichen Anteile der Einzel- und Gemeinkosten, der Stoffkosten und Fertigungskosten sehen jedoch völlig anders aus. Noch weit schwieriger ist es – insbesondere bei Anwendung der traditionellen Kostengliederungen – eine auch nur einigermaßen zutreffende Vorstellung über den Anteil etwa der variablen Kosten, der ausgabennahen Kosten oder der tatsächlich den Leistungseinheiten eindeutig zurechenbaren Kosten in den einzelnen Stufen zu gewinnen. Es ist daher nicht erstaunlich, wenn man in Unternehmungen, deren Produkte sehr viele Stufen durchlaufen, bei vielen Dispositionsüberlegungen ziemlich im dunkeln tappt, weil es viel zu aufwendig, mühsam und zeitraubend wäre, wenn man – bei der Kostenartenrechnung beginnend – die gesamte Kostenstellen- und Kostenträgerrechnung durchgehen wollte, um die für die jeweilige Fragestellung erforderliche Schichtung nach Kostenkategorien zu erhalten und die jeweils relevanten Kosten herauszuschälen.

Wenn es auch im Zeitalter elektronischer Rechenanlagen praktisch möglich ist, wichtige Kostenarten und Kostengruppierungen durch viele Produktionsstufen gesondert durchzurechnen und so die ursprünglichen Kostenarten und Kostenkategorien bis in die Endstufe der Kostenträgerrechnung zu erhalten, so muß man sich doch die Frage vorlegen: Wozu hat man diese Kosten eigentlich zuerst den Kostenstellen und den Kostenträgern zugerechnet, wenn man sie für Kontroll- und Dispositionszwecke dann doch wieder herausrechnen muß?

Sorgfältige theoretische Studien über das Wesen der fixen Kosten und der Gemeinkosten, empirische Untersuchungen über die Auswertung der Kostenrechnung für Kontroll- und Dispositionszwecke [17] und eine konsequente Anwendung der bisherigen Erkenntnisse der Kostentheorie haben den Verfasser allmählich zu einer neuen Konzeption der Kosten- und Ergebnisrechnung geführt, die ohne die Aufschlüsselung echter Gemeinkosten auskommt [18].

II. Wesen und Prinzipien des Rechnens mit relativen Einzelkosten und Deckungsbeiträgen

A. Begrifflich-Terminologisches

9

Als *Deckungsbeitrag* wird die Differenz zwischen den eindeutig zurechenbaren Erlösen einer Leistung, eines Leistungsbereiches oder allgemeiner eines Untersuchungs- oder Entscheidungsobjektes und den diesem Objekt eindeutig und zwingend zurechenbaren Kosten bezeichnet. Dieser sehr eindeutig definierte Bruttogewinn dient der Deckung der dem jeweiligen Untersuchungs- und Entscheidungsobjekt nicht eindeutig zurechenbaren Kosten *und* des Gewinnes.

Der Begriff Deckungsbeitrag wurde einerseits in Anlehnung an den Begriff der »Deckung« von Herbert Peiser [19], andererseits in Anlehnung an den im »direct costing« [20] üblichen Begriff »contribution« (Beitrag) und den in entsprechenden schwedischen Bruttoerfolgsrechnungen gebräuchlichen Ausdruck »bidrag« [21] gebildet.

Die *Deckungsbeitragsrechnung* ist ein vieldimensionales, zeitlich fortschreitendes System von Erfolgsdifferenzrechnungen, in denen – vom speziellen zum allgemeineren Untersuchungs- und Entscheidungsobjekt führend – die jeweils einander entsprechenden, auf identische Dispositionen zurückführbaren Erlös- und Kostenteile (relative Einzelerlöse und Einzelkosten) gegenübergestellt werden.

Im Grunde genommen handelt es sich bei den einzelnen Deckungsbeitragsrechnungen jeweils um objektbezogene, periodenbezogene oder überperiodische (fortlaufende) Aus-

[17] Vgl. *P. Riebel*, Die Gestaltung der Kostenrechnung für Zwecke der Betriebskontrolle und Betriebsdisposition, in: Zeitschrift für Betriebswirtschaft (ZfB), 26. Jg. (1956), S. 278–289 [11–21]; überarbeiteter Nachdruck in: der baubetriebsberater 9/66, Beilage zu: Die Bauwirtschaft, Jg. 1956, Nr. 39.

[18] Vgl. meinen Diskussionsbeitrag: Fixe Ausgaben, Deckungsrechnung und Entwicklungstendenzen der fixen Kosten, in: Zeitschrift für handelswissenschaftliche Forschung (ZfhF), N. F. 10 (1958), S. 131–135, sowie meinen grundlegenden Aufsatz: Das Rechnen mit Einzelkosten und Deckungsbeiträgen, in: Zeitschrift für handelswissenschaftliche Forschung (ZfhF), N. F. 11. Jg. (1959), S. 213–238 [35–57].

[19] Vgl. hierzu *H. Peiser*, Grundlagen der Betriebsrechnung in Maschinenbauanstalten, 1. Auflage Berlin 1919, S. 21 f., 2. Auflage 1923, S. 42 f.

[20] Das in den USA von Kritikern der Vollkostenrechnung entwickelte direkte »direct costing« müßte richtiger »variable costing« oder »proportional costing« heißen, weil dieses System nicht auf die Zurechenbarkeit, sondern auf die Abhängigkeit der Kosten von der Ausbringung bei gegebener Kapazität abstellt und den Leistungen die durchschnittlichen variablen Kosten zugerechnet werden. Dabei wird üblicherweise der Begriff der variablen Kosten sehr weit gefaßt. Vgl. hierzu z. B. *J. B. Neuner*, Cost Accounting, Principles and Practice, Fifth ed., Homewood/Ill. 1957, p. 760. – Neuerdings scheint auch den Vertretern des direct costing bewußt zu werden, daß direkte Kosten und variable Kosten nicht identisch sind. Siehe *Raymond P. Marple:* The Relative Contribution Approach to Management Reporting, in: NAA Bulletin, Vol. XLIV, No. 10 (June 1963), p. 4/5.

[21] Seit einigen Jahren dringt dort auch die Bezeichnung »täckningsbidrag« vor. Vgl. z. B. *L. H. Skare, N. Västhagen*, Redovisning, 5. Aufl. Stockholm 1961, S. 213.

schnitte aus einer sachlichen und zeitlichen Totalrechnung des Unternehmens, wobei im Rahmen retrograder mehrstufiger Rechnungen die Erlöse, Kosten und Deckungsbeiträge der einzelnen Leistungen, Leistungsbereiche, Teilmärkte und sonstigen Untersuchungsobjekte nur soweit isoliert werden, als dies eindeutig zwingend möglich ist und dem ganzheitlichen Charakter des Erfolgs einer Unternehmung nicht widerspricht [22].
Eine Aufspaltung des Deckungsbeitrags, etwa auf die gemeinsam in Anspruch genommenen Funktionsbereiche oder Kostenstellen oder eine Aufspaltung in einen Teil zur Dekkung variabler Gemeinkosten und einen anderen zur Deckung fixer Gemeinkosten und in einen Gewinnbeitrag ist nicht ohne Willkür möglich. Das gilt auch für die von *Konrad Mellerowicz* in der »Fixkosten-Deckungsrechnung« im Rahmen retrograder und progressiver Kostenträgerrechnungen eingeführte Aufspaltung in Teilbeiträge zur Deckung von Erzeugnis-Fixkosten, Erzeugnisgruppen-Fixkosten, Kostenstellen-Fixkosten, Bereichs-Fixkosten usw. [23]. Ein Gewinn entsteht immer nur für ein Unternehmen als Ganzes und ist letztlich nur über die gesamte Lebensdauer des Unternehmens als Totalgewinn eindeutig bestimmbar [24].

B. Grundgedanken und Prinzipien

Die Grundgedanken und Prinzipien des Rechnens mit relativen Einzelkosten und Dekkungsbeiträgen lassen sich in folgenden Thesen zusammenfassen:
1. Alle Ausgaben und alle Einnahmen, alle Kosten und alle Leistungen, alle Vorgänge, Beziehungen und Bestände, die Untersuchungsobjekt des Rechnungswesens sein können, verdanken ihre Entstehung letztlich irgendwelchen Entscheidungen. *Die Entscheidungen sind daher die eigentlichen Kosten-, Erlös- und Erfolgsquellen* [25]. Dabei sind die einzelnen Entscheidungen und ihre Auswirkungen ihrerseits Elemente eines *zeitlich fortschreitenden ganzheitlichen Gefüges von Dispositionen unterschiedlicher sachlicher und zeitlicher Reichweite.* So wie allgemein zur hinreichenden Abbildung eines mehrdimensionalen Gegenstandes mehrere Risse aus verschiedenen Richtungen und Querschnitte durch verschiedene Ebenen notwendig sind, so bedarf es auch zur »Abbildung« des vieldimensionalen betrieblichen Dispositionsgefüges und seiner Auswirkungen mehrerer Kosten-, Erlös- und Dekkungsbeitragsrechnungen, die einerseits dem betriebsindividuellen Dispositionsgefüge und

[22] Die Bezeichnungen »Deckungsbeitrag« und »Deckungsbeitragsrechnung« haben sich als so zugkräftig erwiesen, daß sie neuerdings in zunehmendem Maße auch für andere Systeme von Bruttoergebnis- und Teilkostenrechnungen beansprucht werden, die nicht auf relativen Einzelkosten beruhen. Durch diese »Auch-Deckungsbeitragsrechnungen« werden die Mängel der traditionellen Gemeinkostenverteilungsrechnung nur teilweise oder gar nicht vermieden. So sind die auf der Zurechnung variabler (proportionaler) Kosten beruhenden Systeme – wie die Grenzplankostenrechnung – bei Verbundproduktion ungeeignet, weil hier variable echte Gemeinkosten den Kostenträgern zugeschlüsselt werden. Mischsysteme zwischen Proportionalkosten- und Vollkostenrechnung, bei denen etwa die als mittelfristig veränderlich angesehenen Sprungkosten proportionalisiert oder bei denen alle Gemeinkosten des Herstellungsbereichs den Kostenträgern zugeschlüsselt werden, führen zu Bruttogewinnen ohne jede Aussagefähigkeit, die auch dann unbrauchbar sind, wenn sie als »Deckungsbeiträge« bezeichnet werden.

[23] Siehe *K. Mellerowicz*, Neuzeitliche Kalkulationsverfahren, Rudolf Haufe Verlag Freiburg i. B. 1966, S. 176–184 und S. 197–207.

[24] Das hat vor allem *Wilhelm Rieger* klar herausgearbeitet. Vgl. *W. Rieger*, Einführung in die Privatwirtschaftslehre, 2. unveränderte Auflage, Erlangen 1959.

[25] In Anlehnung an *G. von Kortzfleisch*, Kostenquellenrechnung in wachsenden Industrieunternehmen, in: Zeitschrift für betriebswirtschaftliche Forschung (ZfbF) NF 16 (1964), S. 318–328, hier S. 318.

Leistungszusammenhang, andererseits den unterschiedlichen Fragestellungen gerecht werden müssen.

2. Einnahmen und Ausgaben, Erlöse, Leistungen und Kosten sind nur soweit einander eindeutig und zwingend gegenüberstellbar (»zurechenbar«), als sie auf dieselbe Entscheidung zurückzuführen sind. Entsprechend sind sie einem Untersuchungsobjekt nur dann eindeutig und zwingend zurechenbar, wenn die Existenz dieses Untersuchungsobjekts durch dieselbe Disposition ausgelöst worden ist wie eben diese zuzurechnenden Einnahmen, Ausgaben, Kosten und Erlöse (»Zurechnung nach dem *Identitätsprinzip«)* [3]. Stellt man auf die wesensmäßige Zurechenbarkeit und nicht auf die rechnungsorganisatorische Erfassungsweise ab, dann liegen *Einzelkosten* eines Kalkulationsobjektes nur insoweit vor, als der Wertverzehr [26] auf dieselbe Disposition zurückgeführt werden kann wie die Existenz des jeweiligen Kalkulationsobjektes [4]. Zu den *Gemeinkosten* eines Kalkulationsobjektes gehört dagegen jeder Werteverzehr, der auf Dispositionen zurückgeht, die auch noch andere als das jeweils betrachtete Kalkulationsobjekt betreffen. Als Test für die Bestimmung von Einzelkosten bietet sich die Frage an, ob und in welcher Höhe der fragliche Werteverzehr wegfiele oder gar nicht erst entstünde, wenn das jeweilige Kalkulationsobjekt nicht vorhanden wäre.

Entsprechend muß nach dem Identitätsprinzip zwischen *Einzelerlösen* eines Kalkulationsobjektes und *Gemeinerlösen* (verbundenen Erlösen) mehrerer Kalkulationsobjekte unterschieden werden [5]. Gemeinsame Erlöse (Erträge) mehrerer Kalkulationsobjekte, beispielsweise der Bestandteile eines Werkzeugkastens, oder gemeinsame Leistungen, etwa mehrerer Kostenstellen, dürfen keinesfalls auf diese aufgeteilt werden. Schwierigkeiten entstehen dort, wo zwar formal den einzelnen Leistungsgütern eindeutige Erlöse zugeordnet werden können, weil jedes dieser Güter seinen eigenen Preis hat, jedoch eine nicht eindeutig gegebene Absatzverbundenheit mit anderen Artikeln, Aufträgen und dergleichen vorliegt, wie zwischen verschiedenen Artikeln eines bedarfsverwandten Sortiments oder zwischen kleinen und großen Aufträgen eines Kunden. Soweit die Nachfrageverbundenheit nicht eindeutig nach Art und Mengenverhältnissen bekannt ist, gibt es kaum eine andere Möglichkeit, als in der laufenden Rechnung zunächst die auf Grund der Preise und Rechnungsbeträge formal zurechenbaren, scheinbaren Einzelerlöse der jeweiligen Artikel oder Aufträge gesondert auszuweisen und die nicht genau bestimmbare Nachfrageverbundenheit bei der Interpretation der Deckungsbeiträge zu berücksichtigen. Zudem kann man die Artikel und Aufträge beim Aufbau von Bezugsgrößenhierarchien, die den verschiedenen mehrstufigen, vom speziellen zum allgemeineren Untersuchungsobjekt führenden Deckungsbeitragsrechnungen zugrunde gelegt werden, gemäß ihrer absatzwirtschaftlichen Verbundenheit zu Artikel- und Auftragsgruppen zusammenfassen.

3. Obgleich die Unterscheidung zwischen Einzelkosten und Gemeinkosten, Einzelerlösen und Gemeinerlösen *relativ* ist, weil grundsätzlich jedes Entscheidungsobjekt auch Kalkula-

[26] Hier wird bewußt von der üblichen Definition der Kosten als »bewerteter Güterverzehr« abgewichen, weil die bloße Feststellung des durch eine Disposition ausgelösten zusätzlichen Mengenverbrauchs oder der räumlichen und zeitlichen Inanspruchnahme eines Kostengutes noch kein hinreichender Nachweis für das Vorhandensein von Einzelkosten ist. Ist nämlich mit der Inanspruchnahme eines Kostengutes oder mit einem Mengenverbrauch kein zusätzlicher Werteverzehr gegenüber der Nichtinanspruchnahme oder dem Nichtverbrauch verbunden, wie etwa bei Vereinbarung einer Pauschalvergütung oder Mindestvergütung, dann entstehen auch keine Einzelkosten in bezug auf die Kalkulationsobjekte, die dabei anfallen. Pauschal- und Mindestvergütung (z. B. feste Monatsmiete, Grundgebühr) sind dann echte Gemeinkosten und dem Kalkulationsobjekt nicht eindeutig zwingend zurechenbar.

tionsobjekt sein kann, so wird sie doch nicht überflüssig, denn die Einzelkosten und -erlöse eines Untersuchungsobjekts können in bezug auf andere Untersuchungsobjekte Gemeinkosten und Gemeinerlöse sein. So sind die (zusätzlichen) Entwurfs- oder Rezepturkosten eines Erzeugnisses zwar Einzelkosten dieser Erzeugnisart – bei Sonderanfertigungen auch des Kundenauftrags –, aber zugleich Gemeinkosten in bezug auf die Erzeugniseinheiten.
Alle Kosten und Erlöse einer Unternehmung lassen sich eindeutig und zwingend als (relative) Einzelkosten und -erlöse erfassen und zurechnen, wenn man nur die jeweils richtigen Bezugsgrößen (Kalkulationsobjekte) dafür auswählt.
Soweit ein Kalkulationsobjekt nicht aus der Natur der Sache heraus mengenmäßig und zeitlich eindeutig bestimmt ist, wie ein Auftrag, muß es jeweils durch die Länge des Planungs- oder Abrechnungszeitraums zusätzlich gekennzeichnet werden; deshalb ist stets zugleich auch die Frage der Zurechenbarkeit der Kosten und Erlöse auf kürzere oder längere Zeitabschnitte (z. B. Monat, Quartal, Jahr) zu prüfen [6].
4. Während die *echten* oder wesensmäßigen *Gemeinkosten* unter keinen Umständen aufgeschlüsselt werden dürfen, ist es für Bestandsbewertungen, Preiskalkulationen, Planungs- und Entscheidungsrechnungen zulässig und meist auch notwendig, *unechte Gemeinkosten* aufzuschlüsseln, d. h. solche Kosten, die ihrem Wesen nach eindeutig zwingend zurechenbar sind und nur deshalb zu Gemeinkosten werden, weil man auf die an sich mögliche direkte Erfassung für das betreffende Kalkulationsobjekt verzichtet. Voraussetzung für diese Zurechenbarkeit ist freilich, daß die angewandten Schlüssel auf eine hinreichend strenge Proportionalität geprüft sind [27]. Um die Auswirkungen der mit der Schlüsselung unechter Gemeinkosten verbundenen Ungenauigkeit besser beurteilen zu können, empfiehlt es sich, die direkt erfaßten Einzelkosten und die zugeschlüsselten unechten Gemeinkosten über alle Rechnungsstufen hinweg gesondert zu halten [7]. Entsprechendes gilt für unechte Gemeinerlöse.
5. Die Unterscheidung zwischen fixen und variablen Kosten in bezug auf Beschäftigungsvariationen ist für das Rechnen mit relativen Einzelkosten und Deckungsbeiträgen zu grob und daher in vielen Fällen von untergeordneter Bedeutung. In der betrieblichen Wirklichkeit sind Beschäftigungsschwankungen nur eine neben anderen, oft viel stärker wirksamen Einflußgrößen und – selbst bei Konstanz der übrigen Faktoren – ohne unmittelbaren und eindeutigen Einfluß auf die Kosten, sobald mehrere Anpassungsmöglichkeiten bestehen. Die Wahl der Anpassungsform ist von zahlreichen Bestimmungsgründen abhängig, vor allem von den Erwartungen des Unternehmens über die künftige Beschäftigungsentwicklung. Soweit daher überhaupt mit der Modellvorstellung einer isolierten Abhängigkeit der Kosten vom Beschäftigungsgrad gearbeitet wird, sollte von *ganz kurzfristigen und kleinen Änderungen* der Erzeugungsmenge ausgegangen werden, um Variationen der Betriebsbereitschaft, die stets von Erwartungen beeinflußt sind, auszuschalten [28]. Unter diesem Gesichtspunkt sind die den Erzeugniseinheiten, den (fiktiven) Kuppelprodukt-»Päckchen« [29], den Fertigungslosen »an sich« [30], den Chargen »an sich« [30] bzw. den Rüst-

[27] Vgl. hierzu die in Fußnote 11 genannten statistischen Kriterien.
[28] Diese Auffassung entspricht dem »unit-variable-cost-concept«, nach dem variable Kosten solche sind, die prompt auf Beschäftigungsveränderungen reagieren. Siehe hierzu *W. J. Vatter*, Accounting Measurements of Incremental Cost, in: The Journal of Business of the University of Chicago, Vol. XVIII (1945), S. 145–156, zit. nach dem Nachdruck in: Studies in Costing, Ed. by David Solomons, London 1952, S. 209–225, hier S. 213.
[29] Hierunter versteht man gedachte Leistungseinheiten, die aus den gekoppelten Erzeugnissen im Verhältnis ihres Anfalls zusammengesetzt sind. Nach *H. von Stackelberg*, Grundlagen einer reinen Kostentheorie, Wien 1932, S. 55 f.
[30] D. h. ohne die zum Los oder zur Charge gehörigen Erzeugniseinheiten.

und Umstellungsvorgängen als solchen eindeutig zurechenbaren Kosten stets zugleich auch mit Art und Menge dieser Leistungen veränderliche Kosten. Diese *»Leistungskosten«* ändern sich gewissermaßen »automatisch« mit der Anordnung, was und wieviel produziert werden soll, weil bei gegebener Produktgestaltung und gegebenen Verfahrensbedingungen damit festliegt, welche Kostengüter hierfür proportional zur Zahl der Aufträge (Lose, Chargen) und zu den Erzeugnismengen zu verbrauchen sind.

6. Damit die einzelnen Leistungseinheiten und Aufträge erstellt und abgesetzt werden können, müssen die institutionellen, organisatorischen und technischen Voraussetzungen gegeben sein, beispielsweise in Form geeigneter Anlagenkapazitäten, Mitarbeiter, eingespielter Marktbeziehungen, technischer und kaufmännischer Erfahrungen usw. Diese Potentiale können nicht kurzfristig geschaffen werden und auch nicht in den kleinen Quanten, die jeweils für eine Leistungseinheit oder einen Auftrag – große und langfristige Aufträge ausgenommen – erforderlich sind. Die Entscheidungen über Aufbau, Erhaltung und Anpassung dieser allgemeinen und speziellen Voraussetzungen jeder Leistungserstellung, der *Betriebsbereitschaft,* müssen auf Grund von *Erwartungen,* die bei den einzelnen Produktionsfaktoren unterschiedlich weit in die Zukunft hineingreifen und das Unternehmen unterschiedlich lange binden können, getroffen werden. Weil die tatsächliche Entwicklung erfahrungsgemäß mehr oder weniger von diesen Erwartungen abweicht und weil aus technischen, institutionellen und ökonomischen Gründen die Betriebsbereitschaft nur zum kleinsten Teil ausgabenwirksam an kurzfristige Änderungen angepaßt werden kann, weicht die tatsächliche Betriebsbereitschaft nach Qualität und Quantität tendenziell um so stärker von der jeweils erforderlichen ab, je kürzer die jeweils betrachtete Abrechnungs- oder Planungsperiode ist. Wie bereits am Beispiel der Fertigungslöhne erörtert wurde, ist die Höhe der Bereitschaftskosten einer Kurzperiode daher nicht durch die tatsächlich erstellten und abgesetzten Leistungen bedingt. Aber auch bei langen Perioden wird sie durch die den Bereitschaftsdispositionen zugrunde liegenden Planungen und nicht durch das später realisierte Programm bestimmt. Inwieweit eine Anpassung der Betriebsbereitschaft an die jeweils erforderliche möglich ist, hängt von den Quantengrößen der bereitzustellenden Kostengütereinheiten, von ihrer Nutzungsdauer und rechtlichen Bindungsdauer sowie von der Speicherbarkeit ihres Potentials ab. Bei *zeitunelastischen* Kostengütern und Potentialen, etwa einem raschen technisch-wirtschaftlichen Fortschritt unterliegenden Betriebsmitteln, Konstruktionen und Rezepturen, Marktbeziehungen und Erfahrungen aller Art sowie bei den Rohstoffvorräten, tritt der Verzehr des Potentials auch ohne Nutzung während des bloßen Bereithaltens ein [31]. Die Kosten werden daher ebenso wie die Ausgaben ausschließlich durch die *Beschaffungsdisposition* ausgelöst, d. h. die Entscheidung über Kauf von Betriebsmitteln, den Abschluß von Arbeits- und Mietverträgen usw. *Einsatz- oder Verwendungsentscheidungen* über zeitunelastische Produktionsfaktoren oder Potentiale sind auf den Wertverzehr ohne jeden Einfluß. Daher sind die durch Bereitstellungsdispositionen der Vergangenheit hervorgerufenen Ausgaben und Ausgabenverpflichtungen und die davon ableitbaren Kosten ohne Belang für die gegenwärtigen und künftigen Verwendungsentscheidungen; dafür interessieren allein die Verwertungsmöglichkeiten der noch verfügbaren Nutzungspotentiale. Diese in der Vergangenheit geschaffenen Potentiale lassen sich in Entscheidungs- und Kontrollrechnungen keinesfalls dadurch berücksichtigen, daß man die Leistungen oder die jeweilige Planungs-

[31] Vgl. hierzu *W. Engels,* Betriebswirtschaftliche Bewertungslehre im Lichte der Entscheidungstheorie, Westdeutscher Verlag, Köln und Opladen 1962, S. 166 f.

oder Abrechnungsperiode anteilig mit jenen Ausgaben belastet, die in der Vergangenheit für die Schaffung dieser Potentiale ausgelöst worden sind [32]. Für die planende oder kontrollierende Beurteilung von Alternativen und ganz allgemein für die Ermittlung von Erfolgsänderungen interessieren nur noch die Überschüsse der zusätzlichen Erlöse über die Kosten, die zusätzlich bei der Nutzung des vorhandenen Potentials anfallen. Ist das betreffende Potential Engpaß, dann gilt es, dieses Potential so ergiebig wie möglich zu verwerten, d. h., den Deckungsbeitrag aus den alternativen oder kombinierten Nutzungen zu maximieren [33].

Eine wirklichkeitsnahe Abbildung der Bereitschaftskosten muß auch die *zeitliche Dimension* sichtbar machen, in der über die Höhe der Ausgaben und damit über die Summe der davon abgeleiteten Kosten sowie über die Nutzung des Potentials der Bereitschaftsfaktoren disponiert werden kann. Soweit Vertragsdauer und Kündigungsintervalle festliegen, wie bei Arbeits-, Versicherungs-, Miet- und sonstigen Verträgen, ist nach der Länge der Bindungs- oder Nutzungsdauer sowie ihrer Lage zu den Kalenderperioden zwischen Monats-, Quartals-, Halbjahres- und Jahres-Einzelkosten zu unterscheiden. In bezug auf kürzere Zeiträume handelt es sich jeweils um Perioden-Gemeinkosten bzw. Perioden-Gemeinausgaben. Diesen Einzel- bzw. Gemeinkosten »geschlossener Perioden« stehen solche »offener Perioden« gegenüber. Sie leiten sich von materiellen oder immateriellen Investitionen ab, deren Nutzungsdauer erst nach Ablauf der technischen oder ökonomischen Nutzungsmöglichkeit eindeutig bestimmbar ist. Daher können die Gemeinkosten »offener Perioden« zunächst lediglich nach der Länge der *erwarteten* Nutzungsdauer geordnet werden.

7. Der *Deckungsbeitrag je Leistungseinheit* gibt an, um wieviel sich das Ergebnis – bei gegebenen Bereitschaftskosten – mit jeder zusätzlichen Einheit verbessert und mit jeder wegfallenden Einheit vermindert. Zur richtigen Interpretation müssen die Deckungsbeiträge auf die in Anspruch genommenen Einheiten der effektiven oder potentiellen Engpässe bezogen werden. Die so ermittelten *spezifischen Deckungsbeiträge* sind ein Maß für die *»Ergiebigkeit«*, mit der der jeweilige Engpaß durch das jeweils betrachtete Kalkulationsobjekt genutzt wird [8]. Besteht nur ein einziger Engpaß, dann ist eine Programmoptimierung unmittelbar mit Hilfe der spezifischen Deckungsbeiträge möglich. Liegen gleichzeitig mehrere Engpässe vor, so haben die spezifischen Deckungsbeiträge nur noch Erklärungswert, da man sich zweckmäßigerweise der Methoden der mathematischen Programmierung bedient, die jedoch von den Deckungsbeiträgen je Leistungseinheit bzw. den Einzelerlösen und Einzelkosten auszugehen haben.

8. Leistungen bzw. Erlöse und damit Deckungsbeiträge können zwar nur entstehen, wenn durch mehr oder weniger weit zurückliegende allgemeine und spezielle erwartungsbedingte Bereitstellungsdispositionen die notwendigen Leistungspotentiale geschaffen worden sind, doch werden sie allein durch die unmittelbar auf die Erstellung und Verwertung

[32] Das ist mit bemerkenswerter Klarheit von einigen Fachleuten des landwirtschaftlichen Rechnungswesens frühzeitig erkannt worden, insbesondere von *H. Zörner*, Untersuchung über die Bedeutung von Kalkulation und Produktionskostenrechnungen in der Landwirtschaft, in: Berichte über Landwirtschaft, Zeitschrift für Agrarpolitik und internationale Landwirtschaft, Neue Folge, Band VI, Berlin 1928, S. 554–609. Vgl. hierzu neuerdings: *M. Woitschach*, Vom Umgang mit Alternativen. Gedanken zu aktuellen Problemen des industriellen Rechnungswesens und den Möglichkeiten der maschinellen Datenverarbeitung, in: IBM-Nachrichten, Heft 164, Februar 1964, S. 2170–2180, hier insbesondere S. 2172 ff.

[33] Vgl. hierzu *W. Engels*, a.a.O., S. 169–176, sowie *E. Heinen*, Betriebswirtschaftliche Kostenlehre, Bd. I, Begriff und Theorie der Kosten, 2. Aufl., Betriebswirtschaftlicher Verlag Th. Gabler, Wiesbaden 1965, S. 345–358.

der Aufträge und Leistungseinheiten gerichteten Entscheidungen ausgelöst. Daher können die *Deckungsbeiträge erst zu dem Zeitpunkt ausgewiesen* werden, in dem die *Leistung vollendet und die Erlöse realisiert* worden sind. Im Rahmen von *Zeitablaufsrechnungen* ist es aber durchaus möglich, den Zusammenhängen zwischen den jeweils realisierten Deckungsbeiträgen und den vorbereitenden Bereitstellungsdispositionen nachzuspüren. Die Periodenrechnung muß sich freilich mit dem Ausweis von *Periodenbeiträgen* begnügen. Je kürzer die Abrechnungsperiode ist, um so weniger Bereitschaftskosten können ihr eindeutig zugerechnet werden und um so größer ist daher der verbleibende Periodenbeitrag. Auch die Periodenrechnungen und Zeitablaufsrechnungen können nur *Ergebnisänderungsrechnungen* oder Erfolgsdifferenzrechnungen sein und anzeigen, um wieviel sich das bis dahin realisierte Gesamtergebnis gegenüber der vorangegangenen Periode bzw. einem früheren Zeitpunkt verbessert oder verschlechtert hat.

9. Um Sonderrechnungen zu vereinfachen und zu beschleunigen, ist es zweckmäßig, in 12 einer *Grundrechnung* die Kosten nach Kostenarten und|Kostenkategorien differenziert für diejenigen Kalkulationsobjekte zu sammeln und auszuweisen, für die sie direkt erfaßt worden sind. Kostenkategorien sind insbesondere nach dem Verhalten gegenüber den Haupteinflußfaktoren (Erzeugnismengen, Art und Zahl der Chargen, Lose, Sortenwechsel, Kundenaufträge u. dergl.), nach der Bindungsdauer der Bereitschaftskosten, der Genauigkeit der Erfassung bzw. Zurechnung und nach dem Ausgabencharakter zu bilden. Die Grundrechnung kann nur in bezug auf ihren Aufbau zweckneutral sein, nicht aber hinsichtlich der Bewertung. Daher ist es zweckmäßig, die Mengen- und Wertkomponenten gesondert auszuweisen.

Die Grundrechnung der Kosten ist durch eine Statistik der in Anspruch genommenen effektiven und potentiellen Engpässe sowie durch eine differenzierte Statistik der Erlöse und Erlösschmälerungen zu ergänzen, mit der entsprechende Gruppierungen der absatzabhängigen Einzelkosten der Erzeugniseinheiten (z. B. die preisabhängigen Kosten) und der Kunden- bzw. Versandaufträge verbunden werden können [34].

In der Grundrechnung ist jede Aufschlüsselung echter Gemeinkosten einschließlich der Proportionalisierung fixer Kosten streng verboten.

10. Eine notwendige Ergänzung der Grundrechnung sowie der speziellen Einzelkosten- und Deckungsbeitragsrechnungen ist die differenzierte Aufstellung von kosten- und ausgabenorientierten *Deckungsbudgets* [9].

Ein *kostenorientiertes Deckungsbudget* einer Planungsperiode umfaßt zunächst den *direkten Deckungsbedarf* der Periode in Gestalt der den einzelnen Leistungen (Erzeugniseinheiten und Aufträgen) nicht zurechenbaren Periodeneinzelkosten, darüber hinaus *Dekkungsraten*, die von der Unternehmungsleitung auf Grund ihrer Erwartungen und Zielsetzungen vorgegeben werden, um einen angemessenen Beitrag der betreffenden Planungsperiode zur Deckung des gemeinsamen Deckungsbedarfs mehrerer Perioden, eben der Periodengemeinkosten, sicherzustellen. Schließlich kann das Deckungsbudget auch noch den angestrebten Perioden»gewinn« umfassen.

Ein *ausgabenorientiertes Deckungsbudget* geht dagegen ausschließlich von den in der Periode ausgabenwirksamen Bereitschaftskosten sowie von dem zusätzlichen Finanzbedarf

[34] Das empfiehlt sich vor allem dann, wenn die absatzabhängigen Kosten des jeweiligen Erzeugnisses bzw. bestimmter Auftragstypen von Teilmarkt zu Teilmarkt unterschiedlich sind. Zu den Gliederungsmöglichkeiten dieser Statistiken vgl.: *P. Riebel*, Innerbetriebliche Statistik, in: Allgemeines Statistisches Archiv, Band 49 (1965), H. 1, S. 47–71, hier S. 58–61. – *Ders.*, Die Deckungsbeitragsrechnung als Instrument der Absatzanalyse, a.a.O.

für Gewinnausschüttung, Investitionen und sonstigen außerordentlichen Vorgängen aus, die durch die Deckungsbeiträge der abgesetzten oder abzusetzenden Leistungen finanziert werden sollen [10].

III. Die Anwendung des Rechnens mit relativen Einzelkosten und Deckungsbeiträgen auf die Beurteilung kurzfristiger Entscheidungen

Im folgenden soll die Anwendung der Grundgedanken und Prinzipien des Rechnens mit relativen Einzelkosten und Deckungsbeiträgen auf kurzfristige unternehmerische Entscheidungen und ihre Kontrolle am Beispiel der Produktbeurteilung und Programmwahl einerseits sowie der Verfahrenswahl andererseits gezeigt werden. Dabei sollen als kurzfristig alle Entscheidungen angesehen werden, die im Rahmen gegebener Anlagenkapazitäten und gegebener Betriebsbereitschaft, die vor allem durch die abgeschlossenen Arbeits- und Dienstleistungsverträge bestimmt ist, getroffen werden. Aus dieser Beschränkung auf kurzfristige Entscheidungsprobleme darf keinesfalls geschlossen werden, daß das Rechnen mit relativen Einzelkosten und Deckungsbeiträgen nur für kurzfristige Entscheidungen und ihre Kontrolle brauchbar wäre. Im Gegenteil. Die Einzelkosten- und Deckungsbeitragsrechnung ist auf Grund der in Abschnitt II dargestellten Prinzipien besonders gut für die Vorbereitung und Kontrolle von Investitionsentscheidungen, und zwar auch bei verbundenen Investitionen, sowie für alle Entscheidungen über Aufbau, Anpassung und Abbau der statischen und dynamischen Betriebsbereitschaft besonders gut geeignet. Das zu zeigen, muß aus Raumgründen einer anderen Veröffentlichung vorbehalten bleiben.

1. Produktbeurteilung und Programmwahl

Wenden wir uns zunächst der Frage zu, wie die Erzeugnisse des eingangs beschriebenen Beispiels aus der Sicht der Gewinnmaximierung zu beurteilen sind, welche Erzeugnisse es besonders zu forcieren gilt und welche aus dem Programm gestrichen oder möglichst bald durch bessere ersetzt werden sollten.

Für die Beurteilung von Programmänderungen kommt es darauf an, herauszuarbeiten, welche Kosten und welche Erlöse sich ändern, wenn die Art und die Menge der hergestellten und abgesetzten Leistungen variiert werden. Bei kleinen und kurzfristigen Änderungen – im Extremfalle um eine Leistungseinheit – sind dies offenbar jene Erlöse und Kosten, die eindeutig mit der Erstellung und dem Verkauf der einzelnen Leistungseinheiten entstehen und daher diesen auch zwingend zurechenbar sind. Die Bereitschaftskosten können bei solchen kleineren kurzfristigen Variationen des Produktionsprogramms mit Sicherheit außer Betracht bleiben, während bei längerfristigen und größeren Programmänderungen von Fall zu Fall sorgfältig untersucht werden muß, welche Veränderungen der allgemeinen oder speziellen Betriebsbereitschaft notwendig bzw. möglich sind und welche Veränderungen – unter Berücksichtigung der weiter erwarteten Entwicklung – tatsächlich durchgeführt werden. Das kann stets nur in Sonderrechnungen geschehen, die der jeweiligen Situation und den individuellen Handlungsmöglichkeiten angepaßt sind. Sehen wir zunächst von solchen Veränderungen der Bereitschaftskosten ab, dann kommt es zunächst einmal auf die Differenz zwischen den Erlösen und Kosten an, die mit jeder Leistungseinheit hinzukommen oder wegfallen. Diese Änderungen sind identisch mit den *Deckungsbeiträgen der Leistungseinheiten*, die in einem retrograden Kalkulationsschema nach Tabelle III ermittelt werden.

Geht man von Listenpreisen aus, dann sind zunächst die (echten) Erlösschmälerungen abzusetzen: die Rabatte und – wenn Fragestellung und Kundenverhalten dies rechtfertigen – auch die Skonti [11]. Von dem verbleibenden Nettoerlös werden die direkten Kosten der Erzeugniseinheiten, nach ihrer Abhängigkeit gegenüber den Haupteinflußfaktoren differenziert, abgezogen, und zwar zuerst die absatzabhängigen und dann die erzeugungsabhängigen Kosten. Innerhalb der *absatzabhängigen Einzelkosten* der Leistungseinheiten sind zunächst die vom erzielten Preis und damit vom Nettoumsatz abhängigen Kostenarten zu berücksichtigen: Verkaufsprovisionen und Umsatzsteuer [35], oft auch Lizenzen und Verbandsbeiträge. Die Kosten für Versandverpackungen und Frachten, die gewöhnlich von mehreren Faktoren abhängen, sind den Leistungseinheiten nur soweit zwingend zurechenbar, als sie für jede Leistungseinheit zusätzlich entstehen; bei gemischten Sendungen, wie im Beispielsfalle, sind die Kosten der Versandverpackung und die Ausgangsfracht gemeinsame Kosten aller Leistungsarten und Leistungseinheiten des Versandauftrages.

Der als »reduzierter Nettopreis« bezeichnete Überschuß wird gewissermaßen von der Verkaufsabteilung nach Abzug der Vertriebseinzelkosten der Leistungseinheiten an die übrigen Bereiche, zunächst die Produktion, weitergegeben. Nun werden die erzeugungsbedingten Einzelkosten abgesetzt, die sich in der Regel auf die Stoffeinzelkosten und die Energieeinzelkosten beschränken. Werden die Energiekosten nicht direkt für die einzelnen Leistungseinheiten oder Produktionsaufträge erfaßt, obgleich dies möglich wäre, sondern lediglich für Kostenstellen oder noch größere Betriebsbereiche je Zeitabschnitt, dann handelt es sich in bezug auf die einzelnen Erzeugnisse und Leistungseinheiten um »unechte Gemeinkosten«, die zwar wesensmäßig direkt zurechenbar sind, aber selbst bei Vorliegen eines statisch geprüften Schlüssels nur mit Wahrscheinlichkeitswerten angesetzt werden können. Das trifft in unserem Beispiel auf die variablen Energiekosten der Erzeugung zu. Ähnlich liegen die Verhältnisse bei den sogenannten Hilfsstoffen, die jedoch im vorliegenden Beispiel keine Rolle spielen.

Um eine hinreichende Vorstellung über die Genauigkeit der Ermittlung der Deckungsbeiträge je Leistungseinheit zu erhalten, wird zunächst ein *genauer, aber unvollständiger Deckungsbeitrag* über die direkt erfaßten Einzelkosten der Leistungseinheit errechnet – als *Stückbeitrag I* bezeichnet – und dann ein *vollständiger, aber ungenauer Deckungsbeitrag* über die eindeutig zurechenbaren Kosten, der *Stückbeitrag II*. Ist das Verhältnis der zugeschlüsselten unechten Gemeinkosten zu den direkt erfaßten Einzelkosten bei den zu vergleichenden Erzeugnissen sehr unterschiedlich, dann kann dies dazu führen, daß die Beurteilung der Rangfolge der einzelnen Produkte von der Höhe der unechten Gemeinkosten abhängt. In solchen Fällen erweist es sich dann als notwendig, wenigstens einen Teil der unechten Gemeinkosten direkt zu erfassen, wenn man zu einer eindeutigen Beurteilung der Rangordnung der einzelnen Erzeugnisse kommen will. In unserem Beispiel scheinen die als unechte Gemeinkosten erfaßten erzeugungsabhängigen Energiekosten ohne Bedeutung für die Beurteilung der Produkte zu sein.

Besonders problematisch ist die Frage der Behandlung der Frachtkosten (und der Versandverpackung), wenn, wie in unserem Beispielbetrieb, die einzelnen Erzeugnisse mit anderen gemeinsam versandt werden. Hier sind die Frachtkosten (und die Kosten der Versandverpackung) nur den Versandaufträgen direkt zurechenbar. Wegen der üblichen Gewichts-

[35] Dieser Posten bleibt nach Einführung der Mehrwertsteuer nur noch für Umsätze an Endverbraucher bestehen.

staffelung der Frachtsätze ist die gemeinsame Fracht einer gemischten Sendung nicht eindeutig zwingend auf die einzelnen Warenarten und Wareneinheiten aufzuteilen. Nur wenn eine gegebene Sendung durch zusätzliche Wareneinheiten oder eine weitere Auftragsposition ergänzt wird, lassen sich hierfür zusätzliche Frachtkosten ermitteln. Allerdings ist die Zurechnung dieser zusätzlichen Frachtkosten auf die zusätzliche Auftragsposition oder die zusätzlichen Wareneinheiten nur für bestimmte Fragestellungen sinnvoll.

Zudem ist die Höhe der jeweils hinzukommenden Fracht ganz von den Verhältnissen des Einzelfalles abhängig, nämlich – bei gegebener Transportentfernung und Versandart – von dem Gewicht der ursprünglichen Sendung, dem noch ungenutzten Restgewicht der betreffenden Gewichtsklasse, dem zusätzlichen Gewicht der hinzukommenden Ware und der Höhe des Frachtsprunges. Daher kann im Einzelfalle die zusätzliche Fracht über oder unter dem bisherigen »Durchschnitt« je Gewichtseinheit liegen, ja, sogar Null sein.
Um die Frage, welche Frachtkosten wegfielen, wenn man ein bestimmtes Erzeugnis aus dem bisherigen Programm striche, genau beantworten zu können, müßte man freilich detailliert analysieren, wie sich der Gesamtversand des zu eliminierenden Erzeugnisses auf Aufträge unterschiedlicher Versandarten, Versandgewichte und Versandentfernungen verteilt. Auf dieser Grundlage müßte man dann – selbstverständlich unter Berücksichtigung der in der Planungsperiode zu erwartenden Änderungen – die spezielle Frachtkostenersparnis errechnen. Aus dem Bestreben, den Zeitaufwand und die Kosten für eine derartig detaillierte Untersuchung möglichst zu vermeiden, kann man in erster Annäherung die auf die Gewichtseinheit bezogenen durchschnittlichen Frachtkosten aller Aufträge der Erzeugnisgruppe zugrunde legen, wenn sich die Versandgewichte bei einer Korrelation mit den Frachtkosten als durchschlagender Faktor erweisen. Kann damit gerechnet werden, daß weder die Versandstruktur der einzelnen Erzeugnisse wesentlich von demjenigen der Erzeugnisgruppe abweicht, noch daß starke Verschiebungen der Versandstruktur zu erwarten sind, dann erscheint es zulässig, für (grobe) Planungen die Frachtkosten in der Weise zu extrapolieren, daß man den einzelnen Erzeugnissen »durchschnittliche« Frachtkosten je Gewichtseinheit zuordnet. Das ist im vorliegenden Beispiel geschehen (s. Tabelle III).
Setzt man auf Grund der statistisch erwiesenen Proportionalität zum durchschlagenden Faktor die durchschnittlichen Frachtkosten vom Stückbeitrag II ab, dann haben wir es nicht mehr mit einem Deckungsbeitrag im strengen Sinne der in Abschnitt II A formulierten Definition zu tun, da die (durchschnittlichen) Frachtkosten nicht eindeutig den Leistungseinheiten zugerechnet werden können. Daher soll der verbleibende Überschuß nicht als Stückbeitrag, sondern als »Stück-Bruttogewinn nach Abzug der durchschnittlichen Frachtkosten« bezeichnet werden. Da die Frachtsätze im allgemeinen mit zunehmendem Gewicht der Versandaufträge tendenziell abnehmen, ist damit zu rechnen, daß die bei der Eliminierung des einen oder anderen Erzeugnisses tatsächlich wegfallenden Frachtkosten unter den angelasteten »durchschnittlichen« Frachten liegen und somit der bei der Eliminierung des Erzeugnisses entfallende durchschnittliche Deckungsbeitrag etwas größer als der »Bruttogewinn nach Durchschnittsfrachten« ist.
Die *absolute Höhe der Deckungsbeiträge je Leistungseinheit* (»Stück«beiträge) über die direkt erfaßten bzw. über die eindeutig zurechenbaren Kosten besagt, wieviel jede Leistungseinheit – bei gegebenen Nettopreisen – zur Deckung fixer und variabler Gemeinkosten sowie zum Gewinn beiträgt. In unserem Beispiel liefern – selbst bei Berücksichtigung durchschnittlicher Frachtkosten – alle Produkte einen positiven Deckungsbeitrag,

16

14

Tabelle III: Errechnung der Deckungsbeiträge je Leistungseinheit (105 kg) der in Abteilung A erstellten Leistungen

	1	2	3	4	5	6	7	8
		a_1	a_2	a_3	a_4	a_5	a_6	a_7
1	**Listenpreis**	491,16	383,18	470,35	382,20	432,00	426,84	314,61
2	./. Rabatte	81,27	70,25	80,32	69,96	71,76	75,73	54,26
3	./. Skonti	6,68	4,98	6,12	4,97	5,62	5,45	4,09
4	Nettopreis	403,21	307,85	383,91	307,27	354,62	345,66	256,26
5	./. preisabhängige Kosten							
	a) Verkaufsprovision	13,75	10,73	13,17	10,70	12,10	11,95	8,81
	b) Umsatzsteuer	7,85	6,27	7,49	6,11	6,91	6,83	5,03
	c) Lizenzen	4,91	3,83	4,70	3,82	4,32	4,27	3,15
6	reduzierter Nettopreis	376,70	287,12	358,55	286,64	331,29	322,61	239,27
7	./. direkt erfaßte erzeugungsabhängige Kosten (hier: Stoffeinzelkosten)	196,46	165,46	182,48	170,24	242,70	196,87	179,03
8	**Stückbeitrag I** (über direkt erfaßte Einzelkosten der Leistungseinheit)	180,24 (1)	121,66 (4)	176,07 (2)	116,40 (5)	88,59 (6)	125,74 (3)	60,24 (7)
9	./. zugeschlüsselte unechte Gemeinkosten (hier: erzeugungsmengenabhängige Energiekosten)	12,62	8,73	10,71	8,70	9,83	9,72	7,16
10	**Stückbeitrag II** (über eindeutig zurechenbare Kosten)	167,62 (1)	112,93 (4)	165,36 (2)	107,70 (5)	78,76 (6)	116,02 (3)	53,08 (7)
11	./. „durchschnittliche" Frachtkosten	16,50	16,50	16,50	16,50	16,50	16,50	16,50
22	**Stück-Bruttogewinn** (nach „durchschnittlichen" Frachtkosten)	151,12	96,43	148,86	91,20	62,26	99,52	36,58

also auch diejenigen, die in der traditionellen Rechnung als Verlustprodukte ausgewiesen worden sind. Bleibt nur ein geringer Stückbeitrag übrig, dann sollte das zum Anlaß genommen werden, die unechten Gemeinkosten dieses Produktes genauer zu untersuchen, da die tatsächlichen Werte der einzelnen Produkte stärker vom zugeschlüsselten Durchschnittswert abweichen als dies die Streuung der korrelierten Monatswerte vermuten läßt. Daher kann in ungünstigen Fällen der effektive Deckungsbeitrag eines Produktes erheblich geringer als der Stückbeitrag II, vielleicht sogar negativ, sein. Entsprechendes gilt für die Frachtkosten, soweit nicht, wie oft in der Vorkalkulation, von den eindeutig bestimmbaren Frachtkosten individueller Versandaufträge ausgegangen wird.

Bei der Beurteilung relativ niedriger Stückbeiträge muß noch berücksichtigt werden, daß die in der beschriebenen Weise ermittelten Stückbeiträge noch aus einem weiteren Grunde ungenau und unvollständig sind. Soweit nämlich die Lebensdauer in Anspruch genommener Anlagengüter *allein* durch den abnutzungsbedingten Verschleiß begrenzt ist, muß der Deckungsbeitrag noch mindestens ein Äquivalent dafür bringen, daß der gegenwärtige Einsatz des Anlagengutes seine Nutzungsdauer verkürzt und daher *zusätzliche Ausgaben in der Zukunft* hervorrufen kann, wenn etwa die Verkürzung der Nutzungsdauer durch zusätzliche Instandhaltungs- oder Instandsetzungsmaßnahmen kompensiert werden soll oder wenn vorzeitig Ersatz beschafft werden muß. Soll auf diese Maßnahmen verzichtet werden oder kann man nicht rechtzeitig Ersatz beschaffen, dann steht die gegenwärtige Nutzung der Anlage in Konkurrenz mit späteren Nutzungsmöglichkeiten und müßte in diesem Falle mit den diskontierten *künftig entgehenden Deckungsbeiträgen* bewertet werden. Es läge zwar nahe, sich beim Ansatz des kalkulatorischen Äquivalents der Anlagennutzung an der (in der jeweiligen Periode) subjektiv wahrscheinlichen Entwicklungsmöglichkeit zu orientieren, doch darf dieses Vorgehen nicht darüber hinwegtäuschen, daß in der Regel erst in der letzten Periode der Anlagennutzung entschieden werden kann, welche der Alternativen endgültig realisiert werden soll. Allein aus diesem Grunde muß während der vorangehenden Perioden der Anlagennutzung letztlich offenbleiben, an welchen dieser Alternativen sich die Bewertung der Maßeinheiten der Inanspruchnahme der Anlage, etwa der Maschinenstunden, orientieren soll. Dazu kommen noch die Ungewißheit über den Zeitpunkt und die Höhe der relevanten künftigen Ausgaben bzw. der künftig entgehenden Deckungsbeiträge und die Unsicherheit über die Totalkapazität der jeweiligen Anlageneinheit, die in der Regel so stark streut, daß erst nach dem Einsatz einer verhältnismäßig großen Zahl gleichartiger Anlageneinheiten mit einem repräsentativen Durchschnittswert gerechnet werden kann. Auch ist meist völlig unbestimmt, wie die gebrauchsbedingte Abnutzung in Abhängigkeit vom Zeitablauf, der Intensität und sonstigen Bedingungen verläuft. Nur bei Anlagen, deren durchschnittliche Totalkapazität innerhalb eines verhältnismäßig kurzen Zeitraums verbraucht sein wird, darf überhaupt damit gerechnet werden, daß – trotz des immer schneller werdenden technisch-wirtschaftlichen Fortschritts, dem sich heute kein Wirtschaftszweig mehr zu entziehen vermag – die Totalkapazität wirklich voll ausgenutzt werden kann und damit der abnutzungsbedingte Verschleiß allein für die Lebensdauer maßgeblich ist [36].

Von diesen Unvollständigkeiten und Ungenauigkeiten abgesehen, gibt der »Stückbeitrag« oder *Deckungsbeitrag je Leistungseinheit* an, um welchen Betrag das Periodenergebnis mit jeder zusätzlich hergestellten und abgesetzten Einheit verbessert wird oder um welchen

[36] Vgl. hierzu *P. Riebel*, Die Problematik der Normung von Abschreibungen, W. Kohlhammer Verlag Stuttgart 1963.

Betrag sich das Periodenergebnis verschlechtert, wenn auf den Absatz einer Leistungseinheit verzichtet wird. Selbstverständlich darf der Stückbeitrag noch nicht als Gewinn angesehen werden, weil er auch zur Deckung variabler und fixer Gemeinkosten, seien es nun Periodeneinzelkosten oder Periodengemeinkosten, beitragen muß.

Der Deckungsbeitrag je Leistungseinheit interessiert in erster Linie als *»Baustein« für Planungsrechnungen,* sei es für die lineare Programmierung, sei es um den absoluten Wert des Deckungsbeitrags einer bestimmten Absatzmenge oder eines bestimmten Programms zu errechnen. Allerdings ist der Deckungsbeitrag je Leistungseinheit nur dann von unmittelbarer Bedeutung für die Beurteilung der einzelnen Produkte, wenn kein effektiver oder potentieller Engpaß in Anspruch genommen wird oder wenn dieser Engpaß allein in der erzielbaren Absatzmenge besteht [37].

Für die Beurteilung des *Ranges* eines Produktes im Rahmen des gesamten Programms ist vielmehr|der *»engpaßbezogene«* oder *»spezifische Deckungsbeitrag«* entscheidend, d. h. der auf die Inanspruchnahme eines effektiven oder potentiellen Engpasses bezogene Deckungsbeitrag. Die Deckungsbeiträge je in Anspruch genommener Engpaß-Maschinenstunde, Engpaß-Arbeiterstunde, Engpaß-Konstrukteurstunde, Einheit der Kapitalnutzung, je verbrauchter Einheit des Engpaß-Rohstoffes oder der Engpaß-Energie lassen unmittelbar erkennen, mit welcher »Ergiebigkeit« diese Engpässe, abzubauende oder umzusetzende Elemente und Teilbereiche der Kapazität und Betriebsbereitschaft genutzt werden und welche Verwendung der effektiven oder potentiellen Engpässe den größten Gewinn verspricht. Forciert man bei der Programmwahl die Erzeugnisse in der Reihenfolge ihres Deckungsbeitrages je Engpaßeinheit, dann maximiert man – solange nur ein Engpaß vorliegt – automatisch den Periodenbeitrag und bei vorgegebenem Deckungsbedarf den Perioden»gewinn«. Für Erzeugnisse, die den Engpaß überhaupt nicht in Anspruch nehmen, ist der auf diesen Engpaß bezogene spezifische Deckungsbeitrag rechnerisch unendlich; sie gilt es so lange zu forcieren, bis an irgendeiner Stelle ein Engpaß auftritt.

Als Beispiele für spezifische Deckungsbeiträge werden in Tabelle IV die Stückbeiträge I, II und die Bruttogewinne nach Abzug durchschnittlicher Frachtkosten auf die Engpaß-Fertigungslohnstunde, Engpaß-Maschinenstunde und den Umsatzwert bezogen. Je nach der betrieblichen Situation und der Marktlage kommen selbstverständlich auch die Maßeinheiten anderer effektiver oder potentieller Engpässe als Bezugsgrößen für die Errechnung spezifischer Deckungsbeiträge in Frage. Liegt der Engpaß bei den Fertigungslohnstunden, dann kommt in dem Deckungsbeitrag je Fertigungslohnstunde zum Ausdruck, wie ergiebig der Einsatz dieser Arbeitskräfte im Fertigungsbereich bei der wahlweisen Herstellung der Erzeugnisse a_1 bis a_7 ist. Bei dieser Engpaßlage, die für zahlreiche Unternehmungen in den letzten Jahren charakteristisch war, wird man solche Erzeugnisse bevorzugen, die je Fertigungslohnstunde viel zu den fixen und variablen Gemeinkosten und zum Gewinn beitragen. In unserem Beispiel zeigt sich – gleichgültig, ob wir vom Stückbeitrag I, II oder dem Bruttogewinn nach Abzug durchschnittlicher Frachtkosten ausgehen –, daß der *spezifische Deckungsbeitrag je Fertigungslohnstunde* am höchsten bei dem Erzeugnis a_2 ist, daß an zweiter Stelle das Erzeugnis a_4 liegt, an dritter Stelle das Erzeugnis a_1, an vierter das Erzeugnis a_3, während a_7, a_6 und a_5 an fünfter, sechster und siebenter Stelle folgen. Für den Fall eines Arbeitskräftemangels im Erzeugungsbereich wäre daher in allererster Linie das Erzeugnis a_2 zu forcieren und dann erst das Erzeug-

[37] In diesem Falle ist der Stückbeitrag zugleich spezifischer Deckungsbeitrag.

Tabelle IV: Beispiele für spezifische Deckungsbeiträge

1	2	3	4	5	6	7	8
Produkte	a_1	a_2	a_3	a_4	a_5	a_6	a_7
(1) SPEZIFISCHER DECKUNGSBETRAG I							
a) je Fertigungslohnstunde	29,89	65,40	28,17	39,59	15,51	20,34	27,01
Rang	(3)	(1)	(4)	(2)	(7)	(6)	(5)
b) je Maschinenstunde	33,63	32,79	38,69	31,54	21,24	30,44	19,81
Rang	(2)	(3)	(1)	(4)	(6)	(5)	(7)
c) in % des Netto-Umsatzes	44,70	39,51	45,86	37,88	24,98	36,38	23,51
Rang	(2)	(3)	(1)	(4)	(6)	(5)	(7)
(2) SPEZIFISCHER DECKUNGSBETRAG II							
a) je Fertigungslohnstunde	27,79	60,71	26,45	36,63	13,80	18,77	23,80
Rang	(3)	(1)	(4)	(2)	(7)	(6)	(5)
b) je Maschinenstunde	31,27	30,43	36,34	29,18	18,88	28,09	17,46
Rang	(2)	(3)	(1)	(4)	(6)	(5)	(7)
c) in % des Netto-Umsatzes	41,57	36,67	43,07	35,05	22,21	33,56	20,71
Rang	(2)	(3)	(1)	(4)	(6)	(5)	(7)
(3) SPEZIFISCHER BRUTTOGEWINN							
a) je Fertigungslohnstunde	25,06	51,84	23,81	31,02	10,90	16,10	16,40
Rang	(3)	(1)	(4)	(2)	(7)	(6)	(5)
b) je Maschinenstunde	28,19	25,99	32,71	24,71	14,93	24,09	12,03
Rang	(2)	(3)	(1)	(4)	(6)	(5)	(7)
c) in % des Netto-Umsatzes	37,48	31,31	38,77	29,68	17,56	28,69	14,27
Rang	(2)	(3)	(1)	(4)	(6)	(5)	(7)
(4) ENGPASSBELASTUNG							
a) Fertigungslohnstunden je 100 kg	6,03	1,86	6,25	2,94	5,71	6,18	2,23
b) Maschinenstunden je 100 kg	5,36	3,71	4,55	3,69	4,17	4,13	3,04
c) Umsatz zu Nettopreisen je 100 kg	403,21	307,95	383,91	307,27	354,62	345,66	256,26

nis a_4 und die übrigen Erzeugnisse in der eben genannten Reihenfolge. Dabei müßte man in *der Reihenfolge abnehmender spezifischer Deckungsbeiträge* von dem jeweiligen Erzeugnis so viel herstellen, als der Markt zu den betreffenden Preisen aufzunehmen vermag, falls nicht andere absatzwirtschaftliche Gründe, etwa die absatzwirtschaftliche Verbundenheit mit einem nachrangigen Erzeugnis, dagegen sprechen.

Daß die Auswahl der Produkte in der Reihenfolge abnehmender spezifischer oder engpaßbezogener Deckungsbeiträge bei nur einem Engpaß automatisch zur Gewinnmaximierung führt – und zwar unabhängig von der Höhe der abzudeckenden Bereitschaftskosten bzw. des Deckungsbedarfs –, ergibt sich aus Abbildung 7. In dieser Darstellung werden für die Abrechnungsperiode »Jahr X« die Stückbeiträge II mit den Absatzmengen der Erzeugnisse der Abteilung A multipliziert (»Umsatzbeiträge« II) in der Reihenfolge abnehmender engpaßbezogener Deckungsbeiträge über den aufsummierten in Anspruch genommenen Maßeinheiten des Engpasses – im Beispiel den Fertigungslohnstunden – kumuliert. Könnte man das günstigste Erzeugnis a_2 zu den bisherigen Preis- und Kostenverhältnissen in beliebigen Mengen absetzen, dann würde der Deckungsbeitrag entsprechend der gestrichelten Linie weiter ansteigen und ganz eindeutig zu einem erheblich höheren Umsatzbeitrag über die Stückeinzelkosten in der Periode führen als bei dem zusätzlichen Absatz eines jeden der nachfolgenden Erzeugnisse. Entsprechendes gilt für a_4 in bezug auf die folgenden Erzeugnisse mit einem geringeren engpaßbezogenen Deckungsbeitrag, usw. Es ist offensichtlich, daß die Höhe der Bereitschaftskosten ohne Einfluß auf die Reihenfolge der Produkte ist. Aus der Abb. 7 geht auch hervor, daß der spezifische Deckungsbeitrag zwar ein wichtiges Hilfsmittel von hohem Erklärungswert zur Steigerung der Deckungsbeiträge in der Periode, aber keine Zielgröße des Rechnungswesens ist. Es kommt nicht darauf an, den Durchschnitt der spezifischen Deckungsbeiträge zu erhöhen, sondern die absoluten Deckungsbeiträge der Planungsperiode. Auch diese sind nur eine Hilfsgröße, die erst in

18

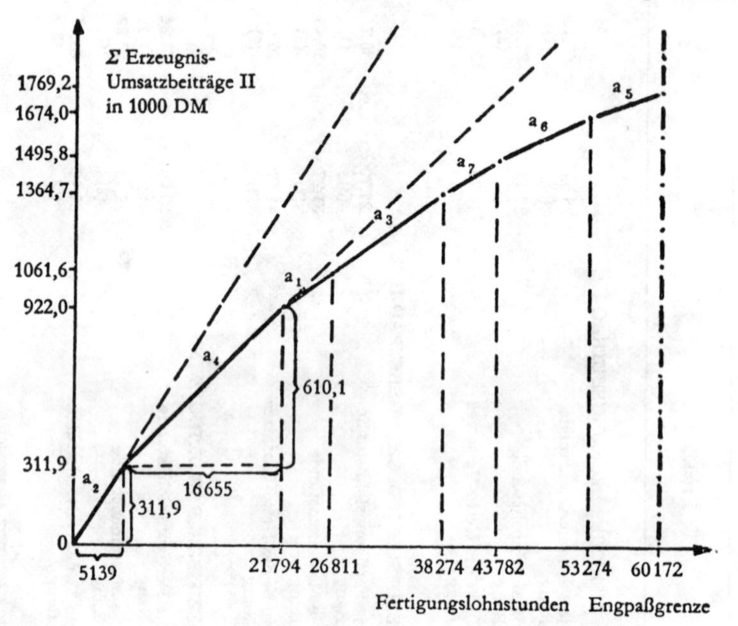

Abb. 7: Kumulierte Erzeugnis-Umsatzbeiträge II der von Abt. A abgegeb. Leistungen im Jahre x nach abnehmenden spezifischen Erzeugnis-Umsatzbeiträgen II geordnet

Zeitablaufsrechnungen hinreichend beurteilt werden kann, da es letztlich auf den Totalgewinn ankommt. 17

Verlagert sich der Engpaß, beispielsweise von den Fertigungsarbeitern auf die Maschinenkapazität, dann kann sich eine ganz *andere Rangordnung* der Produkte ergeben. Bei dieser veränderten Engpaßsituation erweist sich in unserem Beispiel nunmehr das Erzeugnis a_3 günstiger als a_2 und a_1, und in ähnlicher Weise verschiebt sich auch die Reihenfolge der übrigen Produkte (vgl. die eingeklammerten Rangziffern in Zeilen 1b, 2b und 3b der Tabelle IV). Zufällig die gleiche Rangordnung ergibt sich in unserem Beispiel, wenn man den *Deckungsbeitrag auf den Umsatz bezieht*. Eine derartige Begrenzung der »Ergiebigkeit« durch den Umsatzwert kommt beispielsweise vor, wenn die Kunden im Rahmen eines wertmäßig fixierten Limits einzukaufen pflegen. Darüber hinaus ist der Deckungsbeitrag in Prozent vom Umsatz besonders wichtig, um allen jenen, die einseitig auf die erzielten Umsätze starren, klarzumachen, daß es nicht schlechthin Umsätze, sondern Dekkungsbeiträge zu erzielen gilt. Aus diesem Grunde sind auch die bisher üblichen, vom Umsatz abhängigen Provisionssätze in keiner Weise geeignet, die Interessen der Vertreter oder Reisenden sowie der sonstigen am Umsatzwert beteiligten Personen mit den Interessen der Unternehmung zu koordinieren. Es ist deshalb sehr viel besser, wenn man direkt oder indirekt die *Deckungsbeiträge der Provisionsabrechnung* zugrunde legt. Falls man 18 sich scheut, diese zu offenbaren, kann man verschiedene Erzeugnisgruppen nach der Höhe der Deckungsbeiträge bilden und die Sätze der Umsatzprovision für diese Erzeugnisgruppen entsprechend der Höhe der Deckungsbeiträge staffeln. Bei der Beurteilung der Umsätze – und möglichst auch bei der Berechnung der Provisionen – sind noch die Zahl und die Art der Aufträge und die durch die »Aufträge an sich« entstandenen Kosten zu berücksichtigen, falls man unmittelbar von den Stückbeiträgen oder Erzeugnisumsatzbeiträgen und nicht von den Auftragsbeiträgen ausgeht [38].

Werden zwei oder mehr Engpässe gleichzeitig durch dieselben Produktarten beansprucht, dann kann man keine unmittelbare Aussage über die Förderungswürdigkeit der einzelnen Erzeugnisse machen, wenn die nach der Höhe der spezifischen Deckungsbeiträge gebildete Rangfolge nicht bei allen Engpässen übereinstimmt [39]. In solchen Fällen ist es zweckmäßig, sich der Methoden der linearen Programmplanung, insbesondere des Simplexverfahrens, zu bedienen. Allerdings muß man auch bei der mathematischen Programmierung

[38] Vgl. hierzu: *P. Riebel*, Das Problem der minimalen Auftragsgröße, in: Zeitschrift f. handelswiss. Forschung, NF 12 (1960), S. 647–685.

[39] Grundsätzlich kann man auch bei mehreren Engpässen mit Hilfe der spezifischen Deckungsbeiträge zum optimalen Programm kommen. Man geht zunächst von dem mit Hilfe der spezifischen Deckungsbeiträge ermittelten optimalen Programm nur eines der Engpässe aus, nimmt dann den nächsten Engpaß hinzu und versucht, durch probeweises Verdrängen der in das Programm aufgenommenen Produkte durch nicht oder nur unvollständig aufgenommene Erzeugnisse den Dekkungsbeitrag der Periode zu verbessern. Ergibt sich keine Verbesserungsmöglichkeit mehr, hat man das beiden Engpässen gerecht werdende optimale Programm gefunden. Entsprechend kann unter Einbeziehung weiterer Engpässe verfahren werden. Falls keine Datenverarbeitungsanlage mit einem Standardprogramm für die Simplexmethode zur Verfügung steht, führt diese »Verdrängungsrechnung«, die von meinem Mitarbeiter, Herrn Diplom-Wirtschaftsingenieur Dr. Wolfgang Zscherlich, entwickelt worden ist, bei nur zwei Engpässen in der Regel schneller zum Ziel als die Simplex-Methode, weil nicht von einem »Null-Programm«, sondern von einem dem optimalen Programm schon mehr oder weniger nahekommenden ausgegangen wird. Ein im Prinzip gleiches Verfahren verwendet *W. Fleig* für die Zusammenstellung von Investitionsprogrammen bei mehreren Engpässen. Vgl. hierzu *W. Fleig*, Investitionsmodelle als Grundlage der Investitionsplanung, Dissertation Frankfurt am Main 1965.
Nachtrag: Ein Beispiel für die Anwendung der Verdrängungsrechnung auf ein »Ganzzahligkeitsproblem« findet sich auch bei *Wolfgang Männel:* Die Wahl zwischen Eigenfertigung und Fremdbezug. Theoretische Grundlagen – praktische Fälle. Herne/Berlin 1968, S. 84–96.

18

Tabelle V: Erzeugnis-Rangliste – Ermittlung der kumulativen Engpaßbelastung und Erzeugnisbeiträge

I	II	III	IV	V	VI
Produkte	Absatzmengen in der Periode (in 100 kg)	In Anspruch genommene Maßeinheiten des Engpasses (Fertig.-Lohnstd.)	Kumulierte in Anspruch genomm. Maßeinheiten des Engpasses	Erzeugnis-Umsatzbeitrag II in der Periode (in 1000 DM)	Kumulierte Erzeugnis-Umsatzbeiträge II
a_2	2.763	5.139	5.139	311,9	311,9
a_4	5.665	16.655	21.794	610,1	922,0
a_1	832	5.017	26.811	139,6	1.061,6
a_3	1.834	11.463	38.274	303,1	1.364,7
a_7	2.470	5.508	43.782	131,1	1.495,8
a_6	1.536	9.492	53.274	178,2	1.674,0
a_5	1.208	6.898	60.172	95,2	1.769,2

von den Deckungsbeiträgen je Leistungseinheit ausgehen [40] und die durch die einzelnen Produkte in Anspruch genommenen Engpaßeinheiten sowie die insgesamt verfügbaren Maßeinheiten der einzelnen Engpässe berücksichtigen. In diesen Fällen ist der spezifische Deckungsbeitrag keine unmittelbare Rechengröße mehr, doch behält er seinen Erklärungswert in vollem Umfang.

Die Deckungsbeiträge der Leistungseinheiten und die Deckungsbeiträge der in der Periode umgesetzten Erzeugnismengen (= »Erzeugnis-Umsatzbeiträge«) sind zwar nur Bruttogewinne, aber dennoch sehr viel eindeutigere und aussagefähigere Informationen als der Stück-Nettogewinn oder andere Nettogewinne. Diese hängen nämlich in ihrer Höhe ganz von den jeweils gewählten Gemeinkostenschlüsseln ab, über die es sich trefflich streiten läßt. Für echte Gemeinkosten mag man zwar mehr oder weniger plausibel erscheinende Schlüssel finden, aber Schlüssel, die eine »verursachungsgerechte« oder nach sonstigen Gesichtspunkten eindeutig definierbare Beziehung zwischen Kosten und Leistungen herzustellen vermögen, gibt es nicht! Wer daher auf Grund von Selbstkosten, Herstellkosten und Nettogewinnen plant, überläßt damit letztlich die Entscheidungen den Mitarbeitern, welche die Gemeinkostenschlüssel auswählen. Ob diese Mitarbeiter die programm-, beschäftigungs- und preispolitischen Konsequenzen bei der Schlüsselwahl berücksichtigen oder auch nur zu beurteilen vermögen?

19

2. *Verfahrens- und Produktionsmittelwahl*

Bei kurzfristigen Entscheidungen über die anzuwendenden Produktionsverfahren und Verfahrensbedingungen sowie über die einzusetzenden Produktionsmittel, wie sie zu den täglichen Aufgaben der Arbeitsvorbereitung gehören, ist von einer gegebenen quantitativen und qualitativen Struktur der Anlagenkapazität und meist auch des Arbeitskräftebestandes auszugehen. Kann auf Grund der vorhandenen Produktionsmittel zwischen verschiedenen Verfahren gewählt werden, dann ist damit meist auch zugleich die Entscheidung zwischen verschiedenen Werkstoffarten oder Vorformen und oft auch zwischen verschiedenen Energiearten und dem Einsatz unterschiedlich qualifizierter Arbeitskräfte zu entscheiden. Bei der Wahl zwischen verschiedenen Verfahrensbedingungen – beispielsweise zwischen verschiedenen Schnittgeschwindigkeiten bei zerspanenden Formgebungsverfahren, zwischen unterschiedlichen Verweilzeiten, Temperaturen, Drücken, Konzentrationen der Ausgangsstoffe bei chemischen Umwandlungsprozessen – geht es meist nicht um die Arten, sondern lediglich um die Mengen des Einsatzes der zu kombinierenden Kostengüter und – über die zeitliche Inanspruchnahme der Potentialfaktoren (insbesondere Maschinen, Apparate, Arbeitskräfte) – meist auch um die möglichen Ausbringungsmengen je Zeiteinheit. Mit den Verfahrensbedingungen ändern sich häufig die Engpaßverhältnisse, die Güte der Erzeugnisse und die Mengenverhältnisse der Kuppelprodukte bzw. die Ausschuß- und Abfallquoten [41]. Als einen Extremfall der Verfahrenswahl kann man auch die Wahl zwischen Selbstherstellung und Fremdbezug sowie die Frage, ob einzelne Arbeitsgänge im eigenen Betrieb ausgeführt oder in Lohnarbeit vergeben werden sollen, ansehen.

[40] Bzw. von deren Ausgangsgrößen. Soweit in der Literatur hierbei von »Stückgewinnen« die Rede ist, sind stets und selbstverständlich die Stückbeiträge gemeint.

[41] Vgl. hierzu *P. Riebel*, Industrielle Erzeugungsverfahren, Betriebswirtschaftlicher Verlag Dr. Th. Gabler, Wiesbaden 1963 und *ders.*, Die Kuppelproduktion, Betriebs- und Marktprobleme, Westdeutscher Verlag, Köln und Opladen 1955.

Bei allen diesen Entscheidungen sind stets nur die *relevanten* Kosten und Erlöse bzw. Deckungsbeiträge zu berücksichtigen, d. h. die mit der jeweiligen Alternative verbundenen Änderungen der Kosten, Erlöse und Deckungsbeiträge. Welche Kosten im konkreten Falle als hinzukommend oder wegfallend anzusehen sind, ob überhaupt Änderungen von Erlösen und Deckungsbeiträgen berücksichtigt werden müssen oder ob man gar zu anderen Kriterien greifen muß, hängt ganz von der jeweiligen betrieblichen Situation, insbesondere von der Lage der Engpässe, ab. Das soll im folgenden am Beispiel der Verfahrensauswahl bei Unterbeschäftigung, bei Unterbeschäftigung mit Liquiditätsschwierigkeiten und bei Überbeschäftigung oder dem Vorliegen von Engpässen im Produktionsbereich dargestellt werden.

a) Verfahrensauswahl bei Unterbeschäftigung

Liegen Preis und Auftragsgröße (Stückzahl) fest, dann ist nach allgemeiner Auffassung ein reiner Kostenvergleich für die Verfahrensauswahl ausreichend, weil der Erlös von der Verfahrensauswahl unbeeinflußt zu sein scheint. Die Beschränkung auf den bloßen Kostenvergleich, die gleichbedeutend mit einer isolierten Betrachtung des jeweiligen Auftrags oder Erzeugnisses ist, läßt sich jedoch nur rechtfertigen, wenn die durch die alternativen Verfahren in Anspruch zu nehmenden Arbeitskräfte und Betriebsmittel nicht voll ausgelastet sind, wenn es also nicht – und sei es auch nur vorübergehend aus Termingründen – zu einer Konkurrenz mit anderen Erzeugnissen und Aufträgen um die das jeweilige Verfahren verkörpernden Produktionsanlagen und Arbeitskräfte kommt. Von dieser Situation einer Unterbeschäftigung der für die alternativen Verfahren bereitzustellenden Betriebsmittel und Arbeitskräfte gehen die folgenden Überlegungen aus.
Es wäre falsch, wenn man in der geschilderten Situation die vollen Stückkosten, die sich auf Grund einer Zuschlagskalkulation oder einer Maschinenstundensatzrechnung ergeben, der Entscheidung zugrunde legte, wie das in der Praxis vielfach üblich ist. Erstens sind hierin anteilige Gemeinkosten enthalten, die mit den zur Wahl stehenden Verfahren, Betriebsmitteln und Arbeitskräften unmittelbar gar nichts zu tun haben, wie die Kosten des Materialbereichs, der Sozialeinrichtungen, der Betriebsverwaltung usw. Zweitens sind darin solche Kosten enthalten, die zwar den betreffenden Arbeitsplätzen oder Betriebsmitteln in mehr oder weniger langen Zeitabschnitten eindeutig zurechenbar sind, die aber – als Kosten der Betriebsbereitschaft – ohnehin anfallen, gleichgültig ob der Auftrag ausgeführt wird oder nicht und gleichgültig, für welches Verfahren man sich entscheidet. Dazu gehören insbesondere die Raumkosten, die Kosten für die Bereithaltung des Bedienungs- und Aufsichtspersonals und die Kosten für Instandhaltung, Instandsetzung und Anlagenentwertung, soweit sie auch beim Stillstand weiterlaufen, also vor allem durch den Zahn der Zeit, rechtliche Bindungen und den technisch-wirtschaftlichen Fortschritt bedingt sind.
Die Gemeinkostenverteilungsrechnung oder Vollkostenrechnung ist vor allem deswegen gefährlich, weil die zur Wahl stehenden Verfahren sich meist in bezug auf die Inanspruchnahme solcher Daten der Betriebsmittel und Arbeitskräfte unterscheiden, die als Schlüssel oder Zuschlagsgrundlagen für die Verrechnung nicht betroffener Gemeinkosten benutzt werden, wie die zeitliche Inanspruchnahme der Betriebsmittel und Arbeitskräfte, aber auch der Raumbedarf der Arbeitsplätze und die Höhe der festgesetzten Abschreibungen. So werden bei der Lohnzuschlagskalkulation die arbeitsintensiven Verfahren in stärkerem Maße mit Gemeinkosten, insbesondere anteiligen Fixkosten, belastet als anlagenintensive

Verfahren und umgekehrt bei der Maschinenstundensatzrechnung. Die Kostengünstigkeit der einzelnen Verfahren hängt also bei Anwendung der Vollkostenrechnung ganz von den jeweils gewählten Schlüsseln für die zum größten Teil von der kurzfristigen Verfahrenswahl überhaupt nicht betroffenen Gemeinkosten ab. Dazu kommen die »Benachteiligung« hochwertiger Werkstoffe gegenüber geringwertigen durch den höheren Zuschlag an Stoffgemeinkosten und die tendenzielle Bevorzugung fremdbezogener Werkstoffe gegenüber selbsterzeugten und innerhalb der selbsterzeugten Werkstoffe solcher, die nur wenige eigene Produktionsstufen durchlaufen haben wegen der tendenziell mit der Zahl der Produktionsstufen zunehmenden Höhe der Scheineinzelkosten und zugeschlüsselten Fertigungsgemeinkosten (s. Abb. 6).

Für eine rationale Verfahrensauswahl muß man sich im Falle der Unterbeschäftigung der in Frage kommenden Betriebsmittel und Arbeitskräfte auf jene Kosten beschränken, die bei der Benutzung der alternativen Verfahren zusätzlich entstehen bzw. wegfallen. Bei den zusätzlich entstehenden Kosten handelt es sich im wesentlichen um zwei Gruppen. Ehe auch nur eine Leistungseinheit produziert wird, können bereits zusätzliche Kosten für das Reinigen, Umrüsten, Anlaufenlassen und Anheizen der Maschinen oder Apparaturen entstehen sowie Kosten für Ausschuß, der während der Anlaufzeit oder Einarbeitungszeit anfällt. Dazu kommen vielfach noch Kosten für Sonderwerkzeuge, spezielle Formen und Vorrichtungen. Alle diese Kosten sind – teils allerdings nur innerhalb eines gewissen Bereichs – unabhängig von der Größe des Fertigungsloses; sie sind aber nur insoweit einem Fertigungslos eindeutig zurechenbar, als sie nicht von der Reihenfolge der Lose (»Sortenfolge«) abhängen. Handelt es sich nicht um Sonderanfertigungen, sondern um typisierte Erzeugnisse, die in wechselnden oder gleichbleibenden Losgrößen wiederholt hergestellt werden sollen, dann ist zu beachten, daß die Kosten für Sonderwerkzeuge, Formen und Vorrichtungen nicht für das einzelne Fertigungslos, sondern nur für mehr oder weniger große Mengen dieses Erzeugnistyps zusätzlich entstehen (»Typenkosten«).

Zu diesen verfahrensabhängigen Typenkosten und verfahrensbedingten losgrößenunabhängigen, aber mit jedem Los zusätzlich entstehenden Kosten, deren Höhe freilich oft von der Reihenfolge der Lose abhängt, kommen noch solche Kosten hinzu, die unmittelbar von der Produktionsmenge, sei es innerhalb des Loses, sei es innerhalb eines bestimmten Zeitraums, abhängig sind, wie die Werkstoffkosten und die erzeugungsmengenabhängigen Energiekosten sowie die Kosten schnell verschleißender Werkzeuge. Bei Werkzeugen mit verhältnismäßig langer Nutzungsdauer, wie etwa Gußkokillen, entstehen für die Zurechnung ähnliche Probleme, wie sie vorher für die Frage der Abschreibungen von Anlagengütern erörtert worden sind. Die Löhne sind bei der unterstellten Situation typische Bereitschaftskosten und daher für die Verfahrenswahl bei Unterbeschäftigung nicht relevant, solange nicht in Abhängigkeit von der getroffenen Verfahrenswahl spezielle, nur für das nicht gewählte Verfahren einsetzbare Arbeitskräfte zu entlassen sind. Das kommt ohnehin nur für sehr große Aufträge oder Stückzahlen bzw. für Großobjekte, die die betreffenden Arbeitsplätze lange in Anspruch nehmen, in Frage. Überstundenlöhne, Nacht- und Feiertagszuschläge sind nur dann als zusätzliche Kosten eines Verfahrens anzusehen, wenn sie zusätzlich auf Grund des jeweils gewählten Verfahrens entstehen und nicht auf Grund der allgemeinen Auftrags- oder Beschäftigungslage notwendig wären. Entsprechendes gilt auch für Sozialbeiträge und andere, unmittelbar lohnabhängige Kosten.

Besonders gefährlich ist die traditionelle Rechenweise bei der Wahl zwischen einem Verfahren A mit hohen Bereitschaftskosten und niedrigen erzeugungsmengenabhängigen Kosten (»bereitschaftskostenintensives Verfahren«) und einem Verfahren B mit geringen

Bereitschaftskosten, aber hohen Kosten für Material, erzeugungsmengenabhängige Energie und schnell verschleißenden Werkzeugen (»leistungskostenintensiven Verfahren«). Bei Anwendung der traditionellen Rechnung ergibt sich hierbei häufig ein wesentlich höherer Maschinen- oder Apparatestundensatz bzw. ein höherer Lohnzuschlag als bei Anwendung des leistungskostenintensiven Verfahrens B. Die Entscheidung fällt dann allzuoft zugunsten des leistungskostenintensiven Verfahrens, mit der Folge, daß die bereitschaftskostenintensiven Produktionsmittel schlecht genutzt werden. Erhöhen dann die Kalkulatoren auf Grund der Nachkalkulation die Stundensätze bzw. die Gemeinkostenzuschlagssätze, dann führt dies in der folgenden Periode gewöhnlich dazu, daß dieses ohnehin schlecht genutzte Verfahren künftig noch weniger angewandt wird. Derartige Entscheidungen sind aber falsch, weil der hohe Anteil von Bereitschaftskosten des bereitschaftskostenintensiven Verfahrens A, der in den Durchschnittssätzen oder Gemeinkostensätzen enthalten ist, ohnehin auch dann anfällt, wenn man sich für das mit geringeren Durchschnittskosten verbundene leistungskostenintensive Verfahren B entscheidet. Sind die zu beiden Verfahren gehörenden Produktionsmittel und Arbeitskräfte nicht anderweitig in Anspruch genommen, dann darf man bei dem Verfahrensvergleich lediglich die zu den ohnehin vorhandenen Bereitschaftskosten hinzukommenden Rüstkosten und ausbringungsmengenabhängigen Kosten in Ansatz bringen. In vielen Fällen zeigt sich dann, daß das bereitschaftskostenintensivere Verfahren trotz höherer Durchschnittskosten bei schlechter Ausnutzung das wirtschaftlichere ist, weil geringere Zusatzkosten für Material, Energie und schnell verschleißende Werkzeuge entstehen. Längere Rüstzeiten eines solchen Verfahrens sind im Falle der Unterbeschäftigung völlig uninteressant! Noch stärker fallen die Vorzüge der meist höher mechanisierten bereitschaftskostenintensiven Verfahren dann ins Gewicht, wenn sich die Verfahrenswahl auf so große Ausbringungsmengen und Bearbeitungszeiten bezieht, daß eine Anpassung des Arbeitskräftebestands möglich ist.

Bei der Wahl zwischen Fremdbezug oder Selbstherstellung im Rahmen bereits vorhandener Produktionsanlagen und Arbeitskräfte wäre es im Falle der Unterbeschäftigung aus den genannten Gründen völlig verfehlt, die Preise bei Fremdbezug (einschließlich etwa zusätzlich entstehender Beschaffungskosten) mit den Herstellkosten vergleichen zu wollen. Der Fremdbezug lohnt sich vielmehr im Falle der Unterbeschäftigung nur dann, wenn die Preise unter den über die Bereitschaftskosten hinausgehenden zusätzlichen Kosten der Selbstherstellung (einschließlich zusätzlicher auftragsgrößen- und erzeugungsmengenunabhängiger Kosten) liegen.

21

b) Verfahrensauswahl bei Unterbeschäftigung mit Liquiditätsschwierigkeiten

Befindet sich ein Unternehmen, das in den für die Verfahrenswahl relevanten Betriebsbereichen unterbeschäftigt ist, auch noch in Liquiditätsschwierigkeiten, dann kommt es darauf an, das Verfahren zu wählen, für das innerhalb der Periode der Liquiditätsschwierigkeiten die geringsten zusätzlichen Ausgaben entstehen, um bei gegebenen Einnahmen kurzfristig einen möglichst großen Einnahmenüberschuß zu erreichen. In den Verfahrensvergleich sind daher nur solche zusätzlichen Kosten der Verfahrensalternativen einzubeziehen, die kurzfristig mit zusätzlichen Ausgaben verbunden sind. Hierbei handelt es sich vor allem um die zusätzlichen Kosten für fremdbezogene Energie und für sogenanntes »auftragsgebundenes Material«, das speziell für den jeweiligen Auftrag beschafft werden muß sowie um die Kosten des Verbrauchs solchen »Vorratsmaterials«, für das innerhalb der Periode der Liquiditätsschwierigkeiten Ersatz benötigt wird. Es sind also keineswegs alle zusätzlichen Kosten immer auch mit zusätzlichen Ausgaben verbunden. Zwar zwingt auch ein Teil der Bereitschaftskosten zu laufenden oder kurzperiodischen Ausgaben, doch werden diese unter den für die kurzfristige Verfahrenswahl definierten Umständen nicht beeinflußt. Erst wenn es sich um so große Stückzahlen oder so umfangreiche Objekte handelt, daß auf Grund der Verfahrenswahl der Arbeitskräftebestand verändert werden kann, sind auch die Löhne und lohnabhängigen Kosten in die Wirtschaftlichkeitsrechnung einzubeziehen, aber selbstverständlich nur insoweit, als durch die Entscheidung für das eine oder andere Verfahren die Ausgaben hierfür tatsächlich erhöht werden müssen oder gesenkt werden können.

c) Verfahrensauswahl bei Überbeschäftigung und sonstigen Engpässen

Wesentlich komplizierter werden die Überlegungen, wenn ein Betrieb so gut beschäftigt ist, daß er nicht mehr alle Produktionsaufgaben durchzuführen vermag, die an ihn herangetragen werden, oder wenn er durch andere Engpässe, z. B. in der Rohstoff- oder Energiebeschaffung, daran gehindert wird. Gleichgültig, ob der vollen Verwirklichung des möglichen Produktionsprogramms die begrenzte Kapazität bestimmter Maschinen oder Apparaturen, der Mangel an Arbeitskräften, an Rohstoffen, Energien oder sonstigen Faktoren entgegensteht, in jedem Falle wird hier die reine Verfahrensauswahl von der Programmwahl überlagert. Es ist dann nicht mehr allein zu entscheiden, welchem Verfahren die einzelnen Aufträge oder Erzeugnisse zuzuweisen sind, sondern darüber hinaus und zugleich, mit welcher Auswahl der alternativen Erzeugnisse oder Aufträge die knappen Faktoren innerhalb der Planungsperiode am besten genutzt werden können. Dann genügt nicht mehr ein reiner Kostenvergleich und auch nicht mehr die Einbeziehung der Erlösseite des einzelnen Auftrags oder Produkts, sondern es ist notwendig, zu untersuchen, bei welcher Kombination von Verfahren und Aufträgen oder Erzeugnissen insgesamt ein maximaler Deckungsbeitrag (über die Leistungskosten) erzielt wird. Bei Liquiditätsschwierigkeiten gilt es, an Stelle dieses Deckungsbeitrages eine möglichst große Differenz zwischen zusätzlichen Einnahmen und zusätzlichen Ausgaben anzusteuern.

Ist nur mit einem einzigen Engpaß zu rechnen, dann läßt sich dieses Problem noch schrittweise lösen [42]: Zunächst werden für alle Aufträge die Verfahrensalternativen mit den niedrigsten zusätzlichen Kosten gewählt. Dann ist zu ermitteln, bei welchem Verfahren der Engpaß entsteht. Weiter sind die Mehrkosten zu bestimmen, die entstehen, wenn die alternativen Aufträge ganz oder teilweise nicht nach dem optimalen Verfahren hergestellt werden können. Schließlich gilt es, das den Engpaß bildende Verfahren so zu entlasten, daß möglichst geringe Mehrkosten durch Herstellung nach einem weniger günstigen Verfahren entstehen.

Treten mehrere Engpässe auf, ist eine simultane Verfahrens- und Programmwahl mit Hilfe von Methoden der mathematischen Optimierung, insbesondere der linearen Programmierung, notwendig, um den maximalen Gesamtdeckungsbeitrag zu ermitteln [43].

Entsprechend ist bei der Wahl zwischen Selbstherstellung und Fremdbezug im Falle der Überbeschäftigung oder des Vorliegens sonstiger Engpässe vorzugehen. Hier muß simultan

[42] Nach *W. Kilger*, Optimale Verfahrenswahl bei gegebenen Kapazitäten, in: Produktionstheorie und Produktionsplanung, Karl Hax zum 65. Geburtstag, hrsg. v. A. Moxter, D. Schneider, W. Wittmann, Westdeutscher Verlag, Köln und Opladen 1966, S. 169–190, hier S. 170–172.

[43] Vgl. hierzu *W. Kilger*, a.a.O., hier S. 173–190, und die dort angegebene Literatur.

über das Absatzprogramm, das Programm der Selbstherstellung bzw. das Zukaufsprogramm und die Zuweisung der selbst herzustellenden Erzeugnisse auf die alternativen Verfahren entschieden werden, wenn der Gesamtdeckungsbeitrag maximiert werden soll [12].

Anmerkungen

[1] Im Gegensatz zum „Nettopreis" in Tabelle III ist von den Preisen in Tabelle II noch kein Skonto abgezogen.

[2] Zu den Positionen (5) Sondereinzelkosten der Fertigung und (9) Sondereinzelkosten des Vertriebes siehe die Anmerkung [4] auf Seite 268.

[3] Zur Begründung und Ableitung des Identitätsprinzips siehe Anmerkung [1] auf Seite 32 und vor allem S. 75–78.

[4] Siehe hierzu den Beitrag 7 des vorliegenden Bandes: Ertragsbildung und Ertragsverbundenheit im Spiegel der Zurechenbarkeit von Erlösen, S. 98–148.

[5] Noch präziser sollte statt von „Wertverzehr" von „Ausgaben" – einschließlich Ausgabenverpflichtungen zu verstehen – gesprochen werden. Siehe hierzu die Anmerkung [4] auf Seite 33 sowie die Definition des entscheidungsorientierten Kostenbegriffs auf Seite 82 und im Glossarium, S. 389.

[6] Siehe hierzu im einzelnen den Beitrag 6 (S. 81–97) des vorliegenden Bandes.

[7] Die beste Verrechnungsbasis für unechte Gemeinkosten sind sorgfältig ermittelte technische Verbrauchsstandards. Liegen diese vor, ist insoweit für die Vorkalkulation eine Trennung zwischen direkt und als unechte Gemeinkosten erfaßte Einzelkosten nicht notwendig; im Hinblick auf einen späteren Vergleich mit den Istkosten ist sie jedoch trotzdem empfehlenswert. Das gilt verstärkt für die Nachkalkulation, weil – im Gegensatz zu den direkt erfaßten Einzelkosten – bei den unechten Gemeinkosten nicht mehr kontrollierbar ist, bei welchen Leistungen Verbrauchsabweichungen gegenüber den technischen Standards aufgetreten sind.

[8] Der Engpaßbezug kommt noch deutlicher in der Bezeichnung „engpaßbezogene Deckungsbeiträge" zum Ausdruck, die ich deshalb neuerdings gegenüber der ursprünglichen Bezeichnung „spezifische Deckungsbeiträge" bevorzuge. Außerdem soll mit dieser terminologischen Änderung auch einer möglichen Verwechslung mit Ausdrücken wie „auftragsspezifische Kosten (Erlöse, Deckungsbeiträge)" und entsprechenden produktspezifischen, produktgruppenspezifischen, kundenspezifischen, stellenspezifischen Größen, wie sie Erich Schäfer (Der Industriebetrieb, Band 1, Opladen 1969, Bd. 2 1971, Seite 357 f.) vorschlägt, vorzubeugen.

[9] Für die frühzeitige Abschätzung des Jahresergebnisses und -erfolges sowie für die frühzeitige Einleitung einer „aktiven" Bilanzpolitik erweisen sich aufwandorientierte Deckungsbudgets als vorteilhaft. Diese enthalten diejenigen Teile des die Leistungskosten übersteigenden Gesamtaufwands, der durch die Auftrags- oder Umsatzbeiträge der Leistungen hereingeholt werden soll. Vgl. hierzu meinen Artikel Deckungsbeitragsrechnung in: HWR, Sp. 383–400, hier Sp. 397, und Deckungsbeitragsrechnung im Handel, in: HWA, Sp. 433–455, hier Sp. 449 und 451.

[10] Exakter formuliert, umfaßt das ausgaben- oder finanzorientierte Deckungsbudget diejenigen Teile des die leistungsspezifischen Ausgaben (Leistungskosten) übersteigenden Volumens der Gesamtausgaben, die durch Umsatzbeiträge hereingeholt werden sollen, also erforderlichenfalls auch rein finanzwirtschaftliche und „periodenfremde" Ausgaben. Sieht man von der Planung des Jahreserfolgs und bilanzpolitischen Entscheidungen ab, für die das aufwandorientierte Deckungsbudget unumgänglich ist, dann erweist sich das ausgaben- oder finanzorientierte Deckungsbudget als wesentlich wichtiger als das kostenorientiere Deckungsbudget, auf das man getrost verzichten kann, wenn die beiden anderen Typen des Deckungsbudgets aufgestellt sind. Das kostenorientierte Deckungsbudget ist lediglich in der Einführungsphase, wenn die Bereitschaftskostenrechnung noch nicht entsprechend den Empfehlungen in Beitrag 5 dieser Sammlung umgestellt worden ist, empfehlenswert, nicht zuletzt, weil es traditionellem Denken noch stärker entgegenkommt. Vgl. hierzu auch *Lothar Rall:* Die flexible Liquiditätsträgerrechnung. Ein Beitrag zur betriebswirtschaftlichen Planungsrechnung, in: Theoretische und empirische Beiträge zur Wirtschaftsforschung, hrsg. von Alfred Eugen Ott, Tübingen 1966, Seite 291–324.
Die Aufstellung des ausgabenorientierten Deckungsbudgets „wird erleichtert, wenn in der Grundrechnung die Kategorien der Bereitschaftskosten zusätzlich nach der Zahlungsweise differenziert werden, indem man etwa zwischen Jahreseinzelkosten mit monatlicher, vierteljährlicher, halbjährlicher oder einmaliger – vor- oder nachschüssiger – Zahlung unterscheidet. Im Idealfalle sind Grundrechnung, Deckungsbudget und Finanzplan weitgehend integriert" (s. hierzu auch Seite 95).

„Der Deckungsbedarf wird grundsätzlich nicht auf einzelne Kostenstellen oder Kostenträger verteilt. Um jedoch sicherzustellen, daß selbständig operierende Unternehmungsbereiche nicht nur den direkten Deckungsbedarf ihrer Erzeugnisgruppen oder Teilmärkte (z. B. spezielle Bereitschaftskosten) hereinzuholen bemüht sind, ist es zweckmäßig, ihnen einen angemessenen Teil des gemeinsamen Deckungsbudgets anzulasten. Das soll nicht nach schematischen Schlüsseln, etwa in Form von Zuschlägen zu den Einzelkosten oder Verrechnungssätzen je Maschinenstunde, Quadratmeter usw. geschehen, sondern nach *unternehmungspolitischen* Gesichtspunkten. Dabei wird die Obergrenze der Belastbarkeit stets durch die Tragfähigkeit bestimmt, d. h. durch die erzielbaren Deckungsbeiträge. Als Maßstäbe bieten sich vor allem die Periodenbeiträge der betreffenden Erzeugnisgruppen bzw. Marktbereiche an. Ob dabei die spezifischen Periodengemeinkosten bzw. -ausgaben der selbständig operierenden Betriebsbereiche zu ihrem direkten Deckungsbedarf oder zur aufzuteilenden Deckungslast zu rechnen sind, hängt von der jeweiligen Verteilung der Entscheidungskompetenzen ab." (Art. „Deckungsbeitragsrechnung" in: HWR, Sp. 397 f.)

[11] Zur Behandlung des Skontos in der Deckungsbeitragsrechnung siehe die Veröffentlichungen meines ehemaligen Mitarbeiters *Wolfgang Männel:* Kundenskonti im Rechnungswesen, Herne / Berlin 1971, insbes. S. 71–89, und Erlösrealisation beim Verkauf auf Ziel unter Skontogewährung, in: Die Wirtschaftsprüfung, 25. Jg. 1972, S. 611-620.

[12] Zur Anwendung der Einzelkosten- und Deckungsbeitragsrechnung auf den Vergleich zwischen Selbstherstellung und Fremdbezug bei unterschiedlichen Situationen siehe im einzelnen die Schrift von *Wolfgang Männel:* Die Wahl zwischen Eigenfertigung und Fremdbezug. Theoretische Grundlagen – praktische Fälle, Herne/Berlin 1968.

13. Zur Programmplanung bei Kuppelproduktion auf Grundlage der Deckungsbeitragsrechnung*

741 *III. Die Planung des Produktarten- und -mengenprogramms auf Grundlage der Deckungsbeitragsrechnung bei starrer Produktkopplung mit getrennter Weiterverarbeitung*

A. Vorbemerkungen

Im folgenden sollen spezielle Probleme der Programmplanung bei Kuppelproduktion für den Fall fester Mengenverhältnisse mit getrennter, alternativer oder wechselnd-sukzessiver Weiterverarbeitung der unmittelbaren Spaltprodukte untersucht werden. Dabei ist es gleichgültig, ob das Mengenverhältnis durch die Zusammensetzung des Rohstoffeinsatzes und die Eigenart des Produktionsverfahrens erzwungen ist, wie bei der Alkalielektrolyse, oder ob eine an sich elastische Produktkopplung vorliegt, jedoch das Mengenverhältnis freiwillig konstant gehalten wird.
Um die Sonderprobleme der Programmplanung bei Kuppelproduktion deutlicher hervortreten zu lassen, wird bei den folgenden Modellrechnungen von sicheren Erwartungen sowie zunächst von konstanter Betriebsbereitschaft ausgegangen. Aus dem gleichen Grunde wird das Problem der zeitlichen Verteilung der Produktion innerhalb der Planungsperiode und der Veränderung von Lagerbeständen ausgeklammert. Es wird also unterstellt, daß die in der Planungsperiode produzierte Menge mit der abgesetzten übereinstimmt[17].

742 Im folgenden soll gezeigt werden, wie die Programmoptimierung bei Kuppelproduktion mit Hilfe der Deckungsbeitragsrechnung (auf Grundlage eindeutiger Zurechenbarkeit) gelöst werden kann. Diese Vorgehensweise liegt insofern nahe, als die Wurzel dieses »Systems retrograder Erfolgsdifferenz-Rechnungen«[18] in den Kalkulationsproblemen der Kuppelproduktion liegt[19]. Weil bei Kuppelproduktion nicht einmal die proportio-

* Nachdruck der Kapitel III und IV aus meinem Aufsatz „Zur Programmplanung bei Kuppelproduktion", Zeitschrift für betriebswirtschaftliche Forschung, 23. Jahrgang 1971, Heft 10/11/12, S. 733-775. Herrn Dipl.-Kfm. Dieter Fladung danke ich für kritische Anregungen, den Herren Dipl.-Kfm. Helmut Fuhrmann und Dipl.-Kfm. Jürgen Willas für ihre Hilfe beim Lesen der Korrekturen.

[17] Zum Einfluß von Lagerbeständen auf die Programmplanung bei Kuppelproduktion siehe *Hans-Josef Brink*: Zur Planung des optimalen Fertigungsprogramms, dargestellt am Beispiel der Kalkindustrie (Schriftenreihe Annales Universitatis Saraviensis, Rechts- und Wirtschaftswissenschaftliche Abteilung, Heft 39), Köln–Berlin–Bonn–München 1969, S. 66–68. Die dort vorgeschlagene Bewertung der Bestände von Kuppelprodukten mit Null ist nur eine von mehreren brauchbar erscheinenden Lösungsmöglichkeiten, die aber nicht für alle Situationen und Fragestellungen befriedigen dürfte. In vielen Fällen, auf die hier im einzelnen nicht eingegangen werden kann, scheint vielmehr ein Ansatz von Rest-(Proportional-)kosten oder eine Aufteilung der Verbundkosten im Verhältnis der zu erwartenden Deckungsbeiträge oder eine von den Verbundkosten unabhängige Einzelbewertung zweckmäßiger zu sein. Vgl. hierzu meine Beiträge: Kuppelprodukte, Kalkulation der, in: Handwörterbuch des Rechnungswesens, hrsg.v. Erich Kosiol, Stuttgart 1970, Sp. 994–1006, hier Sp. 995–999 und 1003; Kuppelproduktion und -kalkulation, in: Management Enzyklopädie, Bd. 3, München 1970, S. 1243–1265, hier S. 1250–1253 und 1261 f.

[18] Vgl. hierzu die Definition der Deckungsbeitragsrechnung in meinem Artikel: Deckungsbeitragsrechnung, in: Handwörterbuch des Rechnungswesens, hrsg. v. Erich Kosiol, Stuttgart 1970, Sp. 383–400, hier Sp. 383.

[19] Vgl. hierzu insbes. meinen Aufsatz: Das Rechnen mit Einzelkosten und Deckungsbeiträgen, in: ZfhF NF 11. Jg. (1959), S. 213–238 [35–65].

nalen Kosten bis zum Spaltpunkt den einzelnen Kuppelprodukten zugerechnet werden können, hat man in der Praxis seit langem einen Ausweg in rückwärts schreitenden Rechnungen eingeschlagen. So geht man bei der Bewertung gekoppelter Zwischenprodukte, für die kein Marktpreis besteht, von den Erlösen der daraus hergestellten Enderzeugnisse aus und vermindert diese um die Kosten, die nach der Aufspaltung für die Weiterverarbeitung und den Vertrieb der einzelnen gekoppelten Zwischenprodukte entstehen[20]. Die »Verwertungsüberschüsse am Spaltpunkt« – auch als »fiktive Marktpreise« bezeichnet – entsprechen dann in etwa der Tragfähigkeit für die gemeinsamen Kosten und werden, vor allem im Rahmen der Vollkostenrechnung, auch zu deren Aufteilung herangezogen. Während bei der Anwendung dieser Methode in reiner Form die retrograde Rechnung auf alle Kuppelprodukte angewandt wird, ist sie bei der Restwertrechnung auf die Nebenprodukte beschränkt[21]. »Die zunächst nur bei zerlegender Fertigung praktizierte und selbst dort nur als leidiger Ausweg empfundene rückwärts schreitende Rechnung wird in der Deckungsbeitragsrechnung zum Prinzip erhoben, das auf alle Zweige, und sogar keineswegs nur auf solche der Industrie, angewendet werden soll.«[22]

Beim »Rechnen mit relativen Einzelkosten und Deckungsbeiträgen« wird auf jede Aufteilung verbundener Kosten und Erlöse verzichtet und auf die jeweils relevanten Änderungen der Erlöse und der Ausgaben oder Kosten unter Berücksichtigung der Engpaßverhältnisse (Restriktionen) abgestellt. Im Falle der Kuppelproduktion werden in diesem Sinne die in den verschiedenen Teilmärkten der Weiterverarbeitung erzielten Überschüsse der Einzelerlöse oder spezifischen Erlöse über die Einzelkosten oder spezifischen Kosten der Endprodukte ermittelt und nach Kuppelproduktbündeln jeweils so zusammengefaßt, daß solche spezifischen Kosten der Kuppelproduktbündel, die in bezug auf die Endprodukte verbundene Kosten sind, abgedeckt werden. Letztlich geht es bei diesem Verfahren um die Isolierung des jeweils relevanten Ausschnittes aus einer Totalrechnung. Daher erscheint einerseits die Deckungsbeitragsrechnung besonders gut geeignet, die sachökonomischen Probleme der Programmwahl bei Kuppelproduktion zu klären und damit das Verständnis für die Anwendung ergänzender mathematischer Methoden in komplizierteren Fällen der Kuppelproduktion und Kuppelproduktverarbeitung vorzubereiten, denn auch die mathematischen Methoden müssen letztlich auf dem Ansatz der Deckungsbeitragsrechnung aufbauen. Andererseits ist die Kuppelproduktion mit getrennter Weiterverarbeitung der gekoppelten Produkte besonders gut geeignet, die Eigenarten der Einzelkosten- und Deckungsbeitragsrechnung gegenüber solchen Varianten der Teilkostenrechnung und Bruttoerfolgsrechnung deutlich zu

743

[20] Vgl: hierzu insbes. *Karl-Heinz Tillmann:* Die Bewertung von marktpreislosen Kuppelprodukten in der Kostenrechnung der chemischen Industrie, in: ZfhF NF 6. Jg. (1954), S. 156–172, insbes. S. 159–161.

[21] Vgl. hierzu meine Artikel: Kuppelprodukte, Kalkulation der, Sp. 996–998; Kuppelproduktion und -kalkulation, S. 1250–1252.
Um eine echte Deckungsbeitragsrechnung handelt es sich freilich bei der zunächst genannten Methode der Verteilung nach Verwertungsüberschüssen nur bis zur Ermittlung der Verwertungsüberschüsse selbst, also nicht mehr bei der nachfolgenden Aufteilung gemeinsamer Kosten, und nur unter der Voraussetzung, daß in den Kosten des Vertriebs und der Weiterverarbeitung, die zur Ermittlung der Verwertungsüberschüsse von den Erlösen abgesetzt werden, keinerlei echte anteilige Gemeinkosten enthalten sind. Entsprechendes gilt für die Ermittlung der Restkosten. Vgl. hierzu die Ausführungen zur Rest-(Proportional-)kostenrechnung und Rest-Beitragsrechnung auf Seite 747–749 [315f.].

[22] *Erich Schäfer:* Der Industriebetrieb. Industriebetriebslehre auf typologischer Grundlage, Bd. 2, Opladen 1971, S. 357.

machen, die lediglich auf der Trennung zwischen fixen und proportionalen Kosten aufbauen und sämtliche als proportional angesehenen Kosten den Endprodukten und ihren Erlösen zuordnen.
Des leichteren Verständnisses wegen soll schrittweise vorgegangen werden. Zunächst wird die Programmplanung an Hand eines verhältnismäßig einfachen Modells für den Fall untersucht, daß lediglich für das Hauptprodukt die Möglichkeit der alternativen oder wechselnd-sukzessiven Weiterverarbeitung gegeben ist. Dabei wird unterstellt, daß ein für alle Produkte relevanter potentieller Engpaß beim aufzuspaltenden Rohstoff oder in der Spaltstufe besteht. In einem zweiten Schritt wird dann auch für das Nebenprodukt die Wahl zwischen verschiedenen Verarbeitungsmöglichkeiten eingeführt. Außer der Programmwahl bei einem für alle Produkte relevanten potentiellen Engpaß in der Aufspaltungsstufe bzw. beim aufzuspaltenden Rohstoff – beides läuft auf das gleiche hinaus – werden auch die Probleme der Programmplanung für den Fall, daß der Engpaß in einer der Weiterverarbeitungsstufen liegt und nicht mehr alle Produktbündel betrifft, untersucht. Darüber hinaus werden auch die Fragen der Produktarten- und -mengenplanung bei einer möglichen Veränderung der Betriebsbereitschaft aufgegriffen.

B. Produktarten- und -mengenplanung bei alternativer Weiterverarbeitung eines der Kuppelprodukte

1. Das Ausgangsmodell

Das Prinzip der Programmwahl bei Kuppelproduktion unter Anwendung der Deckungsbeitragsrechnung soll zunächst am Beispiel einer noch zweckgerichteten Kuppelproduktion dargestellt werden, bei der jedoch das Streben nach besserer Stoffverwertung schon zur Entwicklung eines Nebenprodukts geführt hat[23]. Das Produktionsziel ist noch primär auf die Haupt-Endprodukte ausgerichtet, die in mehreren Varianten aus einem der unmittelbaren Kuppelprodukte hergestellt werden. Dabei wird unterstellt, daß nur für das Hauptprodukt die Möglichkeit einer Wahl zwischen verschiedenen Weiterverarbeitungsrichtungen besteht. Das Produktionsfluß-Schema sowie die Einsatz- und Ausbeuterelationen – jeweils bezogen auf eine Mengeneinheit des aufzuspaltenden Rohstoffes r_1 – sind in Abb. 4 dargestellt. Das unmittelbare Haupt-Kuppelprodukt oder Zwischenprodukt z_h wird zum größten Teil in der Kostenstelle X weiterverarbeitet, wobei je nach der Menge des Zusatzrohstoffes r_2 und den Verfahrensbedingungen unterschiedliche Haupt-Endprodukte h_1, h_2 und h_3 hervorgebracht werden können. Beispielsweise entstehen bei der Verarbeitung von 0,5 t z_h mit 0,1 t r_2 0,6 t des Haupt-Endproduktes h_1. Das Haupt-Zwischenprodukt z_h kann auch unmittelbar verkauft werden und wird dann als h_v bezeichnet. Aus dem unmittelbaren Neben-Kuppelprodukt oder Neben-Zwischenprodukt z_n wird in Kombination mit dem Rohstoff r_3 in der Kostenstelle Y das Neben-Endprodukt n gewonnen. Sehr wichtig für den zunächst untersuchten einfachen Fall ist die Annahme, daß die jeweils anfallenden Nebenproduktmengen restlos zu dem angenommenen Preis sowie den unterstellten Verarbeitungs- und

744

[23] In Anlehnung an ein Beispiel aus meinem Beitrag: Kuppelproduktion und -kalkulation, S. 1254–1265.

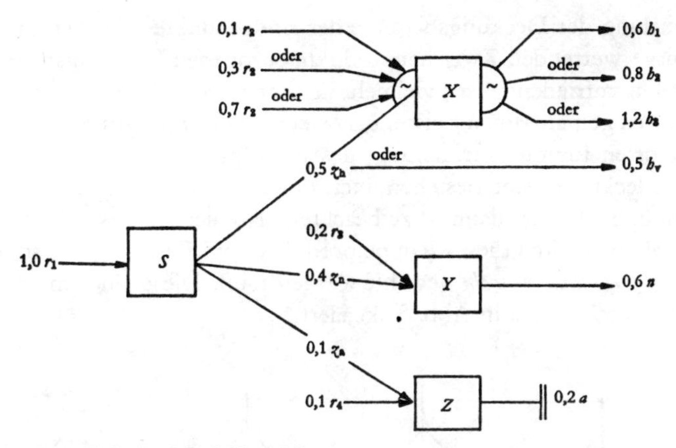

Abb. 4: Produktionsfluß des Modellbetriebs

Vertriebskosten, also mit einem gleichbleibenden Deckungsbeitrag je Mengeneinheit, verwertet werden können. Der beim Spaltprozeß entstehende Abfall z_a wird in der Kostenstelle Z unter Zusatz des Rohstoffes r_4 in die unschädliche Substanz a umgewandelt und beseitigt.

2. Ermittlung der Produkt- und Päckchenbeiträge

Weil die unmittelbaren Kuppelprodukte unabhängig voneinander verarbeitet werden und dabei in unserem Betriebsmodell keine erneute Produktkopplung auftritt, lassen sich gemäß Tab. 1 die Deckungsbeiträge je Mengeneinheit Endprodukt ermitteln, indem man von den Preisen die vom Spaltpunkt an entstehenden umsatzwertproportionalen und – die seltener vorkommenden – absatzmengenproportionalen Vertriebseinzelkosten sowie die erzeugungsmengenproportionalen Einzelkosten der Weiterverarbeitung absetzt. Das ist insofern gerechtfertigt, als sowohl die bei der Weiterverwertung hinzukommenden Kosten als auch die dabei erzielten Preise von der Entscheidung über die Art der Weiterverarbeitung abhängig sind. Das Abfallprodukt erscheint dabei mit einem negativen Deckungsbeitrag in Höhe der mengenproportionalen Vernichtungseinzelkosten[24]. Bezieht man die Deckungsbeiträge der Haupt-Endprodukte auf jeweils eine Mengeneinheit des Haupt-Zwischenprodukts z_h gemäß Zeile 5b in Tab. 1, dann ist die Höhe des Deckungsbeitrags je Mengeneinheit z_h zugleich ein Maßstab für die Ergiebigkeit der verschiedenen Möglichkeiten der Verwertung dieses Zwischenprodukts. Unmittelbar für die Programmwahl ist dieser Maßstab jedoch nur geeignet, wenn es ausschließlich um die optimale Verwertung einer gegebenen Menge des Haupt-Zwischenproduktes z_h geht oder wenn der Anfall von z_h der alleinige Engpaß ist. Falls z_h in einem festen Mengenverhältnis aus dem Hauptrohstoff r_1 entsteht, wie in unserem Beispiel, trifft dies stets auch dann zu, wenn der Engpaß bei der beschaffbaren Menge des Rohstoffes r_1 oder bei der Kapazität der Spaltstufe S liegt und keine Zukaufsmöglichkeit für z_h besteht.

745

[24] Wie später noch gezeigt wird (s. Tab. 4, 5 u. 9), kann man die Vernichtungseinzelkosten auch – nach dem »Additionsverfahren« – mit den allen Kuppelprodukten gemeinsamen Leistungskosten des Spaltprozesses zusammenfassen.

Mit der Ermittlung der Deckungsbeiträge der Endprodukte oder der auf die Mengeneinheit der zu verwertenden Zwischenprodukte bezogenen Deckungsbeiträge darf man sich freilich nicht zufriedengeben; vielmehr muß noch geprüft werden, ob auch die allen Kuppelprodukten gemeinsamen Leistungskosten[25] in der Spaltstufe S und die leistungsabhängigen Kosten für die Vernichtung des Abfallprodukts durch alle Verwertungsalternativen gedeckt werden. Bestehen auch nur für eines der Spaltprodukte mehrere Verwertungsmöglichkeiten, dann ist zu beachten, daß nicht nur zwischen verschiedenen Verwertungsmöglichkeiten dieses Kuppelprodukts – im Beispiel z_h –, sondern *zwischen verschiedenen Kuppelproduktbündeln* gewählt werden muß. Diese sind unter Vernachlässigung der Mengenrelationen in Abb. 5 skizziert.

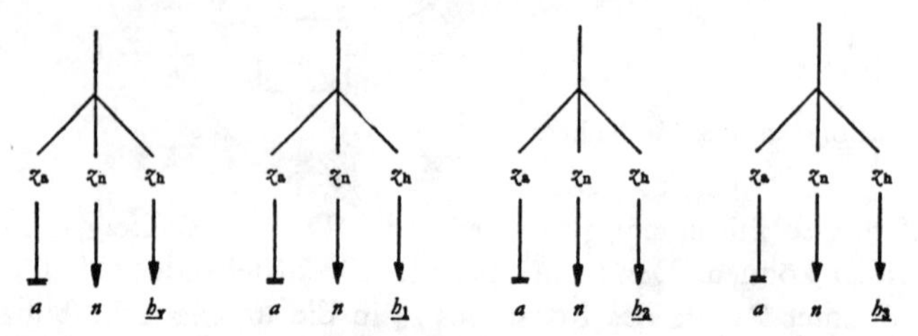

Abb. 5: Alternative Kuppelproduktbündel bei mehreren Verwertungsmöglichkeiten nur eines der unmittelbaren Kuppelprodukte

Um die Abdeckung der gemeinsamen Kosten zu prüfen, liegt es nahe, *Kuppelproduktpäckchen* als fiktive Mengeneinheiten zu bilden, in denen die jeweils unmittelbar oder mittelbar gekoppelten Produkte im Verhältnis ihres Mengenanfalls enthalten sind[26]. Handelt es sich bei den Kuppelprodukten nicht um Stückgüter, sondern um beliebig dosierbare Fließgüter[27], dann können die Kuppelproduktpäckchen beliebig und der jeweiligen Fragestellung entsprechend dimensioniert werden.

Ist die optimale Verwertung des zu spaltenden Rohstoffes das Ziel der Produktion, dann empfiehlt es sich, die Päckchen so zu bemessen, daß sie die aus einer Rohstoffeinheit hervorgehenden unmittelbaren oder mittelbaren Kuppelprodukte enthalten; sie werden

746 im folgenden als »*rohstoffbezogene Päckchen*« bezeichnet (siehe Abb. 6a). Richtet sich das Produktionsprogramm dagegen vorwiegend nach den aus einem bestimmten unmittelbaren Kuppelprodukt hervorgehenden Endprodukten, die dann als Hauptprodukte oder Leitprodukte gekennzeichnet werden können, dann liegt es nahe, die Päckchen so zu

[25] Als Leistungskosten bezeichne ich die durch kleinste Änderungen von Art, Menge und Verkaufserlös der tatsächlich erstellten Leistungen (Leistungseinheiten und Leistungsportionen, wie Lose, Chargen, Auftragsposten, Kundenaufträge) sowie der dabei angewandten Verfahren und Verfahrensbedingungen ausgelösten Ausgaben.

[26] Der Vorschlag, mit Produkt-»Päckchen« zu rechnen, geht zurück auf *Heinrich von Stackelberg*: Grundlagen einer reinen Kostentheorie, Wien 1932, S. 55.

[27] Unter diesen Begriff faßt man die für die kontinuierliche Fertigung und den kontinuierlichen Transport besonders geeigneten Gase, Flüssigkeiten und Schüttgüter sowie die »endlos« geformten, nur zweidimensional konstruktiv festgelegten Güter (z. B. Fäden, Drähte, Folien, Schläuche, Röhren u. a.) und Energien zusammen. Die Bezeichnung geht zurück auf *C. M. Dolezalek*: Grundlagen und Grenzen der Automatisierung, VDI-Z. 98 (1956), S. 654. Siehe hierzu im einzelnen meine Schrift: Industrielle Erzeugungsverfahren, Wiesbaden 1963, insbes. S. 48–53.

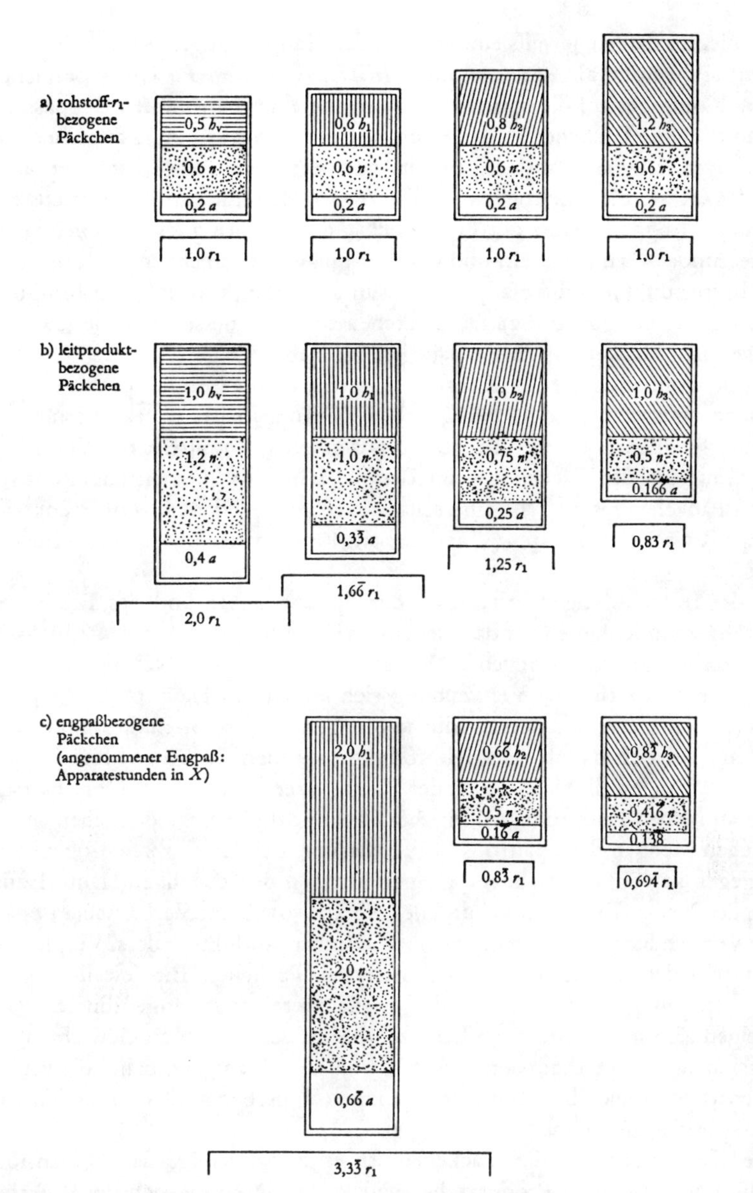

Abb. 6: Beispiele für die Dimensionierung von Produktpäckchen

$\lceil ..r_1 \rceil$ = erforderliche Menge des Spaltrohstoffes r_1 je Päckchen

a) rohstoff-r_1-bezogene Päckchen

b) leitproduktbezogene Päckchen

c) engpaßbezogene Päckchen (angenommener Engpaß: Apparatestunden in X)

747 dimensionieren, daß sie jeweils eine Einheit des Haupt-Endprodukts oder Leitprodukts enthalten; sie werden als »*haupt-*« oder »*leitproduktbezogene Päckchen*« bezeichnet (siehe Abb. 6b). Kommt es auf die optimale Verwertung eines bestimmten Engpasses an, dann kann man auch die Päckchen so bemessen, wie es der Ausbringung aus einer Maßeinheit des jeweiligen Engpaßfaktors entspricht; wir bezeichnen diese Päckchen als »*engpaßbezogene Päckchen*«. Sind beispielsweise die Apparatestunden in der Kostenstelle X der maßgebliche Engpaß, dann gilt es, zunächst die Ausbringung von h_1, h_2 und h_3 je Apparatestunde X zu ermitteln und darüber hinaus zu errechnen, welche Mengen von Neben-Endprodukt n und Abfallprodukt a an diese Hauptprodukt-Ausbringung jeweils gekoppelt sind (siehe Abb. 6c). Die Päckchen so zu bemessen, daß sie jeweils dasselbe Gesamtgewicht aufweisen, dürfte dagegen für keine Fragestellung sinnvoll sein. Das gleiche gilt wohl auch für die Konstruktion von Kuppelproduktpäckchen, die jeweils den gleichen Umsatzwert oder den gleichen Deckungsbeitrag verkörpern.

Die unterschiedlichen Flächen in Abb. 6 lassen einen unmittelbaren Vergleich des absoluten Gewichts der Päckchen – im Beispiel wird auf Tonnen abgestellt – und der einzelnen Päckchenbestandteile einerseits für die verschiedenen Verwertungsrichtungen des Haupt-Zwischenproduktes z_h, andererseits für die verschiedenen Dimensionierungskriterien zu.

Infolge der festen Mengenverhältnisse der Spaltprodukte und des Fehlens mehrerer Verwertungsmöglichkeiten für das Neben-Zwischenprodukt und den Abfall sind die in den rohstoffbezogenen Päckchen enthaltenen Portionen des Neben-Endprodukts und des Abfallprodukts für alle Verwendungsrichtungen des Hauptprodukts gleich hoch. Doch sind damit jeweils unterschiedliche Mengen des Haupt-Endprodukts verbunden. Umgekehrt bei den haupt- oder leitproduktbezogenen Päckchen; hier ist deutlich zu erkennen, daß an jeweils eine Einheit des Haupt- oder Leitprodukts sehr unterschiedliche Mengen an Neben-Endprodukt und Abfall gekoppelt sind, zudem gehen sie aus unterschiedlichen Mengen des Spaltrohstoffes r_1 hervor. Bei den engpaßbezogenen Päckchen sind dagegen sowohl die darin enthaltenen Mengen des jeweiligen Haupt-Endprodukts als auch des Neben-Endprodukts und des Abfalls sowie der Verbrauch an Spaltrohstoff für jede Verwendungsrichtung des Haupt-Zwischenprodukts anders. Vergleicht man die nach verschiedenen Kriterien dimensionierten Päckchen für jeweils dieselbe Verwendungsrichtung – also in Abb. 6 die jeweils übereinander angeordneten Päckchen –, dann zeigen sich wohl erhebliche Unterschiede in den absoluten Gewichten, doch sind die Mengenanteile innerhalb der Päckchen konstant. Man kann daher die verschiedenen Päckchentypen sowie die darauf bezogenen technischen und ökonomischen Größen leicht ineinander umrechnen.

Für die Kennzeichnung der Päckchen ist es zweckmäßig, das Dimensionierungskriterium und diejenigen Produkte heranzuziehen, durch die sich die Päckchen unterscheiden; in unserem Beispiel können wir uns vorerst auf das Haupt- oder Leitprodukt beschränken, weil für das Nebenprodukt und den Abfall zunächst keine Verwertungsalternativen unterstellt sind[28].

Bei der *Ermittlung der Deckungsbeiträge der Kuppelproduktpäckchen* werden zunächst die nach Tab. 1 bestimmten Deckungsbeiträge der Endprodukte auf die im jeweiligen Päckchen enthaltenen Mengen umgerechnet und dann zusammengefaßt, um nunmehr

[28] Bei Nebenprodukten und verwertbaren Abfällen ist auch eine mögliche (partielle) Vernichtung als Verwertungsalternative anzusehen.

die für alle Päckchenbestandteile gemeinsamen Leistungskosten, die Erzeugungseinzelkosten des Päckchens, abzudecken. Das ist in Tab. 2 für die rohstoff-r_1-bezogenen Päckchen und in Tab. 3 für die haupt- oder leitproduktbezogenen Päckchen dargestellt. Beim Vergleich beachte man, daß die Päckchen-Einzelkosten nur bei den auf den Spaltrohstoff bezogenen Päckchen für alle Verwendungsrichtungen des Haupt-Kuppelprodukts gleich groß sind. Das gilt stets bei Kuppelproduktion mit konstanten Mengenverhältnissen (und Verfahrensbedingungen). Die gleiche Höhe der Deckungsbeiträge für das im rohstoffbezogenen Päckchen enthaltene Nebenprodukt und Abfallprodukt ist dagegen nur für den unterstellten Fall einer einzigen Verwertungs- oder Vernichtungsart zu jeweils konstanten Preisen und zusätzlichen Kosten charakteristisch. 748

Liegen der mit dem Haupt- oder Leitprodukt verbundene Anfall der übrigen Kuppelprodukte, deren Verwertungsrichtung und Deckungsbeiträge fest, wie in unserem Beispiel, dann kann man bei der Ermittlung der Päckchenbeiträge auch nach Art der *Restwertrechnung* vorgehen. Wie stets bei der Restwertrechnung, so lassen sich auch hier die Deckungsbeiträge der Nebenproduktverwertung und die ungedeckten Leistungskosten der Abfallbeseitigung an verschiedenen Stellen in das Kalkulationsschema einschleusen. Zwei dieser Möglichkeiten sind am Beispiel des leitproduktbezogenen Päckchens $\bar{h}_v$ in Tab. 4a und 4b dargestellt. Die Restkosten entsprechen damit den durch die Deckungsbeiträge der Nebenprodukte und Abfälle ungedeckten Leistungskosten der Spaltstufe und den mengenabhängigen Vernichtungskosten. Sie sind durch das Haupt- oder Leitprodukt zu decken. Werden diese Restkosten von dem Deckungsbeitrag je Mengeneinheit (»Tonnenbeitrag«) des Haupt- oder Leitprodukts abgesetzt (siehe Tab. 5), dann erhält man – scheinbar nur dem Haupt- oder Leitprodukt zugerechnet – den leitproduktbezogenen Päckchenbeitrag. Damit erweist sich die *auf die Leistungskosten beschränkte Restwertrechnung als eine bloß rechentechnische Variante der Einzelkosten- und Deckungsbeitragsrechnung*, bei der scheinbar der Deckungsbeitrag des Hauptprodukts ermittelt, tatsächlich aber nicht nur auf dieses, sondern auf das ganze Kuppelproduktpäckchen abgestellt wird[29].

Die auf die Leistungskosten beschränkte Restwertrechnung könnte man auch als *Rest-Leistungskostenrechnung* oder Rest-Einzelkostenrechnung[30] und – wenn die Leistungskosten jeweils zu den Erzeugungsmengen proportional sind – als *Rest-Proportionalkostenrechnung* bezeichnen. Ihre Anwendung erweist sich auch als vorteilhaft, wenn, wie für viele Fragestellungen üblich, bei der Restwertrechnung nicht auf das Hauptprodukt, sondern auf das Haupt-Zwischenprodukt abgestellt wird und falls, wie in unserem Beispiel, die Mengenverhältnisse der unmittelbaren Spaltprodukte sowie die Deckungsbeiträge bzw. Vernichtungskosten der Nebenprodukte und Abfälle festliegen. Dann sind nämlich, wie Tab. 2 zeigt, die durch die verschiedenen Verwendungsrichtungen des

[29] Wendet man das auf die Leistungskosten beschränkte Restwertprinzip bei mehreren Verarbeitungsmöglichkeiten des Leitprodukts bzw. der Nebenprodukte auf die gesamte Abrechnungsperiode in der Nachkalkulation an, dann ist freilich Vorsicht geboten, weil der Gesamtumsatz erst in Kuppelproduktbündel, die entsprechend den Päckchen zusammengesetzt sein müssen, zerlegt werden muß. Vgl. hierzu meine Beiträge: Kuppelprodukte, Kalkulation der Sp. 1001 f. sowie Kuppelproduktion und -kalkulation, S. 1258–1261 [343–348].

[30] Bei Anwendung der Bezeichnung Rest-Einzelkosten besteht die Gefahr der Fehlinterpretation, als handle es sich hierbei um Kosten, die dem Päckchenbestandteil, auf den sie bezogen sind (z. B. Resteinzelkosten von h_v) auch wie echte Einzelkosten zurechenbar sind, während es sich tatsächlich nur um die noch ungedeckten Teile gemeinsamer Kosten aller Päckchenbestandteile handelt. Um eine solche Fehlinterpretation zu vermeiden, werden im folgenden die Ausdrücke Rest-Leistungskosten und Rest-Proportionalkosten bevorzugt.

749 Haupt-Zwischenproduktes abzudeckenden Rest-Proportionalkosten stets gleich hoch. Sie können dann unmittelbar als *Verrechnungspreis des Haupt-Zwischenproduktes* zur Steuerung seiner Weiterverwertung angesetzt werden[31], wenn entweder überhaupt kein Engpaß gegeben ist oder dieser bei der verfügbaren Menge des aufzuspaltenden Rohstoffes r_1 bzw. des Haupt-Zwischenproduktes z_h liegt[32]. Das gilt auch für den Fall, daß die Nebenproduktbeiträge bereits ausreichen, um die erzeugungsmengen-proportionalen Päckcheneinzelkosten voll zu decken oder sie gar übersteigen. Dann bleibt an Stelle von Restkosten ein *Rest-Beitrag* zugunsten des Hauptprodukts.

3. Wahl des Produktarten- und -mengenprogramms

Nun zur *Programmwahl* für den Fall, daß, wie in unserem Beispiel, nur für eines der unmittelbaren Kuppelprodukte mehrere Verwertungsmöglichkeiten bestehen und die Nebenprodukte zu konstanten Preisen in der jeweils anfallenden Menge absetzbar sind.

Besteht nur *ein* Engpaß, dann gibt der auf die Maßeinheit des in Anspruch genommenen Engpasses bezogene Päckchenbeitrag (»*engpaßbezogener Päckchenbeitrag*«) die *unmittelbare Rangfolge der Verwertungsmöglichkeiten* an. Wird ein Produkt in mehrere Teilmärkte zu unterschiedlichen Preisen und oder Vertriebseinzelkosten abgesetzt, dann werden die Umsätze in die einzelnen Teilmärkte formal wie verschiedenartige Produkte behandelt. Für die Ermittlung der engpaßbezogenen Päckchenbeiträge ist es zudem völlig gleichgültig, ob es sich um einen für alle Endprodukte gemeinsamen Engpaß handelt – in unserem Beispiel träfe dies etwa zu, wenn der Rohstoff r_1 oder die Kapazität der Spaltstufe S der Engpaß wären – oder ob der Engpaß bei der Weiterverarbeitung eines der unmittelbaren Spaltprodukte oder Kuppelproduktabkömmlinge auftritt, beispielsweise beim Rohstoff r_3 oder in der Verarbeitungsstelle X. Für Produktpäckchen, die den Engpaß nicht, also mit Null Maßeinheiten, in Anspruch nehmen, wird der engpaßbezogene Deckungsbeitrag rechnerisch unendlich; sie sind daher vorrangig in das Programm aufzunehmen.

Ist der aufzuspaltende Rohstoff potentieller Engpaß, kann man entweder unmittelbar auf die rohstoffbezogenen Päckchenbeiträge zurückgreifen (siehe Tab. 2, Zeile 4) oder diese aus den leitproduktbezogenen Deckungsbeiträgen errechnen (siehe Tab. 3, Zeile 6). Es ist also ohne Belang, ob man bei der Ermittlung der Päckchenbeiträge von vornherein engpaßbezogene Päckchen bildet oder ob man von rohstoff- oder leitproduktbezogenen Päckchenbeiträgen ausgeht und diese umrechnet, indem man diese durch die Zahl der in Anspruch genommenen Maßeinheiten des Engpasses dividiert. Das ist für den Fall, daß die Apparatestunden in X potentieller Engpaß sind, in Tab. 2, Zeile 6 und Tab. 3, Zeile 8, gezeigt.

In unserem Beispiel wechselt, wie sehr oft in der Praxis, mit dem relevanten Engpaß auch die Ergiebigkeit der konkurrierenden Verwertungsmöglichkeiten der unmittelbaren Kuppelprodukte und damit die Rangfolge der Kuppelproduktpäckchen. Selbstverständ-

[31] Zu Einzelheiten und den Anwendungsgrenzen siehe *Paul Riebel, Helmut Paudtke* und *Wolfgang Zscherlich:* Verrechnungspreise für Zwischenprodukte. Ihre Brauchbarkeit für Programmanalyse, Programmwahl und Gewinnplanung unter besonderer Berücksichtigung der Kuppelproduktion, Opladen 1973.

[32] Falls der Engpaß in der Aufspaltungsstufe S liegt, wirkt sich das gleichfalls als eine Begrenzung der aufspaltbaren Menge des Hauptrohstoffes r_1 bzw. der erzeugbaren Menge des Haupt-Zwischenproduktes z_h aus.

lich schöpft man bei der Programmwahl zunächst die Absatzmöglichkeiten des Kuppelproduktpäckchens mit dem höchsten engpaßbezogenen Deckungsbeitrag voll aus, dann die des nächstbesten und so fort, bis der Vorrat des Engpaßfaktors bzw. die Engpaßkapazität erschöpft ist oder kein positiver Päckchenbeitrag mehr bleibt. 750

Das ist unter der Annahme, daß die in der Planungsperiode erwarteten Absatzmöglichkeiten zu den in Tab. 1 angegebenen Preisen und Einzelkosten für b_v 338 t, b_1 300 t, b_2 500 t, b_3 600 t und für n 1400 t betragen, jedoch wegen beschränkter Beschaffungsmöglichkeiten des Rohstoffes r_1 (maximal 2025 t in der Planungsperiode) nicht voll ausgenutzt werden können, in Abb. 7 dargestellt. Die Rechteckflächen dieses Treppendiagramms entsprechen den Umsatzbeiträgen[33] der in das Programm der Planungsperiode aufgenommenen Kuppelproduktbündel. Aus diesen Umsatzbeiträgen sind die den Kuppelproduktpäckchen nicht zurechenbaren Kosten zu decken, und zwar zunächst die allen Kuppelprodukten und ihren Abkömmlingen gemeinsam zurechenbaren Periodeneinzelkosten. Der verbleibende Periodenbeitrag trägt zur Deckung der Periodengemeinausgaben und zum Totalgewinn bei[34].

Bei Anwendung der Päckchen- oder Bündelrechnung ist eine stufenweise Abdeckung spezifischer Bereitschaftskosten der Weiterverarbeitung nicht möglich, soweit diese Bereitschaftskosten nur für Teile der Kuppelproduktbündel entstehen, wie in unserem

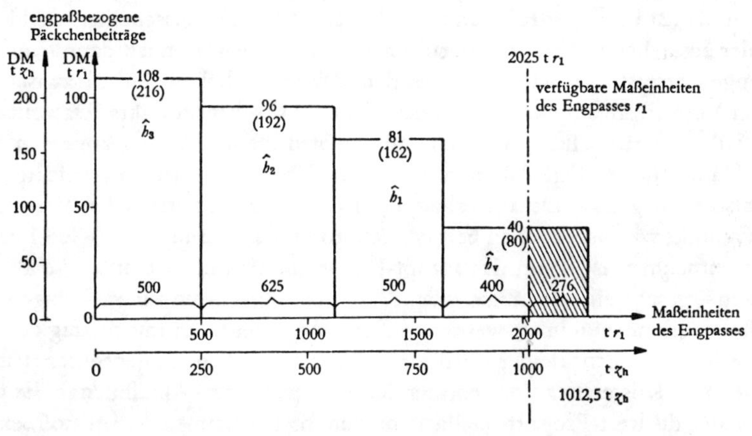

Abb. 7: Programmwahl bei mehreren Verarbeitungsmöglichkeiten des Haupt-Zwischenprodukts z_h (Engpaß: 2025 t r_1 = 1012,5 t z_h)

[33] Als Umsatzbeitrag bezeichne ich im Rahmen von auftrags- oder periodenbezogenen Rechnungen sowie von Zeitablaufrechnungen die Differenz zwischen Umsatzerlös und den Einzelkosten der Leistungseinheiten oder Leistungsportionen, die in diesem Umsatz enthalten sind; im Umsatzbeitrag sind also noch keine spezifischen Bereitschaftskosten abgedeckt. Da im vorliegenden Falle die Kuppelproduktpäckchen als fiktive, komplexe Leistungseinheiten eingeführt wurden, sind im Umsatzbeitrag der Päckchen oder Produktbündel – nicht aber in denen der Endprodukte – auch die den Endprodukteinheiten nicht zurechenbaren Päckcheneinzelkosten abgedeckt. Zum Begriff des Umsatzbeitrags vgl. meinen Artikel: Deckungsbeitragsrechnung, in: Handwörterbuch des Rechnungswesens (HWR), Sp. 383–400, hier Sp. 391.

[34] Sind außerdem noch andere Produktgruppen vorhanden, dann hängt es von der Fragestellung ab, ob aus den Periodenbeiträgen der Kuppelprodukte und ihrer Abkömmlinge zunächst deren spezifische Periodengemeinausgaben (z. B. Investitionsausgaben für *S*, *X*, *Y*, *Z*) abgedeckt werden sollen oder zunächst die für mehrere Produktgruppen bzw. für alle Produktgruppen gemeinsamen Periodeneinzelkosen.

751 Beispiel die Bereitschaftskosten der Stellen X, Y und Z. Die globale Abdeckung aller Bereitschaftskosten der für die unmittelbaren und mittelbaren Kuppelprodukte vorgehaltenen Nutzungspotentiale ist insofern kein Nachteil, als auch bei Entscheidungen über die Kapazität und die lebende Betriebsbereitschaft der Weiterverarbeitungsstellen die Auswirkungen auf das ganze Kuppelproduktbündel und damit die Weiterverarbeitung der übrigen Kuppelprodukte berücksichtigt werden muß. Das wird an späterer Stelle noch gezeigt werden.

Die über 1215 t hinausgehenden Absatzmöglichkeiten für das Nebenprodukt n könnten auch dann nicht ausgeschöpft werden, wenn die beschaffbare Rohstoffmenge erheblich größer wäre, weil, wie sich insbesondere aus Tab. 4, aber auch aus den Tab. 2 und 3 ergibt, die Deckungsbeiträge des Nebenprodukts allein nicht ausreichen, um die Vernichtungskosten des Abfallproduktes und die Leistungskosten in der Spaltstufe zu decken; dazu kämen unter Umständen noch Vernichtungskosten für die überschüssigen Mengen von z_h. Eine entsprechende Mehrproduktion von z_h wäre nur sinnvoll, wenn in der nächsten Periode zu erwarten ist, daß die Absatzmöglichkeiten der Haupt-Endprodukte die des Neben-Endprodukts entsprechend überschreiten und auch von den schlechtesten Verwertungsmöglichkeiten mindestens die Restkosten der zusätzlich produzierten Mengen von z_h überdeckt werden.

Wenn dagegen die Absatzmenge des Neben-Endprodukts n zum angenommenen Preis auf weniger als 1215 t begrenzt ist und eine Lagerproduktion ausscheidet, weil kein entsprechender zusätzlicher Absatz in der Folgeperiode zu erwarten ist, dann sind analoge Überlegungen anzustellen wie im folgenden Abschnitt bei der Wahl zwischen verschiedenen Verwertungsmöglichkeiten des Neben-Zwischenprodukts. Das gilt sowohl für den Fall, daß zusätzliche Mengen nur zu niedrigeren Preisen abgesetzt werden könnten als auch für den Fall, daß nicht absetzbare Überschußmengen vernichtet werden müßten, also ein negativer Deckungsbeitrag in Höhe der proportionalen Vernichtungskosten entstünde, wie bisher schon beim Abfallprodukt a. Wie aus den Zeilen 1 und 3 der Tab. 2 zu entnehmen ist, kann das Haupt-Endprodukt h_v nicht einmal die Päckcheneinzelkosten – geschweige denn zusätzliche Vernichtungskosten für z_n – tragen, so daß $\overline{h_v}$ aus dem Programm eliminiert werden müßte, sobald der Deckungsbeitrag des Nebenprodukts n im Päckchen kleiner wird als die durch h_v allein ungedeckten Päckcheneinzelkosten und Kosten der Vernichtung der entsprechenden Abfallmenge. Es gilt also in diesem Falle, die Rest-Proportionalkostenrechnung im Rahmen des rohstoffbezogenen Päckchens $\overline{h_v}$ auf das Nebenprodukt n anzuwenden. In unserem Beispiel ist der Mindestdeckungsbeitrag der im Päckchen enthaltenen 0,6 t n 32 DM.

C. Produktarten- und -mengenplanung bei mehreren Verwertungsmöglichkeiten von zwei oder mehr unmittelbaren Kuppelprodukten

Bei dem bisher erörterten Fall, daß nur für eines der Spaltprodukte mehrere Verwertungsmöglichkeiten bestehen, ist die Bildung der Produktbündel ausschließlich durch die technologischen Verhältnisse eindeutig bestimmt (ebenso wie beim Fehlen alternativer Verwertungsmöglichkeit bei sämtlichen Spaltprodukten). Bei der Programmwahl im Falle mehrerer Verwertungsmöglichkeiten für ein einziges der Spaltprodukte kann daher von gegebenen Produktpäckchen bzw. Produktbündeln ausgegangen werden. Im Falle eines Engpasses kommt es nur darauf an, die Produktbündel in der durch die engpaßbezogenen Deckungsbeiträge bestimmten Rangfolge so lange in das Programm aufzunehmen, bis die verfügbaren Maßeinheiten des Engpasses durch die für den erwarteten Absatz erforderlichen ausgeschöpft sind. 752

Liegen dagegen für zwei oder mehr der unmittelbar oder mittelbar gekoppelten Produkte mehrere Verwertungsmöglichkeiten vor, dann läßt sich auf Grund der technologischen Verhältnisse im Spaltprozeß einem bestimmten Endprodukt nicht mehr nur ein bestimmtes Nebenprodukt oder – im Falle mehrerer verwertbarer Spaltprodukte – eine einzige Kombination von Abkömmlingen der übrigen Spaltprodukte zuordnen. Vielmehr kann eine nach den Gesetzen der Kombinatorik zu ermittelnde Vielzahl unterschiedlich zusammengesetzter Produktpäckchen gebildet werden. Von diesen kommt bei der Programmwahl gewöhnlich nur ein Bruchteil zum Zuge.

Ohne weiter nachzudenken kann man bei der Programmplanung alle möglichen Produktkombinationen in einen umfangreichen Vergleichsprozeß einbeziehen und zum Beispiel mit Hilfe der mathematischen Programmierung, die in das Programm aufzunehmenden, auswählen. Sollte man aber statt dessen nicht nach Wegen suchen, bei denen von vornherein eine Beschränkung auf die besonders aussichtsreichen Produktkombinationen erreicht werden kann? Damit wird die Bildung von Produktbündeln oder -päckchen zum ökonomischen Problem.

Eine mögliche Lösung läßt sich aus folgender Überlegung ableiten: Geht man von *gegebenen Anfallmengen der unmittelbaren Spaltprodukte* aus, dann kann die Wahl der Weiterverarbeitungsmöglichkeiten für jede dieser Spaltproduktmengen unabhängig voneinander getroffen werden, unter der Voraussetzung, daß keine verbundene Nachfrage und keine Substitutionskonkurrenz zwischen Endprodukten, die aus verschiedenen Spaltprodukten hervorgehen, besteht. Es liegt nahe zu untersuchen, ob nicht auch in solchen Fällen, in denen die Menge des aufzuspaltenden Rohstoffes und damit die Menge der herzustellenden Spaltprodukte vom Weiterverarbeitungsprogramm abgeleitet wird, ebenfalls zunächst getrennte vorläufige Programme für die Weiterverarbeitung der einzelnen Spaltprodukte aufgestellt werden können, die in einem zweiten Schritt aufeinander abgestimmt werden müßten. Bei der Abstimmung der vorläufigen Teilprogramme und der Zusammenstellung der Produktbündel bzw. -päckchen kann man – dem allgemeinen Grenzgedanken folgend – bei Vorliegen nur eines Engpasses davon ausgehen, daß der jeweils (noch verbleibenden) besten Verwertungsmöglichkeit eines der Spaltprodukte auch die jeweils (noch verbleibende) beste Verwertungsmöglichkeit jedes der übrigen Spaltprodukte zuzuordnen ist. Liegt kein Engpaß vor, dann empfiehlt es sich, bei festem Mengenverhältnis der unmittelbaren Spaltprodukte und proportionalen Leistungskosten, die Deckungsbeiträge der Endprodukte auf die Mengeneinheit des Spaltrohstoffes zu beziehen. Dafür spricht, daß dann die zusammengefaßten Beiträge der nutzbaren Päckchenbestandteile bequem den noch abzudeckenden Leistungskosten der Spaltstufe und den proportionalen Vernichtungskosten gegenübergestellt werden können, da diese – bei festem Aufspaltungsverhältnis und proportionalen Leistungskosten – je Einheit des aufzuspaltenden Rohstoffes konstant sind. Statt dessen könnte man auch die Rest-Proportionalkostenrechnung bzw. die Rest-Beitragsrechnung anwenden.

1. Produktarten- und -mengenplanung im Falle eines sämtliche Produkte betreffenden Engpasses

Für die folgenden Modellüberlegungen sollen die in Tab. 6 angegebenen Verwertungsmöglichkeiten des Neben-Zwischenprodukts z_n unterstellt werden. Außerdem soll zu-

753 nächst davon ausgegangen werden, daß in der Planungsperiode neben den auf 2025 t begrenzten Beschaffungsmöglichkeiten des Rohstoffes r_1 kein weiterer Engpaß besteht. Statt dessen könnte (für den folgenden Lösungsweg) auch von irgendeinem anderen Engpaß ausgegangen werden, wenn er nur entweder sämtliche Produkte unmittelbar betrifft (wie etwa ein Kapazitätsengpaß in S) oder wenigstens mittelbar (wie im Falle eines Engpasses in Y, wenn alles z_n in Y verarbeitet werden muß) und damit auf alle umrechenbar ist. Für diese Fälle läßt sich die Wahl des optimalen Produktionsprogramms und der jeweils zu kombinierenden Päckchenbestandteile besonders bequem tabellarisch (siehe Tab. 7) oder graphisch (siehe Abb. 8)[35] lösen.

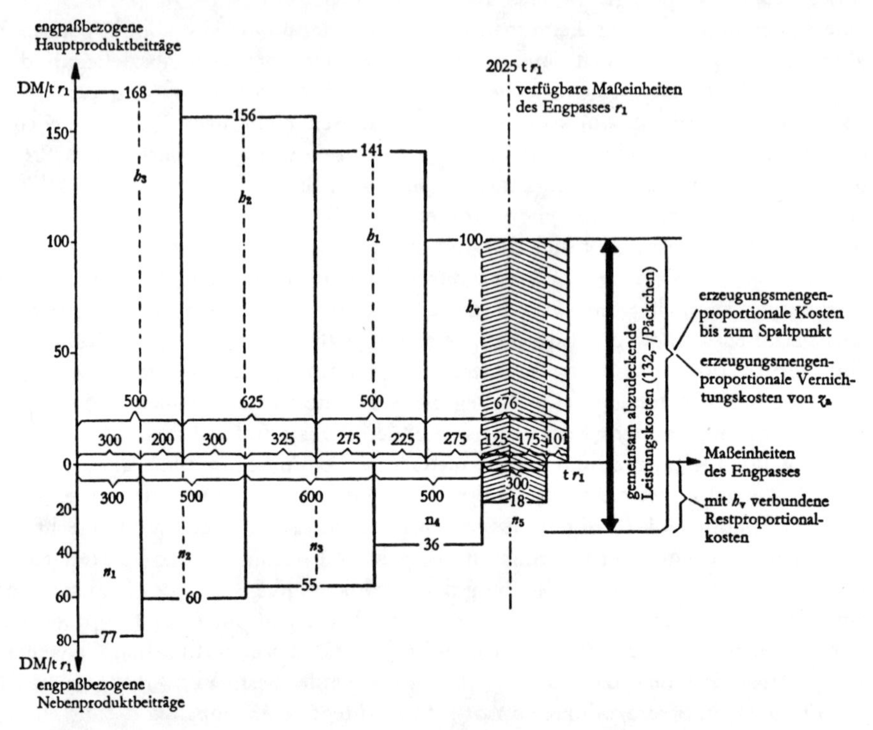

Abb. 8: Programmwahl bei mehreren Verwertungsmöglichkeiten für zwei unmittelbare Kuppelprodukte (z_h und z_n) im Falle eines gemeinsamen potentiellen Engpasses

Die engpaßbezogenen Hauptproduktbeiträge lassen sich leicht aus Tab. 1 ermitteln; weil aus jeder Tonne r_1 0,5 t z_h hervorgehen, sind sie gerade halb so groß wie die auf die Tonne z_h bezogenen Deckungsbeiträge der Haupt-Endprodukte. Die auf den Engpaß r_1 bezogenen Deckungsbeiträge der alternativen Nebenproduktverwertungen sind ohnehin in Tab. 6, Zeile 5, ausgewiesen. Wie gewöhnlich in der Wirklichkeit entsprechen sich die Mengenverhältnisse gleichrangiger Verwertungsmöglichkeiten des Haupt- und Neben-Zwischenprodukts in unserem Beispiel nicht. Während etwa für die 600 t h_3, der besten Verwertungsmöglichkeit von z_h, 500 t r_1 benötigt werden, entspricht dem erwarteten Absatz von 330 t n_1, der ergiebigsten Verwertung von z_n, nur ein Rohstoffeinsatz von

[35] In Anlehnung an meinen Beitrag: Kuppelproduktion und -kalkulation, S. 1263–1265.

300 t r_1. Daher läßt sich nur für die Verwertung von 300 t r_1 ein h_3 und n_1 enthaltendes Kuppelproduktbündel bilden, das 360 t h_3 und 330 t n_1 enthält[36]. 754

Die restlichen 240 t der erwarteten Absatzmenge von h_3 werden daher mit der nächstbesten Verwertungsmöglichkeit von z_n kombiniert, nämlich mit n_2. Weil nunmehr der äquivalente Bedarf an r_1 für die Restmenge von h_3 kleiner ist als der Bedarf für n_2, wird der Umfang des zweitbesten Kuppelproduktbündels durch die restlichen Absatzmengen von h_3 begrenzt auf die Ausbeute von 200 t r_1, also auf 240 t h_3 und 300 t n_2 [36]. In dieser Weise fährt man fort und stellt gemäß Tab. 7 oder Abb. 8 die jeweils nächstbesten Kuppelproduktkombinationen zusammen.

Dabei ist zu beachten, daß die Tab. 7 eine reine Rang- und Mengenrechnung ist, die sich ohne ökonomische »Haltesignale« fortführen läßt, bis die Absatzmöglichkeiten oder die Leistungsfähigkeit des potentiellen Engpasses erschöpft sind. Immerhin ist sie für die Bildung der Produktbündel hervorragend geeignet. Zudem zeigt sie sehr deutlich, daß durch die Mengenverhältnisse im Aufspaltungsprozeß einerseits und durch die Absatzmöglichkeiten bald eines Haupt-Endprodukts, bald eines Neben-Endprodukts andererseits eine Folge von *Quasi-Engpässen* für das jeweils zu ergänzende Kuppelprodukt bestimmt wird. Bestünde beispielsweise für das Neben-Zwischenprodukt z_n nur die eine, auf 330 t n_1 begrenzte Verwertungsmöglichkeit, dann wäre – zumindest wenn keine Vernichtungsmöglichkeit für überschüssiges z_n bestünde[37] – auch der Absatz von h_3 (oder anderen Haupt-Endprodukten) auf diejenige Menge begrenzt, die sich aus der Aufspaltung der für 330 t n_1 erforderlichen 300 t r_1 anfallenden 150 t z_h (0,5 t z_h je 1,0 t r_1) gewinnen läßt. Ebenso wird für die Produktion von n_2 der für die Ausnutzung der restlichen Absatzmöglichkeiten von h_3 benötigte Spaltrohstoffeinsatz von 200 t r_1 zum Quasi-Engpaß, der zugleich die Gewinnung des Produktbündels $h_3 n_2$ begrenzt und auch die Herstellung von n_2 absolut beschränken würde, wenn nicht noch weitere Verwertungsmöglichkeiten für z_h bestünden. So leiten sich die in Tab. 7 durch Kursivdruck hervorgehobenen Quasi-Engpässe beim Spaltrohstoff r_1 von dem jeweils kleineren (Rest-)Bedarf eines der gerade zur Bündelbildung anstehenden mittelbaren Kuppelprodukte ab.

Weil Tab. 7 eine reine Rang- und Mengenrechnung ist, muß sie noch durch eine Deckungsbeitragsrechnung ergänzt werden, bei der auf Produktpäckchen (siehe Tab. 8) oder auf Produktbündel abgestellt werden kann. Dabei zeigt sich, daß in unserem Beispiel das letzte auf Grund der beschränkten Beschaffungsmöglichkeiten des Rohstoffes r_1 noch herstellbare Produktbündel, das h_v und n_5 enthält, die Päckcheneinzelkosten sowie die erzeugungsmengen-proportionalen Vernichtungskosten des dabei anfallenden Abfallprodukts nicht mehr zu decken vermag. Bei gegebenen Bereitschaftskosten entsteht somit je Päckchen $\widehat{h_v n_5}$ ein Verlust von 14 DM (siehe Tab. 8, Zeile 4, letzte Spalte). Daher wird dieses Bündel nicht in das Programm aufgenommen. Produktion und Absatz von h_v werden vielmehr auf jene Menge beschränkt, die bei der Herstellung des restlichen Bedarfs an n_4 (165 t) anfallen.

Im Gegensatz zu Tab. 7 ist die graphische Lösung nach Abb. 8 mehr als nur eine Rang- und Mengenrechnung. Sie läßt nämlich zugleich erkennen, wie groß der auf die Tonne

[36] In den obigen Angaben über die Zusammensetzung der Kuppelbündel sind die dabei entstehenden Mengen des Abfallprodukts nicht berücksichtigt.

[37] Das ist keine unrealistische Annahme. Zum Beispiel besteht für das beim Abrösten sulfidischer Erze in Metallhütten anfallende SO_2 oder die daraus gewonnene Schwefelsäure keine realisierbare Vernichtungsmöglichkeit. Vgl. hierzu meine Schrift: Die Kuppelproduktion, S. 201.

755 r_1 bezogene Deckungsbeitrag der nutzbaren Päckchenbestandteile ist, wenn man die nach oben abgetragenen Ordinatenwerte der Haupt-Endprodukte mit den nach unten abgetragenen r_1-bezogenen Deckungsbeiträgen des jeweils zugeordneten Neben-Endprodukts zusammenfaßt[38]. Geht man, wie in Abb. 8, von den rohstoff-r_1-bezogenen – allgemeiner von den engpaßbezogenen – Deckungsbeiträgen der Endprodukte aus, dann sind freilich die für die nutzbaren Päckchen- oder Bündelbestandteile gemeinsam entstehenden Leistungskosten in S sowie die der Abfallvernichtung noch nicht berücksichtigt. Sind diese Kosten für alle vorläufig in das Programm eingehenden Produktpäckchen gleich groß, wie im Falle eines Engpasses beim Spaltrohstoff und festen Mengenverhältnissen, dann kann man sich darauf beschränken, die Abdeckung dieser gemeinsamen Kosten zunächst für die schlechteste Produktkombination zu prüfen, die bei Vollauslastung des potentiellen Engpasses noch zum Zuge käme, in unserem Beispiel also für $\widehat{h_v n_5}$. Dabei ist es grundsätzlich gleichgültig, ob man mit dem Abtragen der gemeinsam zu deckenden Leistungskosten »oben« beim Haupt-Endprodukt oder »unten« beim Neben-Endprodukt beginnt. In Abb. 8 wurde der erste Weg gewählt, weil er zugleich erkennen läßt, daß auch die vorletzte Produktkombination $\widehat{h_v n_4}$ die gemeinsamen Leistungskosten überdeckt und daher – bei gegebener Betriebsbereitschaft – in das Programm noch aufzunehmen ist. Der in den »Nebenproduktbereich« hineinragende Teil der gemeinsam abzudeckenden Leistungskosten ist im übrigen mit den Rest-Proportionalkosten der h_v zugeordneten Nebenprodukte identisch.

Die von den nutzbaren Bestandteilen der Produktbündel oder -päckchen gemeinsam abzudeckenden Leistungskosten können bei der graphischen Lösung im übrigen auch von vornherein berücksichtigt werden, indem man auf eine der Endproduktreihen das *Restwertprinzip* anwendet. Dabei ist es grundsätzlich gleichgültig, ob man die abzudeckenden gemeinsamen Leistungskosten der Päckchen- oder Bündelbestandteile zunächst den Möglichkeiten der Nebenproduktverwertung zuordnet und dann – wie in unserem Beispiel in allen Fällen – die noch durch die Haupt-Endprodukte abzudeckenden Rest-Leistungskosten erhält oder ob man umgekehrt für die Abdeckung der gemeinsamen Leistungskosten zunächst die Deckungsbeiträge der Haupt-Endprodukte heranzieht, wie in Tab. 9, und dann bei den besonders ergiebigen Verwertungsmöglichkeiten bereits durch das Haupt-Endprodukt allein eine Überdeckung der gemeinsamen Leistungskosten erhält, die als »*Restbeitrag*« bezeichnet werden soll. Dieser in Abb. 9 (S. 324) eingeschlagene Weg, der später noch näher erörtert wird, ist vor allem dann vorteilhaft, wenn der Engpaß nicht beim Spaltrohstoff liegt und daher die gemeinsam abzudeckenden Leistungskosten nicht für alle Kuppelproduktpäckchen gleich groß sind, ferner wenn für mehr als zwei unmittelbare Kuppelprodukte mehrere Verwertungsmöglichkeiten bestehen und schließlich wenn der relevante Engpaß nicht alle Endprodukte unmittelbar betrifft, wie bei dem im folgenden Abschnitt III C 2 behandelten Fall.

Die an Hand der Tab. 7 beschriebene Vorgehensweise kann man als *schrittweise pendelndes Zusammenstellen der Produktbündel, bei der das (vorläufige) Programm aus der Aneinander-*

[38] Man könnte selbstverständlich die engpaßbezogenen Deckungsbeiträge der Neben-Endprodukte in derselben Richtung wie die der Haupt-Endprodukte auftragen und diese gleich übereinanderschichten. Ein solches Vorgehen würde zudem den Vergleich mit den abzudeckenden gemeinsamen Leistungskosten erleichtern. Dieser Weg wurde jedoch nicht eingeschlagen, weil sich die Abb. 8 auch nach einem anderen Prinzip entwickeln läßt als nach der an Hand von Tab. 7 beschriebenen Vorgehensweise. Darauf wird später noch näher eingegangen.

reihung der Bündel gleichzeitig anfällt, kennzeichnen. Dieser Vorgehensweise kann man auch bei der graphischen Lösung nach Abb. 8 folgen. Abb. 8 läßt sich jedoch auch noch nach einem ganz anderen Prinzip entwickeln, nämlich der *getrennten Aufstellung vorläufiger Programme* für die aus der Verwertung jeweils eines unmittelbaren Kuppelprodukts hervorgehenden Endproduktreihen in Verbindung *mit einer nachträglichen Koordinierung.* Eine Zusammenstellung der Kuppelproduktbündel kann zwar dabei nebenher erfolgen, ist jedoch keineswegs allgemein notwendig, sondern kann auf die schlechtesten Verwertungsmöglichkeiten beschränkt bleiben. Für sie muß, von der letzten Produktkombination ausgehend, überprüft werden, ob der zusammengefaßte Deckungsbeitrag der Päckchenbestandteile die gemeinsamen Leistungskosten deckt. 756

Das mag zunächst überraschen, doch ist daran zu erinnern, daß schon die *Rangfolge der Verwertungsmöglichkeiten* der unmittelbaren Kuppelprodukte *unabhängig voneinander* auf Grund der engpaßbezogenen Deckungsbeiträge[39] der Endprodukte festgelegt wird.

Versieht man die einzelnen Endprodukte noch mit den für die Realisierung des erwarteten Absatzes erforderlichen Rohstoffmengen bzw. Maßeinheiten des Engpasses, dann kann man unabhängig voneinander (siehe hierzu auch Abb. 9) das vorläufige Produktarten- und -mengenprogramm der Haupt-Zwischenprodukt-Abkömmlinge einerseits und der Neben-Zwischenprodukt-Abkömmlinge andererseits konstruieren. Das läßt sich gedanklich leicht an Hand der Abb. 8 nachvollziehen, wenn man einmal den unterhalb der Abszisse und ein andermal den oberhalb der Abszisse gelegenen Teil der Darstellung verdeckt. Es ändert sich dann weder an der Reihenfolge, noch an der Menge, noch an den durch die Flächen repräsentierten Umsatzbeiträgen der eingezeichneten Endprodukte etwas. Man kennt lediglich bei getrennter Betrachtung noch nicht die Zusammensetzung der Produktbündel und die Teilmengen der Endprodukte, die jeweils zu dem einen oder anderen Produktbündel gehören, sowie die dafür erforderlichen Rohstoffeinsätze. Diese erhält man jedoch, sobald man die vorläufigen Programme der beiden Produktreihen – auf den Spaltrohstoff bzw. den gemeinsamen Engpaß bezogen – gegenüberstellt, wie dies von vornherein in Abb. 8 geschehen ist. Erst bei der Koordination der vorläufigen Teilprogramme zeigt sich dann, ob die erforderlichen Mengen an Spaltrohstoff übereinstimmen und von welchem Teilprogramm her sich der Quasi-Engpaß beim Rohstoff ableitet, falls nicht ohnehin, wie in unserem Beispiel, der Spaltrohstoff selbst der potentielle Engpaß ist. Erst nach der Koordinierung kann auch geprüft werden, ob die schlechtesten Produktkombinationen auch die gemeinsamen Leistungskosten zu decken vermögen. Die in Tab. 7 entwickelte Folge von Quasi-Engpässen für die Abgrenzung der Produktbündel interessiert nur für die Bündelbildung und ist für die Festlegung des Gesamtprogramms nicht notwendig. Für das gesamte Produktarten- und -mengenprogramm kommt es nur auf die »Grenz«kombinationen und deren gemeinsame »Grenz«beiträge oder die »Grenz«-Päckchenbeiträge an[40].

Die getrennte Ermittlung der vorläufigen Programme für die Verwertung jeweils eines Spaltproduktes ist in Abb. 9 auch optisch vollzogen. Weil bei den Haupt-Endprodukten nicht von deren Deckungsbeiträgen, sondern von ihren Restbeiträgen bzw. den durch das Haupt-Endprodukt ungedeckten Restkosten ausgegangen wird, liegt bei allen Haupt-Endprodukten mit einem positiven Restbeitrag schon von vornherein fest, daß sie in das Programm endgültig aufgenommen werden, solange der Engpaß nicht er-

[39] Beziehungsweise der engpaßbezogenen Restbeiträge oder ungedeckten Restkosten im Falle einer Anwendung des Restwertprinzips.

[40] »Grenz« in Anführungsstrichen, weil es nicht nur um die letzte Leistungseinheit geht.

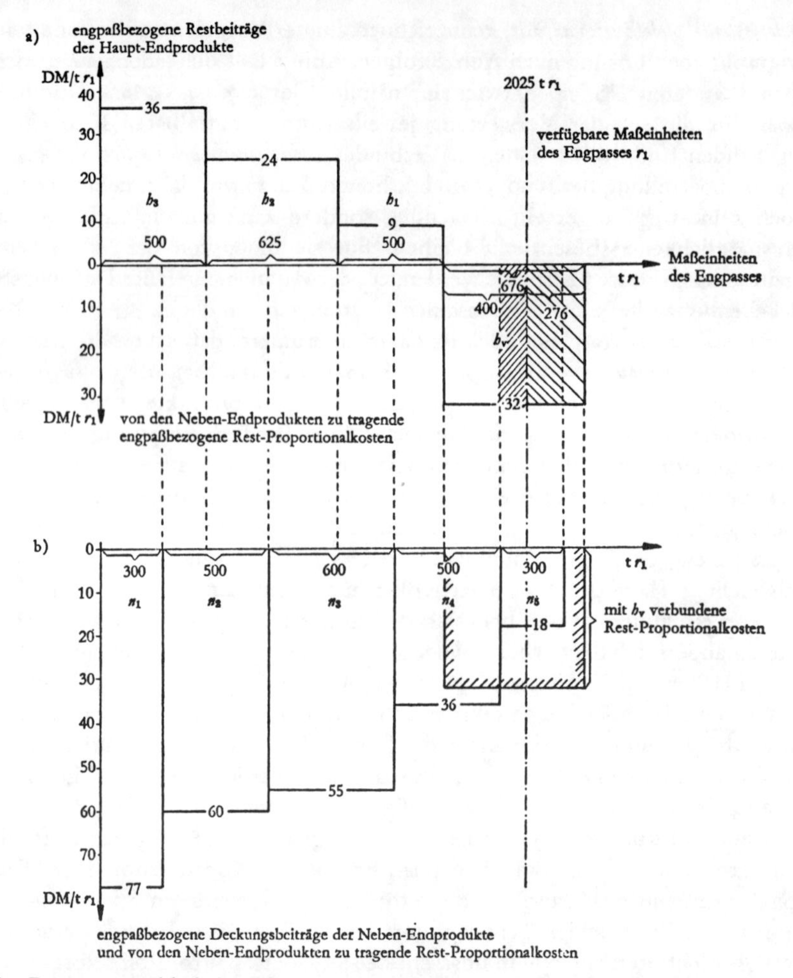

Abb. 9: Programmwahl bei mehreren Verwertungsmöglichkeiten für zwei unmittelbare Kuppelprodukte (z_h und z_n) im Falle eines gemeinsamen potentiellen Engpasses unter Anwendung der Restbeitrags- und Rest-Proportionalkostenrechnung

schöpft ist und solange noch Verwertungsmöglichkeiten des Nebenproduktes vorhanden sind, die gleichfalls einen positiven Deckungsbeitrag aufweisen. Entsprechen dem Haupt-Endprodukt dagegen Nebenproduktverwertungen mit einem negativen Deckungsbeitrag[41] oder ist keine Verwertungsmöglichkeit mehr gegeben, so daß die überschüssigen Nebenproduktmengen vernichtet werden müssen – in beiden Fällen wäre die Ordinate in Abb. 9 »nach oben« für diese negativen Beträge zu erweitern – dann muß erst durch Zusammenführung beider Programmreihen ermittelt werden, ob die negativen Deckungsbeiträge der Nebenprodukte oder die Vernichtungskosten von den Restbeiträgen des Hauptproduktes überstiegen werden. Dasselbe gilt, wenn bei einem der Haupt-Endprodukte ungedeckte Restkosten bleiben, wie im Beispiel bei h_v (siehe hierzu außer Abb. 8 auch Abb. 10b, S. 326). Es zeigt sich also letztlich, daß für die endgültige

[41] Zum Absatz von Kuppelprodukten mit negativem Deckungsbeitrag kommt es dann, wenn dieser kleiner ist als die sonst anfallenden Kosten der Vernichtung.

Festlegung des Produktarten- und -mengenprogramms die zunächst getrennt ermittelten vorläufigen Programme anschließend zusammengefügt und die »Grenzfälle« einer zusätzlichen Prüfung unterworfen werden müssen. Erst hierbei kommt die mittelbare Kopplung über den Spaltprozeß wieder zum Zuge. 758

Falls man die Betriebsbereitschaft nicht ohnehin im Hinblick auf längerfristige Pläne unverändert lassen will, muß man schließlich noch prüfen, ob die verbleibenden Päckchenbeiträge bzw. Bündelbeiträge der schlechtesten Verwertungsmöglichkeiten die abbaubaren Bereitschaftskosten solcher Potentialbereiche, deren Abbau ohne hohe einmalige Ausgaben kurzfristig reversibel ist oder unter langfristigen Gesichtspunkten vertretbar erscheint, übersteigen. Das soll später unter der Annahme untersucht werden, daß ein partieller Abbau der Betriebsbereitschaft nur in der Weiterverarbeitungsstelle X möglich sei. Durch einen solchen partiellen Abbau der Betriebsbereitschaft in der Weiterverarbeitungsstufe X würde dort ein Engpaß herbeigeführt, von dem unmittelbar nur die Produkte h_1, h_2 sowie h_3 und mittelbar die komplementären Nebenprodukte betroffen wären, aber überhaupt nicht h_v und die diesem zuzuordnenden Nebenprodukte.

2. Produktarten- und -mengenplanung im Falle eines nicht alle gekoppelten Produkte betreffenden Engpasses

Wir wollen nun zunächst generell überlegen, welche Probleme auftreten, wenn der Engpaß nicht bei dem aufzuspaltenden Rohstoff oder in der Aufspaltungsstufe liegt, sondern in einer der Weiterverarbeitungsstellen. Im Gegensatz zu den bisher behandelten Fällen treten zwei neue Probleme auf. Erstens sind die erst dem Päckchen als Ganzem zurechenbaren Einzelkosten für die verschiedenen Produktkombinationen nicht mehr gleich hoch, weil bei der Päckchenbildung nicht mehr unmittelbar auf den gemeinsamen Rohstoff abgestellt werden kann. Zweitens nehmen nicht mehr alle Produkte, ja nicht einmal mehr alle Haupt-Endprodukte, diesen Engpaß in Anspruch.

Um trotz der unterschiedlich hohen Päckcheneinzelkosten die Reihenfolge der Haupt-Endprodukte und dann die der Neben-Endprodukte – zunächst weitgehend unabhängig voneinander – festlegen zu können, empfiehlt es sich, wie bereits erwähnt, bei einem der alternativ zu verwertenden unmittelbaren Kuppelprodukte bzw. bei dessen Abkömmlingen nach Art der Rest-Proportionalkostenrechnung bzw. der Restbeitragsrechnung vorzugehen.

Für unsere weiteren Überlegungen ziehen wir zur Abdeckung der gemeinsamen Leistungskosten der Kuppelproduktbündel bzw. -päckchen zunächst die Deckungsbeiträge der Haupt-Endprodukte heran und gehen daher von deren verbleibenden Restbeiträgen oder den durch sie ungedeckten Rest-Leistungskosten aus. Dafür spricht vor allem, daß – von h_v abgesehen – die Haupt-Endprodukte es sind, die den Engpaß »Apparatestunden in X« in Anspruch nehmen. Wie die Tab. 9 zeigt, ändert sich die Rangfolge der Haupt-Endprodukte h_1, h_2 und h_3, wenn der Engpaß nicht mehr bei dem Spaltrohstoff, sondern bei den Apparatestunden in X liegt, und vom »Restbeitrag« statt vom Deckungsbeitrag der Haupt-Endprodukte ausgegangen wird (vgl. Tab. 9, Zeile 6a mit Tab. 2, Zeile 6a bzw. Tab. 3, Zeile 8a, oder Abb. 9a mit Abb. 10)[42].

[42] Letzteres ist darauf zurückzuführen, daß die gemeinsamen Leistungskosten der nutzbaren Päckchenbestandteile je engpaßbezogenes Päckchen bzw. je Maßeinheit des Engpasses – von Zufällen abgesehen – unterschiedlich hoch sind, wenn der Engpaß nicht beim Spaltrohstoff liegt. Vgl. hierzu in den Abb. 8 und 9a die aus diesem Grunde unverändert gebliebene Rangfolge.

759

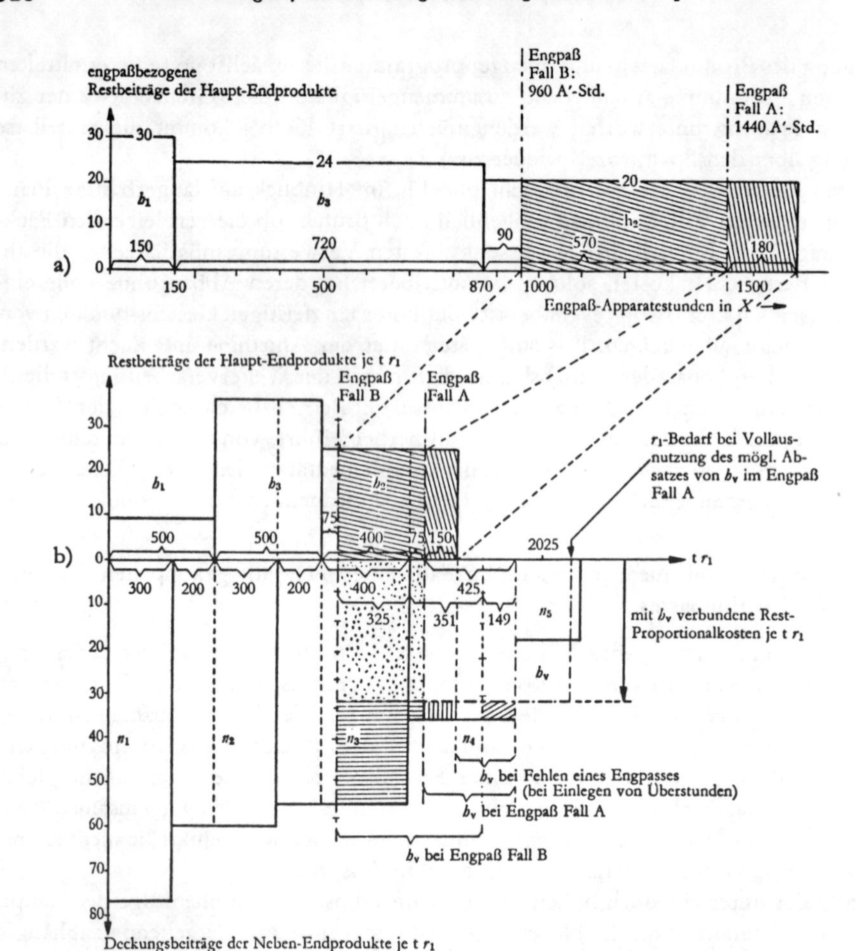

Abb. 10: Programmwahl bei mehreren Verwertungsmöglichkeiten für zwei unmittelbare Kuppelprodukte (z_h und z_n) im Falle eines nicht allen Produkten gemeinsamen Engpasses (Apparatestunden in X)
a) Programmwahl im Engpaß
b) Ermittlung des Gesamtprogramms über dem abgeleiteten Engpaß Spaltrohstoff r_1

Wie bereits bei der Programmplanung im Falle eines gemeinsamen Engpasses nachgewiesen wurde, können für die einzelnen unmittelbaren Kuppelprodukte zunächst getrennte vorläufige Verwertungsprogramme aufgestellt werden.

Es kann sogar – unabhängig von der Verwertung der übrigen Spaltprodukte – ein *endgültiges Programm der Engpaßnutzung* aufgestellt werden, wenn alle folgenden Voraussetzungen erfüllt sind:

1. wenn alle den Engpaß belastenden Produkte einen (positiven) Restbeitrag aufweisen,
2. wenn aus diesen Restbeiträgen keine ungedeckten Leistungskosten der Weiterverarbeitung von Nebenprodukten (»negative Deckungsbeiträge«) oder Vernichtungskosten überschüssig anfallender, nicht mehr absetzbarer Nebenprodukte gedeckt werden müssen,
3. wenn keine Veränderungen von Bereitschaftskosten zu berücksichtigen sind.

Das ist in Abb. 10a für zwei verschieden bemessene Engpässe in der Weiterverarbeitungsstelle X dargestellt: Im Falle A für 1440 Apparatestunden und im Falle B für 960 Apparatestunden; außerdem ist noch der Apparatestundenbedarf für die Vollausnutzung der Absatzmöglichkeiten des schlechtesten Produkts angegeben. 760

Vermag dagegen ein den Engpaß belastendes Produkt beispielsweise die bis zum Spaltpunkt entstehenden gemeinsamen Kosten aller Spaltprodukte und etwaige Vernichtungskosten des Abfalles nicht allein zu decken, so daß Rest-Leistungskosten von den Nebenprodukten getragen werden müssen, dann kann es nur vorläufig in das Programm aufgenommen werden. Wie schon für h_v im Falle eines Engpasses beim Spaltrohstoff r_1 gezeigt (siehe Abb. 8 und 9b), so muß beim Zusammenfügen der vorläufigen Teilprogramme aus der Verwertung der einzelnen Spaltprodukte geprüft werden, ob und inwieweit die durch das Hauptprodukt allein ungedeckt bleibenden Rest-Leistungskosten von den Deckungsbeiträgen der zuzuordnenden Nebenprodukte überstiegen oder wenigstens voll ausgeglichen werden.

Nun noch ein Beispiel zur Berücksichtigung einer möglichen Änderung von Bereitschaftskosten, das später noch näher untersucht wird. Nehmen wir an, die für eine Vollausnutzung der Absatzmöglichkeiten von h_1, h_2 und h_3 erforderlichen 1620 Apparatestunden in X könnten in der Planungsperiode durch 3 Schichten zu 480 Apparatestunden und weitere 180 Überstunden realisiert werden. Wollte man jedoch auf diese Überstunden verzichten – ob sich das lohnt, wird später noch untersucht –, dann müßten Produktion und Absatz des Produktes mit dem niedrigsten Restbeitrag je Apparatestunde, also h_2, um 120 t auf 380 t eingeschränkt werden. Liegen die je Überstunde abbaubaren Kosten beispielsweise bei 25 DM je Apparatestunde, dann können diese aus dem Restbeitrag von h_2 allein nicht gedeckt werden; die Wirtschaftlichkeit der Überstunden in X hängt daher von den Umsatzbeiträgen derjenigen Nebenprodukte ab, die den in den Überstunden herzustellenden Teilmengen von h_2 zuzuordnen sind.

Diese Frage hängt eng mit der komplementären Frage zusammen, welche Stellung h_v, das den Engpaß nicht belastet, im Programm einnimmt, wieviel von h_v produziert werden soll und welche Nebenprodukte h_v und welche den übrigen Haupt-Endprodukten zugeordnet werden sollen.

Hätte h_v gleichfalls einen positiven Restbeitrag, dann wäre es vorteilhaft, seine Absatzmöglichkeiten voll auszuschöpfen, solange sein Restbeitrag nicht durch etwaige Vernichtungskosten nicht mehr absetzbarer Nebenprodukte aufgezehrt wird oder ein anderer Engpaß Grenzen setzt. Weil h_v aber die mit seiner Gewinnung verbundenen Leistungskosten in der Spaltstufe S und bei der Vernichtung des Abfallproduktes allein nicht voll zu decken vermag, hängt seine Übernahme in das Programm davon ab, welche Deckungsbeiträge durch die h_v zuzuordnenden Nebenprodukte erbracht werden.

Welche Nebenprodukte sind aber h_v, das den Engpaß nicht in Anspruch nimmt, zuzuordnen? Da die Nebenprodukte die Engpaß-Apparatestunden in X nicht durchlaufen, läßt sich auch keine Rangfolge an Hand der auf die Apparatestunden in X bezogenen Deckungsbeiträge feststellen. Damit ist auch eine unmittelbare Zuordnung zu den Haupt-Endprodukten ausgeschlossen, wie sie im bereits erörterten Falle eines allen gekoppelten Produkten gemeinsamen Engpasses (z. B. beim Spaltrohstoff r_1 oder in der Spaltstufe S) möglich gewesen ist (siehe Abb. 8 oder 9).

Es ist vielmehr davon auszugehen, daß von der Programmwahl im Engpaß X der Bedarf an Spaltrohstoff r_1 abhängt und damit auch die Mengen des anfallenden Neben-Zwischenprodukts z_n und des Abfall-Zwischenprodukts z_a bestimmt sind. Sehen wir zunächst

761 noch von der Ausbringung an z_n für h_v ab, dann sind die Möglichkeiten der Nebenproduktverwertung durch die verfügbaren Mengen an z_n begrenzt, die entsprechend dem in X gewählten Programm anfallen. Gehen die Verwertungsmöglichkeiten von z_n darüber hinaus, dann wird der z_n-Anfall zum maßgeblichen, aus dem Programm der Hauptproduktverwertung *abgeleiteten Engpaß* für die Wahl des Nebenprodukte-Programms. Weil z_n in einem festen Mengenanteil aus dem Spaltrohstoff r_1 hervorgeht, ist ein Engpaß bei z_n – für die Auswahl seiner Verwertungsmöglichkeiten – gleichbedeutend mit einem Engpaß beim Spaltrohstoff r_1 selbst. Es ergibt sich daher für die Neben-Endprodukte gemäß Tab. 6, Zeile 6, in Abb. 10b dieselbe Reihenfolge wie schon in Abb. 8 und 9b.

Bei der Zusammenfügung der vorläufigen Teilprogramme zur Festlegung des endgültigen Produktionsprogramms wird daher auf den Spaltrohstoff r_1 als gemeinsamen, abgeleiteten Engpaß abgestellt. Bei der graphischen Lösung gemäß Abb. 10b sind die Restbeiträge der in das Engpaß-Programm in X aufgenommenen Produktarten und -mengen über den erforderlichen Bedarf an Spaltrohstoff r_1 für die beiden Engpaßfälle aufzutragen. Dabei ist für die noch vorzunehmende Zuordnung der verschiedenen Neben-Endprodukte auf die Haupt-Endprodukte h_1, h_3 und h_2 die durch die Programmwahl im Engpaß X bestimmte Reihenfolge maßgeblich und nicht etwa die Reihenfolge, die sich ergibt, wenn auch für die Verwertung des Haupt-Zwischenprodukts der maßgebliche Engpaß beim Rohstoff r_1 oder in der Spaltstufe S läge. Das wird besonders deutlich, wenn man sich weitere Einschränkungen des Engpasses in X auf weniger als 870 Apparatestunden vorstellt; dann würde nämlich h_2 ganz aus dem Programm gestrichen, obwohl es im Falle eines Engpasses beim Spaltrohstoff r_1 den zweiten Rang vor h_1 einnimmt (siehe Abb. 8 oder 9).

Weil nur die den Engpaß belastenden Haupt-Endprodukte h_1, h_3 und h_2 einen positiven Restbeitrag bringen, sind die besten Verwertungsmöglichkeiten des Neben-Zwischenprodukts – gemessen am z_n- oder r_1-bezogenen Deckungsbeitrag – diesen Haupt-Endprodukten in der Rangfolge zuzuordnen, die sich aus der Programmwahl im Engpaß X ergibt. Die dann noch verbleibenden Verwertungsmöglichkeiten des Neben-Zwischenprodukts z_n sind dem Haupt-Endprodukt h_v zuzuordnen. Dieses wird nur insoweit produziert, als sich für den damit verbundenen Anfall an Neben-Zwischenprodukt z_n noch Verwendungsmöglichkeiten finden, deren Deckungsbeiträge größer sind als die ungedeckten Restkosten von h_v (jeweils auf r_1 oder z_n bezogen). Die mit der Produktion von h_v verbundenen Rest-Proportionalkosten sind in Abb. 10b in gleicher Weise »nach unten« eingetragen, wie in Abb. 9.

Das vorläufige Programm der Nebenprodukte wird, wie schon in Abb. 8 und 9b spiegelbildlich »nach unten« angefügt, um die Abgrenzung der Produktbündel zu erleichtern. Im Anschluß an die durch die jeweilige Engpaßbemessung gegebene Begrenzung der Verwertung von r_1 für die Herstellung von h_2 werden »nach unten« die Rest-Proportionalkosten eingetragen, die mit der Produktion von h_v verbunden sind. Um den Vergleich mit dem Fall der Vollausnutzung der Absatzmöglichkeiten für h_2 (durch Einlegen von Überstunden) zu erleichtern, wurde auch dieser Fall entsprechend berücksichtigt. Wie schon im Falle eines ursprünglichen Engpasses bei r_1 werden die mit h_v verbundenen Rest-Proportionalkosten durch die Restbeiträge von n_5 nicht ausgewiesen, so daß h_v nur in dem Umfange in das Programm aufzunehmen ist, in dem es in Verbindung mit n_4 oder n_3 anfällt. Es gilt also festzustellen, in welchem Umfange auf die Ausnutzung der Absatzmöglichkeiten von n_4 oder n_3 verzichtet werden müßte, falls man h_v nicht in das Programm aufnehmen würde. Bei Fehlen eines Engpasses in X (Bereitstellung von 1620 Apparatestunden) wäre die Produktion von h_2 so groß, daß in Verbindung mit der Erzeugung der restlichen Mengen von n_4 lediglich 149 t r_1 für die Verwertung von z_h als h_v übrig blieben. Ein entsprechender Teil des Umsatzbeitrages von n_4 würde dann durch die mit h_v verbundenen Rest-Proportionalkosten aufgezehrt. Bei einer Engpaßbegrenzung auf 1440 Apparatestunden in X können dagegen 425 t r_1 in Verbindung mit der Herstellung von n_4 für h_v bereitgestellt werden, und im Engpaßfalle B (960 Apparatestunden in X) sind es sogar 676 t r_1, von denen 325 t in Verbindung mit der Herstellung des Nebenprodukts n_3 und 351 t in Verbindung mit der Herstellung von n_4 aufgespalten werden. Im Engpaßfall B können daher die Absatzmöglichkeiten für n_4 nicht mehr voll ausgenutzt werden. Mit den für h_v bereitgestellten Mengen des Rohstoffes r_1 wächst proportional der Teil der Umsatzbeiträge der Nebenprodukte n_4 und n_3, der zur Deckung der mit h_v verbundenen Rest-Proportionalkosten aufgezehrt wird.

762

Die Bildung der Kuppelproduktbündel und die Festlegung des Produktionsprogramms soll ergänzend an Hand der Tab. 10 für beide Fälle der Engpaßbegrenzung beschrieben werden: im Falle A für 1440 Apparatestunden und im Falle B für 960 Apparatestunden.

In beiden Fällen werden für die vorrangigen Produkte h_1 150 Apparatestunden und für h_3 720 Apparatestunden verbraucht, so daß für h_2 im Falle A noch 570 und im Falle B nur noch 90 Apparatestunden in X zur Verfügung stehen. Für die Herstellung von 300 t h_1 sind 500 t r_1 einzusetzen; damit ist ein Anfall von 250 t z_n verbunden. Die beste Verwertungsmöglichkeit dafür ist n_1, von dem 330 t abgesetzt werden können, was einer Aufspaltung von 300 t r_1 entspricht (siehe Tab. 10). Da diese Menge im Rahmen der Herstellung von h_1 aufgespalten wird, liegt die Zusammensetzung des ersten Kuppelproduktbündels[43] mit 180 t h_1 und 330 t n_1 fest. Der Nebenproduktanfall bei den für h_1 benötigten restlichen 200 t r_1 wird für die zweitbeste Verwertungsmöglichkeit eingesetzt: für n_2. Für dessen Absatzmenge von 750 t werden jedoch 500 t r_1 benötigt. Aus den zunächst von h_1 her verfügbaren 200 t r_1 können nur 300 t n_2 gewonnen werden. Damit ist aber schon die Zusammensetzung des zweiten Kuppelproduktbündels gegeben mit 120 t h_1 und 300 t n_2. Für die restlichen 450 t n_2 ist die Aufspaltung von weiteren 300 t r_1 notwendig. Dies geschieht im Rahmen der Herstellung von 600 t h_3, für die 500 t r_1 aufzuspalten sind. Den für 450 t n_2 erforderlichen 300 t Spaltrohstoff entspricht eine Ausbringung von 360 t h_3. Damit ist auch die Zusammensetzung des dritten Kuppelproduktbündels gegeben. Für die darüber hinaus benötigten Mengen von h_3 werden weitere 200 t r_1 eingesetzt; das anfallende Nebenprodukt wird zu 200 t n_3 verarbeitet. Das vierte Kuppelproduktbündel besteht daher aus 240 t h_3 + 200 t n_3. Für die Ausnutzung der restlichen Absatzmöglichkeiten von n_3 müssen weitere 400 t r_1 aufgespalten werden. Welche Haupt-Endprodukte damit verbunden sind, ist in den beiden zu untersuchenden Engpaßfällen sehr verschieden. Dagegen sind Zusammensetzung und Umfang der bisher behandelten ersten vier Kuppelproduktbündel in beiden Fällen dieselben.

Im ersten Falle der Engpaßbemessung mit 1440 Apparatestunden bleiben für das nachrangige Produkt h_2 noch 570 Apparatestunden in X übrig. Damit lassen sich 380 t h_2 herstellen, für die 475 t r_1 aufzuspalten sind. Für die Ausnutzung der restlichen Absatzmöglichkeiten von n_3 wird jedoch nur ein Einsatz von 400 t r_1 benötigt, der für die Gewinnung von 320 t h_2 ausreicht. Das fünfte Kuppelproduktbündel hat daher die Zu-

[43] Bei den folgenden Angaben wird jeweils nur auf die verwertbaren Endprodukte abgestellt; hinzu kommt noch die entsprechende Ausbringung an Abfall.

763 sammensetzung: 320 t h_2 + 400 t n_3. Für die restlichen 60 t h_2 sind 75 t r_1 einzusetzen; daraus lassen sich 45 t n_4, das nächstbeste Nebenprodukt, gewinnen (sechstes Kuppelproduktbündel). Die darüber hinaus absetzbaren 255 t n_4 lassen sich nur noch in Verbindung mit dem unmittelbaren Absatz des Haupt-Zwischenproduktes z_h als h_v erzeugen. Sie entsprechen einer Aufspaltung von 425 t r_1 und sind mit einem Anfall von 212,5 t h_v verbunden (siebtes Kuppelproduktbündel). Der darüber hinaus mögliche Absatz von 175,5 t h_v ist nicht mehr wirtschaftlich realisierbar, weil – wie schon aus Abb. 8 und 9 hervorgeht – der Deckungsbeitrag des noch verbleibenden Nebenproduktes n_5 nicht ausreicht, um die von h_v nicht gedeckten Rest-Proportionalkosten zu decken.
Im Falle B des Engpasses in X (mit 960 Apparatestunden) verbleiben für h_2 nur noch 90 Apparatestunden. Sie reichen für die Herstellung von 60 t h_2 durch Zerlegung von 75 t r_1 aus. Aus dem dabei anfallenden Nebenprodukt lassen sich lediglich 75 t n_3 herstellen, mit denen wenigstens ein Teil der restlichen Absatzmöglichkeiten befriedigt werden kann. Das fünfte Kuppelproduktbündel hat daher im zweiten Engpaßfalle die Zusammensetzung: 60 t h_2 + 75 t n_3. Die fehlenden 325 t n_3 lassen sich nur noch in Verbindung mit der Verwertung von 162,5 t z_h als h_v erzeugen. Im sechsten Kuppelproduktbündel sind daher in diesem Falle 325 t n_3 mit 162,5 t h_v verbunden. Die stärkere Einschränkung in der Produktion von h_2 hat dem Haupt-Endprodukt h_v – wenigstens teilweise – zu einer besseren Kopplung verholfen. Es kann im Engpaßfalle B sogar die gesamte absetzbare Menge h_v bereitgestellt werden, und zwar durch Aufspaltung von weiteren 351 t r_1; das dabei entstehende z_n reicht für 210,6 t n_4 aus (siebtes Produktbündel). Die restlichen Absatzmöglichkeiten von n_4 lassen sich dagegen diesmal nicht ausnutzen. Das letztrangige Nebenprodukt n_5 kann in das Programm wiederum nicht aufgenommen werden.

3. Produktarten- und -mengenplanung bei Veränderung der Betriebsbereitschaft

Nun zu der Frage eines partiellen Abbaus der möglichen Betriebsbereitschaft in X. Wie bereits erwähnt, sind zur Verwirklichung desjenigen Programms, das im Falle der begrenzten Beschaffungsmöglichkeit des Rohstoffes r_1 optimal ist, in der Weiterverarbeitungsstelle X außer drei Arbeitsschichten zu 480 Apparatestunden noch 180 Apparateüberstunden notwendig. Da die Überstunden in sehr kleinen Zeitquanten, etwa vollen oder halben Stunden, ausgabenwirksam variiert werden können, darf die weitere Betrachtung zunächst auf eine Apparateüberstunde bezogen werden.
Nehmen wir an, daß für jede Apparateüberstunde zusätzliche Ausgaben in Höhe von 25 DM entstehen. Welche zusätzlichen Deckungsbeiträge lassen sich damit erzielen? Da ist zunächst der Restbeitrag von h_2 mit 20 DM je Apparatestunde verfügbar, so daß vorerst ein Defizit von 5 DM je Apparatestunde bleibt. Damit ist aber noch keineswegs über eine etwaige Ablehnung der Überstunden entschieden, weil mit der Erhöhung der Produktion von h_2 während der Überstunden mittelbar auch ein entsprechender Nebenproduktanfall verbunden ist. Welcher zusätzliche Deckungsbeitrag aus der Nebenproduktverwertung kann nun den Überstunden zugerechnet werden? Etwa derjenige von n_4, der – auf die Apparatestunde in X umgerechnet[44] – 30 DM beträgt?

[44] Da für die Verarbeitung von 1 t r_1 zu h_2 in X 1,2 Apparatestunden benötigt werden (siehe Tab. 2, Zeile 5) und der Deckungsbeitrag von n_4 auf 1 t r_1 bezogen 36 DM beträgt, ergibt sich für n_4 ein äquivalenter Deckungsbeitrag in Höhe von 30 DM je Apparatestunde.

764

Wie wir gesehen haben und wie die Abb. 10b deutlich zeigt, kann beim Einlegen von Überstunden weniger b_v bereitgestellt werden als beim Verzicht auf Überstunden, weil b_v wegen seiner ungedeckten Restkosten auf die Deckungsbeiträge von n_4 – oder noch ergiebigeren Verwertungen des Nebenprodukts – angewiesen ist. Wie insbesondere ein Vergleich der Abb. 10b und 8 oder 9b zeigt, ändert sich an der Reihenfolge der Nebenprodukte nichts, wenn in X statt 1620 Apparatestunden nur 1440 oder sogar nur 960 Apparatestunden gefahren werden. Es lohnt sich nämlich in jedem Falle, die Absatzmöglichkeiten von n_3 voll und die von n_4 so weit auszunutzen, bis die Absatzmöglichkeiten von b_v erschöpft sind. Im Falle einer Verminderung der Produktion an b_2 durch Verzicht auf Überstunden in X wird daher lediglich die Differenz zwischen dem Deckungsbeitrag von n_4 und den Rest-Proportionalkosten von b_v zusätzlich verdient (siehe die senkrecht schraffierte Fläche in Abb. 10b):

Deckungsbeitrag von n_4	36 DM je t r_1
./. von b_v ungedeckte Rest-Proportionalkosten	32 DM je t r_1
zusätzlicher Beitrag aus Produktpäckchen $\widehat{b_v n_4}$	4 DM je t r_1

Dieser Überschuß entspricht, da für die Verarbeitung von 1 t r_1 zu b_2 1,2 Apparatestunden in X benötigt werden, einem zusätzlichen Deckungsbeitrag in Höhe von 3,33 DM je Apparatestunde in X. Er vermag die vorläufige Unterdeckung von 5 DM je Apparatestunde nicht auszugleichen. Vielmehr bleibt ein endgültiger zusätzlicher Verlust von 1,67 DM je Apparatestunde. Es lohnt sich daher nicht, in der Planungsperiode Überstunden vorzusehen.

Das mag für manchen ein überraschendes Ergebnis sein, das anregen könnte, auch noch zu überprüfen, ob die dritte Schicht in der Weiterverarbeitungsstelle X gerechtfertigt ist. Nehmen wir an, im Falle eines Verzichts auf die dritte Schicht entstünden 5000 DM weniger an Periodeneinzelkosten. Wie man aus Abb. 10a und Tab. 10 entnehmen kann, betragen jedoch die der dritten Schicht entsprechenden zusätzlichen Restbeiträge für b_2 480 Std. × 20 DM/Std. = 9600 DM. Allein schon wegen des hieraus entstehenden Überschusses von 4600 DM über die abbaubaren Bereitschaftskosten lohnt sich die dritte Schicht. Dazu kommt aber noch, daß für die Mehrproduktion von b_2 bei Einlegen der dritten Schicht 400 t r_1 benötigt werden. Sie werden durch Verdrängung von b_v freigesetzt. Damit ist aber zugleich die Freisetzung desjenigen Teils der Umsatzbeiträge der Nebenprodukte n_3 und n_4 verbunden, die bei Verzicht auf die dritte Schicht in X durch die mit der Produktion von b_v verbundenen Rest-Proportionalkosten aufgezehrt würden (siehe die punktierte Fläche in Abb. 10b). Der in Abb. 10b mit ≡ markierte Teil der Nebenproduktbeiträge von n_3 und n_4 ist von der Entscheidung über die dritte Schicht nicht betroffen. Die Verdrängung von b_v kann allerdings teilweise dadurch ausgeglichen werden, daß sich nunmehr eine weitere Ausdehnung der Erzeugung von n_4 bis zur Vollausnutzung seiner Absatzmöglichkeiten lohnt. Je t r_1 erwächst daraus – wie bereits bei der Frage des Einlegens von Überstunden ermittelt wurde – ein zusätzlicher Päckchenbeitrag von 4 DM, insgesamt also ein zusätzlicher Umsatzbeitrag von 496 DM (siehe in Abb. 10b die mit //// markierte Fläche).

Im ganzen gesehen bringt somit die dritte Schicht in X folgende Verbesserung des Erfolgs der Planungsperiode:

765

	Restbeiträge aus Verarbeitung von zusätzlich 400 t r_1 zu h_2	DM 9 600
+	durch Verdrängung von h_v und damit verbundene Rest-Proportionalkosten in Höhe von 32 DM/t $r_1 \times 400$ t r_1 freigesetzte Deckungsbeiträge von n_3 und n_4	DM 12 800
+	durch zusätzliche Produktion von n_4 und h_v entstehender Überschuß über die Rest-Proportionalkosten 4 DM/t $r_1 \times 75$ t r_1	DM 596
Σ	zusätzliche Umsatzbeiträge (Deckungsbeitrag nach Abdeckung der Leistungskosten)	DM 22 996
./.	einsparbare Kosten der dritten Schicht	DM 5 000
	Erfolgsdifferenz	DM 17 996

Auf die dritte Schicht in X sollte daher keinesfalls verzichtet werden.

4. Erweiterung auf mehr als zwei mehrfach verwertbare Kuppelprodukte

Die an Hand eines Modelles mit zwei alternativ verwertbaren Kuppelprodukten dargestellte Vorgehensweise bei der Programmwahl kann grundsätzlich auf beliebig viele alternativ verwertbare Kuppelprodukte angewandt werden. Wie bei einem oder zwei Kuppelprodukten mit mehreren Verwertungsmöglichkeiten gilt es, zunächst für jedes der Kuppelprodukte getrennt die Verwertungsmöglichkeiten in der Rangfolge abnehmender engpaß- bzw. spaltstoffbezogener Deckungsbeiträge bzw. zunehmender mengenproportionaler Vernichtungskosten für nicht mehr absetzbaren überschüssigen Anfall zu ordnen und entsprechend den erwarteten oder geplanten Absatzmengen über den Maßeinheiten des Engpasses bzw. des Spaltrohstoffes zu kumulieren, um auf diese Weise zu einem vorläufigen Programm für jedes der weiterzuverarbeitenden unmittelbaren Kuppelprodukte zu gelangen. Dabei empfiehlt es sich, wie in Abb. 9 und 10, bei den Verwertungsmöglichkeiten eines der Spaltprodukte von den Restbeiträgen oder den mit der jeweiligen Verwertungsmöglichkeit verbundenen Restkosten auszugehen, damit von vornherein die erst dem Kuppelproduktpäckchen zurechenbaren Leistungskosten und etwaigen Vernichtungskosten von Abfallprodukten einbezogen werden. Gemäß Abb. 9 können beliebig viele solcher Teilprogramme aneinandergereiht werden, wobei mengenabhängige Vernichtungskosten von Nebenprodukten, die im Überschuß anfallen, wie negative Deckungsbeiträge zu behandeln sind. Dagegen können die erst durch die Kopplung bedingten, abgeleiteten Restriktionen sowie eine etwaige Unterdeckung der Päckchen-Einzelkosten oder von Rest-Proportionalkosten durch die komplementären Produkte und die Abdeckung abbaubarer Bereitschaftskosten erst beim Zusammenfassen der Teilprogramme berücksichtigt werden. Dabei kann man sich freilich auf die davon betroffenen Produktbündel, die »Grenzfälle«, beschränken.
Falls für einen Teil der Kuppelprodukte spezifische, nicht allen Kuppelprodukten gemeinsame Engpässe bestehen, wie dies in Abschnitt III C 2 für einen Engpaß in der Weiterverarbeitungsstelle X angenommen war, ist die isolierte vorläufige Programmwahl für das oder die betreffenden Kuppelprodukte, wie gezeigt, zunächst für diesen Engpaß vorzunehmen und dann auf den gemeinsamen Engpaß oder Spaltrohstoff umzurechnen. Diese zunächst parallel aneinandergereihten vorläufigen Teilprogramme sind, nachdem sie durch Bezug auf den Spaltrohstoff als abgeleiteten Engpaß »gleichnamig« gemacht wurden, ebenso zu Produktbündeln zusammenzufassen und zu kumu-

lieren, wie dies am Beispiel von zwei unmittelbaren Kuppelprodukten mit mehreren Verwertungsmöglichkeiten vorgeführt worden ist. Etwaige Vernichtungskosten für überschüssig produzierte Mengen eines der Kuppelprodukte sind entweder als negative Deckungsbeiträge in gleicher Weise zu berücksichtigen, wie dies am Beispiel der Restproportionalkosten von h_v gezeigt wurde oder im Rahmen einer Rest-Leistungskostenrechnung vom Deckungsbeitrag einer der Produkt- oder Verwertungsreihen abzusetzen. 766

Je größer die Zahl der unmittellbaren Kuppelprodukte und je vielfältiger ihre Verwertungsmöglichkeiten sind, um so größer ist naturgemäß die Zahl unterschiedlich zusammengesetzter Kuppelproduktpäckchen und -bündel, die sich bei der endgültigen Programmwahl ergibt. Zu den mehrfachen Verwertungsmöglichkeiten in diesem Sinne zählt auch der Absatz in unterschiedliche Teilmärkte, soweit damit unterschiedliche Preise, Vertriebseinzelkosten – und dementsprechend auch unterschiedliche Deckungsbeiträge – verbunden sind.

IV. Ergebnis

Wie grundsätzlich bei allen Wirtschaftlichkeitsproblemen, so muß auch bei Fragen der Programmplanung im Falle von Kuppelproduktion auf die Gesamtheit der unmittelbar und mittelbar gekoppelten Produkte abgestellt werden. Es ist also eine Totalrechnung notwendig mit simultaner Planung der Verwertungsmöglichkeiten aller gekoppelten Produkte. Diesen Erfordernissen wird grundsätzlich das Rechnen mit Kuppelproduktpäckchen als fiktiven Mengeneinheiten der Kuppelproduktbündel gerecht. Bei mehrfachen Verwertungsmöglichkeiten der unmittelbaren Kuppelprodukte ergeben sich jedoch mannigfaltige Kombinationsmöglichkeiten, und die Zusammensetzung der zum Zuge kommenden Kuppelproduktbündel und Kuppelproduktpäckchen ergibt sich erst simultan mit der Programmwahl. Das schließt aber nicht aus, daß man zunächst für die einzelnen unmittelbaren Kuppelprodukte getrennt vorläufige Verwertungsprogramme ermittelt und diese dann in einem zweiten Schritt koordiniert. Das ist in relativ einfacher Weise durch Anwendung der Deckungsbeitragsrechnung auf Grundlage eindeutiger Zurechenbarkeit möglich, weil diese lediglich solche Erfolgsänderungen ermittelt, die mit der Entscheidung über eine bestimmte Handlungsmöglichkeit ausgelöst werden, so daß sie insgesamt ein vielstufiges (und mehrdimensionales) Gefüge von Ausschnitten aus der Totalrechnung darstellt. Allerdings kommt es entscheidend darauf an, die jeweils relevanten Teilausschnitte aus der Gesamtrechnung auch in problemadäquater Weise zusammenzufügen. In besonders komplizierten Fällen, wie bei lenkbaren Aufspaltungsverhältnissen, und bei mannigfaltigen synthetischen Weiterverarbeitungsmöglichkeiten der Kuppelprodukte untereinander ist freilich eine Ergänzung der Deckungsbeitragsrechnung durch Methoden der mathematischen Programmierung zweckmäßig.

767 *Tabelle 1*

Ermittlung der Deckungsbeiträge je t Enderzeugnis

	Enderzeugnisse → ↓ Kalkulationsschema	h_v	h_1	h_2	h_3	n	a
1	Preis je Tonne (t)	220	370	300	260	200	–
2	./. (umsatzwertproportionale) Vertriebs-Einzelkosten	20	35	30	25	20	–
3	./. (mengenproportionale) Einzelkosten der Weiterverarbeitung	–	100	75	95	60	60
4	Deckungsbeitrag je t	200	235	195	140	120	–60
5a	z_h-Verbrauch je t Hauptenderzeugnis	1	$0{,}8\overline{3}$	0,625	$0{,}41\overline{6}$	–	–
b	Deckungsbeitrag je t z_h	200	282	312	336		
c	Rang der Verwertungsmöglichkeiten von z_h	(4)	(3)	(2)	(1)		

Tabelle 2
Ermittlung rohstoff-r_1-bezogener Päckchenbeiträge

	Bezeichnung der Päckchen* Zusammensetzung	$\hat{b}_v$ $0{,}5\, b_v + 0{,}6\, n + 0{,}2\, a$	$\hat{b}_1$ $0{,}6\, b_1 + 0{,}6\, n + 0{,}2\, a$	$\hat{b}_2$ $0{,}8\, b_2 + 0{,}6\, n + 0{,}2\, a$	$\hat{b}_3$ $1{,}2\, b_3 + 0{,}6\, n + 0{,}2\, a$
1	Deckungsbeiträge der Päckchenbestandteile	100 72 —12	141 72 —12	156 72 —12	168 72 —12
2	nach Päckchen zusammengefaßt	160	201	216	228
3	./. Päckchen-Einzelkosten (erzeugungsmengenproportionale Kosten in S)	120	120	120	120
4	rohstoff-r_1-bezogener Päckchenbeitrag	40	81	96	108
4a	Rang	(4)	(3)	(2)	(1)
5	erforderliche Apparatestunden in X je Päckchen [je t b_1, b_2, b_3]	-	0,3 [0,5]	1,2 [1,5]	1,44 [1,2]
6	apparatestunden-X-bezogener Päckchenbeitrag	∞	270	80	75
6a	Rang	(1)	(2)	(3)	(4)

* Nach dem Haupt- oder Leitprodukt.

769

Tabelle 3

Ermittlung leitprodukt-bezogener Päckchenbeiträge

	Bezeichnung der Päckchen* Zusammensetzung	$\overline{b_v}$ $1{,}0\,b_v + 1{,}2\,n + 0{,}4\,a$	$\overline{b_1}$ $1{,}0\,b_1 + 1{,}0\,n + 0{,}\bar{3}\,a$	$\overline{b_2}$ $1{,}0\,b_2 + 0{,}75\,n + 0{,}25\,a$	$\overline{b_3}$ $1{,}0\,b_3 + 0{,}5\,n + 0{,}1\bar{6}\,a$
1	Deckungsbeiträge der Päckchenbestandteile	200 144 —24	235 120 —20	195 90 —15	140 60 —10
2	nach Päckchen zusammengefaßt	320	335	270	190
3	./. Päckchen-Einzelkosten (erzeugungsmengenproportionale Kosten in S)	240	200	150	100
4	leitprodukt-bezogener Päckchenbeitrag	80	135	120	90
5	Rohstoff r_1-Verbrauch je Päckchen	2,0 t	$1{,}\bar{6}$ t	1,25 t	$0{,}8\bar{3}$ t
6	rohstoff-r_1-bezogener Päckchenbeitrag	40	81	96	108
6a	Rang	(4)	(3)	(2)	(1)
7	erforderliche Apparatestunden in X je Päckchen bzw. je t Leitprodukt	–	0,5	1,5	1,2
8	apparatestunden-X-bezogener Päckchenbeitrag	∞	270	80	75
8a	Rang	(1)	(2)	(3)	(4)

* Nach dem Haupt- oder Leitprodukt.

770

Tabelle 4a und b

Zwei Varianten der stufenweisen Rest-Proportionalkostenrechnung bei nur einem Nebenprodukt mit positivem Deckungsbeitrag (am Beispiel b_v)

4a

	Zusammensetzung des Päckchens	1 b_v + 1,2 n + 0,4 a	
1	Erlös des Nebenprodukts	240	–
2	./. umsatzwertproportionale Einzelkosten des Nebenprodukts	24	–
3	./. erzeugungsmengenproportionale Einzelkosten der Nebenprodukte	72	24
4	Nebenprodukt-Beitrag	144	
5	erzeugungsmengen-proportionale Einzelkosten der Vernichtung von a	24 ←	
6	erzeugungsmengen-proportionale Päckcheneinzelkosten in S	240	
7	von b_2 und n abzudeckende Leistungskosten	264	
8	./. Gutschrift n	144 ←	
9	Rest-Proportionalkosten von b_v	120	

4b

	Zusammensetzung des Päckchens	1 b_v + 1,2 n + 0,4 a	
1	Erlöse des Nebenprodukts	240	–
2	./. umsatzwertproportionale Einzelkosten des Nebenprodukts	24	–
3	./. erzeugungsmengenproportionale Einzelkosten der Nebenprodukte	72	24
5	Nebenprodukt-Beiträge	144	—24
6	Gutschrift der zusammengefaßten Nebenprodukt-Beiträge	120 ←	120
7	./. erzeugungsmengenproportionale Päckcheneinzelkosten in S	240	
8	Rest-Proportionalkosten von b_v	120	

771 *Tabelle 5*

Fortführung der Rest-Proportionalkostenrechnung zur Päckchenbeitragsrechnung

1	Erlös des Hauptendprodukts	220
2	./. umsatzwertproportionale Einzelkosten	20
3	./. erzeugungsmengenproportionale Einzelkosten der Weiterverarbeitung	–
4	./. Rest-Proportionalkosten	120
5	Deckungsbeitrag (scheinbar je t h_v, tatsächlich je Päckchen $\overline{h_v}$)	80

Tabelle 6

Deckungsbeiträge alternativer Nebenproduktverwertung

	Nebenprodukte	n_1	n_2	n_3	n_4	n_5
	Ausbringungsmenge je t Hauptrohstoff r_1	1,1	1,5	1	0,6	0,4
	mögliche Absatzmenge (t)	330	750	600	300	120
1	Preis je Tonne (t)	90	70	80	100	60
2	./. (umsatzwertproportionale) Vertriebs-Einzelkosten	9	7	8	10	6
3	./. (mengenproportionale) Einzelkosten der Weiterverarbeitung	11	23	17	30	9
4	Deckungsbeiträge je Produkteinheit (»Tonnenbeitrag«)	70	40	55	60	45
5	Deckungsbeitrag je t Hauptrohstoff r_1	77	60	55	36	18
6	Rangfolge	(1)	(2)	(3)	(4)	(5)

Tabelle 7

Bildung der Produktbündel und Programmwahl bei mehreren Verwertungsmöglichkeiten von zwei Kuppelprodukten im Falle eines gemeinsamen Engpasses

Potentieller Engpaß: Spaltrohstoff r_1 (max. 2025 t/Per.)

Haupt-Endprodukte →							Endproduktbündel					← Neben-Endprodukte		
Zeile	Rang	Produkt	Erwarteter Absatz (t)	Erforderlicher Spaltrohstoff r_1: je t b	Erforderlicher Spaltrohstoff r_1: im Planungszeitraum	Erforderlicher Spaltrohstoff r_1: im Produktbündel	Produzierte Menge (t): Hauptprodukt	Produzierte Menge (t): Nebenprodukt	Erforderlicher Spaltrohstoff r_1: im Produktbündel	Erforderlicher Spaltrohstoff r_1: im Planungszeitraum	Erforderlicher Spaltrohstoff r_1: je t n	Erwarteter Absatz (t)	Produkt	Rang
1	1	b_3	600	0,8$\overline{3}$	500	300	360 b_3	+ 330 n_1	**300**	300	0,9$\overline{09}$	330	n_1	1
2						**200**	240 b_3	+ 300 n_2	200	500	0,$\overline{6}$	750	n_2	2
3	2	b_2	500	1,25	625	300	240 b_2	+ 450 n_2	**300**					
4						**325**	260 b_2	+ 325 n_3	325	600	1,0	600	n_3	3
5	3	b_1	300	1,$\overline{6}$	500	275	165 b_1	+ 275 n_3	**275**					
6						**225**	135 b_1	+ 135 n_4	225	500	1,$\overline{6}$	300	n_4	4
7	4	b_v	338	2,0	676	275 $\sum$ 1900	137,5 b_v	+ 165 n_4	**275**					
8						**125**	62,5 b_v*	+ 50 n_5*	125	300	2,5	120	n_5	5
8a		Engpaßgrenze →				$\sum$ 2025								
9		wegen Engpaßüberschreitung nicht realisierbar				175	87,5 b_v	+ 70 n_5	**175**					
10						101	50,5 b_v							

* Wegen Unterdeckung der gemeinsamen Leistungskosten nicht in das Programm aufzunehmen.

773

Deckungsbeitrag je »engpaßbezogenes Kuppelproduktpäckchen«* bei mehreren Verwertungsmöglichkeiten von zwei Kuppelprodukten

	Bezeichnung der Päckchen	$\widehat{b_3 n_1}$	$\widehat{b_3 n_2}$	$\widehat{b_2 n_2}$	$\widehat{b_2 n_3}$
	Zusammensetzung des Päckchens (in t)	$1{,}2\,b_3 + 1{,}1\,n_1 + 0{,}2\,a$	$1{,}2\,b_3 + 1{,}5\,n_2 + 0{,}2\,a$	$0{,}8\,b_2 + 1{,}5\,n_2 + 0{,}2\,a$	$0{,}8\,b_2 + 1{,}0\,n_3 + 0{,}2\,a$
1	Deckungsbeitrag der Päckchenbestandteile	168 +77 —12	168 +60 —12	156 +60 —12	156 +55 —12
2	nach Päckchen zusammengefaßt	233	216	204	199
3	./. Päckchen-Einzelkosten (erzeugungsmengenproportionale Kosten in S)	120	120	120	120
4	engpaß-r_1-bezogener Päckchenbeitrag	113	96	84	79
5	Rang	(1)	(2)	(3)	(4)
	Bezeichnung der Päckchen	$\widehat{b_1 n_3}$	$\widehat{b_1 n_4}$	$\widehat{b_v n_4}$	$\widehat{b_v n_5}$
	Zusammensetzung des Päckchens (in t)	$0{,}6\,b_1 + 1{,}0\,n_3 + 0{,}2\,a$	$0{,}6\,b_1 + 0{,}6\,n_4 + 0{,}2\,a$	$0{,}5\,b_v + 0{,}6\,n_4 + 0{,}2\,a$	$0{,}5\,b_v + 0{,}4\,n_5 + 0{,}2\,a$
1	Deckungsbeitrag der Päckchenbestandteile	141 +55 —12	141 +36 —12	100 +36 —12	100 +18 —12
2	nach Päckchen zusammengefaßt	184	165	124	106
3	./. Päckchen-Einzelkosten (erzeugungsmengenproportionale Kosten in S)	120	120	120	120
4	engpaß-r_1-bezogener Päckchenbeitrag	64	45	4	—14
5	Rang	(5)	(6)	(7)	(8)

* Im Beispiel identisch mit »rohstoff-r_1-bezogenem Kuppelproduktpäckchen«.

Tabelle 9 774

Ermittlung der Restbeiträge bzw. der Rest-Proportionalkosten für die Haupt-Endprodukte

		h_1	h_2	h_3	h_v
1	Deckungsbeitrag je t Endprodukt	235	195	140	200
2	./. Vernichtungskosten je t Endprodukt	20	15	10	24
3	./. Erzeugungseinzelkosten in *S* je t Endprodukt	200	150	100	240
4	Restbeitrag bzw. Rest-Proportionalkosten*	15	30	30	—64*
5	Apparatestunden in *X* je t Endprodukt	0,5	1,5	1,2	-
6	Restbeitrag je Apparatestunde in *X*	30	20	25	-
6a	Rang	(1)	(3)	(2)	
7	Rohstoff-r_1-Bedarf je t Endprodukt	$1,\overline{6}$	1,25	$0,8\overline{3}$	2
8	Restbeitrag je t r_1	9,0	24	36	—32

* Durch die Nebenprodukte zu decken.

775

Tabelle 10

Bildung von Produktbündeln und Programmwahl bei mehreren Verwertungsmöglichkeiten von zwei Kuppelprodukten und Engpaß in der Weiterverarbeitungsstelle X

Engpaß Fall A (max. 1440 Apparatestunden in X) = Zeilen 1–A9
Engpaß Fall B (max. 960 Apparatestunden in X) = Zeilen 1–4 und Zeilen B5–B7

	Haupt-Endprodukte →									Endproduktbündel						← Nebenprodukte	
	Rang	Produkt	Erwarteter Absatz (t)	Erforderliche Apparate-Stunden in X: je t h	im Planungszeitraum	im Produktbündel	Erforderlicher Spaltrohstoff r_1: je t h	im Planungszeitraum	im Produktbündel	Produzierte Menge (t): Hauptprodukt	Nebenprodukt	Erforderlicher Spaltrohstoff r_1: im Produktbündel	im Planungszeitraum	je t h	Erwarteter Absatz (t)	Produkt	Rang
1	1	b_1	300	0,5	150	90	$1,\bar{6}$	500	300	$180\ b_1$	$+\ 330\ n_1$	300	300	$0,\overline{909}$	330	n_1	1
2						60			200	$120\ b_1$	$+\ 300\ n_2$	200	500	$0,\bar{6}$	750	n_2	2
3	2	b_3	600	1,2	720	432	$0,8\bar{3}$	500	300	$360\ b_3$	$+\ 450\ n_2$	300					
4						288			200	$240\ b_3$	$+\ 200\ n_3$	200	600	1,0	600	n_3	3
						$\sum 870$											
A 5	3	b_2	500	1,5	750		1,25	625									
		davon realisierbar:															
A 6			380	⇐	570	480		475	400	$320\ b_2$	$+\ 400\ n_3$	400					
A 7						90			75	$60\ b_2$	$+\ 45\ n_4$	75	500	$1,\bar{6}$	300	n_4	4
7a		Engpaßgrenze A				$\sum 1440$											
A 8	(4)	b_v	338	–	–	–	2,0	676	425	$212,5\ b_v$	$+\ 255\ n_4$	425					
A 9									251	$175,5\ b_v$	nicht realisierbar!		300	2,5	120	n_5	5
												von Zeile 4					
B 5	3	b_2	500	1,5	750		1,25	625				200	600	1,0	600	n_3	3
		davon realisierbar:				$\sum 870$											
B 6			60	⇐	90	90		75	75	$60\ b_2$	$+\ 75\ n_3$	75	400				
6b		Engpaßgrenze B				$\sum 960$											
B 7	(4)	b_v	338	–	–	–	2,0	676	325	$162,5\ b_v$	$+\ 325\ n_3$	325					
									351	$175,5\ b_v$	$+\ 210,6\ n_4$	351	500	$1,\bar{6}$	300	n_4	4
											nicht realisierbar!	249					

14. Periodenbezogene Einzelkosten- und Deckungsbeitragsrechnung bei Kuppelproduktion

Vorbemerkung

Die Zahlenbeispiele der folgenden Erörterungen beruhen auf demselben Betriebsmodell, das dem vorangehenden Beitrag zur Programmplanung bei Kuppelproduktion zugrunde liegt. Der Teil A der folgenden Ausführungen ist ein Auszug aus meinem Artikel »Kuppelproduktion und -kalkulation«*, in dem bereits mit diesem Grundmodell gearbeitet wurde. Die Zahlenangaben in den Tabellen wurden jedoch an die teilweise veränderten Ausgangszahlen des Beitrags zur Programmplanung bei Kuppelproduktion angepaßt.
Der neugefaßte ergänzende Teil B gibt Hinweise auf die Gestaltung der periodenbezogenen Deckungsbeitragsrechnung für den auch im Rahmen der Programmplanung behandelten Fall, daß für mehr als eines der unmittelbar gekoppelten Produkte mehrere Verarbeitungsmöglichkeiten bestehen, und zu den speziellen Problemen der Bewertung von Beständen an unmittelbaren oder mittelbar gekoppelten Produkten im Rahmen der Einzelkosten- und Deckungsbeitragsrechnung.

A. *Stufenweise Ermittlung der Periodenbeiträge bei Kuppelproduktion, insbesondere im Falle mehrerer Verwertungsmöglichkeiten für eines der unmittelbaren Kuppelprodukte* *

Zur stufenweisen Abdeckung der Verbundkosten, seien es gemeinsame Leistungskosten oder Bereitschaftskosten, sind die Deckungsbeiträge der Endprodukte entweder entsprechend ihrer Herkunft aus gemeinsamen Weiterverarbeitungsstellen oder gemeinsamen Zwischenprodukten im Rahmen der Periodenrechnung oder besser nach Kuppelproduktbündeln bzw. Kuppelproduktpäckchen zusammenzufassen: 1256
Abb. 3 zeigt eine Periodenrechnung, in der der erste dieser Wege eingeschlagen wird. Von den Umsatzerlösen der Endprodukte werden die entsprechenden Vertriebs- und Erzeugungseinzelkosten abgesetzt [1]. Die verbleibenden *»Umsatzbeiträge«* können teilweise unmittelbar herangezogen werden, um solche Bereitschaftskosten, die der Periode eindeutig zurechenbar (Periodeneinzelkosten) und nur für dieses Produkt spezifisch sind, abzudecken, wie im Falle des Nebenproduktes n die Bereitschaftskosten der Stelle Y. Andernfalls müssen jeweils die Umsatzbeiträge solcher Erzeugnisse zusammengefaßt werden, für die bestimmte Gemeinkosten spezifisch sind, wie die Bereitschaftskosten der Stelle X für die Erzeugnisse h_1, h_2 und h_3. Der verbleibende Überschuß ist der »Periodenbeitrag« des betreffenden Produkts bzw. der Produktgruppe, der dazu herangezogen werden muß, um die für alle Kuppelprodukte bzw. Produktgruppen gemeinsamen Leistungs- und Bereitschaftskosten abzudecken. Dazu gehören auch die als negative Umsatz- bzw. Periodenbeiträge erscheinenden Vernichtungskosten des Abfallprodukts.

* Auszug aus dem Artikel »Kuppelproduktion und -kalkulation«, in: Management Enzyklopädie, Band 3, München 1970, S. 1243–1265, hier S. 1256–1261. Nachdruck mit freundlicher Genehmigung des Verlags Moderne Industrie, München.

1255

Abb. 3: Periodenbeitragsrechnung mit stufenweiser Abdeckung der Periodeneinzelkosten

	Kalkulations-Schema ↓ / Erzeugnisse →	h_v	h_1	h_2	h_3	n	a
	Absatzmengen (t) →	200	300	500	600	1 215	405
1	Erlöse	44 000	111 000	150 000	156 000	243 000	–
2	./. (umsatzwertproportionale) Vertriebseinzelkosten	4 000	10 500	15 000	15 000	24 300	–
3	./. (mengenproportionale) Einzelkosten der Weiterverarbeitung	–	30 000	37 500	57 000	72 900	24 300
4	Umsatzbeiträge der Enderzeugnisse	40 000	70 500	97 500	84 000	145 800	—24 300
5	Zusammengefaßte Erzeugnisbeiträge der Erzeugnisgruppe h_1–h_3			252 000			
6	./. (fixe) Periodeneinzelkosten der Weiterverarbeitung in X, Y, Z			28 000		11 500	4 000
7	Periodenbeiträge der Erzeugnisse bzw. Erzeugnisgruppen	40 000		224 000		134 300	—28 300
8	Zusammengefaßte Deckungsbeiträge der Kuppelprodukte			370 000			
9	./. erzeugungsmengenabhängige Gemeinkosten der Kuppelprodukte (in S)			243 000			
10	./. (fixe) Periodeneinzelkosten des Spaltprozesses in S			21 000			
11	./. sonstige gemeinsame Periodeneinzelkosten (z. B. Vertrieb, Verwaltung, Hilfsstellen)			52 000			
12	Gemeinsamer Periodenbeitrag			54 000			

Abb. 4: Nach Endprodukten differenzierte Periodenbeitragsrechnung

	Kalkulationsschema / Erzeugnisse	h_v	h_1	h_2	h_3	n	a
1	Umsatzbeiträge der Enderzeugnisse	40 000	70 500	97 500	84 000	145 800	—24 300
2	zusammengefaßte Umsatzbeiträge	413 500					
3	./. erzeugungsmengenabhängige Gemeinkosten der Kuppelprodukte in S	243 000					
4	Gemeinsamer Umsatzbeitrag (Deckungsbeitrag über sämtliche Leistungskosten)	170 500					
5	./. Periodeneinzelkosten, soweit Bereitschaftskosten, insgesamt	116 500					
6	Gemeinsamer Periodenbeitrag	54 000					

1260

Abb. 7: Nach Kuppelproduktbündeln differenzierte Ermittlung von Umsatz- und Periodenbeiträgen

	Hauptprodukte der Kuppelproduktbündel	h_v			h_1			h_2			h_3		
0	a) Zahl der abgesetzten rohstoff-r_1-bezogenen Päckchen	$400\,\hat{h}_v$			$500\,\hat{h}_1$			$625\,\hat{h}_2$			$500\,\hat{h}_3$		
	b) Zahl der abgesetzten leitproduktbezogenen Päckchen	$200\,\bar{h}_v$			$300\,\bar{h}_1$			$500\,\bar{h}_2$			$600\,\bar{h}_3$		
	c) Zusammensetzung der Produktbündel in t	$200\,h_v$	$+240\,n$	$+80\,a$	$300\,h_1$	$+300\,n$	$+100\,a$	$500\,h_2$	$+375\,n$	$+125\,a$	$600\,h_3$	$+300\,n$	$+100\,a$
1	Erlöse	44 000	48 000	–	111 000	60 000	–	150 000	75 000	–	156 000	60 000	–
2	./. (umsatzwertproportionale) Vertriebseinzelkosten	4 000	4 800	–	10 500	6 000	–	15 000	7 500	–	15 000	6 000	–
3	./. (mengenproportionale) Einzelkosten der Weiterverarbeitung	–	14 400	4 800	30 000	18 000	6 000	37 500	22 500	7 500	57 000	18 000	6 000
4	Umsatzbeiträge der Enderzeugnisse	40 000	28 800	–4 800	70 500	36 000	–6 000	97 500	4 500	–7 500	84 000	36 000	–6 000
5	Nach Produktbündeln zusammengefaßte Umsatzbeiträge	64 000			100 500			135 000			114 000		
6	./. Erzeugungseinzelkosten der Kuppelproduktpäckchen (in S)	48 000			60 000			75 000			60 000		
7	Umsatzbeiträge der Kuppelproduktbündel	16 000			40 500			60 000			54 000		
8	Zusammengefaßte Umsatzbeiträge der Kuppelproduktbündel	170 500											
9	./. Periodeneinzelkosten, soweit Bereitschaftskosten, insgesamt	116 500											
10	Gemeinsamer Periodenbeitrag	54 000											

Sind alle der Periode und ihren Leistungen zurechenbaren Kosten abgedeckt, dann verbleibt ein allen Produkten »gemeinsamer Periodenbeitrag«, aus dem im Rahmen längerfristiger Rechnungen oder von Zeitablaufrechnungen die Periodengemeinkosten abzudekken sind, während die dann verbleibenden Überschüsse zum Totalgewinn beitragen. Aus einer Rechnung nach Art der Abb. 3 erkennt man zwar, inwieweit die einzelnen Zweige der Kuppelproduktverwertung ihre spezifischen Kosten der Rechnungsperiode abdecken und Überschüsse erzielen, doch ist ihre Aussagefähigkeit durch zwei Nachteile| [1257] beeinträchtigt. Erstens wird ein Teil der fixen Periodeneinzelkosten schon vor den erzeugungsmengenabhängigen Gemeinkosten der Kuppelprodukte (Zeile 9) abgedeckt; zweitens geht die unmittelbare Einsicht in die Verbundenheitsbeziehungen verloren.

Der erste Nachteil läßt sich vermeiden, wenn man nach Art der Abb. 4 aus den zusammengefaßten Umsatzbeiträgen aller Enderzeugnisse unmittelbar die erzeugungsmengenabhängigen Gemeinkosten abdeckt. Dann besteht freilich keine Möglichkeit mehr zu zeigen, inwieweit die (fixen) Periodeneinzelkosten der Weiterverarbeitungsstellen durch die einzelnen Endprodukte bzw. Endproduktgruppen abgedeckt werden. Zudem treten die Verbundenheitsbeziehungen ebensowenig in Erscheinung wie in Abb. 3. Für alle Fragen, die die Veränderung des Produktionsprogramms unmittelbar oder mittelbar| [1258] betreffen, muß zur richtigen Beurteilung der Periodenbeiträge der Weiterverarbeitungsstufen eine Kombination mit den im Beitrag 13 [2] dargestellten Produktbündel- bzw. -päckchenrechnungen vorgenommen werden.

Gibt es mehrere Weiterverarbeitungsmöglichkeiten für ein Kuppelprodukt, wie im Beispiel für z_h, dann ist stets der Einfluß auf die Verwertungsmöglichkeiten der gekoppelten Produkte zu berücksichtigen. Bei der Programmplanung muß somit letztlich zwischen verschiedenen Produktbündeln gewählt werden. Bei zweckgerichteter Kuppelproduktion [3] ist es vorteilhaft, sich die Ausbringung an Nebenprodukten und Abfällen in die Teilmengen zerlegt zu denken, die jeweils mit der Erzeugung des einen oder anderen Hauptprodukts verbunden sind [4].

...

In der Periodenrechnung kann man entweder unmittelbar von den Päckchenbeiträgen ausgehen oder – wie in Abb. 7 – von den nach Produktbündeln differenzierten Erlösen und Kosten. Da jedes der Hauptendprodukte mit bestimmten Mengen an Neben- und Abfallprodukten verbunden ist, werden die in der Periode entstandenen Erlöse, Einzelkosten und Umsatzbeiträge der Neben- und Abfallprodukte nicht mehr insgesamt ausgewiesen, wie in Abb. 3 und 4, sondern in die Teilmengen zerlegt, die jeweils dem Absatz der verschiedenen Haupt- oder Leitprodukte entsprechen. Die Bereitschaftskosten können bei diesem Vorgehen wiederum nur| [1261] insgesamt abgedeckt werden, nicht jedoch nach einzelnen Produkten oder Produktbündeln differenziert. Das ist nur scheinbar ein Nachteil gegenüber der vorrangigen Abdeckung spezieller Bereitschaftskosten nach Abb. 3, da auch bei Entscheidungen über die Betriebsbereitschaft in einzelnen Weiterverarbeitungsstellen die mittelbare Kopplung nicht außer acht gelassen werden darf. Wird das Prinzip der Restwertrechnung (Subtraktionsmethode) auf die Leistungskosten bzw. Einzelkosten der Erzeugniseinheiten und Päckchen beschränkt angewandt, dann erweist sich die Restwertrechnung als eine rechentechnische Variante der Einzelkosten- und Deckungsbeitragsrechnung. Freilich muß auch hier auf Kuppelproduktbündel oder Päckchen abgestellt werden, wenn mehrere Verwertungsmöglichkeiten für ein unmittelbares Kuppelprodukt bestehen. Die Gutschriften der Nebenprodukte und die Lastschriften für mengenabhängige Kosten der Abfallbeseitigung lassen sich an verschiedenen Stellen in das Kalkulationsschema einschleusen; zwei dieser Möglichkeiten sind am Beispiel des leitproduktbezogenen Päckchens $\bar{h}_v$ in den Tab. 4a, b auf S. 337 dargestellt [5].

B. Zur Periodenrechnung im Falle mehrerer Verwertungsmöglichkeiten für zwei oder mehr unmittelbare Kuppelprodukte und bei Bestandsveränderungen

1. Zur Berücksichtigung mehrerer Verwertungsmöglichkeiten für zwei oder mehr unmittelbar gekoppelte Produkte

Sind für zwei oder mehr der unmittelbar gekoppelten Produkte jeweils mehrere Verwertungsmöglichkeiten gegeben, dann sind, wie bereits im vorangegangenen Beitrag über die Programmwahl hervorgehoben, die zu einem Produktbündel zusammenzufügenden Endprodukte nicht mehr technologisch vorgegeben. Die Produktbündel und -päckchen sind vielmehr unter ökonomischen Gesichtspunkten im Zuge der Programmwahl zusammenzustellen. Nach Produktbündeln differenzierte Deckungsbeitragsrechnungen gemäß *Abb. 7* auf Seite 317 lassen sich daher im Rahmen von periodenbezogenen Vorschaurechnungen unmittelbar aus der Programmwahl ableiten.
Anders im Falle einer Nachrechnung, wenn entweder kein derartiges Programm aufgestellt worden ist oder wenn die tatsächlich produzierten und abgesetzten Mengen der Endprodukte von den ursprünglich geplanten abweichen. Dann muß man entweder auf eine nach Bündeln differenzierte Deckungsbeitragsrechnung verzichten oder für die in der abzurechnenden Periode tatsächlich hergestellten und abgesetzten Produktmengen nachträglich in der im Beitrag 13 beschriebenen Weise die Produktbündel für das tatsächlich realisierte Programm zusammenstellen.

2. Zur Bestandsbewertung

Bestandszugänge werden entsprechend den allgemeinen Prinzipien der Einzelkosten- und Deckungsbeitragsrechnung mit Einzelkosten – im Sinne eindeutig zurechenbarer Kosten (Ausgaben) – bewertet, also grundsätzlich unter Einbeziehung etwa vorhandener unechter Gemeinkosten, soweit dafür Schlüssel gefunden werden, die dem tatsächlichen Verbrauch mit hinreichender Genauigkeit entsprechen (siehe hierzu insbes. S. 287).
Diese Einzelkosten beschränken sich bei (mittelbaren) Kuppelprodukten auf die nach der Trennung der unmittelbaren Spaltprodukte entstehenden Einzelkosten der Weiterverarbeitung. Wie soll aber im Rahmen der Einzelkosten- und Deckungsbeitragsrechnung mit den Leistungskosten bis zur Trennung der unmittelbaren Kuppelprodukte verfahren werden, die wohl den Kuppelproduktpäckchen, nicht aber den konkreten Produkteinheiten zugerechnet werden können?
Für die Beantwortung dieser Frage ist es zweckmäßig, zwei Fälle zu unterscheiden:

1. Die Bestandsveränderung umfaßt alle zu einem Päckchen gehörigen unmittelbaren oder mittelbaren Kuppelprodukte, und zwar genau in dem Mengenverhältnis, das der Zusammensetzung der Produktpäckchen oder -bündel entspricht. In diesem Falle bieten sich zwei Wege für die Bestandsrechnung an:
   a) Jedes der Weiterverarbeitungsprodukte wird für sich mit den ihm zurechenbaren Einzelkosten der jeweiligen Weiterverarbeitung verwertet, und außerdem werden die Päckchen-Einzelkosten bei den nunmehr nur die unmittelbaren Spaltprodukte z_h, z_n und z_a umfassenden Päckchen als fiktive Bestandsgrößen ausgewiesen.

b) Statt dessen kann man in der Bestandsrechnung aber auch unmittelbar auf die Zwischenprodukt-Päckchen oder Endprodukt-Päckchen als fiktive Bestandseinheiten abstellen. Diese Päckchen werden dann jeweils als Ganzes mit den Päckchen-Einzelkosten *und* den jeweils entstandenen Einzelkosten der Weiterverarbeitung der Päckchenbestandteile bewertet.

2. Im zweiten Falle, der in der Praxis sicher häufiger vorkommt, werden die Kuppelprodukte nicht parallel von den Bestandsveränderungen betroffen. Vielmehr umfaßt die Bestandsbewegung nur einen Teil der zu einem Päckchen zusammengefaßten Arten und Mengen unmittelbarer und mittelbarer Kuppelprodukte. Es wird also beispielsweise ein Päckchenbestandteil in der Periode I und der Rest in der Periode II verkauft. Weil in diesem zweiten Falle die Bestandsveränderung keine ganzen Päckchen mehr umfaßt, kann der oben beschriebene Weg nicht durchgeführt werden. Für die Berücksichtigung der Bestandsveränderungen in der Deckungsbeitragsrechnung stehen nunmehr folgende Möglichkeiten zur Wahl:

a) Die Päckchen-Einzelkosten bis zur Trennung der unmittelbaren Kuppelprodukte werden in vollem Umfange der Erzeugungsperiode angelastet, gleichgültig welche Teile der Kuppelprodukt-Päckchen in derselben Periode verkauft und welche auf Lager genommen werden. Die Lagerbestände werden lediglich mit den Einzelkosten der Weiterverarbeitung bewertet. Unmittelbare Spaltprodukte, die noch keine Weiterverarbeitung erfahren haben, sind daher mit Null anzusetzen. Diese Methode entspricht also dem im Falle 1 unter a) genannten Weg. Ihre Anwendung erscheint vor allem empfehlenswert, wenn die Verwertung der Kuppelprodukte ungewiß ist.

Beispiel 1:

In der Periode I wurden alle gemäß *Abb. 7* in Beitrag 13 (s. Seite 317) produzierten Mengen an Haupt-Endprodukten und Haupt-Zwischenprodukten abgesetzt, ausgenommen 6 t n und 8 t z_n, die auf Lager genommen wurden. Sie werden erst in der Periode II – z_n nach Weiterverarbeitung zu n – (zusätzlich) verkauft. Für die Herstellung von 6 t n müssen gemäß Abb. 4 (auf Seite 311) 10 t des Rohstoffs r_1 und für die Herstellung von 8 t z_n 20 t r_1, insgesamt also 30 t des Spaltrohstoffes zerlegt werden. Wenn unterstellt wird, daß im übrigen die Verhältnisse in den beiden Perioden übereinstimmen, führt die Anwendung der Bewertungsmethode 2a zu den in den *Tabellen 1a, b* dargestellten Periodenrechnungen.

Die Periodenbeiträge der Perioden I und II sind über die gemeinsamen Leistungskosten der in jeweils einer Periode nur unvollständig abgesetzten, »angebrochenen« Produktpäckchen einerseits und der Päckchen»reste« andererseits miteinander verbunden. Die Periodenbeiträge beider Perioden sind daher nicht als in der einen oder anderen Periode »verursacht« zu interpretieren, sondern lediglich als die *in der jeweiligen Periode realisierten Erfolgsänderungen* (gegenüber den bis dahin abgelaufenen Perioden) oder als die realisierten Beiträge zur Deckung der Periodengemeinausgaben und zum Totalgewinn.

Bestehen mehrere Verarbeitungsmöglichkeiten für ein unmittelbares Spaltprodukt, wie im Beispiel für z_h, dann entsteht bei einer nach Produktbündeln differenzierten Deckungsbeitragsrechnung die Frage, welchen der abgesetzten Endprodukte die auf Lager produzierten unmittelbaren oder mittelbaren Kuppelprodukte zugeordnet werden sollen. Diese Frage ist nur dann eindeutig zu beantworten, wenn im Rahmen einer – gegebenenfalls nachzuvollziehenden – Programmwahl die Rangfolge der alternativen Endprodukte und

Tabelle 1: Periodenrechnung bei Bewertung von Bestandsveränderungen mit den bereits entstandenen Einzelkosten der Weiterverarbeitung

a) Periode I (Bestandserhöhung)

	Deckungsbeiträge aus	Verkauf von Produktion der Abrechnungsperiode*								Lagerzugang+	
		»ganzer« Kuppelproduktpäckchen						»angebrochener« Kuppelproduktpäckchen		Päckchen»reste« von End-produkten	Zwischen-produkten
	Zahl der rohstoff-r_1-bezogenen Päckchen	$500\,\hat{h}_1$	$625\,\hat{h}_2$	$500\,\hat{h}_3$	$370\,\hat{h}_v$			$10\,\widehat{h_v n}$ $+20\,\widehat{h_v z_n}$			
	Produktmengen (Tonnen) (= Zusammensetzung der Produktbündel)	$300\,h_1$ $300\,n$ $100\,a$	$500\,h_2$ $375\,n$ $125\,a$	$600\,h_3$ $300\,n$ $100\,a$	$185\,h_v$	$+222\,n$	$+74\,a$	$5\,h_v + 2\,a$ $+10\,h_v + 4\,a$		$+\ 6\,n$	$8\,z_n$
1	Erlöse	... ...	... ...	... ...	40 700	44 400	–	3 300	–	360++	0++
2	./. (umsatzwertproportionale) Vertriebseinzelkosten	Wie Abb. 7 auf S. 346			3 700	4 420	–	300	–	–	–
3	./. (mengenproportionale) Einzelkosten der Weiterverarbeitung	... ...	... ...	... ...	–	13 320	4 440	–	360	360	0
4	Umsatzbeiträge der Enderzeugnisse	... ...	... ...	... ...	37 000	26 640	–4 440	3 000	–360	0	0
5	Nach Produktbündeln zusammengefaßte Umsatzbeiträge	100 500	135 000	114 000	59 200			2 640			
6	./. Päckcheneinzelkosten der Produktbündel	60 000	75 000	60 000	44 400			3 600			
7	Umsatzbeiträge der Produktbündel	40 500	60 000	54 000	14 800			– 960		0	0
8	a) Nach Verkauf aus Produktion und Lagerzugang zusammengefaßte Umsatzbeiträge	169 300						– 960+			
	b) Umsatzbeiträge insgesamt	168 340									
9	./. Periodeneinzelkosten, soweit Bereitschaftskosten, insgesamt	116 500									
10	Gemeinsamer Periodenbeitrag	51 840									

* Entsprechend Abb. 7 auf S. 317
\+ Den Perioden I und II gemeinsam zurechenbar
++ Erträge (Leistungen) aus Bestandserhöhung

Tabelle 1:

b) Periode II (Bestandsabbau)

	Deckungsbeiträge aus	Verkauf von Produktion der Abrechnungsperiode*				Verkauf aus Lagerabgang+	
		»ganzer« Kuppelproduktpäckchen				Päckchen»reste« von Endprodukten	Päckchen»reste« von Zwischenprodukten
	Zahl der rohstoff-r_1-bezogenen Päckchen	$400\widehat{h_v}$	$500\widehat{h_1}$	$625\widehat{h_2}$	$500\widehat{h_3}$		
	Produktmengen (Tonnen) (Zusammensetzung der Produktbündel)	200 h_v 240 n 80 a	300 h_1 300 n 100 a	500 h_2 375 n 125 a	600 h_3 300 n 100 a	6 n	12 n
1	Erlöse	... ...	... ...	... ...	... ...	1 200	2 400
2	./. (umsatzproportionale) Vertriebseinzelkosten	Wie Abb. 7 auf S. 346				120	240
3	a) ./. (mengenproportionale) Einzelkosten der Weiterverarbeitung					–	720
	b) ./. Bestandswert	... ...	... ...	... ...	... ...	360	0
4	Umsatzbeiträge der Enderzeugnisse	... ...	... ...	... ...	... ...	720	1 440
5	Nach Produktbündeln zusammengefaßte Umsatzbeiträge	64 000	100 500	135 000	114 000		
6	./. Päckcheneinzelkosten der Bündel	48 000	60 000	75 000	60 000	–	–
7	Umsatzbeiträge der Produktbündel	16 000	40 500	60 000	54 000	720++	1 440++
8	a) Nach Verkauf aus Produktion und Lagerabbau zusammengefaßte Umsatzbeiträge	170 500				2 160+	
	b) Umsatzbeiträge insgesamt	172 660					
9	./. Periodeneinzelkosten, soweit Bereitschaftskosten, insgesamt	116 500					
10	Gemeinsamer Periodenbeitrag	56 160					

* Entsprechend Abb. 7 auf S. 317

\+ Den Perioden I und II gemeinsam zurechenbar

++ Umsatzbeiträge von Päckchenresten

Tabelle 2: Periodenrechnung bei Bewertung von Bestandsveränderungen der Hauptprodukte mit den Rest-Proportionalkosten (»ungedeckten« Päckcheneinzelkosten) und bereits entstandenen Einzelkosten der Weiterverarbeitung

a) Periode I (Bestandserhöhung)

	Deckungsbeiträge aus	Verkauf von Produktion der Abrechnungsperiode*										Lagerzugang+ Päckchen»reste« von	
		»ganzer« Kuppelproduktpäckchen						»angebrochener« Kuppelproduktpäckchen+				End-produkten	Zwischen-produkten
	Zahl der rohstoff-r_1-bezogenen Päckchen	$400\,\hat{h}_v$	$625\,\hat{h}_2$	$500\,\hat{h}_3$	$485\,\hat{h}_1$			$5\,\hat{h}_1$		$10\,\hat{z}_h$			
	Produktmengen (t) (= Zusammensetzung der Produktbündel)	$200\,h_v$ $240\,n$ $80\,a$	$500\,h_2$ $375\,n$ $125\,a$	$600\,h_3$ $300\,n$ $100\,a$	$291\,h_1$	$+291\,n$	$+97\,a$	$3\,n + 1\,a$		$6\,n + 2\,a$		$+\ 3\,h_1$	$10\,z_h$
1	Erlöse	... ...	... ...	... ...	107 670	58 200	–	600		1200		600++	600++
2	./. (umsatzwertproportionale) Vertriebseinzelk.	Wie Abb. 7 auf S. 346			10 185	5 820	–	60		120		–	–
3	./. (mengenproportionale) Einzelkosten der Weiterverarbeitung	... ...	... ...	... ...	29 100	17 460	5 820	180	60	360	120	300	–
4	Umsatzbeiträge der Enderzeugnisse	... ...	... ...	... ...	68 385	34 920	–5 820	360	–60	720	–120	300	600
5	Nach Produktbündeln zusammengefaßte Umsatzbeiträge	64 000	135 000	114 000	97 485			300		600		–	–
6	./. Päckcheneinzelkosten der Produktbündel	48 000	75 000	60 000	58 200			600		1200		300×	600×
7	Umsatzbeiträge der Produktbündel	16 000	60 000	54 000	39 285			–300×		–600×		–	–
	a) Belastung der Päckchenreste**							+300		+600			
	b) Verbleibende Umsatzbeiträge							–		–			
8	Zusammengefaßte Umsatzbeiträge	169 285											
9	./. Periodeneinzelkosten, soweit Bereitschaftskosten, insgesamt	116 500											
10	Gemeinsamer Periodenbeitrag	52 785											

* Entsprechend Abb. 7 auf S. 317
** Bezieht sich nur auf die »angebrochenen« Produktpäckchen
\+ Den Perioden I und II gemeinsam zurechenbar
++ Erträge (Leistungen) aus Bestandserhöhung
× Rest-Proportionalkosten

Tabelle 2:

b) Periode II (Bestandsabbau)

	Deckungsbeiträge aus	Verkauf von Produktion der Abrechnungsperiode* »ganzer« Kuppelproduktpäckchen				Verkauf aus Lagerabgang+ Päckchen»reste« von Endprodukten	Verkauf aus Lagerabgang+ Päckchen»reste« von Zwischenprodukten
	Zahl der rohstoff-r_1-bezogenen Päckchen	$400\,\widehat{h_v}$	$500\,\widehat{h_1}$	$625\,\widehat{h_2}$	$500\,\widehat{h_3}$		
	Produktmengen (Tonnen) (= Zusammensetzung der Produktbündel)	200 h_v 240 n 80 a	300 h_1 300 n 100 a	500 h_2 375 n 125 a	600 h_3 300 n 100 a	3 h_1	6 h_1
1	Erlöse	... ...	... ...	... ...	... ...	1 110	2 220
2	./. (umsatzwertproportionale) Vertriebseinzelkosten					105	210
3	a) ./. (mengenproportionale) Einzelkosten der Weiterverarbeitung	Wie Abb. 7 auf S. 346				–	600
	b) ./. Bestandswert					600	600
4	Umsatzbeiträge der Enderzeugnisse	... ...	... ...	... ...	... ...	405	810
5	Nach Produktbündeln zusammengefaßte Umsatzbeiträge	64 000	100 500	135 000	114 000		
6	./. Päckcheneinzelkosten der Produktbündel	48 000	60 000	75 000	60 000	–	–
7	Umsatzbeiträge der Produktbündel	16 000	40 500	60 000	54 000	405++	810++
8	a) Nach Verkauf aus Produktion und Lagerabbau zusammengefaßte Umsatzbeiträge	170 500				1 215+	
	b) Umsatzbeiträge insgesamt	171 715					
9	./. Periodeneinzelkosten, soweit Bereitschaftskosten, insgesamt	116 500					
10	Gemeinsamer Periodenbeitrag	55 215					

* Entsprechend Abb. 7 auf S. 317

\+ Den Perioden I und II gemeinsam zurechenbar

++ Umsatzbeiträge aus Päckchen»resten«

der Umfang der jeweiligen Produktbündel festliegen. In *Tab. 1a* ist unterstellt, daß, wie im Falle eines Engpasses beim Spaltrohstoff r_1, h_v an letzter Stelle steht. Die über die Absatzmöglichkeiten in der Periode I hinausgehenden, auf Lager produzierten Nebenproduktmengen sind daher dieser schlechtesten Verwertung des Hauptproduktes zuzuordnen.

b) Man kann aber auch nach Art der Subtraktionsmethode oder Rest-Proportionalkostenrechnung vorgehen. Dabei werden gemäß *Tab. 4* auf Seite 337 die Rest-Proportionalkosten der mit den verkauften Produkten verbundenen Päckchen festgestellt und damit die Bestände an unmittelbaren Kuppelprodukten bewertet; bei bereits weiterverarbeiteten Produkten kommen außerdem noch die Einzelkosten der Weiterverarbeitung hinzu.

Beispiel 2:

In der Periode I wurde weniger h_1 verkauft als geplant, nämlich nur 291 t. 3 t h_1 und 5 t z_h mußten auf Lager genommen werden. Die dabei angefallenen Nebenprodukte konnten restlos verkauft werden. Produktion und Absatz aller übrigen Produkte stimmen mit den Verhältnissen in *Abb. 7* auf S. 346 bzw. 317 überein. In der Periode II wird der Lagerbestand an z_h zu h_1 weiterverarbeitet und ebenso wie der Bestand an h_1 zusätzlich verkauft.
Da z_h mit h_v identisch ist (siehe S. 310), können dessen Restkosten unmittelbar aus Tab. 4 auf S. 337 entnommen werden. Analog ergibt sich (am einfachsten aus den Zahlen der Tab. 3 auf S. 336, daß h_1 100 DM Restkosten je Tonne zu tragen hat. Die Bewertung der nicht abgesetzten unmittelbaren Spaltprodukte mit den Restproportionalkosten führt, wenn wir im übrigen wiederum die Verhältnisse von *Abb. 7* auf S. 346 bzw. 317 für beide Perioden unterstellen, zu der in *Tab. 2a, b* dargestellten Rechnung.
Die Belastung der Lagerzugänge mit den durch die abgesetzten Päckchenbestandteile »ungedeckten Päckcheneinzelkosten« oder Rest-Proportionalkosten ist für die Festsetzung von Lenkungspreisen bedeutsam. Dieser Wertansatz ist aber weniger vorsichtig als das in Beispiel 1 angewandte Verfahren, also die Bewertung der in den Päckchen»resten« enthaltenen unmittelbaren Kuppelprodukte mit Null, weil die Abdeckung der Rest-Proportionalkosten auf die folgenden Perioden abgewälzt wird. Ist es nicht so gut wie sicher, daß die Lagerbestände im Falle ihres Verkaufs wieder durch Neuproduktion ersetzt werden, dann liegt die kurzfristige Preisuntergrenze bei den zusätzlichen Kosten des Verkaufs und einer eventuellen Weiterverarbeitung abzüglich der ersparten Kosten für Weiterlagerung oder Vernichtung [1].
Die in der Vergangenheit für den Lagerbestand aufgewandten Kosten, und zwar auch die Einzelkosten, sind nämlich nicht mehr beeinflußbar und daher für die Entscheidung über die Verwendung eines vorhandenen Bestandes nicht relevant. Die Rest-Proportionalkosten dürfen daher in internen Ergebnisrechnungen allenfalls angesetzt werden, wenn (1) ein möglicher Absatzrückgang in vollem Umfange durch Einschränkung der Neuproduktion ausgeglichen werden kann, (2) die aktivierten Rest-Proportionalkosten und Einzelkosten der Weiterverarbeitung nicht höher sind als die in der Folgeperiode bei einer entsprechenden Verminderung der Produktion ersparten und (3) wenn auch durch die schlechteste Verwertungsmöglichkeit der Lagerbestände außer den hinzukommenden Kosten der Weiter-

[1] So auch *Hans Raffée:* Kurzfristige Preisuntergrenzen als betriebswirtschaftliches Problem, Köln und Opladen 1961, S. 109.

verarbeitung und des Verkaufs die Rest-Proportionalkosten und aktivierten sonstigen Einzelkosten mindestens gedeckt werden. In allen anderen Fällen sollten die unmittelbaren Kuppelprodukte bei der Bestandsbewertung im Rahmen der Ergebnisrechnung mit Null bewertet werden. Daher sollte man in der externen Erfolgsrechnung angesichts des dort gebotenen Vorsichtsprinzips generell auf den Ansatz von Rest-Proportionalkosten bei der Bewertung von Beständen verzichten [2].

Wären umgekehrt wie in Beispiel 2, die Bestandszugänge nicht bei den Hauptprodukten, sondern bei den Nebenprodukten entstanden, dann hätte die auf die Leistungskosten beschränkte Restwertrechnung (Subtraktionsmethode), wie aus *Tab. 9* auf S. 341 hervorgeht, bei den Haupt-Endprodukten h_1, h_2 und h_3 eine Überdeckung der Päckchen-Einzelkosten und Vernichtungskosten ergeben, den »Rest-Beitrag«. Die Anwendung der Subtraktionsmethode hätte in diesem Falle zur Folge, daß faktisch die Päckchen-Einzelkosten und die Einzelkosten der Abfallvernichtung in voller Höhe der Produktionsperiode angelastet werden, daß die auf Lager genommenen unmittelbaren Zwischenprodukte mit Null und die Weiterverarbeitungsprodukte nur mit ihren spezifischen Weiterverarbeitungskosten zu bewerten sind. Falls also die verkauften Päckchen-Bestandteile keine ungedeckten Rest-Proportionalkosten hinterlassen, führt die Anwendung der Subtraktionsmethode zum gleichen Ergebnis wie der zuerst (im Falle 1a und 2a) eingeschlagene Weg.

Anmerkungen

[1] Soweit sie den Endprodukteinheiten zurechenbar sind. Bei den Vertriebskosten empfiehlt es sich – wie auch bei nicht gekoppelten Produkten –, zwischen umsatzwertabhängigen und absatz(umsatz-)mengenabhängigen Vertriebseinzelkosten zu differenzieren sowie die erst den Aufträgen zurechenbaren sonstigen Sondereinzelkosten des Vertriebes auszuscheiden und bei den Auftragsarten, Kunden oder anderen Teilmärkten („Absatzsegmenten") auszuweisen.

[2] Im Original heißt es „nachfolgend" statt „im Beitrag 13".

[3] Das heißt, wenn nur eines der unmittelbaren Kuppelprodukte eigentliches Ziel der Produktion ist, wie z. B. das Roheisen beim Hochofenprozeß.

[4] Im Original folgt die Darstellung der Zusammensetzung und Dimensionierung von Produktpäckchen sowie der Ermittlung von Päckchenbeiträgen. In der vorliegenden Aufsatzsammlung siehe hierzu Seite 346.

[5] Im Original: „Abb. 8 a, b".

[2] Die Bewertung nicht abgesetzter Päckchen„reste" oder „überschießender" Mengen einzelner Kuppelprodukte nur mit den Einzelkosten der Weiterverarbeitung und den Ansatz der unmittelbaren Spaltprodukte mit Null empfehlen auch: *Manfred Layer:* Die Herstellkosten der Deckungsbeitragsrechnung und ihre Verwendbarkeit in Handelsbilanz und Steuerbilanz für die Bewertung unfertiger und fertiger Erzeugnisse, in: ZfbF, 21, Jg. (1969), S. 131–154, hier S. 137 f., und *Hans-Josef Brink:* Zur Planung des optimalen Fertigungsprogramms, dargestellt am Beispiel der Kalkindustrie, Köln/Berlin/Bonn/München 1969, S. 66–68.

493 15. Systemimmanente und anwendungsbedingte Gefahren von Differenzkosten- und Deckungsbeitragsrechnungen*

Wie jedes Instrument, so sind auch die aus dem Grenzgedanken abgeleiteten Differenzkosten- und Deckungsbeitragsrechnungen gefährlich. Nur wer die Arten und die Ursachen der Gefahren erkennt, vermag ihnen zu begegnen, ohne auf dieses wichtige Instrument verzichten zu müssen (und dafür andere, womöglich weit größere Gefahren in Kauf zu nehmen). Der Schwerpunkt des vorliegenden Beitrags liegt auf der Analyse der systemimmanenten Gefahren, die auf der Abweichung der Prämissen des Rechnungssystems von den wirklichen betrieblichen Gegebenheiten beruhen; sie werden am Beispiel der Grundtypen „Direct Costing" und „Einzelkosten- und Deckungsbeitragsrechnung", von denen sich zahlreiche Spielarten in Literatur und Praxis ableiten, untersucht. Ergänzend werden die bei der Anwendung hinzukommenden Gefahren aufgezeigt, die teils schon auf Fehler und Vereinfachungen bei der Implementierung derartiger Rechensysteme beruhen, teils bei der Auswertung durch Fehlinterpretationen und den unrichtigen Ansatz von Sonderrechnungen entstehen.

I. Problemstellung

In der Diskussion mit der Praxis erlebt man es immer wieder, daß die Praktiker zwar die Grundgedanken von „Grenz"kostenrechnungen – richtiger sollte man, von *Differenz*kostenrechnungen[1] sprechen – und | Deckungsbeitragsrechnungen bejahen und diese für ein wichtiges, ja für kurzfristige Planungs-, Entscheidungs- und Kontrollprobleme unent-

494

* Nachdruck aus: Betriebswirtschaftliche Forschung und Praxis, 26 Jg. 1974, Heft 11, S. 493–529, mit freundlicher Genehmigung des Verlags Neue Wirtschafts-Briefe, Herne/Berlin. Herrn Kollegen *Siegfried Hummel* danke ich für die kritische Durchsicht der ersten Hälfte des Manuskrips und wertvolle Anregungen, Herrn Dipl.-Kfm. *Wolfgang Presser* für seine Hilfe bei der Literaturauswertung und beim Lesen der Korrekturen.

1 Der Begriff „Grenzkosten", ist ein rein modelltheoretischer und setzt unendlich kleine Änderungen der unabhängigen Variablen voraus. Eine Ausweitung dieses Begriffs auf mehr oder weniger große Änderungsintervalle wird hier abgelehnt, weil damit die Gefahr falscher Vorstellungen verbunden ist. Das gilt ganz besonders auch für den in der Theorie üblichen Ausdruck „langfristige Grenzkosten". Im betrieblichen Rechnungswesen sowie bei Planungs- und Entscheidungsüberlegungen hat man es immer mit mehr oder weniger großen Änderungsintervallen zu tun, also mit *Differenz*größen und -rechnungen. Die weit verbreiteten Oberbegriffe „Teilkostenrechnung" und „Bruttogewinnrechnung" werden hier nicht benutzt, weil sie zu weit und zu unspezifisch sind; sie schließen nämlich auch reduzierte Vollkostenrechnungen ein, bei denen lediglich auf die Verteilung gewisser Kostenarten(-gruppen), Kostenstellen oder Kostenbereiche verzichtet wird, z. B. auf die Schlüsselung der Verwaltungs- und Vertriebsgemeinkosten. Unter Differenzkostenrechnung werden hier solche Rechnungen verstanden, bei denen die durch Änderung bestimmter Handelungsparameter oder Einflußfaktoren ausgelösten Kostenänderungen ausgewiesen werden sollen. Entsprechend wird hier der Begriff Deckungsbeitrag allgemein als Überschuß eines Differenzerlöses über die entsprechenden Differenzkosten definiert. Nicht jeder aus der Gegenüberstellung von Erlösen und irgendwelchen Teilkosten ermittelte Bruttogewinn hat nämlich die Aussage|fähigkeit eines Deckungsbeitrags als Erfolgsänderung und ebensowenig jede Bruttogewinnrechnung die Eigenschaften einer Deckungsbeitragsrechnung im eigentlichen Sinne, nämlich als Erfolgsänderungsrechnung. In früheren Veröffentlichungen hatte ich – zu wenig präzise – den Begriff Deckungsbeitrag allgemein als Differenz zwischen dem Erlös und *bestimmten* Kosten definiert. (So in: Das

494

behrliches Instrument halten, jedoch vor einer konsequenten, reinen und lückenlosen Anwendung als laufender systematischer Rechnung oft zurückschrecken.
Die Gründe dafür werden einerseits in gewissen Schwierigkeiten bei komplizierten Betriebsverhältnissen gesehen sowie in den zu hohen Anforderungen und Aufwendungen; es erscheine daher ratsam, mehr oder weniger weitgehende Kompromisse zu machen[2].
Andererseits werden die *Gefahren* angeführt, die mit Differenzkosten- und Deckungsbeitragsrechnungen verbunden seien. In der Praxis wird vor allem befürchtet, daß die Bekanntgabe der Differenzkosten die Verkäufer zu unvertretbaren Preiszugeständnissen verleite und damit die Deckung der Gesamtkosten gefährdet sei. Verbandsfunktionäre erwarten davon eine unnötige Verschärfung des Wettbewerbs, ja ruinöse Preisgestaltung[3].
Weitere Gefahren werden von der Vernachlässigung der Fixkosten und damit verbunden der mittel- und langfristigen Aspekte bei Kontrollen, Planungen und Entscheidungen gesehen sowie in Fehlbeurteilungen der Erfolgslage des Unternehmens, seiner Geschäftsbereiche, Produktgruppen und Produkte, wenn nur Bruttoergebnisse ausgewiesen und Bestände nur mit den zusätzlichen Kosten bewertet werden. Diese Gefahren hält man für umso gravierender, je kleiner der Anteil der zugerechneten Kosten und je höher damit die Deckungsbeiträge im Vergleich zu den Gesamtkosten oder zum Umsatz sind[4]. Nur selten wird dabei eingeräumt, daß diese Gefahren aus einer falsch verstandenen Anwendung der Differenzkosten- und Deckungsbeitragsrechnung erwachsen[5].
Um derartigen Gefahren aus falscher Anwendung zu begegnen, werden in der Praxis Differenzkosten- und Deckungsbeitragsrechnungen oft auf Sonderrechnungen in Stabsstellen beschränkt; soweit man sich darüber hinaus dazu entschließt, sie als laufende Nebenrechnung durchzuführen, werden die Ergebnisse oft nur einem engen Adressatenkreis von Führungs- und Stabskräften zugänglich gemacht. Andere meinen, die Differenzkostenrechnung zur Vollkostenrechnung und die Deckungsbeitragsrechnung zur Nettoergebnisrechnung fortführen[6] oder beide Systeme nebeneinander betreiben zu müssen, sei

495

Rechnen mit Einzelkosten und Deckungsbeiträgen, in: ZfhF, 11. Jg. (1959), S. 213–238, hier S. 224 [60]; s. a.: Einzelkosten- und Deckungsbeitragsrechnung S. 46 [60]). Damit sollte lediglich der Relativität dieses Begriffes im Hinblick auf unterschiedliche Fragestellungen und Untersuchungsobjekte Rechnung getragen werden. Der Ausdruck „bestimmte Kosten" wird jedoch in der Literatur oft fehlinterpretiert und z. B. umformuliert in „beliebige Kosten" (so *Chmielewicz, Klaus:* Betriebliches Rechnungswesen, Bd. 2: Erfolgsrechnung. Reinbek bei Hamburg 1973, S. 165) oder in „irgendwelche Kosten" (so *Moews, Dieter:* Zur Aussagefähigkeit neuerer Kostenrechnungsverfahren, Berlin 1969, S. 23).

2 Siehe z. B: Arbeitskreis „Deckungsbeitragsrechnung" im Betriebswirtschaftlichen Ausschuß des Verbandes der Chemischen Industrie e.V.: Zur Anwendbarkeit der Deckungsbeitragrechnung unter besonderer Berücksichtigung der Verhältnisse in der chemischen Industrie, in: Der Betrieb, Beilage Nr. 13/72, insbes. S. 9–14.

3 Siehe dazu die amüsante Geschichte des Wettbewerbs zwischen Bäcker Weiß und Bäcker Schwarz bei *Agthe, Klaus:* Zur stufenweisen Fixkostendeckung, in: ZfB 29 (1959), S. 742–748, hier S. 747 f.

4 So z. B. *Chmielewicz, Klaus:* a. a. O., S. 167.

5 So vom Arbeitskreis „Deckungsbeitragsrechnung" ...: a. a. O., S. 14.

6 Siehe hierzu auch die Vorschläge zu einem gesonderten Ausweis der proportionalen und fixen Kosten in der Vollkostenrechnung z. B. von: *Vormbaum, Herbert:* Voll- und Grenzkostenkalkulation als Grundlage der industriellen Vertriebspolitik, in: Absatzwirtschaft, hrsg. von *Bruno Hessenmüller* und *Erich Schnaufer*, Baden-Baden 1964, S. 567–594. – *Mellerowicz, Konrad:* Neuzeitliche Kalkulationsverfahren, 5. Aufl. Freiburg i. Br. 1972, S. 209–220. – *Munzel, Gerhard:* Die fixen Kosten in der Kostenträgerrechnung, Wiesbaden 1966, S. 109 f. – *Henzel, Friedrich:* Vollkostenrechnung mit gesonderten Fixkostenbeiträgen, in: ZfB 37 (1967), S. 485–502. – *Schwarz, Horst:* Kostenträgerrechnung und Unternehmungsführung, Herne-Berlin 1969, S. 58–82. Zur Kritik siehe insbes. *Männel, Wolfgang:* Kann die Vollkostenrechnung durch den Ausweis „gesonderter Fixkostenbeiträge" gerettet werden?, in: ZfB 37 (1967), S. 759–782.

es, um diesen Gefahren zu begegnen, sei es, weil die Vollkostenrechnung als unentbehrlich zu bestimmte Zwecke angesehen wird[7]. Die zunehmende Verschlechterung der Wirtschaftslage veranlaßt viele Unternehmungen und Wirtschaftsverbände, sich intensiver als bisher mit der Einführung von Teilkosten- und Bruttogewinnrechnungen zu befassen. Daher ist es an der Zeit, die drängende Frage zu erörtern: Sind Differenzkosten- und Deckungsbeitragsrechnungen wirklich gefährlich? Worin liegen ihre spezifischen Gefahren? Wie kann ihnen begegnet werden?

II. Vorbemerkungen zur Analyse des Gefahrenkomplexes

In der Tat sind Differenzkosten- und Deckungsbeitragsrechnungen gefährlich. Aber welches Instrument, dessen sich der Mensch bedient, vom Taschenmesser bis zum Atomreaktor, ist schon ungefährlich? Die Gefahren klar zu erkennen, ist die Voraussetzung, um ihnen begegnen zu können, um ein solches Instrument trotz seiner Gefährlichkeit sinnvoll zu nutzen. Die Differenzkosten- und Deckungsbeitragsrechnungen sind relativ neue Instrumente, und viele Äußerungen zu ihren Gefahren – auch zu ihrer Anwendbarkeit und Aussagefähigkeit – sind Mutmaßungen von Autoren, |496| die noch gar keine eigenen Erfahrungen damit haben. Manche der vermuteten Gefahren werden sich möglicherweise als eben so grundlos erweisen wie die Befürchtung bei der Errichtung der ersten Eisenbahnen, daß die für damalige Verhältnisse abenteuerliche, aus heutiger Sicht jedoch geringe Geschwindigkeit weder den Passagieren noch den Zuschauern zuträglich sei. Andererseits werden bestimmte Gefahren zunächst noch gar nicht gesehen und erst im Laufe der Zeit nach mehr oder weniger vielen „Unfällen" erkannt.

Es muß also zwischen *vermeintlichen* und *tatsächlichen* Gefahren, *offensichtlichen* oder bereits *erkannten* und noch *latenten* Gefahren *unter*schieden werden. Die Zuordnung konkreter Gefahren in dieses Einteilungsschema dürfte überwiegend durch den Informationsstand der jeweils beteiligten Personen und nur zum geringeren Teil vom Stand der Theorie abhängen.

So wie die mit einer technischen Apparatur verbundenen Gefahren sowohl von den angewandten Prinzipien als auch den Details ihrer technischen Verwirklichung abhängen, so sind auch die einem Informationssystem innewohnenden Gefahren durch die zugrunde liegenden Prinzipien und die Ausgestaltung im Detail (mit-)bestimmt. Technische wie organisatorische und informatorische Systeme können benutzerfreundlich, sinnfällig, ja „narrensicher" aufgebaut sein, sie können aber auch menschliche Fehler bei ihrer Handhabung geradezu provozieren: bei technischen Systemen etwa durch ungünstige Anordnung der Bedienungselemente, durch Bewegungsrichtungen, die dem üblichen Verhalten des Menschen entgegengesetzt sind, durch Kennzeichnungen, die nicht sinnfällig sind oder den üblichen menschlichen Vorstellungen entgegenstehen. Bei organisatorischen und informatorischen Systemen kann dies durch unklare Begriffs- und Funktionsabgrenzungen,

7 Auch andere Autoren halten die Vollkostenrechnung für bestimmte Zwecke für unentbehrlich, so z.B. *Bock, Günter:* Das Rechnen mit Einzelkosten und Deckungsbeiträgen. Eine Stellungnahme zu dem gleichnamigen Aufsatz von Professor Dr. Paul Riebel, in: ZfhF NF 11 (1959), S. 636–644. – *Hahn, Dietger:* Direct Costing und die Ausgaben der Kostenrechnung, in: Neue Betriebswirtschaft (1964), S. 221–225 und (1965), S. 8–13. – *Hill, Wilhelm:* Direct Costing oder Standardkosten? Bern 1964. – *Chmielewicz, Klaus:* a. a. O., insbes. S. 168–173. – *Weber, Helmut Kurt:* Betriebswirtschaftliches Rechnungswesen, München 1974, insbes. S. 262 f.

zu Mißdeutungen Anlaß gebenden Bezeichnungen, durch eine Strukturierung, die nicht den Fragestellungen und sachlichen Gegebenheiten entspricht, hervorgerufen werden. „Könner" vermögen es, solche systemimmanenten Mängel weitgehend auszugleichen und damit den innewohnenden Gefahren zu begegnen. Freilich ist gerade bei ungünstig konzipierten Kostenrechnungssystemen meist ein erheblicher Aufwand erforderlich, um die jeweils relevanten Informationen durch Aufspaltung der ausgewiesenen Kostenarten und -kategorien sowie Umbewertungen zu gewinnen und über mehr oder weniger viele Stufen hinweg durchzurechnen. Deshalb wird aus Zeit- und Kostengründen oft auf solche aufwendigen Sonderrechnungen verzichtet und lieber auf der Grundlage nicht relevanter Kosten geplant und entschieden. Weniger befähigte Benutzer vermögen die einem System innewohnenden Gefahrenpotentiale enorm zu steigern. Das gilt auch für die unterschiedlichen Systeme der „Grenz"kosten- und Deckungsbeitragsrechnung, insbesondere auch für die Details ihrer Verwirklichung im konkreten Falle.

Schon diese allgemeinen Vorüberlegungen zeigen, daß man bei einer Darstellung der Gefahren eines Rechnungssystems oder gar alternativer Systeme vor sehr komplexen Zusammenhängen steht, ganz besonders wenn man – und das ist für eine praxisorientierte Beurteilung unumgänglich – den Menschen als Anwender einbezieht. 497

Wegen des begrenzten Raums, der hier zur Verfügung steht, kann das Thema nicht in voller Breite und allen Details erörtert werden, zumal sich so gut wie überhaupt keine allgemein gültigen Aussagen über Differenzkostenrechnungen und die dazugehörigen Deckungsbeitragsrechnungen machen lassen[8]. Das gilt ganz besonders für die in der Praxis unter mannigfaltigen Bezeichnungen eingerichteten „selbstgestrickten" Systeme, in denen meist mehr oder weniger von den theoretischen Grundkonzeptionen Gemeinkosten auf die Kostenträger und sonstigen Kalkulationsobjekte zugeschlüsselt werden, „damit die Deckungsbeiträge nicht so beängstigend groß erscheinen".

Bei Aussagen über Systeme der Diffenrenzkosten- und Deckungsbeitragsrechnungen muß daher zwischen den von der Theorie entwickelten „Grundtypen" und den in der Praxis eingerichteten Systemen unterschieden werden. Dementsprechend werden in der folgenden Darstellung zunächst solche Gefahren erörtert, die durch die Prämissen und Prinzipien der theoretischen Grundtypen induziert werden. Dann werden, auf einige Beispiele beschränkt, Gefahren veranschaulicht, die bei der Implementierung in der Praxis durch vereinfachende Abweichungen oder durch Zugeständnisse an traditionelle Vorstellungen der Vollkostenrechnungen zusätzlich ausgelöst werden. Schließlich ist noch auf solche Gefahren einzugehen, die durch falsche Auswertung und Interpretation der Ergebnisse richtiger Differenzkosten- und Deckungsbeitragsrechnungen entstehen können.

III. Systemimmanente Gefahren der Grundtypen der Differenzkosten- und Deckungsbeitragsrechnungen

Jedes Rechnungssystem kann als ein Modell zur Abbildung betrieblicher Zusammenhänge angesehen werden. Jede Abbildung, jedes Modell ist mit mehr oder weniger großen Vereinfachungen gegenüber der Wirklichkeit behaftet. Die Abweichungen zwischen Rechnungsmodell und Wirklichkeit hängen einerseits von den Prämissen des Modells ab, andererseits

8 So auch *Moews, Dieter:* a. a. O., insbes. S. 32 f.

von der Kompliziertheit der betrieblichen Wirklichkeit, die das Rechenmodell abbilden soll[9].

498 Aus dem Grenzgedanken sind zahlreiche Spielarten von Teilkosten- und Bruttoergebnisrechnungen entwickelt worden, die sich auf zwei Grundsysteme zurückführen lassen, denen sehr unterschiedliche Modellvorstellungen über die Zusammenhänge zwischen Kosten und Erlösen zugrundeliegen[10]:

1. Der erste Grundtyp beruht auf der Trennung zwischen fixen und proportionalen Kosten in bezug auf den Beschäftigungsgrad, wobei nur die als proportional angesehenen Kosten auf die Kostenträgereinheiten verrechnet werden. Dieser Grundtyp wird im folgenden als „Dircet Costing" zitiert. Übliche Bezeichnungen sind auch Mengenkosten-, Proportionalkosten-, Marginalkosten-, Grenzkosten-, Grenzplankosten-, Fixkostendeckungs-Rechnung, Variable Costing.

2. Der zweite Grundtyp beruht auf der Trennung der Kosten und Erlöse nach der Disponierbarkeit und Zurechenbarkeit nach dem Identitätsprinzip, wobei nur solche Kosten und Erlöse einander gegenübergestellt oder einem Untersuchungsobjekt zugerechnet werden dürfen, die auf eine identische Entscheidung zurückgehen. („Rechnen mit relativen Einzelkosten und Deckungsbeiträgen", im folgenden kurz als Grundtyp „Einzelkosten- und Deckungsbeitragsrechnung" zitiert).

Beide Grundtypen können als Ist-, Standard- oder Prognosekostenrechnung ausgestaltet werden, ja in gewisser Weise auch als Normal-Kostenrechnung, wobei jedoch das für alle Normalkostenrechnungen auf Vollkostenbasis wichtigste Element, die Normalisierung des Beschäftigungsgrades, bei reinen Differenzkostenrechnungen als systemwidrig entfällt.

Auch lassen sich *Mischsysteme* durch Kombination von Elementen der angeführten zwei Grundtypen gewinnen: So hat die ursprünglich nach dem Konzept des Direct Costing angelegte flexible Plankostenrechnung *Kilgers*[11] sich dem Rechnen mit relativen Einzelkosten und Deckungsbeiträgen angenähert, was in der Änderung des Untertitels dieses Werkes von der 3. Auflage an zum Ausdruck kommt[12] [4]. Auch *Böhm* und *Wille* haben ihr ursprünglich auf dem Direct Costing beruhendes System der Standard-Grenzpreisrechnung[13], für das die Einbeziehung von „Opportunitätskosten" 499 („Standard-Grenzerfolgen") in die laufende Rechnung charakteristisch ist, von der 2. Auflage ihres Werkes an wesentliche Elemente des Rechnens mit relativen Einzelkosten und Deckungsbeiträgen in ihr System eingebaut[14] [5].

9 Zum Abbildungsproblem im Rechnungswesen siehe *Hummel, Siegfried:* Wirklichkeitsnahe Kostenerfassung. Neue Erkenntnisse für eine eindeutige Kostenermittlung, Berlin 1970.

10 Eine entsprechende Grundeinteilung nimmt vor: *Weber, Helmut Kurt:* a. a. O., S. 220 f. – *Moews, Dieter* (a. a. O., S. 23–32) bildet von vornherein vier Grundvarianten durch die Kombination der Kategorien proportional-fix und Kostenträgereinzelkosten-Kostenträgergemeinkosten.

11 *Kilger, Wolfgang:* Flexible, Plankostenrechnung, Einführung in die Theorie und Praxis moderner Kostenrechnung, Köln und Opladen 1961 (1. Aufl.).

12 *Kilger, Wolfgang:* Flexible Plankostenrechnung. Theorie und Praxis der Grenzplankostenrechnung und Deckungsbeitragsrechnung. 3., erw. Aufl., Köln und Opladen 1967, 6. Aufl. Opladen 1974. Siehe hierzu auch das Vorwort zur 3. Auflage, S. 8 f.

13 So bezeichnete *Böhm* seinen Ansatz ursprünglich. Siehe z.B. *Böhm, Hans-Hermann:* Die Programmplanung mit Hilfe der Standard-Grenzpreise, in: Taschenbuch für den Betriebswirt Hrsg. v. *W. Steinbring, E. Schnaufer* und *G. Rode*, Berlin-Stuttgart 1957, S. 93–202.

14 Siehe *Böhm, Hans-Hermann* und *Wille, Friedrich:* Deckungsbeitragsrechnung und Programmoptimierung, München 1965. Zweite, völlig überarbeitete und erweiterte Auflage des Werkes „Direct Costing und Programmplanung", München 1960, 4. Aufl. 1970.

A. Systemimmanente Gefahren des Grundtyps „Direct Costing“

Der Grundtyp „Direct Costing“ geht von sehr einfachen Vorstellungen über die betrieblichen Zusammenhänge zwischen Erlösen und Kosten aus. Ihm liegt letztlich das Modell des Einperioden-Einprodukt-Einmarkt-Betriebs ohne Auftragsgrößenprobleme und mit linearem Kosten-und Erlösverlauf in Abhängigkeit von der Ausbringung zugrunde. Die Differenz zwischen den Erlösen und den entsprechenden proportionalen Kosten (bzw. durchschnittlichen variablen Kosten oder als proportional deklarierten Kosten) wird als „Grenz“erfolg, „Bruttogewinn“ oder als „Deckungsbeitrag“ (= Beitrag zur Deckung der fixen Kosten und zum Gewinn) bezeichnet. Entwickeltere Formen umfassen auch das Modell des Einperioden-Mehrprodukt- und Mehrmärktebetriebs mit wechselnder und paralleler, aber im übrigen unverbundener Sortenfertigung, freilich ohne Sortenwechsel-, Los- und Auftragsgrößenprobleme zu beachten. Meist ist jedoch die Ermittlung der Engpässe und ihrer Inanspruchnahme sowie der engpaßbezogenen Deckungsbeiträge eingeschlossen. Dieser Grundtyp und seine Hauptvarianten werden in der Literatur schon seit der Jahrhundertwende[15], in neuerer Zeit insbesondere unter den Bezeichnungen Direct (Variable) Costing, seltener Grenzkostenrechnung oder Deckungsbeitragsrechnung – auch in allgemeinen Lehrbüchern – durchweg ausreichend und zutreffend beschrieben, so daß hier auf eine Wiederholung von Details verzichtet werden kann[16].

Vom Grundtyp „Direct Costing“ gibt es zahlreiche Spielarten. Die Hauptvarianten unterscheiden sich durch die globale oder stufenweise Abdeckung der fixen Kosten in der Periodenrechnung. Dabei ist die „Fixkostendeckungsrechnung (FDR)“ nach *Agthe* und *Mellerowicz* insofern|eine Mischform zur Vollkostenrechnung, als hier in der retrograden wie progressiven Kalkulation die Fixkosten stufenweise den Leistungseinheiten wieder zugeschlüsselt werden[17]. 500

Weitere Varianten ergeben sich danach, wie der Begriff der variablen Kosten bzw. der Beschäftigungsvariabilität konkret definiert wird und ob bei Vorliegen von Engpässen sogenannte „Opportunitätskosten“, d.h. verdrängte Deckungsbeiträge, in die laufende Rechnung einbezogen werden[18].

Alle Spielarten der auf einer Trennung zwischen fixen und proportionalen Kosten in bezug auf den Beschäftigungsgrad beruhenden Rechnungssystemen gehen von folgenden Prämissen aus[19].

15 Z.B. von *Schmalenbach, Eugen:* Gewerbliche Kalkulation. In: ZfhF NF 15. Jg. (1963), S. 375–384 (Nachdruck aus Zeitschrift für das gesamte kaufmännische Unterrichtswesen, 5. Jg. 1902/03, S. 159–165, S. 178–180 und S. 210–214). Zur geschichtlichen Entwicklung siehe insbes.*Kilger, W.:* Flexible Plankostenrechnung, 3. und folgende Aufl. S. 107–119, und *Weber, Karl:* Amerikanisches Direct Costing, Bern und Stuttgart 1970.

16 Zu Details siehe in der deutschspachigen Literatur vor allem *Heine, Peter:* Direct Costing – eine anglo-amerikanische Teilkostenrechnung, in: ZfhF NF. 11. Jg. (1959), S. 515–534; *Börner, Dietrich:* Direct Costing als System der Kostenrechnung, Diss. München 1961; *Holzer, H. Peter:* Direct (Variable) Costing, in: Handwörterbuch des Rechnungswesen, hrsg. v. *E. Kosiol,* Stuttgart 1970, Sp. 412–418; *Mellerowicz, K.:* a. a. O., S. 96–142.

17 Vgl. hierzu: *Agthe, Klaus.* Stufenweise Fixkostendeckung im System des Direct Costing, in ZfB 29. Jg. (1959), S. 404–418, hier S. 416–418; *Mellerowicz, K.:* a. a. O., S. 187–272.

18 So z.B. von *Böhm, Hans Hermann* und *Wille, Friedrich:* Direct Costing und Programmplanung, München 1960.

19 Ähnliche, aber zum Teil abweichende Prämissenkataloge finden sich bei *Holzer,* a. a. O., Sp. 414 (unter Berufung auf *Glasgow*); *Weinwurm, Ernest H.:* Break-Even-Analysis, in: Handwörterbuch des Rechnungswesen, a. a. O., Sp. 302–307, hier Sp. 305 f.; *Horngren, Charles D.:* Cost Accounting. A Managerial Emphasis, 3. Ed. Englewood Cliffs, N. J. 1972, S. 52.

1. Die einzige relevante Einflußgröße ist die Ausbringungsmenge bzw. der Beschäftigungsgrad. Alle anderen Einflußfaktoren sind konstant oder unbeachtlich.
2. Alle Kosten lassen sich eindeutig in fixe und proportionale Kosten in bezug auf die Ausbringungsmenge bzw. den Beschäftigungsgrad trennen.
3. Die proportionalen Kosten (oder als solche behandelten!) sind konstant und den einzelnen Leistungsarten und -einheiten eindeutig zurechenbar. D. h., die Beschaffungspreise sind unabhängig von der beschafften bzw. verbrauchten Menge, der spezifischen Mengenverbrauch ist eindeutig determiniert und unabhängig von der Ausbringung; es liegt weder ein Beschaffungs-, Produktions- noch Transportverbund vor.
4. Die Verkaufspreise sind konstant und den einzelnen Leistungsarten und -einheiten eindeutig zurechenbar. Es wird also Unabhängigkeit der Preise von den Absatzmengen sowie das Fehlen eines Nachfrageverbundes unterstellt.
5. Die fixen Kosten sind im Variationsbereich konstant und der Periode eindeutig zurechenbar. Die eindeutige Zurechenbarkeit ist ihrerseits an weitere Vorausetzungen gebunden, auf die im Rahmen des zweiten Grundtyps knapp eingegangen wird. Diese Grundprämissen weichen von der Wirklichkeit mehr oder weniger stark ab; allenfalls ist ein Teil von ihnen innerhalb eines begrenzten Unternehmensbereichs, Aktions- oder Zeitintervalls erfüllt[20].

501 *Zu Prämisse 1:*

Abgesehen davon, daß der Beschäftigungsbegriff sehr vage, unbestimmt und nicht direkt meßbar ist[21], ist es fragwürdig, ob die Beschäftigung überhaupt ein geeignetes Kriterium zur Beschreibung von Abhängigkeitsbeziehungen zwischen Kosten und Leistungen bzw. Erlösen ist, allein schon, weil in der Regel mehrere Anpassungsmöglichkeiten zur Verfügung stehen. Deshalb besteht auch dann, wenn keine weiteren Einflußfaktoren von Bedeutung sind, keine eindeutig determinierte Beziehung zwischen der Ausbringung oder der Beschäftigung und den Kosten. Außerdem ist die Beschäftigung nur einer von mehreren Kosteneinflußfaktoren, und es ist keineswegs sicher, daß sie der bedeutendste von ihnen ist[22]. So wichtige Einflußfaktoren wie Zusammensetzung des Produktionsprogramms nach Produkt- und Auftragsarten und Sortenfolge, Los- und Auftragsgrößen, Produktionsverfahren und Verfahrensbedingungen, Größe der Versandaufträge, Versandwege und -verfahren – um nur einige der wichtigsten zu nennen – dürfen in vielen Fällen keineswegs vernachlässigt werden. Bei vielen Entscheidungs- und Kontrollproblemen kommt es sogar gerade auf diese Einflußfaktoren allein oder in erster Linie an und nicht auf Beschäftigungsänderungen.

Zu Prämisse 2:

Die Unbestimmtheit des Beschäftigungsbegriffs, die Schwierigkeiten der Beschäftigungsmessung und das Fehlen eindeutig determinierter Beziehungen zu den Kosten sowie das

20 Zur Kritik des Direct Costing und seiner Prämissen siehe auch *Weber, H. K.:* a. a. O., S. 214–252 und S. 260–263.

21 Vgl. z.B. *Schäfer, Erich:* Beschäftigung und Beschäftigungsmessung in Unternehmung und Betrieb, Nürnberg 1932.

22 Zu diesem Ergebnis kommt *Henzel, F.:* Kosten und Leistung. 3., unveränd. Aufl. der Kostenanalyse, Stuttgart 1957. 1. Aufl. Bühl/Baden 1937.

Wirken weiterer Kosteneinflußfaktoren stellen einer Spaltung der Kosten in fixe und proportionale nach ihrer Abhängigkeit gegenüber diesen Einflußgrößen in der Praxis ganz erhebliche Schwierigkeiten entgegen[23]. Ohne mehr oder weniger große Willkür gelingt diese Trennung wohl nur in ganz besonders günstigen Fällen. In der Praxis wird das Kriterium der Beschäftigungsabhängigkeit oft dahingehend modifiziert, daß die Veränderbarkeit der Kosten innerhalb subjektiv festgelegter Zeitspannen (z. B. eines Quartals) für die Zuordnung zu den variablen oder fixen Kosten maßgeblich ist. Zudem werden gebrochen-linear und nichtlinear variable Kosten ebenso wie stufenfixe (intervallfixe) Kosten mit kleineren Sprungdistanzen meist proportionalisiert. Statt mit proportionalen Kosten wird also in Wirklichkeit mit durchschnittlichen veränderlichen Kosten gerechnet[24]. Im übrigen ist die Unterscheidung zwischen fixen und veränderlichen Kosten relativ und auf jede Einflußgröße anwendbar. Unterscheidet man jedoch nur in bezug auf die Beschäftigung oder Ausbringung zwischen fixen und proportionalen Kosten, dann werden die Auswirkungen der anderen Einflußfaktoren verzerrt dargestellt. 502

Selbst wenn diese anderen Einflußfaktoren als unbedeutend vernachlässig werden können, läßt sich eine eindeutige Präzisierung der fixen und variablen Kosten nur erreichen, wenn man auf Veränderungen der Ausbringung um eine einzige Leistungseinheit und unmittelbare prompte Kostenänderungen abstellt[25]. Aber auch bei einer solchen strengen Auffassung wird – infolge der dominierenden güterwirtschaftlichen Kostenvorstellungen – die Proportionalität rein unter Mengengesichtspunkten[26] gesehen: „Die Kostenarten sind proportional, wenn die aufgewandten Kostengüter die gleiche Teilbarkeit haben wie die Erzeugung"[27]. Es kommt jedoch nicht nur auf die technologische Teilbarkeit des Kostengutes an sich an, sondern auch auf die der Einsatzmenge, weil manche Produktionsprozesse Mindesteinsatzmengen erfordern, die über den kleinsten gewünschten Produktmengen liegen können.

Um von proportionalen Kosten sprechen zu können, müssen noch weitere Voraussetzungen erfüllt sein, die meist übersehen werden. So muß eine dem spezifischen Verbrauch je Produkteinheit entsprechende Dosierbarkeit der zu beschaffenden Mengen und eine Proportionalität der Beschaffungsentgelte gegeben sein. Nicht selten müssen nämlich Mindestmengen oder Standardquanten abgenommen werden; auch ist häufig die Vereinbarung nichtlinearer Beschaffungsentgelte, die in mannigfaltiger Form auftreten können, üblich[28].

23 Siehe hierzu vor allem *Laßmann, Gert:* Die Kosten- und Erlösrechnung als Instrument der Planung und Kontrolle in Industriebetrieben, Düsseldorf 1968, S. 63; *ders.:* Gestaltungsformen der Kosten- und Erlösrechnung im Hinblick auf Planungs- und Kontrollaufgaben, in: Die Wirtschaftsprüfung, 26. Jg. (1973), S. 4 ff., hier S. 4–7; *Männel, Wolfgang:* Kostenspaltung, in: Management Enzyklopädie, Bd. 3, München 1970, S. 1144–1151; *ders.:* Grundzüge einer aussagefähigen Kostenspaltung in: Kostenrechnungspraxis 1973, S. 111–119.

24 So auch *Müller, Adolf:* Rechnen mit Grenzkosten als Gefahrenquellen?, in: VDMA Betriebswirtschaftlicher Kurzbericht, BwK 51, Jan. 1951, insbes. S. 5 ff.

25 Das fordert *Vatter, William J.:* Accounting Measurements of Incremental Costs, in: The Journal of Business of the University of Chicago, Vol. XVIII (1945), S. 145–156, zit. nach dem Nachdruck in: Studies in Costing, Ed. by *David Solomons,* London 1952, S. 209–225, hier S. 213.

26 Diesen Gesichtspunkt rief mir *Siegfried Hummel* in Erinnerung, der scharf zwischen der Erfassung von Mengen- und Wertgrößen unterscheidet (a. a. O., insbes. S. 32–40, 167–172, 191–197.

27 *Müller, Adolf:* Die Grenzkostenrechnung, in: Archiv für das Eisenhüttenwesen, 9. Jg. (1935/36), S. 579–588, hier S. 580.

28 Siehe hierzu im einzelnen *Hummel, Siegfried:* a. a. O., S. 176–191 sowie *Riebel, Paul:* Ertragsbildung und Ertragsverbundenheit im Spiegel der Zurechenbarkeit von Erlösen in: Beiträge zur betriebswirtschaftlicher Ertragslehre. Erich Schäfer zum 70. Geburtstag, hrsg. von *Paul Riebel,*

503 Wie sich die Vernachlässigung dieser Gesichtspunkte und anderer Einflußfaktoren als des Beschäftigungsvolumens auf die proportionalen oder die fixen Kosten verzerrend auswirkt, hängt weitgehend davon ab, wie die Kostenspaltung im Detail durchgeführt wird sowie von den Symptomen, an denen die Beschäftigung gemessen, oder von den Bezugsgrößen, auf die die proportionalen Kosten bezogen werden. Faßt man beispielsweise die proportionalen Kosten im Sinne *Vatters* oder *Müllers*, dann müßten etwa die los- und auftragsgrößenfixen Kosten – auch soweit sie zusätzlich entstehen – zu den beschäftigungsfixen Kosten geschlagen werden, falls man nicht, wie bei der mehrfach flexiblen Plankostenrechnung, dafür besondere Bezugsgrößen oder, wie beim Rechnen mit relativen Einzelkosten, zusätzliche Kostenkategorien schafft. Bei großzügiger Interpretation der „variablen" Kosten werden dagegen dieser Kategorie u. a. fixe, über- und unterproportionale Kosten in Abhängigkeit von der Auftragsgröße im Beschaffungs-, Produktions- und Absatzbereich zugeteilt und damit die proportionalen Kosten verzerrt. Wird die Beschäftigung an Symptomen der Ausbringung gemessen, dann ergeben sich bei ein und derselben Beschäftigung je nach Zusammensetzung aus vielen kleinen oder wenigen großen Aufträgen und je nach der Auftragsfolge ganz unterschiedliche „proportionale" Kosten. Das wirkt sich u. a. in einer falschen Beurteilung von Aufträgen unterschiedlicher Größe aus mit entsprechenden Folgen für die Beschaffungs-, Produktions- und Absatzpolitik, wie in Abschnitt IV an einem Beispiel gezeigt werden wird. Bei der herrschenden Überbetonung des Mengenaspekts wird meist übersehen, daß durch entsprechende Vertragsgestaltung für *proportionalen* Verbrauch (Inanspruchnahme) *fixe* Ausgaben entstehen und umgekehrt für Dienstleistungen zur *Aufrechterhaltung* der *Betriebsbereitschaft* die Ausgaben *variabel* zur Ausbringung, zum Umsatz oder zur zeitlichen Inanspruchnahme des bereitgestellten Potentials vereinbart werden können[29]. Beispiele für den zweiten Fall sind Stück- und Gewichtslizenzen, umsatzabhängige Ladenmieten und laufzeitabhängige Maschinenmieten. [6]

Zu Prämisse 3:

Die als proportional deklarierten Kosten sind in der Regel keineswegs in vollem Umfange und im ganzen Bereich der möglichen Ausbringungsänderungen je Leistungseinheit (oder je Maßeinheit der Beschäftigung) konstant. Das gilt auch, wenn von Preisschwankungen abgesehen wird und wenn bei der Kostenspaltung auf kleinste Ausbringungsänderungen und im übrigen die oben genannten Voraussetzungen in bezug auf die Dosierarbeit der

504 Beschaffungs- und Einsatzmengen erfüllt sind. Weit|häufiger, als gemeinhin angenommen wird, ist nämlich in der Praxis der Fall der „selektiven Anpassung" *(Erich Gutenberg)* zu finden. Dieser ist dadurch gekennzeichnet, daß gleichartige oder einander ersetzende Kostengüter aus mehreren Quellen zu unterschiedlichen Preisen bzw. Kosten bezogen werden, wobei es sich um verschiedene Fremdlieferanten, unterschiedliche Möglichkeiten der Eigenerzeugung oder ein Nebeneinander von Eigenerzeugung und Frembezug handeln

Opladen 1971, S. 147–200, hier S. 161 ff. (Siehe auch: *ders.:* Einzelkosten- und Deckungsbeitragsrechnungen, Opladen 1971, S. 96–134 [S. 110–148]. Die dort über die Zurechenbarkeit und Abhängigkeit der Erlöse gemachten Aussagen gelten entsprechend für die Beziehungen zwischen Beschaffungsausgaben und Kostengütern).

29 Siehe *Riebel, Paul:* Die Bereitschaftskosten in der entscheidungsorientierten Unternehmerrechnung, in: ZfbF NF, 22. Jg. (1970), S. 372–386 [S. 81–97].

kann. Es liegt auf der Hand, daß man im Falle eines Beschäftigungsrückgangs zunächst den Bezug von der jeweils kostspieligsten Quelle einschränkt, soweit dem nicht vertragliche Bindungen oder langfristige Gesichtspunkte entgegenstehen. Umgekehrt wird man bei steigender Beschäftigung, sobald die Quelle mit den niedrigsten zusätzlichen Kosten voll ausgenutzt ist, gezwungen sein, auf die jeweils nächstgünstige Bezugsquelle zurückzugreifen. Auch wenn sich die für die einzelnen Bezugsquellen anzusetzenden Entgelte bzw. zusätzlichen Kosten streng proportional zu den abgenommenen Mengen verhalten, ergibt sich insgesamt ein geknickt-proportionaler Kostenverlauf mit progressiver Tendenz. Die übliche Nivellierung dieser Unterschiede durch Ansatz eines Mischpreises ist gefährlich, weil sie zu Verwendungen Anlaß geben kann, die den Preis bzw. die zusätzlichen Kosten der teuersten, noch disponiblen Bezugsquelle nicht zu tragen vermögen[30].

In den als proportional deklarierten Kosten sind in der Regel mehr oder weniger große Kostenanteile enthalten, die den Leistungseinheiten, Leistungsarten oder Aufträgen nicht einwandfrei zurechenbar sind. Ganz offensichtlich ist dies bei Kuppelproduktion, wo sämtliche Proportionalkosten – wenigstens bis zum Spaltpunkt – den einzelnen Kuppelprodukten nicht eindeutig zugerechnet werden können. Werden diese proportionalen Gemeinkosten dennoch auf die einzelnen Kuppelprodukte verteilt – nach welchem Schlüssel auch immer –, dann führt dies zwangsläufig zu Fehlurteilen über die Förderungswürdigkeit der Weiterverarbeitungsprodukte, bei der Programmwahl sowie der Wahl der Rohstoffe und Verfahrensbedingungen im Falle elastischer Kuppelproduktion[31].

Auch bei wechselnder und paralleler Produktion ergeben sich – je nach der Abgrenzung der proportionalen Kosten und dem Wirken zusätzlicher Einflußfaktoren – mehr oder weniger große Anteile echter variabler|Gemeinkosten, beispielsweise über die Schlüsselung [505] verbundener Beschaffungsausgaben bei gekoppelten Beschaffungsentgelten, von variablen Transportkosten bei gemeinsamen inner- oder außerbetrieblichen Transport, gemeinsamen Verpackungskosten usw. Nicht zurechenbar sind auch die – meist durchaus kurzfristig veränderlichen, aber eben nicht ausbringungsmengenproportionalen – zusätzlichen Kosten der dynamischen Betriebsbereitschaft, wie sie beispielsweise benötigt werden, um Glühöfen auf Betriebstemperatur zu halten, und die in den als proportional deklarierten Kosten vielfach enthaltenen Anteile von Kosten der statischen Betriebsbereitschaft, wenn die Proportionalität bzw. direkte Erfaßbarkeit des Mengengerüsts wie bei den Fertigungslöhnen[32] mit der Proportionalität und direkten Erfassung der Kosten verwechselt wird, weil der Verlauf der Entgeltfunktionen und die Möglichkeiten der ausgabenwirksamen Disponierbarkeit vernachlässigt werden.

30 Siehe zu diesem Problem: *Müller, Adolf:* Rechnung mit Grenzkosten als wirtschaftliche Gefahrenquelle?, a. a. O., S. 5. – *Männel, Wolfgang:* Kostenrechnerische Probleme bei der Bewertung gleichartiger Kostengüter verschiedener Herkunft, in: Neue Betriebswirtschaft (NB), 21. Jg. (1968), S. 7–20. – *ders.:* Zurechnung von Erlösen auf parallel arbeitende Betriebsteile, in: NB, 24. Jg. (1971), S. 1–21; Arbeitskreis „Deckungsbeitragsrechnung" ..., a. a. O., S. 4 f., 6 und 10.

31 Zur Beweisführung *Riebel, Paul, Helmut Paudtke* und *Wolfgang Zscherlich:* Verrechnungspreise für Zwischenprodukte, Opladen 1973, insbes. S. 79–83, 93–95, 99 f., 156–164, 206–208.

32 Zur Begründung der Zuordnung der Fertigungslöhne (während der normalen Arbeitszeit) zu den Bereitschaftskosten und den Gemeinkosten siehe insbes. *Riebel, Paul:* Kurzfristige unternehmerische Entscheidungen im Fertigungsbereich, in: Neue Betriebswirtschaft, 20. Jg. (1967), Heft 8, S. 1–23, hier S. 5 f. (siehe auch: Einzelkosten- und Deckungsbeitragsrechnung, S. 262–266) [276–280].

Zu Prämisse 4:

Eine Konstanz der Verkaufspreise und damit eine Proportionalität der Erlöse ist innerhalb gewisser zeitlicher und sachlicher Grenzen in Wirklichkeit durchaus anzutreffen. Aber nicht selten sind die Preise nach Absatz- oder Versandwegen, Abnehmergruppen, Verwendungszwecken, der Bestell- oder Liefermenge, den Bestell- oder Lieferzeiten und sonstigen Merkmalen differenziert oder individuell ausgehandelt. Das gibt Anlaß, auch im Absatzbereich nach selektiver Anpassung zu streben und beim Vorliegen von Engpässen – unter Beachtung der langfristigen Absatztrategie – nach Möglichkeit die Teilmärkte und Aufträge zu bevorzugen, die relativ höhere Preise bringen. Das führt dann im Idealfall zu einem geknickt-proportionalen Erlösverlauf mit unterproportionaler Tendenz. Entsprechende selektive Maßnahmen auf Seite der Kunden können bei Verknappung des jeweils billigsten Angebots (z.B. in bezug auf alternative Packungsgrößen oder Lieferzeiträume oder unterschiedlicher Platzkategorien im Darstellungsgewerbe) zu einem Ausweichen auf höherpreisige Leistungen führen, so daß sich bei zunehmender Nachfrage eine geknickt-proportionale Erlöskurve mit progressiver Tendenz ergibt[33]. Die Gepflogenheit der Praxis, Preisabschläge in Abhängigkeit von dem Gesamtwert zusammengesetzter Aufträge oder vom Gesamtumsatz eines Jahres oder von der Gesamtabnahmemenge auch
506 für heterogene Leistungen zu gewähren, entspricht weder der beim Direct|Costing vorausgesetzten Konstanz noch der vorausgesetzten Unverbundenheit der Preise für verschiedenartige Leistungen. Häufig sind aber auch Gesamtentgelte für angebotsverbundene Leistungskombinationen zu finden; ein derartiger Erlösverbund liegt auch vor, wenn die Entgelte heterogener Leistungen formal gesondert fakturiert werden, jedoch die Dispositionsfreiheit des Abnehmers über die Zusammensetzung des nachgefragten Leistungsbündels eingeschränkt ist, oder die Preise einer Leistung von der Abnahme anderer Leistungen abhängen [1]. Auch können abnahmefixe Elemente oder Mindestbeiträge in den Erlösen enthalten sein[34].

Zu Prämisse 5:

Die in der Periode ausgewiesenen „fixen" Kosten umfassen – wie bei der Vollkostenrechnung – einen mehr oder weniger großen Anteil solcher Kosten, die für die jeweils betrachtete Periode und weitere Perioden gemeinsam disponiert wurden, also Periodengemeinkosten darstellen. Davon ist wiederum ein Teil irreversibel vordisponiert, so daß er für Kontrollen und Entscheidungen in dieser Periode nicht mehr relevant ist („sunk costs"). Insoweit sind Aussagen über Periodenergebnisse, Kostendeckungspunkte, Mindestabsatzmengen usw. fragwürdig und mit der Gefahr von Fehlentscheidungen verbunden. Diese Kritik gilt auch für die stufenweise Abdeckung der fixen Kosten, wenn dabei – wie üblich – die „vollen" Fixkosten der einzelnen Abdeckungsstufen zugrundegelegt werden. Oft wird insbesondere übersehen, daß die einem Produkt, einer Produktgruppe, einer Kostenstelle usw. zugerechneten Kosten bei der Eliminierung dieser Leistungen aus dem Programm oder der Schließung der betreffenden Betriebsstätten nur zum Teil abgebaut werden können, daß also ein mehr oder weniger großer Teil der Kosten „hängenbleibt"

33 Siehe hierzu *Schäfer, Erich:* Die Unternehmung, 8. Aufl. Opladen 1974, S. 217–221 (auch in früheren Auflagen).

34 Zu den Einzelheiten siehe *Riebel, Paul:* Ertragsbildung und Ertragsverbundenheit: a. a. O., S. 165 ff. [S. 114 ff.].

und daß andererseits auch in den Fixkosten der übergeordneten Abdeckungsstufe abbaubare Kostenteile stecken können. Deren Höhe ist jedoch ebensowenig ersichtlich wie die Fristen, zu denen sie frühestens abgebaut werden können oder die Intervalle, in denen darüber disponiert werden kann.

Zusammenfassend ist über die prämissenbedingten Gefahren des Grundtyps Direct Costing folgendes festzustellen: Werden die Diskrepanzen zwischen Prämissen und Wirklichkeit im Bereich der als proportional deklarierten Kosten nicht klar gesehen, dann kommt es leicht zu Fehlbeurteilungen über die Höhe dieser Kosten und ihre Abhängigkeit sowie über die Erfolgswirkungen der jeweils zu untersuchenden Maßnahmen mit der Gefahr, daß falsche Entscheidungen getroffen werden. Es kommt eben auch bei sogenannten „kurzfristigen" Entscheidungen (im Rahmen gegebener Kapazität und Betriebsbereitschaft) nicht darauf an, ob Kosten|fix oder variabel in bezug auf die Beschäftigung sind. 507 Vielmehr ist zu untersuchen, welche Kosten für die bestimmte Fragestellung relevant sind, das heißt, durch die betrachteten Maßnahmen oder Änderungen von Einflußfaktoren gleichfalls verändert werden oder wurden.

Besonders gefährlich ist es, bei größeren Änderungen des Leistungsvolumens zu unterstellen, daß die als proportional angenommenen Größen des Grundtyps Direct Costing (Erlöse, Proportionalkosten, Deckungsbeiträge oder Leistungen) einfach extrapoliert werden könnten[34a]. Hier müßte im Einzelfalle untersucht werden.

(a) wie sich diese Änderungen im Ausbringungsvolumen auf die Preise im Beschaffungs- und Absatzmarkt auswirken,

(b) ob Veränderungen der spezifischen Verbräuche je Leistungseinheit zu erwarten sind und

(c) welche sonstigen Faktoren beim Schluß von den Istkosten oder den Standardwerten auf die relevanten Kosten zur Beurteilung künftiger Entwicklungen und Maßnahmen berücksichtigt werden müssen [1].

Das erfordert eine Einbeziehung der Marktbeobachtung und von Prognosen über die künftige Entwicklung. Außerdem muß auch geprüft werden, ob größere Veränderungen in der Ausbringungsmenge bzw. im Beschäftigungsgrad oder stärkere Verlagerungen im Produktionsprogramm mit einer – und sei es auch nur partiellen – Änderung der Betriebsbereitschaft und damit der „fixen" Kosten verbunden sind.

Weil die Proportionalkostenrechnung in allen ihren Spielarten durchweg vom sogenannten wertmäßigen Kostenbegriff ausgeht, der ein rein güterwirtschaftlicher und preislich nicht eindeutig bestimmter ist, besteht die erhebliche Gefahr, daß mit nichtrelevanten Preisen gerechnet wird [1].

Abschließend kann gesagt werden, daß die Proportionalkostenrechnung sowohl bei globaler wie bei stufenweiser Fixkostendeckung nur einen Teil der Mängel der traditionellen Vollkostenrechnung vermeidet und daher ebenso wie diese zu Fehlurteilen und falschen Entscheidungen verführt. Wer die Prämissen kennt, weiß, daß die auf diesem Grundtyp aufbauenden Rechnungssysteme nur wenig unmittelbar nutzbare Informationen für die Ermittlung relevanter Kosten bieten, so daß man gezwungen ist, sowohl aus den „proportionalen" als auch aus den „fixen" Kosten erst die jeweils relevanten Bestandteile zu isolieren und über alle Rechnungsstufen hinweg neu die Kosten zu ermitteln. Derartige

34a Ähnlich auch *Henniger, Claus*: Die Deckungsbeitragsrechnung ist kein Wundermittel, Unternehmerische Entscheidungen müssen auch die Marktentwicklung berücksichtigen. In: Blick durch die Wirtschaft vom 30. 4. 73, S. 3.

Sonderrechnungen werden dadurch erschwert, daß lediglich mit zwei Kostenkategorien, 508 nämlich „fixen" und „proportionalen" Kosten, gearbeitet wird, daß aber – außer der Bezeichnung für die „natürliche" Kostenart – keine weiteren Merkmale über Disponierbarkeit usw. bei der Kategorienbildung berücksichtigt sind. Direct Costing ist zwar ein einfaches und leicht verständliches Modellkonzept, aber eben viel zu einfach, um die komplizierte Wirklichkeit rechnerisch abbilden zu können.

B. Systemimmanente Gefahren des Grundtyps „Einzelkostenrechnung"

Der Grundtyp „Einzelkosten- und Deckungsbeitragsrechnung" geht nicht von einem bestimmten Betriebsmodell aus, sondern von sehr differenzierten Vorstellungen über die Zusammenhänge zwischen Kosten- und Erlösen, wie sie in Vielprodukt-, Vielprozeß-, Vielmärkte-, Vielperiodenbetrieben auftreten können, deren Leistungen im Beschaffungs-, Produktions- und Absatzbereich sowie im Zeitverlauf verbunden sind. Eine Beschränkung der Kosten- und Bruttoergebnisrechnung auf sog. kurzfristige Probleme (bei denen eine Konstanz der Kapazität und Betriebsbereitschaft vorausgesetzt wird) auch ein Abschieben der langfristigen Probleme, bei denen es um eine Änderung der Kapazität oder Betriebsbereitschaft geht, auf die Investitionsrechnung findet nicht statt.

Die Deckungsbeiträge sollen die Erfolgsänderungen aufzeigen, die infolge bestimmter Entscheidungen oder der Veränderung bestimmter Einflußgrößen entstanden oder zu erwarten sind. Durch problemadäquates Zusammenfassen der Deckungsbeiträge können die Erfolgsquellen und ihr Zusammenfließen offengelegt werden, sei es für Einzelprojekte oder das Unternehmensganze, sei es periodenweise oder kumulativ im Zeitablauf. Es wird – soweit wirtschaftlich vertretbar – angestrebt, die in fallbezogenen Sonderrechnungen benötigten Elemente der relevanten Größen schon in der laufenden, systematischen Vor- und Nachrechnung („Grundrechnung") verfügbar zu halten und schon bei der Erfassung und Aufbereitung der Kosten, Erlöse und Mengengrößen deren Zurechenbarkeits- und Abhängigkeitsbeziehungen zu berücksichtigen. Dabei können grundsätzlich beliebige Untersuchungsobjekte, Handlungsparameter und Einflußfaktoren sowie Kosten- und Erlösverläufe einbezogen werden. Die Installation dieses Systems erfordert daher eine individuelle Maßarbeit, bei der sowohl die Betriebseigenarten als auch die besonders interessierenden Fragestellungen für die Auswertung berücksichtigt werden müssen. Es gibt daher keinen generellen Prämissenkatalog wie beim Direct Costing, vielmehr werden die Prämissen jeweils erst individuell bei der Implementierung des Systems gesetzt, indem festgelegt wird, welche Untersuchungsobjekte, Handlungsparameter, Einflußfaktoren, Zurechnungs- und Abhängigkeitsbeziehungen berücksichtigt werden sollen und auf welche 509 man aus Wirtschaftlichkeitsgründen verzichten will. | Die Gefahren der Einzelkosten- und Deckungsbeitragsrechnung sind daher weniger systemimmanent als anwendungsbedingt.

Weil die Einzelkosten- und Deckungsbeitragsrechnung bis Ende der sechziger Jahre eine rasche Entwicklung mit immer konsequenterer Betonung der Entscheidungsrechnung durchgemacht hat und ihr heutiges Konzept in der Sekundärliteratur oft mißverständlich, unrichtig oder unvollständig dargestellt wird[35], erscheint es notwendig, das Grundkon-

35 So z.B. *Moews, Dieter:* a. a. O., passim: *Chmielewicz, Klaus:* a.a.O., S. 164–169; *Mellerowicz, Konrad:* a. a. O., S. 173–186; *Weber, Helmut Kurt:* a. a. O., S. 213–263, insbes. 253–260; *Huch, Burkhardt:* Einführung in die Kostenrechnung, 3. Aufl., Würzburg/Wien 1973, S. 180–183.

zept hier so weit zu charakterisieren, als es für die bei der Implementierung und Auswertung auftretenden Gefahren von Bedeutung zu sein scheint.
Grundlegend sind der entscheidungsorientierte Kosten- und Erlösbegriff sowie die relativierte Unterscheidung zwischen Einzelkosten und Gemeinkosten nach dem Idenitätsprinzip. Demnach sind Kosten bzw. Erlöse die durch die Entscheidung über das betrachtete Untersuchungsobjekt ausgelösten Ausgaben (einschließlich Ausgabenverpflichtungen) bzw. Einnahmen (einschließlich Einnahmeansprüche)[36].
Im Falle einer Periodenrechnung gehören zu den Kosten einer Periode alle Kosten derjenigen Objekte, die vollständig von dieser Periode eingeschlossen werden, die also nicht in vorangehende oder nachfolgende Perioden „hineinragen". Will man diese einbeziehen, muß das Untersuchungsobjekt entsprechend ausgedehnt werden. Vom pagatorischen Kostenbegriff unterscheidet sich der entscheidungsorientierte durch Ausklammerung der nicht mehr beeinflußbaren „vordisponierten Ausgaben" *(H. Langen)*, weil diese durch eine Entscheidung, die ein anderes zeitlich früher beginnendes Untersuchungsobjekt betreffen, ausgelöst worden sind[37]. Dementsprechend ergibt sich der Deckungsbeitrag eines Untersuchungsobjekts als Differenz derjenigen Erlöse und Ausgaben, die auf dieselbe Entscheidung zurückgeführt werden können wie die Existenz des Untersuchungsobjektes selbst („Identitätsprinzip")[38]. [7] 510
Die entscheidungsorientierte Definition der Grundbegriffe: Kosten, Erlöse und Deckungsbeiträge ist auch für Kontrollrechnungen von Bedeutung, sobald dort über eine bloße Ausführungskontrolle hinausgehend die viel wichtigere Entscheidungskontrolle betrieben werden soll.
Die Unterscheidung zwischen Einzelkosten und Gemeinkosten wird in der Praxis – und vielfach auch in der Literatur – oft nur auf Kostenträger, nicht selten jedoch auch auf Kostenstellen bezogen; dabei dient als Kriterium der Einzelkosten die direkte Erfassung des Mengengerüsts. Bei der Einzelkosten- und Deckungsbeitragsrechnung dagegen wird erstens dieses Begriffspaar völlig relativiert und auf jedes beliebige Objekt angewandt; zweitens dient als Kriterium nicht die Erfassung, sondern die Zurechenbarkeit nach dem Identitätsprinzip, das allein der Entscheidungsorientierung angemessen ist. Demnach sind Einzelkosten eines Untersuchungsobjekts solche Ausgabenänderungen, die auf denselben dispositiven Ursprung zurückgehen wie die Existenz des Untersuchungsobjekts selbst. Die echten Gemeinkosten werden dagegen durch „übergeordnete" Entscheidungen (Maßnahmen) ausgelöst, die das betrachtete Untersuchungsobjekt und andere ***gemeinsam*** be-

36 So *Riebel, Paul:* Die Bereitschaftskosten in der entscheidungsorientierten Unternehmerrechnung, in: ZfbF 22. Jg. (1970), S. 372–386, hier S. 372[S. 81]; *ders.:* Einzelkosten und Deckungsbeitragsrechnung, a. a. O., S. 67, 85 und 344 [S. 81, 99, 360]; ähnlich auch *Schneider, Dieter:* Investition und Finanzierung, 1. Aufl. Köln und Opladen 1970, S. 478 und 536.

37 Eine Ausdehnung des entscheidungsorientierten Kostenbegriffs mit Hilfe von Hypothesen, wie sie beim pagatorischen Kostenbegriff vorgenommen wird, widerspräche dem Sinn dieses Kostenbegriffs. Sobald man nicht mehr beeinflußbare Ausgaben oder sogenannte kalkulatorische Kosten, die beim jeweiligen Untersuchungsobjekt überhaupt nicht mit Ausgaben verbunden sind, einbezieht, handelt es sich insoweit eben um einen anderen Kostenbegriff als den entscheidungsorientierten. Will man in den entscheidungsorientierten Kostenbegriff die sozialen Zusatzkosten einbeziehen, dann muß nicht der Kostenbegriff, sondern das Untersuchungsobjekt ausgeweitet werden, nämlich von der die sozialen Kosten veranlassenden Unternehmung auf alle davon Betroffenen. Vgl. hierzu die abweichende Auffassung bei *Heinen, Edmund* und *Arnold Picot:* Können in betriebswirtschaftlichen Kostenauffassungen soziale Kosten berücksichtigt werden?, in. BFuP, 26. Jg. (1974), S. 345–366, hier S. 354–356.

38 Zuerst formuliert in: *Riebel, Paul:* Kurzfristige unternehmerische Entscheidungen ...., S. 9 [S.286]; *ders.:* Die Fragwürdigkeit des Verursachungsprinzips, S. 60–63 [S. 75–78].

treffen; sie können selbst bei Anwendung bester Erfassungsmethoden für das Untersuchungsobjekt nicht getrennt ermittelt werden, sind jedoch einem übergeordneten Untersuchungsobjekt nach dem Identitätsprinzip zurechenbar.
Alle Kosten lassen sich daher mindestens in bezug auf ein Untersuchungsobjekt als Einzelkosten erfassen und ausweisen, und sei es der Gesamtunternehmung in der Totalperiode. Die Aggregation von Einzelkosten, Einzelerlösen und Deckungsbeiträgen bei übergeordneten Untersuchungsobjekten, beispielsweise zur Verdichtung der Detailinformationen, ist ohne weiteres zulässig, doch muß dann zwischen diesen „aggregierten Einzelkosten" und den originär erst bei dem Klassifikationsobjekt zurechenbaren Kosten (seinen „originären Einzelkosten") unterschieden werden[39]. In keinem Fall zulässig ist dagegen die Schlüsselung oder Verteilung echter Gemeinkosten und Gemeinerlöse sowie gemeinsamer Deckungsbeiträge.
Weil die einzelnen Dispositionen und Maßnahmen häufig ein Glied einer oder mehrerer, oft vielfach vernetzter Dispositionsketten sind und im Verhältnis sachlicher Über- und Unterordnung sowie der zeitlichen Reihung stehen könen, ist es für eine entscheidungsorientierte Unternehmensrechnung notwendig, diese Dispositionsverkettung zu erfassen
511 und abzubilden. Vor allem gilt es, die Dispositionshierarchien und -vernetzungen bei der stufenweisen Aggregation von Kosten, Erlösen und Mengendaten sowie bei der stufenweisen Abdeckung von Gemeinkosten zu beachten. Weil nicht immer generelle Über- und Unterordnungsbeziehungen zwischen bestimmten Untersuchungsobjekten („Bezugsgrößen") bestehen oder die betrachteten Bezugsgrößen nicht eindeutig konvergieren und weil oft mehrere Verknüpfungen möglich sind, ergibt sich die Notwendigkeit, problemadäquate Bezugsgrößenhierarchien aufzubauen[40].
Freilich kann es für den „Außenstehenden", der nicht unmittelbar an der Vorbereitung der betreffenden Entscheidungen mitgewirkt hat, schwierig werden, die Verkettung der einzelnen Dispositionsobjekte, ihr Über- und Unterordnungsverhältnis eindeutig zu erkennen. Das gilt ganz besonders für die Analyse verdichteter Nachrechnungen, weil hier die Kontrollobjekte und sonstigen Klassifikationsobjekte, die im Hinblick auf spezielle Auswertungszwecke gebildet worden sein mögen, nicht mit den Dispositionsobjekten identisch zu sein brauchen; es gibt daher auch von den Entscheidungshierarchien abweichende Bezugsgrößenhierarchien, die problemadäquat aufzubauen sind.
Die Unterscheidung zwischen variablen und fixen Kosten wird in der Einzelkosten- und Deckungsbeitragsrechnung relativ in bezug auf jede beliebige Einflußgröße angewandt; speziell in bezug auf die Beschäftigung ist sie allerdings bedeutungslos. Stattdessen wird zwischen Leistungskosten und Bereitschaftskosten unterschieden.
Die Leistungskosten hängen vom tatsächlich realisierten Leistungsprogramm ab und ändern sich „automatisch" mit Art, Menge und Wert der Leistungen, Leistungsbündel und „Leistungsportionen" (z.B. Aufträge, Lose) sowie den Bedingungen des Beschaffungs- und Absatzprozesses. Sie werden weiter nach dem Verhalten gegenüber wichtigen Einflugrößen, Art und Genauigkeit der Erfassung bzw. Prognosesicherheit differenziert.

39 Zum Begriff des Klassifikationsobjekts und zur Bedeutung der Verdichtung für die Aussagefähigkeit siehe *Hummel, Siegfried:* a. a. O., passim.

40 Siehe hierzu *Riebel, P.* Deckungsbeitragsrechnung als Instrument der Absatzanalyse, S. 599–603; [S. 178–181]; *ders.:* Innerbetriebliche Statistik, in: Allgemeines Statistisches Archiv, 49. Bd. (1965), S. 47–71, hier S. 57; *ders.:* Deckungsbeitragsrechnung, in: HWR, Sp. 391; *ders.:* Deckungsbeitragsrechnung im Handel, in: Handwörterbuch der Absatzwirtschaft (HWA) hrsg. von *Bruno Tietz,* Stuttgart 1974, Sp. 433–455, hier Sp. 446–449; *ders.:* Deckungsbeitrag und Deckungsbeitragsrechnung, [in: Handwörterbuch der Betriebswirtschaft (HWB), 4. Aufl., hrsg. von *Erwin Grochla* und *Waldemar Wittmann,* Stuttgart 1974 ff., Sp. 1137–1155, hier Sp. 1149 f.]

Die *Bereitschaftskosten* werden dagegen aufgrund von Planungen und Erwartungen disponiert, um die Voraussetzungen für die Realisierung des Leistungsprogramms zu schaffen. Die Kostenkategorien dieser Gruppe werden nach der zeitlichen Disponierbarkeit bzw. Mindestbindungsdauer (z.B. stunden-, schicht-, tages-, wochen-, monats- usw. disponible Kosten), nach Art und Genauigkeit der Erfassung bzw. nach der Prognosesicherheit, der Abgrenzungs- und Aktivierungspflichtigkeit und der Zahlungsweise differenziert. Das ermöglicht eine sehr viel bessere Kontrolle und|Beherrschbarkeit der Bereitschaftskosten und zugleich eine Verknüpfung mit der Finanzplanung und den Zahlungsstromrechnungen. Entsprechende Kategorien werden in der Erlös- und Mengenrechnung gebildet.

512

Um die Abdeckung der Gemeinkosten zu sichern, wird für größere Rechnungsperioden (in der Regel nicht unter 12 Monaten) die Vorgabe von *Deckungsbudgets* für das Gesamtunternehmen sowie für selbständig operierende Erfolgsbereiche (profit center) empfohlen. Die Festsetzung der Deckungslasten, die die Erfolgsbereiche über ihren eigenen (direkten) Deckungsbedarf hinaus zu tragen haben, [1] erfolgt nach unternehmungspolitischen Gesichtspunkten und hat mit einer Gemeinkostenschlüsselung nichts zu tun.

Varianten der Einzelkosten- und Deckungsbeitragsrechnung ergeben sich nach dem Ausbau- oder Differenzierungsgrad und bei der Installation in der Praxis nach Art und Grad der Abweichungen vom theoretischen Grundkonzept[41].

Wird das Konzept der Einzelkosten- und Deckungsbeitragsrechnung in reiner Form realisiert, dann sind die Prämissen des Direct Costing so gut wie vollständig abgebaut. Es bleiben freilich die für jedes Rechensystem gültigen Grenzen einer Quantifizierbarkeit im allgemeinen, und im besonderen bei den Verbundenheitsbeziehungen zwischen einzelnen Untersuchungsobjekten, mögen diese im einzelnen die Ausgaben, Kosten, Erlöse, Einnahmen oder Mengengrößen betreffen[42].

Grundsätzlich unproblematisch sind die Fälle der Leistungsverbundenheit, die einwertig oder stochastisch quantifizierbar sind. Es gibt aber auch Verbundenheitsbeziehungen, die so schwach ausgeprägt und unsicher sind, daß sie nicht unmittelbar im Zahlenwerk des Rechnungssystems ausgedrückt werden können. Sie sollten jedoch bei der Gruppierung und Zusammenfassung der einzelnen Untersuchungsobjekte, ganz besonders aber bei der Kommentierung des Zahlenwerks, berücksichtigt werden[43]. Geschieht das nicht – wie oft in der Praxis –, ist der Verwender auf die reinen Zahleninformationen des Rechenwerks angewiesen und sieht sich dann den folgenden allgemeinen Hauptprämissen gegenübergestellt:

41 Die von *Moews* (a. a. O., S. 29–32) unterschiedenen „Variationsformen der Einzelkostenrechnung: die proportionale Einzelkostenrechnung mit summarischer Fixkostendeckung und die reine Einzelkostenrechnung mit stufenweiser Gemeinkostendeckung" (S. 30) ist zwar theoretisch denkbar, wenn man ausschließlich die Abhängigkeit der Kosten vom Beschäftigungsgrad einbezieht und von sehr vereinfachten Modellvorstellungen über die Kostenabhängigkeit ausgeht. Diese Typen entsprechen aber nicht dem Konzept des Rechnens mit relativen Einzelkosten und Deckungsbeiträgen, weil hier die Unterscheidung zwischen proportionalen und fixen Kosten in Abhängigkeit vom Beschäftigungsgrad grundsätzlich keine Rolle spielt.

42 Zu den Arten der Leistungsverbundenheit siehe *Krömmelbein, Gerhard:* Leistungsverbundenheit im Verkehrsbetrieb, Berlin 1967.

43 Siehe hierzu *Riebel, P.:* Deckungsbeitragsrechnung als Instrument der Absatzanalyse, S. 604 f. und 627 [S. 182 f. und 201 f.]; *ders.:* Ertragsbildung und Ertragsverbundenheit ..., S. 199 f. [S. 147 f.]; *ders.:* Einzelkosten- und Deckungsbeitragsrechnung, S. 133 ff., 168 f. und 187 [S. 147 f., 182 f. und 201]. *ders.* Deckungsbeitragsrechnung im Handel, a.a.O., Sp. 449.

513 1. Die bei einem Objekt ausgewiesenen Kosten (Erlöse) sind dessen Einzelkosten (-erlöse) und daher von anderen Objekten oder deren Kosten (Erlösen) unabhängig. M. a. W., alle Kosten (Erlöse) lassen sich in bezug auf das jeweils betrachtete Untersuchungsobjekt eindeutig in dessen Einzelkosten (-erlöse) und seine Gemeinkosten (-erlöse) bzw. in „objektfremde" Kosten (Erlöse), die es oder „übergeordnete" Objekte gar nicht berühren, trennen.
2. Durch Entscheidungen über das betrachtete Untersuchungsobjekt *allein* werden seine echten Gemeinkosten (-erlöse), d.h. die originären Einzelkosten (-erlöse) der „übergeordneten" Untersuchungsobjekte, *nicht „automatisch"* verändert.

Zu Prämisse 1:

Damit Kosten einem Untersuchungsobjekt eindeutig zwingend als Einzelkosten zugerechnet werden können, müssen folgende Voraussetzungen erfüllt sein: (1) Das Kostengut muß mindestens so fein dosierbar oder in so kleinen Mengeneinheiten (1a) in den Produktionsprozeß eingesetzt und (1b) im Markt beschafft werden können, wie es dem Verbrauch je Einheit des Untersuchungsobjektes entspricht. (2) Die Ausgaben für die Mengeneinheit dieses Kostengutes dürfen (2a) nicht von der Beschaffung anderer Kostengütereinheiten gleicher oder anderer Art abhängig sein und müssen (2b) durch die Entscheidung, dieses Kostengut für das Untersuchungsobjekt einzusetzen, ausgelöst worden sein.
Diese strengen Voraussetzungen sind häufig entweder von der Mengenkomponente oder von der Ausgabenkomponente her nicht erfüllt. In vielen Fällen ist aber auch dann noch eine Zurechenbarkeit als Einzelkosten gegeben, wenn weitere Voraussetzungen erfüllt sind. Das kann aus Raumgründen nur beispielhaft vorgeführt werden. Wurde z.B. eine Rohstoffmenge auf Verdacht gekauft und wird über die Verwendung dieses Bestandes erst später entschieden, dann ist die Bedingung 2b nicht erfüllt. Wird jedoch die verbrauchte Menge aufgrund einer generellen Anordnung „automatisch" durch Wiederbeschaffung ersetzt, um von der Rohstoffseite her die sofortige Leistungsbereitschaft aufrecht zu erhalten, dann löst die Verbrauchsentscheidung früher oder später eine durch generelle Anordnung daran gekoppelte Beschaffungsentscheidung aus. Solange die generelle Anordnung nicht aufgehoben wird, ist es daher zulässig, der verbrauchten Kostengütereinheit – bei Vorliegen der übrigen Voraussetzungen – die Ausgaben zum Wiederbeschaffungspreis zuzurechnen[44]. Andernfalls würde eine korrekte Lösung erfordern, die Beschaffungsausgaben für einen Rohstoffposten als Investition zu betrachten und sie nur diesem Rohstoffposten als ganzem zuzurechnen, was eine auf den Rohstoffposten
514 bezogene Deckungsbeitragsrechnung | erforderlich macht[45]. Daß die Wiederbeschaffungspreise im Zeitpunkt des Verbrauchs noch nicht bekannt sind, bedeutet zwar einen Unsicherheitsfaktor für die anzusetzenden Ausgaben und betrifft damit die Genauigkeit der Rechnung, beeinträchtigt jedoch nicht die sachlich richtige Abspiegelung der Entscheidungszusammenhänge.
Wird durch den Verbrauch oder die räumlich-zeitliche Inanspruchnahme eines Kostengutes keine zusätzliche Ausgabe oder mit zusätzlichen Ausgaben verbundene Beschaffung

44 Das sollte man jedoch zu vermeiden versuchen, weil man sonst in der Praxis oft mit einer Vielzahl sachlich und zeitlich verbundener Investitionen zu rechnen hätte.

45 Vgl. dazu die rohstoffbezogene Deckungsbeitragsrechnung bei Kuppelprodukten, in: *Riebel, Paul:* Einzelkosten- und Deckungsbeitragsrechnung, a.a.O., S. 298 ff. [S. 312 ff.]; sowie die „parteibezogene Deckungsbeitragsrechnung", in: *ders.:* Deckungsbeitragsrechnung im Handel, in HWA, Sp. 444 und 446.

ausgelöst (wie beim Einsatz vorhandener Arbeitskräfte im Rahmen der normalen Arbeitszeit), dann liegen auch keine Einzelkosten der entsprechenden Leistung oder Kostenstelle vor, sondern lediglich ein Einzelverbrauch oder eine Einzel-Inanspruchnahme[46].

Nicht selten werden gleichartige Kostengüter zu unterschiedlichen Preisen von verschiedenen Fremdlieferanten oder zu unterschiedlichen Einzelkosten von mehreren internen Lieferanten (Kostenstellen oder Verfahren) bezogen oder sowohl selbst hergestellt als auch fremd bezogen. Sieht man von einer unterschiedlichen zeitlichen Verteilung dieser Bezüge ab, dann wäre für die Ermittlung des gesamten Deckungsbeitrags der Periode der Ansatz eines Mischpreises (gewogenes arithmetisches Mittel) ausreichend. Das gilt jedoch nicht für Entscheidungskontrollen, die z.B. die Verfahrens- oder Programmwahl, Produkt- oder Preisgestaltung zum Gegenstand haben. Hier müßte vielmehr für Lenkungszwecke zunächst der „Grenzpreis", d.h. der Preis oder die Einzelkosten der kostspieligsten, noch frei disponiblen Teilmenge angesetzt werden, um Verwendungszwecke auszuschließen, die diesen Grenzpreis nicht ausreichend zu decken vermögen, wobei in Engpaßsituationen darüber hinaus noch mindestens der verdrängte Deckungsbeitrag erwirtschaftet werden muß. In der zweckneutralen Grundrechnung muß die ersparte Differenz der Kosten zum Grenzpreis gegenüber dem Mischpreis oder genauer den tatsächlich ausgelösten Ausgaben des Gesamtverbrauchs des Kostengutes durch eine interne Gutschrift berücksichtigt werden, die den verschiedenen Verwendern dieses Kostengutes gemeinsam zuzurechnen ist. In Sonderrechnungen dagegen kann für bestimmte Fragestellungen und je nach den Gegebenheiten und Handlungsalternativen meist noch sehr viel weiter differenziert zugerechnet werden[47].

Werden Kosten auch dann als Einzelkosten ausgewiesen, wenn die oben genannten strengen Voraussetzungen für eine eindeutige Zurechnung nicht erfüllt sind, dann besteht die Gefahr, daß aufgrund fehlerhafter Informationen falsche Entscheidungen getroffen werden. Ehe man gegen diese Voraussetzung bewußt vorstößt, etwa um die Rechnung zu vereinfachen, ist es notwendig, die Schäden abzuschätzen, die durch solche bewußten Fehler in Kauf zu nehmen sind. 515

Während es sich bei den bisher betrachteten Beispielen um Probleme handelt, für die grundsätzlich Lösungen möglich sind, die auch strengen theoretischen Ansprüchen gerecht werden, gibt es Formen der Ausgaben- und Leistungsverbundenheit, die nicht oder kaum quantifizierbar sind, wie etwa die Übertragung von Erfahrungen von einem Produkt, Prozeß oder Projekt auf das andere. Vor solchen absoluten Grenzen der Rechenhaftigkeit muß auch das Rechnen mit relativen Einzelkosten und Deckungsbeiträgen kapitulieren. Derartige Erscheinungen können nur beim Zusammenfassen der Deckungsbeiträge und bei der Beurteilung der Ergebnisse mitbedacht werden.

Die theoretische Forderung, alle Kosten als „originäre" Einzelkosten, d.h. beim „speziellsten" Bezugsobjekt zu erfassen und auszuweisen, läßt sich aus Wirtschaftlichkeitsgründen nicht bei allen Kostenarten und Objekten verwirklichen. In solchen Fällen

46 So auch *Hummel, Siegfried:* a. a. O., S. 190–215.

47 Weitere Einzelheiten siehe bei: *Männel, Wolfgang:* Kostenrechnerische Probleme bei der Bewertung gleichartiger Kostengüter verschiedener Herkunft, in: Neue Betriebswirtschaft, 21. Jg. (1968), Nr. 4, S. 7–20; *ders.:* Zurechnung von Erlösen auf parallel arbeitende Betriebsteile, in: Neue Betriebswirtschaft, 24. Jg. (1971), Nr. 7, S. 1–21 sowie zum parallelen Problem auf der Erlösseite *Riebel, Paul:* Ertragsbildung und Ertragsverbundenheit ..., a.a.O., S. 161 ff. [S. 110 ff.].

werden Kosten bei einem übergeordneten Bezugsobjekt (z.B. einer Kostenstelle und für eine bestimmte Periode statt beim einzelnen Auftrag), das damit zum Kontrollobjekt wird, erfaßt. In bezug auf die unmittelbaren Entscheidungsobjekte, die als „untergeordnete" Bezugsobjekte erscheinen, sind sie „unechte Gemeinkosten" *(Peter van Aubel)*. Diese unechten Gemeinkosten für Kontrollzwecke schlüsseln zu wollen, wäre sinnlos, weil nur kontrolliert werden kann, was gemessen wurde[48]. Die dem speziellen Bezugsobjekt an sich zurechenbaren Teile der unechten Gemeinkosten bei Entscheidungen über Preise, Produktgestaltung, Produktionsprogramme, Verfahrenswahl usw. zu vernachlässigen, wäre jedoch wiederum mit der Gefahr von Fehlentscheidungen verbunden, wie das Beispiel des Papierverarbeiters in Abschnitt IV zeigt.
Es gilt daher, Näherungswerte für die nicht erfaßten, aber tatsächlich entstandenen Einzelkosten zu finden, sei es über die Ermittlung von Schlüsselgrößen, die eine hinreichend strenge Korrelation zum durchschlagenden Faktor [2] aufweisen müssen, sei es durch gelegentliche oder stichprobenweise direkte Erfassung oder durch analytische Ermittlung von Verbrauchsstandards.
Entsprechende Überlegungen gelten für die Erlösseite, auf die hier aus Raumgründen nicht näher eingegangen werden soll.

516 *Zu Prämisse 2:*

Bei der praktischen Anwendung und gelegentlich auch in der literarischen Diskussion wird oft übersehen, daß die Untersuchungsobjekte häufig ungenügend genau und nicht der Wirklichkeit entsprechend gekennzeichnet sind und daß sorgfältig zwischen „automatischer" Änderung von Kosten bzw. Erlösen und möglichen Änderungen durch besondere Dispositionen unterschieden werden muß.
Der erste Fall, die ungenügende, nicht der Wirklichkeit entsprechende Bezeichnung des Untersuchungsobjekts, tritt besonders bei Leistungsverbundenheit auf. So ist es etwa bei Kuppelproduktion, wenn das Interesse in erster Linie der Gewinnung eines der Kuppelprodukte gilt, oft üblich, lediglich von Veränderungen des Ausbringungsvolumens dieses Hauptprodukts oder Leitprodukts zu sprechen, wenn es tatsächlich um das gesamte Kuppelproduktbündel geht, und nicht sorgfältig davon den Fall zu unterscheiden, in dem lediglich über die Verwertung des Bestandes oder der Anfallsmenge eines der Kuppelprodukte disponiert wird[49]. Wird beispielsweise beschlossen, die Roheisenproduktion eines Hochofens zu erhöhen, dann ist davon stets das ganze Kuppelproduktbündel Roheisen, Gichtgas und Schlacke betroffen, was für den Fachmann selbstverständlich ist. Bei solchen auf das Leitprodukt reduzierten Kurzbezeichnungen des Kuppelproduktbündels besteht jedoch die Gefahr, daß der mit den betrieblichen Gegebenheiten nicht genügend Vertraute sowohl die Kostenwirkungen als auch den Anfall an Leistungen durch die ungenaue Kennzeichung des Untersuchungsobjektes falsch beurteilt.
Der zweite Fall betrifft vor allem die Möglichkeit oder Notwendigkeit einer Disposition über die Betriebsbereitschaft beim „übergeordneten" Objekt. Wird beispielsweise die Ausbringung einer Kostenstelle verändert, dann werden in einem ordentlich geführten

48 Einzelheiten siehe bei *Riebel, Paul:* Einzelkosten- und Deckungsbeitragsrechnung, a. a. O., S. 12–18 [S. 12–18].
49 Siehe hierzu: *Riebel, Paul:* Zur Programmplanung bei Kuppelproduktion, in: ZfbF, 23. Jg. (1971), S. 733–755 [S. 310–342].

Betrieb „automatisch" weder Arbeitskräfte eingestellt noch entlassen, noch Sonderschichten, Überstunden oder Kurzarbeit eingelegt. Dazu bedarf es vielmehr besonderer Entscheidungen – in der Regel an übergeordneter Stelle –, bei denen nicht nur die Gegegebenheit des Augenblicks oder des jeweiligen Abrechnungszeitraums und der jeweiligen Kostenstelle berücksichtigt werden müssen, sondern auch die Erwartungen und Planungen der folgenden Perioden und die Verhältnisse in anderen Betriebsbereichen. Entsprechendes gilt für die Anlagenkapazitäten sowie für das Verhältnis der personellen Betriebsbereitschaft und Anlagenkapazitäten untergeordneter zu übergeordneten Betriebsteilen. Hier besteht einerseits die Gefahr, daß die Möglichkeiten des Abbaus überschüssiger Betriebsbereitschaft und Kapazität – sowie das Ausmaß, indem dies möglich oder zweckmäßig ist, – bei der jeweils übergeordneten Stelle nicht erkannt und genutzt wird. Abhilfe kann dadurch geschaffen werden, daß die vorgehaltene und die genutzte Betriebsbereitschaft und Kapazität in Mengenrechnungen geplant und kontrolliert werden („Grundrechnung der Potentiale") und daß dabei dem „Quantenverhältnis" der einzelnen Arten von Potentialfaktoren zueinander besondere Beachtung geschenkt wird. Als „Quanten" sind dabei die kleinsten noch ausgabenwirksam disponiblen Einheiten der Produktionsfaktoren anzusehen, z.B. „Köpfe" von Arbeitskräften unterschiedlicher Kategorie, Fahrzeuge, Maschinen usw. Das Quantenverhältnis drückt aus, wie viele Quanten der verschiedenen personellen und sachlichen Kräfte beim Produktionsprozeß jeweils miteinander kombiniert werden, mindestens kombiniert werden müssen oder höchstens kombiniert werden können, z.B. die Zahl der Webstühle, die ein Weber bedient oder bedienen kann, die Zahl der Arbeitsplätze, die ein Meister beaufsichtigen kann, die Zahl der Güterwagen, die von einer Lokomotive gezogen werden können usw.[50]. Auch diese Quanten oder Quantenrelationen lassen sich in der Grundrechnung der Kosten ebenso ausweisen wie die Bindungsintervalle, um die sich Verträge automatisch verlängern, wenn sie nicht fristgerecht gekündigt werden.

517

IV. Anwendungsbedingte Gefahren der Differenzkosten- und Deckungsbeitragsrechnung

Die systemimmanenten Gefahren der Grundtypen der Differenzkosten- und Deckungsbeitragsrechnung – entsprechendes würde für die nicht untersuchten Misch- und Sondertypen gelten können erheblich verstärkt werden, wenn man

- bei der Auswertung solcher Rechnungen die Ergebnisse falsch interpretiert und infolgedessen auch falsche Schlüsse bei Entscheidungen, Planungen und Kontrollen zieht,
- oder gar schon bei der Einrichtung einer systematischen Rechnung dieser Art nicht sachgerecht vorgeht, sei es, daß man ein den Betriebsverhältnissen nicht entsprechendes Grundkonzept wählt, sei es, daß man das Grundkonzept verfälscht oder in wirtschaftlich nicht vertretbarer Weise vergröbert.

Obgleich die Gefahren falscher Interpretation sehr stark von der jeweiligen Ausgestaltung des Rechnungssystems abhängen, soll im folgenden versucht werden, diese beiden Gefahrenquellen soweit wie möglich getrennt darzustellen. Die Mannigfaltigkeit der in der Praxis anzutreffenden Fehler und der damit verbundenen Gefahren ist so groß, daß im folgenden nur ein allgemeiner Überblick und wenige Beispiele gegeben werden können.

50 Zur Quantenbetrachtung siehe schon *Kronenberger, Philipp:* Über einige Elemente der wirtschaftlichen Fertigung. In: Die Wirtschaftsprüfung, 1. Jg. (1948) S. 61–68.

518 *A. Gefahren einer unsachgemäßen Implementation von Differenzkosten- und Deckungsbeitragsrechnungen*

Die durch Fehler bei der Einrichtung einer Differenzkosten- und Deckungsbeitragsrechnung bedingten Gefahren lassen sich in zwei Gruppen gliedern:
1. Gefahren, die aus der schematischen Anwendung eines den Betriebsgegebenheiten und den für die Unternehmungsführung wichtigen Problemstellungen nicht angemessenen Rechenmodells herrühren,
2. Gefahren, die aus verfälschenden Abweichungen von den systembestimmenden Prinzipien oder aus Vergröberungen gegenüber einer „exakten" (wirklichkeitsnahen und genauen) Rechnung entstehen.

Zu 1.:
Die Gefahr der Anwendung eines falschen Konzepts und Rechenmodells tritt besonders häufig bei den auf dem Grundtyp "Direct Costing" aufbauenden Rechnungssystemen auf, weil die diesem System innewohnenden Prämissen, wie oben erwähnt, in der Praxis meist nur teilweise zutreffen. Sie sind mit den bereits beschriebenen systemimmanenten Gefahren identisch.
Derartige Gefahren können aber auch bei Anwendung des zweiten Grundtyps „Einzelkosten- und Deckungsbeitragsrechnung" oder einer anderen Variante auftreten, wenn man ein in der Literatur oder Praxis gefundenes Vorbild schematisch auf einen Betrieb überträgt, bei dem andere betriebliche und marktliche Gegebenheiten vorliegen oder andere Problemstellungen im Vordergrund stehen. Besonders gefährlich ist dabei der Umstand, daß die individuellen Prämissen des übernommenen Vorbildes gewöhnlich nicht ausdrücklich deklariert sind, so daß man unbekannte Gefahren in Kauf nimmt, wenn man sich nicht die Mühe macht, diese speziellen Prämissen zu analysieren und mit den eigenen betrieblichen und marktlichen Gegebenheiten zu vergleichen.

Zu 2.:
Gefahren aus verfälschenden Abweichungen von den Grundprinzipien und aus Vergröberungen oder Vereinfachungen gegenüber einer an sich notwendigen differenzierten und genaueren Abbildung der Wirklichkeit müssen im Zusammenhang mit den Gründen gesehen werden, die jeweils dazu Anlaß geben [1].
Besonders gefährlich sind verfälschende Abweichungen und Vergröberungen, wenn sie aus ungenügendem Vertrautsein mit dem Konzept der Differenzkosten- und Deckungsbeitragsrechnung erwachsen, weil die Verfälschungen und Vergröberungen als solche nicht erkannt werden und geradezu zwangsläufig Fehlinterpretationen bei der Auswertung und
519 damit die Gefahr von Fehlentscheidungen auslösen. Ihnen kann man nur|durch sorgfältige Ausbildung der mit der Einführung betrauten Personen vorbeugen sowie durch eine Überprüfung des Systementwurfs vor der endgültigen Implementierung durch entsprechend qualifizierte Fachleute. Besonders groß sind Gefahren dieser Art bei einer Beschränkung der Anwendung von Differenzkosten- und Deckungsbeitragsrechnungen auf fallweise Sonderrechnungen, die aus einer vorhandenen Vollkostenrechnung abgeleitet werden, weil hier die systematischen Grundlagen für solche Rechnungen fehlen und eine Kontrolle des richtigen Ansatzes und Aufbaues der Sonderrechnungen sowie des Ansatzes der jeweils relevanten Größen häufig nicht vorgenommen wird.

Oft kommt es aber auch zu bewußten Abweichungen gegenüber dem theoretischen Konzept oder der „exakten" Lösung. Anlaß dazu ist manchmal die Meinung, Konzessionen an überkommene Vorstellungen machen zu müssen. So werden oft die Löhne weiter auf Kostenstellen entsprechend der zeitlichen Anwesenheit oder auf Kostenträger nach den Zeitaufschreibungen oder Akkordvorgaben verrechnet, weil man meint, daß dies zur Kontrolle der Kostenstellen notwendig sei oder daß den Kostenstellenleitern eine Umstellung auf bloße Mengen- und Zeitkontrollen nicht zuzumuten sei. Man übersieht aber oft, daß dies sehr leicht zu falschen Entscheidungen führt, wenn die so ermittelten Einzelkosten bzw. Deckungsbeiträge als Grundlage für Entscheidungen, etwa für Preisuntergrenzen, Programm- und Verfahrenswahl, zugrundegelegt werden, falls der Engpaß nicht bei den entsprechenden Fertigungslohneinheiten liegt. Entsprechendes gilt für die „Anreicherung" der zu gering erscheinenden Proportionalkosten oder Einzelkosten durch Anlastung bestimmter Teile von Fixkosten bzw. echter Gemeinkosten.
Zum anderen werden bewußte Vergröberungen oder „Vereinfachungen" vorgenommen, weil man meint, daß die „exakte" Lösung zu kompliziert oder aufwendig sei. Das gilt etwa für den Ansatz von durchschnittlichen Bezugspreisen, durchschnittlichen variablen Kosten bzw. Einzelkosten bei selektiver Anpassung, für die Linearisierung unter- und überproportionaler Kosten sowie auftragsgrößenfixer Zusatzkosten, für die Vernachlässigung der Bindungsdauer und der Quantengrößen bei den Bereitschaftskosten. Es gilt aber auch für den Verzicht auf die direkte Erfassung zurechenbarer Kosten oder eine genaue technische und kaufmännische Vorkalkulation der zusätzlichen Kosten und Zeiten.
In der Tat wird man aus Wirtschaftlichkeitsgründen fast immer gezwungen sein, sowohl in der laufenden systematischen Rechnung als auch bei Sonderrechnungen auf die Berücksichtigung weniger bedeutsamer Entscheidungsobjekte, Einflußfaktoren und Abhängigkeiten sowie auf die direkte Erfassung aller Kosten und Erlöse bei den jeweils möglichen untersten Stellen der Bezugsgrößenhierarchie zu verzichten. Mit derartigen „Vereinfachungen" nimmt man jedoch zusätzliche Fehler in Kauf. Um sie zu erkennen und ihre Auswirkungen abschätzen zu können, ist es notwendig, 520

(1) auf Grundlage einer Analyse der Betriebsgegebenheiten zu untersuchen, für welche Fragestellungen das Rechnungswesen Informationen liefern muß und um welche Informationselemente es sich dabei im Detail handelt[51],

(2) die für die Beantwortung dieser Fragestellungen ideale „exakte" Lösung durchzudenken,

(3) Vereinfachungsmöglichkeiten durchzudenken und auf ihre Ersparnisse gegenüber der Ideallösung zu untersuchen,

(4) die möglichen Erfolgseinbußen und sonstigen Risiken abzuschätzen, die beim Rechnen mit den vereinfachenden Annahmen gegenüber der Ideallösung entstehen, und schließlich

(5) die alternativen Vereinfachungen durch Gegenüberstellung ihrer Erlöseinbußen und Kostenersparnisse zu vergleichen.

Erst wenn man eine derartige Analyse vorgenommen hat, kann man ein Urteil über den praktischen Wert eines Rechnungssystems oder Rechenmodells abgeben[52]. Weil es kaum

51 Siehe hierzu *Faßbender, Wolfgang:* Betriebsindividuelle Kostenerfassung und -auswertung, Frankfurt a. M. 1964.

52 In Anlehnung an Äußerungen zum Abbildungsproblem in Rechenmodellen und zur Zusammenarbeit zwischen Mathematikern und Ökonomen bei *Schneider, Dieter:* „Flexible Planung als Lösung der Entscheidungsprobleme unter Unsicherheit?" in der Diskussion, in: ZfbF 24. Jg. (1972), S. 456–476, hier S. 461.

möglich ist, alle späteren Fragestellungen und Auswertungsmöglichkeiten schon bei der Einrichtung eines Rechnungssystems vorauszusehen und die Auswirkungen möglicher Fehlentscheidungen abzuschätzen, bietet sich noch ein weiterer Weg an, um die durch Vereinfachungen hervorgerufenen Gefahren zu mindern. Es gilt, sowohl durch die Bezeichnung der Rechenelemente als auch durch einen entsprechenden Aufbau der Rechenschemata und der Datenorganisation jedermann kenntlich zu machen, bei welchen Rechenelementen es sich um „richtige" und genaue Abbildungen der Wirklichkeit handelt und bei welchen Ungenauigkeiten oder auch Unrichtigkeiten bewußt in Kauf genommen wurden. Das ist allein deshalb empfehlenswert, weil davon ausgegangen werden muß, daß viele Benutzer der Informationen des Rechnungswesens nicht wissen, von welchen Prämissen und Vereinfachungen die „Konstrukteure" des Systems ausgegangen sind. Es ist aber auch notwendig, sicherzustellen, daß Rechengrößen unterschiedlicher Richtigkeit und Genauigkeit in mehrstufigen Rechnungen gesondert durchgeschleust werden, so daß es möglich ist, die Fehlerfortplanzung zu verfolgen und in ihren Auswirkungen abschätzen zu können.

521 *B. Gefahren aus falscher Auswertung und Interpretation*

Auch die sachgerechteste Implementierung eines Rechnungssystems kann nicht davor schützen, daß die vom System gelieferten Informationen von den Nutzern bei der fallweisen Auswertung für Entscheidungs-, Planungs- und Kontrollprobleme falsch verwendet und interpretiert werden. Die hierbei möglichen Fehler sind nahezu unbegrenzt. Wir müssen uns daher im folgenden auf die Betrachtung besonders häufiger Fehler beschränken.

1. Häufige Fehler bei der Ermittlung problemrelevanter Kosten und Deckungsbeiträge

Bei den folgenden Überlegungen wollen wir von den Fehlern absehen, die sich aus unzutreffenden Erwartungen in bezug auf die Marktpreise und das Mengengerüst ergeben. Wir konzentrieren uns vielmehr auf solche gefahrbringenden Fehler, die einerseits in der Einbeziehung nicht relevanter Kosten und andererseits in der Vernachlässigung eines Teils der relevanten Kosten liegen.
Der erste Fall tritt besonders häufig auf, wenn mit der betrachteten Maßnahme zwar eine Änderung im Mengengerüst, etwa als zusätzlicher Verbrauch oder zusätzliche räumlich-zeitliche Inanspruchnahme eines vorhandenen Bestandes oder bestehenden Lieferanspruchs, verbunden ist, wenn aber dadurch keine zusätzlichen Ausgaben ausgelöst werden. Auf diese nicht berechtigte Gleichsetzung von Mengenänderungen mit Kostenänderungen ist bereits bei der Erörterung der systemimmanenten Gefahren hingewiesen worden.
Nicht immer liegen einem solchen Verhalten eine Verwechslung von Mengenänderungen und Kosten zugrunde, sondern oft bewußte, vorsorgliche Überlegungen. Muß etwa befürchtet werden, daß der bloße Ansatz der bei kleinen Änderungen der Ausbringung oder Inanspruchnahme zusätzlich entstehenden Kosten eine so starke interne oder externe Nachfrage auslöst, daß früher oder später eine sprunghafte Erhöhung der Betriebsbereitschaft vorgenommen werden muß, dann wird es oft für ratsam gehalten, vorsorglich anteilige Kosten dieser „Großquanten" *(Kronenberger)* in die zusätzlichen Kosten je Lei-

stungseinheit usw. einzukalkulieren, insoweit also partielle Vollkostenrechnung zu betreiben. Daß hierbei andere Fehlreaktionen und Fehlbeurteilungen ausgelöst werden können, wird dabei oft übersehen. Deshalb sollte man sorgfältig zwischen der Bildung von Lenkpreisen und der Ermittlung der relevanten Kosten trennen und sprunghafte Kostenänderungen nicht proportionalisieren, sondern als das „abbilden", was sie sind, nämlich sprunghafte Änderungen.

Der zweite Fall, die Vernachlässigung relevanter Kosten, tritt bei der Auswertung der auf proportionalen Kosten aufbauenden Systeme häufig auf, wenn eigentlich mit geknicktproportional oder progressiven Kostenverläufen gerechnet werden müßte, die sich einerseits bei beschaffungsmengenabhängigen Preisen ergeben, andererseits aufgrund des Einsatzes von Kostengütern unterschiedlicher Herkunft oder im Falle intensitätsmäßiger Anpassung. Die damit verbundenen Gefahren treten jedoch nicht nur bei dem bereits erwähnten Mischpreisproblem auf, sondern auch dann, wenn bei einer Ausdehnung der Aktivität über den bisherigen Rahmen hinaus einfach proportional extrapoliert wird. Das gilt ganz besonders auch für die Versuche, „langfristige Grenzkosten" ermitteln zu wollen, die in die als abbaubar angesehenen Bereitschaftskosten „anteilig" einbezogen werden. Hier handelt es sich um einen partiellen „Rückfall" in die Denkweise der Vollkostenrechnung, für den die an der Vollkostenrechnung in Literatur und Praxis geübte Kritik genauso gilt und der mit mehrfachen Fehlern und Gefahren behaftet ist: Erstens brauchen die einbezogenen Bereitschaftskosten keineswegs mit denen identisch zu sein, die im konkreten Fall, um den es später einmal geht, verändert werden könnten [1]; zweitens muß für die Proportionalisierung und Zurechnung der als veränderbar angesehenen Bereitschaftskosten eine Fülle von Annahmen getroffen werden, die mit der Wirklichkeit überhaupt nicht oder nur zum Teil und unter ganz bestimmten Voraussetzungen übereinstimmen. Die damit verbundene Willkür ist besonders groß, wenn es sich bei den anteiligen verrechneten Bereitschaftskosten um solche handelt, die durch mehrere Leistungsarten gemeinsam in Anspruch genommen werden. 522

Eine besonders häufige Vernachlässigung relevanter Kosten wird durch die Nichtbeachtung unechter Gemeinkosten ausgelöst. Dazu kommt es vor allem dann, wenn man die leistungsbedingten unechten Gemeinkosten in den Bereitschaftskosten untergehen läßt oder wenn Deckungsbeitragsrechnungen nur fallweise auf Grundlage einer vorhandenen Vollkostenrechnung improvisiert werden. Die Gefahr der Vernachlässigung unechter Gemeinkosten einerseits und nur fallweise angestellter „Grenzkosten"überlegungen andererseits möge folgender Fall aus der Praxis veranschaulichen:

Ein Papierveredler, Marktführer in seiner speziellen Sparte, war von einer Veröffentlichung sehr beeindruckt, wonach 90 % des Umsatzes von nur 10 % der Aufträge und Kunden herrührten, jedoch die restlichen 90 % der Aufträge und Kunden den Hauptteil der Kosten der Auftragsgewinnung und -abwicklung verursachten. Da in seinem Betrieb ähnliche Verhältnisse vorlagen, wollte er der Empfehlung folgen, die kleineren Kunden und Aufträge zu eliminieren und sich auf die „rationelleren" großen zu konzentrieren. Dabei hatte er vergessen, daß er aufgrund von Grenzkostenüberlegungen den großen Kunden ungewöhnlich hohe Mengen- und Gesamtumsatzrabatte eingeräumt hatte und sie außerdem – im Gegensatz zu den kleinen Kunden – fracht- und verpackungsfrei belieferte. Da die systematische Rechnung lediglich als Vollkostenrechnung durchgeführt wurde, hatte er sich bei diesen improvisierten Grenzkostenüberlegungen darauf beschränkt, nur die für die Fertigungsaufträge direkt erfaßten Kosten, nämlich die Papierkosten, ein- 523

zubeziehen. Die gleichfalls zusätzlich entstehenden Kosten für Hilfsstoffe (z.B. Farben, Leim) und Energiekosten (insbesondere für Dampf) hatte er ebenso vernachlässigt wie die Fracht- und Verpackungskosten und die zusätzlichen Kosten der Auftragsbearbeitung. Eine genauere Untersuchung ergab, daß von bestimmten Auftragsgrößen und Transportentfernungen an negative Deckungsbeiträge auftraten, also bares Geld zugesetzt wurde. Außerdem zeigte sich, daß infolge des Quantencharakters der Arbeitskräfte und Anlagen so gut wie keine Bereitschaftskosten bei der Eliminierung der Kleinkunden oder der Kleinaufträge hätten abgebaut werden können.
Auch wenn die unechten Gemeinkosten nur nährungsweise ermittelt werden (z.B. aufgrund statistischer Durchschnittswerte anstelle von individuellen technisch ermittelten Standards), besteht die Gefahr von Fehlurteilen, etwa in bezug auf die Preisuntergrenze oder die Eliminierung der ungünstigsten Leistungen, wenn man nicht über Sensitivitätsanalysen prüft, ob sich ein mehr oder weniger starkes Abweichen dieser Kosten vom Durchschnittssatz auf die Wahl der Handlungsalternativen auswirken würde. Träfe dies zu, so wäre entweder für die betroffenen Fälle eine genauere Untersuchung notwendig oder eine Strategie der Risikominderung empfehlenswert.
Oft wird auch versäumt zu prüfen, ob einer Ausweitung des Volumens der Leistungen besser mit einer Erhöhung der Betriebsbereitschaft oder mit der Verdrängung anderer Leistungen mit geringeren engpaßbezogenen Deckungsbeiträgen begegnet werden sollte. Dabei wird insbesondere vernachlässigt, zu untersuchen, ob solche Möglichkeiten an „übergeordneter" Stelle der Bezugsgrößenhierarchie auftreten. Das gilt vor allem auch für den Fall von Veränderungen der Betriebsbereitschaft an „ untergeordneter" Stelle. Solche möglichen oder notwendigen Änderungen der Betriebsbereitschaft werden gerne dann übersehen, wenn in der laufenden systematischen Rechnung die Kapazitäten der potentiellen Engpässe (dazu gehören auch solche, die nur vorübergehend auftreten oder sich relativ leicht beseitigen lassen, z.B. durch Überstunden oder Zusatzschichten) und ihrer Auslastung durch die hereingenommenen Aufträge oder bereits geplanten Leistungen nicht fortlaufend erfaßt und beobachtet werden. Besondere Beachtung ist dabei der „Quantengröße" und der rechtlichen Bindungsdauer oder den Bindungsintervallen und den Kündigungsfristen zu schenken, damit bei Anpassungsmaßnahmen auf die wirtschaftlich vorteilhafteste Dosierung und den günstigsten Zeitpunkt abgestellt wird. Wegen des Quantencharakters der Arbeitskräfte stimmen auch in der Regel die möglichen oder notwendigen Veränderungen des Arbeitskräftepotentials nicht mit dem Produkt aus Fertigungslohnzeit mal Stückzahl überein.

524 Bei den angeführten Beispielen für Fehler bei der Ermittlung relevanter Kosten im Rahmen von fallbezogenen Auswertungsrechnungen handelt es sich teilweise um die Nichtbeachtung der bei der Implementierung des Rechnungssystems betriebsindividuell gesetzen Prämissen und ihre Abweichungen von der Wirklichkeit, zum anderen um die Nichtbeachtung der Bedingungen des jeweils zu untersuchenden Problems.

2. Gefahren fehlerhafter Interpretation

Die Gefahren fehlerhafter Interpretation sind besonders heimtückisch, weil sie auch dann auftreten, wenn in der laufenden systematischen Rechnung und den fallweisen Sonderrechnungen richtig und problemgerecht verfahren wurde. Welche Maßnahmen aber durch

Prognose- und Kontrollinformationen ausgelöst werden, hängt unabdingbar von der jeweiligen subjektiven Interpretation durch den Informationsempfänger ab.
Die Gefahren der Fehlinterpretation beginnen bereits bei den Vorstellungen über die Bedeutung des Überschusses des Erlöses über die Einzelkosten. Obgleich der Ausdruck Deckungsbeitrag die früher üblichen Termini Bruttogewinn und Grenzgewinn weitgehend verdrängt hat, ist die Vorstellung noch nicht ausgestorben, daß es sich hier um eine dem Nettogewinn verwandte Größe handle, auf die man nicht nur im extremen Einzelfall und in Notfällen verzichten könne. Um solchen Illusionen und überhaupt der Neigung, in den Absatzanstrengungen, insbesondere bei der Preispolitik, eine „weiche Linie" zu verfolgen, begegnen zu können, bieten sich zwei Wege an, die am besten kombiniert werden:
(1) Verkaufsprovisionen sind auf Basis der Deckungsbeiträge und nicht auf Basis des Umsatzes zu berechnen, sei es direkt oder weniger gut – über eine Staffelung der Umsatzprovisionen nach der Höhe der Deckungsbeiträge. Entsprechend sollte das Entgelt der Leiter von Erfolgsbereichen oder von Verkaufsabteilungen mit entsprechendem absatzpolitischen Spielraum weitgehend von den erzielten Deckungsbeiträgen abhängig gemacht werden. Das führt zu einer besseren Angleichung der persönlichen Interessen an die Interessen des Unternehmens.
(2) Um deutlich zu machen, wieviel insgesamt in einer Periode an Deckungsbeiträgen über die den Produkteinheiten bzw. Aufträgen direkt zugerechneten Kosten hinaus hereingeholt werden sollte, ist es bei einer Anwendung der Deckungsbeitragsrechnung in der Praxis unumgänglich, für die Gesamtunternehmung und die selbständig im Markt operierenden Teilbereiche *Deckungsbudgets* aufzustellen. Dabei ist es in der Regel wenig zweckmäßig, kürzere Zeiträume als 12 Monate zu wählen, insbesondere wenn man es mit saisonalen Schwankungen zu tun hat. Ein solches Deckungsbudget umfaßt erstens den direkten Deckungsbedarf der Periode, d.h. die den Kundenaufträgen nicht zugerechneten Kosten (Ausgaben), die die Budgetperiode allein betreffen. Zweitens ist ein Teil der mehrere Perioden betreffenden Periodengemeinausgaben als Deckungslast einzuplanen, 525 deren Erwirtschaftung in der Budgetperiode aufgrund der Ziele und Erwartungen der Unternehmungsleitung erreicht werden soll. Das für Planungen und Entscheidungen unter dem Gesichtspunkt der mittelfristigen Liquiditätssicherung besonders wichtige ausgabenorientierte Deckungsbudget enthält alle Ausgaben, die in der Budgetperiode durch die Deckungsbeiträge der Aufträge hereingeholt werden sollen, und zwar auch Investitionsausgaben und rein finanzwirtschaftliche Ausgaben (einschließlich des auszuschüttenden Gewinns und der Gewinnsteuern), soweit diese nicht aus anderen Quellen finanziert werden sollen. Das aufwandorientierte Deckungsbudget dient vor allem zur frühzeitigen Abschätzung des Jahreserfolgs und zur Vorbereitung der Jahresabschlußpolitik. Es enthält die Teile des den Aufträgen nicht zugerechneten Gesamtaufwands, der durch die Auftragsbeiträge hereingeholt werden soll. Dazu gehören auch solche Teile des betriebsfremden und außerordentlichen Aufwands, für die keine anderweitige Deckung besteht. Stellt man diesen Deckungsbudgets die aufgrund des Auftragseingangs vorkalkulierten Auftragsbeiträge bzw. die bei der Fakturierung ermittelten, vorläufig realisierten Auftragsbeiträge fortlaufend kumuliert gegenüber, dann behält man die Abdeckung der gemeinsamen Kosten, Aufwendungen und Ausgaben sehr viel besser unter Kontrolle als bei Anwendung einer Vollkostenrechnung. Erstens ist die Gegenüberstellung fortlaufend möglich und nicht mehr an den in der Regel viel zu spät vorliegenden Abschluß der monatlichen

oder vierteljährlichen Betriebsergebnisrechnung gebunden. Zweitens entfällt das Problem der Abweichung der verrechneten Gemeinkosten von den effektiv entstandenen. Drittens wird der für die Preis- und sonstige Absatzpolitik Verantwortliche ständig zu einem sachlichen und zeitlichen kalkulatorischen Ausgleich gedrängt und erhält die dafür erforderliche Freiheit in vollem Umfange. (Wer sollte auch dafür kompetenter sein und die Möglichkeiten, die der Markt läßt, besser kennen als der dafür zuständige Verkaufsleiter?). Viertens läßt sich die drohende Gefahr eines Nichterreichens des Deckungsbudgets schon im Keime erkennen, so daß entsprechend frühzeitige Anpassungsmaßnahmen eingeleitet werden können [53].

Zurück zur Bedeutung des Deckungsbeitrags je Leistungseinheit („Stückbeitrag"). Er ist in erster Linie eine Rechengröße, die nichts anderes aussagt, als daß sich der Erfolg um diesen Betrag ändert, wenn eine Einheit mehr oder weniger zu den gleichen Bedingungen hinzukommt oder wegfällt. Ob bei einer Änderung der Produktions- und Absatzmenge mit diesem Betrag unverändert weitergerechnet werden darf, ist im Einzelfalle zu prüfen.

526 Soweit keine Leistungsverbundenheit zu beachten ist, wird man zwar generell fordern, daß der Stückdeckungsbeitrag positiv sein soll, doch ist die Höhe des Stückbeitrags grundsätzlich für die Beurteilung alternativer Leistungen nicht unmittelbar geeignet, es sei denn, daß es um die Wahl zwischen verschiedenen Leistungen geht, die sich im Verhältnis 1:1 ersetzen. (Dann ist der Stückbeitrag zugleich engpaßbezogener Deckungsbeitrag.)

Ebenso falsch wäre es jedoch, zur Beurteilung der Förderungswürdigkeit einer Leistungsart die absolute Höhe des in der Periode insgesamt erzielten Deckungsbeitrags („Produkt-Umsatzbeitrags") heranzuziehen, wie das teilweise empfohlen wird. Dieser Umsatzbeitrag ist lediglich für die Erfolgsquellenanalyse, etwa im Rahmen der stufenweisen Abdeckung, und für die Gegenüberstellung mit dem Deckungsbudget oder abbaufähigen Bereitschaftskosten von Bedeutung, über die Förderungswürdigkeit des Produktes sagt er jedoch – ebenso wie der Stückbeitrag – erst etwas aus, wenn er auf die Inanspruchnahme des relevanten Engpasses bezogen wird.

Zu Fehlschlüssen gelangt man auch, wenn man den in der Literatur zu findenden Empfehlungen folgt, Kennzahlen für die Beurteilung der Förderungswürdigkeit der Produkte oder gar zur Preiskalkulation heranzuziehen. Der auf die Einzelkosten bzw. proportionalen Kosten bezogene Deckungsbeitrag hat wohl in keinem Falle irgendwelche Aussagefähigkeit; insbesondere ist er nicht, wie mehrfach vorgeschlagen, für die Kalkulation von Angebotspreisen geeignet. Die Kennzahl „Deckungsbeitrag in Prozent vom Umsatz" wird von vielen Autoren oft maßlos überschätzt. Man kann sie als Hilfsgröße benutzen, um eine an den Deckungsbeiträgen orientierte Verkaufsprovision in differenzierte Umsatzprovisionen umzurechnen oder von einer Umsatzschätzung grob auf die Umsatzbeiträge zu schließen. Als Kriterium für die Förderungswürdigkeit alternativer Leistungen ist sie jedoch nur geeignet, wenn der *Umsatzwert* Engpaß ist. Das ist wohl nur dann der Fall, wenn die Beschaffungswünsche eines Kunden das vom Lieferanten gesetzte Kreditlimit überschreiten oder wenn umgekehrt der Kunde seine Beschaffungswünsche durch ein Einkaufsbudget begrenzt. Der auf diese Weise entstandene Engpaß Umsatz ist jedoch nur für das kundenindividuelle Verkaufsangebot von Bedeutung, nicht für das gesamte Sortiment [3].

53 Siehe hierzu insbes. *Riebel, Paul:* Einzelkosten- und Deckungsbeitragsrechnung, S. 54-56 und 249–252 [S. 54–56 und 263–266].

Das wichtigste Hilfsmittel für die Beurteilung der Förderungswürdigkeit eines Produktes (oder eines Produktbündels bei Leistungsverbund) ist die Höhe seines engpaßbezogenen Deckungsbeitrags (= relevanter Deckungsbeitrag je in Anspruch genommener Maßeinheit des relevanten Engpasses). Dabei wird jedoch oft der Fehler gemacht, entweder den gerade im Betrieb akuten Engpaß oder den langfristig wichtigsten Engpaß für die Ermittlung der engpaßbezogenen Deckungsbeiträge heranzuziehen, nicht jedoch den Engpaß, der für die Beurteilung des gerade anstehenden Problems relevant ist. Das können für die an einem Tage anstehenden Entscheidungen durchaus sehr unterschiedliche Engpässe sein. Für den Arbeitsvorbereiter, der gerade den Maschinenbelegungsplan für den nächsten Monat aufstellt, mag z.B. der Engpaß in dieser Zeit bei den Fräsmaschinen liegen; er wird daher zu überlegen haben, mit welchen Arbeiten er beispielsweise auf Hobelmaschinen oder Bohrwerke ausweichen kann, bei welchen man versuchen sollte, sie als Lohnarbeit nach außen zu geben oder durch Zukaufteile zu ersetzen usw. Für den Verkaufsleiter, der im gleichen Zeitpunkt seine Preisliste aufstellt, die vom 1. Oktober bis zum 30. März gültig bleiben soll, ist dagegen der während dieser Zeit dominierende Engpaß maßgeblich, der beispielsweise bei einer ganz bestimmten Kategorie von Arbeitskräften oder einem bestimmten Rohstoff liegen kann. 527

Auch bei der Ermittlung von Preisuntergrenzen sind, sobald Engpässe vorliegen oder herbeigeführt werden können, neben den hinzukommenden oder alternativ abbaubaren Kosten die entgehenden Deckungsbeiträge bei anderweitiger Verwendung des jeweils relevanten Engpasses zu berücksichtigen. In diesem Zusammenhang muß auch auf die Gefahr hingewiesen werden, die entsteht, wenn man – etwa den Vorschlägen von *Böhm* und *Wille* folgend – in die laufende systematische Rechnung beim Vorliegen von Engpässen oder im Falle der Vollbeschäftigung eventuell entgehende Deckungsbeiträge mit einem Standardsatz als sogenannte Opportunitäts„kosten" einbezieht. Dagegen sprechen vor allem folgende Gründe: Erstens handelt es sich nicht um Kosten, die von Ausgaben abgeleitet sind, sondern um alternative Deckungsbeiträge aus anderweitiger Verwendung eines Engpasses. Sind in den Kosten, die dem relevanten Erlös gegenübergestellt werden, bereits Opportunitäts„kosten" enthalten, dann ist der verbleibende Überschuß kleiner als der tatsächliche Deckungsbeitrag. Es besteht daher die Gefahr, daß bei der Ermittlung absoluter Erfolgsänderungen und bei der Ermittlung von Deckungsbeiträgen übergeordneter Bezugsobjekte mit falschen Größen gerechnet wird. Zweitens besteht die Gefahr der Ermittlung falscher Kriterien und infolgedessen von Fehlentscheidungen, wenn der jeweils relevante Engpaß von dem abweicht, der der Ermittlung der standardisierten Opportunitätskosten („Standardgrenzerträge") zugrunde liegt.

Auch hängt die Höhe der anzusetzenden Opportunitätskosten von den in den Vergleich einbezogenen Alternativen, also den subjektiven Einsichten des Kalkulators und nicht allein von dem jeweils betrachteten Kalkulationsobjekt ab[54].

Entsprechendes gilt für Opportunitätserlöse. Sie sind in Wirklichkeit ersparte Kosten im 528

54 In der Literatur konzentriert sich die Kritik hauptsächlich auf den Tatbestand, daß sich die Opportunitätskosten erst aus dem Vergleich mehrerer Verwertungsmöglichkeiten ermitteln lassen, also bereits das Ergebnis eines Entscheidungsprozesses sind. Siehe hierzu z.B. *Hax, Herbert:* Kostenbewertung mit Hilfe der mathematischen Programmierung, in: ZfB 35. Jg. (1965), S. 197–210, hier S. 204 und 210, und *Kilger, Wolfgang:* Flexible Plankostenrechnung, 3. Aufl. u. f., S. 709–713. Es gibt jedoch in der Praxis Fälle, in denen freie Kapazitäten in nahezu beliebigem Umfange mit einem relativ wenig interessanten Standardprodukt „gefüllt" werden können, dessen Marktpreis bekannt ist.

Vergleich mit der nächstteureren alternativen Bereitstellung eines Kostenguts oder Erstellung eines Leistungsgutes. Soweit Opportunitätskosten und -erlöse in Lenkpreisen enthalten sind, muß sorgfältig zwischen Lenkpreisen und Kosten bzw. Erlösen unterschieden werden.

Mein Hinweis, daß man bei der Delegation der Ermittlung von Angebotspreisen mit Soll-Deckungsbeiträgen arbeiten könne, hat in der Literatur rasche Verbreitung gefunden und gelegentlich zu der Auffassung geführt, daß es sich um eine Vollkostenrechnung unter anderer Bezeichung handle, was jedoch keineswegs zutrifft. Die Vorgabe von Soll-Deckungsbeiträgen je Produkteinheit oder je Maßeinheit des Engpasses sollte auf Sonderfälle beschränkt bleiben und ist dabei mit großer Umsicht und Vorsicht zu handhaben. Erstens muß entschieden werden, für welche Bezugsgröße der Soll-Deckungsbeitrag vorgegeben werden soll; zweitens, ob er den Charakter einer durchschnittlich anzustrebenden Richtgröße oder einer Mindestgröße hat, die nur mit Genehmigung einer übergeordneten Instanz unterschritten werden darf; drittens richtet sich die Höhe des Soll-Deckungsbeitrags nicht nach den abzudeckenden Kosten, sondern nach den marktlichen Möglichkeiten und absatzpolitischen Zielsetzungen sowie der Engpaßsituation. Ändern sich diese Verhältnisse, muß auch der Soll-Deckungsbeitrag rasch angepaßt werden. Aus dem gleichen Grunde müssen auch die Auswirkungen kontinuierlich beobachtet werden. Soll-Deckungsbeiträge sind vor allem dann gefährlich, wenn sie zu hoch angesetzt und zu starr gehandhabt werden, weil dies zur Ablehnung von Aufträgen führen kann, die zur Verbesserung des Erfolgs dringend benötigt werden. Ganz besonders gefährlich sind sie vor allem bei verbundener Produktion und Nachfrage. Ihre Anwendung sollte deshalb auf die massenhafte Vorkalkulation von Kleinaufträgen, bei denen ein Nachfrageverbund vernachlässigt werden kann, beschränkt bleiben.

Jeder aus der Entwicklung von relevanten Erlösen und relevanten Kosten oder Einzelerlösen und Einzelkosten ermittelte Deckungsbeitrag ist eine ganzheitliche Größe, die nicht aufgespalten werden darf (soweit dieser Deckungsbeitrag nicht durch Aggregation entstanden ist). Teilt man dagegen beispielsweise den Deckungsbeitrag eines zusammengesetzen Produkts auf dessen Bestandteile auf oder gliedert man den Deckungsbeitrag in Teile auf, die zur Abdeckung von bestimmten Kostenkategorien, z. B. anteiligen Produktfixkosten, Produktgruppenfixkosten usw., dienen sollen, wie das im Rahmen der Fix-
529 kostendeckungsrechnung vorgeschlagen wird, dann erhält man Bruttogewinngrößen ohne Aussagefähigkeit, weil sie auf willkürliche Weise zustandegekommen sind.

Abschließend muß auf eine generelle Gefahr jeder analysierenden Rechnung hingewiesen werden. Es gibt Verbundenheitsbeziehungen, die schwer oder gar nicht quantifizierbar sind, so daß sie bei der rechnerischen Aufgliederung zunächst unbeachtet bleiben oder bleiben müssen, wie z.B. der Verbund zwischen den verschiedenen Aufträgen eines Kunden. Wie schon angedeutet, lassen sich diese Beziehungen bei der Auswertung dadurch berücksichtigen, daß man beispielsweise die Deckungsbeiträge der einzelnen Aufträge kundenweise zusammenfaßt und in diesem Zusammenhang beurteilt. Ähnliches sollte auch bei der Zusammenfassung der Deckungsbeiträge solcher Leistungsarten geschehen, zwischen denen ein schwer quantifizierbares Substitutionsverhältnis zu vermuten ist. Angesichts solcher schwer quantifizierbarer Verbundenheitsbeziehungen darf es nicht reinen Rechnungstechnikern überlassen bleiben, aus den Rechenergebnissen auch die Schlußfolgerungen für die daraus zu ziehenden unternehmerischen Entscheidungen, beispielsweise über die Eliminierung eines Produkts, zu ziehen. Bei der Interpretation derartiger Alternativrechnungen muß letztlich den Fachleuten die ausschlaggebende Stimme gelassen werden, die die sachökonomischen Zusammenhänge in allen ihren Wechselbeziehungen durchschauen und vor allem über ein hohes Maß an Markteinfühlung und Gespür für die künftige Entwicklung verfügen. Die Deckungsbeitragsrechnung ist kein automatisch wirkendes Führungsinstrument, das den Führungskräften das Denken abnimmt. Im Gegenteil: Die Anwendung dieses Instruments erfordert ein hohes Maß an Vorausdenken vor der Anwendung und ein noch höheres Maß des Nachdenkens bei der Interpretation der Rechenergebnisse. Und was das unternehmerische Fingerspitzengefühl betrifft, so kann es durch die Deckungsbeitragsrechnung nicht ersetzt werden; sie kann ihm aber eine bessere Ausgangsgrundlage bieten.

Anmerkungen

[1] Im Interesse einer leichteren Verständlichkeit wurde die Formulierung des vorstehenden Satzes gegenüber dem ursprünglichen Text verändert.

[2] Als „durchschlagender Faktor" wird in der Statistik die Haupteinflußgröße bezeichnet.

[3] Das gilt freilich nur unter der Bedingung, daß der umsatzwertlimitierte Anteil am Absatz der einzelnen Leistungsarten relativ gering ist. Andernfalls können diese Umsatzwertlimits der betroffenen Kunden insgesamt durchaus zu einem für die Wahl des Produktions- und Absatzprogramms relevanten (zusätzlichen) Engpaß werden.

[4] Ein weiterer Schritt der Annäherung zeichnet sich neuerdings in dem Versuch ab, durch den Einbau von „Kostensätzen verschiedener Fristigkeitsgrade" die Bindungsdauer bei der Kostenauflösung wenigstens grob zu berücksichtigen. Siehe hierzu: *Kilger, Wolfgang:* Die Entstehung und Weiterentwicklung der Grenzplankostenrechnung als entscheidungsorientiertes System der Kostenrechnung, in: Schriften zur Unternehmensführung, Band 21: Neuere Entwicklungen in der Kostenrechnung (I), Wiesbaden 1976, S. 9–39, insbes. S. 21 ff.

[5] Die Besonderheit ihres Konzepts bringen *Böhm* und *Wille* im Titel der 5. Auflage 1974 wieder zum Ausdruck: Deckungsbeitragsrechnung, Grenzpreisrechnung und Optimierung.

[6] Siehe hierzu neuerdings: *Hummel, Siegfried:* Fixe und variable Kosten, Zwei häufig mißverstandene Grundbegriffe der Kostenrechnung, in: Kostenrechnungspraxis 1975, S. 63–74.

[7] Siehe hierzu neuerdings *Riebel, Paul:* Überlegungen zur Formulierung eines entscheidungsorientierten Kostenbegriffs, in: Quantitative Ansätze in der Betriebswirtschaftslehre, hrsg. v. Heiner-Müller-Merbach, München 1978, S. 127–146.

IV. Enzyklopädische Beiträge

1137 **16. Deckungsbeitrag und Deckungsbeitragsrechnung***

I. Historisch-Terminologisches; II. Zielsetzung und Grundkonzeption der entscheidungsorientierten, relativen Deckungsbeitragsrechnung; III. Das Zurechnungsproblem; IV. Das System der Grundrechnungen; V. Das System | der Deckungsbeitragsrechnungen; VI. Deckungsbudgets.

1138 **I. Historisch-Terminologisches**

Im deutschen Sprachraum hat wohl zuerst *Schmalenbach* (1899) erkannt, daß es „theoretisch richtig ist, die sekundären Unkosten durch den Gewinn zu decken". 1902 hat er – wie auch später immer wieder – gefordert, der Produkteinheit lediglich die proportionalen Kosten zuzurechnen und die fixen Kosten unter Umgehung der Kostenträgerrechnung auf dem Erfolgskonto zu sammeln. Um 1903 wird in den USA von *Hess* zum erstenmal eine flexible Budgetierung mit getrennten fixen und variablen Kosten vorgeschlagen. Gleichfalls um die Jahrhundertwende liegen die Anfänge der → *Break-Even-Analysis.* In die gleiche Richtung weisen das Kosten-Umsatz-Gewinn-Diagramm von *Schär* und seine Lehre vom toten Punkt (1911) sowie die 1919 von *Peiser* für die Nachkalkulation vorgeschlagene „Deckungsrechnung".
Sehr viel weitergehende Ansätze in der Landwirtschaft (insbes. *Zörner* 1928) und im Postwesen (*Timm* 1939), *Rummels* Vorschläge einer differenzierten *„Blockkostenrechnung"* (1936/37) und die Analyse der Grenzen der Gemeinkostenzurechnung von *Vatter* (1945) enthalten bereits wesentliche Elemente des „Rechnens mit relativen Einzelkosten und Deckungsbeiträgen" (*Riebel* 1956 und 1959).
Die seit der Jahrhundertwende konzipierten Proportionalkosten- und Bruttogewinnrechnungen konnten sich erst nach dem 2. Weltkrieg, insbesondere unter den Bezeichnungen → *Direct Costing* (*Harris* 1936) und „Grenzplankostenrechnung" (*Plaut* 1952/53), in größerem Umfange in der Praxis und auch in der wissenschaftlichen Kostenrechnungsliteratur durchsetzen.
Obgleich schon in einigen älteren Arbeiten die als Bruttogewinn bezeichnete Differenz zwischen Erlösen und proportionalen oder variablen Kosten je Leistungseinheit als „Beitrag zur Deckung ihrer konstanten Unkosten" (*Schmalenbach* 1902) und als "contribution to fixed cost or profit" (*Hilgert* 1926, ähnlich *Williams* 1934) interpretiert worden ist, kam der Ausdruck „Deckungsbeitrag" erst in den fünfziger Jahren auf (*Hessenmüller, Böhm* und *Riebel*). In ihm soll die Funktion des Bruttogewinns zum Ausdruck gebracht werden, zur Deckung der dem jeweiligen Objekt nicht zugerechneten bzw. nicht zure-

* Nachdruck aus: Handwörterbuch der Betriebswirtschaft, vierte, völlig neu gestaltete Auflage, hrsg. von Erwin Grochla und Waldemar Wittmann, Bd. 1, Stuttgart 1974, Sp. 1137–1155, mit freundlicher Genehmigung des C. E. Poeschel Verlags, Stuttgart.

chenbaren Kosten und zum Gesamtgewinn beizutragen. Heute gibt es sehr unterschiedliche Interpretationen der Begriffe *Deckungsbeitrag* und *Deckungsbeitragsrechnung.* Um die Aussagefähigkeit des Begriffes „Deckungsbeitrag" zu erhalten, sollte man ihn für solche Bruttogewinne reservieren, die mit den für bestimmte Fragestellungen (Maßnahmen) relevanten Erfolgsänderungen identisch sind. Deren Relativität und Fallbezogenheit | 1139 macht es notwendig, die Deckungsbeiträge nach der sachlichen Abgrenzung und der zeitlichen Dimension des Untersuchungsobjektes sowie den einbezogenen Erlös- und Kosten-Kategorien genau zu kennzeichnen. Entsprechendes gilt auch für die Bezeichnung Deckungsbeitragsrechnung.

Im übrigen scheint die Entwicklung der einfacheren Systeme (→ *Direct Costing; Grenzplankostenrechnung* → *Plankostenrechnung*) ohnehin in Richtung der im folgenden dargestellten entscheidungsorientierten, relativen Deckungsbeitragsrechnung zu gehen.

II. Zielsetzung und Grundkonzeption der entscheidungsorientierten, relativen Deckungsbeitragsrechnung

Die entscheidungsorientierte, relative Deckungsbeitragsrechnung (DBR) soll die durch bestimmte Maßnahmen und Variation bedeutsamer Einflußgrößen ausgelösten Änderungen des Erfolgs und seine Komponenten aufzeigen. Ihre Grundkonzeption entspricht der in fallbezogenen Sonderrechnungen schon lange üblichen Gegenüberstellung:

relevanter Erlös
./. relevante Kosten (Ausgaben)
---
relevanter Erfolg (= Erfolgsänderung einer Maßnahme gegenüber dem Unterlassen)

Die traditionelle *Vollkosten-* und *Nettoergebnisrechnung* vermag die relevanten Größen grundsätzlich nicht bereitzustellen, so daß sie – von möglichen Ausnahmen bei einzelnen Elementen abgesehen – jeweils gesondert ermittelt oder geschätzt werden müssen. Aber auch bei *Teilkostenrechnungen,* die auf der bloßen Trennung in fixe und proportionale Kosten (in bezug auf die Ausstoßmenge oder die Beschäftigung) beruhen (→ *Kapazität und Beschäftigung*), sind die relevanten Größen dann nicht verfügbar, wenn diese mit den dort ermittelten proportionalen Kosten bzw. Bruttogewinnen nicht identisch sind. Vom Ansatz nicht relevanter Preise abgesehen, ist das vor allem stets der Fall, wenn andere Aktionsparameter oder Einflußgrößen beachtlich sind und wenn verbundene Ausgaben, Kosten oder Erlöse geschlüsselt werden.

Demgegenüber wird in der relativen Deckungsbeitragsrechnung versucht, die in fallbezogenen Sonderrechnungen häufiger auftretenden Elemente und Merkmale bereits in der systematischen Vor- und Nachrechnung (Grundrechnung) einzubauen, um sie schnell für Sonderrechnungen verfügbar zu haben. Dabei werden die beim Hinzukommen oder Wegfallen einer Einheit des jeweiligen elementaren Kalkulationsobjekts *relevanten Kosten* (Ausgaben) und *relevanten Erlöse* als dessen *Einzelkosten* bzw. *Einzelerlöse* bezeichnet. Synonyma sind: abtrennbare, zusätzliche, wegfallende, *spezifische Kosten (Erlöse).* Kosten (Ausgaben; Erlöse), die auch noch | andere als das betrachtete Objekt mit betref- 1140 fen, werden nicht abtrennbare, unspezifische, verbundene Kosten (Ausgaben; Erlöse) oder (*echte*) *Gemeinkosten* (-ausgaben; -erlöse) genannt. Die relativen Einzelkosten und

Einzelerlöse sind mögliche relevante Größen der Bausteine, aus denen – unter teilweiser Abwandlung (z. B. Umbewertung) und Ergänzung – die tatsächlich relevanten Größen komplexer Maßnahmen zusammengesetzt werden können.
Die hinter den konkreten Maßnahmen stehenden Entscheidungen oder Entscheidungsalternativen werden als die eigentlichen Erlös-, Kosten- und Erfolgsquellen und damit als die eigentlichen Kalkulationsobjekte angesehen. Dabei können grundsätzlich alle beliebigen Maßnahmen Untersuchungsobjekt sein und alle denkbaren Einflußgrößen berücksichtigt werden; lediglich die Wirtschaftlichkeit zwingt in der Grundrechnung zur Beschränkung auf die wichtigsten.
Der beim jeweiligen Untersuchungsobjekt auftretende Überschuß, der Deckungsbeitrag, darf niemals aufgeteilt werden; wohl aber läßt er sich mit den Deckungsbeiträgen anderer Untersuchungsobjekte zusammenfassen, um gemeinsame Kosten bzw. Ausgaben zu decken (*„Deckungsprinzip“* oder „Prinzip der gesamtheitlichen Gemeinkostendeckung und Gewinnerzielung“). Da jede Entscheidung für eine bestimmte Maßnahme Element eines zeitlich fortschreitenden Gefüges von Entscheidungen und Maßnahmen unterschiedlicher sachlicher und zeitlicher Wirkung ist, bedarf es zur Analyse des Unternehmenserfolges der *differenzierten, relativen Deckungsbeitragsrechnung* als eines vieldimensionalen, zeitlich fortschreitenden Systems von Erfolgsänderungsrechnungen, in denen – vom spezielleren zum allgemeineren Untersuchungsobjekt führend – die sich jeweils eindeutig entsprechenden, das heißt auf dieselben Maßnahmen oder Einflußgrößen zurückgehenden, Erlös- und Kosten-(Ausgaben-)teile einander gegenübergestellt werden.
Das differenzierte, mehrstufige und vieldimensionale Vorgehen ermöglicht es, auch bei komplexen Untersuchungsobjekten die Erfolgsquellen und das Zusammenfließen der partiellen Erfolgsänderungen zur Gesamterfolgsänderung offenzulegen. Im Grunde genommen handelt es sich bei der relativen Deckungsbeitragsrechnung also darum, aus dem im Zeitablauf kumulierten Einnahmen- und Ausgabenstrom einer Unternehmung die für die jeweilige Fragestellung relevanten Einnahmen- und Ausgabenteile soweit zu isolieren, als dies möglich ist, ohne die sachlichen und zeitlichen Verbundenheitsbeziehungen willkürlich zu zerschneiden. Schwer quantifizierbare Verbundenheitsbeziehungen sind bei der Kommentierung und durch eine entsprechende Gruppierung und Zusammenfassung der Deckungsbeiträge zu berücksichtigen.
Um dieses Konzept zu verwirklichen, sind die Zurechenbarkeitsverhältnisse und die Abhängigkeitsbeziehungen der Kosten und Erlöse schon bei der Erfassung, Sammlung und Verdichtung der ursprünglichen Kosten- und Erlösinformationen – soweit wirtschaftlich vertretbar – zu berücksichtigen.

1141

III. Das Zurechnungsproblem

Besonders bei der vergangenheitsbezogenen Erfolgsanalyse, aber auch bei der Vorkalkulation komplexer Maßnahmen, wird es offenkundig, daß das Kernproblem in der Aufhellung der Zurechenbarkeit, der wirklichkeitsgerechten Verknüpfung der einzelnen Maßnahmen untereinander und ihrer Wirkungen auf Erlöse und Kosten (Ausgaben) liegt.

1. *Begriff und Kriterium der Zurechenbarkeit*

→ *Zurechnung* wird hier als eindeutig zwingende Gegenüberstellung von Größen, z. B. von Kosten und Erlösen untereinander oder in bezug auf bestimmte Maßnahmen, verstanden. Das allgemein im → *Rechnungswesen* geforderte Verursachungsprinzip (→ *Kostenverursachung*) hat sich; vor allem wegen seiner Vieldeutigkeit, als unbrauchbares Kriterium für die Beurteilung der Zurechenbarkeit erwiesen. Eine eindeutig zwingende Zurechnung kann nur damit begründet werden, daß die einander gegenüberzustellenden Größen auf dieselbe, identische Entscheidungsalternative oder Maßnahme zurückgeführt werden können, die die Existenz beider Größen auslöst. Diese „Zurechnung nach dem *Identitätsprinzip*" ist auch anwendbar, wenn die Entstehung von Ausgabeverpflichtung und Einnahmeansprüchen ausschließlich auf ökonomisch-rechtlichen Beziehungen beruht oder wenn Entgelte vereinbart werden, die nicht zu den beschafften oder abgesetzten Gütermengen proportional sind.

Die Prüfung der Zurückführbarkeit auf eine identische Entscheidungsalternative oder Maßnahme ist unumgänglich, um vordergründige Fehlbeurteilungen der Zurechenbarkeit auszuschalten. Z. B. sind Überstundenlöhne einem Auftrag – gleichgültig, wann er gefertigt wird – nur dann zurechenbar, wenn die Überstunden speziell durch die Annahme dieses Auftrages ausgelöst wurden, nicht aber etwa durch eine allgemeine Überbeschäftigung. Auch darf diese Prüfung nicht auf das Mengengerüst beschränkt werden, weil auf diese Weise lediglich festgestellt werden kann, ob ein Einzelverbrauch von *Repetierfaktoren* (Verbrauchsgütern) oder eine Einzelinanspruchnahme von *Potentialfaktoren* vorliegt. Sind damit keine zusätzlichen Ausgaben verbunden, dann liegen auch keine Einzelkosten bzw. relevanten Kosten vor. Die Zuordnung von Einnahmen auf Leistungsgüter und Ausgaben auf Kostengüter (→ *Ausgaben und Einnahmen*) darf nämlich nicht einfach als zweckbedingtes Bewertungsproblem (→ *Bewertung, kalkulatorische*) angesehen werden, sondern ist gleichfalls eine nach dem Identitätsprinzip zu prüfende Zurechnung.

2. *Kosten- und Erlösbegriff*

Bei Anwendung des preisindifferenten, sog. „wertmäßigen" Kosten- und Leistungsbegriffs (→ *Kosten und Leistung*) in der Deckungsbeitragsrechnung besteht die Gefahr, daß mit nicht relevanten Wertansätzen oder Ausgaben und Einnahmen gerechnet wird. Die von *D. Schneider* geforderte „Preiseindeutigkeit" könnte man zwar auch über strenge Bewertungsvorschriften sichern, zweckmäßiger jedoch erscheint es, unmittelbar | vom *entscheidungsorientierten Kosten- und Erlösbegriff* auszugehen: Kosten (Erlöse) sind die durch dieselbe Entscheidung wie das betrachtete Objekt ausgelösten Ausgaben (Einnahmen). 1142

Nicht mehr beeinflußbare Zahlungsverpflichtungen (irreversibel „vordisponierte Ausgaben", *H. Langen*) und Zahlungsansprüche sind zwar für die Finanzrechnung noch von Bedeutung, aber nicht mehr für entscheidungsorientierte Erfolgsrechnungen.

In die relevanten Kosten oder die im Rahmen einer Deckungsbeitragsrechnung den Kalkulationsobjekten zuzurechnenden Kosten werden teilweise auch die *Opportunitäts„kosten"* einbezogen (insbes. bei *Böhm* und *Wille* 1970). Dagegen sprechen vor allem folgende Gründe:

1. Sie sind keine von Ausgaben abgeleiteten Kosten, sondern alternative Deckungsbeiträge aus anderweitiger Verwertung eines knappen Potentials.
2. Sie lassen sich erst aus dem Vergleich mehrerer Verwertungsmöglichkeiten ermitteln, sind also bereits das Ergebnis eines Entscheidungsprozesses.
3. Sie hängen deshalb von den in den Vergleich einbezogenen Alternativen, also subjektiven Einsichten, ab und nicht allein von dem jeweils betrachteten Kalkulationsobjekt.
4. Sind Opportunitätskosten in den Kosten enthalten, die dem (relevanten) Erlös gegenübergestellt werden, dann ist der scheinbar verbleibende Deckungsbeitrag kleiner als der tatsächliche.
5. Weicht der relevante Engpaß von dem ab, der der Ermittlung von (standardisierten) Opportunitätskosten zugrundeliegt, besteht die Gefahr von Fehlentscheidungen.

Entsprechendes gilt für *Opportunitätserlöse;* sie sind in Wirklichkeit keine Erlöse, sondern ersparte Kosten im Vergleich mit der nächst billigeren alternativen Bereitstellung eines Kostengutes oder Erstellung eines Leistungsgutes. Opportunitätskosten und -erlöse können zwar in Sonderrechnungen, z. B. für die Ermittlung von Preisunter- und -obergrenzen oder von Lenkpreisen (→ *Pretiale Lenkung*) von Bedeutung sein; in die laufende und systematische Kosten-, Erlös- und Erfolgsrechnung gehören sie nicht. Werden sie dennoch einbezogen, sollten sie wenigstens gesondert ausgewiesen und durchgerechnet werden.

3. Die Zurechenbarkeit im Entscheidungsgefüge

→ *Ausgaben und Einnahmen* (Erlöse) können in der Regel nur zum kleinsten Teil unmittelbar einander gegenübergestellt werden, weil ihre Realisierung an unterschiedliche „Stationen" oder „Phasen" des Betriebsprozesses gebunden sein kann. Unmittelbar mit dem Erlös und den erlösbestimmenden Dispositionen hängen lediglich die umsatzwert- oder verkaufspreisabhängigen Kosten (Ausgaben), z. B. Vertreterprovisionen, zusammen. Selten werden auch die Ausgaben unmittelbar durch die Kostengüter-Einsatzdispositionen ausgelöst, so etwa arbeitspreisabhängige Ausgaben für Strom und stückzahl- oder laufzeitabhängige Maschinenmiete. Im allgemeinen entstehen Ausgaben unmittelbar durch die Beschaffungsdispositionen, die meist auf Grund von *Erwartungen* getroffen werden. Lediglich bei solchen Beschaffungsmaßnahmen, | die erst durch die Annahme eines Kundenauftrags ausgelöst werden, besteht ein eindeutiger, wenn auch mehrgliedriger Dispositionszusammenhang zu einem bestimmten Leistungsquantum und seinem Erlös. Werden dagegen Kostengüter auf Verdacht gekauft, dann besteht zunächst allenfalls eine Zurechenbarkeit zwischen Ausgaben und beschafftem Kostengut, weil über Art, Menge und Zeitpunkt der Verwendung erst später disponiert wird. Wird auf Grund genereller Regelungen automatisch eine dem spezifischen Verbrauch je Kalkulationsobjekt entsprechend dosierbare Ersatzbeschaffung ausgelöst, können den verbrauchten (und wieder zu beschaffenden) Kostengütereinheiten die erwarteten Ersatzbeschaffungsausgaben zugerechnet werden. Im übrigen sind die Voraussetzungen für die Zurechnung von Ausgaben (Kosten) auf ein Kalkulationsobjekt nur dann gegeben, wenn die Verbrauchsmenge so fein dosiert werden kann, wie es dem spezifischen Verbrauch für eine Einheit des Kalkulationsobjektes entspricht, und wenn sowohl der Verbrauch als auch die Ausgabe (der Preis) unabhängig von anderen Kalkulationsobjekten sind. Entsprechendes gilt für die Zurechenbarkeit von Erlösen.

1143

Im Rahmen bestimmter Fragestellungen ergeben sich oft weitergehende Zurechnungsmöglichkeiten als in der zweckneutralen Grundrechnung.

Die Spannweite der sachlichen und zeitlichen Dimension einer Entscheidungsalternative kann von der Gesamtunternehmung bis zum einzelnen Arbeitsplatz, vom gesamten Leistungssortiment bis zur Leistungseinheit und von der gesamten Lebensdauer der Unternehmung bis zur Dauer der kleinsten Verrichtung reichen. Dabei darf man davon ausgehen, daß Entscheidungen geringer zeitlicher Reichweite in solche mit längerer ebenso eingefügt sind wie Entscheidungen über kleine Teilbereiche in solche über große, weil in der Praxis – entgegen dem theoretischen Ideal einer Simultanplanung – Globalentscheidungen den Detailentscheidungen zeitlich vorausgehen.

Aufgrund solcher Über- und Unterordnungen ist es möglich, das Entscheidungsgefüge einer Unternehmung ausschnittsweise, in Form von Hierarchien der Entscheidungsobjekte und damit der Kalkulationsobjekte abzubilden (Dispositions-, Zurechnungs- und Abdeckungs- oder allgemeiner *„Bezugsgrößenhierarchien"*).

Bei zahlreichen Dispositionen über Bezugs-, Liefer- und Dienstleistungsverträge ist die zeitliche Reichweite von Bedeutung. Sie ist teils vertraglich von vornherein festgelegt oder an bestimmte Kündigungsintervalle gebunden, teils ist sie im vorhinein unbestimmt.

Nach der (Mindest-)*Bindungsdauer* kann man zwischen stunden-, tages-, wochen-, monats-, quartals- und jahresdisponiblen Ausgaben (Kosten) und Erlösen sowie solchen mit mehrjähriger | (Mindest-)Bindung unterscheiden. Soweit die (Mindest-)Bindungsdauer sich mit einer Kalenderperiode deckt oder voll in ihr liegt, kann entsprechend der *Hierarchie der Kalenderperioden* allgemein zwischen Perioden-Einzelkosten und -Gemeinkosten und spezieller, z. B. zwischen Schicht-, Tages-, Monats-, Quartals-, Jahres-Einzelkosten und -Gemeinkosten unterschieden werden. Das gilt freilich mit Einschränkungen, denn nicht selten werden Vertragsverhältnisse im Hinblick auf spätere Perioden aufrechterhalten, obgleich zwischenzeitlich eine Kündigung möglich wäre. 1144

Die Ausgaben für materielle oder immaterielle *Investitionen* sind dagegen, weil die Nutzungsdauer bis zu ihrem Ablauf ungewiß ist, Gemeinausgaben (Gemeinkosten) einer noch offenen Zahl von Kalenderperioden („offener Perioden") und Nutzungseinheiten; sie sind fix gegenüber der Nutzungsdauer.

4. Zurechenbarkeit und Abhängigkeitsbeziehungen

a) Kostenabhängigkeiten

Die manchen Systemen der Teilkostenrechnung zugrundeliegende Trennung zwischen fixen und variablen Kosten in bezug auf die Beschäftigung (*→ Kapazität und Beschäftigung; → Fixkosten*) spielt für das Rechnen mit relativen Einzelkosten und Deckungsbeiträgen nur eine untergeordnete Rolle. Zwischen den Kosten und der Beschäftigung lassen sich in der Realität keine eindeutigen Beziehungen feststellen, weil im allgemeinen mehrere Anpassungsmöglichkeiten mit unterschiedlichen Kostenwirkungen bestehen, die Beschäftigung selbst nicht eindeutig gemessen werden kann und andere Einflußfaktoren oft viel stärker wirksam sind. Zudem wird häufig die Abhängigkeit der Kosten mit ihrer Beeinflußbarkeit verwechselt; letzteres läßt sich nur vermeiden, wenn man auf ganz kleine und äußerst kurzfristige „automatische" Änderungen abstellt.

Statt dessen wird hier zwischen Bereitschaftskosten und Leistungskosten unterschieden.

Die *Bereitschaftskosten* werden auf Grund von Planungen und Erwartungen disponiert, um die institutionellen und technischen Voraussetzungen für die Realisierung des Leistungsprogrammes zu schaffen. Sie sind teils sehr kurzfristig disponibel, wie Überstundenlöhne, teils werden Potentiale für eine mehr oder weniger lange Nutzung aufgebaut oder aufrecht erhalten.

Soweit *Potentialfaktoren,* wie zumeist, *zeitunelastisch* (nicht speicherbar) sind, ist ihre Nutzung ohne Einfluß auf den Wertverzehr (es sei denn, daß nutzungsabhängige Entgelte vereinbart sind; dann handelt es sich allerdings um Leistungskosten). Auch *zeitelastische* Potentiale können gewöhnlich nur in größeren Quanten beschafft werden unter Entstehung von Gemeinausgaben in bezug auf die einzelnen Maßeinheiten der Nutzung. Da im Zeitpunkt des Einsatzes noch nicht festliegt, wie groß die Totalkapazität ist, ob sie voll ausgenutzt werden kann und welche Folgen der jetzige Einsatz für die künftig möglichen Dispositionen hat (Ausgleich des Potentialabbaus durch zusätzliche Erhaltungsmaßnahmen oder vorzeitige | Ersatzbeschaffung oder Verzicht auf künftig erzielbare Dekkungsbeiträge), erscheint es zweckmäßig, auch diese Kosten als Bereitschaftskosten zu behandeln, zumal die Potentiale auf Verdacht beschafft werden und ihr Abbau gewöhnlich nicht meßbar ist. Innerhalb dieser Kategorien von Bereitschaftskosten kann weiter nach der Abhängigkeit von bestimmten Aktionsparametern differenziert werden, z. B. der Dauer der Betriebszeit, der Zahl von vorhandenen oder besetzten Arbeitsplätzen.

1145

Die *Leistungskosten* hängen – im Gegensatz zu den Bereitschaftskosten – vom tatsächlich realisierten Leistungsprogramm ab und ändern sich „automatisch" mit Art, Menge und Wert der Leistungen und „Leistungsportionen" (Aufträge, Chargen, Lose, Partien usw.) sowie den Bedingungen des Beschaffungs-, Produktions- und Absatzprozesses. Im allgemeinen sind nicht alle Leistungskosten zur Beschaffungs-, Produktions- oder Absatzmenge – und nur zu diesen Einflußgrößen – proportional.

So können Provisionen und Lizenzen von der Höhe des Verkaufspreises abhängen, andere Kosten zusätzlich von der Zahlungsweise. Ein Teil der Leistungskosten ist in bezug auf die Größe der Fertigungslose, Chargen, Beschaffungs- oder Versandaufträge oder die Transportentfernung fix oder nicht linear veränderlich und daher auch nicht den Leistungseinheiten generell zurechenbar, sondern in der Regel nur ganzen „Leistungsportionen", partiellen Programmen, Leistungsbündeln oder sonstigen individuellen Kalkulationsobjekten.

Zu den *naturbedingten Abhängigkeiten* der Verbrauchsmengen, z. B. von den Witterungsverhältnissen, kommen *„vordisponierte Abhängigkeitsbeziehungen"*, die spezifische Verbrauchsmengen und/oder Ausgabenverpflichtungen betreffen können. Spezifische Verbrauchsmengen werden durch Entscheidungen über Produktgestaltung, Verfahrens- und Rohstoffwahl sowie andere technologische Bedingungen vorgeschrieben. Spezifische Ausgabenverpflichtungen werden durch öffentlich-rechtliche Auflagen oder privatrechtliche Verträge an bestimmte Merkmale des effektiven Programms gebunden, wie absatzmengenabhängige Verbrauchssteuern, Stück- oder Gewichtslizenzen, umsatzwert- (verkaufspreis-)abhängige Vertreterprovisionen und Ladenmieten, laufstundenabhängige Maschinenmiete. Sind diese Vordispositionen erst einmal getroffen, dann ändern sich

die Kosten ebenso automatisch mit den entsprechenden Bezugsgrößen wie bei naturbedingten Abhängigkeitsverhältnissen mit den jeweiligen Merkmalen des tatsächlich realisierten Leistungsprogramms. Bei den technologischen und naturbedingten Faktoren sind die Abhängigkeitsbeziehungen gewöhnlich infolge unvollständiger Beherrschung und Erfassung aller Einflußfaktoren stochastischer Art.
Bei der Trennung zwischen Bereitschaftskosten und Leistungskosten – ebenso bei den untergeordneten Kostenkategorien – ist es zweckmäßig, primär auf die jeweiligen kostenstellen-individuellen | Leistungen abzustellen und erst in einem zweiten Schritt zu prüfen, welches Verhältnis zwischen der Bereitstellung und dem Einsatz der internen Leistungen oder Zwischenprodukte und den Endleistungen besteht. So sind z. B. die Leistungskosten für Eigenreparaturen in der Regel Bereitschaftskosten bei den empfangenden Kostenstellen. 1146

b) Erlösabhängigkeiten

Bei zahlreichen *Preissystemen* sind die Erlöse je abgesetzter Leistungseinheit nicht konstant. Oft werden Mengenrabatte oder Staffelpreise in Abhängigkeit von der Postengröße, von der Gesamtmenge eines verschiedene Sorten umfassenden Auftrags oder von der Gesamtbezugsmenge während eines Zeitabschnittes oder in Abhängigkeit vom Umsatzwert einzelner Aufträge oder des Gesamtumsatzes in einem Zeitabschnitt gewährt. Auch können Mindest- oder Festentgelte je Auftragsposten, Auftrag oder Zeitabschnitt mit mehr oder weniger langer Bindungsdauer vereinbart werden und gespaltene (mehrgliedrige) Preise, deren Elemente von verschiedenen Faktoren abhängig oder unabhängig festgelegt sein können. Weiter können die spezifischen Erlöse vom Zeitpunkt der Leistung, von der Art der Durchführung oder von der Zahlungsweise abhängen. Daher sind auch die Erlöse (und Erlösminderungen) nach ihrer Abhängigkeit und Disponierbarkeit zu differenzieren.

c) Abhängigkeiten des Verbrauchs und der Inanspruchnahme von Potentialfaktoren

Soweit mit dem Verbrauch oder der Inanspruchnahme eines Kostengutes keine zusätzlichen Ausgaben und damit keine relevanten Kosten verbunden sind, ist es notwendig, die Abhängigkeiten des Mengenverbrauchs oder der räumlich-zeitlichen Inanspruchnahme durch die internen oder externen Leistungsarten zu untersuchen und den Verlaufscharakteristiken entsprechende Kategorien des Mengenverbrauchs sowie der räumlich-zeitlichen Inanspruchnahme zu bilden (z. B. losgrößen-unabhängige, -unterproportionale, -proportionale Maschinenzeiten; sortenfolge-unabhängige und abhängige Rüstenzeiten).

5. Erfassungsweise, Genauigkeit und Zurechenbarkeit

Die Praxis stellt bei der Unterscheidung zwischen Einzelkosten und Gemeinkosten nicht auf die Zurechenbarkeit, sondern auf die Erfassung – besonders des Mengengerüsts – ab. Das kann zu zwei Arten von Abweichungen zwischen der *erfassungsorganisatorischen* Unterscheidung von Einzel- und Gemeinkosten und der *wesensmäßigen oder zurechnungstheoretischen* führen. Einerseits wird in der Praxis die anteilige Inanspruchnahme von Be-

reitschaftspotentialen oder der Verbrauch grenzausgabenloser Gütervorräte erfaßt und
1147 als | Einzelkosten deklariert. Der häufigste Fall dieser *„Schein-Einzelkosten"* ist der Ausweis der Fertigungslöhne als Einzelkosten. Andererseits unterläßt man es oft in der Praxis, Kosten bei dem untersten der möglichen Untersuchungsobjekte zu erfassen; sie werden dann als *„unechte Gemeinkosten"* bezeichnet, weil sie ihrem Wesen nach zu dessen Einzelkosten gehören. Demgegenüber sind die *„echten Gemeinkosten"* durch die Disposition über das betrachtete Kalkulationsobjekt und weitere gemeinsam ausgelöst und auch bei Anwendung bester Erfassungsmethoden nicht getrennt für diese Kalkulationsobjekte erfaßbar (*P. van Aubel* 1926).

Die Aufteilung der unechten Gemeinkosten auf die Objekte, denen sie zurechenbar sind, beeinträchtigt grundsätzlich nicht die Richtigkeit der Kostenzurechnung, sondern nur ihre Genauigkeit. Nur für sie gibt es eindeutige Kriterien für die Brauchbarkeit und Vorziehenswürdigkeit alternativer Schlüssel. Besser ist es freilich, durch technische Untersuchungen ermittelte Verbrauchsstandards der Zurechnung zugrunde zu legen und die Abweichungen der Ist-Kosten dort auszuweisen, wo diese direkt erfaßt worden sind.

Die Nichtberücksichtigung unechter Gemeinkosten bei *Erfolgsanalysen* und *Entscheidungskontrollen* solcher Objekte, denen diese zugerechnet werden können, kann zu Fehlurteilen führen, weil die dort ausgewiesenen Deckungsbeiträge zu hoch sind. Für die Beurteilung der Frage, welcher Anteil an ungenauen Kosten in Kauf genommen werden kann, kommt es auf deren Verhältnis zu den Deckungsbeiträgen an. Deshalb ist zu empfehlen, für jedes Kalkulationsobjekt zwei Deckungsbeiträge zu ermitteln, einen über die direkt erfaßten spezifischen Kosten, der genau, aber unvollständig und zu hoch ist, und einen nach Abdeckung anteiliger unechter Gemeinkosten, der von der Sache her vollständig, aber der Höhe nach ungenau ist. Rechnet man in der *Stufenkalkulation* die direkt erfaßten spezifischen Kosten und die ungenau aufgeteilten unechten Gemeinkosten gesondert durch, dann läßt sich leicht feststellen, wo die unechten Gemeinkosten hauptsächlich anfallen und nähere Ermittlungen anzustellen sind, falls die Entscheidung von der tatsächlichen Höhe der unechten Gemeinkosten abhängt. – Für eine *Verbrauchskontrolle* dagegen sind aufgeteilte unechte Gemeinkosten unbrauchbar.

Für *Vorkalkulationen* ist nicht die Unterscheidung zwischen direkt erfaßten Kosten und unechten Gemeinkosten von Bedeutung, sondern die zwischen *genau* und *ungenau* (unsicher) *vorhersehbaren Kosten.* Beide Kategorien können in der Nachrechnung sowohl direkt erfaßte Kosten als auch unechte Gemeinkosten betreffen. Für die Vorkalkulation empfiehlt es sich, Genauigkeitsklassen zu bilden (möglichst mit Angabe der Streubereiche), um vor der Entscheidungsbildung abschätzen zu können, ob eine ungenaue Ermittlung eines Teils der Ausgangsdaten ausreicht oder mit der Gefahr von Fehlentscheidungen verbunden ist.

Die vorstehenden Überlegungen gelten sinngemäß für die Unterscheidung zwischen unechten und echten Gemeinerlösen sowie für Schein-Einzelerlöse und entsprechende Kategorien bei der Ermittlung von Verbrauchsmengen sowie der räumlich-zeitlichen Inanspruchnahme von Potentialfaktoren.

IV. Das System der Grundrechnungen

1148

Die Gestaltung der laufenden systematischen Rechnung folgt einem Vorschlag *Schmalenbachs* (1948), in einer „*Grundrechnung*“ die Kosten ohne jede schematische Verrechnung zweckneutral zu sammeln und für Auswertungen in Sonderrechnungen bereitzustellen. Die Zweckneutralität dieser „Bereitschaftsrechnung“ ist freilich nur begrenzt erreichbar, weil unterschiedliche Fragestellungen oder Situationen den Ansatz unterschiedlicher Preise und (spezifischer) Mengen erfordern können, weil aber auch schon die Auswahl und Differenzierung der Kalkulationsobjekte sowie der Kosten-, Erlös- und Potentialkategorien auf die häufiger interessierenden Fragestellungen auszurichten sind. Im übrigen können die Grundrechnungen auf Ist-, Standard- oder Prognosewerten beruhen.

1. *Grundrechnung der Erlöse*

Die systematische Erlösrechnung ist nach Art einer mehrdimensionalen Umsatzstatistik aufgebaut, in der die Erlöse, Erlösminderungen und -berichtigungen nach allen Merkmalen gruppiert werden, die für die Planung, Steuerung und Kontrolle des Absatzes bedeutsam sind. Das Verhalten der Erlöse gegenüber unterschiedlichen Einflußfaktoren, insbesondere bei mehrgliedrigen Entgelten oder gespaltenen Preisen, ist durch die Bildung entsprechender *Erlöskategorien* zu berücksichtigen. In der *Periodenrechnung* werden die Erlöse grundsätzlich zum *Realisationszeitpunkt* ausgewiesen, der freilich, da die Leistungserstellung und Erlösrealisation in der Regel Zeit erfordert, lediglich den Endpunkt des Zeitabschnitts darstellt, dem als Ganzes der Erlös eigentlich zuzuordnen wäre, ohne daß eine Unterteilung möglich ist. Bei langfristiger Auftragsproduktion empfiehlt es sich daher, in einer *Zeitablaufrechnung* den Erlös für die Gesamtzeitspanne zwischen Auftragsabschluß und endgültiger Realisation auszuweisen. Fixe Erlöse aus Verträgen mit fester (Mindest-)Bindungsdauer sind der entsprechenden Periode als Ganzes zuzurechnen. Das kann sowohl im Rahmen der Kalkulationsobjekte als auch der Erlöskategorien geschehen.
In der Praxis ist es oft vorteilhaft, mit der Grundrechnung der Erlöse die der absatzbedingten Leistungskosten zu verbinden.

2. *Die Grundrechnung der Kosten (Ausgaben)*

In ihr werden die direkt erfaßten Kosten (Ausgabenverpflichtungen) für die interessierenden Kalkulationsobjekte und/oder Zeitabschnitte gesammelt, denen sie eindeutig zurechenbar sind. Ausgaben (-verpflichtungen) „offener Perioden“ und mit gegenüber den Rechnungsperioden verschobener | Bindungsdauer werden in die *Zeitablaufrechnung* aufgenommen. Die üblichen Kostenarten werden – erforderlichenfalls unter weiterer Aufgliederung – in *Kostenkategorien* eingeordnet, die nach dem Verhalten gegenüber den jeweils bedeutsamen Einflußfaktoren, ihrer Disponierbarkeit und Erfassungsweise (Kontrollierbarkeit) oder Genauigkeitsklasse und ihrer Abgrenzungspflichtigkeit in der externen Rechnung differenziert sind. Die Integration mit der Finanzplanung und die Aufstellung ausgabenorientierter *Deckungsbudgets* werden erleichtert, wenn vor allem die Bereitschaftskosten weiter nach der Zahlungsweise untergliedert werden. Bei der Verrechnung *innerbetrieblicher Leistungen* muß oft die Kostenkategorie gewechselt werden, weil bei der Belastung des Empfängers auf dessen Dispositions- und Abhängigkeitsverhältnisse ab-

1149

gestellt werden muß. In vergangenheitsbezogenen Rechnungen werden die Kosten bei den Objekten gesammelt, für die sie direkt erfaßt worden sind, um die Kontrollierbarkeit zu gewährleisten. In einer Zusatzrechnung können auch die unechten Gemeinkosten – von den direkt erfaßten Einzelkosten über alle Stufen getrennt – weiter verrechnet werden, soweit man auf gut fundierte Verbrauchsstandards oder auf Schlüssel, die eine strenge Korrelation zum durchschlagenden Faktor aufweisen, zurückgreifen kann.

3. *Grundrechnung der Potentiale*

In ihr werden die verfügbaren Bestände an personellen, sachlichen und finanziellen *Nutzungspotentialen* (z. B. Konstrukteurstunden; Maschinenstunden; Kreditlimits) sowie ihre geplante und tatsächliche Inanspruchnahme durch die internen und externen Leistungen, durch Kostenstellen und Teilmärkte zusammengefaßt, um Unterlagen für die Bereitstellungs- und Einsatzplanung, vor allem bei Engpässen, und zur Ermittlung engpaßbezogener Deckungsbeiträge zu gewinnen. Die Größe der (Mindest-)Dosierungsquanten bei Bereitstellung und Einsatz sowie die Abhängigkeit der Inanspruchnahme oder des Verbrauchs von wichtigen Einflußfaktoren ist durch Kategorienbildung zu berücksichtigen. Solche *Repetierfaktoren* (Verbrauchsgüter), deren Mengeneinheiten keine Ausgaben oder Leistungskosten zugerechnet werden können, sind gleichfalls in die Grundrechnung der Potentiale aufzunehmen.

V. Das System der Deckungsbeitragsrechnungen

Die Ermittlung von Deckungsbeiträgen ist grundsätzlich Aufgabe von Sonderrechnungen, weil über die einzubeziehenden Untersuchungsobjekte und ihre Abgrenzung, den Aufbau der Abdeckungshierarchien und die abzudeckenden Kostenkategorien nur von der jeweiligen Fragestellung | her entschieden werden kann. Deckungsbeiträge können nur für solche Untersuchungsobjekte ermittelt werden, denen unmittelbar oder über die ihnen untergeordneten Untersuchungsobjekte Erlöse nach dem Identitätsprinzip zugerechnet werden können. Die Untersuchungsobjekte und Abdeckungshierarchien können vom Absatzmarkt und der Ausbringung her oder vom Einsatz, der Bereitstellung und dem Beschaffungsmarkt her abgegrenzt werden. Zeitlich können Deckungsbeitragsrechnungen auftrags-, projekt- oder periodenbezogen sein oder kumulativ im Zeitablauf – im Rahmen eines Auftrags, Projekts, einer Kalenderperiode oder einer „offenen Periode" – durchgeführt werden.

1150

1. *Leistungsgüter- und absatzmarktbezogene Deckungsbeitragsrechnungen*

a) *Stück- und päckchenspezifische Deckungsbeitragsrechnungen*

Soweit der Leistungseinheit ein Erlös zugerechnet werden kann, ist ihr Deckungsbeitrag, der „Stückbeitrag" das Ausgangselement aller weiterführenden zusammenfassenden oder mehrstufigen Deckungsbeitragsrechnungen. Stehen Leistungen in einem quantitativ definierten Erlösverbund, dann werden stattdessen die Deckungsbeiträge für entsprechend zusammengesetzte „Leistungspäckchen" als fiktive Einheiten der Leistungsbündel ermittelt.

Stückbeitrag und „Päckchenbeitrag“ geben an, um wieviel sich das Ergebnis mit jeder unter gleichen Bedingungen hinzukommenden oder wegfallenden Einheit ändert. Von Ausnahmen bei Absatz-, Produktions- oder Beschaffungsverbund abgesehen, wird man zwar generell fordern, daß der stück- oder päckchenspezifische Deckungsbeitrag positiv sein soll, doch ist er unmittelbar für die Beurteilung alternativer Leistungen grundsätzlich nicht brauchbar. Eine Aussage über den Rang im Sortiment gewinnt man erst, wenn man diese Deckungsbeiträge auf die in Anspruch genommenen Maßeinheiten des relevanten Engpasses bezieht (*„engpaßbezogene Deckungsbeiträge“*).

b) Posten- und auftragsbezogene Deckungsbeitragsrechnungen

Hier ist bereits das Prinzip des stufenweisen Zusammenfassens spezieller Deckungsbeiträge zur Abdeckung gemeinsamer spezifischer Kosten eines übergeordneten Objekts anzuwenden. Dabei werden die Deckungsbeiträge der Leistungseinheiten nach Leistungsarten („Artikel“) zusammengefaßt („Artikel-Umsatzbeiträge“), um gemeinsam solche Kosten abzudecken, die erst dem Posten zurechenbar sind („orginäre Posteneinzelkosten“); die überschießenden „Postenbeiträge“ werden ihrerseits zusammengefaßt, um die gemeinsamen „orginären Auftragseinzelkosten“ abzudecken (= „Auftragsbeitrag“).

c) Absatzmarktbezogene Deckungsbeitragsrechnungen

1151

Die Artikel-, Posten- und Auftragsbeiträge können ihrerseits nach Artikelgruppen, Auftragsarten, Kundengruppen, Absatzgebieten, Versandwegen und weiteren Merkmalen im Zeitablauf oder periodenweise zusammengefaßt werden, sei es zur unmittelbaren Auswertung, zur Abdeckung teilmarktspezifischer Investitionsausgaben und periodengebundener Bereitschaftskosten, sei es in Gegenüberstellung mit dem Deckungsbudget.

2. Kostengüter- und beschaffungsmarktbezogene Deckungsbeitragsrechnungen

Eine Ausrichtung der Deckungsbeitragsrechnung auf den Bestand oder Einsatz eines bestimmten Kostengutes ist vor allem von Bedeutung, wenn dieses Gut maßgeblicher Engpaß ist oder wenn der Betriebszweck – und sei es auch nur partiell oder nur vorübergehend – auf dessen optimale Verwertung ausgerichtet ist. Derartige bestands- oder einsatzbezogene Deckungsbeitragsrechnungen sind mit den „Verwendungsertragskalkulationen“ M. R. *Lehmanns* (1951) verwandt und vor allem in Abbaubetrieben, bei Kuppelproduktion, bei der Verwertung von Rohstoff- oder Warenpartien, der Nutzung eines bestimmten Kapitals, Arbeitskräfte- oder Betriebsmittelpotentials von Interesse. In Gestalt von *Zeitablaufrechnungen* sind sie besonders gut für die Planung und Kontrolle von Investitionen geeignet. Dabei werden die durch die Investition ermöglichten Umsatz- oder Auftragsbeiträge zunächst zur Abdeckung der Periodeneinzelkosten herangezogen: der verbleibende Periodenbeitrag wird im Zeitablauf kumuliert den Investitionsausgaben (und sonstigen Periodengemeinausgaben) gegenübergestellt. Der Überschuß der kumulierten Periodenbeiträge über die Periodengemeinausgaben („Investitionsbeitrag“) dient zur Deckung der für die betrachtete Investition und andere gemeinsam disponierten Ausgaben.

Analog zu den absatzmarktbezogenen Rechnungen können nach Lieferanten (-gruppen) und anderen Merkmalen der Beschaffungsmärkte differenzierte (mehrstufige) Deckungsbeitragsrechnungen durchgeführt werden.

VI. Deckungsbudgets

Theoretisch unnötig, aber in der Praxis empfehlenswert ist es, für die Gesamtunternehmung und selbständig im Markt operierende Teilbereiche Deckungsbudgets aufzustellen, wobei es in der Regel wenig zweckmäßig ist, kürzere Zeiträume als 12 Monate zu wählen. Im allgemeinen umfaßt ein Deckungsbudget den direkten Deckungsbedarf der Periode in Gestalt der den Kundenaufträgen nicht zurechenbaren, aggregierten Periodeneinzelkosten.
1152 Darüber hinaus ist ein Teil der Periodengemeinausgaben | als *Deckungslast* einzuplanen, deren Erwirtschaftung in der Budgetperiode auf Grund der Ziele und Erwartungen der Unternehmensleitung angesteuert werden soll.
Das für Planungen und Entscheidungen besonders wichtige *ausgaben-* oder *finanzorientierte Deckungsbudget* enthält alle Ausgaben, die in der Budgetperiode durch Auftragsbeiträge hereingeholt werden sollen, und zwar auch Investitionsausgaben und rein finanzwirtschaftliche Ausgaben (einschließlich dem auszuschüttenden Gewinn), soweit diese nicht aus anderen Quellen finanziert werden sollen. Die Beurteilung der mittelfristigen Liquidität wird erleichtert, wenn man die Bereitschaftskosten nach der Bindungsdauer und Zahlungsweise differenziert ausweist. Im Idealfalle sind Grundrechnung, Deckungsbudget und Finanzplan weitgehend integriert.
Das *aufwandorientierte Deckungsbudget* dient vor allem zur frühzeitigen Abschätzung des Jahreserfolgs und zur Vorbereitung der Jahresabschlußpolitik. Es enthält die Teile des die (aggregierten) Auftragseinzelkosten übersteigenden Gesamtaufwands, der durch die Auftragsbeiträge hereingeholt werden soll. Erforderlichenfalls gehören dazu auch mehr oder weniger große Teile des betriebsfremden und außerordentlichen Aufwands.
Deckungsbudgets werden grundsätzlich nicht auf größere Kostenbereiche (cost center) oder gar Kostenstellen und Kostenträger aufgeteilt. Dagegen ist es zweckmäßig, den selbständig im Markt operierenden Unternehmungsbereichen (→ *profit center*) außer ihrem direkten Deckungsbedarf einen Teil des gemeinsamen Deckungsbudgets nach unternehmungspolitischen Gesichtspunkten anzulasten. Die Obergrenze der Belastbarkeit wird durch die erzielbaren Deckungsbeiträge bestimmt. Von welchen Deckungsbeiträgen dabei ausgegangen wird und ob die spezifischen Periodengemeinausgaben dem direkten Deckungsbedarf oder der aufzuteilenden Deckungslast zuzuordnen sind, hängt von der Verteilung der Entscheidungskompetenzen und von unternehmungspolitischen Zielsetzungen ab (z. B. gewollte Finanzierung der Investitionen für eine neue Produktsparte aus den Deckungsbeiträgen der alten). Werden die im Zeitablauf kumulierten Auftragsbeiträge dem Deckungsbudget gegenübergestellt, gelangt man zu einer kontinuierlichen Erfolgsrechnung. In Saisonbetrieben empfiehlt es sich, in das Deckungsbudget den Saisonkanal hineinzuprojizieren. Verfährt man entsprechend mit dem ausgabenorientierten Deckungsbudget, dann ist dieses Vorgehen besonders gut zur Beurteilung der mittelfristigen Liquidität geeignet.

17. Zur Deckungsbeitragsrechnung im Handel*

I. Rechnungsziele; (II. Grundlagen der Deckungsbeitragsrechnung); III. Spezielle Zurechnungsprobleme; IV. Spezielle Deckungsbeitragsrechnungen; (V. Grundrechnungen)

I. Rechnungsziele

433

Trotz aller exogen und endogen bedingten Einschränkungen, Nebenbedingungen und Nebenziele sind Gewinn und Verlust die entscheidenden Kriterien für die Beurteilung unternehmerischer Tätigkeit. Deshalb ist der Ausweis der durch bestimmte Handlungsalternativen oder Maßnahmen ausgelösten Erfolgsänderungen und ihrer Komponenten die Kernaufgabe einer internen Unternehmerrechnung. Angesichts der sehr ausgeprägten Kosten- und Erlösverbundenheit im Handel ist die Problematik der auf Vollkosten beruhenden kurzfristigen Nettoerfolgsrechnung so offenkundig, daß sie dort nur wenig Eingang gefunden hat. Dagegen wird in der Deckungsbeitragsrechnung (DBR) das im Handel übliche Denken in Bruttospannen oder Bruttogewinnen (Differenz zwischen Absatzpreis bzw. Erlös und Einstandspreis bzw. Wareneinstandskosten) systematisch ausgebaut, so daß Erfolgsanalysen sowie Planungs- und Prognoserechnungen grundsätzlich nach allen interessierenden Aktionsparametern und Einflußfaktoren differenziert werden können, um die tatsächlich herbeigeführten oder zu erwartenden Erfolgsänderungen zu ermitteln.
Im allgemeinen wird ein Schwerpunkt auf der Beurteilung des Warensortiments liegen. Je nach den Informationsmöglichkeiten und -bedürfnissen sollte außerdem nach Warenpartien und Lieferanten, Auftragsarten und Auftragsgrößenklassen, Zahlungs- und Lieferkonditionen, Absatz- und Versandmethoden, Kunden und Kundengruppen, Filialen, Absatzgebieten und weiteren Merkmalen differenziert werden, um neben der Sortimentspolitik auch eine selektierende und differenzierende Beschaffungs- und Absatzpolitik unter Berücksichtigung aller wichtigen Aktionsparameter betreiben zu können. Dafür sind neben Periodenrechnungen zeitablaufbezogene Rechnungen bedeutsam.

III. Spezielle Zurechnungsprobleme

437

1. Zur Zurechenbarkeit von Entgelten auf Waren und Dienstleistungen

Die Probleme der *Zurechenbarkeit von Erlösen* auf abgesetzte Waren und *Dienstleistungen* entsprechen weitgehend spiegelbildlich der *Zurechenbarkeit von Ausgaben* auf beschaffte Waren und Dienstleistungen; sie werden insoweit im folgenden gemeinsam erörtert. *Entgelte* sind einer Güter-(Waren- oder Dienstleistungs-)einheit dann und nur dann (eindeutig) zurechenbar, wenn (1.) die umgesetzten Mengen wenigstens in so kleinen „Portionen“ disponiert werden können wie die jeweils betrachtete Mengeneinheit und (2.) die Höhe des Entgelts für die jeweilige Einheit unabhängig von anderen Umsätzen gleicher oder andersartiger Güter ist. Ist eine dieser beiden Bedingungen nicht erfüllt,

* Auszugsweiser Nachdruck des Artikels „Deckungsbeitragsrechnung im Handel“ aus: Handwörterbuch der Absatzwirtschaft, hrsg. von Bruno Tietz, Stuttgart 1974, Sp. 433–435, mit freundlicher Genehmigung des C. E. Poeschel-Verlag, Stuttgart. Auf die Wiedergabe der Teile II und V wird verzichtet, weil sie in anderen Beiträgen des vorliegenden Bandes ausführlich behandelt sind.

handelt es sich grundsätzlich um ein *Gemeinentgelt* mindestens in bezug auf die betrachtete Gütereinheit, oft auch die Güterart oder eine ganze Gütergruppe. Es hängt dann von den konkreten Bedingungen des Einzelfalles ab (z. B. *Standard-, Mindest- oder Festmengen*; Mindest-, Fest- oder Pauschalentgelten, Staffelpreisen usw.), welchem spezifisch abzugrenzenden homogenen oder heterogenen Güterkombinat als Ganzem das jeweilige Entgelt zurechenbar ist. Manchmal, etwa bei durchgerechneten *Gesamtumsatz-* und Mengenrabatten, läßt sich auch in der Grundrechnung eine differenziertere Zurechnung erreichen, indem man zunächst den einzelnen Gütereinheiten die Bruttopreise zurechnet und den gemeinsam erzielten Rabatt als „*gemeinsame Entgeltminderung*" des betroffenen 438 Güterkombinats en bloc ausweist. Entsprechend kann mit Mindest- und Festentgelten verfahren werden.

439 Werden verschiedene Warenarten oder Waren und Dienstleistungen in einer bestimmten Kombination, also gekoppelt, umgesetzt, dann empfiehlt es sich, für derartige Leistungsbündel als Zurechnungseinheit komplexe *Güter„päckchen"* zu bilden, denen dann das gemeinsame Entgelt (eindeutig) zugerechnet werden kann (s. u. *Kundenskonti* u. *Abb. 3*). Für bestimmte Dispositionsalternativen oder Fragestellungen ist oft noch eine differenziertere Zurechnung möglich. Ist die Beschaffungs- oder Absatzverbundenheit nicht quantifizierbar, empfiehlt es sich, zunächst die scheinbaren Einzelentgelte so, wie sie fakturiert sind, auszuweisen und die nicht genau bestimmbaren Verbundenheitsbeziehungen bei der Interpretation und Zusammenfassung (z. B. nach Lieferanten, Kunden und bedarfsverwandten Artikelgruppen) der Erlöse, Kosten und DBs zu berücksichtigen. Durch Auswertung von Kundenrechnungen und Kassenzetteln sowie durch experimentelle Angebotsvariationen läßt sich der Anteil der – oft nur stochastisch – quantifizierbaren Verbundenheitsbeziehungen erheblich ausweiten.

2. Finanzierungskosten und Skonti

a) *Finanzierungskosten*. Zinsen, Wechsel- und Bankspesen usw. sind im Rahmen einer entscheidungsorientierten DBR einzelnen Wareneinheiten, Warenposten und Aufträgen nur insoweit zurechenbar, als durch die Beschaffung und Vorhaltung der Ware oder durch die Kreditgewährung an Kunden die Aufnahme zusätzlichen Kapitals in entsprechend dosierbarer Höhe ausgelöst wird, und soweit die Entgelte für die Finanzierungsleistung ihrerseits dieser zusätzlichen Kreditaufnahme zugerechnet werden können, wie etwa bei Kontokorrentzinsen. In der laufenden Rechnung empfiehlt es sich, die jeweiligen Kalkulationsobjekte entsprechend dem zusätzlich gebundenen Kapital mit dem *Grenzzins* zu belasten und Ersparnisse durch teilweise günstigere Bedingungen als gemeinsame *Zinsersparnis* global gutzuschreiben.

b) Bei Inanspruchnahme von *Lieferantenkredit* ist die Kreditgewährung an den Warenbezug gekoppelt; jede Aufspaltung des gemeinsamen Entgelts wäre daher willkürlich. Besondere Zurechnungsprobleme werden aufgeworfen, wenn bei der Verknüpfung von Warenbeschaffung und Kreditgeschäft mehrere potentielle Kreditfristen von vornherein an unterschiedlich hohe Gesamtentgelte gekoppelt sind: von der Vorkasse über sofortige Barzahlung beim Erhalt der Ware und mehrere Kreditzeiträume mit gestaffelter Skontogewährung bis zur Zahlung des Nettozielpreises ohne Abzug. Durch Zielüberschreitung mit oder ohne Inkaufnahme von Verzugszinsen oder Akzeptierung von Wechseln lassen sich die in Verbindung mit der Warenbeschaffung erhaltenen Kreditfristen weiter hinaus-440 schieben. Für welche der potentiellen Zahlungszeitpunkte, also für welche *Kombination von Warenbezug und Kreditgewährung* und damit für welche Höhe des Gesamtentgelts

sich der Handelsbetrieb entscheidet, hängt von seinen eigenen Zahlungseingängen, übrigen Beschaffungsdispositionen und sonstigen Finanzierungsmöglichkeiten ab. Sieht man von den Fällen ab, in denen grundsätzlich alle Vorauszahlungs- und Skontierungsmöglichkeiten restlos ausgenutzt werden oder in denen grundsätzlich zum Zielpreis gekauft wird, dann sind den beschafften Wareneinheiten, -posten oder -partien (einschließlich der in Kauf zu nehmenden Mindestkredite) allenfalls die Entgelte eindeutig zurechenbar, die bei Ausnutzung des frühestmöglichen Zahlungszeitpunktes zu entrichten sind. Die darüber hinausgehenden Entgelte (für die Inanspruchnahme zusätzlicher, an den Warenbezug gekoppelter Kredite) sind – zumindest in der systematischen laufenden Rechnung – als zahlungsabhängige Gemeinausgaben (-kosten) aller in der Periode disponierten und regulierten Beschaffungsaufträge anzusehen. In Sonderrechnungen für konkrete Entscheidungsalternativen kann freilich bei der Zurechnung nicht genutzter Skonti und sonstiger Finanzierungskosten differenzierter verfahren werden.
c) Bei der *Kopplung von Warenlieferung und akzessorischer Kreditgewährung* an Abnehmer kann der Handelsbetrieb nur darüber entscheiden, ob und zu welchen Bedingungen er Kreditleistungen in Verbindung mit Warenlieferungen anbietet. Bis zum Zahlungseingang bleibt offen, für welche der alternativ angebotenen akzessorischen Kreditleistungen sich der Kunde entscheidet. Da die jeweilige Kundenentscheidung hinzunehmen ist, wäre es grundsätzlich falsch, den Erlös auf Ware und Kreditgewährung aufzuteilen. Zu untersuchen, wie sich die DBs durch alternative Konditionen und unterschiedliche Zahlungsweise ändern, ist Gegenstand von Sonderrechnungen; dabei sind die Zinsen für die zusätzliche Kapitalbindung zu berücksichtigen. Statt, wie verbreitet in der Praxis, die den „Barpreis" übersteigenden Erlöse – oder umgekehrt, die Erlöseinbußen durch Skontierung – vom Warenerlös abzuspalten, ist es besser, die bei den einzelnen Auftragsarten und -größen, Kunden und Kundengruppen erzielten Erlöse nach der Zahlungsweise aufzugliedern. Eine zeitliche Differenzierung empfiehlt sich zumindest dann, wenn die Abnehmer ausgeprägten Saison- oder Konjunkturschwankungen ausgesetzt sind. In der Regel können die Erlösminderungen durch Skontierung den gleichen Kalkulationsobjekten zugerechnet werden wie die Erlöse. Ausnahmen ergeben sich für bestimmte Fragestellungen bei nur teilweiser Skontierung der Forderung gegenüber einem Kunden. Vorstehende Überlegungen gelten sinngemäß bei unterschiedlicher Inanspruchnahme anderer Nebenleistungen (z. B. Zustellung, Montage) durch Kunden.

3. *Zur Zurechenbarkeit sonstiger Kosten*

441

Aus den Überlegungen zur Zurechenbarkeit von Entgelten auf Güter geht schon hervor, daß in der DBR die *Entgelte für beschaffte Waren* als Kosten des Handelsbetriebs angesehen werden, gleichgültig, ob sie Einzel- oder Gemeinkosten der einzelnen Warenarten bzw. -einheiten sind. Jedoch sind die den beschafften oder gelagerten Wareneinheiten oder Warenposten zurechenbaren Beschaffungsausgaben, Lager- und Manipulationskosten für *Verwendungsentscheidungen* über vorhandene Warenbestände *nicht mehr relevant*. Soweit Bestandsabgänge durch *„automatische Nachbestellungen"* ersetzt werden, ist an den Verkauf die Ersatzbeschaffung gekoppelt und insoweit der Ansatz von *Wiederbeschaffungspreisen* für die verkaufte Ware gerechtfertigt.
Die externen *Beschaffungsnebenkosten*, wie Fracht, Versandverpackung, Lagerhausgebühren, Zölle usw., sowie die durch die interne Abwicklung der Beschaffungsaufträge zusätzlich ausgelösten Kosten sind in der Regel nur den einzelnen Beschaffungsaufträgen oder Teillieferungen als Ganzem zurechenbar, nicht aber den darin enthaltenen Waren-

arten und -einheiten, es sei denn, daß sie spezifisch für einen ganz bestimmten Warenposten entstehen, bzw. streng mengen- oder wertproportional zu den jeweils betrachteten Einheiten sind. Bei den durch *Warenmanipulationen* ausgelösten zusätzlichen Kosten muß im Einzelfalle geprüft werden, ob sie wenigstens ganzen homogenen oder heterogenen Warenposten oder sogar den Wareneinheiten zurechenbar sind. Entsprechendes gilt für Kosten der *Warenlagerung*.
Von den *besonderen Absatzkosten* sind die streng *umsatzproportionalen* (z. B. Verkaufsprovisionen, Miete) einschließlich der *von der Zahlungsweise abhängigen* in gleicher Weise wie der ihnen zugrunde liegende Erlös zurechenbar. Ebenso sind *absatzmengenabhängige* Kosten (z. B. Umschlagsgebühren, Gewichtszölle, Verbrauchsteuern) nur bei strenger Proportionalität den Wareneinheiten zurechenbar (wie Kaffee- und Teesteuer), andernfalls mehr oder weniger großen Warenquanten insgesamt. Die übrigen besonderen Absatzkosten, wie *Versandverpackung, Fracht und Kosten der internen Auftragsabwicklung* (z. B. für Formulare, Porti), sind in der Regel nur dem *Kundenauftrag* bzw. *Versandauftrag als Ganzem* zurechenbar. Werden beim Einsatz eigener Fahrzeuge bei einer Tour mehrere Kunden aufgesucht, mehrere Sendungen oder Warenarten befördert, sind die (zusätzlichen) fahrtabhängigen Kosten diesen als „*Toureneinzelkosten*" nur gemeinsam zurechenbar. Da Kosten der Auftragsgewinnung auch anfallen, wenn kein Abschluß zustande kommt, sind sie keine *Auftragseinzelkosten*.

442 *Bereitschaftskosten* sind einzelnen Wareneinheiten, Aufträgen und Warenposten grundsätzlich nicht zurechenbar, es sei denn, daß beispielsweise ein Lagerraum speziell für einen ganz bestimmten Warenposten angemietet wird. Dagegen sind Bereitschaftskosten oft spezifisch für eine Warenart bzw. Warengruppe (z. B. im Brennstoffhandel Tanklager und Tankfahrzeuge für Heizöl), für eine Geschäftsart (z. B. sind Warenannahme, Lager, Versand und LKW-Fuhrpark spezifisch für das Lager-, nicht aber das Streckengeschäft), für bestimmte Kundengruppen, Absatzgebiete oder sonstige Teilmärkte.

IV. Spezielle Deckungsbeitragsrechnungen

1. „*Stück*"- *und* „*päckchen*"*spezifische DBR*

Unter der Voraussetzung, daß der Leistungseinheit ein Erlös eindeutig zugerechnet werden kann, ist die Ermittlung des „*Stück*"*beitrags* ein wichtiges Element weiterführender DBRs. Beim Verkauf zu unterschiedlichen Nettopreisen und Absatzkosten sollten die Stückbeiträge und die darauf aufbauenden DBs entsprechend differenziert werden. Werden Warenkredite oder sonstige Nebenleistungen gewährt, ist von vornherein auf komplexe, gegebenenfalls alternative Leistungspäckchen abzustellen (s. *Abb. 3*).
Der DB je Wareneinheit bzw. Päckchen gibt an, um wieviel sich das Ergebnis ceteris paribus mit jeder zusätzlichen oder wegfallenden Einheit ändert. Zwar wird man generell fordern, daß dieser DB positiv sein soll (mit einzelnen Ausnahmen bei Leistungsverbund), doch ist er grundsätzlich nicht für die Beurteilung alternativer Artikel oder Leistungsbündel brauchbar, es sei denn, daß diese sich im Verhältnis 1:1 ersetzen und die anzubietende oder nachgefragte Menge Engpaß ist (z. B. wenn ein Kunde einen einzigen Regenschirm verlangt). Eine Aussage über den Rang isolierbarer Artikel oder Leistungsbündel im Sortiment gewinnt man, wenn man deren DB auf die in Anspruch genommenen Maßeinheiten des relevanten Engpasses bezieht. Die *engpaßbezogenen DBs* sind ein Maß für die Ergiebigkeit, mit der der Engpaß durch das betrachtete Kalkulationsobjekt genutzt wird.

Vom Kunden gewählte Zahlungsweise: →	sofortige Zahlung bei Erhalt mit 3 % Skonto	Zahlung in 10 Tagen mit 2 % Skonto	Zahlung in 30 Tagen netto
damit gewähltes Leistungsbündel: → Kalkulationsschema ↓	1 Wareneinheit (ohne Kredit)	1 Wareneinheit + 7,82 Hektomark-Tage* Kredit	1 Wareneinheit + 24,0 Hektomark-Tage* Kredit
Bruttopreis	100,–	100,–	100,–
./. Funktions-Rabatt (20 %)	20,–	20,–	20,–
Netto-Zielpreis	80,–	80,–	80,–
./. Skonto	2,40	1,60	
Netto-„Bar"-preis	77,60	78,40	
./. Zinsen f. Absatzkreditfinanzierung	-,–	–,20	–,60
reduzierter Nettopreis (nach SEK der Absatzfinanzierung)	77,60	78,20	79,40
./. umsatzwertabhängige Kosten (5 % v. Zielpreis)	4,–	4,–	4,–
./. absatzmengenabhängige Vertriebskosten	2,–	2,–	2,–
./. Wareneinstandspreis	60,–	60,–	60,–
„Stück"beitrag bzw. „Päckchen"-Beitrag	11,60	12,20	13,40
Kapitalbindung Hektomarktage [= Engpaß] (bis Erhalt 6,00)	6,00	13,82	30,00
engpaßbezogener DB je Hektomarktag*	1,93	0,883	0,447

* 1 Hektomarktag = 100 DM für 1 Tag oder 1 DM für 100 Tage oder 10 DM für 10 Tage usw.

Abb. 3

2. *Posten- und auftragsspezifische DBR*

Von den DBs je Artikeleinheit oder Leistungspäckchen ausgehend, können die DBs von Kundenaufträgen, zusammengesetzten Leistungsbündeln und Umsätzen bestimmter Artikel, Kunden, Absatzgebiete und sonstiger Teilmärkte („Marktsegmente") je Periode oder im Zeitablauf ermittelt werden.

Bei zusammengesetzten Aufträgen kann gemäß *Abb. 4* bereits das Prinzip des stufenweisen Zusammenfassens spezieller DBs zur Abdeckung gemeinsamer spezifischer Kosten angewandt werden. Da|bei werden die DBs der Leistungseinheiten nach Posten (und damit Artikeln) zusammengefaßt (*„Artikel-Umsatzbeitrag"*), um gemeinsam solche Kosten abzudecken, die erst dem Posten zurechenbar sind (*„originäre Posteneinzelkosten"*, z. B. Sondereinzelkosten der Beschaffung des Postens). Der|überschießende *„Postenbeitrag"* wird mit den anderen Postenbeiträgen des Auftrags zusammengefaßt, um die gemeinsamen *„originären Auftragseinzelkosten"* (z. B. für Versandverpackung, Fracht und Auftragsbearbeitung) abzudecken (= *„Auftragsbeitrag"*). Die Ermittlung dieser DBs wird zweckmäßig mit der *Fakturierung* der Kundenaufträge gemäß *Abb. 5* verbunden. Erst später erfaßbare Erlösminderungen (z. B. durch Skontierung, nachträgliche Preisnachlässe) und Erlösberichtigungen (z. B. für Retouren) wird man oft aus Wirtschaftlichkeitsgründen nicht mehr den einzelnen Aufträgen zuordnen, sondern erst im Rahmen perioden- oder zeitablaufbezogener Zusammenfassungen der Artikel-, Posten- und Auftragsbeiträge ausweisen.

443
444

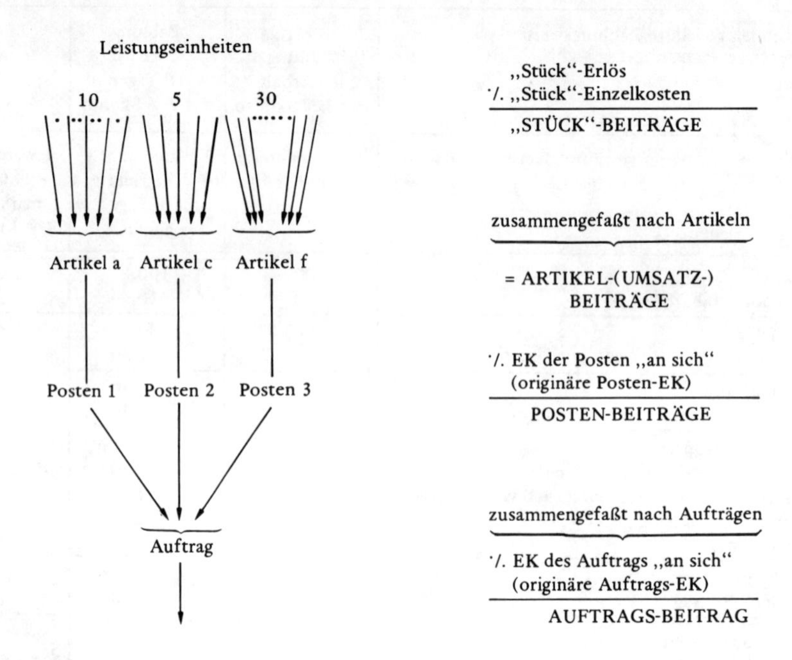

Abb. 4: Bezugsgrößenhierarchie und Kalkulationsschema für zusammengesetzte Kundenaufträge

Artikel	Menge LE	Preis	Gesamtwert	Einzelkosten des Artikels umsatzwertabhängig %	je LE	Posten	mengenabhängig je LE	Posten	ARTIKEL-(UMSATZ)BEITRAG je LE	Posten	Einzelkosten des Postens „an sich"	POSTEN-BEITRAG
a	10	300	3000	7	21	210	210	1400	139	1390		1390
c	5	700	3500	8	56	280	394	1970	250	1250	150	1100
f	30	500	15000	3	15	450	270	8100	215	6450	80	6370
Σ			21500			940		11470		9090	230	8860

fracht- und verpackungsfrei Kundenlager	Einzelkosten des Auftrags an sich (Originäre Auftragseinzelkosten)		
		./. Versandverpackung	180
		./. Fracht	370
		./. Kosten der Auftragsabwicklung (Standardsatz II)	50
		AUFTRAGSBEITRAG	8260

Abb. 5

3. *Partiespezifische DBR*

Nicht selten können im Handel die Entgelte für die jeweils beschafften Warenpartien nicht den darin enthaltenen Artikeleinheiten oder Unterpartien zugerechnet werden, sei es schon im Zeitpunkt der Beschaffung (z. B. beim Kauf in Bausch und Bogen oder in nicht beliebig dosierbarer Menge), sei es bei der Verwertungsentscheidung über Bestände an verderblicher oder veraltender Ware. In solchen | Fällen empfiehlt es sich zu verfolgen, wie die als Investitionsausgaben zu betrachtenden spezifischen Ausgaben für die Warenpartie

446

im Zeitablauf durch die DBs aus dem Verkauf der Partiebestandteile abgedeckt werden und welcher Partiebeitrag schließlich für die Abdeckung der Partiegemeinkosten bleibt (s. *Abb. 6*).
Die DBs der Wareneinheiten (oder der diese enthaltenden Leistungspäckchen) und Unterpartien errechnen sich in diesen Fällen lediglich als Überschuß ihrer Einzelerlöse über ihre absatz- und manipulationsbedingten Einzelkosten; es sind also noch keinerlei anteilige Wareneinstandskosten abgedeckt. Bei homogen zusammengesetzten Warenpartien kann der DB auch über den jeweils abgesetzten Mengen im Zeitablauf kumuliert werden (s. *Abb. 7*).

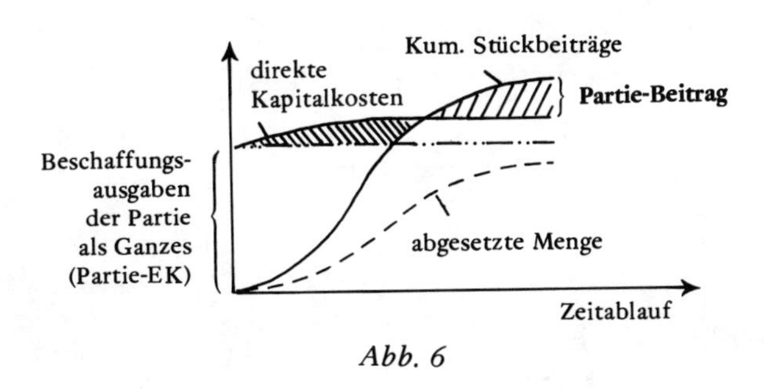

Abb. 6

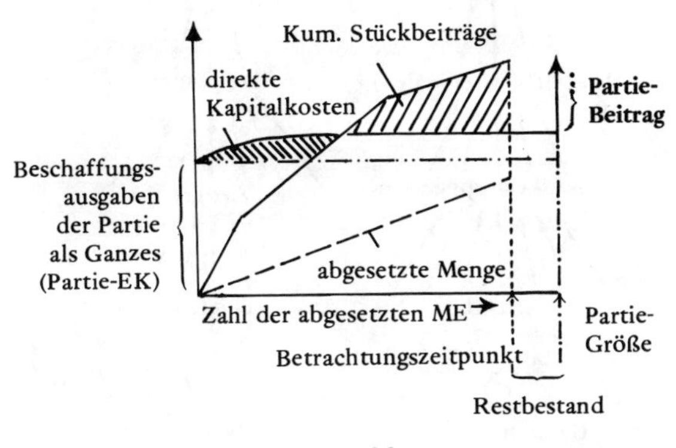

Abb. 7

4. *Teilmarktspezifische DBR*

Wie die Umsätze, so können auch die aus der Fakturierung gewonnenen Artikel(-umsatz)-, Posten- und Auftragsbeiträge nach mannigfaltigen Merkmalen differenziert zusammengefaßt werden (s. *Abb. 8*), wobei Artikelgruppen, Auftragsarten und Kundengruppen ihrerseits nach mehreren Gesichtspunkten gebildet werden können. Durch kumulative Zusammenfassung dieser Deckungsbeiträge nach den interessierenden Merkmalen – periodenweise und im Zeitablauf – lassen sich weit aufschlußreichere Informationen über Entwicklung und Struktur der Teilmärkte als durch bloße Umsatzstatistiken gewinnen, insbesondere wenn die DBs einerseits auf Marktdaten, andererseits auf die in Anspruch genommenen internen Leistungen und Potentiale (z. B. Reisendenstunden, Zahl der Kundenbesuche, Lieferwagen-Kilometer, Verkaufsflächenbelegung) bezogen werden. 447

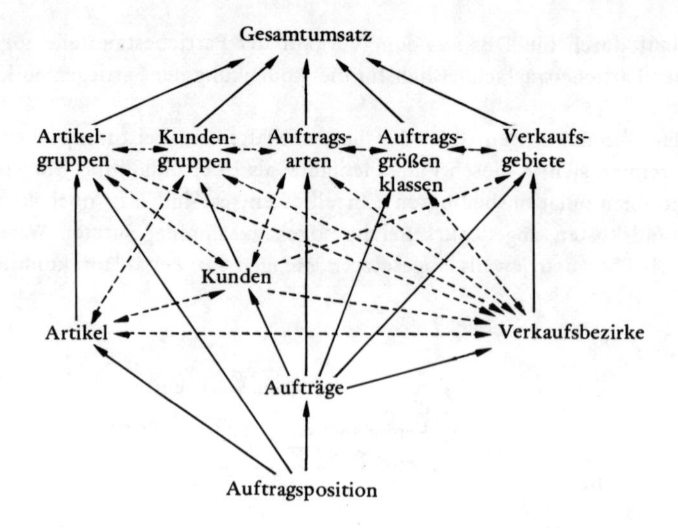
Gesamtumsatz
Artikel-gruppen
Kunden-gruppen
Auftrags-arten
Auftrags-größen klassen
Verkaufs-gebiete
Kunden
Artikel
Verkaufsbezirke
Aufträge
Auftragsposition

Abb. 8

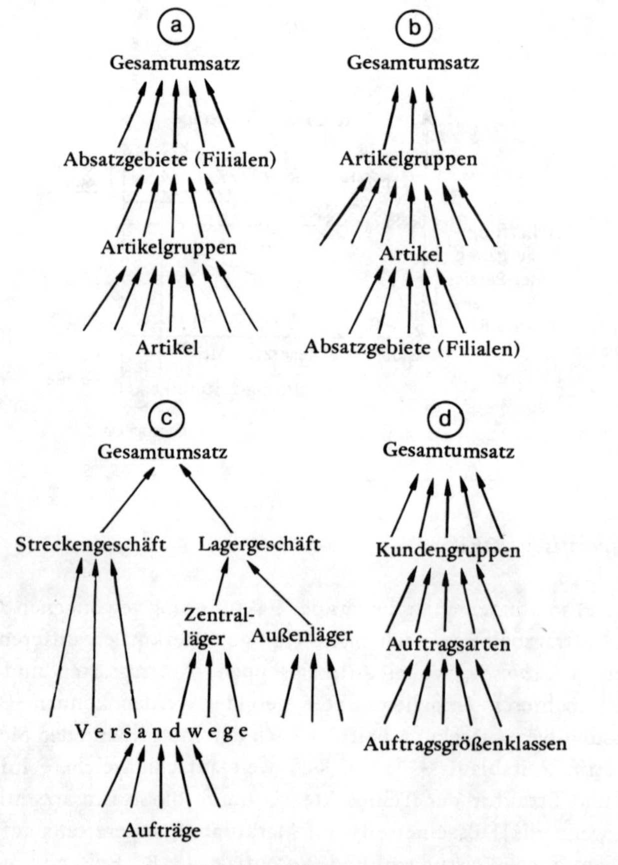
a
Gesamtumsatz
Absatzgebiete (Filialen)
Artikelgruppen
Artikel
b
Gesamtumsatz
Artikelgruppen
Artikel
Absatzgebiete (Filialen)
c
Gesamtumsatz
Streckengeschäft
Lagergeschäft
Zentral-läger
Außenläger
Versandwege
Aufträge
d
Gesamtumsatz
Kundengruppen
Auftragsarten
Auftragsgrößenklassen

Abb. 9

Für die Zusammenfassung der Artikel-, Posten- und Auftragsbeiträge zur stufenweisen Abdeckung gemeinsamer Kosten (Ausgaben) bieten sich zahl|reiche Wege an, wie die noch sehr unvollständige Auswahl in *Abb. 8* andeutet. Nur von der Fragestellung her läßt sich – unter Beachtung der sachlichen und zeitlichen Verbundenheit und Disponierbarkeit – festlegen, welche Objekte oder Gruppierungsmerkmale überhaupt und in welcher Reihenfolge einbezogen werden sollen (s. z. B. *Abb. 9*). Weiter hängt von der Fragestellung ab, welche Kostenkategorien jeweils abzudecken sind, ob z. B. nur die direkt erfaßten EK[1] oder auch die zugeschlüsselten unechten GK[2], ob darüber hinaus noch die spezifischen Perioden-EK (Bsp. s. *Abb. 10*) oder sogar die spezifischen Periodengemeinausgaben des betrachteten Objektes[3]. Schließlich hängt es auch vom Informationsbedürfnis ab, ob man z. B. die Partie- und Auftragsbeiträge unmittelbar in der Zeitablaufrechnung kumuliert (und den gleichfalls kumulierten Bereitschaftskosten gegenüberstellt) oder ob man mehr oder weniger viele Stufen aus der Hierarchie der Rechnungsperioden[4] dazwischenschiebt. Die Ermittlung von Periodenbeiträgen, die nach Stunden, Schichten|und Tagen differenziert sind, ist vor allem für den Bedienungs-Einzelhandel zur Beurteilung des Personaleinsatzes und der Ladenöffnungszeiten von Interesse. Bei längerfristiger Abwicklung der Aufträge und Partien empfiehlt es sich, deren DBs – und ebenso die Perioden-EK – direkt in die Zeitablaufrechnung zu übernehmen.

448

449

Die für Handelsbetriebe charakteristischen schwer quantifizierbaren Verbundenheitsbeziehungen, z. B. zwischen guten und schlechten Artikeln eines Sortiments, kleinen und großen Aufträgen eines Kunden, können gerade durch Zusammenfassung der DBs der jeweils „verbundenheitsverdächtigen" Kalkulationsobjekte berücksichtigt werden, um beispielsweise die Auswirkungen des kalkulatorischen Ausgleichs periodenweise oder im Zeitablauf zu untersuchen; dabei kann auch die Entwicklung der Abdeckung sortimentsspezifischer oder kundenspezifischer Investitionsausgaben und periodengebundener Bereitschaftskosten verfolgt werden.

Um eine ausreichende Vorstellung über das Zusammenfließen der Erfolgsquellen zu erhalten, sind in der Regel mehrere Deckungsbeitragshierarchien zu durchleuchten, und zwar tendenziell umso mehr, je ausgeprägter die übernommene Umgruppierungsaufgabe und je vielfältiger die Leistungsverbundenheit sind. Ob große oder nur kleine Teile der Gemeinkosten verhältnismäßig weit „unten" in der Bezugsgrößenhierarchie abgedeckt werden können, hängt sehr stark von der jeweils gewählten Organisationsstruktur, insbesondere der Abteilungsgliederung des Handelsbetriebes ab.

1 EK = Einzelkosten
2 GK = Gemeinkosten
3 siehe d. Beiträge 4, 6 und 11, *insbes. S. 65, 95–97, 257–259*
4 siehe Seite 94, Abbildung 5

Geschäftsarten →	Strecken-geschäft		Lagergeschäft					
Versandart →			Selbst-abh.		Eigen-zust.		Fremd-transp.	
Artikelgruppen →	a	b	a	b	a	b	a	b
Bruttoerlöse	......	......	......	......	......	......	......	......
./. Rabatte	......	......	......	......	......	......	......	......
Nettoerlöse	......	......	......	......	......	......	......	......
./. Skonti	......	......	......	......	......	......	......	......
„Bar"erlöse	......	......	......	......	......	......	......	......
./. umsatzwertabhängige EK	......	......	......	......	......	......	......	......
./. mengenabhängige EK	......	......	......	......	......	......	......	......
ARTIKELGRUPPEN-UMSATZBEITRÄGE	Σ		Σ		Σ		Σ	
./. Fremdfrachten							......	
./. Versandverpackung			......		......		......	
./. sonstige Kosten der Auftragsbearbeitung	......		......		......		......	
AUFTRAGSBEITRÄGE DER ARTIKELGRUPPEN	......		......		......		......	
./. Toureneinzelkosten					......			
DECKUNGSBEITRAG ÜBER SPEZIFISCHE LEISTUNGSKOSTEN	......		......		......		......	
./. Perioden-EK Fuhrpark					......			
PERIODENBEITRÄGE EIGENZUSTELLUNG					......			
			Σ					
./. Perioden-EK Lagergeschäft: Warenannahme			......					
Lager			......					
Expedition			......					
./. Perioden-EK Streckengesch.	......							
PERIODENBEITRÄGE DER GESCHÄFTSARTEN	.....		.....					
	Σ							
./. gemeinsame Ersparnis aus empfangenen Gesamtumsatzrabatten usw.	.....							
./. gemeinsame Perioden-EK	.....							
GEMEINSAMER PERIODENBEITRAG	.....							

Abb. 10: Stufenweise Ermittlung des Periodenbeitrags bei gemischten Aufträgen

V. Zur neueren Entwicklung der Einzelkosten- und Deckungsbeitragsrechnung

18. Überlegungen zur Formulierung eines entscheidungsorientierten Kostenbegriffs*

Kurzfassung 127

Ohne eindeutig-zwingende Lösung des Bewertungsproblems können in Entscheidungsrechnungen (-modellen) nur fiktive Optima ermittelt werden. Es wird daher untersucht, inwieweit das „Verursachungsprinzip" auch auf die Ermittlung relevanter Geldgrößen angewandt werden kann. Die vorherrschende Definition der Kosten als bewerteter leistungsverbundener Güterverzehr erweist sich als fragwürdig, weil kein Güterverzehr vorzuliegen braucht, die Entgelte an anderen Bemessungsgrundlagen als am Güterverzehr anknüpfen können und häufig nicht proportional sind. In der Kostentheorie und bei der Formulierung von Entscheidungsmodellen müssen daher ergänzend zu den Produktionsfunktionen Entgeltfunktionen eingeführt werden. Zudem sollte der Grenzkostenbegriff streng auf die kleinstmöglichen Änderungen der Aktionsparameter und Einflußfaktoren begrenzt werden. „Opportunitätskosten" sind keine Kostenbestandteile, sondern als alternative Deckungsbeiträge eine Kalkulationsgröße eigener Art. Auch zur Ermittlung des Kostenwertes muß das Verursachungsprinzip im Sinne des Identitätsprinzips interpretiert werden, das an elementaren Entscheidungen veranschaulicht wird. Weil die Entscheidungswirkungen über die gesamte Maßnahmenkette bis zu den Zahlungsvorgängen reichen, lassen sich entscheidungsrelevante Kostenwerte nur von den durch die Entscheidung für eine bestimmte Maßnahme ausgelösten zusätzlichen Ausgaben bzw. Auszahlungen ableiten. Werden aus Praktikabilitätsgründen durch Verkürzungen Fehler in Kauf genommen, gilt es deren Auswirkungen abzuschätzen; die Wahl des Kostenwertes wird dann selbst zu einem Wirtschaftlichkeitsproblem.

1. Problemstellung 128

Entscheidungsrechnungen und Entscheidungsmodelle sind als Entscheidungsgrundlage für die Praxis nur dann brauchbar, wenn die eingehenden positiven und negativen Erfolgskomponenten bzw. die in den Modellen anzusetzenden Koeffizienten auch entscheidungsrelevant sind, d. h. wenn sie die durch die Entscheidung für eine bestimmte Maßnahme (voraussichtlich) ausgelöste Erfolgsänderung ausdrücken. Die Ermittlung entscheidungsrelevanter Basisinformationen stößt in der Praxis oft auf erhebliche Schwierigkeiten, insbesondere wenn die zu quantifizierenden Größen sachökonomisch noch nicht ausreichend geklärt sind. So haben wir im Jahre 1960 die Modelluntersuchung zur Optimierung eines

* Herrn Dipl.-Kfm. Walter Bensch und Herrn Wilfried Maurer danke ich für die Anfertigung der Reinzeichnungen, Herrn Dipl.-Kfm. Werner Engel für seine Mithilfe beim Lesen der Korrekturen. Nachdruck aus: Quantitative Ansätze in der Betriebswirtschaftslehre, hrsg. v. Heiner Müller-Merbach, München 1978, S. 127–146, mit freundlicher Genehmigung des Franz Vahlen Verlags, München.

chemischen Prozesses nach Ermittlung des Mengengerüsts abgebrochen, als sich zeigte, daß ohne eine zwingende Lösung des Bewertungsproblems nur fiktive optimale Verfahrensbedingungen ermittelt werden konnten. Der Spielraum, der sich bei Ansatz der diskutablen Bewertungsansätze ergab, war so groß, daß die bis dahin üblichen Verfahrensbedingungen ohnehin im Bereich der möglichen Optima gelegen hätten. Ohne eine zwingende Lösung des Problems der Transformation technologischer Mengengrößen in ökonomisch relevante Geldgrößen schien es mir sinnlos, mich weiter mit praktischen Anwendungen von Entscheidungsmodellen zu befassen.
In der Zwischenzeit wurde das Problem einer entscheidungsorientierten Kostenbewertung – vor allem auf Schmalenbach[1] aufbauend – wiederholt aufgegriffen[2], doch gelten die dabei entwickelten Bewertungsanweisungen jeweils nur für ganz bestimmte Voraussetzungen und umfassen keineswegs alle für die Praxis wichtigen Situationen.
Hier stellt sich folgende Frage: Soll die der vorherrschenden Definition der Kosten als bewerteter leistungsverbundener (-bedingter) Güterverzehr innewohnende „Narrenfreiheit der Bewertung" lediglich durch zweck- und situationsbedingte Bewertungsregeln eingeschränkt werden oder soll die Transformation des Mengengerüsts in Kosten, die Ermittlung wirtschaftlich relevanter Geldgrößen objektiviert werden, indem man das „Verursachungsprinzip" auch auf den Ansatz der Geldgrößen anwendet?
Für einen solchen Versuch sprechen zwei weitere Gesichtspunkte: Erstens ist der Streit zwischen den Vertretern des wertmäßigen und des pagatorischen Kostenbegriffs noch nicht ausgestanden. Zweitens – und vor allem – ist es nach wie vor höchst unbefriedigend, daß man in der Kosten- und Ergebnisrechnung sowie in sogenannten kurzfristigen Entscheidungsrechnungen von anderen Denk- und Rechenansätzen ausgeht als bei sogenannten langfristigen Problemen in der Investitionsrechnung. Übergangs- und Mischformen zwischen kurz- und langfristigen Problemen treten in der Praxis außerordentlich häufig auf und fordern zu einer Integration der Denk- und Rechenansätze heraus.
Unser Problem stellt sich in gleicher Weise für die positive wie die negative Erfolgskomponente, soll jedoch im folgenden nur für die Kosten erörtert werden. Wegen der Kürze der Zeit, die zur Verfügung steht, werden im folgenden zunächst einige Thesen vorgetragen, die die Problematik des sogenannten wertmäßigen Kostenbegriffs aufreißen. Dann wird die Frage des Wertansatzes als Zurechnungsproblem entwickelt, und schließlich werden die Konsequenzen für den Kostenbegriff und die Aufstellung von Entscheidungsmodellen gezogen.

1 *Eugen Schmalenbach*, Über Verrechnungspreise, in: ZfhF, 3. Jg. (1908/09), S. 165–185; *ders.*, Pretiale Wirtschaftslenkung, Bd. 1: Die optimale Geltungszahl, Bd. 2: Pretiale Lenkung des Betriebes, Bremen-Horn 1947/48; *ders.*, Kostenrechnung und Preispolitik, 8. Aufl. (bearbeitet von Richard Bauer) Köln und Opladen 1963.

2 Insbes. *Wolfram Engels*, Betriebswirtschaftliche Bewertungslehre im Licht der Entscheidungstheorie, Köln und Opladen 1962; *Edmund Heinen*, Betriebswirtschaftliche Kostenlehre, Bd. I: Begriff und Theorie der Kosten, 2. Aufl. Wiesbaden 1965; *ders.*, Betriebswirtschaftliche Kostenlehre. Kostentheorie und Kostenentscheidungen, 5. Aufl. Wiesbaden 1978; *Dietrich Adam*, Entscheidungsorientierte Kostenbewertung, Wiesbaden 1970; *Herbert Hax*, Die Koordination von Entscheidungen, Köln 1965; *ders.*, Bewertungsprobleme bei der Formulierung von Zielfunktionen für Entscheidungsmodelle, in: ZfbF, 19. Jg. (1967), S. 749–761; *Paul Riebel/Helmut Paudtke/Wolfgang Zscherlich*, Verrechnungspreise für Zwischenprodukte, Opladen 1973: *Horst Albach*, Innerbetriebliche Lenkpreise als Instrument dezentraler Unternehmensführung, in: ZfbF, 26. Jg. (1974), S. 216–242.

2. Die Problematik des wertmäßigen Kostenbegriffs

Die Definition der Kosten als bewerteter leistungsverbundener Güterverzehr führt dazu, daß bei quantitativen Modellen die einzelnen Kostenarten als Produkt aus dem Mengenparameter des Güterverzehrs und dem Preis- oder Kostenkoeffizienten formuliert werden. Dem entspricht auch die übliche Erfassung der Kosten in der Praxis. Für den wertmäßigen Kostenbegriff besonders charakteristisch ist vor allem die Unbestimmtheit der Bewertung, die auch den Ansatz von Nutzengrößen zuläßt.
Die im folgenden skizzierte Problematik dieses Kostenbegriffs beruht auf zwei Gruppen von Einwänden:
Erstens Einwände gegen die Unbestimmtheit der Wertansätze, insbesondere gegen die Einbeziehung von „Opportunitätskosten" und zweitens gegen die Bindung des Kostenbegriffs an einen Güterverzehr, dessen Mengenkomponente mit einem Preis oder sonstigem Wertansatz je Verbrauchseinheit zu multiplizieren sei.

2.1 Die Fragwürdigkeit der Einbeziehung verdrängter Deckungsbeiträge und anderer Nutzengrößen in den Kostenbegriff

Daß bei Dispositionen im partiellen geschlossenen Entscheidungsfeld auch entgehende alternative Deckungsbeiträge berücksichtigt werden müssen, wird von mir nicht nur nicht bestritten, sondern seit jeher nachdrücklich gefordert.
Wenn es auch mathematisch zulässig ist, Teile der positiven Erfolgskomponente durch entsprechende Vorzeichenoperation in die negative einzubeziehen, so halte ich es doch sachökonomisch für äußerst bedenklich, wenn man etwa alternativ erzielbare Deckungsbeiträge unter der Bezeichnung „Opportunitäts*kosten*" in den Kostenbegriff einbezieht und sie bedenkenlos mit Kosten, die sich von relevanten Ausgaben ableiten, innerhalb der Lenkpreissätze vermengt.
Gegen ein solches Vorgehen sprechen mehrere theoretische und praktische Gründe:
(1.) Kosten existieren nur als „Kosten von etwas"[3]. Kosten sind also nur in Verbindung mit einem Objekt, genauer einer Maßnahme oder Entscheidungsalternative existent und für diese spezifisch.
Die Opportunitätskosten sind aber für die jeweils betrachtete Alternative oder Maßnahme gerade nicht spezifisch, sondern für eine andere, nicht realisierte Handlungsmöglichkeit.
(2.) Werden sogenannte Opportunitätskosten in den Kostenbegriff einbezogen, dann ist die durch die Entscheidung für eine bestimmte Maßnahme scheinbar ausgelöste Erfolgsänderung kleiner als die tatsächliche, wie Abbildung 1 zeigt. Verrechnungspreise, die Opportunitätskosten enthalten, sind somit nicht unmittelbar zur Ermittlung von Erfolgsänderungen bzw. Deckungsbeiträgen geeignet.
(3.) Wie die Prognose der positiven Erfolgskomponente, so ist auch die Abschätzung alternativer Deckungsbeiträge mit einer grundsätzlich wesentlich höheren Ungewißheit behaftet als die Prognose der Kosten, die sich von relevanten Ausgaben ableiten. Vor

3 *Siegfried Hummel*, Wirklichkeitsnahe Kostenerfassung. Neue Erkenntnisse für eine eindeutige Kostenermittlung, Berlin 1970, S. 188, gestützt auf *William J. Vatter*, Limitations of Overhead Allocation, in: Accounting Review, Vol. XX (1945), S. 163–176, hier S. 164 und *Charles T. Horngren*, Cost Accounting, a Managerial Emphasis, 2nd ed. Englewood Cliffs, N. J. 1967, S. 299; s. a. schon *William Morse Coole*, Theories of Cost, in: Accounting Review, Vol. XI (1936), S. 4 (zit. nach *William J. Vatter*, Limitations of Overhead Allocation, a.a.O.).

allem lassen sich die alternativen Deckungsbeiträge – im Gegensatz zu den von Ausgaben abgeleiteten Kosten – auch nach der Realisation der gewählten Maßnahme nicht intersubjektiv nachprüfbar erfassen.

(4.) Weil sich die Opportunitätskosten erst aus dem Vergleich mehrerer Verwertungsmöglichkeiten ermitteln lassen und vom jeweiligen optimalen Programm abhängen, können sie für künftige Entscheidungen nur dann zugrundegelegt werden, wenn der jeweils ermittelte

130 Opportunitätskostensatz auch für das neue Programm und die neue Engpaßsituation gilt. Daß ein Engpaß dominiert und der Deckungsbeitrag seiner Grenzverwendung über einen weiten Bereich unverändert bleibt, kommt zwar in der Praxis vor, ist aber jeweils durch Neuberechnungen des optimalen Programms und Sensitivitätsanalysen nachzuprüfen[4].

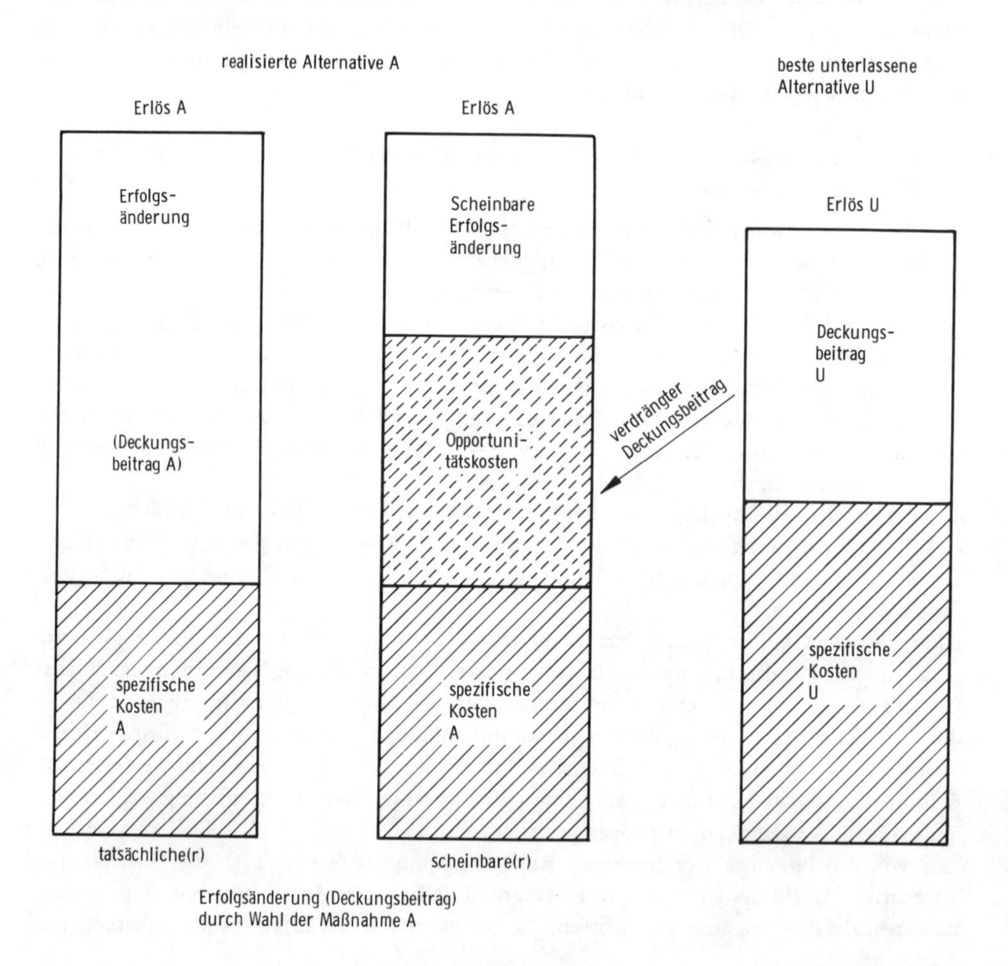

Abb. 1: Tatsächliche(r) und scheinbare(r) Erfolgsänderung (Deckungsbeitrag) bei Einbeziehung von Opportunitäts„kosten" in den Kostenbegriff

4 S. a. *Reinhart Schmidt*, Opportunitätskosten, in: Handwörterbuch der Betriebswirtschaft, Bd. 2, hrsg. von Erwin Grochla und Waldemar Wittmann, 4. Aufl. Stuttgart 1975, Sp. 2834–2841.

(5.) In der Praxis hängt die Höhe der sogenannten Opportunitätskosten von den in den Vergleich einbezogenen Alternativen ab, also von dem subjektiven Einfallsreichtum des jeweiligen Kalkulators.
(6.) Müssen gleichzeitig mehrere Entscheidungen unterschiedlicher sachlicher und zeitlicher Reichweite getroffen werden, können jeweils unterschiedliche Engpässe relevant sein. Weicht jedoch der jeweils relevante Engpaß von dem Engpaß ab, der der Ermittlung der Opportunitätskosten zugrundeliegt, kommt es grundsätzlich zu Fehlentscheidungen. Dies ist vor allem für Rechnungssysteme von Bedeutung, in denen mit standardisierten Opportunitätskosten gearbeitet wird, wie der Standardgrenzpreisrechnung nach Böhm/ Wille[5].
Die theoretischen wie die praktischen Gründe sprechen dafür, die verdrängten alternativen Deckungsbeiträge als das zu bezeichnen, was sie sind, und sie – auch beim Ansatz von Lenkpreisen – terminologisch erkennbar von den Kosten abzusondern, die sich von relevanten Ausgaben ableiten.
Die Ablehnung der Einbeziehung von Opportunitätskosten in den Kostenbegriff ist freilich noch nicht mit einem uneingeschränkten Plädoyer für den pagatorischen Kostenbegriff verbunden. Erstens ist auch hier die Wertkomponente noch weitgehend unbestimmt und enthält nicht relevante Ausgaben, zweitens ist die übliche Interpretation der Kosten als Produkt aus Menge und Preis oder Wert in weiten Bereichen fragwürdig. Mit diesem Aspekt wollen wir uns im folgenden auseinandersetzen.

131

2.2 *Die Fragwürdigkeit einer Interpretation der Kosten als Produkt aus mengenmäßigem Güterverzehr und Wertkomponente*

2.2.1 Ist der mengenmäßige Güterverbrauch ein Wesensmerkmal des Kostenbegriffs?

Der mengenmäßige Güterverbrauch oder „-verzehr“ wird – neben der Leistungsbedingtheit und der Bewertung – durchweg als Wesensmerkmal des allgemeinen Kostenbegriffs hervorgehoben[6].
Wie die Diskussion über den Kostencharakter der Steuern zeigt, gibt es aber Kostenarten, die überhaupt nicht mit einem mengenmäßigen Güterverzehr verbunden sind (s. Abbildung 2). Das gilt auch für eine Reihe von Fremddiensten und internen Dienstleistungen. Soweit bei Fremddiensten nicht Globalentgelte ohne jede Mengenkomponente vereinbart werden, wie beim Kauf von Patenten oder Markenrechten, werden – wie bei Abgaben und Beiträgen – als Mengenkomponente andere Bemessungsgrundlagen festgelegt, die grundsätzlich an jeder Bestands- oder Bewegungsgröße anknüpfen können.

5 *Hans-Hermann Böhm/Friedrich Wille*, Deckungsbeitragsrechnung, Grenzpreisrechnung und Optimierung, 5. Aufl. München 1974.
6 Insbes. *Erich Kosiol*, Kritische Analyse der Wesensmerkmale des Kostenbegriffs, in: Betriebsökonomisierung durch Kostenanalyse. Absatzrationalisierung und Nachwuchserziehung. Festschrift für Rudolf Seyffert zu seinem 65. Geburtstag, hrsg. von *Erich Kosiol und Friedrich Schlieper*, Köln und Opladen 1958, S. 7–37; *Siegfried Menrad*, Der Kostenbegriff, Berlin 1965; *ders.*, Kosten und Leistung, in: Handwörterbuch der Betriebswirtschaft, hrsg. von *Erwin Grochla und Waldemar Wittmann*, 4. Aufl. Stuttgart 1975, Sp. 2280–2290.

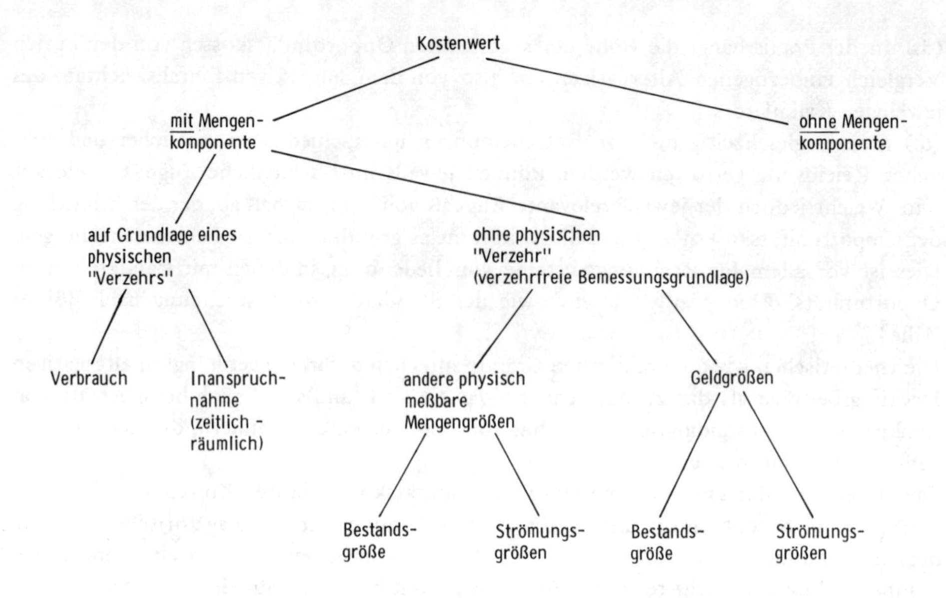

Abb. 2: Gliederung der Kosten nach der Bemessungsgrundlage des Kostenwertes

Die bisherigen Versuche, diese Bemessungsgrundlagen für Auszahlungen in einen „mengenmäßigen Güterverbrauch" umzudeuten[7], überzeugen nicht, so daß m. E. der mengenmäßige Güterverzehr kein Wesensmerkmal des allgemeinen Kostenbegriffs sein kann.
Das ist Anlaß genug, im folgenden unmittelbar die Bemessungsgrundlagen sowie die Entgelt- und sonstigen Ausgabenfunktionen zu betrachten.

132 2.2.2 Nicht an Verzehrsmengen gekoppelte Entgelte für Kostengüter und sonstige leistungsverbundene Ausgaben

Bei Fehlen des mengenmäßigen Güterverbrauchs, aber auch wenn ein physischer Mengen„verzehr" i.w.S. meßbar ist, werden oft Entgelte vereinbart, deren Höhe nicht an den gelieferten Gütermengen oder direkt an den Verzehrsmengen anknüpft, sondern an anderen Bemessungsgrundlagen (s. Abbildung 2), beispielsweise an folgenden Tatbeständen des betrieblichen Umsatzprozesses:

- Beschaffungswerte anderer Kostengüter (z. B. Provisionen für Makler, Einkaufsvertreter, Einkaufskommissionäre, Notariatsgebühren, Wertzölle, Grunderwerbsteuer u. a.)
- Bestandwerte anderer Kostengüter (z. B. Vermögensteuer, Grundsteuer, Versicherungsprämien, Prüfungsentgelte)
- Verbrauchswerte anderer Kostengüter
- Ausbringungsmengen von Leistungsgütern (z. B. km-abhängige Teile der Fahrzeugmiete, stückzahlabhängige Maschinenmiete, erzeugungsmengenabhängige Stück- oder Gewichtslizenzen)
- Absatzmengen anderer Leistungsgüter (z. B. absatzmengenabhängige Stück- oder Gewichtslizenzen, Mengenprovisionen, Sektsteuer, Kaffeesteuer u. a. Verbrauchssteuern)

7 Insbes. *Erich Kosiol*, Kritische Analyse, a.a.O.

- fakturierter Umsatzwert (z. B. Vertreter- und Verkaufsprovisionen, Lizenzen, Filmmiete, Ladenmiete)
- Zahlungseingang (z. B. Inkassogebühren, Factoringgebühren).

Dabei können auch Stichtagswerte für eine mehr oder weniger lange Zeitspanne „festgeschrieben" werden, wie bei der Vermögensteuer. Auf weitere Details und Differenzierungen muß an dieser Stelle verzichtet werden[8].

2.2.3 Nicht mengenproportionale Entgelte und sonstige leistungsverbundene Ausgaben

Bei der Interpretation der Kosten als Produkt aus Mengenkomponente und Preiskomponente wird faktisch unterstellt, daß der jeweils gewählte Wertansatz über den gesamten relevanten Variationsbereich der Mengenkomponente konstant bleibt. Diese Annahme ist bei vielen Kostenarten oft nur in begrenzten Teilbereichen des jeweiligen Aktionsparameters erfüllt, in anderen Fällen überhaupt nicht.

Das möge eine kleine Auswahl von *Ausgabenfunktionen* zeigen, wobei ich mich auf unstetig-lineare Verläufe beschränkt habe. Hierbei handelt es sich – ebenso wie bei den zuvor angeführten Erscheinungen – keineswegs um kuriose Ausnahmen, sondern um Phänomene, die in der Praxis gang und gäbe sind. Weil die Ausgaben(funktionen) weitgehend spiegelbildlich beim „Lieferanten" als Einnahmen(funktionen) in Erscheinung treten, wird im folgenden umfassend von *Entgelten* und *Entgeltfunktionen* gesprochen.

Abbildung 3 entspricht dem bekannten Verlauf bei selektiver Anpassung, die es selbstverständlich auch bei der Beschaffung gibt.

Abbildung 4 knüpft an die vorherrschende Lohnregelung an: ein festes Entgelt für die vertragsmäßig entgeltpflichtige normale Arbeitszeit und Überstundenlöhne mit sprunghaft steigendem Grenzentgelt für die darüber hinausgehende Zeit.

Abbildung 5 zeigt eine Zonenpreisregelung oder einen anstoßenden Mengenrabatt bzw. Staffelpreis.

Abbildung 6 gibt den Verlauf bei dem besonders häufig auftretenden „durchgerechneten" Staffelpreis oder Mengenrabatt wieder, der an den Rabattschwellen zu negativen Grenzentgelten führt. Will man diese vermeiden, werden entweder die „Spitzen gekappt" oder die „Täler ausgefüllt" gemäß Abbildung 7.

Besonders interessant ist die in Abbildung 8 dargestellte Regelung des „Arbeitspreises" im Rahmen eines häufig angewandten Vertragstyps für Sonderabnehmer elektrischer Energie. Hierbei muß für die elektrische Arbeit nicht nur ein der „Grundmenge" G entsprechendes Mindestentgelt bezahlt werden, sondern bei deren Unterschreiten ein zusätzliches, gleichfalls gezontes Entgelt für die zu wenig abgenommenen Kilowattstunden. Bis zum Erreichen der Grundmenge, also im Bereich des regressiven Entgelts, sind die Grenzausgaben negativ. Der Entgeltverlauf für die abgenommenen Kilowattstunden ist – wenn man von dem Zusatzentgelt für „Blindarbeit", falls diese einen bestimmten Prozentsatz der „Wirkarbeit" übersteigt, sowie den Benutzungsdauer- und Schwachlastzeitrabatten absieht – somit zunächst konkav-geknickt-linear-regressiv, erreicht ein Minimum und geht dort in einen konvex-geknickt-proportionalen Verlauf über. Der Verlauf des damit verbundenen Entgelts für die elektrische Leistung ist nicht weniger kompliziert. 135

Wie diese Auswahl von Entgeltfunktionen zeigt, können die tatsächlichen Grenzausgaben bzw. Grenzkosten von den in der Kostenrechnung – und zwar auch in modernen Teil-

8 Bez. Steuern s. *Wieland Geese*, Steuern im entscheidungsorientierten Rechnungswesen, Opladen 1972.

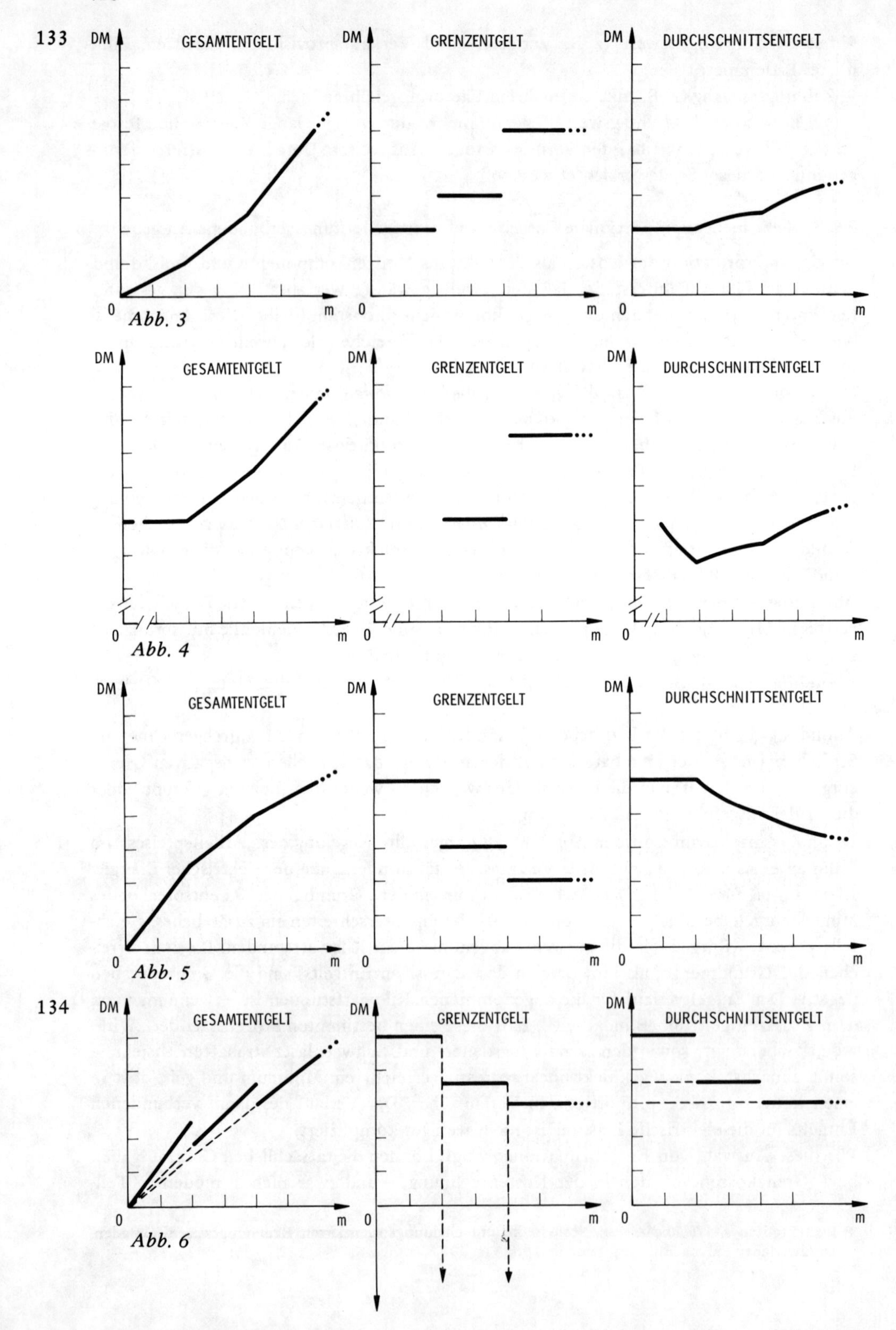

Abb. 3

Abb. 4

Abb. 5

Abb. 6

134

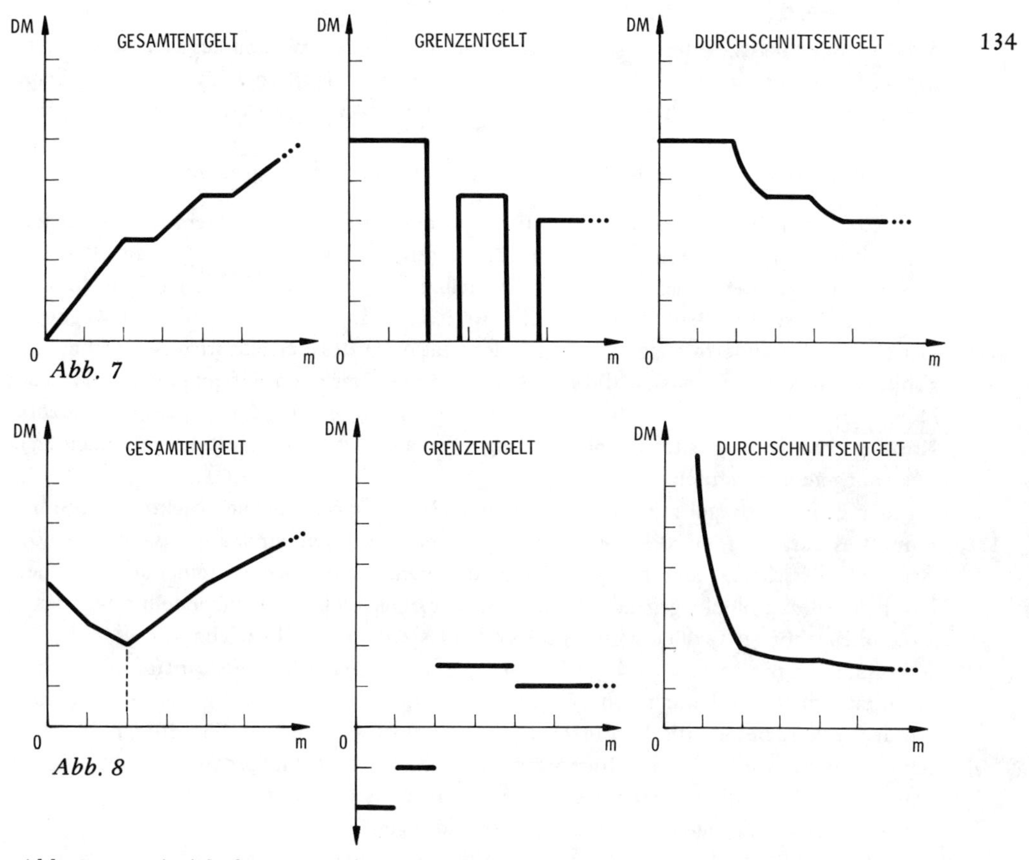

Abb. 3–8: Beispiele für unstetig-lineare Entgeltfunktionen
m = Bemessungsgrundlage

kostenrechnungen, wie dem Direct Costing – angesetzten durchschnittlichen variablen Kosten bzw. Ausgaben erheblich abweichen. 135

Daraus ergeben sich mehrere Konsequenzen:

1. In Entscheidungsrechnungen wie in der Kosten- und Ertragstheorie sind die Produktionsfunktionen durch Entgeltfunktionen, d. h. Ausgabenfunktionen und Einnahmenfunktionen (bzw. Auszahlungs- und Einzahlungsfunktionen) zu ergänzen.

2. Mit dem Grenzkostenbegriff sollte sorgfältiger umgegangen werden, als dies in Theorie und Praxis weithin der Fall ist.

3. Das Grenzprinzip sollte nicht nur auf die Mengenkomponente der Kosten, sondern auch auf die Ausgabenäquivalente bzw. die relevanten Auszahlungen schlechthin, angewandt werden. Zu diesem Ergebnis kommt auch Schwermer[9], der eine „Übertragung des Verursachungsprinzips auf die Bewertung" fordert (S. 156). Nur auf diese Weise wird die Bewertung objektivierbar.

Damit wird eine implizite Unterstellung des traditionellen Kostenbegriffs offengelegt, nämlich die Annahme, daß die Wertkomponente eindeutig zugerechnet werden könne. Mit dieser Annahme werden wir uns im folgenden auseinandersetzen. Bei dieser Betrach-

9 *Walter Schwermer*, Kosten- und Erlösrechnung oder Zahlungsstromanalyse als Grundlage unternehmerischer Entscheidungen, Diss. Saarbrücken 1971, insbes. S. 149, 152 f., 156, 182, 185.

tung des Wertansatzes der Kosten als Zurechnungsproblem werden zugleich wesentliche Unterschiede zum pagatorischen Kostenbegriff[10] – ohne Hypothesen – und zu anderen Auffassungen, wonach sich die Kosten von Ausgaben ableiten[11] offenkundig.

3. Die Bestimmung des Geldbetrages der Kosten als Zurechnungsproblem

In der traditionellen Kalkulationsliteratur wird das Zurechnungsproblem so gut wie ausschließlich in Zusammenhang mit der Zuordnung der Kosten auf Kostenstellen und Kostenträger gesehen. Wie vor allem Krömmelbein[12] gezeigt hat, entstehen Zurechnungsprobleme zwischen allen „Stationen des Betriebsprozesses". Um nämlich Bewegungen zwischen aufeinanderfolgenden Phasen oder Stationen des Betriebsprozesses rechnerisch abbilden zu können, müssen die bei den einzelnen Stationen auftretenden Geld- oder Mengengrößen – z. B. Ausgaben und (beschaffte) Kostengutmenge oder (verbrauchte) Kostengutmenge und entstandene Leistung – einander gegenübergestellt, miteinander in Beziehung gesetzt werden.

Da man es in der Regel mit einer Fülle von Maßnahmen oder Bezugsobjekten zu tun hat, 136 kommt es darauf an, nur die jeweils einander entsprechenden, eindeutig zusammengehö|rigen Teile der Geld- oder Mengengrößen aufeinander zu beziehen, einander oder dem jeweiligen Bezugsobjekt gegenüberzustellen. Nur eine solche Gegenüberstellung eindeutig zusammengehöriger Größen wird im folgenden als *Zurechnung* bezeichnet.

Kriterium für die so verstandene Zurechenbarkeit ist das *Identitätsprinzip*[13]; nach dem Identitätsprinzip sind nur solche Größen eindeutig zusammengehörig, also zurechenbar, die durch dieselbe, identische Entscheidung ausgelöst worden sind. Wie Hohenbild[14] treffend bemerkt, wird mit dem Identitätsprinzip das Verursachungsdenken nicht aufgegeben, sondern präzisiert. Veranschaulichen wir uns das Identitätsprinzip zunächst an den unmittelbaren Wirkungen elementarer Entscheidungen[15].

3.1 Unmittelbare Wirkungen elementarer Entscheidungen

Der Prozeß der Entscheidung über einen elementaren *Produktionsvorgang* und seine Auswirkungen lassen sich, wie ich auf Nicolai Hartmann[16] fußend schon früher für die Lei-

10 Vgl. *Helmut Koch*, Zur Diskussion über den Kostenbegriff, in: ZfhF N. F., 10. Jg. (1958), S. 355–399; *ders.*, Grundprobleme der Kostenrechnung, Köln und Opladen 1966.

11 Vgl. *Erich Schäfer*, Über einige Grundlagen der Betriebswirtschaftslehre, in: ZfB, 20. Jg. (1950), S. 553–563; *ders.*, Die Unternehmung, 10. Aufl. Wiesbaden 1980; *Hans Linhardt*, Kosten und Kostenlehre, in: Aktuelle Betriebswirtschaft. Festschrift für Konrad Mellerowicz, Berlin 1952, S. 124–140; *Hans Seischab*, Demontage des Gewinns durch unzulässige Ausweitung des Kostenbegriffs, in: ZfB, 22. Jg. (1952), S. 19–28; *Johannes Fettel*, Marktpreis und Kostenpreis, Meisenheim am Glan 1954; *ders.*, Ein Beitrag zur Diskussion über den Kostenbegriff, in: ZfB, 29. Jg. (1959), S. 567–569.

12 *Gerhard Krömmelbein*, Leistungsverbundenheit im Verkehrsbetrieb, Berlin 1967.

13 *Paul Riebel*, Kurzfristige unternehmerische Entscheidungen im Erzeugungsbereich auf Grundlage des Rechnens mit relativen Einzelkosten und Deckungsbeiträgen, in: Neue Betriebswirtschaft, 20. Jg., H. 8 (1967), S. 1–13, wiederabgedruckt in diesem Band, S. 269–307; *ders.*, Die Fragwürdigkeit des Verursachungsprinzips im Rechnungswesen, in: Rechnungswesen und Betriebswirtschaftspolitik, Festschrift für Gerhard Krüger zu seinem 65. Geburtstag, gewidmet von Freunden, Kollegen und Schülern, hrsg. von *Manfred Layer und Heinz Strebel*, Berlin 1969, S. 49–64, wiederabgedruckt in diesem Band, S. 67–80.

14 *Rolf Hohenbild*, Das Verursachungsdenken in der betriebswirtschaftlichen Kostenlehre, Bern–Frankfurt 1974.

15 S. a. die vergleichenden Untersuchungen von *K. Thielmann*, Der Kostenbegriff in der Betriebswirtschaftslehre, Berlin 1965 und von *Siegfried Menrad*, Der Kostenbegriff, a.a.O.

16 *Nicolai Hartmann*, Teleologisches Denken, Berlin 1951.

stungserstellung gezeigt habe[17], als *dreiphasiger Finalprozeß* beschreiben (s. Abbildung 9):
(1.) die Bestimmung des Sachziels, z. B. Art und Menge des herzustellenden Produkts,
(2.) die Auswahl der Mittel, mit denen dieses Ziel erreicht werden kann; das setzt bereits die gedankliche Vorwegnahme des zur Realisation erforderlichen Kausalprozesses und die Kenntnis der Bedingungen, unter denen er abläuft, voraus,
(3.) die Realisation, d. h. der Einsatz eines Kausalprozesses als Mittel, um das angestrebte Ziel zu verwirklichen.

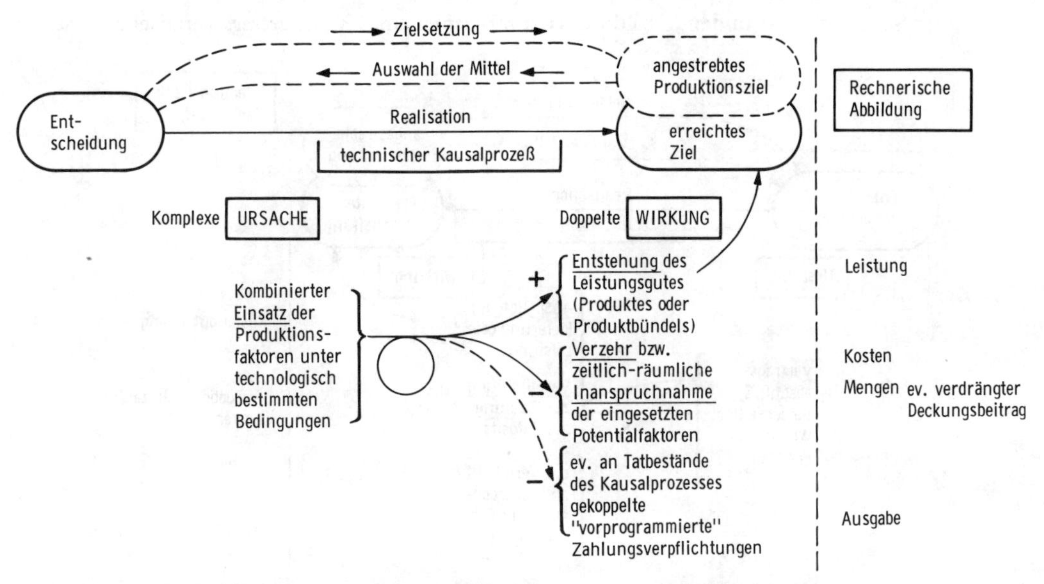

Abb. 9: Die Produktionsdisposition als Final- und Kausalprozeß

Dabei ist die Wirkung, wie bei jedem Kausalprozeß, stets eine doppelte:
(a) Positiv: die Entstehung der Leistungsgüter.
(b) Negativ: der Verbrauch der Verbrauchsgüter sowie die zeitlich-räumliche Inanspruchnahme der eingesetzten Potentialgüter.
Dazu können dann noch Nebenwirkungen kommen, auf die noch einzugehen sein wird. 137
Betrachtet man *nur* diesen Prozeß der Leistungserstellung im engsten Sinne unter Kosten- und Leistungsaspekten, dann besteht die Gefahr einer erheblichen Verkürzung, weil der Zusammenhang mit dem ökonomischen Geldwerdungsprozeß „Geld – Ware – Wiedergeld"[18] offenbleibt.
Der produktive Transformationsprozeß ist bekanntlich nur eine Phase des betrieblichen Umsatzprozesses. Damit die in den Kausalprozeß einzusetzenden Produktionsfaktoren verfügbar sind, müssen u. a. privatrechtlich-ökonomische Akte vorausgehen, wie der Kauf von Rohstoffen und Betriebsmitteln, der Abschluß von Energiebezugs- und Dienstleistungsverträgen, insbesondere Arbeits- und Finanzierungsverträgen. Weiter müssen öffentlich-rechtliche Verpflichtungen in Gestalt von Steuern und anderen Abgaben in Kauf genommen werden, deren Bemessungsgrundlagen, wie bereits erwähnt, an Tatbestände

17 *Paul Riebel*, Die Fragwürdigkeit des Verursachungsprinzips, a.a.O.
18 *Wilhelm Rieger*, Einführung in die Privatwirtschaftslehre, Nürnberg 1928.

anknüpfen können, die durch andere Entscheidungen über die Beschaffung, Vorhaltung von Kostengütern, die einzusetzenden technologischen Kausalprozesse, den Absatz von Zahlungsvorgängen usw. ausgelöst werden.
Auch durch die Entscheidung über einen privatrechtlich-ökonomischen Akt, also einen Vertragsabschluß, wird – wie beim technologischen Kausalprozeß – eine doppelte Wirkung ausgelöst:

1. das Entstehen von Ansprüchen als positive Folge und
2. das Entstehen von Verpflichtungen als negative Folge.

Dieser Sachverhalt ist in der Abbildung 10 am Beispiel eines *Kaufvertrags* veranschaulicht.

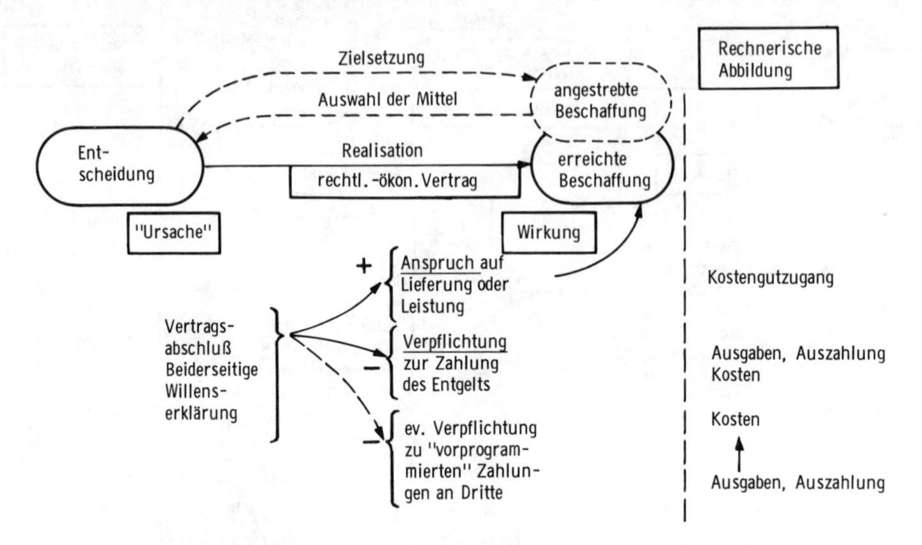

Abb. 10: Die Beschaffungsdisposition als Final- und Kausalprozeß

Der gestrichelte Pfeil in den Abbildungen 9 und 10 soll darauf hinweisen, daß es zu weiteren abgeleiteten negativen *Nebenwirkungen* kommen kann, wenn durch den technologischen Kausalprozeß oder den Vertragsabschluß Tatbestände ausgelöst werden, an die „automatisch" Zahlungsverpflichtungen anknüpfen, die aufgrund öffentlich-rechtlicher Bestimmungen in Kauf genommen werden müssen oder die infolge des vorangegangenen Abschlusses anderer privatrechtlicher Verträge – z. B. eines Vertretungsvertrages mit einem Einkaufsagenten gegen Provision – für eine mehr oder weniger lange Bindungsdauer „vorprogrammiert" worden sind[19].

138 Entsprechendes gilt für *Entscheidungen über die Abwicklung des Zahlungsverkehrs* zur Erfüllung der eingegangenen Zahlungsverpflichtungen (s. Abbildung 11), wobei mit dem Zahlungstermin auch über die endgültige Höhe der Ausgaben bzw. Auszahlungen disponiert wird, wenn etwa Skontierungsmöglichkeiten bestehen oder Verzugszinsen anfallen. Je nach den getroffenen Vorentscheidungen über die Finanzierung des Spitzenbedarfs an Geld kann dabei auch „automatisch" über die zu zahlenden Fremdkapitalzinsen indirekt mit entschieden werden, wenn z. B. ohnehin negative Kontokorrentsalden bestehen.

19 *Paul Riebel*, Deckungsbeitrag und Deckungsbeitragsrechnung, in: Handwörterbuch der Betriebswirtschaft, Bd. I, hrsg. von *Erwin Grochla und Waldemar Wittmann*, 4. Aufl. Stuttgart 1974, Sp. 1137–1155, wiederabgedruckt in diesem Band, S. 386–398.

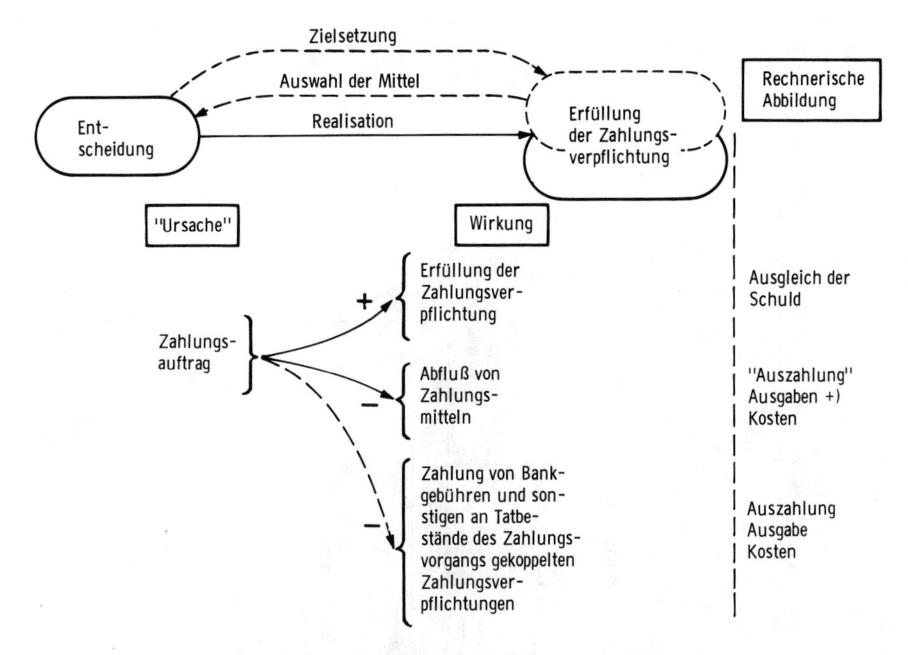

Abb. 11: Die Zahlungsdisposition als Final- und Kausalprozeß

Setzt man diese Überlegungen auf der Absatzseite fort, und bezieht man die Entscheidung über den Abschluß eines Verkaufsvertrags und den Zahlungseinzug bzw. die Zahlungsentscheidung von Kunden ein, dann gelangt man zu dem stark vereinfachten Gesamtschema des betrieblichen Umsatzprozesses gemäß Abbildung 12. Ausgehend von den Elementarentscheidungen sind im Bereich der „Vorgänge" die auslösenden Maßnahmen und – unter Verzicht auf Nebenwirkungen – ihre jeweiligen positiven und negativen Wirkungen dargestellt. Sie betreffen entweder unmittelbar die Nominalgüter (Zahlungsmittel und Zahlungsansprüche) oder die Realgüter (Kosten- und Leistungsgüter oder Ansprüche auf solche)[20]. Im Rechnungswesen können diese Wirkungen einerseits als mengenmäßige Bewegung von Nominalgütern oder von Realgütern in der Mengenrechnung abgebildet werden, andererseits in der Geldrechnung entweder als Auszahlungen und Einzahlungen – im Sinne reiner Zahlungsmittelbewegungen nach E. Schneider[21] – in der „Rechnung in Geld über Geld" oder als Ausgaben und Einnahmen, Kosten, Leistung oder Erlös in der „Rechnung in Geld über (Real-)Güter"[22].

20 Zu diesen Unterscheidungen s. *Erich Kosiol*, Kritische Analyse, a.a.O.

21 *Erich Schneider*, Industrielles Rechnungswesen, Grundlagen und Grundfragen, 4. Aufl. Tübingen 1963.

22 S. vor allem *Johannes Fettel*, Ein Beitrag zur Diskussion, a.a.O. und *Siegfried Hummel*, Wirklichkeitsnahe Kostenerfassung.

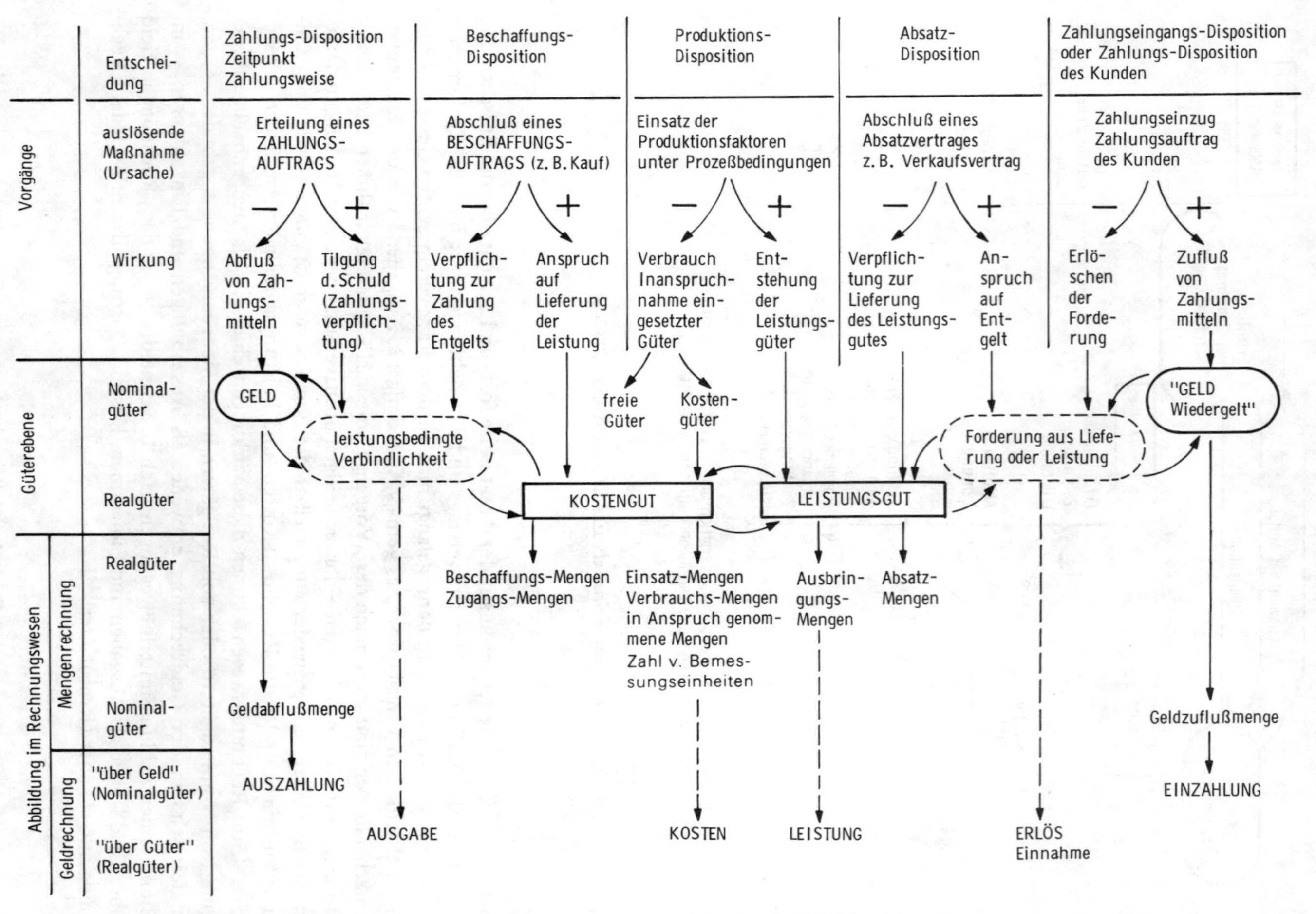

Abb. 12: Vereinfachtes Gesamtschema des Umsatzprozesses und seiner Abbildung im Rechnungswesen

Die damit schon angedeutete Verknüpfung von Elementarentscheidungen bzw. der davon betroffenen Maßnahmen untereinander muß im Rahmen eines entscheidungsorientierten Rechnungswesens gleichfalls aufgehellt und abgebildet werden, um sicherzustellen, daß alle von einer Primärdisposition ausgelösten Folge- und Unterentscheidungen erfaßt werden. Dies ist, wie Schwermer[23] vor allem in bezug auf die Lager- und Zinskosten nachgewiesen hat, bei dem üblichen Ansatz von Grenzkosten nicht der Fall.

Wenngleich die einzelnen Entscheidungen bzw. Maßnahmen Elemente eines sachlich-vieldimensionalen und zeitlich-fortschreitenden Gefüges mit jeweils unterschiedlicher sachlicher und zeitlicher „Reichweite" sind, lassen sie sich – wenn man die Methoden der n-dimensionalen Geometrie vermeiden will – ausschnittsweise und vereinfacht als Entscheidungs-, Bezugsobjekt- oder Zurechnungs*hierarchien* oder als *-ketten* abbilden. Dabei können die einzelnen Dispositionen bzw. Maßnahmen als zeitliche Reihung an eine Initialdisposition und/oder sachliche Unterordnung unter die auslösende Disposition abgebildet werden[24]. Das ist von einem Sonderanfertigungsauftrag ausgehend vereinfacht in Abbildung 13 dargestellt.

Für die Zurechnung der Auszahlungen bzw. Ausgaben auf die jeweiligen Bezugsobjekte, z. B. die Leistungsgüter, empfiehlt es sich, zu diesem Zweck eine – von der zeitlichen Reihenfolge mehr oder weniger losgelöste – funktionale Abfolge zu wählen, wie sie für schematische Darstellungen des betrieblichen Umsatzprozesses üblich ist. Reduziert man den Betriebsprozeß auf die drei leistungswirtschaftlichen Grundfunktionen: Beschaffung, Produktion und Absatz und zieht ergänzend die damit verbundenen Abgeltungs- und 140

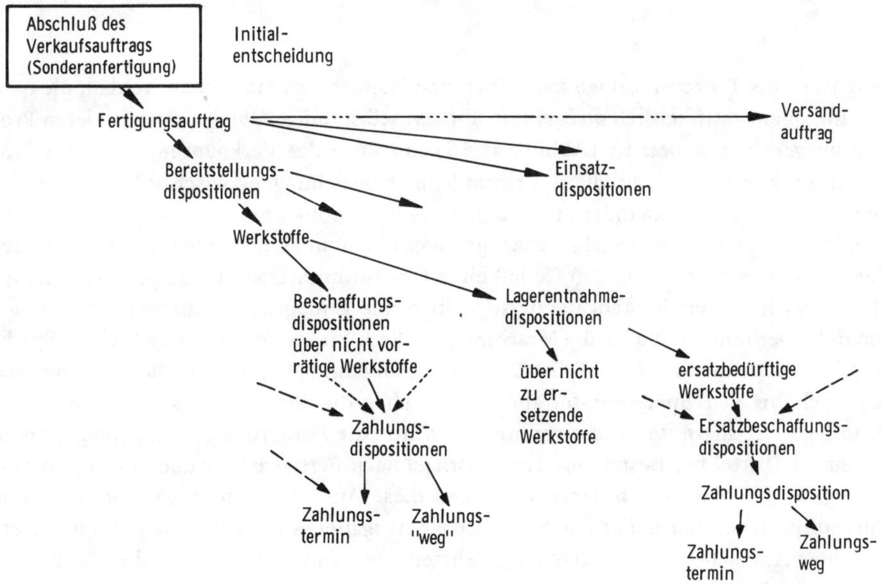

Abschluß des Verkaufsauftrags (Sonderanfertigung)
Initialentscheidung
Fertigungsauftrag
Versandauftrag
Bereitstellungsdispositionen
Einsatzdispositionen
Werkstoffe
Beschaffungsdispositionen über nicht vorrätige Werkstoffe
Lagerentnahmedispositionen
über nicht zu ersetzende Werkstoffe
ersatzbedürftige Werkstoffe
Zahlungsdispositionen
Ersatzbeschaffungsdispositionen
Zahlungsdisposition
Zahlungstermin
Zahlungs-"weg"
Zahlungstermin
Zahlungsweg

Abb. 13: Durch Initialentscheidung ausgelöster Maßnahmen„baum"

23 *Walter Schwermer*, Kosten- und Erlösrechnung, a.a.O.

24 Ähnlich *Hans-Peter Dumke*, Kosten-optimaler Fuhrpark-Einsatz, Frankfurt 1974 (im Selbstverlag des Verfassers: Horandstieg 12, 2000 Hamburg).

Zahlungsvorgänge ein, gelangt man – unter Erweiterung und Abwandlung eines Schemas von Krömmelbein[25] – gemäß Abbildung 14 zu acht Prozeßstationen. Über einige der Prozeßstationen nach Abbildung 14 wird jeweils *paarweise disponiert*, nämlich: Ausgabenentstehung und Kostenguteingang – Kostenguteinsatz und Leistungsgutentstehung – Leistungsgutabgang (Verkauf) und Einnahmenentstehung.

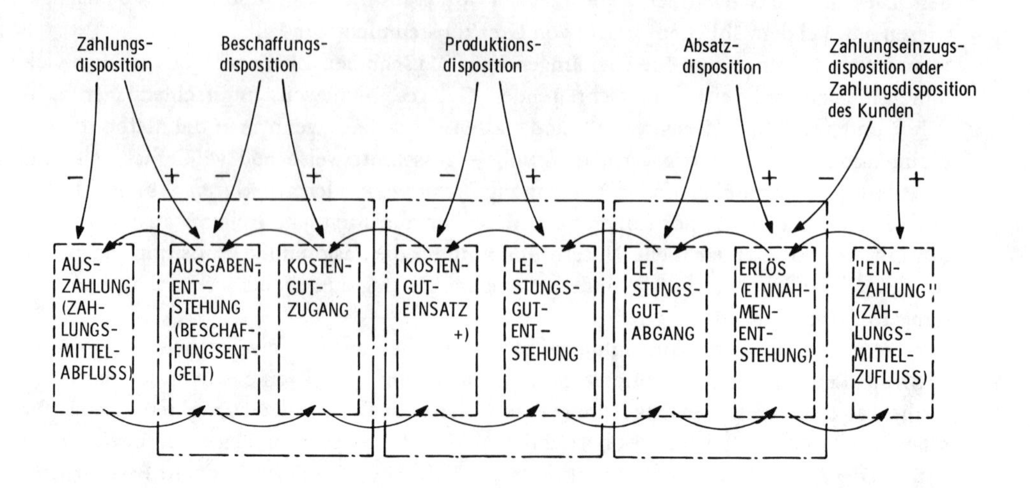

Abb. 14: Funktionale Abfolge der Prozeßstationen, Zurechnungsrichtungen und -ketten

Auf jeder der Prozeßstationen kann über eine Maßnahme entschieden werden, die qualitativ und quantitativ-zeitlich *mehrere* im übrigen selbständige *Objekte* einer anderen Prozeßstation *gemeinsam* betrifft (Abbildung 15). Im Zuge der Verknüpfung von zwei Prozeßstationen kommt es dadurch zu Verbundenheitsbeziehungen zwischen zwei oder mehreren – im übrigen voneinander unabhängigen – Bezugsobjekten[26].

141 Werden beispielsweise verschiedenartige Maschinen im Laufe eines Jahres beim selben Lieferanten bestellt, um in den Genuß eines Gesamtumsatzrabattes zu gelangen, dann sind diese verschiedenen Kostengüterzugänge über eine gemeinsame Ausgabenminderung miteinander verbunden. Wurde die Maschine „ab Werk" fakturiert und durch einen Spediteur angeliefert, dann sind sowohl die Ausgaben (Auszahlungen) an den Maschinenlieferanten als auch an den Spediteur für die Fracht über die Beschaffungsdisposition und den Kostenguteingang miteinander verbunden. Wurde die Forderung des Maschinenlieferanten zu einem Drittel bei Bestellung, einem Drittel nach Fertigstellung und einem Drittel nach Übergabe der Maschine bezahlt, dann sind diese Auszahlungen (auch) über die Beschaffungsdisposition und damit das Stationspaar Ausgabe/Kostenguteingang miteinander verbunden. Auch hier gibt es den umgekehrten Fall, daß mehrere Ausgaben, z. B. für verschiedene Fakturen eines Lieferanten, über eine gemeinsame Auszahlung miteinander verbunden sein können.

25 *Gerhard Krömmelbein*, Leistungsverbund, a.a.O., S. 14 ff.
26 *S. Gerhard Krömmelbein*, Leistungsverbund, a.a.O., S. 19–30.

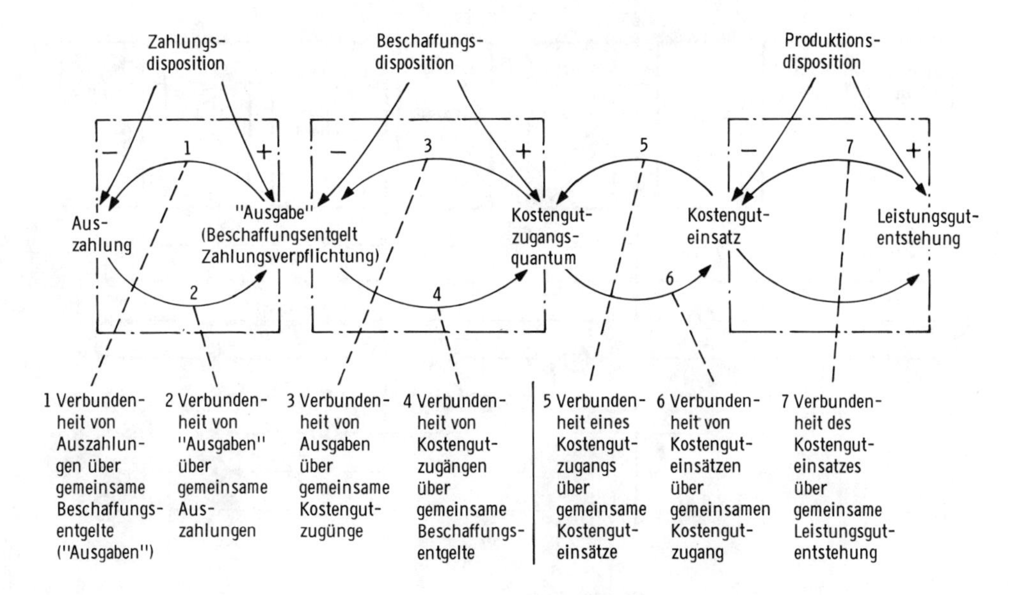

Abb. 15: Arten der Ausgaben- und Kostenverbundenheit

Weil auf jeder „Station" – nach beiden Richtungen hin – neue Verbundenheitserscheinungen auftreten können, wird es notwendig, über alle Stationen hinweg die Zurechenbarkeit zu prüfen, und zwar letztlich der Auszahlungen und der Einzahlungen. Dazu bedarf es diffiziler Überlegungen und differenzierter Verfahrensanweisungen, wie sie beispielhaft Hummel[27] für den Fall einer vom Verbrauchsquantum ausgehenden Kostenerfassung entwickelt hat. Von welchen Bezugsobjekten man ausgeht und auf welches Bezugsobjekt die Zurechnung von beiden Richtungen her letztlich zuläuft, ist primär von der Fragestellung abhängig. Wie „lange" die zu prüfenden Zurechnungsketten sind, hängt u. a. davon ab, an welchen „Stationen" des Betriebsprozesses die Bemessungsgrundlagen der verschiedenen Arten von Auszahlungen anknüpfen (s. Abbildung 16). Dabei sind vor allem die Verknüpfungen der Zurechnungsketten untereinander zu beachten; das ist für die Zurechnung auf ein Verbrauchsquant eines Kostengutes in Abbildung 17 veranschaulicht. Daß dabei nicht einfach nach dem Durchschnitts- oder Anteilsprinzip vorgegangen werden darf, versteht sich aufgrund der vorangegangenen Definition des Zurechnungsbegriffs und des Identitätsprinzips als Zurechnungskriterium von selbst.

27 *Siegfried Hummel*, Wirklichkeitsnahe Kostenerfassung, a.a.O.

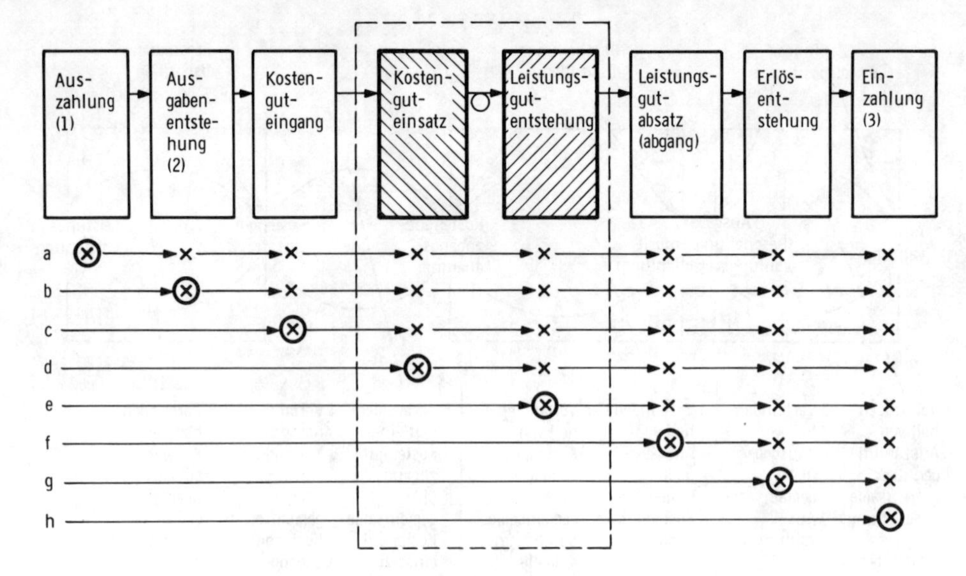

Abb. 16: Zurechnungsketten bei unterschiedlichem Ansatz der Bemessungsgrundlage (X) für Auszahlungen bzw. Ausgaben an den „Stationen" des Betriebsprozesses (1) = Zahlungsmittelabgang; (2) = Zahlungsverpflichtung; (3) = Zahlungsmitteleingang

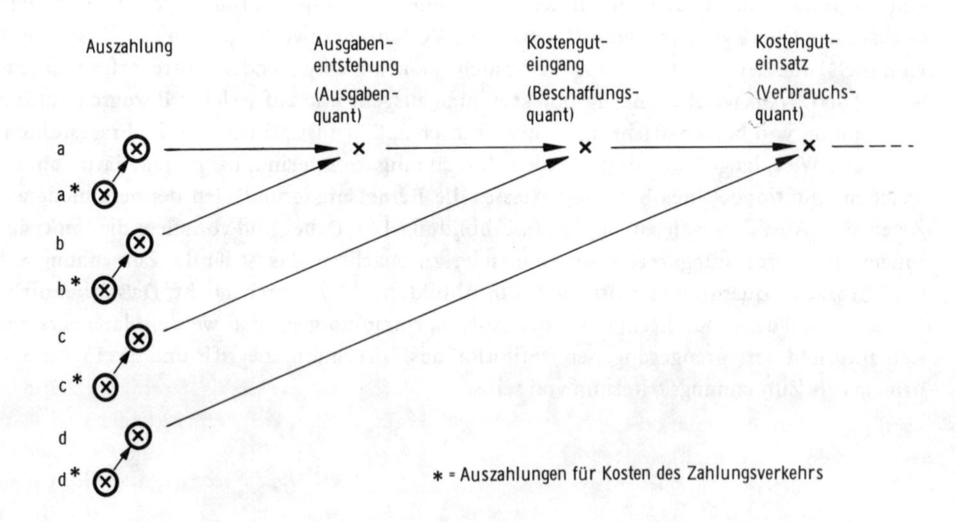

Abb. 17: Verzweigung der Zurechnungskette der Auszahlungen auf ein Kostengutverbrauchsquant
(Quant = kleinste disponible Einheit)

3.3 *Folgerungen*

Zusammenfassend zeigt sich, daß bei einer genauen Betrachtung der Entscheidungswirkungen ein diesen Wirkungen entsprechender objektiv nachprüfbarer Kostenwert nur von den durch die Entscheidung über die jeweilige Maßnahme ausgelösten zusätzlichen Ausga|ben und letztlich Auszahlungen abgeleitet werden kann. Daraus ergibt sich folgende Formulierung des *entscheidungsorientierten Kostenbegriffs*[28]: 143

> *Kosten sind die durch die Entscheidung über das betrachtete Objekt ausgelösten zusätzlichen – nicht kompensierten – Ausgaben (Auszahlungen).*

Vom pagatorischen Kostenbegriff unterscheidet sich der hier vorgeschlagene entscheidungsorientierte Kostenbegriff in zweifacher Weise:

(1.) Es wird nur auf die jeweils durch die Entscheidung ausgelösten zusätzlichen Auszahlungen abgestellt; nicht mehr beeinflußbare, in der Vergangenheit „irreversibel vordisponierte Ausgaben oder Auszahlungen"[29] oder deren pro rata verrechneten Anteile sind nicht mehr relevant.

(2.) Die von Koch[30] ergänzend eingeführten „Hypothesen", die letztlich zu einer Gleichschaltung mit dem wertmäßigen Kostenbegriff führen, entfallen; an die Stelle der Hypothesen – bzw. der Opportunitätskosten und Opportunitätserlöse bei „wertmäßiger" Definition der Kosten und Leistungen – trifft eine spezielle Kategorie von Kalkulationswerten: verdrängte alternative Deckungsbeiträge und verdrängte alternative Ersparnisse („Alternativbeiträge", „Opportunitätsbeiträge).

Entsprechende Konsequenzen ergeben sich für den Leistungs- und Erlösbegriff.

3.4 *Zur Praktikabilität des entscheidungsorientierten Kostenbegriffs*

Es wird von mir nicht verkannt, daß sich für die konsequente Anwendung dieses Begriffs in der Praxis gewisse Wirtschaftlichkeitsgrenzen ergeben können.

Erstens werden in der Regel die Dispositionen über die einzelnen Glieder der Maßnahmenkette bzw. „Prozeßstationen" nicht gleichzeitig, sondern nacheinander getroffen und meist auch noch von unterschiedlichen Instanzen. So disponiert etwa der Einkauf über die Beschaffung von Werkstoffen und Betriebsmitteln mehr oder weniger lange vor oder nach den Entscheidungen in der Produktion über die Kostengütereinsätze, während über die Auszahlungen in der Regel erst später der Gelddisponent verfügt und dabei mit der Entscheidung über Zahlungstermin und Zahlungsweg zugleich über die Ausnutzung von Skontierungsmöglichkeiten oder die Inanspruchnahme von Lieferantenkredit – und damit über die endgültige Entgelthöhe – sowie über die Nebenkosten der Zahlungsabwicklung verfügt.

Aus Praktikabilitätsgründen wird man daher in der Praxis oft bestrebt sein, die Zurechnungskette zu verkürzen oder weniger bedeutsam erscheinende Nebenwirkungen und Verzweigungen zu vernachlässigen. Erscheint das Skontierungs- und Zinsproblem nicht bedeutsam, wird man nicht von den Auszahlungen, sondern von den Ausgaben (im Sinne von Beschaffungsentgelten) ausgehen. Dafür spricht etwa, daß die Zahlungsdispositionen

28 S. a. *Paul Riebel*, Die Bereitschaftskosten in der entscheidungsorientierten Unternehmerrechnung, in: ZfbF, 22. Jg. (1970), S. 372–386. Wiederabgedruckt in diesem Band, S. 81–97.

29 *Heinz Langen*, Grundzüge einer betriebswirtschaftlichen Dispositionsrechnung, in: ZfB-Ergänzungsheft 1/1966, S. 71–81.

30 *Helmut Koch*, Zur Diskussion über den Kostenbegriff, a.a.O., *ders.*, Grundprobleme der Kostenrechnung, a.a.O.

weitgehend von den Beschaffungs-, Einsatz- und Absatzdispositionen losgelöst sein können, weil in der Regel noch später zwischen unterschiedlichen Zahlungsalternativen gewählt werden kann.

Auch kann die Frage der Zeitpräferenzen und damit das Zinsproblem für viele Fragestellungen aus Gründen der Vereinfachung bewußt vernachlässigt werden. Wer möchte schon denjenigen, der über die Werkstoffauswahl zur Erstellung eines Fertigungsauftrags zu befinden hat, damit belasten, in sein Kalkül auch noch die Zahlungsalternativen einzubeziehen, die im übrigen weitgehend durch komplementäre Zahlungsverpflichtungen, sowie Zahlungsmittelbestände, zu erwartende Zahlungseingänge und weitere Größen bestimmt werden.

Zweitens wird man oft statt der im betrachteten Falle zu erwartenden individuellen Mengen- und Ausgabenänderungen Durchschnittsänderungen ansetzen.

144 Damit werden aber bewußt Fehler in Kauf genommen, deren Auswirkungen auf die Beurteilung der anstehenden Maßnahmen es abzuschätzen gilt. Insoweit wird die Wahl des Kostenwerts dann selbst zu einem wirtschaftlichen Entscheidungsproblem. Hierfür gilt sinngemäß die Mahnung Dieter Schneiders[31] zum Abbildungsproblem in Entscheidungsmodellen:

„Aufgabe des Ökonomen ist dabei zu beurteilen, auf welche Abhängigkeiten er notfalls in dem Modell verzichten kann. Erst wenn man die Vereinfachungen (und das heißt: die vorsätzlichen Fehler) kennt, die man zu machen gezwungen war, kann man ein Urteil über den praktischen Wert eines Modells abgeben und eine bestimmte Planungstechnik empfehlen. Das Bemühen des Wirtschaftswissenschaftlers muß vor allem darin bestehen, die Schwierigkeiten zu lösen, die dem ‚hinreichend genauen' Abbilden der wirtschaftlichen Wirklichkeit in Modellen entgegenstehen. Wie das Optimum ausgerechnet werden kann, das ist eine Frage zweiter Ordnung.

Demgegenüber verläuft der Weg der Unternehmensforschung" – und hier möchte ich ergänzen: ebenso des Rechnungswesens – „regelmäßig umgekehrt: Man übernimmt oder entwickelt eine Rechentechnik, für die dann Anwendungsfälle gesucht werden."

4. Ergebnis

Lassen Sie mich zum Abschluß das Ergebnis thesenartig zusammenfassen:

1. Auf den Kostenwert sind dieselben Zurechnungskriterien anzuwenden wie auf Mengengrößen.

2. Ein objektiv nachprüfbarer entscheidungsrelevanter Kostenwert läßt sich nur von den durch die Entscheidung über eine bestimmte Maßnahme ausgelösten zusätzlichen Auszahlungen – selbstverständlich nur den „nicht kompensierten"[32] – ableiten. Damit sind die bisherigen Diskrepanzen zwischen Kosten- und Investitionsrechnung überwunden.

3. In der Kostentheorie und bei der Formulierung von Entscheidungsmodellen müssen ergänzend zu den Produktionsfunktionen Entgeltfunktionen eingeführt werden, wobei besonders auf Unstetigkeiten und Nichtlinearitäten zu achten ist.

31 *Dieter Schneider*, Flexible Planung als Lösung der Entscheidungsprobleme unter Ungewißheit, in: ZfbF, 24. Jg. (1972), S. 831–851.

32 *Helmut Koch*, Zur Diskussion über den Kostenbegriff, a.a.O., *ders.*, Grundprobleme der Kostenrechnung, a.a.O.

4. Der Grenzkostenbegriff sollte weniger fahrlässig als bisher gebraucht und auf die Ausgabenänderungen bzw. Kostenänderungen in bezug auf die kleinste disponible Einheit des Aktionsparameters bzw. die kleinste mögliche Änderung der betrachteten Einflußgröße beschränkt werden.
5. Verdrängte alternative Deckungsbeiträge sind keine Kostenbestandteile, sondern eine Kalkulationsgröße eigener Art.
6. Der wertmäßige Kostenbegriff kann allenfalls als eine grobe Annäherung an den entscheidungsorientierten Kostenbegriff toleriert werden.

19. Zum Konzept einer zweckneutralen Grundrechnung*

Der folgende Beitrag stellt zunächst die vor rund 30 Jahren von Schmalenbach und Goetz konzipierte Idee einer zweckneutralen Grundrechnung, die durch zweckorientierte Auswertungsrechnungen zu ergänzen ist, und ihre Weiterentwicklung vor. Aus der Zielsetzung werden die Haupterfordernisse, die an eine Grundrechnung zu stellen sind, abgeleitet. In einem zweiten Aufsatz (s. Beitrag 20: Gestaltungsprobleme einer zweckneutralen Grundrechnung) werden die sachökonomischen Gestaltungsprobleme einer zweckneutralen Grundrechnung im einzelnen untersucht. Beide Aufsätze stellen die überarbeitete, teils erweiterte, teils gekürzte Fassung eines Vortrags dar, der unter dem Titel „Konzept und Gestaltungsprobleme einer zweckneutralen Grundrechnung" am 13.12.1978 zur Eröffnung des betriebswirtschaftlichen Kolloquiums der Abteilung für Wirtschafts- und Sozialwissenschaften der Universität Dortmund gehalten wurde.

785

1. Einführung: Gestaltungsalternativen des Rechnungswesens im Hinblick auf die Zweckpluralität und das Relevanzprinzip

Unterschiedliche Fragen verlangen bekanntlich unterschiedliche Antworten. In diesem Sinne forderte schon 1923 *John Maurice Clark*[1] unter der längst zum Schlagwort gewordenen Kapitelüberschrift „different costs for different purposes" den Ansatz „relevanter Kosten", wie wir heute zu sagen pflegen.

Zahl und Art der Zwecke, denen das Rechnungswesen zu dienen hat, sind – wie schon *M. R. Lehmann* festgestellt hat[2] – fast unübersehbar und dazu von einer außerordentlichen Vielgestaltigkeit und Wandlungsfähigkeit. Ja im Vorhinein – weitgehend auch noch im Zeitpunkt des Anfalls oder der Planung der Zahlengrößen des Rechnungswesens – sind diese Fragestellungen gar nicht immer vorherzusehen oder spezifizierbar.[3]

Von der Individualität der Fragestellungen und – was oft übersehen wird – der Situation[4] (den „Randbedingungen") hängen aber alle Komponenten der aufzumachenden Rechnung ab:

1. die Abgrenzung des Untersuchungsobjektes in sachlicher und zeitlicher Hinsicht,
2. die anzusetzenden Geld- und Mengengrößen,
3. Umfang und Gliederung des Zahlenstoffes,
4. die Art der Verknüpfung der Rechnungs- oder Informationselemente.

Angesichts der – nach wie vor noch ungenügend beachteten – Zweckbedingtheit der

* Nachdruck aus: Zeitschrift für betriebswirtschaftliche Forschung, 31. Jg. (1979), S. 785–798.

1 *Clark, John Maurice*, Studies in the Economy of Overhead Costs, 1923, Chapter IV (S. 175–203).

2 *Lehmann, M. R.*, Industriekalkulation, 2. Aufl. 1941, S. 12, 5. Aufl. 1964, S. 28.

3 So vor allem *Goetz, Billy E.*, Management Planning and Control, A Managerial Approach to Industrial Accounting, 1949, S. 137.

4 Auf die Bedeutung der Situation weist nachdrücklich *Goetz, Billy E.*, Management Planning . . ., 1949, passim, hin; implizit kommt sie auch in den Beispielen von *J. M. Clark* zum Ausdruck.

Rechnung einerseits[5] sowie der Vielzahl der Zwecke – genauer: der Fragestellungen und Situationen – andererseits, bieten sich für die Gestaltung der unternehmerischen Führungsrechnung grundsätzlich drei Wege an[6]: 786

1. Für jeden der verschiedenen Rechnungszwecke wird ein völlig eigenständiges Rechenwerk von Grund auf eingerichtet;
2. die laufende systematische Rechnung wird einseitig auf den oder einen Hauptzweck ausgerichtet,
3. es wird eine möglichst zweckneutrale und universell auswertbare Grundrechnung entwickelt, die sich darauf beschränkt, die Daten so zu erfassen und aufzubereiten, daß sie gemeinsame Grundlage für eine Vielzahl zweckspezifischer Auswertungsrechnungen sein können.

Gegen ein System paralleler Zweckrechnungen von Grund auf spricht vor allem die Vielfacharbeit, die zumindest in Teilbereichen der Ermittlungs- und Aufbereitungsoperationen, soweit sie für mehrere Fragestellungen und Zweckgruppen gemeinsam sein können, geleistet werden muß. Sind die Zwecke nicht schon vorher bekannt, vergeht oft all zu viel Zeit für die Erstellung derartiger Zweckrechnungen, so daß man allein aus diesem Grunde darauf verzichten muß.

Interpretiert man „Hauptzweck" nicht zu eng, sondern im Sinne einer Zweckgruppe, dann entscheidet man sich in der Praxis in der Regel für den zweiten Weg, dem sowohl die traditionelle Betriebsabrechnung, Selbstkosten- und Betriebsergebnisrechnung als auch – allerdings mit anderer Ausrichtung – die flexible Plankostenrechnung und wohl auch die Periodenerfolgs-Rechenmodelle nach *Laßmann* zugeordnet werden können.

Dieser zweite Weg, „die bisher vielfach übliche einseitige Ausrichtung von Abrechnungssystemen auf *einen* Hauptzweck hat den Nachteil, daß . . . vom innerbetrieblichen Rechnungswesen wichtige Fragen gar nicht beantwortet werden können".[7] Daher können die zur Ergänzung wichtigen Sonderrechnungen einen erheblichen Aufwand für zusätzliche

5 Zur Zweckbedingtheit der Kostenrechnung siehe z. B. schon *Schmalenbach, Eugen*, Selbstkostenrechnung I, in: ZfhF 1919, S. 257–299 und 321–356, hier S. 348; *ders.*, Grundlagen der Selbstkostenrechnung und Preispolitik, 5. Aufl. 1930, S. 105 f.; *Müller, Adolf*, Der Einfluß der Kalkulationszwecke auf die Kalkulationsverfahren, in: Archiv f. d. Eisenhüttenwesen 1935/36, S. 215–222; *Mellerowicz, Konrad*, Kosten und Kostenrechnung, Bd. II, Teil 1: Grundlagen und Verfahrensweise, 1936, S. 50 ff.; *Lehmann, M. R.*, Industriekalkulation, 2. Aufl. 1941 und 3. Aufl. 1943, S. 16, 4. Aufl. 1951, S. 15; *Virkkunen, Henrik*, Das Rechnungswesen im Dienste der Leitung, 1954, insbes. S. 50 ff.; *Müller, Adolf*, Grundzüge der industriellen Kosten- und Leistungserfolgsrechnung, 1955, S. 33 f.; *Riebel, Paul*, Die Gestaltung der Kostenrechnung für Zwecke der Betriebskontrolle und Betriebsdisposition, in: ZfB 1956, S. 278–289 (s. a. den Nachdruck in diesem Band, S. 11–22); *Kosiol, Erich*, Kostenrechnung, 1964; *Laßmann, Gert*, Die Kosten- und Erlösrechnung als Instrument der Planung und Kontrolle in Industriebetrieben, 1968, insbes. S. 22–54; *Moews, Dieter*, Zur Aussagefähigkeit neuerer Kostenrechnungsverfahren, 1969; und alle neueren Lehrbücher, z. B.: *Hummel, Siegfried/Männel, Wolfgang*, Kostenrechnung, Bd. 1: Grundlagen, Aufbau und Anwendung, Bd. 2: Moderne Verfahren und Systeme, 2. verb. u. erw. Aufl. 1980/81; *Kloock, Josef/Sieben, Günter/Schildbach, Thomas*, Kosten- und Leistungsrechnung, 1976; *Schweitzer, Marcell/Hettich, Günter O./Küpper, Hans-Ulrich*, Systeme der Kostenrechnung, 1975, 2. Aufl. 1979.
Zur Systematisierung der Zwecke der Kostenrechnung siehe auch: *Kilger, Wolfgang*, Einführung in die Kostenrechnung, 2. durchges. Aufl. 1980, S. 6–19 und *Weber, Helmut Kurt*, Betriebswirtschaftliches Rechnungswesen, 2. Aufl. 1978, S. 289–293.

6 Vgl. *Laßmann, Gert*, Die Kosten- und Erlösrechnung als Instrument der Planung und Kontrolle in Industriebetrieben, 1968, S. 14. Meist werden in der Literatur nur die Alternativen 1 und 3 einander gegenübergestellt, so von *Schmalenbach, Eugen*, Pretiale Wirtschaftslenkung, Bd. 2: Pretiale Lenkung des Betriebes, 1948, S. 66; *Müller, Adolf*, Grundzüge . . ., 1956, S. 124 f.; *Hummel, Siegfried*, Wirklichkeitsnahe Kostenerfassung. Neue Erkenntnisse für eine eindeutige Kostenermittlung, 1970, S. 53.

7 *Laßmann, Gert*, Kosten- und Erlösrechnung . . ., 1968, S. 14.

787 Erhebungen und Umrechnungsarbeiten erforderlich machen, insbesondere wenn durch mehrfache Verrechnungen und Gemeinkostenschlüsselungen die ursprüngliche Kostenstruktur verschleiert worden ist.[8] Deshalb und weil die dafür benötigte Zeit oft nicht ausreicht, begnügt man sich häufig mit einer nur unzulänglichen Anpassung an die jeweiligen speziellen Zwecke und Fragestellungen.

Der dritte Weg, das Konzept einer zweckneutralen, durch eine Vielzahl zweckgerichteter Auswertungsrechnungen zu ergänzenden Grundrechnung ist Gegenstand der folgenden Überlegungen. Diese vor 30 Jahren von *Schmalenbach* und *Goetz* konzipierte Idee, von der *Schmalenbach* seinerzeit sagte, daß sie „noch wenig durchdacht und an praktischen Beispielen erprobt" sei[9], befindet sich auch heute noch weitgehend im Entwicklungs- und Erprobungszustand. Angesichts der schon angedeuteten Tatsache, daß alle Komponenten der aufzumachenden Zweckrechnungen von der Fragestellung und Situation abhängig sind, erscheint es zweifelhaft, ob und inwieweit sich dieser Gedanke einer Grundrechnung verwirklichen läßt.

In der Tat begegnet die Verwirklichung des Gedankens einer zweckneutralen, universell auswertbaren Grundrechnung vielerlei Schwierigkeiten und stößt wohl auch auf einige nicht überwindbare Grenzen. Zwar ist es möglich und üblich, die Vielzahl der Fragestellungen zu wenigen globalen Zweckgruppen, wie Preiskalkulation, Betriebslenkung, Betriebskontrolle, Bestandsbewertung für den Jahresabschluß und – eine recht heterogene Restgruppe – „Sonderzwecke" zusammenzufassen. Auch lassen sich einige allgemeine Regeln für Aufbau, Umfang und Durchführung derartiger Kalkülgruppen formulieren.[10] Man kann aber aus diesen Globalzwecken weder die konkreten Untersuchungsobjekte noch die sonstigen Rechnungskomponenten – in ausreichender Vollständigkeit – ableiten.[11] Wie vor allem *J. M. Clark* und später mein ehemaliger Mitarbeiter *W. Faßbender* herausgearbeitet haben, muß man dabei vielmehr auf die individuellen Betriebseigenarten und die daraus erwachsenden konkreten Fragestellungen abstellen. Diese sind aber, wie schon erwähnt, im Zeitpunkt des Anfalls und der Erfassung der Daten oft noch gar nicht bekannt und bei der Planung der Rechnungsgrößen im Vorhinein noch nicht vollständig abzusehen.[12] Hinzu kommen noch Diskrepanzen zwischen „laufend-registrierender Erfassung", periodischer Planung und „individuell-sporadischer Auswertung."[13]

Relevante Kosten, Erlöse und sonstige relevante Rechengrößen (z. B. Inanspruchnahme grenzentgeltloser potentieller Engpässe, Entstehung marktpreisloser Leistungsgüter) lassen sich eben nur fallweise in individuellen Sonderrechnungen ermitteln. Gleichwohl fällt beim Vergleich solcher individueller Sonderrechnungen auf, daß sie oft gleichartige, manchmal sogar identische Elemente enthalten. Freilich sind bislang weder der Informationsbedarf für die Führung von Unternehmungen, noch die Anforderungen der einzelnen Rechnungszwecke, Fragestellungen und Betriebseigenarten an die Gestaltung des Rechnungswesens in ausreichender Detaillierung untersucht. Wahrscheinlich läßt sich dies im Detail ohnehin nicht allgemeingültig, sondern nur betriebsindividuell durchführen.

8 Siehe hierzu *Riebel, Paul*, Die Preiskalkulation auf Grundlage von „Selbstkosten" oder von relativen Einzelkosten und Deckungsbeiträgen, in: ZfbF 1964, S. 549–612, hier S. 577–582 (s. auch den Nachdruck in diesem Band, S. 232–237).

9 *Schmalenbach, Eugen*, Pretiale Wirtschaftslenkung, Bd. 2, S. 66.

10 Siehe hierzu z. B.: *Riebel, Paul*, Die Gestaltung der Kostenrechnung . . ., 1956; *Virkkunen, Henrik*, Das Rechnungswesen . . ., S. 49 ff.; *Layer, Manfred*, Die Kostenrechnung als Informationsinstrument der Unternehmensleitung, in: Neuere Entwicklungen in der Kostenrechnung (I) (Schriften zur Unternehmensführung, hrsg. von *H. Jacob*, Bd. 21, 1976, S. 97–138).

11 Siehe hierzu: *Faßbender, Wolfgang*, Betriebsindividuelle Kostenerfassung und Kostenauswertung, 1964, S. 21 f. und *Hummel, Siegfried*, Wirklichkeitsnahe Kostenerfassung, 1970, S. 52.

12 Siehe *Goetz, Billy E.*, Management Planning . . ., 1949, S. 137.

13 Nach *Hummel, Siegfried*, Wirklichkeitsnahe Kostenerfassung . . ., S. 52 f.

So ist es nicht erstaunlich, daß man in der Literatur das Schlagwort „Grundrechnung" zwar vielfach aufgegriffen hat – wenn auch nicht immer im Sinne des Urhebers –, aber nur vereinzelt darangegangen ist, die theoretischen Grundsatzfragen und die organisatorisch-technischen Gestaltungsmöglichkeiten durchzudenken und praktisch zu erproben. In der Praxis neigt man wohl mehr dazu, von einer auf einen Hauptzweck ausgerichteten Rechnung ausgehend die laufende systematische Periodenrechnung allmählich in Richtung auf eine universeller auswertbare Grundrechnung zu entwickeln. Diesem Ziel dienen die Trennung von Mengengerüst und Wertkomponente, die Auflösung der Kosten nach ihrem Verhalten gegenüber Ausbringungsänderungen (Beschäftigungsschwankungen) und anderen Einflußgrößen, das Aufschieben der Gemeinkostenschlüsselungen auf eine möglichst späte Rechnungsstufe und die Durchrechnung der primären Kostenarten bis auf die Kostenträger („Primärkostenrechnung")[14]. Von der Realisierung einer Tendenz zur Grundrechnung („Quasi-Grundrechnung") kann freilich nur solange die Rede sein als noch keine Schlüsselung echter Gemeinkosten vorgenommen worden ist, denn diese ist nur für bestimmte Zwecke vertretbar. 788

Bei unseren folgenden Erörterungen wollen wir uns – vom ideengeschichtlichen Hintergrund ausgehend – zunächst mit Gegenstand und Teilgebieten der Grundrechnung aus heutiger Sicht befassen und aus der Zielsetzung die Haupterfordernisse ableiten.

2. Das Konzept einer durch Zweckrechnungen ergänzten Grundrechnung

2.1 *Zur Ideengeschichte*

Soweit ich sehe, klingt der Gedanke einer durch Zweckrechnungen ergänzten Grundrechnung zuerst bei *John Maurice Clark* an, der im Resümee seiner Fallstudien zur Frage der relevanten Kosten schreibt: "Now, while accounting cannot be expected to report 'alternative costs' in a finished state, cost accounting should furnish the raw materials from which the manager can make these comparisons. And this means, for one thing, that interest should be included in the raw data gathered by the cost accountants and should be used in various sorts of special studies of costs, whether it is regularly including the officially reported costs or not."[15]

Ansätze zu einer Konkretisierung solcher Wunschvorstellungen werden – soweit ich sehe – erst nach dem Zweiten Weltkrieg fast gleichzeitig in Deutschland und USA formuliert.

Der Begriff „Grundrechnung" geht auf *Schmalenbach* zurück, der den Gedanken einer durch zweckgerichtete Sonderrechnungen ergänzten, universell auswertbaren „Grundrechnung" der Kosten im deutschen Sprachraum zuerst vorgetragen hat.[16/17]

Schmalenbach kennzeichnet 1956 die Grundrechnung als den „systematischen Teil der Kostenrechnung" (S. 267) als „Rechnung der laufenden Aufschreibungen" (S. 268) und

14 Vgl. hierzu *Schubert, Werner*, Kostenträger als „primäre" Kostenartenrechnung? , in: BFuP 1965, S. 358–371; *ders.*, Das Rechnen mit stückbezogenen primären Kostenarten als Entscheidungshilfe, in: Das Rechnungswesen als Instrument der Unternehmensführung, hrsg. von *W. Busse von Colbe*, 1969, S. 57–74; *Ebbeken, Klaus*, Primärkostenrechnung, 1973.

15 *Clark, John Maurice*, Studies . . ., S. 202.

16 *Schmalenbach, Eugen*, Pretiale Wirtschaftslenkung, Bd. 2, S. 66–68.

17 *Schmalenbach, Eugen*, Kostenrechnung und Preispolitik, 6. Aufl. 1956, S. 267–270, 280, 422–430.

789 als eine „Art Bereitschaftsrechnung für die sich anschließenden Sonderrechnungen" (S. 428).[17] Schon 1948 schreibt er: „Die Grundrechnung selbst braucht theoretisch gesehen für keinen Zweck unmittelbar anwendbar zu sein. Sie ist dann nur Grundrechnung und weiter nichts. Aber sie muß dafür in besonderem Grade fähig sein, für alle möglichen Zwecke verwendbar zu sein. Ganz besonders muß man die in der Grundrechnung verwendeten Wertansätze in Zweckrechnungen ohne große Mühe umrechnen können" (1948, S. 66, ähnlich 1956, S. 268).

Wenn auch die theoretische Fundierung und die praktische Ausgestaltung weitgehend offengeblieben sind, so gibt *Schmalenbach* doch immerhin einige Empfehlungen[17], die freilich nicht immer eindeutig und widerspruchsfrei sind. „Man läßt die Grundrechnung als reine Ausgabenrechnung bestehen, ersetzt allerdings die Anschaffungspreise durch ihnen angenäherte feste Verrechnungspreise, entwickelt außerdem die Grundrechnung in der Richtung des Deckungsverfahrens und überläßt alles weitere den Sonderrechnungen" (1956, S. 280). Er wendet sich vor allem gegen eine Schlüsselung der Gemeinkosten in der Grundrechnung (1956, S. 422, 424 und 428 f.) und fordert: „Die Grundrechnung hat Kosten bereitzustellen, aber die Kosten nicht schon in bestimmter Weise zu verrechnen. Das soll den Sonderrechnungen überlassen bleiben" (S. 422). Auch sollen den Kostenstellen nur die Posten belastet werden, „auf die die Leitung der Kostenstelle weitgehend Einfluß hat" (1956, S. 424). Mit dieser Forderung steht freilich die zuvor gegebene Empfehlung im Widerspruch, daß die Kosten der Unterhaltungs- und Reparaturwerkstätten „nicht mehr schlüsselmäßig, sondern nach wirklicher Beanspruchung der . . . Reparaturabteilungen auf die beanspruchenden Betriebe aufgeteilt" werden (1956, S. 424), doch kann man aus der Formulierung, daß die Reparaturabteilungen dabei „nur einfach ihre unmittelbaren Kosten abrechnen" (1956, S. 424) schließen, daß *Schmalenbach* hierbei nicht nur an die Einzelkosten der innerbetrieblichen Aufträge denkt, sondern auch an anteilige „fixe" Stelleneinzelkosten, die in seinem Beispiel in Form eines festen Zuschlags auf die Reparaturlöhne (1956, S. 425) verrechnet werden. Demgegenüber plädiert *Schmalenbach* ganz eindeutig dafür, „die Halbfabrikate . . . ohne Gemeinkostenanteil" anzusetzen (1956, S. 429).

Schließlich fordert *Schmalenbach* eine eingeschränkte Verdichtung der Uraufschreibung: „Die Grundrechnung muß die Kosten und Leistungen in einer Detaillierung liefern, daß sich die nötigen Sonderrechnungen mühelos anschließen lassen. Es dürfen nicht Kostenarten zusammengezogen sein, die man zum Zwecke der Sonderrechnung im einzelnen haben muß" (1956, S. 269); bei den proportionalen Kosten empfiehlt er sogar eine Aufgliederung nach Materialsorten (S. 377).

Infolge der ungünstigen Literaturversorgung in der Nachkriegszeit haben wir erst mit erheblicher Verspätung – über *Virkkunen*[18] – von ähnlichen Überlegungen des Amerikaners *Billy E. Goetz* erfahren, die 1949 veröffentlicht wurden.[19]

Ausgehend von einer Untersuchung der finanziellen Auswirkungen ("exchange cost", "pecuniary cost") der Operationselemente unternehmerischer Planungen und Kontrollen kommt *Goetz* zu dem Ergebnis, daß der mit den Zwecken der Unternehmensführung und den Situationen wechselnde Ansatz relevanter Größen nicht durch die traditionelle Kostenrechnung gewonnen werden könne, die zudem übermäßig arbeitsaufwendig, inadäquat und irreführend sei. Er fordert eine völlige Neustrukturierung der Kostenrechnung (S. 139) im Sinne einer vielfältig auswertbaren "Basic Classification" (S. 35) der Kostenelemente und formuliert "General Rules for Initial Recording of Cost Data" (S. 137–139), die

18 *Virkkunen, Henrik*, Das Rechnungswesen . . ., 1956.
19 *Goetz, Billy E.*, Management Planning and Control, 1949, insbes. Kapitel 6 und 7.

als allgemeine Gestaltungsregeln für die Grundrechnung (''Basic Record'') interpretiert werden können[20] (s. unseren zweiten Aufsatz, Abschn. 1.1). In seinem 7. Kapitel ''Basic Pecuniary Record'' (S. 145–164) wird deutlich, daß *Goetz* dabei primär oder sogar ausschließlich an eine vergangenheitsbezogene, kaum aggregierte Zusammenstellung der Entgelte, Geld- und Leistungsströme gegenüber der Umwelt denkt, die zugleich Grundlage der für externe Adressaten bestimmten Jahresabschlüsse und sonstigen Berichte sein könne. Soweit ich es zu übersehen vermag, sind diese Vorschläge kaum aufgenommen und weiterentwickelt worden, wenn auch der Gedanke einer durch Sonderrechnungen ergänzten zweckneutralen Grundrechnung in der Folgezeit noch des öfteren in der amerikanischen Literatur auftaucht, ohne jedoch über die Formulierung der bloßen Wünschbarkeit wesentlich hinauszuführen.[21]

Im Rahmen unserer Bemühungen um die Entwicklung des Rechnens mit relativen Einzelkosten und Deckungsbeiträgen tauchte um 1955/56 in einer Seminardiskussion der Gedanke auf, *Schmalenbachs* Idee einer Grundrechnung mit dem Konzept der relativen Einzelkostenrechnung zu verknüpfen. Ausgangspunkt waren eigene Untersuchungen zu der Frage, welche Konsequenzen aus der These von der Zweckbedingtheit der Kostenrechnung für ihre Gestaltungsmöglichkeiten abzuleiten sind, wobei wir uns auf die Anforderungen der Betriebskontrolle und Betriebsdisposition, zu der nach unserer Auffassung auch Preisstellung und finanzwirtschaftliche Dispositionen gehören, konzentrierten.[22]

Diese Untersuchungen haben zu folgenden Ergebnissen geführt:

1. Die grundsätzlichen Anforderungen der Zweckgruppen Betriebskontrolle und Betriebsdisposition an die Gliederung des Kostenstoffes stimmen weitgehend überein;
2. gewisse Unterschiede schließen die Verwendung der Kostenelemente für beide Zweckgruppen nicht aus, wenn
   a) Mengengerüst und Preis – soweit möglich – gesondert ausgewiesen werden,
   b) die Kosten nach ihrem Verhalten gegenüber den Haupteinflußfaktoren (also nicht nur gegenüber Beschäftigungsschwankungen) gegliedert werden,
   c) alle Kosten als Einzelkosten erfaßt und ausgewiesen werden,
   d) auf die Schlüsselung von Gemeinkosten verzichtet wird.
3. Eine Differenzierung der Kosten nach ihrem Ausgabencharakter ermöglicht die Berücksichtigung finanzwirtschaftlicher Aspekte und die Auswertung für finanzwirtschaftliche Zwecke.[23]

Damit war die sachökonomische Basis gegeben, um *Schmalenbachs* Idee einer Grundrechnung in das Konzept der relativen Einzelkosten- und Deckungsbeitragsrechnung einzubauen. Dabei wurde von Anfang an auf eine kombinierte Kostenarten-, Kostenstellen- und Kostenträgerrechnung in statistisch-tabellarischer Form abgestellt – die Kontenform er-

20 So *Hummel, Siegfried*, Wirklichkeitsnahe Kostenerfassung, S. 55.

21 *Hummel* (S. 55) zitiert in diesem Zusammenhang folgende Quellen: *Taggart, Herbert F.*, Cost Accounting versus Cost Bookkeeping, in: Acc. Rev., Vol. 26 (1951), S. 141–151; *Dean, Joel*, Managerial Economics, 1951, Ninth Printing 1959, S. 27 f.; *Culliton, James W.*, How Many Sets of Books? , in: Business Horizons, Vol. 5, No. 1, Spring 1962, S. 22–24; *Schrader, William J.*, An Inductive Approach to Accounting Theory, in: Acc. Rev., Vol. 37, 1962, S. 645–649, hier S. 646; *Backer, Norton*, Accounting Theory, Objectives and Measurements, in: J. of Acc., Vol. 16, No. 4, Oct. 1963, S. 57–63, bes. S. 59.

22 Vgl. *Riebel, Paul*, Die Gestaltung der Kostenrechnung . . ., 1956. Dieser Aufsatz geht auf einen Vortrag im Jahre 1955 zurück und enthält schon wesentliche Ansätze zum Rechnen mit relativen Einzelkosten.

23 Siehe hierzu auch die Untersuchung meines ehemaligen Mitarbeiters *Heine, Peter*, Die Einflußfaktoren auf die leistungswirtschaftlichen Ausgaben und Einnahmen. Ein Beitrag zur Finanzplanung industrieller Unternehmungen. Diss. Mannheim 1966, sowie neuerdings *Niebling, Helmut*, Kurzfristige Finanzrechnung auf der Grundlage von Kosten- und Erlösmodellen, 1973.

791 schien uns zu unbeweglich –, wobei die Kostenarten nach „Kostenkategorien" gruppiert und differenziert wurden[24].

Die Erfahrungen bei der praktischen Anwendung haben zu einer Verfeinerung der Kategorienbildung – unter Einbeziehung zusätzlicher Kriterien und stärkerer Berücksichtigung betriebsindividueller Gegebenheiten – geführt. Ab 1966 haben wir die zunächst auf Sonderrechnungen beschränkte genauere Berücksichtigung der Bindungsdauer[25] und der Zahlungsrhythmen auf die Bildung von Kostenkategorien für die Grundrechnung auf die Bereitschaftskosten zu übertragen begonnen.[26] Beobachtungen über Fehlentscheidungen infolge mangelnder Beachtung der Bindungsdauer in der Rezession 1966/67 haben unsere Überzeugung über die Zweckmäßigkeit dieses Vorgehens bestärkt.

Die positiven Ergebnisse der praktischen Erprobung haben später dazu geführt, das bei uns in Anlehnung an *Schmalenbach* zunächst auf die Kosten beschränkte Konzept der Grundrechnung auch auf die Erlösrechnung – dieses klingt auch schon bei *Goetz* an – sowie auf die Rechnung der Nutzungspotentiale anzuwenden.[27]

2.2 Teilgebiete der Grundrechnung – heute

Fassen wir die Ergebnisse des ideengeschichtlichen Rückblicks zusammen, dann zeigt es sich, daß sowohl Geldgrößen als auch Mengengrößen Gegenstand einer zweckneutralen Grundrechnung sein können. Spezifizieren wir den Sachinhalt der Rechnung noch weiter, können wir heute folgende Teilgebiete der Grundrechnung unterscheiden (siehe *Abb. 1*):

1. Dem Basic-Pecuniary-Record-Konzept von *Goetz* entsprechend umfaßt das erste Teilgebiet die Grundrechnung der *Auszahlungen und Ausgaben* einerseits und der *Einzahlungen und Einnahmen* andererseits. Dabei betreffen die Einzahlungen und Auszahlungen die

24 Siehe hierzu schon *Riebel, Paul,* Das Rechnen mit Einzelkosten und Deckungsbeiträgen, in: ZfhF 1959, S. 213–238, hier S. 214, 218, 223, und von den späteren Veröffentlichungen insbes.: Der Aufbau der Grundrechnung im System des Rechnens mit relativen Einzelkosten und Deckungsbeiträgen, in: Aufwand und Ertrag, Zeitschr. für Buchhaltungsfachleute, 1964, S. 84–87; Durchführung und Auswertung der Grundrechnung im System des Rechnens mit relativen Einzelkosten und Deckungsbeiträgen, ebda., S. 117–120 und 142–146 sowie die Nachdrucke in diesem Band, S. 35–59, 149–157 und 158–175.

25 Siehe hierzu schon die Überlegungen zum Problem der „spezifischen Kontrollperioden" in: *Riebel, Paul,* Die Gestaltung der Kostenrechnung ..., 1956, S. 285 sowie zur Zurechenbarkeit auf Zeitabschnitte, in: Das Rechnen mit Einzelkosten und Deckungsbeiträgen, 1959, S. 217 (s. a. die Nachdrucke in diesem Band, S. 17 f., 38).

26 Siehe hierzu: *Riebel, Paul,* Kurzfristige unternehmerische Entscheidungen im Erzeugungsbereich auf Grundlage des Rechnens mit relativen Einzelkosten und Deckungsbeiträgen, in: Neue Betriebswirtschaft, 1967, H. 8, S. 1–23, hier S. 10–12 (s. a. den Nachdruck in diesem Band, S. 287 und 289, 290) sowie: *Layer, Manfred,* Möglichkeiten und Grenzen ..., 1967, S. 189–205 und *Riebel, Paul,* Die Bereitschaftskosten in der entscheidungsorientierten Unternehmensrechnung, in: ZfbF 1970, S. 372–386 (s. a. den Nachdruck in diesem Band, S. 81–97) und *Riebel, Paul,* Deckungsbeitragsrechnung, in: Handwörterbuch d. Rechnungswesens (HWR), hrsg. von *Erich Kosiol,* 1970, Sp. 383–400, hier Sp. 386 f. und 394–396; darauf fußend *Schott, Kornelius,* Deckungsbeitragsrechnung in der Spedition, 1. Aufl. 1971, 2. Aufl. 1975, S. 75–84.

27 Siehe hierzu *Riebel, Paul,* Deckungsbeitragsrechnung, in: HWR, hier Sp. 393 f.; *ders.,* Deckungsbeitrag und Deckungsbeitragsrechnung, in: Handwörterbuch der Betriebswirtschaft (HWB), 4. Aufl., hrsg. von *E. Grochla* und *W. Wittmann,* 1974 f., Bd. I, Sp. 1137–1155, hier Sp. 1148 f. (s. a. den Nachdruck in diesem Band, S. 386–398).
Beispiele für die praktische Durchführung einer Grundrechnung der Erlöse siehe in den Veröffentlichungen meiner ehemaligen Mitarbeiter: *Heine, Bernd,* Grundfragen der Deckungsbeitragsrechnung in der Binnenschiffahrt, 1972, S. 30–75; *Scheller, Christian,* Deckungsbeitragsrechnung im Hotel, in: Restaurant- und Hotelmanagement, Jg. 1975, H. 10 ff. und Jg. 1976, H. 1 ff., hier H. 1/76, S. 23–25, H. 2/76, S. 28 f.

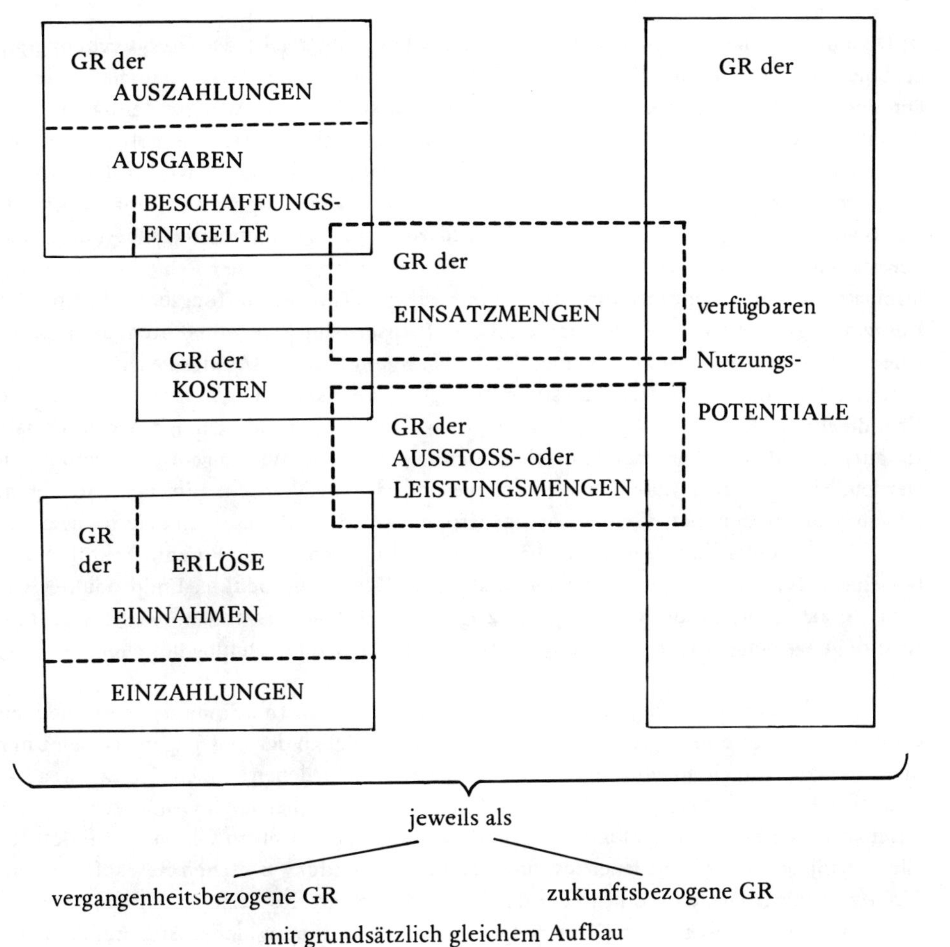

Abb. 1: Teilgebiete der Grundrechnung (GR)

Zuflüsse und Abflüsse an Zahlungsmitteln, während die Begriffe Einnahmen und Ausgaben auch Kreditvorgänge, also die Veränderungen von Forderungen und Schulden einschließen.[28] Innerhalb der Einnahmen und Ausgaben kommt den Erlösen und den Beschaffungsentgelten[29], wie wir das Pendant zu den Erlösen bezeichnen, eine besondere Bedeutung zu, weshalb wir die Grundrechnung der *Beschaffungsentgelte* und die Grundrechnung der *Erlöse* (Absatzentgelte) als einen in die Grundrechnung der Einnahmen und Einzahlungen bzw. der Ausgaben und Auszahlungen eingelagerten Sonderbereich ansehen.

28 Die Abgrenzung der Einzahlungen und Auszahlungen von den Einnahmen und Ausgaben geht zurück auf *Schneider, Erich*, Industrielles Rechnungswesen. Grundlagen und Grundfragen. 2. völlig neu bearbeitete Auflage, 1954, S. 4 (5. Aufl. 1969); entsprechend werden diese Begriffe auch gebraucht von *Lücke, Wolfgang*, Finanzplanung und Finanzkontrolle, 1962, und *Weber, Helmut Kurt*, Betriebswirtschaftliches Rechnungswesen, 1. Aufl. 1974, 2. Aufl. 1978.

29 Dem entspricht das Begriffspaar Erlöse – Beschaffungswerte bei *Kilger, Wolfgang*, Einführung in die Kostenrechnung, 2. durchges. Aufl. 1980, S. 7; weil es sich um gezahlte oder zu zahlendende Beträge handelt und nicht nur um subjektive Wertansätze, bevorzugen wir den Ausdruck „Entgelte".

793 2. Dem stehen die auf *Mengengrößen* abstellenden Teilbereiche der Grundrechnung gegenüber. Dazu gehört der überwiegende Teil der Grundrechnung *der Potentiale*[30], die außer den im Betrieb vorhandenen Kapazitäten und sonstigen Nutzungspotentialen (z. B. Arbeitskräften) auch die bei den Lieferanten befindlichen Potentiale umfaßt, soweit sie der Disposition des betrachteten Betriebes unterliegen, wie abrufbare Werkstoffbestände, reservierte Fertigungskapazitäten beim Lieferanten. (In einem gewissen Umfang enthält die Grundrechnung der Potentiale auch Geldgrößen, z. B. Zahlungsmittelbestände und eingeräumte Kreditlinien).
Dazu kommt die Grundrechnung der *Zugangsmengen* (im Beschaffungsbereich) und der *Einsatzmengen* (einschließlich der zeitlichen Inanspruchnahme von Potentialfaktoren) einerseits sowie die Grundrechnung der *Ausbringungs-* und *Abgangsmengen* oder der produzierten und abgesetzten Leistungsmengen andererseits. Organisatorisch kann die Grundrechnung dieser Bewegungsmengen sowohl mit der Grundrechnung der Potentiale als auch mit den entsprechenden Geldgrößen – als deren „Mengengerüst" – verbunden werden. Sie muß also äußerlich nicht als gesondertes Teilgebiet in Erscheinung treten. Soweit freilich den betreffenden Mengengrößen keine Geldgrößen eindeutig zugerechnet werden können[31], wie meistens bei der Inanspruchnahme von Potentialfaktoren und bei einem Teil der innerbetrieblichen Leistungen, Zwischenprodukte, Endprodukte (vor dem Verkauf), bleibt die Rechnung der Zugangs- und Abgangsmengen, der Einsatz- und Ausbringungsmengen als eigenständiger Teilbereich der Grundrechnung bestehen.

3. Auf eine Grundrechnung der *Kosten* und der *Leistungen* (im Sinne des entstandenen Güterwerts) könnte man grundsätzlich verzichten. Bezüglich der Leistungen erscheint mir dieser Verzicht auch angebracht, wenn man nach verschiedenen Phasen der Erlösrealisation differenziert[32]. Dagegen halte ich es für angebracht, neben einer Grundrechnung der Beschaffungsentgelte eine gesonderte Grundrechnung der Kosten zu führen, zumindest für alle diejenigen Güter, bei denen es zu einer Bestandsbildung zwischen Beschaffung und Einsatz kommt. Die Grundrechnung der Beschaffungsentgelte bezieht sich dann auf die Ausgaben für die beschafften Gütermengen, die Grundrechnung der Kosten auf die äquivalenten Entgelte der eingesetzten Gütermengen, soweit diesen – wie schon erwähnt – die Entgelte eindeutig zugerechnet werden können.
Anlaß für die unterschiedliche Behandlung der Kosten und der Leistungen ist die Tatsache, daß die Beschaffungsentgelte auch dann Kosten werden, wenn die Leistung mißlingt oder gar nicht erst entsteht (etwa beim Leerlauf eines Generators, wenn kein Strom abgenommen wird, bei der Vorführung eines Films, wenn (noch) keine Kinobesucher anwesend sind), während technisch entstandene Leistungsgüter, für die sich kein Absatzmarkt findet, bloße Mengengrößen bleiben und keinen Wert gewinnen, der zu einem Erlös führt. Im Gegensatz zu den Kosten sind daher die Werte (noch) nicht abgesetzter Leistungen fik-

30 Siehe *Riebel, Paul*, Deckungsbeitragsrechnung, in: HWR . . ., hier Sp. 393 f.; *ders.*, Deckungsbeitrag und Deckungsbeitragsrechnung, in: HWB . . ., hier Sp. 1148 f. (s. a. den Nachdruck in diesem Band, S. 395).

31 Das gilt vor allem bei nichtproportionalen Entgelten und immer dann, wenn die Quantengröße der Einsatzseite und die der Ausbringungsseite bei den einzelnen aufeinanderfolgenden Phasen des Betriebsprozesses nicht übereinstimmen. Siehe hierzu *Riebel, Paul*, Überlegungen zur Formulierung eines entscheidungsorientierten Kostenbegriffs, in: Quantitative Ansätze in der Betriebswirtschaftslehre, hrsg. von *Heiner Müller-Merbach*, 1978, S. 127–146. (S. a. den Nachdruck in diesem Band, S. 409–429).

32 Siehe hierzu *Riebel, Paul*, Ertragsbildung und Ertragsverbundenheit im Spiegel der Zurechenbarkeit von Erlösen, in: Beiträge zur betriebswirtschaftlichen Ertragslehre, Erich Schäfer zum 70. Geburtstag, hrsg. von *Paul Riebel*, 1971, S. 147–200, hier S. 155–161, sowie den Nachdruck in diesem Band, S. 98–148, hier S. 104–110.

tive Größen, die nicht in eine zweckneutrale Grundrechnung gehören, vor allem nicht in eine vergangenheitsbezogene. (Das schließt selbstverständlich nicht aus, die erwarteten Erlöse der noch nicht abgesetzten Leistungen in die zukunftsbezogene Grundrechnung als „erwartete Erlöse aus noch nicht abgesetzten fertigen bzw. teilfertigen Leistungen" einzusetzen). Deshalb wird in dem Übersichtsschema (*Abb. 1*) zwar eine Grundrechnung der Kosten ausgewiesen, während eine Grundrechnung der Leistungen nicht erscheint.
Die Grundrechnung der Einsatzmengen wird in der Praxis meist in die Grundrechnung der Kosten, als deren Mengengerüst, eingebaut. Sie kann aber auch – wie bereits erwähnt – als selbständige Grundrechnung der Einsatzmengen geführt werden. Entsprechendes gilt für die Absatzmengen. Demgegenüber erhalten die Ausbringungsmengen der noch nicht abgesetzten Leistungen eine eigenständige Bedeutung, eben weil es keine Grundrechnung der wertmäßigen Leistungen, soweit sie keine Erlöse sind, gibt. In der Praxis wird nicht selten die Grundrechnung der absatzbedingten Leistungskosten mit der Grundrechnung der Erlöse organisatorisch zusammengefaßt, weil durchweg dieselben Bezugsobjekte betroffen sind.
Schmalenbach und *Goetz* haben die Grundrechnung, wie schon angedeutet, ganz offensichtlich nur als vergangenheitsbezogene Kosten- bzw. Finanzrechnung konzipiert. Die Idee der Grundrechnung kann aber ebensogut bei zukunftsbezogenen Rechnungen verwirklicht werden; zwar ändert sich dann ein mehr oder weniger großer Teil der anzusetzenden Zahlengrößen, doch bleibt der Grundaufbau unverändert. Allerdings wird man in zukunftsbezogenen Grundrechnungen von vornherein sehr viel stärker aggregieren müssen, weil die Prognosesicherheit tendenziell umso mehr abnimmt, je feiner detailliert wird.

2.3 Rechnungsziele und Haupterfordernisse

Wie der ideengeschichtliche Überblick gezeigt hat, stimmen alle zitierten Autoren hinsichtlich der *Zielsetzung* der Grundrechnung im wesentlichen überein.
Vorrangiges Rechnungsziel ist die *Bereitstellung* solcher *informatorischer Elemente*, die erfahrungsgemäß oder mutmaßlich in Auswertungsrechnungen für die Ermittlung relevanter Geld- und Mengengrößen – zu letzteren rechnen wir auch die Zeitgrößen – häufiger benötigt oder als bedeutsam angesehen werden (*„Bereitstellungsaufgabe"*). Bei den Auswertungsrechnungen kann es sich sowohl um fallweise Sonderrechnungen für individuelle Situationen und Fragestellungen als auch um laufend-systematisch organisierte Zweck(gruppen)rechnungen handeln, die objekt- bzw. projektbezogen und/oder zeitablaufbezogen oder auch periodenbezogen sein können. Relevante Kosten und andere relevante Rechengrößen lassen sich grundsätzlich nur fallweise, für ganz bestimmte Fragestellungen und Situationen ermitteln. Infolge der anzustrebenden Zweckneutralität kann daher die Grundrechnung grundsätzlich keine relevanten Mengen- und Geldgrößen bereitstellen. Insoweit handelt es sich bei den von der Grundrechnung bereitzustellenden Informationsbausteinen lediglich um Elemente potentiell relevanter Geld- und Mengengrößen.
Soweit die Grundrechnung vergangenheitsbezogen ist, kommt ihr in diesem Zusammenhang auch eine *„laufende Registrierungsaufgabe"*[33] zu, die als eine Vorstufe der Bereitstellungsaufgabe angesehen werden kann. Diese verlangt nämlich darüber hinaus die Klassifizierung und Sammlung sowie eine Verdichtung homogener Informationselemente und mündet damit in ein drittes Rechnungsziel: die Lieferung klarer und unverfälschter Übersichten über die tatsächlich angefallenen – bei zukunftsgerichteten Grundrechnungen: zu erwartenden – Mengen- und Geldgrößen. Diese „Darstellungsaufgabe" kann man

33 Siehe insbes. *Virkkunen, Henrik,* Das Rechnungswesen . . . , 1956, S. 39 f., 124–130.

795 als „Nebenprodukt" ansehen, das geradezu zwangsläufig beim Verfolgen des erstgenannten als vorrangig anzusehenden Rechnungsziels anfällt.

Bei der *„Darstellungsaufgabe"* geht es einerseits – in Verbindung mit der Bereitstellung elementarer Informationsbausteine – um „uraufschreibungsnahe", nur homogene Elemente aggregierende Zusammenstellungen, die eine außerordentlich große Zahl von Informationselementen hohen Detaillierungsgrades enthalten und dementsprechend wenig übersichtlich sind, wenn sie größere Bereiche umfassen. Daher sollten andererseits über die elementaren Informationsbausteine hinaus auch „informatorische Zwischenprodukte" oder „Halbfabrikate" in Form zusammengesetzter Informationsbausteine und -baugruppen bereitgestellt werden, die die Erstellung der Auswertungsrechnungen vereinfachen, beschleunigen und verbilligen.[34]

Die Grundrechnung sollte also durch Klassifizieren und Verdichten zusammengehöriger Informationselemente auch zu „Baugruppen" führen, deren „Weiterverarbeitung" im Rahmen von Sonder- und Zweckrechnungen mit der Verwendung vorgefertigter Bauteile und Baugruppen zur Herstellung von Sondermaschinen oder von Kleinserien typisierter Spezialmaschinen nach dem Baukastenprinzip vergleichbar ist. Aus der auf individuelle Bedürfnisse ausgerichteten Konstruktion ergibt sich, welche Baugruppen und Elemente überhaupt benötigt werden und wie sie im speziellen Falle zu kombinieren sind. Manche der Bauteile und Baugruppen können unverändert in die Sondermaschine eingefügt werden; andere bedürfen zuvor einer mehr oder weniger ausgeprägten Modifikation, in unserem Falle etwa durch Umbewertung, Änderung des spezifischen Mengenverbrauchs oder Verrechnung unechter Gemeinkosten. Schließlich können aber auch Elemente oder Baugruppen benötigt werden, die im Baukastensystem nicht vorrätig sind und daher individuell angefertigt werden müssen, so etwa für fallbezogene Sonderrechnungen mit Hilfe spezieller Erhebungen und Berechnungen.[35]

Aus den Hauptaufgaben der Grundrechnung lassen sich auch die *Hauptterfordernisse* für ihre Gestaltung ableiten[36]:

1. Zweckneutralität und vielfältige Verwertbarkeit
2. Hohe Abbildungstreue (Wirklichkeitsnähe und materielle „Richtigkeit").

Zweckneutralität bedeutet nach *Hummel*, „daß die Grundrechnung für eine Vielzahl auftretender Auswertungs-Fragestellungen möglichst ‚offen', d. h. universell auswertbar sein sollte. Die Grundrechnung wird dem Neutralitätsanspruch umso mehr gerecht, je geringer das Ausmaß der für die Sonderrechnungen erforderlichen Transformationsprozesse ist. Das setzt im Idealfall voraus, daß die Zahlen der Grundrechnung einerseits nicht im Hinblick auf bestimmte Auswertungszwecke beeinflußt oder gar verzerrt sind ('not conditioned by particular ends'[37]), daß sie andererseits jedoch bei Bedarf ohne Schwierigkeiten für jeden spezifischen Auswertungszweck herangezogen werden können ('relatable to any specific end'[38])".[39]

„Die Wichtigkeit dieses Anspruchs" – aber auch die Schwierigkeit seiner Erfüllung – „wird sofort offensichtlich, wenn man sich die Vielzahl möglicher Auswertungszwecke und ihre häufige Unvorhersehbarkeit vor Augen hält"[40].

34 So auch *Hummel, Siegfried*, Wirklichkeitsnahe Kostenerfassung . . ., 1970, S. 60.
35 Siehe hierzu auch *Hummel, Siegfried*, Wirklichkeitsnahe Kostenerfassung . . ., S. 60 f.
36 Nach *Hummel, Siegfried*, Wirklichkeitsnahe Kostenerfassung . . ., S. 108–113.
37 *Chambers, R. J.*, Accounting, Evaluation and Economic Behavior, 1966, S. 163.
38 *Goetz, Billy E.*, Management Planning and Control, S. 137.
39 *Hummel, Siegfried*, Wirklichkeitsnahe Kostenerfassung . . ., S. 109 f.
40 *Hummel, Siegfried*, Wirklichkeitsnahe Kostenerfassung . . ., S. 110.

Zweckneutralität bedeutet somit nach *Hummel* (S. 57) nicht eine Verleugnung der Rechnungszwecke und ihres spezifischen Bedarfs an Basisinformationen, sondern vielfältige Auswertbarkeit. Sie setzt daher eine umfassende Erforschung des Bedarfs an Informationselementen voraus, die für die als wichtig angesehenen Zwecke und Fragestellungen so bedeutsam erscheinen, daß es wirtschaftlich zu sein scheint, sie in der Grundrechnung zugriffsbereit zu halten. Der Inhalt der Grundrechnung leitet sich daher letztlich aus den Eigenarten des Unternehmens oder Betriebes – einschließlich der Beziehungen zur natürlichen und sozialen Umwelt – und den daraus im Laufe der Zeit erwachsenden Fragestellungen ab. Er ist selbst – soweit nicht von „außen" auferlegt (etwa durch Gesetzgeber, Fiskus) – Gegenstand unternehmerischer Entscheidungen, und zwar zu einem mehr oder weniger großen Teil „unter Ungewißheit". 796

Wenden wir uns nun der Forderung nach *Abbildungstreue*, Wirklichkeitsnähe und materieller „Richtigkeit" zu. Die in der Literatur oft geforderte „isomorphe Abbildung" des Betriebsgeschehens durch das Rechnungswesen ist aus modelltheoretischen Gründen unmöglich, weil eine völlig gestaltgleiche Abbildung die Schaffung eines zweiten, identischen Unternehmens bzw. Betriebes in der Realität erfordern würde.[41] Jede Abbildung zwingt daher zu Vereinfachungen und Vergröberungen, zur Vernachlässigung weniger wichtiger Details oder ganzer Dimensionen. Man kann daher mit *Hummel* nur „Wirklichkeitsnähe"[42] fordern, eine hohe Abbildungstreue, bei der die darzustellenden Sachverhalte und Beziehungen im Rechnungswesen soweit wie möglich zutreffend wiedergegeben werden. Vor allem ist das Rechnungswesen – das gilt vor allem für die vergangenheitsbezogene Grundrechnung – strikt von subjektiven Meinungen und Wertungen freizuhalten.[43]

Um die Abbildungsqualität der Grundrechnung beurteilen zu können und eine hohe Abbildungstreue zu sichern, sollte in der Grundrechnung eine etwa vorhandene Diskrepanz zwischen dem eigentlich abzubildenden Sachverhalt und den tatsächlich erfaßten oder prognostizierten Größen möglichst gering gehalten werden und – soweit dem Wirtschaftlichkeitsgesichtspunkte entgegenstehen – offengelegt werden.[44]

Hierbei geht es zunächst einmal um die *logische Diskrepanz zwischen Modellbegriff und Meßbegriff*, wie sie etwa vorliegt, wenn in der Praxis beispielsweise statt der Material*kosten* als Geldgröße der Güter*verbrauch* erfaßt wird oder andere Substitute, wie der *Lagerabgang* oder gar nur der Lager*eingang*. Zu diesem „Problem der logischen Gültigkeit" oder *„Adäquationsproblem"*, wie die Statistiker der Frankfurter Schule sagen[45], kommt nach *Hummel* noch die Beurteilung der *empirischen Gültigkeit* des zahlenmäßigen Ergebnisses, die beispielsweise durch Meßfehler, Zufallseinflüsse, aber auch bewußte Täuschungen beeinträchtigt sein kann. Durch diesen formalen Aspekt wird zwar die *Genauigkeit* – im Sinne eines intersubjektiv nachprüfbaren Grades der Annäherung an einen

41 So auch *Kloock, Josef/Sieben, Günter/Schildbach, Thomas,* Kosten- und Leistungsrechnung, S. 6.

42 Zur Interpretation der „Wirklichkeitsnähe" s. *Hummel, Siegfried*, Wirklichkeitsnahe Kostenerfassung . . ., S. 73–141.

43 So schon *Goetz, Billy, E.*, Management Planning . . ., passim, z. B. S. 137.

44 Siehe hierzu *Hummel, Siegfried*, Wirklichkeitsnahe Kostenerfassung . . ., S. 88 f.

45 Vgl. hierzu vor allem *Hartwig, Heinrich*, Naturwissenschaftliche und sozialwissenschaftliche Statistik, in: Zeitschr. f. d. gesamte Staatswissenschaft, Bd. 112 (1956), S. 252–266, hier S. 261 f.; ergänzend auch *Flaskämper, P.*, Allgemeine Statistik, Theorie, Technik und Geschichte der Sozialwissenschaftlichen Statistik, Nachdruck der 2. Aufl., 1959, S. 29–31; *Murtfeld, Martin*, Grundsätze und Methoden finanzieller Gesamtrechnungen unter Berücksichtigung der amtlichen Volkswirtschaftlichen Gesamtrechnungen für Frankreich, Norwegen und die Bundesrepublik Deutschland, Diss. Frankfurt 1963, S. 178 f.; *Blind, Adolf*, Einführung in die Wirtschaftsstatistik, in: Umrisse einer Wirtschaftsstatistik, Festgabe für Paul Flaskämper zur 80. Wiederkehr seines Geburtstages, hrsg. von *Adolf Blind*, 1966, S. 1–24, hier S. 3–6; *Menges, Günter*, Grundriß der Statistik, Teil 1: Theorie, 1968, S. 39–42 (zit. nach *Hummel*, S. 88).

797 „wahren" Wert –, nicht aber die „*Richtigkeit*" – im Sinne einer materiellen Übereinstimmung der sachökonomischen Struktur des Rechenmodells mit den konkreten Betriebsgegebenheiten - betroffen.[46] In einem Teil der Literatur wird demgegenüber auch der Aspekt der materiellen Richtigkeit unter dem Begriff der Genauigkeit subsumiert.[47]
Wie notwendig jedoch die Unterscheidung zwischen (formaler) *Genauigkeit* und (sachlicher) *Richtigkeit* ist, soll an einem einfachen mathematischen Beispiel veranschaulicht werden: Berechnet jemand mit dem Rechenschieber

$$\frac{12}{4+2} = \frac{12}{6}$$

und erhält – infolge ungeschickter Einstellung oder eines mangelhaften Gerätes – ein von $2,\overline{00}$ abweichendes Ergebnis, z. B. 1,98, dann ist seine Rechnung „ungenau", aber nicht unrichtig oder falsch. Beherrscht er dagegen die Bruchrechnung nicht und rechnet

$$\frac{12}{4+2} = \frac{12}{4} + \frac{12}{2} = 3 + 6 = 9,$$

dann ist die Rechnung unrichtig oder logisch falsch, wie genau der Zahlenwert auf dem Rechenschieber auch immer abgelesen werden mag. Wird in einem astronomischen Modell die Bewegung der Erde um die Sonne als Kreisbahn dargestellt, kann man die Abweichung von der tatsächlichen Bahngestalt für manche Zwecke noch als Ungenauigkeit interpretieren; bewegt sich dabei jedoch die Sonne um die Erde, dann ist dieses Modell insoweit nicht ungenau, sondern schlechthin unrichtig oder falsch.
In diesem Sinne ist die Schlüsselung unechter Gemeinkosten lediglich ein Genauigkeitsproblem, weil der „wahre" Werte in der Regel durch direkte Erfassung ermittelt werden kann. Durch die Schlüsselung echter Gemeinkosten dagegen, beispielsweise der Kosten des gemeinsamen Rohstoffeinsatzes auf die einzelnen Kuppelprodukte eines Spaltprozesses, wird die konkrete Betriebsstruktur durch das Rechenmodell falsch abgebildet, nämlich so als könnte die Erzeugung der einzelnen Produkte unabhängig voneinander disponiert werden und als wären die anteiligen Stoffverbräuche bzw. Kosten produktspezifisch und voneinander unabhängig. Es ist in diesem Falle sinnlos, über die „Genauigkeit" des einen oder anderen Aufteilungsschlüssels bzw. -verfahrens streiten zu wollen. Aus diesen sachökonomischen Gründen sind auch alle Bemühungen um einen „optimalen Verteilungsschlüssel"[48] in bezug auf echte Gemeinkosten von vornherein zum Scheitern verurteilt.
Ob das *Adäquationsproblem* (*Hummel*, S. 88 f.) nur die Genauigkeit betrifft oder auch die Richtigkeit der Rechnung infrage stellt, dürfte sowohl von Art und Ausmaß der logischen Diskrepanz zwischen Modellbegriff und Meßbegriff als auch von der Art der Fragestellung abhängen; diese Frage läßt sich daher wohl nur fallweise beantworten. Insoweit gibt es gewissermaßen „Grauzonen" zwischen den Aspekten der Genauigkeit und der Richtigkeit. Dazu gehört das erwähnte astronomische Modell und in der Kostenrechnung

46 Zur Unterscheidung zwischen Genauigkeit und Richtigkeit siehe *Riebel, Paul*, Richtigkeit, Genauigkeit und Wirtschaftlichkeit als Grenzen der Kostenrechnung, in: Neue Betriebswirtschaft, 1959, S. 41–45 (s. a. Nachdruck in diesem Band, S. 23–24); *Betriebswirtschaftlicher Ausschuß des Verbandes der Chemischen Industrie e.V.* (Hrsg.), Kostenrechnung in der chemischen Industrie, 1. Aufl., 1962, S. 55–57; *Becker, Hans-Dietrich*, Die Anforderungen der Preispolitik an die Gestaltung der Kostenrechnung, Diss. Frankfurt 1962, S. 117–120; *Hummel, Siegfried*, Wirklichkeitsnahe Kostenerfassung . . ., S. 90–92.

47 So etwa von *Meffert, Heribert*, Betriebswirtschaftliche Kosteninformationen, 1968, S. 74–78, und *ders.*, Kostenrechnung und Kostenrechnungssysteme, in: Handwörterbuch der Wirtschaftswissenschaft (HdWW), hrsg. von *W. Albers* u. a., 1977, 11./12. Lieferung, S. 573–596, hier S. 575.

48 Siehe hierzu *Koch, Helmut*, Die Gemeinkostenrechnung als Gegenstand unternehmerischer Entscheidungen, in: ZfbF 1978, S. 366–399.

etwa die Frage, ob es toleriert werden kann, einen treppenförmigen oder progressiven Anstieg der Periodenkosten in Abhängigkeit von der Ausbringung näherungsweise als linearen Anstieg abzubilden. 798

Abbildungstreue und Wirklichkeitsnähe sind – wie schon angedeutet – auch als *Freihalten von subjektiven Meinungen und Wertungen*[49] oder als Objektivität im Sinne intersubjektiver Nachprüfbarkeit zu interpretieren.[50] Mit dem Identitätsprinzip[51], nach dem nur Größen und Größenveränderungen eines identischen dispositiven Ursprungs einander gegenübergestellt werden dürfen, glauben wir ein eindeutiges Kriterium für die Zuordnung von Geld- und Mengengrößen auf Bezugsobjekte gefunden zu haben. Allerdings lassen sich in der Grundrechnung nur relativ einfache elementare Zuordnungen abbilden. Um komplexere Dispositionsverkettungen offenzulegen, müssen problemadäquate komplexe Modelle konstruiert werden, in die die Informationsbausteine der Grundrechnung unmittelbar oder nach Modifikation und Ergänzung eingehen.

Die Abbildungstreue oder „Richtigkeit" kann nur in bezug auf die als wesentlich angesehenen Merkmale und Tatbestände gefordert werden. Welche Merkmale der Mengen- und Geldgrößen „wesentlich" sind, hängt letztlich von den Rechnungszwecken – genauer: von den Situationen und den spezifischen Fragestellungen – ab.

Dabei kann es sich – wie schon erwähnt – nicht um relevante Kosten schlechthin handeln, die sich ex definitione nur für eine jeweils bestimmte Situation und Fragestellung ermitteln und damit nur in Zweck- und Sonderrechnungen ausweisen lassen. Gegenstand der Grundrechnung können nur potentiell relevante Mengen- und Geldgrößen sein.

Die Notwendigkeit, entscheiden zu müssen, welche Informationen in der Grundrechnung als „wesentlich" abzubilden sind, begrenzt auch die von *Goetz* (S. 137) erhobene Forderung, die Grundrechnung strikt von subjektiven Meinungen und Wertungen freizuhalten. Die Frage nach den abbildungswürdigen Vorgängen oder Tatbeständen, nach der Art der Differenzierungsmerkmale, dem Grade der Detaillierung bzw. Verdichtung ist allein schon deshalb in einem gewissen Umfang subjektiv, weil – wie schon angedeutet – im Zeitpunkt der Einrichtung der Grundrechnung und der Ermittlung der primären Mengen- und Geldgrößen noch gar nicht alle bei der Auswertung auftretenden Situationen und Fragestellungen bekannt sein können. Dazu kommt dann noch die Notwendigkeit, aus Wirtschaftlichkeitsgründen den Grad der Differenzierung der Grundrechnung auf die als bedeutsam angesehenen Fragestellungen zu begrenzen. Angesichts der Schwierigkeiten, den Nutzen der Informationen des Rechnungswesens zu bewerten, ist daher auch in der Vergangenheitsrechnung die Auswahl der abzubildenden Ausschnitte aus der Wirklichkeit nur mit Einschränkungen als Objektivität im Sinne einer intersubjektiven Nachprüfbarkeit zu interpretieren. Die zukunftsorientierte Grundrechnung ist ihr zudem insoweit entzogen, als ihre Erwartungsgrößen zwangsläufig eine subjektive Komponente enthalten. Dagegen sind irreversibel vordisponierte Größen auch in der zukunftsbezogenen Grundrechnung objektiv nachprüfbar.

49 *Goetz, Billy, E.*, Management Planning . . ., S. 137.

50 Zur Interpretation der Wirklichkeitsnähe als Objektivität siehe *Hummel, Siegfried*, Wirklichkeitsnahe Kostenerfassung . . ., S. 99–102.

51 *Riebel, Paul*, Kurzfristige unternehmerische Entscheidungen . . ., hier S. 9; *ders.*, Die Fragwürdigkeit des Verursachungsprinzips im Rechnungswesen, in: Rechnungswesen und Betriebswirtschaftspolitik, Festschrift für Gerhard Krüger zu seinem 65. Geburtstag, hrsg. von *M. Layer* und *H. Strebel*, 1969, S. 49–64, hier S. 60–64 (s. a. die Nachdrucke in diesem Band, S. 75–78, 286); *ders.*, Überlegungen zur Formulierung eines entscheidungsorientierten Kostenbegriffs . . ., S. 136 ff.

20. Gestaltungsprobleme einer zweckneutralen Grundrechnung*

Dieser Beitrag schließt an den Aufsatz „Zum Konzept einer zweckneutralen Grundrechnung" an (Beitrag 19, S. 430–443). Im folgenden werden zunächst allgemeine Regeln zur Gestaltung der Grundrechnung formuliert. Aus der Fülle offener Gestaltungsprobleme wollen wir dann einige, uns besonders wichtig erscheinende sachökonomische Fragen aufgreifen. Von einer Analyse der Struktur der elementaren Informationsbausteine und der bedeutsam erscheinenden Klassifikationsmerkmale ausgehend untersuchen wir solche Probleme, die sich aus der Mehrdimensionalität und Komplexität der Informationsbausteine für ihren Ausweis und die (selektive) Verdichtung komplexer Informationsbausteine, die nur in einem Teil der Dimensionen übereinstimmen, ergeben. In Verbindung damit gehen wir auch den Fragen der Disaggregation solcher Geld- und Mengengrößen nach, die aus wirtschaftlichen oder meßtechnischen Gründen von vornherein aggregiert erfaßt werden. Abschließend werden das Verhältnis von zweckneutraler Grundrechnung und zweckgerichteten Auswertungsrechnungen sowie mögliche Übergangsformen aus der Sicht der Zweckneutralität und Zweckeignung erörtert.

863

1. Allgemeine Grundlagen für die Gestaltung der Grundrechnung

1.1. Erfassungs-, Aggregations und Aufteilungsregeln

Aus den Hauptererfordernissen: Neutralität, im Sinne vielfältiger Verwertbarkeit, und Abbildungstreue[1] lassen sich einige allgemeine Grundregeln für die Gestaltung der Grundrechnung ableiten. Bei der Formulierung der ersten drei Grundregeln lehnen wir uns an die von *Goetz* entwickelten „three basic rules governing the initial recording of cost data"[2] an.

(1) In der Grundrechnung dürfen *keine heterogenen Elemente zusammengefaßt* werden, die man bei der Auswertung gesondert braucht.[3] Es dürfen also bei der primären Gliederung und Verdichtung des Zahlenstoffes nur sachökonomisch gleichartige Elemente zusammengefaßt werden.

Gegen diesen – eigentlich trivialen – Grundsatz, der nicht nur für den „Ausweis", sondern auch schon für die Erfassung gilt, wird in der Praxis häufig verstoßen (s. auch Abschnitt 4.1.). Das mag teilweise damit zusammenhängen, daß es letztlich von den Fragestellungen der Auswertung und von den Betriebsgegebenheiten abhängt, von welchen Klassifikationskriterien ausgegangen wird und welche Merkmalsausprägungen bei der

* Nachdruck aus: Zeitschrift für betriebswirtschaftliche Forschung, 31. Jg. (1979), S. 863–893. – Den Herren Dipl.-Kfm. *Lothar Singelmann* und Dipl.-Wirtsch.-Ing. *Werner Sinzig* danke ich für das Lesen der Korrekturen, Herrn *Wilfried Maurer* für die Anfertigung der Reinzeichnungen.

1 s. *Hummel, Siegfried*, Wirklichkeitsnahe Kostenerfassung . . ., S. 108–113; *Riebel, Paul*, Zum Konzept einer zweckneutralen Grundrechnung, in: ZfbF 31. Jg. 1979, S. 785–798, hier S. 795–798.

2 *Goetz, Billy E.*, Management Planning and Control . . ., S. 137 f.; s. a. *Virkkunen, Henrik*, Das Rechnungswesen . . ., S. 128 f.; *Hummel, Siegfried*, Wirklichkeitsnahe Kostenerfassung . . ., S. 134–141.

3 Ähnlich plädiert *Schmalenbach* für eine eingeschränkte Verdichtung der Uraufschreibungen: „Die Grundrechnung muß die Kosten und Leistungen in einer Detaillierung liefern, daß sich die nötigen Sonderrechnungen mühelos anschließen lassen. Es dürfen nicht Kostenarten zusammengezogen sein, die man zum Zwecke der Sonderrechnung im einzelnen haben muß". (*Schmalenbach, Eugen*, Kostenrechnung und Preispolitik, 1956, S. 269).

Frage homogen oder heterogen als betrachtenswert anzusehen sind. Die Forderungen nach Homogenität der Elemente stellt selbstverständlich nicht auf sämtliche jeweils vorhandenen Eigenschaften der Untersuchungsobjekte ab, sondern beschränkt sich auf solche Merkmale und Merkmalsausprägungen, die für die Auswertung der Grundrechnung bedeutsam erscheinen. Der Grad der Differenzierung des Zahlenmaterials, die Feinheit der Gruppenbildung müssen jedoch soweit gehen, daß sie grundsätzlich für alle bedeutenderen Rechnungszwecke ausreichen. „Grundsätzlich", weil aus Wirtschaftlichkeitsgründen gewisse Einschränkungen nicht vermeidbar sind. Auf die für die Differenzierung und die Gruppenbildung bedeutsamen Merkmale werden wir in den Abschnitten 2. und 3. näher eingehen. 864

(2) Die *homogenen Zahlengrößen* der Grundrechnung dürfen – in der Grundrechnung – *nicht willkürlich aufgeteilt* (geschlüsselt, verrechnet) werden. Die Aufteilung einer homogenen Wert- oder Mengengröße in der Grundrechnung ist nur dann zulässig, wenn sie sich als Summe der entsprechenden Teilgrößen ermitteln läßt. Diese Forderung läuft auf das für das Rechnen mit relativen Einzelkosten und Deckungsbeiträgen systemimmanente Verbot der Schlüsselung echter Gemeinkosten, Gemeinerlöse und anderer verbundener Mengen- und Geldgrößen hinaus.[4] *Goetz* vertritt hinsichtlich dieser Forderung sehr strenge Auffassungen und lehnt es beispielsweise auch ab, das Entgelt für eine Rohstoffpartie auf die einzelnen physischen Einheiten aufzuteilen.[5] Dem ist voll zuzustimmen, wenn der Umfang der Rohstoffpartie nicht beliebig dosierbar und das Entgelt nicht mengenproportional ist.[6].

(3) In der Grundrechnung sind *alle Rechengrößen* bei dem *jeweils speziellsten Klassifikationsobjekt* (Beobachtungs-, Entscheidungs-, Planungsobjekt) *zu erfassen und auszuweisen,* also bei dem „untersten" Objekt in der Hierarchie betrieblicher Bezugs- oder Klassifikationsobjekte, für die man sie gerade noch direkt disponieren, planen oder erfassen kann, und zwar ohne willkürliche Aufteilungen oder Zuordnungen vornehmen zu müssen.

Diese Grundregel ist das systembestimmende Prinzip der „Einzelkostenrechnung"[7] und gilt analog für die dazugehörigen Erlös- und Mengenrechnungen.

Ähnlich schreibt *Goetz* in bezug auf die Einnahmen- und Ausgabenelemente („income or expense items"), die unterschiedliche Abteilungen, Bearbeitungszentren oder Operationen betreffen: „These items should be assigned to the smallest operating unit not requiring arbitrary division and allocation."[8]

(4) Über die drei Grundregeln von *Goetz* hinaus läßt sich noch eine vierte allgemeine Grundregel formulieren: Die Mengen- und Geldgrößen sind bei der Uraufschreibung und bei der Ermittlung der Ausgangslemente für Prognoserechnungen durch alle diejenigen Merkmale ergänzend zu kennzeichnen, die für die Vielzahl der laufenden und fallweisen Gruppierung und Verdichtung im Rahmen der Auswertung von Bedeutung sind oder sein können.[9] Nur wenn die Merkmale „in den Uraufschreibungen festgehalten sind, kann bei

4 s. *Riebel, Paul,* Das Rechnen mit Einzelkosten und Deckungsbeiträgen ..., 1959, hier S. 36–39, und schon vorher, *ders.*, Die Gestaltung der Kostenrechnung ..., 1956, S. 12–14 und 20, sowie die Nachdrucke in diesem Band, S. 12–14, 20, 39.

5 s. z. B. *Goetz, Billy E.*, Management Planning ..., passim, z. B. S. 43 f., 116 f., 119 f., 124 f., 148.

6 s. zur Zurechenbarkeit von Entgelten *Riebel, Paul,* Ertragsbildung und Ertragsverbundenheit ...., S. 147–200, hier S. 162 ff. (s. a. den Nachdruck in diesem Band, S. 110 ff.)

7 s. *Riebel, Paul,* Das Rechnen mit Einzelkosten und Deckungsbeiträgen, S. 218, sowie schon *ders.*, Die Gestaltung der Kostenrechnung ..., S. 12–14, und alle späteren Veröffentlichungen zu diesem Konzept.

8 *Goetz, Billy E.*, Management Planning ..., S. 138.

9 Nach *Hummel, Siegfried*, Wirklichkeitsnahe Kostenerfassung ..., S. 119.

865 Bedarf jederzeit auf sie zurückgegriffen werden, um zur Beantwortung spezieller Fragestellungen flexible Kostengruppierungen vorzunehmen, die aus Wirtschaftlichkeitsgründen nicht ständig innerhalb des routinemäßigen Verdichtungsprozesses der Uraufschreibungen zur Grundrechnung erstellt werden."[9] Damit ist nicht nur die Möglichkeit, sondern oft auch die Notwendigkeit verbunden, denselben Tatbestand mehrfach, nach unterschiedlichen Merkmalen und Merkmalskombinationen geordnet in der Grundrechnung auszuweisen. Auf diese Probleme der Multidimensionalität und der Mehrfachklassifikation werden wir später noch näher eingehen (s. Abschnitt 2.).

1.2. Die Problematik von Bewertungsregeln

Über die Aufstellung allgemeiner Bewertungsregeln für die Grundrechnung besteht keine einhellige Meinung. *Schmalenbach* der anschaffungswertnahen Verrechnungspreisen zuneigt,[10] meint, daß in der Grundrechnung die wichtige Frage des Wertansatzes zurücktrete.[11] Für eine Grundrechnung der Kosten und Leistungen ist wohl nur, wie auch *Virkkunen*[12] betont, der Verzicht auf jede Bewertung, also eine reine Mengenrechnung, völlig zweckneutral. Eine solche Mengenrechnung hat für bestimmte Fragestellungen, insbesondere für die Durchführungskontrolle, aber auch für bestimmte Planungen sogar einen selbständigen Erkenntniswert. Verbrauchte Güter und entstandene Leistungen lassen sich rein mengenmäßig meist einfacher, schneller und eindeutiger erfassen und kennzeichnen als durch einen Geldausdruck. Für viele Adressaten, etwa Techniker, Meister und Arbeiter, sind die Mengengrößen nicht nur viel anschaulicher, sondern zugleich stets die „Dimension" ihrer Handlungsobjekte, die sie durch ihr Verhalten mittelbar und unmittelbar beeinflussen können. Der Mengenrechnung wird daher mehr und mehr Bedeutung in der neueren Literatur zugemessen.[13]

Allerdings ist eine reine Mengenrechnung nicht ausreichend, wenn stärker aggregiert werden soll, oder wenn überhaupt keine Mengenkomponenten vorhanden ist, wenn die Entgelte nicht an die Verbrauchsmengen und Leistungsmengen gebunden sind oder nicht mengenproportional verlaufen.[14] Für die vergangenheitsbezogene Rechnung fordern *Goetz*[15] und *Hummel*[15] ein striktes Festhalten am historischen, tatsächlich bezahlten

10 *Schmalenbach, Eugen*, Pretiale Wirtschaftslenkung . . ., 1948, S. 67; *ders.*, Kostenrechnung u. Preispolitik . . ., 1956, S. 280.

11 *Schmalenbach, Eugen*, Kostenrechnung und Preispolitik . . ., 1956, S. 270.

12 *Virkkunen, Henrik*, Das Rechnungswesen . . ., 1956, S. 127.

13 Siehe hierzu z. B. *Riebel, Paul*, Die Gestaltung der Kostenrechnung . . ., S. 129; *Virkkunen, Henrik*, Das Rechnungswesen . . ., S. 10 f., der sich vor allem auf *Kaitila, I. V.*, Teollisuusliikkeen laskentatoimen perusteet. Teil I, Omakustannuslaskente 1928 und auf *Kubli F.*, I. Zielsetzung und Bedeutung des Rechnungswesens. II. Der Aufbau im Rechnungswesen, in: Kaufmännische Praxis und Fachbildung No. 6, Kurs „Neuzeitliche Betriebsorganisation", Beil. zum Schweizerischen kaufmännischen Zentralblatt vom 12. Juli 1946, S. 9, bezieht; *Faßbender, Wolfgang*, Betriebsindividuelle Kostenerfassung . . ., insbes. S. 21, 33, 133 f.; *Mehler, Karlheinz*, Wirtschaftlichkeitskontrolle durch Mengenrechnungen, in: Internal Control durch Bewegungsbilanzen, Festschrift f. Walter le Coutre zu seinem 75. Geburtstag, hrsg. von Schülern und Freunden unter der Schriftleitung von *Erich A. Weilbach*, 1960, S. 221–247; *Vellmann, Karlheinz*, Kontrolle der Einzelkosten, in: Industrielle Produktion, hrsg. von *Klaus Agthe/Hans Blohm/Erich Schnaufer*, 1967, S. 813–826, hier S. 818–823; *Ijiri Yuji*, Physical Measures and Multi-Dimensional Accounting, in: Research in Accounting Measurement, ed. by *Robert K. Jaedicke/Yuiri Ijiri/Oswald Nielsen*, American Accounting Association, 1966, S. 150–164; *Hummel, Siegfried*, Wirklichkeitsnahe Kostenerfassung . . ., S. 170–172, und die dort angegebene Literatur, sowie neuerdings *Kreibich, Herbert*, Dynamische Innerbetriebliche Berichte als Führungsinstrument, 1978, S. 19 f.

14 s. hierzu *Riebel, Paul*, Überlegungen zur Formulierung . . ., 1978, S. 131–135.

15 *Goetz, Billy E.*, Management Planning . . ., S. 146; *Hummel, Siegfried*, Wirklichkeitsnahe Kostenerfassung . . ., S. 185 f.

Anschaffungswert, der allein objektiv nachprüfbar ist. Festpreise sind nach *Virkkunen* zwar nicht neutraler, bieten jedoch als Wertungsbasis einige Vorteile; sie vertreten ein bestimmtes, genau festgesetztes Preisniveau, das für Planungskalküle „viel leichter auf ein gewünschtes Niveau transponiert werden (kann) als heterogenes Material, das aus durchweg ungleichen Anschaffungspreisen zusammengefügt ist".[16] Der Meinung *Virkkunens,* daß sie „unverändert zur Aufstellung von Berichten *für die Wirtschaftlichkeitskontrolle verwendet werden*" könnten,[16] steht entgegen, daß der Ansatz von Festpreisen lediglich zu einer kaschierten Mengenrechnung führt, die für Dispositionskontrollen völlig unzulänglich ist.[17]

866

Zusammenfassend ist festzustellen, daß sich für die Frage des Wertansatzes in der Grundrechnung *keine* allgemein verbindliche *Bewertungsregel* formulieren läßt.
Wir müssen uns vielmehr auf folgende *Empfehlungen* beschränken:

a) In der vergangenheitsbezogenen Rechnung sollte den realisierten Anschaffungsausgaben bzw. Erlösen der Vorzug gegeben werden und entsprechend in zukunftsbezogenen Grundrechnungen den erwarteten Ausgaben bzw. Erlösen. Es gibt jedoch Fälle, in denen eine Abweichung nicht nur tolerierbar, sondern geboten erscheint, etwa bei Verwendung gleichartiger Kostengüter unterschiedlicher Herkunft zu unterschiedlichen Preisen.[18]
b) In jedem Falle sollten in der Grundrechnung die Wertarten offengelegt und die Aggregation von Geldgrößen, die auf unterschiedlichen Wertansätzen beruhen, gemäß der ersten der allgemeinen Grundregeln vermieden werden.
c) Um Umbewertungen zu erleichtern, sollten – soweit als möglich – Mengengerüst und Preise gesondert ausgewiesen werden.[19]

2. Die Struktur der elementaren Informationsbausteine[20]

Wie schon angedeutet, kann das Konzept der Grundrechnung nicht in Gestalt eines viele Zwecke zugleich, aber oft nur unvollkommen erfüllenden Mehrzweckinstruments realisiert werden, sondern nur nach dem Baukastensystem. Die Leistungsfähigkeit einer Grundrechnung wird daher in erster Linie durch ihren Inhalt an Informationsbausteinen, deren Struktur, Ordnung und Verknüpfbarkeit sowie durch die Zugriffsmöglichkeiten begrenzt. Unsere primäre Aufmerksamkeit muß somit auf den Inhalt der elementaren Informationsbausteine gerichtet werden.
Hier gilt es zunächst einmal im Hinblick auf die zu erwartenden Zwecke, Situationstypen und Fragestellungen zu entscheiden, welche Tatbestände oder Sachverhalte in die Grundrechnung als Informationsbausteine aufgenommen werden sollen. Dabei ist festzulegen, durch welche Merkmale diese abzubildenden Ausschnitte aus der Wirklichkeit – in der

16 *Virkkunen, Henrik,* Das Rechnungswesen . . ., S. 127.
17 s. hierzu *Riebel, Paul,* Die Gestaltung der Kostenrechnung . . ., 1956, S. 129 f. (Nachdruck in diesem Band, S. 12).
18 *Männel, Wolfgang,* Kostenrechnerische Probleme bei der Bewertung gleichartiger Kostengüter verschiedener Herkunft, in: Neue Betriebswirtschaft 1968, S. 7–20; *ders.,* Zurechnung von Erlösen auf parallel arbeitende Betriebsteile, in: Neue Betriebswirtschaft 1971, S. 1–21.
19 s. *Riebel, Paul,* Die Gestaltung der Kostenrechnung . . ., 1956, S. 288 und 289 (s. den Nachdruck in diesem Band, S. 20 und 21); *Laßmann, Gert,* Gestaltungsformen der Kosten- und Erlösrechnung im Hinblick auf Planung- und Kontrollaufgaben, in: Wirtschaftsprüfung 1973, S. 4–17, hier S. 7.
20 Meinem Mitarbeiter, Herrn Dipl.-Wirtsch.-Ing. *Werner Sinzig,* danke ich für kritische und positive Anregungen bei der Formulierung dieses Abschnitts.

amerikanischen Literatur spricht man in diesem Sinne oft von „segments“[21] – abzugrenzen sind und über welche quantitativen Eigenschaften und sonstigen Merkmale dieser Ausschnitte Auskunft gegeben werden soll.

867

2.1. *Die Mehrdimensionalität der Informationselemente*

Die Mehrzahl der in der Grundrechnung abzubildenden Tatbestände, Vorgänge oder Maßnahmen ist mehr oder weniger komplex. Auch wenn man solche Komplexe soweit zerlegt, daß in sich homogene Bestandteile entstehen, sind die so gewonnenen Informationselemente durchweg *mehrdimensional.*[22]
Um in der Grundrechnung zu sachökonomisch möglichst homogenen Elementen zu gelangen (s. Grundregel 1), müssen die abzubildenden Ausschnitte nämlich in der Regel durch mehrere Merkmale gekennzeichnet und abgegrenzt werden.
Zur Beschreibung dieser Informationselemente dienen quantitative, qualitative und chronologische Merkmale. Während die *quantitativen Merkmale* das Ergebnis einer Messung („Erfassung“), Prognose, Berechnung oder Vorgabe sind – sie können als Mengen- und/oder Geldgröße in Erscheinung treten (z. B. Verbrauchsmenge – Kosten, Absatzmenge – Umsatzerlöse) – dienen die *qualitativen Merkmale* der Beschreibung der übrigen Eigenschaften des Informationsbausteins und seiner Begrenzung oder Identifizierung. Die *chronologischen Merkmale* (z. B. Datum von Auftragserteilung, Lagerentnahme, Verbrauch, Fertigstellung) können über ihre Ordnungsfunktion hinaus gleichfalls für die Abgrenzung und Beschreibung nutzbar gemacht werden.
Veranschaulichen wir uns ein solches mehrdimensionales Informationselement am Beispiel der Abbildung der Materialkosten für eine innerbetriebliche Reparaturleistung. In diesem Falle werden üblicherweise die in *Abb. 1* angegebenen Merkmale festgehalten.
Die Beschreibung des Realitätsausschnitts durch qualitative und zusätzlich oft chronologische Merkmale hat mehrere *Aufgaben* zu erfüllen und zwar:

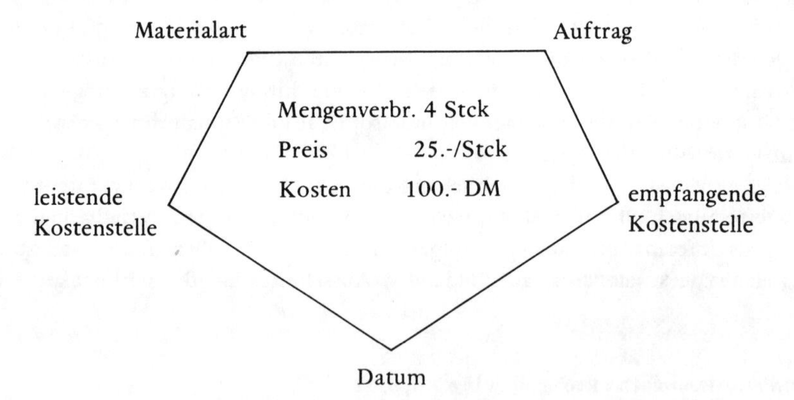

Abb. 1: Beispiel für die Mehrdimensionalität elementarer Informationsbausteine

21 So definiert z. B. *Horngren, Charles T.*, Cost Accounting, A Managerial Emphasis, 3rd ed. 1972, S. 951, segment als „any line of activity or part of an organization for which separate determination of cost and/or sales is wanted.“

22 Vgl. hierzu auch die Definition der Deckungsbeitragsrechnung als vieldimensionale zeitlich fortschreitende Erfolgsänderungsrechnung bei *Riebel, Paul*, Deckungsbeitragsrechnung ..., Sp. 383–400; *ders.*: Deckungsbeitrag und Deckungsbeitragsrechnung ..., Sp. 1140; s. a. in diesem Band, S. 387 f.

(1) Nur durch eine genaue Beschreibung des Realitätsausschnitts ist es möglich, unterschiedliche Ausprägungen der Informationsbausteine voneinander *abzugrenzen* (abgrenzende oder identifizierende Merkmale[23]).
Welche dieser Merkmale zur eindeutigen Unterscheidung der einzelnen Ausprägungen herangezogen werden, hängt von den betrieblichen Gegebenheiten und den interessierenden Fragestellungen ab. So kann es in unserem Beispiel für Kontrollzwecke notwendig sein, zusätzlich die Namen der veranlassenden, ausführenden und kontrollierenden Personen einzubeziehen. In anderen Fällen interessieren diese Informationen nicht. Auch mag es manchmal ausreichen, einen innerbetrieblichen Auftrag nur durch die empfangende Kostenstelle und das Datum zu identifizieren.

868

(2) Die identifizierenden Merkmale können weiterhin dazu benutzt werden, den *logischen Aufbau der formalen Datenstruktur* komplexer Baugruppen aus der Datenstruktur der Realität *entstehungsphänomenologisch abzuleiten.*[24]
(3) Diese qualitativen und chronologischen Merkmale sind zugleich die *originären Klassifikationsmerkmale,* nach denen die (erfaßten) quantitativen Merkmale eingeordnet und verdichtet (aggregiert) werden können. Ein Teil dieser Merkmale kennzeichnet – wie wir noch sehen werden – zudem das Bezugsobjekt; ob diesem die erfaßten Mengen- und Geldgrößen auch (eindeutig) zugerechnet werden können und ob es sich dabei um das originäre, spezielle Bezugsobjekt (das „unterste" in der Bezugsgrößenhierarchie) handelt, hängt von der Erfassungsweise ab und muß nach dem Identitätsprinzip überprüft werden.
(4) Die einzelnen originären Merkmale *erschließen* weitere „abgeleitete", *indirekte Merkmale,* die für Zurechnungen, Verknüpfungen mit anderen Informationsbausteinen, Verdichtungen (auf „höherer Ebene") und für den Aufbau von komplexeren Baugruppen sowie von Bezugsobjekthierarchien in Auswertungsrechnungen von Bedeutung sind. So können etwa über das Merkmal „Auftrag" zusätzliche Merkmale der Auftragsart und der Kostenkategorie bei der empfangenen Kostenstelle (etwa Zugehörigkeit zu Maßnahmen der planmäßig-vorbeugenden Instandsetzung, Aktivierungspflichtigkeit) erschlossen werden. Über den Auftrag und die Kostenstelle wird zudem die Zugehörigkeit zu bestimmten Dispositions- und Zurechnungshierarchien festgestellt. Über die Materialart kann oft – doch keineswegs immer – die Kostenkategorie bei der leistenden Kostenstelle offengelegt werden.
(5) Die originären wie die abgeleiteten Klassifikationsmerkmale geben ferner die *möglichen „Richtungen"* und Grade *der Verdichtung* oder Aggregation an, die durch alternatives „Unterdrücken" eines Merkmals oder mehrerer entstehen. Umgekehrt wird durch Vergleich einer bestimmten Verdichtungsweise mit dem ursprünglich vorliegenden Merkmalskomplex offengelegt, welche dieser Merkmale bei bestimmten Verdichtungsrichtungen und Verdichtungsgraden jeweils unterdrückt worden sind.

23 Diese Merkmale werden in der Informatik als „Schlüssel" bezeichnet, z. B. bei *Dworatschek, Sebastian*, Management Informations Systeme, 1971, S. 160. Die identifizierenden Merkmale dürfen nicht mit dem in der Statistik gebrauchten Begriff „Identifikationsmerkmal" verwechselt werden. Ein Identifikationsmerkmal im Sinne der Statistik dient vielmehr dazu, bei der Erfassung den Definitionsbereich eines zu erhebenden Merkmals, also die zulässigen Ausprägungen, abzugrenzen; s. z. B. *Hummel, Siegfried*, Wirklichkeitsnahe Kostenerfassung ..., S. 151–157, und *Menges, Günter*, Grundriß der Statistik ..., S. 61 f.

24 Für das Einbringen dieser Gedanken habe ich Herrn Dipl.-Wirtsch.-Ing. *Werner Sinzig* zu danken. Vgl. hierzu *Smith, John Miles and Diane C. P. Smith*, Database Abstractions: Aggregation and Generalization, in: ACM Transactions in Database Systems, 1977, Nr. 2, S. 105–133; *dies.*, Database Abstractions: Aggregation, in: Communications of the ACM, June 1977, Nr. 6, S. 405–415; *Wedekind, Hartmut,* Die Objekttypen-Methode beim Datenbankentwurf – dargestellt am Beispiel von Buchungs- und Abrechnungssystemen, in: ZfB 49. Jg. (1979), S. 367–387, hier S. 367 und 368.

2.2. *Klassifikationsmerkmale*

Mit *Hummel* unterscheiden wir „zwei Gruppen von Klassifikationsmerkmalen: Klassifikationsobjekte und Klassifikationskategorien.[25]

2.2.1. Klassifikations- und Bezugsobjekte

Als *Klassifikationsobjekt* bezeichnen wir in Anlehnung an *Hummel*[26] generell jedes Objekt, für das Mengen- oder Geldgrößen erfaßt, prognostiziert, vorgegeben und gesammelt 869 oder verdichtet ausgewiesen werden können. Die Klassifikationsobjekte sind stets auch Bezugsobjekte,[27] doch ist der Begriff Bezugsobjekt insofern weiter, als er auch Kalkulationsobjekte der Auswertungsrechnungen einschließt, die in der Grundrechnung nicht in Erscheinung treten.

Als *Bezugsobjekte* bezeichnen wir alle selbständigen Maßnahmen, Vorgänge und Tatbestände, die eigenständiges Dispositionsobjekt oder Untersuchungsobjekt sein können.[28] Hier ist vor allem zu denken an:

- die erstellten und abgesetzten Leistungen sowie die innerbetrieblichen Leistungen,
- die einzelnen Teilbereiche eines Unternehmens, seien es Verantwortungs- oder Funktionsbereiche, nach räumlichen oder anderen Kriterien abgegrenzte Bereiche,
- Maßnahmen, die die Beschaffung, Vorhaltung oder Verwertung bestimmter „Quanten" oder Teilmengen von Produktionsfaktoren betreffen, z. B. einer Rohstoffpartie, einer Produktionsanlage oder eines Investitionsobjekts,
- Ausschnitte aus den Beziehungen der Unternehmung mit ihrer Umwelt, etwa Kunden und Kundengruppen, Lieferanten und Lieferantengruppen, geographische Teilmärkte im Beschaffungs- und Absatzbereich, Beschaffungs- und Absatzwege (Markt-, Beschaffungs-, Absatz „Segmente").
- Schließlich kann auch jedes andere die Unternehmungsleitung interessierende Ereignis, wie ein Werbefeldzug, die Anlaufphase einer neuen Anlage oder eines neuen Produkts, eine Betriebsstörung oder ein Streik Bezugsobjekt sein.[29]

Werden für die Ausführung des betrachteten Reparaturauftrages mehrere Materialarten benötigt, weisen alle Materialscheine – von der Materialart, den quantitativen Daten und möglicherweise dem Datum abgesehen – dieselben qualitativen Merkmale auf und gehören daher zum selben komplexen oder mehrdimensionalen Bezugsobjekt.

Auf die besonderen Probleme, die mit der Speicherung und dem Ausweis komplexer Bezugsobjekte in der Grundrechnung verbunden sind, werden wir im Abschnitt 3.4. noch näher eingehen.

Besonders wichtig ist es, daß alle Bezugsobjekte, die nicht nur als ein einmaliges in sich geschlossenes Ereignis, wie ein bestimmter Kundenauftrag, sondern wiederholt im Zeitablauf auftreten oder über eine längere Zeitspanne existieren, nicht nur in ihrer Gesamt-

25 Vgl. hierzu und zum folgenden: *Hummel, Siegfried*, Wirklichkeitsnahe Kostenerfassung . . ., S. 120–125.

26 *Hummel, Siegfried*, Wirklichkeitsnahe Kostenerfassung . . ., S. 124.

27 Die Bezeichnung Bezugsobjekt bevorzuge ich neuerdings als Oberbegriff der Untersuchungs-, Kalkulations- und Dispositionsobjekte gegenüber der von mir ursprünglich gebrauchten Bezeichnung „Bezugsgröße", um Verwechslungen mit dem Begriff Bezugsgröße der flexiblen Plankostenrechnung, der dort eine andere Bedeutung hat, zu vermeiden.

28 s. *Riebel, Paul*, Kurzfristige unternehmerische Entscheidungen im Erzeugungsbereich . . ., hier S. 10; (s. a. in diesem Band, passim).

29 Zur Mannigfaltigkeit der Bezugsobjekte der Kostenrechnung siehe schon *Goetz, Billy E.*, Management Planning . . ., passim; insbes. S. 34 f.;
Dean, Joel, Managerial Economics . . ., S. 263 ff.; *Riebel, Paul*, Das Rechnen mit Einzelkosten und Deckungsbeiträgen . . ., 1959, hier S. 215 (s. a. in diesem Band, S. 36 f. und passim).

existenz, sondern auch innerhalb kürzerer oder längerer zeitlicher Ausschnitte sowie im Zeitablauf betrachtet werden können. Derartige Untersuchungsobjekte müssen daher auch durch ihre *zeitliche Dimension* gekennzeichnet werden, weil für uns etwa die Betrachtung der monatsgebundenen und innerhalb eines Monats sich abspielenden Vorgänge einer Kostenstelle ein anderes Bezugsobjekt ist als die Betrachtung der jahresgebundenen Maßnahmen und der innerhalb eines Jahres ablaufenden Ereignisse. Die Abgrenzung des Betrachtungszeitraums einerseits, Länge und „Lage" der zeitlichen Bindungen andererseits stimmen – wenn überhaupt – nur in Teilbereichen überein. Weil zudem die zeitlichen Bindungen – als hinzunehmende Daten wie als gestaltbare Aktionsparameter – den Charakter von Eigenschaften der Dispositionsobjekte haben, ordnen wir sie den Klassifikationskategorien zu. 870

2.2.2. Klassifikationskategorien

Als *Klassifikationskategorien* bezeichnen wir alle übrigen qualitativen Merkmale, die zur Abgrenzung unterschiedlicher und zur Kennzeichnung gleichartiger Elemente der Mengen- und Geldgrößen der einzelnen Klassifikations- oder Bezugsobjekte dienen sollen. Sie geben vor allem Auskunft über bestimmte Eigenschaften der betrachteten Arten von Mengen- und Geldgrößen. Zwar ist in unserem Beispiel als Klassifikationskategorie nur die „natürliche" Kostenart – darunter versteht man im deutschen Sprachgebrauch bekanntlich die Einteilung nach Güterarten gemäß handelsüblichen Bezeichnungen – angeführt, doch haben wir es auch hier grundsätzlich mit einem Bündel von Merkmalen zu tun. Es stellen sich daher die gleichen Probleme der Mehrdimensionalität wie bei den Bezugs- und Klassifikationsobjekten oder den Klassifikationsmerkmalen schlechthin. Auf die Kriterien, nach denen derartige Klassifikationskategorien gebildet werden können, werden wir im folgenden Abschnitt noch näher eingehen, wobei der Schwerpunkt auf den Kostenkategorien liegen soll.

Im Bereich der Einzahlungen und Auszahlungen, Einnahmen und Ausgaben, Erlöse, Einsatz- und Ausbringungsmengen ist die Kategorisierung noch völlig unterentwickelt.[30] Bei den Kosten ist dagegen das Denken in Kategorien schon seit langem üblich; in den meisten amerikanischen und deutschen Lehrbüchern findet man dazu mehr oder weniger umfangreiche Kataloge.[31] Für die laufende systematische Kostenrechnung sind bislang neben der an der Art der Produktionsfaktoren orientierten Einteilung in „natürliche" Kostenarten, wenn überhaupt noch weiter differenziert wird, meist nur die Gliederung in fixe und proportionale Kosten in bezug auf die Abhängigkeit vom Beschäftigungsgrad üblich. Sehr viel differenzierter und auf die individuellen Verhältnisse der Betriebsgegebenheiten abstellend wird dagegen beim Rechnen mit relativen Einzelkosten vorgegangen. Viele der dort auf die Kosten angewandten Kriterien lassen sich auch auf die anderen Geld- und

30 Ansätze zur Kategorisierung der Einzahlungen und Auszahlungen, Einnahmen und Ausgaben siehe vor allem bei *Weber, Helmut Kurt*, Betriebswirtschaftliches Rechnungswesen, 1. Aufl. 1974, 2. Aufl. 1978, S. 15–19 und 34–36, zur Kategorisierung der Erlöse bei *Riebel, Paul*, Ertragsbildung und Ertragsverbundenheit . . ., 1971, (s. a. den Nachdruck in diesem Band); *Laßmann, Gert*, Gestaltungsformen der Kosten- und Erlösrechnung . . ., S. 4–17; *Niebling, Helmut*, Kurzfristige Finanzrechnung auf der Grundlage von Kosten- und Erlösmodellen, 1973, insbes. S. 54 ff. und 67 ff.; *Männel, Wolfgang*, Mengenrabatte in der entscheidungsorientierten Erlösrechnung, 1974; *ders.*, Erlösschmälerungen, 1975; *Kloock, Josef/Sieben, Günter/Schildbach, Thomas*, Kosten- und Leistungsrechnung . . ., S. 141–145; *Kolb, Jürgen*, Industrielle Erlösrechnung – Grundlagen und Anwendung, 1978; *Menrad, Siegfried*, Rechnungswesen, 1978, S. 170–178.

31 z. B. *Dean, Joel*, Managerial Economics, S. 257–272; Kostenrechnung in der chemischen Industrie, 1962, S. 24–32 und S. 45.

Güterstromgrößen übertragen. Die uns am wichtigsten erscheinenden Hauptkriterien, die auf nahezu alle Geld- und Güterstromgrößen übertragen werden können, sind in *Abb. 2* zusammengestellt. Für die Kategorienbildung der Einnahmen und Ausgaben bzw. der Erlöse und Beschaffungsentgelte sind noch zusätzliche Kriterien von Bedeutung; einige davon sind in *Abb. 3* aufgeführt. Für fast jedes dieser Hauptkriterien lassen sich *Unterkriterien* bilden, wie in einigen Zeilen der *Abb. 2 und 3* angedeutet ist.[32] Zudem tritt jedes Kriterium in mehreren *Erscheinungsformen* auf. Sowohl die Kriterien als auch die Erscheinungsformen lassen sich manchmal – aber eben nur zu einem Teil – in sachöko-

871

HAUPTKRITERIEN	Beispiele für Unterkriterien		Beispiele für Merkmalsausprägungen
1. Alleiniger oder "durchschlagender" EINFLUSS-FAKTOR (-faktorbündel)		A,K,E,M	realisiertes Leistungsprogramm vs. erwartetes (geplantes) Leistungsprogramm (Bereitsch' stufe) Absatz Erzeugung Beschaffung
2. VERHALTENSTYP	Datenmaterial Funktionstyp	A,K,E,M	determiniert, stochastisch, individuell proportional, überproportional, unterproportional, konstant
3. DISPONIERBARKEIT	Quantentyp Bindungsdauer Dispositions-beschränkung	A,K,E,M	beliebig dosierbar, Standardquanten, Mindestquanten Tages-, Monats-, Quartals-, Jahresgebundenheit, überjährige Bindung 6 Wochen vor Quartalsbeginn
4. ZAHLUNGS-CHARAKTER	Rhythmus Termine	A,K,E	monatliche, vierteljährliche, jährliche Zahlung vorschüssig, nachschüssig, Quartalsmitte
5. ART d. WERT-, PREIS- o. MENGENANSATZES		A,K,E,M	Prognose-, Standard-, Ist-, Hifo-, Lifo-, Grenz- usw. Ansatz
6. PROGNOSESICHERHEIT		A,K,E,M	festliegend unsicher ungewiß Klasse: 1 2 3 4 1 2 3 4
7. ERFASSUNGSWEISE und GENAUIGKEIT		A,K,E,M	direkt erfaßt vs. als unechte GemeinK (A,E,M) erfaßt Ausgabe bzw. Lagerentnahme statt Verbrauch erfaßt automatisch vs. manuell erfaßt gemessen, gezählt, berechnet, geschätzt
8. AKTIVIERUNGSPFLICHTIGKEIT BEIM JAHRESABSCHLUSS		A,K,E	aktivierungspflichtig vs. nicht aktivierungspflichtig

Abb. 2: Hauptkriteriengruppen für die Bildung von Kategorien der Ausgaben (A), Kosten (K), Erlöse (E), Einsatz- und Ausstoß(Leistungs-)mengen (M)

Kriterien	Beispiele
a) nach Art der Entgeltbestimmung (Preissystem)	Bruttopreis-, Grundpreis-, Preisbaukasten-, Preisformel-, Effektivpreissystem
b) nach Formen und Komponenten der Entgeltverbundenheit	leistungskomplexbezogene Entgelte - auftragsgrößen -, auftragswert-, periodenabnahmemengen-, periodenabnahmewert-abhängige Preise oder Preisbestandteile - angebotsbedingter, nachfragebedingter Entgeltverbund- durchgerechnete vs. anstoßende Entgeltstaffelung - Mindestentgelte - Festentgelte oder -entgeltteile bei homogenen oder heterogenen Preisen
c) nach dem "Vorzeichen" der Entgeltteile	positive, negative, alternativ positiv oder negative Entgeltteile
d) nach der zeitlichen Fixierung	im Rechnungszeitpunkt festliegend - nachdisponiert- von späteren Ereignissen abhängig
e) nach der Phase der Realisation	im Auftragszeitpunkt vereinbartes Entgelt - fakturiertes Entgelt - endgültig gezahltes Entgelt
f) nach Preis- oder Tarifgebundenheit	festtarifgebunden, margentarifgebunden, frei
g) nach der Entgeltlichkeit	entgeltliche Leistung, Gratisleistung; Festpreis (Tarif) ≠ Margenpreis (Tarif)

Abb. 3: Zusätzliche Kriterien für die Bildung von Ausgaben- (Beschaffungsentgelt-) und Erlöskategorien

32 Die Beispiele in den Abb. 2 und 3 betreffen teils Merkmalsausprägungen, teils Unterkriterien.

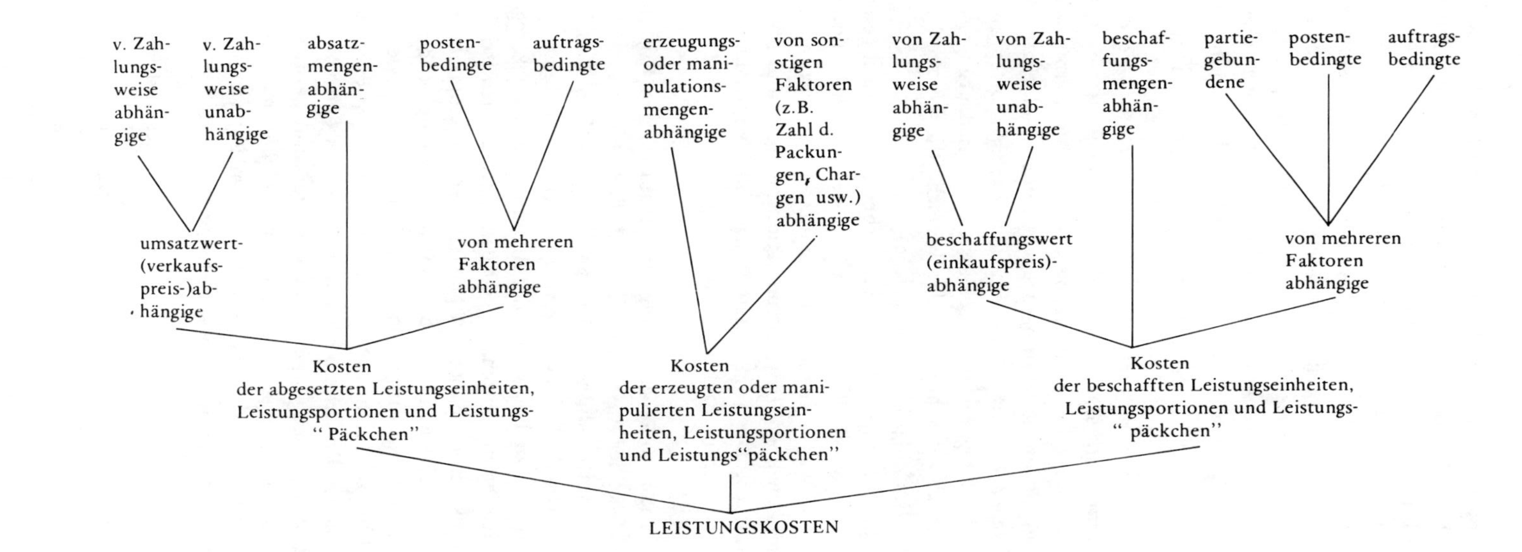

Abb. 4: Kategorien von Leistungskosten nach Haupteinflußfaktoren in Industrie- und Handelsbetrieben (ohne eigenen Fuhrpark)

873 nomisch zwingende *natürliche" Hierarchien* von Klassifikationskategorien einordnen (so z. B. *Abb. 4).* In der größten Zahl der Fälle lassen sich Hierarchien der Kriterien und Erscheinungsformen erst in Verbindung mit bestimmten Fragestellungen – also in Auswertungsrechnungen – aufbauen („*problemadäquate Klassifikationshierarchien*"). Welche Kriterien man heranzieht und nach welchen Erscheinungsformen differenziert wird, hängt – von Wirtschaftlichkeitsgesichtspunkten zunächst abgesehen – einerseits von den Eigenarten des Unternehmens (einschließlich der Beziehungen zur Umwelt) oder des jeweils betrachteten Ausschnitts ab und zum anderen von den interessierenden Fragestellungen, die ihrerseits weitgehend durch diese Eigenarten bedingt sein können. Dazu kommt, daß man sich aus Wirtschaftlichkeitsgründen auf die als wichtig angesehenen Kriterien und Erscheinungsformen beschränken muß.

Veranschaulichen wir uns diesen Zusammenhang am Beispiel der *Abhängigkeit* der Kosten von ihren *Haupteinflußfaktoren.* Wählen wir als Basis die „automatische" Abhängigkeit von Volumen und Zusammensetzung der tatsächlich erbrachten Leistungen (einschließlich Leistungsportionen, Leistungspäckchen oder -bündel zu verstehen), dann können wir generell zwischen *Leistungskosten* und *Bereitschaftskosten* unterscheiden.[33] Ob daneben auch noch die Kategorie der Mischkosten von Bedeutung ist, hängt von den Betriebsgegebenheiten ab, einschließlich der Wirtschaftlichkeitsgesichtspunkten unterliegenden Erfassung der Einflußgrößen und Kosten.

Im Normalfalle stimmen in Produktionsbetrieben die abgesetzten Leistungen mit den erzeugten ebensowenig überein wie in Handelsbetrieben die abgesetzten, manipulierten und beschafften Waren. In diesen Fällen müssen die Leistungskosten demgemäß in absatz- und erzeugungsbedingte bzw. manipulationsbedingte und oft auch beschaffungsbedingte unterteilt werden. Die vom Beschaffungs- oder vom Absatzentgelt abhängigen Kosten können darüber hinaus nach ihrer Abhängigkeit von der Zahlungsweise differenziert werden (s. *Abb. 4).*[34]

Die manipulations- oder erzeugungsmengenabhängigen Kosten sind durchweg auch von der Art und Güte der Ausgangsstoffe (z. B. ihrer Abmessung, Härte, Konzentration, Reinheit), der Art des Produkts sowie von den gewählten Verfahren und Verfahrensbedingungen (z. B. Druck, Temperatur, Verweilzeit usw.) abhängig. Sind diese Einflußgrößen fest vorgegeben, brauchen sie bei der Bildung von Kostenkategorien nicht mehr ausdrücklich berücksichtigt zu werden. Soweit damit zu rechnen ist, daß derartige Einflußgrößen gelegentlich als Aktionsparameter genutzt werden, empfiehlt es sich, sie als nicht identifizierende qualitative Merkmale aufzunehmen. Werden dagegen die Rohstoffeinsätze und sonstigen Verfahrensbedingungen fortlaufend variiert, wie etwa in Hochöfen und Stahlwerken und bei zahlreichen chemischen Prozessen, ist es möglich, in die Grundrechnung ein multivariables Rechenmodell einzubauen, das den von diesen Prozeßvariationen betroffenen Teil der erzeugungsbedingten Kosten und Leistungen umfaßt. Totale Periodenerfolgsmodelle, wie sie von *Laßmann* und *Wohlgemuth* gefordert werden, sind hierzu nicht notwendig und zudem dann nicht zweckmäßig, wenn über die Weiterverwertung erst zu einem späteren Zeitpunkt entschieden wird.[35]

33 S. hierzu z. B. *Riebel, Paul,* Deckungsbeitrag und Deckungsbeitragsrechnung . . ., Sp. 1144 f., s. a. in diesem Band S. 391 f.; *ders.*, in diesem Band, passim.

34 In Anlehnung an *Riebel, Paul,* Deckungsbeitragsrechnung im Handel, in: Handwörterbuch der Absatzwirtschaft, hrsg. von *Bruno Tietz,* 1974, Sp. 433–455, hier Sp. 438 f. (s. a. den auszugsweisen Nachdruck in diesem Band, S. 399–408); s. a. in diesem Band, S. 157.

35 *Laßmann, Gert,* Die Kosten- und Erlösrechnung . . .; *ders.*, Gestaltungsformen der Kosten- und Erlösrechnung . . .; *Wohlgemuth, Michael,* Aufbau und Einsatzmöglichkeiten einer Planerfolgsrechnung als operationales Lenkungs- und Kontrollinstrument der Unternehmung, 1975.

Soweit von Belang sind die „von sonstigen Faktoren abhängigen" erzeugungsbedingten Leistungskosten noch weiter zu differenzieren, etwa gemäß *Abb. 5.* So sind Kundenauftragsindividuelle, typengebundene Sonderkosten, z. B. für Modelle, Sonderwerkzeuge, Proben, nicht erzeugungsmengenabhängig und daher als eigene Kategorie auszusondern. Entsprechendes gilt für chargen- und partiebedingte Kosten sowie losgrößenunabhängige Kosten, soweit diese zugleich von der Reihenfolge unabhängig sind. Die reihenfolgeabhängigen Kosten und solche, die von der Zusammensetzung von Produktbündeln abhängen (etwa bei Kuppelproduktion mit variablen Mengenverhältnissen), bilden die Kategorie der programmindividuellen Kosten. 874

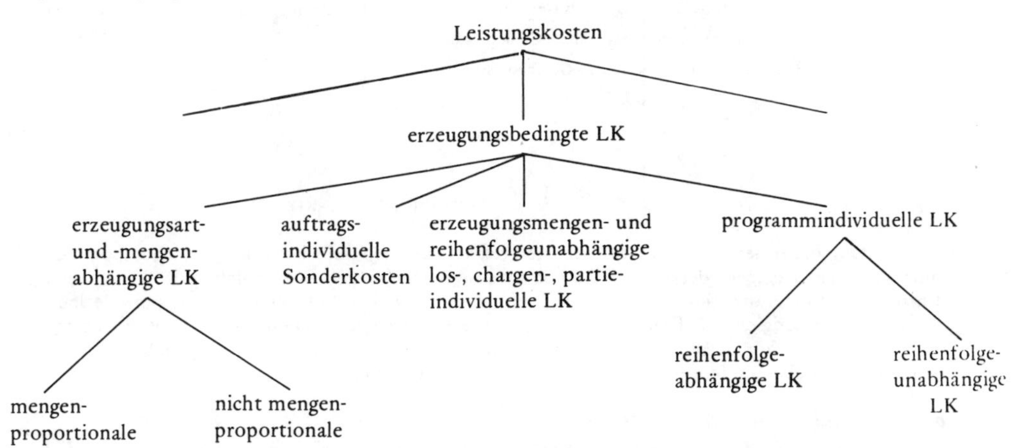

Abb. 5: Differenzierte Hierarchie der erzeugungsbedingten Leistungskosten

Auch innerhalb der *Bereitschaftskosten* gibt es bislang noch wenig untersuchte Abhängigkeitsbeziehungen. Hier dominieren Kosten mit „Quantencharakter", die sich nur sprunghaft verändern lassen, weil z. B. Maschinen und Arbeitskräfte nicht unterteilbar sind. Während diese Quanten wiederum sehr prozeßspezifisch unter Berücksichtigung der individuellen technologischen und organisatorischen Bedingungen zu bilden sind, ist die zeitliche „Quantelung" in ihrer Grundstruktur von allgemeiner Bedeutung. Wir haben sie seit Mitte der sechziger Jahre in die Grundrechnung aufgenommen,[36] während wir es früher für ausreichend hielten, die Bindungsdauer in Sonderrechnungen zu berücksichtigen.

Bezieht man außerdem noch die Aktivierungspflichtigkeit von Gemeinausgaben(-kosten) „offener Perioden" und die Speicherbarkeit des Nutzungspotentials ein, gelangt man zu der in *Abb. 6* dargestellten Kategorienhierarchie.[37]

Sind die periodengebundenen Kosten gegenüber den Kalenderperioden „phasenverschoben", ist es zweckmäßig, sie gesondert auszuweisen, etwa als

- 30-Tage-gebundene Kosten
- 3-Monats-gebundene (bzw. 90-Tage-gebundene) Kosten
- 6-Monats-gebundene Kosten
- 12-Monats-gebundene Kosten.

36 *Riebel, Paul,* Kurzfristige unternehmerische Entscheidungen . . ., S. 11 und 12, s. a. den ergänzten Nachdruck in diesem Band, S. 289 und 290.

37 In Anlehnung an *Riebel, Paul,* Deckungsbeitragsrechnung im Handel . . ., Sp. 438.

875

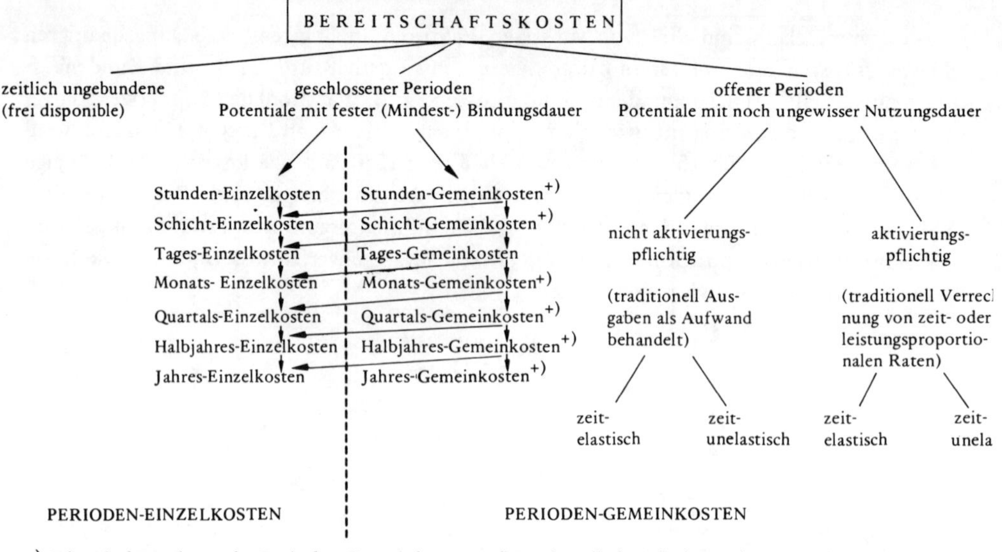

+) Die Bindungsdauer der Perioden-Gemeinkosten reicht über die jeweils betrachtete Rechungsperiode hinaus; sie kann länger oder – im Falle von Phasenverschiebungen – gleichlang oder kürzer sein. Entsprechend kann die Bindungsdauer der Perioden-Einzelkosten mit der Rechnungsperiode übereinstimmen (= originäre Perioden-Einzelkosten) oder – weil nach übergeordneten Perioden zusammengefaßt – kürzer sein (= aggregierte Perioden-Einzelkosten). Kosten sind dabei stets im Sinne von Ausgabenbindungen oder -verpflichtungen zu verstehen.

Abb. 6: Grundkategorien der Bereitschaftskosten (nach zeitlicher Disponierbarkeit und Zurechenbarkeit sowie Aktivierungspflichtigkeit)

Die Gemeinausgaben offener Perioden können weiter nach der erwarteten Nutzungsdauerklasse und der Haupteinflußgröße, die voraussichtlich das Ende der Nutzungsdauer bestimmt, gruppiert werden.

2.2.3. Folgerungen für die zeitliche Strukturierung der Grundrechnung

Gehen wir von den in *Abb. 4* und *6* angegebenen Kategorien der Leistungskosten und Bereitschaftskosten – unter Verzicht auf die Differenzierung nach zeitelastischen und zeitunelastischen Periodengemeinausgaben – aus, gelangen wir zu dem in *Abb. 7* dargestellten Schema einer *tabellarischen Grundrechnung.*[38]

Wie die Vorspalte zeigt, wird die Grundrechnung unter Periodisierungsgesichtspunkten *in drei Bereiche untergliedert.* Nach der allgemeinen Grundregel 2 hat jede willkürliche Aufteilung von Wert- und Mengengrößen zu unterbleiben (s. Abschn. 1.1.). Dazu gehört auch die pro-rata-Verteilung der Ausgaben bei Verträgen mit periodenübergreifender oder mehrjähriger Bindungsdauer und von Investitionsausgaben für Objekte mit unbestimmter Nutzungsdauer. Soweit eine feste (Mindest-)Bindungsdauer oder feste Bindungsintervalle vorliegen, wird die Gesamtheit der eingegangenen Ausgabenverpflichtungen in der Periode ausgewiesen, die mit der (Mindest-)Bindungsdauer oder den Bindungsintervallen übereinstimmt. Das führt zu einer Zerlegung des periodenbezogenen Teils der Grundrechnung in ein Gefüge, das aus einer *Hierarchie von Periodenrechnungen* unterschiedlicher Länge besteht. Die Ausgaben bzw. Kosten mit gegenüber den Rechnungsperioden phasenverschobener Bindungsdauer und die Ausgaben bzw. Kosten mit offener Nutzungsdauer werden grundsätzlich in die *überjährige Zeitablaufrechnung* übernommen; diese erstreckt

38 In Anlehnung an *Riebel, Paul*, Deckungsbeitragsrechnung im Handel . . ., Abb. 14, Sp. 453 f.

Rechnung	Kostenklasse	Untergruppe	Kostenkategorien	Kostenarten (Beispiele)	Leistungen: interne: aktiv. pflichtig	Leistungen: interne: nicht aktiv. pflichtig	Leistungen: externe: Artikelarten 1,2 ...n	Leistungen: externe: Artikelgruppe 1,2 ...i	Leistungen: externe: Auftragsarten 1,2 ... k	Märkte: Kundengruppen	Märkte: Absatzgebiete	Gesch. art: Strecken-geschäft	Gesch. art: Lagergeschäft	Bereiche: Kostenstellen	Bereiche: Kostenstellen-gruppen	Funktionen: Markterkundung	Funktionen: Werbung	Funktionen: Kundengewinnung, -erhaltung	Funktionen: Auftrags-gewinnung	Funktionen: Auftrags-abwicklung
I. Leistungsrechnung 1. periodengebunden oder 2. nicht periodengebundene auftrags-, partie- od. projektspez. Zeitablaufrechnung	Leistungskosten	absatzbedingt	umsatzwertabhängige absatzmengenabhängige auftragsbedingte	Provisionen Kaffeesteuer Frachten, Packmittel																
			Σ																	
		manipulationsbedingt +)	manipulationsmengenabhängige sortenwechselbedingte auftragsgebundene	Material, Energie Material, Energie Sondervorrichtung	zusätzlich nach Erfassungsweise (direkt erfaßte EK - zugeschlüsselte unechte GK) bzw. Genauigkeit aufgliederbar															
			Σ																	
		beschaffungsbedingt	beschaffungswertabhängige beschaffungsmengenabhängige partiegebundene auftragsgebundene Nebenkosten	Wertzölle Wareneinstand Globalentgelte Frachten																
			Σ																	
II. Periodenrechnung	Mischkosten																			
Monatsrg.	Bereitschaftskosten: geschlossener Perioden	aggr. Jahres-Einzelk.	zeitl. ungebundene Kosten stundengebundene Kosten schichtgebundene Kosten tagesgebundene Kosten monatsgebundene Kosten	Strom zum Arbeitspreis Überstundenlöhne Schichtzuschläge Zins für Tagesgeld Löhne bei monatl. Kündigung																
			Σ = aggregierte Monats-Einzelkosten																	
Quartalsrg.			quartalsgebundene Kosten	Gehälter bei vj. Kündigung																
			Σ = aggregierte Quartals-Einzelkosten		zusätzlich nach Erfassungsweise, Kündigungsfristen und Zahlungsweise aufgliederbar															
Jahresrechnung			jahresgebundene Kosten	Vermögensteuer																
			Σ = aggregierte Jahres-Einzelkosten																	
III. überjährige nicht periodengebundene Zeitablaufrechnung		Jahres-GK	abgrenzungspflichtige Jahres-Gemeinkosten (Ausgabenverpflichtungen während gesamter Bindungsdauer)	Mietvertrag vom 1.10. bis 30.9. 5-Jahres-Vertrag																
	Bereitschaftskosten: offener Perioden		nicht aktivierungspflichtige Jahres-Gemeinausgaben (Kosten) (-ausgabenverpflichtungen)	Kauf geringwertiger Wirtschaftsgüter Werbeausgaben																
			aktivierungspflichtige Jahres-Gemeinausgaben (Kosten) (-ausgabenverpflichtungen)	Großreparatur Fahrzeugkauf																

+) bzw. erzeugungs- oder leistungsbedingt

Abb. 7: Beispiel für eine tabellarische Grundrechnung mit hierarchischer Gliederung der Kostenkategorien

877 sich über die gesamte Lebensdauer des Unternehmens, wird jedoch aus Gründen der besseren Überschaubarkeit in mehr oder weniger umfassenden Ausschnitten dargestellt.[39]
Die Grundrechnung der Leistungskosten wird nur bei gleichbleibender oder wechselnder Massenproduktion, wenn von der Durchlaufdauer der einzelnen Partien und Lose abgesehen werden darf, periodenweise gestaltet. Je länger die Durchlaufdauer der einzelnen Partien oder Aufträge ist, umso notwendiger ist es, die Leistungskosten aus der periodenbezogenen Rechnung herauszunehmen und *partie-*, *auftragsweise* oder *projektweise im Zeitablauf* zu planen, abzurechnen und schließlich in die überperiodische (überjährige) Zeitablaufrechnung zu übernehmen.[40]
Aus diesen Gründen kann die Grundrechnung der Kosten als Periodenrechnung keine Vollkostenrechnung sein. Wegen der Multidimensionalität der Informationsbausteine kennt die Grundrechnung der Kosten auch nicht die in der traditionellen Kostenrechnung übliche Abrechnungsfolge: Kostenartenrechnung, Kostenstellenrechnung und Kostenträgerrechnung. Die Zugehörigkeit zu bestimmten Kostenarten, Kostenstellen und Kostenträgern ist vielmehr, wie wir gesehen haben, gleichzeitig existent und ersichtlich; zudem ist sie nur ein Teil der insgesamt bedeutsamen Klassifikationsmerkmale.
Die von mir wiederholt gebrauchte und oft zitierte Formel, daß die Grundrechnung gleichzeitig Kostenarten-, Kostenstellen- und Kostenträgerrechnung sei, soll vor allem das Umdenken von der traditionellen Kostenrechnung zum Rechnen mit relativen Einzelkosten erleichtern. Tatsächlich ist die Grundrechnung sehr viel mehr als die Gesamtheit von Kostenarten-, Kostenstellen- und Kostenträgerrechnung, nämlich ein vielseitig auswertbarer vieldimensionaler Datenspeicher, der die Geld- und Mengengrößen nach allen betriebswirtschaftlich bedeutsamen Merkmalen differenziert verfügbar hält.

3. Probleme des Ausweises komplexer Informationsbausteine

Wie wir gesehen haben, sind die einzelnen Informationsbausteine durch mehrere „Dimensionen" gekennzeichnet, nach denen sie gesammelt und geordnet ausgewiesen und verknüpft werden können. Daraus erwächst die Frage, welche Möglichkeiten für die Sammlung, Speicherung und Darstellung (den „Ausweis") multidimensionaler Informationsbausteine in der konventionellen Tabellenform oder nach modernen Datenbankkonzepten bestehen. Die grundsätzlich mögliche Kontenform erweist sich als so unbeweglich, daß wir sie in die folgenden Überlegungen nicht einbeziehen. Wählt man für die Darstellung der in der Grundrechnung gesammelten homogenen Informationselemente die Form einer statistischen Tabelle, dann ist das Problem ihres Ausweises lediglich bei zwei Merkmalsdimensionen trivial. Man kann dann – nach Art des Betriebsabrechnungsbogens – beispielsweise die Spalten für den Ausweis eindimensionaler Bezugsobjekte und die Zeilen für den Ausweis eindimensionaler Klassifikationskategorien, z. B. der Kostenarten, heranziehen. Die in den einzelnen Tabellenfächern oder -feldern ausgewiesenen Zahlen sind dann durch zwei Dimensionen, eben das Bezugsobjekt und die Kostenart, gekennzeichnet. Will man nach weiteren Merkmalen differenzieren, dann bieten sich folgende Möglichkeiten an:

39 S. *Riebel, Paul*, Die Bereitschaftskosten in der entscheidungsorientierten Unternehmerrechnung, in: ZfbF, 22. Jg. (1970), S. 372–386 s. a. den Nachdruck in diesem Band, S. 81–97; *ders.*, Deckungsbeitragsrechnung, in: HWR, Abb. 10; in diesem Band, passim.
40 S. hierzu schon *Riebel, Paul*, Die Gestaltung . . ., 1956, S. 284 f.; zur Handhabung in Verbindung mit der Erlös- und Deckungsbeitragsrechnung s. a. *ders.*, Ertragsbildung und Ertragsverbundenheit . . ., S. 159–161; s. a. in diesem Band, S. 16 f. und S. 107–110.

(1) Man erstellt *mehrere zweidimensionale Tabellen nebeneinander.* Dieser Weg hat den Nachteil, daß die Verknüpfung der unterschiedlichen Dimensionen der Bezugsobjekte untereinander einerseits und der Klassifikationskategorien untereinander andererseits nicht unmittelbar aus den Tabellen hervorgeht, sondern auf andere Weise offengelegt werden muß. Zudem ist dieses Verfahren außerordentlich aufwendig und daher nur für eine begrenzte Zahl von Merkmalen wirtschaftlich vertretbar. 878

(2) Man kann aber auch in einer *„hierarchischen (Gliederungs-)Tabelle"* mehr als zwei Merkmale berücksichtigen, wenn man die Spalten im Tabellenkopf und die Zeilen in der Vorspalte hierarchisch gliedert. Das ist, wie schon angedeutet, in sachlogisch zwingender Weise nur in gewissen Teilbereichen möglich, nämlich nur insoweit als die einzelnen Bezugsobjekte oder Klassifikationskategorien untereinander im Verhältnis einer „natürlichen" Über- und Unterordnung stehen, wie etwa Stunden, Tage, Monate, Quartale und Jahre. Viele Bezugsobjekte können mehreren Bezugsobjekthierarchien zugeordnet werden, wobei ihre Stellung in der Hierarchie, wie überhaupt deren Aufbau von der jeweiligen Fragestellung (und den Betriebsgegebenheiten) abhängt. Wenngleich die Strukturierung solcher „problemadäquater Bezugsobjekthierarchien" grundsätzlich Gegenstand von Auswertungsrechnungen ist, ist es doch bei hierarchisch gegliederten Grundrechnungstabellen nicht ganz gleichgültig, welche hierarchische Anordnung gewählt wird. So kann man beispielsweise einen Teil der Bezugsobjekte mehr produktionsorientiert oder mehr absatzorientiert gruppieren und gewinnt so, wie ich an anderer Stelle dargestellt habe, einen unterschiedlichen Eindruck, weil man die Daten der einzelnen Bezugsobjekte in einem anderen Zusammenhang sieht. Das zeigt sich ganz besonders beim Ausweis verdichteter Daten.[41]

Entsprechendes gilt für die hierarchische Strukturierung von Klassifikationskategorien. Stellt man beispielsweise auf so unterschiedliche Kriterien, wie die Art der Einflußfaktoren, die Erfassungsweise und den Ausgabencharakter ab, ergeben sich mehrere sachlogisch gleichwertige alternative Hierarchien, zwischen denen nur unter pragmatischen Gesichtspunkten, etwa im Hinblick auf Gruppierungen, die für wichtige Auswertungszwecke ohnehin benötigt werden, entschieden werden kann. Solange heterogene Elemente nicht verdichtet werden, ist allerdings der Aufbau der Hierarchie von Bezugsobjekten und Kategorien grundsätzlich von untergeordneter Bedeutung, weil die ausgewiesenen Informationsbausteine jederzeit nach anderen Hierarchien zusammengefaßt werden können. Gleichwohl wird von den gewählten Hierarchien der äußere Aufbau und damit auch der „optische" Eindruck der Grundrechnung beeinflußt und so in gewisser Weise auch ihr Informationsgehalt. Diese Erfahrung kann zur Aufstellung paralleler Grundrechnungen nach unterschiedlich ausgerichteten Hierarchien von Kategorien und Bezugsobjekten Anlaß geben.

Auch bei den hierarchischen Gliederungstabellen ist freilich die Zahl der Merkmale, nach denen die Bezugsobjekte und die Klassifikationskategorien gegliedert werden können, noch recht beschränkt, wenn die Übersichtlichkeit nicht verlorengehen soll. Zudem ist das Aufstellen mehrerer paralleler Grundrechnungen auf Basis unterschiedlicher Hierarchien verhältnismäßig aufwendig und insoweit wenig wirtschaftlich, als in einem mehr oder weniger großen Teil der Tabellenfelder der parallelen Grundrechnungen identische Zahlen enthalten sein düften. Das ändert sich erst, wenn man nicht nur die Anordnung der einzelnen Merkmale in den Hierarchien ändert, sondern unterschiedliche Merkmale auf-

41 Siehe hierzu das Beispiel bei *Riebel, Paul,* Durchführung und Auswertung der Grundrechnung . . ., S. 117–120 u. 142–146 (s. a. den Nachdruck in diesem Band, S. 158–175) sowie *Menrad, Siegfried,* Rechnungswesen, S. 181–183.

879 nimmt. Dann aber wird es schwierig, die parallelen Grundrechnungstabellen miteinander zu verknüpfen, weil der aggregierte Ausweis von quantitativen Daten komplexer Bezugsobjekte bei jeweils nur einem Teil der kennzeichnenden Merkmale einer selektiven Verdichtung gleichkommt (s. Abschn. 4.). Diesen Mangel kann man durch die folgenden Methoden entgehen.

(3) Die erwähnte Einschränkung der Zweckneutralität in parallelen Tabellen mit reduzierter Komplexität der Bezugsobjekte läßt sich durch den *Mehrfachausweis ein und desselben Informationselements in derselben Tabelle* unter verschiedenen Aspekten, z. B. aus der Sicht jeweils nur einer Dimension ursprünglich mehrdimensionaler Bezugsobjekte, vermeiden. Der Grad der Komplexität der dabei herangezogenen Bezugsobjekte und Klassifikationskategorien, bei denen die quantitativen Größen ausgewiesen werden, ist gegenüber dem ursprünglichen Informationselement durch Weglassen von Merkmalen *selektiv reduziert* und meist auch selektiv aggregiert (s. Abschnitt 4.), im Extremfall bis auf jeweils ein eindimensionaler Bezugsobjekt und eine eindimensionale Klassifikationskategorie.

Das ist in *Abb. 8* für den Fall gezeigt, daß von ursprünglich ein- bis dreidimensionalen Bezugsobjekten ausgehend der Mehrfachausweis in der Grundrechnung auf jeweils eindimensionale Bezugsobjekte reduziert und für diese zusammengefaßt wird.

Wir gehen dabei von folgenden Fällen aus:

1. Allgemeine Werbung für Produkt a	45 TDM
2. Werbung für Produkt a beim Großhandel (GH) im Absatzgebiet „Nord" (N)	5 TDM
3. Werbung für Produkt a beim Einzelhandel (EH) im Absatzgebiet „Nord" (N)	15 TDM
4. Allgemeine Werbung für Produkt b	90 TDM
5. Werbung für Produkt b im Absatzgebiet „Nord" (N)	20 TDM
6. Überregionale Werbung um Kundengruppe Großhandel (GH)	70 TDM
7. Werbung um Kundengruppe Großhandel (GH) im Absatzgebiet „Nord" (N)	50 TDM
8. Werbung um Kundengruppe Einzelhandel (EH) im Absatzgebiet „Nord" (N)	30 TDM
9. Allgemeine Werbung im Absatzgebiet „Nord" (N)	120 TDM
	Σ 445 TDM

Wie der Vergleich der *Tabelle 1* mit den Ausgangsdaten zeigt, gehen im Falle der Aggregation auf die alternativen eindimensionalen Bezugsobjekte wichtige Informationsbausteine unter, ohne daß es ohne weiteres möglich wäre, diese wieder zu gewinnen. Zudem kommt es zu einer Aufblähung der Zahlensumme, weil ein Teil der Kostenelemente mehrfach ausgewiesen wird. Diese Nachteile lassen sich vermeiden, wenn man heterogene Elemente nicht aggregiert, sondern (gemäß *Tabelle 2* in *Abb. 8)* getrennt ausweist. Diese Darstellungsform ist zwar aufwendig, hat aber den Vorzug, daß sowohl die Kosten nach den einzelnen Segmenten differenziert ausgewiesen werden als auch gleichzeitig die Dimensionen der komplexen Bezugsobjekte und der Umfang des Mehrfachausweises klar ersichtlich sind.

In manchen Fällen, insbesondere bei der Verrechnung innerbetrieblicher Leistungen, kann mit der Zuordnung zu unterschiedlichen Bezugsobjekten auch die *Kostenkategorie wechseln.* So ist der Reparaturmaterialverbrauch für die leistende Kostenstelle erzeugungsmengenabhängig und ebenso für die Reparaturleistung als internen Kostenträger; für die empfangende Kostenstelle sind dagegen die Reparaturmaterialkosten ebenso wie alle anderen diesem Reparaturauftrag zurechenbare Kosten unter den Perioden-Gemeinkosten mit unbestimmter Nutzungsdauer einzuordnen. 880

Schließlich ist die Frage zu lösen, wie trotz des gleichzeitigen Mehrfachausweises in einer Tabelle eine *Mehrfachaddition vermieden* werden kann. Der in *Tabelle 2* der *Abb. 8* ein-

Tabelle 1: Grundrechnungstabelle mit paralleler dimensionsweiser Betrachtung der Bezugsobjekte (unter Aggregation heterogener Elemente und ohne Kennzeichnung von Mehrfachausweis)

Kostenart ↓ / Bezugsobjekte →	a	b	GH	EH	N
Werbung	65	110	125	45	240
......	...	...	...	...	...

Tabelle 2: Grundrechnungstabelle mit dimensionsweiser Betrachtung der Bezugsobjekte unter Verzicht auf die Aggregation heterogener Elemente

Kostenart ↓ / Bezugsobjekte →	a	b	GH	EH	N	∑ (Einmaladdition)
Werbung (1.)	45					45
(2.)	5		5		5	5
(3.)	15			15	15	15
(4.)		90				90
(5.)		20			20	20
(6.)			70			70
(7.)			50		50	50
(8.)				30	30	30
(9.)					120	120
∑	65	110	125	45	240 →	585 / 445
	Queraddition führt zu Mehrfachaddition!					

Tabelle 3: Grundrechnungstabelle mit einmaligem Ausweis komplexer Bezugsobjekte

Kostenart ↓ / Bezugsobjekte →	eindimensionale Bezugsobjekte				zweidimensionale Bezugsobjekte			dreidimensionale Bezugsobjekte		∑
	a	b	GH	N	b/N	GH/N	EH/N	a/GH/N	a/EH/N	
Werbung (Fall)	45 (1.)	90 (4.)	70 (6.)	120 (9.)	20 (5.)	50 (7.)	30 (8.)	5 (2.)	15 (3.)	445
....	..	..	..	..	..	..	....	....	....	

Abb. 8: Alternativen des Ausweises komplexer Bezugsobjekte in einer einzigen Grundrechnungstabelle

881 geschlagene Weg, der wohl keiner weiteren Erläuterung bedarf, ist nur gangbar, wenn noch keine Aggregation heterogener Elemente stattgefunden hat und wenn die betreffenden Elemente aus jeder Sicht der Bezugsobjekte unter derselben Kostenkategorie erscheinen. Sind diese Voraussetzungen nicht gegeben, läßt sich der Mehrfachausweis wohl nur dadurch vermeiden, daß man sich entscheidet, welches Tabellenfeld bei der Bildung von Zeilen- oder Spaltensummen für mehr oder weniger große Teilbereiche herangezogen werden soll; so kann man etwa durch ein besonderes Symbol (z. B. Einklammerung der Zahl) die Tabellenfelder kennzeichnen, die von der Bildung von Zeilen- oder Spaltensummen oder Gesamtsummen ausgeschlossen bleiben sollen.

(4) Dem komplexen Charakter vieler Bezugsobjekte wird am besten entsprochen, wenn man einem Vorschlag meines Mitarbeiters *Sinzig* folgend in den Spalten der Grundrechnungstabellen nicht nur eindimensionale Bezugsobjekte, sondern auch mehrdimensionale, *komplexe Bezugsobjekte ausweist.* Das ist für die Ausgangsdaten der *Abb. 8* in *Tabelle 3* gezeigt. In dieser Grundrechnungstabelle werden alle Daten der originären Informationsbausteine nur bei einem Bezugsobjekt ausgewiesen, das seinerseits ein-, zwei- oder mehrdimensional sein kann. Wie der Vergleich mit *Tabelle 2* zeigt, ist diese Vorgehensweise insoweit kostengünstiger als offensichtlich weniger Speicherkapazität benötigt wird. Andererseits sind Informationen über die für einzelne Segmente, z. B. den Großhandel, insgesamt aufgewandten Kosten erst über eine zusätzliche Auswertungsrechnung zu erschließen.

Grundrechnungen nach Art der *Tabellen 2* und *3* sind in ganz besonderer Weise *urbelegsnah,* ja im Grenzfalle urbelegsgleich. Sie entsprechen damit dem aus Wirtschaftlichkeitsgründen zu fordernden *„Prinzip der Einmalerfassung“,*[42] das nicht nur für Datenbanken maßgeblich ist, sondern generell auch für die tabellarische Grundrechnung gilt und – gleichgültig ob nur mit einer oder mehreren unterschiedlich aufgebauten Tabellen gearbeitet wird – den Mehrfachausweis oder die Mehrfachzurechnung nicht ausschließt. Ein „Prinzip der Einmalzurechnung“, das *Wedekind* und *Ortner*[43] irrigerweise als wesentliches Element der relativen Einzelkostenrechnung ansehen, ist von mir nie gefordert worden und würde im Gegenteil der von Anfang an angestrebten multidimensionalen Verknüpfbarkeit der Bezugsobjekte, etwa zwecks Bildung problemaäquater Bezugsgrößenhierarchien in der Deckungsbeitragsrechnung, geradezu entgegenstehen.[44] Die Forderung nach Mehrfachzurechnung besteht somit unabhängig davon, ob mit einer oder mehreren Grundrechnungstabellen – in welcher Gestalt auch immer – oder ob mit Datenbanken gearbeitet wird. Offenbar geht es *Wedekind* und *Ortner* tatsächlich um das *„Prinzip des Einmalausweises und der Einmalspeicherung“.*

Aus dieser *urbelegnahen Grundrechnung mit komplexen Bezugsobjekten* lassen sich die zuvor erwähnten Formen der tabellarischen Grundrechnung gewissermaßen als „Auszüge“ mit vermindertem Informationsgehalt ableiten. Die Grundrechnung mit komplexen Bezugsobjekten entspricht vergleichsweise dem dreidimensionalen Modell eines Körpers, die

42 *Wedekind, Hartmut,* Die Entwicklung von Anwendungssystemen für Datenverarbeitungsanlagen, 1973, S. 141.

43 *Wedekind, Hartmut/Ortner, Erich,* Der Aufbau einer Datenbank für die Kostenrechnung, in: Die Betriebswirtschaft, 1977, S. 533–542, hier S. 535.

44 Siehe vor allem *Riebel, Paul,* Die Deckungsbeitragsrechnung als Instrument der Absatzanalyse, in: Absatzwirtschaft, Handbücher für Führungskräfte, II, hrsg. von *Bruno Hessenmüller und Erich Schnaufer,* 1964, S. 595–627; siehe auch den ergänzten Nachdruck in diesem Band, S. 176–203; *ders.,* Deckungsbeitragsrechnung im Handel . . ., Sp. 442–450; siehe auch den gekürzten Nachdruck in diesem Band, S. 399–408.

zuvor genannten Grundrechnungen dagegen entsprechen den Grundrissen, Aufrissen, Seitenrissen, Querschnitten und Ansichten von verschiedenen Seiten her, die benötigt werden, um das komplexe Objekt „auszugsweise" zu beschreiben.

Wie wir später noch sehen werden, kann man solche „Auszüge" mit reduzierten Bezugsobjekten und -kategorien schon als einen Übergang zu problemorientierten Auswertungsrechnungen ansehen. 882

Der unter (4.) skizzierte Weg einer urbelegnahen Grundrechnung mit komplexen Bezugsobjekten entspricht im Prinzip dem Konzept einer Datenbank nach dem Relationenmodell, deren Anwendung auf die Grundrechnung von *Wedekind* und *Ortner* ansatzweise skizziert worden ist.[45] Die unter (2.) und (3.) beschriebenen Grundrechnungstabellen sind dagegen im Prinzip mit verkettet organisierten Datenbanken (mit hierarchischer oder Netzwerkstruktur) vergleichbar, deren Anwendung auf die Grundrechnung und Deckungsbeitragsrechnung von *Mertens* und Mitarbeitern untersucht wird.[46] Im übrigen entsprechen derart organisierte Datenbanken noch nicht voll der für die Grundrechnung zu fordernden freien Verknüpfbarkeit und Zurechnungsmöglichkeit nach allen Richtungen.

4. Disaggregations- und Aggregationsprobleme

4.1. Disaggregationsprobleme

Entsprechend der Forderung nach hoher Abbildungstreue sollten in der urbelegnahen, primären Grundrechnung der Kosten und Erlöse, der Einsatz- und Ausbringungsmengen nur direkt erfaßte Größen und nur ursprüngliche Kosten- und Erlösarten ausgewiesen werden. Das Festhalten an dieser Forderung ist für Verbrauchs- und Ausbringungskontrollen sowie für die Gewinnung unverfälschter Übersichten, bei denen es auf die Genauigkeit ankommt, unabdingbar. Für eine große Zahl anderer Fragestellungen ist jedoch ein Teil der so angebotenen Informationsbausteine nicht ausreichend. Dabei handelt es sich vor allem um folgende Fälle:

Erstens verstößt die Praxis aus Wirtschaftlichkeitsgründen bei der Erfassung von Kosten und Erlösen, von Einsatz- und Ausbringungsmengen gegen die dritte der allgemeinen Gestaltungsregeln (s. Abschnitt 1.1.). So werden etwa Energien, Kleinmaterial („Hilfsstoffe") und Packmittel sowie Porti und Telefongebühren meist nicht bei dem jeweils speziellsten, dem originären Bezugsobjekt erfaßt, sondern in bereits aggregierter Form an übergeordneter Stelle der Bezugsobjekthierarchie, etwa bei der Kostenstelle statt bei den einzelnen unterschiedlichen Aufträgen, bei einer Kostenstellengruppe (Abteilung) statt bei den einzelnen Kostenstellen oder Kostenplätzen. Soweit sich die originären Bezugsobjekte in wenigstens einer für die Auswertungen wesentlichen Merkmalsausprägung unterscheiden, liegt zugleich ein Verstoß gegen die erste der allgemeinen Gestaltungsregeln vor, nach der keine heterogenen Elemente zusammengefaßt werden dürfen.

Nicht mit der gleichen Elle zu messen ist dagegen die übliche summarische Erfassung der den einzelnen Leistungseinheiten zurechenbaren Kosten für ein ganzes Fertigungslos und

45 *Wedekind, Hartmut/Ortner, Erich*, Der Aufbau einer Datenbank für die Kostenrechnung ..., S. 533–542.

46 *Mertens, Peter/Hansen, Klaus/Rackelmann, Günter*, Selektionsentscheidungen im Rechnungswesen – Überlegungen zu computergestützten Kosteninformationssystemen, in: Die Betriebswirtschaft, 1977, H. 1, S. 77–88.

die Ermittlung der spezifischen Stückkosten durch Division, wenn es sich um gleichartige Einheiten handelt. Etwaige individuelle Abweichungen bei der einzelnen Einheit, beispielsweise infolge mangelhafter Beherrschung oder zufallsbedingter Schwankungen von Einflußfaktoren, sind in der Regel für die Auswertung ohne Interesse. Anders wäre die gemeinsame Erfassung zu beurteilen, wenn etwa Umstellungs- und Anlaufvorgänge, Einübungs- und Ermüdungseffekte eine Rolle spielten.

883 Nicht selten werden auch individuelle Erlöse heterogener Leistungen summarisch erfaßt, wenn es um eine Vielzahl kleiner Posten geht, wie im Einzelhandel mit Alltagsgütern und im Personenverkehr mit Omnibussen, Schienenbahnen, Fähren und Ausflugsschiffen.[47]

In bezug auf die jeweils speziellsten ursprünglichen Bezugsobjekte handelt es sich um *unechte Gemeinkosten* bzw. *unechte Gemeinerlöse*, die – nach Auflösung oder Disaggregation in ihre (freilich nunmehr nicht genau quantifizierbaren) ursprünglichen Elemente – den originären Bezugsobjekten, z. B. den Aufträgen oder Kostenplätzen, – auf sachlogisch eindeutig-zwingende Weise nach dem Identitätsprinzip zugerechnet werden können. Es kommt also lediglich darauf an, die in den summarisch erfaßten unechten Gemeinkosten bzw. -entgelten enthaltenen Anteile der originären Bezugsobjekte (z. B. der einzelnen Aufträge) in möglichst guter Annäherung zu ermitteln. Dafür sind vor allem experimentell, durch Stichproben oder theoretische Berechnungen abgesicherte Verbrauchsstandards geeignet; auch können die Ergebnisse stichprobenweiser Erfassungen (z. B. über die Verkehrsmittelbenutzung) oder andere sachökonomisch begründete Schlüssel für die Aufteilung herangezogen werden. Eindeutige Kriterien für die Brauchbarkeit und Vorziehenswürdigkeit alternativer Schlüsselgrößen lassen sich insbesondere mit Hilfe der Korrelationsrechnung gewinnen.[48] Je näher der Korrelationskoeffizient bei + 1,0 liegt, desto besser ist der Schlüssel geeignet. Üblicherweise wird zwar ein Korrelationskoeffizient $> +0{,}71$ als ausreichend angesehen, weil dann das Bestimmtheitsmaß $> 0{,}5$, doch sollten zur genaueren Prüfung eines Schlüssels zusätzlich Methoden der „schließenden Statistik“, wie die Berechnung des Konfidenzintervalls oder Hypothesentests herangezogen werden.[49]

Die Disaggregation von aggregiert erfaßten Größen, z. B. originären Einzelkosten der Produkte, unterscheidet sich somit sachökonomisch ganz wesentlich von der Aufteilung verbundener Größen, z. B. echter Gemeinkosten.[50]

47 S. hierzu *Höhn, Günter Jürgen*, Zum Problem der betriebswirtschaftlich richtigen Linienerfolgsrechnung, 1972, S. 46 f.; *ders.*, Der Einfluß von Tarifaufbau und Abfertigungsverfahren auf die praktische Ausgestaltung der Erlösrechnung im ÖPNV, in: Betriebswirtschaftliche Probleme des öffentlichen Personennahverkehrs, Schriftenr. d. Deutschen Verkehrswissenschaftlichen Gesellschaft e.V., B 32, 1976, S. 157–201, hier S. 172 ff.; *Riebel, Paul*, Verkehrsbetriebe, Rechnungswesen der, in: Handwörterbuch der Betriebswirtschaftslehre, III. Band, 4. Aufl. 1976, Sp. 4162–4181, hier Sp. 4170.

48 Siehe hierzu schon *Riebel, Paul*, Richtigkeit, Genauigkeit und Wirtschaftlichkeit ..., 1959, S. 41–45, hier S. 42 f.; *ders.*, Kurzfristige unternehmerische Entscheidungen ..., S. 4, s. a. in diesem Band, S. 28–30 u. 275.

49 Vgl. z. B. *Linder, Arthur*, Statistische Methoden für Naturwissenschaftler, Mediziner und Ingenieure, 2. erw. Aufl., 1957, S. 104, 105; *Kreyszig, Erwin*, Statistische Methoden und ihre Anwendungen. Unveränderter Nachdruck der 4. Aufl., 1965, S. 317, 318.

50 Siehe hierzu *Hummel, Siegfried*, Wirklichkeitsnahe Kostenerfassung ..., S. 139, der sich auf *Goetz, Billy E.*, Tomorrow's Cost System, in: Advanced Management, Dec. 1947. Wiederabgedruckt in: *Thomas, William E. (ed.)*, Readings in Cost Accounting, Budgeting and Control, 1955, S. 67–80, hier S. 71, und auf *Chamberlain, Neil W.*, The Firm: Micro-Economic Planning and Action, 1962, S. 145–147, bezieht.

Das Prinzip der minimalen Gemeinkostenstreuung[51] ist daher nur auf die unechten Gemeinkosten sinnvoll anwendbar.
Die Vernachlässigung unechter Gemeinkosten bei Erfolgsanalysen, Entscheidungskontrollen und dem Alternativenvergleich etwa bei der Ermittlung von Preisgrenzen oder der Verfahrenswahl, kann zu Fehlurteilen führen, weil die dort ausgewiesenen Kosten zu niedrig und die Deckungsbeiträge zu hoch sind.[52] Umgekehrt wirkt sich die Vernachlässigung unechter Gemeinerlöse aus. Es ist daher zu empfehlen, ja notwendig, in einer „*sekundären Grundrechnung*" bei den einzelnen Bezugsobjekten die ihnen zurechenbaren, jedoch bei übergeordneten Objekten erfaßten Teile der unechten Gemeinkosten und Erlöse auszuweisen (s. *Abb. 9*). Weil sie sich von den direkt erfaßten Kosten durch die Erfassungsweise und die Genauigkeit unterscheiden, sollten sie – gemäß der allgemeinen Grundregel 1 – gesondert in der sekundären Grundrechnung gekennzeichnet werden. Das gleiche ist für Auswertungsrechnungen zu empfehlen.[52] Entsprechendes gilt für andere aggregiert erfaßte Geld- und Mengengrößen.

884

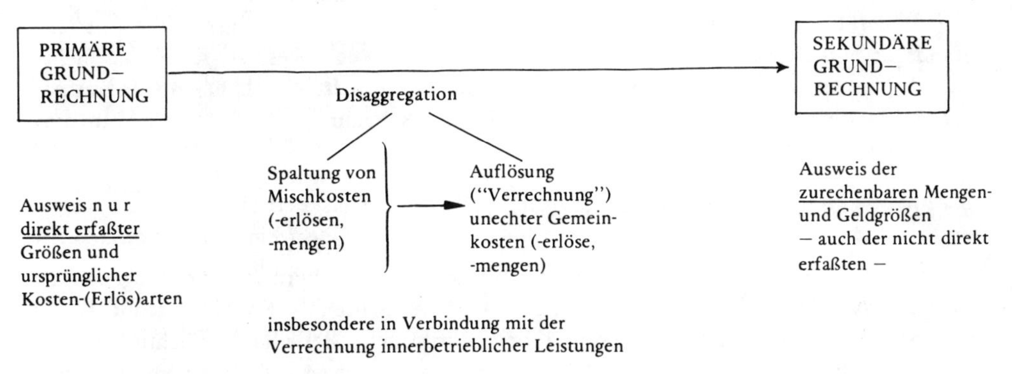

Abb. 9: Primäre und sekundäre Grundrechnung

Ein analoges Disaggregationsproblem stellt sich bei den *Mischkosten,* d. h. solchen Kosten, die von einer bestimmten Einflußgröße, z. B. der Losgröße oder der Schichtdauer teils unabhängig und teils abhängig bzw. unterschiedlich abhängig (z. B. proportional, über- oder unterproportional) sind. Auch hier wird teils aus Wirtschaftlichkeitsgründen von einer getrennten Erfassung, etwa des Verbrauchs beim Anlaufen eines Loses oder einer Maschine zu Schichtbeginn, abgesehen, teils ist die getrennte Messung mit den üblichen technischen Mitteln auch gar nicht möglich, so etwa des Energieverbrauchs eines Glühofens für die Aufrechterhaltung der dynamischen Betriebsbereitschaft einerseits und das Erhitzen der einzelnen Werkstücke andererseits. Da diese Mischkosten zwar gemein-

51 Danach sind die Gemeinkosten mittels derjenigen Schlüsselgröße zu verteilen, welche die kleinste Gemeinkostenstreuung aufweist. Siehe *Koch, Helmut*, Zum Problem des Gemeinkostenverteilungsschlüssels, in: ZfbF 1965, S. 169–200, insbes. S. 181–200; neuerdings *ders.*, Die Gemeinkostenrechnung . . ., insbes. S. 374–392.
Koch ist bislang den Beweis schuldig geblieben, daß dieses Prinzip auch auf echte Gemeinkosten, seien es Bereitschaftskosten oder Leistungskosten, anwendbar ist. Die seinen Rechnungen zugrundeliegenden Beispiele sind zu unrealistisch, um für eine Beweisführung geeignet zu sein.

52 *Riebel, Paul*, Deckungsbeitrag und Deckungsbeitragsrechnung . . ., Sp. 1147, s. a. in diesem Band, S. 394.

sam erfaßt, aber nach „Auflösung" oder „Spaltung" aufgrund der sachökonomischen Zusammenhänge nach dem Identitätsprinzip unterschiedlichen Bezugsobjekten zurechenbar sind, handelt es sich hierbei um eine spezielle Art unechter Gemeinkosten, für die alle obigen Überlegungen sinngemäß gelten. Ebenso wie aufgeteilte unechte Gemeinkosten sind aus der Aufteilung von Mischkosten gewonnene Kostenelemente für eine Verbrauchskontrolle ungeeignet. So läßt sich etwa bei Abweichungsanalysen nicht ermitteln, ob und in welchem Maße die Abweichung auf den fixen oder den variablen Anteil zurückzuführen ist.

Die Auswertungsbereiche der primären und sekundären Grundrechnung decken sich, soweit Geld- oder Mengengrößen aggregiert erfaßt oder geplant werden, nicht voll. Gleichwohl sind beide noch eindeutig als zweckneutrale Grundrechnungen aufzufassen, weil – und nur solange als – keine homogenen Zahlengrößen zweckbedingt willkürlich aufgeteilt werden.

Bei den zukunftsgerichteten Rechnungen werden die fixen und variablen Anteile von Mischkosten in der Regel getrennt geplant. Auch die in der Vergangenheitsrechnung als unechte Gemeinkosten der originären Bezugsobjekte summarisch erfaßten Kosten werden in der Planungsrechnung häufig mit Hilfe von mehr oder weniger differenzierten Standards je Leistungseinheit oder sonstigen Bezugsgrößen angesetzt, soweit sie nicht pauschal in summarisch vorgegebenen Budgetposten enthalten sind. Für die zukunftsbezogenen Rechnungen erübrigt sich damit die Unterscheidung zwischen einer primären und sekundären Grundrechnung.

885

4.2. Das Verdichtungs- oder Aggregationsproblem

Aus Gründen der Übersichtlichkeit und der Wirtschaftlichkeit wird man die Mengen- und Geldgrößen der Grundrechnung mehr oder weniger verdichten – bei einer Datenbank am wenigsten, bei einer Grundrechnung in Tabellenform mehr. Bei einer Verdichtung völlig homogener Elemente („*homogene Verdichtung*") gehen zwar die einzelnen ursprünglichen Elemente unter, doch bleibt der für spätere Auswertungen bedeutsame Informationsgehalt in der summarischen Aussage in gleicher Weise bestehen, wie das im vorangegangenen Abschnitt für die summarische Erfassung gleichartiger Elemente dargelegt worden ist.

Bei den nunmehr zu erörternden Fragen geht es uns um eine andere Form des Zusammenfassens: die Aggregation von mehrdimensionalen Informationselementen, die nur in einem Teil ihrer qualitativen Merkmale übereinstimmen („*heterogene Verdichtung*"). Zahl und Art der übereinstimmenden Merkmale können von Element zu Element unterschiedlich sein, wie bei den Ausgangselementen unseres Beispiels in *Abb. 8*. Wollen wir solche heterogene Elemente zusammenfassen, müssen wir uns auf übereinstimmende Merkmalsausprägungen beschränken und von den übrigen absehen.

Durch die Auswahl der Merkmalsausprägungen, die bei der Aggregation erhalten bleiben sollen, auf die hin zusammengefaßt werden soll, wird der Kreis der Elemente bestimmt, der jeweils aggregiert werden kann und damit zugleich der ausgeschlossen bleibende Rest. Wir sprechen daher auch von „*selektiver Verdichtung*" oder „selektiver Aggregation". Selbstverständlich erhöht sich tendenziell die Menge der aggregierbaren Elemente mit abnehmender Zahl der jeweils verbleibenden Merkmalsausprägungen. Zugleich nimmt die Zahl möglicher „Verdichtungsrichtungen" zu. Daß damit auch die Heterogenität der in ein Aggregat eingeschlossenen Informationselemente steigt, ist zwar trivial, aber in seinem Ausmaß für den Betrachter einer aggregierten Tabelle nicht klar zu erkennen. Dazu bedarf es eines Vergleichs mit den Urinformationen oder weniger verdichteten bzw. in anderer Richtung verdichteten Aggregaten. Diese Zusammenhänge lassen sich leicht aus einem Vergleich der Ausgangsinformationen und der Spalteninhalte von *Tabelle 1* der *Abb. 8* ersehen.

Mit der Verdichtung nicht völlig homogener Elemente ist somit stets ein *Informationsverlust* verbunden, weil ein Teil der ursprünglich erfaßten Merkmale „unterdrückt" werden muß; dadurch wird zugleich der Grad der Homogenität der Informationsbausteine vermindert. Dem stehen aber auch *Verdichtungsvorteile* gegenüber:

Erstens bietet nur die Aggregation die Möglichkeit, Verbundenheitsbeziehungen auf höherer Ebene der Bezugsobjekthierarchie, vor allem jedoch schwach ausgeprägte und schwer quantifizierbare oder nur potentielle Verbundenheitsbeziehungen, z. B. zwischen den verschiedenen Aufträgen eines Kunden, durch Zusammenfassen „verbundenheitsverdächtiger" Bezugsobjekte auf einer den möglichen Verbundenheitsbeziehungen adäquaten höheren Ebene zu berücksichtigen. Das gilt vor allem für die Grundrechnung der Erlöse, in der weitgehend von vereinbarten oder fakturierten Entgeltteilen ausgegangen werden muß, die bloße Komponenten eines mehrstufigen und mehrdimensionalen Entgeltsystems sind und bei strenger Betrachtung sich lediglich als scheinbare Einzelerlöse der untergeordneten Bezugsobjekte erweisen.[53] Man braucht also wegen eines gewissen Restes an „Allverbundenheit" der Erlöse zwischen den einzelnen Artikeln eines Sortiments, den Posten eines Auftrags, den Aufträgen eines Kunden, ja selbst zwischen verschiedenen Kunden und sonstigen Teilmärkten keineswegs zu resignieren. Entsprechendes gilt, wenn auch in geringerem Maße, für ähnliche Verbundenheitsbeziehungen zwischen den vom gleichen Lieferanten beschafften Güterarten, zwischen den Posten eines Beschaffungsauftrags, den einzelnen einem Lieferanten erteilten Aufträgen und nicht selten sogar zwischen den Beschaffungsumsätzen mit verschiedenen Lieferanten. Auch kann es sowohl im Beschaffungsbereich als auch im Produktions- und hier vor allem im Entwicklungsbereich zu ähnlichen „Austrahlungseffekten" kommen wie beim Absatz.[54]

886

Zweitens gewinnen die verbleibenden Informationen durch die Verdichtung an *Übersichtlichkeit, Anschaulichkeit und Zugriffseignung,*[55] wie jedermann aus der Benutzung von Landkarten unterschiedlichen Maßstabs (Verdichtungsgrades) weiß. Wie bei einer Landkarte, wächst die Aussagefähigkeit „keineswegs mit der Menge der dargestellten Einzelheiten und mit der rein statistischen Genauigkeit, sondern sie wird im Gegenteil oft von ihnen beeinträchtigt."[56]

Wie bei Landkarten sollten der Grad der Verdichtung und die Auswahl der zu unterdrückenden und zu erhaltenden Informationen auf die Verwendungszwecke und den Benutzerkreis ausgerichtet sein (s. Autokarten für Fernfahrten, zur lokalen Orientierung – Wanderkarten – Fliegerkarten). So wird die Unternehmungsleitung für die erste Groborientierung stark verdichtete Übersichten benötigen; erregen bestimmte Teilbereiche ihr besonderes Interesse, wird sie – „weil der Teufel im Detail steckt" – zu weniger verdich-

53 s. *Riebel, Paul* Ertragsbildung ..., S. 152–200, insbes. 198 ff., sowie den Nachdruck in diesem Band, S. 101–48, insbes. 146 ff. sowie *Männel, Wolfgang*, Zurechnung von Erlösen auf parallel arbeitende Betriebsteile, ... *ders.*, Mengenrabatte ..., *ders.*, Erlösschmälerungen ..., sowie *Menrad, Siegfried*, Rechnungswesen, ..., S. 174–180.

54 Zum Begriff „Ausstrahlungseffekt" s. *Dichtl, Erwin*, Die Beurteilung der Erfolgsträchtigkeit eines Produktes als Grundlage der Gestaltung des Produktionsprogramms, in: Betriebswirtschaftliche Schriften, Heft 42, 1970, S. 25 f.

55 S. *Hummel, Siegfried*, Wirklichkeitsnahe Kostenerfassung ..., S. 64 und 126 ff.

56 *Witt, Werner*, Thematische Kartographie, Methoden und Probleme, Tendenzen und Aufgaben, 1967, Sp. 345 f., zit. nach *Hummel*, Wirklichkeitsnahe Kostenerfassung ..., S. 127.

teten Übersichten greifen, wie sie eigentlich für die Leiter von Niederlassungen, Abteilungen oder Kostenstellen bestimmt sind. So wie Karten der unterschiedlichsten Ausrichtung und Verdichtung auf das Meßtischblatt zurückgehen, der Stadtplan ebenso wie die Fernstraßenkarte, so lassen sich aus der äußerst detaillierten „originären Grundrechnung" *grundrechnungsartige Übersichten* und *„Auszüge"* unterschiedlichen Verdichtungsgrades ableiten, wobei auch noch die Art der Verdichtung, nämlich die Auswahl der Objekte und Merkmale, nach denen aggregiert wird, abgewandelt werden kann. Insoweit nimmt mit zunehmender Verdichtung oder Aggregation tendenziell die *Zweckorientierung* zu.

Zweitens interessiert, wie schon bei der Erörterung der Rechnungsziele erwähnt, nicht nur die Bereitstellung elementarer Informations„bausteine", sondern auch *zusammengesetzter Informations„baugruppen"*. Bei der dazu erforderlichen Verdichtung heterogener Elemente können wir zwischen zwei *Aggregationstypen* unterscheiden:

(1) Die *„fixierte" Aggregation* im Rahmen „natürlicher" oder organisatorisch vorgegebener Hierarchien von Klassifikationskategorien oder Bezugsobjekten.

(2) Die *„selektive" Aggregation* im Rahmen problemspezifischer Hierarchien.

887 Zu (1): „Natürliche" Hierarchien finden wir in der Grundrechnung vor allem in Teilbereichen der Klassifikationshierarchien; Beispiele haben wir bei den Hierarchien der Leistungskosten und der Gruppierung der Bereitschaftskosten nach der Bindungsdauer kennengelernt (s. *Abb. 4, 5, 6*). Da für viele Auswertungsrechnungen die Zusammensetzung derartiger Kostenhierarchien in mehr oder weniger umfangreichen Teilbereichen gleichbleibt, können sie als ganze Baugruppen oder „Pakete" in die Auswertungsrechnungen übernommen werden. Über die Identifizierung der jeweils obersten Kategorie (z. B. „umsatzwertabhängige Kosten") ist der Zugriff zu den untergeordneten Kategorien und den darin eingeschlossenen Kostenarten, z. B. den von der Zahlungsweise unabhängigen Provisionen, Lizenzen, Mieten usw., gewährleistet. Daher kann man in hierarchisch verdichteten Übersichten – je nach angestrebtem Verdichtungsgrad – von vornherein die Summenzahlen von Kostenartengruppen, untergeordneten oder übergeordneten Kostenkategorien ausweisen.

Im Bereich der Bezugsobjekte haben wir es vor allem mit technisch oder – noch häufiger – organisatorisch *„fixierten" Objekthierarchien* zu tun, etwa den Verantwortungsbereichen einer Linienorganisation. In *Abb. 10* ist ein Beispiel für eine technisch-organisatorisch bedingte Produkthierarchie dargestellt. Nur auf der untersten Verdichtungsebene ist eine bloße Sammlung homogener Elemente möglich. Auf allen „höheren" Verdichtungsebenen werden heterogene Elemente zusammengefaßt, aber eben nur solche, die demselben übergeordneten Element zugehören und für die dessen „originäre" Einzelkosten – analoges gilt für andere Rechengrößen – gemeinsam disponiert sind. Insoweit besteht zwischen den untergeordneten Elementen eine gewisse Gleichartigkeit – oder noch besser – Gemeinsamkeit: die Verbundenheit über spezifische gemeinsame Kosten. Wie aus *Abb. 10* ersichtlich, kann die Verdichtung alternativ auf unterschiedliche *Verdichtungsstufen* oder

888 *-ebenen* vorangetrieben werden und umfaßt dann unterschiedlich große *Verdichtungsfelder* oder -bereiche.[57]

Weil bei dieser *Verdichtung nach Zurechenbarkeitshierarchien* Zusammenhänge aufgezeigt werden, die aus den einzelnen Elementen allein nicht erkennbar sind, und die vorgegebene Hierarchie die fragestellungsspezifische Auswahl der zu erhaltenden und der zu unter-

57 Ähnlich auch *Pressmar, Dieter B.*, Das Strukturmodell des maschinellen Datenverarbeitungsprozesses einer betrieblichen Kostenrechnung (Teil I), in: Neuere Entwicklungen in der Kostenrechnung (II), Schriften z. Unternehmensführung, hrsg. von *H. Jacob*, Bd. 22, S. 67–92, hier S. 78–80, insbes. Abb. 4.

887

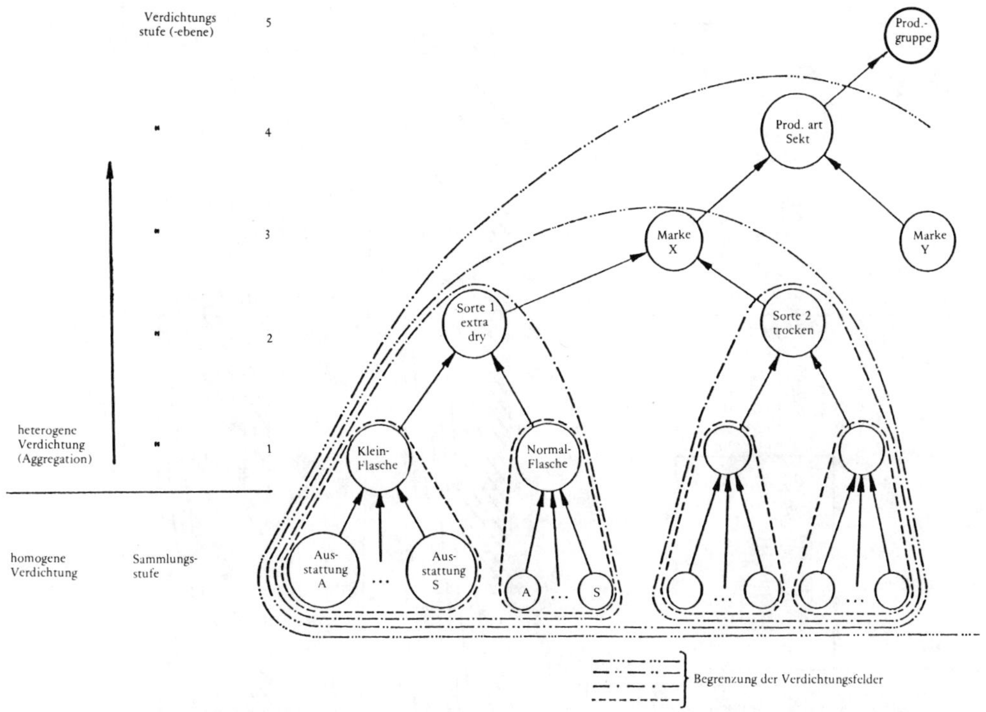

Verdichtungs stufe (-ebene) 5 4 3 2 1

heterogene Verdichtung (Aggregation)

homogene Verdichtung

Sammlungs-stufe

Prod.-gruppe

Prod. art Sekt

Marke X

Marke Y

Sorte 1 extra dry

Sorte 2 trocken

Klein-Flasche

Normal-Flasche

Aus-stattung A ... Aus-stattung S

A ... S

Begrenzung der Verdichtungsfelder

Abb. 10: Verdichtungsstufen (-ebenen) und -felder einer fixierten Bezugsobjekthierarchie

888

drückenden Merkmale so gut wie ganz ausschließt, rechnen wir Aggregationen dieses Typs – trotz einer gewissen Einschränkung der Vielfalt der Auswertungsmöglichkeiten – noch zur Grundrechnung im weiteren Sinne.

Zu (2): Werden dagegen Hierarchien von Klassifikationskategorien oder Bezugsobjekten lediglich für spezielle Fragestellungen „problemadäquat" aufgebaut,[58] dann kann die Aggregation tendenziell in so hohem Maße zweckgerichtet sein, daß man die entstandenen Baugruppen oder Informationspakete kaum mehr der Grundrechnung zuordnen kann.

5. Bemerkungen zum Verhältnis von Grundrechnung und Auswertungsrechnung

Grundrechnung und Auswertungsrechnung bedingen sich gegenseitig, sie bilden zusammen ein *komplementäres System:* die Grundrechnung stellt als vielfältig auswertbarer Datenspeicher Informationsbausteine bereit, deren Nutzen erst mit Hilfe der *Auswertungsrechnung* erschlossen werden kann (*s. Abb. 11*). Das Gesamtsystem ist im Bereich der Grundrechnung verhältnismäßig fest gefügt und „geschlossen", dagegen im Bereich der Auswertungsrechnungen äußerst beweglich und gestaltungsfähig, in besonderer Weise „offen".

Den Begriff *„Sonderrechnung"*, den *Schmalenbach* der Grundrechnung gegenüberstellt, wollen wir – im Sinne der Sonderanfertigung in der Sachgüterproduktion – für die extreme Ausprägung zweck- und situationsbezogener Rechnungen reservieren: die fall-

58 So könnte man, wenn z. B. generell die Frage der Flaschengrößen zur Debatte steht, die in *Abb. 10* skizzierte Bezugsobjekthierarchie so umgestalten, daß die Flaschengrößen in der 3. Verdichtungsebene erscheinen, während die Marken und Sorten untergeordnet werden.

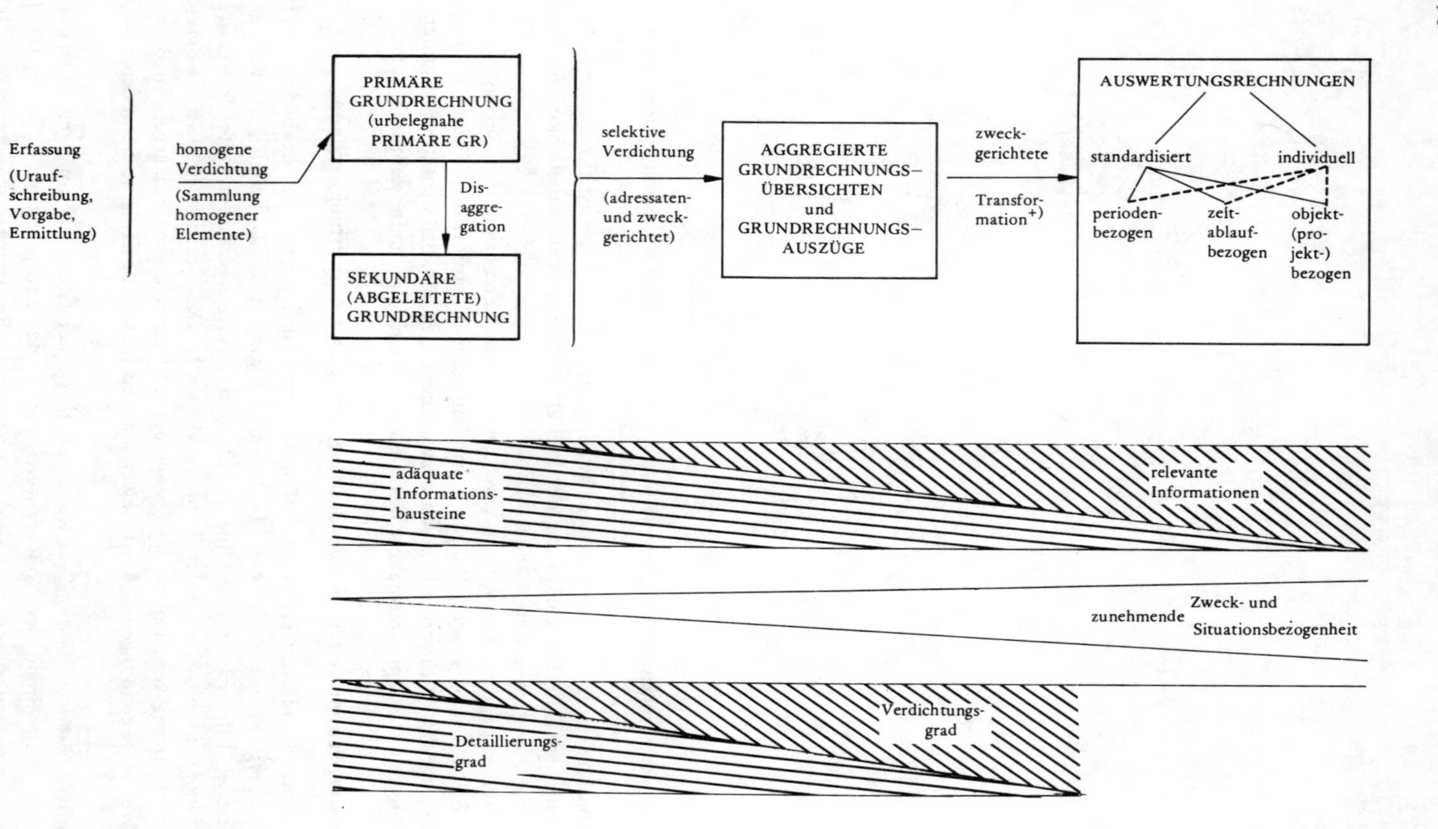

Abb. 11: Grundrechnung und Auswertungsrechnung

weise, situations- und fragestellungsbezogene Auswertungsrechnung. Dabei ist es gleichgültig, ob sie die Gesamtunternehmung oder nur einen Teilbereich, eine einzelne Maßnahme betrifft, eine einzelne Leistungseinheit, eine ganze Kalender- oder Rechnungsperiode oder einen noch „offenen" Zeitablauf im Rahmen einer projekt- oder objektbezogenen Betrachtung, sei es die Abwicklung eines längerfristigen Auftrags, sei es die eines Investitionsvorhabens. 888

Viele Fragestellungen treten in ähnlicher Form und in wenigen Situationstypen so häufig auf, daß Auswertungsrechnungen standardisiert werden können, wenn schon nicht in ihrem quantitativen Inhalt, so doch in ihrem Aufbau. Das gilt für periodenbezogene Rechnungen in gleicher Weise wie für objekt-, projekt- und zeitablaufbezogene. Dieser Typ von Auswertungsrechnungen ist der Sorten- oder Serienproduktion standardisierter Sachgüter vergleichbar.[59] So wie es dort Güter mit einem einzigen Verwendungszweck („Einzweckgüter") und solche mit einem sehr breiten „Fächer" von Verwendungsmöglichkeiten („Vielzweckgüter") gibt, so können auch *standardisierte Auswertungsrechnungen* in ihrem Aufbau auf einen einzigen Auswertungszweck – oder extremer: eine bestimmte Fragestellung und einen bestimmten Situationstyp (z. B.: kein Engpaß, 1 Engpaß, usw.) – ausgerichtet sein oder für mehr oder weniger viele Auswertungsmöglichkeiten. Im letzten Fall hat die standardisierte Auswertungsrechnung noch den Charakter eines Zwischenprodukts oder „Wiedereinsatzgutes", auf dem dann als „Endprodukte" Sonderrechnungen aufbauen können.

Als ein solches „Zwischenprodukt" kann man etwa eine – aus der (verdichteten) Grundrechnung zu entwickelnde – traditionelle Betriebsabrechnung und Kostenträgerrechnung nach dem Vollkostenprinzip ansehen, auf der beispielsweise sowohl Preiskalkulationen für öffentliche Aufträge als auch die Bestandsbewertung für den handelsrechtlichen oder steuerrechtlichen Jahresabschluß aufbauen mögen. Trotz dieser Mehrzweckeignung ist eine solche Betriebsabrechnung und Kostenträgerrechnung keine Grundrechnung, weil sie, insbesondere infolge der Gemeinkostenverteilung, für viele Zwecke unbrauchbar ist. Immerhin steht sie wegen des verbleibenden Auswertungs„fächers" der Grundrechnung näher als fallbezogenen Sonderrechnungen. Wegen der Aggregation heterogener Elemente und der willkürlichen Aufteilung zusammengehöriger Elemente, also eines Verstoßes gegen die erste und zweite Grundregel, kann es sich bei der traditionellen Betriebsabrechnung und Kostenträgerrechnung – selbst wenn dabei fixe und variable Kosten getrennt ausgewiesen werden – nicht um eine Grundrechnung im Sinne von *Schmalenbach* oder *Goetz* handeln. Die Grundrechnung stellt selbstverständlich keinesfalls, weil dies der Forderung nach Zweckneutralität widerspräche, auf die „Ermittlung des Planerfolges bzw. Ist-Erfolges einer Periode" ab, wie *Koch* meint.[60] *Koch* leitet aus dieser Zwecksetzung (sic!) ab, daß es notwendig sei, periodenbezogene Gemeinkosten („Perioden-Gemeinkosten") auf die Perioden der geplanten Nutzungsdauer zu schlüsseln (S. 367 f.). Wenn für irgendwelche Zwecke Periodennettoerfolge, volle Stückkosten oder Stücknettogewinne benötigt werden, dann ist es Aufgabe der Auswertungsrechnungen, die dazu erforderlichen Gemeinkostenschlüsselungen – nach welchen Prinzipien und Kriterien auch immer – vorzu- 890

59 S. hierzu auch *Wedekind/Ortner*: Der Aufbau einer Datenbank . . ., S. 541.

60 *Koch, Helmut,* Die Gemeinkostenverrechnung als Gegenstand unternehmerischer Entscheidungen, . . ., hier S. 368. Der Hinweis „siehe Riebel, P., Deckungsbeitrag und Deckungsbeitragsrechnung . . ., insbes. Sp. 1144" könnte dahingehend mißverstanden werden, daß ich dieser Auffassung beipflichte. Das trifft nicht zu. Offenbar bezieht sich dieser Quellenhinweis auf den Begriff Periodengemeinkosten und ist versehentlich an eine falsche Stelle geraten.

nehmen. Die Grundrechnung kann dazu lediglich die erforderlichen Ausgangsdaten bereitstellen, doch würde es ihrer Zielsetzung völlig widersprechen, derartige Operationen vorzunehmen.
Noch etwas näher in Richtung Grundrechnung wäre etwa eine Grenzplankostenrechnung einzustufen, die zwar auch hinsichtlich des Verwendungsspektrums eingeschränkt ist und noch Verstöße gegen alle drei Grundregeln enthält, aber eben beides in weit geringerem Maße als die Vollkostenrechnung.[61]
Bei der Vollkostenrechnung – in vermindertem Grade bei der Grenzplankostenrechnung und der Proportionalkostenrechnung – werden die Daten einer Grundrechnung nicht nur stark aggregiert, sondern vor allem *transformiert,* d. h. durch Umgruppierung, Umbewertung, Proportionalisierung und Verteilung inhaltlich-materiell im Hinblick auf bestimmte Zwecke verändert und damit für andere Zwecke verzerrt und unbrauchbar.[62]
Kein allgemeines Urteil über die Nähe zur Grundrechnung im engeren Sinne kann über *aggregierte Grundrechnungen* und *Grundrechnungsauszüge* gefällt werden. Je nach „Richtung" oder Art und Grad der Aggregation muß wohl die Einordnung unterschiedlich ausfallen, wie sich auch aus der Erörterung der Verdichtungsprobleme ergibt (s. Abschnitt 4.2.). Solange jedoch keine zweckbedingten „Verrechnungen" (z. B. Proportionalisierung fixer Kosten, Schlüsselung echter Gemeinkosten) und Umbewertungen vor-
891 genommen werden, darf man im weiteren Sinne noch von Grundrechnungen, wenn auch höher aggregierten, „abgeleiteten" Grundrechnungen sprechen.
Dem Ideal der wenig aggregierten, originären Grundrechnung kann in der Praxis die vergangenheitsbezogene *Ist-Rechnung* am nächsten kommen, zumal dort auch die höchste Objektivität, im Sinne intersubjektiver Nachprüfbarkeit, erreichbar ist. Für die *Standardkosten-* und -leistungsrechnung gilt dies nur im Hinblick auf den Aggregationsgrad; die Mengen- und Wertansätze sind dagegen erheblich stärker zweckbedingt und zumindest die Wertansätze nicht mehr intersubjektiv nachprüfbar. Bezüglich der Mischkosten und sonstigen unechten Gemeinkosten wird die Standard- oder Plnkostenrechnung in der Regel sogar einen geringeren Aggregationsgrad als die Ist-Kostenrechnung aufweisen. Bei *Prognoserechnungen* wächst tendenziell die Ungewißheit mit zunehmender Detaillierung. Daher wird man, wie schon angedeutet, die laufende systematische Prognoserechnung von vornherein auf einen sehr viel höheren Aggregationsgrad ausrichten als Rechnungen mit Standard- und Istgrößen. Je weiter man in die Zukunft hineingreift, umso stärker wird man bei den Planungen und Prognosen von vornherein aggregieren. Das schließt aber nicht aus, daß man zukunftsbezogene Rechnungen nach den gleichen Prinzipien gliedert wie vergangenheitsbezogene, nicht zuletzt, um damit die Gegenüberstellung zu erleichtern. Aus diesem Grunde, aber auch um eine rasche Anpassung an andere Situationen zu gewährleisten, sollten – soweit als möglich – Mengen- und Wertkomponente stets gesondert ausgewiesen werden.
Es zeigt sich also, daß die höher aggregierten, abgeleiteten Grundrechnungen und die zukunftsbezogenen Grundrechnungen schon als eine Übergangsform zwischen der Grundrechnung im strengen Sinne und den zweckgerichteten Rechnungen angesehen werden können, die freilich der strengen Grundrechnung im engen Sinne noch sehr nahestehen.

61 Siehe hierzu *Riebel, Paul,* Systemimmanente und anwendungsbedingte Gefahren von Differenzkosten- und Deckungsbeitragsrechnungen, in: BFuP 1974, S. 493–529, s. a. den Nachdruck in diesem Band, S. 356–385.

62 Zum Begriff „Transformation" s. *Hummel, Siegfried,* Wirklichkeitsnahe Kostenerfassung ..., S. 66–70 und die dort angegebene Literatur.

Eine genauere *Typologie der Übergangs- und Mischformen* müßte also – wie hier angedeutet worden ist – auf ein ganzes Bündel von Merkmalen abstellen, ebenso wie eine – bislang nur in Ansätzen vorhandene – Systematik der Auswertungsrechnungen.

Literaturverzeichnis

Betriebswirtschaftlicher Ausschuß des Verbandes der Chemischen Industrie e. V. (Hrsg.), Kostenrechnung in der chemischen Industrie, 1. Aufl., 1962.

Chamberlain, Neil W., The Firm: Micro-Economic Planning and Action, 1962.

Dean, Joel L., Managerial Economics, 1951, Ninth Printing 1959.

Dichtl, Erwin, Die Beurteilung der Erfolgsträchtigkeit eines Produktes als Grundlage der Gestaltung des Produktionsprogramms, in: Betriebswirtschaftliche Schriften, Heft 42, 1970.

Dworatschek, Sebastian, Management Informations Systeme, 1971.

Faßbender, Wolfgang, Betriebsindividuelle Kostenerfassung und Kostenauswertung, 1964.

Goetz, Billy E., Management Planning and Control, A Managerial Approach to Industrial Accounting, 1949.

ders., Tomorrow's Cost System, in: Advanced Management, Dec. 1947. Wieder abgedruckt in: *Thomas, William E.* (ed.), Readings in Cost Accounting, Budgeting, and Control, 1955, S. 67–80.

Höhn, Günter Jürgen, Zum Problem der betriebswirtschaftlich richtigen Linienerfolgsrechnung, 1972.

ders., Der Einfluß von Tarifaufbau und Abfertigungsverfahren auf die praktische Ausgestaltung der Erlösrechnung im ÖPNV, in: Betriebswirtschaftliche Probleme des öffentlichen Personennahverkehrs. Schriftenr. d. Deutschen Verkehrswissenschaftlichen Gesellschaft e. V., B 32, 1976.

Horngren, Charles T., Cost Accounting. A Managerial Emphasis, 3rd Ed. 1972.

Hummel, Siegfried, Wirklichkeitsnahe Kostenerfassung. Neue Erkenntnisse für eine eindeutige Kostenermittlung, 1970.

Ijiri, Yuji, Physical Measures and Multi-Dimensional Accounting, in: Research in Accounting Measurement, ed. by *Robert K. Jaedicke, Yuiri Ijiri, Oswald Nielsen.* American Accounting Association, 1966, S. 150–164.

Kaitila, I. V., Teollisuusliikkeen laskentatoimen perusteet. Teil I. Omakustannuslaskente. 1928.

Kloock, Josef/Günter Sieben/Thomas Schildbach, Kosten- und Leistungsrechnung, 1976.

Koch, Helmut, Zum Problem des Gemeinkostenverteilungsschlüssels, in: ZfbF 1965, S. 169–200.

ders., Die Gemeinkostenverrechnung als Gegenstand unternehmerischer Entscheidungen, in: ZfbF 1978, S. 366–399.

Kolb, Jürgen, Industrielle Erlösrechnung – Grundlagen und Anwendung, 1978.

Kreibich, Herbert, Dynamische innerbetriebliche Berichte als Führungsinstrument, 1978.

Kreyszig, Erwin, Statistische Methoden und ihre Anwendungen. Unveränd. Nachdruck der 4. Aufl., 1965.

Kubli, F., I. Zielsetzung und Bedeutung des Rechnungswesens. II. Der Aufbau im Rechnungswesen, in: Kaufmännische Praxis und Fachbildung No. 6, Kurs „Neuzeitliche Betriebsorganisation", Beil. zum Schweizerischen kaufmännischen Zentralblatt vom 12. Juli 1946.

Laßmann, Gert, Die Kosten- und Erlösrechnung als Instrument der Planung und Kontrolle in Industriebetrieben, 1968.

ders., Gestaltungsformen der Kosten- und Erlösrechnung im Hinblick auf Planungs- und Kontrollaufgaben, in: Wirtschaftsprüfung 1973, S. 4–17.

Linder, Arthur, Statistische Methoden für Naturwissenschaftler, Mediziner und Ingenieure, 2. erw. Aufl., 1957.

Männel, Wolfgang, Kostenrechnerische Probleme bei der Bewertung gleichartiger Kostengüter verschiedener Herkunft, in: Neue Betriebswirtschaft 1968, S. 7–20.

ders., Zurechnung von Erlösen auf parallel arbeitende Betriebsteile, in: Neue Betriebswirtschaft 1971, S. 1–21.

ders., Mengenrabatte in der entscheidungsorientierten Erlösrechnung, 1974.

ders., Erlösschmälerungen, 1975.

Mehler, Karlheinz, Wirtschaftlichkeitskontrolle durch Mengenrechnungen, in: Internal Control durch Bewegungsbilanzen, Festschr. f. Walter le Coutre zu seinem 75. Geburtstag, hrsg. v. Schülern und Freunden unter der Schriftleitung von *Erich A. Weilbach*, 1960, S. 221–247.

Menges, Günter, Grundriß der Statistik. Teil 1: Theorie, 1968.

Menrad, Siegfried, Rechnungswesen, 1978.

Mertens, Peter/Hansen, Klaus/Rackelmann, Günter, Selektionsentscheidungen im Rechnungswesen – Überlegungen zu computergestützten Kosteninformationssystemen, in: Die Betriebswirtschaft (DBW), 1977, H. 1, S. 77–88.

Niebling, Helmut, Kurzfristige Finanzrechnung auf der Grundlage von Kosten- und Erlösmodellen, 1973.

Pressmar, Dieter B., Das Strukturmodell des maschinellen Datenverarbeitungsprozesses einer betrieblichen Kostenrechnung (Teil I), in: Neuere Entwicklungen in der Kostenrechnung (II), Schriften z. Unternehmensführung, hrsg. v. *H. Jacob,* Bd. 22, S. 67–92.

Riebel, Paul, Die Gestaltung der Kostenrechnung für Zwecke der Betriebskontrolle und Betriebsdisposition, in: ZfB 26. Jg. (1956), S. 278–289 (s. a. Nachdruck in: *Riebel, Paul,* Einzelkosten- und Deckungsbeitragsrechnung, 3. erw. Aufl., 1979, S. 11–22)

ders., Das Rechnen mit Einzelkosten und Deckungsbeiträgen, in: ZfhF NF 11. Jg. (1959), S. 213–238

ders., Richtigkeit, Genauigkeit und Wirtschaftlichkeit als Grenzen der Kostenrechnung, in: Neue Betriebswirtschaft 12 (1959), S. 41–45

ders., Die Deckungsbeitragsrechnung als Instrument der Absatzanalyse, in: Absatzwirtschaft, Handbücher für Führungskräfte, II, hrsg. v. *Bruno Hessenmüller* und *Erich Schnaufer,* 1964, S. 595–627

ders., Durchführung und Auswertung der Grundrechnung im System des Rechnens mit relativen Einzelkosten und Deckungsbeiträgen, in: Aufwand und Ertrag, Zeitschr. f. Buchhaltungsfachleute, 10. Jg. (1964), S. 117–120 und 142–146

ders., Kurzfristige unternehmerische Entscheidungen im Erzeugungsbereich auf Grundlage des Rechnens mit relativen Einzelkosten und Deckungsbeiträgen, in: Neue Betriebswirtschaft, 20. Jg. (1967), H. 8, S. 1–23

ders., Deckungsbeitragsrechnung, in: Handwörterbuch des Rechnungswesens, hrsg. v. *Erich Kosiol,* 1970, Sp. 383–400

ders., Die Bereitschaftskosten in der entscheidungsorientierten Unternehmungsrechnung, in: ZfbF, 22. Jg. (1970), S. 372–386

ders., Ertragsbildung und Ertragsverbundenheit im Spiegel der Zurechenbarkeit von Erlösen, in: Beiträge zur betriebswirtschaftlichen Ertragslehre, Erich Schäfer zum 70. Geburtstag, hrsg. v. *Paul Riebel,* 1971, S. 147–200

ders., Deckungsbeitrag und Deckungsbeitragsrechnung, in: Handwörterbuch der Betriebswirtschaft (HWB), 4. Aufl., hrsg. v. *E. Grochla* und *W. Wittmann,* 1974, Bd. I, Sp. 1137–1155

ders., Deckungsbeitragsrechnung im Handel: in: Handwörterbuch der Absatzwirtschaft, hrsg. v. *B. Tietz,* 1974, Sp. 433–455

ders., Systemimmanente und anwendungsbedingte Gefahren von Differenzkosten- und Deckungsbeitragsrechnungen, in: BFuP 1974, S. 493–529

ders., Verkehrsbetriebe, Rechnungswesen der, in: Handwörterbuch der Betriebswirtschaftslehre, 4. Aufl., Bd. III, 1976, Sp. 4162–4181

ders., Überlegungen zur Formulierung eines entscheidungsorientierten Kostenbegriffs, in: Quantitative Ansätze in der Betriebswirtschaftslehre, hrsg. v. *Heiner Müller-Merbach,* 1978, S. 127–146

ders., Einzelkosten- und Deckungsbeitragsrechnung, 3. erw. Aufl., 1979

ders., Zum Konzept einer zweckneutralen Grundrechnung, in: ZfbF, 31. Jg. 1979, S. 785–798

Schmalenbach, Eugen, Pretiale Wirtschaftslenkung. Bd. 2: Pretiale Lenkung des Betriebes, 1948

ders., Kostenrechnung und Preispolitik, 6. Aufl. 1956, bearb. von *Richard Bauer*

Smith, John Miles and Diane C. P. Smith, Database Abstractions: Aggregation and Generalization, in: ACM Transactions in Database Systems, 1977, Nr. 2, S. 105–133

dies., Database Abstractions: Aggregation, in: Communications of the ACM, June 1977, Nr. 6, S. 405–415

Vellmann, Karlheinz, Kontrolle der Einzelkosten, in: Industrielle Produktion, hrsg. v. *Klaus Agthe, Hans Blohm, Erich Schnaufer,* 1967, S. 813–826

Virkkunen, Henrik, Das Rechnungswesen im Dienste der Leitung, 1956

Weber, Helmut Kurt, Betriebswirtschaftliches Rechnungswesen, 1. Aufl. 1974 (2. Aufl. 1978)

Wedekind, Hartmut, Die Entwicklung von Anwendungssystemen für Datenverarbeitungsanlagen, 1973

Wedekind, Hartmut / Ortner, Erich, Der Aufbau einer Datenbank für die Kostenrechnung, in: Die Betriebswirtschaft (DBW), 1977, H. 4, S. 533–542

Witt, Werner, Thematische Kartographie, Methoden und Probleme, Tendenzen und Aufgaben, 1967

Wohlgemuth, Michael, Aufbau und Einsatzmöglichkeiten einer Planerfolgsrechnung als operationales Lenkungs- und Kontrollinstrument der Unternehmung, 1975

21. Deckungsbudgets als Führungsinstrument*

A. Einführung

I. Vorbemerkungen zu Aufgaben und Informationsbedarf einer Führungsrechnung

Seit einigen Jahren ist die Umgestaltung des Rechnungswesens von einem „Registrier- und Kontrollapparat" in ein „Instrument zur Unternehmensführung", wie das Karl Käfer[1] vor fast 20 Jahren formuliert hat, im Gange.

Diese Umgestaltung schlägt sich vor allem in einem Wandel des Informationsbedarfs und der Rechnungsziele, aber auch der Grundkonzepte und Instrumente nieder.

Dazu einige Stichwörter:

Eine Führungsrechnung ist primär zukunftsgerichtet – davon ist selbst die Bilanz betroffen[2] – und entscheidungs- oder handlungsorientiert. Sie setzt Zielkalküle für die Gesamtsteuerung wie für die Führung und Lenkung von und in Teilbereichen. Sie muß Informationen über die innere und äußere Lage und Entwicklung, über Chancen und Risiken liefern, insbesondere über die verfügbaren Potentiale und Erfolgsquellen. Sie muß Aussagen über die zu erwartenden oder eingetretenen Auswirkungen von Planungs- und Handlungsalternativen sowie hinzunehmender Einflußfaktoren auf die quantifizierbaren Zielkomponenten ermöglichen.

Weil im Zielbündel stets Überschußerzielung, Aufwands- und Kostendeckung oder wenigstens Defizitbegrenzung sowie die Sicherung der Liquidität enthalten sind, gilt es vor allem, die erwarteten, geplanten oder tatsächlich eingetretenen Erfolgs- und Liquiditätsänderungen zu ermitteln.

Solchen Ansprüchen versucht die relative Einzelkosten- und Deckungsbeitragsrechnung gerecht zu werden, die sich immer mehr in Richtung eines entscheidungs- oder handlungsorientierten Führungsinstruments entwickelt[3].

II. Zur praktischen Notwendigkeit der Vorgabe von Deckungsbudgets

Weil bei diesem Konzept den Kundenaufträgen und sonstigen Leistungen nur ihre jeweiligen Einzelkosten im Sinne des Identitätsprinzips zugerechnet werden, befürchtet die

* Plenumsvortrag am 28. Mai 1980 anläßlich der wissenschaftlichen Tagung des Verbandes der Hochschullehrer für Betriebswirtschaft in Zürich (überarbeitete und erweiterte Fassung). – Nachdruck aus: Der Betrieb, 34. Jg., 1981, H. 13, S. 649–658 sowie: *Rühli, Edwin/Thommen, Jean-Paul* (Hrsg.); Unternehmensführung aus finanz- und bankwirtschaftlicher Sicht, Stuttgart 1981, S. 305–330 (vgl. Anmerkung, S. 497).

1 *Karl Käfer*, Zukunftsaufgaben des betriebswirtschaftlichen Rechnungswesen, in: Mitteilungen aus dem handelswissenschaftlichen Seminar der Universität Zürich, Heft 113, Zürich 1961, S. 23–49, hier S. 33.

2 *Karl Käfer*, Die Bilanz als Zukunftsrechnung, in: Mitteilungen aus dem handelswissenschaftlichen Seminar der Universität Zürich, Heft 115, 3. verb. u. erg. Aufl., Zürich, 1976 (1. Aufl. 1962).

3 *Paul Riebel*, Deckungsbeitrag und Deckungsbeitragsrechnung, in: Handwörterbuch der Betriebswirtschaft, hrsg. von *Erwin Grochla* und *Waldemar Wittmann*, Band I, 4. Aufl., Stuttgart 1974, Sp. 1137–1155 (s. a. den Nachdruck in diesem Band, S. 386–398); *ders.*, Deckungsbeitragsrechnung im Handel, in: Handwörterbuch der Absatzwirtschaft, hrsg. von *Bruno Tietz*, Stuttgart 1974, Sp. 433–455 (s. a. den gekürzten Nachdruck in diesem Band, S. 399–408); *ders.*, Systemimmanente und anwendungsbedingte Gefahren von Differenzkosten- und Deckungsbeitragsrechnungen, in: BFuP, 26. Jg. (1974), S. 493–529 (s. a. den Nachdruck in diesem Band, S. 356–385); *ders.*, Diskussionsbeitrag, in: Leistung und Kosten im Personalbereich – aus der Sicht der Unternehmensführung, ZfbF-Sonderheft 8/78, hrsg. von der Schmalenbach-Gesellschaft, e. V., Köln, Wiesbaden 1978, S. 71–73.

Praxis, daß die relative Einzelkostenrechnung – ebenso wie die Proportionalkostenrechnung – zu einer allzu großen Nachgiebigkeit bei Preisforderungen zu Lasten ausreichender Gesamtdeckungsbeiträge und somit letztlich zum Ruin der Unternehmen führen würde[4]. Welchen Deckungsbeitrag die einzelne Leistung bringen soll, läßt sich nun einmal nicht ohne Willkür ermitteln. Gleichwohl gilt es sicherzustellen, daß insgesamt ein ausreichender Deckungsbeitrag erwirtschaftet wird.

Weil bei der relativen Einzelkostenrechnung auch auf die Schlüsselung von Periodengemeinausgaben verzichtet wird, kann auch für die Periode nur ein Periodenbeitrag statt eines Nettoerfolgs ermittelt werden. Das wird oft als unzureichend angesehen, weil Zwi-

(307) schenziele benötigt werden, die die längerfristigen Ziele erreichbar erscheinen las|sen. Für beide Aufgaben wurde schon in den 50er Jahren das Deckungsbudget – ursprünglich Deckungsbedarf und Soll-Deckungsbeitrag genannt[5] – geschaffen und inzwischen weiterentwickelt.

III. Zum Begriff des Deckungsbudgets

Derartige Deckungsbudgets sind also Zielkalküle[6], genauer: zeitraumbezogene Vorschau- und Vorgaberechnungen, die mit Madsen/Polesie[7] als Brücke zwischen kurz- und langfristigen Planungen charakterisiert werden können. Sie werden – entsprechend den ohnehin üblichen jährlichen Budgetzyklen – für ein Geschäftsjahr vorgegeben; dafür spricht – neben der in vielen Wirtschaftszweigen deutlich ausgeprägten jährlichen Wiederkehr der Saisonzyklen – vor allem die Anpassung des „jährlichen Führungsablaufs" an die gesetzlichen Bestimmungen zur Rechnungslegung[8]. Zusätzlich kann, vor allem bei Budgets für Teilbereiche, auch auf andere Perioden, etwa die Sommer- und die Wintersaison, oder auf die Dauer eines überjährigen Projektes, abgestellt werden.

(308) Das Deckungsbudget des Unternehmens ist ein verkürztes Gesamtbudget, das (1.) um die Beträge, die aus anderen Quellen gedeckt werden sollen als aus Deckungsbeiträgen, und (2.) selbstverständlich um solche Kosten bzw. Ausgaben, die bei der Ermittlung der Deckungsbeiträge der Kundenaufträge bzw. Leistungen bereits saldiert sind, vermindert

650 wird (Abbildung 1). |Daher steht das Deckungsbudget mit dem Budget der Kapitalübertragungen und dem leistungs„fremden" Budget in Wechselbeziehungen, die formal auch über ein „Ausgleichsbudget" geführt werden können.

IV. Problemstellung

Der Einsatz der Deckungsbudgets als Führungsinstrument kann von verschiedenen Ebenen her gesehen werden:

a) zur Steuerung des Gesamtunternehmens durch die Unternehmensleitung,

4 *Paul Riebel*, Ist die Deckungsbeitragsrechnung schuld am Preisverfall in der Fensterbaubranche? , in: Fenster und Fassade 3 (1976), 1, S. 27–38.

5 *Paul Riebel*, Das Rechnen mit Einzelkosten und Deckungsbeiträgen, in: ZfhF N. F., 11. Jg. (1959), S. 213–238, insbes. S. 234–237 (s. a. den Nachdruck in diesem Band, S. 35–59, hier insbes. S. 55–57).

6 *Henrik Virkkunen*, Das Rechnungswesen im Dienste der Leitung, Helsinki 1956.

7 *Vagen Madsen/Thomas Polesie*, Human Factors in Budgeting. Judgement and Evalution, London 1981, S. 6 f.

8 *Edwin Rühli*, Rechtsnormen als Determinanten der Leitungsorganisation und des Führungshandelns in der Unternehmung, in: *Anton Heigl/Peter Uecker* (Hrsg.), Betriebswirtschaftslehre und Recht, Wiesbaden 1979, S. 153–170.

649
(306)

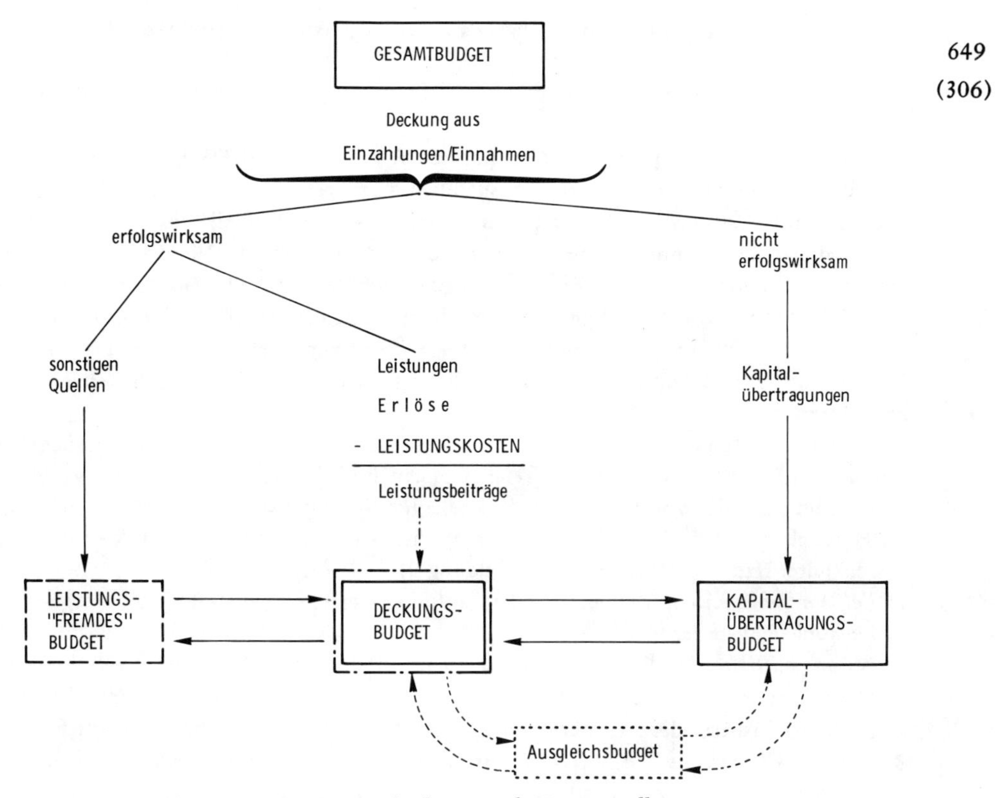

Abbildung 1: Aufspaltung des Gesamtbudgets nach Hauptquellen

650
(308)

b) zur Steuerung der einzelnen Erfolgsbereiche als Ganzes durch die Unternehmensleitung,
c) zur Steuerung innerhalb der Erfolgsbereiche durch die Bereichsleitung.

Wir beginnen unsere Überlegungen mit den Steuerungs- und Auswertungsmöglichkeiten im Stadium der Vorbereitung und Aufstellung der Deckungsbudgets des Gesamtunternehmens. Aus der Fülle der dabei anstehenden Probleme wollen wir zunächst die Bestimmung des Gesamtdeckungsbudgets, insbesondere die Ableitung aus der langfristigen Planung erörtern. Damit ist die Frage verbunden, an welchen Rechengrößen die Deckungsbudgets ausgerichtet werden sollen und wie der materielle Inhalt zu strukturieren ist. Weil die Verabschiedung eines Budgets stets eine Rahmenentscheidung darstellt, liegen bereits in der Vorbereitung, Abstimmung und Verabschiedung von Deckungsbudgets wichtige Steuerungsmöglichkeiten der Unternehmensleitung.

Ein weiterer Problemkreis betrifft die Projektierung und Kontrolle der Entwicklung der Budgetabdeckung während des Ablaufs der Budgetperiode. Wir wollen auch hier den Schwerpunkt auf die Steuerung des Gesamtunternehmens legen. Viele der dabei beispielhaft vorgestellten Überlegungen und Verfahren sind auch auf die Budgets der Erfolgsbereiche übertragbar.

Abschließend sollen einige Fragen der Vorgabe von Deckungsbudgets auf Erfolgsbereiche (Profit Center) angeschnitten werden.

(309) B. Ableitung des Gesamtdeckungsbudgets aus der langfristigen Gesamtplanung

I. Bildung von Planungsschichten

Von der Unternehmensplanung ist grundsätzlich zu fordern, daß sie langfristig angelegt wird und daß alle Teilbereiche und Maßnahmen integriert werden[9]. Weil die Ungewißheit über die zukünftige Entwicklung zunimmt – und zwar tendenziell umso mehr, je weiter wir in die Zukunft hineingreifen – sind die Möglichkeiten, im Detail zu planen, sehr begrenzt. Gleichwohl müssen Entscheidungen getroffen werden, die ein Unternehmen langfristig binden. Diese Umstände führen einerseits zu einer Differenzierung der Planung nach unterschiedlichen Zeithorizonten und andererseits zur Unterscheidung zwischen Rahmen- und Detailplanungen und zur Auflösung der Gesamtplanung nach Bereichen und „Schichten".

Wir wollen im folgenden von einer Schichtung ausgehen, die auf den grundlegenden Zusammenhängen zwischen güterwirtschaftlichen und finanzwirtschaftlichen Vorgängen aufbaut und mit der von Gutenberg[10] vorgelegten Systematisierung der „Grundprozesse" im Hinblick auf den Kapitalbedarf verwandt ist. Unter diesem Aspekt bilden wir (mindestens) drei Hauptschichten (siehe Abbildung 2):

(310) 1. *Leistungsaktivitäten*, die unmittelbar auf die tatsächlich erstellten und abgesetzten Leistungen abstellen.
2. *Periodenaktivitäten*, die die an die Planungsperiode und voll von ihr eingeschlossenen Unterperioden gebundenen Aktivitäten (soweit diese nicht zu den Leistungsaktivitäten gehören), insbesondere die periodenspezifische Leistungsbereitschaft[11], betreffen.
3. *Periodenübergreifende Aktivitäten* mit (a) einem unbestimmten Zeithorizont oder (b) von vornherein festliegender Bindungsdauer oder festen Bindungsintervallen.

Für das Ausklammern der ersten Schicht bei der Budgetierung sprechen vor allem folgende Gesichtspunkte:

(1.) Über die periodenspezifischen und die überperiodischen Aktivitäten wird – wenigstens im Prinzip – letztlich durch die Unternehmensleitung aufgrund ihrer mittel- und längerfristigen Erwartungen und Planungen – wenn auch unter Ungewißheit – entschieden.

(2.) Demgegenüber müssen die Leistungsaktivitäten kurzfristig, also noch während der laufenden Budgetperiode, an die Dynamik des Marktes angepaßt werden. Gerade deshalb werden auch die Detailentscheidungen weitgehend an untergeordnete Führungskräfte und Mitarbeiter delegiert. Die Aktivitäten der ersten Schicht entziehen sich daher – bei zentralen Entscheidungen zumindest im Zeitpunkt der Budgetaufstellung – weitgehend einer detaillierten Planung und Bestimmung durch die Unternehmensleitung.

9 Z. B. *Helmut Koch*, Aufbau der Unternehmensplanung, Wiesbaden 1977, S. 27–33.

10 *Gutenberg* nennt als vierte Schicht noch die Prozesse der Lageraufstockung, auf deren Berücksichtigung hier aus Gründen der Vereinfachung verzichtet wird (*Erich Gutenberg*, Grundlagen der Betriebswirtschaftslehre, Dritter Band: Die Finanzen, 3. Aufl., Berlin/Heidelberg/New York 1968, S. 16 ff.).

11 *Paul Riebel*, Deckungsbeitragsrechnung, in: Handwörterbuch des Rechnungswesens, hrsg. von *Erich Kosiol*, Stuttgart 1970, Sp. 383–400; *ders.*, Die Bereitschaftskosten in der entscheidungsorientierten Unternehmerrechnung, in: ZfbF, 22. Jg. (1970), S. 372–386 (s. a. den ergänzten Nachdruck in diesem Band, S. 81–97); passim.

(309)

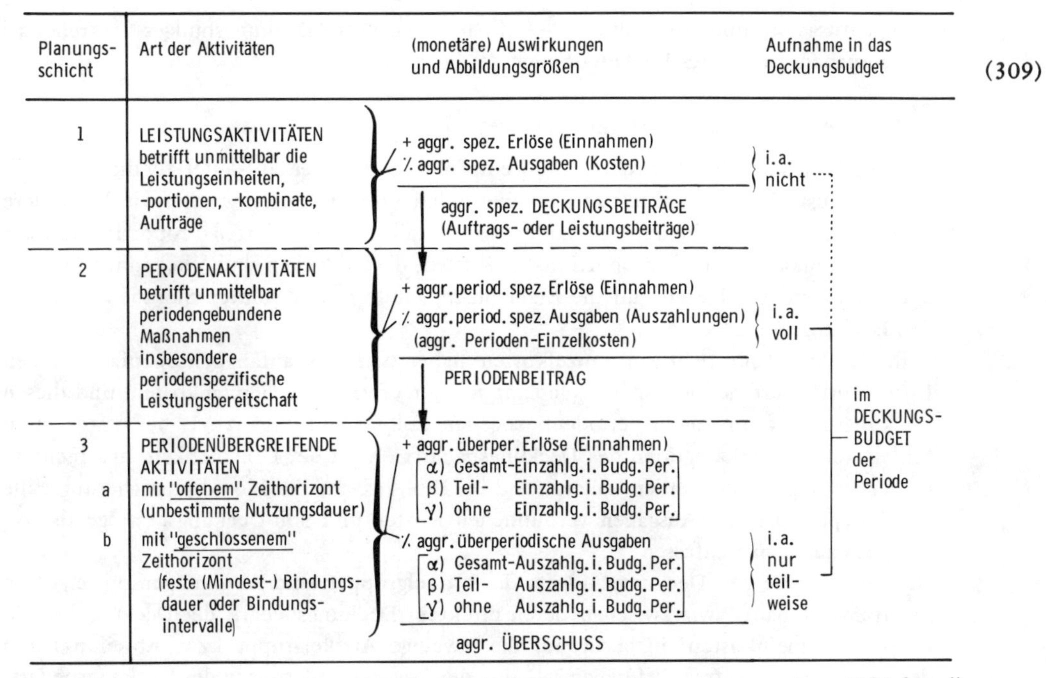

Abbildung 2: Auflösung der (güterwirtschaftlichen) Gesamtplanung in „Schichten" (ohne zeitlich divergierende Lagerergänzungen)

(310) Daher empfehlen wir, nur die Summe der zu erbringenden Auftragsbeiträge für die Periode als Rahmen vorzugeben und im Zeitpunkt der Budgetaufstellung offen zu lassen, mit welchen konkreten Leistungsarten und Auftragsstrukturen, durch welche Kundengruppen und sonstigen Teilmärkte dieser Rahmen konkret ausgefüllt werden soll.

II. Zur Ausrichtung des Sachinhalts

651

1. Übersicht

Nach dem Sachinhalt können Deckungsbudgets an folgenden Größen orientiert sein[12]:
1. den Gemeinkosten – „kostenorientiertes Deckungsbudget"[13] –
2. dem bilanziellen Aufwand – „aufwandorientiertes Deckungsbudget"[14] –

12 *Paul Riebel*, Deckungsbeitragsrechnung, a.a.O.

13 *Paul Riebel*, Die Preiskalkulation auf Grundlage von „Selbstkosten" oder von relativen Einzelkosten und Deckungsbeiträgen, in: ZfbF, 16. Jg. (1964), S. 549–612, hier S. 608 (s. a. den Nachdruck in diesem Band, S. 204–268, hier insbes. S. 263); *ders.*, Kurzfristige unternehmerische Entscheidungen im Erzeugungsbereich auf Grundlage des Rechnens mit relativen Einzelkosten und Deckungsbeiträgen, in: Neue Betriebswirtschaft, 20. Jg. (1967), H. 8, S. 1–23, hier S. 12 (s. a. den Nachdruck in diesem Band, S. 269–307, hier S. 290 f.)

14 *Paul Riebel*, Deckungsbeitragsrechnung im Handel, a.a.O., Sp. 449, 452, (s. a. den Nachdruck in diesem Band, S. 399–408).

3. den Ausgaben und Auszahlungen – „finanzorientiertes Deckungsbudget“[15], früher als „ausgabenorientiertes Deckungsbudget“[16] bezeichnet –.

2. Zum kostenorientierten Deckungsbudget

(311) Eugen Schmalenbach[17] hat schon 1956 empfohlen, dem Verkaufsleiter für die| Preispolitik, die Auswahl der Märkte, Verkaufsmethoden und die Sortenwahl sowie für andere absatzpolitische Entscheidungen, außer den detailliert gegliederten Proportionalkosten der Erzeugnisse „die nichtproportionalen Kosten, die zu decken sind“, bekannt zu geben, und zwar „nicht aufgeteilt auf die Erzeugnisse, sondern in absoluten Summen, damit er den Deckungsbedarf kennt“.

Beim Rechnen mit relativen Einzelkosten haben wir uns anfänglich ebenfalls an den Kosten orientiert, jedoch an den geplanten oder erwarteten Gemeinkosten, und diesen Deckungsbedarf um einen periodenbezogenen Soll-Gewinn ergänzt. Dabei wurde empfohlen, die Kostenkategorien des Deckungsbedarfs „nach der Dringlichkeit zu schichten, in der sie abgedeckt werden sollen“ und im Hinblick auf die Liquiditätssicherung „alle mit kurzperiodischen Ausgaben verbundenen Kosten und Soll-Deckungsbeiträge als vordringlich zusammenzufassen“[18].

Bei der Vorgabe von Deckungsbudgets für Artikelgruppen und Abteilungen mit eigenem Absatzmarkt haben wir zwischen deren direktem Deckungsbedarf, der Deckungslast für anteilige Gemeinkosten (in bezug auf die jeweilige Artikelgruppe bzw. Abteilung) und dem Soll-Gewinnbeitrag differenziert[19]. Bei derartigen Gliederungen des Deckungsbedarfs konnte unmittelbar auf die damalige Gruppierung der Kostenkategorien in der Grundrechnung zurückgegriffen werden.

Die Ausrichtung des Deckungsbudgets an den abzudeckenden Gemeinkosten hat – wenn man vom wertmäßigen und vom pagatorischen Kostenbegriff ausgeht – den großen Mangel, daß vor allem die „Amortisationsraten“ (Abschreibungen) bzw. „Deckungsraten für Perioden-Gemeinkosten“[20] mehr oder weniger große Anteile an „sunk costs“ enthalten, also solche Kosten, die für die Budgetperiode oder in ihr nicht mehr beeinflußbar sind. Zudem stößt die operationale Definition der mit kurzfristigen oder kurzperiodischen Ausgaben verbundenen Kosten auf mancherlei Schwierigkeiten.

Wir haben uns daher von der Orientierung der Deckungsbudgets an den Kosten abgewandt

15 *Paul Riebel*, Deckungsbeitragsrechnung, a.a.O.; *ders.*, Deckungsbeitrag und Deckungsbeitragsrechnung, a.a.O., Sp. 1152 (s. a. den Nachdruck in diesem Band, S. 397 f.); siehe auch *Lothar Rall*, Die flexible Liquiditätsträgerrechnung, in: Theoretische und empirische Beiträge zur Wirtschaftsforschung, hrsg. von A. E. Ott, Tübingen 1966, S. 291–324; s. a. in diesem Band, S. 306, 398.

16 *Paul Riebel*, Kurzfristige unternehmerische Entscheidungen im Erzeugungsbereich . . ., a.a.O., hier S. 12 (s. a. den Nachdruck in diesem Band, S. 290 f., 306, sowie die Seiten 398, 399, 400).

17 *Eugen Schmalenbach*, Kostenrechnung und Preispolitik, 6. Aufl., bearbeitet von Richard Bauer, Köln und Opladen 1956, S. 497.

18 *Paul Riebel*, Das Rechnen mit Einzelkosten und Deckungsbeiträgen, a.a.O., S. 234 f. (s. a. den Nachdruck in diesem Band, S. 55).

19 *Paul Riebel*, Das Rechnen mit Einzelkosten und Deckungsbeiträgen, a.a.O., S. 234 f.; *ders.*, Die Deckungsbeitragsrechnung als Instrument der Absatzanalyse, in: „Absatzwirtschaft“, Handbücher für Führungskräfte, hrsg. von *B. Hessenmüller und E. Schnaufer*, Baden-Baden 1964, S. 595–627, insbes. S. 616–622 (s. a. den Nachdruck in diesem Band, S. 176–203); *ders.*, Die Preiskalkulation auf Grundlage von „Selbstkosten“ . . ., a.a.O., S. 606–611; *ders.*, Deckungsbeitragsrechnung, a.a.O., Sp. 397 f.; s. a. in diesem Band die Seiten 54 f., 191–196 und 263, 266.

20 *Paul Riebel*, Das Rechnen mit Einzelkosten- und Deckungsbeiträgen, a.a.O., S. 218, 234 f.; *ders.*, Die Preiskalkulation auf Grundlage von „Selbstkosten“ . . ., a.a.O., S. 606–611; s. a. in diesem Band, S. 39 f., 54 f., 261–266.

und versucht, sie vom Finanzbedarf her abzuleiten und zu gliedern[21]. Eine andere, dem kostenorientierten Deckungsbudget zugedachte Aufgabe, nämlich die kontinuierliche Erfolgsrechnung zur frühzeitigen Abschätzung des Periodenerfolgs, haben wir Ende der sechziger Jahre auf das „aufwandorientierte Deckungsbudget" übertragen, dem wir uns zuvor zuwenden wollen, weil es dem kostenorientierten Deckungsbudget noch näher steht.

3. Zum aufwandorientierten Deckungsbudget

Soweit Aufwand und Ertrag von Ausgaben und Einnahmen, bzw. Auszahlungen und Einzahlungen abweichen, handelt es sich um fiktive Größen, an die ein Führungsinstrument eigentlich nicht anknüpfen sollte[22]. Weil aber in den handels- und steuerrechtlichen Jahresabschlüssen Ertrag und Aufwand gegenübergestellt werden müssen und der so ermittelte Periodengewinn versteuert und – wenigstens bei Aktiengesellschaften – zu einem Teil ausgeschüttet werden muß, wird mit dem Erfolgsausweis auch über diesen Mittelentzug und die verbleibenden Möglichkeiten einer Selbstfinanzierung entschieden. Für die Beurteilung der Kreditwürdigkeit eines Unternehmens durch| bisherige und potentielle (312) Geschäftspartner ist darüber hinaus auch die Struktur des Jahresabschlusses von Belang. Damit wird die Planung des Jahresabschlusses zu einer wichtigen Aufgabe der Unternehmensführung.

Das aufwandorientierte Deckungsbudget soll in erster Linie das frühzeitige Abschätzen des Jahreserfolges und das Vorbereiten einer „aktiven" Jahresabschlußpolitik vor dem Bilanzstichtag erleichtern. Hier ist vor allem an das Vorziehen oder Aufschieben von Investitionsausgaben, insbesondere nicht aktivierungspflichtigen, zu denken, an die Erhöhung oder den Abbau von Beständen, Abbau nicht benötigter Betriebsbereitschaft, die Ausmusterung von Anlagen und an ähnliche Maßnahmen.

Das aufwandorientierte Deckungsbudget enthält die nicht den Leistungen oder Kundenaufträgen zurechenbaren Teile des Gesamtaufwands soweit sie durch die Auftragsbeiträge[23] in der Budgetperiode hereingeholt werden sollen. Es können also auch diejenigen Teile des betriebsfremden, außerordentlichen oder periodenfremden Aufwands einbezogen werden, die nicht durch entsprechende Erträge abgedeckt werden. In vereinfachter Form kann dies nach der in Abbildung 3 dargestellten retrograden Staffelrechnung geschehen. Positiv kann der materielle Inhalt des aufwandorientierten Deckungsbudgets durch die in Abbildung 7 und 8 aufgeführten Hauptkategorien gekennzeichnet werden.

Auch das aufwandorientierte Deckungsbudget enthält Aufwandteile mit dem Charakter von „sunk costs", die für und in der Budgetperiode nicht mehr disponibel sind: so bei den pro rata Beträgen von Gemeinausgaben mit fester Bindungsdauer oder festen Bindungsintervallen (soweit diese über die Budgetperiode hinausgehen), den Deckungsraten (Abschreibungen und Rückstellungen) und dem betriebs- bzw. perioden|fremden Aufwand. (313) Gleichwohl kann auf diese Kategorien nicht verzichtet werden, wenn der spezielle Zweck erfüllt werden soll.

21 *Paul Riebel*, Die Preiskalkulation auf Grundlage von „Selbstkosten" . . ., a.a.O., S. 608; *ders.*, Deckungsbeitrag und Deckungsbeitragsrechnung, a.a.O., Sp. 1151; s. a. in diesem Band, S. 263, 381 f., 398; s. a. *Lothar Rall*, Die flexible Liquiditätsträgerrechnung, a.a.O.

22 *Paul Riebel*, Neuere Entwicklungen in der Kostenrechnung, in: *P. Stahlknecht* (Hrsg.), Online-Systeme im Finanz- und Rechnungswesen, Berlin, Heidelberg, New York 1980, S. 1–31, hier S. 10 f., 18.

23 Zu Begriff und Ermittlung siehe insbesondere: *Paul Riebel*, Deckungsbeitragsrechnung, a.a.O., S. 389–391; s. a. in diesem Band, passim, insbes. S. 202.

Auf die Auswertungsmöglichkeiten wollen wir erst später eingehen, weil diese teils mit dem finanzorientierten Deckungsbudget verbunden, teils vom materiellen Inhalt unabhängig sind.

(312)

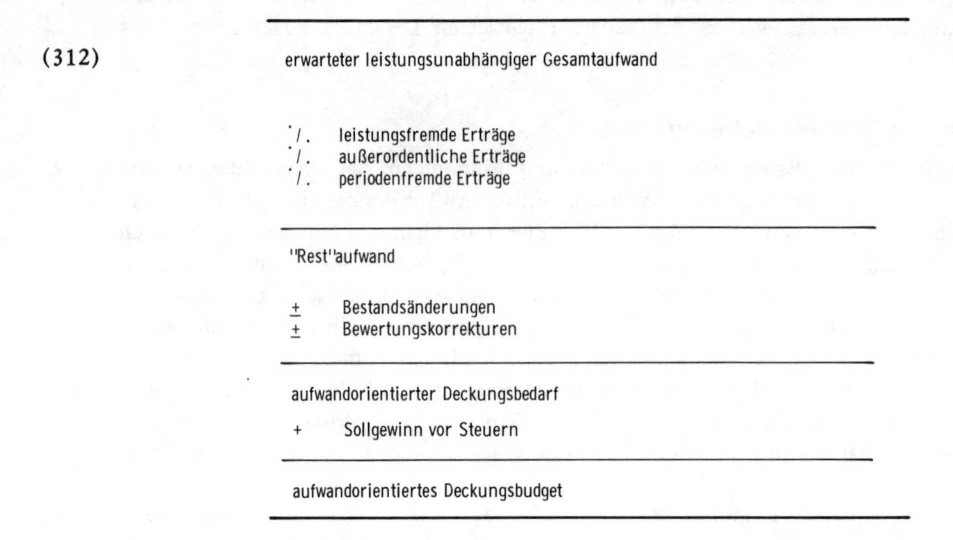

Abbildung 3: Retrograde Ermittlung des aufwandorientierten Deckungsbudgets

652 4. Zum finanzorientierten Deckungsbudget

(313) Das finanzorientierte Deckungsbudget ist ein reduzierter Finanzplan, bei dem die Zahlungszeitpunkte und -beträge nur insoweit ausgewiesen werden, als sie bei der Budgetaufstellung als „Soll" bereits eindeutig oder angenähert festliegen. Nur insoweit sind die ausgewiesenen Beträge eindeutig „Auszahlungen" oder „Ausgaben" im engeren, ursprünglichen Sinne von Zahlungsmittelabflüssen[24]. Die übrigen Beträge sind das nur im Prinzip, solange noch nicht sicher absehbar ist, ob, wann und in welcher Höhe sie tatsächlich in der Budgetperiode (oder unmittelbar nach ihrem Abschluß) zu Auszahlungen führen[25].

Das finanzorientierte Deckungsbudget soll – und das ist seine spezifische Aufgabe – zur Beurteilung der (mittelfristigen) Liquiditätsentwicklung dienen und vor allem zu erwartende Finanzlücken – und umgekehrt Mittelüberschüsse – frühzeitig erkennbar werden lassen, und zwar teils bereits im Stadium der Budgetvorbereitung, teils erst im Laufe der Budgetperiode.

Das finanzorientierte Deckungsbudget enthält alle vordisponierten und erwarteten Auszahlungen sowie eventuelle Erhöhungen von Zahlungsmittelbeständen, die in der Budgetperiode durch Auftragsbeiträge erwirtschaftet werden sollen. Dazu können beispielsweise

24 *Helmut Kurt Weber*, Ausgaben und Einnahmen, in: Handwörterbuch des Rechnungswesens (HWR), hrsg. von *K. Chmielewicz und M. Schweitzer*, 2. Aufl. Stuttgart ca. 1980/81 (im Druck).

25 Zu den Bestimmungsfaktoren siehe *Peter Heine*, Die Einflußfaktoren auf die leistungswirtschaftlichen Ausgaben und Einnahmen. Ein Beitrag zur Finanzplanung industrieller Unternehmungen, Diss. Mannheim 1966.

auch Investitionsausgaben und sogenannte finanzorientierte Ausgaben[26] wie z. B. Fremdkapitalzinsen, Tilgung oder Hingabe von Darlehen, Kapitaleinzahlungen auf Beteiligungen, Gewinnsteuern und -ausschüttungen gehören, soweit diese nicht aus anderen Quellen finanziert werden sollen.
Somit kann der finanzorientierte Deckungsbedarf ebenfalls nach Art der Restwertrechnung durch eine retrograde Staffelrechnung gemäß Abbildung 4 ermittelt werden. (314)

(313)

erwartete leistungsunabhängige Auszahlungen
(d. h. ohne die den Leistungen, insbesondere Kundenaufträgen zurechenbaren)

\+ geplante Erhöhung der Zahlungsmittelbestände
./. einzusetzende Zahlungsmittelbestände
./. einzusetzende Kredite (Fremdkapitalzuführungen)
./. geplante Eigenkapitalzuführungen
./. sonstige finanzwirtschaftliche Einzahlungen
./. außerordentliche Einzahlungen
(z. B. Veräußerung eines Grundstücks)

finanzorientiertes Deckungsbudget

Abbildung 4: Retrograde Ermittlung des finanzorientierten Deckungsbudgets

Positiv kann der materielle Inhalt des finanzorientierten Deckungsbudgets durch die in den Abbildungen 7 und 9 aufgeführten Hauptkategorien gekennzeichnet werden. Eine weitere Differenzierung ist nach zusätzlichen sachökonomischen sowie nach rechenökonomischen Kriterien möglich[27]. Darüber hinaus halten wir eine Differenzierung nach der Bindungsdauer, den Zahlungsrhythmen und den effektiven oder letztmöglichen Dispositionszeitpunkten, zu denen unter anderem die Kündigungstermine gehören, für wichtig (siehe Abbildung 11). Schließlich ist noch eine Differenzierung nach Graden der Verzichtbarkeit sowie der zeitlichen Verschiebbarkeit – wie auch allgemein der Finanzplanung – empfehlenswert. (314)
Zwar enthält auch das finanzorientierte Deckungsbudget Posten mit dem Charakter von „sunk costs", aber eben nur solche irreversibel vordisponierten Auszahlungen, die in der Budgetperiode fällig werden und für deren Bedienung daher Mittel zur Verfügung stehen müssen.
Gegenüber dem kosten- und dem aufwandorientierten Deckungsbudget hat das finanzorientierte den Vorzug, daß es sich nicht um fiktive, sondern um reale – wenn auch teilweise ungewisse – Rechengrößen handelt. Trotz der weitgehenden leistungs- oder

26 *Erich Schäfer*, Die Unternehmung, 10. Aufl. Wiesbaden 1980, S. 161; *Helmut Kurt Weber*, Ausgaben und Einnahmen, a.a.O.
27 *Helmut Kurt Weber*, Betriebswirtschaftliches Rechnungswesen, 2. Aufl. München 1978, S. 13–43; *ders.*, Ausgaben und Einnahmen, a.a.O.

güterwirtschaftlichen Bezüge ist es eine Rechnung „in Geld über Geld“[28]. Daher ist das finanzorientierte Deckungsbudget letztlich auch für alle Sachentscheidungen, z. B. die Preis- und Sortimentspolitik, maßgeblich. Auf die Bedeutung für die Jahresabschlußpolitik werden wir später noch skizzenhaft eingehen.

Das finanzorientierte Deckungsbudget kann die kurzfristige Finanzplanung (etwa die monatliche) und die Gelddispositionen selbstverständlich nur erleichtern, aber nicht ersetzen, vor allem weil im allgemeinen zwischen der Entwicklung der Deckungsbeiträge und der den Erlösen bzw. Leistungskosten entsprechenden Zahlungsströmen zeitliche Verschiebungen bestehen werden. Diese Diskrepanzen lassen sich aber abbauen, wenn die Abweichungen dieser Zahlungsströme abgeschätzt werden.

III. Zur Aufstellung des Gesamt-Deckungsbudgets

1. Budgetausgleich und Budgetverkettung

Nach diesen Vorüberlegungen können wir uns nun mit den konkreten Problemen der Ableitung des Gesamt-Deckungsbudgets einer Unternehmung aus der langfristigen Gesamtplanung sowie den damit eng zusammenhängenden Fragen des Budgetausgleichs und der Budgetverkettung aufeinanderfolgender Perioden, befassen.

Wir gehen dabei von den Planungsschichten aus, in die wir die Gesamtplanung gemäß Abbildung 2 aufgelöst haben. Diese drei Hauptschichten wollen wir uns nun in ihrem zeitlichen Zusammenhang, teils periodenbezogen, teils überperiodisch, noch einmal anhand der Abbildung 5 veranschaulichen. Es handelt sich bei diesem einfachen Modell um einen drei Perioden umfassenden Ausschnitt aus einer langfristigen Planung, |wobei angenommen wird, daß sich das Unternehmen noch in der Anlaufphase befindet, der eine Vorbereitungs- und Aufbau|phase in Periode 0 vorausgegangen ist. Von der Periode 1 an erwartet man die in der Planungsschicht 1 dargestellte Entwicklung der Umsätze, der aggregierten Auftragseinzelkosten und der Deckungsbeiträge der Kundenaufträge („Auftragsbeiträge“). Auch für die geplanten und erwarteten Periodeneinzelausgaben bzw. -auszahlungen der Planungsschicht 2 ist eine von Periode zu Periode wachsende Erhöhung der Betriebsbereitschaft angedeutet. Für die Investition, in Planungsschicht 3, deren Nutzung nun ansteht, sind die gesamten Auszahlungen bereits in der Vorperiode P_0 angefallen. Es ist weiter beabsichtigt, in der Periode 1 einen dreijährigen Vertrag abzuschließen, dessen eingezeichnete Gesamtausgabe in vorschüssigen Jahresraten jeweils zu Beginn des zweiten Halbjahres fällig werden sollen. Sieht man von den Auftragseinzelkosten ab, werden unter finanzwirtschaftlichen Gesichtspunkten in der Periode 1 und in der Periode 2 – außer den spezifischen Periodeneinzelausgaben bzw. -auszahlungen (PEA) – noch finanzielle Mittel für die Jahresraten des dreijährigen Vertrages benötigt. In Pe|riode 2 ist die Vorbereitung einer weiteren Investition vorgesehen, die in Periode 3 – unter Ausgleich der gesamten Zahlungsverpflichtung – verwirklicht werden soll, und für Periode 4 steht eine Verlängerung des dreijährigen Vertrages an.

653 (315) (316)

Wie eine Gegenüberstellung der erwarteten Auftragsbeiträge und der vordisponierten, geplanten und erwarteten Auszahlungen für periodengebundene und überperiodische Aktivitäten zeigt (siehe Abbildung 6, Schritt 1), reichen die erwarteten Auftragsbeiträge der

28 *Johannes Fettel*, Ein Beitrag zur Diskussion über den Kostenbegriff, in: ZfB, 29. Jg. (1959), S. 567–569; *Siegfried Hummel*, Wirklichkeitsnahe Kostenerfassung. Neue Erkenntnisse für eine eindeutige Kostenermittlung, Berlin 1970, S. 174, 175.

Periode 1 nicht aus, um diesen vorläufigen finanzorientierten Deckungsbedarf auszugleichen. Es muß daher versucht werden, die Deckungslücke zu schließen, indem man etwa zunächst prüft, auf welche Weise der vorläufige Deckungsbedarf gesenkt und die erwarteten Auftragsbeiträge erhöht werden können (Schritt 2).

Gelingt es im Schritt 2 nicht ausreichend, die Diskrepanzen zwischen dem geplanten Deckungsbedarf und den erwarteten Auftragbeiträgen auszugleichen, wird man das Deckungsbudget mehr oder weniger auf die erzielbaren Auftragsbeiträge beschränken (Abbildung 6, Schritt 3a) und die verbleibende Deckungslücke aus anderen Mitteln ausgleichen müssen, z. B. durch Erhöhung des Eigenkapitals oder Aufnahme von Krediten. In dem ergänzenden Ausgleichsbudget erscheinen daher die ungedeckten Periodeneinzelausgaben und die Periodengemeinauszahlungen für den dreijährigen Vertrag (s. Abbildung 6, Schritt 3b).

Für die Periode 2 ist angenommen worden, daß die voraussichtlich erzielbaren Auftragsbeiträge den vorläufigen Deckungsbedarf, der die Periodeneinzelausgaben und die Ratenzahlungen auf den dreijährigen Vertrag umfaßt, übersteigen. Im Falle eines| solchen vorläufigen Überschusses wird das Deckungsbudget in Höhe der als erzielbar angesehenen Auftragsbeiträge festgesetzt. In der Deckungslast ist dann ein zunächst noch disponibler Überschuß enthalten, der beispielsweise für die Aufstockung der Kassenhaltung, die Tilgung von Fremdkapital oder Investitionen verplant werden kann. (317)

Die Betrachtung dieser beiden Perioden möge genügen, um die Verknüpfung des finanzorientierten Deckungsbudgets mit der Gesamtplanung zu skizzieren.

2. Zur Abstimmung zwischen finanzorientiertem und aufwandorientiertem Deckungsbudget

Bei der Ableitung des Gesamt-Deckungsbudgets eines Geschäftsjahres aus der überjährigen Planung habe ich bisher auf das von mir aus zwei Gründen als vorrangig angesehene finanzorientierte Deckungsbudget abgestellt:

Erstens dürfte bei der mittel- und langfristigen Planung ohnehin das finanzwirtschaftliche Denken dominieren. Zweitens – dieser Gesichtspunkt erscheint mir noch gewichtiger – ist die Fähigkeit, Finanzierungslücken und Liquiditätspässe frühzeitig vorherzusehen, für alle diejenigen Unternehmungen eine Existenzfrage, die im Krisenfalle nicht mit öffentlichen Finanzierungshilfen rechnen können. Daher gilt es vorrangig, die finanziellen Konsequenzen der betrieblichen Maßnahmen und erwarteten externen Einflüsse aufzuzeigen. Auch entspricht es einer in USA (durch Paton und Littleton) weit verbreiteten Ansicht von betriebswirtschaftlichem Rechnungswesen als einem ausschließlichen oder doch grundsätzlichen „Spiegelbild der Geldvorgänge in der Unternehmung". Diesen Hinweis verbindet Karl Käfer mit der Forderung: In der Zeit der Elektronik müsse die bisherige Geldrechnung zu einem wirksamen Instrument der Unternehmensführung ausgestaltet werden und die Vielheit der Güter und ihrer Bewegungen, der Leistungen und Gegenleistungen im Betriebe erfassen[29].

Zumindest bei dynamischen Unternehmungen, die schnell wachsen und größere Investitionen zu bewältigen haben, sowie bei Unternehmungen, die starken Schwankungen der Beschäftigung – und damit auch der Liquidität und des Kapitalbedarfs – ausgesetzt sind, dürfte dem finanzorientierten Deckungsbudget Priorität einzuräumen sein. Das

29 *Karl Käfer*, Die Bilanz als Zukunftsrechnung, a.a.O., S. 3.

652
(315)

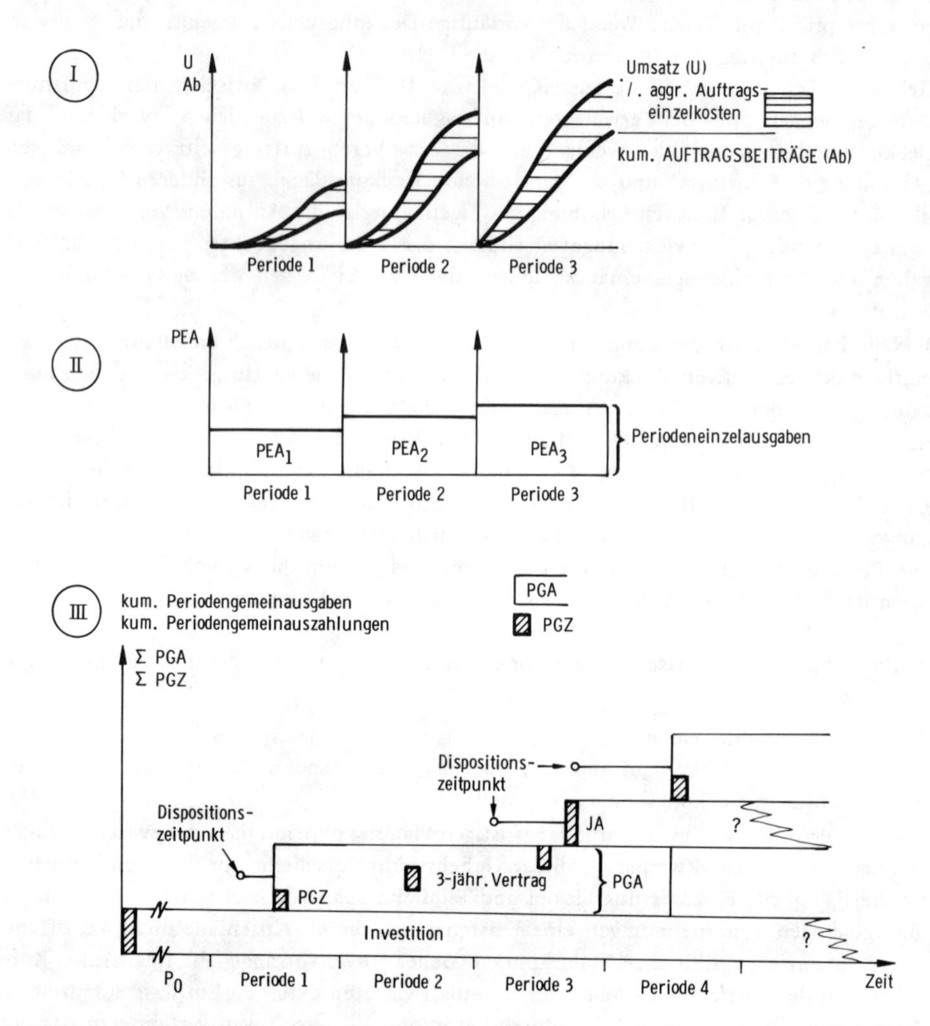

Abbildung 5: Zeitliche Struktur der Planungsschichten

653
(317)

schließt aber nicht aus, daß es Unternehmungen gibt, die – aus welchen Gründen auch immer – primär von der Bilanz her geführt werden. Hier dürfte es sich in erster Linie um konsolidierte, finanzstarke Unternehmungen handeln, die im allgemeinen keine Liquiditäts- und sonstige Finanzierungsprobleme kennen. Aber auch in solchen Fällen ist es nützlich, insbesondere in kritischen Situationen, die auch dort einmal unerwartet auftreten können, im finanzorientierten Deckungsbudget ein wichtiges „Frühwarnsystem" an Hand zu haben[30].

30 *Horst Albach/Dietger Hahn/Peter Mertens* (Schriftleitung), Frühwarnsysteme, ZfB-Ergänzungsheft 2/79.

(316)

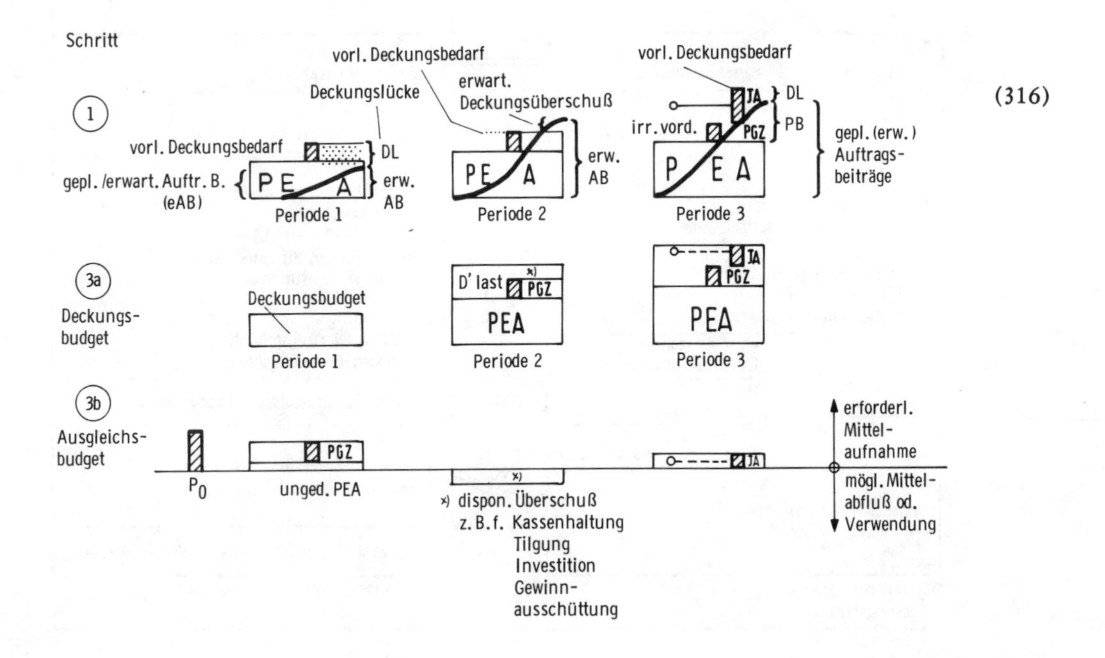

Legende: PEA = Periodeneinzelausgaben (hier = -auszahlungen)
PGZ = Periodengemeinauszahlungen
JA = Investitionsausgaben (hier = -auszahlungen)
AB = Kumulierte Auftragsbeiträge
DL = Deckungslücke
PB = Periodenbeitrag

Abbildung 6: Budgetausgleich und Budgetverkettung

Gleichgültig, ob man dem finanzorientierten oder dem aufwandorientierten Deckungsbudget Priorität einräumt, da man beide benötigt, müssen sie auch untereinander „austariert" werden. Obgleich ich es mir an dieser Stelle versagen muß, auf das reizvolle Wechselspiel der Abstimmung zwischen aufwandorientiertem und finanzorientiertem Deckungsbudget näher einzugehen, so mag doch eine vergleichende Gegenüberstellung der Strukturen beider Budgets anhand der Abbildung 7 einige Hinweise auf die wichtigsten Ansatzpunkte des Austarierens geben. (317)

Wir haben uns dabei auf die wichtigsten Auszahlungs-, Ausgaben- und Aufwandkategorien beschränkt, wobei vor allem auf die Kriterien der Zurechenbarkeit auf die Periode, der Disponierbarkeit für oder in der Budgetperiode und des Entstehens von Ausgaben- und Zahlungsverpflichtungen in der Budgetperiode abgestellt wird. Die grundsätzlich in beiden Budgets übereinstimmenden Positionen sind in der Abbildung 7 durch ein verlängertes Gleichheitszeichen (=) miteinander verbunden. Von den im allgemeinen unbedeutenden Abweichungen zwischen Ausgaben und Auszahlungen sowie zwischen Ausgaben (318) 654

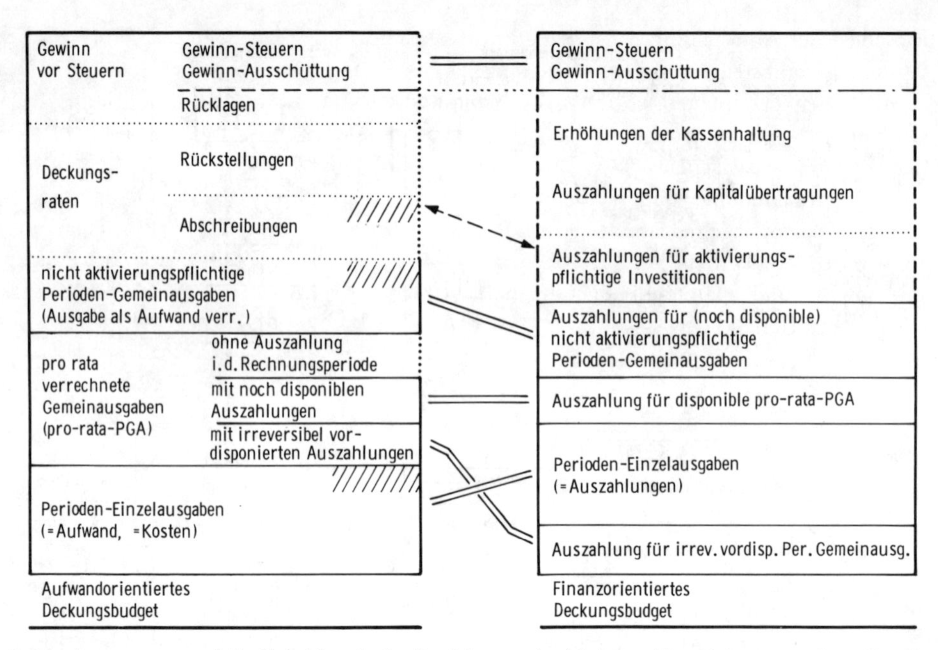

Legende: ═ grundsätzlich identische Positionen (v. kleinen Abweichungen abgesehen)
//// Schwerpunkte einer materiellen Bilanzpolitik vor Jahresabschluß („aktive Jahresabschlußpolitik")

Abbildung 7: Beziehungen zwischen dem aufwandorientierten und dem finanzorientierten Deckungsbudget

und Aufwand wird hier im folgenden abgesehen. Diese Positionen bieten im übrigen nur wenig Spielraum für eine formale Bilanzpolitik nach dem Bilanzstichtag. Soweit sie noch nach der Budgetverabschiedung rechtlich und betriebswirtschaftlich disponibel sind, gehören sie mit zu der „Manipulationsmasse", die für eine materielle Bilanzpolitik vor dem Bilanzstichtag zur Verfügung steht[31]. Diese Möglichkeiten schrumpfen selbstverständlich mit dem Fortschreiten (siehe Abbildung 11) irreversibler Vordispositionen im Zeitablauf.
Der Schwerpunkt der materiellen Bilanzpolitik vor dem Bilanzstichtag liegt bei den weder aktivierungspflichtigen noch pro rata zu verrechnenden Periodengemeinausgaben, bei denen es sich konkret um immaterielle Investitionen und geringwertige Wirtschaftsgüter
(319) handelt. Nur zu einem Bruchteil (nämlich entsprechend den Abschrei|bungsraten) gilt dies für aktivierungspflichtige Investitionen, die als Ausgabe in der Budgetperiode aktivierungspflichtig werden, aber im finanzorientierten Deckungsbudget nur in Höhe der erwarteten Auszahlungen – neben den Vorauszahlungen auf bestellte Anlagen – erscheinen.
Die Abschreibungen auf Investitionen der Vergangenheit, die Rückstellungen und die Rücklagen haben selbstverständlich im finanzorientierten Deckungsbudget keine Entsprechung. Umgekehrtes gilt für die dort ausgewiesenen Posten: Erhöhung der Kassenhaltung und Kapitalübertragungen. Diese beiden Posten stehen für die Dotierung der Rücklagen, der Rückstellungen, der Abschreibungen, der auszahlungsfreien pro rata Beträge von Periodengemeinausgaben mit fester Bindungsdauer sowie für Bewertungsabschläge und den

31 Zur Unterscheidung zwischen materieller und formeller Bilanzpolitik vor und nach dem Bilanzstichtag, siehe *Günter Wöhe*, Bilanzierung und Bilanzpolitik, 5. Aufl., München 1979, S. 57 f.

Ausgleich der Abweichungen bei den grundsätzlich übereinstimmenden Positionen (insbesondere Gewinnsteuern und -ausschüttungen) zur Verfügung. Insoweit muß also das Gesamtvolumen des finanzorientierten Deckungsbudgets und des aufwandorientierten Dekkungsbudgets vor der formalen Bilanzpolitik übereinstimmen.
Das Austarieren zwischen beiden Deckungsbudgets endet selbstverständlich nicht mit der Budgetverabschiedung, sondern findet seine Fortsetzung während des Ablaufs der Budgetperiode, weil es in einer Marktwirtschaft nicht darauf ankommt, Pläne zu erfüllen, sondern das Beste aus nicht vorhergesehenen Entwicklungen zu machen. Von dieser Budgetabstimmung und späteren Budgetanpassung ist auch die zukunftsbezogene Grundrechnung[32] betroffen.

C. Auswertung für die Unternehmensführung

I. Steuerungsmöglichkeiten bei der Budgetaufstellung

Wie bei der Ableitung des finanzorientierten Deckungsbudgets aus der überjährigen Planung und bei der Abstimmung mit dem aufwandorientierten Deckungsbudget wiederholt angedeutet worden ist, werden bereits im Stadium der Vorbereitung und der Verabschiedung des Deckungsbudgets wichtige Weichen für das Geschehen in der Budgetperiode gestellt oder sogar wichtige Einzelentscheidungen getroffen. Damit soll einerseits ein Ausgleich des Deckungsbedarfs und der zu erwirtschaftenden Deckungsbeiträge in der Budgetperiode ermöglicht werden, andererseits sollen die längerfristigen Ziele erreichbar erscheinen. Dazu werden unterschiedliche Annahmen über die voraussichtliche Entwicklung im Zeitablauf, alternative Aktionspläne und mehrere Möglichkeiten zur Messung und Strukturierung des Deckungsbedarfs sowie zur Gewinnung des erforderlichen Volumens an Auftragsbeiträgen durchgespielt. So werden schon bei der Vorbereitung Deckungslücken oder Überschüsse erkennbar, wenn dem Deckungsbedarf die in den einzelnen Teilmärkten erwarteten oder erzielbar erscheinenden Auftragsbeitragssummen kumuliert gegenübergestellt werden, wobei sowohl potentielle Engpässe als auch Kapazitätsüberhänge zu beachten sind. Bei dezentraler| Führungsstruktur muß außerdem über die Vorgabe der zu erwirtschaftenden Deckungsbeiträge einerseits und die Verteilung der verfügbaren Mittel andererseits – unter Mitwirkung der Betroffenen – verfügt werden. Auch sollten Reaktionsmöglichkeiten auf unerwartete Entwicklungen schon in diesem Stadium in Erwägung gezogen werden und erforderlichenfalls ist – eventuell auch nur vorsorglich – über den Einsatz anderer finanzieller Mittel oder aber auch über eine langfristig sinnvolle Verwendung finanzieller Überschüsse zu befinden. (320)
Besonders wichtig ist es, schon bei der Vorbereitung des Deckungsbudgets, die Abdeckung im Zeitablauf für verschiedene Pla|nungsalternativen durchzuspielen mit Hilfe der Überlegungen und methodischen Hilfen, die wir im folgenden für die Prognose, Beobachtung, Steuerung und Kontrolle während des Ablaufs der Budgetperiode skizzieren wollen. 655

32 *Paul Riebel*, Zum Konzept einer zweckneutralen Grundrechnung, in: ZfbF, 31. Jg. (1979), H. 10/11, S. 785–798, hier S. 792, 794; s. a. den Nachdruck in diesem Band, S. 430–443, hier S. 437, 439.

II. Steuerungsmöglichkeiten im Verlauf der Budgetperiode

Es ist eine wichtige Aufgabe der Unternehmens- und Erfolgsbereichsleiter, ungünstige Entwicklungen frühzeitig zu erkennen, um noch rechtzeitig gegensteuern zu können. Die üblichen monatlichen Ergebnisrechnungen kommen dazu zu spät. Zudem besteht die Gefahr, daß bei Saisonschwankungen oder zufälligen zeitlichen Verschiebungen in der Auslieferung und Fakturierung ein verzerrtes Bild der tatsächlichen Entwicklung entsteht; zumindest werden die Analyse und die Interpretation erschwert.

(321) Diese Gründe haben mich zu der Empfehlung veranlaßt, die Fakturierung mit der Ermittlung der Auftragsbeiträge zu verbinden[33] und durch deren fortlaufende Kumulation die Budgetabdeckung in beliebigen Intervallen zu verfolgen. In der Praxis geschieht dies nicht selten täglich, denn man gelangt so zu einer kontinuierlichen Erfolgsrechnung, die jederzeit in eine Prognoserechnung überführt werden kann und bei der die realisierte sowie die weiterhin erwartete Entwicklung der Deckungsbeiträge und des Deckungsbedarfs laufend fortgeschrieben werden können. Entsprechend kann mit erwarteten Deckungsbeiträgen aufgrund des Auftragseingangs oder auch bloßer Absatzplanungen verfahren werden. Die Vorgehensweise und Auswertungsmöglichkeiten wollen wir anhand einiger Schemata skizzieren:

In Saisonbetrieben empfiehlt es sich, in die Deckungsbudgets einen Saisonkorridor oder -kanal hineinzuprojizieren, wie in Abbildung 8 für das aufwandorientierte Deckungsbudget[34]. Solange sich die tatsächliche oder erwartete Entwicklung der kumulierten Auftragsbeiträge innerhalb des Saisonkorridors bewegt, ist aufgrund der statistisch „erhärteten" Erfahrung zu erwarten, daß das Deckungsbudget mit hoher Wahrscheinlichkeit erreicht werden kann.

In unserem Beispiel tendiert – nach anfänglichem Pendeln – seit April die Entwicklung (322) der Auftragsbeitragskurve von der oberen zur unteren „Grenze" des Saisonkorri|dors, die im Juli sogar unterschritten wird. Das löst frühzeitige „Vorsignale" aus, ein Nachdenken über die Gründe des Zurückbleibens und entsprechend frühzeitige Anstrengungen zum Gegensteuern, falls nicht ohnehin – etwa durch gewisse Verzögerungen der Auftragsabwicklung oder sonstige Zufälligkeiten – von selbst ein Ausgleich zu erwarten ist.

Zusätzliche Anregungsinformationen gewinnt man aus der Projektion des Saisonkorridors und der Auftragsbeitragskurve in das finanzorientierte Deckungsbudget, insbesondere wenn die Auszahlungen nach den Monaten der Fälligkeit kumuliert werden (Abbildung 10). Dabei zeichnen sich Ansätze zu mittelfristigen Liquiditätsschwierigkeiten schon grob ab. Dieser Eindruck läßt sich präzisieren, wenn man noch die mittlere Laufzeit der Forderungen aus Leistungen oder gar Verweilzeitspektren[35] sowie die entsprechenden mittleren Abweichungen der Auszahlungen für Leistungskosten gegenüber dem Zeitpunkt des Ausweises der Auftragsbeiträge ergänzend berücksichtigt.

Im Beispiel wäre es schon bei der Budgetvorbereitung erkennbar, daß selbst im Falle des sofortigen Zahlungseingangs die aus Deckungsbeiträgen zu erwirtschaftenden Auszah-

33 *Paul Riebel*, Die Deckungsbeitragsrechnung als Instrument der Absatzanalyse, a.a.O.; *ders.*, Deckungsbeitragsrechnung, a.a.O.; *ders.*, Deckungsbeitragsrechnung im Handel, a.a.O.; s. a. in diesem Band, passim.

34 *Paul Riebel*, Die Deckungsbeitragsrechnung als Instrument der Absatzanalyse, a.a.O., S. 611 (s. a. in diesem Band, S. 187 f.); *ders.*, Deckungsbeitragsrechnung im Handel, a.a.O.; in diesem Band, S. 266; *ders.*, Neuere Entwicklungen in der Kostenrechnung, a.a.O.

35 *Heinz Langen* u. a., Unternehmensplanung mit Verweilzeitverteilungen, Berlin 1971.

(320)

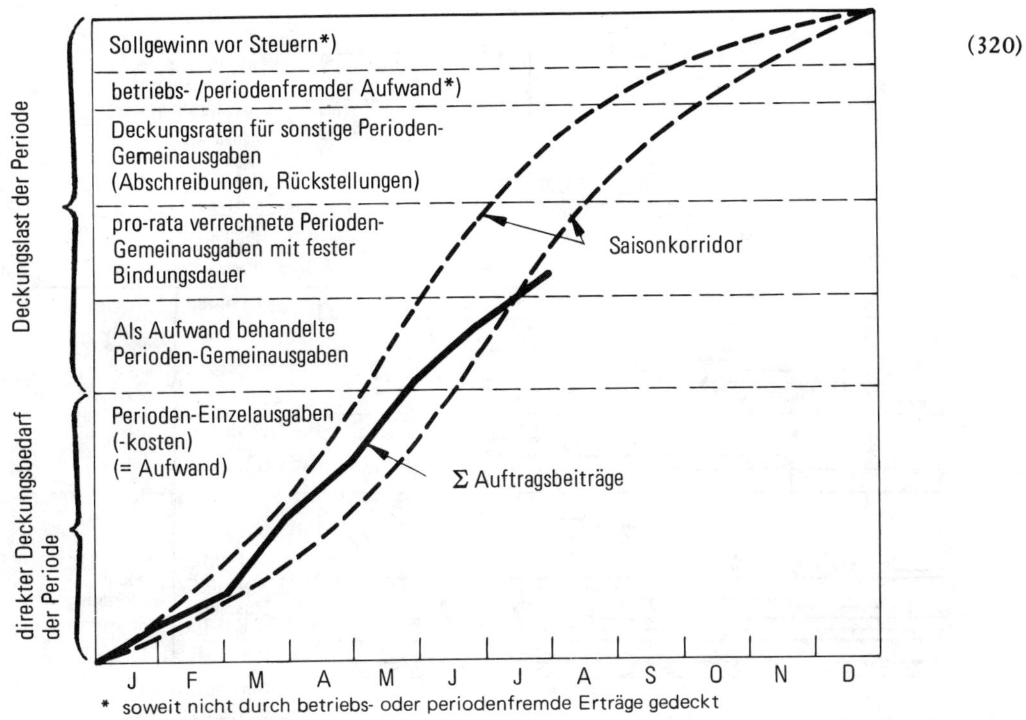

Abbildung 8: Aufwandorientiertes Deckungsbudget und kontinuierliche „Erfolgs"rechnung in einem Saisonbetrieb

lungen in den ersten sechs Monaten noch nicht voll zur Verfügung stünden und daher mit anderen Mitteln überbrückt werden müßten. (322)

Für andere Fragestellungen, insbesondere für Maßnahmen zur Verminderung des Deckungsbedarfs während der laufenden Budgetperiode dürfte eine Strukturierung des Deckungsbedarfs nach Art der Abbildung 11 nützlich sein, in der die Ausgaben- |und Auszahlungskategorien nach den Dispositionszeitpunkten und zusätzlich nach der Bindungsdauer und den Zahlungsrhythmen kumuliert sind. Diese Strukturierung, die schon für die Budgetvorbereitung bedeutsam ist, läßt für jeden Zeitpunkt erkennen, inwieweit man sich – in die Zukunft hineingreifend – durch irreversibel vordisponierte Ausgaben und Auszahlungen bereits festgelegt hat. Für Budgetrevisionen und Anpassungsdispositionen müßte diese Struktur zusätzlich noch durch die bereits angedeutete Klassifikation nach der Verzichtbarkeit oder Verschiebbarkeit[36] ergänzt werden; aus Gründen der Überschaubarkeit wurde in der Abbildung darauf verzichtet. (323)

Aufschlußreich ist weiter die Kumulation der realisierten, geplanten und erwarteten Auftragsbeiträge über den zur Verfügung stehenden Maßeinheiten des dominierenden (potentiellen) Engpasses bei gleichzeitiger Gegenüberstellung mit dem Deckungsbud|get gemäß Abbildung 12[37]. Daraus läßt sich vor allem erkennen, wieviel an Restkapazität im (poten- 656

36 Siehe hierzu vor allem *Eberhard Witte*, Die Liquiditätspolitik der Unternehmung, Tübingen 1963; *Peter Heine*, Die Einflußfaktoren auf die leistungswirtschaftlichen Ausgaben und Einnahmen, a.a.O.; *Eberhard Witte/Herbert Klein*, Finanzplanung der Unternehmung, Prognose und Disposition, Reinbek bei Hamburg 1974; *Helmut Niebling*, Kurzfristige Finanzrechnung auf der Grundlage von Kosten- und Erlösmodellen, Wiesbaden 1973.

37 Eine vereinfachte Darstellung dieser Art siehe schon bei *Paul Riebel*, Die Preiskalkulation auf Grundlage von „Selbstkosten" . . ., a.a.O., S. 610 f.; a. a. in diesem Band, S. 265 f.

655
(321)

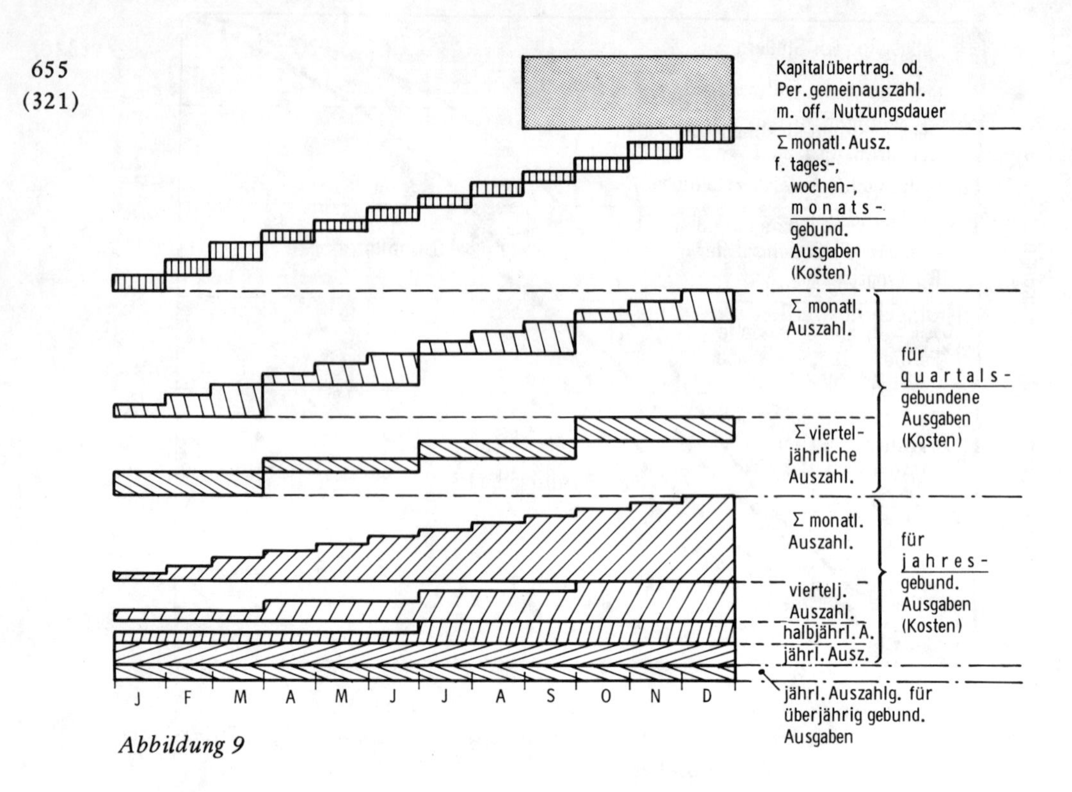

Abbildung 9

(322)

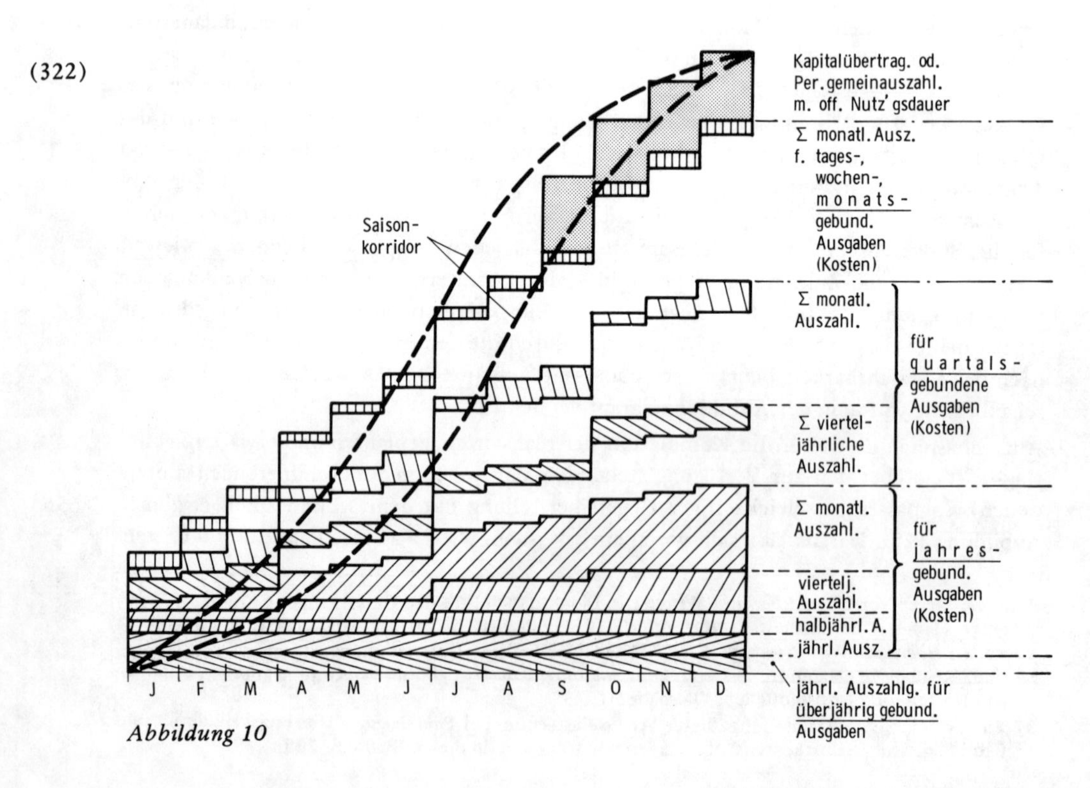

Abbildung 10

tiellen) Engpaß noch zur Verfügung steht, um etwaige Deckungslücken zu füllen. Auf diese Weise kann eine frühzeitige Umlenkung der Absatzbemühungen auf Produkte, die den Engpaß weniger in Anspruch nehmen, eine Engpaßentlastung durch Übergang zu anderen Verfahren und zu Fremdbezug oder die Einleitung von Maßnahmen zur Engpaßerweiterung ausgelöst werden. Weiter läßt sich aus der Gegenüberstellung des „Restdeckungsbedarfs" und der noch verfügbaren „Restkapazität" ermitteln, wie hoch im Rahmen dieses Restes der durchschnittliche Deckungsbeitrag je Maßeinheit der Restkapazität mindestens sein müßte, wenn der Restdec|kungsbedarf voll oder bis zu einem bestimmten Grade hereingeholt werden soll; dabei kann natürlich auch auf verschiedene Grade der Nutzung dieser Restkapazität abgestellt werden.

656

(324)

Analog zu Abbildung 12 kann schon bei der Vorbereitung des Deckungsbudgets verfahren werden, um etwaige Deckungslücken zu ermitteln. Dabei kann nach verschiedenen Kriterien z. B. Produktgruppen, Handelsware/Eigenproduktion, Produktion auf Bestellung/auf Verdacht, Geschäftsarten (wie Strecke/Lager, Verkauf/Vermietung), Großkunden und Kundengruppen, Absatzgebieten, Verkaufsabteilungen und anderen Teilmärkten differenziert werden.

Abbildung 9–11: Finanzorientiertes Deckungsbudget
(1) Nach Bindungsdauer und Zahlungsrhythmus differenzierte Kosten-, Ausgaben- und Auszahlungskategorien (Abb. 9)
(2) Kumulierte Monatszahlungen nach Bindungsdauer geschichtet (mit Saisonkorridor) (Abb. 10)
(3) Primär nach Dispositionszeitpunkten, sekundär nach Bindungsdauer und Zahlungsrhythmus geordnet (Abb. 11)

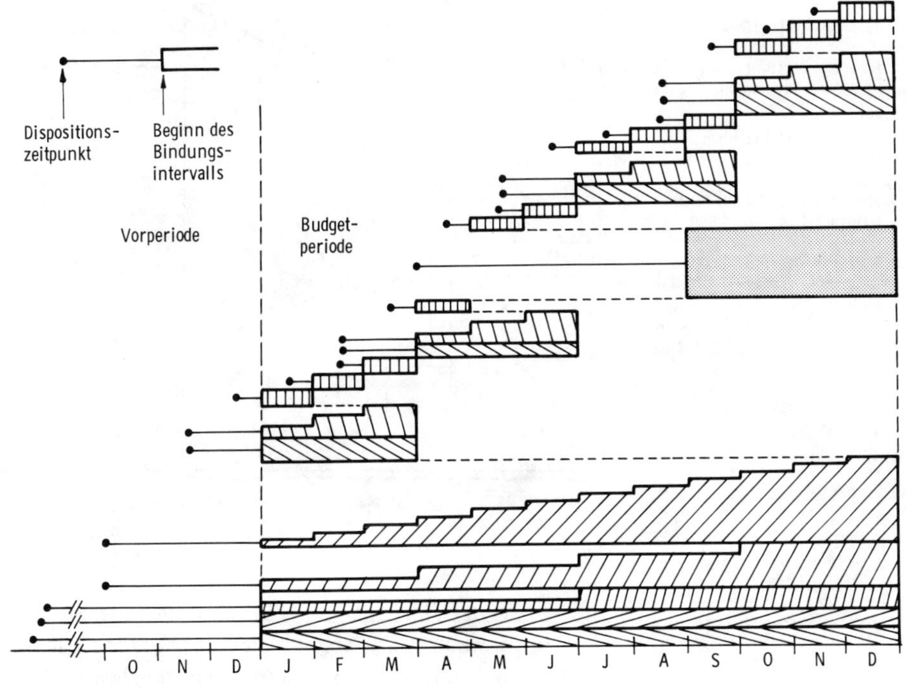

Abbildung 11

Diese Beispiele mögen genügen, um zu veranschaulichen, daß die Deckungsbudgets ein wichtiges Instrument der laufenden Selbstbeobachtung und Kontrolle des Gesamtunternehmens durch die oberste Leitung und damit auch Basis für weiterführende Prognosen und darauf aufbauende Maßnahmen sind. Die Möglichkeiten, die sich hier abzeichnen, sind mit den vorgeführten Beispielen keineswegs erschöpft; soweit ich sehe, sind sie auch weder von der Theorie noch von der Praxis bislang ausgelotet. Auch lassen sich die vorgestellten Auswertungsmöglichkeiten in gleicher Weise auf partielle Deckungsbudgets, etwa für Produktgruppen, regionale Märkte, Kundengruppen oder Verkaufsabteilungen, übertragen, wobei es formal gleichgültig ist, ob diese Parzellierung lediglich der besseren Übersicht bei zentraler Unternehmensführung dient oder ob es sich um eine Verteilung des Gesamtdeckungsbedarfs und eine Vorgabe der zu erwirtschaftenden Deckungsbeiträge auf die Erfolgsbereiche bei dezentralisierter Unternehmensführung handelt.

(325) *III. Zur Vorgabe von Deckungsbudgets für Erfolgsbereiche*

Bei dezentralisierter Unternehmensführung ist es notwendig, das Gesamt-Deckungsbudget des Unternehmens auf die selbständig im Markt operierenden „Erfolgsbereiche", etwa die Geschäftsbereiche und ihre selbständig im Markt operierenden Unterinstanzen, aufzuteilen. Verfehlt wäre es dagegen, Teile des Deckungsbudgets auf reine „Kostenbereiche" (cost center) oder gar Kostenstellen, etwa im Bereich der Produktion und der Verwaltung,

(324)

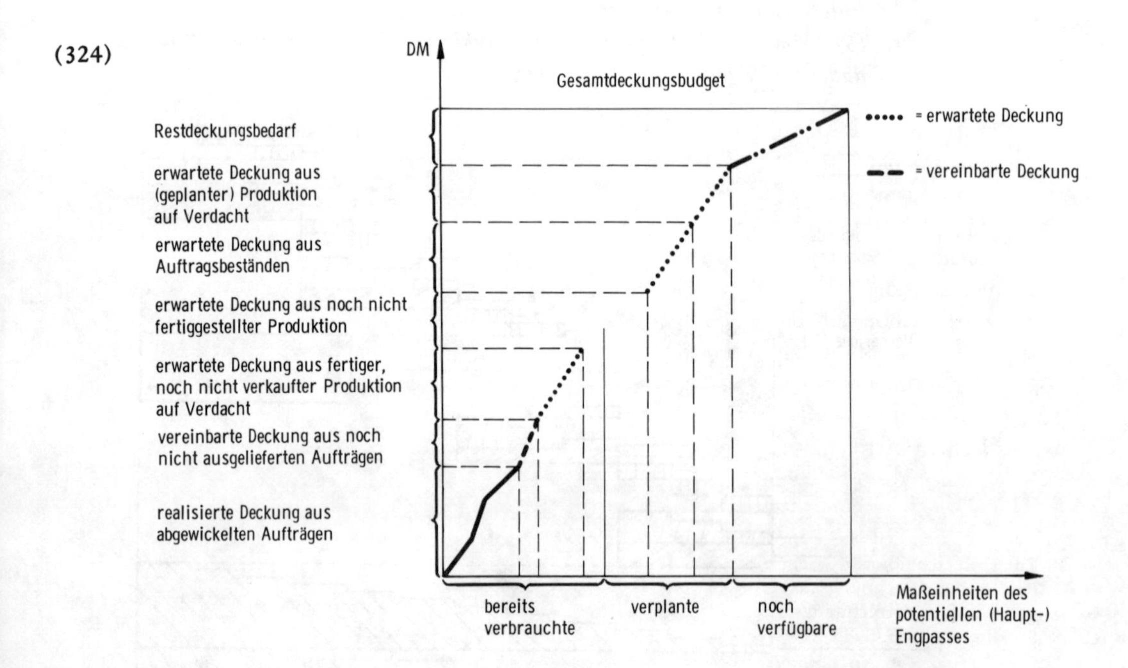

Abbildung 12: Vergleich des (budgetierten, geplanten) Deckungsbedarfs mit den über den insgesamt verfügbaren Maßeinheiten des potentiellen (Haupt-)Engpasses im Zeitablauf kumulierten realisierten und geplanten Deckungsbeiträgen der Erzeugnisse

aufzuteilen[38]. Diese Erfolgsbereiche müssen außer ihrem direkten Deckungsbedarf auch mehr oder weniger große Anteile ihres jeweils übergeordneten gemeinsamen Deckungsbedarfs als ,,Deckungslast" tragen. Eine Verteilung dieses gemeinsamen Deckungsbedarfs nach Schlüsseln wie sie bei der Gemeinkostenverteilung bei der Vollkostenrechnung üblich sind, halte ich für abwegig. Besser ist eine Aufteilung nach unternehmenspolitischen Gesichtspunkten, wobei die ,,Tragfähigkeit" zu beachten ist, wenn einerseits Frustrationen vermieden und andererseits ausreichende Beiträge zum Gesamtbudget erzielt werden sollen. (325)

Die Obergrenze dieser Tragfähigkeit wird letztlich durch die erzielbaren Deckungsbeiträge bestimmt; von welchen Deckungsbeiträgen dabei ausgegangen wird und welche Teile der spezifischen Periodengemeinausgaben der zweiten und dritten Planungsschicht dem direkten oder dem gemeinsamen Deckungsbedarf zugeordnet werden, hängt vor allem von der unternehmerischen Zielsetzung, der Verteilung der Entscheidungskompetenzen, der Situation und verhaltenswissenschaftlichen Aspekten ab. So ist es in Anlaufphasen und besonderen Situationen oft nicht einmal möglich, den direkten Deckungsbedarf voll zu erwirtschaften. In diesem Falle müßte das Defizit solcher Bereiche in die von den übrigen Bereichen zu tragenden Deckungslasten einbezogen werden (so wie im Falle der Kuppelproduktion das Hauptprodukt die ungedeckten Kosten der Weiterverarbeitungen von Nebenprodukten oder für die Vernichtung der Abfälle mittragen muß).

Die Belastbarkeit der einzelnen Erfolgsbereiche sollte von verschiedenen Seiten her ,,eingekreist" werden. In jedem Falle sollten die betroffenen Abteilungsleiter sowohl bei der Aufstellung des Gesamtbudgets als auch bei der Zuteilung der Deckungslasten beteiligt werden, und zwar sowohl wegen ihrer Sachkenntnis als auch aus Gründen der Motivation[39]. Die Deckungsbudgets werden den Leitern der Erfolgsbereiche als Rahmen für ihre Planungen und Entscheidungen vorgegeben, ergänzend werden bereichsspezifische Saisonkanäle ermittelt. Beide dienen als Basis| für die Kontrolle der Entwicklung der Auftragsbeiträge innerhalb der Bereiche, wobei die Selbstkontrolle im Vordergrund stehen sollte. 657

Die Auswirkungen einer wenig erfolgreichen Angebotspolitik, sei es eine schlechte Sortiments- und Auftragsstruktur oder eine allzu nachgiebige Preispolitik, werden ebenso wie ein Anstieg spezifischer Leistungskosten oder eine ineffiziente Engpaßnutzung sehr schnell offenkundig, insbesondere, wenn man nicht nur auf die fakturierten Auftragsbeiträge sondern schon auf die aus den Auftragseingängen zu erwartenden Auftragsbeiträge abstellt. Das löst erfahrungsgemäß frühzeitige Bemühungen zu einer Steigerung der Auftrags-Beitragssummenkurve aus, und zwar in der Regel durch ein ganzes Bündel von Maßnahmen. Zudem wird von vornherein ein kalkulatorischer Ausgleich zwischen guten und schlechten Artikeln, großen und kleinen Aufträgen, ergiebigen und weniger ergiebi-

38 Zur Unterscheidung zwischen Erfolgsbereichen und Kosten- sowie Investitionsbereichen siehe z. B. *Paul Riebel*, Rechnungsziele, Typen von Verantwortungsbereichen und Bildung von Verrechnungspreisen, in: Verrechnungspreise, hrsg. von *Günter Danert/Hans Jürgen Drumm/Karl Hax*, ZfbF-Sonderheft 2/73, S. 11–19.

39 Siehe hierzu *Erwin Grochla*, Unternehmensorganisation, Reinbek bei Hamburg 1972; *H. Otto Poensgen*, Geschäftsbereichsorganisation, Opladen 1973; *Gerhard Reber*, Anreizsysteme, in: Handwörterbuch der Organisation (HWO), hrsg. von *Erwin Grochla*, 2. Aufl. Stuttgart 1980, Sp. 78–86; *Jürgen Wild*, Grundlagen der Unternehmensplanung, Reinbek bei Hamburg 1974; *George A. Steiner*, Die Budgetierung ist ein wichtiges Integrationsinstrument, in: *Jürgen Wild*, (Hrsg.), Unternehmungsplanung, Reinbek bei Hamburg 1975, S. 329–355; *Helmut Koch*, Aufbau der Unternehmungsplanung, a.a.O.; *Oswald Neuberger*, Motivation, in: HWO, a.a.O., Sp. 1356–1365.

(326) gen Kunden noch inner|halb der Budgetperiode – zumindest – angestrebt. (Durch die Vorgabe von Soll-Deckungsbeiträgen je Leistungseinheit oder je Maßeinheit des Engpasses würde dieser Ausgleich ebensowenig erreicht wie durch die Verrechnung von Gemeinkosten auf die Leistungseinheiten in der Vollkostenrechnung). Damit gegebenenfalls Anpassungsmaßnahmen im Bereich des direkten Deckungsbedarfs getroffen werden, sollten die für derartige Dispositionen relevanten Merkmale in entsprechender Weise wie für das Gesamtbudget der Unternehmung ausgewiesen werden. Freilich sollten größere Änderungen im Bereich der zweiten und dritten Planungsschicht nicht ohne Abstimmung mit der Unternehmungsleitung erfolgen.

Weil die Erfolgsbereiche in der Regel keine eigene Finanzplanung und Jahresabschlußpolitik betreiben (können), erscheint es überflüssig, die Deckungslast nach den gleichen Kriterien zu strukturieren wie das Gesamtbudget. Andererseits könnten Gesichtspunkte der Motivation doch dafür sprechen, die Deckungslasten nach den gleichen Gesichtspunkten anteilig zu strukturieren[40].

Auch bei einer Aufteilung des Gesamtbudgets auf Erfolgsbereiche darf nicht darauf verzichtet werden, die dort erzielten oder erwarteten Auftragsbeiträge laufend zusammenzufassen und dem Gesamt-Deckungsbudget der Unternehmung kumulativ in der bereits gezeigten Weise gegenüberzustellen. Diese zentrale Beobachtung soll weniger der Fremdkontrolle der Erfolgsbereiche dienen als vielmehr der Beobachtung der Gesamtabdeckung und der Steuerung des Gesamtunternehmens, weil eine Reihe von Maßnahmen, etwa die Aufnahme von Krediten, das Vorziehen oder Aufschieben von Investitionen und das Umschichten im Rahmen von Budgetrevisionen, nur zentral disponiert werden kann.

D. Offene Probleme

Die vorgetragenen Auffassungen über die Aufstellung und den Einsatz von Deckungsbudgets sind das Ergebnis praktischer Erfahrungen und darauf beruhender theoretischer Reflektionen über eine Zeitspanne von mehr als zwei Jahrzehnten. Gleichwohl stehen wir in der Ausgestaltung der Deckungsbudgets und ihrem Einsatz als Führungsinstrument wohl immer noch am Anfang der Entwicklung.

Künftig gilt es, die Integration der Deckungsbudgets mit anderen Teilbereichen des Rechnungswesens weiter voranzutreiben und dabei vor allem die Deckungsbudgets mit der vorausschauenden Grundrechnung und der Finanzplanung zu verzahnen.

Weiter muß das Wechselspiel zwischen aufwandorientiertem und finanzorientiertem Deckungsbudget einerseits, das Beziehungsfeld zu den Planbilanzen und die Abstimmung mit den überjährigen Planungen andererseits noch im einzelnen untersucht werden; dabei wird man sicher nach unterschiedlichen Betriebstypen differenzieren müssen.

Besondere Probleme für die Vorgabe und die Auswertung von Deckungsbudgets sind für eine Reihe spezieller Betriebstypen zu lösen, so vor allem für Unternehmungen mit lang-
(327) fristiger Auftragsfertigung und langfristiger Verwertung von Rohstoffpartien, |wie überhaupt allen Unternehmungen, die auf eine langfristige Leistungserstellung und Ertrags-

40 Siehe hierzu meine früheren Vorschläge zur Strukturierung der kostenorientierten Abteilungsbudgets, in: *Paul Riebel*, Das Rechnen mit Einzelkosten und Deckungsbeiträgen, a.a.O., S. 234–236; *ders.*, Die Deckungsbeitragsrechnung als Instrument der Absatzanalyse, a.a.O., S. 616–621; s. a. in diesem Band, S. 54–56 und S. 192–196.

bildung hin angelegt sind. In Teilbereichen gilt das auch für Unternehmungen mit stark schwankenden Beständen an Rohstoffen, Zwischen- und Endprodukten. Auch im Falle verflochtener Kuppelproduktion gilt es noch nach praktikablen Lösungen für die Abdeckung derjenigen Leistungskosten, die nicht den Produkten und damit auch nicht den Auftragsposten zugerechnet werden können und die oft den größten Teil der Leistungskosten ausmachen, zu suchen.

Eine Fülle von Problemen wirft schließlich die Vorgabe von Deckungsbudgets für Erfolgsbereiche auf. Wie schon angedeutet, ist noch offen, wie sich unterschiedliche Kompetenzverteilungen, insbesondere über Investitionen und periodenübergreifende Verträge, auf die Abgrenzung zwischen direktem Deckungsbedarf der einzelnen Erfolgsbereiche gegenüber der Deckungslast auswirken. Weiter ist zu untersuchen, wie verfahren werden soll, wenn Lenkpreise von den Leistungskosten abweichen, was vor allem beim Vorliegen von Engpässen oder bei der Beschaffung gleichartiger oder substituierender Kostengüter aus verschiedenen Quellen[41] auftritt. Ferner ist zu fragen, unter welchen Voraussetzungen die Vorgabe von Kapazitätsbudgets (Engpaßnutzungs-Budgets) für die Steuerung des Wettbewerbs um gemeinsame Engpässe angebracht erscheint. Besonders wenig wissen wir bislang über die Bedeutung verhaltenswissenschaftlicher Aspekte für den Einsatz von Deckungsbudgets, Lenkpreisen und anderen Koordinationsinstrumenten; von diesem Mangel ist aber die Gestaltung des Rechnungswesens generell betroffen[42].

Anmerkung:

Die am Rand ohne Klammer verzeichnete Seitennumerierung bezieht sich auf den Abdruck in der Zeitschrift „Der Betrieb", die Angaben in Klammern verweisen auf die Seiten in Rühli/Thommen (Hrsg.), Unternehmensführung aus finanz- und bankwirtschaftlicher Sicht.

41 Siehe hierzu *Wolfgang Männel*, Kostenrechnerische Probleme bei der Bewertung gleichartiger Kostengüter verschiedener Herkunft, in: Neue Betriebswirtschaft, 21. Jg. (1968), H. 4, S. 7–20; *ders.*, Zurechnung von Erlösen auf parallel arbeitende Betriebsbereiche, in: Neue Betriebswirtschaft, 24. Jg. (1971), H. 7, S. 1–21; *Paul Riebel*, Systemimmanente und anwendungsbedingte Gefahren ..., a.a.O., S. 514; *ders.*, Ertragsbildung und Ertragsverbundenheit im Spiegel der Zurechenbarkeit von Erlösen, in: Beiträge zur betriebswirtschaftlichen Ertragslehre, hrsg. von *Paul Riebel in Verbidung mit Hans Fischer, Karl Hax, Hans Knoblich, Eugen Leitherer, Wolfgang Männel und Helmut Kurt Weber*, Opladen 1971, S. 147–200 hier S. 161 ff. (s. a. den Nachdruck in diesem Band, S. 98–148); s. a. in diesem Band, S. 110 ff., 373; *Hans-Hermann Böhm/Friedrich Wille*, Deckungsbeitragsrechnung, Grenzpreisrechnung und Optimierung, 5. Aufl. München 1974.

42 Siehe hierzu die zusammenfassenden Beiträge von *Klaus Macharzina*, Die Bedeutung verhaltenstheoretischer Aussagen für kosten- und leistungsorientierte Planungs- und Kontrollrechnungen, in: Unternehmensrechnung, hrsg. von *Adolf Gerhard Coenenberg*, München 1976, S. 324–344 und von *Peter W. Holzer/Wolfgang Lück*, Verhaltenswissenschaft und Rechnungswesen, Entwicklungstendenzen des Behavioral Accounting in den USA, in: Die Betriebswirtschaft, 38. Jg. (1978), S. 509–523.

22. Probleme einer Festlegung von Deckungsvorgaben aus produktions- und absatzwirtschaftlicher Sicht*

Beim Rechnen mit relevanten Größen bleibt offen, ob der durch die Entscheidung für eine Maßnahme ausgelöste Deckungsbeitrag (als Erfolgsänderung gegenüber dem Unterlassen) ausreichend sei. Daher wird eine auf kurzfristige taktische Vorteile abstellende Angebotspolitik, die zu einem Preisverfall und insgesamt unzulänglichen Deckungsbeiträgen führt, befürchtet. Um solchen Gefahren zu begegnen, können Deckungsbudgets, die global aus der langfristigen Finanzplanung abgeleitet werden, oder Deckungssätze, die für Leistungseinheiten oder andere Bezugsgrößen spezifisch festzulegen sind, vorgegeben werden. Einige der damit verbundenen Probleme werden unter theoretischen und praktischen Aspekten untersucht.

1130

I. Einführung und Problemstellung

Produktions- und Absatzwirtschaft des einzelnen Unternehmens stehen einerseits im Verhältnis der Ergänzung und des Zusammenwirkens, andererseits im Zeichen polarer Spannung und gegensätzlicher Interessen, ja Denkweisen[1]. Das schwierige „Miteinander und Ineinander“[2] ist bei der Preisfindung besonders ausgeprägt. Dabei sind die meist dem Produktionsbereich nahestehenden Kalkulatoren die Gegenspieler der Absatzleute. Diesen geht es in erster Linie um Erfolge im Markt: um Verkaufsabschlüsse und Umsätze, während sich jene vor allem für die Deckung der gesamten Kosten verantwortlich fühlen und daraus die Forderung ableiten, daß der Preis jedes Auftrags oder Artikels über seine spezifischen Kosten hinaus mindestens angemessene Anteile der Gemeinkosten, eben die „zugerechneten“, decken solle. In solchem Tun fühlen sie sich durch die betriebswirtschaftliche Literatur über Kostenrechnung („Kalkulation“) und Preispolitik bestärkt, die sich bis in die jüngste Zeit nahezu ausschließlich mit der kostenorientierten Begründung der Preisstellung des einzelnen Unternehmens befaßt hat[3].
Das führt zu dem Konflikt zwischen produktions- oder kostenorientierter und ertrags-, absatz- oder marktorientierter Preispolitik, der nur gelöst werden kann, wenn – gemäß *Schäfers* „Dreieck der einzelwirtschaftlichen Ökonomik“[4] – auch bei der Preisfindung und Preisbeurteilung produktions- und absatzwirtschaftliche Aspekte abgewogen und mit den beide übergreifenden finanzwirtschaftlichen Gesichtspunkten in Einklang gebracht werden.

* Nachdruck aus: Zeitschrift für betriebswirtschaftliche Forschung, 32. Jg. (1980), S. 1130–1145. – Meinen Mitarbeitern, den Herren Dipl.-Kfm. *Werner Engel* und Dipl.-Kfm. *Lothar Singelmann*, danke ich für ihre Hilfe bei der redaktionellen Vorbereitung des Manuskripts und für das Lesen der Korrekturen.

1 Nach *Schäfer, E.*, Produktionswirtschaft und Absatzwirtschaft, in: ZfhF NF 15 (1963), S. 537–548, hier S. 539 f. und S. 542 f.

2 Vgl. *Schäfer, E.*, Produktionswirtschaft . . ., S. 548.

3 S. *Schäfer, E.* Absatzwirtschaft, in: *Hax, K./Wessels, Th.* (Hrsg.), Handbuch der Wirtschaftswissenschaften, Bd. 1: Betriebswirtschaft, 2. Aufl. 1966, S. 277–341, hier S. 336 f.

4 *Schäfer, E.*, Grundfragen der Betriebswirtschaftslehre, in: *Hax, K./Wessels, Th.* (Hrsg.), Handbuch der Wirtschaftswissenschaften, Bd. 1: Betriebswirtschaft, 2. Aufl. 1966, S. 9–42, hier S. 32–36; *ders.*, Die Unternehmung, 10. Aufl., 1980, S. 326–328.

Trotz der Unmöglichkeit, echte Gemeinkosten(-ausgaben) den Leistungseinheiten oder Aufträgen nach objektiven, logisch zwingenden Kriterien zurechnen zu können, ist die Praxis gezwungen, im Preis der Leistungseinheiten und über den Erlös der einzelnen Aufträge insgesamt ausreichende Beiträge zur Deckung der Gemeinkosten(-ausgaben) und Erzielung eines Überschusses hereinzuholen. Vor allem die Industrie versucht, dieses *„Dilemma der Preiskalkulation"*[5] durch schematische Verteilung des „Deckungsbedarfs" nach den Regeln der Vollkostenrechnung zu lösen. Das kann auch bei vollkommenster Durchführung aus systemimmanenten Gründen nicht gelingen[6]. U. a. werden das Relevanzprinzip und der Leistungsverbund mißachtet, die Ergebnisse von der Verteilungsmethode und Schlüsselwahl abhängig gemacht, absatzpolitische Aspekte bewußt ausgeklammert; hinzu kommt, daß Kostenpreise nur ermittelt werden können, wenn Art und Menge der Leistungen ex ante feststehen, die Nachfrage danach ist aber wiederum preisabhängig. Auch lassen sich weder Preisgrenzen bestimmen noch der kalkulatorische Ausgleich steuern. 1131

Die Einfachheit der Methode und die scheinbar zuverlässige Datenbasis erzeugen eine trügerische Sicherheit, führen aber tatsächlich zu einer internen und externen Fehlsteuerung von Produktion, Angebot und Nachfrage. Oft wird nämlich übersehen, daß mit jeder Preisentscheidung stets zugleich Entscheidungen über weitere Handlungsmöglichkeiten verbunden sind, etwa: zu hohem Preis kleine oder zu niedrigem Preis große Mengen absetzen und produzieren, Produkt a mit hohem oder b mit niedrigem Qualitäts- und Serviceniveau (Werbeaufwand etc.) forcieren, End- oder Zwischenprodukte anbieten, an Abnehmergruppe X oder Y, über Absatzweg I oder II verkaufen usw. Von derartigen Entscheidungen können infolge des Nachfrage-, Angebots- und Produktionsverbundes weitere Leistungen und Bereiche betroffen sein[7].

Daher müßte die auf die Leistungseinheit oder den Auftrag abstellende Preiskalkulation durch Wirtschaftlichkeitsvergleiche zwischen allen bedeutsamen Angebotsalternativen unter Einbeziehung des gesamten betroffenen Bereiches und dem Ansatz relevanter Größen ersetzt werden[8]. Das kann wegen der oft zahlreichen Alternativen und Nebenbedingungen anspruchsvoll und zeitraubend sein; zudem bleibt das Verhalten der Konkurrenz und der Nachfrager ungewiß[9]. Davon abgesehen führt das Rechnen nach dem Relevanzprinzip zur Auswahl der besten Alternative und zur Ermittlung der durch sie ausgelösten Erfolgsänderung gegenüber dem Unterlassen; ob dieser Deckungsbeitrag aber ausreichend ist, muß im Einzelfalle offen bleiben[10].

5 *Riebel, P.*, Die Preiskalkulation auf der Grundlage von „Selbstkosten" oder von relativen Einzelkosten und Deckungsbeiträgen, in: ZfbF 16 (1964), S. 549–612, hier S. 580–583; Nachdr. in diesem Band, S. 204–268, hier S. 235–238.

6 *Riebel, P.*, Die Preiskalkulation . . .; *ders.*, Kosten und Preise bei verbundener Produktion, Substitutionskonkurrenz und verbundener Nachfrage, 2. Aufl. 1972.

7 *Engelhardt, H.-W.*, Erscheinungsformen und absatzpolitische Probleme von Angebots- und Nachfrageverbunden, in: ZfbF 28 (1976), S. 77–90; *Männel, W.*, Verbundwirtschaft, in: *Kern, W.* (Hrsg.), Handwörterbuch der Produktionswirtschaft, 1979, Sp. 2077–2093; *Riebel, P.*, Produktion III, einfache und verbundene, in: *W. Albers u. a.* (Hrsg.), Handwörterbuch der Wirtschaftswissenschaften, Bd. 6, Stuttgart, Tübingen, Göttingen 1981, S. 295–310.

8 S. hierzu schon *Riebel, P.*, Die Preiskalkulation . . ., S. 594–605, in diesem Band S. 249–260; *Männel, W.*, Mengenrabatte in der entscheidungsorientierten Erlösrechnung, 1975; *Simon, H.*, Preisstrategien für neue Produkte, 1976; *Reichmann, Th.*, Kosten- und Preisgrenzen, 1973; Arbeitskreis *Hax* der Schmalenbach-Gesellschaft, Der Preis als Instrument der Absatzpolitik, in: ZfbF 32 (1980), S. 701–720.

9 Zur Berücksichtigung der Ungewißheit s. z. B. *Kuß, A.*, Competitive-bidding-modelle, in: ZfbF (Kontaktstudium) 19 (1977), S. 63–70; *Simon, H.*, Preisstrategien . . ., S. 144 ff.

10 S. a. *Kilger, W.*, Soll- und Mindest-Deckungsbeiträge als Steuerungselemente der betrieblichen Planung, in: *Hahn, D.* (Hrsg.), Führungsprobleme industrieller Unternehmungen. Friedrich Thomée zum 60. Geburtstag, 1980, S. 299–326, hier S. 319.

1132 Diese Ungewißheit und die Furcht vor einer nachgiebigen Preispolitik, ja einem allgemeinen Preisverfall[11], dürften Hauptgründe dafür sein, daß die Anwendung der Deckungsbeitragsrechnung oft auf die obere Führungsebene beschränkt und eine ergänzende Vollkostenrechnung durchgeführt wird. Dieses Verhalten wird gefördert durch Verbandsgremien, die eine ruinöse Konkurrenz befürchten, durch unsachgemäße Veröffentlichungen schlecht informierter Journalisten[12], durch das Beharren der Juristen im allgemeinen, der Kartellbehörden und der öffentlichen Auftraggeber im besonderen, auf einer Rechtfertigung geforderter Preise durch den Nachweis der Selbstkosten[13].

Um trotz flexibler Angebotspolitik eine ausreichende Gesamtdeckung und einen funktionierenden kalkulatorischen Ausgleich planen und kontrollieren zu können, habe ich – eine Anregung *Schmalenbachs* aufgreifend[14] – empfohlen, den um einen Soll-Gewinn erhöhten Deckungsbedarf für die *Periode* als *Soll-Deckungsbeitrag* vorzugeben und die Abdeckung laufend zu verfolgen. Ergänzend wurden „*Mindestdeckungsbeiträge* je beanspruchter Einheit des Engpasses" vorgeschlagen sowie Kennzahlen als weitere Anhaltspunkte[15]. Weil inzwischen die Gemeinkostenzuschläge der Vollkostenrechnung, um sie zu rechtfertigen, in Soll-Deckungsbeiträge umgemünzt werden[16], bezeichne ich seit Jahren die periodenbezogenen Deckungsvorgaben als *Deckungsbudgets*[17]. Die für Bezugsgrößen festgelegten Deckungsvorgaben werden nunmehr *Deckungssätze* genannt.

Im folgenden sollen zunächst diese beiden Haupttypen von Deckungsvorgaben nach Zielsetzung, Inhalt und Anwendungsbereichen näher charakterisiert werden. Da ich erst kürzlich über Ableitung und Auswertung der Deckungsbudgets berichtet habe[18], liegt der Schwerpunkt auf den Deckungssätzen. Hier wird zunächst gefragt, für welche Angebots- und Marktkonstellationen das Bedürfnis, Deckungssätze vorzugeben, gerechtfertigt erscheint. Nachfolgend sollen einige Fragen der formalen und materiellen Gestaltung der Deckungssätze untersucht und dabei mit dem Einsatz als Führungsinstrument verbundene Probleme aufgegriffen werden. Schließlich werden Möglichkeiten der Kontrolle des Arbeitens mit Deckungssätzen durch die Deckungsbudgets erörtert.

II. Deckungsbudgets als globale Deckungsvorgabe

Von der Vollkostenrechnung herkommend lag es nahe, den Deckungsbedarf der Proportionalkostenrechnung von den Fixkosten abzuleiten[19] und bei der Einzelkostenrechnung noch um die „variablen" Gemeinkosten zu ergänzen[20]. Darin sind jedoch nicht mehr disponible „sunk costs", auch nicht einmal mehr zahlungswirksame, enthalten, während andere für die

11 S. z. B. *Riebel, P.*, Ist die Deckungsbeitragsrechnung schuld am Preisverfall in der Fensterbaubranche, in: Fenster und Fassade 3 (1976), S. 27–38.
12 S. z. B. *Henniger, C.*, Die verflixte Deckungsbeitragsrechnung, Vorsicht bei rückläufigen Umsätzen, in: Frankfurter Allgemeine, Nr. 27 vom 1.2.1978; diese unsachgemäße und irreführende Darstellung wird in zahlreichen Leserzuschriften in Nr. 44 kritisiert.
13 Weitere Gründe s. *Kilger, W.*, Soll- und Mindest- . . ., S. 299–302.
14 *Schmalenbach, E.*, Kostenrechnung und Preispolitik, 7. Aufl. bearb. v. *R. Bauer*, 1956, S. 496 f.
15 *Riebel, P.*, Das Rechnen mit Einzelkosten und Deckungsbeiträgen, in: ZfhF NF 11 (1959), S. 213–238, hier S. 234–237; Nachdr. in diesem Band S. 55–57.
16 S. z. B. Arbeitskreis *Hax*.
17 *Riebel, P.*, in diesem Band.
18 *Riebel, P.*, Deckungsbudgets als Führungsinstrument, in: *Rühli, E./Thommen, J.-P.* (Hrsg.), Unternehmensführung aus finanz- und bankwirtschaftlicher Sicht, Stuttgart 1981, S. 305–330; s. a. den Nachdruck in diesem Band, S. 475–497.
19 *Schmalenbach, E.*, Kostenrechnung und Preispolitik, S. 496 f.
20 *Riebel, P.*, in diesem Band, S. 55–57.

Fortführung des Unternehmens aus langfristiger Sicht wichtige Teile des Deckungsbedarfs fehlen. Gleichwohl wird noch oft darauf bestanden, derartige Kosten als Soll-Deckungsbeiträge vorzugeben[21]. Dem mag die Vorstellung zugrunde liegen, daß diese – selbst in „Plan"-kostenrechnungen enthaltenen – „sunk costs" den durchschnittlichen künftigen Bedarf an entsprechenden Mitteln repräsentieren[22]. Unternehmensintern ist man nicht auf so unrealistische Annahmen angewiesen. 1133

Zur Integration der kurz- und langfristigen Planung sowie der objektbezogenen und der Gesamtplanung wird aus der mehrjährigen Finanzplanung – in Abstimmung mit der Bilanzplanung – das Gesamt-Deckungsbudget als finanzorientiertes Zielkalkül (i. d. R. für ein Geschäftsjahr) abgeleitet[23]. Es umfaßt alle finanziellen Mittel, die in der Budgetperiode durch die Gesamtheit der Auftragsbeiträge erwirtschaftet werden sollen, z. B. auch Investitions- und Tilgungszahlungen. Das Gesamtbudget wird also um solche Posten vermindert, die in den Auftragsbeiträgen bereits saldiert sind oder aus anderen Quellen, z. B. Krediten, gedeckt werden sollen. Die auftragsspezifischen Erlöse, Ausgaben (Kosten) und Deckungsbeiträge entziehen sich nämlich i. d. R. im Zeitpunkt der Budgetaufstellung einer detaillierten Planung, weil sie ungewiß sind und erst im Laufe der Budgetperiode darüber entschieden werden kann. Viel sicherer lassen sich – dank dem Gesetz der großen Zahl und späterer Ausgleichsmaßnahmen – die möglichen Summen an Auftragsbeiträgen treffen. Ausgehend von dem bisher Erreichten gilt es, die Tendenzen auf den Teilmärkten und die Auswirkungen spezifischer Maßnahmen abzuschätzen. Obgleich dabei alternative Erwartungen, Maßnahmen und Deckungsmöglichkeiten nach Teilbereichen differenziert durchgespielt werden müssen, um mögliche Deckungslücken auszugleichen, wird mit der Verabschiedung des Deckungsbudgets doch nur der Rahmen für die Gesamtsteuerung und die insgesamt hereinzuholenden Auftragsbeiträge abgesteckt. Die Zuordnung des Gesamtbetrags auf Teilmärkte hat eher Prognose- als Zielcharakter.

Anders bei dezentralisierter Führung. Hier ist das Gesamt-Deckungsbudget auf die im Markt selbständig operierenden Abteilungen („Erfolgsbereiche") nach unternehmenspolitischen Gesichtspunkten aufzuteilen. Dabei ist, wenn Entmutigungen vermieden, gleichwohl aber ausreichende Beiträge erzielt werden sollen, die Tragfähigkeit zu berücksichtigen. Diese sollte von mehreren Seiten und durch mehrere Instanzen abgeschätzt werden, um subjektive Einflüsse auszugleichen. Der Einsatz von Marktforschung, Absatzstatistik und Erfolgsquellenanalyse, vor allem aber die Mitwirkung der Betroffenen bei der langfristigen Planung und der Budgetierung mit dem Zwang, dabei die Wirtschaftlichkeit ihrer Mittelanforderungen begründen zu müssen, sind besser geeignet, möglichen Bemühungen, den Eindruck geringer Belastbarkeit zu erwecken, entgegenzuwirken, als schematische Aufteilungen, etwa nach „objektiven" technischen Schlüsseln, wie sie vom Arbeitskreis *Hax* (S. 716) vorgeschlagen werden. Damit würden nur Mängel der Vollkostenrechnung durch die Hintertür wieder eingeführt.

Vor einer weiteren, mehrstufigen Aufteilung ist zu bedenken, daß – wie generell mit zunehmender Dataillierung – die Ungewißheit der Prognose, etwa über die Tragfähigkeit, wächst, während die Spielräume des kalkulatorischen Ausgleichs in den Unterbudgets abnehmen. Daher sollte man die Unterteilung des Gesamt-Deckungsbudgets nicht zu weit treiben und im übrigen Sorge tragen, daß erforderlichenfalls der kalkulatorische Ausgleich auf eine höhere Ebene in der Budgethierarchie zurückverlagert werden kann.

Das „Dilemma der Preiskalkulation"[24] wird durch die Vorgabe periodenbezogener Dek-

21 So Arbeitskreis *Hax*, S. 714 ff.
22 Vgl. die finanzplanorientierte Bilanzinterpretation bei *Moxter, A.* Bilanzlehre, 1974, S. 383 ff.
23 *Riebel, P.*, Deckungsbudgets als Führungsinstrument.
24 Vgl. Fußnote 5.

1134 kungsbudgets zwar auf einen besser überschaubaren und damit „handlicheren" Rahmen reduziert, doch bleibt es innerhalb des Budgetrahmens grundsätzlich bestehen. Die „Ausfüllung" der Deckungsbudgets sollte der Kunst der für die Angebotspolitik Verantwortlichen überlassen bleiben, weil diese ohnehin die Absatzstrategie bestimmen oder wesentlich beeinflussen und wohl niemand in einem Unternehmen die speziellen Marktverhältnisse und Möglichkeiten, Deckungsbeiträge zu erwirtschaften, besser kennt[25].
Die Preispolitik wird also primär unter Marktgesichtspunkten betrieben werden müssen; dabei ist fortlaufend zu prüfen, welche Deckungsbeiträge – unter Berücksichtigung der Absatzmengen – bei den realisierten oder anstehenden Aufträgen und Aktionen bleiben. Werden die aus Verkaufsabschlüssen erwarteten Deckungsbeiträge sowie die bei der Fakturierung ermittelten Auftragsbeiträge fortlaufend kumuliert dem Deckungsbudget gegenübergestellt, gelangt man zu einer kontinuierlichen Erfolgsrechnung, die Fehlentwicklungen schon im Keime erkennen läßt, Anstöße zum Gegensteuern gibt und die Möglichkeit bietet, aus der fortlaufenden Mitkalkulation heraus unmittelbar in die Prognoserechnung überzugehen[26].

III. Deckungssätze als spezifische Deckungsvorgaben

A. Begriffliche Vorbemerkungen

Als Deckungssätze werden hier, wie bereits angedeutet, spezifische, auf Leistungseinheiten oder Einheiten bestimmter Bezugsgrößen, z. B. Inanspruchnahme von Engpässen, abstellende Deckungsvorgaben bezeichnet. Sie mögen gelegentlich den Zuschlags- oder Verrechnungssätzen der Vollkostenrechnung formal ähneln, haben aber andere Aufgaben und werden nach anderen sachökonomischen Gesichtspunkten gebildet. Es geht also nicht nur um eine Uminterpretation.
Die Vorgabe von Deckungssätzen hat Steuerungsaufgaben, und zwar primär in der „Kontaktzone" zwischen Unternehmung und Markt, auch dem hier auszuklammernden Beschaffungsmarkt. Sie können als eine besondere Art von Lenkpreisen angesehen werden; zumindest gibt es Überschneidungen, die einige Probleme aufwerfen und später teilweise angeschnitten werden. Von Verrechnungspreisen schlechthin unterscheiden sie sich dagegen in mehreren Punkten wesentlich:
(1) Während Verrechnungspreise vielerlei Zwecken dienen können[27], ist der unmittelbare Zweck der Deckungssätze die Vorbereitung preispolitischer Entscheidungen: der direkten, auf die Festlegung von Preisforderungen gerichteten, wie der indirekten[28], die in Gestalt einer Beurteilung der Auskömmlichkeit von gegebenen Preisen oder Preisgeboten der Nachfrager, etwa bei der Qualitäts- und Mengenanpassung des Leistungsangebotes oder der Entscheidung über die Annahme von Aufträgen, zu treffen sind. Lenkpreise haben dagegen die viel allgemeinere Steuerungsaufgabe, Entscheidungen in Teilbereichen auf das Ganze auszurichten.
(2) Weil Deckungssätze ihre spezifische Aufgabe nur erfüllen können, wenn sie möglichst marktkonform sind, scheiden damit gewisse Arten von Verrechnungspreisen und Verfahren

25 *Schmalenbach, E.*, Kostenrechnung und Preispolitik, S. 496 f.; *Riebel, P.*, in diesem Band; *Riebel, P.*, Deckungsbudgets als Führungsinstrument.
26 *Riebel, P.*, in diesem Band; *Riebel, P.* Deckungsbudgets als Führungsinstrument.
27 *Riebel, P./Paudtke, H./Zscherlich, W.*, Verrechnungspreise für Zwischenprodukte, 1973, S. 28 f.
28 *Beste, Th.*, Möglichkeiten und Grenzen der Preispolitik in der Unternehmung, in: ZfbF 16 (1964), S. 122–144, hier S. 138 f.

1135

der Verrechnungspreisbildung[29] von vornherein aus. Das gilt für alle Arten von Verrechnungspreisen, die rein schematisch nach festgelegten Grundsätzen oder Formeln errechnet werden, vor allem für die von Gemeinkosten der Vollkostenrechnung sowie von den Fixkosten der Proportional- oder „Grenz“kostenrechnung abgeleiteten Verrechnungssätze. Diese können grundsätzlich nicht marktkonform sein, weil bei der Wahl der Schlüssel bzw. Bezugsgrößen marktliche Gesichtspunkte, wie sie vor allem im Tragfähigkeitsprinzip zum Ausdruck kommen, grundsätzlich abgelehnt werden[30]. Zudem werden die Wechselbeziehungen zwischen der Höhe des geforderten Preises bzw. Soll-Deckungsbeitrages und der erzielbaren Absatzmenge oder der Wahrscheinlichkeit, einen Auftrag zu erhalten[31], nicht beachtet.
Beide Einwände gelten auch gegen den in der Literatur zum Direct Costing wiederholten Vorschlag, für die Preiskalkulation den durchschnittlich erforderlichen Deckungsbeitrag mit Hilfe von „mark up ratios“ oder „mark up factors“ zuzuschlagen[32]. Hierbei handelt es sich ebenso wie bei der progressiven Fixkostendeckungsrechnung[33] um einen Rückfall in die Fehler der Zuschlagskalkulation, wobei es gleichgültig ist, welche Zuschlagsbasen herangezogen werden und ob man dabei nach mehr oder weniger vielen Stufen differenziert[34]. Hinzu kommt, daß in sogenannten Planungsrechnungen, selbst wenn sie auf der Trennung zwischen fixen und proportionalen Kosten beruhen, „sunk costs“ und andere nicht entscheidungsrelevante Kosten enthalten sind[35].
(3) Verrechnungspreise sowie die üblichen Lenkpreise, sind stets „punktuelle“ Preise: der Geldbetrag je Einheit der Bezugsgröße ist genau fixiert und für seine Geltungsdauer absolut verbindlich. Es besteht also kein Spielraum nach „oben“ oder „unten“, wie er für Deckungssätze erforderlich sein kann.
(4) Wegen der Vergleichbarkeit im Zeitablauf und zur Arbeitsvereinfachung hält man einmal gesetzte Verrechnungspreise meist lange Zeit konstant. Mit zunehmender Gültigkeitsdauer wächst aber die Gefahr, daß sie nicht (mehr) marktkonform sind, selbst wenn die ursprüngliche Festsetzung einmal am Markt orientiert gewesen sein sollte. Darauf werde ich bei der Diskussion einiger Gestaltungsmöglichkeiten noch zurückkommen.

B. Anlässe zur Vorgabe von Deckungssätzen

Bei gewissen betrieblichen und marktlichen Gegebenheiten dürfte es vertretbar oder gar geboten sein, dem Wunsch der Praxis entgegenzukommen und Deckungssätze in sachökonomisch sinnvoller Gestaltung vorzugeben. Dabei ist vor allem an folgende Gruppen von Anlässen zu denken:
(1) Rationalisierung der Angebotskalkulation. Bei der massenhaften Bestimmung von Preisforderungen für – meist relativ kleine – Aufträge ähnlicher Art pflegt man, routinehafte Angebotsentscheidungen auf weniger qualifizierte Kräfte zu delegieren. Außer den Einzelkosten oder Standards zu ihrer Ermittlung erscheint hier die Vorgabe von Deckungssätzen geboten.

29 s. die Übersicht bei *Riebel/Paudtke/Zscherlich*, S. 29–32.
30 So Arbeitskreis *Hax*, S. 714 ff.
31 Zur Berücksichtigung der Ungewißheit s. z. B. *Kuß, A.*, Competitive-bidding-modelle, S. 63–70; *Simon, H.*, Preisstrategien für neue Produkte, S. 144 ff.
32 S. zusammenfassend *Weber, K.*, Amerikanisches Direct Costing, 1970, S. 80 ff.
33 *Mellerowicz, K.*, Neuzeitliche Kalkulationsverfahren, 6. neubearb. Aufl. 1977.
34 Zur Kritik s. a. *Schweitzer, M./Hettich, G. O./Küpper, H.-U.*, Systeme der Kostenrechnung, 2. Aufl. 1979, S. 352 f. und 357 f.
35 S. *Riebel, P.* Systemimmanente und anwendungsbedingte Gefahren von Differenzkosten- und Deckungsbeitragsrechnungen, in: BFuP 26 (1974), S. 493–529; Nachdr. in diesem Band S. 356–385; *Kilger, W.*, Soll- und Mindest- . . ., S. 312 ff.

1136 Soweit eine Vielzahl von Sortenvarianten, von Möglichkeiten der Modifikation von Standard(Grund)-produkten oder der Erstellung individueller Leistungen nach dem Baukastenprinzip vorliegt, hat die Praxis zur rationellen Ermittlung der Angebotspreise Systeme entwickelt, die auf mathematischen Formeln oder auf dem Baukastenprinzip beruhen, in die als Kalkulationselemente auch Deckungssätze eingehen sollten[36]. Das ist besonders wichtig, wenn nur geringe oder keine Kosten direkt zugerechnet werden können, wie oft bei Dienstleistungen und Kuppelprodukten.

(2) Ad hoc-Entscheidungen im Außendienst setzen Margen für die Gewährung von Preisnachlässen oder Richtsätze für Neben- und Zusatzleistungen usw. voraus. Auch für die Fundierung solcher Anpassungsentscheidungen kann die Vorgabe von Deckungssätzen hilfreich sein.

(3) Verbundwirkungen oder „objektexterne Effekte“. Die personelle, sachliche und zeitliche Teilung des „Entscheidungsfeldes“, insbesondere die isolierte Betrachtung von Kalkulationsobjekten, führt dazu, daß die außer den Einzelkosten des jeweils betrachteten Objekts bei anderen Objekten, in anderen Bereichen oder späteren Perioden ausgelösten Wirkungen leicht übersehen werden. Negative Effekte treten vor allem als objektextern entgehende alternative Deckungsbeiträge oder Ersparnisse und bei anderen Objekten entstehende zusätzliche Kosten oder Ausgaben auf. Diese Verbundwirkungen können sich auf den eigenen Budgetbereich beschränken oder auch auf andere übergreifen, etwa bei der Nutzung gemeinsamer Engpässe durch mehrere Budgetbereiche oder bei einem Erlösverbund zwischen unterschiedlichen Produktgruppen oder Kundengruppen (falls für diese spezielle Deckungsbudgets vorgegeben werden).

Die objektexternen Effekte können auch auf künftige Budgetperioden übergreifen, so etwa beim zeitlichen Erlösverbund zwischen aufeinanderfolgenden Aufträgen eines Kunden, zwischen Pionier- und Nachahmerkunden, zwischen dem Absatz von Gebrauchsgütern und den komplementären Verbrauchsgütern, Ersatzteilen oder Dienstleistungen[37]. Ein anderer Typ periodenübergreifender Verbundwirkungen liegt beim Einsatz von Gebrauchsgütern vor, deren Nutzungspotential faktisch ausschließlich durch die erstellten Leistungen aufgezehrt wird. Werden solche speicherbaren oder zeitelastischen Nutzungspotentiale heute eingesetzt, muß das durch einen Verzicht auf entsprechende spätere Einsatzmöglichkeiten erkauft werden, also künftig entgehende Deckungsbeiträge, soweit nicht die durch den heutigen Einsatz bedingten Verschleißwirkungen durch höhere künftige Erhaltungsausgaben (z. B. für Reparaturen) oder das Vorziehen der Ersatzbeschaffung kompensiert werden[38]. Soweit die objektexternen Effekte von Art und Menge der Leistungen abhängig sind, ist es grundsätzlich empfehlenswert, sie näherungsweise durch Vorgabe spezieller Deckungssätze zu berücksichtigen, insbesondere wenn es sich um budgetbereichs- oder periodenübergreifende Verbundwirkungen handelt. Problematisch wird eine solche Vorgabe allerdings bei sprunghafter Abhängigkeit; hier dürfte oft eine alternative Übernahme in das Deckungsbud-

36 S. z. B. die Preissysteme für Walzwerkerzeugnisse (*Kolb, J.*, Industrielle Erlösrechnung – Grundlagen und Anwendungen, 1978) oder Verkehrstarife.

37 S. *Riebel, P.*, Ertragsbildung und Ertragsverbundenheit im Spiegel der Zurechenbarkeit von Erlösen, in: *Riebel, P.*, (Hrsg.), Beiträge zur betriebswirtschaftlichen Ertragslehre, 1971, S. 147–200; Nachdr. in diesem Band, S. 98–148; *ders.*, Kosten und Preise . . ., *Engelhardt*, a.a.O.

38 Ähnlich *Schneider, D.*, Grundlagen einer finanzwirtschaftlichen Theorie der Produktion, in: *Moxter, A./Schneider, D./Wittmann, W.* (Hrsg.), Produktionstheorie und Produktionsplanung. Festschrift zum 65. Geburtstag v. K. Hax, 1966, S. 337–382, hier S. 378–381; *Riebel, P.*, Die Bereitschaftskosten in der entscheidungsorientierten Unternehmerrechnung, in: ZfbF 22 (1970), S. 372–386, hier S. 384; Nachdr. in diesem Band, S. 93.

get umso mehr vorzuziehen sein, je größer die Quanten der Ausgleichsmaßnahmen sind und je unregelmäßiger sie anfallen (z. B. Ersatzbeschaffung eines LKW im Vergleich zum Ölwechsel). Positive objektexterne Effekte, die also andere als das betrachtete Objekt begünstigen, könnten grundsätzlich durch entsprechende Gutschriften oder Minderungen von Deckungssätzen – im Extremfalle durch Vorgabe negativer Deckungssätze – berücksichtigt werden. Auf die damit verbundenen Probleme können wir aber hier nicht näher eingehen. 1137

C. Diskussion einiger Gestaltungsmöglichkeiten

Deckungssätze können nach mehreren Kriterien gebildet werden. Aus der Fülle der Gestaltungsmöglichkeiten wollen wir nun einige für die praktische Anwendung wichtig erscheinende diskutieren. Wir beginnen mit – nur vordergründig – formalen Gestaltungsalternativen, die auf den Kriterien: Grad und Dauer der Verbindlichkeit, Geltungsbereich und Differenzierung sowie der Zusammensetzung der Deckungssätze beruhen. Es folgen ausgeprägt materielle Gestaltungsalternativen: die Bezugsbasen und die Bemessung der Höhe der Deckungssätze.

1. Formale Gestaltungsalternativen

(1) Grad der Verbindlichkeit der Vorgabe. Nach der *Verbindlichkeit der Höhe der Vorgabe* kann man Fest-, Richt-, Mindest- und Höchst-Deckungssätze als *Grundtypen* unterscheiden, deren Kombination zu mehreren *Mischtypen* führt: Richtsätze mit nach unten oder nach oben oder nach beiden Richtungen begrenzter Marge; Margensatz mit Begrenzungen nach oben und unten ohne Richtsatz; derartige Formen sind z. B. bei Verkehrstarifen üblich.
Zwingende *Fest-Deckungssätze* ohne irgendwelchen Spielraum sind eigentlich bereits Preisforderungen oder doch wenigstens Bestandteile mehrgliedriger Preise, etwa im Rahmen von Preisformeln oder Preis„baukästen". Ein einfaches Beispiel dieser Art sind standardisierte Stundensätze und Wegegelder für Wartungs- und Reparaturdienste bei gesonderter Berechnung des Materials. Selbst wenn Fest-Deckungssätze unter marktlichen Gesichtspunkten vorgegeben werden, besteht die Gefahr, daß das Hauptziel, nämlich die Erfüllung des Deckungsbudgets, nicht erreicht wird, weil damit die Anpassung an die im Einzelfalle herrschenden Produktions- und Absatzbedingungen – und damit die Möglichkeit des kalkulatorischen Ausgleichs – ausgeschlossen wird. Gleichwohl kann eine solche Vorgehensweise zweckmäßig sein – etwa bei der Delegation der massenhaften Vorkalkulation der Angebotspreise für kundenindividuelle Kleinaufträge –, wenn die Fest-Deckungssätze an Änderungen der Situation rasch angepaßt und womöglich noch nach Teilmärkten differenziert werden. Die laufende Beobachtung der „Erfolgsquote" der Angebotskalkulationen kann Indikatoren für die Steuerung der Fest-Deckungssätze liefern. Zudem sollte vorgesehen werden, daß bei „Schwierigkeiten" mit dem Kunden an übergeordneter Stelle eine abweichende Preisentscheidung getroffen werden kann. Das ist allein schon wegen des Auftragsverbundes[39] geboten. Von Festdeckungssätzen für die untere Mitarbeiterebene ausgehend, sollten sich nach „oben" die Spielräume öffnen – erforderlichenfalls über eine mehrstufige „Margenhierarchie" – bis zur völligen Freiheit bei den für einen Erfolgsbereich und sein Deckungsbudget Verantwortlichen. Auch können die Spielräume (Margen) nach der Erfahrung der Disponenten und selbstverständlich nach Teilmärkten und/oder Situationstypen differenziert werden,

39 Siehe Fußnote 37.

1138 so daß man nicht nur zwischen unterschiedlichen Graden der Verbindlichkeit unterscheiden kann, sondern auch danach fragen muß, für wen, auf welchen Teilmärkten und unter welchen sonstigen Bedingungen sie gelten.
Richt-Deckungssätze mit und ohne Margen sowie *Mindest-Deckungssätze* dürften in der Praxis wohl bevorzugt angewandt werden. *Höchst-Deckungssätze* sollen vor allem verhindern, daß bei zeitweisen „Angebotsengpässen" (z. B. Phasen des Kapazitätsausbaus bei der Einführung neuer Produkte, vorübergehende Rohstoffverknappungen) die kurzfristigen Preisobergrenzen[40] voll ausgeschöpft werden, damit sich die Kunden nicht Substituten, anderen Lieferanten oder der Eigenfertigung zuwenden. Auch können zu hohe Preisforderungen rasch Konkurrenten auf einen lukrativen Spezialmarkt locken.
(2) Gültigkeitsdauer der Vorgabe. Deckungssätze aller Verbindlichkeitsgrade können entweder für eine von vornherein festliegende Gültigkeitsdauer festgelegt werden – etwa bei Delegation der Berechtigung zu verbindlichen Abschlüssen an Außenorgane – oder lediglich „bis auf weiteres" gültig sein, damit sie jederzeit an veränderte Gegebenheiten, Erwartungen oder Ziele angepaßt werden können. Ich sehe nur zwei wichtige Gründe, die dafür sprechen können, daß die Höhe und Bezugsbasis von Deckungssätzen für eine Weile festgehalten werden: das Vermeiden von Hektik im eigenen Bereich und von Preisunruhe bei Dauerkunden, die gegen häufige und starke Preisschwankungen empfindlich sind.
(3) Differenzierung und Zusammensetzung. Weil die Wahl zwischen einheitlichen und differenzierten Deckungssätzen sowie zwischen eingliedrigen und mehrgliedrigen, zusammengesetzten sowohl die Bezugsbasen als auch die Bemessung der Höhe betrifft und damit tief in die materiellen Gestaltungsprobleme eingreift, werden auch die mehr formalen Fragen, soweit erforderlich, dort angeschnitten.

2. *Materielle Probleme einer Vorgabe von Deckungssätzen*

a) Vorbemerkungen

Im folgenden fragen wir zunächst nach dem Inhalt der Deckungssätze, nach den Ausgangsgrößen, von denen ihre Höhe letztlich abgeleitet wird, und dann nach der Höhe der Deckungssätze selbst. Diese hängt selbstverständlich auch davon ab, für welche Bezugsgrößen die Deckungssätze vorgegeben und wie – unter vordergründig formalen Gesichtspunkten – die Deckungssätze strukturiert werden.
Weil Deckungssätze der Preisfindung dienen sollen, müssen sie letztlich auf dieselben Bemessungs- oder Bezugsbasen gebracht werden wie die Preis- oder Entgeltforderungen. Das sind zwar häufig die *Leistungseinheiten,* doch hat die Praxis daneben auch Entgeltformen, insbesondere für Leistungskomplexe und Dienstleistungen entwickelt, bei denen auf andere Bemessungsgrundlagen abgestellt wird[41]. Hierauf kann an dieser Stelle nicht näher eingegangen werden. Doch sind solche Entgeltformen, neben dem Bedürfnis, die Vielfalt typisierter und individueller Leistungen über einen „gemeinsamen Nenner" kalkulieren zu können, ein wesentlicher Anlaß, auch für mittelbare Bezugsbasen Deckungssätze festzulegen, um die den konkreten Leistungen vorzugebenden (Mindest-, Richt- usw.) Deckungsbeiträge zu ermitteln. Als solche *mittelbaren Bezugsbasen* werden in Literatur und Praxis vor allem vorgeschla-

40 *Männel, W.*, Preisobergrenzen im Einkauf, 1975.
41 S. *Riebel, P.*, Ertragsbildung . . ., s. a. in diesem Band, S. 98–148; *ders.*, Überlegungen zur Formulierung eines entscheidungsorientierten Kostenbegriffs, in: *Müller-Merbach, H.* (Hrsg.), Quantitative Ansätze in der Betriebswirtschaftslehre, 1978, S. 127–146, Nachdr. in diesem Band, S. 409–429.

gen oder angewandt: (a) die Maßeinheiten der Inanspruchnahme von Engpässen, (b) die Maßeinheiten der Inanspruchnahme sonstiger Potentiale, (c) Einzelkosten bzw. Proportionalkosten, (d) anteilige Kosten genutzter Potentiale. Die mit der Wahl der Bezugsbasen verbundenen Probleme werden – wegen enger Wechselbeziehungen – in Verbindung mit der Ableitung der Deckungssätze exemplarisch erörtert. 1139

Bei der Ermittlung der *Höhe der Deckungssätze* kann man entweder zunächst vom Deckungsbedarf ausgehen oder versuchen, sie unmittelbar aus absatzpolitischen Überlegungen abzuleiten. Primär aus dem Deckungsbedarf abgeleitete Deckungssätze müssen mit den marktlichen Gegebenheiten und Möglichkeiten sowie den absatzpolitischen Zielsetzungen und Konzepten abgewogen werden, wenn begründete Aussicht bestehen soll, daß sie tatsächlich das Deckungsbudget „ausfüllen" werden. Umgekehrt sind bei der absatzorientierten Ableitung von Deckungssätzen die Auswirkungen auf die Erfüllung des Deckungsbudgets zu bedenken; erfoderlichenfalls ist nach besseren Angebotsalternativen und nach Möglichkeiten zur Reduktion des Deckungsbudgets und der leistungsspezifischen Kosten (Ausgaben) zu suchen.

b) Zur Ableitung von Deckungssätzen vom Deckungsbedarf

Auf Grund der in Abschnitt II vorgetragenen Argumente gehen wir im folgenden generell von einem auf den künftigen Finanzbedarf ausgerichteten *Deckungsbudget* aus. Ergänzend soll ein während der Budgetperiode durch spezielle angebotswirksame Maßnahmen ausgelöster *Zusatzbedarf,* etwa zur Erweiterung von Engpässen, erörtert werden. Soweit die Deckungsbudgets – wie bereits skizziert – aus der überjährigen Finanzplanung abgeleitet werden, ist der Budgetverabschiedung bereits eine globale Abstimmung zwischen dem ursprünglichen Deckungsbedarf und den zunächst erwarteten Deckungsmöglichkeiten auf den wesentlichen Teilmärkten vorausgegangen[42]. Insoweit sind die Deckungsbudgets bereits marktorientiert, ebenso die Bereichsbudgets, wenn die gemeinsamen Deckungslasten nach der Tragfähigkeit, also den mutmaßlich erzielbaren Deckungsbeitragssummen, zugeteilt werden. Daraus darf aber nicht geschlossen werden, daß auch die daraus abgeleiteten Deckungssätze – wie wir noch sehen werden – ohne weiteres marktorientiert seien.

(1) Engpaßbezogene Deckungssätze. Die Möglichkeiten Deckungsbeiträge zu erzielen, werden oft durch einen allgemeinen oder bereichs-spezifischen Haupt- oder Normalengpaß begrenzt, etwa bestimmte Mitarbeitergruppen – selbst in der letzten Rezession waren Poliere und Facharbeiter Engpaß in der Bauindustrie – oder spezifische meist großquantige Produktionsmittel, wie Papiermaschinen oder Tunnelöfen. Es liegt daher nahe zu fragen, welcher Deckungsbeitrag je verfügbarer Maßeinheit dieses Engpasses im Durchschnitt erbracht werden sollte, um das Budget zu erfüllen.

Im allgemeinen wird jedoch ein Teil des Deckungsbudgets aus Leistungen abgedeckt, die den maßgeblichen Engpaß nicht beanspruchen oder/und für die keine Deckungssätze vorgegeben werden sollen *(s. Abbildung 1).* Dividiert man das restliche Deckungs-Soll durch die verbleibenden Engpaßeinheiten, erhält man den *engpaßbezogenen Deckungssatz,* der durchschnittlich erzielt werden sollte, um bei Vollausnutzung des restlichen Engpaßpotentials das Restdeckungs-Soll zu erreichen.

Diesen Durchschnittsbeitrag als *Fest-Deckungssatz* zwingend vorzugeben wäre gefährlich, wenn nicht verfehlt. Einerseits könnte damit der Anreiz entfallen, eine höhere Tragfähigkeit zu nutzen, andererseits würden Leistungen eliminiert und Aufträge abgelehnt, die zwar nur

42 *Riebel, P.*, Deckungsbudgets als Führungsinstrument, a.a.O.

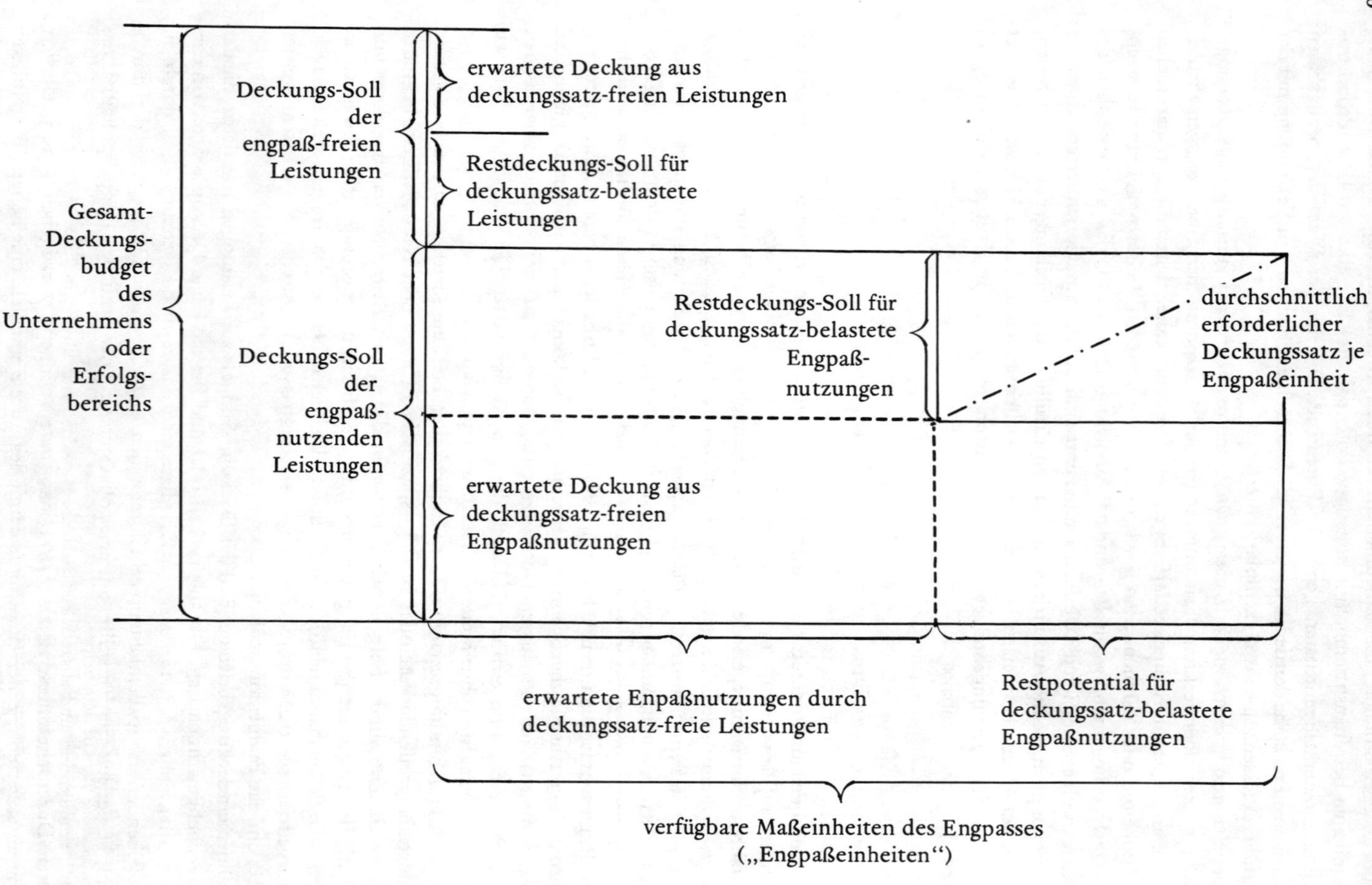

Abb. 1: Aufteilung des Gesamt-Deckungsbudgets für die Festlegung engpaßbezogener Deckungssätze

weniger bringen können, aber zur Verbesserung der Budgetabdeckung erforderlich sind, solange keine besseren Alternativen gefunden werden[43]. Der durchschnittlich erforderliche engpaßbezogene Deckungsbeitrag sollte daher lediglich *Richt-Deckungssatz* sein, um ausreichenden Spielraum für den kalkulatorischen Ausgleich zur Nutzung der marktlichen Möglichkeiten zu lassen.

1141

Liegen mehrere, voneinander unabhängige Engpässe vor, kann bei einer diesbezüglichen Aufteilung des Restdeckungs-Solls nach globalen Tragfähigkeitsgesichtspunkten oder absatzpolitischen Kriterien entsprechend verfahren werden. Sind mehrere Engpässe voneinander abhängig oder nehmen Leistungen mehrere Engpässe in Anspruch, so kann man – als globales Näherungsverfahren und mit mancherlei Bedenken – Deckungssätze je Maßeinheit eines etwa sich abzeichnenden Hauptengpasses vorgeben. Ein Optimum erreicht man damit selbstverständlich nicht, wohl aber ist eine befriedigende Lösung zu erwarten. Engpaßbezogene Deckungssätze können aber auch von *zusätzlichen Kosten oder Ausgaben* abgeleitet werden, die während der Budgetperiode disponiert werden, um den Engpaß zu umgehen, vorübergehend oder nachhaltig zu erweitern. Davon können sowohl Leistungskosten als auch laufende periodenspezifische Bereitschaftskosten und Ausgaben für Investitionen und periodenübergreifende Verträge betroffen sein. Ist z. B. das normal vergütete Arbeitspotential erschöpft, kann es durch Überstunden kurzfristig und relativ fein dosierbar erweitert werden. Die so oder durch andere Anpassungsmaßnahmen, z. B. Erhöhung der Produktionsgeschwindigkeit und/oder der Auslastung des Kapazitätsquerschnitts durch Übergang auf kostspieligere Werkstoffe[44], ausgelösten leistungsabhängigen Mehrkosten treten sehr häufig bei anderen Aufträgen in Erscheinung als es den dispositiven Zusammenhängen entspricht. Deshalb und um zu verhindern, daß Leistungen angeboten oder Aufträge angenommen werden, die diese Mehrkosten nicht decken können, sollten diese nach dem Grenzprinzip als (zusätzlicher) *Mindest-Deckungssatz* für alle Arbeitsstunden einschlägiger Arten von Mitarbeitern vorgegeben werden, soweit nicht bereits die Einzelkosten nach dem Grenzpreisprinzip ermittelt worden sind. Entsprechend ist bei allen anderen Arten der selektiven Anpassung zu verfahren, wenn gleichartige oder einander ersetzende Kostengüter zu unterschiedlichen Preisen (Kosten) von verschiedenen internen und/oder externen Quellen bezogen werden, so etwa auch die Mehrkosten für Fremdbezug zur Ergänzung der Eigenerzeugung[45].

Anders sind dagegen sprunghafte Erhöhungen der Betriebsbereitschaft mit mehr oder weniger langer Bindungsdauer oder Investitionsausgaben zu beurteilen. Soweit es sich um periodenübergreifende Potentiale handelt, führen sie zu einer Erhöhung des Deckungsbudgets, von denen auch die Folgeperioden betroffen sein können. *Kilger* schlägt neuerdings vor (S. 312), bei Erweiterungs- und Entwicklungsinvestitionen aus der Investitionsrechnung Mindest-Deckungsbeiträge für die betroffenen Produkte abzuleiten. So sinnvoll derartige Überlegungen für die Vorbereitung von Investitionsentscheidungen auch sein mögen, so wenig sind die Investitionsausgaben und davon abgeleitete „langfristige Preisuntergrenzen" und Mindestdeckungsbeiträge relevant, wenn die Investitionsentscheidung erst einmal irreversibel geworden ist[46]. Das gilt nicht in gleicher Strenge für die Vorgabe von Mindest-

43 *Riebel, P.*, Die Preiskalkulation . . ., S. 594 ff., in diesem Band, S. 249 ff.

44 S. *Riebel, P.*, Die Kuppelproduktion, Betriebs- und Marktprobleme, 1955, S. 155–157; *Männel, W.*, Produktions- und absatzwirtschaftliche Konsequenzen qualitätspolitischer Entscheidungen im Rahmen der Beschaffung, in: ZfbF 32 (1980), S. 1110–1129.

45 *Männel, W.*, Kostenrechnerische Probleme bei der Bewertung gleichartiger Kostengüter verschiedener Herkunft, in: Neue Betriebswirtschaft 21 (1968), H. 4, S. 7–20; *ders.*, Zurechnung von Erlösen auf parallel arbeitende Betriebsteile, in: Neue Betriebswirtschaft 24 (1971), H. 7, S. 1–21; *Riebel, P.*, Systemimmanente . . ., S. 514; in diesem Band, S. 373.

46 *Riebel, P.*, Kosten und Preise . . ., S. 38 u. 63.

1142 Deckungssätzen für die Nutzung von Anlagen mit gebrauchsbedingter Potentialminderung, zumindest soweit sie von später entgehenden Deckungsbeiträgen, Ersparnissen oder Ausgaben für Kompensationsmaßnahmen geringer Quantengrößen abgeleitet werden können[47]. Bezugsbasis ist hier die Inanspruchnahme; auch wenn diese kurzfristig kein Engpaß ist, so ist das Restpotential doch überperiodisch als ein solcher, wenn auch ausweitbarer, zu betrachten.
(2) Andere Bezugsgrößen für Deckungssätze sind m. E. nur unter absatzpoltischen Gesichtspunkten sinnvoll, es sei denn in folgenden Fällen:
Erstens kann es sich um zwar derzeit nicht akute, aber künftig drohende oder – z. B. durch Abbau – herbeizuführende Engpässe handeln, die man bereits vorab preispolitisch berücksichtigen will, z. B. um nicht eine unerwünschte Kapazitätsausweitung oder eine dann plötzlich notwendig werdende sprunghafte Preiserhöhung vornehmen zu müssen.
Zweitens kann in den Bezugsgrößen die Inanspruchnahme knapper Potentiale indirekt zum Ausdruck kommen. Das ist etwa dann der Fall, wenn Engpaßeinheiten unterschiedlicher Qualität, die sich in entsprechenden Entgelten niederschlagen, eingesetzt werden. Handelt es sich dabei z. B. um Rohstoffe, so kann es sinnvoll sein, die unterschiedliche Gewichtung dieses Engpasses in Form eines Zuschlagsatzes auf diese Materialkosten näherungsweise zum Ausdruck zu bringen.
Drittens können sich die bei engpaßumgehenden Maßnahmen erforderlichenfalls als Mindest-Deckungsbeiträge anzusetzenden Mehrkosten originär auf andere Bemessungsgrundlagen als die jeweiligen Engpaßeinheiten beziehen, z. B. auf Stücke, wenn von der Eigenfertigung auf Fremdbezug übergegangen werden muß.
Ein genereller Bezug des Deckungsbedarfs auf die Proportionalkosten oder die variablen Einzelkosten, wie er in der Literatur zum Direct Costing bzw. zur progressiven Fixkostendeckungsrechnung und Grenzplankostenrechnung vorgeschlagen wird[48] läßt sich dagegen produktions- und kostenwirtschaftlich nicht begründen, wenn man von noch zu erörternden wettbewerbsbedingten Ausnahmen absieht.

c) Zur absatzpolitischen Festlegung von Deckungssätzen

Die aus dem Deckungsbudget abgeleiteten Deckungssätze können unter absatzpolitischen Gesichtspunkten modifiziert, differenziert, ersetzt oder gar völlig verworfen werden. Die Lenkung der Nachfrage und die Steuerung der Angebotspolitik kann eben ganz andere Überlegungen als die bisher vorgetragenen zur Festlegung von Deckungssätzen erforderlich machen. Das soll im folgenden beispielhaft zunächst an engpaßbezogenen Deckungssätzen veranschaulicht werden.
Sobald ein Engpaß die Möglichkeiten, Deckungsbeiträge zu erzielen, beschränkt, sind für die Preisuntergrenze über die zusätzlichen Kosten (Ausgaben) hinaus auch die Deckungsbeiträge derjenigen Leistungen maßgeblich, für die der Engpaß alternativ eingesetzt werden könnte. Diese verdrängten Alternativbeiträge – irreführend auch Opportunitäts*kosten* genannt – sind theoretisch am besten geeignet, *Mindest-Deckungssätze* festzulegen, wenn nur *ein* Engpaß für den betroffenen Budgetbereich von Bedeutung ist.
Das Problem der praktischen Ermittlung der Alternativbeiträge läßt sich verhältnismäßig einfach lösen, wenn ein allgemeiner oder budgetbereichsspezifischer „Normalengpaß"

47 *Mahlert, A.*, Die Abschreibungen in der entscheidungsorientierten Kostenrechnung, 1976; *Swoboda, P.*, Die Ableitung variabler Abschreibungskosten aus Modellen zur Optimierung der Investitionsdauer, in: ZfB 49 (1979), S. 563–580.
48 Siehe Fußnoten 32, 33, 34.

vorliegt und es zudem möglich ist, die Produktion bestimmter Standardartikel als „Engpaßfüller" in weitem Rahmen auszudehnen oder einzuschränken. Die Höhe der zu verdrängenden Deckungsbeiträge hängt nicht nur von der relativen Knappheit des Engpaßpotentials auf Grund von Lieferverpflichtungen und des vorläufig geplanten Produktionsprogramms ab, sondern auch von dem Ausmaß der jeweils erforderlichen Verdrängung, z. B. durch einen Zusatzauftrag oder die Aufnahme eines neuen Produktes[49]. Liegt kein vorläufiges Programm vor, sondern muß das sukzessive Eingehen von Aufträgen abgewartet werden, bleibt nur abzuschätzen, ob und wo es vermutlich zu einem (Haupt-)Engpaß kommen wird und wie hoch die Alternativbeiträge sein werden. Bleibt der Auftragseingang längere Zeit hinter den Erwartungen zurück und ist vorerst kein Engpaß abzusehen, besteht vor allem bei der Beteiligung an Ausschreibungen für Großobjekte mit einem späteren Ausführungstermin, bei langfristiger Fertigung und längerfristigen Liefer-, Dienstleistungs- und Überlassungsverträgen die Gefahr, daß in der Baisse Aufträge mit geringen Deckungsbeiträgen hereingeholt werden, die im Aufschwung die Kapazitäten blockieren, so daß Engpässe entstehen und Aufträge mit weit höheren Deckungsbeiträgen abgelehnt werden müssen oder wegen zu langer Lieferzeiten entgehen. Es muß also auf den jeweils relevanten Zeitraum bei der Festlegung von Mindest-Deckungsbeiträgen abgestellt werden.

1143

Im Hinblick auf *längerfristige absatzpolitische Ziele* kann es geboten sein, bei bestimmten Produkten oder Teilmärkten die Ausschöpfung der Spielräume für die Preisforderungen nach oben oder unten zu begrenzen. Nach oben beispielsweise bei vorübergehenden Engpässen, etwa im Stadium des Ausbaus von Kapazitäten bei der Produkteinführung, nach unten, wenn man einen Preisverfall vermeiden möchte, weil ein später notweniges Wiederanheben des Preises meist nur schwer durchsetzbar oder mit erheblichen Opfern verbunden ist. Hier können Höchst-Deckungssätze und Mindest-Deckungssätze verhindern, daß die Spielräume für kurzfristige Preisober- oder -untergrenzen zu Lasten langfristiger Wirkungen ausgenutzt werden. Diese zeitlichen Verbunderscheinungen sind häufig mit *produkt-, auftrags-* und *kundenexternen Ausstrahlungseffekten* verknüpft. So kann es wegen des Nachfrageverbundes notwendig sein, für „Zugartikel" Höchst-Deckungssätze vorzugeben, damit es auch zum Absatz der einkaufs- oder verwendungsverbundenen Leistungen kommt, die dann hauptsächlich zur Erfüllung des Deckungsbudgets beitragen sollen. Aus ähnlichen Überlegungen heraus sind etwa für Kleinaufträge engpaßbezogene Höchst-Deckungssätze und für große Aufträge Mindest-Deckungssätze bei solchen Kunden vorzugeben, die bei einer gleichmäßigen Belastung der beanspruchten Engpaßeinheiten durch zu hoch erscheinende Preisforderungen für Kleinaufträge verärgert wären und abwandern würden. Analog kann bei einem Nachfrageverbund zwischen unterschiedlichen Kundengruppen verfahren werden[50].

Sortimentsinterne Substitutionskonkurrenz[51] kann sowohl über die Vorgabe von Höchst- als auch von Mindest-Deckungssätzen – manchmal reichen auch schon Richt-Deckungssätze – in Richtung des gewünschten Verhältnisses gelenkt werden; dabei ist freilich bei der Wahl der Bezugsgrößen auf die wirksamen Komponenten abzustellen, wenn das Austauschverhältnis nicht 1:1 beträgt. Hierbei ist insbesondere auch an Zeitersparnisse des Kunden bei der Verwendung der Substitute und an andere Auswirkungen, z. B. niedrigerer Verbrauch an Komplementärgütern, zu denken.

Entsprechend der Preisdifferenzierung im Markt können auch die Deckungssätze nach den unterschiedlichsten Kriterien *differenziert* werden, z. B. nach Zeitabschnitten mit erfahrungsgemäß guter oder schlechter Beschäftigung (Kapazitätsausnutzung, Nachfrage), etwa

49 Siehe Fußnote 43.
50 Siehe Fußnote 37.
51 *Riebel, P.*, Kosten und Preise . . ., a.a.O.

1144 im Tages-, Wochen- oder Jahresrhythmus; nach den Lieferfristen, den Phasen des Produktzyklus; nach Regionen, Kundengruppen, Verwendungszwecken. Die Differenzierung kann dabei nicht nur die Höhe und die Art der Begrenzung, sondern auch die Bezugsgröße und weitere Merkmale betreffen.
Auch das Verhalten der *Konkurrenz* ist bei der Festlegung von Deckungssätzen zu beachten. Ist es etwa in einer Branche verbreitet, für die schnelle Vorkalkulation bei kleineren und mittleren Auftragsgrößen kurzerhand mit einem globalen Zuschlag auf die Einzelkosten zu rechnen (so etwa bis in die 60er Jahre in der Lackindustrie mit rund 100% auf die Materialeinzelkosten), dann kann man die eigenen Deckungssätze entsprechend bemessen, falls man nicht eine bewußte Politik der Abhebung verfolgen möchte, z. B. mit dem Ziel einer Auftragsgrößen- und Kundenselektion.
Diese Beispiele, die noch um weitere Varianten ergänzt werden könnten, lassen schon erkennen, daß unter absatzwirtschaftlichen Gesichtspunken die Vorgabe von Deckungssätzen sehr flexibel und differenziert gehandhabt werden muß, um vordergründig über die Deckungssätze – letztlich aber über die Preisforderungen, das Leistungsangebot und die Auftragsannahme Volumen und Struktur der Nachfrage nach den Leistungen des Unternehmens gemäß den absatzpolitischen Prinzipien der Selektion und Differenzierung[52] zu steuern. Dazu ist es erforderlich, laufend zu beobachten, wie sich die zunächst festgelegten Deckungssätze oder ihre Änderung auf das Verhalten der Nachfrager (und der Konkurrenz) auswirken, etwa auf die Erfolgsquote bei Ausschreibungen und Angeboten auf Kundenanfragen, auf die Zusammensetzung der erteilten Aufträge nach Artikeln, Auftragsgröße, Auslieferungsart usw. im jeweils betroffenen Bereich. Oft kommt es darauf an, Gleichgewichte anzusteuern, sei es wegen des Risikoausgleichs (z. B. zwischen unterschiedlichen Kundengruppen), sei es im Interesse einer ausgewogenen Beschäftigung in der Produktion. Werden beispielsweise durch die auftragsgrößenunabhängigen Tätigkeiten ganz oder überwiegend spezifische potentielle Engpässe (z. B. Rezepteure, Arbeitsvorbereiter, Einrichter, Abwieger) in Anspruch genommen, andere jedenfalls als durch die größenabhängige Ausführung (z. B. bestimmte Maschinenzeiten), dann kann es zweckmäßig sein, zwei oder mehrere Deckungssätze mit entsprechenden Bezugsbasen (Vorbereitungsstunden einerseits und Produktionsmaschinenstunden andererseits) zu kombinieren und die Deckungssätze allmählich – und immer wieder neu – so zu variieren, daß man die angestrebte Auftragsgrößenstruktur angenähert erreicht.

IV. Zur Kontrollfunktion des Deckungsbudgets

Während Deckungsbudgets generell bei der Anwendung von Einzelkosten- und Deckungsbeitragsrechnungen vorgegeben werden sollten, erscheint die Angebotssteuerung und Preiskontrolle mit Hilfe von Deckungssätzen nur bei bestimmten betrieblichen Gegebenheiten und Marktkonstellationen als ergänzende Maßnahme zweckmäßig zu sein.
Auch kann die Vorgabe von Deckungssätzen nur sehr begrenzt rechenhaft fundiert werden, nicht zuletzt, weil sie im Spannungsfeld zwischen produktions- und absatzwirtschaftlichem, kosten- und ertragswirtschaftlichem Denken steht. Vorgabe und Umgang mit Deckungssätzen sind eher eine Kunst als ein Rechenexempel – eine Kunst, die Erfahrung und Phantasie, vor allem aber Einfühlungsvermögen in den Markt und Verständnis für die Gegebenheiten

52 *Schäfer, E.*, Absatzwirtschaft, S. 331; *Banse, K.*, Vertriebs-(Absatz-)politik, in: *Seischab, H./Schwantag, K.*, (Hrsg.), Handwörterbuch der Betriebswirtschaft, 3. Aufl. 1962, Bd. IV, Sp. 5983–5994, hier Sp. 5987.

der Produktion erfordert, dazu die Fähigkeit zu ganzheitlichem, vorausschauendem Denken und die Bereitschaft zu laufender Beobachtung und ständiger Selbstkontrolle sowie zur Kooperation mit allen betroffenen Bereichen. 1145

Deckungssätze haben nicht die Aufgabe, die Basis für Soll-Ist-Vergleiche und Abweichungsanalysen zu liefern, wie das häufig für die Vorgaben der Plankostenrechnung unterstellt wird. Sie sind vielmehr ein höchst sensibel zu handhabendes Instrument zu einer (begrenzten) Steuerung der Angebotspolitik, insbesondere der Preispolitik. Sie haben eher den Charakter von Empfehlungen als den von Zielkalkülen; sie sind Richtgrößen, Ober- und Untergrenzen, die aber sehr schnell an geänderte Konstellationen angepaßt werden können – und es grundsätzlich auch sollten.

Ob mit diesem Steuerungsinstrument sinnvoll und erfolgreich umgegangen wird, kann nicht vom einzelnen Geschäftsabschluß oder vom einzelnen Produkt her beurteilt werden. Es kommt auch gar nicht darauf an, daß man sich im Einzelfalle an die Deckungssätze hält, sondern daß insgesamt das im Deckungsbudget geplante Volumen an Auftragsbeiträgen nach den Prinzipien des kalkulatorischen Ausgleichs erwirtschaftet wird.

Daher ist es geboten, die jeweils erreichten Auftragsbeiträge – aufgrund des Auftragseingangs, der Fakturierung und der Regulierung – fortlaufend kumuliert zunächst dem Restdekkungssoll für Leistungen, die über Deckungssätze gesteuert werden sollen, gegenüberzustellen, gegebenenfalls auch dem Bereichsbudget und schließlich dem Gesamt-Deckungsbudget, weil auch zwischen den Teilbudgets letztlich das Prinzip des kalkulatorischen Ausgleichs gilt. In entsprechender Weise kann auch schon projektiv bei der Vorbereitung spezieller Aktionen oder im Zuge von Verhandlungen über größere Abschlüsse verfahren werden. Besonders aufschlußreich ist zudem die Einbeziehung der Auslastung des maßgeblichen Engpasses[53] sowie die Berücksichtigung von Saisonschwankungen und Sondereinflüssen. Unerwünschte Entwicklungen werden so bereits im Keime erkannt, vor allem auch solche, die auf einen wenig glücklichen Umgang mit Deckungssätzen zurückzuführen sein dürften. Daher können rechtzeitig Maßnahmen zur Abhilfe eingeleitet werden.

Im Vergleich zu den äußerst beweglichen Deckungssätzen erscheint das Deckungsbudget als der „ruhende Pol". In einer Marktwirtschaft kommt es letztlich nicht darauf an, daß Pläne, nur deshalb weil sie einmal beschlossen wurden, (um jeden Preis) erfüllt werden. Es kommt vielmehr darauf an, aus unvorhergesehenen Entwicklungen das Beste im Hinblick auf die langfristigen Unternehmensziele zu machen. Daher dienen auch Deckungsbudgets nicht primär der Kontrolle von Soll-Ist-Abweichungen. Sie sollen ebenso wie die Deckungssätze helfen, aus der jeweiligen Situation heraus Entscheidungen zu treffen, die besser als andere zum langfristigen finanziellen Ziel des Unternehmens beitragen.

Daher sollten nicht nur die Deckungssätze, sondern auch die Deckungsbudgets des Unternehmens wie der Erfolgsbereiche immer wieder an geänderte Situation angepaßt werden[54]. Änderungen von Deckungsbudgets und Deckungssätzen sind freilich nicht aneinander gekoppelt.

Das führt zu einer realistischeren Einschätzung der betrieblichen und marktlichen Situation und zu einem situationsgerechterem Handeln. Zudem werden Entmutigungen und Enttäuschungen vermieden, wenn die ursprünglichen Vorhaben aufgrund der sich abzeichnenden Entwicklungstendenzen unerreichbar geworden zu sein scheinen. Werden die Planungsprämissen durch die tatsächliche Entwicklung hinfällig, ist ihre Eignung als Basis für Soll-Ist-Vergleiche ohnehin beeinträchtigt, ja fragwürdig.

53 Siehe Fußnote 18.

54 Entsprechendes empfiehlt für die Erlösrechnung *Mausbach, G.*, Erlösplanung und -kontrolle bei Massengütern – dargestellt am Beispiel der Mannesmannröhren-Werke, in: ZfbF Sonderheft 6/77, S. 38–56, hier S. 48 ff.

VI. Glossarium spezifischer Grundbegriffe der Deckungsbeitragsrechnung

Weitere Begriffserklärungen sind über die **fett** und *kursiv* gedruckten Verweise des Stichwortverzeichnisses zu erschließen.

Aggregierte Einzelkosten (analog: -erlöse, -verbräuche usw.). Die bereits bei untergeordneten, spezielleren Untersuchungsobjekten → zurechenbaren (und erfaßten) → Kosten, die bei einem höheren, allgemeineren Untersuchungsobjekt mit dessen → originären Einzelkosten zusammengefaßt ausgewiesen werden. Beispiele: Ausweis von Tages-Einzelkosten im Rahmen der Monats-Einzelkosten, der Kunden-Einzelkosten bei den Kundengruppen-Einzelkosten.

Amortisationsraten. Einzelnen Zeitabschnitten innerhalb der Nutzungsdauer angelastete Anteile im voraus entstandener → Periodengemeinausgaben; sie entsprechen den Abschreibungen, werden aber zweckgerichtet nach unternehmungspolitischen Gesichtspunkten festgesetzt.

Anlastung. Subjektiv willentliche, zweckgerichtete Verteilung oder Zuteilung nicht → zurechenbarer → Ausgaben oder → Kosten nach unternehmungspolitischen Gesichtspunkten, die stets mit der Wahl zwischen mehreren plausiblen, aber nicht logisch zwingenden Verteilungsmöglichkeiten (Schlüsseln), die zu unterschiedlichen Ergebnissen führen, verbunden sind. Siehe auch → „Deckungslast".
Gegenbegriff: → Zurechnung.
Synonyma: Zuteilung, Verteilung.

Auftragsbeitrag. Überschuß der aggregierten Auftrags-Einzelerlöse über die aggregierten Auftrags-Einzelkosten, d. h. Überschuß der für einen Kundenauftrag zusätzlich erzielten → Erlöse über die infolge der Annahme und Abwicklung dieses Auftrags zusätzlich ausgelösten → Kosten. Ist der Auftrag aus mehreren Posten zusammengesetzt, ergibt sich der Auftragsbeitrag als Überschuß der zusammengefaßten → Postenbeiträge über die allen Posten gemeinsamen Kosten des Auftrags „an sich" (= → originäre Auftrags-Einzelkosten, z. B. für Fracht, Gesamtverpackung, Fakturierung und Zahlungseinzug).

Aufwandsorientiertes Deckungsbudget. Gesamtheit des durch die → Auftragsbeiträge abzudeckenden Aufwandes (einschließlich des betriebsfremden und außerordentlichen Aufwandes, soweit dieser nicht anderweitig gedeckt wird). Dient zum frühzeitigen Abschätzen des Jahreserfolges und zur Vorbereitung der Bilanzpolitik.

Ausgaben. Zahlungsverpflichtungen, und zwar unabhängig von Art und Zeit der Zahlungsabwicklung. Es sind also außer unmittelbaren Auszahlungen auch Kreditvorgänge eingeschlossen. In der älteren Literatur und im allgemeinen Sprachgebrauch wird dieser Begriff auch enger im Sinne von → Auszahlungen gebraucht. Dementsprechend ist in den älteren Beiträgen dieses Sammelbandes der Ausdruck Ausgabe je nach dem textlichen Zusammenhang enger oder weiter zu interpretieren. Innerhalb der Ausgaben kann zwischen entgeltlichen (= Beschaffungsausgaben) und nicht entgeltlichen Ausgaben, erfolgswirksamen und nicht erfolgswirksamen Ausgaben, kompensierten (wechselbezüglichen) und nicht kompensierten Ausgaben unterschieden werden. Kompensierte Ausgaben sind weder entgeltlich noch erfolgswirksam; ihnen stehen stets gleich hohe → Einnahmen aus aktiven oder passiven Kapital(Kaufkraft-)Übertragungen in Form von Darlehen oder Beteiligungen gegenüber, wobei die entsprechenden Einzahlungen und Auszahlungen stets zeitlich auseinanderfallen.
Gegenbegriff: → Einnahmen.

Ausgabencharakter der → Kosten. Die verbreitete Unterscheidung zwischen nicht ausgabenwirksamen Kosten, die sich überhaupt nicht von Ausgaben ableiten, und ausgabenwirksamen ist nur bei Anwendung des wertmäßigen Kostenbegriffs sinnvoll. Die vom Kostenbegriff unabhängige weitere Untergliederung in ausgabennahe und ausgabenferne Kosten hat sich als zu unbestimmt und grob erwiesen. Der finanzwirtschaftliche Charakter der Kosten wird nunmehr durch die Dauer bzw. Intervalle der Ausgabenbindung, die Zeitpunkte oder Intervalle der Auszahlungen und deren Disponierbarkeit (z. B. irreversibel vordisponierte vs. noch disponible → Ausgaben bzw. → Auszahlungen, aufschiebbare vs. nicht aufschiebbare, verzichtbare vs. unverzichtbare Ausgaben bzw. Auszahlungen) und andere in der Finanz- und Liqiditätsplanung übliche Kriterien gekennzeichnet.

Ausgaben- bzw. auszahlungsorientiertes Deckungsbudget. Ältere Bezeichnung für → finanzorientiertes Deckungsbudget.

Auszahlungen. Abfluß von Zahlungsmitteln (Bar- oder Buchgeld) an andere Wirtschaftssubjekte (Produktivbetriebe, Haushalte, Staat). Die bei → Ausgaben erwähnten Untergliederungen können analog übernommen werden.

Bereitschaftskosten. → Kosten (→ Ausgaben), die auf Grund erwartungsbedingter Beschaffungs- und Bereitstellungsentscheidungen entstehen und nicht von Art, Menge und Erlös der tatsächlich erbrachten Leistungen abhängen. Sie sind teils beliebig fein und kurzfristig, teils in mehr oder weniger großen Sprüngen (Quanten) und Zeitintervallen veränderlich und daher alleine schon aus diesem Grunde nicht mit Fixkosten identisch.
Gegenbegriff: → Leistungskosten.

Beschaffungsentgelt. Zu zahlendes geldliches Äquivalent für beschaffte Güter (Sachgüter, Arbeits- und Dienstleistungen, Nutzungsrechte).
Synonym: Beschaffungsausgaben.

Bezugsgröße. Formal und allgemein: qualitativ, quantitativ, räumlich und/oder zeitlich abgegrenzte Größe, der bestimmte Kosten, Erlöse, Mengenverbräuche und andere Geld- und Mengengrößen gegenübergestellt oder zugeordnet werden, insbesondere in Form statistischer Beziehungszahlen oder Kennzahlen.
Materiell sind im Rechnungswesen drei Gruppen von Bezugsgrößen von Bedeutung:

(a) Bezugsgrößen als Basis (Nenner) von Kenn- oder Beziehungszahlen (z. B. Energieverbrauch der Kostenstelle Y im Monat Mai, Fracht je 100 kg Versandgewicht, → Deckungsbeitrag in Prozent vom Umsatz, → Gemeinkosten in Prozent der → Einzelkosten, Mindest-Deckungsbeitrag je Engpaßmaschinenstunde), die auch zur Ermittlung von Verrechnungssätzen, Zuschlagssätzen oder → Deckungssätzen dienen. Dabei brauchen die Erfordernisse einer eindeutig-zwingenden → Zurechnung nicht erfüllt zu sein.

(b) Bezugsgrößen als Einflußfaktoren der betrachteten Geld- oder Mengengrößen, z. B. bei der Analyse der Kostenabhängigkeiten, für die Vorgabe von Verbrauchsstandards und Plankosten.

(c) Bezugsgrößen als Dispositions-, Kalkulations- oder Untersuchungsobjekt, dem die jeweils betrachtete Teilmenge einer Geld- oder Mengengröße eindeutig-zwingend oder auf Grund eines stochastischen Zusammenhangs zugeordnet werden soll (→ Identitätsprinzip, → Zurechnung). Dieser, für die relative → Einzelkosten- und → Deckungsbeitragsrechnung besonders wichtige Typ von Bezugsgrößen wird seit einigen Jahren als → Bezugsobjekt bezeichnet, um Verwechslungen mit den obigen Begriffsinterpretationen zu vermeiden.

Bezugsgrößenhierarchie. Ältere Bezeichnung für → Bezugsobjekthierarchie.

Bezugsobjekt. Kalkulations- oder Untersuchungsobjekt, dem Geld- oder Mengengrößen zugerechnet werden. Neuere Bezeichnung für → Bezugsgröße im gleichen Sinne.

Bezugsobjekthierarchie. Eine von untergeordneten, spezielleren zu übergeordneten, allgemeineren Untersuchungsobjekten aufsteigende Rangordnung. Sie tritt als Entscheidungshierarchie, Merkmalshierarchie (z. B. in der Umsatzstatistik), Aggregations- oder Verdichtungshierarchie, Zurechnungshierarchie und Abdeckungshierarchie in Erscheinung. Soweit sich aus dem Sachverhalt nicht ohnehin eine eindeutige Rangfolge ergibt, wie zwischen Artikel und Artikelgruppe, muß die Bezugsobjekthierarchie der jeweiligen Fragestellung entsprechend zusammengestellt werden („problemadäquate Bezugsobjekthierarchie"). Neuere Bezeichnung für → Bezugsgrößenhierarchie.

Bindungsdauer. Zeitraum, für den ein Unternehmen fest an bestimmte → Ausgaben, → Auszahlungen bzw. → Kosten gegenüber seinen Partnern oder dem Staat gebunden ist oder für den es Anspruch auf bestimmte → Erlöse, (→ Einzahlungen) oder Lieferungen und Leistungen (Überlassung von Nutzungspotentialen) hat. Verlängert sich die vertragliche Bindung, wenn nicht fristgerecht gekündigt wird, automatisch um einen bestimmten Zeitraum, wird dieser *Bindungsintervall* genannt. Die → Entgelte, Zahlungen und sonstigen Rechengrößen lassen sich in diesen Fällen nur der gesamten Dauer der Bindung oder des Bindungsintervalls zurechnen (→ Zurechnung).

Bruttogewinn (-erfolg, -ergebnis). Allgemein: Überschuß des Erlöses oder von Erlösteilen über irgendwelche zugeordneten Kostenteile. Speziell in der Deckungsbeitragsrechnung auf Basis relativer Einzelkosten: Überschuß der Einzelerlöse über die Einzelkosten und bestimmte weitere, nicht eindeutig zurechenbare Kostenteile, z. B. anteilige durchschnittliche Frachtkosten.

Deckungsbeitrag (allgemein). Durch eine bestimmte Maßnahme ausgelöste Erfolgsänderung. Rechnerisch ermittelt als Überschuß der → Einzelerlöse über die → Einzelkosten (-ausgaben) eines sachlich und zeitlich abzugrenzenden Kalkulationsobjektes, mit dem dieses zur Deckung variabler und fixer

→ Gemeinkosten (-ausgaben) *und* zum (Total-)Gewinn beiträgt. Nähere Kennzeichnung durch sachliche Merkmale des Kalkulationsobjekts, erforderlichenfalls auch durch Angabe der Bezugsperiode sowie der bereits abgedeckten oder noch abzudeckenden → Kosten-(Ausgaben-)Kategorien. In Wortzusammensetzungen auch abgekürzt zu „-beitrag". → „Stück"-, „Posten"-, „Auftrags"-, „Umsatz"-, „Periodenbeitrag".

Deckungsbeitragsrechnung. Eine vom spezielleren zum allgemeineren Untersuchungs- und Entscheidungsobjekt abgestufte Folge von Erfolgsdifferenz-(änderungs-)-rechnungen, in denen – unter Verzicht auf Schlüsselung → echter Gemeinkosten und → Gemeinerlöse – gemäß dem → Identiätsprinzip nur die jeweils entsprechenden, auf einen gemeinsamen dispositiven Ursprung zurückgehenden Erlös- und Kostenteile einander gegenübergestellt werden.

Deckungsbudget. Vorgabe des in der Periode (i.d.R. Geschäftsjahr, Sommer- und Wintersaison) durch das Gesamtunternehmen oder selbständig im Markt operierende Teilbereiche (Erfolgsbereich, profit center) zu erwirtschaftenden Volumen an → Auftragsbeiträgen (oder anders definierten Leistungsbeiträgen). Höhe und Struktur des Deckungsbudgets können aus der mittelfristigen Finanzplanung (→ finanzorientiertes Deckungsbudget) in Abstimmung mit der Jahresabschlußplanung (→ aufwandorientiertes Deckungsbudget) oder an den → Gemeinkosten (→ kostenorientiertes Deckungsbudget) abgeleitet werden.
Synonym: Periodenbezogener → Soll-Deckungsbeitrag.

Deckungslast. Einem Erfolgsbereich des Unternehmens (profit center) vorgegebener Anteil an den für mehrere Erfolgsbereiche gemeinsam entstehenden → Kosten, Aufwänden oder → Ausgaben.

Deckungsraten. Der einer Periode vorgegebene Anteil an den → Periodengemeinausgaben, der über die → Periodeneinzelkosten hinaus hereingeholt werden soll. Sie umfassen: → Amortisationsraten, Rückstellungsraten und sonstige pro rata verrechnete → Ausgaben.

Deckungssätze. Auf Leistungseinheiten oder andere Maßgrößen, z. B. die Inanspruchnahme von Engpässen, abstellende → Deckungsvorgaben („Soll-Deckungsbeiträge"), die in Form von Fest-, Richt-, Mindest-, Höchst- oder Margensätzen bei Preisforderungen berücksichtigt werden sollen.

Deckungsvorgaben. Oberbegriff für → Deckungsbudgets und → Deckungssätze.
Synonym: Soll-Deckungsbeiträge.

Direkt erfaßte Einzelkosten (analog; -ausgaben, -verbrauch, -erlös). Derjenige Teil der wesensmäßigen → Einzelkosten oder zurechenbaren Kosten, die für das betreffende Untersuchungsobjekt direkt erfaßt wurden. Beispiel: Fertigungsmaterial.
Gegensatz: Als → unechte Gemeinkosten erfaßter Rest der zurechenbaren Kosten in bezug auf die einzelnen Erzeugnisarten und -einheiten, z. B. Hilfsmaterial.

Direkter Deckungsbedarf der Periode. → Periodeneinzelkosten, gegebenenfalls zuzüglich noch nicht abgedeckter variabler → Gemeinkosten verbundener Leistungen und Leistungsportionen (z. B. Lose, Chargen, Aufträge „an sich").

Echte Gemeinkosten (analog: -ausgaben, -erlös usw.). Kosten, die durch Entscheidungen (Maßnahmen) ausgelöst werden, die das betrachtete Kalkulationsobjekt und weitere gemeinsam betreffen; sie können selbst bei Anwendung besserer Erfassungsmethoden für das Untersuchungsobjekt nicht getrennt erfaßt und ihm auch nicht → zugerechnet werden.
Synonyma): Verbundene Kosten (Ausgaben), Verbundkosten (-ausgaben), nicht abtrennbare Kosten (Ausgaben), gemeinsame Kosten (Ausgaben).

Echter Gemeinverbrauch (echte Gemeininanspruchnahme). Verbrauch (Inanspruchnahme), der (die) durch „übergeordnete" Entscheidungen (Maßnahmen) ausgelöst wird, die das betrachtete Untersuchungsobjekt und andere betreffen; sie können selbst bei Anwendung bester Erfassungsmethoden für das Untersuchungsobjekt nicht gesondert ermittelt und ihm auch nicht → zugerechnet werden.

Einnahmen. Zahlungsansprüche, und zwar unter Vernachlässigung von Art und Zeit der Zahlungsabwicklung. Es sind also außer unmittelbaren → Einzahlungen auch Kreditvorgänge eingeschlossen. In der älteren Literatur und in der Praxis wird dieser Begriff auch enger im Sinne von → Einzahlungen gebraucht. Demgemäß ist in den älteren Beiträgen dieses Buches der Ausdruck Einnahmen je nach dem textlichen Zusammenhang enger oder weiter zu interpretieren.
Gegenbegriff: → Ausgaben.
Differenzierung analog den Ausgaben. Entgeltliche Einnahmen werden meist als → Erlöse bezeichnet.

Einzahlungen. Zufluß an Zahlungsmitteln (Bar- oder Buchgeld) von anderen Wirtschaftssubjekten, (Produktivbetriebe, Haushalte, Staat).

Gegenbegriff: → Auszahlungen.

Die bei den → Ausgaben erwähnten Untergliederungen können sinngemäß übertragen werden.

Einzelausgaben (-kosten) einer geschlossenen Periodenfolge. Mehrere Rechnungsperioden gemeinsam zugehörige → Ausgaben (Kosten), deren Höhe bis zum Ablauf der von vornherein festliegenden → Bindungsdauer (Vertragsdauer, Kündigungsintervall, Geltungsdauer der Steuerbemessungsgrundlage) rechtlich fixiert ist und insgesamt auf denselben dispositiven Ursprung zurückgeht wie der gesamte Leistungs- oder Nutzungsanspruch. In bezug auf die von der Bindungsdauer eingeschlossenen einzelnen Unterperioden handelt es sich um → Periodengemeinausgaben (-kosten). Weil es sich um eine von vornherein festliegende, geschlossene Zahl von Perioden handelt, wird auch von „Gemeinausgaben(-kosten) geschlossener Perioden" gesprochen. Beispiel: Das Gesamtentgelt für einen auf drei Jahre befristeten Mietvertrag ist Einzelausgabe(-kosten) der geschlossenen Periodenfolge von drei Jahren, zugleich Periodengemeinausgabe(-kosten) in bezug auf das einzelne Jahr (Quartal usw.) dieser geschlossenen Periodenfolge.

Einzelausgaben(-kosten) einer offenen Periodenfolge. → Ausgaben für die Beschaffung und Bereitstellung von Nutzungspotentialen für eine zunächst noch unbestimmte, offene Anzahl der betrachteten Zeitabschnitte (Periodenfolge). Beispiele: Anschaffungsausgaben für immaterielle und materielle Investitionen mit unbestimmter wirtschaftlicher Nutzungsdauer, etwa Patente, Produktentwicklung, Markterschließung, Beschaffung und Reparatur von Maschinen. In bezug auf die eingeschlossenen Einzelperioden oder auf „angeschnittene" Perioden handelt es sich um → Perioden-Gemeinausgaben(-kosten); in diesem Sinne wird auch von „Gemeinausgaben(-kosten) offener Perioden" gesprochen.

Einzelerlös. → Einnahme, die einem – sachlich wie zeitlich genau abzugrenzenden – Kalkulationsobjekt eindeutig zurechenbar ist, weil sie durch dieselbe Entscheidung für eine bestimmte Maßnahme (einschließlich der daraus folgenden Unterentscheidungen) ausgelöst wird wie die Existenz des Kalkulationsobjekts selbst. Nähere Kennzeichnung durch das Kalkulations- oder Zurechnungsobjekt und/oder die Rechnungsperiode, z. B. als Produkt-Einzelerlös, Tages-Einzelerlös.

Synonyma: Spezifischer Erlös (z. B. produkt-spezifischer Erlös), Zusatzerlös, abtrennbarer Erlös.

Test: Welche Einnahme fiele weg, wenn das Kalkulationsobjekt nicht abgesetzt würde? Welcher Einnahmenanspruch entstünde zusätzlich, wenn eine Einheit dieses Kalkulationsobjekts zusätzlich abgesetzt würde? Sind die Änderungen der Einnahmenansprüche und das Hinzukommen oder Wegfallen des Kalkulationsobjekts (bzw. der Kosten oder Ausgaben, denen die Erlöse gegenübergestellt werden sollen) auf dieselbe Entscheidung (Maßnahme) oder dasselbe Bündel von Entscheidungen (Maßnahmen) zurückzuführen?

Einzelkosten (wesensmäßige). → Kosten (→ Ausgaben), die einem – sachlich und zeitlich genau abzugrenzen – → Bezugsobjekt eindeutig zurechenbar sind, weil sowohl die Kosten (Ausgaben) als auch das Bezugsobjekt auf einen gemeinsamen dispositiven Ursprung zurückgehen (identisch mit objektbezogenen Kosten im entscheidungsorientierten Sinne). Dieser Begriff ist relativ, so daß er bei der Anwendung auf konkrete Fälle näher gekennzeichnet werden muß, und zwar durch Angabe des Bezugsobjektes und/oder der Bezugsperiode, z. B. als Auftrags-Einzelkosten, Produktgruppen-Einzelkosten im Monat X oder Produktgruppen-Monatseinzelkosten usw. Zur weiteren Differenzierung siehe: → originäre, → aggregierte, → direkt erfaßte Einzelkosten.

Gegenbegriff: → echte Gemeinkosten.

Synonyma: Einzelausgaben, spezifische Kosten (Ausgaben), Spezialkosten(-ausgaben), abtrennbare Kosten (Ausgaben).

Dieser relative Einzelkostenbegriff nach dem Kriterium der → Zurechenbarkeit darf nicht verwechselt werden mit den – tatsächlich oder nur scheinbar – direkt erfaßten Kosten, die in der traditionellen Literatur und in der Praxis gleichfalls oft als Einzelkosten (im erfassungsorganisatorischen Sinne) bezeichnet werden. Siehe auch: → direkt erfaßte Einzelkosten, → unechte Einzelkosten, → unechte Gemeinkosten.

Test: Welche Kosten (Ausgaben) fielen weg, wenn das Kalkulationsobjekt nicht vorhanden wäre? Welche Kosten (Ausgaben) entstünden zusätzlich, wenn eine Einheit des Kalkulationsobjektes zusätzlich vorhanden wäre oder geschaffen würde? Sind die Änderung der Kosten bzw. der Ausgaben und das Kalkulationsobjekt auf dieselbe Entscheidung oder dasselbe Bündel von Entscheidungen (Maßnahmen) zurückzuführen? Geht man nicht vom „entscheidungsorientierten", sondern vom üblichen, sogenannten „wertmäßigen → Kostenbegriff" aus („Kosten sind leistungsbezogener bewerteter Güterverzehr"), dann müssen diese Fragen nicht nur in bezug auf den Güterverbrauch, sondern auch in bezug auf die → Zurechenbarkeit der → Ausgaben auf dieses Verbrauchsquantum gestellt werden.

Einzelkosten, aggregierte. → aggregierte Einzelkosten.

Einzelkosten, direkt erfaßte. → direkt erfaßte Einzelkosten.

Einzelverbrauch(-inanspruchnahme). Verbrauch (Inanspruchnahme) eines Kostengutes, der (die) auf denselben dispositiven Ursprung zurückgeführt werden kann wie die Existenz des Kalkulationsobjekts selbst.

Engpaßbezogener Deckungsbeitrag. In den engpaßbezogenen Deckungsbeiträgen kommt die Ergiebigkeit der Nutzung eines betrieblichen Engpasses durch die jeweiligen Leistungen zum Ausdruck. Ist nur ein einziger Engpaß relevant, sind sie das maßgebliche Kriterium für die Programmplanung.

Entgelt. Zu zahlendes geldliches Äquivalent für beschaffte Güter oder Anspruch auf Zahlung eines geldlichen Äquivalents für abgesetzte Güter, also Oberbegriff für → Beschaffungsentgelt und → Erlös.

Entgeltfunktion. Abhängigkeit der Höhe des vereinbarten → Entgelts vom Umfang oder anderen quantifizierbaren Merkmalen der bereitgestellten oder gelieferten Leistung, der Zahl der vereinbarten Bemessungseinheiten oder anderen Einflußgrößen (z. B. von der Vordispositionsdauer oder vom Zahlungszeitpunkt).

Entscheidungsorientierter Kostenbegriff. → Kostenbegriff.

Erlös. Vom Abnehmer (Kunden) zu zahlendes geldliches Äquivalent für abgesetzte Leistungs- oder Ertragsgüter (Warenlieferungen, Dienstleistungen, Nutzungsüberlassungen und sonstige Rechte).

Erlösminderung(-schmälerung). Abzugsposten von einem Bruttoerlös (z. B. Listenpreis, ursprünglich vereinbarter Erlös, fakturierter Erlös), der nur im Verhältnis zwischen Verkäufer und Käufer – vor, bei oder nach Rechnungsstellung – auftritt, etwa in Gestalt von Rabatten, Skonti, Boni, Minderungen bei Mängeln. Entgegen verbreiteter Sprachpraxis sind Verbrauchssteuern, Provisionen, Ausgangsfrachten und andere „Sondereinzelkosten des Vertriebs" keine Erlösminderungen oder -schmälerungen, sondern – weil mit → Ausgaben und → Auszahlungen an Dritte verbunden – absatzbedingte → Leistungskosten.

Finanzorientiertes Deckungsbudget. Gesamtheit aller für die Budgetperiode vordisponierten und erwarteten → Auszahlungen sowie geplante Erhöhungen von Zahlungsmittelbeständen, die in dieser Periode durch → Auftragsbeiträge erwirtschaftet werden sollen. Dazu können auch Zahlungen für Investitionen, Fremdkapitalzinsen, Tilgung von Darlehen, Gewinnsteuern und -ausschüttungen gehören, als Brücke zur langfristigen Planung, zur Abschätzung der mittelfristigen Liquidität und zur Erleichterung der kurzfristigen Finanzplanung.

Fixe Kosten (analog: → Ausgaben, → Auszahlungen, → Erlöse, → Einnahmen, → Verbrauch, Ausbringung). → Kosten, die von der jeweils betrachteten Einflußgröße unabhängig sind. Zur Konkretisierung dieses relativen Begriffs ist die Angabe der jeweils betrachteten Einflußgröße notwendig, z. B.: auftragszahl-fixe, auftragsgrößen-fixe, schichtdauer-fixe, maschinengrößen-fixe Kosten. Wird auf die nähere Kennzeichnung der jeweiligen Einflußgröße verzichtet, ist – im praktischen Sprachgebrauch – meist die Unabhängigkeit von der Ausbringung oder Beschäftigung gemeint. Auch in diesem Falle dürfen die fixen Kosten nicht als schlechthin unveränderlich oder unbeeinflußbar angesehen werden.
Synonyma: unabhängige Kosten, unbewegliche Kosten.
Gegenbegriff: → variable Kosten.

Gemeinausgaben(-kosten) „geschlossener Perioden". Mehreren Rechnungsperioden gemeinsam zugehörige Ausgaben (Kosten), deren Höhe bis zum Ablauf der festliegenden → Bindungsdauer (Vertragsdauer, Kündigungsintervalle, Geltungsdauer der Steuerbemessungsgrundlage, Veranlagungszeiträume) rechtlich fixiert ist und insgesamt auf denselben dispositiven Ursprung zurückgeht wie der gesamte Nutzungsanspruch; in bezug auf die gesamte → Bindungsdauer handelt es sich um Perioden-Einzelkosten. → Einzelausgaben(-kosten) einer geschlossenen Periodenfolge.

Gemeinausgaben(-kosten) „offener Perioden". Summe der gesamten Ausgaben für die Bereitstellung (Kauf, Eigenerstellung) eines Kostengutes, das zur Nutzung in einer noch nicht bekannten Zahl von Rechnungsperioden bestimmt ist (Kostengut unbestimmter Nutzungsdauer); in bezug auf die gesamte Nutzungsdauer handelt es sich um Perioden-Einzelausgaben(-kosten). → Einzelausgaben(-kosten) einer offenen Periodenfolge.

Gemeinerlös. Erlös, der dem jeweils betrachteten → Bezugsobjekt entweder nicht eindeutig zwingend → zurechenbar ist („echter Gemeinerlös", analog zu → echte Gemeinkosten) oder für dieses nicht direkt erfaßt wird („unechter Gemeinerlös", analog zu → unechte Gemeinkosten).

Gemeinkosten. → „echte Gemeinkosten", → „unechte Gemeinkosten", → „unechte Einzelkosten".

Grenzkosten (im strengen Sinne). Änderungen der → Ausgaben bzw. → Kosten (im entscheidungsorientierten Sinne), die mit dem Hinzukommen oder Wegfallen der kleinsten noch disponiblen Einheit des betrachteten Bezugsobjekts oder mit der kleinstmöglichen Änderung der betrachteten Einflußgröße durch einen gemeinsamen dispositiven Ursprung bzw. Kausalzusammenhang verbunden ist. In der Grenzplankostenrechnung und den meisten anderen sogenannten Grenzkosten- oder Marginalkostenrechnungen wird dagegen nicht mit wirklichen Grenzkosten, sondern allenfalls mit durchschnittlichen – gegebenenfalls in mehr oder weniger großen Sprüngen und innerhalb mehr oder weniger großer Zeitspannen – veränderlichen Kosten (und zwar im Sinne des wertmäßigen → Kostenbegriffs) gerechnet.

Grundrechnung (allgemein). Durch Auswertungsrechnungen zu ergänzende zweckneutrale, systematische Sammlung der für unterschiedliche Zwecke und Fragestellungen benötigten Geld- und Mengengrößen, die durch alle Merkmale gekennzeichnet sein sollten, die für die Auswertung bedeutsam erscheinen. In der Grundrechnung dürfen keine heterogenen Elemente zusammengefaßt, keine homogenen Elemente willkürlich aufgeteilt (geschlüsselt) werden; zudem sollten alle Rechengrößen bei dem jeweils speziellsten Klassifikationsobjekt (Beobachtungs-, Entscheidungs-, Planungsobjekt) erfaßt und ausgewiesen werden. Die Grundrechnung kann vergangenheits- oder zukunftsbezogen sein und → Auszahlungen und → Einzahlungen, → Ausgaben und → Einnahmen, → Kosten (im entscheidungsorientierten Sinne) und → Erlöse, Einsatz- und Ausbringungsmengen, sowie die entsprechenden Bestände und Nutzungspotentiale zum Gegenstand haben. Die Grundrechnung der Auszahlungen und Einzahlungen, Ausgaben und Einnahmen muß urbelegidentisch sein, die der (entscheidungsorientierten) Kosten und der Mengengrößen kann auch urbelegnah, homogen verdichtet sein. Daraus können durch selektive (adressaten- und zweckgerichtete) Verdichtungen aggregierte Grundrechnungsübersichten und -auszüge abgeleitet werden, die bereits einen Übergang zur Auswertungsrechnung darstellen. Die Grundrechnung kann in idealer Weise als Datenbank realisiert werden. Siehe auch → primäre Grundrechnung, → sekundäre Grundrechnung, → Grundrechnung der Erlöse, → Grundrechnung der Kosten, → Grundrechnung der Potentiale.
Gegenbegriffe: Auswertungsrechnung, Zweckrechnung, Sonderrechnung.

Grundrechnung der Erlöse. Möglichst zweckneutrale systematische Sammlung direkt erfaßter Brutto- und Nettoerlöse, → Erlösminderungen und -berichtigungen, die nach Erlöskategorien und den interessierenden Untersuchungsobjekten (Leistungsarten, Absatzorganen, Teilmärkten) gegliedert und verdichtet sind. Ihr kann die Grundrechnung der absatzbedingten → Leistungskosten angegliedert werden.

Grundrechnung (der Kosten). Möglichst zweckneutrale, nach → Kostenkategorien gegliederte Sammlung direkt erfaßter Kosten unter Verdichtung auf die interessierenden Kalkulationsobjekte und Zeitabschnitte; „Bereitschaftsrechnung" (Schmalenbach) ohne jede Schlüsselung oder Aufteilung von Gemeinausgaben und Gemeinkosten, die der allgemeinen Übersicht und der schnellen Erstellung von Sonderrechnungen dient.

Grundrechnung der Potentiale. Mengenrechnung (mit Planungs- und Istwerten) der bereitgestellten Potentiale (z. B. Anlagenkapazitäten, Arbeitskräfte, Vorräte von Gütern und Zahlungsmitteln, Kreditlinien), insbesondere der potentiellen oder effektiven Engpässe und ihrer spezifischen, geplanten und effektiven Inanspruchnahme durch die einzelnen Leistungen oder sonstigen Aktivitäten.

Identitätsprinzip. Prinzip, nur solche Geld- und/oder Mengengrößen einander gegenüberzustellen, die auf einen identischen Entscheidungszusammenhang, d. h. einen gemeinsamen dispositiven Ursprung, zurückgeführt werden können. Siehe auch → Zurechenbarkeit.

Kostenbegriffe.

Entscheidungsorientierter Kostenbegriff. Die durch die Entscheidung über ein bestimmtes Kalkulationsobjekt, insbesondere über die Erstellung von Leistungen sowie über Aufbau, Aufrechterhaltung und Anpassung der Betriebsbereitschaft, ausgelösten → Ausgaben (einschließlich der Ausgabenverpflichtungen) bzw. → Auszahlungen.

Pagatorischer Kostenbegriff: Kosten im pagatorischen Sinne sind leistungsverbundene, nicht kompensierte → Ausgaben.

Wertmäßiger Kostenbegriff: Kosten in diesem, wertindifferenten Sinne werden definiert als bewerteter leistungsverbundener oder leistungsbezogener Güterverzehr(-verbrauch).

Kostenkategorien. Nach dem Verhalten gegenüber wichtigen Einflußfaktoren, nach der Erfassungsweise, der Zurechenbarkeit und des Ausgabencharakters, der Zahlungsweise und anderen Kriterien gebildete Gattungen von → Kosten, in die die üblichen (nach Güterarten gebildeten) Kostenarten, teils unter Aufspaltung, eingefügt werden.

Kostenorientiertes Deckungsbudget. Gesamtheit der durch die → Auftragsbeiträge abzudeckenden → Periodeneinzelkosten und der üblicherweise als Kosten der Perioden behandelten → Periodengemeinausgaben sowie der → Deckungsraten.

Kundenbeitrag (analog: Kundengruppen-Beitrag). Perioden- oder zeitlaufbezogener Deckungsbeitrag der für einen Kunden erbrachten Leistungen. Dabei hängt es von der Fragestellung ab, welche Kategorien der kundenspezifischen Kosten (originäre Kunden-Einzelkosten) von den mit ihm erzielten Umsatz- bzw. Auftragsbeiträgen abgesetzt werden. Die gewählte Vorgehensweise ist ebenso näher zu kennzeichnen wie die Beschränkung auf einen bestimmten Ausschnitt des mit ihm erzielten Umsatzes.

Leistungskosten. → Kosten (→ Ausgaben), die vom tatsächlich realisierten Leistungsprogramm abhängen und sich „automatisch" mit Art, Menge und/oder Preis der Leistungen, Leistungsbündel (z. B. Kuppelprodukte) und Leistungs„portionen" (z. B. Aufträge, Lose) sowie den Bedingungen des Beschaffungs-, Produktions- und Absatzprozesses ändern können.
Gegenbegriff: → Bereitschaftskosten.

Objektfremde Kosten (anlog: Ausgaben, Erlöse, Verbräuche usw.). Kosten, die durch Entscheidungen für Maßnahmen ausgelöst werden, die weder das betrachtete Kalkulationsobjekt allein noch gemeinsam mit anderen Objekten betreffen.

Originäres Bezugsobjekt. Das speziellste Objekt in der Hierarchie betrieblicher → Bezugsobjekte, für die man die betrachtete Teilmenge einer Geld- oder Mengengröße gerade noch direkt disponieren, planen, erfassen oder → zurechnen kann, ohne willkürliche → Anlastungen (Aufteilungen) vornehmen zu müssen.

Originäre Einzelkosten (analog: -erlöse, -verbräuche usw.). Die erst beim jeweiligen Untersuchungsobjekt und nicht schon bei untergeordneten, spezielleren Objekten zurechenbaren → Kosten.
Gegensatz: → aggregierte Einzelkosten.

Periodenbeitrag. Überschuß der in der betrachteten Periode realisierten → Erlöse über die zurechenbaren → Leistungskosten und die → Periodeneinzelkosten. Differenzierung und nähere Kennzeichnung entsprechend der jeweiligen sachlichen und zeitlichen Abgrenzung z. B. als Kunden-Jahresbeitrag.

Perioden-Einzelkosten. Solche → Kosten, insbesondere → Bereitschaftskosten, deren → Bindungs- oder Nutzungsdauer die jeweils betrachtete Periode nicht überschreitet. Nähere Kennzeichnung durch Angabe der Periode, z. B. als Schicht-Einzelkosten, Tages-Einzelkosten, Quartals-Einzelkosten usw., sowie des sachlichen → Bezugsobjektes. Siehe auch Einzelausgaben(-kosten) einer geschlossenen Periodenfolge. → Einzelausgaben(-kosten) einer offenen Periodenfolge.
Gegenbegriff: → Perioden-Gemeinausgaben(-kosten).
Test: Liegen Anfang *und* Ende der rechtlichen Bindungsdauer, der Bindungsintervalle oder der Nutzungsdauer innerhalb der betrachteten Periode?

Perioden-Gemeinausgaben(-kosten). Für die Leistungen oder die Betriebsbereitschaft der betrachteten Periode und weiterer entstehende Ausgaben oder Kosten. Nähere Kennzeichnung durch Ausgabe der betrachteten Periode, z. B. als Jahres-Gemeinausgaben, sowie des sachlichen → Bezugsobjekts. Siehe auch → Gemeinausgaben(-kosten) geschlossener Perioden, Gemeinausgaben(-kosten) offener Perioden.
Gegenbegriff: → Perioden-Einzelausgaben(-kosten).

Primäre Grundrechnung. Urbelegsidentische oder urbelegsnahe Grundrechnung, in der *direkt erfaßte* Größen und ursprüngliche Kosten- und Erlösarten ausgewiesen werden. Sie enthält daher die aggregiert erfaßten → unechten Gemeinkosten und → unechten Gemeinerlöse sowie ungespaltene Mischkosten (-erlöse, -verbrauchsmengen).
Gegenbegriff: → sekundäre Grundrechnung.

Relevante Kosten (analog: Ausgaben, Einnahmen, Erlöse, Verbräuche usw.). Die durch die jeweilige Handlungsmöglichkeit gegenüber der Unterlassensalternative veränderten → Kosten. Identisch mit → aggregierten Einzelkosten.

Schein-Einzelerlöse (analog: → Beschaffungsentgelte). → Erlöse, die nicht mit dem → originären Bezugsobjekt fakturiert (erfaßt, ausgewiesen) werden, sondern bei untergeordneten, die entweder (a) – unter den jeweiligen Umständen – nicht selbständig (erlöswirksam) disponibel sind oder (b) deren Preise oder (Teil-)entgelte offenkundig voneinander abhängen.
Bsp. zu (a): Getrennte Fakturierung von Frühstück und Übernachtung, wenn das Frühstück obligatorisch (zu bezahlen) ist; getrennte Fakturierung von Schleppfracht und Kahnfracht bei Transport mit einem Motorgüterschiff. Bsp. zu (b): Für mehrere Posten gemeinsamer Auftragsgrößen-

rabatt, bei Kleinaufträgen Berechnung eines den einzelnen Posten gemeinsamen Versandkostenanteils. Weitere Beispiele siehe in Beitrag 7.

Synonyma: unechte, nur formale Einzelerlöse.

Schein-Einzelkosten. → unechte Einzelkosten.

Sekundäre Grundrechnung. Grundrechnung, in der bei den einzelnen Bezugsobjekten die ihnen originär zurechenbaren Geld- und Mengengrößen ausgewiesen werden. Dabei werden aggregiert erfaßte unechte Gemeinkosten (-gemeinerlöse, -verbräuche usw.) durch Disaggregation – unter Einschluß der Spaltung von Mischkosten(-erlösen, -verbräuchen) – näherungsweise den → originären Bezugsobjekten → zugerechnet und → Scheinerlöse entsprechend dem Verbundzusammenhang auf die originären Bezugsobjekte aggregiert. Für innerbetriebliche Leistungen können abgeleitete Kostenarten (aus mehreren ursprünglichen Arten von → Leistungskosten zusammengesetzt, wie Dampfkosten, Reparaturkosten) ausgewiesen werden.

Soll-Deckungsbeitrag. Ältere Bezeichnung für → Deckungsvorgaben.

Spezifischer Deckungsbeitrag. Ältere Bezeichnung für den Deckungsbeitrag je in Anspruch genommener Maßeinheit eines Engpasses. Neuerdings als → engpaßbezogener Deckungsbeitrag bezeichnet.

Spezifische Kosten. → Einzelkosten (wesensmäßige).

Stückbeitrag. Überschuß des Preises über die → Einzelkosten der Leistungseinheit („Stück").

Synonyma: Deckungsbeitrag je Leistungseinheit, Tonnenbeitrag etc.

Umsatzbeitrag. → Deckungsbeitrag über die dem jeweils betrachteten Umsatz„ausschnitt" zurechenbaren umsatzwert- und mengenabhängigen → Leistungskosten. Entsprechend dem jeweiligen Umsatz„ausschnitt" wird zwischen Artikel-, Artikelgruppen-, → Auftrags-, → Kunden-, Verkaufsgebiets- usw. -Umsatzbeiträgen unterschieden.

Unechte Einzelkosten. Einem Kalkulationsobjekt nur scheinbar zurechenbarer Wertverzehr, bei dem zwar ein zusätzlicher Verbrauch oder eine zusätzliche Inanspruchnahme gemessen werden kann, jedoch keine zusätzlichen → Ausgaben ausgelöst werden.

Gegenbegriff: → Einzelkosten (wesensmäßige).

Synonyma: scheinbare Einzelkosten, Schein-Einzelkosten.

Unechte Gemeinkosten. → Kosten, die für das betrachtete Kalkulationsobjekt eindeutig → zurechenbar und im allgemeinen auch gesondert erfaßbar sind, bei denen man aber auf die direkte Erfassung verzichtet, sie also für mehrere Kalkulationsobjekte gemeinsam erfaßt (hat).

Gegenbegriff: → echte Gemeinkosten.

Variable Kosten (analog: → Ausgaben, → Auszahlungen, → Erlöse, → Einnahmen, → Einzahlungen, Inanspruchnahme, Verbrauch, Ausbringung). → Kosten, die von der jeweils betrachteten Einflußgröße abhängig sind. Zur konkreteren Kennzeichnung ist die jeweilige Einflußgröße und der Verlauf der Abhängigkeitsbeziehungen anzugeben, z. B. als losgrößen-proportionale, losgrößen-unterproportionale, ausbringungs-überproportionale Kosten. Wird auf die nähere Kennzeichnung verzichtet, stellt man meist auf die Beschäftigung oder Ausbringung als Einflußgröße und einen proportionalen Verlauf ab.

Zeitablaufrechnung. Eine nicht an kalenderübliche Zeitabschnitte gebundene, überperiodisch fortlaufende Rechnung, in der Mengen- oder Wertgrößen fortlaufend kumuliert werden. Da sie sich auf das Gesamtunternehmen, einzelne Teilbereiche, Projekte oder Aktionen beziehen kann, ist sie durch Angabe des Untersuchungsobjektes näher zu kennzeichnen. Anstelle der Kalenderzeit können auch die jeweils relevanten Zeitabschnitte treten: z. B. Arbeitstag, Schichten, Maschinenlaufstunden. Auch kann für bestimmte Fragestellungen statt unmittelbar über dem Zeitablauf über den im Zeitablauf entstandenen Einsatz- oder Ausbringungsmengen kumuliert werden.

Zurechenbarkeit (nach dem → Identitätsprinzip). Zurückführbarkeit der Existenz der einander gegenüberzustellenden Größen auf dieselbe Entscheidungsalternative. Zwei Größen sind einander dann zurechenbar, wenn sie durch dieselbe Entscheidung für eine bestimmte Maßnahme (einschließlich der daraus folgenden Unterentscheidungen) ausgelöst werden oder worden sind.

Zurechnung. Aufsuchen und Gegenüberstellung solcher Größen, die auf einen identischen dispositiven Ursprung zurückgeführt werden können.

VII. Kleine Bibliographie zur Deckungsbeitragsrechnung und verwandten Systemen

Die im vorliegenden Buch ganz oder auszugsweise enthaltenen Beiträge sind am Ende durch + gekennzeichnet.

Adam, Dietrich: Entscheidungsorientierte Kostenbewertung, Wiesbaden 1970.

Agthe, Klaus: Stufenweise Fixkostendeckung im System des Direct Costing, in: ZfB, 29. Jg., 1959, S. 404–418.

Agthe, Klaus: Zur stufenweisen Fixkostendeckung, in: ZfB, 29. Jg., 1959, S. 742–748.

Anthony, Robert N.: Management Accouting, Text and Cases, 4. Aufl., Homewood, Illinois 1970.

Arbeitskreis „Deckungsbeitragsrechnung“ im Betriebswirtschaftlichen Ausschuß des Verbandes der Chemischen Industrie e. V.: Zur Anwendbarkeit der Deckungsbeitragsrechnung – unter besonderer Berücksichtigung der Verhältnisse in der chemischen Industrie, in: DB, Beilage Nr. 13/72 zu H. 33 vom 18.8.1972.

Arbeitskreis „Vollkostenrechnung-Teilkostenrechnung“: Die Leistungs- und Kostenrechnung der Deutschen Bundespost als Vollkostenrechnung oder Teilkostenrechnung, in: Archiv für das Post- und Fernmeldewesen, 24. Jg., 1972, S. 379–450.

Behrendt, Dieter/Heinrich Th. Schmidt: Erfolgreich mit Deckungsbeitragsrechnung. Anleitung für die Praxis der Bauunternehmen in Beispielen mit 38 Abbildungen, Köln-Braunsfeld 1980.

Biergans, Enno: Grenzkostenrechnung – Direct Costing – Moderne Kostenrechnung in der Brauerei, Nürnberg 1968.

Biethahn, Jörg: Die Planung und Ausführung des optimalen Fleisch-Produktions- und Einkaufsprogrammes und seine praktische Anwendung, Frankfurt/M.-Zürich 1973.

Bobsin, Robert: Elektronische Deckungsbeitragsrechnung, München 1969, 2. Aufl. 1972.

Böer, Germain B.: Direct Cost and Contribution Accounting. An integrated Management Accounting System, New York/London/Sydney/Toronto 1974.

Böhm, Hans-Hermann: Die Programmplanung mit Hilfe der Standard-Grenzpreise, in: Taschenbuch für den Betriebswirt 1957, Berlin-Stuttgart 1957, S. 93–136.

Böhm, Hans-Hermann: Wirtschaftliche Programmplanung nach Auftragsgrößen und Sorten durch Kalkulieren mit Standard-Grenzpreisen und Deckungsbeiträgen, in: Taschenbuch für den Betriebswirt 1960, Berlin-Baden-Baden o. J., S. 127–203.

Böhm, Hans-Hermann/F. Wille: Deckungsbeitragsrechnung, Grenzpreisrechnung und Optimierung, 5. Aufl., München 1974.

Börner, Dietrich: Direct Costing als System der Kostenrechnung, Diss. München 1961.

Brink, Hans Josef: Die Kosten- und Leistungsrechnung im System der Unternehmungsrechnung, in: BFuP, 30. Jg., 1978, Nr. 6, S. 565–576.

Chmielewicz, Klaus: Betriebliches Rechnungswesen, Bd. 2, Erfolgsrechnung, Reinbek bei Hamburg 1973, 2. Aufl. Opladen 1981.

Chmielewicz, Klaus (Hrsg.): Entwicklungen der Kosten- und Erlösrechnung. Bericht über die 3. Arbeitstagung der Kommission Rechnungswesen in Gracht, Sept. 1979, C. E. Poeschel Verlag, Stuttgart 1981 (in Druck).

Deckungsbeitragsrechnung, Sonderheft krp '78, Kostenrechnungspraxis, Jg. 1978.

De Coster, Don T./Kavasseri V. Ramanathan/Gary L. Sundem: Accounting for Managerial Decision Making, Los Angeles 1974.

Dellmann, Klaus: Zum Stand der betriebswirtschaftlichen Theorie der Kostenrechnung, in: ZfB, 49. Jg., 1979, H. 4, S. 319 ff.

Deyhle, Albrecht: Gewinnmanagement, 3. Aufl., München 1971.

Dichtl, Erwin: Die Beurteilung der Erfolgsträchtigkeit eines Produktes als Grundlage der Gestaltung des Produktionsprogramms, Berlin 1970.

Diederich, Helmut: Verkehrsbetriebslehre, Wiesbaden 1977.

Dumke, Hans-Peter: Kosten-optimaler Fuhrpark-Einsatz, Frankfurt/M. 1974 (Selbstverlag: Horanstieg 12, 2000 Hamburg).

Ehrt, Robert: Die Zurechenbarkeit von Kosten auf Leistungen auf der Grundlage kausaler und finaler Beziehungen. Veröffentl. der Universität Mannheim (Wirtschaftshochschule) hrsg. von H. G. Schachtschabel, Bd. 21, Stuttgart-Berlin-Köln-Mainz 1967.

Everest, Gordon G./Ron Weber: A Relational Approach to Accounting Models, in: The Accounting Review 52. Jg., 1977, No. 2, S. 340–359.

Faßbender, Wolfgang: Betriebsindividuelle Kostenerfassung und Kostenauswertung, Frankfurt/M. 1964.

Fock, Jens Peter: Ansätze zur Neugestaltung einer eisenbahnwirtschaftlichen Kostenrechnung, Diss. FU Berlin 1973.

Geese, Wieland: Die Steuern im entscheidungsorientierten Rechnungswesen, Opladen 1972.

Gillespie, Cecil: Standard and Direct Costing, Englewood Cliffs, New York 1962.

Goetz, Billy E.: Management Planning and Control, A Managerial Approach to Industrial Accounting, 1949.

Greiß, Ingo: Kosten und Kostenrechnung im Seeschiffahrtsbetrieb, Diss. Hamburg 1969.

Güde, Udo: Die Bank- und Sparkassenkalkulation, ihre Darstellung und Kritik, Meisenheim/Glan 1967.

Gümbel, R./Brauer, K. M.: Nach 20 Computer-Minuten Klarheit über den richtigen Kurs. Neue Methoden der Erfolgskontrolle und Planung in Lebensmittel-Filialbetrieben, in: Blick durch die Wirtschaft, 17.1.1966.

Hahn, Dietger: Direct Costing und die Aufgaben der Kostenrechnung, in: Neue Betriebswirtschaft 1965, S. 8 ff.

Hahn, Dietger: Deckungsbeitrag in Großhandelsunternehmungen, in: BFuP, 24. Jg., Januar 1972, S. 1–25.

Harris, Jonathan N.: What Did We Earn Last Month? , in: National Association of Cost Accountants N.A.C.A.-Bulletin, Vol. 17 (1936), sect. 1, S. 501–527.

Hecker, Wulf: Kurzfristige Erfolgsrechnung im Einzelhandel, Stuttgart 1968.

Heine, Bernd: Grundfragen der Deckungsbeitragsrechnung in der Binnenschiffahrt, Opladen 1972.

Heine, Peter: Direct Costing – eine anglo-amerikanische Teilkostenrechnung, in: ZfhF, 11. Jg., 1959, S. 515–534.

Henzel, Fritz: Die Zuschlagskalkulation in der Kritik, in: ZfB, 33. Jg., 1963, S. 157–166.

Hess, Henry: Manufacturing: Capital, Costs, Profits, and Dividends, in: The Engineering Magazine, Vol. 26, 1903, S. 367–374.

Hilgert, J. R.: Cost Accounting for Sales, New York 1926.

Hochstrasser, Alfons: Kosten- und Investitionsrechnung für Betrieb und Marketing, München-Wien 1974.

Höhn, Günter-Jürgen: Zum Problem der betriebswirtschaftlich richtigen Linienerfolgsrechnung, Berlin 1972.

Höhn, Günter-Jürgen: Der Einfluß von Tarifaufbau und Abfertigungsverfahren auf die praktische Ausgestaltung der Erlösrechnung im ÖPNV, Schriftenreihe der DVWG e. V., B 32, Köln 1976, S. 157–201.

Hohenbild, Rolf: Das Verursachungsdenken in der betriebswirtschaftlichen Kostenlehre, Berlin-Frankfurt 1974.

Holzer, H. Peter: Direct (variable) Costing, in: HWR, Hrsg. E. Kosiol u.a., Stuttgart 1970, Sp. 412–418.

Hopp, Franz-Wilhelm: Die Deckungsbeitragsrechnung in Komposit-Versicherungsunternehmen, Karlsruhe 1973 (Verlag Versicherungswirtschaft).

Horngren, Charles, T.: Cost Accounting. A Managerial Emphasis, 4. Aufl., Englewood Cliffs, New York 1977.

Huch, Burkhard: Einführung in die Kostenrechnung, 5. Aufl., Würzburg-Wien 1977.

Huch, Burkhard: Das Rechnungswesen als Grundlage der Unternehmenspolitik, Würzburg-Wien 1975.

Hummel, Siegfried: Wirklichkeitsnahe Kostenerfassung, Berlin 1970.

Hummel, Siegfried: Fixe und variable Kosten. Zwei häufig mißverstandene Grundbegriffe der Kostenrechnung, in: Kostenrechnungs-Praxis, April 1975, H. 2, S. 63–74.

Hummel, Siegfried: Zurechnungsakrobatik. Die Beziehungen zwischen Rechnungszweck und Kostenrechnung, in: Kostenrechnungspraxis, April 1968, H. 2, S. 59–64.

Hummel, Siegfried: Die Auswirkungen von Lagerbestandsveränderungen auf den Periodenerfolg. Ein Vergleich der Erfolgskonzeptionen von Vollkostenrechnung und Direct Costing, in: ZfbF, 21. Jg., 1969, S. 155–180.

Hummel, Siegfried: Kosten, relevante, in: Handwörterbuch des Rechnungswesens (HWR), 2. Aufl., hrsg. v. E. Kosiol, K. Chmielewicz und M. Schweitzer, Stuttgart ca. 1981 (in Druck).

Hummel, Siegfried/Wolfgang Männel: Kostenrechnung 1: Grundlagen, Aufbau und Anwendung / Kostenrechnung 2: Moderne Verfahren und Systeme, Wiesbaden 1. Aufl., 1978, 2. verb. u. erw. Aufl. 1980/1981.

Jacob, Adolf-Friedrich: Die Deckungsbeitragsrechnung ist auch im Bankgewerbe anwendbar. Voraussetzung: eine kundengruppen- und produktbezogene Organisation, in: Handelsblatt v. 9.8.1977, S. 12.

Jacob, Adolf-Friedrich: Planung und Steuerung der Zinsspanne in Banken, in: Die Betriebswirtschaft, 38. Jg., 1978, S. 341–350.

Jacob, Adolf-Friedrich: Leistungserstellung einer Großbank als Kuppelproduktion, in: Blick durch die Wirtschaft, Nr. 290, vom 16.12.1977, S. 5.

Jacob, Adolf-Friedrich: Das Rechnungswesen als Steuerungsinstrument bei Banken, in: Die Bank, Jg. 1978, S. 416–423.

Jacobs, Otto H.: Aussagemöglichkeiten und Grenzen der industriellen Kostenrechnung aus kostentheoretischer Sicht, Forschungsbericht des Landes Nordrhein-Westfalen, Nr. 1921, hrsg. von Leo Brandt, Köln-Opladen 1968.

Karsten, Jens: Kosten und Preise in der Trampschiffahrt, in: Verkehrswissenschaftliche Studien 5 aus dem Institut für Verkehrswissenschaft der Universität Hamburg, hrsg. von Harald Jürgensen und Helmut Diederich, Göttingen 1968.

Kilger, Wolfgang: Optimale Produktions- und Absatzplanung. Entscheidungsmodelle für den Produktions- und Absatzbereich industrieller Betriebe, Opladen 1973.

Kilger, Wolfgang: Die Entstehung und Weiterentwicklung der Grenzplankostenrechnung als entscheidungsorientiertes System der Kostenrechnung, in: Schriften zur Unternehmensführung, Bd. 21, hrsg. von H. Jacob, Neuere Entwicklungen in der Kostenrechnung, Wiesbaden 1976.

Kilger, Wolfgang: Flexible Plankostenrechnung. Theorie und Praxis der Grenzplankostenrechnung und Deckungsbeitragsrechnung. Veröff. d. Schmalenbach-Gesellschaft, Bd. 31, 6. Aufl. Opladen 1976.

Kilger, Wolfgang: Flexible Plankostenrechnung, 7. Aufl. Wiesbaden 1977.

Kilger, Wolfgang: Soll- und Mindest-Deckungsbeiträge als Steuerungselemente der betrieblichen Planung, in: Führungsprobleme industrieller Unternehmungen. Friedrich Thomée zum 60. Geburtstag, hrsg. v. Dietger Hahn, 1980, S. 299–326.

Kilger, Wolfgang: Flexible Plankostenrechnung und Deckungsbeitragsrechnung, 8. völlig neu bearbeitete Auflage, Wiesbaden 1981.

Kloock, Josef: Aufgaben und Systeme der Unternehmensrechnung, in: BFuP, 30. Jg., 1978, Nr. 6, S. 493–510.

Kloock, Josef/Günter Sieben/Thomas Schildbach: Kosten- und Leistungsrechnung, Tübingen-Düsseldorf 1976.

Kolb, Jürgen: Industrielle Erlösrechnung – Grundlagen und Anwendungen, Wiesbaden 1978.

Kosiol, Erich: Kosten- und Leistungsrechnung, Berlin/New York 1979.

Krömmelbein, Gerhard: Gemeinkosten und Gemeinerlös als Begriffe im entscheidungsorientierten Rechnungswesen, in: Zeitschr. „Der Betrieb", 28. Jg., 1975, S. 460 ff.

Krömmelbein, Gerhard: Zur Frage der Entscheidungsrelevanz von Gemeinkosten, in: Kostenrechnungs-Praxis 5/1975, S. 207–214.

Krüger, Gerhard: Vergleichsrechnungen bei Wertanalysen, München 1972.

Kruse, Hans-Gerhard: Die Bilanzierung von Halb- und Fertigfabrikaten nach der Methode des Direct Costing, Wiesbaden 1967.

Langen, Heinz: Gedanken zu einer betriebswirtschaftlichen Dispositionsrechnung, Mitteilungen der Gesellschaft der Freunde der Wirtschaftshochschule Mannheim e. V., 1965, Nr. 2.

Langen, Heinz: Grundzüge einer betriebswirtschaftlichen Dispositionsrechnung, in: ZfB-Ergänzungsheft 1/1966, S. 71–81.

Laßmann, Gert: Die Kosten- und Erlösrechnung als Instrument der Planung und Kontrolle in Industriebetrieben, Düsseldorf 1968.

Laßmann, Gert: Gestaltungsformen der Kosten- und Erlösrechnung im Hinblick auf Planungs- und Kontrollaufgaben, in: Die Wirtschaftsprüfung, 26. Jg., 1973, S. 4–17.

Laßmann, Gert: Erlösrechnung und Erlösanalyse bei Großserien- und Sortenfertigung, Teil A: Erlösdokumentation, in: ZfbF-Kontaktstudium 31. Jg., 1979, S. 135–142; Teil B: Die Erlösanalyse in ihrer Bedeutung für die Situationsbeurteilung im Absatzbereich und für die Verkaufssteuerung, in: ZfbF-Kontaktstudium 31. Jg., 1979, S. 153–162.

Layer, Manfred: Möglichkeiten und Grenzen der Anwendbarkeit der Deckungsbeitragsrechnung im Rechnungswesen der Unternehmung, Berlin 1967.

Layer, Manfred: Die Herstellkosten der Deckungsbeitragsrechnung und ihre Verwendbarkeit in Handelsbilanz und Steuerbilanz für die Bewertung unfertiger und fertiger Erzeugnisse, in: ZfbF, 21. Jg., 1969, S. 131–154.

Layer, Manfred: Die Festlegung der Preisforderung bei Kundenfertigung, in: Rechnungswesen und Betriebswirtschaftspolitik. Festschrift für G. H. Krüger zu seinem 65. Geburtstag, hrsg. v. M. Layer und H. Strebel, Berlin 1969, S. 223–250.

Layer, Manfred: Deckungsbeitragsrechnung, in: Management-Enzyklopädie, 2. Bd., München 1970, S. 198–224.

Link, Jörg: Die automatisierte Deckungsbeitrags-Flußrechnung als Instrument der Unternehmensführung, in: ZfB, 49. Jg., 1979, S. 267–280.

Lipfert, Helmut: Deckungsbeitragsmaximierung bei liberalisiertem Einlagen- und Kreditmarkt, in: Kredit und Kapital, 1. Jg., 1968, S. 7–75.

Lüder, Klaus/Lothar Streitferdt: Die kurzfristige Erfolgsrechnung als Kontrollinstrument der Unternehmensführung, in: BFuP 30. Jg., 1978, Nr. 6, S. 545–564.

Männel, Wolfgang: Kostenrechnerische Probleme bei der Bewertung gleichartiger Kostengüter verschiedener Herkunft, in: Neue Betriebswirtschaft, 21. Jg., 1968, H. 4, S. 7–20.

Männel, Wolfgang: Stehen die handels- und steuerrechtlichen Bestandsbewertungs-Vorschriften der Anwendung der Deckungsbeitragsrechnung im Wege? , in: RDO, 15. Jg., 1969, S. 172–175.

Männel, Wolfgang: Kostenspaltung, in: Management-Enzyklopädie, 3. Bd., München 1970, S. 1144–1151.

Männel, Wolfgang: Kundenskonti im entscheidungsorientierten Rechnungswesen, Herne-Berlin 1971.

Männel, Wolfgang: Zurechnung von Erlösen auf parallel arbeitende Betriebsteile, in: Neue Betriebswirtschaft, 24. Jg., 1971, H. 7, S. 1–21.

Männel, Wolfgang: Möglichkeiten und Grenzen des Rechnens mit Opportunitätserlösen, in: Beiträge zur betriebswirtschaftlichen Ertragslehre, hrsg. von Paul Riebel, Opladen 1971, S. 201–245.

Männel, Wolfgang: Erlösrealisation beim Verkauf auf Ziel unter Skontogewährung, in: Wirtschaftsprüfung, 25. Jg. 1972, S. 611–620.

Männel, Wolfgang: Grundzüge einer aussagefähigen Kostenspaltung, in: Kostenrechnungs-Praxis 1972, H. 3, S. 111–119.

Männel, Wolfgang: Preisobergrenzen im Einkauf, Opladen 1975.

Männel, Wolfgang: Mengenrabatte in der entscheidungsorientierten Erlösrechnung, Opladen 1974.

Männel, Wolfgang: Erlösschmälerungen, Wiesbaden 1975.

Männel, Wolfgang: Moderne Fahrzeugkostenrechnung, in: Kostenrechnungs-Praxis 1976, Nr. 5, S. 197–204, Nr. 6, S. 253–258.

Männel, Wolfgang: Die Wahl zwischen Eigenfertigung und Fremdbezug: theoretische Grundlagen – praktische Fälle, 2. überarbeitete und erweiterte Auflage, Stuttgart 1981.

Männel, Wolfgang: Preiskalkulation auf Vollkostenbasis oder nach den Grundsätzen der Deckungsbeitragsrechnung? , in: Der Betrieb, 34. Jg., 1981, H. 12, S. 593–599.

Männel, Wolfgang: Zur Gestaltung der Erlösrechnung, insbesondere der Erlösträgerrechnung, in: Chmielewicz, Klaus (Hrsg.), Entwicklungen der Kosten- und Erlösrechnung. Bericht über die 3. Arbeitstagung der Kommission Rechnungswesen in Gracht, Sept. 1979, C. E. Poeschel Verlag, Stuttgart 1981 (in Druck).

Matthies, Friedrich: Die Kostenträgerrechnung als Teilgebiet der forstlichen Kostenrechnung. Mit Durchführung einer Grenzkostenrechnung für die Endkostenträger Buchen- und Fichten-Rohholz am Beispiel des staatlichen Forstamtes Lonau/Harz, Hannover 1966 (= Aus dem Walde 1966). Mitteilungen aus der Niedersächsischen Landesforstverwaltung, Heft 9, Hannover 1966.

Matz, Adolph: Plankostenrechnung, Deckungsbeiträge und Budgets, Band 1: Managementhilfen für die Betriebsanalyse, Wiesbaden 1975; Fallsammlung, Wiesbaden 1976.

Matz, Adolph/Milton F. Usry: Cost Accounting. Planning and Control. 7. ed. Cincinnati Ohio, 1980.

Meffert, Heribert: Betriebswirtschaftliche Kosteninformationen, Wiesbaden 1968.

Meffert, Heribert: Kostenrechnung und Kostenrechnungssysteme, in: Handwörterbuch der Wirtschaftswissenschaften, hrsg. von W. Albers u. a., Stuttgart-New York usw. 1977 ff., S. 573–596.

Mellerowicz, Konrad: Preis-, Kosten- und Produktgestaltung als Mittel der Absatzpolitik, in: Der Markenartikel, 21. Jg. 1959, S. 465–483.

Mellerowicz, Konrad: Neuzeitliche Kalkulationsverfahren, Freiburg i. Br., 6. neu bearb. Aufl. 1977.

Menrad, Siegfried: Rechnungswesen (Betriebswirtschaftslehre im Grundstudium der Wirtschaftswissenschaften Bd. 4), Uni-Taschenbücher 98, Göttingen 1978.

Mertens, Peter/Klaus Hansen/Günter Rackelmann: Selektionsentscheidungen im Rechnungswesen – Überlegungen zu computergestützten Kosteninformationssystemen, in: Die Betriebswirtschaft (DBW), 1977, H. 1, S. 77–88.

Metz, Gerhard: Das Rechnungswesen als Führungsinstrument in Großverteilungsorganisationen des Handels, Winterthur 1971.

Moews, Dieter: Zur Aussagefähigkeit neuerer Kostenrechnungsverfahren, Berlin 1969.

Nater, Peter: Das Rechnungswesen als Informationssystem, Diss. St. Gallen 1977.

National Association of Accountants on Direct Costing, hrsg. von R. P. Marple, New York 1965.

Niebling, Helmut: Kurzfristige Finanzrechnung auf der Grundlage von Kosten- und Erlösmodellen, Wiesbaden 1973.

Passardi, Adriano: Kostenrechnung und Kalkulation im gewerblichen Detailhandel, Diss. Zürich 1970.

Peiser, Herbert: Grundlagen der Betriebsrechnung in Maschinenbauanstalten, Berlin 1919, 2. Aufl. 1923.

Peterek, Hans: Fixkostendeckungsrechnung – Darstellung und Beurteilung, Diss. TU Berlin 1967.

Pfeiffer, Werner/Peter Preißler: Zum Informationsgehalt „neuerer" Kostenrechnungsverfahren, in: WiSt, 2. Jg. 1973, H. 7, S. 319–329.

Platz, Siegfried: Erfolgsrechnerische Bewertung von Bankzweigstellen, Göttingen 1978.

Plaut, Hans-Georg: Wo steht die Plankostenrechnung in der Praxis? , in: ZfhF NF, 4. Jg. 1952, S. 396–407.

Plaut, Hans-Georg: Die Grenz-Plankostenrechnung, in: ZfB, 23. Jg. 1953, S. 347–363 und S. 402–413.

Plaut, Hans-Georg/Heinrich Müller/Werner Medicke: Grenzplankostenrechnung und Datenverarbeitung, 3. Aufl., München 1973.

Rall, Lothar: Die flexible Liquiditätsträgerrechnung, in: Theoretische und empirische Beiträge zur Wirtschaftsforschung, hrsg. von A. E. Ott, Tübingen 1966, S. 291–324.

Reichmann, Thomas: Kosten und Preisgrenzen, Wiesbaden 1973.

Riebel, Paul: Die Gestaltung der Kostenrechnung für Zwecke der Betriebskontrolle und Betriebsdisposition, in: ZfB, 26. Jg. 1956, S. 278–289 +.

Riebel, Paul: Fixe Ausgaben, Deckungsrechnung und Entwicklungstendenzen der fixen Kosten, in: ZfhF NF, 10. Jg. 1958, S. 131–135 (Diskussionsbeitrag zur Arbeitstagung der Schmalenbach-Gesellschaft am 29. November 1957: „Wie begegnet die Unternehmensleitung der wachsenden Ausweitung der fixen Kosten und ihrer Auswirkung auf das Unternehmerrisiko? ").

Riebel, Paul: Das Rechnen mit Einzelkosten und Deckungsbeiträgen, in: ZfhF NF, 11. Jg. 1959, S. 213–238. +

Riebel, Paul: Richtigkeit, Genauigkeit und Wirtschaftlichkeit als Grenzen der Kostenrechnung, in: Neue Betriebswirtschaft, 12. Jg. 1959, S. 41–45. +

Riebel, Paul: Das Problem der minimalen Auftragsgröße, in: ZfhF NF, 12. Jg. 1960, S. 647–685.

Riebel, Paul: Das Rechnen mit relativen Einzelkosten und Deckungsbeiträgen als Grundlage unternehmerischer Entscheidungen im Fertigungsbereich, in: Neue Betriebswirtschaft, 14. Jg. 1961, S. 145–154. +

Riebel, Paul: Die Problematik der Normung von Abschreibungen. Veröffentlichungen der Wirtschaftshochschule Mannheim, Reihe 2, Heft 11, Kohlhammer-Verlag, Stuttgart 1963.

Riebel, Paul: Die Deckungsbeitragsrechnung als Instrument der Absatzanalyse, in: Absatzwirtschaft, hrsg. von B. Hessenmüller und E. Schnaufer, Baden-Baden 1964, S. 595–627. +

Riebel, Paul: Die Mängel der Vollkostenrechnung, in: Aufwand und Ertrag, Zeitschrift der Buchhaltungsfachleute, 10. Jg. 1964, S. 5–9.

Riebel, Paul: Die Preiskalkulation auf Grundlage von „Selbstkosten" oder von relativen Einzelkosten und Deckungsbeiträgen, in: ZfbF, 16. Jg. 1964, S. 549–612. +

Riebel, Paul: Durchführung und Auswertung der Grundrechnung im System des Rechnens mit relativen Einzelkosten und Deckungsbeiträgen, in: Zeitschr. d. Buchhaltungsfachleute, 10. Jg. 1964, S. 117–120 und S. 142–146. +

Riebel, Paul: Innerbetriebliche Statistik, in: Allgemeines Statistisches Archiv 49, 1965, S. 47–71.

Riebel, Paul: Kurzfristige unternehmerische Entscheidungen im Erzeugungsbereich auf der Grundlage des Rechnens mit relativen Einzelkosten und Deckungsbeiträgen, in: Neue Betriebswirtschaft, 20. Jg. 1967, H. 8, S. 1–23. +

Riebel, Paul: Die Fragwürdigkeit des Verursachungsprinzips im Rechnungswesen, in: Rechnungswesen und Betriebswirtschaftspolitik. Festschrift für Gerh. Krüger zu seinem 65. Geburtstag, hrsg. von Layer, M. und Strebel, H., Berlin 1969, S. 49–64. +

Riebel, Paul: Die Bereitschaftskosten in der entscheidungsorientierten Unternehmerrechnung, in: ZfbF, 22. Jg. 1970, S. 372–386. +

Riebel, Paul: Kuppel-Produktion und -Kalkulation, in: Management-Enzyklopädie, Bd. III, München 1970, S. 1242–1265.

Riebel, Paul: Deckungsbeitragsrechnung, in: HWR, Stuttgart 1970, Sp. 383–400.

Riebel, Paul: Ertragsbildung und Ertragsverbundenheit im Spiegel der Zurechenbarkeit von Erlösen, in: Beiträge zur betriebswirtschaftlichen Ertragslehre, Erich Schäfer zum 70. Geburtstag, hrsg. von P. Riebel, Opladen 1971, S. 147–200. +

Riebel, Paul: Zur Programmplanung bei Kuppelproduktion, in: ZfbF NF 23. Jg. 1971, S. 733–755. +

Riebel, Paul: Kosten und Preise bei verbundener Produktion, Substitutionskonkurrenz und verbundener Nachfrage, 2. Aufl. Opladen 1972.

Riebel, Paul: Deckungsbeitragsrechnung im Handel, in: HWA, Stuttgart 1974, Sp. 433–455. +

Riebel, Paul: Systemimmanente und anwendungsbedingte Gefahren von Differenzkosten- und Dekkungsbeitragsrechnungen, in: BFuP 26. Jg. 1974, S. 493–529. +

Riebel, Paul: Grenzkosten als Grundlage einer marktorientierten Preispolitik, in: Verkehrsannalen, 22. Jg. 1975, S. 451–458.

Riebel, Paul: Ist die Deckungsbeitragsrechnung schuld am Preisverfall in der Fensterbaubranche? , in: Fenster und Fassade 3, 1976, 1, S. 27–38.

Riebel, Paul: Kostenrechnung als Entscheidungsinformation, in: Führungsprobleme in Genossenschaften, hrsg. von Erik Boettcher, Tübingen 1977, S. 91–121.

Riebel, Paul: Überlegungen zur Formulierung eines entscheidungsorientierten Kostenbegriffs, in: Quantitative Ansätze in der Betriebswirtschaftslehre, hrsg. von H. Müller-Merbach, München 1978, S. 127–146. +

Riebel, Paul: Eigen- oder Fremdtransport, die Antwort aus betriebswirtschaftlicher Sicht. Schriftenreihe der Gesellschaft für Verkehrsbetriebswirtschaft und Logistik (GVB) e.V., H. 5, 2. Aufl. Frankfurt 1981 (6000 Frankfurt, Breitenbachstr. 1, Postfach 930260).

Riebel, Paul: Diskussionsbeitrag, in: Leistung und Kosten im Personalbereich – aus der Sicht der Unternehmensführung. Hrsg. v. d. Schmalenbach-Gesellschaft e. V. Köln, ZfbF Sonderheft 8/78, Wiesbaden 1978, S. 71–73.

Riebel, Paul: Zum Konzept einer zweckneutralen Grundrechnung, in: ZfbF 31. Jg., 1979, H. 10/11, S. 785–798. +

Riebel, Paul: Gestaltungsprobleme einer zweckneutralen Grundrechnung, in: ZfbF 31. Jg., 1979, H. 12, S. 863–893. +

Riebel, Paul: Neuere Entwicklungen in der Kostenrechnung, in: Stahlknecht, Peter (Hrsg.), Online-Systeme im Finanz- und Rechnungswesen, Berlin/Heidelberg/New York 1980, S. 1–31.

Riebel, Paul: Probleme einer Festlegung von Deckungsvorgaben aus produktions- und absatzwirtschaftlicher Sicht, in: ZfbF 32. Jg., 1980, H. 12, S. 1130–1145. +

Riebel, Paul: Deckungsbudgets als Führungsinstrument, in: Der Betrieb, 34. Jg., 1981, H. 13, S. 649–658. Darüber hinaus abgedruckt in: Unternehmensführung aus finanz- und bankwirtschaftlicher Sicht. Bericht von der wissenschaftlichen Tagung des Verbandes der Hochschullehrer e. V. in Zürich, Mai 1980, hrsg. v. Edwin Rühli und Jean-Paul Thommen, C. E. Poeschel Verlag, Stuttgart 1981, S.305–330. +

Riebel, Paul: Thesen zur Einzelkosten- und Deckungsbeitragsrechnung, in: Chmielewicz, Klaus (Hrsg.), Entwicklungen der Kosten- und Erlösrechnung. Bericht über die 3. Arbeitstagung der Kommission Rechnungswesen in Gracht, Sept. 1979, C. E. Poeschel Verlag, Stuttgart 1981 (in Druck).

Riebel, Paul/Helmut Paudtke/Wolfgang Zscherlich: Verrechnungspreise für Zwischenprodukte, Opladen 1973.

Riebel, Paul/Werner Sinzig: Zur Realisierung der Einzelkosten- und Deckungsbeitragsrechnung mit einer relationalen Datenbank, in: ZfbF, 33. Jg., 1981, H. 6, S. 457–489.

Riedel, Günther: Deckungsbeitragsrechnung – wie aufbauen, wie nutzen? , Stuttgart 1975.

Riedesser, Armin: Deckungsbeitragsrechnung in Filialbankorganisationen, Wiesbaden 1977 (Schriften d. Instituts für Kredit- und Finanzwirtschaft, Bd. 2).

RKW (Hrsg.): Planung und Kontrolle der Verwaltungs- und Vertriebskosten, Stuttgart 1961.

RKW (Hrsg.): Das Rechnen mit Kapazitätskosten, Stuttgart 1967.

RKW (Hrsg.): Direct Costing in der Praxis, Stuttgart 1964.

Rummel, Kurt: Kosten, Preise, Werte, in: Archiv für das Eisenhüttenwesen, 10. Jg., 1936/37, S. 419–440.

Rummel, Kurt: Einheitliche Kostenrechnung, 1. Aufl. Düsseldorf 1949, 3. Aufl. 1967.

Saarbrücker Arbeitstagung Plankosten- und Deckungsbeitragsrechnung in der Praxis. Anwendungen – offene Probleme – Entwicklungstendenzen, hrsg. v. W. Kilger und A.-W. Scheer, Würzburg/Wien 1980.

Schär, Johann Friedrich: Allgemeine Handelsbetriebslehre, Leipzig 1911.

Scheller, Christian: Die Deckungsbeitragsrechnung im Hotel, in: Restaurant & Hotel Management, Jg. 1975, H. 10 ff., Jg. 1978, H. 1 ff. (Rhenania-Fachverlag, Götzenhain).

Schmalenbach, Eugen: Gewerbliche Kalkulation, in: ZfhF NF, 15. Jg., 1963, S. 375–384 (Nachdr. aus Zeitschr. f. d. gesamte kaufmänn. Unterrichtswesen, V. Jg. 1902/03, S. 159–165, 178–180 und 210–214.

Schott, Kornelius: Deckungsbeitragsrechnung in der Spedition, 2. Aufl. Hamburg 1975.

Schubert, Werner/Hohenbild, Rolf: Kostenverursachung, Prinzipien und Probleme, in: Handwörterbuch der Betriebswirtschaft, 4. Aufl. Stuttgart 1975, Sp. 2360–2368.

Schweitzer, Marcel/Günter O. Hettich/Hans-Ulrich Küpper: Systeme der Kostenrechnung, 2. Aufl., München 1979.

Schwermer, Walter: Kosten- und Erlösrechnung oder Zahlungsstromanalyse als Grundlage unternehmerischer Entscheidungen, Diss. Saarbrücken 1971.

Seicht, Gerhard: Die stufenweise Grenzkostenrechnung, in: ZfB, 33. Jg., 1963, S. 693–709.

Seicht, Gerhard: Die Grenzbetrachtung in der Entwicklung des betrieblichen Rechnungswesens, Berlin 1977.

Slevogt, Horst: Lenkpreisrechnung als Bankkalkulation für Planung und Marketing, in: Österreichisches Bank-Archiv 20, 1970, S. 84–106.

Solomons, David (Hrsg.): Studies in Costing Analysis, London 1968.

Sorter, George H.: An „Events" Approach to Basis Accounting Theory, in: The Accounting Review, 44. Jg. 1969, No. 1, S. 12–19.

Sorter, George H./Charles T. Horngren: Asset Recognition and Economic Attributes – The Relevant Costing Approach, in: The Accounting Review, 38. Jg., 1962, No. 4, S. 391–399. Wiederabgedruckt in: Thomas, William E. (Ed.), Readings in Cost Accounting, Budgeting and Control, 4. Aufl. 1973, S. 461–474.

Timm, K.: Die Rechnungsaufteilung und Kostenzurechnung, in: Jahrbuch d. Postwesens, Jg. 1939, Berlin-Friedenau 1940, S. 161–175.

Unterguggenberger, Silvio: Kybernetik und Deckungsbeitragsrechnung, Wiesbaden 1974.

Vatter, William J.: Accounting Measurements of Incremental Cost, in: The Journal of Business of the University of Chicago, Vol. XVIII, 1945, S. 145–156.

Vatter, William J.: Limitations of Overhead Allocation, in: Acc. Rev. Vol. 20, 1945, S. 163–176.

Weber, Helmut Kurt: Betriebswirtschaftliches Rechnungswesen, München 1974, 2. überarb. und erw. Auflage 1978.

Weber, Karl: Amerikanisches Direct Costing, Bern-Stuttgart 1970.

Wedekind, Hartmut/Erich Ortner: Der Aufbau einer Datenbank für die Kostenrechnung, in: Die Betriebswirtschaft (DBW), 1977, H. 4, S. 533–542.

Williams, John H.: The Flexible Budget, New York 1934.

Wittenbrink, Hartwig: Kurzfristige Erfolgsplanung und Erfolgskontrolle mit Betriebsmodellen, Wiesbaden 1975.

Wohlgemuth, Michael: Aufbau und Einsatzmöglichkeiten einer Planerfolgsrechnung als operationales Lenkungs- und Kontrollinstrument der Unternehmung, Berlin 1975.

Zörner, Hans: Untersuchung über die Bedeutung von Kalkulation und Produktionskostenrechnungen in der Landwirtschaft, in: Berichte über Landwirtschaft, Zeitschr. für Agrarpolitik und internationale Landwirtschaft, N. F. Bd. VI, Berlin 1928, S. 554–609.

VIII. Abkürzungsverzeichnis

Acc Rev	The Accounting Review
AWF	Ausschuß für wirtschaftliche Fertigung
BB	Der Betriebs-Berater
BFuP	Betriebswirtschaftliche Forschung und Praxis
DB	Deckungsbeitrag
DBR	Deckungsbeitragsrechnung
DVWG	Deutsche Verkehrswissenschaftliche Gesellschaft
DVZ	Deutsche Verkehrszeitung
HdWW	Handwörterbuch der Wirtschaftswissenschaft
HWA	Handwörterbuch der Absatzwirtschaft
HWB	Handwörterbuch der Betriebswirtschaft
HWR	Handwörterbuch des Rechnungswesens
KRP	Kostenrechnungs-Praxis
NAA	National Association of Accountants
NACA	National Association of Cost Accountants
NB	Neue Betriebswirtschaft
ÖBW	Der Österreichische Betriebswirt
RDO	Rechnungswesen, Datentechnik, Organisation
RKW	Rationalisierungs-Kuratorium der Deutschen Wirtschaft
VDDK	Verein Deutscher Diplom-Kaufleute
VDI	Verein Deutscher Ingenieure
WiSt	Wirtschaftswissenschaftliches Studium
ZdB	Zeitschrift der Buchhaltungsfachleute
ZfB	Zeitschrift für Betriebswirtschaft
ZfbF	Zeitschrift für betriebswirtschaftliche Forschung
ZfdgS	Zeitschrift für die gesamten Staatswissenschaften
ZfhF	Zeitschrift für handelswissenschaftliche Forschung
ZfhF NF	Zeitschrift für handelswissenschaftliche Forschung Neue Folge

IX. Stichwortverzeichnis

Verweise auf ausführliche Erläuterungen zum Stichwort oder Erwähnung in besonders wichtigen Zusammenhängen sind *kursiv*, Verweise auf Definitionen sind **fett** gedruckt. Die Verweise können sich auch auf Fußnoten beziehen.

X. Namenverzeichnis